Peter Müssig
Wirtschaftsprivatrecht

Peter Müssig

Wirtschaftsprivatrecht

Rechtliche Grundlagen wirtschaftlichen Handelns

21., neu bearbeitete Auflage

 C.F. Müller

Prof. Dr. iur. utr. *Peter Müssig* lehrt Privat- und Wirtschaftsrecht am Fachbereich Wirtschaft und Recht der Frankfurt University of Applied Sciences

Bibliografische Information der Deutschen Nationalbibliothek

Die Deutsche Nationalbibliothek verzeichnet diese Publikation in der Deutschen National-bibliografie; detaillierte bibliografische Daten sind im Internet über <http://dnb.d-nb.de> abrufbar.

ISBN 978-3-8114-5313-5

E-Mail: kundenservice@cfmueller.de

Telefon: +49 89 2183 7923
Telefax: +49 89 2183 7620

www.cfmueller.de
www.cfmueller-campus.de

© 2019 C.F. Müller GmbH, Waldhofer Straße 100, 69123 Heidelberg

Satz: Gottemeyer, Rot
Druck: CPI Books GmbH, Leck

Für

Dagmar

und

Moritz

Heinz und Magda Müssig,

Dr. Gerald und Marianne Heydegger

zum Gedächtnis

Vorwort

Wer aktiv am Wirtschaftsleben teilnimmt, der kommt am Wirtschaftsprivatrecht und seinen wesentlichen Prinzipien nicht vorbei:

Der „homo oeconomicus" nimmt Rechtsbeziehungen zu anderen auf, er schließt Verträge, tauscht Leistungen und Güter aus, wird als Unternehmer tätig, gründet Gesellschaften, muss sich dem Wettbewerb stellen, tritt selbst als Konsument auf, ist Verbraucher, Arbeitnehmer oder Arbeitgeber, hat mit Zahlungsverkehr zu tun, nimmt oder vergibt Kredite, muss sie sichern, u. v. m.

Mit den juristischen Voraussetzungen und Wirkungen wirtschaftlicher Aktivitäten befasst sich das vorliegende Buch; es erläutert entsprechende Rechtsgrundlagen und Rechtsregeln.

Sie finden sich, ungeachtet des die Basis bildenden BGB, in einer Vielzahl einzelner Gesetze – diese Vielfalt macht ihre Handhabung für Studierende und Praktiker nicht einfach. Daher werden für das Wirtschaftsleben wesentliche Rechtsgrundsätze hier im Zusammenhang dargelegt:

Wer sich die Grundlagen des privaten Wirtschaftsrechts erschließen möchte, kann sich anhand dieses Grundrisses ein Basiswissen über besonders wirtschaftsrelevante Rechtsgebiete, ihre Prinzipien und Verknüpfungen, aneignen. So wendet sich das Buch insbesondere an Studierende der Wirtschaftswissenschaften, des Wirtschaftsrechts und anderer Studiengänge, die die wirtschaftsprivatrechtlichen Rahmenbedingungen und Strukturen ökonomischen Handelns kennenlernen wollen bzw. kennen müssen; ebenso an Jura-Studenten/innen in den ersten Semestern, die sich in die Grundprinzipien einarbeiten möchten.

Die Vorauflage hat, ebenso wie ihre Vorgängerinnen, wiederum schnell erfreuliche Aufnahme gefunden. In der gerade auch daher erforderlich gewordenen vorliegenden aktualisierten Neuauflage ist die Grundkonzeption wiederum beibehalten worden, neue Aspekte (gerade auch im Gesellschaftsrecht), jüngste Gesetzgebungsaktivitäten bzw. aktuelle Rechtsprechung sind wiederum eingearbeitet, weitere instruktive Beispiele eingefügt.

Miltenberg, im Juni 2019   *Peter Müssig*

Inhaltsübersicht

Inhaltsverzeichnis

Abkürzungsverzeichnis

Abs.	Absatz
Abt.	Abteilung
a. E.	am Ende
a. F.	alte Fassung
ADSp	Allgemeine Deutsche Spediteurbedingungen
AEntG	Arbeitnehmer-Entsendegesetz
AEUV	Vertrag über die Arbeitsweise der Europäischen Union
AFG	Arbeitsförderungsgesetz
AG(en)	Aktiengesellschaft(en)
AGB(en)	Allgemeine Geschäftsbedingung(en)
AGG	Allgemeines Gleichbehandlungsgesetz
AktG	Aktiengesetz
Alt.	Alternative
AnfG	Anfechtungsgesetz
AO	Abgabenordnung
ArbGG	Arbeitsgerichtsgesetz
ArbnErfG	Gesetz über Arbeitnehmererfindungen
ArbSchG	Arbeitsschutzgesetz
ArbStättVO	Arbeitsstättenverordnung
ArbZG	Arbeitszeitgesetz
arg.	argumentum (Argument aus …)
Art.	Artikel
ArzneimittelG	Arzneimittelgesetz
AtomG	Atomgesetz
AÜG	Arbeitnehmerüberlassungsgesetz
AWG	Außenwirtschaftsgesetz
BAGE	Entscheidungen des Bundesarbeitsgerichtes, Amtliche Sammlung
BAT	Bundesangestelltentarifvertrag
BBankG	Bundesbankgesetz
BBauG	Bundesbaugesetz
BBG	Bundesbeamtengesetz
BBiG	Berufsbildungsgesetz
BDSG	Bundesdatenschutzgesetz
BEEG	Bundeselterngeld- und Elternzeitgesetz
BErzGG	Bundeserziehungsgeldgesetz
BetrVG	Betriebsverfassungsgesetz
BeurkG	Beurkundungsgesetz
BGB	Bürgerliches Gesetzbuch
BGB-InfoVO	Verordnung über Informations- und Nachweispflichten nach bürgerlichem Recht
BGBl.	Bundesgesetzblatt
BGH	Bundesgerichtshof
BGHZ	Entscheidungen des Bundesgerichtshofs in Zivilsachen
BJagdG	Bundesjagdgesetz
BMG	Bundesmeldegesetz
BORA	Berufsordnung für Rechtsanwälte
BörsG	Börsengesetz
BPersVG	Bundespersonalvertretungsgesetz
BRAO	Bundesrechtsanwaltsordnung
Brüssel I a	VO (EU) Nr. 1215/2012 v. 12. 12. 2012
Bsp.	Beispiel
bspw.	beispielsweise
BUrlG	Bundesurlaubsgesetz

BV (II. BV)	(Zweite) BerechnungsVO nach dem 2. WohnungsbauG
bzgl.	bezüglich
BZRG	Bundeszentralregistergesetz
bzw.	beziehungsweise
ca.	circa
cic	culpa in contrahendo
CISG	Convention on Contracts for the International Sale of Goods
CMR	Übereinkommen über den Beförderungsvertrag im internationalen Straßengüterverkehr
cpcf	culpa post contractum finitum
Dax	Deutscher Aktienindex
DepotG	Depotgesetz
ders.	derselbe
DesignG	Designgesetz
d. h.	das heißt
dies.	dieselbe(n)
DIN	Deutsches Institut für Normung e. V.
DM	Deutsche Mark
DRiG	Deutsches Richtergesetz
DrittelbG	Drittelbeteiligungsgesetz
DrohnenVO	VO zur Regelung des Betriebs von unbemannten Fluggeräten – DrohnenVO
DSGVO	EU-Datenschutzgrundverordnung
EFTA	European Free Trade Association
EFZG	Entgeltfortzahlungsgesetz
EGAktG	Einführungsgesetz zum AktG
EGBGB	Einführungsgesetz zum BGB
EGHGB	Einführungsgesetz zum HGB
EGScheckG	Einführungsgesetz zum Scheckgesetz
EG	Europäische Gemeinschaft
eG(en)	eingetragene Genossenschaft(en)
EGG	Gesetz über den elektronischen Geschäftsverkehr
EGV	EG-Vertrag
EGZPO	Einführungsgesetz zur ZPO
einschl.	einschließlich
e. K.	eingetragener Kaufmann/eingetragene Kauffrau
e. Kfm.	eingetragener Kaufmann
e. Kfr.	eingetragene Kauffrau
EnWG	Energiewirtschaftsgesetz
ErbbauRG	Erbbaurechtsgesetz
ESt	Einkommensteuer
EStG	Einkommensteuergesetz
etc.	et cetera
EU	Europäische Union
EuroEG	Euro-Einführungsgesetz
EuroVO	VO (EG) Nr. 974/98 v. 3. 5. 1998
e. V.	eingetragener Verein
evtl.	eventuell
EWIV(en)	Europäische wirtschaftliche Interessenvereinigung(en)
EWIVG	Gesetz zur Ausführung der EWG-VO über die EWIV
EWG	Europäische Wirtschaftsgemeinschaft
EWGV	EWG-Vertrag
EWR	Europäischer Wirtschaftsraum
f.	folgende (Seite, Paragraph)

FernUSG	Fernunterichtsschutzgesetz
ff.	fortfolgende (Seiten, Paragraphen)
FGG	Gesetz über die Angelegenheiten der freiwilligen Gerichtsbarkeit
G	Gesetz
GBO	Grundbuchordnung
GbR	Gesellschaft(en) bürgerlichen Rechts
GBV	Grundbuchverfügung (VO zur Ausführung der GBO)
GebO	Gebührenordnung
gem.	gemäß
GenG	Genossenschaftsgesetz
GenTG	Gentechnikgesetz
GewO	Gewerbeordnung
GewSt	Gewerbesteuer
GewStG	Gewerbesteuergesetz
GG	Grundgesetz
ggf.	gegebenenfalls
GmbH	Gesellschaft(en) mit beschränkter Haftung
GmbHG	GmbH-Gesetz
GoA	Geschäftsführung ohne Auftrag
grds.	grundsätzlich
griech.	griechisch
GüKG	Güterkraftverkehrsgesetz
GuV	Gewinn und Verlust
GVG	Gerichtsverfassungsgesetz
GWB	Gesetz gegen Wettbewerbsbeschränkungen
GWG	Geldwäschegesetz
h	Stunde
HaftpflG	Haftpflichtgesetz
HAG	Heimarbeitsgesetz
h. M.	herrschende Meinung
HGB	Handelsgesetzbuch
HOAI	Honorarordnung für Architekten und Ingenieure
HR	Handelsregister
HRA	Handelsregister, Abteilung A
HRB	Handelsregister, Abteilung B
HRefG	Handelsrechtsreformgesetz
HRV	Handelsregisterverordnung
HS	Halbsatz
i. A.	im Auftrag
IHK	Industrie- und Handelskammer
insb.	insbesondere
InsO	Insolvenzordnung
InvG	Investmentgesetz
i. d. F. v.	in der Fassung vom
i. d. R.	in der Regel
IPR	Internationales Privatrecht
i. S. d.	im Sinne des/der
ital.	italienisch
i. Ü.	im Übrigen
i. V.	in Vollmacht/in Vertretung
i. V. m.	in Verbindung mit
Jhdt.	Jahrhundert
JugArbSchG	Jugendarbeitsschutzgesetz
jur.	juristisch(e)

XXXI

kfm.	kaufmännisch
Kfm.	Kaufmann
Kfz	Kraftfahrzeug(e)
KfzPflVVO	Kraftfahrzeug-Pflichtversicherungsverordnung
kg	Kilogramm
KG(en)	Kommanditgesellschaft(en)
KGaA	Kommanditgesellschaft(en) auf Aktien
km	Kilometer
KSchG	Kündigungsschutzgesetz
KStG	Körperschaftssteuergesetz
KVO	Kraftverkehrsordnung
KWG	Kreditwesengesetz
LadenschlG	Ladenschlussgesetz
lat.	lateinisch
LebensmittelG	Lebensmittelgesetz
LG	Landgericht
Lkw	Lastkraftwagen
LPartG	Lebenspartnerschaftsgesetz
Ltd.	Limited
LuftfzRG	Gesetz über Rechte an Luftfahrzeugen
LuftVG	Luftverkehrsgesetz
MarkenG	Markengesetz
MFKRegV	MusterfeststellungsklagenregisterVO
MiLoG	Mindestlohngesetz
mind.	mindestens
MindArbBedG	Mindestarbeitsbedingungengesetz
Mio.	Million(en)
MitbestG	Mitbestimmungsgesetz
Mrd.	Milliarde(n)
MuSchG	Mutterschutzgesetz
MWSt	Mehrwertsteuer
NachweisG	Nachweisgesetz
n. F.	neue Fassung
Nr./Nrn.	Nummer/Nummern
oHG(en)	offene Handelsgesellschaft(en)
OLSchVO	Orderlagerscheinverordnung
OLG	Oberlandesgericht
OWiG	Ordnungswidrigkeitengesetz
p. a.	per annum
PAngVO	Preisangabenverordnung
PartGG	Partnerschaftsgesellschaftsgesetz
PartGmbB	Partnerschaftsgesellschaft mit beschränkter Berufshaftung
PBefG	Personenbeförderungsgesetz
PflVG	Pflichtversicherungsgesetz
PflZG	Pflegezeitgesetz
phG	persönlich haftender Gesellschafter
Pkw	Personenkraftwagen
PostG	Postgesetz
PersBefG	Personenbeförderungsgesetz
PrKlG	Preisklauselgesetz
ProdHaftG	Produkthaftungsgesetz
ProdSG	Produktsicherheitsgesetz
PStG	Personenstandsgesetz

pVV	positive Vertragsverletzung (Forderungsverletzung)
R	Recht
RDG	Rechtsdienstleistungsgesetz
REITG	Gesetz über deutsche Immobilien-AGen mit börsennotierten Anteilen (Real-Estate-Investment-Trust-Gesetz)
RGBl.	Reichsgesetzblatt
Rom I	VO (EG) Nr. 593/2008 v. 17.6.2008
Rom II	VO (EG) Nr. 864/2007 v. 11.7.2007
RPflG	Rechtspflegergesetz
Rspr.	Rechtsprechung
RVG	Rechtsanwaltsvergütungsgesetz
s.	siehe
S.	Seite(n)/Satz/Sätze
s. a.	siehe auch/auf
s. o.	siehe oben
s. u.	siehe unten
SCE	Societas Cooperativa Europaea
ScheckG	Scheckgesetz
SchiffsRG	Gesetz über Rechte an eingetragenen Schiffen und Schiffsbauwerken
SchlichtVerfVO	Verordnung über das Verfahren der Schlichtungsstellen für Überweisungen
SchwarzArbG	Schwarzarbeitsbekämpfungsgesetz
SE	Societas Europaea (Europäische Gesellschaft)
SEAG	SE-Ausführungsgesetz
SEBG	SE-Beteiligungsgesetz
SE-RL	SE-Richtlinie
SE-VO	SE-Verordnung
SGB	Sozialgesetzbuch
SigG	Signaturgesetz
sog.	sogenannt(e/er)
SprAuG	Sprecherausschussgesetz
StBerG	Steuerberatergesetz
stG	stille Gesellschaft
StGB	Strafgesetzbuch
StPO	Strafprozessordnung
str.	strittig
StVG	Straßenverkehrsgesetz
SZR	Sonderziehungsrecht des Internationalen Währungsfonds
TierSchG	Tierschutzgesetz
TMG	Telemediengesetz
TV	Tarifvertrag
TVG	Tarifvertragsgesetz
TVöD	Tarifvertrag für den öffentlichen Dienst
TzBfG	Teilzeit- und Befristungsgesetz
u.	und/unten
u. a.	und andere/unter anderem
UG(en)	Unternehmergesellschaft(en)
UKlaG	Unterlassungsklagengesetz
UmweltHG	Umwelthaftungsgesetz
UmwG	Umwandlungsgesetz
UmwStG	Umwandlungssteuergesetz
UN	Vereinte Nationen
UrhG	Urheberrechtsgesetz
URV	Unternehmensregisterverordnung

USt	Umsatzsteuer
UStG	Umsatzsteuergesetz
usw.	und so weiter
u. U.	unter Umständen
u. v. m.	und viele(s) mehr
UWG	Gesetz gegen den unlauteren Wettbewerb
v.	von/vom
v. a.	vor allem
vgl.	vergleiche
VAG	Versicherungsaufsichtsgesetz
VerschG	Verschollenheitsgesetz
VG	Verwertungsgesellschaft
VgV	Verordnung über die Vergabe öffentlicher Aufträge
VO	Verordnung
VOB	Vergabe- und Vertragsordnung für Bauleistungen
VOL	Vergabe- und Vertragsordnung für Leistungen
VSBG	Verbraucherstreitbeilegungsgesetz
VVG	Versicherungsvertragsgesetz
VVaG	Versicherungsverein auf Gegenseitigkeit
VwGO	Verwaltungsgerichtsordnung
VwVfG	Verwaltungsverfahrensgesetz
WährungsG	Währungsgesetz
WE(en)	Willenserklärung(en)
WEG	Wohnungseigentumsgesetz
wg.	wegen
WG	Wechselgesetz
WHG	Wasserhaushaltsgesetz
WissZeitVG	Wissenschafts-Zeitvertragsgesetz
WoVermG	Wohnungsvermittlungsgesetz
WpHG	Wertpapierhandelsgesetz
WPO	Wirtschaftsprüferordnung
WRV	Weimarer Reichsverfassung
z. B.	zum Beispiel
ZKG	Zahlungskontengesetz
ZPO	Zivilprozessordnung
z. T.	zum Teil
ZVG	Zwangsversteigerungsgesetz
zzgl.	zuzüglich
z. Zt.	zur Zeit

1 Einführung

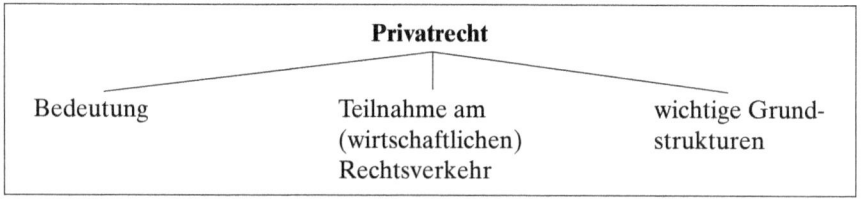

Privatrecht

| Bedeutung | Teilnahme am (wirtschaftlichen) Rechtsverkehr | wichtige Grundstrukturen |

Leitübersicht 1: Einführung

Leitfragen zu 1:
a) Warum ist die Kenntnis des Privatrechts für die Teilnahme am Wirtschaftsleben wichtig?
b) Welche Ziele verfolgt die vorliegende Darstellung?

Das Privatrecht stellt einen der wesentlichsten Bereiche des gesamten Rechtssystems dar. Für jeden – als Privatperson, Verbraucher, Unternehmer, Mitarbeiter, Selbständiger oder Unselbständiger, Anbieter oder Nachfrager etc. – ist es von maßgeblicher Bedeutung. Das Privatrecht zu kennen, insbesondere mit seinen wesentlichen Rechtsprinzipien vertraut zu sein, ist gerade für den „homo oeconomicus" unerlässlich:

Wie nimmt er am Rechtsverkehr teil? Worauf ist zu achten, um Willensentschlüsse rechtswirksam umzusetzen? Welche Pflichten ergeben sich innerhalb bestehender Rechtsbeziehungen? Welche Regeln sind bei der aktiven Gestaltung und Teilnahme am Wirtschaftsleben zu beachten? — *Leitgedanken*

Die Kenntnis der für die Wirtschaft relevanten Bereiche des Privatrechts ist besonders für Juristen bzw. Wirtschaftsrechtler wichtig – aber Betriebswirte und Ingenieure sowie wirtschaftsberatende Freiberufler kommen ebenfalls nicht umhin, sich damit zu beschäftigen; denn auch betriebswirtschaftliches, wirtschaftsberatendes bzw. ingenieurpraktisches Handeln findet nicht im regelungsfreien Raum statt. Es wird vielmehr durch die (Privat-) Rechtsordnung in vielfältigster Weise bestimmt. Welche wirtschaftlichen bzw. unternehmerischen Ziele erreichbar sind, wie sie verfolgt und durchgesetzt werden können, lenkt der Gesetzgeber durch eine Fülle von Vorschriften. — *wirtschaftliches Handeln rechtlich geordnet*

Was nutzen (vermeintlich) gute Geschäfte, wenn sie rechtlich unstimmig sind und zu Streitigkeiten, Forderungsausfällen, Haftungsfällen, (Anwalts-, Prozess-)Kosten und Ärger führen?

Wirtschaftsprivatrechtliche Kenntnisse sind daher gerade nicht nur Sache des Juristen bzw. Wirtschaftsrechtlers, sondern eines jeden, der am Wirtschaftsleben teilnimmt und es maßgeblich gestaltet – also insbesondere auch Betriebswirte, Ingenieure, sowie sonstige wirtschaftsnahe Berufe. Wirtschaftlicher Erfolg ist nämlich regelmäßig gerade auch davon abhängig, rechtliche Fehler zu vermeiden und (ggf. mit spezieller rechtskundiger bzw. anwaltlicher Hilfe) rechtlich gesicherte Wege zu gehen.

Grund-
strukturen

Der vorliegende Grundriss stellt dementsprechend einführend Grundzüge der wesentlichen Grundlagen des privaten Wirtschaftsrechtes vor. Er verfolgt dabei (ohne Anspruch auf Vollständigkeit zu erheben) die Konzeption, Grundstrukturen wichtiger, wirtschaftsrelevanter Rechtsbereiche integrierend darzustellen, um dem Leser so einen – durch vielfältige Beispiele und Schaubilder veranschaulichten – Blick auf die Zusammenhänge zu ermöglichen; die einzelnen Kapitel sind durch vielfache Querverweise verknüpft, um die Verbindungen der einzelnen Rechtsbereiche aufzuzeigen. Das Buch rückt das wirtschaftsbezogene Privatrecht in einen gemeinsamen Kontext. Die Fülle der Rechtsgrundlagen, vielfach strittigen Rechtsfragen und -probleme erweist sich dabei als besondere Herausforderung; angesichts der vielgestaltigen gesetzes-, vertrags-, rechtsprechungs- und rechtslehrebezogenen Problemfelder des Wirtschaftsprivatrechts kommt gerade den auf den *Seiten 523 ff.* gegebenen Hinweisen auf weiterführende, vertiefende Literatur sowie die einschlägige Rechtsprechung ihre besondere Bedeutung zu.

Arbeitstechnik

Zur *Arbeitstechnik* noch folgende Hinweise:

§§ lesen

Zum Studium des Rechts und der rechtlichen Grundlagen ist es *unumgänglich*, die einschlägigen *Gesetzesvorschriften sogleich aufzuschlagen und nachzulesen*. Das ist zwar zunächst durchaus mühevoll, zur Gewinnung rechtlichen Grundverständnisses (und zur Gewöhnung an die Rechtssprache) aber unabdingbar.

umfassend
eigenständig
prüfen

vgl. die S. 523 ff.

Angesichts der Vielgestaltigkeit des (Wirtschaftsprivat-)Rechts ist es auch ganz besonders wichtig, sich bei der Beurteilung eines Sachverhaltes, einer Rechtsfrage bzw. bei Tätigung von Vermögensdispositionen nicht etwa nur auf *einen* gefundenen Paragraphen oder *eine* Buch- bzw. Literatur-Textstelle „zu stürzen", sondern ebenso darauf zu achten, dass es dazu durchaus noch andere rechtlich zu bedenkende Gesichtspunkte sowie (ggf. divergierende, auch eigenwillige bzw. sogar irrige) Rechtsmeinungen (s. u. 2.6.4) geben kann. Hierbei ist i. d. R. *einschlägige Rechtsprechung bzw. vertiefende Fachliteratur* (Lehrbücher, Kommentare, Handbücher, Aufsätze in Fachzeitschriften; siehe die *Seiten 523 ff.*) *heranzuziehen*. Wegen der Schnelllebigkeit der Gesetzgebung und der ständigen Entwicklung der Rechtsprechung ist gerade auch darauf zu achten, nicht etwa mit überholten, sondern mit jeweils gültigen Gesetzestexten und aktueller Fachliteratur bzw. Rechtsprechung zu arbeiten.

wichtiger
Hinweis

Im Übrigen gilt: Autor und Verlag streben nach größter Sorgfalt, sind aber vor Irrtümern, Fehlern sowie Änderungen nach Drucklegung, für die sie weder Haftung noch Gewährleistung übernehmen, nicht gefeit; für Hinweise, Anregungen und Kritik sind sie dankbar (www.cfmueller-verlag.de).

2 Rechtliche Grundbegriffe

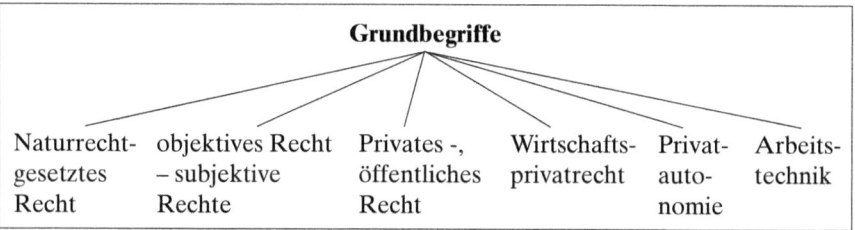

Grundbegriffe					
Naturrecht-gesetztes Recht	objektives Recht – subjektive Rechte	Privates -, öffentliches Recht	Wirtschafts-privatrecht	Privat-auto-nomie	Arbeits-technik

Leitübersicht 2: Rechtliche Grundbegriffe

Leitfragen zu 2:

a) Was ist Recht?
b) Was ist unter den Begriffen objektives bzw. subjektives Recht zu verstehen?
c) Welche Rechtsbereiche gehören zum (Wirtschafts-)Privatrecht?
d) Wie „funktioniert" juristische Subsumtionstechnik?
e) Wie wird Recht „gefunden"?

Was ist Recht? Was ist Gesetz? Was ist gerecht?

Recht, Gesetz, Gerechtigkeit sind nicht einfach zu bestimmende Begriffe; sie sind Schlüsselbegriffe der Rechtswissenschaft bzw. Jurisprudenz, die sich vornehmlich mit der Suche nach bzw. mit dem „richtigen" Recht, dem Wissen vom Rechten und Unrechten, sowie den Wegen der Rechtserkenntnis beschäftigt. — *Jurisprudenz*

Recht sei die Kunst des Guten und Gerechten, das Recht als praktizierte Gerechtigkeit bezwecke regelmäßig zu gebieten, verbieten, erlauben bzw. zu strafen, und es gebiete, ehrenhaft zu leben, niemanden zu verletzen und jedem das Seine zu gewähren – so beschrieb es etwa schon vor langer Zeit das römische Recht (s. u. 2.7). — *Recht*

Eingedenk dessen, dass jeder Mensch von Natur aus mit unveräußerlichen Rechten („dem Rechte, das mit uns geboren ist") ausgestattet ist (sog. Naturrecht, überpositives Recht), bedarf es zum Ausschluss von Willkür gerade auch des in förmlichen Verfahren, staatlich gesetzten, kodifizierten sog. positiven Rechts. Dessen privatrechtliche Grundlagen bilden insbesondere die Anerkennung des Vertrages, der Ausgleich für Verletzungshandlungen sowie das Privateigentum einschließlich des Erbrechts. — *Naturrecht* / *positives Recht*

Ungeachtet grundsätzlicher definitorischer bzw. rechtsphilosophischer Aspekte sind jedenfalls einige begriffliche Grundlagen zu beachten – der Umgang mit Recht und Gesetz erfordert die Kenntnis einiger wesentlicher Grundbegriffe.

2.1 Systematik

Die Rechtsordnung hat die Funktion, das Zusammenleben der Bürger verbindlich zu regeln, Konflikte zu entscheiden und einen Ausgleich zwischen privatem und öffentlichem Interesse herbeizuführen. — *Rechtsordnung*

3

Beispiele: Rechtsfahren im Straßenverkehr (verbindliche formale Ordnungsregelung); verbindliche Regelungen bzw. Entscheidungen, etwa durch Gerichte, bei Streitigkeiten von Bürgern (Konfliktlösung/-entscheidung); Beschränkung privaten Eigentums zugunsten allgemeiner Interessen (Interessenausgleich zwischen Eigen-/Allgemeininteressen).

Objektives Recht   Recht im objektiven Sinne nennt man dabei sämtliche Rechtsgrundsätze, die sich entweder aus dem Gewohnheitsrecht oder dem gesetzten Recht (den Rechtsnormen bzw. Gesetzen, s. u. 2.6.4) ergeben. Durch langdauernde Übung und Anwendung entwickeltes Gewohnheitsrecht,

Beispiele: Holz-, Beeren-, Eicheln-, Bucheckern-, Maronen-, Pilzsammeln in öffentlichen Wäldern, Handstraußpflücken auf Wiesen, Kehrpflichten,

findet sich immer seltener; die weitaus meisten Bereiche hat mittlerweile der Gesetzgeber geregelt.

Normen-hierarchie   Das von ihm gesetzte (kodifizierte, positive) Recht steht dabei in einer Normenhierarchie, bei der die niederrangige Norm immer im Einklang mit der höherrangigen stehen muss:

- Grundgesetz als ranghöchste Rechtsquelle,
  Beispiele: die Grundrechte der Art. 1, 2 ff. GG;

- von Bund und Ländern erlassene Rechtsnormen, sog. Gesetze im formellen Sinn,
  Beispiele: das BGB, die ZPO;

- von der Exekutive erlassene Rechtsverordnungen,
  Beispiele: die BGB-InfoVO, die StVO;

- autonome Satzungen nichtstaatlicher Verbände, etwa der Gemeinden,
  Beispiele: Bebauungsplan, Flächennutzungsplan,

- oder von Tarifvertragsparteien,
  Beispiele: normativer Teil von Tarifverträgen.

  (Dazu gehören aber nicht die Satzungen von Vereinen, vgl. § 25 BGB.)

Die Verkehrssitte, der Handelsbrauch und technische Normen (z. B. DIN-Normen) sind – weil nicht von einem rechtssetzungsbefugten Organ erlassen – ebensowenig Rechtsnormen wie die ständige Rspr. der Gerichte; allerdings erwächst der Gerichtsgebrauch, wenn er allgemein anerkannt wird, in Ausnahmefällen zur ständigen Übung bzw. zum Gewohnheitsrecht.

Beispiele: Die Regeln zum kfm. Bestätigungsschreiben (s. u. 6.3.1.2), die Anerkennung des allgemeinen Persönlichkeitsrechts (s. u. 3.1.3.1); etwa früher die culpa in contrahendo (s. u. 9.8) oder die positive Vertragsverletzung (s. u. 9.1, 9.7).

Subjektives Recht   Aus dem objektiven Recht können Befugnisse des Einzelnen erwachsen, sog. subjektive Rechte. Man kennt sie (s. a. unten 4.2) in Form der

- Herrschaftsrechte,
  Beispiel: Eigentum, §§ 903 ff. BGB;

- Forderungsrechte,
  Beispiel: Kaufpreiszahlungsanspruch, § 433 II BGB;

- Gestaltungsrechte,
  Beispiel: Anfechtungsrecht i. S. d. § 123 BGB.

Internationales Recht   Auf das nationale Recht wirkt gerade auch internationales Recht ein. Von besonderer Bedeutung ist dabei das Europarecht. Dieses bestimmt das gesetzge-

berische Handeln, aber auch die Rspr. in erheblichem Maße. Eine Vielzahl von
nationalen gesetzlichen Bestimmungen geht auf die Umsetzung europarechtlicher
Vorgaben zurück, insbesondere auf Begleitgesetze zu EU-Verordnungen und vor
allem Richtlinien der Europäischen Union, vgl. Art. 288 AEUV.

Europarecht

Beispiele: Die Regelungen der §§ 286, 312 ff., 355 ff., 474 ff. BGB; verbraucherrechtliche
Schutzvorschriften, etwa im ProdHaftG, UWG, AGG, Reisevertragsrecht, bei Fernabsatzgeschäften, Allgemeinen Geschäftsbedingungen; die Einführung des Euro; Antidiskrimi-
nierungs-, Schutzregeln im Arbeitsrecht – man sieht es diesen Bestimmungen somit gar nicht
an, dass sie im internationalen bzw. Europarecht wurzeln.

Bei Sachverhalten mit Auslandsberührung gelten grds. die Regeln des sog. Internationalen Privatrechts (IPR).

IPR

Beispiele: Die Art. 3 ff. EGBGB, einschlägige Staatsverträge, europarechtlich insb. die Regeln der Rom I- bzw. Rom II-VO bzgl. des auf vertragliche sowie außervertragliche Schuldverhältnisse anwendbaren Rechts.

Im grenzüberschreitenden Warenverkehr gilt ggf. das UN-Kaufrecht (CISG). Dieses regelt den internationalen Warenverkehr im Unternehmensbereich bei Import-
und Exportverträgen (s. u. 10.2.11).

UN-Kaufrecht

2.2 Privates/öffentliches Recht

Systematisch von größter Bedeutung ist desweiteren die Unterscheidung der
Rechtsnormen in die Bereiche des öffentlichen sowie des privaten Rechts.

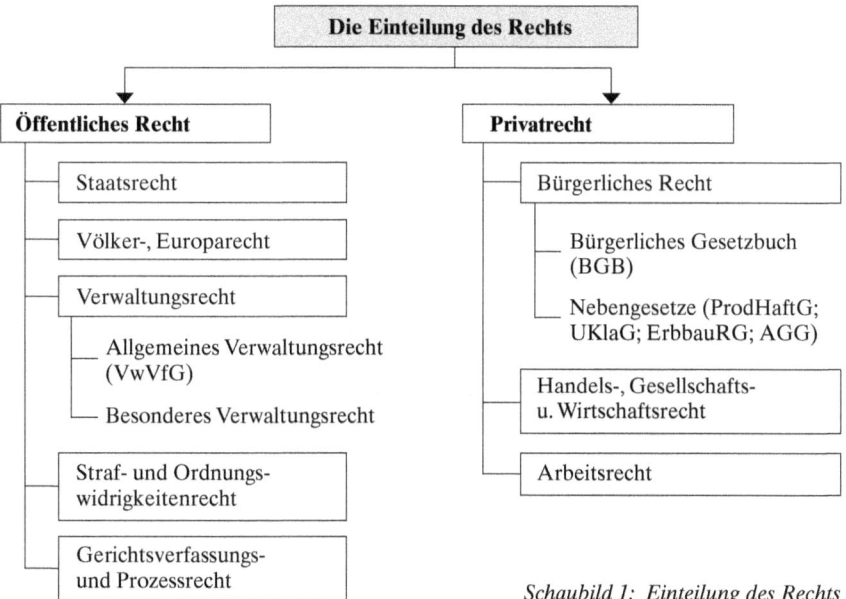

Schaubild 1: Einteilung des Rechts

Das öffentliche Recht regelt die Organisation des Staates und anderer hoheitlich
handelnder Verbände, bestimmt die Beziehung zwischen Bürger und Staat bzw.
anderen Trägern öffentlicher Gewalt, und ordnet das Verhältnis der Verwaltungs-
träger untereinander. Aus Sicht des Bürgers ist ein Rechtsverhältnis vornehmlich

Öffentliches
Recht

Über-/Unterordnung dann ein öffentlich-rechtliches, wenn ihm ein Hoheitsträger im Über- und Unterordnungsverhältnis oder jedenfalls gerade in seiner Eigenschaft als Träger von hoheitlicher Gewalt entgegentritt.

Beispiele: Erteilung einer Baugenehmigung; Erlass eines Steuerbescheids; Versetzung eines Beamten. Hier ergehen im Interesse der Allgemeinheit regelmäßig Verwaltungsakte (vgl. § 35 VwVfG) bzw. Bescheide.

Zum öffentlichen Recht gehören etwa folgende

Beispiele: das Staatsrecht (GG, Länderverfassungen, Staatsverträge), Völker- u. Europarecht (UN-Vertrag, EU-Vertrag, EU-Richtlinien), Verwaltungsrecht (Allgemeines Verwaltungsrecht: VwVfG; Besonderes Verwaltungsrecht: z. B. BBauG, BBG, WasserhaushaltsG, LadenschlußG, GewO, LebensmittelG, sowie das gerade unternehmerische Entscheidungen wesentlich mitbestimmende Steuerrecht – EStG, GewStG, KStG, UmwStG, AO etc. –), das Strafrecht (StGB, OWiG) sowie das Gerichtsverfassungs- und Prozessrecht (GVG, ZPO, StPO). Streitigkeiten im Bereich des öffentlichen Rechts entscheiden grundsätzlich die Verwaltungsgerichte (vgl. § 40 VwGO).

Privates Recht Demgegenüber ist das Privatrecht derjenige Teil der Rechtsordnung, der die Rechtsbeziehungen der Einzelnen zueinander auf der Basis von Gleichordnung und Selbstbestimmung regelt. Das Privatrecht bezieht sich also auf das *„Recht des Mein und Dein"*. Hauptgestaltungsmittel hierbei ist der Vertrag, also der gemeinsame Wille der Beteiligten (s. u. 6.6). Auch Träger öffentlicher Gewalt (Staat, Gemeinde) können daran beteiligt sein, wenn sie nicht hoheitlich, sondern fiskalisch wie „normale Bürger" handeln.

Beispiele: Eine Verwaltungsbehörde kauft Schreibmaterialien, mietet Räume, stellt Arbeitnehmer ein.

ordentliche Gerichte Privatrechtliche Rechtsstreitigkeiten gehören als „bürgerliche Rechtsstreitigkeiten" i. S. d. § 13 GVG grundsätzlich vor die ordentlichen Gerichte (s. u. 20). Weithin wird das Privatrecht auch Zivilrecht genannt (lat. civis – Staatsbürger).

Beispiele zur gleichbedeutenden Bezeichnung der Begriffe „Bürgerliches Recht" bzw. „Zivilrecht" sind etwa: BGB (in Deutschland), ABGB (Allgemeines BGB, in Österreich [s. u. 2.7]), bzw. ZGB (Zivilgesetzbuch, in der Schweiz).

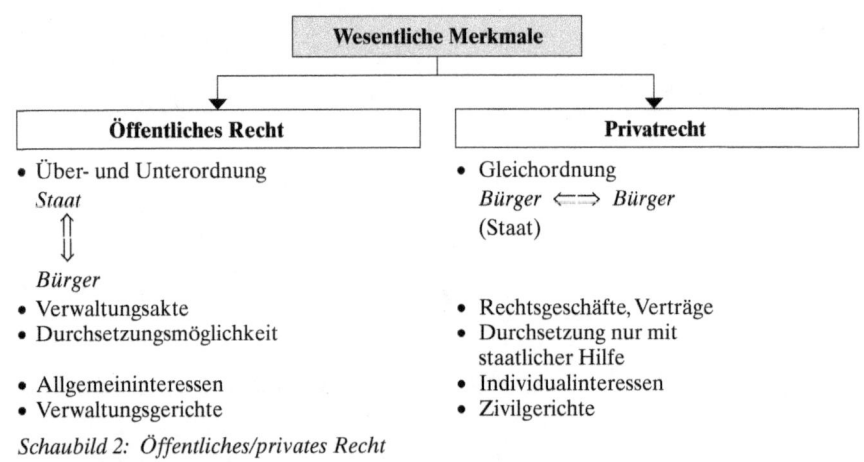

Schaubild 2: Öffentliches/privates Recht

6

2.3 Privatrechtsgebiete

Im Bereich des Privatrechts unterscheidet man drei große Rechtsgebiete:
– Bürgerliches Recht,
– Handels-, Gesellschafts- und Wirtschaftsrecht,
– Arbeitsrecht.

Privatrecht

Kerngebiet des Privatrechts ist das Bürgerliche Recht (es wird im Sprachgebrauch oftmals mit dem Zivilrecht an sich gleichgesetzt). Seine Hauptkodifikation ist das BGB (mit dessen fünf Büchern: Allgemeiner Teil, Schuldrecht, Sachenrecht, Familienrecht, Erbrecht). Dazu gehören auch die das BGB ergänzenden Nebengesetze (etwa AGG, UKlaG, BGB-InfoVO, ProdHaftG). Die im BGB geregelten allgemeinen Grundsätze, insbesondere diejenigen in seinen ersten drei Büchern – Allgemeiner Teil, Schuldrecht, Sachenrecht – gelten ebenso in den sonstigen privatrechtlichen Sondermaterien, soweit sich dort nicht vorrangigere Spezialregelungen finden (sog. leges speciales).

Neben dem Bürgerlichen Recht als dem allgemeinen Privatrecht stehen die bestimmte Sachgebiete regelnden bzw. für bestimmte Berufsgruppen geltenden Sonderprivatrechte: So das Handels-, Gesellschafts- und private Wirtschaftsrecht (insbesondere HGB, GmbHG, AktG, GenG, UWG, GWB, ScheckG, WG) – dieses kaufmännische Sonderrecht wird durch die spezifische Interessenlage der Kaufleute und Handelsgesellschaften bestimmt –, und ebenso das Arbeitsrecht, das sich grundsätzlich auf die für die abhängigen, unselbständigen Arbeitsverhältnisse geltenden Rechtsregeln bezieht.

Sonderprivatrecht

Die Einteilung des BGB		
Allgemeiner Teil	I. Buch, §§ 1-240	Allgemeines, Definitionen, etc.
Recht der Schuldverhältnisse	II. Buch, §§ 241-853 – Allgemeiner Teil, §§ 241-432 – Besonderer Teil, §§ 433-853	Sondervereinbarungen zwischen Personen
Sachenrecht	III. Buch, §§ 854-1296	Rechtsbeziehungen von Personen zu Sachen
Familienrecht	IV. Buch, §§ 1297-1921	Ehe, Verwandtschaft, Vormundschaft, etc.
Erbrecht	V. Buch, §§ 1922-2385	Erbfolge, Testament, Erbvertrag, etc.

Schaubild 3: Einteilung des BGB

2.4 Wirtschaftsprivatrecht

Der Begriff des Wirtschaftsprivatrechts hat sich mittlerweile etabliert. Zwar ist er nicht gesetzlich definiert, aber man versteht darunter in einer ganzheitlichen Betrachtung den wirtschaftlich relevanten Teil des Privatrechts: Also ökonomisch bedeutsame Rechtsregeln aus dem Bürgerlichen Recht (vornehmlich die ersten drei

Summe aller wirtschaftlich relevanten Privatrechtsregeln

Bücher des BGB), dem Handels- und Gesellschaftsrecht, dem Wertpapier-, Wettbewerbsrecht und gewerblichen Rechtsschutz sowie der Rechtsdurchsetzung in Zivilprozess, Zwangsvollstreckung und Insolvenz, und dazu (jedenfalls im weiteren Sinne) auch das Arbeitsrecht. Wirtschaftsprivatrecht bezeichnet somit die Summe aller privatrechtlichen Rechtsgrundlagen, welche das wirtschaftliche Geschehen und vor allem die Beziehungen der an ihm Beteiligten zueinander regeln, also

Wirtschaftsrecht etwa zwischen Herstellern, Verkäufern, Kaufleuten, Unternehmern, Verbrauchern, Arbeitgebern, Arbeitnehmern, usw. Das Wirtschaftsprivatrecht ist damit Teil des Wirtschaftsrechts, das die Summe aller für die Wirtschaft bzw. das Wirtschaften relevanten Rechtsgebiete darstellt.

öffentliches Wirtschaftsrecht Öffentlich-rechtliches Pendant des Wirtschaftsprivatrechts ist das öffentliche Wirtschaftsrecht (auch verkürzt Wirtschaftsverwaltungsrecht genannt), das die hoheitliche Lenkung der Wirtschaft bezweckt und alle wirtschaftsverfassungs- und wirtschaftsverwaltungsrechtlichen staatlichen Regeln erfasst, die das Wirtschaften regulieren.

Beispiele: Gewerbe-, Handwerks-, Telekommunikations-, Energie-, Außenwirtschaftsrecht; insbesondere geht es dabei um Wirtschaftsplanung, -lenkung, -überwachung, -förderung, -information, -infrastruktur, unter besonderer Beachtung nationaler und internationaler, insbesondere europarechtlicher, Vorgaben.

Wirtschaftsstrafrecht Neben dem Wirtschaftsprivatrecht und dem öffentlichen Wirtschaftsrecht zum Wirtschaftsrecht zu zählen ist im Übrigen auch das Wirtschaftsstrafrecht, das sich auf die Ahndung missbilligter Verhaltensweisen, die gegen wirtschaftsrechtliche Verhaltensnormen verstoßen, bezieht.

Beispiele: Betrug, §§ 263 ff. StGB; Geldwäsche, § 261 StGB; Untreue, § 266 StGB; Kennzeichenverletzung, §§ 143 ff. MarkenG; aktienrechtliche Verfehlungen, §§ 399 ff. AktG.

Wirtschaftsvölkerrecht Teilgebiet des Wirtschaftsrechts ist desweiteren das Wirtschaftsvölkerrecht; dieses umfasst diejenigen völkerrechtlichen wirtschaftsbezogenen Regeln, die zwischen Staaten untereinander bzw. zwischen Staaten und Privatrechtssubjekten gelten.

Beispiele: Welthandelsrecht, Zoll-, Ein-, Ausfuhr-, Devisenkontrollrecht.

2.5 Privatautonomie

Individuelle Gestaltbarkeit Das Privatrecht wird geprägt vom Grundsatz der freien Selbstbestimmung des mündigen Bürgers, der sog. Privatautonomie (vgl. Art. 2 I GG, 152 S. 1 WRV). Der Einzelne kann bzw. soll seine Lebensverhältnisse und Rechtsbeziehungen eigenverantwortlich regeln und gestalten. Der Bürger vermag demzufolge Rechte und Pflichten zu begründen, zu ändern oder aufzuheben sowie – im Rahmen der durch die Gesetze und die Rechtsprechung abgesteckten Grenzen – eigenverantwortlich und eigenständig rechtsverbindlich zu handeln. Daher sind sogar die gesetzlichen

Abdingbarkeit/ dispositives Recht Vorschrif-ten selbst in weiten Bereichen nachgiebig bzw. dispositiv (= abdingbar), d. h., sie können durch abweichende Gestaltungen und Vereinbarungen ersetzt werden (so v. a. im sog. Schuldrecht; s. u. 6.6.6; 6.2.1).

Beispiel: In Abweichung von § 579 I BGB vereinbaren Mieter und Vermieter die Mietzinszahlung für ein Grundstück zum Monatsersten (vgl. die §§ 311 I, 241 I BGB; s. u. 10.5.3).

Aspekte der Privatautonomie Die Privatautonomie kennzeichnen vornehmlich folgende Gesichtspunkte:

– Formelle Gleichbehandlung aller Bürger;

– Vertragsfreiheit (Freiheit, Verträge einzugehen und auszugestalten);

- Vereinigungsfreiheit (Freiheit, sich etwa in Vereinen oder Gesellschaften zusammenzuschließen);
- Testierfreiheit (Freiheit, über seinen Nachlass frei zu verfügen);
- Privateigentum;
- Eigentumsfreiheit (Freiheit zu tatsächlichen und rechtlichen Herrschaftshandlungen an beweglichen oder unbeweglichen Sachen);
- Eingriffsbefugnisse des Staates in die Privatsphäre sind grundgesetzlich beschränkt.

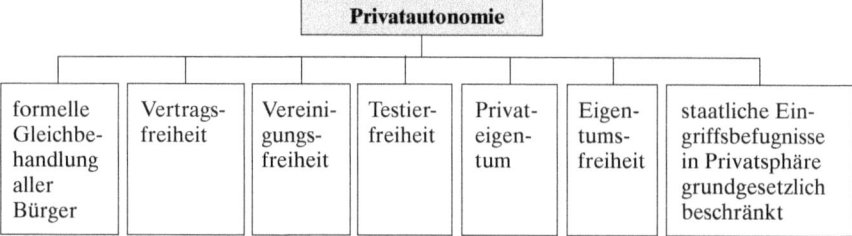

Schaubild 4: Privatautonomie

Gesetzliche Gleichbehandlungs- bzw. Antidiskriminierungsregeln schränken die Privatautonomie bzw. Vertragsfreiheit allerdings ggf. ein (s. u. 6.6.6.2, 16.2.2.3). **Antidiskriminierung**

Beispiele: Die Benachteiligungsverbote des AGG.

Um im Rahmen der Privatautonomie Rechtsbeziehungen zu begründen, zu ändern oder aufzuheben, ist gesetzlich das Rechtsgeschäft als geeignetes Mittel vorgesehen (s. u. 6). **Rechtsgeschäft**

Beispiele: Kündigung eines Arbeitsvertrages (= einseitig); Abschluss eines Werkvertrages (= zweiseitig); Abschluss eines Gesellschaftsvertrages durch mehrere Kaufleute (= mehrseitig); s. u. 6.2.2 (s. a. die Schaubilder 40, 57 bzw. 81).

Allerdings sind besonders tragende bzw. bedeutsame Rechtsbereiche nicht dispositiv, vielmehr zwingendes Recht, von dem durch individuelle Vereinbarungen nicht abgewichen werden kann (sog. Typenzwang). **zwingendes Recht/ Typenzwang**

Beispiele: Die Übereignungsregeln des Sachenrechts (§§ 929 ff. BGB), die Vorschriften über die ungerechtfertigte Bereicherung (§§ 812 ff. BGB) oder die unerlaubte Handlung (§§ 823 ff. BGB), Formvorschriften (etwa die §§ 311 b I, 766 S. 1, 623 BGB), die Regeln zur Gleichbehandlung (vgl. § 31 AGG) – Verstöße hiergegen führen regelmäßig zur Nichtigkeit, § 134 BGB (s. u. 6.8.1.1; 6.6.6).

2.6 Rechtsanwendung; Arbeitstechnik

Nicht nur besondere ökonomische Geschicklichkeit von Verbrauchern und Unternehmern, vielmehr gerade auch Rechtskenntnisse und zutreffende Rechtsanwendung bestimmen wesentlich wirtschaftliche Tatsachen und Erfolge. Lebenssachverhalte sind rechtlich zu werten und die Rechtsfolgen festzustellen – nicht nur bereits geschehene Vorgänge, sondern auch künftige (insbesondere im Rahmen von Vertragsgestaltungen). Man muss daher den „technischen" Umgang mit Gesetzen und ihre Auslegung lernen und beherrschen. Dies setzt die Kenntnis der Rechtsnormen, ihres Aufbaues und ihrer Prüfung voraus: **Rechtliche Wertung**

2.6.1 Subsumtion

Der Gesetzgeber regelt in seinen Rechtsnormen eine Fülle unterschiedlicher Lebensvorgänge. Diese „Paragraphen" sind daher regelmäßig abstrakt und generell gefasst. Zunächst wird mit den abstrakten Begriffen der Tatbestandsmerkmale der zu regelnde Sachverhalt beschrieben (sog. Tatbestand), danach wird daraus die Rechtsfolge gezogen.

Rechts-anwendung Bei der Rechtsanwendung, also der rechtlichen Würdigung eines konkreten Lebenssachverhaltes, ist zu prüfen, ob ein bestimmter Sachverhalt den Erfordernissen bzw. Voraussetzungen einer Rechtsnorm entspricht – ist dem so, dann greift die im Gesetz genannte Rechtsfolge ein. Diesen Vorgang nennt man *subsumieren* bzw.
Subsumtion *Subsumtion*.

Beispiel: Student S kauft im Elektronikladen des E ein Laptop (Lebenssachverhalt).

Dazu bestimmt § 433 I 1 BGB:
„Durch den Kaufvertrag wird der Verkäufer einer Sache ..." (Obersatz).

S und E sind sich einig über Kaufgegenstand und Kaufpreis, haben also einen Kaufvertrag geschlossen, der E ist Verkäufer, das Laptop eine (bewegliche) Sache (Untersatz; Subsumtion).
... der E ist verpflichtet, dem Käufer S das Gerät zu übergeben und ihm das Eigentum daran zu verschaffen (Schlussfolge; Rechtsfolge). (Subsumtion bedeutet somit grds. die Unterordnung eines Besonderen unter ein Allgemeines.)

Tatbestand und Rechtsfolge, Voraussetzungteil und Rechtsfolgenteil, benutzerfreundlich in einem Paragraphen(satz) zusammen (vgl. als weiteres Beispiel § 823 I BGB) finden sich nicht regelmäßig; die Gesetze enthalten oftmals auch unvollständige Rechtssätze, Begriffsbestimmungen, Verweisungen, die man erst zusammenführen muss, um einen Obersatz zu ermitteln.

Beispiel: Der Anspruch auf Rücktritt vom Kaufvertrag und Herausgabe des bereits gezahlten Kaufpreises (Zug-um-Zug gegen Herausgabe der bereits erhaltenen Ware) ergibt sich aus der Abfolge der §§ 433, 434 I 2 Nr. 1, 437 Nr. 2 1. Alt., 440, 323, 346 I, 348 BGB (s. u. 10.2.7.1).

2.6.2 Anspruch

Das Privatrecht ist prinzipiell von individuellen Interessen und ihrer Durchsetzung gekennzeichnet. In aller Regel geht es darum festzustellen, wie die Rechtslage ist
Begriff bzw. gestaltet werden kann. Der wesentliche Begriff in diesem Zusammenhang ist demzufolge derjenige des Anspruchs: *Anspruch ist das Recht, von einem anderen ein Tun, Dulden oder Unterlassen begehren zu können* (vgl. § 194 I BGB). Ob ein solcher Anspruch besteht, bestimmt sich danach, ob eine entsprechende rechtliche Basis vertraglicher bzw. gesetzlicher Art hierfür, d. h. die sog. Anspruchsgrundlage, vorhanden ist.

Wer will was von wem woraus? Die entscheidende Frage in der praktischen Rechtsanwendung lautet daher: *„Wer will was von wem woraus?"* Man muss also den Anspruchsteller, den Anspruchsgegner, den Streitgegenstand und die Anspruchsgrundlage feststellen bzw. prüfen.

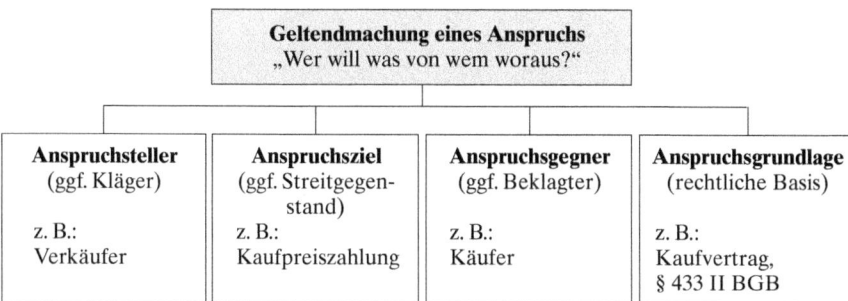

Schaubild 5: Geltendmachung eines Anspruchs

Was der Anspruchsteller vom Anspruchsgegner fordert, kann durchaus, je nach seinem Interesse, recht unterschiedlich sein: so kommen als Anspruchsziele etwa Vertragserfüllung, Schadensersatz, Herausgabe von Gegenständen, Ersatz von Nutzungen oder Verwendungen, Beseitigung oder Unterlassung von Beeinträchtigungen in Betracht.

Unterschiedliche Interessen/ Anspruchsziele

Beispiele: Der Verkäufer verlangt den Kaufpreis (§ 433 II BGB); das Unfallopfer will Schadensersatz (§ 823 I BGB); der Eigentümer fordert Herausgabe seines Eigentums (§ 985 BGB); der Verkäufer begehrt nach Rücktritt vom Vertrag Nutzungsersatz für die Zeit der Gebrauchsüberlassung des verkauften Pkw (§§ 346 I, 100 BGB) und der Käufer demgegenüber Verwendungsersatz für eine vorgenommene Reparatur (§ 347 II BGB); der Käufer einer defekten Uhr verlangt Reparatur (Mangelbeseitigung, §§ 437 Nr. 1, 439 I 1. Alt. BGB); der Beleidigte will Unterlassung bzw. Widerruf (§§ 823 I, II [i. V. m. § 185 StGB], 1004, 249 I BGB).

Bei der Suche nach für die jeweilige Falllösung geeigneten Anspruchsgrundlagen lassen sich folgende Anspruchsbereiche unterscheiden (s. a. unten 8.1; 8.12.1):

Anspruchsgrundlagen

– Ansprüche aus Vertrag,

   Beispiel: Kaufvertrag, §§ 433 ff. BGB;

   sie sind primär auf Erfüllung der eingegangenen Verpflichtungen gerichtet (sog. Erfüllungs- bzw. Primäransprüche),

   Beispiel: der Anspruch des Verkäufers gegen den Käufer auf Kaufpreiszahlung, § 433 II BGB,

   können sich aber ggf. auch aus den Leistungsstörungen ergeben (sog. Sekundäransprüche),

   Beispiel: der Käufer zahlt den geschuldeten Kaufpreis verspätet und befindet sich im Schuldnerverzug, §§ 280 I, II, 286 BGB;

– vertragsähnliche Ansprüche,

   Beispiele: Geschäftsführung ohne Auftrag, §§ 677 ff. BGB; Schadensersatzpflicht des Anfechtenden, § 122 BGB, s. a. die §§ 179, 284, 311 a II BGB, sog. Erklärungshaftung;

– dingliche Ansprüche,

   Beispiele: die §§ 985 ff., 1004, 861, 869, 862 BGB;

– Ansprüche aus unerlaubter Handlung,

   Beispiele: die §§ 823, 824, 839, 826, 830 BGB – Verschuldenshaftung; §§ 831, 832, 833 S. 2, 834, 836 BGB, 18 StVG – Haftung aus vermutetem Verschulden;

– Ansprüche aus ungerechtfertigter Bereicherung (§§ 812 ff. BGB),

   Beispiele: die §§ 812 I 1 1., 2. Alt., 816 I, II BGB;

– Ansprüche aus (verschuldensunabhängiger) Gefährdungshaftung,

   Beispiele: die §§ 833 S. 1 BGB, 7 ff. StVG, 1 ProdHaftG, 33 ff. LuftVG.

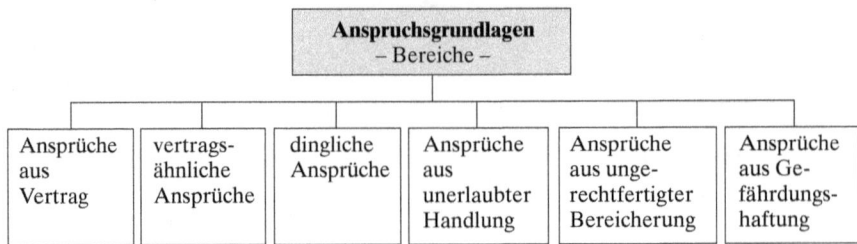

Schaubild 6: Anspruchsgrundlagen

Anspruchs-
konkurrenz

Dabei ist es durchaus möglich, dass ein und derselbe Lebenssachverhalt mehrere Anspruchsgrundlagen erfüllt; man spricht in diesen Fällen von Anspruchskonkurrenz (s. u. 12.1; 14.2). Allerdings kann dann der Anspruchsteller nicht etwa auch mehrfach („addiert") die geforderte Leistung verlangen. Ggf. kann er unter mehreren erfüllten, unterschiedliche Rechtsfolgen vorsehenden Anspruchsgrundlagen je nach deren Rechtsfolge und seinen Zielen wählen (etwa zwischen Herausgabe, Schadensersatz, Wertersatz).

Wahl-
möglichkeiten

Beispiel: Ein Dieb stiehlt ein Buch im Wert von € 100,– und veräußert es an einen Unbekannten für € 120,–. Für den Bestohlenen ergäben sich beispielsweise Ansprüche aus § 823 I BGB, den §§ 823 II BGB i. V. m. 242 StGB, § 826 BGB gerichtet auf Schadensersatz (= € 100,–), aber auch aus den §§ 687 II 1, 681 S. 2, 667 BGB bzw. den §§ 816 I 1 i.V.m. 185 II 1 1. Alt. BGB, gerichtet auf den Verkaufserlös (= € 120,–). Der Herausgabeanspruch aus § 985 BGB ist demgegenüber hier faktisch bedeutungslos. (S. u. 11.4; 12.1; 13.3; 15.3.2.3).

Anspruchsarten – Ziele –		
	vertraglich	**gesetzlich**
Erfüllung	Kaufpreiszahlung/Übergabe, Eigentumsverschaffung, § 433 BGB	Unterhaltsleistung an Ehegatten, § 1360 BGB
Schadensersatz	– Pflichtverletzung, § 280 I BGB – vorvertragliche Pflicht-verletzung, §§ 280 I, 311 II, 241 II BGB – vertragsähnlich bei Anfechtung, § 122 I BGB, vollmachtloser Vertretung, § 179 I, II BGB	– unerlaubte Handlung, § 823 I BGB (bei Verschulden) – Gefährdungshaftung, § 833 S. 1 BGB
Herausgabe	Rückgabepflicht des Entleihers, § 604 I BGB	Herausgabepflicht des ungerechtfertigt Bereicherten, § 812 I 1 BGB
Unterlassung	Vertragswidriger Gebrauch der Mietsache durch Mieter, § 541 BGB	Störung des Eigentums, § 1004 BGB

Schaubild 7: Anspruchsarten

Beweise
sichern

(Hinweis: *„Recht haben"* ist das eine – *„Recht bekommen"* bzw. *„Recht durchsetzen"* das andere: Da jede Partei in einem Zivilprozess wegen der ihr obliegenden Beweislast die ihr günstigen, ihren Anspruch rechtfertigenden *Tatsachen* auch *belegen* muss, ist gerade *auf Beweismittel*, etwa schriftliche Unterlagen oder Zeugen, *zu achten*.)

2.6.3 Rechtssprache

Dem Nichtjuristen fällt es erfahrungsgemäß nicht leicht, die Sprache der Gesetze bzw. der Juristen zu verstehen. Gerade das BGB wird oftmals als zu abstrakt formuliert empfunden. Allerdings ist im Hinblick auf die generelle Anwendbarkeit und Bedeutung der Gesetze sowie die Rechtsfindung ein präziser Sprachgebrauch unerlässlich. Geschriebene Gesetze bringen regelmäßig Rechtssicherheit mit sich; daher ist die Jurisprudenz sehr auf klare, präzise Formulierungen sowie Definitionen fixiert – Worte sind zu wägen, Behauptungen nicht ungeprüft zu übernehmen bzw. zu hinterfragen. Die Sprache der Juristen verwendet vorzugsweise Subjekt, Prädikat, Objekt, dagegen Adjektive erst nach Prüfung bzw. Wertung.

abstrakt

präzise

prüfen/werten

Beispiele: Unerlaubte Handlung (§§ 823 ff. BGB) – zu fragen ist (u. a.) nach der Handlung, danach nach dem erlaubt oder nicht erlaubt sein; berechtigter Besitzer (§§ 986 ff. BGB) – ist die Person Besitzer?, ist ihr Besitz berechtigt oder nicht?. Aber auch: umgangssprachlich „Leihgebühr", etwa im Zusammenhang mit gegen Zahlung eines Entgeltes „ausgeliehenen" Sachen – dies ist rechtlich doppelt zu hinterfragen: Der Begriff „Gebühr" ist im öffentlichen Recht beheimatet, Leihe wird begrifflich als unentgeltlich verstanden (vgl. § 598 BGB); die „Übersetzung" (Auslegung, § 133 BGB; s. u. 6.3.6) in die Juristensprache ergibt insoweit zumeist „Miete" bzw. „Mietzins" (vgl. § 535 BGB). Oder: Das Wort „grundsätzlich" – allgemein als besondere Verstärkung bzw. Bekräftigung gebraucht, juristisch dagegen wird es relativierend nur als Regel verstanden, bei der sogleich an die Ausnahme zu denken ist (ähnlich wie bei „regelmäßig"); auch „insbesondere" wird gerne verwendet, um einen gewichtigen Aspekt (zwar) in den Vordergrund zu rücken, aber ebenso noch Raum für anderes zu lassen. Die Rechtssprache hat ggf. einen eigenständigen, dem allgemeinen Sprachgebrauch u. U. vorgehenden, Wortsinn. Die Juristensprache, abwägend, distanzierend und objektivierend sowie sehr nach Sachlichkeit und Folgerichtigkeit strebend, verwendet vorzugsweise Substantiva, substantivistische Satzkonstruktionen bzw. den Nominalstil und unpersönliche Formulierungen im Passiv.

Rechtssprache hat eigenständigen Wortsinn

Nicht vorschnell gilt es zu behaupten, vielmehr erst den Sachverhalt richtig zu ermitteln, Gesetz mit Rechtsprechung und Rechtsliteratur dann darauf Schritt für Schritt im Wege der Subsumtion anzuwenden.

2.6.4 Rechtsprechung; Rechtsfindung

Gesetze stellen einen der Sprache und ihrem jeweiligen Verständnis anvertrauten, schriftlich fixierten, Text dar, der subjektiven Meinungen unterworfen ist und der der Verbindlichkeit durch die Rechtsanwendung, also die Justiz bzw. Rechtsprechung, bedarf (vgl. Art. 20 III GG).

Gesetze

Bei der rechtlichen Beurteilung von Sachverhalten bilden die jeweils geltenden Gesetze grds. die oberste Richtschnur. Sie sind daher zuvörderst heranzuziehen. Allerdings bedarf es ihrer Auslegung und ggf. streitentscheidenden Anwendung – dies ist Sache der Gerichte. Wie sie im jeweiligen Einzelfall die Gesetze anwenden, hängt oftmals von zu treffenden Wertungen ab – denn die Gesetze sind regelmäßig nicht einzelfallbezogen, sondern generelle, auslegungsfähige und -bedürftige, abstrakte Regeln, bei denen es häufig zu bewerten und zu gewichten gilt.

Auslegung

Gerichte

Beispiele: Treu und Glauben, §§ 157, 242 BGB – was heißt das im Einzelfall?; berechtigtes Interesse, §§ 553 I 1 oder 573 BGB – was genau fällt hierunter?; Sachmangel i. S. d. § 434 I BGB – wann liegt er vor?; gute Sitten, §§ 138 I, 826 BGB – was ist darunter zu verstehen?; wichtiger Grund, §§ 314 I, 626 BGB – worin ist er zu sehen?; unangemessene Benachteiligung, § 307 I BGB – was ist damit gemeint?; Unlauterkeit i. S. d. § 3 I UWG – wann ist sie gegeben?

Lückenschluss

Gelegentlich stellt sich auch anhand praktischer Fälle heraus, dass das Gesetz etwa Lücken aufweist – diese zu schließen bzw. zu beurteilen ist ebenfalls Sache der Gerichte.

Beispiele: (Gesetzes- oder Rechts-)Analogie (entsprechende Anwendung, etwa der gewohnheitsrechtlich anerkannte [s. o. 2.1], in Analogie zu den §§ 12, 862, 1004 BGB entwickelte, sog. allgemeine Unterlassungsanspruch), Umkehrschluss (etwa die in § 305 BGB aufgezählten Voraussetzungen, bei deren Nichtvorliegen auf das Gegenteil geschlossen werden kann [s. u. 6.7.1.2]), Rechtsfortbildung (etwa die Ausfüllung von Regelungslücken oder Ergänzung von Gesetzen wie bspw. die Regeln zur Anscheinsvollmacht [s. u. 7.2.3.2]).

Verkehrssitten

Des Öfteren wird es im Übrigen erforderlich, konkretes Verhalten ganz bestimmter Personenkreise – wie bspw. von Kaufleuten – rechtlich einzuordnen und ggf. deren Verkehrssitten und -gebräuche juristisch zu werten.

Beispiele: Das kaufmännische Bestätigungsschreiben und seine rechtliche Beurteilung (s. u. 6.3.1.2); Frachtklauseln, Incoterms (s. u. 6.3.6; 6.7.1.1; 10.2.2) im Hinblick auf spezielle Handelsbräuche (§ 346 HGB).

Vornehmlich richterrechtlich dominiert ist auch das in weiten Bereichen gesetzlich nicht hinreichend geregelte Arbeitsrecht (s. u. 16.1 a. E.).

Beispiele: Die Regeln zur betrieblichen Übung, zu Sonderzahlungen (Gratifikationen), zum arbeitsrechtlichen Gleichbehandlungsgrundsatz, zum Arbeitskampfrecht (Streik, Aussperrung), u. v. m. (s. a. 16.2.2.2).

unterschiedliche Aspekte abzuwägen

Ebenso sind bei der Beurteilung eines Sachverhaltes zumeist mehrere unterschiedliche rechtliche Aspekte zu beachten und ggf. mit-/gegeneinander abzuwägen.

Insbesondere wegen der großen Bedeutung der Rspr. genügt zur Beurteilung einer Rechtsfrage zumeist das Gesetzes- (Paragraphen-)Studium nicht alleine; vielmehr sind hinzuzuziehen einschlägige Gerichtsurteile sowie Fachliteraturmeinungen, die

Kommentare

sich vornehmlich mit Hilfe der Gesetzeskommentare bzw. Handbücher,

Beispiele: *Palandt* (zum BGB mit Nebengesetzen); *Baumbach/Hopt* (zum HGB); *Henssler/Strohn* (zum Gesellschaftsrecht); *Schaub* (zum Arbeitsrecht), u. v. m.,

Entscheidungssammlungen

in den amtlichen Entscheidungssammlungen der Gerichte,

Beispiele: Entscheidungen des Bundesgerichtshofs in Zivilsachen (BGHZ), Entscheidungen des Bundesarbeitsgerichtes (BAGE),

Fachliteratur

oder in Fachzeitschriften,

Beispiele: Neue Juristische Wochenschrift (NJW), Betriebs-Berater (BB),

Internet

sowie gerade auch im Internet,

Beispiele: www.jura.uni-saarland.de, www.bundesgerichtshof.de,

finden lassen (vgl. insbesondere auch die Hinweise auf den *Seiten 523 ff.*).

Vorsicht: vielfach unterschiedliche Rechtsmeinungen

Die in der Praxis häufig feststellbaren unterschiedlichen, vielfach auch divergierenden, Rechtsansichten, die oftmals unterschiedlichen Urteile der einzelnen Gerichtsinstanzen in ein und derselben Rechtssache verblüffen des Öfteren auch die juristische Fachwelt – aufgrund der Vielgestaltigkeit der Einzelfälle, der Vielfalt der unterschiedlichen Meinungen in Rechtsprechung, Rechtslehre und Fachliteratur kann man sich bei der Rechtsfindung bzw. Lösung eines konkreten Rechtsproblems in der Regel gerade *nicht nur auf ein allgemeines Lehrbuch oder eine einzelne*

genau abwägen/ umfassend selbst prüfen

Kommentarmeinung verlassen, die alleine keine sichere Gewähr für die „richtige" Lösung eines rechtlichen Problems bieten können: Letztendlich kommt es auf eigenständiges, genaues Auffinden und Prüfen der zutreffenden Rechtsnormen, der einschlägigen Rechtsprechung, der Ansichten der Rechtslehre und der Fachliteraturmeinungen sowie eine individuelle Betrachtung und Abwägung einer Rechtsfrage im konkreten Fall an – *ungeprüft sollte nichts einfach nur übernommen werden.*

Zu beachten ist im Übrigen, dass Gesetzgebung, Rechtsprechung und Fachliteraturmeinungen stetigem, ja immer schnellerem Wandel unterliegen. So rührt etwa der mehr als einhundertjährige Bestand des BGB (s. a. 2.7) nicht zuletzt auch wesentlich daher, dass die abstrakten Gesetzesregeln vielfach erheblich geändert und durch die Gerichte jeweils zeit- und umständeangepasst flexibel gehandhabt wurden und werden.

Die anzuwendenden (Bundes-)Gesetze selbst sind bzw. werden grundsätzlich im Bundesgesetzblatt (BGBl.) sowie auch im Internet (*www. bundesgesetzblatt.de; www.gesetze-im-internet.de*) veröffentlicht; sie sind regelmäßig ebenso in Einzelausgaben bzw. insbesondere in Gesetzessammlungen erhältlich. — *Bundesgesetzblatt/Internet*

Beispiele: Die Gesetzessammlungen „Schönfelder" (zivilrechtliche Gesetze), „Sartorius" (öffentlich-rechtliche Gesetze), einzelne spezielle Gesetzeszusammenstellungen wie etwa zum Arbeitsrecht, Handels- und Gesellschaftsrecht, u. v. m.

Weil die jeweiligen Gesetze wichtigster Ausgangspunkt der rechtlichen Würdigung von Sachverhalten bzw. zur Abklärung der Rechtslage sind, sind sie auch im Einzelfall genau anzugeben bzw. zu zitieren. Dabei werden regelmäßig das jeweilige Gesetz, darin die einschlägige Rechtsnorm, sowie bei dieser ggf. der entsprechende Absatz und Satz (bzw. auch Halbsatz oder einzelne Alternative) bezeichnet. — *Zitierweise*

Beispiele: § 823 I BGB (= im BGB der § 823, dort der erste Absatz); § 812 I 1 1. Alt. BGB (= im BGB der § 812, dessen erster Absatz, erster Satz, erste Alternative); § 2 S. 3 2. HS HGB (= im HGB der § 2, dessen dritter Satz, dort zweiter Halbsatz).

2.7 (Privat-)Rechtsgeschichte

Recht entsteht nicht plötzlich, es entwickelt sich vielmehr in einem stetigen Prozess. Seit es Menschen gibt, besteht Bedarf, ihr Zusammenleben zu regeln. Seit den Zeiten der Sumerer und Akkader etwa finden sich schon gegen Ende des 3. Jahrtausends v. Chr. schriftliche Gesetzestexte (am bekanntesten wohl der sog. *Codex Hammurabi* von Babylon, ca. 1792–1750 v. Chr. [eingemeißelt in einer heute im Louvre stehenden Basaltsäule]). — *Codex Hammurabi*

Für die deutsche bzw. europäische (Privat-)Rechtsgeschichte von eminenter Bedeutung ist das (gerade auch vom sog. römischen Zwölftafelgesetz [einer ca. um 450 v. Chr. entstandenen Gesetzessammlung] beeinflusste) *Corpus Iuris Civilis* (bzw. Corpus Iuris Justiniani), das auf Veranlassung des oströmischen Kaisers Justinian (527–565 n. Chr.) entstand. Dieser hatte in den Jahren 528–534 das gesamte damalige römische Recht sammeln bzw. in einem Gesetzbuch (insbesondere den sog. Institutionen und Digesten [d. h. Geordnetes; auch Pandekten = Allesenthaltendes genannt]) zusammenstellen lassen – im römischen Weltreich hatten sich insbesondere seit dem 3. Jhdt. v. Chr. eine ausgeprägte, differenzierte sowie hochstehende Rechtstradition und Rechtswissenschaft entwickelt. Dieses Gesetzeswerk Justinians wurde seit dem 12. Jhdt. n. Chr. wesentlicher Gegenstand der sich hieran entwickelnden Jurisprudenz, insbesondere an und ausgehend von der (1119 gegründeten, ältesten) Universität Bologna. Hinzu kam die wissenschaftliche Beschäftigung mit dem kirchlichen Recht, dem *Corpus Iuris Canonici* (dessen — *Römisches Recht*

Basis ein kirchenrechtliches Lehrbuch des Mönches Gratian bildete, das ca. 1140 entstand).

ius utrumque   Das Corpus Iuris Civilis und das Corpus Iuris Canonici, die beiden Rechte des ius civile und des ius canonicum, also das sog. *ius utrumque*, wurde in nahezu ganz Europa in Mittelalter und Neuzeit studiert (ggf. bis zum Dr. iuris utriusque, also Dr. beider Rechte) und war bis ins 19. Jhdt. als sog. Pandektistik bzw. als sog. Gemeines Recht wesentliche Rechtsquelle. Auch im 1896 beschlossenen, am 18. 8. 1896 von Kaiser Wilhelm II. ausgefertigten und zum 1. 1. 1900 in Kraft getretenen BGB (das die Rechtszersplitterung im 1871 gegründeten deutschen Kaiserreich beenden sollte) finden sich vielfältige Einflüsse des in seiner seit dem 12. Jhdt. rezipierten Form weiterentwickelten römischen Rechts, wobei gerade seit dem 17. Jhdt. durch die Rückbesinnung auf bzw. die Verschmelzung mit dem einheimischen deut-

Sachsenspiegel   schen Recht (vgl. etwa den ca. 1230 entstandenen „Sachsenspiegel" des Eike von Repgow, den „Schwabenspiegel" [ca. 1275], sowie andere sog. Rechtsbücher) eine eigenständige, wissenschaftliche und kodifikatorische Rechtsentwicklung erfolgte.

wichtige   Seit dem 18. Jhdt. entstanden wichtige Gesetze – so 1756 in Bayern das älteste
Gesetze   deutsche Privatrechtsgesetzbuch, der Codex Maximilianeus Bavaricus Civilis, 1794 in Preußen das Allgemeine Landrecht für die Preußischen Staaten (PrALR), 1809/10 in Baden das Landrecht für das Großherzogtum Baden (Badisches Landrecht), 1863/65 in Sachsen das Bürgerliche Gesetzbuch für das Königreich Sachsen (Sächsisches BGB), aber auch 1804 in Frankreich der Code Civil (Code Napoléon, der während des 19. Jhdts. in Deutschland insbesondere am linken Rheinufer als sog. „Rheinisches Recht" weitergalt) sowie 1812 in Österreich das Allgemeine Bürgerliche Gesetzbuch. Diese Kodifikationen waren, zusammen mit den Leistungen bedeutender Rechtswissenschaftler (wie etwa Thibaut [1772–1840], v. Savigny [1779–1861], v. Pape [1816–1888], Windscheid [1817–1892], Planck [1824–1910], v. Gierke [1841–1921] u. a.), von wesentlichem Einfluss auf das BGB.

BGB   Wenngleich das BGB gerade während des wechselvollen Verlaufes des 20. Jahrhunderts, in das in den Jahren 1918, 1933, 1945 und 1990 vier grundlegende politische Umwälzungen fielen, vielfach geändert bzw. angepasst wurde, so hat es doch gerade wegen seines Aufbaus, Abstraktionsgrades, seiner präzisen Sprache, Begriffsbildung, Regelungsdichte und Klarheit prinzipiell Bestand gehalten.

3 Rechtssubjekte – Personen des Rechtsverkehrs

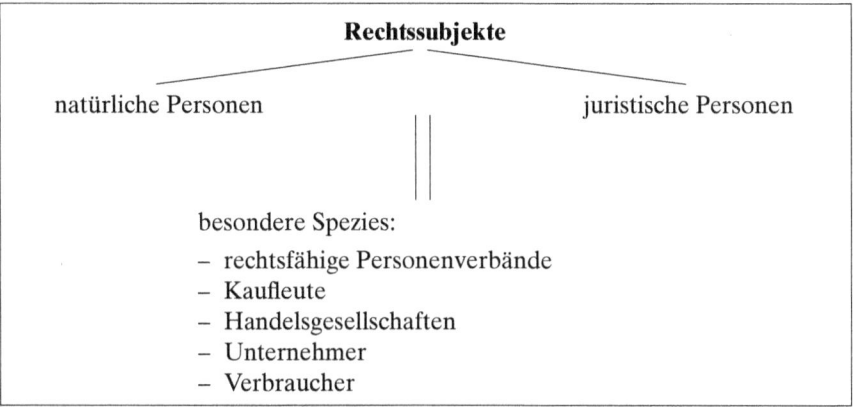

Rechtssubjekte

natürliche Personen

juristische Personen

besondere Spezies:
- rechtsfähige Personenverbände
- Kaufleute
- Handelsgesellschaften
- Unternehmer
- Verbraucher

Leitübersicht 3: Rechtssubjekte

Leitfragen zu 3:
a) Was ist rechtlich bezüglich der natürlichen Personen als Rechtssubjekte zu beachten?
b) Wie werden Verbraucher geschützt?
c) Wodurch werden juristische Personen gekennzeichnet?
d) Wie werden rechtsfähige Personenverbände rechtlich eingeordnet?
e) Was gilt für Kaufleute, was für Unternehmer?

Die von der Rechtsordnung aufgestellten Verhaltensnormen wenden sich an Adressaten; diese treffen Verhaltenspflichten, ihnen sind Gegenstände zugeordnet, sie sind Gläubiger oder Schuldner im Rahmen von Rechtsbeziehungen. Die Adressaten bzw. personalen Bezugspunkte von Rechtsnormen nennt man Rechtssubjekte; sie sind Träger von Rechten und Pflichten. Im Privatrecht unterscheidet man dabei zwischen natürlichen Personen und juristischen Personen. Beide sind rechtsfähig, nämlich fähig, Träger von Rechten und Pflichten zu sein. Im Hinblick auf ihre besondere wirtschaftsprivatrechtliche Bedeutung sind dabei als besondere Spezies von Rechtssubjekten die (rechtsfähigen) Personenverbände, dann vor allem die Kaufleute, sowie die Handelsgesellschaften eigens zu nennen. Zu beachten ist auch, dass der Gesetzgeber dem Verbraucherschutz und damit den Rechtsbeziehungen zwischen Verbrauchern sowie Unternehmern immer größere Bedeutung beimisst.

Um in den nachfolgenden Kapiteln gerade die für Kaufleute, Unternehmer und Verbraucher wichtigen Spezifika, insbesondere bezüglich der rechtsgeschäftlichen Besonderheiten, im jeweiligen Zusammenhang darzustellen, werden diese besonderen Rechtssubjekte gleich hier als besondere Personen des Rechtsverkehrs (mit-) erläutert.

Rechts-
subjekte

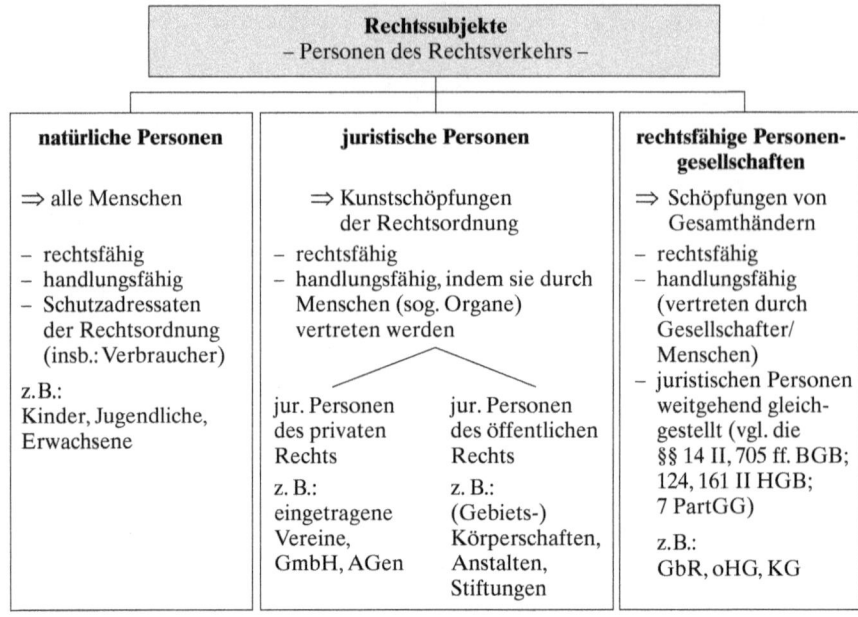

Schaubild 8: Rechtssubjekte – Personen des Rechtsverkehrs

3.1 Natürliche Personen

Menschen Jeder Mensch ist Rechtssubjekt, Bezugspunkt für Rechte und Pflichten. Das Recht nennt die Menschen natürliche Personen, vgl. die §§ 1 ff. BGB. Das BGB sieht den Menschen in mehrerer Hinsicht:
– Als Rechtsträger, dem Rechte und Pflichten zugeordnet sind;
– als Handelnden, der seine Lebensverhältnisse selbst gestaltet durch Vornahme von Rechtsgeschäften oder auch durch Zufügung von Schäden;
– als zu Schützenden, dessen körperliche Unversehrtheit und Persönlichkeit zu wahren bzw. wirtschaftliche Unterlegenheit zu berücksichtigen sind.

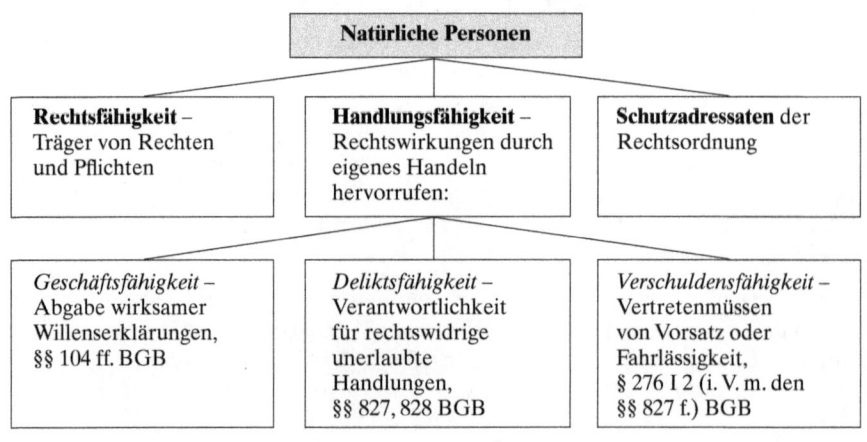

Schaubild 9: Natürliche Personen

3.1.1 Natürliche Personen als Rechtsträger – Rechtsfähigkeit

Mit der Vollendung der Geburt ist der Mensch rechtsfähig. Rechtsfähigkeit heißt, Träger von Rechten und Pflichten zu sein, § 1 BGB. Der Rechtsfähige kann demzufolge etwa Eigentümer von Gegenständen, Inhaber von Forderungen, Schuldner von Leistungen, Erbe eines Nachlasses (§ 1922 BGB) oder Partei in einem Prozess (vgl. § 50 I ZPO) sein. In einigen Fällen ist die Rechtsfähigkeit sogar vorverlagert: dann wird schon das gezeugte, aber noch nicht geborene Kind als Rechtsträger anerkannt, vgl. die §§ 328, 331 II, 844 II 2, 1912, 1923 II BGB, 10 II 2 StVG.
Beginn

Beispiele: Schädigung des Embryos bei einem Verkehrsunfall; Erbrecht und Schadensersatzanspruch des noch Ungeborenen, wenn während der Schwangerschaft der Vater stirbt; zu Gunsten der Leibesfrucht abgeschlossener Lebensversicherungsvertrag.

Die Rechtsfähigkeit endet mit dem Tode des Menschen, d. h. nach heutigen medizinischen Erkenntnissen mit dem sog. Gehirntod. Mit dem Tode eines Menschen tritt der Erbfall ein, § 1922 I BGB, und sein Vermögen, die Erbschaft bzw. der Nachlass, geht als Ganzes auf den/die Erben über. Nur der Mensch kann sterben und beerbt werden, nur er, nicht aber eine juristische Person (dazu 3.2), ist passiv erbfähig.
Ende

Beispiele: Der Ehemann stirbt – die Ehefrau und die Abkömmlinge des Erblassers erben im gesetzlichen Güterstand der Zugewinngemeinschaft grds. je die Hälfte, vgl. die §§ 1922 I, 1363, 1924 I, IV, 1931 I, 1371 I, 1942 ff., 2032 BGB; bei Gütertrennung vgl. die §§ 1363, 1408, 1414, 1931 IV BGB. Die Erbfolge kann auch durch Testament (s. u. 6.2.3) individuell gestaltet werden, §§ 2064 ff,. 2229 ff. BGB; ggf. sind Pflichtteilsansprüche zu beachten, vgl. die §§ 2303 ff. BGB (s. u. 8.2.1). Oftmals werden wichtige wirtschaftsprivatrechtliche Entscheidungen (etwa im Bereich der Unternehmensnachfolge) gerade auch im Hinblick auf familien- bzw. erbrechtliche/erbschaftsteuerliche Aspekte getroffen. Der Erbe tritt grds. in die gesamte Rechtsstellung des Erblassers ein – mit dessen Tod wird er etwa Eigentümer von dessen beweglicher Habe, Grundstücken, wird Kontoinhaber, Gläubiger und Schuldner von Forderungen, etc. Auch ein digitales Nutzerkonto in einem sozialen Netzwerk (etwa Facebook) oder ein iCloud-Konto (bei Apple) geht genauso auf den Erben über wie etwa Briefe oder Tagebücher.
Erbrecht

digitaler Nachlass

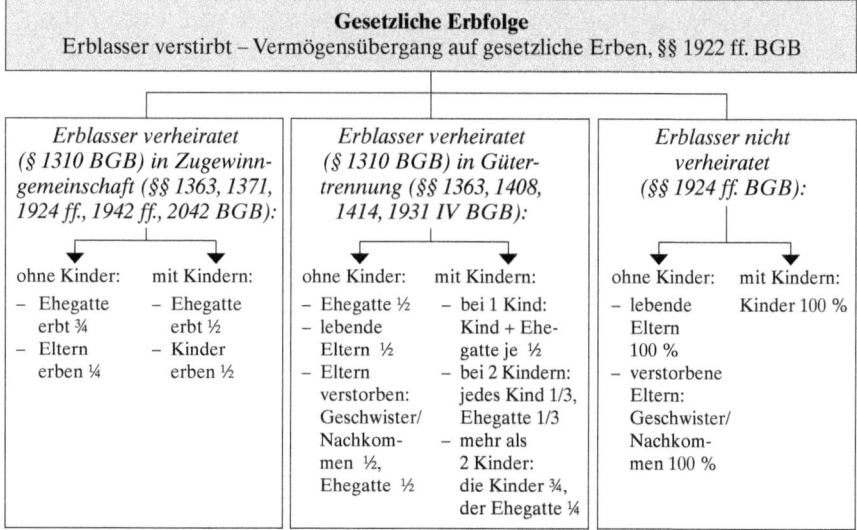

Gesetzliche Erbfolge		
Erblasser verstirbt – Vermögensübergang auf gesetzliche Erben, §§ 1922 ff. BGB		
Erblasser verheiratet (§ 1310 BGB) in Zugewinn-gemeinschaft (§§ 1363, 1371, 1924 ff., 1942 ff., 2042 BGB):	*Erblasser verheiratet (§ 1310 BGB) in Güter-trennung (§§ 1363, 1408, 1414, 1931 IV BGB):*	*Erblasser nicht verheiratet (§§ 1924 ff. BGB):*
ohne Kinder: / mit Kindern:	ohne Kinder: / mit Kindern:	ohne Kinder: / mit Kindern:
– Ehegatte erbt ¾ / – Ehegatte erbt ½	– Ehegatte ½ / – bei 1 Kind:	– lebende Eltern / Kinder 100 %
– Eltern erben ¼ / – Kinder erben ½	– lebende Eltern ½ / Kind + Ehegatte je ½	100 %
	– Eltern verstorben: Geschwister/Nachkommen ½, Ehegatte ½	– bei 2 Kindern: jedes Kind 1/3, Ehegatte 1/3	– verstorbene Eltern: Geschwister/Nachkommen 100 %
		– mehr als 2 Kinder: die Kinder ¾, der Ehegatte ¼	

Schaubild 10: Gesetzliche Erbfolge (Grundzüge)

Höchstpersönliche Rechte bzw. Pflichten erlöschen mit dem Tod;

Beispiele: Vereinsmitgliedschaften, § 38 BGB, Dienstleistungspflichten, § 613 BGB (s. a. 8.14.2.8 a. E.). (Auch das Vorkaufsrecht ist grds. nicht vererblich, § 473 BGB; s. u. 6.8.1.2).

Verschollenheit Ist ein Mensch verschollen, also während eines längeren Zeitraumes unbekannten Aufenthaltes, so kann er gemäß der §§ 1, 9 VerschG für tot erklärt werden; sollte er gleichwohl noch am Leben sein, so bleibt er dennoch rechtsfähig und kann die Aufhebung der Todeserklärung beantragen, § 30 VerschG.

Tiere Tiere allerdings sind keine Rechtssubjekte und damit nicht rechts- (bzw. erb-)fähig (s. a. die §§ 90 a bzw. 1922 I BGB; s. u. 4.1).

Beispiel: Der Hundefreund H setzt seinen Beagle „Filou" testamentarisch (§§ 2064 ff. BGB) zum Erben ein – dies ist unwirksam (allerdings könnte H den „Filou" mittels einer sog. Auflage i. S. d. §§ 1940, 2192 ff. BGB begünstigen, indem er den Erben oder Vermächtnisnehmer verpflichtet, sich um „Filou" zu kümmern). Wohl sind Tiere zwar keine Sachen, werden diesen aber grundsätzlich gleichgestellt, § 90 a BGB – sie sind somit ggf. Gegenstand eines Kaufvertrages, § 433 BGB (s. u. 10.2.1, 10.2.7), bzw. werden wie bewegliche Sachen gemäß § 929 BGB übereignet (s. u. 15.3.2). (Allerdings ist bei Haustieren, etwa Hunden, grds. keine Eigentumsaufgabe [etwa durch Aussetzen] i. S. d. § 959 BGB möglich, da dies grds. gegen § 3 Nr. 3 TierSchG verstößt).

Personenstand Auf den Personenstand der natürlichen Person bezogene, vornehmlich familien- bzw. namensrechtlich relevante Regelungen ergeben sich insbesondere aus dem PStG.

Beispiele: Eheschließungen, Abstammungen, Sterbefälle – hieraus erwachsen insbesondere etwa unterhalts- oder erbrechtliche Auswirkungen.

3.1.2 Natürliche Personen als Handelnde – Handlungsfähigkeit

Rechts-wirkungen Die Rechtsfähigkeit alleine genügt noch nicht zur Herbeiführung von Rechtsfolgen – man muss auch rechtswirksam handeln können. Auf der Rechtsfähigkeit baut daher der Begriff der Handlungsfähigkeit auf: Darunter wird die Fähigkeit verstanden, durch eigenes Handeln Rechtswirkungen hervorrufen zu können. Es handelt sich dabei um einen Oberbegriff, der die Geschäftsfähigkeit (§§ 104 ff. BGB), die Deliktsfähigkeit (§§ 827 f. BGB) und die Zurechnungsfähigkeit bzw. Verantwortlichkeit für die Verletzung von Verbindlichkeiten (§ 276 I 2 BGB) umfasst. Natürliche Personen sind selbst handlungsfähig; sie benötigen nicht (etwa wie ein Verein) sog. Organe, wie sie bei juristischen Personen erforderlich sind.

3.1.2.1 Geschäftsfähigkeit

Abgabe wirksamer Willens-erklärungen Zwar ist jeder Mensch rechtsfähig; damit ist aber noch nichts darüber gesagt, inwieweit er auch rechtlich selbständig agieren kann. Das ist vielmehr eine Frage der Geschäftsfähigkeit. Darunter versteht man die Fähigkeit, rechtlich wirksam zu handeln, also Rechtsgeschäfte selbständig vollwirksam vornehmen zu können durch Abgabe eigener Willenserklärungen (s. u. 6.3). Dazu knüpft der Gesetzgeber grundsätzlich an das Lebensalter an. Wann ein Mensch geschäftsfähig ist, ergibt sich aus den §§ 2, 104 ff. BGB. Dabei werden die volle Geschäftsfähigkeit, die beschränkte Geschäftsfähigkeit und die Geschäftsunfähigkeit unterschieden:

Abstufungen – Voll geschäftsfähig ist grundsätzlich jeder Mensch, der das 18. Lebensjahr vollendet hat, also volljährig ist (§ 2 BGB);

- geschäftsunfähig ist gemäß § 104 Nr. 1 und 2 BGB,
  - wer noch nicht das siebente Lebensjahr vollendet hat;
  - wer sich in einem die freie Willensbestimmung ausschließenden Zustand krankhafter Störung der Geistestätigkeit befindet, sofern nicht dieser Zustand seiner Natur nach ein vorübergehender ist,

    (**Beispiele:** dauerhafte Gemüts- bzw. Nervenkrankheiten; Demenz; Querulantenwahn – nicht aber in sog. lichten Augenblicken, „lucida intervalla");
- beschränkt geschäftsfähig ist gemäß der §§ 2, 106 BGB,
  - wer das siebente Lebensjahr, noch nicht aber das achtzehnte Lebensjahr vollendet hat. Soweit für volljährige Betreute, §§ 1896 ff. BGB, ein Einwilligungsvorbehalt angeordnet worden ist, stehen sie beschränkt geschäftsfähigen Minderjährigen gleich, § 1903 I 2, III BGB.

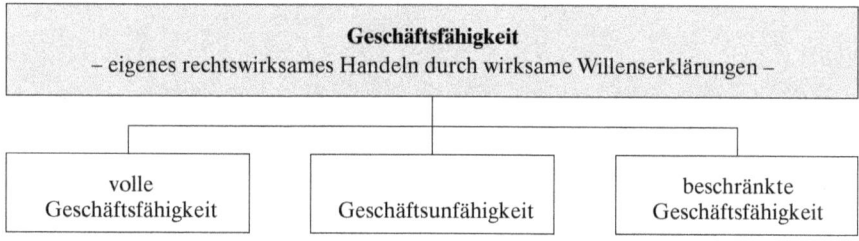

Schaubild 11: Geschäftsfähigkeit

Die Tatsache, ob ein handelnder Mensch geschäftsfähig, beschränkt geschäftsfähig oder geschäftsunfähig ist, ist rechtsgeschäftlich von größter Bedeutung: — Konsequenzen

Nur die auf einen rechtlichen Erfolg gerichteten Erklärungen (Willenserklärungen; s. u. 6.1, 6.3) Geschäftsfähiger sind grundsätzlich wirksam.

Beispiel: Der Volljährige kauft einen Pkw (s. a. 6.6).

Dagegen sind von Geschäftsunfähigen abgegebene Willenserklärungen nichtig, § 105 I BGB (s. u. 6.8.1.1; Schaubild 64). Das gilt übrigens gemäß § 105 II BGB (s. a. § 1314 II Nr. 1 BGB) auch für Willenserklärungen, die im Zustand der Bewusstlosigkeit oder vorübergehenden Störung der Geistestätigkeit abgegeben werden.

Beispiele: Drogenrausch, Volltrunkenheit, Hypnose; § 105 II BGB erfasst also Personen, die vorübergehend geistesgetrübt sind, während bei Dauerzuständen § 104 Nr. 2 BGB gilt. Bei vollständigem Fehlen des Bewusstseins liegt i. Ü. wohl bereits tatbestandlich mangels erforderlichen Handlungswillens eine wirksame Willenserklärung gar nicht vor (s. u. 6.3.2.1).

Rechtsgeschäfte des täglichen Lebens, die ein volljähriger Geschäftsunfähiger tätigt und die mit geringwertigen Mitteln bewirkt werden können, gelten jedoch in Ansehung der Leistung und ggf. der Gegenleistung mit deren Bewirken grundsätzlich als wirksam, § 105 a BGB. — volljährige Geschäftsunfähige

Beispiel: Der 30-jährige Geisteskranke erwirbt eine Zeitung.

Geschäftsunfähige können i. Ü. auch kein wirksames Testament errichten, § 2229 V BGB.

Beschränkt Geschäftsfähige behandelt der Gesetzgeber differenziert: er schützt sie vor dem Abschluss nachteiliger Geschäfte. Für Willenserklärungen, durch die der Minderjährige nicht lediglich einen rechtlichen Vorteil erlangt, bedarf er der — Schutz

21

Einwilligung (also der vorherigen Zustimmung, vgl. § 183 S. 1 BGB) seines gesetzlichen Vertreters (§ 107 BGB). Das sind grundsätzlich die Eltern gemeinsam, §§ 1626 I, 1629 I BGB. Ob ein „lediglich rechtlicher Vorteil" vorliegt oder ob ein rechtlicher Nachteil droht, ist nicht nach wirschaftlichen, sondern ausschließlich nach rechtlichen Gesichtspunkten zu beurteilen.

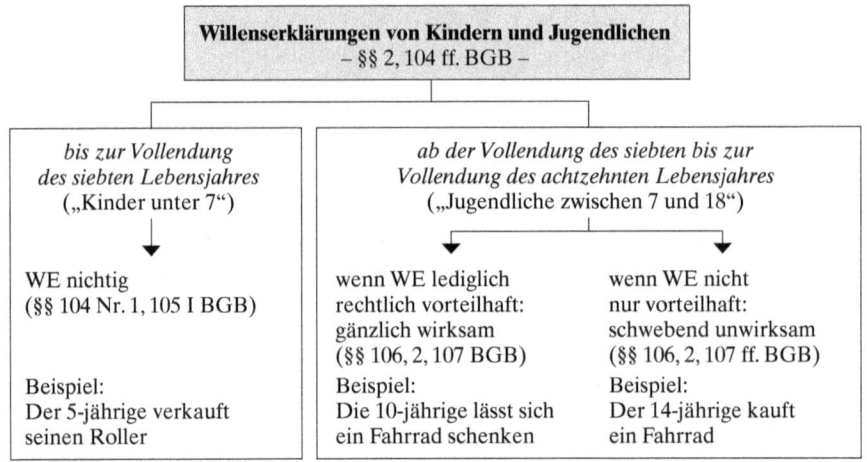

Schaubild 12: Willenserklärungen von Kindern und Jugendlichen

Rechts-
pflichten?
Rechtsverlust?

Die dafür entscheidende Frage lautet: Bringt das Geschäft dem beschränkt Geschäftsfähigen rechtliche Pflichten oder verliert er ein Recht? Wenn ja, dann ist selbst das wirtschaftlich lukrativste Geschäft zustimmungspflichtig.

Beispiele: Der Kauf eines Buches (§ 433 BGB) ist rechtlich nachteilig, da der Minderjährige gemäß § 433 II BGB zahlungspflichtig wird; der Abschluss eines Arbeitsvertrages (§ 611 a BGB) ist rechtlich nachteilig, weil der Minderjährige gemäß § 611 a I BGB Dienste erbringen muss.

Rechtlich dagegen lediglich für ihn Vorteile zeitigende Geschäfte kann der beschränkt Geschäftsfähige eigenständig tätigen.

Empfangs-
zuständigkeit

Beispiele: Die Annahme eines Schenkungsversprechens durch Abschluss eines lediglich den Schenker verpflichtenden Schenkungsvertrages, § 516 BGB; der Erwerb des Eigentums an einer beweglichen Sache durch Annahme der Eigentumsübertragung, § 929 S. 1 BGB (s. u. 5 [Abstraktionsprinzip]); die Annahme der Abtretung einer Forderung an den Minderjährigen, § 398 BGB (s. u. 8.8). Wird an einen beschränkt Geschäftsfähigen etwa eine Geldleistung gezahlt, so steht die sog. Empfangszuständigkeit hierfür dem gesetzlichen Vertreter zu, Erfüllung i.S.d. § 362 I BGB (s.u. 8.14.1) tritt somit erst ein, wenn die Leistung an diesen gelangt oder von diesem genehmigt worden ist (str.).

Dabei sind nur mittelbar durch das Geschäft ausgelöste Nachteile unerheblich, ändern also nichts am Vorliegen des „lediglich rechtlichen Vorteils."

Beispiel: Der auf einen Hund gerichtete Schenkungsvertrag ist auch dann lediglich rechtlich vorteilhaft, wenn mit ihm Steuerpflichten und Tierhalterhaftpflichten (vgl. § 833 BGB) sowie Fütterungskosten verbunden sind (beachte aber das Abgabeverbot an Kinder bzw. Jugendliche bis zum vollendeten 16. Lebensjahr gem. § 11 c TierSchG).

Folgen
nachteiliger
Geschäfte

Schließt ein beschränkt Geschäftsfähiger rechtlich nachteilige Geschäfte ohne die Einwilligung oder ohne die nachträgliche Zustimmung (= Genehmigung, §§ 108 I, 184 I BGB) seines gesetzlichen Vertreters, dann sind sie unwirksam. Bis zur

Erteilung der Genehmigung ist das Geschäft, etwa ein Kaufvertrag, schwebend unwirksam, §§ 108, 109 BGB (s. a. 6.8.1.3; 6.5, Schaubild 51). Zur Klarstellung der Rechtslage kann der Vertragspartner des Minderjährigen dessen gesetzlichen Vertreter zur Erteilung der Genehmigung auffordern (s. u. 6.3.3.1). Dieser hat dann zwei Wochen Zeit, sich zu entschließen. Wird die Genehmigung nicht erteilt, dann gilt sie als verweigert. Wird der Minderjährige zwischenzeitlich volljährig, so wird ein zuvor von ihm geschlossener Vertrag nicht automatisch rechtswirksam, vielmehr kann er jetzt selbst entscheiden, ob er genehmigen will, § 108 II, III BGB. Gemäß § 109 BGB ist im Übrigen der Vertragspartner des Minderjährigen bis zur Genehmigungserteilung zum Widerruf berechtigt, wenn ihm die Minderjährigkeit bzw. die fehlende Einwilligung nicht bekannt war.

Allerdings gibt es auch generelle Einwilligungstatbestände, bei deren Vorliegen der beschränkt Geschäftsfähige ausnahmsweise alleine selbst nachteilige Rechtsgeschäfte eingehen kann: *Einwilligungstatbestände*

– Gemäß § 110 BGB dann, wenn er die von ihm geschuldete Leistung vollständig mit Mitteln bewirkt, die ihm zu diesem Zweck, *Taschengeld*

  Beispiele: etwa zum Bücherkauf, Fahrradkauf,

  oder zur freien Verfügung vom gesetzlichen Vertreter oder mit dessen Zustimmung von einem Dritten überlassen worden sind.

  Beispiele: Taschengeld, Arbeitslohn. (Der Minderjährige darf das Geld jedoch nicht zweckwidrig bzw. erziehungswidrig verwenden, etwa statt des Fahrrads ein Motorrad oder Drogen kaufen.)

  Wichtig dabei ist, dass die Leistung vollständig bewirkt sein muss – Kredit- und Ratengeschäfte sind ausgeschlossen.

  Beispiele: Ein 16-Jähriger kauft ein Handy zum Preis von 300,– €. 100,– € bezahlt er mit Erspartem, den Rest will er in vier Raten à 50,– € aus künftigem Taschengeld begleichen. Dieser Kaufvertrag fällt nicht unter § 110 BGB, die Zustimmung des gesetzlichen Vertreters bleibt erforderlich. Hat der Minderjährige aber die letzte Rate bezahlt, dann ist die von ihm geschuldete Leistung bewirkt und der Vertrag wirksam; auch Abonnements (bspw. Handyklingeltonabos) sind somit grds. nicht ohne Zustimmung der Eltern wirksam (die Erlaubnis der Eltern, ein Handy zu nutzen, schließt den Abschluss eines Klingeltonabos nicht per se ein);

– gemäß der §§ 112 und 113 BGB dann, wenn Teilgeschäftsfähigkeit für den Betrieb eines Erwerbsgeschäftes (Handelsmündigkeit) oder für ein Arbeitsverhältnis (Arbeitsmündigkeit) vorliegt; hiernach kann der gesetzliche Vertreter, ggf. mit Zustimmung des Familiengerichts, den Minderjährigen zum Betrieb eines Erwerbsgeschäfts oder zur Eingehung eines Dienst- oder Arbeitsverhältnisses ermächtigen. *Handels-, Arbeitsmündigkeit*

  Beispiele: Zur Führung eines kaufmännischen, handwerklichen bzw. freiberuflichen Unternehmens oder zur Arbeitsaufnahme (nicht aber: Abschluss eines Berufsausbildungsvertrages, vgl. § 4 II BBiG). Die Beschränkungen der §§ 112 I 2, 113 I 2, 1643 I, 1822 Nr. 8, 9, 11 BGB sind ebenso zu beachten.

  Der Minderjährige ist dann insoweit partiell geschäfts- und prozessfähig (§ 52 ZPO); GmbH-Geschäftsführer kann er allerdings gleichwohl nicht werden (vgl. § 6 II 1 GmbHG);

– wenn der sog. Generalkonsens besteht, d. h., wenn der gesetzliche Vertreter generell darin einwilligt, dass der Minderjährige auf einem bestimmten Sektor Rechtsgeschäfte vornimmt. *Generalkonsens*

23

```
┌─────────────────────────────────────────────┐
│        Wirksamkeit von Willenserklärungen     │
│ Minderjähriger bzw. (beschränkt) Geschäfts(un)fähiger │
└─────────────────────────────────────────────┘
```

┌──────────────────────────┐   ┌──────────────────────────┐
│ beschränkt Geschäftsfähige: │   │ Geschäftsunfähige: │
│ §§ 106, 2 BGB   │   │ (§§ 104, 105 II BGB)   │
│ (beachte die §§ 112, 113 BGB) │   └──────────────────────────┘
└──────────────────────────┘

┌────────────────────┐ ┌────────────────────┐ ┌────────────────────┐
│ Willenserklärung   │ │ Willenserklärung *nicht* │ │ Willenserklärungen │
│ *lediglich rechtlich* │ │ *lediglich rechtlich* │ │ sind nichtig,   │
│ *vorteilhaft*:   │ │ *vorteilhaft*   │ │ § 105 I, II BGB;   │
│ wirksam, § 107 BGB │ │ (§ 107 BGB):   │ │ Ausnahme: § 105 a BGB │
└────────────────────┘ └────────────────────┘ └────────────────────┘

┌────────────────────────┐ ┌────────────────────────┐
│ Einwilligung   │ │ Einwilligung bzw.   │
│ (§ 108 I BGB)   │ │ Genehmigung fehlen: │
│ bzw. Genehmigung   │ │ einseitige Rechtsge-   │
│ (§ 108 II BGB):   │ │ schäfte unwirksam,   │
│ Rechtsgeschäft wirksam │ │ § 111 BGB,   │
│   │ │ Verträge nichtig   │
└────────────────────────┘ └────────────────────────┘

┌────────────────────────┐
│ Sonderfälle: │
│ §§ 110; 112, 113 BGB   │
└────────────────────────┘

┌────────────────────────────────┐
│ ggf. Haftungsbeschränkung   │
│ bei Eintritt der Volljährigkeit, │
│ § 1629 a BGB   │
└────────────────────────────────┘

Schaubild 13:
Schutz Minderjähriger bzw.
(beschränkt) Geschäfts(un)fähiger

Beispiele: Die 16-Jährige darf mit Erlaubnis ihrer Eltern in den Ferien verreisen – sie darf dann dort bspw. ein Zimmer buchen, Lebensmittel erwerben, etc.; die Einwilligung zum Vereinsbeitritt (s. u. 3.2.2) umfasst auch die Zustimmung zur Stimmabgabe in der Mitgliederversammlung (vgl. die §§ 38, 32 BGB). Bei Einwilligung der Eltern zur Eröffnung bzw. zum Führen eines Girokontos darf die Bank das Konto grds. nur im Guthaben führen und Überziehungen nicht zulassen; bei Krediten an Minderjährige ist i. Ü. gem. der §§ 107, 1643, 1822 Nr. 8 BGB die Genehmigung des Familiengerichtes erforderlich (s. u. 7.7.1).

Einseitige Rechtsgeschäfte
Einseitige Rechtsgeschäfte,

Beispiele: Kündigung (§ 542 I BGB), Auslobung (§ 657 BGB), Eigentumsaufgabe (§ 959 BGB), Bevollmächtigung (Vollmachtserteilung, § 167 I BGB), Anfechtung (§ 143 I BGB), s. u. 6.2.2,

ohne die notwendige Einwilligung des gesetzlichen Vertreters sind nichtig. Eine nachträgliche Zustimmung (Genehmigung, § 184 I BGB) heilt dies nicht, vielmehr ist die Neuvornahme erforderlich, vgl. § 111 BGB.

Testament
Ehe
Beschränkt geschäftsfähige Minderjährige können (erst/bereits) mit Vollendung des 16. Lebensjahres (notariell) testieren, §§ 2229 I, 2233 I, 2247 IV, 2231 Nr. 1 BGB, bzw. ggf. die Ehe eingehen, § 1303 I, II BGB.

Werden nicht voll Geschäftsfähigen gegenüber Willenserklärungen abgegeben (s. u. 6.3.5),

Beispiele: Vertragsangebote, Kündigungserklärungen,

so werden diese nicht wirksam, bevor sie dem gesetzlichen Vertreter zugehen, §131 I, II BGB.

Zugang

Beispiele: Die (außerordentliche) Kündigung des Arbeitgebers ist erst wirksam, wenn sie den Eltern des minderjährigen Arbeitnehmers zugeht, vgl. die §§ 611 a, 626, 623, 125, 126, 130 I 1, 131 II 1 BGB, 15 BBiG (s. u. 6.3.5, 8.14.2.10, 16.5.2.1). (Im Falle der §§ 112, 113 BGB, s. o., kommt es, da insoweit Geschäftsfähigkeit gegeben ist, hierauf nicht an.) Das Kündigungsschreiben des Vermieters (s. u. 10.5.7) muss, wenn für den Mieter ein Betreuer in Wohnungsangelegenheiten bestellt ist (§ 1896 BGB), dem Betreuer zugehen, § 131 II BGB

Geschäftsunfähige können Boten (Übermittler fremder Willenserklärungen) sein; beschränkt Geschäftsfähige können auch Stellvertreter sein, vgl. § 165 BGB (s. u. 7.3.2; 7.4.4).

Bote/
Stellvertreter

Das Schicksal von Rechtsgeschäften hängt also, wie gezeigt, entscheidend von der Geschäftsfähigkeit ab. Oftmals beschweren sich Vertragspartner von Minderjährigen oder Geschäftsunfähigen darüber und beklagen, sie hätten davon nichts gewusst oder nichts wissen können.

Beispiele: Der Minderjährige sieht erheblich älter aus; der Geisteskranke benimmt sich unauffällig.

Das ändert aber nichts daran: Der Gesetzgeber privilegiert diesen Personenkreis, gerade auch zu Lasten Unwissender. Ein guter Glaube an die Geschäftsfähigkeit wird nicht geschützt.

kein
Gutglaubens-
schutz

Die Haftung volljährig Gewordener für während der Minderjährigkeit begründete Verbindlichkeiten ist i. Ü. beschränkt: Der volljährig Gewordene kann sich darauf berufen, dass die Haftung für derartige Verbindlichkeiten sich auf den Bestand des bei Eintritt der Volljährigkeit vorhandenen Vermögens beschränkt, § 1629 a BGB.

3.1.2.2 Deliktsfähigkeit

Zur Handlungsfähigkeit gehört desweiteren die Deliktsfähigkeit. Darunter wird die Fähigkeit verstanden, für begangene rechtswidrige unerlaubte Handlungen (lat. delictum = Vergehen, Verbrechen; s. u. 12), vgl. die §§ 823 ff. BGB, verantwortlich zu sein. Es geht also um die Fähigkeit, für schadensstiftende Ereignisse zur (zivilrechtlichen, nicht strafrechtlichen; vgl. dort die §§ 19 ff. StGB) Verantwortung gezogen werden zu können.

Verantwort-
lichkeit

Auch hierbei differenziert der Gesetzgeber nach dem Alter bzw. der psychischen Konstitution des Schädigers: Grundsätzlich ist nach dem BGB jedermann deliktsfähig, es sei denn, es liegen gesetzlich begründete Ausnahmefälle, §§ 827, 828 BGB, vor (s. u. 12.2.3).

- Danach sind Bewusstlose bzw. in einem die freie Willensbildung ausschließenden Zustande krankhafter Störung der Geistestätigkeit sich Befindliche sowie Kinder, die noch nicht das siebente Lebensjahr vollendet haben, deliktsunfähig (also für anderen zugefügte Schäden gar nicht verantwortlich), §§ 827, 828 I BGB;

Abstufungen

- Kinder, die das siebente, aber noch nicht das zehnte Lebensjahr vollendet haben, sind für Schäden, die sie bei Kraftfahrzeug-, Schienenbahn- oder Schwebebahnunfällen anderen zufügen, nicht verantwortlich, es sei denn, sie handeln vorsätzlich, § 828 II BGB;

> **Deliktsfähigkeit**
> – Verantwortlichkeit für rechtswidrige unerlaubte Handlungen
> (vgl. die §§ 823 ff. BGB) –
> Grundsatz: Rechtssubjekte sind regelmäßig deliktsfähig, es sei denn:

> – Zustand der Bewusstlosigkeit bzw. der krankhaften Störung der Geistestätigkeit
> – unverschuldeter Rausch (wenn verschuldet: deliktsfähig bzw. fahrlässig)
> – Kinder bis zum vollendeten siebten Lebensjahr
> – Kinder nach vollendetem siebten bis einschließlich des zehnten Lebensjahres
> bei Unfall mit Kfz, Schienen- oder Schwebebahn (es sei denn: Vorsatz)
> ⇒ Deliktsunfähigkeit, §§ 827, 828 I, II BGB
>
> – Jugendliche zwischen vollendetem siebtem und achtzehntem Lebensjahr
> (es sei denn, erforderliche Einsicht vorhanden)
> ⇒ beschränkte Deliktsfähigkeit, § 828 III BGB

Schaubild 14: (Beschränkte) Delikts(un)fähigkeit

– Jugendliche zwischen dem siebenten und dem vollendeten achtzehnten Lebensjahr sind im Übrigen beschränkt deliktsfähig und für Anderen zugefügte Schäden dann nicht verantwortlich, wenn sie bei der Begehung der schädigenden Handlung nicht die zur Erkenntnis der Verantwortlichkeit erforderliche Einsicht haben, § 828 III BGB.

Beispiele: Der 6-Jährige schießt beim Spielen einem Kameraden mit dem Flitzbogen ein Auge aus – er kann hierfür nicht i. S. d. § 823 BGB schadensersatzpflichtig gemacht werden, § 828 I BGB.

Ein 8-Jähriger läuft unachtsam auf die Straße – ein Autofahrer, der deswegen ausweichen muss und dabei ein parkendes Auto rammt, kann von ihm keinen Schadensersatz verlangen, § 828 II BGB (s. u.).

Ein 12-Jähriger wirft mit einem Stein ein Fenster ein – er dürfte die zur Erkenntnis seiner Verantwortlichkeit erforderliche Einsicht altersgemäß haben, § 828 III BGB, und muss Schadensersatz leisten (§ 823 I BGB).

Aufsichtspflicht | Von der Frage der eigenen Einstandspflicht des aufsichtsbedürftigen Deliktsunfähigen bzw. beschränkt Deliktsfähigen zu trennen ist die mögliche Verantwortung eines Aufsichtspflichtigen, § 832 BGB.

Beispiele: Die als Inhaber des Personensorgerechts gegenüber ihrem 6-jährigen Kind kraft Gesetzes aufsichtspflichtigen Eltern (§§ 1626 ff. BGB) erlauben ihm, unbeaufsichtigt mit Feuerwerkskörpern zu spielen – während das Kind selbst für Dritten widerrechtlich zugefügte Schäden nicht einstandspflichtig ist, § 828 I BGB, müssen die Eltern i. d. R. Schadensersatz leisten, § 832 I BGB. Bei Kindern bis zu vier Jahren ist die Aufsichtspflicht der Eltern nach der Rspr. besonders streng bzw. gesteigert. Andererseits müssen Kinder auch nicht ständig überwacht bzw. beim Spielen nicht dauernd beobachtet werden. Haben die Eltern etwa im obigen Beispiel ihr im Freien spielendes 8-jähriges Kind vor den möglichen Gefahren des Straßenverkehrs nachdrücklich gewarnt, so haben sie grds. ihrer Aufsichtspflicht genügt, sodass sie ebenfalls nicht für den Schaden zahlen müssen (und damit ebensowenig ihre etwaige Privathaftpflichtversicherung; der geschädigte Autofahrer bleibt also ggf. auf seinen Kosten „sitzen"). Der Schutzbereich des § 828 II BGB betrifft jedoch nur Unfälle im fließenden, nicht aber ruhenden Verkehr: Beschädigt ein 7-jähriges Kind ein geparktes Auto, so bleibt es bei § 828 III BGB, so dass es dabei auf seine Einsichtsfähigkeit ankommt.

Billigkeits-haftung | Gegebenenfalls kommt auch eine Einstandspflicht des (beschränkt) Delikts(un)-fähigen aus Billigkeitsgründen, § 829 BGB, in Betracht.

Beispiel: Der geisteskranke, wohlhabende Schädiger, der wegen § 827 S. 1 BGB nicht zum Ersatz des von ihm angerichteten Schadens verpflichtet ist, obgleich er einen unterhaltspflichtigen Familienvater bei einer Trunkenheitsfahrt getötet hat, schuldet den Hinterbliebenen einen angemessenen Betrag (s. u. 12.2.3).

3.1.2.3 Verschuldensfähigkeit

Den Begriff des Verschuldens definiert das BGB nicht. Es lässt den Schuldner Vorsatz und Fahrlässigkeit vertreten, § 276 I 1 BGB (s. u. 9.2; 12.2.3; vgl. Schaubild 103). Vorsatz bedeutet dabei das Wissen und Wollen des rechtswidrigen Erfolges bzw. dessen billigendes Inkaufnehmen. — *Verschulden*

Beispiel: Der Dieb stiehlt die Geldbörse.

Fahrlässigkeit ist definiert als Außerachtlassen der im Rechtsverkehr (bzw. im Umgang miteinander) erforderlichen Sorgfalt (§ 276 II BGB).

Beispiel: Der Arzt begeht ungewollt einen Behandlungsfehler.

Verschulden ist somit das objektiv rechts- bzw. pflichtwidrige und subjektiv vorwerfbare Verhalten eines Zurechnungsfähigen. Ob die hierfür erforderliche Verschuldensfähigkeit (Zurechnungsfähigkeit) vorliegt, richtet sich gemäß der ausdrücklichen Verweisung in § 276 I 2 BGB (s. o. 3.1.2) nach den §§ 827, 828 BGB, also nach den Regeln über die Deliktsfähigkeit. Somit lassen sich hierbei ebenfalls Fälle von Verschuldensunfähigkeit bzw. beschränkter Verschuldensfähigkeit feststellen. — *Begriff*

Beispiel: Nach dem Abschluss eines wirksamen Kaufvertrages wird der Käufer geisteskrank. Auf eine reaktionslos gebliebene Mahnung des Verkäufers, den Kaufpreis zu zahlen, macht dieser – vergeblich – seinen Verzugsschaden geltend, §§ 286 I, 280 I, II BGB: Denn die für eine Einstandspflicht des Käufers erforderliche Verschuldensfähigkeit fehlt, §§ 286 IV, 276 I 2, 827 BGB (s. u. 9.4.2 a. E.).

3.1.3 Natürliche Personen als zu Schützende

Menschen werden durch die Rechtsordnung geschützt. Ihre Rechte werden in vielfältiger Weise gewahrt (vgl. die Werteordnung des GG). — *Schutzbereiche*

3.1.3.1 Schutzbereiche

Dies findet gerade auch seinen zivilrechtlichen Niederschlag:

Die körperliche Unversehrtheit wird geschützt, vgl. § 823 BGB,

Beispiel: wer die Gesundheit oder den Körper eines anderen schuldhaft verletzt, schuldet ggf. Schadensersatz, § 823 I BGB (s. u. 12);

der Name als sprachliche Kennzeichnung und Merkmal der Person wird respektiert, § 12 BGB, wovon nicht nur der bürgerliche Name (vgl. die §§ 111 OWiG; 1355, 1616 ff. BGB) erfasst wird, sondern auch Künstlernamen, Namen juristischer Personen, politischer Parteien, Partnerschaften (§ 2 PartGG), ebenso die Firma – vgl. die §§ 17 ff. HGB – als Unternehmensname (s. u. 3.4.5), der domain-Name als Internetadresse bzw. sonstige Geschäftsbezeichnungen mit Namenscharakter. Im Falle der Verletzung von Namensrechten kann Beseitigung der Störung bzw. Unterlassung, ggf. auch Schadensersatz (§§ 823 I, 826, 1004 BGB), verlangt werden.

Beispiele: Unbefugte Namensanmaßung, unbefugte Unternehmensbezeichnung bei Identitäts- oder Zuordnungsverwirrung, etwa als domain-Name bzw. Internetadresse (domain-grabbing, s. a. 12.4, 15.3.5, 18.3.1.2); so ist bspw. die Reservierung, Registrierung oder Nutzung eines Namens oder einer Firma im Internet als Verstoß gegen § 12 BGB unzulässig, wenn der unrichtige Eindruck hervorgerufen wird, der Namensträger habe dem Gebrauch zugestimmt. S. a. in diesem Zusammenhang die Schutzvorschriften der §§ 3 ff. UWG, 37 HGB, 2 II PartGG, 14 ff. MarkenG (s. u. 19.5);

die elterliche Sorge wahren die §§ 1626 ff. BGB,

Beispiele: die Pflicht und das Recht beider Elternteile zu Pflege und Erziehung bzw. Vermögensverwaltung;

die eheliche sowie die partnerschaftliche Lebensgemeinschaft schützen die §§ 1353 ff. BGB, 2 ff. LPartG,

Beispiele: gegenseitige Unterhaltsansprüche (§§ 1360 ff. BGB, 5 LPartG), Besorgung angemessener Geschäfte zur Deckung des Lebensbedarfs (§ 1357 BGB);

das allgemeine, aus Art. 1 und 2 GG abgeleitete, Persönlichkeitsrecht findet als „sonstiges Recht" i. S. d. § 823 I BGB Anerkennung, seine Verletzung führt nach der Rspr. (hergeleitet unmittelbar aus § 823 BGB i. V. m. Art. 1 I, 2 I GG [ungeachtet des § 253 BGB]) zu Unterlassungs- bzw. Schmerzensgeldansprüchen.

Beispiele: Ehrverletzungen durch ehrenrührige falsche Behauptungen in der Presse, unbefugtes Verwerten von Bild oder Name zu Werbezwecken (auch über den Tod hinaus), Verfälschen des Unternehmensbildes in öffentlichen Darstellungen, unbefugtes Eindringen in die Privatsphäre durch Telefonwerbung (s. a. 18.3.4) bzw. Flugdrohnenausspähung von (Nachbar-)Grundstücken bzw. den darauf befindlichen Personen (s. a. 14.2; 15.3.5 bzw. die DrohnenVO); Verletzung des aus Art. 1 I, 2 I GG abgeleiteten Rechts auf informationelle Selbstbestimmung; datenschutzrechtlich nicht gestattete Weitergabe persönlicher Daten (s. u. 8.12.3, 12.2.1.1);

ungerechtfertigte Benachteiligungen sind unzulässig, §§ 1 ff. AGG,

Beispiele: unmittelbare oder mittelbare Benachteiligungen aus Gründen der Rasse oder des Geschlechts (s. u. 6.6.6.2, 16.2.2.3);

bei medizinischen Behandlungen schützen Patienten die §§ 630 a ff. BGB,

Beispiele: Einwilligungserfordernisse, Aufklärungspflichten, Dokumentation;

auf wirtschaftlich potentiell Unterlegene wird gesetzlich durchaus Rücksicht genommen:

3.1.3.2 Verbraucher

Verbraucher-
begriff

Eine natürliche Person, die ein Rechtsgeschäft zu Zwecken abschließt, die überwiegend weder ihrer gewerblichen noch ihrer selbständigen beruflichen Tätigkeit zugerechnet werden können, wird als Verbraucher i. S. d. § 13 BGB besonders geschützt.

Beispiele: Vgl. die §§ 241 a, 310, 312 ff., 355 ff., 474, 481, 491, 495, 655 a, 661 a BGB, 4 FernUSG, Art. 6 VO (EG) Rom I, §§ 17 II a 2 BeurkG, 1031 V ZPO.

Verbraucher i. S. d. § 13 BGB sind nur natürliche, nicht aber juristische Personen.

Beispiele: Kinder, Erwachsene, ungeachtet etwa des ökonomischen oder intellektuellen Status; nicht aber bspw. eine AG oder GmbH. Auch eine GbR kann ggf. Verbraucherin sein, ebenso eine Wohnungseigentümergemeinschaft (während etwa der Wohnungsverwalter i. d. R. Unternehmer i. S. d. § 14 BGB ist; s. u. 3.3; 3.6).

Bei in die Privatsphäre fallenden Rechtsgeschäften (s. u. 6.1),

Beispiele: Privatkäufe des täglichen Lebens; in Urlaub oder Freizeit; als Patient; Anlage eigenen Vermögens; auch bei aus Anlass des Arbeitsverhältnisses getätigten Rechtsgeschäften (s. u. 16.2.2.1, 16.3.2.5, etwa beim Kauf von Arbeitskleidung oder einem Pkw zur Fahrt zur Arbeit, auch beim Arbeitsvertrag selbst); der GmbH-Geschäftsführer handelt bei Abschluss seines Dienst-/Anstellungsvertrages mit der GmbH als Verbraucher i. S. d. § 13 BGB (s. u. 17.7.6.1. a. E.; s. a. 17.8.7.1 bzgl. des AG-Vorstandes);

Verbraucher – § 13 BGB –

– natürliche Person – rechtsgeschäftlich handelnd – überwiegend nicht gewerblicher/selbstständiger beruflicher Tätigkeit zuzurechnen

im Verbraucherrecht Gegenbegriff zum Unternehmer (§ 14 BGB)	Vertrag zwischen Verbraucher und Unternehmer: Verbrauchervertrag (§§ 310 III, 474 I BGB)	Schutzadressat der Regeln des Verbraucherrechts	wenn auch als Unternehmer oder Kaufmann tätig (§§ 14 BGB; 1 ff., 343 ff. HGB): Zuordnung zum privaten Bereich ggf. durch Auslegung zu ermitteln

Schaubild 15: Verbraucher, § 13 BGB

Schutzregeln für Verbraucher – insbesondere bezüglich:

• AGBen:	Schutz vor belastenden AGBen, §§ 305 ff. BGB
• Kaufverträge:	Schutzvorschriften bzgl. des Verbrauchsgüterkaufes, §§ 474 ff. BGB
• Werkverträge:	Schutzvorschriften bzgl. des Verbraucherbauvertrags, §§ 650 i ff. BGB
• besondere Vertriebsformen:	Widerrufsrechte bei außerhalb von Geschäftsräumen, im Fernabsatz bzw. elektronischen Geschäftsverkehr geschlossenen Verträgen, §§ 312 ff., 355 ff. BGB
• Lieferung unbestellter Sachen/Leistungen:	keine Leistungsverpflichtung, § 241 a BGB
• Gewinnzusagen:	müssen eingelöst werden, § 661 a BGB
• Teilzeitwohnrechte:	Schutzvorschriften bzgl. Teilzeit-Wohnrechteverträgen, §§ 481 ff. BGB
• Darlehen:	Schutzvorschriften bzgl. Verbraucherdarlehensverträgen, §§ 491 ff. BGB, Finanzierungshilfen, §§ 506 ff. BGB, Ratenlieferungsverträgen, § 510 BGB, Darlehensvermittlungsverträgen, §§ 655 a ff. BGB
• medizinische Behandlung:	Schutzregeln für Patienten, §§ 630 a ff. BGB
• Information:	insb. Pflichtenkatalog – Präzisierung gemäß der Art. 246 ff. EGBGB nebst Anlagen
• Insolvenz:	Restschuldbefreiung, §§ 286 ff. InsO, Sonderregeln, §§ 304 ff. InsO
• Streitbeilegung:	Erleichterungen bei außergerichtlicher Streitbeilegung, §§ 1 ff. VSBG, bzw. Musterfeststellungsklagen, § 606 ZPO.

Schaubild 16: Schutzregeln für Verbraucher

ist der Verbraucher somit rechtlich aufgrund seiner gesetzlich unterstellten Schutzbedürftigkeit privilegiert.

Verbraucherschutz

Beispiele: Verbraucher werden bei der Verwendung von AGBen, bei außerhalb von Geschäftsräumen geschlossenen Verträgen, Fernabsatzverträgen, Verbrauchsgüterkäufen, Darlehensaufnahmen, Teilzeitwohnrechteverträgen, Verbraucherbauverträgen geschützt. Sie

Privat-/ Geschäftssphäre

29

haben besondere Widerrufs- bzw. Belehrungsrechte, §§ 310 III, 312 ff., 355 ff. BGB, bei ihnen gelten die strengen Vorschriften des Handelsrechts nicht, zur außergerichtlichen Streitbeilegung bestehen besondere Schlichtungsstellen i. S. d. VSBG, sie können sich Musterfeststellungsklagen anschließen, s. u. 20.5, § 606 ZPO, u. v. m. Beim Verbraucherbegriff ist hierbei ggf. zu differenzieren – es kommt nämlich u. U. darauf an, zu welchem Zweck eine Person ein Rechtsgeschäft vornimmt bzw. welcher Zweck überwiegt: Ein Kaufmann oder Freiberufler kann etwa bei Abschluss eines (Kauf-) Vertrages im Privatbereich Verbraucher i. s. d. § 13 BGB, bei Abschluss eines (anderen Kauf-)Vertrages im geschäftlichen Bereich Unternehmer sein (i. S. d. § 14 I BGB; s. u. 3.6, 6.2.6). *Aber:* Tritt ein Verbraucher einem Unternehmer gegenüber wahrheitswidrig als Gewerbetreibender auf bzw. täuscht er diesem einen gewerblichen Verwendungszweck einer Kaufsache vor, um sich hierdurch Vorteile zu verschaffen, so kann er sich auf die Verbraucherschutzvorschriften nicht berufen (vgl. die Parallele beim Kaufmann kraft Rechtsscheines, s. u. 3.4.2.5, 8.3.1.2).

Der Verbraucherschutz ist somit eine durchaus wichtige Materie des allgemeinen Privatrechts.

Verbraucher-vertrag Der Verbrauchervertrag (vgl. § 310 III BGB) ist mittlerweile geradezu die Regelform des schuldrechtlichen Vertrages (s. u. 6.2.1; 6.2.7; 6.6; 8.2.2 bzw. die Schaubilder 33, 34, 44, 133).

Beispiele: Bei einem Kaufvertrag zwischen einem Unternehmer i. s. d. § 14 BGB (s. u. 3.6) und einem Verbraucher i. s. d. § 13 BGB sind etwa die Regeln des Verbrauchsgüterkaufes (§§ 474 ff. BGB; s. u. 10.2.7.3) zu beachten.

3.1.4 Wohnsitz

Wohnsitz der natürlichen Person ist der räumliche Schwerpunkt ihrer gesamten Lebensverhältnisse. Der Mensch kann einen, gar keinen oder aber auch mehrere Wohnsitze haben, vgl. § 7 BGB. Vom Wohnsitz als der ständigen Niederlassung,

Beispiele: im Haus, in der Wohnung,

ist der bloße gewöhnliche, auch ständige, Aufenthalt,

Beispiel: etwa im Krankenhaus,

Bedeutung zu unterscheiden. Der Wohnsitz hat vielfache rechtliche Bedeutung: Er ist Anknüpfungspunkt für öffentlich-rechtliche Verhältnisse,

Beispiele: Finanzamt, Wahlteilnahme, Meldepflicht,

für die Rechtsdurchsetzung,

Beispiel: Allgemeiner Gerichtsstand des Beklagten, § 13 ZPO; s. u. 20.1,

und für den Erfüllungsort von Verträgen,

Beispiel: Leistungserbringung i. d. R. beim Schuldner, § 269 I BGB; s. u. 8.5. S. a. die §§ 8-11 BGB zum Wohnsitz von nicht voll Geschäftsfähigen (s. o. 3.1.2.1), Kindern bzw. Soldaten.

Bei juristischen Personen tritt an die Stelle des Wohnsitzes der Sitz, § 24 BGB.

Beispiele: Der Sitz einer GmbH oder AG (vgl. die §§ 4 a GmbHG, 5 AktG).

3.2 Juristische Personen

Besonders wichtige Rechtssubjekte sind gerade auch die juristischen Personen.

3.2.1 Begriff

Kunstgebilde Juristische Personen (auch Körperschaften genannt) sind Kunstschöpfungen der Rechtsordnung. Es handelt sich dabei um rechtlich anerkannte und geregelte soziale Organisationen, die selbst Träger von Rechten und Pflichten sein können und demzufolge rechtsfähig (s. o. 3.1.1) sind. Juristische Personen werden rechtlich grundsätzlich wie natürliche Personen behandelt. Wie Menschen also können juristische Personen Rechte erwerben, Verbindlichkeiten eingehen, klagen und verklagt werden.

rechtsfähig

Beispiele: Sie können Gläubiger von Forderungen und Schuldner von Verbindlichkeiten, Eigentümer oder Besitzer von beweglichen sowie unbeweglichen Sachen sein (s. a. Art. 19 III GG). Ihr Name ist i.S.d. § 12 BGB geschützt (s. o. 3.1.3.1).

Juristische Personen kennt das öffentliche Recht ebenso wie das private:

Juristische Personen des öffentlichen Rechts sind Stiftungen, Anstalten und Körperschaften,

öffentlich-rechtlich

Beispiele: Stiftung Preußischer Kulturbesitz; Bundesversicherungsanstalt für Angestellte; Industrie- und Handelskammer; Gebietskörperschaften wie Stadt, Kreis, Land, Bund.

Juristische Personen des privaten Rechts sind in vielfacher Weise zu finden:

privat-rechtlich

Beispiele: Eingetragene Vereine, GmbH, AGen.

Die juristischen Personen können als künstlich geschaffene, anerkannte Rechtsgebilde nicht selbst handeln, sie werden daher regelmäßig durch Menschen als ihre sog. Organe vertreten (s. u. 7.2.2).

Organe

Beispiele: Der Vorstand eines e.V. (§ 26 BGB); der Geschäftsführer einer GmbH (§ 35 GmbHG): von ihnen abgegebene Willenserklärungen wirken unmittelbar für und gegen die juristische Person, vgl. § 164 BGB (s. u. 7.2.2); für von ihnen Dritten zugefügten Schäden muss sie unmittelbar haften, §§ 31, 89 BGB (s. u. 8.12; 8.13.3 a. E.; 17.1.3.1; vgl. Schaubild 217. S. a. § 31 a II BGB). Vergisst etwa das Vorstandsmitglied einer Sparkasse (Anstalt des öffentlichen Rechts) eine Anweisung zum Räumen von Eis und Schnee vor einer Filiale und stürzt dann deswegen ein Kunde, so haftet die Sparkasse für Schäden gemäß der §§ 280 I, 31, 89 bzw. 823 I, 31, 89 BGB.

Die für die juristischen Personen verantwortlichen Repräsentanten – also etwa insbesondere Vorstand/Aufsichtsrat der AG, der eG, Geschäftsführer der GmbH – treffen erhebliche Sorgfalts-, Treue-, Vermögensfürsorgepflichten und Verantwortlichkeiten; für deren schuldhafte Verletzungen sind sie ggf. persönlich einstandspflichtig (vgl. etwa die §§ 93 I 1 AktG, 34 I GenG, 43 I GmbHG; s. u. 17.1.3.3; 17.8.7.1).

Pflichten

Juristische Personen enden grundsätzlich mit einem entsprechenden Liquidationsverfahren und ggf. Verbindlichkeitsberichtigung.

Beendigung

Beispiele: Bei AGen vgl. die §§ 262 ff. AktG (s. u. 17.8.10), bei GmbH vgl. die §§ 60 ff. GmbHG (s. u. 17.7.9). (S. a.: Wird eine Tochtergesellschaft etwa eines Schweineschlachtereikonzerns [s. u. 17.8.13] mit anderen Tochtergesellschaften verschmolzen und aus dem Handelsregister [s. u. 3.4.6] gelöscht, ist sie also rechtlich nicht mehr existent, so geht ein etwaiger Bußgeldbescheid wegen unerlaubter Preisabsprachen [s. u. 18.2.1] ins Leere).

3.2.2 Eingetragener Verein

Prototyp der juristischen Personen des Privatrechts ist der im BGB geregelte eingetragene Verein, §§ 21 ff. Er ist die Grundform aller Körperschaften. Im Rechtsverkehr handelt er durch seine notwendigen Organe: die Mitgliederversammlung (§ 32 BGB) und den Vorstand (§ 26 BGB). Der Vorstand vertritt den Verein nach außen und ist sein gesetzlicher Vertreter, §§ 26 II, 28 BGB (s. u. 7.2.2). Für von ihm angerichtete Schäden haftet der Verein unmittelbar so, als hätte er selbst gehandelt, § 31 BGB. Zur Gründung des Vereins müssen sich sieben Gründungsmitglieder

Juristische Personen des privaten Rechts

zusammenfinden (§ 56 BGB), die Satzung festlegen (§§ 55, 57 f. BGB), den Verein zum Vereinsregister anmelden und ihn eintragen lassen (§§ 55, 59 ff. BGB), wodurch diese juristische Person entsteht. Name, Ziele, Mitgliedschaftsrechte, Rechte und Pflichten der Organe bzw. innere Verfassung ergeben sich aus der Satzung.

Verein | Gläubigern gegenüber haftet der Verein mit seinem ganzen Vermögen, die einzelnen Mitglieder selbst haften grundsätzlich nicht.

Beispiel: Der Kaufpreis (§ 433 II BGB) für vom Vorstand des „Tennisclub Rot-Weiß e. V." für den Verein bestellte Tennisbälle (vgl. die §§ 26 II, 164 I BGB; s. u. 7.2.2, 7.4.2) muss der e. V. aus der Clubkasse zahlen (nicht aber etwa der Vorstand bzw. die einzelnen Vereinsmitglieder).

Ehrenamtlich Tätige | Die Haftung von ehrenamtlich tätigen Organ- bzw. Vereinsmitgliedern gegenüber dem Verein ist grds. auf Vorsatz oder grobe Fahrlässigkeit (s. u. 9.2) beschränkt, §§ 31 a, b BGB.

Beispiele: Das unentgeltlich tätige bzw. bis maximal 720,– € (vgl. § 3 Nr. 26 a EStG) jährlich vergütete Vorstands- oder Vereinsmitglied haftet bei in Wahrnehmung seiner Pflichten bzw. Vereinsaufgaben verursachten Schäden dem Verein gegenüber nicht bei nur einfacher bzw. mittlerer Fahrlässigkeit (s. u. 9.2).

Juristische Person / e. V.

- juristische Zweckschöpfung zur Organisations- und Rechtserleichterung
- Zusammenfassung von Personen oder Sachen zu rechtlich eigenständiger Organisation
- rechtsfähig, Träger eigener Rechte und Pflichten, §§ 21 ff. BGB
- grds. mindestens sieben Gründungsmitglieder, Satzung, Registereintragung erforderlich, §§ 55 ff. BGB
- gesetzlich vertreten durch Vorstand (Organ), § 26 BGB (sein Handeln ist Handeln des Vereins)
- Mitgliederversammlung oberstes Organ, § 32 BGB
- unmittelbare Haftung für Handeln von Organen bzw. verfassungsmäßig berufenen Vertretern, § 31 BGB (s. a. § 89 BGB)
- ggf. Haftungsbeschränkung zugunsten ehrenamtlich Tätiger, §§ 31 a, b BGB

Schaubild 17: Juristische Person/e. V.

Bei Schädigung Dritter haben sie ggf. einen Freistellungsanspruch gegen den Verein, §§ 31 a, b BGB (s. a. 12.5.6).

Hier, mit diesen kurzen Charakteristika des BGB-Vereins, sind letztlich die Grundzüge dessen beschrieben, was die Wesensmerkmale der übrigen juristischen Personen des Privatrechts ausmacht, die sich vornehmlich im sog. Gesellschaftsrecht finden (wobei deren in der Praxis wichtigste die GmbH und die AG sind; s. u. 17.7, 17.8).

Vereinsregister | Im Vereinsregister sind grds. (nur) nichtwirtschaftliche Vereine einzutragen, §§ 21, 55 BGB.

Beispiele: (Amateur-)Sportvereine, Kunst-, Gesangvereine. Problematisch ist dies ggf. bei wirtschaftlichen Vereinen, § 22 BGB – eingetragenen Vereinen ist wirtschaftliche Betätigung grds. nur im Hinblick auf das sog. „Nebentätigkeitsprivileg" gestattet, bei dessen Überschreitung i. d. R. auf wirtschaftsadäquate Rechtsformen, etwa GmbH oder AG, zurückzugreifen ist.

Daneben wird im BGB noch die rechtsfähige Stiftung des Privatrechts geregelt, §§ 80 ff. BGB, die als Vermögensmasse rechtsfähig ist, keine Mitglieder hat, aufgrund des Stifterwillens zweckgebunden wird und durch das Stiftungsgeschäft mit staatlicher Genehmigung entsteht. *Stiftung*

Desweiteren sei hierzu noch der nichtrechtsfähige Verein erwähnt, § 54 BGB, der nicht im Vereinsregister eingetragen ist. Auf den nichtrechtsfähigen Verein finden grds. die §§ 21 ff. BGB entsprechende Anwendung mit Ausnahme der Regeln, die die Rechtsfähigkeit voraussetzen. Der nichtrechtsfähige Verein ist partiell rechtsfähig, kann insb. Träger von Rechten und Pflichten sein. *Nichtrechtsfähiger Verein*

Beispiele: Nichtrechtsfähige Vereine sind etwa (historisch begründet) Gewerkschaften oder politische Parteien (s. u. 17.1.3.2).

3.3 Personenverbände/rechtsfähige Personengesellschaften

Neben natürlichen und juristischen Personen finden sich noch einige besondere Formen von Personenzusammenschlüssen:

Ihre Grundform ist die Gesellschaft des bürgerlichen Rechts, bei der sich mindestens zwei Gesellschafter zur Erreichung eines gemeinsamen Zweckes vertraglich verbinden (§§ 705 ff. BGB; s. u. 17.1.3.1, 17.2; Schaubild 217). Richtet sich der zu fördernde Zweck auf den gemeinsamen Betrieb eines kaufmännischen Handelsgewerbes, so liegt, wenn bei keinem der Gesellschafter die Haftung den Gesellschaftsgläubigern gegenüber beschränkt ist, eine offene Handelsgesellschaft (§§ 105 ff. HGB; s. u. 17.3), wenn bei mindestens einem der Gesellschafter aber im Außenverhältnis eine Haftungsbeschränkung auf eine Vermögenseinlage besteht, eine Kommanditgesellschaft (§§ 161 ff. HGB; s. u. 17.4) vor. Diese Personenzusammenschlüsse (auch Gesamthandsgemeinschaften genannt) werden gleichsam als rechtsfähig bzw. als Körperschaften behandelt: So kann etwa die oHG in eigenem Namen handeln, Rechte erwerben und Verbindlichkeiten eingehen, klagen und verklagt werden, § 124 HGB, gleiches gilt gemäß § 161 II HGB für die KG, nach § 7 PartGG für die Partnerschaft (s. u. 17.6), sowie wegen § 1 EWIVG für die EWIV (s. u. 17.10) (s. a. § 11 II Nr. 1 InsO), und die Rspr. hat auch der GbR (s. u. 17.2.1.1) sowie der Wohnungseigentümergemeinschaft (im Rahmen der Verwaltung des Gemeinschaftseigentums; vgl. § 10 VI WEG) eigene Rechtspersönlichkeit zuerkannt. Man spricht in derartigen Fällen, in denen Personenzusammenschlüsse als rechtsfähig behandelt werden, von sog. Quasi-Körperschaften. Sie können Träger eigener Rechte und Pflichten sein und gelten als rechtsfähige Personengesellschaften sowie ggf. auch als Unternehmer, § 14 II, I BGB (s. a. 3.1.3.2, 3.6, 4.4.2). Nicht rechtsfähig hingegen ist die Erbengemeinschaft (§§ 2032 ff. BGB) – bei ihr müssen alle Erben gemeinschaftlich handeln. *GbR*

oHG

KG

Quasi-Körperschaften

3.4 Kaufleute

Wirtschaftsprivatrechtlich ganz besonders bedeutsame Rechtssubjekte sind die Kaufleute. Für sie gelten nicht nur die generellen Regeln des BGB; vielmehr knüpft gerade das Handelsrecht an den sog. Handelsstand (§§ 1–104 HGB) an. Das Handelsrecht, vornehmlich kodifiziert im HGB, als das „Sonderprivatrecht der Kaufleute" bzw. ihr Berufsrecht (s. o. 2.3), befasst sich insbesondere mit ihren Han- *Handelsrecht* delsgeschäften und enthält spezielle Regelungen, die den allgemeinen des BGB vorgehen bzw. sie ergänzen oder abändern (vgl. Art. 2 EGHGB).

Beispiele: Spezielle Vorschriften des Handelskaufes, §§ 373 ff. HGB; Formerleichterungen bei Bürgschaft (§ 765 BGB), Schuldanerkenntnis (§ 781 BGB), Schuldversprechen (§ 780 BGB), § 350 HGB; verschärfte Rüge- bzw. Untersuchungsobliegenheiten, § 377 HGB (s. u. 3.4.4; 6.2.6; 8.1 a.E.).

In den §§ 1 ff. HGB geht der Gesetzgeber zunächst vom Einzelkaufmann/der Einzelkauffrau als natürlicher Person aus; mit § 6 HGB werden diesen die Handelsgesellschaften grds. gleichgestellt (s. u. 3.4.2.6).

Unternehmer

Wie jede natürliche oder juristische Person, die am Markt planmäßig und dauerhaft Leistungen anbietet, ist der Kaufmann Unternehmer (s. u. 3.6), § 14 I BGB, sodass die sich auf Unternehmer beziehenden Rechtsnormen grds. auch für ihn gelten (vgl. etwa die §§ 241 a, 310, 312 ff., 355 ff., 474 BGB).

Beispiel: Der Kaufmann als Unternehmer i. S. d. § 14 I BGB muss den Verbraucher (§ 13 BGB; s. o. 3.1.3.2) bei einem außerhalb von Geschäftsräumen geschlossenen Vertrag (s. u. 10.8.2) gemäß der §§ 312 ff., 355 ff. BGB belehren.

3.4.1 Begriff des Kaufmanns

Voraussetzungen

Kaufmann ist, wer ein Handelsgewerbe betreibt, § 1 I HGB. Ein Rechtssubjekt ist also dann Kaufmann, wenn es
– ein Gewerbe
– betreibt,
das ein Handelsgewerbe darstellt.

3.4.1.1 Gewerbe

Unter Gewerbe versteht man im Handelsrecht jede selbständige, auf Gewinnerzielung gerichtete, betriebswirtschaftlichen Grundsätzen folgende, nach außen erkennbare berufliche Tätigkeit, die planmäßig für eine gewisse Zeitdauer ausgeübt

Ausnahmen

wird. Historisch bedingt, teilweise auch gesetzlich so geregelt (vgl. bspw. § 2 II BRAO, s. a. die §§ 18 EStG, 1 I, II PartGG; s. u. 17.6.2.1), fallen die sog. „Freien Berufe" nicht unter den handelsrechtlichen Gewerbebegriff, ebensowenig wissenschaftliche und künstlerische Tätigkeiten (hierbei dominiert die höchstpersönliche Leistung).

Beispiele: Ärzte, Steuerberater, Rechtsanwälte, Notare, Wirtschaftsprüfer, Architekten, Softwareentwickler, Netz-, Systemadministratoren, Bildhauer, Graphiker, Kunstmaler, Sänger, Dichter, Komponisten, Artisten, „freie" Lehrer – hier liegt kein (Handels-)Gewerbe vor. (Angehörige Freier Berufe üben grds. keine gewerbliche Tätigkeit aus; sie sind daher keine Kaufleute, ihre Gesellschaften [Partnerschaften, s. u. 17.6.] können weder als oHGen noch als KGen in das Handelsregister [s. u. 3.4.6] eingetragen werden, s. u. 17.3.2.3 [ggf. können sie aber GmbH oder AGen bilden, s. u. 17.7 f.]).

Vorsicht aber: Der Arzt, der ein großes Sanatorium mit vielen Mitarbeitern unterhält, der Apotheker, der eine große Apotheke mit approbierten Hilfskräften innehat, der Architekt oder Ingenieur, der ein großes Architektur- oder Ingenieurbüro mit Angestellten führt, sie betreiben ein Gewerbe, denn hier ist die eigene persönliche Leistung nicht mehr allein bestimmend. Ebenso liegt ein Gewerbe vor bei einer Privatschule, einem Zirkus, einer Wanderbühne, einem privaten Theater. Ob eine gewerbliche oder eine freiberufliche Tätigkeit gegeben ist, ist im jeweiligen Einzelfall zu ermitteln (s. u. 17.3.2.3).

Grundsätzlich darf die ausgeübte Tätigkeit nicht unerlaubt sein bzw. gegen die §§ 134 oder 138 BGB verstoßen (illegal Tätige sind regelmäßig keine Gewerbetreibende; str.).

(un)erlaubt?

Beispiele: Wucher, Hehlerei, Schmuggel, Waffenschiebung, Zuhälterei, Rauschgifthandel.

3.4.1.2 Betreiben

Das Gewerbe muss von einem Kaufmann betrieben werden. D. h., es müssen Rechtsgeschäfte vorgenommen werden, die demjenigen zugerechnet werden, der daraus persönlich berechtigt oder verpflichtet wird. Dies kann für eigene,

Beispiel: der An- oder Verkauf von Waren für das eigene Geschäft,

aber auch für fremde Rechnung geschehen,

Beispiel: der Kommissionär (vgl. die §§ 383 ff. HGB, s. u. 10.9.3) kauft Ware für den Kommittenten.

Erforderlich ist aber die rechtliche Eigenständigkeit – wer als Arbeitnehmer (§ 611 a BGB; s. u. 16) für seinen Geschäftsherrn („Prinzipal") Geschäfte abschließt, „betreibt" nicht selbst und ist daher kein Kaufmann,

eigenständig

Beispiele: der angestellte (studierte) Diplom-Kaufmann oder Bankkaufmann;

ebensowenig derjenige, der als rechtsgeschäftlicher (§§ 164 ff. BGB, s. u. 7) oder gesetzlicher (z. B. Eltern, Vormund) Vertreter oder nur in fremdem Namen bzw. als Verwalter fremden Vermögens (wie etwa GmbH-Geschäftsführer, § 35 GmbHG; Insolvenzverwalter, §§ 56, 80 I InsO) handelt.

Beispiele: Prokurist (§§ 48 ff. HGB; s. u. 7.8.2), Handlungsbevollmächtigter (§ 54 HGB; s. u. 7.8.3), GmbH-Geschäftsführer (§§ 6, 35 GmbHG; s. u. 17.7.6.), AG-Vorstand (§§ 76 ff., 78 AktG; s. u. 17.8.7.1) – sie sind, da sie kein eigenes Handelsgewerbe betreiben, keine Kaufleute i. S. d. HGB (s. u. 3.4.2.6 a. E.). (Kaufleute sind jedoch die Gesellschafter einer oHG, s. u. 17.3.1.2, sowie die KG-Komplementäre, s. u. 17.4.1.2; str.).

Ob eine für die jeweilige Tätigkeit etwa erforderliche öffentlich-rechtliche Erlaubnis vorliegt oder nicht, ist für das Betreiben eines (Handels-) Gewerbes unbeachtlich, vgl. § 7 HGB.

Beispiel: Wer mit Lebensmitteln handelt, betreibt ein (Handels-)Gewerbe i. S. d. HGB, auch wenn er dies nach Gewerbe- bzw. Lebensmittelrecht nicht dürfte.

3.4.1.3 Handelsgewerbe

Welche Gewerbetreibenden rechtlich Kaufleute sind, bestimmt sich danach, welche Gewerbe als Handelsgewerbe i. S. d. § 1 I HGB anzusehen sind.

Das Handelsrecht kennt insoweit
– den Kaufmann kraft Gewerbebetriebes („Istkaufmann"), § 1 II HGB;
– den eingetragenen Kleingewerbetreibenden („Kannkaufmann"), § 2 HGB;
– den eingetragenen land- oder forstwirtschaftlichen Unternehmer („Kannkaufmann"), § 3 HGB;
– den Kaufmann kraft Eintragung, § 5 HGB;
– den Kaufmann kraft Rechtsscheines, § 242 BGB;
– die Kaufleute kraft Rechtsform, § 6 HGB („Formkaufmann").

Kaufleute

Diese verschiedenen Arten von Gewerbebetrieben bzw. Handelsgewerben lassen demnach auch die jeweiligen Kaufmannsarten beschreiben:

3.4.2 Arten der Kaufleute

Das Handelsrecht unterscheidet mehrere Arten von Kaufleuten, je nachdem, wie sie tätig sind bzw. welches Handelsgewerbe sie betreiben.

3.4.2.1 Kaufmann kraft Gewerbebetriebs

Nach § 1 II HGB ist grundsätzlich jeder Gewerbebetrieb ein Handelsgewerbe und dessen Betreiber somit Kaufmann, ob er will oder nicht. Wer unter § 1 I, II HGB fällt ist Kaufmann aufgrund seiner Tätigkeit. Die Eintragung im Handelsregister (s. u. 3.4.6), § 29 HGB, wirkt dabei nicht konstitutiv (rechtsbegründend), sondern „Istkaufleute"   nur deklaratorisch (rechtsbekundend). Dieser Personenkreis lässt sich auch als Istkaufmann/Istkaufleute bzw. als Kaufmann kraft Betätigung bezeichnen.

Geschäfts-   Welche Arten von Geschäften ein Gewerbebetrieb zum Gegenstand hat, ist regel-
gegenstand   mäßig unerheblich.
unerheblich

Beispiele: An- und Verkauf von beweglichen Sachen (= Waren) durch Warenhändler (Groß-, Einzelhändler) oder Warenhandwerker (etwa Bäcker, Metzger); Wäschereien, Färbereien, Autoreparaturwerkstätten, Gebäudereiniger; Waren-, Personenbeförderung; Geschäfte der Handelsvertreter (§§ 84 ff. HGB) und Handelsmakler (§§ 93 ff. HGB); Verlags-, Buch-, Kunsthandelsgeschäfte (Buch-, Zeitungsverlage; Buch-, Kunst-, Antiquitätenhandel); Buchdruckereien, „Copy-Shops"; Fischzuchten; Sand-, Kiesabbau-, Steinbruchunternehmen; Bauunternehmen; Häusermakler; Reisebüros; Bauhandwerker; u. v. m.

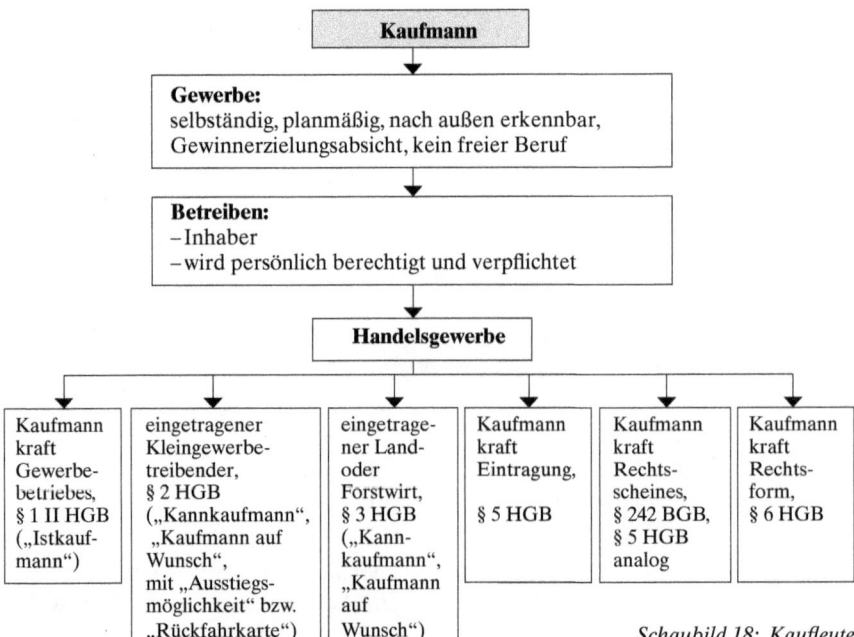

Schaubild 18: Kaufleute

Allerdings hat § 1 II HGB (2. HS) noch eine gravierende Voraussetzung:

in kfm. Weise   Ein Gewerbebetrieb ist nur dann ein Handelsgewerbe, wenn das Unternehmen
eingerichteter   (s. u. 4.4.2) nach Art oder Umfang einen in kaufmännischer Weise eingerichteten
Geschäfts-   Geschäftsbetrieb erfordert. Ist dies nicht der Fall, so liegt grundsätzlich ein nicht-
betrieb   kaufmännisches Kleingewerbe vor.

Der „nach Art oder Umfang in kaufmännischer Weise eingerichtete Geschäftsbetrieb" ist also die Trennungslinie zwischen Kaufleuten und Nichtkaufleuten für
alle Arten von Gewerben.

Kaufmannseigenschaft nach § 1 I, II HGB
– Kaufmann kraft Betätigung –

– gewerbliches Unternehmen
– Gewerbebetrieb ist Handelsgewerbe, weil:
– Erfordernis eines in kaufmännischer Weise eingerichteten Geschäftsbetriebes nach
  Art oder Umfang
→Betreiber ist Kaufmann
  („Istkaufmann"; „Kaufmann kraft Gewerbebetriebes"; „Kaufmann kraft Betätigung"),
  Folge: Handelsrecht anwendbar.

Schaubild 19: (Ist-)Kaufmannseigenschaft

Ob das Unternehmen nach Art oder Umfang einen in kaufmännischer Weise ein- **Ermittlung im**
gerichteten Geschäftsbetrieb erfordert oder nicht i. S. d. § 1 II HGB, ist im jewei- **Einzelfall**
ligen Einzelfall zu ermitteln – der Gesetzgeber hat bewusst auf gesetzliche Min-
destgrößenanforderungen verzichtet. Dabei sind wichtige Indizien insbesondere
Umsatzerlöse, Bilanzsumme, Betriebsvermögen, Gewinn, Arbeitnehmerzahl, Vielfalt von Geschäftsvorfällen, Teilnahme am Wechsel- oder Scheckverkehr, etc.

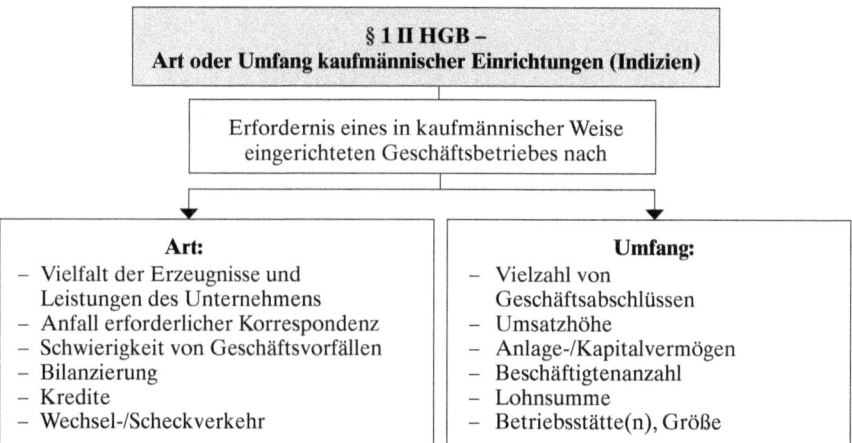

Schaubild 20: Art oder Umfang kaufmännischer Einrichtungen

Im Übrigen kommt es nicht darauf an, ob eine kaufmännische Einrichtung tatsächlich vorhanden ist, vielmehr ist entscheidend, ob sie nach den Umständen erforderlich ist. Insgesamt ist im Hinblick auf das Erfordernis eines in kaufmännischer
Weise eingerichteten Geschäftsbetriebes auf das jeweilige Gesamtbild des Unter- **Gesamt-**
nehmens abzustellen. **betrachtung**

Beispiele: Der Betreiber eines kleinen Kiosks, der seine Rechnungen und Belege in der
sprichwörtlichen Zigarrenkiste zum Steuerberater gibt und trotz u. U. recht hohen Umsatzes
keiner weiterer kfm. Einrichtungen bedarf; oder: Werks-, Bundeswehrkantiniers; Juwelier;
Viehhändler; ländlicher Zimmererbetrieb – sie erfordern, selbst wenn der Umsatz mehrere

hunderttausend Euro betragen sollte, regelmäßig nach Art oder Umfang keinen in kfm. Weise eingerichteten Geschäftsbetrieb (dieses Kriterium entspricht dem bis zum 30. 6. 1998 nach dem damaligen § 4 HGB a. F. sog. Minderkaufmann). Anders aber bspw. Fabriken, Industriebetriebe, Großhandelsbetriebe, Lebensmitteleinzelhandels-, Damen-, Herrenoberbekleidungsgeschäfte mit großem Sortiment; Optiker, Apotheker mit der Notwendigkeit komplizierter Abrechnungen – sie erfordern regelmäßig kfm. Einrichtungen. Immer sind entscheidend die Umstände des jeweiligen Einzelfalles.

Beweislastregel

§ 1 II HGB ist insoweit als widerlegliche Vermutung bzw. Beweislastregel ausgestaltet: Liegt ein Gewerbebetrieb vor, so gilt dieser als Handelsgewerbe, so dass der Betreiber Kaufmann i. S. d. § 1 I HGB ist.

Der Gewerbetreibende, der dieser Folge zu entgehen sucht, weil er den Rechtsverschärfungen des Handelsrechts nicht ausgesetzt sein möchte,

Beispiele: er scheut die Untersuchungs- und Rügeobliegenheiten des § 377 HGB, die Konsequenzen mündlicher Bürgschaftsversprechen, § 350 HGB, oder kaufmännischer AGBen, vgl. § 310 BGB,

muss diese Vermutung des § 1 II HGB begründet widerlegen und trägt hierfür die Darlegungs- und Beweislast.

Beispiel: Der Prozessgegner eines – möglicherweise nur – kleingewerblichen Unternehmers muss im Gerichtsverfahren (s. u. 20) zum Beweis für dessen (ihm ggf. günstige) Kaufmannseigenschaft nur das Vorhandensein eines Anzeichens für den Betrieb eines Gewerbes seitens des Unternehmers anführen. Den dann vermuteten Rechtszustand, nämlich i. S. d. (§ 1 II) HGB ein Handelsgewerbe zu betreiben und Kaufmann zu sein, muss der kleingewerbliche Unternehmer durch Nachweis der Unwahrheit voll entkräften, § 292 ZPO.

3.4.2.2 Eingetragener Kleingewerbetreibender

Wessen Unternehmen nach Art oder Umfang einen in kaufmännischer Weise eingerichteten Geschäftsbetrieb nicht erfordert, ist, wie soeben dargelegt, nicht automatisch Kaufmann i. S. d. § 1 I, II HGB.

Allerdings besteht für derartige Kleingewerbetreibende,

Beispiele: kleine Ladengeschäfte, Kioskbetreiber, Einmann-Servicebetriebe, Computerspezialisten, Dienstleister, vgl. die obigen Beispiele,

Kaufmanns-eigenschaft freiwillig

nach § 2 S. 1 und 2 HGB die Möglichkeit, freiwillig Kaufmannseigenschaft zu erlangen:

Wenn nämlich der Gewerbebetrieb eines gewerblichen Unternehmens

– nicht schon nach § 1 II HGB ein Handelsgewerbe

– und die Firma des Unternehmens (also sein Handelsname, s. u. 3.4.5) in das Handelsregister (s. u. 3.4.6) eingetragen ist,

– wozu der Unternehmer berechtigt, aber nicht verpflichtet ist,

Beispiele: er muss zur Eröffnung eines Bankkontos eine Handelsregistereintragung nachweisen oder möchte mit Gesellschaftern die gesicherte Rechtsform der eingetragenen Personengesellschaften (oHG oder KG; vgl. die §§ 105 II, 161 II HGB) erlangen und hat daher ein Interesse, Kaufmannseigenschaft zu erhalten,

dann gilt das Unternehmen als Handelsgewerbe i. S. d. HGB, § 2 S. 1, 2 HGB; der Kleingewerbetreibende ist nunmehr Kaufmann (vgl. § 1 I HGB).

„Kann-kaufleute"

§ 2 HGB räumt diesem Personenkreis also eine Eintragungsoption ein; der Kaufmann i. S. d. § 2 HGB lässt sich somit auch als „Kaufmann auf Wunsch" bzw. als „Kannkaufmann" oder „Optionskaufmann" beschreiben. Die Handelsregistereintragung begründet hierbei die Kaufmannseigenschaft, sie wirkt demnach also nicht deklaratorisch, sondern konstitutiv. Ist sie erfolgt, so unterliegt der eingetragene Kleingewerbetreibende uneingeschränkt dem HGB. Ihm steht auch die Bildung einer oHG oder KG offen, §§ 105 II, 161 II HGB.

Kaufmannseigenschaft nach § 2 S. 1 und 2 HGB
– eingetragene Kleingewerbetreibende –

- – Gewerbliches Unternehmen
- – Gewerbebetrieb nicht Handelsgewerbe i.S.d. § 1 II HGB
- – Eintragung der Firma im Handelsregister:
  - • freiwillig
  - • konstitutiv
- → gilt als Handelsgewerbe i. S. d. HGB;
  Betreiber ist Kaufmann
  („Kannkaufmann"; „Kaufmann auf Wunsch"; „Optionskaufmann"),
  Folge: Handelsrecht anwendbar.

  Aber: Ausstiegsmöglichkeit durch Löschungsantrag, § 2 S. 3 HGB
  („Rückfahrkarte").

Schaubild 21: Eingetragene Kleingewerbetreibende

Demgegenüber bleibt aber zur Abgrenzung festzuhalten:

Ein nichteingetragener Kleingewerbetreibender ist Nichtkaufmann und fällt nicht unter das Handelsrecht (ungeachtet ausdrücklicher anderer gesetzlicher Regelungen, vgl. dazu die §§ 84 IV, 93 III, 383 II HGB). Das heißt zum

nicht eingetragen – kein Kaufmann

Beispiel: Der nichteingetragene Kleingewerbetreibende kann keine Prokura oder Handlungsvollmacht erteilen (§§ 48 ff. HGB), kann sich keiner Firma bedienen (§§ 17 ff. HGB), unterliegt nicht den strengen Regeln der §§ 349 f., 377 HGB, kann (nur) eine GbR, nicht aber eine oHG oder KG bilden, u. v. m.; er ist aber Unternehmer i. S. d. § 14 I BGB (s. u. 3.6).

Die Entscheidung, freiwillig durch Eintragung der Firma im Handelsregister Kaufmannseigenschaft gemäß § 2 S. 1 und 2 HGB zu erlangen, ist jedoch nicht unwiderruflich:

Nach § 2 S. 3 HGB kann der Unternehmer beim Registergericht die Löschung seiner Firma im Handelsregister beantragen und dadurch aus dem Kaufmannsstatus nach seinem Belieben wieder „aussteigen". Der Kleingewerbetreibende lässt sich somit auch als „Kannkaufmann mit Rückfahrkarte" beschreiben: Solange er aufgrund freiwilliger Entscheidung durch Eintragung der Firma im Handelsregister Kaufmann ist, unterliegt er dem Handelsrecht (§ 2 S. 1 und 2 HGB), sobald die Firma auf seinen Antrag hin im Handelsregister gelöscht ist, verlässt er es wieder (§ 2 S. 3 HGB). Die Löschung wirkt insoweit konstitutiv.

„Ausstiegsmöglichkeit"

Beispiel: Der einen kleinen Kiosk betreibende X hatte seine Firma freiwillig ins Handelsregister eintragen lassen. Als er von seinem Großhändler Y verdorbene Konservendosen geliefert erhielt und Sachmängelgewährleistungsrechte i. S. d. §§ 434 ff. BGB geltend machen wollte, verwies ihn der Y – begründet – auf die Versäumung der Untersuchungs- und Rügeobliegenheiten des § 377 I, II HGB (s.u. 8.1 a.E., 10.2.7.4): Dies ist dem X eine Lehre, und er beantragt daher sogleich die Löschung seiner Firma im Handelsregister, um nicht länger dem strengen Kaufmannsrecht zu unterfallen.

Diese Möglichkeit besteht aber nach § 2 S. 3 (2. HS) HGB nicht schrankenlos:

Schranke:
kfm. Geschäfts-
betrieb

Hat sich das bisherige eingetragene Kleingewerbe „ausgewachsen" und das Unternehmen bedarf nunmehr nach Art oder Umfang doch eines in kaufmännischer Weise eingerichteten Geschäftsbetriebes, dann ist die Schwelle des § 1 II HGB überschritten und der Gewerbebetrieb automatisch Handelsgewerbe, der Unternehmer also Kaufmann i. S. d. § 1 I, II HGB. Er erfüllt dann also nicht mehr die Voraussetzungen des § 2 S. 1 und 2 HGB und kann daher auch seine ursprünglich einmal freiwillig gewesene Eintragung im Handelsregister nicht durch einen Löschungsantrag wieder rückgängig machen (vgl. § 2 S. 3 – 2. HS – HGB). Im obigen

Beispiel heißt das: Hatte sich das Kioskunternehmen des X zu einer florierenden Kioskkette „gemausert" mit Kiosken im ganzen Stadtgebiet und diese führenden Angestellten, die der X leitet, und ist nunmehr nach Art oder Umfang ein in kfm. Weise eingerichteter Geschäftsbetrieb vonnöten, so ist dem X, obwohl er freiwillig Kaufmann wurde (§ 2 S. 1, 2 HGB), der Rückzug aus dem Kaufmannsrecht verwehrt.

Der Verlust der Kaufmannseigenschaft nach § 2 S. 3 HGB tritt erst mit der Löschung ein und wirkt erst ab dann. Bisherige Rechts- bzw. Geschäftsvorfälle sind dagegen – da noch im Kaufmannsstatus getätigt – noch nach Kaufmanns-(Handels-)recht zu beurteilen bzw. abzuwickeln.

Ausstieg aus der gemäß § 2 S. 1 und 2 HGB erlangten Kaufmannseigenschaft
– § 2 S. 3 HGB –

- Kleingewerbe
- Firma auf Antrag im Handelsregister eingetragen
- nicht zwischenzeitlich zum in kaufmännischer Weise einzurichtenden Geschäftsbetrieb erstarkt

→ Antrag des Unternehmers (= bisherigen Kannkaufmanns):
  Löschung der Firma im Handelsregister.

  Folge: Verlust der Kaufmannseigenschaft;
  Handelsrecht nicht (mehr) anwendbar.

Schaubild 22: „Ausstieg" aus der Kaufmannseigenschaft

3.4.2.3 Eingetragener Land- oder Forstwirt

Die Land- und Forstwirtschaft, die aus traditionellen Gründen vielfach nicht zum handelsrechtlichen Gewerbebegriff gerechnet wird und nicht unter § 1 HGB fällt,

nicht per se
Kaufmann

vgl. § 3 I HGB, hat (wie die Kleingewerbetreibenden des § 2 HGB auch) ebenfalls die Möglichkeit, freiwillig Kaufmannseigenschaft zu erlangen.

Wenn nämlich ein land- oder forstwirtschaftliches Unternehmen

- nach Art und Umfang einen in kaufmännischer Weise eingerichteten Geschäftsbetrieb erfordert (vgl. dazu 3.4.2.1),
  Beispiele: bäuerliche Großbetriebe, großer Privatwaldbetrieb,
- und seine Firma in das Handelsregister eingetragen ist,
- wozu der land- oder forstwirtschaftliche Unternehmer berechtigt, aber nicht verpflichtet ist,

dann gilt es als Handelsgewerbe i. S. d. HGB, §§ 3 II, 2 S. 1 und 2, 1 I HGB, und der eingetragene Land- oder Forstwirt ist somit Kaufmann.

> **Kaufmannseigenschaft nach § 3 II, III HGB**
> – Land- und Forstwirte –

- land- oder forstwirtschaftliches Unternehmen
- Erfordernis eines in kaufmännischer Weise eingerichteten
  Geschäftsbetriebes nach Art und Umfang
- Eintragung der Firma im Handelsregister:
  - freiwillig
  - konstitutiv
- → gilt als Handelsgewerbe i. S. d. HGB;
  Betreiber ist Kaufmann
  („Kannkaufmann"; „Kaufmann auf Wunsch"; „Optionskaufmann"),
  Folge: Handelsrecht anwendbar.

  Aber: Löschung (nur) nach den allgemeinen Vorschriften
  (keine freie „Ausstiegsmöglichkeit").

Schaubild 23: Land- und Forstwirte

Für land- oder forstwirtschaftliche Nebengewerbe gilt dies entsprechend, § 3 III HGB.

Beispiele: Sägewerk des Waldbesitzers; Gastwirtschaft des Bauern; Mühle des Landwirts.

Auch dieser Personenkreis hat also eine Eintragungsoption (wie die Kleingewerbetreibenden des § 2 HGB) – man kann eingetragene Land- bzw. Forstwirte daher ebenfalls als „Kaufleute auf Wunsch", „Kannkaufleute" oder „Optionskaufleute" bezeichnen. „Kann-kaufleute"

Die Eintragung ins Handelsregister wirkt (wie bei § 2 S. 1 und 2 HGB) konstitutiv.

Notwendig ist aber – im Gegensatz zu § 2 HGB – das Erfordernis eines in kaufmännischer Weise eingerichteten Geschäftsbetriebes (dazu s. o. 3.4.2.1). Die Löschung der Firma – und damit der Verlust der Kaufmannseigenschaft – findet nach der Eintragung im Handelsregister nicht auf freien Antrag des eingetragenen Land- oder Forstwirts statt – dieses Wahlrecht und Privileg des Kleingewerbetreibenden (vgl. § 2 S. 3 HGB) gilt hier nicht –, vielmehr nur nach den allgemeinen Vorschriften für die Löschung kaufmännischer Firmen (vgl. § 31 II HGB; etwa bei Geschäftsaufgabe).

3.4.2.4 Kaufmann kraft Eintragung

Der kaufmännische Geschäftsverkehr muss sich auf die Eintragungen im Handelsregister verlassen können. Deshalb bestimmt § 5 HGB, dass derjenige, dessen Firma (§§ 17 ff. HGB) im Handelsregister eingetragen ist, sich nicht darauf berufen darf, dass das unter der Firma betriebene Gewerbe kein Handelsgewerbe sei – er muss sich aus Gründen der Rechtssicherheit als Kaufmann behandeln lassen. Die Eintragung im Handelsregister entfaltet somit eine Sperrwirkung: Sie versperrt die Einwendung, das betriebene Gewerbe sei gar kein Handelsgewerbe, der Betreiber damit gar kein Kaufmann. Verkehrsschutz

Beispiele: Das Registergericht trägt (versehentlich) einen Freiberufler im Handelsregister ein; oder: Der bisherige Kaufmann „sattelt um" und wird nunmehr freiberuflich tätig. Solange die HR-Eintragung besteht, gilt der Unternehmer wegen § 5 HGB als Kaufmann.

Allerdings ist zu beachten:

- Sinkt ein bisheriges Handelsgewerbe i. S. d. § 1 II HGB unter die Schwelle des Erfordernisses eines nach Art oder Umfang in kaufmännischer Weise eingerichteten Geschäftsbetriebes herab, so gilt es, solange die Firma des Unternehmens in das Handelsregister eingetragen ist, gemäß § 2 S. 1 HGB gleichwohl als Handelsgewerbe, der Inhaber ist also (immer noch) Kaufmann – § 5 HGB ist demnach nicht unmittelbar einschlägig.
- Und: Hat ein Kaufmann sein Gewerbe völlig aufgegeben, so greift § 5 HGB nicht („das unter der Firma *betriebene* Gewerbe"); ein gutgläubiger Geschäftspartner wird dann von § 15 I HGB geschützt (s. u. 3.4.6).

Kaufmann kraft Eintragung i. S. d. § 5 HGB
– bestehende Eintragung der Firma im Handelsregister – unter der Firma betriebenes Gewerbe → gilt als Handelsgewerbe i. S. d. HGB; Betreiber ist Kaufmann, Folge: Handelsrecht anwendbar.

Schaubild 24: Kaufmann kraft Eintragung

Klarstellung § 5 HGB hat also letztlich vornehmlich klarstellende Funktion – wer im Handelsregister eingetragen ist, gilt regelmäßig als Kaufmann (deshalb prüft der rechtliche Praktiker bei eingetragenen Unternehmen die §§ 1 ff. HGB grundsätzlich nicht näher).

3.4.2.5 Kaufmann kraft Rechtsscheines

Täuschung Tritt jemand wahrheitswidrig als Kaufmann auf, ohne es zu sein („nichteingetragener Scheinkaufmann"), dann haftet er gutgläubigen Dritten gegenüber, die sich auf die Kaufmannseigenschaft verlassen haben, nach den Grundsätzen von Treu und Glauben, § 242 BGB (s. u. 8.3.1.2), bzw. entsprechend § 5 HGB (Rechtsscheinshaftung).

Beispiele: Erschleichen von Rabatten durch Bestellungen auf vorgetäuschtem „Geschäftspapier"; Übertreibungen bzw. Angebereien auf Visitenkarten (vgl. die Parallele zum Verbraucher, der wahrheitswidrig als Gewerbetreibender auftritt, s. o. 3.1.3.2).

3.4.2.6 Handelsgesellschaften; Kaufmann kraft Rechtsform

Wenn das HGB vom Kaufmann spricht, meint es ihn nicht nur als natürliche Person bzw. Einzelkaufmann:

Handelsgesell-
schaften Kaufleute kraft ihrer Rechtsform (und den Einzelkaufleuten grds. gleichgestellt) sind die Handelsgesellschaften, § 6 I, II HGB (Formkaufleute; s. u. 3.5). Dazu gehören die Personen- sowie die Kapitalhandelsgesellschaften. Erstere sind die oHG, §§ 105 ff. HGB, und die KG, §§ 161 ff. HGB; zu letzteren rechnen insbesondere die AG, §§ 1, 3 ff. AktG, die KGaA, §§ 278 ff. AktG, sowie die GmbH, §§ 1 ff., 13 III GmbH (s. u. 17).

Für die oHG und KG als Personenhandelsgesellschaften (vgl. die §§ 105, 161 II, 124 HGB, 14 II, I BGB) ist das Betreiben eines Handelsgewerbes i. S. d. §§ 1-3 HGB oder die Verwaltung eigenen Vermögens (vgl. § 105 II HGB) erforderlich, Kapitalhandelsgesellschaften sind Kaufleute schon wegen ihrer Rechtsform, vgl. § 6 II HGB (auch wenn sie kein Handelsgewerbe oder nur ein Kleingewerbe betreiben, **Beispiele:** Steuerberater – GmbH; Rechtsanwalts-GmbH; Kiosk-GmbH).

Eingetragene Genossenschaften gelten ebenfalls als Kaufleute i. S. d. HGB, §§ 17 II GenG, 6 II HGB (s. u. 17.9.1.2).

Kaufleute sind ebenfalls die Gesellschafter der oHG sowie die persönlich haftenden Gesellschafter (Komplementäre) der KG, nicht aber Aktionäre oder Vorstandsmitglieder der AG, auch nicht die Gesellschafter oder Geschäftsführer der GmbH (s. o. 3.4.1.2).

3.4.3 Beginn und Ende der Kaufmannseigenschaft

Die Kaufmannseigenschaft beginnt in den Fällen des § 1 II HGB mit der Aufnahme des Handelsgewerbes, in den Fällen der §§ 2 und 3 HGB mit der Eintragung ins Handelsregister, im Falle der oHG oder KG mit dem jeweiligen Zusammenschluss, bei AG bzw. GmbH mit Eintragung im Handelsregister. Sie endet mit der Einstellung des Handelsgewerbes (bei § 1 II HGB), im Falle der §§ 2 und 3 HGB mit der sachlich zutreffenden Löschung im Handelsregister bzw. mit Vollzug der Auflösung der Handelsgesellschaft. *Dauer*

3.4.4 Auswirkungen der Kaufmannseigenschaft

Kaufmann zu sein bedeutet rechtlich, dass neben den grundsätzlichen privatrechtlichen Regelungen, vornehmlich denjenigen des BGB, insbesondere folgende Aspekte zu beachten sind: *erweiterter Rechtsbereich*

Der Kaufmann

- ist Unternehmer (s. u. 3.6) sowie Rechts- bzw. Unternehmensträger und damit Subjekt der sein Handelsgeschäft bzw. Unternehmen (s. u. 4.4.2) betreffenden Rechte und Pflichten, § 14 I BGB, *Konsequenzen*
- darf eine Firma führen, §§ 17 ff. HGB,
- ist zur kaufmännischen Buchführung verpflichtet, §§ 238 ff. HGB,
- hat besondere vertretungsrechtliche Hilfspersonen (Prokurist, Handlungsbevollmächtigter, §§ 48 ff. HGB) bzw. Mitarbeiter (Handlungsgehilfen, §§ 59 ff. HGB),

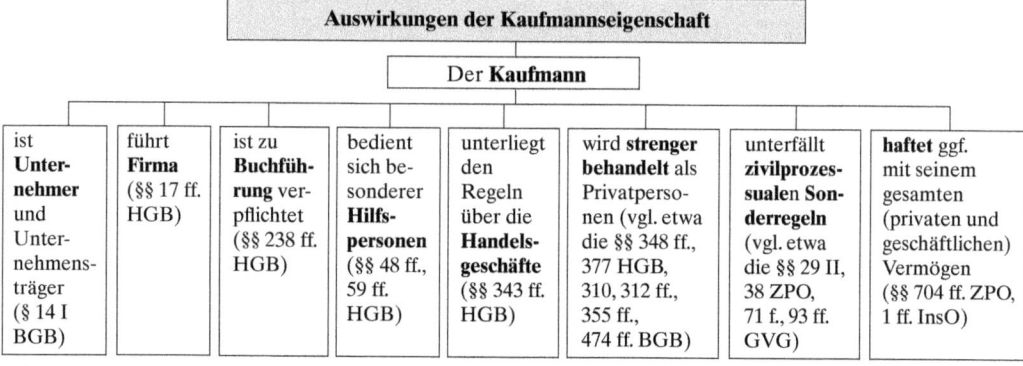

Auswirkungen der Kaufmannseigenschaft							
Der Kaufmann							
ist **Unternehmer** und Unternehmensträger (§ 14 I BGB)	führt **Firma** (§§ 17 ff. HGB)	ist zu **Buchführung** verpflichtet (§§ 238 ff. HGB)	bedient sich besonderer **Hilfspersonen** (§§ 48 ff., 59 ff. HGB)	unterliegt den Regeln über die **Handelsgeschäfte** (§§ 343 ff. HGB)	wird **strenger behandelt** als Privatpersonen (vgl. etwa die §§ 348 ff., 377 HGB, 310, 312 ff., 355 ff., 474 ff. BGB)	unterfällt **zivilprozessualen Sonderregeln** (vgl. etwa die §§ 29 II, 38 ZPO, 71 f., 93 ff. GVG)	**haftet** ggf. mit seinem gesamten (privaten und geschäftlichen) Vermögen (§§ 704 ff. ZPO, 1 ff. InsO)

Schaubild 25: Auswirkungen der Kaufmannseigenschaft

– hat bei Handelsgeschäften die §§ 343 ff. HGB zu beachten (s. u. 6.2.6),

– wird im Rechtsverkehr strenger behandelt, vgl. etwa die §§ 343 ff., 349 f., 377 HGB, 310, 312 ff., 355 ff., 474 ff. BGB,

– kann Gerichtsstandsvereinbarungen treffen, § 38 ZPO,

– kann zivilprozessual wirksame Vereinbarungen über den Erfüllungsort schließen, § 29 II ZPO,

– kann vor einer besonderen landgerichtlichen Zivilkammer, der Kammer für Handelssachen, klagen und verklagt werden, §§ 71 f., 93 ff. GVG,

– haftet für (Privat- und) Geschäftsverbindlichkeiten mit seinem gesamten (privaten und geschäftlichen) Vermögen, §§ 704 ff., 803 ff. ZPO, 1 ff. InsO (s. u. 4.4.1 a. E.).

Beispiele: Der Gläubiger des Einzelkaufmanns kann wegen einer noch offenstehenden Kaufpreisschuld, § 433 II BGB, sowohl in das Privat- als auch das Geschäftsvermögen vollstrecken (s. u. 20.3). Auch oHG-Gesellschafter sowie KG-Komplementäre haften bspw. für oHG- bzw. KG-Verbindlichkeiten (vgl. die §§ 128 S. 1, 124 I, 161 II HGB) persönlich, d. h. (auch) mit ihrem Privatvermögen (s. u. 17.3.4.3, 17.4.3.2). Anders ist es dagegen grds. bei GmbH-Gesellschaftern (s. u. 17.7.5. a. E.) bzw. der AG (s. u. 17.8.5).

3.4.5 Firma

Zwei Namen

Die Firma ist der Geschäfts-(Handels-)name des Kaufmanns, unter dem er seine Geschäfte betreibt, die Unterschrift abgibt und auch klagen und verklagt werden kann, § 17 HGB. Das Rechtssubjekt Kaufmann hat also zwei Namen: seinen bürgerlichen (§ 12 BGB; s. o. 3.1.3.1) und seinen geschäftlichen. Als alleiniger Name des Unternehmens (s. u. 4.4.2) dient die Firma dazu, dieses zu charakterisieren und von anderen Rechtssubjekten zu unterscheiden. Die Firma ist die Visitenkarte des Unternehmens und ein wichtiger Werbeträger; auf ihr gründet erworbenes Vertrauen bzw. der sog. „good will".

3.4.5.1 Prinzipien

Sprachgebrauch

Die Firma als (Geschäfts- bzw. Handels-)Name selbst ist kein Rechtssubjekt: Dies wird umgangssprachlich allerdings häufig fälschlicherweise angenommen,

Beispiele: „ich gehe in die Firma", „die Firma zahlt mehr/weniger Lohn", „ich benutze einen Firmenwagen",

und die Firma (jedenfalls im juristischen Sinne) zu Unrecht mit dem Betrieb/Unternehmen gleichgesetzt.

Ohne das Unternehmen, für welches sie geführt wird, kann die Firma nicht veräußert werden, § 23 HGB, auch nicht verpachtet oder vererbt (eine Verfügung über die Firma ist gemäß § 134 BGB nichtig, wenn sie ohne das Unternehmen übertragen wird; s. u. 6.8.1.1).

Geschäftsbezeichnung

Ein nicht eingetragener Kleingewerbetreibender, der als Nichtkaufmann dem HGB nicht unterfällt, vgl. § 2 HGB, kann keine Firma führen. Er kann sich allerdings einer – mit der Firma nicht gleichzusetzenden – Geschäftsbezeichnung (Etablissementname) bedienen. Diese verweist nicht, wie die Firma, auf den Inhaber, sondern auf das Unternehmen selbst.

Beispiele: „Blumenapotheke"; „Gasthof zur Rose"; Kiosk „Zum letzten Gericht"; Kino „Capitollichtspiele"; „Boutique 2000".

Die Geschäftsbezeichnung darf allerdings nicht firmenähnlich sein, sonst kann sie vom Registergericht untersagt werden, § 37 I HGB. Die geschäftliche Bezeichnung, vgl. auch § 5 MarkenG (s. u. 19.5), wird gemäß der §§ 15 MarkenG, 12, 823 I BGB geschützt (s. o. 3.1.3).

Auch eine GbR (als Personengesellschaft ohne Handelsregistereintragung, §§ 705 ff. BGB) hat keine Firma (s. u. 17.2.1.1 a. E.).

Die Firma ist von der Marke sowie dem domain-Namen zu trennen: Firma/Marke

Unter der Firma tritt der Kaufmann geschäftlich auf und schließt Verträge ab, vgl. § 17 HGB; die Firma charakterisiert und individualisiert ihn.

Die Marke bezweckt demgegenüber, Waren oder Dienstleistungen von Wettbewerbern untereinander zu unterscheiden (vgl. § 3 MarkenG; s. u. 19.5); die Marke hat Unterscheidungs- und Wettbewerbsfunktion bezogen auf Produkte eines bestimmten Unternehmens.

Beispiele: „Boss"; „4711"; „BMW"; „VW"; „Uhu".

(Phantasie-)Firma und Marke können auch zusammenfallen.

Beispiele: Volkswagen AG/VW; Uhu GmbH & Co. KG/Uhu.

Der domain-Name (bzw. die domain) wiederum stellt die Internetadresse des   domain
Kaufmanns als Kommunikationsadresse dar. Domainnames werden in Deutschland einheitlich durch die Denic eG vergeben (vgl. 3.1.3; 12.2.1.1; 17.9.1.3 a. E.).

Beispiel: http://www.denic.de.

3.4.5.2 Arten

Man kann mehrere Arten von Firmen unterscheiden:

– Personenfirma: Sie gibt den bürgerlichen Namen des Kaufmanns wieder;   Personen-/
  Beispiele: Wilhelm Breunig e. K.; Fritz Hübner e. Kfm.; Gebr. Müssig oHG; Franz Hoch GmbH; Robert Setzer GmbH.

– Sachfirma: Sie bezieht sich auf den Unternehmensgegenstand;   Sach-/
  Beispiele: Deutsche Bank AG; Nürnberger Lebensversicherung AG; Mainbau GmbH; Winzergenossenschaft Randersacker eG.

– Phantasiefirma: Sie entspringt der Phantasie des Kaufmannes;   Phantasie-/
  Beispiele: bruno banani underwear GmbH; Gänseblümchen KG; Futuros AG; 1&1 AG & Co. KGaA; MAXXXCOM e. K.

– Mischfirma: Sie enthält verschiedene Personen-, Sach- bzw. Phantasieelemente,   Mischfirma
  etwa den bürgerlichen Namen des Kaufmanns und einen Hinweis auf den Geschäftsgegenstand oder eine Phantasiebezeichnung;
  Beispiele: Schreinerei Erich Schneider e. K.; Grabdenkmale Ruhesanft Bernhard Istel e. Kfm.; Anker-Apotheke Dr. M. Beck e. Kfm.; Meyer ET-Webhosting UG (haftungsbeschränkt).

3.4.5.3 Firmenbildung

Das Firmenbildungsrecht wird charakterisiert durch folgende Aspekte:

Bei Unternehmen sind Personen-, Sach-, Phantasie- oder Mischfirmen zulässig, § 18 HGB, wenn

– die Firma zur Kennzeichnung des Unternehmensträgers (Kaufmann) geeignet   Prinzipien
  ist und Unterscheidungskraft besitzt, § 18 I HGB,

45

– die Firma keine Angaben enthält, die geeignet sind, über geschäftliche Verhältnisse, die für die angesprochenen Verkehrskreise wesentlich sind, irrezuführen, § 18 II 1 HGB (was im Registerverfahren nur berücksichtigt wird, wenn die Eignung zur Irreführung ersichtlich ist, § 18 II 2 HGB),

– die Firma sich von allen am selben Ort oder in derselben Gemeinde bereits bstehenden eingetragenen Firmen deutlich unterscheidet, § 30 HGB,

– die Firma durch Rechtsformzusatz etwaige Gesellschaftsverhältnisse ersichtlich macht und die Haftungsverhältnisse offenlegt, § 19 HGB.

Diese Grundsätze gelten nicht nur für Einzelkaufleute, sondern gemäß § 6 I HGB auch für die Firmen der oHG, KG, AG, KGaA und GmbH sowie nach § 17 II GenG für die eG.

Unter Beachtung dieser Grundsätze ergibt sich für Personen-, Sach-, Phantasie- oder Mischfirmen

Einzel-kaufmann

– beim Einzelkaufmann:

Als Rechtsformzusatz ist gemäß § 19 I Nr. 1 HGB die Bezeichnung „eingetragener Kaufmann", „eingetragene Kauffrau" oder eine allgemein verständliche Abkürzung dieser Bezeichnung, insbesondere „e. K.", „e. Kfm." oder „e. Kfr." erforderlich.

Beispiele: Müller eingetragener Kaufmann; Müller eingetragene Kauffrau; Müller e. K.; Müller e. Kfm.; Müller e. Kfr.; Futuros e. K.; Futuros e. Kfr.; Fritz Hübner, Fahrradgeschäft, e. K.; Wilhelm Breunig Sand- und Flussbaggerei e. K.; u. v. m.

Beachte dazu: *„Nicht der Zusatz (e. K., e. Kfm., e. Kfr.) macht den Kaufmann, sondern der Kaufmann macht den Zusatz"* – d. h., ob ein Rechtssubjekt Kaufmann ist, ist nach den Regeln der §§ 1 ff. HGB zu beurteilen.

Auf Geschäftsbriefen und Bestellscheinen sind die Angaben des § 37 a I, II HGB zu machen (sog. Fußleiste);

oHG

– bei einer oHG:

§ 19 I Nr. 2 HGB erfordert in der Firma die Bezeichnung „offene Handelsgesellschaft" oder eine allgemein verständliche Abkürzung dieser Bezeichnung.

Beispiele: Schulze offene Handelsgesellschaft; Schulze oHG; Gebr. Müssig oHG; Alt und Jung oHG; ABC Teppichhandel oHG; Futuros oHG.

Auf Geschäftsbriefen und Bestellscheinen müssen die gemäß § 125 a HGB erforderlichen Angaben erfolgen;

KG

– bei einer KG:

Notwendig ist, dass die Firma die Bezeichnung „Kommanditgesellschaft" oder eine allgemein verständliche Abkürzung dieser Bezeichnung enthält, § 19 I Nr. 3

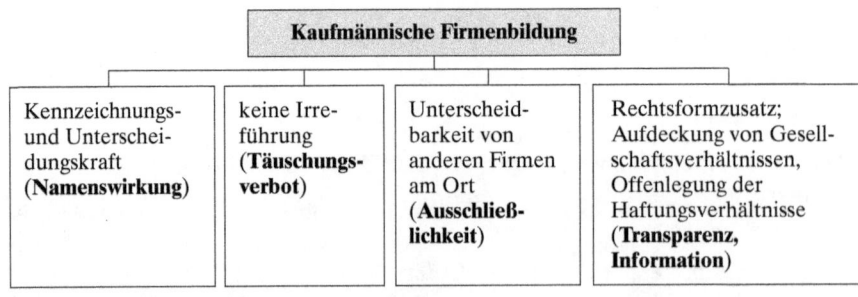

Kaufmännische Firmenbildung			
Kennzeichnungs- und Unterscheidungskraft **(Namenswirkung)**	keine Irreführung **(Täuschungsverbot)**	Unterscheidbarkeit von anderen Firmen am Ort **(Ausschließlichkeit)**	Rechtsformzusatz; Aufdeckung von Gesellschaftsverhältnissen, Offenlegung der Haftungsverhältnisse **(Transparenz, Information)**

Schaubild 26: Firmenbildung

HGB. Nicht nur der Komplementär, auch ein Kommanditist kann daher bei einer Personenfirma Namensgeber sein.

Beispiele: Arber und Brauer Kommanditgesellschaft; Bauer + Crüger KG; Meier KG; Futuros KG; ABC Teppichhandel KG. Auch die (alleinige) Aufnahme des Namens eines Kommanditisten in die Firma der KG ist zulässig und nicht irreführend i. S. d. § 18 II HGB (s. u. 17.4.2.4).

Bei Geschäftsbriefen und Bestellscheinen bedarf es der Angaben der §§ 177 a, 125 a HGB;

– bei einer oHG oder KG, bei der keine natürliche Person persönlich haftet, bedarf es eines die Haftungsbeschränkung kennzeichnenden Zusatzes in der Firma, § 19 II HGB.

Haftung keiner natürlichen Person

Beispiele: GmbH & Co. oHG; GmbH & Co. KG; UG (haftungsbeschränkt) & Co. KG; AG & Co. KG; SE & Co. KG; Ltd. & Co. KG (s. u. 17.4.2.4).

Für die Firmen der GmbH, AG, KGaA, eG gelten im Übrigen die §§ 18 HGB i. V. m. 4, 5 a GmbHG, 4, 279 AktG, 3, 106 InvG, 3 GenG.

Bei einer Zweigniederlassung, § 13 HGB, kann der Firma für die Zweigniederlassung ein Zusatz beigefügt werden (vgl. § 13 III 3, IV HGB); eine Zweigniederlassung kann auch mit abweichender Firma errichtet werden.

Zweigniederlassung

Beispiel: Mäander-Apotheke, Filialapotheke der Anker-Apotheke, Klara Neumann e. K., Mainberg.

3.4.5.4 Firmengrundsätze

Aus Gründen der Rechtssicherheit und -klarheit sind, wie bereits soeben im Hinblick auf die Firmenbildung angesprochen, insbesondere folgende Grundsätze des Firmenrechts zu beachten:

Rechtssicherheit

– Namensfunktion: Die Firma muss Kennzeichnungs- und Unterscheidungskraft aufweisen; das Unternehmen soll mit dem Namen identifizierbar sein, § 18 I HGB, die Firma hat also Individualisierungsfunktion, sie grenzt das Unternehmen von anderen ab.

Namensfunktion

Beispiele: Wilhelm Breunig e. K.; Gebr. Müssig oHG; Fritz Kaspar Hoch Oblatenfabrik KG; ABC Teppichhandel GmbH; Rhein-Chemie AG; Computerland GmbH; zweifelhaft kann es dagegen sein etwa bei blass und farblos gehaltenen Firmen wie z. B. „fifty-one GmbH", „fifty-two GmbH", „Gaststätten-GmbH", „Sicherheit + Technik KG", „Managementseminare" o. ä. – hier wäre ggf. eine zusätzliche Individualisierungsangabe nötig. Zulässig, da artikulierbar, ist etwa die Buchstabenkombination HM & A GmbH & Co. KG; unzulässig dagegen ist bspw. „AAAAAAAAB".

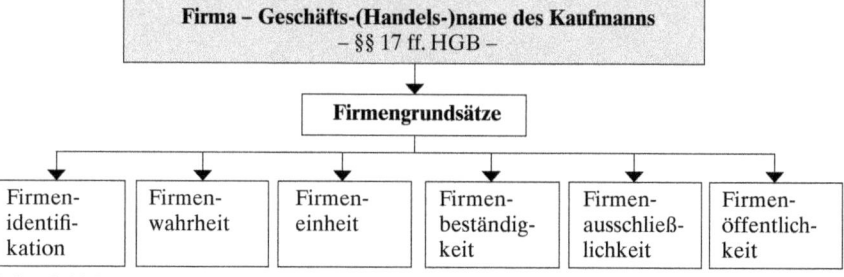

Schaubild 27: Firmengrundsätze

	Firma	Rechts-formzusatz	Geschäftsbriefe (Bestellscheine)	Beispiele
Einzel-kauf-mann	Personen-, Sach-, Phantasie-, Misch-firma (§ 18 HGB)	eingetragener Kaufmann; eingetragene Kauffrau; e. K., e. Kfm., e. Kfr. (§ 19 I Nr. 1 HGB)	Firma, Rechtsformzusatz, Ort der Niederlassung, Registergericht, Nummer des HR-Eintrages (§ 37 a HGB)	Wilhelm Breunig e. K.
oHG	s. o.	offene Handels-gesellschaft; oHG (§ 19 I Nr. 2 HGB)	s. o.; dazu, wenn kein Gesellschafter eine natürliche Person ist, Firmen der Gesellschaf-ter sowie ggf. Gesell-schafterangaben (§§ 125 a HGB, u. U. i. V. m. den §§ 35 a GmbHG, 80 AktG)	Gebr. Müssig oHG
KG	s. o.	Kommandit-gesellschaft; KG (§ 19 I Nr. 3 HGB)	vgl. oHG (§ 177 a HGB)	Fritz Hübner KG
GmbH	s. o.	Gesellschaft mit beschränkter Haftung; GmbH (§ 4 GmbHG) [bzw.: UG (haftungsbe-schränkt); § 5 a GmbHG]	Firma, Rechtsformzusatz, Sitz, Registergericht, Nummer des HR-Ein-trages, alle Geschäftsfüh-rer, ggf. Aufsichtsratsvor-sitzender (§ 35 a GmbHG)	Franz Hoch GmbH Stefan Bauer UG (haftungs-beschränkt)
AG	s. o.	Aktien-gesellschaft; AG (§ 4 AktG)	Firma, Rechtsformzusatz, Sitz, Registergericht, Nummer des HR-Ein-trages, alle Vorstandsmit-glieder, Aufsichtsratsvor-sitzender (§ 80 AktG)	Deutsche Bank AG
eG	s. o.	eingetragene Genossen-schaft; eG (§ 3 GenG)	Firma, Rechtsformzusatz, Sitz, Registergericht, Nummer des Genossen-schaftsregister-Eintrages, alle Vorstandsmitglieder, ggf. Aufsichtsratsvor-sitzender (§ 25 a GenG)	Winzer-genossenschaft Randersacker eG
Part-ner-schaft	Name; keine Firma (§ 2 PartGG)	„und Partner" oder „Partner-schaft" zzgl. Berufsbe-zeichnungen (§ 2 PartGG) [bzw. PartGmbB; § 8 IV PartGG]	Name, Rechtsform, Sitz, Registergericht, Nummer des Partner-schaftsregister-Eintrages (§§ 7 IV, 8 IV PartGG, 125 a I 1, II HGB)	Schulz-Arnheiter und Partner, Steuerberater

Schaubild 28: Überblick Firmen/Geschäftsbriefangaben

– Firmenwahrheit bzw. -klarheit: Die Firma muss wahr und klar sein, sie darf nicht über Art oder Umfang des Geschäftes oder die Rechtsverhältnisse täuschen bzw. irreführen, § 18 II HGB.

Beispiele: Bei der Erstanmeldung der Firma eines Einzelkaufmanns wird als Personenfirma ein anderer Name als der des Geschäftsinhabers gewählt (Max Meier meldet an „Moritz Müller e. K."); oder: Firma Leder-Schulze ist unzulässig, wenn nicht wirklich auf Leder spezialisiert, ebenso unzulässig Fa. Schulze's Möbelhandels GmbH, die nicht Möbel, sondern Werkzeuge vertreibt. Auch Rechtsformzusätze (vgl. § 19 I HGB) müssen grds. zutreffen.

– Firmeneinheit: Für ein Unternehmen darf nur eine Firma bestehen („*ein Unternehmen – ein Name*").

– Firmenbeständigkeit: Ungeachtet des Grundsatzes der Firmenwahrheit darf die Firma, auch wenn sie den Namen des Inhabers enthält, ggf. beibehalten werden, selbst wenn sich der Name des Inhabers ändert (§ 21 HGB), der Inhaber durch Erwerb unter Lebenden oder von Todes wegen wechselt (§ 22 HGB) oder Gesellschafter hinzukommen bzw. wegfallen (§ 24 HGB).

Beispiele: Der Unternehmenserwerber (s. u. 4.4.2) führt die bisherige Firma mit Einwilligung des bisherigen Inhabers (mit oder ohne Beifügung eines das Nachfolgeverhältnis andeutenden Zusatzes) fort; oder: Die Tochter führt das Geschäft ihres verstorbenen Vaters unter dessen Firma weiter (vgl. § 22 I HGB); dabei sind auch die Grundsätze der Haftung des Firmenfortführers gemäß § 25 HGB zu beachten (s. u. 3.4.5.6; 8.9); oder: Die Einzelkauffrau Amanda Auer heiratet und führt nun den Ehenamen Meier – sie kann weiterhin unter „Amanda Auer e. Kfr." firmieren und Geschäftspost, Schecks etc. mit „Auer" unterschreiben, § 21 HGB; oder: Der Einzelkaufmann Berthold Bauer, der mit „Berthold Bauer e. Kfm." firmiert, nimmt den Carlo Crüger als unbeschränkt haftenden Gesellschafter unter Bildung einer oHG in das Geschäft auf (§ 105 HGB) – die Firma kann gleichwohl unverändert weitergeführt werden, § 24 I HGB (wohl mit dem § 19 I Nr. 2 HGB entsprechenden Zusatz „oHG") (wenn bei einer aus zwei Gesellschaftern bestehenden oHG ein Gesellschafter ausscheidet darf, um den Rechtsverkehr nicht über Haftungsverhältnisse zu täuschen, aus Gründen der Firmenwahrheit die Firma den oHG-Zusatz nicht länger enthalten, vielmehr ist „e.K." anzufügen, § 19 I Nr. 1 HGB; s. a. 17.3.5).

– Firmenausschließlichkeit: Eine neue Firma am Ort muss sich von bereits bestehenden Firmen deutlich unterscheiden, um Täuschungen zu vermeiden, § 30 HGB.

Beispiel: zwei Kaufleute namens Hans Schulze – der zweite muss ein Unterscheidungskriterium angeben (etwa: Hans Schulze e. K., Schreibwaren).

– Firmenöffentlichkeit: Die Firma ist zur Eintragung ins Handelsregister anzumelden, §§ 29, 12 HGB (das gilt wegen der Aufhebung des bisherigen § 36 HGB auch für gewerbliche Unternehmen der öffentlichen Hand wie etwa Eigenbetriebe oder Sparkassen und Landesbanken, vgl. Art. 38 III EGHGB). Änderungen der Firma sind ebenfalls einzutragen, § 31 HGB. Das Registergericht kann den Anmeldepflichtigen mittels Zwangsgeldes dazu anhalten, §§ 14 HGB, 132 FGG. Bei offenen Ladengeschäften bzw. Gastwirtschaften sind Name und Firma anzubringen, § 15 a GewO. Geschäftsbriefe und Bestellscheine von Einzelkaufleuten, oHGen, KGen, Partnerschaftsgesellschaften, GmbH, AGen, KGaA und eGen müssen die gemäß der §§ 37 a, 125 a, 177 a HGB, 7 V PartGG, 35 a GmbHG, 80 AktG, 25 a GenG erforderlichen Angaben enthalten.

Beispiel: Die „*Fußleiste*" der Geschäftsbriefe (hierzu zählen Handelsbriefe i. S. d. § 238 II HGB, aber auch Postkarten, Faxe, e-mails) einer GmbH muss ausweisen: Rechtsform, Sitz, Registergericht mit HR-Nummer, alle Geschäftsführer und ggf. Vor- und Familiennamen eines Aufsichtsratsvorsitzenden (vgl. § 35 a GmbHG). Diese Angaben sind aber kein Gültigkeitserfordernis für (Willens-)Erklärungen der Einzelkaufleute bzw. Gesellschaften.

Allerdings kann ihre Einhaltung vom Registergericht (s. u. 3.4.6) durch Festsetzung von Zwangsgeld durchgesetzt werden (vgl. die §§ 37 a IV HGB, 7 V PartGG, 79 GmbHG, 407 I AktG, 160 I 1 GenG).

3.4.5.5 Firmenschutz

geschützte Rechtsposition

Die Firma ist gemäß § 37 I HGB öffentlich-rechtlich bzw. aufgrund der §§ 37 II HGB, 12, 823 I, 823 II BGB i. V. m. 37 II HGB, 826, 1004 BGB, 3 ff. UWG, 14 ff. MarkenG (insb. § 15 i. V. m. § 5 MarkenG; s. u. 19.5) privatrechtlich geschützt. Möglich sind daher bei Verletzungen des Firmenrechts Unterlassungs- bzw. Schadensersatzklagen (s. o. 3.1.3.1).

3.4.5.6 Firmenfortführung

Kontinuität

Wie bereits zur sog. Firmenbeständigkeit erläutert (s. o. 3.4.5.4), kann ein Handelsgeschäft unter der bisherigen Firma fortgeführt werden, auch wenn sie den Namen des bisherigen Geschäftsinhabers enthält (vgl. § 22 I bzw. § 24 I HGB; die vom bisherigen Geschäftsinhaber bzw. Namensträger gestattete Firmenübertragung [vgl. § 22 I HGB] als abstraktes Verfügungsgeschäft [dem zumeist ein Unternehmenskauf zugrunde liegt, s. u. 4.4.2; 5; 6.2.4] erfolgt grds. gemäß der §§ 413, 398 BGB). Insoweit ist auf die Haftung bei Firmenfortführung bzw. bei Personengesellschaftsbildung zu achten, §§ 25, 28 HGB:

Erwerber-/Eintrittshaftung

Der Erwerber (§ 25 I HGB) eines einzelkaufmännischen Handelsgeschäfts, bzw. bei Eintritt in das Geschäft eines Einzelkaufmanns die entstehende Gesellschaft (oHG oder KG, § 28 I HGB), muss für die bisherigen Geschäftsverbindlichkeiten des früheren Geschäftsinhabers einstehen, vgl. die §§ 25 I 1, 28 I 1 HGB (es sei denn, dies sei förmlich ausgeschlossen i. S. d. §§ 25 II, 28 II HGB).

Im Falle des § 25 I HGB haftet der Veräußerer neben dem Erwerber als Gesamtschuldner weiter; allerdings im Hinblick auf § 26 HGB nur auf längstens fünf Jahre begrenzt.

Zugriffsmöglichkeiten für Gläubiger

Haftung bei Firmenfortführung
– § 25 I 1 HGB –

Gläubiger (z. B. Verkäufer) hat gesamtschuldnerischen **Zugriff** auf:

Schuldner (z. B. Käufer) = Einzelkaufmann (früherer Inhaber): schuldet weiterhin Erfüllung der Geschäftsverbindlichkeit, § 433 II BGB (§ 26 HGB: grds. längstens fünf Jahre)	**Erwerber** des einzelkaufmännischen Handelsgeschäfts: schuldet Kaufpreis ebenfalls, § 25 I 1 HGB i. V. m. § 433 II BGB (es sei denn: § 25 II HGB)

Schaubild 29: Haftung des Erwerbers bei Firmenfortführung

Bei § 28 I 1 HGB haftet neben der entstehenden Personenhandelsgesellschaft (oHG oder KG) der neu Eintretende persönlich, § 128 S. 1 HGB – bei Eintritt als persönlich haftender Gesellschafter – (bzw. nach § 171 HGB bei Eintritt als Kommanditist). Der frühere Alleininhaber haftet dabei unbegrenzt (als Schuldner) weiter (beachte aber § 28 III HGB).

Beispiele: V hat gegen den bisherigen Einzelkaufmann K einen Kaufpreisanspruch i. S. d. § 433 II BGB. Tritt etwa D als persönlich haftender Gesellschafter in das Geschäft des K ein, so kann der V jetzt die neu entstandene oHG (vgl. die §§ 105, 124 HGB) gemäß § 28 I 1 HGB (i. V. m. § 433 II BGB) sowie den K als eigentlichen Schuldner nach § 433 II BGB und den D wegen § 128 S. 1 HGB (hierunter fiele der K i.ü. auch), weil wegen des § 28 I 1 HGB die i. S. d. § 128 S. 1 HGB erforderliche Gesellschaftsverbindlichkeit entstanden ist, gesamtschuldnerisch (s. u. 8.7) in Anspruch nehmen. Hätte der D aber das Geschäft vom ausscheidenden K übernommen, so müsste er gemäß § 25 I 1 HGB für den Kaufpreis einstehen, und der K haftete (i. S. d. § 433 II BGB) ebenfalls weiter (wegen § 26 HGB noch grds. für fünf Jahre) (s. a. 8.8.5; 8.9; 17.3.4.3). [Auf Nichtkaufleute, etwa Rechtsanwälte, d. h. Freiberufler, die dabei eine GbR gründen (s. u. 17.2), ist § 28 HGB (i. V. m. § 128 S. 1 HGB) grds. nicht anzuwenden.]

Im Betrieb begründete Forderungen gelten demgegenüber Schuldnern gegenüber unter den Voraussetzungen der §§ 25 I 2 bzw. 28 I 2 HGB als auf den Erwerber bzw. die Gesellschaft übergegangen. — *Forderungsübergang*

Beispiel: Führt der D das von K erworbene Handelsgeschäft (unter den Voraussetzungen des § 25 I 1 HGB) fort, so können Schuldner des K wegen in dessen Geschäftsbetrieb entstandener Forderungen mit schuldbefreiender Wirkung an den D zahlen. K hätte dann keinen Anspruch gegen den Schuldner mehr und könnte sich allenfalls unter den Voraussetzungen des § 816 II BGB an den D halten, falls diesem im Innenverhältnis zu K der gezahlte bzw. eingezogene Betrag nicht zustünde (s. u. 11.4 a. E.). Ähnlich ist es dann auch bei § 28 I 2 HGB. (Vgl. dazu auch unten 8.8.5 bzw. 8.9.)

Wegen dieser Bestimmungen empfiehlt es sich durchaus, zwischen Erwerber bzw. Eintretendem und bisherigem Inhaber ausdrückliche vertragliche Regelungen — unter Beachtung der §§ 25 II bzw. 28 II HGB — zu treffen bzw. den Übergang der im Geschäftsbetrieb begründeten Verbindlichkeiten und Forderungen auszuschließen, sowie dies unverzüglich im Handelsregister eintragen und bekanntmachen zu lassen. (*Hinweis:* Beim Eintritt in eine bestehende oHG ist i. Ü. auf § 130 HGB zu achten, s. u. 8.9 a. E.; 17.3.4.3). Desweiteren sind ggf. auch die Vorschriften des Erbrechts (etwa bezüglich der Haftung für Nachlassverbindlichkeiten nach Annahme der Erbschaft, §§ 1942 ff., 1967 BGB), des Arbeitsrechts, vgl. § 613 a BGB (s. u. 16), bzw. des Steuerrechts, § 75 AO (Haftung des Unternehmensübernehmers für betriebliche Steuern), zu beachten. — *anderweitige Regelungen treffbar*

(*Hinweis: In den §§ 22 ff. HGB meint der Gesetzgeber mit dem Begriff „Handelsgeschäft" bzw. „Geschäft" den jeweiligen Gewerbebetrieb bzw. das Unternehmen als solches; dies ist nicht mit den Handelsgeschäften i. S. d. §§ 343 ff. HGB zu verwechseln, s. u. 6.2.6. a. E.).* — *Handelsgeschäft*

Haftung bei Eintritt als phG in einzelkfm. Geschäft – § 28 I 1 HGB –		
Gläubiger (z. B. Verkäufer) hat gesamtschuldnerischen **Zugriff** auf:		
Schuldner (z. B. Käufer) = Einzelkaufmann: schuldet weiterhin Erfüllung der Geschäftsverbindlichkeit, § 433 II BGB (auch: § 128 S. 1 HGB)	**neue OHG**, §§ 28 I 1, 105, 124 HGB, 14 BGB (beachte: § 28 II, III HGB)	**neu** eingetretenen **Gesellschafter**, § 128 S. 1 HGB

Schaubild 30: Haftung bei Eintritt als phG in einzelkfm. Geschäft

3.4.6 Handelsregister; Unternehmensregister

öffentliches
Verzeichnis

In das Handelsregister als öffentliches Verzeichnis (vergleichbar: Grundbuch, Vereinsregister, Partnerschaftsregister, Genossenschaftsregister, Patentrolle, Güterstandsregister, Melderegister) werden wesentliche Verhältnisse bzw. Tatsachen, die den kaufmännischen Rechtsverkehr betreffen, eingetragen. Es wird bei den Amtsgerichten elektronisch geführt, vgl. die §§ 8 ff. HGB, 125 ff. FGG, 47 HRV, und zwar in zwei Abteilungen:

– *Abteilung A* (HRA, § 40 HRV) betrifft Einzelkaufleute, oHGen, KGen und EWIVen,

– *Abteilung B* (HRB, § 43 HRV) betrifft die Kapitalhandelsgesellschaften (GmbH, AG, KGaA), vgl. die §§ 3, 7 ff. HRV.

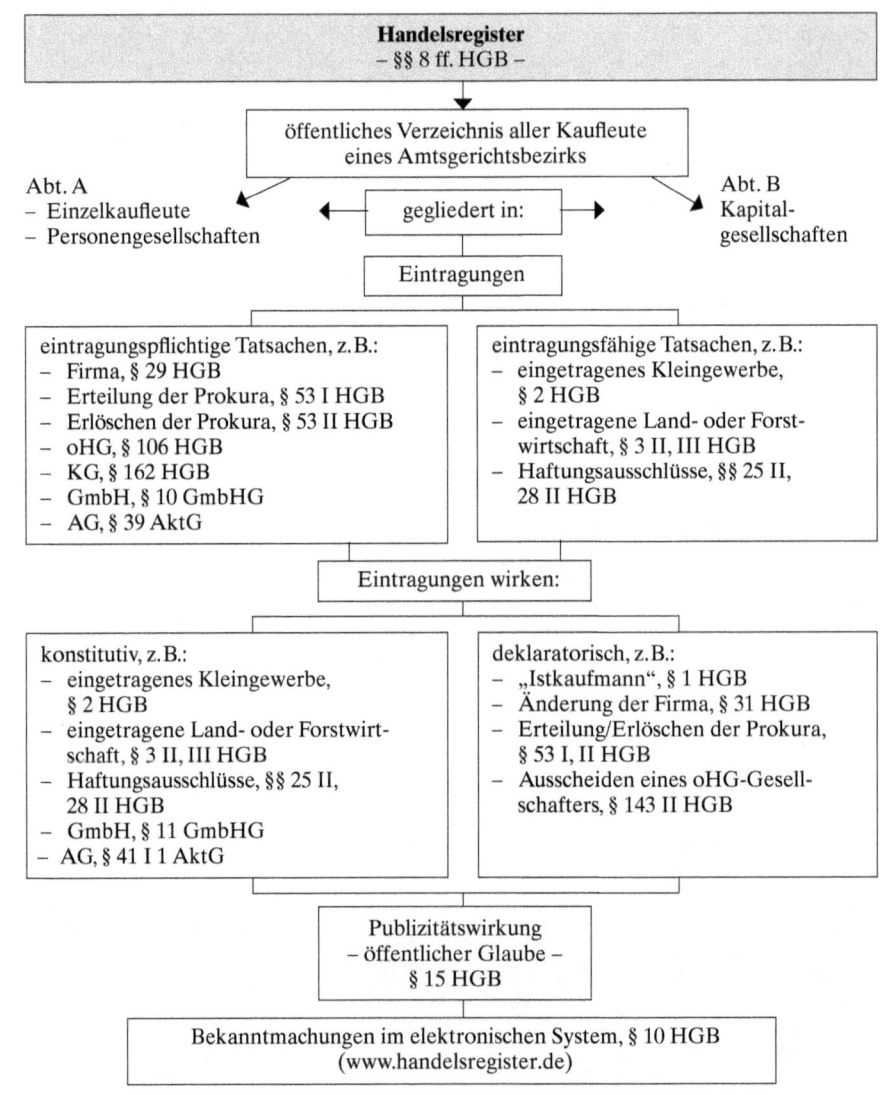

Schaubild 31: Handelsregister

Eintragungen sind in einem elektronischen Portal bekanntzumachen, § 10 HGB, sie können auch in der Amtssprache eines Mitgliedsstaats der EU offengelegt werden, § 11 HGB.

Eintragungen

Beispiel: Der Zugriff auf die Bekanntmachungen des Handelsregisters erfolgt in den von den Landesjustizverwaltungen bestimmten elektronischen Informations- und Kommunikationssystemen über die Internetadresse: *www.handelsregister.de* [zur bisherigen (Zeitungs-) Form vgl. § 10 HGB a. F., Art. 61 IV EGHGB].

Jedermann hat zu Informationszwecken Einsichts- und Abschriftsrechte, auch in das neugeschaffene, elektronisch geführte Unternehmensregister (§§ 8 ff. HGB, 1 ff. URV; *www.unternehmensregister.de*), über dessen Internetseite vielfältige unternehmensrelevante Informationen zugänglich sind (vgl. § 8 b II HGB).

Einsicht möglich Unternehmensregister

Eingetragen wird nur, was gesetzlich vorgesehen ist. Dabei finden sich eintragungspflichtige Tatsachen, die eingetragen werden müssen,

Beispiele: in den §§ 29, 31, 32, 53, 106-108, 162 HGB, 39 AktG, 10 GmbHG,

sowie eintragungsfähige Tatsachen, die eingetragen werden können (aber nicht müssen),

Beispiele: in den §§ 2, 3, 25 II, 28 II HGB.

HR-Eintragungen wirken teilweise konstitutiv (rechtsbegründend),

Beispiele: die §§ 2, 3, 25 II, 28 II HGB, 11 I GmbHG, 41 I 1 AktG,

teilweise deklaratorisch (rechtsbekundend),

Beispiele: die §§ 1, 31, 53 I, II, 143 II HGB.

Auf das Handelsregister darf man sich verlassen, es genießt öffentlichen Glauben, § 15 HGB (Publizitätswirkung):

Publizitätswirkung

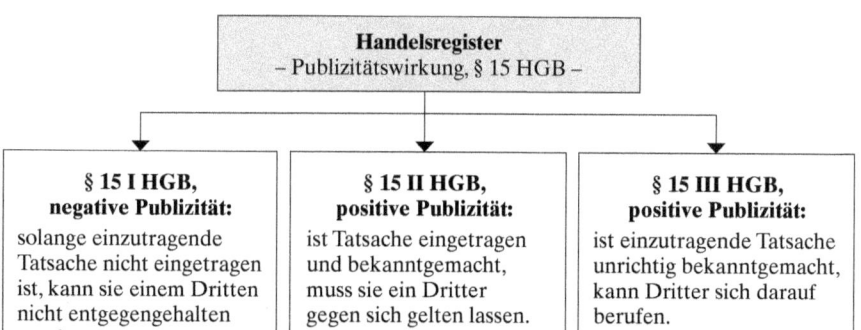

§ 15 I HGB, negative Publizität:	**§ 15 II HGB, positive Publizität:**	**§ 15 III HGB, positive Publizität:**
solange einzutragende Tatsache nicht eingetragen ist, kann sie einem Dritten nicht entgegengehalten werden.	ist Tatsache eingetragen und bekanntgemacht, muss sie ein Dritter gegen sich gelten lassen.	ist einzutragende Tatsache unrichtig bekanntgemacht, kann Dritter sich darauf berufen.
Beispiel: Erlöschen der widerrufenen Prokura versehentlich nicht eingetragen – Geschäft von Prokurist und Drittem ist gültig.	*Beispiel:* Erlöschen der widerrufenen Prokura ist eingetragen, Dritter hat Bekanntmachung nicht gelesen – Geschäft mit dem Prokuristen ist unwirksam (u. U. aber 15-Tage-Frist).	*Beispiel:* Erlöschen der widerrufenen Prokura wird angemeldet und eingetragen; versehentlich wird aber Erteilung einer anderweitigen Prokura bekanntgemacht – Geschäft von Prokurist und Drittem ist wirksam.

Schaubild 32: Publizitätswirkung des Handelsregisters

negative Solange eine einzutragende Tatsache nicht eingetragen und bekannt gemacht worden ist, § 15 I HGB (negative Publizität),

Beispiel: Widerruf der Prokura, § 53 II HGB (s. u. 7.8.2.4),

positive/ und/oder wenn eine eintragungsfähige Tatsache eingetragen und bekanntgemacht ist, § 15 II HGB (positive Publizität),

Beispiel: Erlöschen der Prokura (beachte dabei § 15 II 2 HGB),

Publizität bzw. wenn eine einzutragende Tatsache unrichtig bekannt gemacht worden ist, § 15 III HGB (positive Publizität),

Beispiel: ordnungsgemäße Anmeldung des Widerrufs der Prokura, aber fehlerhafte Bekanntmachung,

kann sich der Gutgläubige darauf berufen (s. a. die Parallele zu den §§ 29, 86 GenG, s. u. 17.9.7). *(Was eingetragen ist, gilt grds. als richtig, was nicht eingetragen ist, gilt grds. als nicht vorhanden.)*

3.4.7 Handelsbücher

Gemäß der §§ 238 ff. HGB hat der Kaufmann Handelsbücher zu führen.

Demnach obliegen ihm die

Bücher/Auf-
zeichnungen
- Pflicht zur Erstellung der Eröffnungsbilanz, § 242 I HGB,
- Buchführungspflicht, §§ 238 f. HGB,
- Inventurpflicht (Bestandsaufnahmepflicht) und
- Inventarisierungspflicht (Nachweispflicht von Aktiva und Passiva in einem Bestandsverzeichnis), §§ 240 f. HGB,
- Pflicht zur Aufstellung des Jahresabschlusses, §§ 242 ff. HGB, d. h. der Bilanz und der Gewinn- und Verlustrechnung (GuV), § 242 III HGB,
- Aufbewahrungspflicht bezüglich Buchführungsunterlagen (10 Jahre) und Korrespondenz bzw. Belegen (6 Jahre), § 257 HGB,
- Vorlegungspflicht, §§ 809 f. BGB, 420, 422 f. ZPO, 258 ff. HGB,
- Offenlegungspflicht, §§ 325 ff. HGB, bei Kapitalgesellschaften.

3.5 Handelsgesellschaften

Kaufleute Eine spezielle Kategorie von wirtschaftsprivatrechtlich besonders bedeutsamen Rechtssubjekten stellen die Handelsgesellschaften – Personen- u. Kapitalhandelsgesellschaften – dar. Sie sind handelsrechtlich als Kaufleute zu erachten, vgl. § 6 HGB (s. o. 3.4.2.6), die handelsrechtlichen Vorschriften finden somit auf sie (wie bei den Einzelkaufleuten) grundsätzlich gleichfalls Anwendung. Gesellschaftsrechtlich sind sie als juristische Personen (s. o. 3.2) bzw. Quasi-Körperschaften (s. o. 3.3) zu qualifizieren (näheres dazu s. u. 17). Sie nehmen am Rechtsverkehr als eigenständige Rechtssubjekte teil; gemäß § 14 I, II BGB sind sie Unternehmer (s. u. 3.6).

3.6 Unternehmer

Unternehmer-
begriff Komplementärbegriff zu demjenigen des Verbrauchers, § 13 BGB (s. o. 3.1.3.2), ist derjenige des Unternehmers, § 14 BGB: Unternehmer sind diejenigen natürlichen oder juristischen Personen bzw. rechtsfähigen Personengesellschaften (s. o. 3), die bei Abschluss eines Rechtsgeschäftes in Ausübung ihrer gewerblichen oder selbständigen beruflichen Tätigkeit handeln, § 14 I, II BGB.

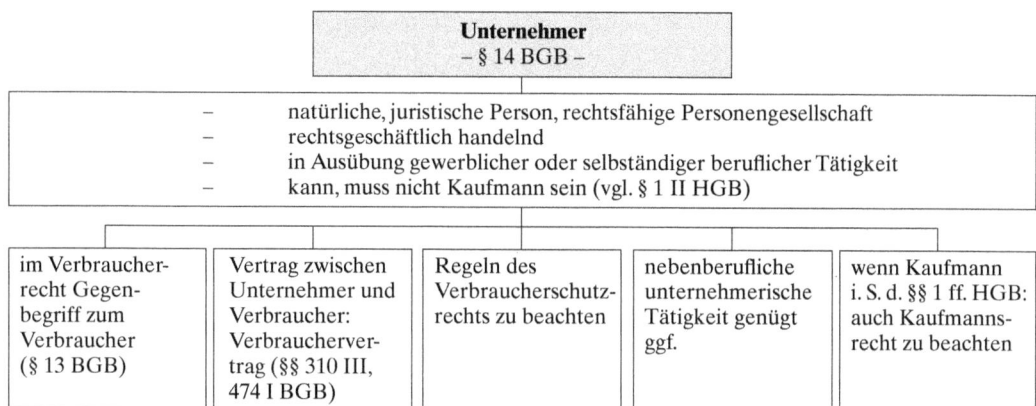

Schaubild 33: Unternehmer, § 14 BGB

Unternehmer sind also alle Rechtssubjekte, die planmäßig und dauerhaft entgeltliche Leistungen am Markt anbieten.

Beispiele: Kaufleute (s. o. 3.4), Freiberufler, Handwerker, Landwirte, Existenzgründer (schon bei Geschäften im Zuge der Aufnahme einer gewerblichen oder selbständigen Tätigkeit [ungeachtet der Sonderregel des § 513 BGB, s. u. 10.6.6]), nicht im HR eingetragene Kleingewerbetreibende (s. o. 3.4.2.2); auch, wer nebenberuflich unternehmerisch tätig wird, etwa regelmäßig bei eBay Waren in erheblichem Umfang verkauft (sog. „power seller"; insoweit fallen ggf. ESt, USt bzw. GewSt an) (s. a. 18.3.1.1); ebenso bei Abschluss branchenfremder Nebengeschäfte (bspw. beim Verkauf eines Pkw durch ein Drucktechnikunternehmen), vgl. die §§ 343, 344 HGB (s. u. 6.2.6), gelten etwa eine GmbH oder AG als Unternehmer i. S. d. § 14 I BGB. Der Begriff des Unternehmers geht also weiter als der Kaufmannsbegriff i. S. d. §§ 1 ff. HGB (s. o. 3.4): *Nicht jeder Unternehmer i. S. d. BGB ist auch Kaufmann i. S. d. HGB, aber jeder Kaufmann i. S. d. HGB ist auch Unternehmer i. S. d. BGB.* [Die Mitgliedschaft in einer IHK bezieht sich grds. auf Gewerbetreibende, d. h. erfasst nicht nur Kaufleute, sondern ggf. gerade auch Kleingewerbetreibende bzw. Unternehmer.]

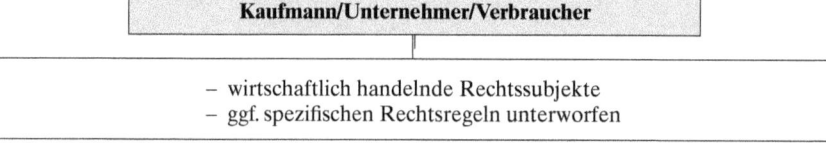

Kaufmann:	Unternehmer:	Verbraucher:
– natürliche Person, §§ 1 ff. HGB – Personen-, Kapitalhandelsgesellschaften, § 6 HGB – betreibt Handelsgewerbe – ist auch Unternehmer i. S. d. § 14 BGB	– natürliche Person, § 14 I BGB – juristische Person – rechtsfähige Personengesellschaften, § 14 II BGB – handelt gewerblich/selbstständig beruflich – kann, muss nicht Kaufmann sein i. S. d. HGB	– natürliche Person – handelt rechtsgeschäftlich überwiegend weder gewerblich noch selbständig beruflich, § 13 BGB – ist bzw. handelt nicht als Kaufmann oder Unternehmer
⇒ hat Regeln des Handelsrechts zu beachten	⇒ hat Regeln des Verbraucherrechts zu beachten	⇒ hat Schutz des Verbraucherrechts

Schaubild 34: Kaufmann/Unternehmer/Verbraucher

Unternehmern als besonderen Personen des Rechtsverkehrs weist das BGB vielfache besondere Pflichten zu:

Verbraucher-
schutzregeln
beachten

Unternehmer, die mit Verbrauchern (§ 13 BGB) Rechtsbeziehungen eingehen, haben die besonderen Vorschriften des Verbraucherschutzes zu beachten.

Beispiele: Die §§ 241 a, 310, 312 ff., 355 ff., 474 ff., 481, 482, 491 BGB (s. a. 3.1.3.2, 6.2.7 bzw. die Schaubilder 16, 44). Auch für den Kauf- bzw. Werkvertrag zwischen Unternehmer und Verbraucher, den sog. Verbrauchsgüterkauf bzw. Verbraucherbauvertrag, die besondere Verbraucherverträge (i. S. d. § 310 III BGB; s. o.) darstellen, gelten ggf. gemäß der §§ 474 ff., 650 i ff. BGB spezielle Regeln (s. u. 10.2.7.3).

Unternehmens-
träger

Unternehmern sind als Unternehmensträgern regelmäßig die ein entsprechendes Unternehmen (s. u. 4.4.2) treffenden Rechte und Pflichten zugeordnet.

Wie ein Kaufmann, der, wenn er ein privates Rechtsgeschäft vornimmt, als Nichtkaufmann und damit als Verbraucher anzusehen ist (vgl. die §§ 1 ff., 343 ff. HGB, 13 BGB; s. a. 3.1.3.2, 6.2.6.1 bzw. Schaubild 43), gilt auch ein Unternehmer, der ein privates Rechtsgeschäft abschließt, als Verbraucher i. S. d. § 13 BGB.

Beispiel: Eine Architektin (Freiberuflerin) bestellt im Internet ein wertvolles Bild an ihre Büroadresse – sie gilt (im Zweifel) gleichwohl als Verbraucherin i. S. d. § 13 BGB, da/ wenn ihr Handeln nicht eindeutig und zweifelsfrei ihrer selbständigen Tätigkeit zugerechnet werden kann (und hat daher das Widerrufsrecht der §§ 312 c, g, 355 BGB; s. u. 6.6.4).

4 Rechtsobjekte – Gegenstände des Rechtsverkehrs

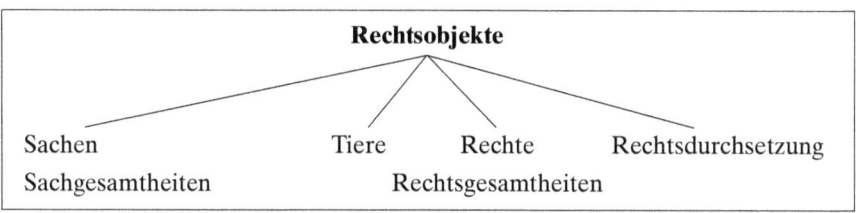

Rechtsobjekte

Sachen   Tiere   Rechte   Rechtsdurchsetzung
Sachgesamtheiten   Rechtsgesamtheiten

Leitübersicht 4: Rechtsobjekte

Leitfragen zu 4:

a) Welche Rechtsregeln gelten bezüglich der Sachen?
b) Wie sind „Rechte" einzuordnen?
c) Was gilt für die Rechtsdurchsetzung?
d) Was ist bezüglich der Verjährung zu beachten?
e) Wie berechnen sich Fristen und Termine?

Rechtssubjekten werden grundsätzlich Gegenstände des Rechtsverkehrs zugeord-   Gegenstand
net (und umgekehrt) – diese sog. *Rechtsobjekte* dienen ihnen regelmäßig. Rechtsobjekte werden also von den Rechtssubjekten beherrscht. Zu den Objekten des
Rechtsverkehrs rechnet man die körperlichen Sachen, die Tiere sowie die unkörperlichen Rechte und Immaterialgüter (d. h. geistige Werke, an denen deren
Schöpfer Nutzungs- bzw. Verwertungsrechte hat; s. u. 19.1). Der Gesetzgeber verwendet als Oberbegriff für alles, was Objekt von Rechten sein kann, die Bezeichnung Gegenstand (vgl. § 90 BGB, s. a. § 260 BGB), ohne diese allerdings genauer
zu definieren.

4.1 Sachen

Sachen im Sinne des Gesetzes sind gemäß § 90 BGB nur körperliche Gegenstände.   Körperliche
Wichtig ist also die Körperlichkeit, durch die sie sich von den Rechten unterschei-   Gegenstände
den. Daher sind freie Luft, frei fließendes Wasser, Elektrizität, Wärme, Energie,
Computerprogramme keine Sachen. Auch Tiere als Mitgeschöpfe sind keine Sachen, § 90 a BGB (s. a. die §§ 251 II 2, 903 S. 2 BGB, 765 a I 2, 811 c I ZPO; s. o. 3.1.1
a. E.), stehen ihnen aber letztlich gleich, da die für die Sachen geltenden Vorschriften auf sie grundsätzlich entsprechend anzuwenden sind. Zu den Sachen gehören
auch nicht der Körper des lebenden Menschen sowie dessen ungetrennte Teile,
wohl aber grundsätzlich die Leiche. Wichtig ist, dass nur an Sachen Eigentum, ein
sonstiges dingliches Recht oder Besitz bestehen kann. Dabei beschreibt das BGB
in den §§ 90 ff. den Begriff und die verschiedenen Erscheinungsformen der Sachen; wie im Rechtsverkehr mit ihnen verfahren werden kann, welches rechtliche
Schicksal sie erfahren können, regelt das BGB im Dritten Buch, dem *Sachenrecht*.   Sachenrecht
Dort wird fixiert, wie Sachen übereignet, belastet und genutzt werden können

(s. u. 15), wie es sich also um Rechte *an* Sachen verhält, wohingegen es im Zweiten Buch, dem sog. *Schuldrecht*, grds. um Ansprüche von Rechtssubjekten (vgl. Schaubild 8) *auf* Sachen geht (s. u. 5.1, 6.2.4 f., 6.2.4.5; s. a. Schaubild 41).

4.1.1 Einteilung der Sachen

Sachen als körperliche Gegenstände lassen sich in mehrfacher Hinsicht unterscheiden:

4.1.1.1 Bewegliche Sachen

Bewegliche Sachen, auch Fahrnis oder Mobilien (lat. mobilis = beweglich) genannt, sind alle diejenigen Sachen, die weder Grundstücke noch Grundstücksbestandteile sind. Im Verbraucherrecht, Handelsrecht sowie im internationalen Kaufrecht Waren (s. u. 10.2.11) finden sie als Waren (§§ 241 a I BGB [Legaldefinition], 373 ff. HGB, Art. 1 I CISG) besonderes Interesse.

Beispiele: Hemd, Kühlschrank, Auto [auch Schiffe bzw. Luftfahrzeuge (für diese gelten aber vielfach Sonderregeln, vgl. bspw. die §§ 929 a, 932 a BGB, 870 a ZPO, s. a. die Regeln von SchiffsRG bzw. LuftfzRG)].

Vertretbare Sachen   Bei den beweglichen Sachen lassen sich vertretbare von den nicht vertretbaren abgrenzen: Vertretbare Sachen sind bewegliche Sachen, die im Rechtsverkehr nach Zahl, Maß oder Gewicht bestimmt zu werden pflegen, § 91 BGB. Bei ihnen kommt es also nicht primär auf die Individualität an, vielmehr sind sie ohne weiteres austauschbar.

Beispiele: Geld (Münzen, Banknoten); Serienware; neue Kfz; Wertpapiere; Lebensmittel.

Nicht vertretbare Sachen   Nicht vertretbare Sachen sind dagegen solche, die individuell bestimmt bzw. nach Bestellerwünschen hergestellt worden, nicht austauschbar und für den Hersteller anderweitig nicht oder nur sehr schwer absetzbar sind.

Beispiele: Einbauküchen; Sonderanfertigungen; mit Unternehmenslogo bedruckte Werbeprospekte oder -zündhölzchen; Maßanzug.

Diese Unterscheidung wird wichtig für bestimmte Schuldverhältnisse, vgl. beim Vertrag über erst herzustellende Sachen (§ 650 BGB; s. u. 10.3.8), beim Sachdarlehensvertrag (§ 607 BGB; s. u. 10.6), bei der unregelmäßigen Verwahrung (§ 700 BGB; s. u. 10.6.5) sowie den Gesellschafterbeiträgen (§ 706 BGB; s. u. 17.2.4), aber auch im Zivilprozess (vgl. die §§ 592, 794 I Nr. 5, 884 ZPO; s. u. 20.1). Bei Verlust oder Zerstörung von vertretbaren Sachen ist die Wiederherstellung des gleichen wirtschaftlichen Zustandes wie vor dem schädigenden Ereignis (man *Natural-* *restitution*   nennt dies Naturalrestitution; s. u. 8.12.4) möglich, vgl. § 249 S. 1 BGB, durch Lieferung einer anderen (gleichartigen) Sache; bei einer unvertretbaren Sache ist dies aber nicht so. Häufig sind daher die vertretbaren Sachen Gegenstand von sog. Gattungsschulden, § 243 BGB (s. u. 8.3.4).

Bei den beweglichen Sachen lassen sich desweiteren die verbrauchbaren von den nicht verbrauchbaren trennen:

Verbrauchbare Sachen   Verbrauchbare Sachen sind solche, deren bestimmungsgemäßer Gebrauch im Verbrauch oder in der Veräußerung besteht, § 92 BGB.

Beispiele: Brennstoffe; Lebensmittel.

Sachen, die durch ihren Gebrauch abgenutzt werden,

Beispiele: Kleidung, Teppiche,

fallen als solche aber nicht darunter.

Beispiel: Das Paar Herrenschuhe im Schuhgeschäft ist, da zur Veräußerung bestimmt, eine verbrauchbare Sache (§ 92 I BGB), im Schuhschrank des Käufers jedoch nicht mehr (die Abnutzung durch den Gebrauch [das Tragen] fällt nicht unter § 92 BGB).

Auch bewegliche Sachen, die zu einem Warenlager (s. a. 4.1.5) oder zu einem sonstigen Sachinbegriff gehören, dessen bestimmungsgemäßer Gebrauch ebenfalls in der Veräußerung der einzelnen Sachen besteht, zählen zu den verbrauchbaren, § 92 II BGB.

Beispiel: Spanplatten im Warenlager eines Schreinereibedarfsgroßhändlers (s. a. 4.1.5).

Die übrigen beweglichen Sachen sind nicht verbrauchbar. Verbrauchbare Sachen werden relevant bei Nutzungsverhältnissen, wobei der Nutzungsberechtigte grundsätzlich zum Verbrauch der Sache berechtigt ist, später aber Wertersatz leisten muss (vgl. die §§ 1067, 1075, 1085 BGB, ähnlich auch § 706 BGB).

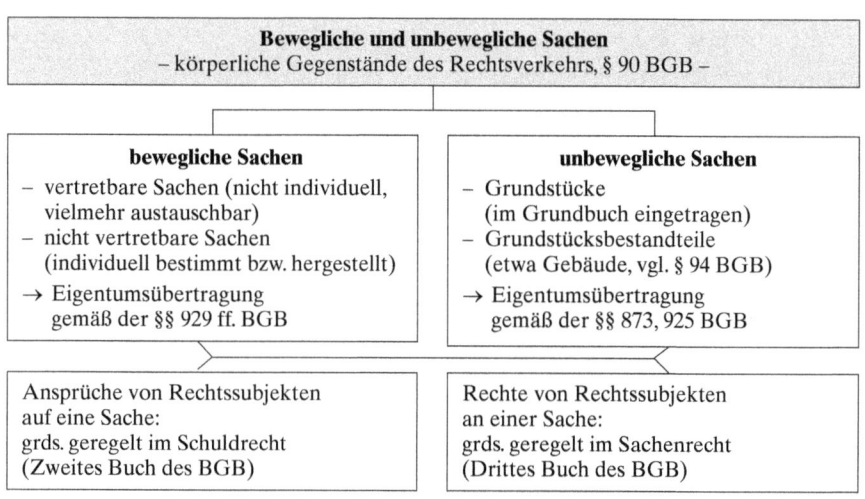

Schaubild 35: Bewegliche und unbewegliche Sachen

4.1.1.2 Unbewegliche Sachen

Unbewegliche Sachen (Liegenschaften, Immobilien) sind die Grundstücke, d. h. abgegrenzte Teile der Erdoberfläche, die im Bestandsverzeichnis eines Grundbuchblattes unter einer eigenen Nummer eingetragen bzw. gebucht sind (vgl. § 3 GBO), sowie deren Bestandteile. Grundstücken werden das Erbbaurecht nach dem ErbbauRG sowie das Wohnungseigentum nach dem WEG gleichgestellt. Unbewegliche Sachen werden dinglich anders behandelt als die beweglichen; ihre sachenrechtliche Übertragung und Belastung folgt anderen Regeln (§§ 873, 925 BGB; s. a. die Formvorschrift des ·§ 311 b I BGB; dazu s. u. 15.3.4 bzw. Schaubild 187).

Grundstücke

4.1.1.3 Teilbare und unteilbare Sachen

Teilbar ist eine Sache, die sich ohne Wertminderung in gleichartige Teile zerlegen lässt, vgl. § 752 S. 1 BGB. Wichtig ist das insbesondere bei der Auseinandersetzung von Gemeinschaften.

Beispiele:
für teilbare Sachen: Geld; Grundstücke;
für unteilbare Sachen: Aktien bzw. Zwischenscheine (vgl. § 8 V, VI AktG); bebaute Grundstücke.

4.1.2 Bestandteile einer Sache

Die meisten Gegenstände bestehen aus einzelnen Teilen, Bestandteilen, die zusammengefügt worden sind. Dabei unterscheidet das BGB zwischen wesentlichen und unwesentlichen Bestandteilen. Leitgedanke dabei ist, dass eine Sache und ihre wesentlichen Bestandteile ein einheitliches rechtliches Schicksal haben sollen, damit nicht nutzlos wirtschaftliche Werte zerstört werden. Wesentliche Bestandteile sind diejenigen Bestandteile einer Sache, die nicht voneinander getrennt werden können, ohne dass der eine oder andere zerstört oder in seinem Wesen verändert wird; sie können nicht Gegenstand besonderer Rechte sein, § 93 BGB. Es kommt also nicht darauf an, ob ein Bestandteil für eine Sache besonders wichtig ist, vielmehr ist entscheidend, ob durch eine Trennung der abgetrennte oder der zurückbleibende Bestandteil zerstört oder in seinem Wesen verändert wird. Dies ist nach wirtschaftlichen Kriterien zu beurteilen. Für Grundstücke bringt dabei § 94 BGB noch eine Erweiterung: bei ihnen gehören auch die mit dem Grund und Boden fest verbundenen Sachen, solange sie mit dem Grund und Boden zusammenhängen, zu den wesentlichen Bestandteilen (s. u. 15.3.4.1).

Wesentliche Bestandteile

Beispiele: Wesentliche Bestandteile sind also Hausfenster, die Fahrzeugkarosserie, die Bremstrommel des Lkw, die Zentralheizung des Hauses bzw. Heizkörper, Öltanks, unter Putz verlegte Leitungen, Wasch- und Badeanlagen, einzelne Blätter von Handelsbüchern (§§ 238 ff. HGB, s. o. 3.4.7), Grundstücksgebäude, Grundstückspflanzen (grds.; s. u.), Dachgebälk, die auf den Briefumschlag aufgeklebte Briefmarke (s. u. 15.3.3).
Keine wesentlichen Bestandteile sind dagegen der Kfz-Motor (s. u.), die Reifen, Grenzsteine, Hotelkühlschränke, Sandkasten, Schaukel, Gartenstatue, Matratze und Lattenrost des Bettes.

Erbbaurecht

Ausnahmen von § 94 I 1 BGB sind i. Ü. auch das Eigentum des Erbbauberechtigten an einem aufgrund des Erbbaurechts auf dem ihm nicht gehörenden Grundstück errichteten Gebäude, §§ 1 I, 12 I ErbbauRG, sowie das Sondereigentum an einer Eigentumswohnung, § 1 II WEG (Wohnungseigentum): Das Erbbaurecht als Belastung eines Grundstückes gewährt das veräußerliche und vererbliche Recht, auf oder unter der Erdoberfläche eines fremden Grundstückes ein Bauwerk zu haben – geregelt ist dies insb. im ErbbauRG;

Beispiele: private Wohnhäuser auf fremdem Grund (etwa insb. zur Förderung des Wohnungsbaus), sowie etwa auch Sportstätten wie die Allianz-Arena in München oder die Mercedes-Benz-Arena in Stuttgart, ebenso auch der Flughafen sowie die Fischauktionshalle in Hamburg bzw. das geplante neue Münchner Konzerthaus beim dortigen Ostbahnhof;

Wohnungseigentum

das Wohnungseigentum an einer Wohnung in Verbindung mit dem Miteigentumsanteil am Gebäude (bei nicht zu Wohnzwecken dienenden Gebäudeteilen, etwa Büro-, Geschäftsräumen, Teileigentum genannt, § 1 WEG) gibt die Möglichkeit, Sondereigentum an Teilen eines Gebäudes zu erlangen – geregelt ist dies insb. im WEG.

Folgen

Wesentliche Bestandteile sind sonderrechtsunfähig. Wenn eine Sache wesentlicher Bestandteil einer anderen wird, erlöschen die an ihr bestehenden Rechte (§§ 946 ff. BGB; s. u. 15.3.3), selbst wenn die Beteiligten dies nicht wollen. Dingliche Rechtsgeschäfte (Übereignungen, Belastungen) über wesentliche Bestandteile sind nichtig. Es besteht immer nur ein einheitliches Eigentum an der Gesamtsache, nur diese kann insgesamt übereignet oder belastet werden.

Beispiele: Mit Einbau der Dachlatten verliert der Lieferant trotz erklärten Eigentumsvorbehaltes (§§ 929, 946, 449, 158 I BGB) sein Eigentum daran (s. u. 6.3.3.2; 15.3.3);

der Lieferant von Kfz-Motoren (s. o.) kann dagegen bei vereinbartem Eigentumsvorbehalt im Falle der Nichtzahlung die gelieferten und eingebauten Motoren herausverlangen (§§ 985, 929, 158 I BGB) und im Insolvenzfall aussondern, § 47 InsO (s. a. unten 10.2.8; 21.1).

Nur zu einem vorübergehenden Zweck mit dem Grund und Boden verbundene bzw. in ein Gebäude eingefügte Sachen gehören aber als sog. Scheinbestandteile, § 95 BGB, nicht zu den Bestandteilen des Grundstückes bzw. Gebäudes. Sie bleiben rechtlich bewegliche Sachen und können somit grds. nach § 929 BGB veräußert werden (s. u. 15.3.2; 15.3.4.1 a. E.). *[Schein-bestandteile]*

Beispiele: Vom Grundstückspächter errichtetes Gebäude; Baubaracken; Messecontainer; Teppichboden, Schrankwand des Mieters; Baumschulpflanzen bzw. der Holzproduktion dienende Waldbäume (auch wenn es bis zur Holzernte lange Jahre dauert); Windkraftanlagen (Windräder).

Mit dem Eigentum an einem Grundstück verbundene Rechte werden gemäß § 96 BGB Grundstücksbestandteilen gleichgestellt.

Beispiele: Grunddienstbarkeit (§§ 1018 ff. BGB), Reallast (§§ 1105 ff. BGB, s. u. 15.5.3), dingliches Vorkaufsrecht (§§ 1094 ff. BGB), Jagdrecht (§ 3 I 2 BJagdG).

4.1.3 Zubehör

Zubehör sind gemäß § 97 BGB diejenigen beweglichen Sachen, die, ohne Bestandteile der Hauptsache zu sein, deren wirtschaftlichem Zweck zu dienen bestimmt sind und zu ihr in einem dieser Bestimmung entsprechenden räumlichen Verhältnis stehen. Zubehör ist sonderrechtsfähig, kann also durchaus ohne die Hauptsache übereignet oder belastet werden. Da es aber mit der Hauptsache in einem wirtschaftlichen Verhältnis steht, soll es regelmäßig deren rechtliches Schicksal teilen. Daher erstrecken sich Kaufverträge grundsätzlich auch auf das Zubehör, § 311 c BGB, Grundpfandrechte (Hypothek, Grundschuld, Rentenschuld, s. u. 15.5) erfassen ebenfalls das Grundstückszubehör, § 1120 BGB, das so auch der Zwangsvollstreckung in das Grundstück unterliegt, § 865 II 1 ZPO. Das Eigentum am Grundstückszubehör folgt gemäß § 926 BGB regelmäßig dem Eigentum am dazugehörigen Grundstück (wobei das Grundstückszubehör auch gemäß der §§ 929 ff. BGB übereignet werden kann; s. u. 15.3.2; 15.3.4.1 a. E.). *[Hauptsache ist Bezugspunkt]*

Beispiele: Gewerbliches und landwirtschaftliches Inventar (§ 98 BGB); Alarmanlage; Bierausschankanlage; Fabrikfahrzeuge; Hotelbus; Schrankschlüssel; Kfz-Warndreieck u. -Feuerlöscher, Ersatzrad, Dachgepäckträger; Heizvorräte; Fabrikvorräte.

Nicht Zubehör sind aber etwa: Zum Verkauf bestimmte Ware; Gartenstatuen; Speditionsfahrzeuge; Möbel; vom Mieter angeschaffte Beleuchtungsgeräte.

4.1.4 Nutzungen/Früchte

Nutzungen sind die Früchte einer Sache oder eines Rechtes sowie die Vorteile, die der Gebrauch der Sache oder des Rechts gewährt, § 100 BGB. Nutzungen umfassen also außer den Früchten auch die Gebrauchsvorteile. Früchte sind nach § 99 BGB Erzeugnisse bzw. Ausbeuten von Sachen sowie die Erträge eines Rechts (s. u. 10.5.10). *[Früchte und Gebrauchsvorteile]*

Beispiele: Obst, Gemüse, Pflanzen, Bäume, Kälber, Ferkel, Eier, Milch, Sand, Kies (Sachfrüchte); Jagdbeute, Dividende, Zinsen, Stimmrecht (Rechtsfrüchte); Mietzins, Überbaurente – vgl. § 912 BGB – (mittelbare Sachfrüchte); Lizenzgebühren (mittelbare Rechtsfrüchte).

Früchte und Nutzungen sind rechtlich insbesondere bedeutsam im Zusammenhang mit dem Eigentumserwerb (§§ 953 ff. BGB), dem Nutzungsrecht des Pächters und Nießbrauchers (§§ 581, 1030 BGB; s. u. 10.5.10) sowie der Herausgabe (§§ 346 ff., 987 ff. BGB; s. u. 6.6.4.1, 15.3 a. E.).

4.1.5 Sachgesamtheiten

Sachgesamtheiten bestehen aus mehreren selbständigen Sachen, die aus rein praktischen Gründen unter einer einheitlichen Bezeichnung zusammengefasst werden.

Beispiele: Briefmarkensammlung; Kaffeeservice; Warenlager; Inventar; Sammelbestand von Wertpapieren; Bibliothek; Urkundenbestand eines Archivs; Unternehmen (dazu s. u. 4.4.2).

Sachgesamtheiten sind relevant bei Nutzungsverhältnissen (etwa der Pacht, § 581 BGB; s. u. 10.5.10) oder Nießbrauch (§§ 1030 ff. BGB; s. u. 15.1). Wichtig in diesem Zusammenhang ist vor allem auch folgendes:

Übereignungs-
probleme

Man kann sich schuldrechtlich verpflichten, Sachgesamtheiten etwa zu verkaufen (d. h., sie zu übergeben und Eigentum daran zu verschaffen, vgl. § 433 I 1 BGB) – es gibt aber *kein Eigentum an einer Sachgesamtheit als solcher, sondern nur Eigentum an den jeweiligen Einzelsachen* (dies wird Grundsatz der Spezialität bzw. Bestimmtheitsgrundsatz genannt, s. a. unten 4.4 bzw. 15.2). Wenn man also landläufig davon spricht, man sei Eigentümer eines Warenlagers, einer Briefmarkensammlung, einer Bibliothek, dann heißt das rechtlich, dass man Eigentum an den einzelnen Büchern, Briefmarken, Waren hat. Man kann also auch nicht sachenrechtlich

Verfügungs-
geschäft

Unter-
nehmenskauf

über die Sachgesamtheit als solche verfügen, sie als solche etwa übereignen, vielmehr muss Eigentum an jedem einzelnen Gegenstand (vgl. § 929 BGB) übertragen werden. Bei einem Unternehmenskauf bedeutet das beispielsweise, dass die einzelnen Liegenschaften, Mobilien, Rechte nach den jeweils für sie geltenden Bestimmungen (§§ 873, 925; 929; 398 BGB) auf den Erwerber übertragen werden müssen (s. u. 4.4.2); das gilt i. Ü. entsprechend auch bei der Sicherungsübereignung (s. u. 15.3.2.2), etwa von Warenlagern, Kunstsammlungen oder Bibliotheken. Hieran sieht man im Übrigen auch, dass *zwischen dem Eingehen einer Verpflichtung und ihrer Erfüllung strikt zu trennen* ist (s. u. 5).

4.2 Rechte

Befugnisse und
Rechtsmacht

Im Gegensatz zu Sachen sind Rechte unkörperlich. Während man unter dem oben 2.1 beschriebenen objektiven Recht die Summe aller Rechtsnormen versteht, aus denen Berechtigungen und Verpflichtungen erwachsen, geht es im folgenden um daraus herzuleitende Befugnisse und Rechtsmacht, also um subjektive Rechte. Während das BGB (objektives Recht) etwa Vertragstypen regelt (z. B. Kauf-, Werk-, Dienst-, Mietvertrag, s. u. 10) und so das Rechtsverhältnis hieran beteiligter Partner bestimmt, bezeichnen die individuell daraus erwachsenden Ansprüche auf vertragsmäßige Leistung die jeweiligen subjektiven Rechte. Subjektives Recht und Anspruch (s. o. 2.6.2) sind allerdings nicht deckungsgleich: Aus dem subjektiven Recht als dem allgemeinen Herrschaftsverhältnis können sich verschiedene Ansprüche ergeben.

Beispiel: Aus dem Eigentumsrecht an einer Sache (dem subjektiven Recht) können dem Eigentümer Herausgabeansprüche (§ 985 BGB), Abwehransprüche (§ 1004 BGB), Schadensersatzansprüche (§ 823 I BGB) erwachsen (s. u. 15.3.5).

4.2.1 Absolute und relative Rechte

Absolute Rechte richten sich gegen jedermann (lat. absolutus = losgelöst), sie sind losgelöst von lediglich durch Vertragsverhältnisse zustandekommenden Verpflichtungen bzw. Rechten zu sehen.

Der Inhaber eines absoluten Rechtes ist also grds. gegen jedwede rechtswidrige und schuldhafte Verletzung geschützt. Die absoluten Rechte und ihr Schutz stehen nicht nur natürlichen Personen, sondern auch juristischen Personen zu. Zu den absoluten Rechten gehören insbesondere (die in § 823 I BGB genannten) Leben, Körper, Gesundheit, Freiheit, Eigentum, das allgemeine Persönlichkeitsrecht, das sexuelle Selbstbestimmungsrecht, die Ehre, Besitz, Hypotheken-, Patent-, Marken-, Urheberrechte, der Name bzw. die Firma (s. u. 12.2.1.1).

Schutz

Demgegenüber sind relative Rechte diejenigen, die nur zwischen bestimmten Personen innerhalb eines Rechtsverhältnisses wirken (Relation = Beziehung, Verhältnis). Sie können daher auch nur von den am Schuldverhältnis Beteiligten verletzt werden. Diese Beteiligten nennt man Gläubiger und Schuldner (s. u. 8.1). Sie sind sich durch das zwischen ihnen bestehende Rechtsverhältnis regelmäßig so verbunden, dass hieraus ein oder mehrere jeweilige Ansprüche erwachsen, zumeist sind dies Ansprüche aus Schuldverhältnissen, d. h. sog. Forderungen (vgl. § 241 I 1 BGB „fordern").

„Verhältnis"

Gläubiger/
Schuldner

Forderungen

Beispiele für relative Rechte sind etwa die Kaufpreisforderung des Verkäufers, die Forderung auf Übergabe und Eigentumsverschaffung des Käufers (§ 433 I und II BGB), der Anspruch des Dienstverpflichteten auf Vergütung (§ 611 BGB), der Werklohnanspruch des Unternehmers (§§ 631 I, 632 BGB), usw. (s. a. 5.1; 6.2.4; 6.2.5).

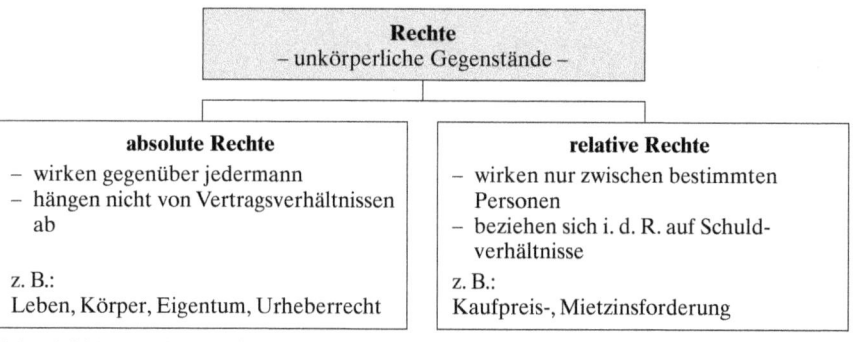

Schaubild 36: Rechte – unkörperliche Gegenstände

Zwischen absoluten und relativen Rechten gibt es durchaus auch einen Zusammenhang: aus der Verletzung eines absoluten Rechtes erwachsen dem Geschädigten u. U. relative Rechte.

Beispiel: Der Körperverletzer beeinträchtigt das absolute Rechtsgut Körper des Geschädigten. Daraus entsteht diesem ein Anspruch (s. o. 2.6.2) auf Schadensersatz gegen den Täter aus § 823 I BGB, also ein relatives Recht (s. u. 12.2).

4.2.2 Persönlichkeitsrechte

Zu den Persönlichkeitsrechten gehören vornehmlich Leib, Leben, Gesundheit, Freiheit, Name, das eigene Bild, elterliches Erziehungsrecht, die sexuelle Selbstbestimmung, sowie das allgemeine Persönlichkeitsrecht (Art. 1, 2 GG) (s. o. 3.1.3.1).

4.2.3 Gestaltungsrechte

Gestaltungsrechte geben ihrem Inhaber die Befugnis, ein Rechtsverhältnis einseitig zu gestalten, d. h. es aufzuheben oder inhaltlich zu verändern.

Beispiele: Ausübung des Vorkaufsrechts (§§ 464, 1094 BGB; s. u. 6.3.4.3; 10.2.9); Kündigung (§ 542 BGB; s. u. 8.14.2.10; 10.5.7); Anfechtung (§ 142 BGB; s. u. 6.8.2.4); Rücktritt (§ 346 BGB; s. u. 6.6.4.1; 8.14.2.9, bzw. § 437 Nr. 2 1. Alt. BGB; s. u. 10.2.7.2); Widerruf (§ 355 BGB; s. u. 6.6.4.2).

4.2.4 Herrschaftsrechte

Rechtsmacht Herrschaftsrechte gewähren Herrschaftsmacht über bestimmte Gegenstände (nicht über Personen). Wenn sie sich auf Sachen (Dinge) beziehen, spricht man von dinglichen Rechten. Umfassendstes dingliches Recht ist das Eigentum. Dieses schützt der Gesetzgeber vielfach, vgl. Art. 14 GG, §§ 903, 985, 1004, 823 I BGB (s. u. 15.3.5; vgl. Schaubild 188). Beschränkt sich die Sachherrschaft auf Teilbereiche des Eigentums, so handelt es sich um sog. beschränkte dingliche Rechte wie Sicherungsrechte bzw. Verwertungsrechte (Pfand-, Hypothekenrechte) oder Nutzungsrechte (Nießbrauch, Dienstbarkeit) (s. u. 15; vgl. Schaubild 178).

Herrschaftsrechte können auch an Rechten bestehen, etwa Pfandrechte (§ 1273 BGB) bzw. Nießbrauch (§ 1030 BGB).

Und selbst für immaterielle Güter gibt es Herrschaftsrechte, die sog. Immaterialgüterrechte. Dazu gehören das Urheber-, Patent-, Design- und Markenrecht (s. u. 19).

4.2.5 Gegenrechte

Verhinderung subjektiver Rechte Gegenrechte verhindern die Durchsetzung subjektiver Rechte. Materiell-rechtlich lassen sich hierbei Einreden und Einwendungen unterscheiden.

4.2.5.1 Einreden

Einreden gewähren das Recht, die Erfüllung eines Anspruches zu verweigern. Der Berechtigte hat also ein Leistungsverweigerungsrecht. Dieses (negative) Recht vernichtet aber das subjektive Recht des Anspruchstellers nicht, es hindert vielmehr (nur) dessen Durchsetzbarkeit. Auf die Einrede muss sich der Schuldner also berufen; vor Gericht, in einem Prozess etwa, wird sie nicht von Amts wegen beachtet.

Verjährung **Beispiel:** Ansprüche unterliegen der Verjährung, vgl. die §§ 194 ff. BGB (s. u. 4.3.3). Auf die Einrede der Verjährung muss man sich ausdrücklich oder zumindest durch schlüssiges Verhalten (= konkludent, s. u. 6.3.1.1; etwa: „eine so lange zurückliegende Schuld begleiche ich nicht mehr") berufen – man ist berechtigt, die Leistung zu verweigern, § 214 I BGB, aber nicht verpflichtet, dies zu tun, der Anspruch bleibt weiterhin erfüllbar (s. u. 8.1 a. E.).

Man unterscheidet die aufschiebende Einrede (des Zurückbehaltungsrechtes, s. u. 8.10, des nicht erfüllten Vertrags, § 320 BGB, der Stundung) von der dauernden Einrede (Verjährung).

4.2.5.2 Einwendungen

Im Gegensatz zur Einrede beseitigt eine Einwendung das geltend gemachte Recht als solches und nicht nur dessen Durchsetzbarkeit. Einwendungen werden in einem Rechtsstreit von Amts wegen beachtet. Zu den Einwendungen gehören einerseits die *rechtshindernden*: Etwa die Nichtigkeit eines Vertrages wegen mangelnder Geschäftsfähigkeit (§ 105 BGB) oder Sittenwidrigkeit (§ 138 BGB); bei ihnen ist das geltend gemachte Recht erst gar nicht entstanden (s. u. 6.8.1.1). Zum anderen gibt es die *rechtsvernichtenden* Einwendungen, bei denen ein zunächst wirksam entstandener Anspruch wieder erlischt (Erfüllung, § 362 BGB, Rücktritt, § 346 BGB, Widerruf, § 355 BGB) (s. a. 4.3.4; 6.6.4).

(Randnotiz: Rechtsbeseitigung*)*

4.2.5.3 Prozessuale Einreden

Wenn man im Zivilprozess (s. u. 20) von Einreden spricht, so meint man damit mehrerlei: Einmal die prozessualen Einreden bzw. prozesshindernden Einreden, die auf Prozessualem beruhen (etwa die Rüge der Unzuständigkeit des angerufenen Gerichts), und desweiteren die auf dem materiellen Recht beruhenden Einreden; dabei werden begrifflich als prozessuale materielle Einreden sowohl die Einreden als auch die Einwendungen (s. o.) erfasst.

(Randnotiz: Prozessrecht erfasst beides*)*

4.3 Rechtsdurchsetzung

Zur Durchsetzung privater Rechte sind die staatlichen Gerichte berufen (Abkehr vom Faustrecht); der Staat gewährleistet lückenlosen Rechtsschutz, vgl. Art. 19 IV GG, einschließlich der Zwangsvollstreckung. Auf dem Gebiet des Bürgerlichen Rechts sind vornehmlich die Zivilgerichte entscheidungsbefugt, §§ 12, 13 GVG (vgl. dazu unten 20).

(Randnotiz: Rechtsschutz*)*

Beispiel: Der Verkäufer klagt beim sachlich, örtlich und instanziell zuständigen Landgericht den noch offenstehenden Kaufpreis gegen den Käufer ein, §§ 433 II BGB, 12 ff., 253 ff. ZPO, 12, 13, 22, 71 GVG. Im Falle des Obsiegens wird ggf. der Gerichtsvollzieher mit der Zwangsvollstreckung aus dem stattgebenden Urteil beauftragt, § 753 ZPO.

4.3.1 Private Rechtsdurchsetzung

Die eigenmächtige Rechtsdurchsetzung ist nur ausnahmsweise erlaubt, wenn rechtzeitige gerichtliche Hilfe nicht erlangt werden kann:

(Randnotiz: Eigene Rechtsverfolgung*)*

Wesentliche Fälle sind

– die Selbsthilfe, §§ 229 ff. BGB,

   Beispiele: das Überkleben eines rechtswidrig angebrachten Plakates, das Abschneiden vom Nachbargrundstück herrüberragender Äste (s. a. 10.5.7 a. E.; s. a. § 859 BGB zu Besitzwehr und Besitzkehr, s. u. 15.4.1 a. E., 15.4.4); (zum Pfand- und Selbsthilferecht des Vermieters, § 562 b BGB, s. u. 10.5.5);

– die Notwehr, § 227 BGB,
   Beispiel: der Angegriffene schlägt den Angreifer nieder;

– der Verteidigungsnotstand, § 228 BGB,
   Beispiel: Verletzung eines angreifenden Hundes (vgl. § 90 a BGB) durch Stockschläge bei dessen Abwehr;

– der Angriffsnotstand, § 904 BGB,
   Beispiel: Wegnahme eines Spazierstockes eines Fußgängers (Angriffsnotstand), um einen angreifenden Kampfhund abzuwehren (Verteidigungsnotstand).

Hier entfällt auch ggf. die für eine etwaige ansonsten gegebene unerlaubte Handlung erforderliche Rechtswidrigkeit (s. u. 12.2.2).

4.3.2 Rechtsmissbrauch

Grenzen Private Rechte dürfen nicht missbräuchlich benutzt werden. Grenzen ziehen insbesondere
- die guten Sitten (vgl. die §§ 138, 826 BGB; s. u. 6.8.1.1),
- das Rücksichtnahmegebot, § 241 II BGB (s. u. 9.7.1),
- Treu und Glauben, § 242 BGB, mit dem Verbot des Rechtsmissbrauchs und der Verwirkung von Rechten (s. u. 8.3.1.2);
- das Schikaneverbot, § 226 BGB (s. u. 8.3.1.2);
- die Lauterkeit im Wettbewerb (vgl. die §§ 3 ff. UWG; s. u. 18.3),

4.3.3 Zeitliche Grenzen

Die Durchsetzbarkeit von Ansprüchen unterliegt auch zeitlichen Beschränkungen:
- Der Anspruch muss fällig (s. u. 8.4),
- eine Ausschlussfrist darf nicht abgelaufen (s. u. 4.3.4),
- Verjährung darf nicht eingetreten sein (s. o. 4.2.5.1 bzw. s. u. 4.3.4).

Verjährungs- Die wichtigsten Verjährungsfristen ergeben sich aus den §§ 195, 199 BGB (generell
fristen drei, zehn, dreißig Jahre, regelmäßige Verjährung) sowie aus Spezialtatbeständen (etwa den §§ 196, 197, 438, 479, 634 a, 548, 852, 1302, 2332 BGB, 26, 61 II, 113 III, 130 a III 6, 159 f., 439, 452 b II, 463, 475 a HGB).

Hemmung Dabei kann die Verjährung gehemmt (ein bestimmter Zeitraum zählt nicht mit, §§ 203 ff., 209 BGB) oder gar unterbrochen werden, also neu beginnen, § 212 BGB.
Neubeginn Zur Fristberechnung vgl. die §§ 186 ff. BGB (s. u. 4.3.4).

Für die Praxis wichtig ist dabei noch, dass die Verjährung grundsätzlich nur durch Anerkenntnis oder eine gerichtliche bzw. behördliche Vollstreckungshandlung zum Neubeginn gebracht werden kann, § 212 I Nr. 1 u. 2 BGB.

Anerkenntnis **Beispiele:** Der Gläubiger einer offenen Kaufpreisforderung (§ 433 II BGB) beantragt die Zwangsvollstreckung (s. u. 20.3), § 212 I Nr. 2 BGB. (Erhebung der Zahlungsklage bzw. Zustellung eines Mahnbescheides, §§ 253 ff., 688 ZPO, s. u. 20, hemmen die Verjährung nurmehr, § 204 I BGB). Oder: Der Schuldner erkennt seine Zahlungspflicht durch Zahlen von Raten, Verzugszinsen, Abschlagsleistungen bzw. durch eine Bitte um Stundung an, § 212 I Nr. 1 BGB. Die Verjährungsfrist beginnt jetzt neu zu laufen, § 212 BGB. Anders bei Hemmung der Verjährung: Wenn der Gläubiger dem Schuldner eine Stundung der Zahlung gewährt oder zwischen Gläubiger und Schuldner über den Anspruch verhandelt wird, so verlängert sich die Verjährungsfrist um den entsprechenden Zeitraum, §§ 205, 203, 209 BGB.

Mahnung Eine bloße Mahnung des Gläubigers reicht nicht aus.
alleine reicht
nicht aus **Beispiele:** Zum 31. 12. droht die Verjährung einer Kaufpreisforderung. Der Verkäufer mahnt den Käufer am 10. 12. – der Käufer muss nicht reagieren, kann den Ablauf des 31. 12. abwarten und sich alsdann auf Verjährung berufen (s. o. 4.2.5.1). Einem Verkäufer, der aus Rücksichtnahme nicht klagen möchte (§ 204 BGB), hilft indes möglicherweise folgender „Trick": Er schickt dem Schuldner eine Mahnung, in der er einen (deutlich) höheren Betrag fordert als ihm zusteht. Teilt ihm der Käufer jetzt (u. U. mehr oder minder empört) mit, er schulde doch nur „soundsoviel", so liegt darin ein den Neubeginn der Verjährung bewirkendes Anerkenntnis i. S. d. § 212 I Nr. 1 BGB, d. h., ab jetzt beginnt die Verjährungsfrist erneut.

Trotz Verjährung Geleistetes kann, auch bei Unkenntnis, nicht zurückgefordert werden, §§ 214 II 1, 813 I 2 BGB.

66

Beispiel: Der Käufer begleicht die vom Verkäufer erst nach vier Jahren geltend gemachte Kaufpreisforderung, § 433 II BGB, in Unkenntnis der zwischenzeitlich eingetretenen Verjährung (§§ 195, 199 I BGB) – er kann seine Zahlung nicht zurückverlangen, der Verkäufer muss sie nicht zurückgeben, §§ 214 II 1, 813 I 2 BGB (s. u. 8.1 a. E. [unvollkommene Verbindlichkeit]).

Verjährungsvereinbarungen sind im Hinblick auf die Vertragsfreiheit (s. u. 6.6.6) ggf. in den Schranken der §§ 202, 476 II BGB grds. zulässig.

Verjährung

- Schwächung einer Forderung wegen Zeitablaufs
- Leistungsverweigerungsrecht des Schuldners, § 214 BGB
- im Zivilprozess ggf. geltend zu machen (Einrede)
- Verjährungsfrist: Grundsatz 3 Jahre, § 195 BGB,
  ggf. vertraglich (§ 202 BGB) oder gesetzlich (z. B. die §§ 196, 197, 438, 634 a, 651 g, 852 BGB) verkürzt bzw. verlängert
- Neubeginn: Verjährungsfrist beginnt nach Beendigung der Unterbrechung neu zu laufen, § 212 BGB
- Hemmung: Nichteinrechnung der Hemmungszeit in Verjährungsfrist, die sich entsprechend verlängert, § 209 BGB
- Ablaufhemmung: Verjährungseintritt erst bestimmte Zeit nach Ablauf gewisser Gründe, §§ 210, 211 BGB

Schaubild 37: Grundsätze der Verjährung

4.3.4 Termine; Fristen

Rechte geltend zu machen hängt häufig von Terminen oder Fristen ab.

- Unter einem Termin versteht man einen bestimmten Zeitpunkt, der für ein Ereignis maßgebend ist bzw. an dem rechtlich Erhebliches erfolgen soll.   *Termin*

  Beispiele: Die Lieferung der Kaufsache soll am 2. 9. vorgenommen werden; die Zahlung des Kaufpreises hat am 17. 9. zu erfolgen; die Wohnung wird zum 1. 7. vermietet.

- Mit dem Begriff Frist bezeichnet man demgegenüber einen gewissen Zeitraum, der von bestimmten Zeitpunkten oder Ereignissen begrenzt wird.   *Frist*

  Beispiele: Die Anfechtungsfristen i. S. d. § 124 I, III BGB (s. u. 6.8.2.4 f.); die Kündigungsfristen bezüglich des Arbeitsverhältnisses gemäß § 622 BGB (s. u. 16.5.2); die Monatsfrist zur Berufungseinlegung nach § 517 ZPO bzw. für die Revision gemäß § 548 ZPO (s. u. 20.1); die Gewährleistungsverjährungsfrist des § 438 BGB (s. u. 10.2.7.2); die Verzugsfrist des § 286 III 1 BGB (s. u. 9.4.2).

Bei den Fristen werden unterschieden:

- Ausschlussfristen, bei denen das betreffende Recht nur binnen der gesetzten Frist geltend gemacht werden kann, wohingegen es nach diesem Zeitraum entfällt,   *Ausschluss-/*

  Beispiele: Der Ausgleichsanspruch i. S. d. § 89 b IV HGB (s. u. 10.9.1.2); das Anfechtungsrecht des § 124 BGB (s. u. 6.8.2.4); der Produkthaftungsanspruch gemäß § 13 ProdHaftG (s. u. 12.6.3.2); Ansprüche wegen Benachteiligungen, §§ 15 IV, 21 V AGG (s. a. 6.6.6.2, 16.2.2.3) [= *gesetzliche Ausschlussfristen*]; von den Parteien vereinbarte Fristen zur Geltendmachung von Sachmängelgewährleistungsansprüchen oder Arbeitslohn (s. u. 16.5.5 a. E.) (= *vertragliche Ausschlussfristen*).

Ausschlussfristen sind also rechtsvernichtende Einwendungen (s. o. 4.2.5.2).

Verjährungs-
fristen
– Verjährungsfristen, die nach Ablauf dem Schuldner ein Leistungsverweigerungsrecht geben (s. o. 4.2.5.1; 4.3.3), auf das er sich berufen muss (Einreden).

Beispiele: Für Kaufleute besonders wichtig ist etwa die Verjährung ihrer Zahlungsan-
sprüche aus Warenlieferungen. Diese verjähren regelmäßig in drei Jahren, § 195 BGB,
wobei vom Jahresschluss aus gerechnet wird, § 199 I BGB, sofern der Anspruch entstanden,
also fällig, ist (vgl. § 271 BGB, s. u. 8.4) und der Gläubiger die anspruchsbegründenden Umstände sowie die Person des Schuldners kennt oder kennen müsste (ansonsten vgl. § 199 IV
BGB, wonach die Verjährung auf den Tag genau zehn Jahre nach Anspruchsentstehung
eintritt). D. h. bspw.: Wenn ein Kaufmann (§§ 1 ff. HGB; s. o. 3.4) einem Verbraucher (§ 13
BGB; s. o. 3.1.3.2) am 12. 3. 2019 Ware liefert, dann beginnt die Verjährungsfrist des § 195
BGB mit dem Ende des Jahres 2019 (31. 12. 2019, 24 Uhr), die Kaufpreisforderung, § 433 II
BGB, verjährt daher mit Ablauf des 31. 12. 2022, 24 Uhr – ab dem 1. 1. 2023 kann sich der
Käufer also erfolgreich auf Verjährung berufen, § 214 I BGB. Bei den in der Praxis ebenso
bedeutsamen deliktischen Schadensersatzforderungen i. S. d. §§ 823 ff. BGB gelten grds.
die §§ 195, 199, 852 BGB (s. u. 12.1). Die Einlösefrist bei einem Geschenkgutschein beträgt
i. d. R. auch drei Jahre.

Berechnung
Die Fristberechnung ist in den §§ 186–193 BGB geregelt. Fristen finden sich demnach regelmäßig als Tages-, Wochen- bzw. Monatsfristen.

Gemäß § 189 BGB sind ein halbes Jahr sechs Monate, ein viertel Jahr drei Monate,
ein halber Monat 15 Tage.

Fällt der Beginn der Frist, also ein Ereignis oder ein Zeitpunkt, in den Lauf eines
Tages, so wird er nicht mitgerechnet, § 187 I BGB.

Beispiele: Der (schriftliche, § 623 BGB) Ausspruch der Kündigung eines Arbeitsverhältnisses im Hinblick auf § 622 BGB; der Erhalt des Mahnschreibens, mit dem dem Schuldner
eine Zahlungsfrist gesetzt wird; der Zugang der Rechnung i. S. d. § 286 III 1 BGB.

Verjährungsfristen

- Grundsatz: 3 Jahre Regelverjährung
  - für vertragliche Ansprüche
    (etwa auf Sachleistung oder Zahlung bzw. wegen Pflichtverletzung),
  - für gesetzliche Ansprüche
    (ungerechtfertigte Bereicherung, §§ 812 ff. BGB; unerlaubte Handlung, §§ 823 ff.
    BGB; Geschäftsführung ohne Auftrag, §§ 677 ff. BGB),
  - für sachenrechtliche Ansprüche
    (ausgenommen Herausgabeansprüche, vgl. § 197 I Nr. 1 BGB);
- Sondertatbestände: Hiernach verjähren
  - kauf- und werkvertragliche Gewährleistungsansprüche grds. in zwei Jahren, §§ 438 I
    Nr. 3, 634 a I Nr. 1 BGB,
  - bauwerksbezogene Mängelansprüche grds. in fünf Jahren, §§ 634 a I Nr. 2, 438 I Nr. 2
    BGB,
  - reisevertragliche Mängelansprüche in zwei Jahren, § 651 j BGB,
  - grundstücksbezogene Ansprüche in zehn Jahren, § 196 BGB,
  - dingliche Herausgabeansprüche, familien-, erbrechtliche, titulierte und vollstreckbare
    Ansprüche grds. in dreißig Jahren, § 197 BGB,
  - anderweitige Spezialvorschriften wie geregelt (z. B. die §§ 1302, 2332 BGB, 26, 61 II
    HGB)
- Fristberechnung: §§ 186 ff., 199 ff. BGB
- Vereinbarungen grds. möglich, § 202 BGB
- wenn abgelaufen: Leistungsverweigerungsrecht, § 214 I BGB
- Verjährungshöchstfristen, § 199 II–IV BGB

Schaubild 38: Verjährungsfristen

Fällt der Fristbeginn dagegen auf den Beginn eines Tages, oder wird das Lebensalter berechnet, so zählt der Anfangstag zur Fristberechnung dazu, § 187 II BGB.

Beispiele: Die Miete eines Gewerberaumes ab dem 1. 10.; die Einstellung eines Arbeitnehmers zum 1. 12. (s. u.); die zu Mitternacht beginnende Geburtstagsfeier (§ 187 II 2 BGB).

Die nach Tagen bestimmte Frist endet mit Ablauf des letzten Tages, d. h. um 24.00 Uhr, § 188 I BGB.

Beispiele: Der Gläubiger setzt dem Schuldner mit einem diesem am 16. 1. zugehenden Schreiben eine letzte Frist von drei Tagen – diese endet am 19. 1. um 24 Uhr; oder: Die 30-Tage-Frist des § 286 III 1 BGB: Geht die Rechnung bzgl. einer fälligen Geldforderung etwa am 1. 3. zu, so kommt der Schuldner mit Ablauf des 31. 3., 24 Uhr, in Verzug (s. u. 8.3.6; 9.4.2). S. a. die 14-Tage-Widerrufsfrist des § 355 II BGB (s. u. 6.6.4.2).

Die nach Wochen bestimmte Frist endigt gemäß § 188 II BGB.

Wochen-/

Beispiele: Der Gläubiger setzt dem Schuldner am 2. 2., 9 Uhr, eine Frist zur Leistungsbewirkung von drei Wochen – diese Frist endigt am 23. 2., 24 Uhr (§§ 187 I, 188 II 1. Alt. BGB); eine am Donnerstag gesetzte oder gesetzlich bestimmte (vgl. bspw. § 34 S. 1 BJagdG) Wochenfrist liefe am folgenden Donnerstag, 24 Uhr, ab. Wichtig ist die Fristberechnung ebenso im Arbeitsrecht, bspw. bei einer Kündigung durch den Arbeitnehmer gemäß § 622 I BGB (s. u. 16.5.2.1 a.E.). Auch hier berechnet sich die 4-Wochen-Frist nach den §§ 187 I, 188 II 1. Alt. BGB, wobei für das Ende der Frist noch auf den gesetzlich bestimmten Zeitpunkt – zum Fünfzehnten oder zum Ende eines Kalendermonats – geachtet werden muss. Will ein Arbeitnehmer etwa zum 31. 3. kündigen (= Kündigungstermin), so muss man zunächst durch Blick in den Kalender feststellen, auf welchen Wochentag der 31. 3. fällt; alsdann ist auf den vierten gleichnamigen Wochentag zurückzurechnen – an diesem Tag (= Kündigungstag) muss dem Arbeitgeber die Kündigung spätestens zugehen (z. B. der 31. 3. ist ein Donnerstag – der vierte Donnerstag zuvor wäre dann der 3. 3.; zum Zugang s. u. 6.3.5); § 193 BGB gilt hier nicht. Arbeitsrechtlich bedeutsam ist auch die 3-wöchige Frist zur Erhebung der Kündigungsschutzklage i. S. d. §§ 4, 7 KSchG, 187 I, 188 II 1. Alt. BGB (s. u. 16.5.3) (s. a. § 626 II 1 BGB; s. u. 16.5.2.2 a. E.).

Bei einem zum 1. 12. neu eingestellten Arbeitnehmer liefe jedoch etwa die 4-wöchige Wartezeit des § 3 III EFZG (s. u. 15.3.2.1) am 28. 12., 24 Uhr, ab, §§ 187 II 1, 188 II 2. Alt. BGB (s. u.).

Das Ende von Wochen- bzw. Monatsfristen (auch Jahresfristen) regelt ebenso § 188 II BGB (in Abhängigkeit von der Frage des unterschiedlichen Fristbeginns bei § 187 I bzw. § 187 II BGB).

Monatsfrist

Beispiel sei die zivilprozessrechtliche bzw. arbeitsgerichtliche einmonatige Berufungsfrist der §§ 517, 222, 223 ZPO, 66 ArbGG (s. u. 20.1):

Angenommen, die Zustellung eines klageabweisenden Urteils sei am 5. 3. geschehen – wann läuft diese Berufungsfrist ab?

Da es sich um eine nach Monaten (hier: einem) bestimmte Frist handelt, ist § 188 II BGB Ausgangspunkt der Prüfung. Diese Bestimmung geht allerdings von zwei Alternativen aus, nämlich der Frage, ob für den etwaigen Fristbeginn § 187 I oder § 187 II BGB anzuwenden wäre. Ein Blick in § 187 BGB ergibt, dass hier für den etwaigen Fristbeginn nicht der Beginn des Tages (dort II), sondern ein Ereignis (die Zustellung des Urteils) maßgebend ist (dies ergibt sich aus § 517 ZPO), also grundsätzlich ein Fall des § 187 I BGB vorläge. Das Fristende bestimmt sich somit gemäß der ersten Alternative des § 188 II BGB – demnach endigt die hier nach einem Monat bestimmte Frist mit dem Ablaufe desjenigen Tages des letzten (= einen) Monats, der durch seine Zahl dem Tage entspricht, in den das Ereignis (= Zustellung des Urteils; dies geschah am 5. 3.) fällt – die Frist endigt also am 5. 4., 24 Uhr. Monatsfristen bestehen auch bei Kündigungsfristen von Arbeitsverhältnissen, vgl. § 622 II BGB.

S. a.: Wird etwa bei der Einstellung eines Arbeitnehmers eine Probezeit (s. u. 16.2.3.3) von sechs Monaten (vgl. § 622 III BGB) und der Arbeitsbeginn etwa mit dem 1. 4. vereinbart, dann endigt diese mit Ablauf des 30. 9. (vgl. die §§ 187 II 1, 188 II 2. Alt. BGB; s. o.). Gleiches gilt für die sog. Wartezeit i. S. d. §§ 1 I KSchG (s. u. 16.5.2.1) bzw. 4 BUrlG (s. u. 16.3.2.3).

Besonderes Fristende	Fällt der letzte (nicht: erste!) Tag einer Frist auf einen Samstag, Sonntag, oder staatlich anerkannten Feiertag, so endigt die Frist erst mit Ablauf des nächsten Werktages, § 193 BGB.

Beispiele bei der obigen einmonatigen Berufungsfrist des § 517 ZPO:

Wäre der 5. 4. ein Sonntag, dann wäre Fristende der 6. 4., 24 Uhr; wäre der 5. 4. ein Samstag, dann ergäbe sich als Fristende der (Montag) 7. 4., 24 Uhr.

Wäre Fristende der 25. 12., und wäre dieser Tag ein Donnerstag, dann liefe die Frist erst am (Montag) 29. 12., 24 Uhr, ab. (Vgl. aber bspw. die §§ 573 c, 556 b I, 546 I BGB; s. u. 10.5.3, 10.5.7).

Auf die Berechnung der Wartezeit i. S. d. §§ 1 KSchG, 4 BUrlG (s. o.) etwa ist § 193 BGB jedoch nicht anwendbar.

Fehlt bei Monatsfristen der letzte Tag, so endigt die Frist mit Ablauf des vorigen Tages, § 188 III BGB.

Beispiele: Wiederum bei der obigen 1-Monats-Frist des § 517 ZPO: Bei einer Zustellung des Urteils am 31. 10. liefe die Frist am 30. 11. ab. (Bei Fristablauf zum Ende Februar: grundsätzlich der 28. 2., in Schaltjahren der 29. 2.).

Vorsicht – *ausschöpfen,* *aber nicht* *überschreiten*	Fristen dürfen i. Ü. grds. bis zur letzten Minute ausgeschöpft, allerdings auch keineswegs überschritten werden.

Beispiele: Die Berufung gegen ein am 7.6. zugestelltes erstinstanzliches Urteil muss spätestens bis zum 7.7., 24 Uhr, beim zuständigen Berufungsgericht (etwa dem Landesarbeitsgericht, §§ 519 ZPO, 64 ff. ArbGG; s. u. 20.1) eingereicht bzw. in den gerichtlichen Fristenbriefkasten eingeworfen sein. Wird die Frist auch nur um eine Sekunde überschritten, so muss die Berufung zurückgewiesen werden (Unwissenheit schützt insoweit grds. nicht). *Vorsicht aber:* Bei Fristen im privatrechtlichen Verkehr ist auf die Kenntnisnahmemöglichkeit zu achten – so ist etwa bei arbeitgeberseitiger Kündigung darauf Bedacht zu nehmen, dass das Kündigungsschreiben (§ 623 BGB), wenn es dem Arbeitnehmer etwa am letzten Tag der Kündigungsfrist zugehen soll, rechtzeitig in dessen Machtbereich gelangt (s. a. 6.3.5, 16.5.2 f.).

4.4 Rechtsgesamtheiten

Rechtsgesamtheiten sind hauptsächlich das Vermögen sowie das Unternehmen.

4.4.1 Vermögen

Vermögens- begriff	Das Vermögen (vgl. die §§ 311 b II, III, 1365 BGB) wird verstanden als die Summe aller geldwerten Rechte eines Rechtssubjektes, also als die Gesamtheit der Aktiva einer natürlichen oder juristischen Person. Dazu gehören alle Rechte, Forderungen und Rechtsverhältnisse, die einen in Geld ausdrückbaren Wert haben,

Beispiele: Eigentum, Forderungen, Patente, Unternehmenswert, „good will", etc.

Das Vermögen ist selbst aber kein Rechtsobjekt, da es nur die Zusammenfassung der einer Person zuzurechnenden Vermögensrechte darstellt (s. u. 12.2.1.1 a. E.).

„Spezialität"	Demzufolge wird auch nicht das Vermögen als solches übertragen, sondern nur die einzelnen es ausmachenden Gegenstände (Grundsatz der Spezialität, s. o. 4.1.5 bzw. unten 15.2). Sachen werden also übereignet (§§ 873, 925; 929 BGB), Rechte werden übertragen (§§ 413, 398 BGB), Forderungen abgetreten (§ 398 BGB).
Haftung	Soweit der Schuldner allerdings Verbindlichkeiten zu begleichen hat, haftet er mit seinem ganzen Vermögen, das Gegenstand der Zwangsvollstreckung ist (§§ 803 I, 864 I ZPO, 1, 11, 35 InsO).

4.4.2 Unternehmen/Betrieb

Was unter dem Begriff Unternehmen genau zu verstehen ist, wird gesetzlich nicht definiert (der Gesetzgeber geht vielmehr davon aus, vgl. die §§ 1 II, 2, 3 HGB, 15 AktG, 1 GWB, 1 MitbestG, 47 I BetrVG).

Das Unternehmen ist eine Gesamtheit von Sachen, Rechten und sonstigen wirt- Unternehmens-
schaftlich relevanten Werten („good will", „know how"). Es wird verstanden als begriff
organisatorische Einheit von personellen und sachlichen Mitteln zur Erreichung
eines wirtschaftlichen Zwecks; durch das Zusammenwirken zweckgerichtet kom-
binierter materieller und immaterieller Werte sollen finanzielle Überschüsse erzielt
werden.

Unternehmen sind insbesondere die von Kaufleuten betriebenen Handelsgewerbe
i. S. d. §§ 1 ff. HGB (s. o. 3.4) – Kaufleute sind somit grds. „geborene" Unternehmer,
vgl. § 14 I BGB –, sowie ebenso sonstige Gewerbebetriebe bzw. wirtschaftliche
Tätigkeiten (s. o. 3.6).

Beispiele: Handels-, Fabrikations-, Dienstleistungsunternehmen.

Das Unternehmen selbst ist nicht eigenständiges Rechtssubjekt. Vielmehr hat jedes Rechts-/
Unternehmen einen Rechtsträger bzw. Unternehmensträger, dem die das Unter- Unternehmens-
nehmen betreffenden Rechte und Pflichten als Rechtssubjekt zugeordnet werden. träger

Beispiele: Unternehmensträger sind der Einzelkaufmann (sein Unternehmen ist das Han-
delsgeschäft i. S. d. §§ 1 ff. HGB), die oHG bzw. KG (nicht deren einzelne Gesellschafter), die
AG, KGaA, GmbH bzw. eG, freiberuflich tätige Nichtkaufleute, die auf Erwerb gerichtete
GbR, die Partnerschaftsgesellschaft.

Unternehmensbezogene Rechtshandlungen bzw. Rechtsgeschäfte treffen den jeweiligen Unternehmensträger.

Beispiele: Der (Einzel-)Kaufmann, die oHG, die GmbH sind selbst Partei geschlossener
Verträge und damit selbst Gläubiger oder Schuldner (s. o. 3.4.4 a. E.).

Vom Unternehmen ist der Betrieb zu unterscheiden: Dieser ist die organisato- Betrieb
rische Einheit, in der ein Unternehmer alleine oder zusammen mit Mitarbeitern
durch sächliche oder immaterielle Mittel fortgesetzt arbeitstechnische Zwecke verfolgt (wichtig insbesondere im Bereich der betrieblichen Mitbestimmung, vgl. § 1
BetrVG, beim Betriebsübergang, § 613 a BGB, bzw. beim Kündigungsschutz, §§ 1 I,
23 I 3 KSchG; s. u. 16.1; 16.2.3.5; 16.5.1).

Beispiele: Büro, Werkstatt, Bauernhof, Arztpraxis.

Der Begriff des Unternehmens deckt sich oft mit dem Betriebsbegriff, ist aber
weiter als dieser, da das Unternehmen als organisatorische Einheit von dem Zweck
bestimmt wird, dem ein Betrieb oder aber auch mehrere organisatorisch verbundene Betriebe desselben Unternehmens dienen.

Das Unternehmen ist nicht selbständiges Rechtsobjekt, sondern die Zusammenfassung der es bildenden Einzelgegenstände. Auch beim Unternehmenskauf also
gilt der Grundsatz der Spezialität (s. o. 4.1.5). Bedeutung hat der Begriff des Un- „Spezialität"
ternehmens vornehmlich im Konzernrecht, §§ 291 ff. AktG (s. u. 17.8.13), im Mitbe-
stimmungs- und im Wettbewerbsrecht. Das BGB lässt das Unternehmen durchaus
Gegenstand von Kauf- oder Pachtverträgen sein (das Verpflichtungsgeschäft kann
sich sehr wohl auf das Unternehmen beziehen).

Beispiele: Die Pacht einer Gaststätte, der Kauf eines Fabrikationsunternehmens – dabei sind die jeweiligen Rechtsregeln, etwa die §§ 581 ff., 433 ff., 453 BGB, zu beachten. (Sind etwa kaufpreisrelevante Daten wie bspw. Umsatzzahlen falsch, so kann der Unternehmenskäufer ggf. nach den Regeln der §§ 326 V, 437 Nr. 2 1. Alt., 434 I 1 BGB zurücktreten, s. u. 10.2.7.2; s. a. 10.2.6).

„sonstiges Recht"

Die einzelnen zum Unternehmen gehörenden Sachen, Forderungen und Rechte müssen nach den jeweils für sie geltenden Rechtsregeln übertragen werden (Erfüllungsgeschäfte – Spezialitätsprinzip, s. o. 4.1.5; 4.4.1). Das Recht am eingerichteten und ausgeübten Gewerbebetrieb wird als sonstiges Recht i. S. d. § 823 I BGB anerkannt, das Unternehmen insoweit also vor unmittelbaren betriebsbezogenen, unerlaubten Eingriffen in seinen Bestand, seine Ausstrahlung bzw. Betätigung geschützt (vgl. unten 12.2.1.1).

5 Abstraktionsprinzip

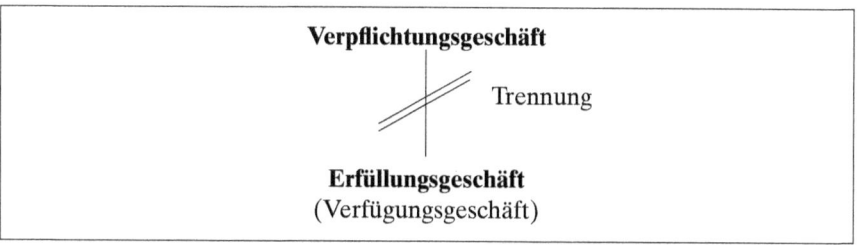

Verpflichtungsgeschäft

Trennung

Erfüllungsgeschäft
(Verfügungsgeschäft)

Leitübersicht 5: Abstraktionsprinzip

Leitfragen zu 5:
a) Was sind Verpflichtungs-, was Verfügungsgeschäfte?
b) Was versteht man unter dem Abstraktionsprinzip?
c) Können Verpflichtungs- und Verfügungsgeschäfte rechtlich ein unterschiedliches Schicksal haben?

Die wesentlichen, in den folgenden Abschnitten näher beschriebenen rechtsgeschäftlichen Grundlagen, Schuldverhältnisse bzw. sachenrechtlichen Grundsätze, die im Rahmen des (Wirtschafts-)Privatrechts bedeutsam sind, lassen sich insbesondere dann erst richtig verstehen, wenn man vor ihrer Betrachtung die folgenden, das Zivilrecht prägenden Prinzipien beleuchtet:

5.1 Grundlagen

Zwischen dem Eingehen einer Verpflichtung und der Erfüllung der eingegangenen Verpflichtung ist zu trennen (vgl. bereits oben 4.1.5). Für das Schuldrecht und das Sachenrecht (auch Vermögensrecht genannt; Zweites und Drittes Buch des BGB; s. o. 4.1, vgl. Schaubild 3) heißt das, dass eine scharfe Trennung vorzunehmen ist bei der rechtlichen Beurteilung des die Grundlage bildenden Verpflichtungsgeschäftes (= Grundgeschäft, Kausalgeschäft) und des dieses erfüllenden Verfügungsgeschäftes (Erfüllungsgeschäft, Vollzugsgeschäft). Dass die beiden Rechtsgeschäfte in der Praxis meist zusammenfallen bzw. als zusammengehörig erachtet werden, ändert an ihrer Eigenständigkeit nichts.

Trennung von Verpflichtungs- und Erfüllungsgeschäft

Diesen Grundsatz der Trennung von Verpflichtungs- und Verfügungsgeschäften (bzw. der Unterscheidung zwischen *„warum"* und *„wie"*) nennt man Trennungs- bzw. Abstraktionsprinzip: Die dingliche Einigung ist ein selbständiges Rechtsgeschäft und nicht bereits im Verpflichtungsgeschäft enthalten – Trennungsprinzip –, und die dingliche Einigung wirkt abstrakt, sodass sie durch etwaige Mängel im Kausalgeschäft grundsätzlich nicht berührt wird – Abstraktionsprinzip – (s. a. 6.2.4 f.). Dabei versteht man unter einem *Verpflichtungsgeschäft* ein Rechtsgeschäft, durch das die Verpflichtung zu einer Leistung begründet wird, d. h., eine Person verpflichtet sich einer anderen gegenüber, eine Leistung zu erbringen.

Trennungs-/ Abstraktionsprinzip

Verpflichtungsgeschäft

73

Verfügungs-
geschäft

Durch diese Verpflichtung alleine ändert sich die Rechtslage an dem Rechtsgut, um das es geht, noch gar nicht. Demgegenüber ist das *Verfügungsgeschäft* (bzw. die Verfügung) ein Rechtsgeschäft, durch das ein Recht bzw. die Rechtslage an einem Gegenstand unmittelbar übertragen, belastet, geändert oder aufgehoben wird. Der Rechtszustand eines Gegenstandes wird also unmittelbar verändert.

Beispiel
Kaufvertrag

Beispiele: Bei einem Kaufvertrag verpflichtet sich der Verkäufer dem Käufer gegenüber, diesem die Sache zu übergeben und das Eigentum daran zu verschaffen (§ 433 I 1 BGB). Der Käufer verpflichtet sich demgegenüber, dem Verkäufer den vereinbarten Kaufpreis zu zahlen und die gekaufte Sache abzunehmen (§ 433 II BGB). Hier liegen also lediglich Verpflichtungen der Parteien vor; ob, wie, wann, wo diese Verpflichtungen erfüllt werden, ist mit dem Kaufvertrag noch nicht gesagt. Wenn die Parteien aber ihre Pflichten erfüllen, dann wegen des Kaufvertrages, der also den Rechtsgrund für die Erfüllungsgeschäfte darstellt, weshalb er auch causa (lat. Grund, Ursache) bzw. Kausalgeschäft genannt wird.

Da der Verkäufer sich mit dem Kaufvertrag primär zur Eigentumsverschaffung (auch Übereignung genannt) verpflichtet hat, muss er dem Käufer das Eigentum an der Kaufsache verschaffen: dies geschieht bei beweglichen Sachen durch einen Übereignungsvertrag i. S. d. § 929 S. 1 BGB, wobei die Parteien sich darüber einigen, dass das Eigentum am Kaufgegenstand übergeht (und sie die Sache übergeben). Und da sich der Käufer verpflichtet hat, dem Verkäufer den Kaufpreis zu zahlen, muss er ihm beim Barkauf (s. u. 8.3.5, 8.14.1) das Eigentum am Geld verschaffen: dies geschieht ebenfalls durch einen Übereignungsvertrag i. S. d. § 929 S. 1 BGB, wonach die beiden sich darüber einigen, dass das Eigentum am Geldstück (oder Geldschein) übergeht (zzgl. Übergabe) (s. u. 15.3.2). Beim Grundstückserwerb vollzieht sich die abstrakte Übertragung des Eigentums aufgrund der §§ 873, 925 BGB durch die Auflassung genannte Einigung über den Eigentumsübergang sowie die Eintragung im Grundbuch (s. u. 15.3.4; vgl. auch die Schaubilder 39, 41 und 123).

Barkauf:
drei Verträge

Am obigen Beispiel ist zu sehen, dass eigentlich *bei einem Barkauf des täglichen Lebens tatsächlich drei Verträge* vorliegen: ein Verpflichtungs- und zwei Erfüllungsgeschäfte. Der Kaufvertrag ist die Basis, die Verfügung (Einigung und Übergabe, § 929 S. 1 BGB) die jeweilige Erfüllung.

Schuld-/
Sachenrecht

Diese Differenzierung ist die Grundlage des Schuldrechts und des Sachenrechts: Das Verpflichtungsgeschäft ist grundsätzlich im Schuldrecht des BGB geregelt, das Verfügungsgeschäft grundsätzlich im Sachenrecht (Vorsicht: Eine Ausnahme gilt aber für die Abtretung, § 398 BGB – diese ist im Schuldrecht eingeordnet, stellt aber inhaltlich ebenfalls eine Verfügung dar, nämlich die unmittelbare Rechtsänderung an einer Forderung; s. u. 8.8; 8.8.2 a. E.).

sprachliche
Differen-
zierung

Die Unterscheidung zwischen Verpflichtungs- und Erfüllungsgeschäft lässt sich auch sprachlich ausdrücken: So meint etwa die Wendung „X verkauft ..." gerade das Verpflichtungsgeschäft (Kaufvertrag, § 433 BGB), die Bezeichnung „X übereignet ..." erfasst (nur) das Verfügungsgeschäft (Eigentumsübertragung, etwa i. S. d. § 929 S. 1 BGB), und mit der Verwendung des Ausdrucks „X veräußert ..." lässt sich präzise darlegen, dass sowohl das Verpflichtungsgeschäft (Kaufvertrag) als auch das Erfüllungsgeschäft (Übereignung) erfasst ist.

Beispiele: In § 49 II HGB spricht der Gesetzgeber ausdrücklich von „Veräußerung" und meint damit Verpflichtungs- und Erfüllungsgeschäft (s. u. 7.8.2.2); s. a. die §§ 15 I, 16 I GmbHG bzgl. der Veräußerung von GmbH-Geschäftsanteilen (s. u. 17.7.5).

relativ

Der Abschluss eines schuldrechtlichen Verpflichtungsvertrages verbindet zwei Personen, Gläubiger und Schuldner, § 241 I BGB (Käufer und Verkäufer; Mieter und Vermieter; Darlehensnehmer und Darlehensgeber; Besteller und Werkunternehmer, u.s.w.) – er wirkt also relativ.

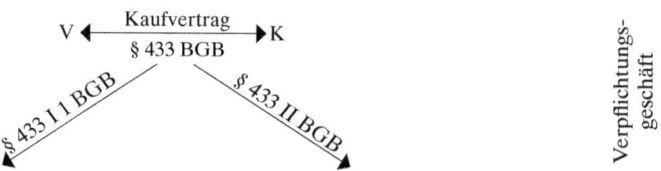

Verpflichtung und Erfüllung beim Kaufvertrag
(Abstraktionsprinzip)

1. Sache übergeben, d.h. Besitz verschaffen, § 854 BGB
2. Eigentum verschaffen, § 929 S. 1 BGB:
   – Einigung zwischen Veräußerer und Erwerber (= dinglicher Vertrag)
   – Übergabe (Besitzverschaffung, § 854 BGB)
   – Berechtigung des Veräußerers zur Übereignung (vgl. die §§ 932 I, II, 935 I, II BGB)

1. Sache abnehmen = körperliche Entgegennahme
2. Kaufpreis entrichten; bei Barkauf: Eigentum an Geldstück/-schein verschaffen, § 929 S. 1 BGB:
   – Einigung zwischen Veräußerer und Erwerber (= dinglicher Vertrag)
   – Übergabe (Besitzverschaffung, § 854 BGB)
   – Berechtigung des Zahlenden zur Übereignung (vgl. § 935 II BGB)

Schaubild 39: Abstraktionsprinzip

Der Abschluss eines sachenrechtlichen (= dinglichen) Vertrages dagegen verbindet eine Person und eine Sache (Eigentum an der Kaufsache, am Geld) – dies wirkt absolut, jedermann hat dies zu beachten (vgl. auch die Darlegungen oben 4.2.1; s. a. 6.2.4 f.).

absolut

Die voneinander zu trennenden Verpflichtungs- und Verfügungsgeschäfte können ein eigenständiges rechtliches Schicksal haben; insbesondere berührt eine etwaige Unwirksamkeit des Verpflichtungsgeschäftes die Wirksamkeit des/der Verfügungsgeschäfte(s) grundsätzlich nicht.

Verpflichtungs- bzw. Verfügungsgeschäft getrennt werten

Beispiel: Wenn ein 12-Jähriger gegen den Willen seiner Eltern (also ohne deren Zustimmung) ein Fahrrad zum Preis von 500,– € erwerben will, dann ist der Kaufvertrag, § 433 BGB, unwirksam, §§ 2, 107 BGB; s. o. 3.1.2.1. Der Verfügungsvertrag über den 500,– €-Schein ist ebenfalls unwirksam, §§ 929 S. 1, 2, 107 BGB, da der Minderjährige wegen des Eigentumsverlustes einen rechtlichen Nachteil erleidet. Dagegen ist aber der Verfügungsvertrag über das Fahrrad wirksam, da die zum Einigsein i. S. d. § 929 S. 1 BGB erforderliche Willenserklärung des Minderjährigen („ich nehme das Eigentum an dem Fahrrad an") ihm einen lediglich rechtlichen Vorteil i. S. d. § 107 BGB bringt und somit rechtswirksam ist.

Allerdings bedeutet die Trennung von Verpflichtungs- und Verfügungs-(bzw. Erfüllungs-)geschäften nicht, dass auch ungerechtfertigte Vermögensverschiebungen hingenommen werden müssten. Wenn das kausale Verpflichtungsgeschäft unwirksam ist, dann darf derjenige, der durch das davon unabhängig wirksame Verfügungsgeschäft neuer Rechtsinhaber geworden ist, trotzdem nicht davon profitieren: Denn wegen des unwirksamen Verpflichtungsgeschäftes besteht kein Rechtsgrund dafür, die Leistung, also die erlangte Rechtsposition, behalten zu dürfen. Da sie der neue Rechtsinhaber ohne rechtlichen Grund erlangt hat, muss er sie gemäß § 812 I 1 1. Alt. BGB wieder herausgeben (s. u. 11).

ungerechtfertigte Bereicherung

Beispiel: Der Minderjährige im obigen Beispielsfall muss demnach Eigentum und Besitz am Fahrrad auf den Fahrradhändler zurückübertragen und dieser ihm 500,– € zurückzahlen (s. a. 3.1.2.1; 8.3.5).

5.2 Weitere Ausprägungen

Diese Trennung von Verpflichtungs- und Erfüllungsgeschäften, die Differenzierung zwischen „warum" und „wie" prägt nicht nur den Eigentumserwerb an beweglichen und unbeweglichen Sachen – sie durchzieht vielmehr (als Spezifikum des deutschen Rechts) das gesamte (Wirtschafts-)Privatrecht (s. o. 2.4).

Wertpapiere   So findet sich die abstrakte Betrachtungsweise auch im Wertpapierrecht – zwischen dem Wechsel oder Scheck und den daraus folgenden wertpapierrechtlichen Verpflichtungen sowie den zugrundeliegenden Rechtsbeziehungen (etwa zwischen Aussteller, Bezogenem, Nehmer) wird durchaus getrennt.

Abtretung   Und auch im Bereich der Abtretung zeigt sich der Grundsatz der Abstraktion bzw. Trennung von Verpflichtungs- und Erfüllungsgeschäft: § 398 BGB regelt zwar die Abtretung – warum der bisherige Gläubiger aber die Forderung an den neuen Gläubiger überträgt, spielt ausweislich des Wortlauts des § 398 BGB keine Rolle für die Abtretung als solche (s. u. 8.8.2).

Gesellschafts-   Vergleichbar ist es etwa ebenso im Gesellschaftsrecht bei der Übertragung von
recht   Geschäftsanteilen bspw. bei einer GmbH: Die Übertragung durch Abtretung (§ 15 I, III GmbHG; s. u. 17.7.5) ist vom zugrundeliegenden Verpflichtungsgeschäft (i. d. R. ein Kauf, § 453 BGB; s. u. 10.2.6.) zu unterscheiden; gleichsam verhält es sich bei der Veräußerung von Aktien (s. u. 17.8.6.1).

Vertretung   Des Weiteren findet sich im Vertretungsrecht ebenfalls eine diesbezügliche Ausprägung: Die durch eine Vertreterstellung eingeräumte Vertretungsmacht im Außenverhältnis gegenüber dem Geschäftsgegner (vgl. § 164 BGB) ist vom Innenverhältnis zwischen dem Vertretenen und dem Vertreter zu trennen (s. u. 7.1, 7.2.3.3).

Wucher   Eine Besonderheit besteht i. Ü. auch etwa im Bereich sittenwidriger Rechtsgeschäfte bzw. des Wuchers, § 138 I, II BGB – insoweit erfasst der sog. Doppelmangel ggf. sowohl das Verpflichtungs- als auch das Verfügungsgeschäft (s. u. 6.8.1.1).

6 Rechtsgeschäftliche Grundlagen

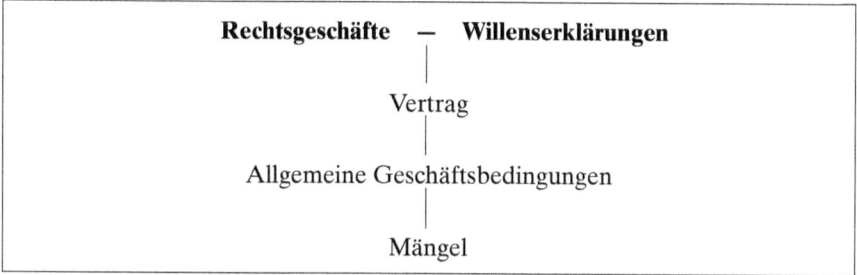

Leitübersicht 6: *Rechtsgeschäftliche Grundlagen*

Leitfragen zu 6:

a) Was versteht man unter einem Rechtsgeschäft?
b) Wie lassen sich Rechtsgeschäfte systematisieren?
c) Welche Rechtsregeln gelten für die Willenserklärung?
d) Wodurch wird ein Vertrag bestimmt?
e) Welche Prinzipien gelten für Allgemeine Geschäftsbedingungen?
f) Worauf ist hinsichtlich etwaiger Mängel von Rechtsgeschäften zu achten?

Ob und wie ein Rechtssubjekt rechtlich handelt, bestimmt es im Rahmen der Privatautonomie selbst (s. o. 2.5). Ob jemand ein Geschäft eröffnet, Mitarbeiter einstellt, in die Dienste eines anderen tritt, ein Testament macht, eine Wohnung kündigt, einen Kaufvertrag abschließt, Eigentum an einem Gegenstand überträgt, ist grundsätzlich seine eigene Entscheidung. Wenn er sich aber dazu entschlossen hat, dann bedarf es hierfür rechtlicher Gestaltungsmittel.

Privat-autonomie

6.1 Rechtsgeschäft

Das wesentliche Gestaltungsmittel zur Verwirklichung privatautonomer Entschlüsse ist das Rechtsgeschäft. Darunter versteht man eine oder mehrere Willenserklärungen (s. u. 6.3), die entweder für sich alleine oder aber zusammen mit zusätzlichen Wirksamkeitserfordernissen den rechtlich bezweckten Erfolg herbeiführen. Der Begriff des Rechtsgeschäftes beinhaltet also als Kernbegriff die Notwendigkeit des Vorliegens mindestens einer Willenserklärung; ggf. decken sich zwei (oder mehr) Willenserklärungen, dann spricht man vom Vertrag (*„sich vertragen"*, s. u. 6.6); dazu kommt u. U. noch ein sonstiger Umstand, etwa die Einhaltung einer bestimmten Form, die Erteilung einer behördlichen Genehmigung, etc. Rechtsgeschäft ist also der Oberbegriff, unter den die Begriffe Willenserklärung und Vertrag zu rechnen sind. Mit diesen Schlüsselbegriffen lassen sich die rechtlichen Willensakte zur Realisierung privater Interessen erfassen; Rechtsgeschäfte sind die Mittel zur Gestaltung privatrechtlicher Rechtsverhältnisse. *(Hiervon geht das BGB aus; es definiert die Begriffe Wille/Erklärung/Willenserklärung/Rechtsgeschäft nicht näher, legt sie vielmehr zugrunde).*

Rechts-geschäftsbegriff

Vertrag – „sich vertragen"

Gestaltungs-mittel

6.2 Arten der Rechtsgeschäfte

Rechtsgeschäfte lassen sich in vielfacher Hinsicht einteilen bzw. unterscheiden.

6.2.1 Regelungsgegenstand

Rechtsgeschäfte ergeben sich aus ihrem jeweiligen Regelungsgegenstand. So regelt das BGB seinem Aufbau entsprechend (s. o. 2.3)

Rechtsmaterie
— schuldrechtliche Rechtsgeschäfte,

> **Beispiele:** Kauf-, Miet-, Werkvertrag;

— sachenrechtliche Rechtsgeschäfte,

> **Beispiele:** Übereignung beweglicher oder unbeweglicher Sachen, Bestellung von Sicherungs- oder Nutzungsrechten;

— familienrechtliche Rechtsgeschäfte,

> **Beispiele:** Verlobung, Eheschließung, Wahl des ehelichen Güterstandes;

— erbrechtliche Rechtsgeschäfte,

> **Beispiele:** Testament, Erbvertrag.

eigenständige Vetragstypen
Man kann im Hinblick auf die jeweilige Materie auch nach der inhaltlichen Regelung zusätzlich differenzieren in an das BGB angelehnte, letztlich eigenständige Vertragstypen:

> **Beispiele:** Gesellschaftsverträge, Bankverträge, Versicherungsverträge, Leasingverträge, Inkassoverträge, Factoringverträge, Franchiseverträge, Barteringverträge (Ringtauschgeschäfte), Telekommunikationsverträge, Arbeitsverträge, usw.

Wirtschafts-praxis
Diese entspringen der im Rahmen der Privatautonomie (s. o. 2.5) zulässigen Wirtschaftspraxis. Man nennt sie auch „Verträge eigener Art" (lat. „sui generis"; s. u. 6.6.6; 10.1) bzw. gemischte Verträge. Sie sind regelmäßig insbesondere dadurch gekennzeichnet, dass die wesentlichen Gesichtspunkte der den Parteien dabei erwachsenden Rechte und Pflichten im (zumeist schriftlich fixierten) Vertrag(stext) beschrieben sind (i. d. R. als AGBen, s. u. 6.7), und dabei oftmals von dispositiven Gesetzesregeln abgewichen wird.

6.2.2 Anzahl

Abstellend auf die Anzahl der das Rechtsgeschäft begründenden Willenserklärungen gibt es einseitige und mehrseitige Rechtsgeschäfte:

Einseitige Rechts-geschäfte
Einseitige Rechtsgeschäfte liegen dann vor, wenn alleine die Willenserklärung einer Person Rechtsfolgen nach sich zieht (s. u. 8.2.2).

> **Beispiele:** Testamentserrichtung (§§ 2064 ff. BGB), Anfechtungserklärung (§ 142 f. BGB), Kündigung (§ 622 BGB), Auslobung (§ 657 BGB), Gewinnzusagen (§ 661 a BGB), Vollmachterteilung (§ 164 BGB); Widerruf (§ 355 BGB).

Insoweit kommt es nicht darauf an, ob die Willenserklärung empfangsbedürftig (Kündigung) oder nicht empfangsbedürftig (Testamentserrichtung) ist (s. u. 6.3.4.3 f.).

Mehrseitige Rechts-geschäfte
Mehrseitige Rechtsgeschäfte bestehen aus den Willenserklärungen mehrerer (mindestens zweier) Personen. Hauptfall ist der Vertrag, bei dem i. d. R. zwei Parteien wechselseitig sich deckende Willenserklärungen austauschen (s. u. 6.6; 6.6.5;

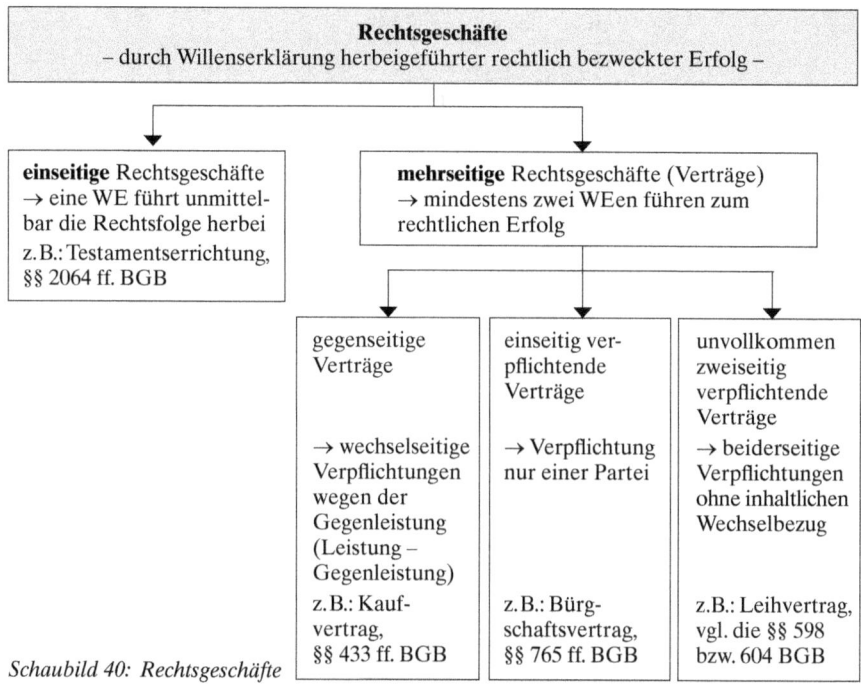

Rechtsgeschäfte
– durch Willenserklärung herbeigeführter rechtlich bezweckter Erfolg –

einseitige Rechtsgeschäfte
→ eine WE führt unmittelbar die Rechtsfolge herbei
z. B.: Testamentserrichtung, §§ 2064 ff. BGB

mehrseitige Rechtsgeschäfte (Verträge)
→ mindestens zwei WEen führen zum rechtlichen Erfolg

gegenseitige Verträge	einseitig verpflichtende Verträge	unvollkommen zweiseitig verpflichtende Verträge
→ wechselseitige Verpflichtungen wegen der Gegenleistung (Leistung – Gegenleistung) z. B.: Kaufvertrag, §§ 433 ff. BGB	→ Verpflichtung nur einer Partei z. B.: Bürgschaftsvertrag, §§ 765 ff. BGB	→ beiderseitige Verpflichtungen ohne inhaltlichen Wechselbezug z. B.: Leihvertrag, vgl. die §§ 598 bzw. 604 BGB

Schaubild 40: Rechtsgeschäfte

8.2.2; s. a. die Schaubilder 40 und 81). Dabei ist es im Übrigen durchaus möglich, dass auf einer oder sogar auf beiden Seiten mehrere Personen stehen.

Beispiele: Ein Ehepaar als Käufer eines Hausgrundstückes; drei zusammen Lotto spielende Mitglieder einer Tippgemeinschaft (für deren Verhältnis untereinander ggf. etwa die Regeln der GbR gelten [§§ 705 ff. BGB; s. u. 17.2]).

Denn ungeachtet etwaiger Personenmehrheiten auf Gläubiger- oder Schuldnerseite begründet der Vertrag als mehrseitiges Rechtsgeschäft Rechte und Pflichten zwischen den Parteien, er lässt sich also grundsätzlich als Zwei- bzw. Mehr-Parteien-System verstehen (s. u. 6.6; 8.2.2; 8.6; 8.7).

Vertrag

Besonderheiten bilden insoweit allerdings die Gesellschaftsverträge bzw. gesellschafts- oder mitgliedschaftsrechtliche Beschlüsse: Hier sind unter Umständen eine Fülle von Willenserklärungen auf ein gemeinschaftliches Ziel ausgerichtet, weswegen man vom sog. Gesamtakt spricht.

Gesamtakt

Beispiele: Beschlüsse der Vereinsmitglieder in der Mitgliederversammlung, § 32 BGB, der Wohnungseigentümer in der Eigentümerversammlung, § 23 WEG.

6.2.3 Unter Lebenden/von Todes wegen

Grundsätzlich werden Rechtsgeschäfte unter Lebenden getätigt. Rechtsgeschäfte von Todes wegen werden dagegen erst wirksam beim Tod einer Person, dem Erbfall (§ 1922 I BGB; s. o. 3.1.1).

Beispiele: Letztwillige Verfügungen im Erbvertrag, §§ 2274 ff. BGB (beachte § 311 b IV, V BGB); Erbeinsetzungen im Testament, §§ 2064 ff., 2087 ff., 2231 ff., 2265 ff. BGB; Schenkungen von Todes wegen, § 2301 BGB. (S. a. Schaubild 10).

6.2.4 Verpflichtungs- und Verfügungsgeschäfte

Verpflichtung

Wie schon bei der Darstellung des für das Verständnis des Zivilrechts wesentlichen Abstraktionsprinzipes gezeigt (s. o. 5), sind bei den Rechtsgeschäften die Verpflichtungs- und die Verfügungsgeschäfte scharf auseinanderzuhalten.

Verpflichtungsgeschäfte als Rechtsgeschäfte, die die Verpflichtung zu einer Leistung begründen, sind vornehmlich im Schuldrecht des BGB (Zweites Buch) geregelt (s. o. 2.3).

Beispiele: Kauf-, Tausch-, Schenkungs-, Miet-, Pacht-, Werk-, Darlehens-, Dienstvertrag (s. u.. 10). (Das Schuldrecht wird manchmal auch Obligationenrecht genannt).

Verfügung

Verfügungsgeschäfte wirken unmittelbar auf Rechte ein. Sie sind Rechtsgeschäfte, die ein Recht unmittelbar übertragen, belasten, ändern oder aufheben; da sie zumeist im Sachenrecht des BGB (Drittes Buch; s. o. 2.3, 4.1, 5.1) geregelt sind, nennt man sie auch dingliche Rechtsgeschäfte.

Beispiele: Übereignung einer beweglichen Sache (§ 929 BGB) oder eines Grundstücks (§§ 925, 873 BGB); Belastung eines Grundstücks mit einer Hypothek oder Grundschuld (§§ 873, 1113, 1191 BGB); aber auch: Abtretung einer Forderung (§ 398 BGB) (s. u. 15; 8.8). Rechte, etwa das Eigentum (§§ 903 ff. BGB) übertragende Verfügungsgeschäfte (Veräußerungsgeschäfte) des Veräußerers (§§ 929 ff. BGB; s. u. 15.3.2) sind für den Erwerber sog. Erwerbsgeschäfte.

Berechtigung bei Verpflichtung grundsätzlich nicht erforderlich

Verpflichtungsgeschäfte sind auf Erfüllung der eingegangenen Verpflichtung ausgerichtet. Ob der Schuldner diese aber tatsächlich leisten kann, ist für die Wirksamkeit des Verpflichtungsgeschäftes grundsätzlich unbeachtlich. So kann man etwa Kaufverträge über Gegenstände schließen, die einem gar nicht gehören, Wohnungen vermieten, ohne dazu berechtigt zu sein, etc.: Denn in solchen Fällen geht der Verkäufer oder Vermieter ja „nur" eine Verpflichtung bzw. das Versprechen ein, dem Käufer den Gegenstand zu übergeben und ihm das Eigentum daran zu verschaffen (§ 433 I BGB) bzw. dem Mieter den Gebrauch der vermieteten Sache während der Mietzeit zu gewähren (§ 535 BGB). Ob er dazu aber imstande ist oder nicht, ist für den Bestand der wirksam eingegangenen Verpflichtung grundsätzlich irrelevant (lat. *„pacta sunt servanda"*, Verträge sind zu halten, s. u. 6.6). Ein einseitiger „Rückzug" ist nicht ohne weiteres möglich – stellt sich heraus, dass dem Schuldner (in den vorigen Beispielsfällen etwa der Verkäufer oder Vermieter) die Erbringung der Leistung, zu der er sich verpflichtet hat, unmöglich ist, so schuldet er ggf. Schadensersatz (vgl. die §§ 275, 280, 283, 311 a BGB; s. a. 10.2.1 a. E.; 8.3.5).

Verträge sind zu halten

Weiteres Beispiel: Der mehrfache Verkauf eines Fahrrades – hier kann der Verkäufer ebenfalls, ungeachtet der grundsätzlichen Wirksamkeit der eingegangenen Kaufverträge, nur einmal erfüllen (durch Übereignung gemäß § 929 BGB); den übrigen Käufern muss er ggf. Schadensersatz leisten, §§ 433 I, 275 I, IV, 280 I, III, 283 BGB (s. u. Schaubild 120).

Verfügungsmacht erforderlich

Bei den *Verfügungsgeschäften* ist demgegenüber grundsätzlich die Berechtigung bzw. Verfügungsmacht vorauszusetzen: Eigentum übertragen oder belasten darf nur der Eigentümer; Verfügungsgeschäfte des Nichtberechtigten dagegen bedürfen regelmäßig der Zustimmung des Berechtigten, § 185 BGB (s. u. 6.8.1.3). Ausnahmsweise lässt das Gesetz aber auch den Eigentumserwerb vom Nichtberechtigten zu, wenn der Erwerber in gutem Glauben ist (vgl. die §§ 932 ff. BGB; § 366 HGB, s. u. 15.3.2.3, bzw. § 16 III GmbHG, s. u. 17.7.5). Hat der frühere Eigentümer eine Sache einmal übereignet, etwa i. S. d. § 929 S. 1 BGB, dann kann er sie (und das ist der große Unterschied zu den Verpflichtungsgeschäften, bei denen man sich mehrmals hintereinander verpflichten kann) nicht nochmals übereignen; dies

nennt man den Grundsatz der Priorität (s. u. 8.8.3, 15.2). Eine weitere, spätere   Priorität
Verfügung des Ex-Eigentümers ist demzufolge, weil vom Nichtberechtigten getätigt, grundsätzlich unwirksam (und allenfalls über die Regeln des gutgläubigen
Erwerbs, §§ 932 ff. BGB, „zu retten", was aber für den Ersterwerber den Nachteil
hat, dass er das Eigentum wieder verliert).

Beispiel: Der Eigentümer eines Bildes veräußert es an den Erwerber, dem er gemäß § 929
S. 1 BGB auch korrekt das Eigentum daran verschafft. Allerdings verwahrt er das Bild auf
Bitten des Erwerbers (= nunmehrigen Eigentümers) für diesen. Als jetzt ein Dritter bei ihm
erscheint und ihm ein gutes Angebot für das verwahrte Bild macht, veräußert er (der Ex-
Eigentümer) es an jenen: Weiß der Dritte nichts von der vorhergegangenen Veräußerung, so
erwirbt er gutgläubig Eigentum, § 932 BGB (s. u. 10.2.10; 15.3.2.3).

6.2.5 Kausale und abstrakte Geschäfte

Die Unterscheidung in kausale und abstrakte Rechtsgeschäfte wurde schon im   „innerer
Zusammenhang mit dem Abstraktionsprinzip (s. o. 5) erläutert: Rechtsgeschäfte,   Grund"
die einen inneren Grund enthalten bzw. den Rechtsgrund für die Vornahme einer
Leistung bilden, sind kausale Rechtsgeschäfte,

Beispiel: der Kaufvertrag, § 433 BGB (s. u. 10.2).

Demgegenüber sind abstrakte Rechtsgeschäfte losgelöst von einem Rechtsgrund   „losgelöst"
und grundsätzlich unabhängig vom Bestand eines Kausalgeschäftes; dazu gehören
regelmäßig die Verfügungen.

Beispiele: Die Übereignung einer beweglichen Sache nach § 929 S. 1 BGB; dabei geht es
nur um die Frage der Eigentumsübertragung (d. h. des „wie"). Warum diese vorgenommen   „wie"/
wird, etwa in Erfüllung eines Kaufvertrages oder eines Schenkungsvertrages, ist grundsätzlich   „warum"
unerheblich. Ebenso ist es bei der Abtretung, § 398 BGB (s. u. 8.8.2). Auch die Wechsel- oder
Scheckbegebung ist dergestalt abstrakt (s. a. 5.2).

Bezüglich dieser grundlegenden Zusammenhänge ist also regelmäßig (s. a. 6.2.4)
besonders auf den Unterschied zwischen verpflichtenden und verfügenden, kausalen und abstrakten bzw. erfüllenden Rechtsgeschäften gerade im Hinblick auf
die Differenzierung von Schuld- und Sachenrecht (s. u. 15) zu achten: *Der schuld-*
rechtliche Vertrag begründet Forderungsrechte und Leistungspflichten, verpflichtet   Verpflichtung/
also, die dingliche Verfügung (das Verfügungsgeschäft) verändert die Rechtslage mit-   Verfügung
tels Übertragung, inhaltlicher Änderung, Aufhebung oder Belastung eines Rechts,
verpflichtet somit nicht. (Vgl. auch die Schaubilder 35, 39, 41 und 123).

Verpflichtung und Erfüllung/ Schuld- bzw. Sachenrecht	
schuldrechtlicher Verpflichtungsvertrag	**sachenrechtlicher Erfüllungsvertrag**
z.B.: Kaufvertrag –	z.B.: Übereignung –
verpflichtet zur Übereignung des Kaufgegenstandes, § 433 I BGB, übereignet nicht	überträgt Eigentum am Kaufgegenstand, § 929 BGB, verpflichtet nicht
→ gibt Recht auf die Sache	→ gibt Recht an der Sache
→ ist Rechtsgrund der Übereignung (s. a. § 812 BGB)	→ ist Erfüllung der Übereignungspflicht (s. a. § 362 BGB)

Schaubild 41: Verpflichtung und Erfüllung/Schuld- bzw. Sachenrecht

6.2.6 Handelsgeschäfte

Für Kaufleute wichtig sind insbesondere auch die rechtsgeschäftlichen Regeln über die Handelsgeschäfte, §§ 343–372 HGB. Sie treten neben die Vorschriften des BGB und sind ggf. als leges speciales (= Spezialgesetze) vorrangig zu beachten.

6.2.6.1 Begriff

Begriff Gemäß § 343 HGB sind Handelsgeschäfte alle diejenigen Geschäfte eines Kaufmannes (i. S. d. §§ 1 ff. HGB), die zum Betrieb seines Handelsgewerbes gehören. Erforderlich sind also

– ein Geschäft; dazu zählen insbesondere die Rechtsgeschäfte (Willenserklärungen, Verträge), aber auch sonstige Rechtshandlungen (s. u. 6.3.3.1 f.; etwa: Mahnung, Verarbeitung von Ware),

– an dem auf mindestens einer Seite ein Kaufmann (s. o. 3.4) beteiligt ist, und

– das in einem zweckgerichteten betrieblichen Zusammenhang steht bzw. zur betrieblichen Sphäre zu rechnen ist; dies wird gemäß § 344 HGB vermutet.

Primär-/ **Beispiele:** Der Kaufmann erwirbt ein Kfz; wenn der Kaufmann dabei etwa Kfz-Händler ist, so zählt dieser Kfz-Erwerb unmittelbar zum geschäftlichen Bereich (*Primärgeschäft*) – handelt der Kaufmann dagegen bspw. mit Baustoffen und der Kfz-Erwerb dient Transport-

Sekundär- zwecken, so liegt ein im mittelbaren Zusammenhang mit dem Handelsgewerbe stehendes geschäft (Hilfs-)Geschäft (*Sekundärgeschäft*) vor: In beiden Fällen ist ein Handelsgeschäft gegeben. *Nicht aber:* offensichtliche Privatgeschäfte (etwa: Ein Lebensmittelgroßhändler kauft einen Brillantring; s. a. 10.7.2 f.; 17.4.3.2) – hier gilt der Kaufmann (nicht als Unternehmer, § 14 BGB, s. o. 3.6, sondern) als Verbraucher, § 13 BGB (s. o. 3.1.3.2; vgl. Schaubild 15).

einseitig Ist das Handelsgeschäft nur für einen Beteiligten ein Handelsgeschäft, so spricht man vom einseitigen Handelsgeschäft, § 345 HGB,

Beispiel: ein Beamter kauft beim Fahrzeughändler einen Pkw;

zweiseitig sind beide Vertragsparteien Kaufleute und ist das Rechtsgeschäft für beide ein Handelsgeschäft, so liegt ein zweiseitiges bzw. beiderseitiges Handelsgeschäft vor (beachte die §§ 352 f., 369 ff., 377 HGB).

Beispiel: Ein Fabrikant erwirbt beim Lkw-Händler einen Geschäfts-Lkw. Nur wenn das HGB das Vorliegen eines beiderseitigen Handelsgeschäftes fordert, wie in den §§ 352 f., 369 ff., 377 HGB, sind für beide Parteien die Voraussetzungen der §§ 343 f. HGB erforderlich, ansonsten reicht es aus, wenn dies bei einer Partei gegeben ist, § 345 HGB (vgl. etwa beim Selbsthilfeverkauf, § 373 HGB; s. u. 9.5.4).

Handelsgeschäfte	

Rechtsgeschäfte und Rechtshandlungen des Kaufmanns (§§ 343 ff. HGB)	

Voraussetzungen:	– Rechtsgeschäft bzw. Rechtshandlung
	– eines Kaufmanns (§§ 1 ff. HGB)
	– zum Betrieb des Handelsgewerbes gehörend
	  (zweckgerichteter betrieblicher Zusammenhang,
	  vgl. die §§ 343, 344 HGB);

einseitig:	wenn für einen (Vertrags-)Teil das Rechtsgeschäft ein Handelsgeschäft ist;
zwei(beider)seitig:	wenn für beide Teile das Rechtsgeschäft ein Handelsgeschäft ist.
Rechtsfolgen:	insb. in den §§ 343 ff. HGB

Schaubild 42: Handelsgeschäfte

Gemäß § 354 HGB gilt im Übrigen grundsätzlich das Prinzip der Entgeltlichkeit.

(Hinweis: Der Gesetzgeber verwendet den Begriff „Handelsgeschäft" doppeldeutig: In den §§ 343 ff. HGB versteht er darunter einzelne Geschäftstätigkeiten, in den §§ 22 ff. HGB dagegen ist der Gewerbebetrieb als solcher bzw. das Unternehmen gemeint; s. o. 3.4.5.6). Handels-
geschäft

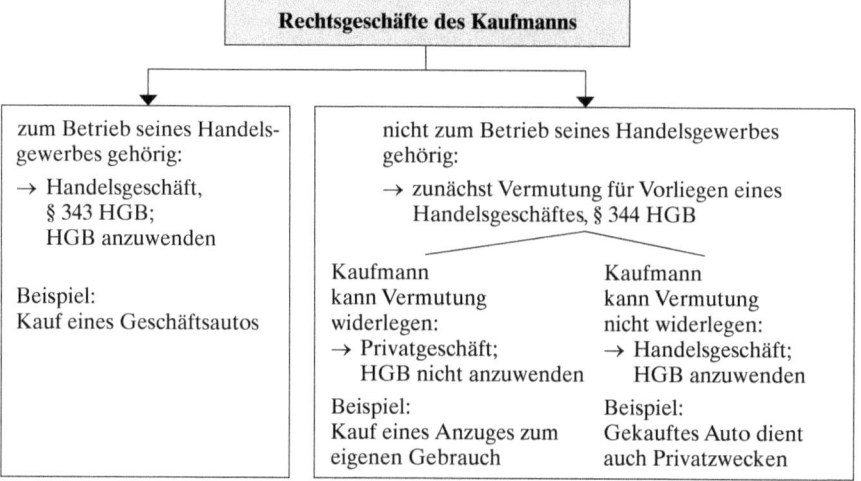

Schaubild 43: Rechtsgeschäfte des Kaufmanns

6.2.6.2 Kaufmännische Rechtsgeschäfte; Besonderheiten

Im Bereich des Handelsgewerbes vorgenommene Handelsgeschäfte i. S. d. §§ 343 ff. HGB sind Rechtsgeschäfte. Sie unterliegen daher zunächst einmal den allgemeinen Regeln des BGB, insbesondere denjenigen über die Wirksamkeit von Willenserklärungen, das Zustandekommen von Verträgen (vgl. 6.1, 6.3), sowie den Verbraucherschutz (s. u. 6.2.7). Allerdings enthalten die §§ 343–372 HGB eine Reihe von Änderungen und Ergänzungen, so bspw. in:

– § 346 HGB. Verkehrssitten (§ 157 BGB) unter Kaufleuten sind als sog. Handelsbräuche zu beachten (s. u. 6.3.6); Verkehrssitten

– § 347 I HGB. Der Kaufmann hat für die Sorgfalt eines ordentlichen Kaufmannes einzustehen (s. u. 9.2); Sorgfalt

– § 348 HGB. Die von einem Kaufmann versprochene Vertragsstrafe kann nicht gemäß § 343 BGB durch Urteil herabgesetzt werden (s. u. 8.11); Vertragsstrafe

– § 350 HGB. Kaufmännische Bürgschaftserklärung, Schuldversprechen bzw. Schuldanerkenntnis bedürfen nicht der Schriftform (vgl. die §§ 766 S. 1, 780, 781 S. 1 BGB); die Einrede der Vorausklage, § 771 BGB, ist unzulässig, § 349 S. 1 HGB (s. u. 10.7.2 f.); Bürgschafts-
erklärung

– §§ 352–354 HGB. Unter Kaufleuten (also bei beiderseitigen Handelsgeschäften, s. o.) beträgt der gesetzliche Zinssatz 5 %; Zinsen können bereits ab Fälligkeit berechnet werden (Fälligkeitszinsen), der Verzugszinssatz beträgt 8 Prozentpunkte über Basiszinssatz, §§ 288 II, 247 BGB (s. o. 8.3.6; 9.4.2 f.). Für Kaufmannstätigkeiten gilt eine Vergütung nach ortsüblichen Sätzen als stillschweigend vereinbart; Zinsen
Vergütung

– § 354a HGB. Hiernach ist eine Forderungsabtretung auch trotz eines vereinbarten Abtretungsverbots (§ 399 2. Alt. BGB) wirksam (wodurch Lieferanten auch bei in Einkaufsbedingungen [AGBen] ihrer Abnehmer enthaltenen Abtretungsausschlüssen ihre [Kaufpreis-]Forderungen zur Kreditfinanzierung einsetzen können [s. u. 6.7.3; 8.8.1 a. E.]);

– §§ 355–357 HGB. Zur Vereinfachung, Vereinheitlichung und Sicherung von aus kaufmännischen Geschäften entstehenden Forderungen dient das Kontokorrent: Beiderseitige Forderungen bzw. Leistungen werden – entweder in bestimmten Zeitabschnitten oder Kontokorrent laufend – verrechnet, ein Saldo festgestellt und vom Partner anerkannt (§§ 781 f. BGB). Dadurch entsteht dann die Tilgungswirkung i. S. d. § 362 BGB (s. a. 8.8.1; 8.14.2.2);

Leistungszeit — §§ 358, 359 HGB. Die Leistungszeit, vgl. § 271 BGB, bezieht sich auf die gewöhnlichen Geschäftszeiten bzw. wird näher konkretisiert (s. u. 8.4);

Gattungs- schulden — § 360 HGB. Bei Gattungsschulden muss der Kaufmann Handelsgut mittlerer Art und Güte leisten (i. Ü. vgl. § 243 BGB; s. a. 8.3.4);

Schweigen ggf. relevant — § 362 HGB. Schweigen eines Kaufmannes auf Anträge (vgl. § 145 BGB) gilt u. U. als Annahme; unrichtigen kaufmännischen Bestätigungsschreiben ist ggf. zu widersprechen (s. u. 6.3.1.2);

Gutglaubens- schutz — §§ 366, 367 HGB. Gutgläubiger Eigentumserwerb ist bereits dann möglich, wenn der Erwerber an die Veräußerungsbefugnis des Kaufmanns glaubt (s. u. 10.2.10; 15.3.2.3 a. E.);

Zurück- behaltung — §§ 369–372 HGB. Bei Geldforderungen besteht das Zurückbehaltungsrecht auch ohne Konnexität (s. u. 8.10) sowie ein Verwertungsrecht (§§ 371 HGB, 1218 ff. BGB; s. u. 15.6).

6.2.6.3 Handelskauf

Spezifika Für kaufmännische Kaufverträge über Waren oder Wertpapiere (§ 381 II HGB; s. u. 10.2), sog. Handelskäufe, gelten gemäß den §§ 373–381 HGB ebenfalls Besonderheiten:

– Beim Annahmeverzug des Käufers (s. u. 9.5) sind Hinterlegung und Selbsthilfeverkauf erleichtert, § 373 HGB (s. u. 8.14.2.1, 9.5.4);
– den Fixhandelskauf (Fixgeschäft) regelt § 376 HGB (vgl. 8.4);
– es bestehen strenge Untersuchungs- und Rügeobliegenheiten, § 377 HGB (s. u. 10.2.7.4; vgl. die Schaubilder 134, 135), deren Verletzung ggf. als Genehmigung mangelhafter Ware gilt (s. a. § 381 HGB).

6.2.7 Verbrauchergeschäfte

Verbraucher- schutz Rechtsgeschäfte zwischen Verbrauchern und Unternehmern, §§ 13, 14 BGB, sog. Verbraucherverträge (vgl. § 310 III BGB), unterliegen ggf. bei Anbahnung, Abschluss sowie Durchführung den besonderen Regeln des Verbraucherschutzes, (s. o. 3.1.3.2 mit Schaubildern).

Beispiele: Schutz-, Informations-, Widerrufsrechte, s. a. bspw. die §§ 241 a, 661 a, 312 g, 355, 474, 650 i, l BGB (s. o. 3.1.3.2), die Regeln der BGB-InfoVO bzw. der Art. 246 ff. EGBGB; vgl. auch die Schutznormen des Mietrechts (s. a. 3.6, 10.5) oder Arbeitsrechts (s. u. 16).

Verbraucher- vertrag

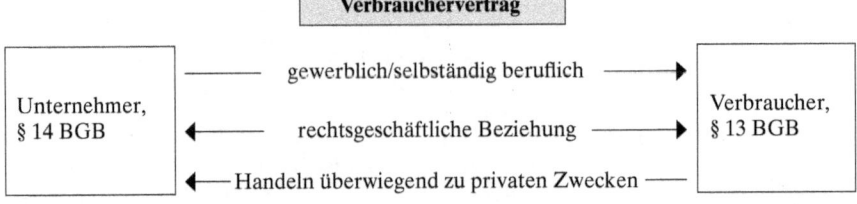

Schaubild 44: Verbrauchervertrag

besondere Formen Besondere Formen des Verbrauchervertrages sind etwa außerhalb von Geschäftsräumen geschlossene, Fernabsatz- bzw. Verträge im elektronischen Geschäftsverkehr sowie Verbrauchsgüterkäufe (s. u. 10.2.7, 10.8).

6.3 Willenserklärung

Wesentlicher Kern eines jeden Rechtsgeschäftes ist die Willenserklärung (s. o. 6.1). Man versteht darunter die Äußerung eines rechtlich erheblichen Willens, die auf einen rechtlichen Erfolg abzielt. Wie die Bezeichnung Willenserklärung schon beinhaltet, besteht sie aus zwei Komponenten; zum einen muss ein Wille vorliegen, der zum anderen erklärt werden muss. Objektiv, nach außen hin, bedarf es einer Willensäußerung; subjektiv, „intern", muss man diese Willensäußerung auch erkennen bzw. wollen. Die Willenserklärung enthält demnach als objektiven Tatbestand eine Willensäußerung und als subjektiven Tatbestand einen entsprechenden Willen. Voraussetzung für die Abgabe rechtswirksamer Willenserklärungen ist die erforderliche Geschäftsfähigkeit, vgl. die §§ 104 ff. BGB (s. o. 3.1.2.1).

auf Rechtserfolg ausgerichtet

Die Willenserklärung			
Äußerer (objektiver) Tatbestand (Willensäußerung)		**Innerer (subjektiver) Tatbestand** (Wille)	
Erklärung: Nach außen kundgetaner Rechtsfolgenwille	Handlungswille: Wille, die Handlung vorzunehmen (gewolltes Handeln)	Erklärungsbewusstsein: Bewusstsein, dass Handeln rechtserheblich ist (bewusstes Handeln)	Geschäftswille: auf bestimmte Rechtsfolge gerichtete Absicht (erfolgsbezogenes Handeln)
Beispiel: Der Kunde erklärt in der Bäckerei: „Ich will ein Brötchen kaufen."	Beispiel: Der Kunde will auch selbst erklären – anders aber: Reflexbewegungen, zur Unterschrift geführte Hand	Beispiel: Der Kunde weiß, dass er mit einer Bestellung ein Kaufangebot abgibt – anders aber: Zuwinken bei einer Versteigerung	Beispiel: Der Kunde weiß, will und erklärt: „Ich will diese Vase kaufen" – anders aber: er erklärt (versehentlich) anderes (Irrtum)

Schaubild 45: Willenserklärung

6.3.1 Willensäußerung

Willensäußerung ist die nach außen kundgetane Erklärung, eine bestimmte Rechtsfolge zu wollen.

6.3.1.1 Erklärung

Diese Erklärung kann mündlich, schriftlich, ausdrücklich, konkludent (s. u. 6.3.4.2), durch Gestik oder Mimik erfolgen: also durch Sprechen, Schreiben, Handschlag, SMS, e-mail oder Mausklick, per Fernsehen oder Radio, mittels tatsächlichen Verhaltens (Einsteigen in eine Straßenbahn, Einwerfen von Münzen in ein Münzgerät), Abwinkens, Kopfnickens, etc. Ein bestimmter Formzwang ist nur in Ausnahmefällen gegeben (z. B. die §§ 126 ff. BGB; s. u. 6.4).

Erklärung nach außen

Schweigen für sich genommen bedeutet noch keine Willensäußerung; wer schweigt, der erklärt eben nichts. Schweigen wird daher rechtlich grundsätzlich nicht als Willenserklärung, vielmehr völlig neutral gewertet. Schweigen gilt somit regelmäßig nicht als Annahme eines Vertragsangebotes.

Schweigen regelmäßig neutral

85

Beispiel: Eine Versandfirma schickt jemandem unaufgefordert eine Ware; oftmals findet sich im Beischreiben noch der Hinweis, wenn man binnen eines bestimmten Zeitraumes nichts höre, so gehe man davon aus, dass der Gegenstand gewollt und die Zahlung fällig werde. Regt sich der Empfänger nicht, so gilt sein Schweigen nicht als Annahme; die Erklärung des Versenders, Schweigen als Zustimmung zu werten, ändert daran nichts. (Der Empfänger muss sich also nicht melden, er muss auch nicht zahlen) (s. u. 6.6.2 a. E.; 18.3.1.2).

Lieferung unbestellter Sachen

Mit § 241 a BGB wird darüber hinaus nunmehr ebenfalls klargestellt, dass wegen der Lieferung unbestellter beweglicher (s. o. 4.1.1.1) Sachen – Waren – (bzw. der Erbringung unbestellter sonstiger Leistungen) durch einen Unternehmer (§ 14 I BGB; s. o. 3.6) an einen Verbraucher (§ 13 BGB; s. o. 3.1.3.2) keine Ansprüche gegen diesen begründet werden.

Beispiele: Der Unternehmer schickt dem Verbraucher unaufgefordert eine Flasche Wein – der Empfänger kann diese nach seinem Belieben gebrauchen, also auch verbrauchen (trinken), ohne zahlen zu müssen, § 241 a BGB, denn nicht nur Ansprüche auf Schadensersatz (§§ 823, 989, 990 BGB) oder Nutzungsherausgabe, sondern auch aus den §§ 985 (auf Herausgabe, s. u. 15.3.5) bzw. 812 (aus ungerechtfertigter Bereicherung, s. u. 11) BGB sind grds. ausgeschlossen, § 241 a I, II BGB; insbesondere stellen auf Zueignung bzw. Gebrauch gerichtete Handlungen auch keine konkludente Annahme – etwa i. S. d. § 151 S. 1 BGB – dar (s. u.) (s. a. Ziffer 29 zu § 3 III UWG; s. u. 18.3.1.2). (In die gleiche verbraucherschützende Richtung geht ebenfalls § 661 a BGB, der dem Empfänger von Gewinnzusagen einen Anspruch auf den mitgeteilten Preis einräumt; s. u. 8.2.2). *Vorsicht aber:* Bei erkennbaren Fehllieferungen (etwa: falsche Adresse) oder erkennbar versehentlicher Auffassung des Absenders, es liege eine Bestellung vor (eine inliegende Rechnung nimmt Bezug auf eine Bestellung), muss die Ware zur Abholung bereit gehalten werden, § 241 a II BGB. Dem Verbraucher nachteilige Regelungen sind unzulässig, § 241 a III BGB.

Schweigen

Nur in Ausnahmefällen wertet das Gesetz Schweigen doch als Willenserklärung; vgl. die §§ 108 II 2, 177 II 2, 415 II 2, 416 I 2, 451 I 2, 455 S. 2, 516 II 2, 545 S. 1 BGB, § 362 HGB (wichtig im Handelsrecht: Der Kaufmann muss grundsätzlich auf ein Angebot eines Geschäftspartners unverzüglich reagieren, sonst gilt sein Schweigen als Annahme; dies gilt grds. auch bei Schweigen auf ein sog. kaufmännisches Bestätigungsschreiben, s. u. 6.3.1.2).

stillschweigen-des Verhalten

Das bloße Schweigen muss man aber von stillschweigendem Verhalten trennen: Dieses kann sehr wohl als Willenserklärung bzw. Zustimmung gewertet werden („beredtes Schweigen").

Beispiele: Steigt der Reisende in die Straßenbahn, so liegt darin die stillschweigende, durch schlüssiges Verhalten (konkludent) erklärte Willenserklärung der Annahme des Angebotes auf Abschluss eines Beförderungsvertrages (s. u. 6.3.4.2; 6.6.1; vgl. § 151 S. 1 BGB). (Bei Lieferung unbestellter Sachen vgl. aber § 241 a BGB).

Unterlassen

So kann ggf. auch ein Unterlassen eine Willensäußerung darstellen, etwa wenn Vertragsparteien vereinbaren, dass die zur Ansicht überlassene Ware bei Nichtgefallen binnen einer Woche zurückzugeben ist und, falls dies nicht erfolgt, als gekauft gelten soll.

Empfänger-horizont

Bei der Wertung eines Verhaltens als Willensäußerung kommt es grundsätzlich nicht darauf an, ob tatsächlich auch ein Erklärungswille vorliegt; wichtig ist vielmehr der Empfängerhorizont, also die Frage, wie andere eine bestimmte Äußerung bzw. ein bestimmtes Verhalten werten (s. a. 6.3.6).

Beispiel: Bei einer Weinversteigerung (§ 156 BGB) hebt jemand die Hand, um seinen Freund zu begrüßen. Aus Sicht des Auktionators lässt dies auf eine Willensäußerung, gerichtet auf die Abgabe eines Gebotes, schließen (s. u. 6.3.2.2). *Gerade auch im Zivilrecht ist also darauf zu achten, wie andere ein bestimmtes Verhalten auffassen.* Ggf. kommt es auch auf eine Auslegung an, vgl. die §§ 133, 157 BGB (s. u. 6.3.2.2; 6.3.6).

6.3.1.2 Schweigen des Kaufmanns

Ein Kaufmann, dessen Gewerbebetrieb die Besorgung von Geschäften für andere mit sich bringt (vgl. dazu auch § 675 I BGB),

Beispiele: Handelsvertreter, Handelsmakler, Spediteure, Banken,

muss, wenn er ein Angebot zum Abschluss eines derartigen Geschäftsbesorgungsvertrages von einem Kunden erhält, mit dem er in einer Geschäftsverbindung steht, unverzüglich (vgl. § 121 I 1 BGB; d. h. ohne vermeidbare Verzögerung, s. u.) antworten bzw. ggf. unverzüglich die Ablehnung erklären – unterlässt er dies, so gilt sein Schweigen als Annahme des Antrages, § 362 I 1 HGB (s. o.). Es kommt also ein entsprechender Geschäftsbesorgungsvertrag (s. u. 10.4.8.1) mit dem Inhalt des Antrages zustande, selbst wenn der Kaufmann dies gar nicht will. So ist es auch, wenn sich der Kaufmann vorher erboten hat, § 362 I 2 HGB. Mitgesandte Waren sind jedenfalls vor Schaden zu bewahren, § 362 II HGB. | *unverzüglich reagieren*

Diese Grundsätze gelten entsprechend bei einem unwidersprochen gebliebenen sog. kaufmännischen Bestätigungsschreiben: | *kaufmännisches Bestätigungsschreiben*

Oftmals werden unter Kaufleuten mündliche Vertragsverhandlungen nochmals schriftlich bestätigt (Handelsbrauch, § 346 HGB; s. a. 6.2.6.2, 6.3.6). Geht einem Kaufmann unmittelbar nach vorausgegangenen (fern-)mündlichen oder (fern-) schriftlichen Verhandlungen ein Schreiben (bzw. Telefax oder e-mail) des redlich handelnden Geschäftspartners zu, das den wesentlichen Teil der getroffenen Vereinbarung – unzutreffend – wiedergibt, so muss er unverzüglich (also ohne vermeidbare Lässigkeit, s. o.) widersprechen, wenn er damit nicht einverstanden ist – ansonsten gilt sein Schweigen als Zustimmung (d. h. als Annahme des Angebots zum Abschluss eines sog. Veränderungs- bzw. Ergänzungsvertrages, s. u. 6.6.2). | *Schweigen ausnahmsweise Zustimmung*

Beispiel: Sind beide Mietparteien Kaufleute i. S. d. §§ 1 ff. HGB (s. o. 3.4.1), dann kommt ein Mietvertrag zustande, wenn der Vermieter dem Mieter nach einem entsprechenden Telefonat eine schriftliche Bestätigung über den Mietvertragsabschluss schickt und der Mieter dem nicht eindeutig unverzüglich widerspricht – er muss dann die Miete zahlen, §§ 535 II BGB (s. u. 10.5.3).

D. h.: Selbst wenn ein mündlicher Vertrag noch gar nicht abgeschlossen gewesen sein sollte, so gilt er jetzt als getroffen; ein mündlich bereits zustande gekommener Vertrag gilt nunmehr mit dem Inhalt des Bestätigungsschreibens.

Beispiele: Mündlich waren 100 Einheiten zur Lieferung vereinbart, unwidersprochen werden 110 bestätigt; oder: Telefonisch war der Preis mit 500,– € vereinbart, bestätigt wird ohne Widerspruch 520,– €. Nach h. M. ist es so auch bei durch das Bestätigungsschreiben in den Vertrag eingeführten AGBen (dazu s. u. 6.7.3). Diese Regeln gelten allerdings nur, soweit die bestätigten Abweichungen nicht übererheblich sind, der Bestätigende also überhaupt nicht mit einer Zustimmung rechnen durfte (dies ist wohl bei groben [Mengen-/Preis-]Abweichungen von ca. 10 % und mehr der Fall). Bei geringfügigen Abweichungen jedoch, hinter denen keine Arglist steckt, muss der Empfänger unverzüglich widersprechen. *Das kfm. Bestätigungsschreiben ist von der sog. Auftragsbestätigung zu unterscheiden:* Bei dieser (zum Begriff bzw. zur Auslegung s. u. 6.3.6) handelt es sich regelmäßig um eine Annahmeerklärung auf ein Vertragsangebot (s. u. 6.6.2). Für Unternehmer (§ 14 BGB; s. o. 3.6), die kaufmannsähnlich am Geschäftsverkehr teilnehmen, etwa Architekten bzw. Rechtsanwälte, gelten diese Grundsätze ggf. entsprechend (bei § 377 HGB ist dies aber grds. nicht so – dort bleibt es wohl beim Erfordernis der Kaufmannseigenschaft, s. u. 10.2.7.4). | *Auftragsbestätigung*

6.3.2 Wille

Subjektive Komponenten

Für die Frage der Wirksamkeit einer Willenserklärung kommt es nicht nur auf eine objektiv zu wertende Willensäußerung an, vielmehr ist subjektiv ein entsprechender Wille erforderlich. Hierbei sind insbesondere drei Elemente wichtig: der Handlungswille, das Erklärungsbewusstsein und der Geschäftswille.

6.3.2.1 Handlungswille

Gewolltes Handeln

Der Erklärende muss die Handlung, die er vornimmt, bzw. die Erklärung, die er abgibt, auch vornehmen bzw. abgeben wollen. Er muss also das Bewusstsein haben, überhaupt handeln zu wollen (Handlungswille). Wer handelt, ohne dies zu wollen, gibt keine Willenserklärung ab.

Beispiele: Reflexbewegungen; Handlungen in Hypnose, Narkose, Schlaf; gewaltsames Führen der Hand zur Unterschrift (hier handelt der Täter, nicht das Opfer – für die Handlung erforderlich ist, dass der Handelnde Urheber des Verhaltens ist). Die Abgrenzung zu § 105 II BGB (s. o. 3.1.2.1) kann (bzgl. der Bewusstlosigkeit) ggf. schwierig sein (diese Vorschrift lässt eine hochgradige Bewusstseinstrübung genügen).

6.3.2.2 Erklärungsbewusstsein

Bewusstes Handeln

Erklärungsbewusstsein ist das Bewusstsein, dass das Handeln rechtserheblich ist. Der Erklärende muss sich also darüber im Klaren sein, dass seine Handlung Rechtsfolgen nach sich zieht.

Dies ist nicht der Fall in folgenden

Beispielen: Handaufheben bei einer Versteigerung, um einem Bekannten zuzuwinken (s. o. 6.3.1.1 a. E.); Hissen einer Lotsenflagge ohne Kenntnis ihrer Bedeutung; Unterzeichnung einer Sammelbestellung in der Annahme, es handele sich um ein Glückwunschschreiben.

„Erklärungsfahrlässigkeit"

Eigentlich liegt hier keine Willenserklärung vor, denn der Erklärende weiß nämlich nicht, dass er Rechtserhebliches erklärt. Allerdings hätte er die mögliche Deutung seines Verhaltens als Willenserklärung bei Anwendung pflichtgemäßer Sorgfalt erkennen können, wofür er die Verantwortung zu tragen hat – ein Verhalten, das sich für den Erklärungsempfänger als Ausdruck eines bestimmten Rechtsfolgewillens darstellt, ist dem Erklärenden daher auch dann als Willenserklärung zuzurechnen, wenn er kein Erklärungsbewusstsein und beim Erklärungsempfänger fahrlässig das Vertrauen auf einen bestimmten Erklärungsinhalt hervorgerufen hat; er und nicht der Erklärungsempfänger trägt das „Erklärungsrisiko". Allerdings kann der Erklärende seine Willenserklärung entsprechend § 119 I 2. Alt. BGB anfechten. Im

Beispiel mit der Weinversteigerung (s. o. 6.3.1.1 a. E.) muss man wissen, dass das Heben der Hand die Abgabe eines Gebotes bedeutet. Das Handzeichen ist also als Willenserklärung zu werten mit (potentiellem) Erklärungsbewusstsein; mit erteiltem Zuschlag liegt somit ein Kaufvertrag vor. Allerdings kann der ungewollte Weinersteigerer seine Willenserklärung entsprechend § 119 I 2. Alt. BGB anfechten (und schuldet ggf. Schadensersatz, § 122 BGB; s. u. 6.8.2.4; 8.12.3 a. E). (Vgl. auch das Beispiel zur sog. abhandengekommenen Willenserklärung bzw. zum fehlenden Abgabewillen, s. u. 6.3.5; 6.8.2.4).

6.3.2.3 Geschäftswille

Rechtsfolgenabsicht

Unter dem Geschäftswillen versteht man die auf einen bestimmten rechtsgeschäftlichen Erfolg gerichtete Absicht. Diese fehlt, wenn andere als die gewollten Rechtsfolgen erklärt werden.

Beispiel: Jemand hebt in einer Auktion (§ 156 BGB) die Hand, um eine Vase zu erwerben, muss dann aber feststellen, ein altes Buch ersteigert zu haben. Zwar hatte hier der Käufer Erklärungsbewusstsein, denn er wusste, dass er rechtlich Erhebliches erklärte; aber sein konkreter rechtlicher Wille (Kauf einer Vase) wich von seiner Erklärung (Kaufangebot für das Buch) ab – Erklärung und Geschäftswille fallen auseinander. Insoweit liegt ein (anfechtbarer) Inhaltsirrtum vor, § 119 I 1. Alt. BGB (s. u. 6.8.2.4).

6.3.2.4 Motiv

Das Motiv für ein Rechtsgeschäft, also der Beweggrund dafür, eine Willenserklärung überhaupt abgeben zu wollen, ist aus Gründen der Rechtssicherheit und des Verkehrsschutzes grundsätzlich unbeachtlich (sog. Motivirrtum).

Beweggrund unbeachtlich

Beispiele: Wer seiner Verlobten ein Schmuckstück zur geplanten Hochzeit gekauft hat, kann sich dem Juwelier gegenüber nicht darauf berufen, dass die Verlobung in die Brüche gegangen ist (s. u. 6.8.2.4); oder: Gekaufte Aktien steigen nicht wie erhofft. (S. a. 10.2.5 a. E.).

6.3.3 Abgrenzung

Rechtsgeschäfte und Willenserklärungen müssen von anderen menschlichen Handlungen unterschieden werden.

6.3.3.1 Rechtsgeschäftsähnliche Handlung

Eine (rechts)geschäftsähnliche Handlung liegt vor, wenn der Rechtserfolg zwar auf einer Erklärung basiert, aber kraft Gesetzes eintritt.

Erfolg kraft Gesetzes

Beispiele: Mahnung (§ 284 I BGB; ihre Konsequenz, nämlich der Verzug, tritt kraft Gesetzes ein; s. u. 9.4.2; vgl. auch 9.5.2 zu § 295 BGB); Fristsetzung (vgl. § 326 I BGB); Aufforderung (z. B. die §§ 108 II, 177 II BGB; s. a. 3.1.2.1; 7.6).

Die Vorschriften über die Willenserklärungen sind hierauf grundsätzlich entsprechend anwendbar.

6.3.3.2 Realakt

Der Realakt ist eine Tathandlung des Rechtssubjektes (s. o. 3.3).

Tathandlung

Beispiele: Der Metzger verarbeitet ein geschlachtetes Schwein zu Wurst und Fleisch, der Bäcker backt aus zu Teig vermengtem Mehl, Hefe und Wasser Brot.

Die Rechtsfolgen treten von Gesetzes wegen ein, ungeachtet des Vorliegens oder Nichtvorliegens eines rechtsgeschäftlichen Willens.

Beispiele: Eigentumserwerb durch Vermischung, Verbindung, Verarbeitung, §§ 946 ff. BGB (s. a. 4.1.2, 15.3.3); Unterhaltsverpflichtung aufgrund Zeugung, §§ 1601 ff. BGB (s. u. 8.2.1); Besitzerwerb (s. u. 15.4); Wohnsitzbegründung (s. o. 3.1.4).

Die für die Rechtsgeschäfte geltenden Vorschriften sind auf Realakte grundsätzlich nicht anwendbar.

6.3.3.3 Unerlaubte Handlung

Die zivilrechtliche Einstandspflicht für Verletzungen fremder Rechtsgüter ist von einem entsprechenden (entgegenstehenden) Willen unabhängig, vgl. die §§ 823 ff. BGB (s. u. 12).

Erfolg entscheidet

Beispiel: Wer einen anderen schuldhaft körperlich verletzt, muss ihm die Arzt-, Behandlungskosten, ebenso entgehenden Gewinn erstatten und ggf. ein angemessenes Schmerzensgeld zahlen (vgl. die §§ 823 I, 823 II BGB i. V. m. 229 StGB, 249, 252, 253 BGB; s. u. 12.1), selbst wenn der Schädiger diese Rechtsfolge nicht will (bzw. ohne dass es auf das Bestehen einer rechtsgeschäftlichen Vereinbarung zwischen Schädiger und Geschädigtem ankommt).

6.3.3.4 Gefälligkeitsverhältnis

Mangelnder Bindungswille

Beim Gefälligkeitsverhältnis fehlt die Absicht der Parteien, sich rechtlich binden zu wollen. Es handelt sich um Freundschafts- oder Höflichkeitshandlungen im außerrechtlichen Bereich. Sie rufen somit auch keine vertragsrechtlichen Verpflichtungen hervor.

Beispiele: Einladung zum Essen; Einladung zur Jagd; Verabredung zum Golfen; Blumen gießen, Briefkasten leeren für urlaubsabwesenden Nachbarn; Mitnahme im Pkw (außer bei Fahrgemeinschaften, s. u. 17.2.3 a. E.). Ob bei einem unentgeltlichen und fremdnützigen Verhalten ein Rechtsbindungswille fehlt oder aber vorliegt, ist im Einzelfall, ggf. durch Auslegung, aus der Sicht eines sog. objektiven Beobachters zu ermitteln (s. a. 6.3.6).

Unberührt von den fehlenden rechtsgeschäftlichen Pflichten kann es aber auch hier durchaus zu Verpflichtungen aus den §§ 823 ff. BGB im Rahmen unerlaubter Handlungen kommen.

Beispiele: Der gefälligkeitshalber mitgenommene Bekannte wird durch einen vom fahrenden Kfz-Halter verursachten Unfall verletzt (dazu s. a. die §§ 7, 18 StVG bzw. § 823 BGB; s. u. 12.1., 14.3.1). Die Abgrenzung zu Gefälligkeitsverhältnissen mit Schutzpflichten i. S. d. §§ 311 II Nr. 2, 3, 241 II, 280 I BGB ist ggf. schwierig (s. u. 9.7.1, 9.8.1), ebenso die Frage, ob etwa ein (stillschweigender) Haftungsverzicht (für einfache Fahrlässigkeit) vorliegt (s. u. 6.3.6). Gesetzlich geregelte Gefälligkeitsverhältnisse finden sich i. Ü. auch in den §§ 521, 599, 690, 662 BGB.

6.3.4 Arten der Willenserklärung

Differenzierungen

Willenserklärungen lassen sich in mehrfacher Hinsicht unterscheiden:

6.3.4.1 Ausdrückliche Willenserklärung

Hierbei erklärt das Rechtssubjekt ausdrücklich seinen Willen.

Beispiele: Der Erklärende sagt oder schreibt: „Ich bestelle Sie zum Prokuristen" (§ 48 I HGB; s. u. 7.8.2.1); „Ich kaufe dieses Auto" (s. o. 6.3.1.1).

6.3.4.2 Stillschweigende Willenserklärung

Dabei lässt das Verhalten des Erklärenden nach den Regeln der Lebenserfahrung auf einen entsprechenden Willen schließen.

Beispiele: Der Verlobte schickt seiner Braut kommentarlos den Verlobungsring zurück; der Zeitungskäufer legt wortlos den Geldbetrag auf den Kiosktresen und nimmt die Zeitung weg (sog. konkludentes bzw. schlüssiges Handeln; s. o. 6.3.1.1).

Vorsicht: Bei Ingebrauchnahme unbestellter Sachen ist dies anders, vgl. § 241 a BGB (s. o. 6.3.1.1).

6.3.4.3 Empfangsbedürftige Willenserklärung

Zugang

Empfangsbedürftig ist eine Willenserklärung, wenn sie an den Erklärungsempfänger gerichtet ist. Sie muss ihm dann zugehen (s. u. 6.3.5).

Beispiele: Vertragsangebot (§ 145 BGB; s. u. 6.6.1); Vertragsannahme (§ 151 BGB; s. u. 6.6.2); Kündigungserklärung (§§ 542, 568, 620 II BGB; s. a. 4.2.3, 8.14.2.10); Anfechtungserklärung (§ 143 I BGB; s. u. 6.8.2.4); Aufrechnungserklärung (§ 388 BGB; s. u. 8.14.2.2); Rücktrittserklärung (§ 349 BGB; s. u. 6.6.4.1); Widerrufserklärung (§ 355 BGB; s. u. 6.6.4.2). Auf den Zugang kann jedoch auch verzichtet werden, vgl. § 151 S. 1 BGB (s. u. 6.6.2 a. E.), sodass ein Vertrag auch ohne Zugang der Annahmeerklärung zustandezukommen vermag.

Regelmäßig ergeben sich somit insoweit folgende Abläufe: Der Erklärende bildet bzw. formuliert den Inhalt seiner Willenserklärung (s. o. 6.3.2), bringt sie auf den Weg zum Empfänger, wodurch sie dann in dessen Machtbereich gelangt (s. u. 6.3.5) und von ihm wahrgenommen wird (bzw. werden kann). — *Abläufe*

6.3.4.4 Nicht empfangsbedürftige Willenserklärung

Nicht empfangsbedürftig ist die Willenserklärung, die nicht gegenüber einer anderen Person abzugeben ist.

Beispiele: Testament, §§ 2064 ff., 2232, 2247 BGB (s. o. 6.2.3); Auslobung, § 657 BGB (s. u. 8.2.2); Eigentumsaufgabe, § 959 BGB (s. u. 15.4.3 a. E.).

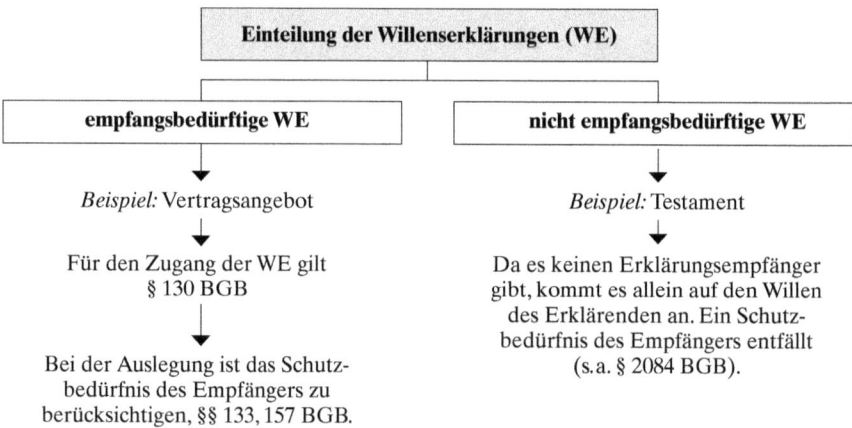

Schaubild 46: Einteilung der Willenserklärungen

6.3.4.5 Willenserklärung unter Anwesenden

Eine Willenserklärung unter Anwesenden liegt vor, wenn der Empfänger bei Abgabe der Erklärung zugegen ist. Die telefonische Mitteilung bzw. die mittels einer technischen Einrichtung von Person zu Person gemachte Erklärung (vgl. § 147 I 2 BGB) und die Aushändigung eines Schriftstücks an den Anwesenden sind ebenfalls eine solche Willenserklärung unter Anwesenden. — *Empfänger anwesend*

Beispiele: Der Kunde erklärt seinen Kaufwunsch im Geschäft; der Unternehmer bestellt telefonisch Ware; der Arbeitgeber händigt dem Arbeitnehmer das Kündigungsschreiben aus; auch: Erklärungen bei Videokonferenzen bzw. chats.

6.3.4.6 Willenserklärung unter Abwesenden

Sie liegt vor, wenn der Erklärungsempfänger nicht präsent ist, die Willenserklärung ihm also noch übermittelt werden muss (s. u. 6.6.2). — *Empfänger abwesend*

Beispiel: Der Kaufmann schickt seinem Geschäftspartner einen Bestellungsbrief per Post, Telefax bzw. e-mail.

6.3.5 Wirksamkeit der Willenserklärung

Die nicht empfangsbedürftige Willenserklärung wird mit ihrer rechtskonformen Abgabe wirksam (s. o. 6.3.4.4).

Beispiel: Das eigenhändige privatschriftlich errichtete Testament ist mit seiner formgerechten Vollendung abgegeben bzw. wirksam (§§ 2231 Nr. 2, 2247 BGB).

Die empfangsbedürftige Willenserklärung dagegen muss dem Erklärungspartner zugehen (s. o. 6.3.4.3).

Abgabewille

Beispiel: Ein Angebot auf Abschluss eines Kaufvertrages. *Hinweis:* Manchmal formuliert der Erklärende seine Willenserklärung (etwa einen Brief mit dem Angebot zum Abschluss eines Kaufvertrages, § 433 BGB; s. u. 10.2), lässt sie aber noch einige Zeit auf seinem Schreibtisch liegen, um es sich nochmals zu überlegen (es fehlt ihm also derzeit der sog. Abgabewille) – gibt etwa den Brief der hiervon bspw. nichts wissende Ehegatte oder ein Mitarbeiter wohlmeinend zur Post (sog. abhandengekommene Willenserklärung), so ist zum Schutz des Erklärungsempfängers von einem wirksamen Vertragsangebot auszugehen (der Erklärende kann es jedoch entsprechend § 119 I 2. Alt. BGB [s. u. 6.8.2.4] anfechten) (vgl. auch die Parallele zu oben 6.3.2.2 a. E.).

Zugang

Die empfangsbedürftige Willenserklärung ist zwar schon dann abgegeben, wenn der Erklärende sie geäußert hat, wird aber erst mit ihrem Zugang wirksam (vgl. § 130 BGB).

Beispiel: Der Kunde gibt sein Bestellschreiben zur Post – sein Angebot auf Abschluss eines Kaufvertrages ist abgegeben, aber dem Empfänger noch nicht zugegangen.

Zugang unter Anwesenden

Dabei ist zwischen dem Zugang unter Anwesenden und dem Zugang unter Abwesenden zu trennen: Willenserklärungen unter Anwesenden, die mündlich abgegeben werden, werden dann wirksam, wenn sie der Empfänger akustisch richtig verstanden hat; das gilt auch für Telefonate oder sonstige technische Einrichtungen, die eine unmittelbare Kommunikation von Person zu Person ermöglichen (vgl. § 147 I 2 BGB).

Beispiele: Der Kunde erklärt im Geschäft seinen Kaufwunsch, der Kaufmann bestellt telefonisch beim Lieferanten – die jeweiligen Willenserklärungen sind (mündlich) abgegeben und zugegangen, damit also wirksam. Ebenso ist es bei Telefongesprächen, Videokonferenzen bzw. sog. Chats (s. o. 6.3.4.5).

Taubheit und Sprachunkenntnis gehen zu Lasten des Erklärenden.

Beispiel: Einem der deutschen Sprache nicht mächtigen Arbeitnehmer geht eine mündliche Kündigungserklärung nicht zu (ungeachtet des § 623 BGB).

Schriftliche empfangsbedürftige Willenserklärungen gehen dann zu, wenn sie in den tatsächlichen Herrschaftsbereich des Empfängers gelangt sind (entsprechend § 130 BGB).

Beispiel: Der Arbeitgeber übergibt dem Arbeitnehmer das Kündigungsschreiben (vgl. die §§ 611 a, 620 II, 623, 126 BGB, s. u. 8.14.2.10; 16.5.2). (Bei noch nicht voll Geschäftsfähigen bzw. Betreuten [vgl. § 1896 BGB] vgl. § 131 BGB [s. o. 3.1.2.1], Zugang beim gesetzlichen Vertreter bzw. Betreuer).

Zugang unter Abwesenden

Willenserklärungen unter Abwesenden (s. o. 6.3.4.6) werden mit ihrem Zugang wirksam, § 130 I BGB. Zugegangen ist die Willenserklärung, wenn sie so in den Machtbereich des Empfängers gelangt ist, dass dieser unter normalen Umständen die Möglichkeit hat, vom Inhalt Kenntnis zu nehmen.

Zugang setzt also zweierlei voraus: Zum einen muss die Willenserklärung den Bereich des Empfängers erreichen, zum anderen muss er sie auch zur Kenntnis nehmen können.

Beispiele: Einwurf in den Briefkasten durch den Postboten zur üblichen Zeit; bei spätabend-
lichem Einwurf bspw. eines Kündigungsschreibens (insbesondere etwa am letzten Tag der
Kündigungsfrist/Wartezeit, vgl. z. B. § 1 I KSchG; s. u. 16.2.3.3) durch den Arbeitgeber in den
Hausbriefkasten des Arbeitnehmers (erst) am nächsten Tag (s. o. 4.3.4 a. E. – [es sei denn, der
Empfänger findet den Brief doch am späten Abend und liest ihn; so ist eine Willenserklärung
etwa auch an einem Sonntag zugegangen, wenn der Empfänger seinen Briefkasten an diesem
Sonntag leert]; der Einwurf bis gegen etwa 17 Uhr reicht wohl noch aus); Hinterlassen einer
Nachricht auf dem Anrufbeantworter; e-mail mit Eingang im elektronischen Briefkasten des
Providers (nicht aber nachts oder nach Geschäftsschluss, dann erst nächster Tag); Einschreibebrief nicht schon, wenn der Zusteller bei Abwesenheit einen Benachrichtigungszettel hinterlässt,
sondern erst, wenn der Empfänger Einsicht nehmen kann (denn der Benachrichtigungsschein
gibt keinen Hinweis auf den Absender und den Inhalt der Einschreibsendung; mit einem sog. Ein-
wurfeinschreiben lässt sich aber wohl grds. der Zugang [jedenfalls des Briefumschlages] belegen).
Aber: Individuelle Hindernisse des Empfängers, die in seinen Machtbereich gelangte Willenserklärung auch tatsächlich zur Kenntnis zu nehmen, hindern den Zugang nicht – es kommt nur
darauf an, ob die Kenntnisnahme unter normalen Umständen zu erwarten ist: Ein am Vormittag
in den Briefkasten des Arbeitnehmers geworfenes Kündigungsschreiben (§§ 623, 126 BGB) ist
an diesem Tage zugegangen, auch wenn der Empfänger bspw. im Urlaub oder im Krankenhaus
ist (zur Beweislast s. u.).

(Randnotizen:) Kündigungs-schreiben · Individuelle Hindernisse unbeachtlich

---

Willenserklärungen
– Wirksamkeit –
→ insb.: Abgabe bzw. Zugang, §§ 130 ff., 145 ff. BGB

nicht empfangs-bedürftige WE:	**empfangsbedürftige WE:**	
nicht für einen konkreten Adres-saten bestimmt	für einen Empfänger bestimmt, bedarf des Zugangs (§§ 130, 145, 147 BGB)	
Beispiel: Eigenhändiges Testament (§§ 2231 Nr. 1, 2247 BGB)	Beispiele: Mündlich erklärtes Kaufangebot im Ladengeschäft; schriftliche Bestellung beim Versandgeschäft (vgl. die §§ 130 I 1, 147 BGB)	
Abgabe: mit rechtskon-former Vornahme wirksam	Abgabe: Entäußerung der WE in den Rechtsverkehr unter Anwesenden oder unter Abwesenden	Zugang: WE gelangt in Machtbereich des Empfängers, der Möglichkeit der Kenntnisnahme hat
Zugang: nicht erforderlich	Beispiele: Der Käufer äußert seinen Kaufwunsch verbal im Laden oder telefonisch (s. a. § 147 I 2 BGB); der Kunde wirft das Bestellschreiben in den Briefkasten	unter Anwesenden mit akustischem Vernehmen der mündlichen bzw. Erhalt der schriftlichen Erklärung / Beispiele: Der Ladeninhaber hört den geäußerten Kaufwunsch; der Vermieter nimmt das ihm vom Mieter ausgehändigte Kündigungsschreiben entgegen	unter Abwesenden mit Eintreffen der WE im Machtbereich des Empfängers / Beispiele: Einwurf des Bestellungs-schreibens in Briefkasten, Eingang der e-mail im Briefkasten des Providers (zur gewöhnlichen Zeit, nicht etwa nachts)

Schaubild 47: Willenserklärungen – Wirksamkeit

Übermittlungs- bote	Der Erklärende kann sich auch (s)eines Erklärungs-(Übermittlungs-)botens (s. u. 7.3.2) bedienen. Hat er diesem gegenüber seine Willenserklärung und den Übermittlungsauftrag dargelegt, so ist die Erklärung abgegeben – ihr Zugang beim Erklärungsempfänger hängt von der Übermittlung durch den Boten ab.

Beispiel: Der Mieter M bittet einen Freund F, seinen Vermieter aufzusuchen und ihm auszurichten, er kündige das Mietverhältnis – vergisst der F dies, dann ist die Kündigung nicht zugegangen und damit nicht wirksam. Das Risiko einer evtl. Falschübermittlung liegt bei M, der ggf. anfechten kann bzw. muss, § 120 BGB; s. u. 6.8.2.4.

Empfangsbote | Der Zugang an einen Empfangsboten (s. u. 7.3.2; Schaubild 70) des Empfängers, also eine Person, die von ihm zur Entgegennahme von Erklärungen bestellt worden oder nach der Lebensanschauung als bestellt anzusehen ist,

Beispiele: Zimmervermieter, Ehegatte, Haushaltshilfe, Maurerpolier, kfm. Angestellter,

reicht noch nicht; die Erklärung geht erst in dem Moment zu, in dem nach dem regelmäßigen Verlauf der Dinge die Weiterleitung an den Adressaten zu erwarten war.

Widerruf | Geht dem Empfänger vorher oder gleichzeitig mit der Erklärung ein Widerruf zu, dann wird sie nicht wirksam, § 130 I 2 BGB.

Beispiele: Den Kunden reut die soeben zur Post gegebene Bestellung – noch ehe das Bestellschreiben beim Verkäufer eintrifft, ruft er ihn an und erklärt ihm, er habe es sich anders überlegt. Ist jedoch etwa die Kündigungserklärung des Mieters (§ 568 BGB,; s. u. 10.5.7) oder Arbeitnehmers (§ 623 BGB; s. u. 16.5.1) beim Vermieter oder Arbeitgeber eingegangen, so ist sie wirksam und grds. nicht mehr einseitig widerruf- bzw. rücknehmbar. Dabei kommt es für die Wirksamkeit des Widerrufs (also die Unwirksamkeit der zunächst abgegebenen Willenserklärung) nicht auf die Kenntnisnahme des Empfängers, vielmehr auf den Zeitpunkt des Zugangs an (s. o. 6.3.4.3). (*Hinweis: Der Widerruf i. S. d. § 130 I 2 BGB ist vom Widerruf bei Fernabsatzgeschäften [Online-Bestellungen] strikt zu trennen* [s. u. 6.6.4.2; 8.14.2.9; 10.8.6]).

Die Zustellung durch einen Gerichtsvollzieher nach den §§ 132 BGB, 166 ff. ZPO ist ein sicherer Weg des Übermittelns einer Erklärung.

Zugangs-
verhinderung | Wenn der Empfänger die Annahme einer Willenserklärung zu Recht verweigert,

Beispiel: die Briefsendung ist nicht oder nicht ausreichend frankiert,

so geht das zu Lasten des Erklärenden. Anders aber ist es bei einer unberechtigten Annahmeverweigerung – die Willenserklärung gilt dann als im Zeitpunkt des Angebots zur Aushändigung zugegangen, § 242 BGB.

Beispiel: Der Arbeitnehmer weigert sich, die schriftliche Kündigungserklärung des Arbeitgebers (§ 623 BGB; s. u. 16.5.1) entgegenzunehmen.

Wer, etwa als Geschäftsinhaber, mit dem Eingang rechtsgeschäftlicher Erklärungen rechnen muss, hat durch geeignete Vorkehrungen sicherzustellen, dass ihn diese auch erreichen.

Beispiele: Bestellung eines Empfangsbevollmächtigten; Anbringen eines Briefkastens; Stellen eines Nachsendeantrages; wer auf seinen Telefaxanschluss hinweist muss sicherstellen, dass genügend Papier im Papierspeicher vorhanden bzw. das Gerät einsatzbereit ist (ansonsten gilt die Erklärung als zugegangen; vergleichbar ist es bei der Teilnahme am Geschäftsverkehr mittels e-mail – hier ist die mailbox regelmäßig abzufragen).

Hinweis: Zwischen dem Zugang einer Willenserklärung und der Beweisbarkeit dieser Tatsache, insbesondere in Rechtsstreitigkeiten, ist genau zu unterscheiden:

Beweisbarkeit | Oftmals streiten Erklärungsgegner, möglicherweise sogar zu Unrecht und wider besseres Wissen, den Erhalt von Willenserklärungen, insbesondere Schriftstücken, rundweg ab. Kann der Erklärende dann den Zugang der Erklärung nicht beweisen, muss er in Prozessen – da er ihm günstige Tatsachen, wie etwa den Zugang einer rechtzeitig erklärten Kündigung, zu beweisen hat (s. o. 2.6.2 a. E.) – mit dem Unterliegen rechnen. Daher empfiehlt es sich, darauf zu achten, Zeugen bei mündlichen Erklärungen oder der Aushändigung von Schriftstücken hinzuzuziehen.

auf Beweismittel achten

Beispiele: Der Arbeitgeber will einen Mitarbeiter, mit dem er im Streit liegt, entlassen. Um den Zugang der fristgerechten schriftlichen (§ 623 BGB) Kündigungserklärung notfalls beweisen zu können, sollte bei persönlicher Übergabe zumindest ein Zeuge hinzugezogen werden. Ist der Mitarbeiter abwesend (er ist bspw. schon freigestellt), dann sollte von einer „einfachen" postalischen Übermittlung abgesehen werden; das Kündigungsschreiben sollte entweder persönlich im Beisein von Zeugen übergeben bzw. (ggf. auch durch Fotos dokumentiert) in den Hausbriefkasten geworfen oder aber eine postalische Übersendung „per Einschreiben mit Rückschein, eigenhändig" gewählt werden, wobei sicherheitshalber noch Zeugen dafür zur Verfügung stehen sollten, dass das Kündigungsschreiben in den Briefumschlag gegeben wurde, der dann zur (postalischen) Übermittlung gelangte (zur Kündigungsfrist s. a. 4.3.4, 16.5.2). Ähnlich ist es etwa, wenn der Mieter dem Vermieter nach dem Auszug die Wohnungsschlüssel per Brief zurückschickt (er trägt dann zur Beweislast ggf. auch noch das Verlustrisiko; s. u. 8.5, 10.5.7. a. E.).

Vom erforderlichen Zugang einer empfangsbedürftigen Willenserklärung zu unterscheiden ist, dass es das Gesetz für einen rechtserheblichen Erfolg manchmal ausreichen lässt, wenn die Willenserklärung rechtzeitig abgegeben bzw. abgeschickt wird.

rechtzeitiges Absenden

Beispiele: Rechtzeitige Absendung des Widerrufs, § 355 I 5 BGB (s. u. 6.6.4.2), einer Anfechtungserklärung, § 121 I 2 BGB (s. u. 6.8.2.4), bzw. einer Mängelanzeige, § 377 IV HGB (s. u. 10.2.7.4).

Von der Wirksamkeit abgegebener, zugegangener Willenserklärungen zu unterscheiden ist im Übrigen, ob bzw. inwieweit es auf eine etwaige Annahme bzw. das Einverständnis des Erklärungsempfängers ankommt.

Annahme/Einverständnis des Empfängers?

Beispiele: Einseitige Willenserklärungen, etwa die Kündigung eines Miet- oder Arbeitsvertrages (s. u. 10.5.7; 16.5.2), bedürfen nicht der Annahme durch den gekündigten Mieter oder Arbeitnehmer (sodass deren Schweigen grds. keine Zustimmung bedeutet); bei auf zweiseitige Rechtsgeschäfte (s. u. 6.6) abzielenden abgegebenen Willenserklärungen hingegen ist die Annahme (s. u. 6.6.2) erforderlich.

Im Übrigen ist grds. darauf zu achten, dass die Wirksamkeit abgegebener Willenserklärungen gerade auch von den Regeln über die Geschäftsfähigkeit, §§ 104 ff. BGB (s. o. 3.1.2.1), abhängt (s. a. § 131 BGB), und ggf. besondere Formvorschriften greifen können (s. u. 6.4).

6.3.6 Auslegung der Willenserklärung

Rechtsgeschäfte (s. o. 6.1) sind häufig nicht eindeutig, vielfach müssen Willenserklärungen bzw. Verträge ausgelegt werden. Dabei ist der wirkliche Wille des Erklärenden wohlwollend zu erforschen, wobei man nicht kleinlich sein darf, vgl. die §§ 133, 157 BGB. Es kommt darauf an festzustellen, was wirklich gemeint ist (s. o. 2.6.3).

Wirklicher Wille zu ermitteln

Beispiele: Einkäufer Meyer erklärt einem Warenanbieter: „Ich erteile für die XY-AG den Auftrag." Rechtlich gemeint ist nicht der Abschluss eines (unentgeltlichen) Auftragsvertrages, §§ 662 ff. BGB, sondern die Annahme eines Angebotes auf Abschluss eines Kaufvertrages (s. a. 6.3.1.2 a. E.; 6.6.2 a. E.). Im Wege der ergänzenden Vertragsauslegung, § 157 BGB, können ggf. auch Lücken in rechtsgeschäftlichen Vereinbarungen geschlossen werden: So kommen etwa mietrechtlich die Umlage von Betriebskosten (vgl. dazu etwa auch § 2 BetriebskostenVO; s. u. 10.5.2) für nachträglich eingebaute Aufzüge oder Rauchmelder auf den Mieter (s. a. 10.5.2. a. E), oder aber etwa bei einer gefälligkeitshalber erfolgten Mitnahme eines Fahrgastes im Kfz (Gefälligkeitsverhältnis) ein stillschweigender Haftungsausschluss für durch einfache Fahrlässigkeit des Fahrers hervorgerufene Schäden des Mitgenommenen in Betracht (s. o. 6.3.3.4; s. a. 6.7.1.5 a. E.), ebenso bei nachbarschaftlicher Gefälligkeit eine Haftungsbegrenzung auf Vorsatz und grobe Fahrlässigkeit (der gefällige Nachbar wässert etwa den Rasen, dreht aber versehentlich nicht den Wasserhahn, sondern nur die Spritze am Wasserschlauch zu, der dann platzt).

Die Auslegung von Willenserklärungen – §§ 133, 157 BGB –

– die §§ 133, 157 BGB greifen in- und nebeneinander (decken sich weitgehend)
– WE auslegungsbedürftig (nicht eindeutig) und auslegungsfähig (nicht gänzlich unsinnig)
– aus § 133 BGB folgt Pflicht zur Erforschung des wirklichen Willens bzw. der objektiven Erklärungsbedeutung sowie Verbot der bloßen Buchstabeninterpretation; gilt grds. auch bei Verträgen
– aus § 157 BGB ergibt sich die Pflicht zur Auslegung von Verträgen – auch von einzelnen WEen – nach Treu und Glauben mit Rücksicht auf Verkehrssitte (auch bei ergänzender Vertragsauslegung)
– nicht empfangsbedürftige WE: gemäß § 133 BGB wirklicher (ggf. mutmaßlicher) Wille des Erklärenden maßgeblich
– empfangsbedürftige WE: gemäß der §§ 133, 157 BGB ausschlaggebend, wie verständiger Empfänger die Erklärung nach Treu und Glauben unter Berücksichtigung der Verkehrssitte verstehen durfte und musste („Empfängerhorizont")
  (bei Kaufleuten: Handelsbräuche, § 346 HGB, als „spezielle Verkehrssitten")

Schaubild 48: Auslegung von Willenserklärungen

Verkehrssitte

Auslegung

Willenserklärungen sind, § 133 BGB, wie Verträge, § 157 BGB, zur Ermittlung des rechtlich maßgeblichen Sinnes, nach Treu und Glauben mit Rücksicht auf die Verkehrssitte (damit ist die beim jeweils beteiligten Personenkreis herrschende tatsächliche Praxis gemeint) auszulegen. Auch Falschbezeichnungen schaden dabei nicht.

Beispiel: „(Aus-)Leihe" eines zum Verbrauch bestimmten Nahrungsmittels mit dem Versprechen, „dieses" wieder zurückzugeben – es ist rechtlich nicht ein Leihvertrag i. S. d. § 598 BGB, sondern ein (Sach-)Darlehensvertrag (§ 607 BGB) gemeint (s. a. 2.6.3; 10.5.1; 10.6.1).

Empfänger-horizont

Bei empfangsbedürftigen Willenserklärungen kommt es insbesondere auf den sog. Empfängerhorizont an, also darauf, wie ein verständiger Empfänger die Erklärung verstehen durfte (s. o. 6.3.1.1 a. E.).

Unter Kaufleuten sind ebenso – als „spezielle Verkehrssitten" i. S. d. § 157 BGB – die Handelsbräuche zu beachten, § 346 HGB (s. o. 6.2.6.2).

Handels-klauseln; Freizeichnung

Beispiele: Das kaufmännische Bestätigungsschreiben, s. o. 6.3.1.2; im Holzhandel die sog. „Tegernseer Gebräuche" des Gesamtverbandes Deutscher Holzhandel, die für holzhandelnde Kaufleute grds. auch dann gelten, wenn sie nicht eigens vereinbart werden, und die nähere Regelungen zum Geschäftsverkehr, zu Beschaffenheiten etc. enthalten (etwa auch zu Rügeobliegenheiten bei Sachmängeln, vgl. § 377 HGB; s. u. 10.2.7.4; s. a. 6.7.3 a. E.); Frachtklauseln (s. u. 10.2.2); Handelsklauseln (Trade Terms, Incoterms 2010 der Internationalen Handelskammer, Paris; s. u. 6.7.1.1; 10.2.2) wie etwa: „netto" = ohne Skonto; „ab Werk" = Transport-, Versicherungs- oder Zollkosten trägt Käufer; „frei" = Transportkosten trägt Verkäufer; „Preis freibleibend" = der Kauf ist bindend, der Preis bestimmt sich zum Marktpreis der Lieferung. Die Handelsbräuche sind auch bei der Wirksamkeitskontrolle von AGBen zu beachten, § 310 I 2 BGB (s. u. 6.7.3).

Umdeutung

Ggf. kommt eine Umdeutung (Konversion) einer rechtlich unwirksamen Willenserklärung in Betracht, § 140 BGB (s. u. 6.8.1.1 a. E.), um den erstrebten Erfolg zu verwirklichen – wenn nämlich Rechtssubjekte eine rechtlich unzulässige Regelung getroffen haben und ein zu einem annähernd vergleichbaren Erfolg führender rechtlich zulässiger Weg offensteht.

Beispiele: Fristlose Kündigung in fristgerechte (s. u. 8.14.2.10); formnichtige Scheckanweisung in Zahlungsermächtigung (s. u. 16.5.2 f.); unwirksame Prokura in Handlungsvollmacht bzw. BGB-Vollmacht (s. u. 7.8.2.1, 6.8.1.1 a. E.).

96

Oftmals finden sich in Verträgen vorsorglich sog. salvatorische Klauseln (s. u. 6.7.1.5 a. E.)

salvatorische Klauseln

6.4 Form der Rechtsgeschäfte

Rechtsgeschäfte sind grundsätzlich formfrei (s. o. 6.3.1.1), es sei denn, dass besondere gesetzliche oder vertragliche Formerfordernisse bestehen (insbesondere aus Warnungs-, Aufklärungs- oder Beweisgründen). Die Nichtbeachtung solcher Formvorschriften bewirkt grundsätzlich die Nichtigkeit des Rechtsgeschäftes, § 125 BGB (s. u. 6.8.1.1; Schaubild 64).

Regel: Formfreiheit – Formvorschriften sind Ausnahmen

– Die Schriftform schreibt das Gesetz etwa in den §§ 484, 492, 568, 623, 766, 781 BGB, 3 I PartGG, 109 I 1 GewO vor. Dann sind die Namensunterschrift oder ein notariell beglaubigtes Handzeichen erforderlich, §§ 126, 126 a, 127 BGB.

Schriftform

Beispiele: Solche empfangsbedürftigen Willenserklärungen, die dem Schriftformerfordernis unterliegen, wie etwa die Bürgschaftserklärung (§ 766 S. 1 BGB, s. u. 10.7.2; beachte aber dazu § 350 HGB) oder die Kündigungserklärung (§ 623 BGB, s. u. 16.5.1), werden nur dann wirksam, wenn die formgerecht errichtete Erklärung dem Erklärungsempfänger zugeht – d. h.: Ein (rechtlich eine Kopie darstellendes) Telefax genügt dann also trotz eigenhändiger Unterzeichnung des Originalschreibens nicht (anders ist dies für bestimmte gerichtliche Schriftsätze, die grds. durch Fax übermittelt werden können);

bei einem Vertrag, für den gesetzlich die Schriftform vorgeschrieben ist, § 126 I, II BGB,

Beispiele: ein Mietvertrag über ein Grundstück für länger als ein Jahr, § 550 BGB, der arbeitsrechtliche Aufhebungsvertrag, § 623 BGB,

müssen die Parteien dieselbe Urkunde unterzeichnen; ein Briefwechsel oder der Abschluss per Fax reichen dafür nicht aus, vielmehr müssen beide Parteien auf demselben Dokument eigenhändig unterschrieben haben oder aber jeder unterschreibt das für die andere Partei bestimmte Exemplar (§ 126 II 1, 2 BGB),

Beispiele: die Parteien unterzeichnen die Vertragsurkunde mit dem Familiennamen, ggf. mit oder ohne Beifügung des Vornamens; der Vertreter (§§ 164 ff. BGB, s. u. 7.4) unterschreibt mit seinem Namen, er darf aber auch mit dem Namen des Vertretenen unterschreiben (s. u. 7.4.4); bei einem Kaufmann genügt die Unterzeichnung mit der Firma (§ 17 HGB; s. o. 3.4.5);

– die gesetzliche (bzw. gewillkürte, § 127 BGB) Schriftform kann ggf. durch die elektronische Form ersetzt werden, wofür eine qualifizierte elektronische Signatur nach dem SigG erforderlich ist, § 126 a BGB, wenn sich nicht aus Gesetz anderes ergibt, § 126 III BGB,

Sonderformen

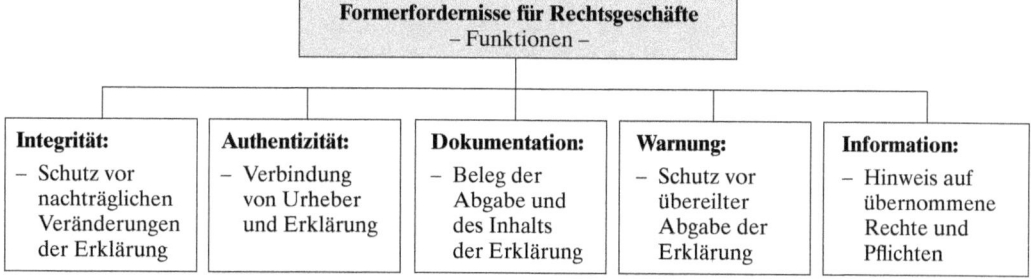

Schaubild 49: Funktionen der Formerfordernisse

97

Rechtsgeschäfte – gesetzliche Formen: Schriftform			
Regel-(Normal-) form	**elektronische Form** (Sonderfall der Schriftform)	**Textform** (Sonderfall; lesbar, aber unterschriftslos)	**Testamentsform** (Sonderfall der Schriftform)
eigenhändige Unterschrift (§ 126 I, II BGB)	Name hinzuzufügen sowie qualifizierte elektronische Signatur (§§ 126 III, 126 a BGB)	dauerhaft wiedergebbar, Nennung des Erklärenden, Abschluss erkennbar zu machen, § 126 b BGB	eigenhändig geschrieben und unterschrieben, §§ 2247, 2231 Nr. 1 BGB
Beispiel: Bürgschaftserklärung, § 766 S. 1 BGB	Beispiel: Mietvertrag über mehr als ein Jahr, § 550 S. 1 BGB	Beispiel: Widerrufsbelehrung, Art. 246 III EGBGB	Beispiel: Gemeinschaftliches Ehegattentestament, § 2267 BGB

Schaubild 50: Rechtsgeschäfte – gesetzliche Formen: Schriftform

Beispiele: Parteien schließen auf elektronischem Wege, etwa mittels e-mail, einen Mietvertrag über zwei Jahre (vgl. § 550 S. 1 BGB); oder: Tagebucheintragungen des Handelsmaklers, § 100 I 3 HGB (s. u. 10.9.2.2). *Nicht aber* in den Fällen der §§ 623, 630 S. 3, 761 S. 2, 766 S. 2, 781 S. 2 BGB, 109 III GewO;

– die Textform, § 126 b BGB, verlangt das Gesetz etwa in den §§ 479 II, 555 c I 1, 556 b II 1, 675 III BGB, 410 I, 455 I 2, 438 IV, 468 I 1 HGB,

Beispiel: die erforderliche Widerrufsbelehrung bei Verbraucherverträgen (vgl. die §§ 312 g BGB, Art. 246 III, 246 a § 1 II 2 EGBGB [dort Anlagen 1 und 2]; s. u. 6.6.4.2);

– die eigenhändige Testamentsform ergibt sich aus den §§ 2247, 2231 Nr. 2, 2267 BGB,

Beispiel: der Erblasser verfasst eigenhändig seinen letzten Willen (ein halbseitig gelähmter Rechtshänder ggf. auch mit der linken Hand);

– notarielle Beurkundung nach dem BeurkG, § 128 BGB, ist gemäß der §§ 311 b I (s. u. 6.8.2.3), 518 I, 1410, 2276 BGB erforderlich,

Beispiele: das Schenkungsversprechen bei noch nicht vollzogener Schenkung, § 518 I (II) BGB, der Kaufvertrag über ein Grundstück, § 311 b I (s. u. 10.2.1, 15.3.4),

– die öffentliche (notarielle) Beglaubigung, § 129 BGB, sehen etwa die §§ 77, 1154 BGB, 12 HGB, 29 GBO vor,

Beispiel: Anmeldungen zur Eintragung in das Handelsregister (s. o. 3.4.6);

– die Auflassung beim Grundstückserwerb erfordert gleichzeitige Anwesenheit der Parteien und ihre Erklärung vor dem Notar, §§ 925, 873 BGB (s. u. 15.3.4.1),

Beispiel: der Eigentumserwerb an einem bestimmten Grundstück;

– bei der Übertragung einer Verkehrshypothek vgl. § 1154 (s. a. § 1192 BGB für die Grundschuld, s. u. 15.5),

Beispiel: die schriftliche Abtretungserklärung und Übergabe des Hypothekenbriefs, ggf. mit öffentlicher Beglaubigung (§ 1154 I 1, 2 BGB);

– Eheschließungen setzen persönliche und gleichzeitige Anwesenheit der Eheschließenden vor dem Standesbeamten voraus, § 1311 BGB,

Beispiel: die Eheschließenden erklären vor dem Standesbeamten persönlich, die Ehe miteinander eingehen zu wollen (s. u. 7.4.1);

– Schriftform ist für Tarifverträge vorgeschrieben, § 1 II TVG,

Beispiel: Mantel-, Rahmen-, Gehaltstarifvertrag (s. u. 16.2.2.2, 16.7);

– in manchen Fällen bedarf auch die Erteilung einer Vollmacht besonderer Formen (s. u. 7.2.3.1, 15.3.4.1),

Beispiel: eine unwiderruflich erteilte Vollmacht zur Veräußerung eines Grundstücks erfordert notarielle Beurkundung (s. u. 7.2.3.1 a. E.).

Häufig wird über die gesetzlichen Formvorschriften hinaus vertraglich vereinbart (vgl. § 127 BGB), dass Erklärungen schriftlich abzugeben sind. Dabei ist zu beachten, dass eine solche vertraglich gewillkürte Schriftform ggf. ausdrücklich oder konkludent auch wieder aufgehoben werden kann.

Beispiel: Im schriftlichen Gewerbemietvertrag ist vereinbart, dass Änderungen der Schriftform bedürfen; danach einigen sich Vermieter und Mieter mündlich über eine Mieterhöhung – mit dieser wirksamen Vertragsabänderung ist grds. auch konkludent die zunächst vereinbarte Schriftform abbedungen. (Vorsicht: Bei Wohnraummiete gelten die §§ 557 ff. BGB, insb. § 558 a BGB; s. u. 10.5.7). (S. a. § 125 S. 2 BGB; 6.8.1.1). — Schriftformvereinbarungen

In AGBen dürfen strengere Formen als die Schriftform bzw. besondere Zugangserfordernisse grds. nicht bestimmt werden, vgl. § 309 Nr. 13 BGB. — in AGBen

Beispiel: Die Formwirksamkeit einer Arbeitnehmerkündigung darf nicht etwa davon abhängig gemacht werden, dass mit Einschreibebrief gekündigt wird (s. u. 6.7.2, 16.5.1).

6.5 Bedingungen; Befristungen; Zustimmung

Grundsätzlich treten die Wirkungen von Rechtsgeschäften mit ihrer Vornahme ein. Allerdings können die Parteien Besonderes vorsehen bzw. kann die Zustimmung Dritter erforderlich sein.

Rechtsgeschäfte können bedingt oder befristet abgeschlossen werden:

Soll die Wirksamkeit des Rechtsgeschäftes vom Eintritt eines künftigen, ungewissen Ereignisses abhängen, so liegt eine Bedingung vor, §§ 158 ff. BGB.

Bei einer aufschiebenden Bedingung tritt die von der Bedingung abhängig gemachte Wirkung mit dem Eintritt der Bedingung ein, § 158 I BGB. Bis zum Eintritt der Bedingung herrscht ein Schwebezustand: Tritt sie ein, wird das Rechtsgeschäft wirksam, tritt sie nicht ein, ist es überhaupt nicht entstanden. — aufschiebend

Beispiele: Der Kauf unter Eigentumsvorbehalt, § 449 BGB – der Kaufvertrag, § 433 BGB, ist dabei grds. unbedingt wirksam, die Übereignung dagegen, §§ 929, 158 I BGB, wird erst mit Eintritt der Bedingung, nämlich vollständiger Kaufpreiszahlung, wirksam, wodurch der Käufer das Eigentum erlangt (s. u. 10.2.8; 15.3.2.1); der Kauf auf Probe, §§ 454 f. BGB (s. u. 10.2.9); der Rückzahlungsanspruch der Mietkaution (s. u. 10.5.3) ist aufschiebend bedingt durch die Beendigung des Mietverhältnisses; oder:

Das abstrakte Schuldversprechen des Kreditkartenunternehmens gegenüber dem Vertragsunternehmen i. S. d. § 780 BGB ist aufschiebend bedingt durch die Einreichung ordnungsgemäßer Belastungsbelege, § 158 I BGB (s. u. 10.4.8.3). (Zum sog. unechten Factoring s. u. 8.8.4 a. E.).

Bei einer auflösenden Bedingung endet dagegen mit deren Eintritt die Wirkung des Rechtsgeschäftes, § 158 II BGB. — auflösend

Rechtsgeschäftliche besondere Wirksamkeitserfordernisse: **Bedingung; Befristung; Zustimmung**		
Bedingung, §§ 158 ff. BGB – Rechtsgeschäft abhängig vom Eintritt eines unge- wissen künftigen Ereignisses –	**Befristung, § 163 BGB** – Rechtsgeschäft abhängig von Zeitbestimmung –	**Zustimmung, §§ 182 ff. BGB** – Rechtsgeschäft abhängig von Zustimmung eines Dritten –

aufschiebende Bedingung, § 158 I BGB	auflösende Bedingung, § 158 II BGB	Anfangs- termin, §§ 163 1. Alt., 158 I BGB	End- termin, §§ 163 2. Alt., 158 II BGB	vorherige Zustimmung = Einwilligung, § 183 S. 1 BGB	nachherige Zustimmung = Genehmigung, § 184 I BGB
Wirkung tritt mit Bedingungs- eintritt ein	Wirkung endigt mit Bedingungs- eintritt	Wirkung tritt mit Anfangs- termin ein	Wirkung endigt mit End- terminseintritt	Wirkung schon anfänglich gegeben	Wirkung auf Vornahme zu- rückbezogen
Beispiel: Eigentums- vorbehalt (§§ 433, 449; 929, 158 I BGB)	Beispiel: Wiederverhei- ratungsklausel im Testament (§§ 2265, 2269, 158 II BGB)	Beispiel: Einzug mit Bezugsfertigkeit der Mieträume (§ 163 1. Alt. BGB)	Beispiel: Wohnrecht endigt mit Tod des Wohnbe- rechtigten (§ 163 2. Alt. BGB)	Beispiel: Eltern stimmen Kauf durch Jugendlichen vorher zu (§§ 433, 106, 107, 182 I, 183 BGB)	Beispiel: Eltern stimmen Kauf nachträg- lich zu (§§ 433, 106, 108 I, 182 I, 184 I BGB)

Schaubild 51: Bedingung; Befristung ; Zustimmung

Beispiele: Wiederverheiratungsklausel in einem Testament (wenn Eheleute in einem ge- meinschaftlichen Testament ihre gegenseitige Erbeinsetzung mit der Klausel verbinden, dass im Falle der Wiederheirat des Überlebenden der Nachlass des Erstverstorbenen an einen Dritten, meist einen Abkömmling, herauszugeben ist, vgl. die §§ 2269, 2075 BGB); Ausübung eines vorbehaltenen Rücktrittsrechts (§ 346 I BGB; s. u. 6.6.4.1); Eigentumsübertragung bei der Sicherungsübereignung, §§ 929 S. 1, 930 BGB (s. u. 15.3.2.2).

Einige Rechtsgeschäfte sind aber aus Gründen der Rechtssicherheit bedingungs- feindlich.

Beispiele: Auflassung, § 925 II BGB (s. u. 15.3.4.1), Aufrechnung, § 388 S. 2 BGB (s. u. 8.14.2.2), Ausübung von Gestaltungsrechten (Kündigung, Anfechtung, Rücktritt, Widerruf; ebenso: Eheschließung, § 1311 S. 2 BGB; s. o. 4.2.3).

Zeitliche Grenzen
Ein Rechtsgeschäft kann auch zeitlich begrenzt werden, sog. Befristung, § 163 BGB, wonach ein zukünftiges gewisses Ereignis für den Beginn (Anfangstermin) oder das Ende (Endtermin) der Rechtswirkungen maßgeblich ist.

Beispiele: Ein auf ein Jahr befristetes Arbeitsverhältnis (s. a. die §§ 611 a, 620 III BGB, 3 I, 14 TzBfG; s. u. 16.5.4). (Beachte insoweit § 21 TzBfG).

Dabei sind Anfangs- oder Endtermine bestimmbar. Die Berechnung von Fristen und Terminen erfolgt gemäß der §§ 186 ff. BGB (s. o. 4.3.4).

Zustimmung
Manchmal hängt die Wirksamkeit eines Rechtsgeschäftes von der Zustimmung eines Dritten ab; dann werden die vorherige Zustimmung, die Einwilligung, so- wie die nachträgliche Zustimmung, die Genehmigung, voneinander unterschieden, §§ 182 ff. BGB.

Beispiele: Zustimmung der Eltern für Rechtsgeschäfte ihrer minderjährigen Kinder, §§ 106 ff. BGB (s. o. 3.1.2.1); Genehmigung des Vertretenen eines vom Vertreter ohne Vertretungsmacht vorgenommenen Rechtsgeschäftes, § 177 BGB (s. u. 7.6; vgl. Schaubild 73; 6.8.1.3; 15.3.2.3).

6.6 Vertrag

Der Vertrag ist ein Rechtsgeschäft (s. o. 6.1), bestehend aus (jedenfalls) zwei (bspw. bei Gesellschaftsverträgen ggf. auch mehr, s. o. 6.2.2) sich deckenden Willenserklärungen der Vertragspartner: dem Angebot, auch Antrag oder Offerte genannt (also dem Versprechen), und der Annahme des Versprechens. Er kommt durch die Willensübereinstimmung der Parteien zustande (*„sich vertragen", „sich einig sein"*), setzt also mindestens zwei zustimmende Willenserklärungen verschiedener Rechtssubjekte bzw. die Personenverschiedenheit der Vertragspartner voraus – *niemand kann sein eigener Schuldner und Gläubiger zugleich sein.*

Personenverschiedenheit

Beispiel: Wer bei einer eBay-Internetauktion ein Kfz zu einem Mindestgebot einstellt, richtet dieses Verkaufsangebot begrifflich (vgl. § 145 BGB) an einen anderen, darf es also nicht in verdeckter Form durch unter anderem Benutzernamen abgegebene (Maximal-)Gebote unterlaufen (sog. „Shill bidding") bzw. kann es mangels eigener Adressateneignung nicht wirksam selbst annehmen (weswegen das auf das eigene Angebot abgegebene [Eigen-]Gebot des Anbieters grds. unberücksichtigt bleibt – so kann ein regulärer Bieter ggf. auch zu deutlich geringerem Preis Käufer werden und den Erfüllungsanspruch i. S. d. § 433 I BGB erlangen) (§ 156 BGB ist insoweit nicht anwendbar; s. u. 6.6.4.2) (s. a. das Beispiel bei 6.8.2.3). Fallen i. Ü. Gläubiger und Schuldner (nachträglich) zusammen, so liegt ggf. Konfusion vor (s. u. 8.14.2.8; 15.6).

Wirksam eingegangene Verträge verpflichten regelmäßig zur entsprechenden Erfüllung, also zur Leistung des Versprochenen (*„pacta sunt servanda"*, s. a. 6.2.4, 8.14.1, 9.9). Nicht bzw. unzulänglich erfüllte Vertragspflichten können ggf. eingeklagt werden (s. a. 4.3, 6.2.4) sowie ggf. zu Einstandspflichten nach den Regeln der sog. Leistungsstörungen führen (s. u. 9).

Vertragspflichten sind grundsätzlich bindend

Beispiel: Der Verbraucher kauft ein Auto, ohne über entsprechende Geldmittel zu verfügen – der Verkäufer kann gleichwohl den vollen Kaufpreis, ggf. zzgl. Verzugszinsen, geltend machen, bzw. gerichtlich klagen, zwangsvollstrecken, Lohn pfänden lassen, etc.; wirtschaftliches Unvermögen befreit den Schuldner nicht von seiner Leistungspflicht (s. u. 8.3.5, 10.2.3, 10.5.3 a. E.). Jedem Geschäftsfähigen/Volljährigen (s. o. 3.1.2.1) ist es regelmäßig unbenommen, in eigener Verantwortung (s. o. 2.5) Rechtsgeschäfte zu tätigen und sich dabei ggf. auch zu Leistungen zu verpflichten, die ihn u. U. finanziell überfordern. Es ist daher besonders wichtig, sich vor einem Vertragsabschluss bzw. bei Abgabe entsprechender Willenserklärungen (s. o. 6.3) die Folgen klarzumachen, gerade auch bezüglich der eigenen Leistungsfähigkeit.

Folgen bedenken

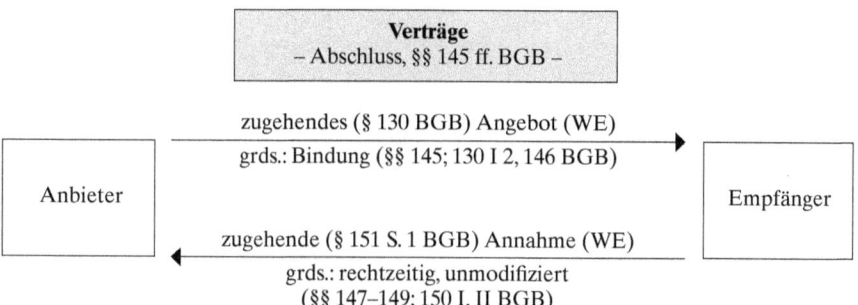

Schaubild 52: Verträge – Abschluss, §§ 145 ff. BGB –

6.6.1 Angebot

Das Vertragsangebot ist eine empfangsbedürftige Willenserklärung (s. o. 6.3). Es muss an einen anderen gerichtet, § 145 BGB (es gibt kein „Angebot an sich selbst" bzw. keinen „Vertrag mit sich selbst", s. o. 6.6), und inhaltlich so bestimmt sein, dass der Empfänger nur noch „ja" zu sagen bzw. zuzugreifen braucht.

Beispiel: Der Verkäufer erklärt: „Ich biete Ihnen den Abschluss eines Kaufvertrages über die Werkzeugmaschine Typ XY zum Preis von € 2000,– zzgl. MWSt an."

Freiklausel · An sein Angebot ist der Anbieter gebunden, § 145 BGB; diese Bindung kann aber durch Zusätze ausgeschlossen werden (sog. Freiklausel).

Beispiele: „Freibleibend"; „ohne Obligo"; „solange Vorrat reicht"; „Liefermöglichkeit vorbehalten"; „Änderungen und Irrtümer vorbehalten"; „Abbildungen ähnlich"; „leichte Farbabweichungen, Modelländerungen, Druckfehler vorbehalten" (derartige Einschränkungen sind, insb. im kaufmännischen Verkehr, oftmals sehr wichtig, um etwa bei begrenztem Angebot bzw. Vorrat nicht in Erfüllungsschwierigkeiten zu geraten). (In Werbekatalogen handelt es sich dabei grds. nicht um AGBen [s. u. 6.7], sondern um allgemeine Hinweise – verbindlich wird nämlich erst der aufgrund der Werbung geschlossene Vertrag).

Der Antrag erlischt durch Ablehnung, § 146 BGB, und durch Fristablauf, §§ 147–149 BGB.

Beispiele: Der Interessent antwortet dem Händler auf dessen Angebot hin „Nein" (§ 146 1. Alt. BGB); der Anbieter erklärt dem Interessenten, er könne sich den Kauf bis zum Folgetag um 17 Uhr überlegen – antwortet dieser erst um 18 Uhr, so ist dies verspätet und das Angebot erloschen (§§ 146 2. Alt., 148 BGB). (S. a. § 150 I BGB; s. u. 6.6.2).

Die modifizierte Annahme eines Antrages gilt ebenfalls als Ablehnung, verbunden mit einem neuen Antrag, § 150 II BGB (s. u. 6.6.2).

Adressat · Der Antrag richtet sich regelmäßig an eine bestimmte Person, kann aber auch an die Allgemeinheit, also eine ungewisse Anzahl von Personen (lat. *„ad incertas personas"*), gehen.

Beispiele: Aufstellen von Warenautomaten, wohl auch Telefonzellen; Zusenden unbestellter Waren; Auslegen von Zeitungen am Kiosk.

Einladung an andere · Davon zu unterscheiden ist die bloße Aufforderung zur Abgabe von Angeboten (lat. *„invitatio ad offerendum"*), bei der der Auffordernde sich noch nicht endgültig rechtlich binden will und gerade andere zur Abgabe von Angeboten einlädt.

Beispiele: Zeitungsanzeigen; Stellenausschreibungen; Kataloge; Preislisten; Speisekarten; Schaufensterauslagen; Aufforderungen zur Bestellung durch Internet, e-mail oder Fernsehen bei Fernabsatzverträgen (vgl. die §§ 312 c, g BGB; s. u. 6.6.4.2, 10.8.3) – hier bedeutet die Bestellung des Kunden per e-mail, Telefonanruf, Brief oder Fax regelmäßig das Angebot (bei entsprechend gestalteten Angebotsseiten, etwa bei Internetversteigerern, kann das anders sein, s. u.); im Selbstbedienungsladen gelten das Auslegen der Ware als Aufforderung zur Abgabe von Angeboten, die Vorlage der Ware durch den Kunden an der Kasse als Angebot und die Feststellung des Rechnungsbetrages durch den/die Kassierer/in als Annahme (i. V. m. den §§ 164 I 1 BGB, 54 I HGB; s. u. 7.8.3): Ist etwa im Regal liegende Ware versehentlich falsch (zu billig) ausgezeichnet, so muss der Verkäufer nicht zu diesem Preis verkaufen, der Kunde (der mangels eines eigenen Irrtums nicht anfechten kann/muss) allerdings auch nicht etwa den jetzt ihm an der Kasse abverlangten höheren Preis bezahlen (mangels einer Einigung kommt somit ein Kaufvertrag nicht zustande). Manchmal wird die der invitatio ad offerendum zugrunde liegende Vorgehensweise in Werbeinseraten als sog. offenes Bieter- bzw. Verkaufsverfahren bezeichnet (insbesondere bei der Veräußerung von Immobilien), bei dem der Interessent den Preis bietet, den ihm die Ware wert ist in der Hoffnung, der Meistbietende zu sein.

[Ob ein Antrag ad incertas personas oder aber eine invitatio ad offerendum vorliegt, hängt von den konkreten Umständen ab und ist im jeweiligen Einzelfall zu überprüfen – bei Internetauktionen (bspw. eBay) stellt etwa die Einbringung einer Ware bereits ein den Verkäufer bindendes Angebot (ad incertam personam) i. S. d. § 145 BGB an denjenigen dar, der zum Ablauf der Auktionslaufzeit als der nach § 148 BGB bestimmten Annahmefrist das Höchstgebot abgegeben hat.]

Einzelfall prüfen

6.6.2 Annahme

Auch die Annahme ist eine empfangsbedürftige Willenserklärung. Sie beinhaltet als dessen Gegenstück die Zustimmung zum Antrag und muss sich somit inhaltlich mit ihm decken.

Zustimmung

Beispiel: Der Käufer erklärt: „Ich nehme Ihr Angebot an".

Mit dem rechtzeitigen Zugang der Annahme kommt der Vertrag zustande, vgl. § 146 BGB.

Unter Anwesenden,

Beispiele: der Kunde sucht den Verkäufer in dessen Geschäft auf; ein Telefonat steht dem gleich, § 147 I 1, 2 BGB,

muss die Annahme sofort, bei Abwesenden,

Beispiele: die Parteien residieren an unterschiedlichen Orten, kommunizieren mittels Briefen, Telefaxen, e-mails bzw. im Internet,

unter regelmäßigen Umständen erfolgen, § 147 BGB (s. o. 6.3.4.5 f.).

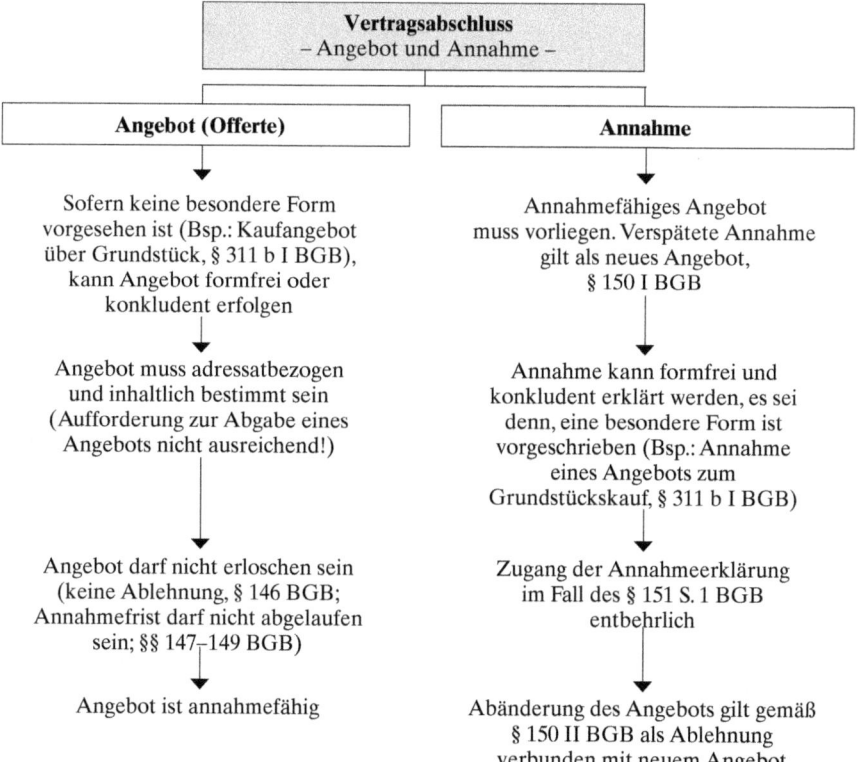

Schaubild 53: Angebot und Annahme

Beispiele: Bei einem Telefonat muss das Angebot sofort, also unmittelbar, angenommen werden (§ 147 I 1, 2 BGB); anders aber unter Abwesenden: Erhält der Empfänger ein Angebot etwa auf Abschluss eines Kaufvertrages zugeschickt, dann kann er den Antrag bis zu dem Zeitpunkt annehmen, zu dem der Eingang der Antwort unter regelmäßigen Umständen zu erwarten ist – diese gesetzliche Annahmefrist (§ 147 II BGB) setzt sich zusammen aus der Zeit für die Übermittlung des Antrages zum Empfänger, dessen Bearbeitungs- und Überlegungszeit, sowie aus der Zeit für die Übermittlung der Antwort an den Antragenden. D. h. z. B.: Bei einem Antrag auf Abänderung eines Versicherungsvertrages kann eine nach 27 Tagen zugehende Annahmeerklärung noch rechtzeitig sein; ein Antrag per Telefax muss nach der Rspr. grds. binnen zwei Tagen angenommen sein. Bei Fernabsatzverträgen (vgl. § 312 c BGB; s. u. 10.8.3) kann der Unternehmer (§ 14 BGB; s. o. 3.6) das Angebot des Verbrauchers (§ 13 BGB; s. o. 3.1.3.2, 6.6.1 a. E.) ebenfalls per Brief, Fax, e-mail oder durch Warenzusendung (vgl. § 151 S. 1 BGB) annehmen.

Neuer Antrag | Eine verspätete oder modifizierte Annahme gilt als neuer Antrag, § 150 I, II BGB.

Beispiele: Der Angebotsempfänger antwortet erst nach Ablauf der vom Antragenden gesetzten Annahmefrist, §§ 148, 150 I BGB (s. o. 6.6.1); oder: Der Händler setzt in seine Auftragsbestätigung (zum Begriff vgl. 6.3.6) wegen einer Erhöhung des Listenpreises einen höheren Preis ein, § 150 II BGB (dies ist vom kfm. Bestätigungsschreiben bzw. ggf. von § 309 Nr. 1 BGB zu unterscheiden; s. a. 6.3.1.2 a. E., 6.7.2). (Bei § 150 BGB dreht sich die Position des Anbietenden also um.)

Verzicht auf Zugang | Auf den grundsätzlich erforderlichen Zugang der Annahmeerklärung kann ausnahmsweise verzichtet werden, § 151 S. 1 BGB.

Beispiele: Nach brieflicher Bestellung eines Zimmers nimmt der Hotelier einen entsprechenden Vermerk in der Zimmerliste vor, ohne dies dem Gast noch zusätzlich zu bestätigen (s. o. 6.3.4.3); der Händler schickt die bestellte Ware ab; der Kunde nimmt das in der Garantiekarte des Herstellers liegende Angebot auf Abschluss eines Garantievertrages (s. u. 12.6.1.2) durch Entgegennahme an.

Meistens handelt es sich um konkludent erklärte Annahmen, auf deren ausdrücklichen Zugang verzichtet wird.

Beispiel: Beim Warenautomaten (das Aufstellen ist Angebot an jedermann, s. o. 6.6.1) erfolgt die konkludent erklärte Annahme bei Einwurf der richtigen Münze. (Der Vertragsschluss mittels Verwendung von Warenautomaten unterfällt grds. nicht dem besonderen Verbrauchervertragsrecht, vgl. § 312 II Nr. 9 BGB (s. u. 10.8.5). (Bei Lieferung unbestellter Sachen ist aber § 241 a I BGB zu beachten, s. o. 6.3.1.1).

Schweigen | Das Schweigen auf ein Angebot bedeutet grundsätzlich keine Annahme (anders aber ggf. bei Kaufleuten, s. o. 6.3.1.2; 6.2.6.2).

Anzahlungen/ Draufgaben | Anzahlungen (die als Teilerfüllung gelten, § 362 I BGB; s. u. 8.14.1) oder sog. Draufgaben (als Beweiszeichen für den Vertragsschluss, vgl. die §§ 336 I BGB, 292 ZPO; s. u. 8.11) belegen ggf. die vertragliche Einigung der Parteien.

6.6.3 Dissens

offener/ versteckter Dissens | Angebot und Annahme müssen übereinstimmen. Ist dieser Konsens nicht vorhanden und auch durch Auslegung nicht ermittelbar (§§ 133, 157 BGB, 346 HGB, s. o. 6.3.6), dann liegt ein Dissens vor. Dabei wird der offene vom versteckten Dissens unterschieden, §§ 154, 155 BGB. Beim offenen Dissens (= bewusster Einigungsmangel, § 154 I 1 BGB) wissen die Parteien, dass sie sich noch nicht geeinigt haben.

Beispiele: Eine Partei erklärt, über eine Anzahlung müsse noch eine Einigung erzielt werden. Oder: Wechselseitiger Hinweis auf eigene, allerdings kollidierende AGBen (s. u. 6.7.3).

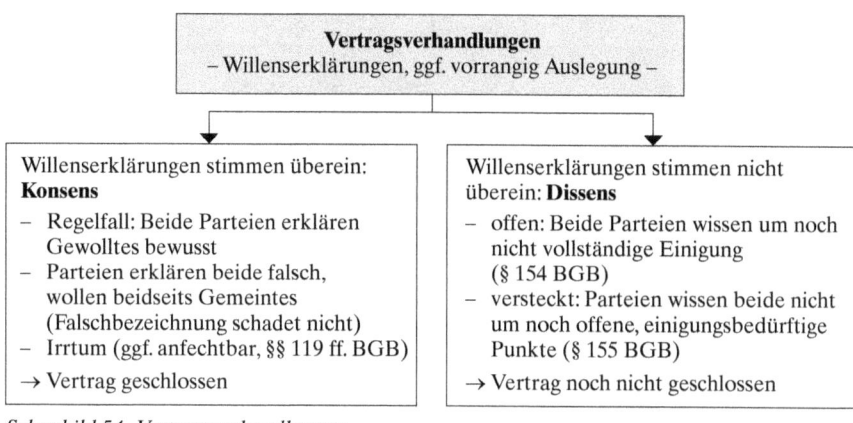

Schaubild 54: Vertragsverhandlungen

Beim versteckten Dissens glauben sie irrtümlich, sie hätten sich schon geeinigt, bzw. sie merken nicht, dass Angebot und Annahme divergieren (§ 155 BGB). Grundsätzlich ist dann der Vertrag nicht zustandegekommen; aber gemäß § 155 BGB gilt regelmäßig das ansonsten Vereinbarte. Trifft eine Partei Verschulden am versteckten Dissens, dann ist entsprechend § 122 BGB bzw. nach den Regeln der §§ 280, 241 II, 311 II BGB, s. u. 9.8, Schadensersatz zu leisten.

Folgen

Beispiele: Ein US-Amerikaner und ein Kanadier vereinbaren bei einem Vertragsabschluss in Deutschland (s. u. 8.3.5) die Bezahlung einer Warenlieferung in „Dollars". Das ist mehrdeutig, denn es können sowohl amerikanische als auch kanadische Dollars gemeint sein. Es liegt also ein versteckter Dissens vor. Anders wäre es, wenn sich das Geschehen in den USA ereignet hätte: Dort wäre die Erklärung objektiv eindeutig – US-Dollars –, der Kanadier könnte (nach deutschem Recht) wegen eines Inhaltsirrtums, § 119 I 1. Alt. BGB, anfechten.

6.6.4 Rückgängigmachung

Rücktritt und Widerruf führen ggf. zur Rückgängigmachung eines Vertrages.

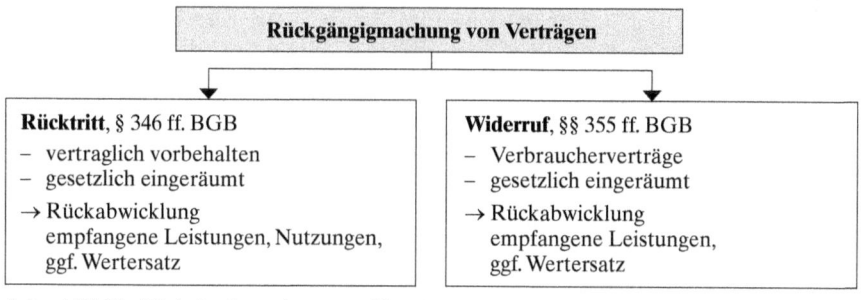

Schaubild 55: Rückgängigmachung von Verträgen

6.6.4.1 Rücktritt

Rücktritt bedeutet die Rückgängigmachung eines grundsätzlich wirksam zustande gekommenen Vertrages durch die einseitige Erklärung einer Vertragspartei.

Rückgängig machen

Die Befugnis hierzu kann sich aufgrund einer vertraglichen Vereinbarung (vgl. die §§ 346 ff. BGB) oder aber kraft Gesetzes (z. B. die §§ 313 III, 321 II, 323, 324,

Befugnis erforderlich

326 V, 437 Nr. 2, 508, 634 Nr. 3 BGB; §§ 16 ff. VVG) ergeben. Im Falle der Ausübung des Rücktrittsrechtes durch einseitige empfangsbedürftige Willenserklärung (s. o. 6.3.4.3) erwachsen grundsätzlich Rückgewähr- bzw. Schadens-, Nutzungs- oder Verwendungsersatzansprüche, vgl. die §§ 346 ff. BGB (s. u. 8.14.2.9).

Rückgewähr Der Rücktritt verwandelt das Schuldverhältnis in ein *Rückgewährschuldverhältnis*, die empfangenen Leistungen und die Nutzungen (§ 100 BGB) sind zurückzugeben, § 346 I BGB.

Beispiele: Der Käufer hat sich vorbehalten, binnen zweier Wochen zurückzutreten; der Kaufmann hat mit der Klausel „freibleibend" angeboten; dem Kunden ist ein 100%-iges Rückgaberecht eingeräumt – wurde noch nicht geleistet, so werden die Parteien frei; wurde geliefert, ist alsdann die Ware zurückzugeben, § 346 I BGB.

Wertersatz Statt der Rückgabe ist gemäß § 346 II 1, 2 BGB ggf. Wertersatz zu leisten, wenn die Rückgewähr nach der Natur des Erlangten ausgeschlossen ist, der Schuldner den empfangenen Gegenstand verbraucht, veräußert, belastet, verarbeitet oder umgestaltet hat, bzw. die Sache sich verschlechtert hat oder untergegangen ist.

Beispiele: Der Gebrauchsvorteil bei Überlassung einer Sache (etwa eines Pkw) zur Benutzung bzw. bei Dienstleistungen kann seiner Natur nach nicht zurückgegeben werden, daher ist hierfür Wertersatz zu leisten, § 346 II 1 Nr. 1 BGB (etwa beim Rücktritt vom Kaufvertrag, § 437 Nr. 2 1. Alt. BGB; s. u. 10.2.7.2 f.; dabei ist etwa bei Pkw grds. auf gefahrene Kilometer abzustellen bzw. die Nutzungsentschädigung gemäß § 287 ZPO nach Gesamtlaufleistung [für je 1000 km grds. auf 0,3 % bis 1 % des Anschaffungspreises] zu schätzen [bzw. ggf. nach einer Formel, etwa Kaufpreis × gefahrene km geteilt durch angenommene Gesamtfahrleistung, zu ermitteln]) (beim Verbrauchsgüterkauf ist dies im Falle einer Ersatzlieferung ggf. anders, §§ 475 III 1, 439 V BGB, s. u. 10.2.7.3); ebenso für den Verbrauch, etwa von Benzin, § 346 II 1 Nr. 2 BGB; auch für Verschlechterung, etwa beim Kfz durch einen Unfall oder Diebstahl, § 346 II 1 Nr. 3 BGB (aber nicht bezüglich der Verschlechterung durch Ingebrauchnahme, etwa den Wertverlust eines Kfz alleine durch die Erstzulassung, § 346 II 1 Nr. 3 a. E. BGB [jedoch ist für die durch die Benutzung des Kfz nach Ingebrauchnahme entstehende Wertminderung als Gebrauchsvorteil grds. Nutzungswertersatz geschuldet, § 346 II 1 Nr. 1 BGB]). Für die Berechnung ist ggf. auf die Gegenleistung abzustellen, § 346 II 2 BGB.

Ausschluss des Wertersatzes Ggf. kann ein gemäß § 346 II BGB entstandener Wertersatzanspruch ausgeschlossen sein, § 346 III BGB.

Beispiele: Der Mangel zeigt sich erst bei Verarbeitung oder Umgestaltung, § 346 III 1 Nr. 1 BGB, etwa bei Brennen von Ton zu Ziegeln; Verschlechterung oder Untergang sind vom Gläubiger zu vertreten bzw. der Schaden wäre bei ihm gleichfalls eingetreten, § 346 III 1 Nr. 2 BGB (war etwa das Auto schon beim Kauf defekt, etwa wegen funktionsunfähiger Bremsen, dann muss der [gemäß der §§ 434, 437 Nr. 2, 326 V BGB] zurücktretende Käufer wegen des vom Verkäufer zu vertretenden Mangels keinen Wertersatz leisten, § 346 III 1 Nr. 2 BGB; s. u. 10.2.7.1); Wertersatz entfällt auch dann, wenn beim gesetzlichen Rücktrittsrecht der Berechtigte die eigenübliche Sorgfalt (§ 277 BGB; s. u. 9.2 a. E.) gewahrt hat, § 346 III 1 Nr. 3 BGB (verursacht der Kfz-Käufer etwa fahrlässig einen Unfall, anlässlich dessen sich das Kfz als Unfallwagen herausstellt, und tritt er dann gemäß der §§ 434, 437 Nr. 2, 326 V BGB zurück, so muss er lediglich das Kfz herausgeben, nicht aber i. S. d. § 346 II 1 Nr. 3 BGB Wertersatz leisten, § 346 III 1 Nr. 3 BGB). Eine etwaig verbleibende Bereicherung ist herauszugeben, § 346 III 2 BGB.

6.6.4.2 Widerruf

Rück-abwicklung Auch durch einen rechtzeitigen, zulässigen Widerruf (s. o. 6.3.4.3) wandelt sich der zunächst wirksame Vertrag (s. u. 6.8.1.3) in ein Rückabwicklungsverhältnis um, die beiderseits bereits ausgetauschten Leistungen sind gemäß § 355 III BGB unverzüglich zurückzugewähren.

Widerrufsrechte sieht der Gesetzgeber insbesondere bei Verbraucherverträgen (s. o. 3.1.3.2, 6.2.7; s. a. die Schaubilder 15, 16, 34, 44) vor, vgl. die §§ 312 g, 485, 495, 510 III, 650 I BGB, 4 FernUSG. Verbraucher-
verträge

Hier ist der Verbraucher (§ 13 BGB) an seine auf den Abschluss eines Vertrages gerichtete Willenserklärung nicht mehr gebunden, wenn er sie binnen der Widerrufsfrist von 14 Tagen (vgl. die §§ 187 I, 188 I, 193 BGB; s. o. 4.3.4) gegenüber dem Unternehmer widerrufen hat, § 355 I, II BGB; zur Fristwahrung genügt die Widerruf rechtzeitige Absendung des Widerrufs (s. o. 6.3.5 a. E.). Die Frist beginnt grds. mit Vertragsschluss (§ 355 II 2 BGB), bei außerhalb von Geschäftsräumen geschlossenen (Verbrauchsgüterkauf-)Verträgen und Fernabsatzverträgen (s. u. 10.2.7.3, 10.8) regelmäßig erst mit Erhalt der Ware, § 356 II Nr. 1 BGB, bzw. erst mit Erfüllung der dem Unternehmer obliegenden Informationspflichten, §§ 312 d, 356 III BGB (vgl. die Art. 246, 246 a § 1 II 1 Nr. 1, 246 b § 2 I EGBGB) (die Beweislast liegt beim Unternehmer, § 361 III BGB); die Frist endet spätestens nach 12 Monaten und 14 Tagen, § 356 III 2, 3 BGB (vgl. i. Ü. § 356 IV, V BGB).

Die empfangenen Leistungen sind jeweils zurückzugewähren (vgl. die §§ 355 III, 357 ff. BGB).

Besonders bedeutsam ist das Widerrufsrecht der §§ 312 g I, 355 BGB gerade bei besondere
Vetriebsformen außerhalb von Geschäftsräumen geschlossenen Verträgen, § 312 b BGB, bei Fernabsatzverträgen, § 312 c BGB, bei Verträgen im elektronischen Geschäftsverkehr, §§ 312 i, j BGB (s. u. 10.8), bzw. bei Verbraucherbauverträgen, §§ 650 i, l, 356 e BGB (s. u. 10.3):

Beispiele: Die im Internet bestellten Schuhe passen nicht – der (unterrichtete, §§ 312 d, f, Art. 246, 246 a § 1 II 1 Nr. 1, 2 EGBGB) Käufer kann seine auf Kauf gerichtete Willenserklärung (formlos, etwa mündlich, schriftlich, mittels e-mail; die bloße Rücksendung der Ware alleine genügt wohl nicht) ohne Begründung binnen 14 Tagen nach Erhalt widerrufen (s. o. 6.3.4.3), §§ 312 c, g I, 355, 356 II Nr. 1, 474 I BGB; für die Rechtzeitigkeit des Widerrufs ist er beweispflichtig. Die Schuhe hat er binnen 14 Tagen zurückzuschicken (regelmäßig als Paket, nicht notwendig in Originalverpackung; Schickschuld, vgl. § 269 BGB [s. u. 8.5]), ebenso der Unternehmer den gezahlten/überwiesenen/abgebuchten Kaufpreis nebst etwaiger Lieferkosten zurückzuerstatten, §§ 355 III, 357 I-V BGB, grds. hat der Käufer auch die Rücksendekosten zu tragen, § 357 VI BGB; die Gefahr der Rücksendung (d. h. des Untergangs oder der Verschlechterung) trägt der Unternehmer, § 355 III 4 BGB (s. a. § 357 V BGB). Bei unterbliebener oder nicht ordnungsgemäßer Widerrufsbelehrung erlischt das Widerrufsrecht grds. spätestens nach 12 Monaten und 14 Tagen, § 356 III 2 BGB. Die Widerrufsfrist berechnet sich gemäß der §§ 187 I, 188 I, 193 BGB (s. o. 4.3.4); sie kann zugunsten des Verbrauchers verlängert werden, vgl. § 361 II 1 BGB. (I. Ü. *Vorsicht*: Von § 130 I 2 BGB ist dies strikt zu trennen) (s. a. 6.3.5, 8.14.2.9, 10.8.6).

Das Widerrufsrecht des § 355 BGB besteht gemäß § 312 g II BGB in den dort ge- Ausschluss
des Widerrufs nannten Fällen jedoch grds. nicht.

Beispiele: Nicht vorgefertigte, individualisierte Ware, verderbliche Waren, entfernte Versiegelung von Gesundheits- bzw. Hygieneartikeln oder Software, untrennbar vermischte Waren (etwa geliefertes Heizöl im Tank), Lieferung von Speisen, Versteigerungen (vgl. § 156 BGB [Internetauktionen, etwa bei eBay, sind grds. keine Auktionen i. S. d. §§ 156, 312 g II Nr. 10 BGB, da es hierbei keinen Versteigerer gibt, der einen Zuschlag erteilt; der Kaufvertrag kommt vielmehr durch ein verbindliches Verkaufsangebot des Händlers zustande, das der Kunde mit dem Höchstgebot annimmt; s. o. 6.6, 6.6.1, 6.6.2]), dringende Reparaturarbeiten (Werkverträge, § 631 BGB; s. u. 10.3), zu denen der Verbraucher den Unternehmer ausdrücklich aufgefordert hat, Wetten bzw. Lotterien (Lotto, Toto; § 763 BGB; nicht aber telefonisch bzw. außerhalb von Geschäftsräumen), notariell beurkundete Verträge (vgl. § 312 g II Nr. 1-13 BGB).

Wertersatz
Wertersatz ist bei außerhalb von Geschäftsräumen geschlossenen Verträgen und Fernabsatzverträgen (s. u. 10.8) nicht gemäß der §§ 346 ff. BGB (s. o. 6.6.4.1) zu leisten, vielmehr gilt insoweit § 357 VII BGB. Der Verbraucher hat somit den Wertverlust der Ware nur insoweit zu erstatten, als der Umgang mit der Ware zur Prüfung der Beschaffenheit, der Eigenschaften und Funktionsweise nicht notwendig, also übermäßig war und der Unternehmer ihn diesbezüglich bzw. über sein Widerrufsrecht i. S. d. Art. 246 a § 1 II 1 Nr. 1 EGBGB unterrichtet hat.

Beispiele: Der Verbraucher entnimmt Schuhe oder ein Kleidungsstück aus der Verpackung und probiert sie an, schlägt ein zugesandtes Buch auf und blättert es kurz durch, befüllt die Matratze des gelieferten Wasserbettes zu Prüfzwecken mit Wasser, packt zum Ausprobieren in zerlegtem Zustand gelieferte Möbel aus und baut sie auf; anders aber, wenn die Schuhe auf einer Wanderung, Kleider auf einem Fest getragen werden (Indizien sind bspw. deutliche Gebrauchsspuren; beweispflichtig ist insoweit der Unternehmer). Ansprüche auf Nutzungsherausgabe bzw. -wertersatz bestehen neben § 357 VII BGB grds. nicht.

Sonderregeln
Sonderregeln bestehen für Teilzeit-Wohnrechte-, Verbraucherdarlehens-, Ratenlieferungs-, Finanzdienstleistungs- bzw. verbundene sowie zusammenhängende Verträge und Verbraucherbauverträge, vgl. die §§ 356 a ff., 357 a ff., 312 ff. bzw. 485, 495, 510, 650 l BGB.

Die §§ 355 ff. BGB sind abschließend und nicht zu Lasten des Verbrauchers abdingbar, § 361 BGB. Die Regeln der Sachmängelgewährleistung des Verkäufers, §§ 434 ff. BGB (s. u. 10.2.7), bleiben i. Ü. ggf. unberührt (s. u. 10.8.6. a. E.).

6.6.5 Arten von Verträgen

Verträge lassen sich in einseitig verpflichtende und in zweiseitig verpflichtende unterteilen:

einseitig verpflichtend
Bei einseitig verpflichtenden Verträgen obliegt nur einem Teil, dem Schuldner, eine Leistungsverpflichtung.
Beispiele: Schenkungsvertrag (§§ 516 ff. BGB), Bürgschaftsvertrag (§ 765 BGB), zinsloses Darlehen (§ 488 BGB).

vollkommen zweiseitig
Stehen die Leistungspflichten der Parteien aber in einem Austauschverhältnis zueinander dergestalt, dass jeder seine Leistung nur um der Gegenleistung willen

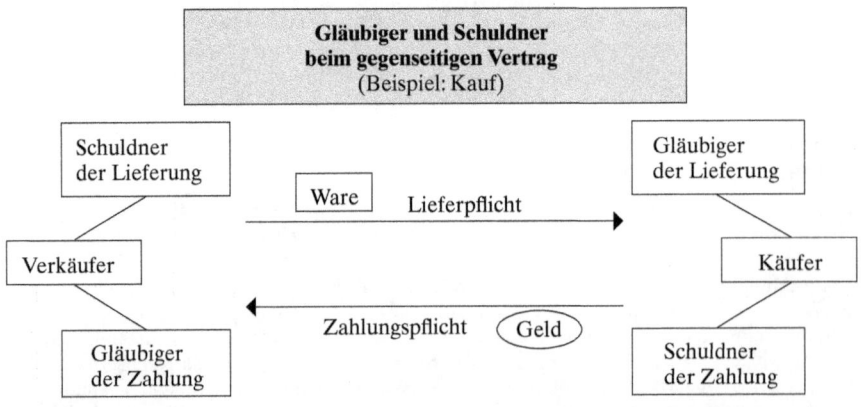

Jede Partei ist – in eigener Person – sowohl Gläubiger als auch Schuldner

Schaubild 56: Gläubiger und Schuldner

erbringt, so dass die Leistung des einen das Entgelt für die Leistung des anderen darstellt, dann liegt ein vollkommen zweiseitiger, gegenseitiger Vertrag vor (lat. *„do ut des" = „ich gebe, damit Du gibst"*, bzw. griech. Synallagma (Tausch, Handel; s. a. unten 8.2.2).

Synallagma

Beispiele: Kauf (§ 433 BGB), Miete (§ 535 BGB), verzinsliches Darlehen (§ 488 BGB), Dienst- (§ 611 BGB), Arbeits- (§ 611 a BGB) , Werkvertrag (§ 631 BGB). (S. a. 6.2.2 bzw. die Schaubilder 40 und 81).

Wichtig ist dies für die Anwendbarkeit der §§ 320 ff. BGB (s. u. 9.3.1 a. E.). Denn diese gelten gerade für die im Gegenseitigkeitsverhältnis stehenden Pflichten.

6.6.6 Vertragsfreiheit

Eines der wesentlichen Strukturelemente des (Wirtschafts-)Privatrechts ist das Prinzip der Vertragsfreiheit.

6.6.6.1 Grundsätzliches

Im Rahmen der Privatautonomie (s. o. 2.5; 6.2.1) wird gerade auch die Vertragsfreiheit respektiert (Art. 2 I GG, Art. 152 S. 1 WRV). Zu ihr gehören die Abschlussfreiheit, die Inhaltsfreiheit bzw. die Formfreiheit (vgl. die §§ 311 I, 241 I BGB).

Abschlussfreiheit bedeutet dabei die Freiheit, einen Vertrag überhaupt einzugehen; ob und mit wem er einen Vertrag eingehen will, kann der Einzelne grundsätzlich selbst bestimmen.

Abschluss-
freiheit

Beispiele: Der Urlaubswillige entschließt sich, eine Reise zu buchen (s. u. 10.3.9), oder: Der Kaufmann lehnt ein ihm zugegangenes Angebot ab, weil er einen solchen Artikel gar nicht haben will – der Einzelne hat also die rechtlich geschützte Freiheit, ob er einen Vertrag abschließen will oder nicht (positive bzw. negative Abschlussfreiheit). Entschließt er sich zum Vertragsschluss wie etwa der Urlaubswillige, so kann er frei entscheiden, bei welchem Reisebüro er bucht bzw. mit welchem Reiseveranstalter er verreist – er hat also die Freiheit der (Vertrags-)Partnerwahl.

Davon gibt es aber wichtige Ausnahmen; dabei spricht man von sog. Abschlusszwang bzw. Kontrahierungszwang.

Kontrahierungs-
zwang

Beispiele: Die gesetzliche Kfz-Haftpflichtversicherung, vgl. die §§ 1, 5 PflVG (s. u. 14.3.1 a. E.); s. a. die §§ 6 EnWG (Strom-, Gaslieferungspflicht), 22 PBefG (Personenbeförderungspflicht), § 21 II GWB (kein unzulässiges wettbewerbsbeschränkendes Verhalten, s. u. 18.2.2). Kontrahierungszwang besteht grds. auch etwa für die Denic eG (s. u. 17.9.1.3 a. E.), wenn bei der Registrierung einer domain keine Hindernisse (insb. Rechte Dritter; s. a. 3.1.3) entgegenstehen, sowie für Kreditinstitute zur Führung eines sog. Jedermannskontos (Basiskonto) für Verbraucher (s. o. 3.1.3.2) gemäß § 31 ZKG (s. a. 6.7.2).

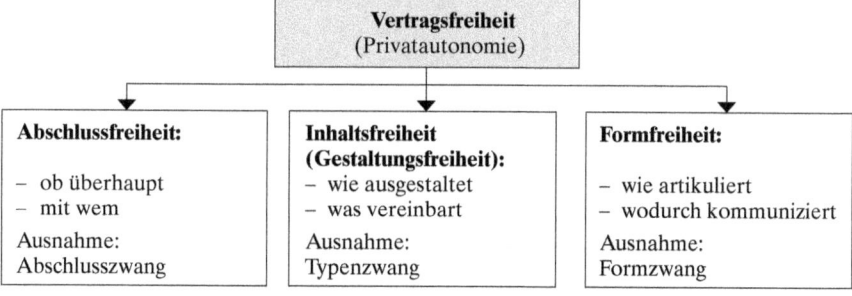

Schaubild 57: Vertragsfreiheit

Abschluss-verbote	Demgegenüber gibt es ggf. auch sog. Abschlussverbote, die den Abschluss eines Vertrages untersagen bzw. unwirksam machen können. **Beispiele:** Etwaige Beschäftigungsverbote nach dem JArbSchG bzw. dem MuSchG.
Inhaltsfreiheit	Inhaltsfreiheit (auch Gestaltungsfreiheit genannt) bedeutet demgegenüber die grundsätzliche Freiheit der Parteien, den vertraglichen Inhalt selbst festzulegen, also die Leistungen zu bestimmen, von dispositivem Recht abzuweichen, gesetzliche Regelungen zu kombinieren, neue Vertragstypen, vgl. die §§ 311 I, 241 I BGB, zu entwickeln (gemischte Verträge bzw. Verträge eigener Art [sui generis], s.a. 6.2.1, 10.1), Allgemeine Geschäftsbedingungen aufzustellen (s. u. 6.7), etc. **Beispiele:** Versicherungs-, Bank-, Franchise-, Telekommunikationsverträge.

Gerade im Besonderen Schuldrecht (§§ 433 ff. BGB) stellt der Gesetzgeber zwar für besonders wichtige, häufige bzw. gebräuchliche Vertragstypen Regeln zur Verfügung, die aber grds. nur dann eingreifen, wenn die Parteien keine eigenständigen

nachgiebiges/ zwingendes Recht	individuellen Vereinbarungen getroffen haben (sog. dispositives bzw. nachgiebiges Recht, s. o. 2.5). Zwingendes Recht, **Beispiele:** weite Bereiche des Wohnraummietrechts, Arbeitsrechts, AGB-Rechts, Sachen-, Familien-, Erbrechts,

dagegen kann nicht abbedungen werden (s. o. 2.5), sog. Typenzwang.

Im Übrigen bilden die Gesetze bzw. die guten Sitten Schranken der Gestaltungsfreiheit, §§ 134, 138 BGB (s. u. 6.8.1.1), ebenso etwa unangemessene benachteiligende AGBen, vgl. die §§ 307 ff. BGB (s. u. 6.7).

Formfreiheit	Regelmäßig bedürfen Willenserklärungen bzw. Verträge auch keiner bestimmten Form (s. o. 6.3.1.1), nur in besonderen Fällen ist eine besondere Form erforderlich (s. o. 6.4; vgl. Schaubild 50). **Beispiele:** Grundstückskauf, § 311 b I BGB; Bürgschaftserklärung, § 766 S.1 BGB, Auflassung, §§ 873, 925 BGB; vgl. die §§ 125 ff. BGB.

6.6.6.2 Gleichbehandlung/Antidiskriminierung

AGG zu beachten	Ungeachtet der Prinzipien der Privatautonomie bzw. der Vertragsfreiheit (s. o. 2.5) sind gerade auch die Regeln des AGG zu beachten. Dieses Gesetz bezieht sich, um unzulässige Benachteiligungen zu verhindern oder zu beseitigen (vgl. § 1 AGG), einerseits spezifisch auf den Bereich des Arbeitsrechts (vgl. die §§ 6 ff. AGG; s. u. 10.1, 16.2.2.3 sowie die Schaubilder 58 und 199), andererseits aber auch auf den allgemeinen Zivilrechtsverkehr (vgl. die §§ 19 ff. AGG).
unzulässige Be- nachteiligungen	Unzulässig sind gemäß § 1 AGG regelmäßig Benachteiligungen aus Gründen der Rasse oder wegen der ethnischen Herkunft, des Geschlechts, der Religion oder Weltanschauung, einer Behinderung, des Alters oder der sexuellen Identität. **Beispiel:** Eine Stellenausschreibung (§§ 11, 7 I AGG) richtet sich nur an weiße/junge/männliche Bewerber (s. u. 16.2.2 f.) (so finden sich nunmehr grds. die Abkürzungen „m/w/d").
Regelungs- felder	Die Antidiskriminierungsregeln des AGG zielen auf acht Regelungsfelder: Den Zugang zu unselbständiger und selbständiger Erwerbstätigkeit, § 2 I Nr. 1 AGG, die Beschäftigung und Arbeitsbedingungen, § 2 I Nr. 2 AGG, die Berufsberatung, Berufsbildung bzw. Berufsausbildung, § 2 I Nr. 3 AGG, die Mitgliedschaft und Mitwirkung in Beschäftigten- oder Arbeitgebervereinigungen, § 2 I Nr. 4 AGG, den Sozialschutz, § 2 I Nr. 5 AGG, die sozialen Vergünstigungen, § 2 I Nr. 6 AGG, die

---

Gleichbehandlung/Antidiskriminierung – AGG –

- Verhinderung/Beseitigung/Verbot von Benachteiligungen wegen Rasse, ethnischer Herkunft, Geschlechts, Religion, Weltanschauung, Behinderung, Alters, sexueller Identität (§§ 1, 2, 7, 19, 31 AGG)
- insb. im Bereich des Arbeitsrechts (§§ 6 ff. AGG) bzw. im allgemeinen Zivilrechtsverkehr (§§ 19 ff. AGG)
- Benachteiligungen können sein unmittelbare, mittelbare, Belästigungen, sexuelle Belästigungen bzw. Anweisung hierzu (§ 3 AGG)
- ggf. positive Maßnahmen bzw. unterschiedliche Behandlungen zulässig (§§ 5, 8 ff., 20 AGG)
- besondere Pflichten für Arbeitgeber (§§ 6, 11 ff., 17 f. AGG) bzw. allgemeine zivilrechtliche Vertragsparteien (§ 19 AGG)
- ggf. Beschwerde-, Leistungsverweigerungs-, Entschädigungs-, Schadensersatz-, Unterlassungs-, Beseitigungsansprüche (§§ 12 ff., 21 f. AGG)
- Unterstützung durch Antidiskriminierungsverbände (§ 23 AGG), Antidiskriminierungsstelle des Bundes (§§ 25, 27 AGG), Betriebsrat (§ 75 I BetrVG)
- besondere Beweislastverteilung (§ 22 AGG)

Schaubild 58: Gleichbehandlungsregeln des AGG

Bildung, § 2 I Nr. 7 AGG, sowie den Zugang zu bzw. die Versorgung mit Gütern und Dienstleistungen einschließlich Wohnraum, § 2 I Nr. 8 AGG.

Weitere spezielle Antidiskriminierungsregeln bleiben unberührt. | spezielle Benachteiligungsverbote

Beispiele: Die §§ 4 TzBfG, 81 SGB IX, 9 Nr. 2 AÜG; die Regeln des MuSchG oder JArbSchG (s. u. 16.2.2.2 a. E.).

Bezüglich der Benachteiligungen i. S. d. §§ 1, 7, 19 AGG unterscheidet § 3 I–V AGG die Fälle der unmittelbaren bzw. mittelbaren Benachteiligung, der Belästigung, der sexuellen Belästigung bzw. der Anweisung zur Benachteiligung einer Person. | Fälle von Benachteiligungen

Beispiele: Nichteinstellung eines Bewerbers wegen Hautfarbe (unmittelbare Benachteiligung; s. a. die §§ 3 I, 8 ff. AGG); Stellenausschreibungen nur für Kandidaten im ersten Berufsjahr/Berufsanfänger (mittelbare Benachteiligung durch Anknüpfen an das Alter über eine andere Eigenschaft, nämlich die Berufsjahre; § 3 II AGG); Mobbing (Belästigung; § 3 III AGG); körperliche Berührung (sexuelle Belästigung; §§ 3 IV, 2 I Nr. 1–4 AGG); Aufforderung, keine älteren Bewerber einzustellen (Anweisung zur Benachteiligung; § 3 V AGG). S. a. § 12 AGG.

Im Zivilrechtsverkehr ist das Benachteiligungsverbot für alle Merkmale des § 1 AGG mit Ausnahme der Weltanschauung regelmäßig anwendbar auf Schuldverhältnisse (s. a. 6.2, 8.2, 10.1), die typische Massengeschäfte darstellen bzw. bei denen das Ansehen der Person nachrangig ist, oder die eine privatrechtliche Versicherung zum Gegenstand haben, §§ 19, 20 I, II AGG. | allgemeine Schuldverhältnisse

Beispiele: Käufe im Einzelhandel, Gaststätten-, Kino-, Freizeiteinrichtungsbesuche (§ 19 I Nr. 1 1. Alt. AGG), eBay-Verkäufe, Giro-, Überweisungsverträge (§ 19 I Nr. 1 2. Alt. AGG), Sach-, Lebens-, Krankenversicherungsverträge (§ 19 I Nr. 2 AGG).

Bei besonderen Nähe- bzw. Vertrauensverhältnissen gelten die Regeln der §§ 19 ff. AGG nicht, vgl. § 19 V 1 AGG.

Beispiele: Aufnahme einer Haushaltshilfe oder Pflegekraft in die Wohnung, Aufnahme eines neuen Gesellschafters einer (Familien-)Personengesellschaft.

Im Arbeitsrecht gelten i. Ü. insbesondere die §§ 6 ff. AGG (s. u. 16.2.2.3).

Wohnraum-
vergabe

Bei der Wohnraumvergabe ist (auch) § 19 II, III, V AGG zu beachten.

Beispiel: Der Vermieter weigert sich, einen Mietvertrag mit einem Ausländer abzuschließen (vgl. die §§ 19 II, 2 I Nr. 8 AGG; s. u. 10.5.1).

Familien- und erbrechtliche Schuldverhältnisse fallen nicht unter das AGG (§ 19 IV AGG).

Beispiele: Unterhaltsverträge, Erbverträge (s. o. 2.3 a. E., 6.2.1).

Ungleich-
behandlung
u. U. zulässig

Ggf. können Ungleichbehandlungen zulässig sein, vgl. die §§ 5, 8 ff., 20 AGG.

Beispiele: Bevorzugte Einstellung/Beförderung gleichqualifizierter, im Betrieb unterrepräsentierter Frauen, § 5 AGG; Suche eines weiblichen Mannequins für Damenmodenschau (§ 8 I AGG); Religionszugehörigkeit für kirchliche Mitarbeiter im verkündungsnahen Bereich (§ 9 AGG) (s. u. 16.2.2.3, 16.2.3.2); bei Vorliegen eines sachlichen Grundes kann eine unterschiedliche Behandlung (mit Ausnahme der Merkmale der Rasse bzw. ethnischen Herkunft) ggf. zulässig sein, § 20 AGG: So etwa Zutritt zu gefährlichen Karussells für Kinder nur in Begleitung Erwachsener (§ 20 I Nr. 1 AGG), Einrichtung von Frauenparkplätzen in Parkhäusern (§ 20 I Nr. 2 AGG), ermäßigte Kinokarten für Schüler, Seniorenticket im Nahverkehr (§ 20 I Nr. 3 AGG). Für Versicherungsverträge vgl. § 20 II AGG.

Folgen von
Verstößen

Verstöße gegen Benachteiligungsverbote können zu Entschädigungs-, Schadensersatz-, Unterlassungspflichten führen, §§ 15, 21 AGG; sie sind ggf. Gesetzes- bzw. Vertragsverstöße i. S. d. §§ 134, 138, 241, 242, 280 BGB (s. a. 6.8.1.1, 8.13.2 a. E., 16.2.2.3).

6.6.7 Vertragliches Vorfeld

Vor dem eigentlichen Vertragsabschluss gibt es bereits rechtlich relevante Stadien:

Anbahnungs-
verhältnisse

– Vorverhandlungen sind grds. rechtlich noch nicht verbindlich. Allerdings erwachsen aus dem entstehenden vertragsähnlichen Vertrauensverhältnis bereits Sorgfaltspflichten, deren Verletzung ggf. schadensersatzpflichtig machen kann (vgl. die §§ 280, 241 II, 311 II BGB, s. u. 9.8);

– der „letter of intent", eine insbesondere im internationalen Bereich verwendete Fixierung der Verhandlungsposition des Verfassers, ist grundsätzlich rechtlich (noch) nicht verbindlich;

– der Vorvertrag dagegen ist eine Vereinbarung, die die Verpflichtung zum späteren Abschluss des Hauptvertrages begründet, dem derzeit noch rechtliche oder tatsächliche Hindernisse entgegenstehen;

– der Optionsvertrag gibt dem Begünstigten das Recht, durch einseitige Erklärung einen Vertrag zustandezubringen;

– die Einräumung einer sog. Vorhand bedeutet die Verpflichtung, dem Vorhandberechtigten einen Gegenstand, bevor man ihn anderweitig veräußert oder vermietet, anzubieten.

6.7 Allgemeine Geschäftsbedingungen

vorgedruckte
Klauseln

Die Vertragsfreiheit (s. o. 6.6.6) lässt es zu, die Bedingungen, unter denen man allgemein Rechtsgeschäfte mit anderen eingehen will, im vorhinein und einseitig festzulegen. Davon wird im Wirtschaftsleben in weitem Umfang mittels der Allgemeinen Geschäftsbedingungen (AGBen) Gebrauch gemacht. Nahezu jedes private oder öffentliche Unternehmen verwendet solche vorgedruckten Klauseln; die Verbände der einzelnen Branchen stellen sie oftmals als Muster zur Verfügung. Dem Vertragspartner fehlt zumeist die Möglichkeit, sich genauer mit dem Sinn der einzelnen Klauseln zu beschäftigen, und in der Regel bleibt, sollte man mit ihnen nicht einverstanden sein, nur der Verzicht auf das Geschäft. Letztendlich nimmt nämlich der Verwender von AGBen die vertragliche Gestaltungsfreiheit weitgehend für sich in Anspruch. Das muss nicht ausschließlich negativ sein, zumal in Bereichen, in denen mangels ausreichender gesetzlicher Regelungen Bedarf für eine vertragliche Gestaltung erwächst (etwa: Versicherungs-, Banken-, Leasing-, Factoring-, Telekommunikations-Bereich; s. o. 6.2.1); allerdings besteht durchaus die verbreitete Neigung, durch die einseitige Ausgestaltung der einzelnen AGB-Klauseln die wirtschaftlichen bzw. rechtlichen Kräfteverhältnisse zu eigenen Gunsten zu verschieben.

6.7.1 Rechtsgrundlagen

Der Gesetzgeber hat daher das Recht der AGBen insbesondere unter Verbraucherschutzaspekten in den §§ 305 ff. BGB geregelt.

Verbraucherschutz

6.7.1.1 Begriff

Unter AGBen werden verstanden alle für eine Vielzahl von Verträgen vorformulierten Vertragsbedingungen, die eine Vertragspartei, der Verwender, der anderen

BGB- bzw. AGB-Vertrag – Grundsätze		
	BGB-Vertrag, §§ 145 ff. BGB	**AGB-Vertrag, §§ 305 ff. BGB**
Begriff	selbstgeregelte Vereinbarung über Vertragsinhalte bzw. die Parteien halten sich an gesetzliche Regeln des jeweiligen Vertragstypus	einseitig, für Vielzahl vorformulierte Vertragsmuster
Geltung/ Zustande-kommen	aufgrund vertraglicher Vereinbarung mittels Angebot und Annahme, grds. in Vertragsfreiheit ausgehandelt (aushandelbar)	aufgrund von Geltungsvereinbarung zzgl. Hinweis, Kenntnisnahme-möglichkeit und Einverständnis (§ 305 II BGB)
Gestaltungs-freiheit	Inhalte grds. von beiden Parteien ausgehandelt (s. a. § 305 I 3 BGB)	zulasten des Kunden grds. einge-schränkt, i. d. R. beim Verwender (§ 305 I 1, 2 BGB)
Anwendungs-bereich	grds. generell im Rahmen der Privatautonomie/Vertragsfreiheit	beschränkt, vgl. § 310 IV; s. a. § 310 I, II, III BGB
Schranken/ Inhalts-kontrolle	Grundsatz der Vertragsfreiheit, beschränkt ggf. durch gesetzliches Verbot, Sittenwidrigkeit, Treu und Glauben, vgl. die §§ 134, 138, 242 BGB	Inhaltskontrolle bzgl. unangemes-sener Benachteiligung bzw. Klauselverboten mit oder ohne Wertungsmöglichkeit, vgl. die §§ 307, 308, 309 BGB
Ausleg-barkeit	wohlwollend, auch ergänzend möglich, u. U. Umdeutung (§§ 133, 157; 140 BGB)	stark beschränkt, § 305 c BGB, Zweifel gehen zulasten des Verwenders
Nichtigkeits-folgen	wenn Vertragsteil nichtig, grds. ganzer Vertrag nichtig, § 139 BGB; mutmaßlicher Parteiwille zu ermitteln	wenn AGB(en) nicht einbezogen bzw. unwirksam, bleibt Vertrag i. Ü. grds. bestehen, gesetzliche Vor-schriften regeln Inhalt, § 306 BGB

Schaubild 59: BGB- bzw. AGB-Vertrag; Grundsätze

Form Vertragspartei bei Abschluss eines Vertrages stellt. Dabei ist es unerheblich, ob diese Bestimmungen einen äußerlich gesonderten Bestandteil des Vertrages bilden oder in die Vertragsurkunde selbst aufgenommen werden, welchen Umfang sie haben, in welcher Schriftart sie verfasst sind und welche Form der Vertrag hat (§ 305 I BGB).

Beispiele: Im Schreibwarenhandel käufliche Mietvertragsformulare; Allgemeine oder Besondere Versicherungsbedingungen; „Für Garderobe wird nicht gehaftet"Schilder in Gaststätten; Reinigungsbedingungen bei Schnellreinigungen; Autoverkäufe beim Händler mit entsprechenden Formularen; Incoterms (International Commercial Terms; s. a. 6.3.6; 10.2.2 a. E.); die VOB (s. u. 10.3.10); Lieferbedingungen im Versandhandel; vom Arbeitgeber vorformulierte Arbeitsverträge, u. v. m.

Im einzelnen zwischen den Parteien ausgehandelte Vertragsbedingungen sind keine AGBen (§ 305 I 2 BGB). Die Individualabrede geht den AGBen vor, § 305 b BGB.

Verbrauchern gegenüber (§ 13 BGB; s. o. 3.1.3.2) reicht ggf. auch die einmalige Verwendung von AGBen aus, sie gelten als vom Unternehmer (§ 14 I BGB, s. o. 3.6) gestellt, vgl. § 310 BGB (s. o. 6.2.7; vgl. Schaubild 44).

Beispiel: Der Arbeitgeber formuliert eine zur einmaligen Verwendung bestimmte Arbeitsvertragszusatzvereinbarung vor, auf die der Arbeitnehmer keinen Einfluss nehmen konnte und in der die (die beruflichen Weiterentwicklungsmöglichkeiten des Arbeitnehmers entgegen Art. 12 GG unzulässig einschränkende) Kündigungsfrist beiderseits auf drei Jahre verlängert wurde – dies ist als sog. Einmalbedingung, die gegen Treu und Glauben (s. u. 8.3.1.2) verstößt, unwirksam, §§ 310 III Nr. 2, 307 I 1 BGB (s. u. 16.2.3.4; 16.5.2.1).

Einmalbedingung

6.7.1.2 Einbeziehung

AGBen müssen, da sie ja keine Rechtsnormen bzw. Gesetze sind, beim Vertragsabschluss einbezogen werden; die vertragliche Übereinstimmung der Parteien muss sich auch auf diese Klauseln beziehen. Daher bedarf es, § 305 II BGB, folgender Voraussetzungen:

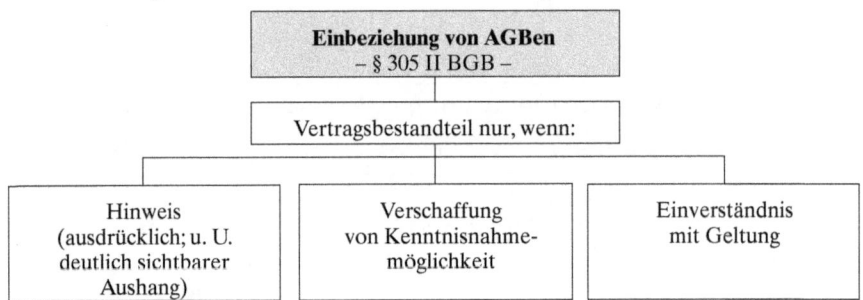

Schaubild 60: Einbeziehung von AGBen

Vertragsbestandteil Der Verwender muss bei Vertragsabschluss
– ausdrücklich auf die AGBen hinweisen,
– der anderen Partei die Möglichkeit der Kenntnisnahme verschaffen,
– und die andere Partei muss mit der Geltung der AGBen einverstanden sein.

Hinweis Das heißt also: Es bedarf zunächst beim Vertragsabschluss eines Hinweises auf die AGBen, § 305 II Nr. 1 BGB.

Beispiele: Im Antrags- bzw. Bestellformular wird deutlich und ausdrücklich auf die nachfolgend oder rückseitig abgedruckten Geschäftsbedingungen hingewiesen. Auch bei Vertragsabschlüssen im Internet muss der Anbieter auf seine AGBen ausdrücklich und unübersehbar hinweisen. Das Unterbreiten von AGBen auf Kaufbestätigungen bzw. Quittungen reicht (weil nach Vertragsschluss erfolgt) regelmäßig nicht.

Wenn ein ausdrücklicher Hinweis (mündlich oder schriftlich) wegen der Art des Vertragsabschlusses nur unter unverhältnismäßigen Schwierigkeiten möglich ist, dann genügt ausnahmsweise ein deutlich sichtbarer Aushang am Ort des Vertragsabschlusses. Aushang

Beispiele: Typische Massengeschäfte wie Parkplatzbenutzung, Entnahme von Waren aus Automaten, Beförderungsverträge in U- oder S-Bahnen, Käufe in Selbstbedienungsläden oder Kaufhäusern. Der Aushang muss nicht zu übersehen sein; möglich ist dabei grds. etwa: „Für alle Verträge gelten unsere AGBen. Sie liegen für Sie an der Kasse bereit" (wenn dort in zumutbarer Weise einsehbar i.S.d. § 305 II Nr. 2 BGB; str.).

Aber: Ein Aushang im Hotelzimmer reicht nicht, da es sich dabei um den Ort einer Erfüllungshandlung, nicht aber um den Ort des Vertragsabschlusses handelt.

Der Kunde muss auch die Möglichkeit haben, in zumutbarer Weise, die ggf. auch eine erkennbare körperliche Behinderung angemessen berücksichtigt, vom Inhalt der AGBen Kenntnis zu nehmen, § 305 II Nr. 2 BGB. Kenntnis-nahme-möglichkeiten

Beispiel: Einem erkennbar Sehbehinderten müssen die AGBen ggf. in akustischer Form oder Braille-Schrift zugänglich gemacht werden.

Bei einem Vertragsabschluss unter Anwesenden (s. o. 6.3.4.5) sind die AGBen vorzulegen oder die Vorlage anzubieten; bei einem ausdrücklichen Hinweis (s. o.) genügt es, dass die AGBen zur Einsicht aushängen oder ausliegen. Beim Vertragsabschluss unter Abwesenden (s. o. 6.3.4.6) ist grundsätzlich die Übersendung geboten. Problematisch ist der telefonische Vertragsschluss: Das Vorlesen der AGBen ist untunlich, die Übersendung der AGBen käme zu spät; grundsätzlich ist es dabei möglich, dass der Kunde auf die Kenntnisnahme verzichtet. Verwendete AGBen müssen jedenfalls für einen Durchschnittskunden mühelos lesbar und verständlich sein. Verständlich-keit

Beispiele: „§ 536 ist unanwendbar"; „§ 545 gilt nicht"; „der Mieter hat die Nebenkosten zu tragen"; „für nicht ausdrücklich geregelte Fragen gilt die VOB" – dies sind unklare und für Durchschnittskunden unverständliche und somit unwirksame Klauseln.

Bei Vertragsabschlüssen im Internet muss der Verbraucher (§ 13 BGB) die gut erkennbaren (s. o.) AGBen mühelos aufrufen und ausdrucken können. Internet

Beispiel: Ein gut erkennbarer Hinweis (Link) auf der Bestellseite.

Die Erfordernisse der Einbeziehung der AGBen, § 305 II Nr. 2 BGB, bzw. der Informationspflichten bei Fernabsatzverträgen, § 312 d BGB, sind jeweils eigenständig.

Des Weiteren muss noch zur Gültigkeit von AGBen das Einverständnis des Kunden hinzukommen, § 305 II 2. HS BGB. Das muss nicht ausdrücklich erfolgen, sondern liegt oftmals konkludent in der Tatsache, dass es nach Hinweis und Kenntnisnahmemöglichkeit zum Vertragsschluss und der Vertragsabwicklung kommt. Einverständnis

Beispiel: Ein Kunde unterschreibt das Bestellformular mit dem ausdrücklichen Hinweis auf die AGBen.

Stillschweigendes Einverständnis, oftmals insbesondere im kaufmännischen Verkehr gegeben (s. o. 6.3.1.2), ist aber nur mit Vorsicht anzunehmen. (Still-)Schweigen

Beispiel: Wenn am Trimm-Dich-Pfad oder Kinderspielplatz Schilder mit Haftungsausschlussklauseln hängen, so bedeutet das Schweigen des Benutzers in der Regel sogar (nach der Rspr.) die Ablehnung, nicht aber sein Einverständnis.

Die Beweislast für die Einbeziehung und den Inhalt der AGBen trifft grundsätzlich den Verwender.

Auslegung   AGBen sind ggf. inhaltlich oder hinsichtlich ihrer Reichweite auslegungsfähig bzw. -bedürftig, §§ 133, 157 BGB (s. o. 6.3.6).

Beispiel: Am baumbestandenen Hotelparkplatz befindet sich ein Schild „Parken auf eigene Gefahr" – dieser Haftungsausschluss erfasst ggf. Schäden wegen Diebstahls, Einbruchs oder Beschädigung durch andere Parkende, grds. aber nicht Schäden aufgrund eines (wegen Verletzung der Verkehrssicherungspflicht; s. u. 12.2.1.2) herabstürzenden morschen Astes.

6.7.1.3 Überraschungsklauseln

Überraschende Klauseln werden, selbst wenn die Voraussetzungen des § 305 II BGB vorliegen, gemäß § 305 c BGB nicht Vertragsbestandteil. Es handelt sich *ungewöhnlich*   dabei um Klauseln, mit denen wegen ihrer Ungewöhnlichkeit nicht gerechnet werden musste.

Beispiele: Die formularmäßige Vereinbarung eines ausländischen bzw. internationalen Gerichtsstandes, wenn es unter Deutschen um deutsches Recht geht; ein mit einem Kaufvertrag verknüpfter langfristiger Wartungsvertrag (§ 474 I 2 BGB etwa ist demgegenüber aber andersgelagert).

6.7.1.4 Unklarheitenregel

Sämtliche Unklarheiten in AGBen gehen gemäß § 305 c II BGB zu Lasten des Verwenders; sie sind jedenfalls kundenfreundlich auszulegen.

Das heißt, im Prozess des Kunden mit dem Verwender haben die Gerichte AGB-Klauseln zu Gunsten des Kunden zu interpretieren; in einem nach dem UKlaG *Verbands-*   (vgl. die dortigen §§ 1, 3, 8 ff.) möglichen sog. Verbandsprozess bedeutet dieser *prozess*   Grundsatz, dass dabei die kundenfeindlichste Auslegung bei der Frage der Wirksamkeit einer Klausel zu unterstellen ist.

Beispiel: In einem Streit um die Wirksamkeit einer formularvertraglichen Schönheitsreparaturklausel (s. u. 10.5.2) hat das Gericht die mieterfeindlichste Auslegungsmöglichkeit zugrundezulegen.

6.7.1.5 Rechtsfolgen bei Nichteinbeziehung und Unwirksamkeit

Vertrag im   AGBen, die ganz oder teilweise nicht Vertragsbestandteil geworden sind, berühren *Übrigen*   die Wirksamkeit des Vertrages im Übrigen nicht; sein Inhalt richtet sich dann nach *wirksam*   den gesetzlichen Bestimmungen, § 306 I, II BGB – eine sog. geltungserhaltende Reduktion (also die richterliche Rückführung auf das noch zulässige rechtliche Maß) ist unzulässig.

Beispiel: Eine formularmietvertragliche übermäßige Kostentragungspflicht des Mieters für Reparaturkosten (s. u. 10.5.2) kann nicht zugunsten des Vermieters auf den von der Rspr. grds. noch für zulässig erachteten Betrag reduziert werden.

Allenfalls dann, wenn das Festhalten am Vertrag eine unzumutbare Härte für eine der Parteien darstellen würde, tritt Gesamtnichtigkeit ein, § 306 III BGB. Die Vorschriften der §§ 305 ff. BGB sind zwingendes Recht, das nicht umgangen werden darf, § 306 a BGB.

Wäre die ersatzlose Streichung einer unwirksamen AGB-Klausel aufgrund des § 306 BGB nicht interessengerecht und fehlen geeignete gesetzliche Vorschriften, so ist die Lücke durch eine ergänzende Vertragsauslegung, § 157 BGB (s. o. 6.3.6), zu schließen.

Beispiel: Oftmals findet sich folgende Klausel: „Erweisen sich Teile dieses Vertrages als unwirksam, so ist die Regelung zu suchen, die dem erkennbar gewordenen Willen der Parteien am nächsten kommt." (sog. salvatorische Klausel bzw. Vorbehaltsklausel).

salvatorische Klausel

6.7.2 Inhaltskontrolle

AGB-Regelungen, die von Rechtsvorschriften abweichen oder diese ergänzen, unterliegen der Inhaltskontrolle, §§ 307 ff. BGB. Deren Ziel ist es, eine unangemessene Benachteiligung des Kunden durch die AGBen zu verhindern. Dabei geht der Gesetzgeber in § 307 BGB von einer Generalklausel aus, die er in den §§ 308 und 309 BGB konkretisiert. Gegenüber Kaufleuten gilt die Besonderheit, dass die §§ 308 und 309 BGB keine Anwendung finden und nur auf § 307 BGB abzustellen ist (vgl. § 310 BGB; s. a. unten 6.7.3).

keine unangemessene Benachteiligung

§ 309 BGB enthält Klauselverbote ohne Wertungsmöglichkeit, das heißt, hierbei kommt es nicht noch auf eine Wertung an, um die Unwirksamkeit einer Klausel festzustellen. Gegen § 309 BGB verstoßende Klauseln (vgl. die einzelnen dortigen Ziffern) sind mit wesentlichen Grundlagen der Privatrechtsordnung nicht vereinbar und somit per se unwirksam.

Klauselverbote ohne Wertungsmöglichkeit

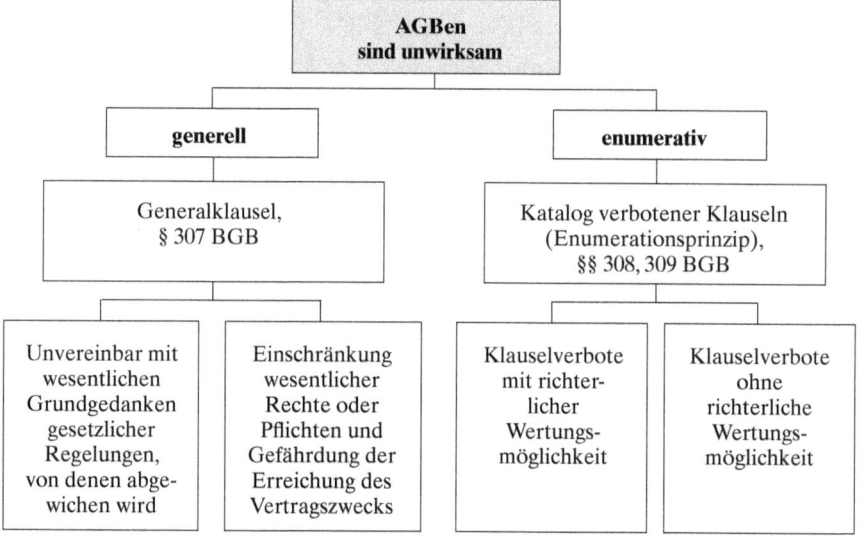

Schaubild 61: Unwirksamkeit von AGBen

Beispiele: Möglichkeit kurzfristiger Preiserhöhungen bei Lieferungen binnen vier Monaten nach Vertragsabschluss; Freistellung von der Mahnpflicht; Ausschluss von Schadensersatz; Kündigungserklärung nur durch Einschreibebrief (s. a. 6.4. a. E., 16.5.1 a. E.).

§ 308 BGB umfasst acht Klauselverbote mit Wertungsmöglichkeit. Diese Klauseln enthalten unbestimmte Rechtsbegriffe („unangemessen", „nicht hinreichend bestimmt", „ohne sachlich gerechtfertigten Grund"), die richterlich noch gewertet werden können/müssen.

Klauselverbote mit Wertungsmöglichkeit

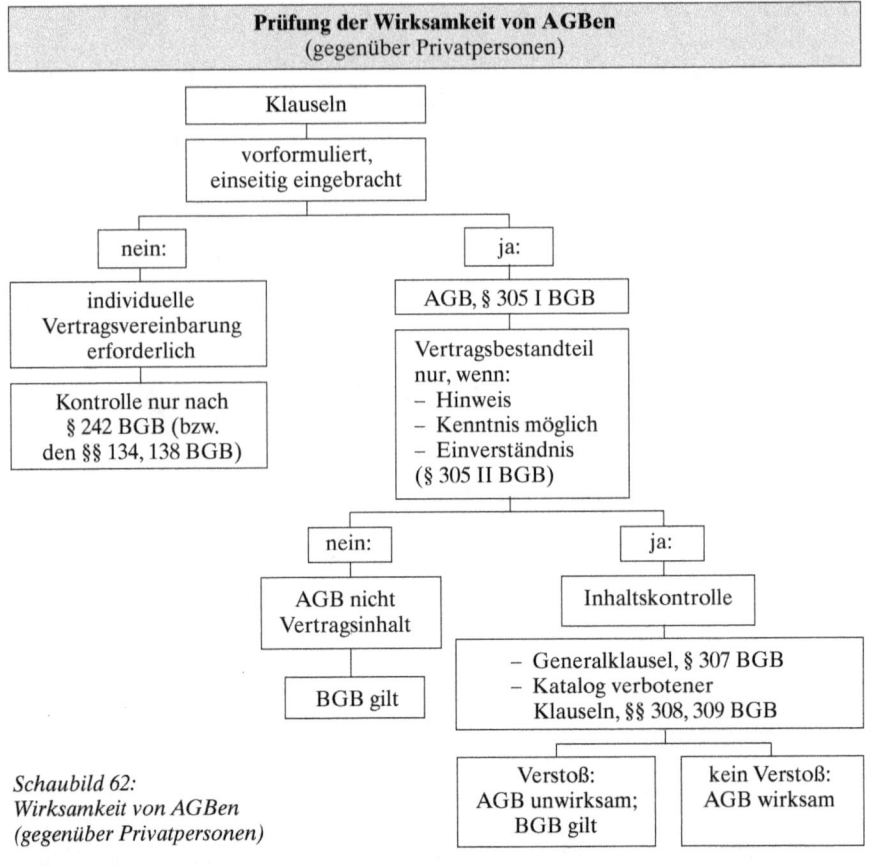

Prüfung der Wirksamkeit von AGBen
(gegenüber Privatpersonen)

Klauseln

vorformuliert,
einseitig eingebracht

nein: / ja:

individuelle
Vertragsvereinbarung
erforderlich

AGB, § 305 I BGB

Kontrolle nur nach
§ 242 BGB (bzw.
den §§ 134, 138 BGB)

Vertragsbestandteil
nur, wenn:
– Hinweis
– Kenntnis möglich
– Einverständnis
(§ 305 II BGB)

nein: / ja:

AGB nicht
Vertragsinhalt

Inhaltskontrolle

BGB gilt

– Generalklausel, § 307 BGB
– Katalog verbotener
  Klauseln, §§ 308, 309 BGB

Verstoß:
AGB unwirksam;
BGB gilt

kein Verstoß:
AGB wirksam

Schaubild 62:
Wirksamkeit von AGBen
(gegenüber Privatpersonen)

Beispiele: Unangemessen lange bzw. nicht hinreichend bestimmte Fristen für Vertragsannahme oder -ablehnung (insb. Lieferfrist); ungerechtfertigter Rücktrittsvorbehalt; Vorbehalt der Änderung der geschuldeten Leistung (etwa durch Lieferung eines Ersatzartikels).

Generalklausel

unangemessene
Benachteiligung

Ungeachtet der §§ 309 und 308 BGB (mit denen eine AGB-Inhaltsüberprüfung aufgrund ihrer Strenge und Spezialität in dieser Reihenfolge begonnen werden sollte) bleibt noch die Messlatte des § 307 BGB: Die unangemessene treuwidrige Benachteiligung ist nach dieser Generalklausel untersagt. Eine solche unangemessene Benachteiligung entgegen des Gebots von Treu und Glauben liegt (§ 307 I, II BGB) im Zweifel vor, wenn eine Klausel mit wesentlichen Grundgedanken der gesetzlichen Regelung, von der abgewichen wird, nicht zu vereinbaren ist oder wesentliche Rechte und Pflichten, die sich aus der Natur des Vertrages ergeben, so einschränkt, dass die Erreichung des Vertragszweckes gefährdet wird.

Beispiele: Erfolgsunabhängiger Provisionsanspruch bzw. sog. Besichtigungs- oder Reservierungsgebühren in Maklerverträgen (s. u. 10.5.1 a. E., 10.9.2); Risikotragung des Kunden für nachträglich eintretende unerkennbare Geschäftsunfähigkeit (s. o. 3.1.2.1 a. E.); uneingeschränkte Schönheitsreparaturpflicht des Mieters (s. u. 10.5.2); überhöhte Kontoführungsgebühr beim Basiskonto (s. o. 6.6.6.1).

Bei der Beurteilung der unangemessenen Benachteiligung sind Verbrauchern (§ 13 BGB) gegenüber auch die den Vertragsabschluss begleitenden Umstände zu berücksichtigen, § 310 III Nr. 3 BGB.

6.7.3 Anwendungsbereich

Gemäß § 310 BGB ist der AGB-rechtliche Schutzbereich sachlich und persön-   Geltung
lich beschränkt. Er findet keine Anwendung bei Verträgen auf Gebieten des Erb-,
Familien- und Gesellschaftsrechts sowie auf Tarifverträge, Betriebs- und Dienst-
vereinbarungen, § 310 IV 1 BGB (sog. Bereichsausnahmen); Besonderheiten gelten auch für Arbeitsverträge (§ 310 IV 2 BGB), für einige Bestimmungen und Ver-
tragsarten sind einzelne Vorschriften ausgenommen, vgl. die §§ 310, 305 a BGB.

Beispiele: Familien- oder erbrechtliche Formularverträge (etwa bzgl. des Erbschaftskaufes,
§ 2371 BGB, oder des Zugewinnausgleiches, § 1372 BGB; s. a. etwa die Parallele zu § 19 IV
AGG, s. o. 6.6.6.2), Gesellschaftsverträge (etwa bei oHG oder auch im Vereinsrecht); einseitig
vom Arbeitgeber vorformulierte allgemeine Arbeits(vertrags)bedingungen unterliegen ggf.
der richterlichen Kontrolle (s. u. 16.2.3.4).

Nach § 310 I BGB finden die §§ 305 II, III, 308, 309 BGB keine Anwendung auf   Kaufleute
AGBen, die gegenüber einem Unternehmer bzw. Kaufmann (vgl. die §§ 14 I BGB,
1 ff. HGB) verwendet werden, wenn der Vertrag zum Betrieb seines Handelsgewerbes (§ 343 HGB, s. o. 6.2.6) gehört, bzw. die verwendet werden gegenüber einer
juristischen Person des öffentlichen Rechts oder einem öffentlich-rechtlichen Son-
dervermögen. D. h., dass dann für die Einbeziehung von AGBen in den Vertrag
jede auch stillschweigende Willensübereinstimmung der Parteien genügt und für
die Inhaltskontrolle § 307 I, II BGB maßgebend ist:

Für Kaufleute gilt § 305 II BGB zwar gemäß § 310 I 1 BGB nicht (s. u.). Das ändert
aber nichts daran, dass auch unter Kaufleuten AGBen nur dann wirken, wenn sie
durch rechtsgeschäftliche Einbeziehung zum Vertragsbestandteil geworden sind;
dies ist ggf. durch Auslegung zu ermitteln (vgl. die §§ 133, 157 BGB, 346 HGB; s. o.
6.3.6). Das ist problemlos bei ausdrücklicher Abrede gegeben.

Eine Einbeziehung durch konkludentes Handeln (s. o. 6.3.1.1) ist ebenfalls mög-   Einbeziehung
lich; dafür ist der erkennbare Hinweis des Verwenders auf die AGBen vonnöten,
und der Vertragspartner darf ihrer Geltung nicht widersprochen haben. Ein solcher
Widerspruch kann bspw. auch darin liegen, dass der andere Teil auf seine eigenen
AGBen verweist. Sofern Kaufleute ihre jeweils eigenen AGBen verwenden und
es dabei zu Kollisionen kommt, liegt grundsätzlich zwar ggf. ein Fall des § 150 II
BGB bzw. ein offener Dissens vor, § 154 BGB (s. o. 6.6.2 f.); wenn, was meistens
vorkommt, der Vertrag trotzdem ausgeführt wird, dann tritt an die Stelle der sich
widersprechenden und damit nicht einbezogenen AGBen die gesetzliche Regelung
(vgl. § 306 II BGB).

Beispiele: Bei beabsichtigtem Abschluss eines Frachtvertrages sendet der Frachtführer dem   kollidierende
(potentiellen) Vertragspartner, einem Warenversandunternehmen, AGBen; dieses wiederum   AGBen
schickt dem Frachtführer eigene AGBen für den Warenversand; im Zweifel gelten dann gar
keine AGBen, vielmehr die gesetzlichen Vorschriften. S. a.: Der Großhändler G bestellt beim
Fabrikanten F unter Verweis auf seine Einkaufsbedingungen (AGBen), der F nimmt an unter
Verweis auf seine Verkaufs-AGBen, die einen erweiterten Eigentumsvorbehalt mit Vorausabtretung der dem G gegenüber dessen Kunden entstehenden Ansprüche aus Weiterverkauf
(§§ 433 II, 398, 449, 158 I, 185 I, 929 BGB; s. u. 8.8.4, 10.2.8) vorsehen – ungeachtet der §§ 150 II
bzw. 154 BGB ist der Kaufvertrag zwischen G und F grds. wirksam, vgl. § 306 BGB; der Einbeziehung der AGBen des F (insb. hinsichtlich des verlängerten Eigentumsvorbehaltes) könnte der G bereits in seinen Einkaufs-AGBen ausdrücklich widersprechen (sog. qualifizierte
Abwehrklausel) (es sei denn, F wiese spätestens bei Lieferung unmissverständlich darauf hin,
ausschließlich bzw. nur auf Basis der Geltung seiner allgemeinen Verkaufsbedingungen zum
Vertragsschluss bereit zu sein).

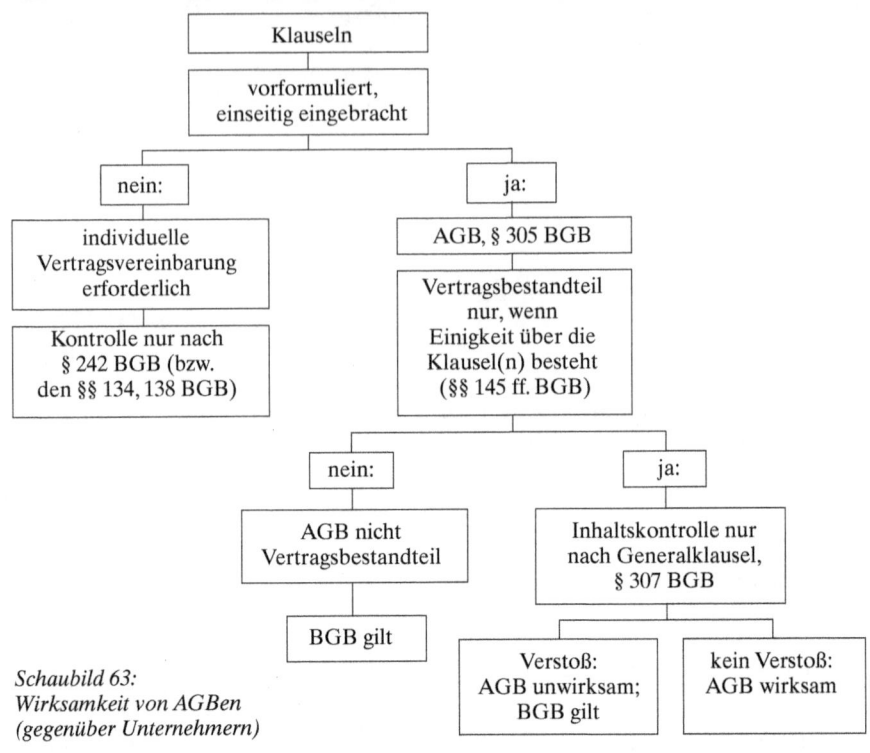

Schaubild 63:
*Wirksamkeit von AGBen
(gegenüber Unternehmern)*

Nach den Regeln über das kaufmännische Bestätigungsschreiben sind AGBen auch hierdurch in den Vertrag einführbar (s. o. 6.3.1.2).

Ist die Verwendung von AGBen branchenüblich, so können AGBen auch ohne besonderen Hinweis unter Kaufleuten Vertragsbestandteil werden.

Beispiele: AGBen der Banken, Flughafenunternehmen, Versicherungen, ADSp.

Handels-
bräuche
Zu Handelsbrauch erstarkte AGBen werden, ohne dass es einer Einbeziehung bedarf, gemäß § 346 HGB Vertragsinhalt.

Beispiel: Die sog. Tegernseer Gebräuche im Holzhandel (s. o. 6.3.6 a. E.).

Inhalts-
kontrolle
Die Inhaltskontrolle von AGBen, die gegenüber einem Unternehmer bzw. Kaufmann im geschäftlichen Verkehr verwendet werden (§§ 310 I 1, 14 BGB, 1 ff. HGB), erfolgt nicht gemäß der §§ 308 und 309 BGB, sondern nur anhand § 307 BGB mit der in § 310 I 2 BGB enthaltenen Ergänzung. Auch dies ergibt sich daraus, dass der Gesetzgeber den geschäftserfahrenen Unternehmer bzw. Kaufmann als gegenüber einem Verbraucher weniger schutzwürdig erachtet. Da gemäß § 310 I 2 BGB (auch) § 307 I und II BGB gilt, die Verbote des § 309 BGB aber als Konkretisierungen des § 307 II BGB angesehen werden, sind diese Verbotstatbestände des § 309 BGB auch im Handelsverkehr zu beachten.

120

6.8 Mängel des Rechtsgeschäfts

Rechtsgeschäfte können Mängel aufweisen, die ihre Wirksamkeit in Frage stellen, sei es aufgrund inhaltlicher, gesetzlich gezogener, Grenzen, sei es im Hinblick auf Willensmängel.

6.8.1 Inhaltliche Schranken

Verstoßen Rechtsgeschäfte gegen wesentliche Prinzipien der Rechtsordnung, so verwirft sie das Gesetz ungeachtet der (insoweit als nachrangig gewerteten) Privatautonomie (s. a. 2.5, 6.6.6, 16.2.2.3).

Verletzung wesentlicher Prinzipien

6.8.1.1 Nichtigkeit

Nichtigkeitsgründe sind die gesetzlich am stärksten missbilligten Fehler von Rechtsgeschäften. Dabei handelt es sich im Wesentlichen um folgende Konstellationen:

– Geschäftsunfähigkeit, § 105 I, II BGB (vgl. oben 3.1.2.1);

– Formverstoß, § 125 BGB (s. o. 6.4), wobei ein Verstoß gegen eine gesetzlich vorgeschriebene Form regelmäßig zur Nichtigkeit führt, § 125 S. 1 BGB,

Nichtigkeitsfälle

Beispiele: die nur mündliche Bürgschaftserklärung des Nichtkaufmanns, § 766 S. 1 BGB; anders beim Kaufmann, § 350 HGB (s. o. 3.4.2.2, 6.2.6.2; s. a. 10.7.2);

während bei einem lediglich vertraglich vereinbarten Formerfordernis zu werten ist, ob dieses nur zur Beweissicherung und Klarheit dienen soll (dann bleibt das Rechtsgeschäft wirksam) oder aber gerade Gültigkeitsvoraussetzung ist (dann Nichtigkeit), § 125 S. 2 BGB,

Beispiel: Ist vertraglich die Kündigung durch eingeschriebenen Brief vereinbart, dann hat die Schriftform in Zweifelsfall konstitutive Bedeutung, die Übermittlungsform dagegen nur Beweisfunktion (s. a. 6.4 a. E.).

Formmängel sind ggf., insbesondere bei Vertragserfüllung, heilbar, vgl. die §§ 311 b I 2, 518 II, 766 S. 3 BGB, 15 IV 2 GmbHG;

– Gesetzesverstoß, § 134 BGB,

Beispiele: Schwarzarbeit, §§ 1, 2 SchwarzArbG (s. u. 10.3.1, 11.1 a. E.), strafbare Handlungen i. S. d. StGB (Ankauf von Hehlerware, Rauschgift, Mordaufträge), Verstöße gegen Arbeitnehmerschutzrecht (s. u. 6.8.1.2, 10.4.2 a. E., 16.1) bzw. Benachteiligungsverbote (§ 7 I, II AGG; s. a. 6.6.6.2, 16.2.2.3);

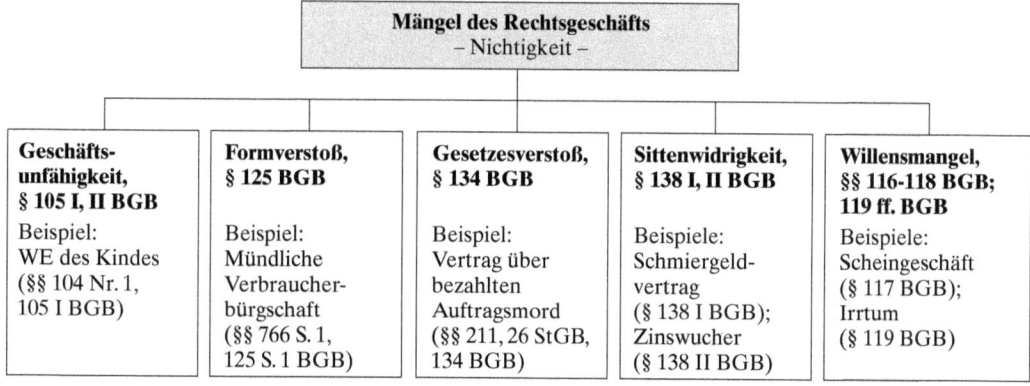

Schaubild 64: Mängel des Rechtsgeschäfts/Nichtigkeit

„gute Sitten"   – Sittenwidrigkeit, § 138 I BGB, d. h. den Verstoß gegen das Anstandsgefühl aller billig und gerecht Denkenden (vgl. Art. 152 S. 3 WRV bzw. die §§ 826 BGB, 13 II KSchG, 23 MarkenG, 3 I Nr. 3 DesignG, 2 I PatG, s. u. 12.4; s. a. die Unlauterkeit im Wettbewerbsrecht, §§ 3 ff. UWG, s. u. 18.3).

Beispiele: Krass überfordernde Bürgschaften (s. u. 10.7.2); vorsätzliches Verleiten des Mitarbeiters eines Konkurrenten zum Vertragsbruch (s. a. die §§ 17, 19 UWG, s. u. 18.3.2); Schmiergeldvertrag; knebelndes Wettbewerbsverbot (s. u. 16.6); Globalabtretung von Forderungen ohne Rücksicht auf verlängerten Eigentumsvorbehalt (s. u. 10.2.8); Kündigung aus bloßer Rachsucht; einverständliches Zusammenwirken von Vertreter und Drittem zum Nachteil des Vertretenen (sog. Kollusion; s. u. 7.2; 7.7.3; 7.8.2.3). (Verstößt ein Rechtsgeschäft sowohl gegen ein Verbotsgesetz als auch gegen die guten Sitten, so geht wohl § 134 BGB dem § 138 I BGB als speziellere Regelung vor.)

Wucher   – Ein besonders sittenwidriges Verhalten ist der Wucher, § 138 II BGB (s. a. Art. 152 S. 2 WRV).

Beispiele: Wucherzinsen (die etwa beim Zweifachen des Marktzinses anzunehmen sind); Lohn unter der Hälfte des Tariflohns (Lohnwucher; s. u. 16.2.2.1).

– Als Folge des Abstraktionsprinzips (s. o. 5) erfasst die Nichtigkeitswirkung des § 138 BGB zunächst nur das schuldrechtliche Verpflichtungsgeschäft, das wertneutrale, abstrakte Verfügungsgeschäft wird dagegen grundsätzlich nicht berührt; ist die Unsittlichkeit dagegen gerade im Vollzug der Leistung zu sehen wie etwa bei Sicherungsübereignungen (s. u. 15.3.2.1) oder Abtretungen (§§ 398 ff. BGB, s. u. 8.8), die gegen § 138 BGB verstoßen, so liegt ebenfalls deren Nichtigkeit vor; beim Wucher, § 138 II BGB, ist regelmäßig auch das Erfüllungsgeschäft nichtig (§ 138 II BGB: „... *versprechen oder gewähren lässt";*

Doppelmangel   sog. Doppelmangel [s. o. 5.2 a. E.]).

Unwirksamkeit von Anfang an   Besteht aufgrund der o. g. Vorschriften Nichtigkeit, dann ist das Rechtsgeschäft unabhängig davon, ob die Beteiligten dies wollen, kraft Gesetzes von Anfang an (ex tunc) absolut unwirksam. Die Gerichte haben dies von Amts wegen zu berücksichtigen (Einwendung, s. o. 4.2.5.2).

Bestätigung   Das nichtige Rechtsgeschäft muss ggf. erneut, rechtsfehlerfrei, vorgenommen (= bestätigt, vgl. § 141 BGB) werden. Die Nichtigkeit erfasst grundsätzlich das ganze Rechtsgeschäft; ausnahmsweise kann aber, wenn sich die Nichtigkeit nur

Teilnichtigkeit   auf einen abtrennbaren Teil bezieht, das Restgeschäft aufrechterhalten werden, § 139 BGB.

Beispiele: Einzelne unwirksame Klauseln im Gesellschaftsvertrag; überlange Dauer eines Mietvertrages; gegen § 551 I, IV BGB verstoßende Doppelsicherung durch Mietkaution und Mietbürgschaft (s. u. 10.5.3; 10.7.2); Vereinbarung eines tarifvertragswidrigen „Hungerlohnes" (der Arbeitsvertrag bleibt wirksam, die Lohnvereinbarung ist nichtig, der Arbeitgeber muss das tarifliche bzw. übliche Entgelt bzw. den gesetzlichen Mindestlohn [vgl. § 1 MiLoG] zahlen) (s. u. 16.2.2.1).

Inhaltliche Schranken finden sich etwa auch in den §§ 276 III, 306, 444, 476, 536 d, 574 IV, 639 BGB.

Umdeutung   Unter Umständen kommt auch die Umdeutung des nichtigen Rechtsgeschäfts in ein diesem nahes anderes in Betracht, § 140 BGB (s. o. 6.3.6 a. E.).

Beispiele: Fristlose Kündigung in fristgemäße (s. u. 16.5.2); Mietkündigung mit falscher Kündigungsfrist in Kündigung zum richtigen Termin; oHG-Vertrag in GbRVertrag (s. u. 17.3.2.3 a. E.); unzulässige Prokura in Handlungsvollmacht bzw. „einfache" Vollmacht (§ 167 BGB; s. u. 7.8.2.1).

6.8.1.2 Unwirksamkeit

Rechtsgeschäfte, die gegen ein absolutes gesetzliches Verbot i. S. d. § 134 BGB verstoßen, sind nichtig (s. o. 6.8.1.1). *Verbotsverstoß*

Beispiele: Bei der Einstellung dem Arbeitnehmer abverlangter Verzicht auf Entgeltfortzahlung im Krankheitsfall entgegen § 12 EFZG bzw. auf bezahlten Urlaub entgegen § 13 BUrlG (s. u. 10.4.2; 16.3.2.1; 16.3.2.3); den gesetzlichen Mindestlohn unterschreitende bzw. ausschließende Vereinbarungen, § 3 MiLoG.

Rechtsgeschäfte, die gegen ein relatives gesetzliches,

Beispiel: beim Vorkaufsrecht, vgl. § 473 BGB (s. u. 10.2.9),

oder behördliches bzw. gerichtliches,

Beispiele: Einstweilige Verfügung, §§ 935, 940 ZPO; Pfändung von Forderungen oder Rechten gemäß der §§ 829, 857 ZPO,

Veräußerungsverbot (besser: Verfügungsverbot) verstoßen, sind bestimmten Personen gegenüber unwirksam (also im Gegensatz zur obigen Nichtigkeit nur relativ unwirksam), §§ 135, 136 BGB. *Veräußerungsverbot*

Beispiel: Die Übertragung des Vorkaufsrechts ist dem verbotsgeschützten Vorkaufsverpflichteten gegenüber unwirksam, §§ 473 S. 1, 135 BGB.

Rechtsgeschäftliche Veräußerungs-(Verfügungs-)verbote sind gemäß § 137 S. 1 BGB grundsätzlich unzulässig.

Beispiel: Die Übertragbarkeit des Anwartschaftsrechts eines Eigentumsvorbehaltserwerbers (s. u. 10.2.8) kann grds. gemäß § 137 S. 1 BGB nicht ausgeschlossen werden.

Die Abrede, Verfügungen über ein Recht zu unterlassen, ist dagegen möglich, § 137 S. 2 BGB.

Beispiel: Der Erblasser verpflichtet sich im Erbvertrag (§ 2286 BGB) gegenüber dem Erben, nicht durch Rechtsgeschäft unter Lebenden zu verfügen, § 137 S. 2 BGB.

6.8.1.3 Schwebende Un-/Wirksamkeit

Zunächst unwirksame Rechtsgeschäfte, die bei Nachholung fehlender Wirksamkeitsvoraussetzungen rückwirkend wirksam werden, sind schwebend unwirksam. In der Zwischenzeit besteht ein Schwebezustand. Tritt die Voraussetzung ein, so ist das Rechtsgeschäft von Anfang an wirksam, tritt sie nicht ein, dann ist es endgültig unwirksam und nichtig. *Schwebezustand*

Beispiele hierfür sind etwa: § 108 BGB beim Vertragsabschluss Minderjähriger (s. o. 3.1.2.1), § 177 BGB beim Vertragsabschluss durch den Vertreter ohne Vertretungsmacht (s. u. 7.6), § 185 BGB bei der Verfügung eines Nichtberechtigten (s. o. 6.2.4; 6.5).

Werden einem Verbraucher (§ 13 BGB, s. o. 3.1.3.2) gesetzlich Widerrufsrechte i. S. d. §§ 355 ff. BGB eingeräumt (s. o. 6.6.4.2), *Verbraucherverträge*

Beispiele: in den §§ 312 g, 485, 495, 510 III, 650 l BGB, 4 FernUSG,

so sind diese Verbraucherverträge (s. o. 6.2.7; vgl. Schaubild 44) bis zur evtl. Ausübung des Widerrufsrechtes zunächst wirksam und der Verbraucher hat gegen den Unternehmer (§ 14 BGB, s. o. 3.6) einen Erfüllungsanspruch. Wird das Widerrufsrecht ausgeübt, so wandelt sich der Vertrag ab jetzt („ex nunc") in ein Rückabwicklungsverhältnis um, §§ 355 III 1 BGB (s. u. 8.14.2.9).

6.8.2 Willensmängel

Störungen bei Willenserklärungen, die man Willensmängel nennt, führen ebenfalls zur Fehlerhaftigkeit von Rechtsgeschäften. Solche Fehler können entweder die Nichtigkeit oder die durch Anfechtung herbeizuführende Vernichtbarkeit zur Folge haben.

6.8.2.1 Bestandteile der Willenserklärung

Essentialia

Bereits oben (6.3.2) wurde darauf hingewiesen, dass die den wesentlichen Kern des Rechtsgeschäftes bildende Willenserklärung der Äußerung eines Willens bedarf und insoweit subjektiv Handlungswillen, Erklärungsbewusstsein und Geschäftswillen als Essentialia voraussetzt. Fehlt es an einem dieser Elemente, so wird unter bestimmten Voraussetzungen, §§ 116 ff. BGB, zu Gunsten des Erklärenden ein Willensmangel als rechtlich erheblich anerkannt.

6.8.2.2 Fallgruppen

Relevante
Willensmängel

Gemäß der §§ 116 ff. BGB lassen sich drei Fallgruppen rechtlich relevanter Willensmängel unterscheiden:
– Bewusste Willensmängel, bei denen Wille und Erklärung bewusst voneinander abweichen, §§ 116–118 BGB; hier will der Erklärende die Rechtsfolgen seiner Erklärung nicht;
– unbewusste Willensmängel, bei denen Wille und Erklärung unbewusst divergieren, §§ 119–120 BGB; hier will der Erklärende eine Erklärung anderen Inhalts abgeben oder er geht bei der Willensbildung von falschen Vorstellungen aus – er irrt also;
– unzulässige Beeinträchtigung der Freiheit der Willensentschließung durch arglistige Täuschung und widerrechtliche Drohung, § 123 BGB; hier geht es nicht um einen Zwiespalt zwischen Wille und Erklärung, sondern um die verwerfliche Beeinflussung.

6.8.2.3 Bewusste Willensmängel

Das BGB kennt drei Fälle von bewussten Willensmängeln: den geheimen Vorbehalt, § 116 BGB, das Scheingeschäft, § 117 BGB, sowie die Scherzerklärung, § 118 BGB.

Mental-
reservation

– Behält der Erklärende sich insgeheim vor, das Erklärte nicht zu wollen (man nennt das auch Mentalreservation), so ist dies grundsätzlich unbeachtlich, die Willenserklärung ist wirksam, § 116 S. 1 BGB. Nur dann, wenn derjenige, demgegenüber sie abzugeben war, den Vorbehalt kennt, ist die Willenserklärung nichtig, § 116 S. 2 BGB.

– Wird eine einem anderen gegenüber abzugebende Willenserklärung mit dessen Einverständnis nur zum Schein abgegeben, dann ist sie nichtig, § 117 I BGB.
Beispiele: Grundstücks(ver)kauf vor dem Notar unter Angabe eines geringeren als des vereinbarten Kaufpreises, um Kosten bzw. Gebühren zu sparen; in kollusivem Zusammwirken mit dem eBay-Verkaufsanbieter von einem Dritten abgegebene Scheinangebote, um den Auktionspreis „hochzutreiben" (s. a. das Beispiel bei 6.6).

Schein-
erklärung

Ein mit dem Scheingeschäft verdecktes Geschäft kann aber, wenn dessen Wirksamkeitsvoraussetzungen erfüllt sind, gültig sein, § 117 II BGB.
Beispiel: Der obige „Schwarzkauf" soll meistens nur den in Wirklichkeit gewollten höheren Kaufpreis verdecken. Zwar sieht § 311 b I BGB die Beurkundung des gewollten höheren, nicht erklärten, Kaufpreises vor, weswegen das verdeckte Rechtsgeschäft grundsätzlich

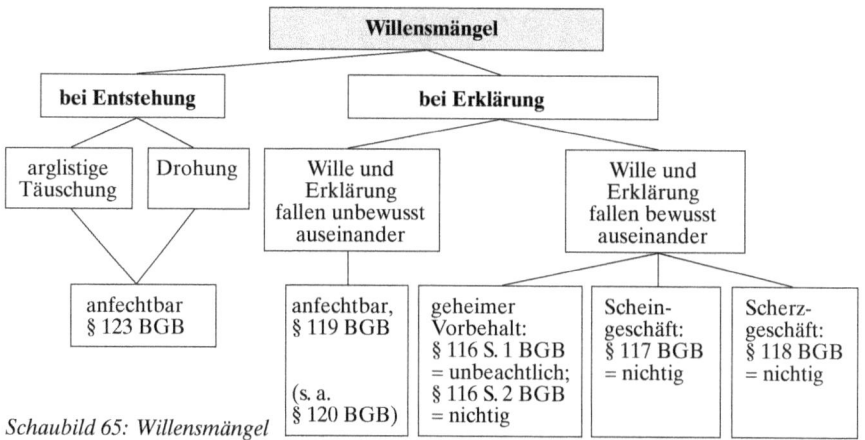

Schaubild 65: Willensmängel

i. S. d. § 125 S. 1 BGB wegen Formmangels nichtig ist; gemäß § 311 b I 2 BGB wird dieser Formmangel aber mit der Auflassung, vgl. die §§ 925, 873 BGB, und Eintragung des Erwerbers im Grundbuch geheilt (s. a. 6.4; 15.3.4.1) (d. h., der Grundstückserwerber schuldet dem Veräußerer dann den tatsächlich vereinbarten – höheren – Kaufpreis).

– Wird eine nicht ernstlich gemeinte Willenserklärung in der Erwartung abgegeben, der Mangel der Ernstlichkeit werde vom Erklärungsgegner nicht verkannt (Scherzerklärung), so ist sie nichtig, § 118 BGB. *Scherzerklärung*

Beispiel: Zur Erläuterung des Abstraktionsprinzips lässt der Dozent Studierende in einem Rollenspiel einen Bucherwerb üben.

Erkennt der Geschäftsgegner diesen Mangel der Ernstlichkeit nicht und vertraut er auf die Gültigkeit der Erklärung, dann schuldet der Erklärende gemäß § 122 BGB den Ersatz des Schadens, der durch das Vertrauen auf die Wirksamkeit der Erklärung entstand (Erklärungshaftung; sog. Vertrauensschaden; s. u. 6.8.2.4 a. E.). Wenn der Erklärende aber erkennt, dass der Erklärungsgegner die Erklärung als ernstlich gewollt ansieht, dann muss er ihn gemäß des Gebotes von Treu und Glauben, § 242 BGB (s. u. 8.3.1.2), aufklären; unterlässt er das, so kann er sich auf § 118 BGB nicht mehr berufen. *Vertrauensschaden*

6.8.2.4 Unbewusste Willensmängel

Beim unbewussten Auseinanderfallen von Wille und Erklärung, dem sog. Irrtum, ermöglicht das BGB dem Erklärenden, das Rechtsgeschäft durch Anfechtung zu vernichten. Dabei sind folgende Aspekte zu beachten:

– Rechtsgeschäft

Anfechtbar wegen Irrtums sind nur Willenserklärungen. Realakte (= Tathandlungen), die lediglich auf einen äußeren Erfolg gerichtet sind, an den aber das Gesetz Rechtsfolgen knüpft (etwa: Verarbeitung, Verbindung, s. o. 6.3.3.2), sind nicht anfechtbar. Soweit das BGB vom anfechtbaren Rechtsgeschäft spricht, vgl. § 142 BGB, ist dies unpräzise: Gemeint ist die anfechtbare Willenserklärung (s. o. 6.1, 6.3). *anfechtbare Willenserklärungen*

– Anfechtungsgründe

Die §§ 119, 120 BGB unterscheiden verschiedene Irrtumsfälle, die zur Anfechtung berechtigen können:

125

Willensmängel
– Irrtumsvarianten des § 119 BGB –

Inhaltsirrtum, **§ 119 I 1. Alt. BGB**	**Erklärungsirrtum,** **§ 119 I 2. Alt. BGB**	**Eigenschaftsirrtum,** **§ 119 II BGB**
– Erklärender weiß, was er sagt, aber weiß nicht, was er damit sagt (Denkfehler)	– Erklärender weiß nicht, was er sagt, erklärt, was er nicht will (Versehen)	– Erklärender weiß, was er sagt, hat aber falsche Vorstellungen von Person oder Sache
– gewählte Worte entsprechen dabei dem Willen	– gewählte Worte entsprechen nicht dem Willen	– gewählte Worte entsprechen dem Willen
Bsp.: A glaubt, 1 Dutzend (= 12) bedeute 6 Stück	Bsp.: B verspricht, vergreift, verschreibt sich	Bsp.: C glaubt, der gekaufte Pkw sei neu

Schaubild 66: Willensmängel – Irrtumsvarianten des § 119 BGB

Inhaltsirrtum/
Denkfehler

- § 119 I 1. Alt. BGB stellt beim dortigen sog. Inhaltsirrtum (s. o. 6.3.2.3) darauf ab, dass der Erklärende „bei der Abgabe der Willenserklärung über deren Inhalt im Irrtum war". Der Erklärende irrt also über die Bedeutung der abgegebenen Erklärung. Er weiß, was er sagt, aber er weiß nicht, was er damit sagt bzw. was das Gesagte bedeutet (er begeht also einen Denkfehler).

Beispiel: Jemand bestellt 25 Gros Rollen Toilettenpapier (= 3600 Rollen; 1 Gros = 12 Dutzend = 144) in der Annahme, es handle sich um 25 große Rollen;

Erklärungs-
irrtum/
Versehen

- § 119 I 2. Alt. BGB erfasst beim sog. Erklärungsirrtum solche Fälle, in denen der Erklärende „eine Erklärung dieses Inhalts gar nicht abgeben wollte". Dabei weiß er gar nicht, was er sagt. Der Erklärende erklärt also nicht das, was er eigentlich erklären wollte (ihm unterläuft also ein Versehen). Typische Fälle dafür sind das Sich-Versprechen, Sich-Verschreiben bzw. Sich-Vergreifen.

Beispiele: Der Verkäufer bietet schriftlich Ware zum Preis von € 6,75 an, hat sich dabei aber vertippt (eigentlich sollte der Preis auf € 7,65 lauten); ebenso ist es grds. bei Eingabe- oder Softwarefehlern, wenn elektronische Willenserklärungen, etwa e-mails oder Ausfüllen von Masken bei Internetbestellungen, abgegeben werden; oder: Der Verkäufer greift versehentlich in das falsche Regal und übereignet eine andere als die vereinbarte Ware (daran sieht man auch, dass rechtsrelevante Irrtümer sowohl bei Willenserklärungen, die sich auf das Verpflichtungsgeschäft – hier: den Kaufvertrag, § 433 BGB – beziehen, als auch bei sich auf das Verfügungsgeschäft – hier: auf die Übereignung der anderen Ware, § 929 S. 1 BGB – erstreckenden Willenserklärungen auftauchen können); (ggf. wird § 119 I 2. Alt. BGB auch entsprechend angewandt etwa bei fehlendem Erklärungsbewusstsein [s. o. 6.3.2.2] bzw. fehlendem Abgabewillen [s. o. 6.3.5]);

Kalkulations-
irrtum

- bei Kaufleuten als problematisch erweisen sich hierbei die Fälle des sog. Kalkulations- bzw. Berechnungsirrtums insbesondere dann, wenn ein falscher (fehlerhaft errechneter) Preis, etwa bei Angeboten, angegeben wird.

Beispiele: Der Bauunternehmer addiert Baustoffkosten falsch und gibt daher ein zu niedriges Angebot ab; geht von falschen Betriebskosten oder Arbeitslöhnen aus; verrechnet sich bei Kosten der Eigenbeschaffung.

intern

Wird dem Geschäftsgegner dabei nur das Ergebnis der (internen) Berechnung, nicht aber deren Kalkulation mitgeteilt, dann sind etwaige Fehler der Berechnung grundsätzlich als unerheblicher, nicht zur Anfechtung berechtigender, Motivirrtum zu werten (sog. interner bzw. verdeckter Kalkulationsirrtum).

Beispiel: Ein Unternehmer berechnet die eigenen Arbeitslöhne zu gering und bietet zu billig an – er bleibt gleichwohl an sein Angebot gebunden und kann es weder anfechten noch eine Nachzahlung fordern, auch muss der Vertragspartner nach der Rspr. die Kalkulation nicht nachprüfen oder auf mögliche Fehler hinweisen (anders ist es nur bei offenkundigen Fehlern).

Auch dann, wenn die fehlerhafte Kalkulation ausdrücklich zum Gegenstand der Vertragsverhandlungen gemacht wird (sog. externer bzw. offener Kalkulationsirrtum), kommt ein Anfechtungsrecht (etwa auf Grund eines [sog. erweiterten] Inhaltsirrtums) wohl ebenso nicht in Betracht (str.; u. U. kann der Preis durch Auslegung, §§ 133, 157 BGB, s. o. 6.3.6, ermittelt bzw. angepasst werden; hat der Geschäftsgegner den Kalkulationsirrtum erkannt, kann sich auch ein Anspruch des offenbar unrichtig Kalkulierenden auf Schadensersatz bzw. Freistellung aus den §§ 241 II, 242, 280, 311 II BGB – s. u. 9.8 – ergeben, wenn die Vertragsdurchführung für den Erklärenden schlechthin unzumutbar ist). *extern*

- § 120 BGB stellt die irrtümlich unrichtig übermittelte Erklärung dem Erklärungsirrtum i. S. d. § 119 I 2. Alt. BGB gleich. Das Risiko der Falschübermittlung trägt hier also der Erklärende, er kann aber ebenfalls anfechten. Übermittlungsperson i. S. d. § 120 BGB ist nicht der Vertreter, der ja keine fremde Erklärung übermittelt, sondern eine eigene abgibt, vgl. die §§ 164 ff. BGB (s. u. 7). Unter § 120 BGB fallen vielmehr folgende *Übermittlungsfehler*

Beispiele: Der Erklärungsbote (nicht: Empfangsbote; s. u. 7.3.2), ein Dolmetscher, oder aber die eine Briefsendung übermittelnde Deutsche Post AG, bzw. Serviceprovider, die mit der Übermittlung elektronischer Willenserklärungen im Internet betraut sind. S. a. 6.3.5. [§ 120 BGB gilt aber wohl nicht, wenn der Übermittler bewusst falsch übermittelt – er ist dann wie ein Vertreter ohne Vertretungsmacht (s. u. 7.6) anzusehen, vgl. die §§ 177 ff. BGB.] Ggf. haftet der fehlerhaft Übermittelnde dem Erklärenden u. U. wegen Sorgfaltspflichtverletzung im zwischen beiden bestehenden Vertrag (s. u. 9.7) bzw. ggf. aus unerlaubter Handlung, §§ 823 ff. BGB (s. u. 12);

§ 119 II BGB erkennt mit dem Eigenschaftsirrtum Fehler in der Willensbildung ausnahmsweise dadurch als Anfechtungsgrund an, dass als Irrtum über den Inhalt der Erklärung auch der Irrtum über solche Eigenschaften der Person oder Sache, die im Verkehr als wesentlich angesehen werden, gilt. (Grds. nämlich ist ein Irrtum im Motiv unbeachtlich, s. a. 6.3.2.4; 10.2.5 a. E.). Der Eigenschaftsirrtum wird also dem Inhaltsirrtum gleichgestellt und berechtigt wie dieser zur Anfechtung. *Eigenschaftsirrtum*

Beispiele: Irrtum über den Wert einer Sammlermünze, über die Zahlungsfähigkeit und Kreditwürdigkeit beim Kreditgeschäft; über Herstellungsjahr oder Fahrleistung beim Pkw-Kauf; über Fahrpraxis des eingestellten Berufskraftfahrers; über einschlägige Vorstrafen bei Einstellung eines Kassierers (s. u. 16.2.3). Sachen i. S. d. § 119 II BGB sind auch Rechte. *Motivirrtum*

Keine Eigenschaften i. S. d. § 119 II BGB sind aber (als Summe aller wertbildenden Faktoren) bspw. der Wert oder Marktpreis einer Sache, auch nicht das Eigentum daran. Wichtig ist in diesem Zusammenhang noch, dass § 119 II BGB durch die §§ 434, 437 ff. BGB beim Sachkauf nach dem Gefahrenübergang grds. ausgeschlossen wird; ist die Kaufsache nämlich mangelhaft, so gehen die Gewährleistungsrechte (s. u. 10.2.7) nach den §§ 437 ff. BGB vor, das Anfechtungsrecht entfällt dann regelmäßig. Auch § 311 a II BGB geht dem § 119 II BGB grds. vor (s. u. 9.3.2.3).

– Anfechtungserklärung *Erklärung nötig*

Das Vorliegen eines Anfechtungsgrundes alleine macht die Willenserklärung noch nicht unwirksam, vielmehr muss die Anfechtung ausdrücklich oder konkludent

(„*lasse ich nicht gelten*"; s. a. 6.3.6 [ggf. Auslegung]) dem Anfechtungsgegner erklärt werden, § 143 BGB. Die Anfechtungserklärung ist eine formfreie, empfangsbedürftige, unwiderrufliche und bedingungsfeindliche Willenserklärung (s. o. 6.3.4.3, 6.3.5).

unverzüglich – Anfechtungsfrist

Die Anfechtung kann in den Fällen der §§ 119, 120 BGB nur unverzüglich, d. h. ohne schuldhaftes Zögern, erfolgen, § 121 I BGB (unverzüglich heißt nicht sofort [wie dagegen aber etwa in § 271 I BGB; s. u. 8.4], meint vielmehr grds. in angemessener Eile; angemessene Überlegungszeit wird gemäß § 121 I BGB also zugebilligt, nicht aber eine vermeidbare Verzögerung bzw. Lässigkeit).

Nichtigkeit – Rechtsfolgen

Das angefochtene Rechtsgeschäft, d. h. die Willenserklärung (s. o.), ist als von Anfang an nichtig anzusehen, § 142 I BGB. Diese sog. ex-tunc-Wirkung wird aber bei bereits in Vollzug gesetzten fehlerhaften Arbeitsverhältnissen oder fehlerhaften Gesellschaftsverträgen aus Gründen der Rechtssicherheit und des Vertrauensschutzes eingeschränkt; hier wirkt die Anfechtung nur ex nunc (d. h. ab dem Zeitpunkt des Zugangs der Anfechtungserklärung; s. u. 8.3.3; 16.2.4).

Vertrauens-
schaden
Gemäß § 122 I BGB hat der Anfechtende dem auf die Gültigkeit der Willenserklärung vertrauenden Geschäftsgegner einen etwaigen Vertrauensschaden zu ersetzen (Erklärungshaftung; s.a. 8.12.1; 14.1). Dieser erfasst die Nachteile, die durch das Vertrauen auf die Erklärungsgültigkeit entstanden sind, sog. negatives Interesse. Der Geschäftsgegner ist also so zu stellen, als hätte der Irrende nie eine Erklärung abgegeben (s. a. 8.12.3 a. E.).

Beispiele: Transportkosten; Vertragsabschlusskosten; Inseratskosten; Aufwendungen für Weiterverkauf; Planungskosten; Vertragsstrafe (s. u. 8.11). Dagegen ist der etwa aus dem beabsichtigten Rechtsgeschäft sich ergebende Gewinn des Anfechtungsgegners grds. nicht zu ersetzen (negatives Interesse); sollte ihm jedoch Gewinn etwa deswegen entgangen sein, weil er im Vertrauen auf das Geschäft spätere Angebote anderer Kunden für bspw. dieselbe Ware ausgeschlagen hatte, so wäre dieser entgangene Gewinn gemäß § 122 I BGB zu ersetzen (s, u. 8.12.3 a. E.).

Unterschied
zum Erfül-
lungsinteresse
Von diesem Vertrauensschaden, gerichtet auf das negative Interesse, ist übrigens das nicht unter § 122 I BGB fallende sog. Erfüllungsinteresse (= positives Interesse) zu unterscheiden, bei dem der Gläubiger so zu stellen ist, als wenn der Schuldner erfüllt hätte (s. u. 8.12.3). Darunter fiele etwa auch ein entgangener Gewinn bzw. die Differenz zwischen Kaufpreis und Wert der Sache (vgl. bspw. § 280 I BGB). Der Anspruch auf Ersatz des Vertrauensschadens nach § 122 I BGB wird der Höhe nach durch das Erfüllungsinteresse begrenzt. Haben die Parteien aufgrund einer angefochtenen Willenserklärung bereits Leistungen ausgetauscht, so sind diese grds. gemäß § 812 I 1 1. Alt. BGB zurückzugeben (s. u. 11).

6.8.2.5 Unzulässige Beeinträchtigung der Willensbildung

Auch bei der unzulässigen Beeinträchtigung der Freiheit der Willensentschließung durch arglistige Täuschung oder Drohung besteht gemäß § 123 BGB ein Anfechtungsrecht.

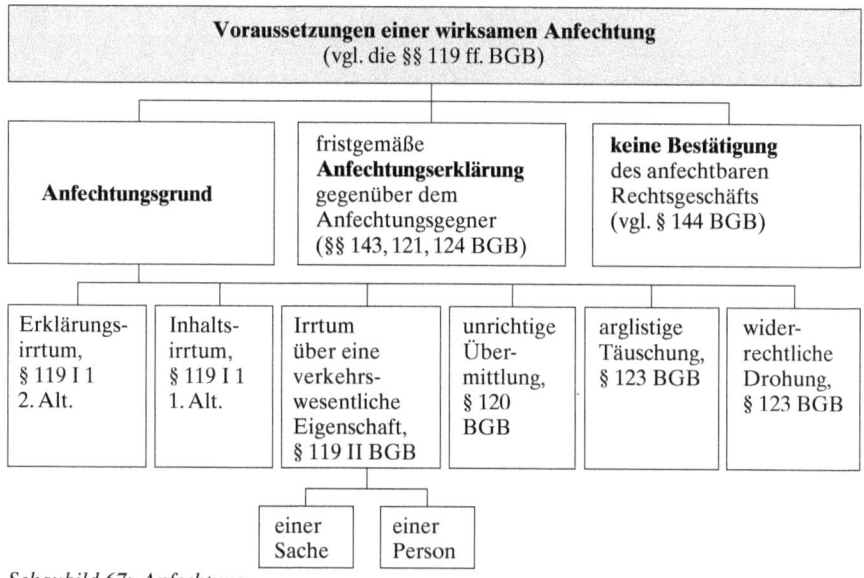

Schaubild 67: Anfechtung

– Arglistige Täuschung

Bei der arglistigen Täuschung geht es um das vorsätzliche (s. u. 9.2) Hervorrufen oder Aufrechterhalten eines Irrtums durch Vorspiegelung oder Unterdrücken von Tatsachen – *arglistig handelt derjenige, der vorsätzlich falsche Tatsachen vorspiegelt oder wahre Tatsachen unterdrückt, um einen Irrtum zu erregen oder aufrechtzuerhalten.*

Beispiele: Der Anbieter, der selbst zu € 33 000,– Einkaufspreis gekauft hat, erklärt seinen Weiterverkaufspreis von € 150 000,– als „besondere Einkaufsmöglichkeit", und der Geschäftsgegner fällt darauf herein. Oder: Der Arbeitgeber spiegelt dem arglosen Arbeitnehmer bei dessen kündigungsbedingtem Ausscheiden (s. u. 16.5.2) vor, er solle lediglich eine einfache Quittung über noch zu erhaltenden Arbeitslohn unterschreiben, § 368 S. 1 BGB, während er ihn tatsächlich in einer sog. Ausgleichsquittung (s. a. 8.14.2.4; 16.5.5) den Verzicht auf eine Kündigungsschutzklage und sonstige Rechte unterzeichnen lässt. S. a.: Der Mieter beantwortet beim Mietvertragsschluss die (zulässige) Frage des Vermieters nach der Höhe des monatlichen Einkommens (Zahlungsfähigkeit) bewusst falsch (s. u. 10.5.1 a. E.).

Das Verschweigen wahrer Tatsachen ist arglistige Täuschung nur dann, wenn insoweit eine Aufklärungspflicht besteht.

Beispiele: Das Verschweigen eines schweren Unfalls beim Kfz-Verkauf; oder: Der Berufskraftfahrer verschweigt bei der Einstellung mehrere Vorstrafen wegen straßenverkehrsrechtlicher Delikte (s. a. 9.8.1 a. E.); nicht aber etwa: Verschweigen der Schwangerschaft beim Einstellungsgespräch (auch bei Bewerbung auf eine Schwangerschaftsvertretung; s. u. 16.2.3.2).

Da die Täuschung, also das auf das Hervorrufen einer falschen Vorstellung gerichtete Verhalten, arglistig erfolgt sein muss, ist ein Täuschungswille erforderlich. Der Täuschende muss demnach wissen, dass seine Angaben falsch sind, und es wollen, den Geschäftsgegner dadurch zu einer entsprechenden Willenserklärung zu veranlassen. Dabei genügt bedingter Vorsatz (s. u. 9.2).

Beispiel: Die (Noten-)Fälschung eines (Abschluss-)Zeugnisses durch den Arbeitnehmer berechtigt den Arbeitgeber (auch noch nach längerer Zeit) zur Anfechtung (s. u. 16.2.4; 16.5.5).

Die Täuschungshandlung muss nicht nur kausal sein für den Irrtum, sie muss auch kausal sein für die abgegebene Willenserklärung des Getäuschten. Täuschungshandlungen Dritter muss sich der Erklärungsgegner unter den Voraussetzungen des § 123 II BGB zurechnen lassen, wobei „Dritter" in diesem Sinn nur ein am Geschäft Unbeteiligter, dem Erklärungsgegner nicht Zuzurechnender ist (anders aber wäre es bei einem Vertreter oder Erfüllungsgehilfen des Erklärungsgegners).

Zurechnung Dritter

Beispiele: Ein Dritter täuscht den Käufer über die Neuwertigkeit der Kaufsache. Daraufhin erwirbt sie der Käufer beim Verkäufer: Er kann den Kaufvertrag jetzt nicht anfechten, vgl. § 123 II 1 BGB. Täuscht den Käufer allerdings ein Mitarbeiter des Verkäufers, so muss sich dieser die Täuschung zurechnen und die Anfechtung durch den Käufer gefallen lassen (vgl. § 278 BGB; s. u. 7.3.3, 7.5, 8.13.2).

Drohung

– Widerrechtliche Drohung

Das widerrechtliche Inaussichtstellen eines Übels (= Drohung), das den Erklärenden in eine Zwangslage versetzt, erlaubt gemäß § 123 I 2. Alt. BGB ebenfalls die Anfechtung.

Beispiele: Verkauf eines Grundstücks nach der Drohung mit dem Nichteinlösen eines Wechsels; Androhung von massiver Gewaltanwendung, wenn ein Darlehen nicht gewährt werde.

– Anfechtungserklärung, -frist

Die Anfechtung aufgrund § 123 BGB muss dem Geschäftsgegner ebenfalls nach § 143 BGB erklärt werden. Die Frist hierfür beträgt ein Jahr, § 124 BGB (längstens zehn Jahre, § 124 III BGB). Neben demjenigen des § 123 BGB besteht oftmals auch ein Anfechtungsrecht wegen Irrtums i. S. d. § 119 BGB; der Erklärende hat dann ein Wahlrecht, auf welche Anfechtungsmöglichkeit er sich stützen will (etwa im Hinblick auf § 122 BGB). Häufig besteht neben dem Anfechtungsrecht des § 123 BGB auch Anspruch auf Schadensersatz gemäß § 823 II BGB i. V. m. den §§ 263 bzw. 240 StGB oder § 826 BGB (s. u. 12.3 f.) oder aus den §§ 280, 241 II, 311 III BGB (s. u. 9.8, cic).

7 Stellvertretung

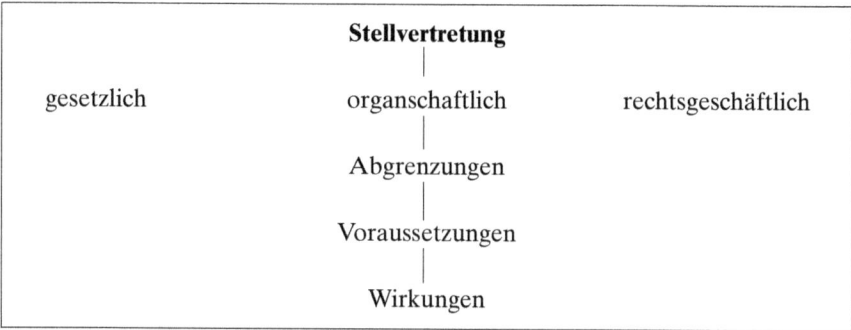

Stellvertretung

gesetzlich | organschaftlich | rechtsgeschäftlich

Abgrenzungen

Voraussetzungen

Wirkungen

Leitübersicht 7: Stellvertretung

Leitfragen zu 7:

a) Was versteht man unter Stellvertretung?
b) Welche Fälle gibt es?
c) Von welchen Rechtsfiguren ist die Stellvertretung zu unterscheiden?
d) Welche Voraussetzungen, welche Grenzen sind zu beachten?
e) Worin bestehen die Besonderheiten kaufmännischer Stellvertretungsformen?

Gewünschte Rechtsgeschäfte selbst, persönlich zu tätigen, gelingt allenfalls der Privatperson in den meisten Fällen; im Wirtschaftsleben dagegen wären der Produktionsprozess, der Waren- und Dienstleistungsverkehr ohne die Einschaltung von Dritten, die für ein Unternehmen rechtsgeschäftlich handeln, gar nicht möglich. Das Recht der Stellvertretung ist daher von besonderer Bedeutung.

7.1 Begriff

Unter Vertretung bzw. Stellvertretung versteht man das rechtsgeschäftliche Handeln im Namen des Vertretenen mit der Wirkung, dass die Rechtsfolgen unmittelbar in der Person des Vertretenen eintreten. Sie ist im BGB im Wesentlichen in den §§ 164 ff. geregelt. Mit nicht-rechtsgeschäftlichem Handeln hat sie grundsätzlich nichts zu tun. Dabei geht die Vertretung davon aus, dass

— rechtsgeschäftlich Handelnder nur der Vertreter, nicht der Vertretene, ist (sog. *Repräsentationsprinzip*),
— der Vertreter erkennbar im Namen des Vertretenen auftritt (sog. *Offenkundigkeitsprinzip*),
— und dass die Vertretungsmacht sowie das ihr zugrunde liegende Rechtsverhältnis zwischen Vertretenem und Vertreter voneinander zu trennen sind (sog. *Abstraktionsprinzip*).

Handeln für andere

Prinzipien

7.2 Arten

Es lassen sich mehrere Arten der Vertretung unterscheiden:

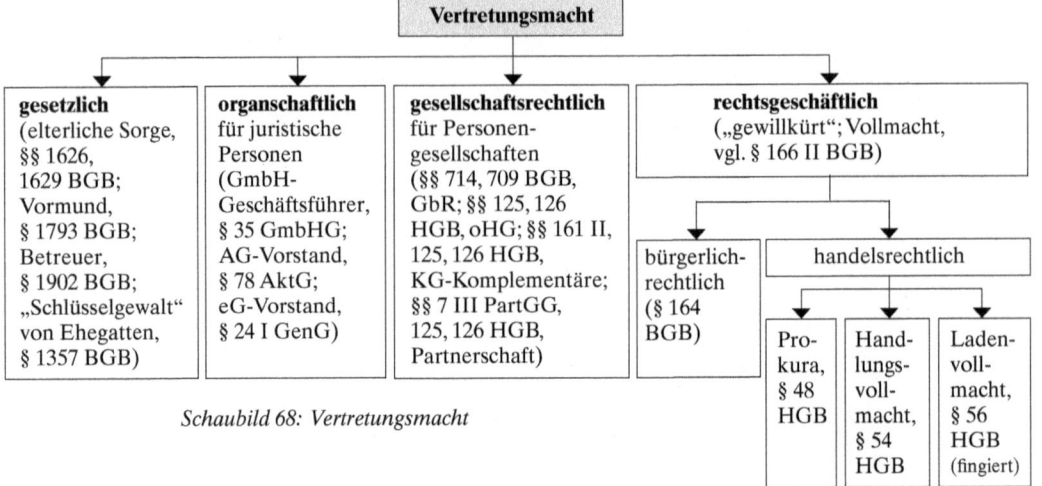

Schaubild 68: Vertretungsmacht

7.2.1 Gesetzliche Vertretung

gesetzlich In einigen Fällen ergibt sich die Befugnis, andere natürliche Personen zu vertreten, unmittelbar aus gesetzlichen Vorschriften:
- Eltern für ihre Kinder aus ihrem Sorgerecht, §§ 1626, 1629 BGB;
- Ehegatten im Rahmen der Schlüsselgewalt, § 1357 BGB;
- der Vormund für das Mündel, §§ 1773, 1793 BGB;
- der Pfleger für den Pflegebefohlenen, §§ 1909 ff. BGB;
- der Betreuer für den Betreuten, §§ 1896, 1902 BGB;
- der Verwalter für die Wohnungseigentümer, § 27 II WEG.

7.2.2 Organschaftliche Vertretung

organschaftlich Juristische Personen als rechtliche Konstrukte (s. o. 3.2) handeln durch ihre Organe. Diese haben eine der gesetzlichen Vertretung ähnliche Vertretungsmacht (organschaftliche Vertretung einer Gesellschaft ist gesetzliche Vertretung, nicht Vollmacht), die sich ggf. aus der Satzung näher ergibt:
- Gemäß § 26 II BGB hat der Vereinsvorstand die Stellung eines gesetzlichen Vertreters (s. o. 3.2.2);
- die GmbH wird durch ihre Geschäftsführer gerichtlich und außergerichtlich vertreten, § 35 I GmbHG (s. u. 17.7.6.1);
- der Vorstand vertritt die AG gerichtlich und außergerichtlich, § 78 I AktG (s. u. 17.8.7);
- die Genossenschaft wird durch ihren Vorstand gerichtlich und außergerichtlich vertreten, § 24 I GenG (s. u. 17.9.6).

Die oHG als rechtsfähige Personengesellschaft, §§ 14 I, II BGB, 124 HGB (s. o. 3.3), wird gemäß § 125 I HGB von jedem Gesellschafter vertreten (s. u. 17.3.4.2), die KG von jedem Komplementär, §§ 161 II, 125 I HGB (s. u. 17.4.6.2), die Partnerschaft von jedem Partner, § 7 III PartGG (s. u. 17.6.6), die EWIV von ihrem Geschäftsführer, Art. 20 EWIV-VO (s. u. 17.10.4.2), die GbR von ihren Gesellschaftern, §§ 714, 709 BGB (s. u. 17.2.6).

7.2.3 Rechtsgeschäftliche Vertretung

Vertretungsbefugnis wird regelmäßig durch Rechtsgeschäft erlangt. Diese durch Rechtsgeschäft erteilte Vertretungsmacht nennt das BGB Vollmacht, vgl. § 166 II BGB (aus diesem Sprachgebrauch lässt sich erkennen, dass das Gesetz den Begriff „Vertretungsmacht" als Oberbegriff sowohl für die gesetzliche als auch für die rechtsgeschäftliche Vertretungsmacht verwendet).

rechts-geschäftlich

Vertretungs-macht

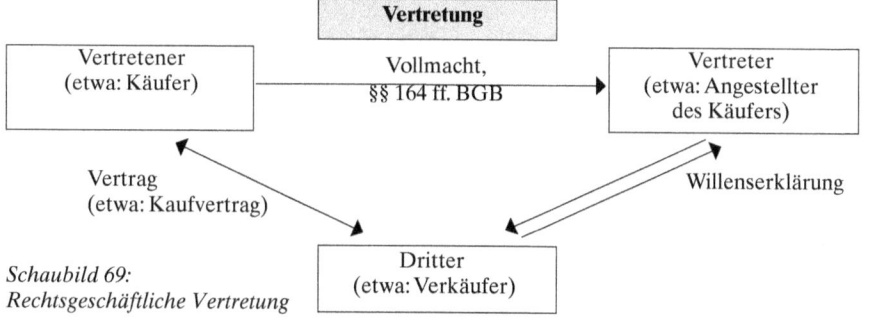

Schaubild 69:
Rechtsgeschäftliche Vertretung

7.2.3.1 Erklärung

Die Vollmacht wird durch eine einseitige, empfangsbedürftige Willenserklärung, die sog. Bevollmächtigung, erteilt; dies ist möglich gegenüber dem zu Bevollmächtigenden (= Innenvollmacht) oder gegenüber dem Dritten, dem gegenüber die Vertretung stattfinden soll (= Außenvollmacht), § 167 I BGB. Die Vorlage einer dem Vertreter ausgehändigten Vollmachtsurkunde steht dem gleich, § 172 BGB.

Innen-/ Außenvollmacht

Beispiel: Der Vertretene erklärt: „Hiermit bevollmächtige ich Herrn/Frau Schuster, für mich einen Rasenmäher Marke Fuchs, Typ Welpe, zu erwerben".

Die Vollmachtserteilung ist grundsätzlich formfrei, § 167 II BGB; Ausnahmen davon bestimmen aber die §§ 1945 III BGB, 2 II GmbHG, 134 III, 135 AktG, 29 f. GBO, 80 ZPO, ebenso, wenn der Vertretene durch die Vollmachtserteilung so gebunden wird wie durch den abzuschließenden Vertrag selbst.

Beispiele: Unwiderrufliche Bevollmächtigung zur Grundstücksveräußerung, die im Hinblick auf § 311 b I BGB ebenfalls der notariellen Beurkundung bedarf (s. o. 6.4; 15.3.4.1); wegen § 766 S. 1 BGB bedarf etwa auch die Vollmachtserteilung für die Abgabe einer Bürgschaftserklärung der Schriftform (s. u. 10.7.2).

Nimmt der Bevollmächtigte ein einseitiges Rechtsgeschäft (s. o. 6.2.2) vor,

einseitiges Rechtsgeschäft

Beispiele: Abgabe einer Kündigungserklärung (§§ 542 I, 620 II BGB), Anfechtungserklärung (§§ 142 f. BGB),

so muss er seine Vertretungsmacht durch Vorlage einer Vollmachtsurkunde nachweisen, ansonsten kann der Erklärungsempfänger das Rechtsgeschäft (s. o. 6.1) unverzüglich zurückweisen, § 174 S. 1 BGB (es sei denn, der Vollmachtgeber hätte ihn – ggf. konkludent – informiert, § 174 S. 2 BGB).

Beispiele: Der Bevollmächtigte kündigt einen Miet- oder Pachtvertrag, § 542 I bzw. § 584 BGB (s. u. 10.5.7, 10.5.10), ohne der Kündigungserklärung eine schriftliche Vollmacht beizufügen – weist der Vermieter bzw. Verpächter die Kündigung unverzüglich zurück, so ist sie nichtig, § 174 S. 1 BGB (vgl. § 180 S. 1 BGB) (zur schriftlichen, ggf. zurückzugebenden, Vollmachtsurkunde s. u. 7.2.3.3 a. E). Aber: Bei Kündigung eines Arbeitsvertrages (s. u. 16.5.2.1) durch den Personalleiter oder Prokuristen besteht kein Zurückweisungsrecht, weil deren dem Arbeitnehmer (§ 611 a BGB) bekannte Stellung i. d. R. mit einer entsprechenden Vollmacht ausgestattet ist. (Bei gesetzlicher bzw. organschaftlicher Vertretung einer Gesellschaft, s. a. 7.2.1, 7.2.2, 17.1.4, gilt § 174 S. 1 BGB grds. nicht – hier ergibt sich die Vertretungsmacht aus einem öffentlichen Register, vgl. die §§ 67 BGB, 106 II Nr. 4, 108 II HGB, 39 I GmbHG, 81 I AktG, 28 I GenG; anders dagegen bei der GbR: Wird bei ihr einem Gesellschafter Alleinvertretungsmacht eingeräumt, so gilt § 174 S. 1 BGB, s. u. 17.2.6).

7.2.3.2 Arten der Vollmacht

Formen der Vollmacht

Vollmachten lassen sich in mehrerer Weise unterscheiden:

– Spezialvollmacht (für ein bestimmtes Rechtsgeschäft),
  Beispiel: der Freund wird bevollmächtigt, eine Wohnung anzumieten;

– Artvollmacht (für eine bestimmte Gruppe von Rechtsgeschäften; vgl. etwa § 54 HGB),
  Beispiel: die einem Partner erteilte Bankvollmacht für ein bestimmtes Konto;

– Generalvollmacht (zur Vertretung in allen gesetzlich zulässigen Fällen),
  Beispiel: der betagte Vater erteilt sie seinem fürsorglichen Sohn (s. a. bspw. § 5 III Nr. 2 BetrVG) (grds. gilt sie über den Tod hinaus, sodass der Bevollmächtigte nach dem Tod des Vollmachtgebers ggf. die Erben [bis zu deren Widerruf] vertritt);

– Betreuungs- bzw. Vorsorgevollmacht (für den Fall einer später eintretenden Geschäftsunfähigkeit; diese macht ggf. die Bestellung eines Betreuers entbehrlich, vgl. § 1896 II 2 BGB),
  Beispiel: ein Ehegatte erteilt sie dem anderen (oftmals zusammen mit einer Patientenverfügung, vgl. § 1901 a I, V BGB, bzw. einer Generalvollmacht, s. o.);

– Einzel- bzw. Gesamtvollmacht (eine Person alleine bzw. mehrere Personen vertreten gemeinschaftlich; vgl. die §§ 48 II HGB, 714, 709 BGB),
  Beispiel: der Kaufmann erteilt Einzel- oder Gesamtprokura, § 48 HGB;

– Untervollmacht (der Vertreter erteilt einem Dritten Vollmacht; der Unterbevollmächtigte vertritt dann nicht den Vertreter, sondern ebenfalls den Vertretenen),
  Beispiel: der bevollmächtigte Rechtsanwalt lässt einen Kollegen für sich bei einem Gerichtstermin auftreten;

Duldungs-/ Anscheinsvollmacht

– Duldungs- sowie Anscheinsvollmacht – diese Rechtsscheinsvollmachten sind keine ausdrücklich erteilten rechtsgeschäftlichen Vertretungsfälle, aber der Geschäftsherr lässt es entweder wissentlich zu, dass jemand für ihn wie ein Vertreter auftritt (Duldungsvollmacht),
  Beispiel: der Bauherr lässt es zu, dass der Architekt (ohne bevollmächtigt zu sein) Verträge mit Handwerkern abschließt,

  oder aber er weiß dies zwar nicht, hätte es aber erkennen und verhindern können (Anscheinsvollmacht),
  Beispiele: der Bauherr weiß zwar nichts von den vom Architekten abgeschlossenen Bauverträgen, bemerkt aber erheblichen Baubetrieb auf seinem Grundstück; oder: Der Bauherr lässt seinem Architekten völlig freie Hand bei Vertragsverhandlungen und Durchführung des Bauvorhabens;

  aus dem Grundsatz des Vertrauensschutzes, § 242 BGB (Treu und Glauben), ergibt sich, dass der Geschäftsherr sich hier so behandeln lassen muss, als läge eine wirksame Vollmachtserteilung vor (s. u. 8.3.1.2 bzw. 8.3.2; vgl. etwa 7.8.3.1; s. a. 7.8.4 a. E.; Rechtsscheinshaftung).

Das Handelsrecht kennt als besondere Vollmachten die Prokura (§§ 48 ff. HGB), die Handlungsvollmacht (§ 54 HGB) sowie die Ladenvollmacht (§ 56 HGB), s. u. 7.8.

Handels-vollmachten

7.2.3.3 Erlöschen der Vollmacht

Die Vollmacht (Außenverhältnis) und das ihr zugrundeliegende Rechtsgeschäft (Innenverhältnis) sind voneinander zu trennen (s. o. 5; 7.1; Abstraktionsprinzip). Die Verknüpfung von Innen- und Außenverhältnis ergibt sich aus § 168 BGB. Danach bestimmt sich das Erlöschen der Vollmacht nach dem Innenverhältnis.

Innenverhältnis

Beispiele: Der Vertreter hat das vorzunehmende Rechtsgeschäft getätigt; die Vollmacht sollte nur für eine bestimmte Zeitdauer gelten, die mittlerweile abgelaufen ist; oder: Das Arbeitsverhältnis endet (s. u. 16.5.1), dann endet auch die dem Mitarbeiter erteilte Vollmacht (s. a. 16.5.5; 7.8.2.4; 7.8.3.6). Die Vollmacht endigt ebenso mit dem Tod des Bevollmächtigten.

Die Vollmacht ist im Übrigen grundsätzlich frei widerruflich, § 168 S. 2 BGB. Auch mit der Anfechtung ihrer Erteilung erlischt die Vollmacht (ex tunc, d. h. der Vertreter ist Vertreter ohne Vertretungsmacht, §§ 177, 179 BGB; s. u. 7.6; s. a. 6.8.2.4.).

Widerruf/ Anfechtung

Das Erlöschen der dem Geschäftsgegner gegenüber erteilten oder kundgegebenen Vollmacht (§§ 170–172 BGB) muss diesem auch angezeigt bzw. bekannt werden (§§ 170, 173 BGB). Eine Vollmachtsurkunde ist zurückzugeben bzw. kann für kraftlos erklärt werden, §§ 175, 176 BGB.

Beispiele: Hat der Vertretene dem Vertreter eine Vollmachtsurkunde ausgehändigt, § 172 BGB, so kann sich der Vertreter Dritten gegenüber als Bevollmächtigter legitimieren. Widerruft der Vertretene die Vollmacht nunmehr, so ist für die Rückgabe der Vollmachtsurkunde Sorge zu tragen, da ansonsten – sollte der „Ex-Vertreter" unredlich handeln – aus Sicht von Dritten der Rechtsschein, bevollmächtigt zu sein, weiterbesteht (vgl. die §§ 172 II, 173, 175 f. BGB). I. Ü.: Der Schutz des Dritten durch § 172 I BGB, wonach der eine Vollmachtsurkunde Vorlegende Vertretungsmacht hat, gilt nur bei Vorlage des Originals der Vollmachtsurkunde (nicht bei Vorlage einer bloßen Kopie). (Zu § 174 BGB s. o. 7.2.3.1).

7.3 Abgrenzungen

Die Stellvertretung ist von einigen ähnlichen Rechtsfiguren abzugrenzen:

7.3.1 Mittelbare Stellvertretung

Mittelbare (indirekte, unechte, verdeckte, stille) Stellvertretung liegt vor, wenn der Vertreter zwar auch für fremde Rechnung tätig wird, aber dabei im eigenen Namen handelt. Das ist keine Stellvertretung i. S. d. §§ 164 ff. BGB, da dem BGB diese Form nicht bekannt ist (im HGB dagegen werden solche Geschäftsformen bei der Kommission, §§ 383 ff. HGB, und der Spedition, §§ 453 ff. HGB, geregelt, s. u. 10.9.3.1, 10.10.2.3). Der im eigenen Namen handelnde Vertreter wird aus getätigten Rechtsgeschäften alleine berechtigt und verpflichtet, er wird selbst Vertragspartner des Geschäftsgegners.

Handeln im eigenen Namen

Dem mittelbaren Stellvertreter ähnelt der Treuhänder, dem der Treugeber Vermögensrechte überträgt oder Verfügungsmacht einräumt, von denen er nur auf Grund einer schuldrechtlichen Vereinbarung entsprechenden Gebrauch machen darf. Auch der „Strohmann" ist mittelbarer Stellvertreter; er wird von seinem Hintermann vorgeschoben, der selbst nicht in Erscheinung treten will oder kann.

Treuhand

„Strohmann"

Beispiel: Die Lebensgefährtin meldet auf Veranlassung ihres insolventen Partners unter eigenem Namen ein Gewerbe an und lässt diesen den Betrieb führen – sie wird, da das „Strohmann-/Strohfraugeschäft" ernstlich gewollt ist, selbst Gewerbetreibende bzw. Unternehmerin (und gilt insoweit etwa nicht als Verbraucherin i. S. d. § 13 BGB; s. o. 3.1.3.2 a. E., 3.6).

7.3.2 Bote

Überbringer

Während der Vertreter in fremdem Namen auf fremde Rechnung durch Abgabe einer eigenen Willenserklärung handelt, § 164 I BGB, gibt der Bote keine eigene Willenserklärung ab, sondern überbringt lediglich eine fremde (s. o. 6.3.5). Daher kann Bote auch ein Geschäftsunfähiger sein.

Beispiel: Die 5-Jährige erklärt im Bäckerladen: „Meine Mama schickt mich, ich soll ein Brot für sie holen." (s. o. 3.1.2.1).

Bei irriger Übermittlung gilt § 120 BGB (s. o. 6.8.2.4).

Beispiel: Der Bote irrt sich und richtet aus: „Ich soll ein Brötchen kaufen", tatsächlich hatte der Geschäftsherr ihm aufgetragen, er solle ein Brot holen – der Geschäftsherr kann jetzt nach § 120 BGB anfechten (s. o. 6.8.2.4).

Erklärungs-/
Empfangsbote

Der Erklärungsbote (= Übermittlungsbote) gibt eine Willenserklärung des Auftraggebers weiter, der Empfangsbote nimmt eine fremde Willenserklärung für seinen Geschäftsherrn in Empfang.

Beispiele: „Ich soll Ihnen ausrichten, dass …"; Herr/Frau „lässt Ihnen sagen, dass …". Als Erklärungsbote ist etwa auch das automatische Bietsystem des Plattformbetreibers (bspw. eBay) bei Internetauktionen anzusehen (das die jeweiligen Höchstgebote nach Maßgabe der Berechnungsschritte übermittelt) (vgl. aber unten 7.5).

„i. A."

Im Geschäftsverkehr zeichnet der Bote oftmals mit „i. A." (im Auftrag [vgl. 7.4.4 a. E.]; diese Form der Zeichnung trifft man allerdings auch häufig beim Handlungsbevollmächtigten an, s. u. 7.8.3.1 a. E).

Vertreter/Bote – Abgrenzungen –		
	Vertreter	**Bote**
Willens-erklärung	gibt eigene WE ab („Ich kaufe für …")	übermittelt nur fremde WE („Ich richte aus, dass …")
Auslegung	Wille des Vertreters zu ermitteln, §§ 133, 157 BGB	Wille des Geschäftsherrn zu ermitteln, §§ 133, 157 BGB
Befugnis	tritt eigenständig auf, hat eigene Erklärungs- und Entscheidungs-befugnis	tritt unselbständig als „Sprachrohr" bzw. „Ohr" auf, hat keinen eigen-ständigen Entscheidungsspielraum
Geschäfts-fähigkeit	beschränkte oder volle Geschäfts-fähigkeit erforderlich, § 165 BGB	nicht erforderlich
Willens-mängel	i. d. R. auf den Vertreter abzu-stellen, ob Willensmangel i. S. d. §§ 116-123 BGB bei ihm vorliegt, § 166 BGB	Irrtum des Boten unbeachtlich – es kommt auf evtl. Irrtum des Geschäftsherrn an, vgl. § 120 BGB
Zugang einer WE	gegeben, wenn WE beim Vertreter zugeht (Empfangsvertretung)	gegeben, wenn WE vom Boten an Geschäftsherrn übermittelt (Empfangsbote)

Schaubild 70: Vertreter/Bote – Abgrenzung

7.3.3 Erfüllungsgehilfe

Mit dem sich auf Willenserklärungen beziehenden Vertretungsrecht in keiner unmittelbaren Beziehung steht die Frage, ob jemand das Verschulden einer Person, deren er sich zur Erfüllung einer Verbindlichkeit bedient, in gleichem Umfang zu vertreten hat wie eigenes Verschulden, § 278 S. 1 BGB.

Wichtig ist das im Vertragsrecht, wenn es bei den Leistungsstörungen (s. u. 9) um die Frage des Ersatzes eines Schadens geht, den nicht der Vertragspartner (Schuldner) selbst, sondern ein für diesen Handelnder – man nennt ihn Erfüllungsgehilfe – verursacht hat (s. u. 8.13.2).

Erfüllung einer Verbindlichkeit

Beispiele: Der mit der Kfz-Reparatur beauftragte Geselle zieht eine Radmutter nicht an und es kommt daher zum Unfall. Der Werkstattinhaber wird so behandelt, als habe er selbst schuldhaft, nämlich fahrlässig, gehandelt, §§ 278, 276 II BGB, und schuldet grds. Schadensersatz wegen vertraglicher Pflichtverletzung (gemäß der §§ 634 Nr. 4 1. Alt., 633 II 2 Nr. 2, 280 I BGB, s. u. 10.3.5.2 bzw. 9.7). Der Spediteur und Lagerhalter muss darüber hinaus „für seine Leute" einstehen, §§ 462, 428 HGB (s. u. 10.10.1.4, 10.10.2.4), ebenso der Arbeitgeber für diskriminierende Mitarbeiter oder Dritte (Kunden), § 12 AGG (s. a. 6.6.6.2, 16.2.2.3). Für Organe juristischer Personen gilt § 278 BGB nicht; deren Verschulden gilt gemäß der §§ 31, 89 BGB als ihr eigenes Verschulden (s. a. 3.2.1, 8.13.3 a. E.).

Hilfspersonen

Einstandspflichten für Gehilfen	
rechtsgeschäftlich:	**deliktisch:**
§ 278 BGB: – Nur im Rahmen von vertraglichen Schuldverhältnissen anwendbar – anwendbar ohne Rücksicht darauf, ob Erfüllungsgehilfe vom Schuldner weisungsabhängig ist oder nicht – nur Zurechnungsnorm bezüglich schuldhaften Verhaltens, also nicht alleinige Anspruchsgrundlage – gibt Schuldner keine Exculpationsmöglichkeit – begründet Haftung des Schuldners für fremdes Verschulden (des Erfüllungsgehilfen) – nicht anwendbar bei Organen, §§ 31, 89 BGB	§ 831 BGB: – unabhängig davon anwendbar, ob Schuldverhältnis besteht oder nicht – setzt voraus, dass Verrichtungsgehilfe vom Geschäftsherrn weisungsabhängig ist – Zurechnungs- und Haftungsnorm für fremdes Verhalten und eigenes (vermutetes) Verschulden, also selbständige Anspruchsgrundlage – gibt Geschäftsherrn die Exculpationsmöglichkeit – begründet Schadensersatzpflicht des Geschäftsherrn für eigenes Verschulden (wenn Exculpation nicht gelingt) – nicht anwendbar bei Organen, §§ 31, 89 BGB

Schaubild 71: Einstandspflichten für Gehilfen

7.3.4 Verrichtungsgehilfe

Vom Vertretungsrecht einerseits und der Frage der vertraglichen Verschuldenszurechnung gemäß § 278 BGB andererseits ist die Rechtsfigur des Verrichtungsgehilfen zu unterscheiden. Dessen tatbestandliche und widerrechtliche Schadenszufügung im Rahmen einer unerlaubten Handlung muss der Geschäftsherr sich dergestalt zurechnen lassen, dass er gemäß § 831 BGB selbst haftet (s. u. 8.13.3 bzw. die Schaubilder 99 und 171).

unerlaubte Handlung

Beispiel: Im obigen Beispiel muss der Werkstattinhaber also u. U. auch gemäß § 831 I 1 BGB (und nicht nur vertragsrechtlich) Schadensersatz leisten. (An diesem Beispiel sieht man schon, dass der Erfüllungs- und der Verrichtungsgehilfe ein und dieselbe Person sein kann, s. u. 8.13; 12.5). Organe juristischer Personen fallen nicht unter § 831 BGB; ihre unerlaubten Handlungen werden gemäß der §§ 31, 89 BGB zugerechnet (s. o. 3.2.1 f.).

7.3.5 Besitzdiener

Sachgewalt

Besitz ist die vom Rechtsverkehr anerkannte tatsächliche Herrschaft einer Person über eine Sache, § 854 BGB. Wer diese tatsächliche Sachgewalt für den Besitzer weisungsgebunden ausübt, ist nicht selbst Besitzer, sondern Besitzdiener, § 855 BGB. Hier geht es also nicht, wie bei der Stellvertretung, um rechtsgeschäftliche Aspekte, sondern nur um die tatsächlichen. Ein Stellvertreter kann aber durchaus auch Besitzdiener sein (s. u. 15.4.2, 16.2.2.1).

Beispiele: Mitarbeiter eines Unternehmens (etwa bezüglich eines ausschließlich dienstlich überlassenen Kfz); Kinder (auch volljährige) im Geschäft des Vaters; Jagdaufseher (hinsichtlich erlegten Wildes).
Nicht aber: Vorstand einer juristischen Person für deren Sachen; Ehegatten und Lebensgefährten für Sachen des anderen.

7.4 Voraussetzungen der wirksamen Stellvertretung

Erfordernisse

Wirksame Stellvertretung setzt gemäß der §§ 164 ff. BGB voraus (vgl. § 164 I 1 BGB):

– Rechtliche Zulässigkeit der Vertretung,
– Vertretungsmacht des Vertreters,
– Handeln des Vertreters im Namen des Vertretenen, sowie
– eine Willenserklärung des Vertreters.

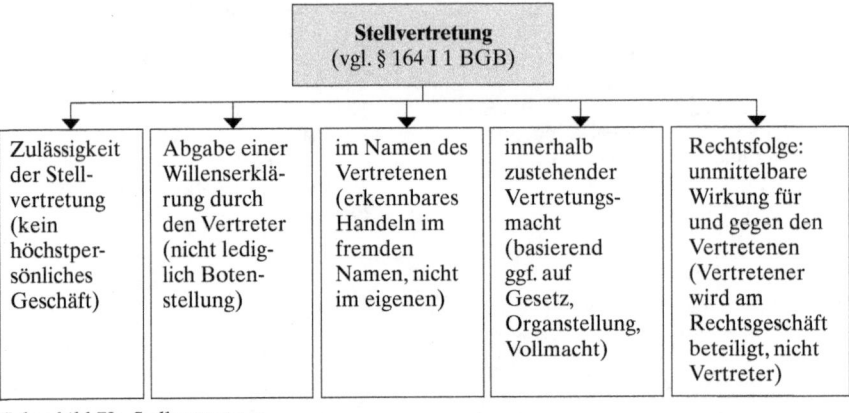

Schaubild 72: Stellvertretung

7.4.1 Zulässigkeit der Vertretung

Ausschluss

Die Stellvertretung muss überhaupt rechtlich zulässig sein: Bei höchstpersönlichen Rechtsgeschäften etwa ist Stellvertretung ausgeschlossen.

138

Beispiele: Eheschließung, § 1311 S. 1 BGB; Testamentserrichtung, § 2064 BGB; Erbvertrag, § 2274 BGB; s. a. die §§ 1595, 1600 d, 1617 II, 1618 II, 1728, 1729, 1740 b III, 1740 c, 1750 III, 2282, 2347 II, 2351 BGB.

Soweit das Gesetz lediglich die gleichzeitige Anwesenheit der Parteien fordert wie etwa bei der Auflassung, § 925 BGB, ist dagegen eine Vertretung durchaus möglich (s. u. 15.3.4.1).

7.4.2 Vertretungsmacht

Die gemäß § 164 I 1 BGB erforderliche Vertretungsmacht, s. o. 7.2, kann auf Gesetz oder Rechtsgeschäft beruhen.

gesetzlich/ rechts- geschäftlich

Beispiele: Die i. S. d. § 167 BGB speziell erteilte Vollmacht zum Erwerb eines bestimmten Gegenstandes (s.o. 7.2.3.2); die Vertretungsmacht eines Prokuristen i. S. d. § 49 HGB, eines Handlungsbevollmächtigten, § 54 HGB, eines GmbH-Geschäftsführers gemäß § 35 I GmbHG (s. a. 7.2, 7.8).

Fehlt sie, so liegt Vertretung ohne Vertretungsmacht i. S. d. §§ 177 ff. BGB vor (s. u. 7.6).

Beispiel: Der Handlungsbevollmächtigte nimmt ohne besondere Gestattung ein Darlehen für den Kaufmann auf (vgl. § 54 II HGB; s. u. 7.8.3.3).

7.4.3 Offenkundigkeit

Die Stellvertretung muss erkennbar, also offenkundig sein, denn der Vertreter muss im Namen des Vertretenen handeln, § 164 I 1 BGB.

Erkennbarkeit

Beispiel: Der Vertreter erklärt ausdrücklich: „Namens (und im Auftrag) des von mir vertretenen Herrn XY bestelle ich hiermit …".

Dabei ist es nicht erforderlich, dass das Handeln in fremdem Namen ausdrücklich erfolgt. Vielmehr reicht es aus, wenn die Umstände ergeben, dass für einen Hintermann gehandelt wird. (Mittelbare Stellvertretung genügt aber gerade nicht, s. o. 7.3.1).

Beispiel: Der Mitarbeiter (mit Handlungsvollmacht, s. u. 7.8) bestellt Ware auf Geschäftspapier.

Ist die Stellvertretung für den Geschäftspartner nicht erkennbar, dann liegt ein Eigengeschäft des Vertreters vor, § 164 II BGB.

Beispiel: Der Handelnde erwirbt im Gartencenter einen Rasenmäher. Wenn dabei Vertreterhandeln i. S. d. § 164 I BGB weder ausdrücklich noch aus den Umständen erkennbar wird, liegt ein Eigengeschäft für ihn vor und er wird selbst i. S. d. § 433 I, II BGB berechtigt und verpflichtet. Wegen § 164 II BGB kann er nun auch nicht gemäß § 119 I BGB anfechten etwa mit der Begründung, für sich selbst gar nichts erklärt haben zu wollen (er muss also selbst erfüllen).

Vom erforderlichen Handeln „in" fremdem Namen, § 164 I 1, II BGB, ist das Handeln „unter" fremdem Namen zu trennen: Bei einer solchen Identitätstäuschung kommt es darauf an, ob dem Geschäftsgegner dies wichtig ist oder nicht – wenn nein, wird der (nicht vertretende) Handelnde sein Vertragspartner, wenn ja, dann fehlt es an der erforderlichen Vertretungsmacht (s. u. 7.6), und ein Vertrag kommt nicht zustande.

Handeln unter fremdem Namen

Beispiele: Der zahlungsfähige Hotelgast bestellt für einen „Seitensprung" ein Hotelzimmer unter fremdem Namen – da dies dem Hotelier regelmäßig gleichgültig ist, kommt der Zimmermietvertrag zwischen diesen beiden zustande. Anders aber ist es, wenn sich ein Mittelloser bei einer Bank einen Kredit dadurch erschleichen will, dass er unter dem Namen eines ahnungslosen, kreditwürdigen Dritten auftritt.

Bargeschäfte des täglichen Lebens Eine Ausnahme vom Offenkundigkeitsprinzip wird bei den Bargeschäften des täglichen Lebens gemacht: Wenn die Person, die Vertragspartner wird bzw. werden soll, für den Geschäftsgegner unwichtig ist, und der Vertreter Vertretungsmacht und den Willen zur Vertretung hat, muss die Vertretung nicht offengelegt werden, sog. *„Geschäft für den, den es angeht"*.

Beispiele: Zeitungskauf für einen Arbeitskollegen am Kiosk – der Kaufvertrag (§ 433 BGB) und der Eigentumsübergang (§ 929 S. 1 BGB) kommen unmittelbar mit ihm zustande, auch wenn die Vertretung nicht aufgedeckt wird (s. a. 15.3.2.1 a. E.).

7.4.4 Willenserklärung des Vertreters

eigene Erklärung Zur wirksamen Vertretung gehört, dass der Vertreter eine eigene Willenserklärung abgibt, § 164 I 1 BGB; er muss zumindest beschränkt geschäftsfähig sein, § 165 BGB (s. o. 3.1.2.1). Die Weitergabe einer fremden Willenserklärung (Bote, s. o. 7.3.2; vgl. Schaubild 70) reicht nicht aus.

Beispiele: Der Mitarbeiter erklärt: „Ich bestelle hiermit 100 Einheiten Ware" (nicht aber: **„i. V."** „Ich soll Ihnen ausrichten, dass …"). Der Vertreter (unter-)zeichnet „i. V." (in Vertretung) (s. a. 7.8.2.1 a. E., 7.8.3.1 a. E.), er darf aber auch mit dem Namen des Vertretenen unterschreiben (s. o. 6.4). Oftmals werden die Zusätze „i. V." bzw. „i. A." (s. o. 7.3.2) nicht präzise im Sinne von Boten- bzw. Vertreterstellung verwendet, sondern um unterschiedliche Hierarchieebenen auszudrücken; ggf. bedarf es insoweit der Auslegung, §§ 133, 157 BGB (s. o. 6.3.6).

7.5 Wirkung der Stellvertretung

Rechtsfolgen treffen den Vertretenen Sind alle Voraussetzungen für die wirksame Stellvertretung erfüllt, dann treffen die Wirkungen eines Rechtsgeschäftes ausschließlich den Vertretenen, nicht aber den Vertreter. Zwischen dem Vertreter und dem Geschäftsgegner entsteht kein Rechtsverhältnis: Willenserklärungen des Vertreters für den Vertretenen wirken **aktive/** unmittelbar für und gegen diesen. Dies gilt sowohl für die aktive Stellvertretung, bei der der Vertreter selbst die Willenserklärung abgibt, § 164 I 1 BGB, als auch **passive** für die passive Stellvertretung, bei der ein Dritter dem Vertreter gegenüber eine **Stellvertretung** Willenserklärung abgibt, die der Vertreter (als sog. Empfangsvertreter) entgegennimmt, § 164 III BGB. Aus den vom Vertreter getätigten Rechtsgeschäften wird also nur der Vertretene alleine berechtigt und verpflichtet.

Beispiele: Der Prokurist (s. u. 7.8.2) nimmt mit Wirkung für und gegen seinen Arbeitgeber (s. u. 16.2.1) ein Angebot eines Geschäftspartners, gerichtet auf Abschluss eines Kaufvertrages, an (passive Stellvertretung); oder: Er gibt seinerseits ein Vertragsangebot ab (aktive Stellvertretung). S. a.: Empfangsvertreter i. S. d. § 165 III BGB des Internetauktionsverkäufers für Kaufangebote der Bieter ist etwa der Betreiber der Internetplattform eBay (vgl. aber oben 7.3.2).

Willensmängel Da das Geschäft vom Vertreter getätigt wird, kommt es bzgl. relevanter Willensmängel (Irrtum, arglistige Täuschung, Drohung, s. o. 6.8.2) nicht auf den Vertretenen, sondern auf den Vertreter an, § 166 I 1. Alt. BGB; gleiches gilt für die Kenntnis oder das Kennenmüssen (= Fahrlässigkeit, vgl. § 122 II BGB) bestimmter relevanter Umstände, § 166 I 2. Alt. BGB.

Beispiel: Für die Frage des gutgläubigen Eigentumserwerbs nach § 932 BGB (s. u. 15.3.2.1) kommt es auf Gut- oder Bösgläubigkeit des Vertreters an.

Ist der Vertreter aber weisungsgebunden, so muss dagegen zur Vermeidung von Missbräuchen auf die Kenntnis des Vertretenen abgestellt werden, der sich auf Unkenntnis des Vertreters dann nicht berufen darf, § 166 II BGB.

Beispiel: Der die Nichteigentümerstellung des Veräußerers kennende (= bösgläubige) Hintermann schickt einen gutgläubigen Vertreter vor, damit dieser ihm das ersehnte Bild erwerbe.

Ggf. kann (auch, s. u. 7.6) bei wirksamer Stellvertretung i. S. d. § 164 I 1 BGB eine Schadensersatzpflicht des Vertreters entstehen, wenn er bei Vertragsschluss selbst besonderes Vertrauen in Anspruch genommen hat, §§ 280 I, 311 II, III BGB (s. u. 9.8.2). *Eigenhaftung*

Beispiel: Der für einen Kunden ein Gebrauchtauto verkaufende, §§ 433, 164 I 1 BGB, Kfz-Händler (vgl. u. 8.14.1. a. E.) erkennt schwere Vorschäden daran und verschweigt sie dem Käufer.

7.6 Vertretung ohne Vertretungsmacht

Wenn der Vertreter ohne Vertretungsmacht i. S. d. § 164 I 1 BGB handelt oder die ihm eingeräumte Vertretungsmacht überschreitet, dann wirkt das getätigte Rechtsgeschäft zunächst weder für noch gegen den Vertretenen. Der Vertrag ist vielmehr schwebend unwirksam (s. o. 6.8.1.3). Sein weiteres Schicksal hängt davon ab, ob/dass der Vertretene ihn genehmigt, §§ 177 I, 184 I BGB (s.o. 6.5; Schaubild 51). *Genehmigung*

Beispiele: Der Prokurist veräußert entgegen § 49 II HGB ein Grundstück; der Handlungsbevollmächtigte nimmt ungeachtet des § 54 II HGB ein Darlehen auf oder tätigt ein ungewöhnliches Geschäft – die gemäß § 164 I 1 BGB erforderliche Vertretungsmacht fehlt, es liegt Vertretung ohne Vertretungsmacht vor, § 177 BGB, sodass es darauf ankommt, ob der Kaufmann die jeweilige Willenserklärung genehmigt (s. a. 7.2.3; 7.4.2; 7.8.2.2; 7.8.3.3).

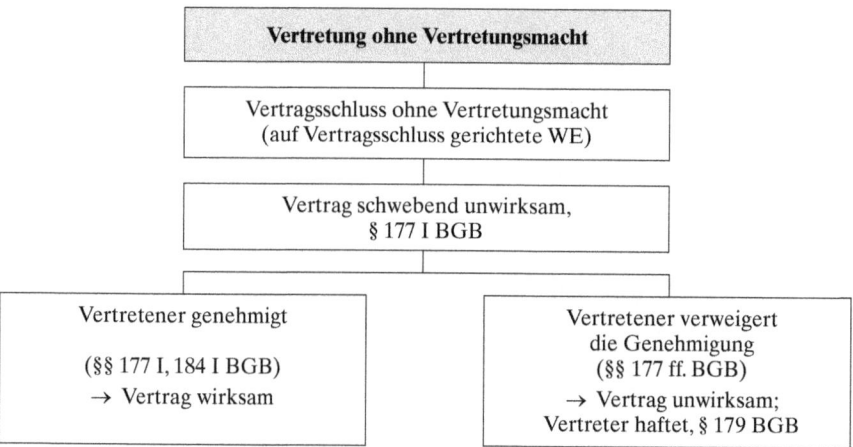

Schaubild 73: Vertretung ohne Vertretungsmacht

Die Genehmigung ist grundsätzlich formfrei, § 182 II BGB, und der Dritte kann den Vertretenen zur binnen zweier Wochen zu erteilenden Genehmigung auffordern, § 177 II BGB (vgl. die Parallele zu § 108 II BGB im Minderjährigenrecht; s. o. 6.3.3.1). Seinerseits kann der Dritte den Vertrag bis zur Genehmigung widerrufen, § 178 BGB. Bei einem einseitigen Rechtsgeschäft (Kündigung, Auslobung;

s. o. 6.2.2; 7.2.3.1 a. E.) ist die Vertretung ohne Vertretungsmacht i.d.R. unzulässig, § 180 BGB.

Beispiel: Die von einem dazu nicht befugten Mitarbeiter ausgesprochene Kündigung angemieteter Geschäftsräume ist grds. unwirksam und nicht genehmigungsfähig.

Die §§ 177 ff. BGB gelten regelmäßig auch, wenn Organe juristischer Personen ihre Befugnisse überschreiten.

Beispiel: Der AG-Vorstand handelt im Zuständigkeitsbereich des Aufsichtsrates.

Folgen Der Vertreter ohne Vertretungsmacht (sog. *„falsus procurator"*) schuldet dem Geschäftsgegner, wenn der Vertretene die Genehmigung verweigert, gemäß § 179 BGB wahlweise Vertragserfüllung oder Schadensersatz (sog. Wahlschuld, § 262 BGB, s. u. 8.3.7; Erklärungshaftung). Wusste er, dass er keine Vertretungsmacht hatte, so schuldet er entweder Vertragserfüllung oder Schadensersatz (sog. positives Interesse), kannte er den Mangel seiner Vertretungsmacht nicht, so schuldet der Vertreter ohne Vertretungsmacht nur den Vertrauensschaden (negatives Interesse, § 179 II BGB; s. a. 6.8.2.4 a. E., 8.12.3 a. E., 12.3, 14.1). Dies gilt aber nicht bei Kenntnis des Geschäftsgegners oder Minderjährigkeit des Vertreters ohne Vertretungsmacht, § 179 III BGB.

Für die Anwendbarkeit der §§ 177 ff. BGB kommt es i. Ü. regelmäßig nicht darauf an, weswegen der Vertreter keine Vertretungsmacht hatte – sei es, dass sie von Anfang an nicht vorhanden war, sei es, dass die Vollmacht mit ex-tunc-Wirkung angefochten oder dass sie widerrufen wurde, sei es, dass der Vertreter eine ihm eingeräumte Vertretungsmacht überschreitet.

Beispiel: Ein Angestellter (§ 611 a BGB: s. u. 16.2.1) wird speziell bevollmächtigt, eine Maschine zu kaufen, wobei ihm eine Preisgrenze gesetzt wird. Überschreitet er diese, so überschreitet er auch seine (Spezial-) Vollmacht und ist Vertreter ohne Vertretungsmacht, §§ 177 ff. BGB.

Prokura Bei der Prokura ist das aber anders: Setzt sich ein Prokurist, §§ 48 ff. HGB, über seine ihm intern gesetzten Grenzen hinweg, so berührt dies die Wirksamkeit trotzdem vorgenommener Rechtsgeschäfte grundsätzlich nicht, §§ 49 I, 50 HGB. Bei der Handlungsvollmacht gilt insoweit § 54 III HGB (s. u. 7.8.2.3; 7.8.3.4).

Beispiel: Im vorigen Beispielsfall wäre die Vertretungsmacht i. S. d. § 164 I 1 BGB im Außenverhältnis gegeben, wenn der Angestellte Prokurist oder Handlungsbevollmächtigter wäre.

Soweit der Vertreter ohne Vertretungsmacht im Innenverhältnis gegenüber dem Vertretenen als Geschäftsführer ohne Auftrag handelt, sind ggf. die §§ 677 ff. BGB zu beachten (s. u. 13.1 a. E.).

7.7 Grenzen der Vertretungsmacht

Die Vertretungsmacht kann ausnahmsweise eingeschränkt sein.

7.7.1 Gesetzliche Vertretungsmacht

Familiengericht Bestimmte Rechtsgeschäfte der Eltern oder des Vormunds bedürfen aus Schutzaspekten heraus der Genehmigung des Familiengerichtes, §§ 1821, 1822, 1643 BGB (s. o. 3.1.2.1). Auch die §§ 1795, 1629 II BGB begrenzen ihre gesetzliche Vertretungsmacht. (Beachte insoweit auch die §§ 723 I 3, 4, 5, 1629 a, 1793 BGB, 786 ZPO).

7.7.2 Insichgeschäft

Ein Handeln als Vertreter mit sich selbst ist gemäß § 181 BGB grundsätzlich unzulässig: das Selbstkontrahieren birgt die Gefahr der Interessenkollision bzw. Schädigung.

Selbstkontrahieren

Beispiele: Der GmbH-Geschäftsführer verkauft ein Geschäftsauto an sich selbst bzw. erhöht sich sein Gehalt (vgl. § 181 1. Alt. BGB); oder: Der Vertreter vertritt, etwa bei einem Kaufvertrag, beide Parteien (vgl. § 181 2. Alt. BGB).

Das Insichgeschäft ist aber zulässig, wenn der Vertretene es dem Vertreter gestattet,

Beispiel: Die Vollmachtsurkunde formuliert, wie dies oftmals der Fall ist: „Von den Beschränkungen des § 181 BGB ist der Vertreter befreit",

oder wenn das Rechtsgeschäft ausschließlich in der Erfüllung einer Verbindlichkeit besteht.

Beispiel: Die Übereignung i. S. d. § 929 BGB in Erfüllung eines bereits bestehenden Kaufvertrages.

Gleiches gilt, wenn das Rechtsgeschäft dem Vertretenen einen lediglich rechtlichen Vorteil bringt i. S. d. § 107 BGB,

Beispiel: ein Schenkungsvertrag.

7.7.3 Missbrauch der Vertretungsmacht

Grundsätzlich trägt der Vertretene das Risiko der unzulässigen Ausübung der Vertretungsmacht durch den Vertreter. Wirkt dieser allerdings einvernehmlich mit dem Dritten zum Nachteil des Vertretenen zusammen (sog. Kollusion), so greift § 138 BGB (s. o. 6.8.1.1); macht der Vertreter von seiner Vertretungsmacht ersichtlich verdächtigen Gebrauch, dann steht dem Vertretenen ggf. die Einrede der Arglist bzw. des Rechtsmissbrauchs zu, § 242 BGB (s. u. 8.3.1.2).

Kollusion

Arglist

Beispiele: Der Vertreter nimmt selbst einen Kredit auf und bürgt hierfür im Namen des Vertretenen (§§ 488 I, 765 ff. BGB); der Prokurist vergibt einen „Auftrag" (s. o. 6.3.6) gegen Zahlung eines Schmiergeldes (s. a. 7.8.2.3; 16.5.2.2) – der Vertreter verliert insoweit seine Vertretungsmacht, der Vertretene kann ggf. gemäß § 177 BGB genehmigen (s. o. 7.6).

7.8 Sonderformen kaufmännischer Stellvertretung

Wie bereits erwähnt (s. o. 7.2.3.2), gibt es handelsrechtliche, typisierte Sonderformen der Vertretungsmacht: Prokura, Handlungsvollmacht, Ladenvollmacht. Sie sind gerade für den kaufmännischen Bereich bedeutsam. Denn der Kaufmann kann nicht stets persönlich handeln und Rechtsgeschäfte tätigen, vielmehr muss er sich zumeist einer Vielzahl von Hilfspersonen bedienen.

Typisierung

7.8.1 Hilfspersonen des Kaufmanns

Bei den kaufmännischen Hilfspersonen lassen sich vornehmlich zwei Gruppen unterscheiden: die selbständigen sowie die unselbständigen.

7.8.1.1 Selbständige Hilfspersonen

Die selbständigen Hilfspersonen des Kaufmanns sind nicht in dessen Handelsgeschäft eingegliedert, stehen nicht in einem Arbeitsverhältnis mit ihm, verfolgen

Eigenständig tätig

vielmehr selbständig ihre eigenen unternehmerischen Ziele und sind regelmäßig selbst Kaufleute bzw. Unternehmer (i. S. d. § 14 BGB). Sie werden für den Kaufmann zumeist auf der Basis von Geschäftsbesorgungsverträgen (vgl. § 675 I BGB, s. u. 10.4.8) tätig. Es sind dies insbesondere die Handelsvertreter, §§ 84 ff. HGB (s. u. 10.9.1), Handelsmakler, §§ 93 ff. HGB (s. u. 10.9.2), Kommissionäre, §§ 383 ff. HGB (s. u. 10.9.3), Kommissionsagenten (Mischtyp, §§ 84, 383 HGB, s. u. 10.9.3.6) bzw. Vertragshändler (s. u. 10.9.4), die vornehmlich als Absatz- bzw. Umsatzmittler tätig werden; hierzu sind aber letztlich auch die Frachtführer, §§ 407 ff. HGB (s. u. 10.10.1), die Spediteure, §§ 453 ff. HGB (s. u. 10.10.2), sowie die Lagerhalter, §§ 467 ff. HGB (s. u. 10.10.3), zu rechnen, die im Rahmen der Absatzorganisation tätig sind (vgl. Schaubild 118).

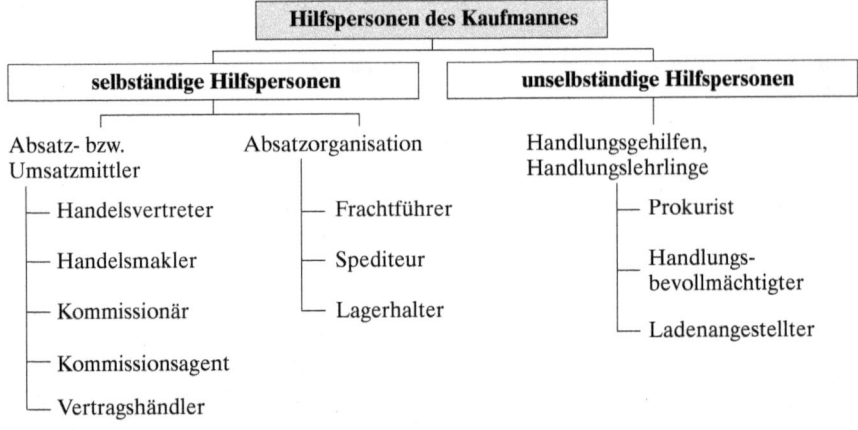

Schaubild 74: Hilfspersonen des Kaufmanns

Vollmachten Soweit dieser Personenkreis namens und im Auftrag des Kaufmanns Rechtsgeschäfte abschließt, erfolgt dies auf Grund erteilter Vollmachten i. S. d. §§ 164 ff. BGB.

Beispiel: Der für seinen Unternehmer Geschäfte abschließende Handelsvertreter (Abschlussvertreter, § 84 HGB): Der Abschluss der (Rechts-)Geschäfte verlangt die Abgabe einer auf (etwa: Kauf-)Vertrag gerichteten Willenserklärung – diese gibt der Handelsvertreter auf Grund erteilter Vollmacht (§ 167 BGB) mit Wirkung für und gegen seinen Unternehmer ab (s. u. 10.9.1.3). (Vorsicht aber bei mittelbarer Stellvertretung von Kommissionär und Spediteur, s. o. 7.3.1).

Insoweit gelten also grundsätzlich die bisher dargestellten vertretungsrechtlichen Regeln.

7.8.1.2 Unselbständige Hilfspersonen

weisungs-
abhängig Dabei handelt es sich um die Arbeitnehmer (§ 611 a BGB) des Kaufmanns („Handlungsgehilfen", § 59 HGB). Dieser Personenkreis wird für ihn auf Grund arbeitsvertraglicher Pflichten weisungsabhängig, unselbständig tätig (s. u. 10.4.2, 16.2.2): Das sog. Innenverhältnis wird also grds. durch das Arbeitsrecht bestimmt (Sonder-

Außen-
verhältnis vorschriften finden sich insoweit in den §§ 59–83 HGB; s. a. 16.6). Für das Außenverhältnis zu Geschäftspartnern des Kaufmanns enthält das HGB nun ebenfalls Sondervorschriften: Sie regeln gerade die Vertretungsmacht der kaufmännischen

144

unselbständigen Hilfspersonen – des Prokuristen, §§ 48 ff. HGB, des Handlungsbevollmächtigten, §§ 54 f. HGB, und des Ladenangestellten, § 56 HGB.

Diese Vollmachten sind typisiert, von ihrem Bestand kann man ausgehen, ihr Umfang ist gesetzlich fixiert – damit werden die besonderen Bedürfnisse des kaufmännischen Geschäftsverkehrs nach Rechtssicherheit, Transparenz und Klarheit sowie
schneller Abwicklung gewahrt. Die §§ 48 ff. HGB ergänzen also die §§ 164 ff. BGB
bezüglich der dort geforderten Vertretungsmacht (s. o. 7.2.3).

typisierte
Vollmachten

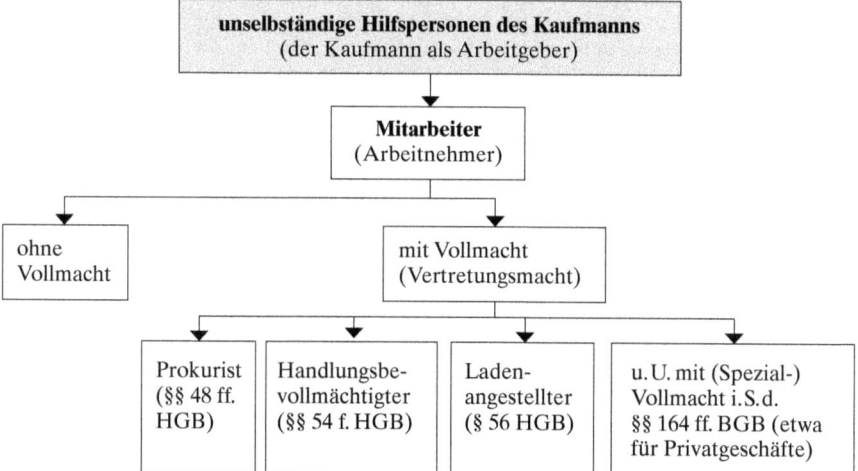

Schaubild 75: Unselbständige Hilfspersonen des Kaufmann

7.8.2 Prokura

Die weitreichendste standardisierte handelsrechtliche Vertretungsmacht i. S. d.
§ 164 I 1 BGB ist die Prokura, §§ 48 ff. HGB.

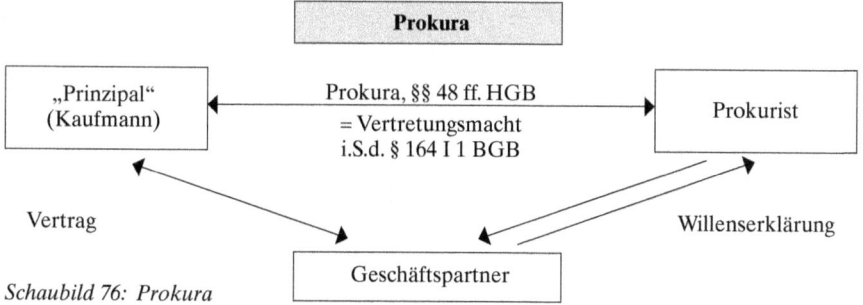

Schaubild 76: Prokura

7.8.2.1 Erteilung

Die Erteilung der Prokura setzt voraus:

– Erteilen kann sie nur der Kaufmann, vgl. § 48 HGB (s. o. 3.4); eine von einem
  Nichtkaufmann erteilte Prokura ist unwirksam (sie kann aber ggf. gemäß § 140
  BGB in eine ebensoweit reichende „einfache" Vollmacht i. S. d. §§ 164, 167 BGB
  umgedeutet werden).

Voraus-
setzungen

Beispiele: Prokuristen eines Großhändlers, einer oHG (dazu beachte die §§ 116 III, 126 I HGB); *nicht aber:* „Ernennung" eines Prokuristen durch den Betreiber eines kleinen Obst- oder Blumenstandes (nichteingetragener Kleingewerbetreibender) (zur Umdeutung s. o. 6.8.1.1 a. E.).

persönlich — Die Erteilung der Prokura muss durch den Kaufmann persönlich („Inhaber des Handelsgeschäfts") oder seinen gesetzlichen Vertreter erfolgen, § 48 I HGB; wer selbst nur rechtsgeschäftlich – durch Vollmachtserteilung – Vertreter ist, kann keine Prokura erteilen.

Beispiele: Prokuraerteilung durch den Großhändler persönlich oder durch den Geschäftsführer der GmbH; *nicht aber:* (Unter-)Prokuraerteilung durch einen Prokuristen (s. a. § 52 II HGB) oder einen (selbst: General-)Bevollmächtigten (s. o. 7.2.3.2); eine bspw. von einem Prokuristen einem anderen Mitarbeiter gegenüber unzulässig bzw. unwirksam erteilte „Prokura" kann aber ggf. in eine Handlungsvollmacht i. S. d. § 54 umgedeutet werden, vgl. § 140 BGB (s. o. 6.3.6, 6.8.1.1 a. E.).

ausdrücklich — Die Prokuraerteilung bedarf einer ausdrücklichen Erklärung.

Beispiel: „Ich ernenne Sie hiermit zum Prokuristen" (s. o. 6.3.4.1).

Eine stillschweigende Prokuraerteilung gibt es somit nicht, demnach auch keine „Duldungsprokura" (s. o. 7.2.3.2; die Duldung des Auftretens als „Prokurist" kann aber als konkludente Erteilung einer Handlungsvollmacht, § 54 HGB, zu werten sein).

— Einer bestimmten Form (s. o. 6.4) bedarf die Prokuraerteilung grds. nicht.

Beispiele: Prokura kann mündlich, schriftlich, per e-mail erteilt werden (s. o. 6.3.1.1; nicht aber stillschweigend bzw. konkludent, vielmehr jeweils ausdrücklich, § 48 HGB).

— Die Erklärung muss nicht das Wort „Prokura" enthalten, es reicht aus, wenn diese ohne Zweifel gemeint ist:

Beispiele: „Ich erteile Ihnen Vollmacht gemäß § 48 HGB", oder: „Ich ermächtige Sie, mit „ppa" zu zeichnen".

Zum Prokuristen kann nur eine natürliche Person bestellt werden; die Erteilung einer Prokura an eine juristische Person (s. o. 3.2) ist unzulässig.

Regelmäßig ist der Prokurist Arbeitnehmer, § 611 a BGB (s. u. 16.2.1), er kann aber ggf. auch auf (freier) Dienstvertragsbasis tätig sein, § 611 BGB.

Beispiel: Der selbständige sog. turn-around-Manager (s. u. 10.4.1), versehen mit Prokura, wird vom Kaufmann zur Unternehmenssanierung engagiert.

Die Erteilung kann dem „werdenden" Prokuristen selbst gegenüber erklärt werden, aber auch Dritten gegenüber (vgl. § 167 I BGB).

Eintragung — Die Prokuraerteilung muss ins Handelsregister eingetragen werden, § 53 I HGB (ebenso das Erlöschen, § 53 II HGB; s. a. § 42 GenG [s. u. 17.9.1.2, 17.9.7]) – wirksam ist die Prokura allerdings bereits mit ihrer Erteilung, die Eintragung im Handelsregister wirkt nur deklaratorisch, nicht konstitutiv (s. o. 3.4.6).

Beispiel: Erklärt der Kaufmann einem Mitarbeiter am 8.2. „Ich erteile Ihnen Prokura", und wird dies erst am 28.2. in das Handelsregister eingetragen, so hat der Prokurist gleichwohl bereits seit dem 8.2. Vertretungsmacht i. S. d. §§ 164 I 1 BGB, 48 ff. HGB (s. o. 7.4 f.).

ppa — Der Prokurist zeichnet mit dem Zusatz „ppa" (per procura), § 51 HGB. Der Prokurist selbst ist als solcher kein Kaufmann i. S. d. HGB (s. o. 3.4.1.2). Ggf. ist ein Prokurist auch leitender Angestellter i. S. d. § 5 III Nr. 2 BetrVG bzw. § 14 II KSchG (s. u. 7.8.2.3; 16.2.1; 16.5.3 a. E.).

146

7.8.2.2 Umfang

Der Umfang der Prokura ergibt sich aus den §§ 49 ff. HGB.

Der Prokurist ist zu allen Arten gerichtlicher und außergerichtlicher Geschäfte und Rechtshandlungen (s. o. 6.3.3.1 f.) befugt, die der Betrieb (irgend-)eines Handelsgewerbes mit sich bringt, § 49 I HGB. Er hat also insoweit bei der Abgabe von Willenserklärungen für den Kaufmann die gemäß § 164 I 1 BGB erforderliche Vertretungsmacht (s. o. 7.2.3, 7.4.2). Hierbei ist der Prokurist nicht auf branchentypische Geschäfte beschränkt. typisierte Vertretungsmacht

Beispiele: Abschluss eines Kaufvertrages; Einstellung eines Arbeitnehmers (d.h. Abschluss eines Arbeitsvertrages); Erteilung einer Handlungsvollmacht; Führen eines Prozesses; Aufnahme oder Vergabe eines Darlehens; Erwerb einer Unternehmensbeteiligung; Verlegung des Geschäftssitzes; Veränderung des Unternehmensgegenstandes; Eingehung von Wechselverbindlichkeiten; Fristsetzung.

Beschränkungen der Prokura ergeben sich:

– Gemäß § 49 II HGB. Danach darf der Prokurist Grundstücke grundsätzlich nicht veräußern oder belasten (es sei denn, diese Befugnis sei ihm besonders erteilt, sog. *„Immobiliarklausel"* bzw. „Prokura de luxe"; sie ist ebenfalls gemäß § 53 HGB ins Handelsregister einzutragen). Dabei wird unter „veräußern" sowohl das schuldrechtliche Verpflichtungsgeschäft (regelmäßig ein Kaufvertrag, §§ 433, 311 b I BGB), als auch das sachenrechtliche Verfügungsgeschäft (Auflassung, §§ 873, 925 BGB) verstanden (s. o. 5.1; 6.2.4 f.; 15.3.4.1). Zum Grundstückserwerb ist der Prokurist jedoch befugt. Beschränkungen

Beispiele: Verkauf eines Grundstücks; Belastung mit einer Hypothek (s. u. 15.5.1) – insoweit fehlt die Vertretungsmacht i. S. d. § 164 I 1 BGB (s. o. 7.2.3, 7.4.2), und es läge ggf. § 177 BGB vor (s. o. 7.6). Aber: Der Prokurist kauft ein Grundstück, der Kaufpreis kann nur teilweise gezahlt, der Rest muss über eine (sog. Restkaufgeld-)Hypothek (s. u. 15.5.1) auf dem Grundstück abgesichert werden – dies ist zulässig.

– Weitere Beschränkungen des Prokuristen ergeben sich hinsichtlich der sog. Prinzipalgeschäfte (Inhabergeschäfte). Das sind diejenigen Handlungen, die dem Kaufmann („Prinzipal") als Grundlagengeschäfte vorbehalten sind. Prinzipalgeschäfte

Beispiele: Veräußerung/Aufgabe des Handelsgeschäfts, Insolvenzanmeldung, Aufnahme eines Gesellschafters, Anmeldung und Zeichnung der Firma beim Handelsregister (§§ 29, 31 HGB), Änderung der Firma, Erteilung einer Prokura (§ 48 I HGB; s. a. § 52 II HGB), Unterzeichnung der Bilanz (§ 245 S. 1 HGB).

– Auch höchstpersönliche Geschäfte (Privatgeschäfte) darf der Prokurist nicht tätigen, Privatgeschäfte

Beispiele: Testamentserrichtung; Eheschließung; Kauf eines Hemdes für den Kaufmann, weil er meint, darin sehe dieser besser aus; Veräußerung des Privatwagens des Unternehmers. (Hierfür wäre ggf. eine speziell erteilte Vollmacht nötig, § 167 I BGB, s. o. 7.2.3.1).

7.8.2.3 Beschränkungen durch Vereinbarungen

Über diese soeben geschilderten gesetzlichen Schranken der Prokura hinausgehende Beschränkungen sind Dritten gegenüber unwirksam, § 50 I, II HGB. D. h.: Außen-/ Innenverhältnis

Im Verhältnis zu Dritten, dem sog. Außenverhältnis, ist das rechtliche Können des Prokuristen nicht beschränkt bzw. beschränkbar. Allerdings kann der Prinzipal im Innenverhältnis zum Prokuristen durchaus Grenzen vorsehen und das rechtliche Dürfen des Prokuristen beschneiden (sog. Titularprokura). Titularprokura

Beispiele: Dem Prokuristen wird vom Inhaber des Handelsgeschäftes erklärt, er dürfe nur Rechtsgeschäfte bis zum (Einzel-)Betrag von € 100000,– tätigen; oder: er dürfe nur gewöhnlich vorkommende oder nur ganz bestimmte Rechtsgeschäfte vornehmen. Der (bloße) Titularprokurist fällt grds. nicht unter die §§ 5 III BetrVG, 14 II KSchG (s. u. 16.2.1, 16.5.3 a. E.).

Können geht grds. über dürfen
Überschreitet der Prokurist die ihm im Innenverhältnis gezogenen Grenzen seines rechtlichen Dürfens, bleibt er aber im Außenverhältnis im Rahmen seines rechtlichen Könnens (vgl. § 49 I HGB), dann vertritt er den Prinzipal gleichwohl wirksam und dieser bleibt dem Geschäftspartner gegenüber daran gebunden (§§ 48 ff. HGB, 164 I BGB).

Beispiel: Der in den vorigen Beispielen beschränkte Prokurist schließt einen Kaufvertrag über € 1 Million – dieser Kaufvertrag bindet (berechtigt und verpflichtet) den Kaufmann wirksam. Aber: Erleidet der Prinzipal hierdurch einen Schaden, so ist ihm der Prokurist ggf. wegen Verletzung arbeitsvertraglicher (Sorgfalts-)Pflichten nach den §§ 280 I, 241 II BGB, s. a. 9.7.1, 16.4.1, schadensersatzpflichtig (und muss ggf. auch mit einer Kündigung rechnen, s. u. 16.5.2).

Nur wenn der Prokurist sein rechtliches Können im Außenverhältnis überschreitet,

Beispiel: er veräußert ein Grundstück entgegen § 49 II HGB,

handelt er als Vertreter ohne Vertretungsmacht und das Rechtsgeschäft ist schwebend unwirksam, § 177 BGB (s. o. 7.6; vgl. Schaubild 73).

Missbrauch
Der Geschäftspartner des Prokuristen darf sich auf § 50 HGB allerdings gegenüber dem Kaufmann nicht berufen, wenn ein Missbrauch der Prokura vorliegt und er dies weiß oder hätte wissen müssen (vgl. entsprechend § 54 III HGB; s. u. 7.8.3.4).

Beispiele: Der Geschäftsgegner kennt die interne Beschränkung oder er hätte sie kennen müssen oder wirkt gar mit dem Prokuristen gemeinsam arglistig gegen dessen Prinzipal zusammen (sog. Kollusion; s. o. 6.8.1.1; 7.7.3).

Filialprokura
Gemäß § 50 III HGB sind im Übrigen Beschränkungen der Prokura auf eine oder mehrere selbständige Niederlassungen (Niederlassungsprokura, Filialprokura) möglich (eintragungspflichtig i. S. d. § 53 I HGB; vgl. § 13 II HGB). Auch kann – insbesondere zur Erschwerung von Missbräuchen und Minderung der Risiken der Einzelprokura – gemäß § 48 II HGB die Prokura an mehrere Personen gemeinschaftlich erteilt werden (Gesamtprokura).

Einzel-/ Gesamtprokura

Dabei kann auch variiert werden:

Beispiele: Prokuristen P1, P2, P3 können nur gemeinsam, oder: Es dürfen nur jeweils zwei von ihnen gemeinsam handeln (s. o. 7.2.3.2), oder: Ein Prokurist darf nur gemeinsam mit einem Vorstandsmitglied der AG bzw. Geschäftsführer der GmbH vertreten (vgl. auch § 78 III AktG, s. u. 17.8.7.1).

passive Stellvertretung
Sind Willenserklärungen entgegenzunehmen, so reicht aber die Erklärung einem Gesamtprokuristen gegenüber aus (entsprechend der §§ 125 II 3, 161 II HGB, 35 II 2 GmbHG, 78 II, III AktG, 25 II GenG).

Die Gesamtprokura ist ebenfalls (deklaratorisch) ins Handelsregister (bei der eG: vgl. § 42 GenG) einzutragen (§ 53 I 2, II HGB).

7.8.2.4 Erlöschen

Gründe
Die Prokura erlischt durch Widerruf, § 52 I HGB, der gegenüber dem Prokuristen, einem Dritten oder durch öffentliche Bekanntmachung erfolgen kann (§§ 167 I,

168 S. 3, 171 II BGB) und keiner Begründung bedarf (s. o. 7.2.3.3). Sie erlischt auch mit Beendigung des Anstellungsverhältnisses (Dienst-, Arbeitsvertrags, §§ 611, 611 a BGB), § 168 BGB, bzw. mit dem Tod des Prokuristen (s. o. 3.1.1 a. E; nicht aber des Geschäftsinhabers, § 52 III HGB) sowie dem Erlöschen der Firma (s. o. 3.4.5) und der Einstellung des Unternehmens, ebenso beim Betriebsübergang durch Veräußerung des Unternehmens (ungeachtet des § 613 a BGB, s. u. 16.5.1, wobei dann ggf. eine stillschweigende Handlungsvollmacht – s. u. – infrage kommt); vergleichbar ist es bei Umwandlung eines einzelkaufmännischen Unternehmens etwa in eine oHG (hier muss die Prokura von der Gesellschaft neu erteilt werden; s. u. 17.3.3.3 a. E.).

Nach dem Erlöschen der Prokura ist der (Ex-)„Prokurist" nicht mehr vertretungs- | **Folgen**
berechtigt; gleichwohl getätigte Rechtsgeschäfte sind grundsätzlich schwebend unwirksam (§ 177 BGB) bzw. gänzlich unwirksam (§ 180 BGB).

Das Erlöschen der Prokura ist im Handelsregister anzumelden, § 53 II HGB (bzw. | **Handelsregister**
Genossenschaftsregister, § 42 GenG), allerdings wirkt die Eintragung des Erlo-
schenseins nur deklaratorisch. Ein gutgläubiger Geschäftspartner wird dabei durch
§ 15 I, II HGB geschützt (s. o. 3.4.6).

Beispiel: Erklärt der Kaufmann dem Prokuristen am 8.3. „Ich widerrufe Ihre Prokura",
und wird dies erst am 28.3. in das Handelsregister eingetragen (s. o. 3.4.6), dann fehlt dem
(Ex-)Prokuristen bereits ab dem 8.3. die Vertretungsmacht i. S. d. § 164 I 1 BGB (s. o. 7.4).
Würde er jetzt gleichwohl Willenserklärungen für den Kaufmann abgeben, so wäre er Vertreter ohne Vertretungsmacht, § 177 BGB (s. o. 7.6). Ein gutgläubiger Geschäftspartner wäre
allerdings gemäß § 15 I HGB geschützt (s. o. 3.4.6).

7.8.3 Handlungsvollmacht

Handlungsvollmacht ist diejenige Vollmacht, die ein Kaufmann im Rahmen sei- | **Begriff**
nes Handelsgewerbes erteilt und die nicht Prokura ist, vgl. § 54 HGB. Sie räumt
dem Handlungsbevollmächtigten bei der Abgabe von Willenserklärungen für den
Kaufmann die erforderliche Vertretungsmacht i. S. d. § 164 I 1 BGB ein (s. o. 7.2.3;
7.4.2). Nichtkaufleute bzw. nicht ins Handelsregister eingetragene Kleingewerbetreibende (s. o. 3.4.2) können grundsätzlich keine Handlungsvollmacht erteilen
(ggf. kommt aber eine entsprechende Anwendung des § 54 HGB für Kleingewerbetreibende oder Freiberufler bzw. die Annahme einer ebensoweit reichenden
Vollmacht i.S.d. § 164 I BGB in Betracht).

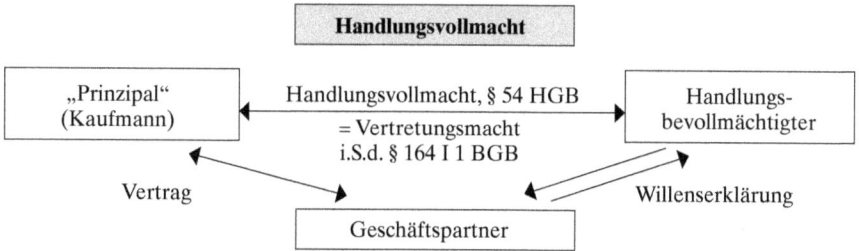

Schaubild 77: Handlungsvollmacht

7.8.3.1 Erteilung

Berechtigter   Die Handlungsvollmacht kann jeder Kaufmann i. S. d. HGB (s. o. 3.4) erteilen (s. a. § 42 II GenG). Sie muss nicht vom Kaufmann bzw. Inhaber des Handelsgeschäftes selbst erklärt werden; auch ein bereits von ihm Bevollmächtigter (§§ 167, 171 BGB) kann dies tun, etwa ein Prokurist oder ein (anderer) Handlungsbevollmächtigter.

Beispiele: Der Prokurist erteilt einem Mitarbeiter für einzelne Geschäfte im Einkauf Handlungsvollmacht; oder: Der für den (Gesamt-)Vertrieb zuständige Handlungsbevollmächtigte räumt einem Mitarbeiter für einzelne Vertriebsgeschäfte (Unter-) Handlungsvollmacht ein.

Eine ausdrückliche Erklärung, mit der die Handlungsvollmacht begründet wird, ist nicht erforderlich – sie kann auch konkludent erteilt werden.

Beispiele: Der zum Filialleiter Bestellte hat konkludent entsprechende Handlungsvollmacht; die Kassiererin hat Handlungsvollmacht für die von ihr abzuwickelnden Kassengeschäfte.

Duldung   Duldet der Inhaber des Handelsgeschäftes rechtsgeschäftliches Handeln eines damit eigentlich nicht betrauten Mitarbeiters, so kann eine Handlungsvollmacht auch nach den Grundsätzen der Duldungsvollmacht (s. o. 7.2.3.2) anzunehmen sein.

Beispiel: Der Kaufmann lässt zu, dass ein eigentlich nicht mit Vertragsabschlüssen beauftragter Angestellter Bestellungen entgegennimmt.

nicht eintragbar   Ins Handelsregister (s. o. 3.4.6) wird die Handlungsvollmacht nicht eingetragen; sie ist weder eintragungspflichtig noch -fähig. Der Handlungsbevollmächtigte hat mit einem entsprechenden Zusatz zu zeichnen, § 57 HGB.

Beispiele: „i. V.“; „ per“; „in Vollmacht“; auch: „i. A.“ (s. a. beim Boten, 7.3.2, 7.4.4).

7.8.3.2 Arten

Fälle   Die Erteilung der Handlungsvollmacht wird gemäß § 54 I HGB für drei Alternativen unwiderleglich vermutet: wenn der Kaufmann jemanden ohne Prokuraerteilung

– zum Betrieb eines Handelsgewerbes (Generalhandlungsvollmacht),
– zur Vornahme einer bestimmten Art von Geschäften (Arthandlungsvollmacht), oder
– zur Vornahme einzelner Geschäfte (Spezialhandlungsvollmacht)

ermächtigt.

General-/   Die Generalhandlungsvollmacht bezieht sich auf den Betrieb des gesamten Handelsgewerbes,

Beispiel: der Geschäftsführer eines Einzelkaufmanns,

Art-/   die Arthandlungsvollmacht ermächtigt zur Vornahme einer bestimmten zu einem Handelsgewerbe zugehörigen Art von Geschäften,

Beispiele: Verkäufer, Kassierer,

Spezial-/   und die Spezialhandlungsvollmacht berechtigt zur Vornahme einzelner, konkret bestimmter zu einem Handelsgewerbe gehöriger Geschäfte,

Beispiel: ein Mitarbeiter wird ermächtigt, einen Pkw zu kaufen.

Gesamthandlungsvollmacht   Die (jeweilige) Handlungsvollmacht kann auch mehreren gemeinsam erteilt werden, sog. Gesamthandlungsvollmacht (s. o. 7.2.3.2).

Prokura und Handlungsvollmacht – Unterschiede –		
	Prokura	**Handlungsvollmacht**
Wesen	rechtsgeschäftliche Vertretungs-macht bei Kaufleuten	rechtsgeschäftliche Vertretungs-macht bei Kaufleuten
gesetzliche Regelung	§§ 48 ff. HGB	§ 54 HGB
Erteilung	durch ausdrückliche Erklärung, § 48 I HGB	ausdrücklich oder konkludent
Berechtigung zur Erteilung	nur durch Inhaber des Handels-geschäfts persönlich oder gesetz-lichen Vertreter, § 48 HGB	durch Inhaber oder Vertreter (Prokuristen, Handlungsbevoll-mächtigte)
Handels-register	Eintragung erforderlich (deklaratorisch), § 53 HGB	keine Eintragung
Umfang	alle Geschäfte und Rechtshand-lungen, die der Betrieb irgend-eines Handelsgewerbes mit sich bringt, § 49 I HGB	einzelne, der Art nach bestimmte, oder alle Geschäfte und Rechtshand-lungen, die ein derartiges Handels-gewerbe gewöhnlich mit sich bringt, § 54 I HGB
Ausnahmen	keine Privat- oder Prinzipal-geschäfte; grds. keine Belastung oder Veräußerung von Grundstücken, § 49 II HGB	keine Privat- oder Prinzipal-geschäfte; grds. keine Belastung oder Veräuße-rung von Grundstücken, Wechselver-bindlichkeiten, Darlehensaufnahme, Prozessführung, § 54 II HGB
Widerruf	jederzeit möglich, § 52 I HGB	jederzeit möglich, §§ 168 S. 2, 167 I BGB
Beschränk-barkeit nach außen	grds. unwirksam, § 50 I, II HGB	ggf. bei gutem Glauben wirksam, § 54 III HGB
Übertrag-barkeit	nicht möglich, § 52 II HGB	mit Zustimmung des Inhabers möglich, § 58 HGB
Zeichnung	Firma mit Namen und ppa, § 51 HGB	i. V., i. A. mit Namen, § 57 HGB

Schaubild 78: Prokura und Handlungsvollmacht/Unterschiede

7.8.3.3 Umfang

Grundsätzlich hat es der Prinzipal selbst in der Hand, den Umfang der (Hand-lungs-)Vollmacht zu bestimmen. Darüber hinaus regelt § 54 I HGB, dass sich die Handlungsvollmacht nur auf diejenigen Geschäfte und Rechtshandlungen bezieht, die

Grenzen

– der Betrieb des jeweiligen Handelsgewerbes
– oder die Vornahme derartiger Geschäfte
– gewöhnlich

mit sich bringt.

151

branchen-
üblich

Die Handlungsvollmacht ist also auf die jeweils branchenüblichen („derartigen") Geschäfte bzw. Rechtshandlungen beschränkt und erlaubt keine diesen wesensfremde.

Beispiel: Der (General-)Handlungsbevollmächtigte eines Autohändlers darf keine Teppiche für diesen kaufen, selbst wenn das besonders gewinnversprechend wäre (dies ist also anders als bei der Prokura, s. o. 7.8.2.2).

gewöhnlich

Darüber hinaus muss das zu tätigende Geschäft bzw. die Rechtshandlung im Rahmen des jeweils Gewöhnlichen liegen, darf also nicht un- bzw. außergewöhnlich sein.

Beispiele: Gewöhnlich ist im obigen Beispiel der Ankauf eines gebrauchten Pkw von einem Privatmann; ungewöhnlich wäre der Kauf des Autos von einem dem (General-)Handlungsbevollmächtigten als Dieb Bekannten, oder auch die Veräußerung des einzigen Geschäfts-Lkw durch einen Filialleiter eines Eisenwarenhändlers, d. h., insoweit fehlt die erforderliche Vertretungsmacht i. S. d. § 164 I 1 BGB (s. o. 7.2.3, und es läge ggf. Vertretung ohne Vertretungsmacht i. S. d. § 177 BGB vor, s. o. 7.6). Bei einem großen Unternehmen können aber auch Vertragsabschlüsse von erheblicher finanzieller Tragweite noch zum gewöhnlichen Geschäftsbetrieb zu rechnen sein.

Des Weiteren sind die sich aus § 54 II HGB ergebenden Beschränkungen des Umfangs der Befugnisse des Handlungsbevollmächtigten zu beachten.

Beispiel: Der Handlungsbevollmächtigte darf ohne besondere Erlaubnis Grundstücke nicht belasten oder veräußern oder Darlehen aufnehmen, § 54 II HGB – tut er es doch, so handelt er insoweit als Vertreter ohne Vertretungsmacht i. S. d. § 177 BGB (s. o. 7.4.2; 7.6).

Im Übrigen darf er, ebensowenig wie ein Prokurist, keine Prinzipalgeschäfte sowie (höchstpersönliche) Privatgeschäfte des Kaufmanns vornehmen (s. o. 7.8.2.2. a. E.).

Kaufmann i. S. d. HGB ist der Handlungsbevollmächtigte nicht (s. o. 4.3.1.2).

7.8.3.4 Beschränkungen durch Vereinbarungen

Außen-/
Innenverhältnis

Weitere Beschränkungen der Handlungsvollmacht muss ein Dritter gemäß § 54 III HGB nur dann gelten lassen, wenn er sie kannte oder kennen musste (vgl. die Definition in § 122 II BGB). Entsprechende Hinweise an die Geschäftspartner sind daher dienlich bzw. ratsam.

Beispiel: Hinweisschild „Zahlung nur an der Kasse".

interne
Schranken

Überschreitet ein Handlungsbevollmächtigter (bei Vornahme eines grds. im Rahmen des § 54 HGB liegenden Geschäftes) ihm (lediglich) im Innenverhältnis gesetzte Grenzen und weiß der Geschäftspartner dies nicht bzw. hätte er es nicht wissen müssen, so ist das vom Handlungsbevollmächtigten getätigte Rechtsgeschäft im Außenverhältnis wirksam. (Im Innenverhältnis kommt ggf. ein Schadensersatzanspruch wegen arbeitsvertraglicher Pflichtverletzungen nach den Regeln der §§ 280, 241 II BGB in Betracht, s. o. beim Prokuristen 7.8.2.3).

Beispiel: Der beim Großhändler H tätige handlungsbevollmächtigte Einkäufer E darf nur Käufe bis zu € 50000,– im Einzelfall tätigen, geht aber darüber hinaus und bestellt Ware zum Preis von € 60000,–, da ihm der Preis als günstige Gelegenheit erscheint – zwar liegt wegen Überschreitung des Preislimits eigentlich eine Vertretung ohne Vertretungsmacht i. S. d. §§ 177, 179 BGB vor (s. o. 7.6), wegen § 54 III HGB muss aber der die Eigenmächtigkeit des E nicht kennende Warenverkäufer die interne Beschränkung (auf € 50000,–) nicht gegen sich gelten lassen, sodass die auf Kauf gerichtete Willenserklärung des E den H wirksam verpflichtet, §§ 433 II, 164 I 1 BGB, 54 I, III HGB.

7.8.3.5 Außendienst

Während § 54 HGB sich auf die im Innendienst tätigen Hilfspersonen des Kaufmanns bezieht, schließt § 55 HGB auch im Außendienst tätige Hilfspersonen mit ein:

Für Handlungsgehilfen im Außendienst mit Abschlussvollmacht,

Beispiel: Reisender,

bzw. für Handelsvertreter mit Abschlussvollmacht, vgl. die §§ 55 I, 91 I HGB, gilt hiernach § 54 HGB entsprechend (beachte aber § 55 II–IV HGB). Handels-
vertreter

Für im Außendienst tätige Hilfspersonen, die lediglich mit der Vermittlung von Rechtsgeschäften betraut sind, gelten demgegenüber Sonderregeln, wonach sie (lediglich) zur Entgegennahme von Erklärungen als ermächtigt gelten, vgl. die §§ 75 g, h, 91 II HGB (s. u. 10.9.1.3 a. E).

7.8.3.6 Erlöschen

Die Handlungsvollmacht erlischt wie die „BGB-Vollmacht", vgl. die §§ 168, 170–173 BGB, also insbesondere durch Widerruf (§§ 168 S. 2, 167 I BGB) bzw. Beendigung des Arbeitsvertrages (Grundverhältnisses, § 168 S. 1 BGB; s. o. 7.2.3.3). Der Angabe eines Grundes bedarf es grds. nicht. Nach dem Erlöschen ist der (Ex-) „Handlungsbevollmächtigte" Vertreter ohne Vertretungsmacht, s. a. die §§ 177 BGB bzw. 180 BGB (s. o. 7.6). Vgl. i. Ü. die §§ 170–173 BGB. Folgen

7.8.4 Ladenvollmacht

Angestellten in einem Laden oder offenen Warenlager billigt § 56 HGB ebenfalls eine gesetzlich geregelte Vertretungsmacht zu: sie gelten als ermächtigt zu Verkäufen und Empfangnahmen, die in einem derartigen Laden oder Warenlager gewöhnlich geschehen. Damit wird das Vertrauen der Kunden, die einen derartigen Geschäftsraum betreten und dort auf Hilfspersonen des Kaufmanns treffen, besonders geschützt. § 56 HGB geht grds. davon aus, dass der vertretene Ladeninhaber Kaufmann i. S. d. §§ 1 ff. HGB ist (ggf. kommt bei Kleingewerbetreibenden aus Gründen des Verkehrsschutzes eine entsprechende Anwendung in Betracht [s. o. 3.4.2.1, 3.6]). Vertrauens-
schutz

Verkaufsstätte

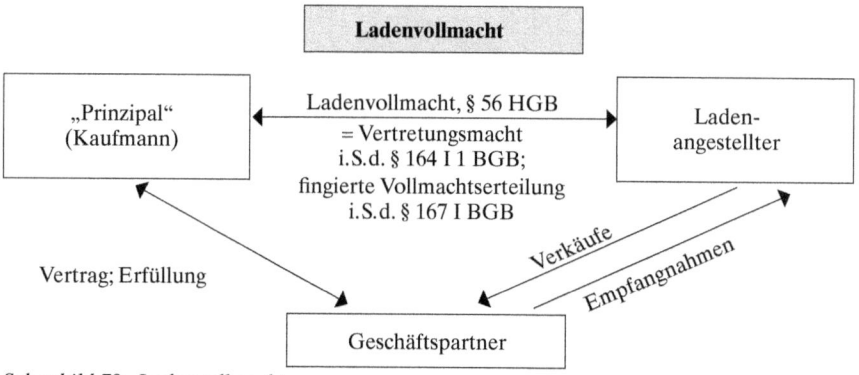

Schaubild 79: Ladenvollmacht

Dabei wird unter Laden oder offenem Warenlager jede verkehrsüblich zu freiem Zutritt bestimmte Verkaufsstätte verstanden.

Beispiele: Einzelhandelsgeschäft; Warenhaus; Lebensmittel-Selbstbedienungsgeschäft; Verkaufsstand. Nicht aber etwa: bloße Büroräume bzw. Fabrikräume.

Dort „angestellt" i. S. d. § 56 HGB sind nicht nur Mitarbeiter des Geschäftsinhabers, sondern auch bspw. seine mithelfenden Familienangehörigen (nicht aber etwa: eine Reinigungskraft).

„gewöhnlich"   Die getätigten Verkäufe bzw. Empfangnahmen (Kaufpreis, Ware, Willenserklärungen; nicht aber Ankäufe) müssen in derartigen Lokalitäten „gewöhnlich geschehen".

Beispiel: Die Verkaufsmitarbeiterin nimmt den Kaufpreis entgegen. Sie vertritt den Kaufmann (ihren Arbeitgeber, s. u. 16.2.2) wirksam beim Kaufvertrag (§ 433 BGB, Verpflichtungsgeschäft) sowie der Übereignung (§ 929 BGB, Erfüllungsgeschäft; s. o. 5, 6.2.4 f.), §§ 56 HGB, 164 I BGB.

Durch einen deutlich sichtbaren Aushang ist die Ladenvollmacht aber ausschließbar (vgl. entsprechend § 54 III HGB).

Beispiele: „Zahlung nur an der Kasse"; „Unser Verkaufspersonal ist zur Entgegennahme von Zahlungen nicht berechtigt"; „Reklamationen nur im Büro".

fingierte Vollmacht   Es handelt sich bei § 56 HGB um eine fingierte Vollmacht (vgl. § 167 I BGB), die dem Ladenangestellten entsprechende Vertretungsmacht i. S. d. § 164 I 1 BGB verleiht (gesetzliche Anscheinsvollmacht, s. o. 7.2.3.2) (nicht nur der Umfang der Vollmacht wird typisierend vermutet, sondern auch ihre Existenz als solche – insoweit geht § 56 HGB über § 54 HGB hinaus).

8 Schuldverhältnisse

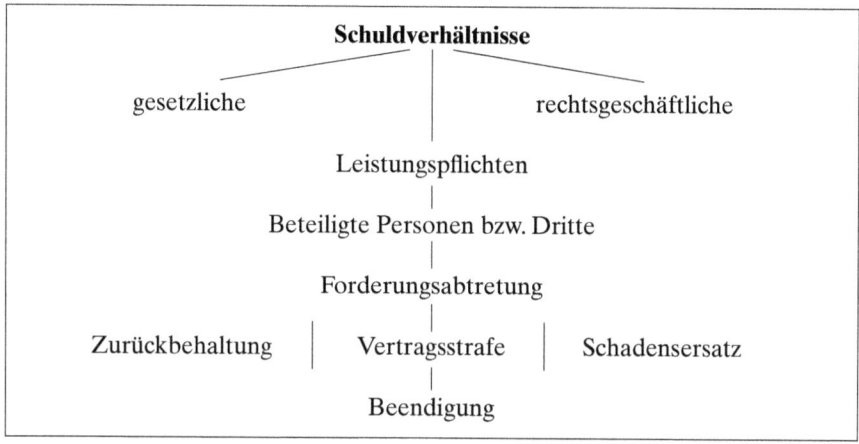

Schuldverhältnisse

gesetzliche | rechtsgeschäftliche

Leistungspflichten

Beteiligte Personen bzw. Dritte

Forderungsabtretung

Zurückbehaltung | Vertragsstrafe | Schadensersatz

Beendigung

Leitübersicht 8: Schuldverhältnisse

Leitfragen zu 8:
a) Welche Rechtsregeln gelten für Schuldverhältnisse?
b) Welche Leistungspflichten gilt es zu beachten?
c) Wie können Dritte beteiligt sein?
d) Worauf ist bei der Forderungsabtretung zu achten?
e) Welche Prinzipien bestimmen das Recht des Schadensersatzes?
f) Wodurch enden Schuldverhältnisse?

Vornehmlich in seinem zweiten Buch, dem Schuldrecht (s. o. 4.1; 5.1), regelt das BGB die Schuldverhältnisse. Die ersten sechs Abschnitte dort nennt man den Allgemeinen Teil, den siebten Abschnitt den Besonderen Teil des Schuldrechts; die Regeln des Allgemeinen Teils sind generell bedeutsam, im Besonderen Teil finden sich nahezu dreißig gesetzlich beschriebene Typen von Schuldverhältnissen. Schuldrechtliche Regelungen finden sich im Übrigen etwa auch noch im HGB, vgl. die §§ 343 ff. HGB (dort sind spezielle Regeln für Handelsgeschäfte enthalten; s. a. 6.2.6; 10.1). Gerade das Schuldrecht wurde zum 1. 1. 2002 mit der Schuldrechtsreform vom 26. 11. 2001 (BGBl. I 2001, S. 3138 ff.) großteils grundlegend umgestaltet.

Schuldrecht – Allgemeiner Teil/ Besonderer Teil (AT/BT)

auch: HGB

8.1 Begriffe

Das BGB verwendet den Begriff des Schuldverhältnisses in zweifacher Weise:

Schuldverhältnis

Zum einen als Bezeichnung der Gesamtheit der Rechtsbeziehungen zwischen Gläubiger und Schuldner, sog. Schuldverhältnis im weiteren Sinne.

im weiteren Sinn

Beispiel: Der Kaufvertrag, §§ 433 ff. BGB – er begründet Rechte und Pflichten vielfältiger Art zwischen Käufer und Verkäufer. (*Der Gläubiger ist somit derjenige, der daran glaubt, dass* *sein Schuldner, also der Leistungspflichtige, die geschuldete Leistung, d. h. die Schuld, erbringen wird).*

Forderung Zum anderen aber wird unter einem Schuldverhältnis das Recht des Gläubigers verstanden, vom Schuldner eine Leistung zu fordern, § 241 I BGB, die in einem (positiven) Tun, einem Dulden oder in einem Unterlassen bestehen kann (man nennt dies auch: Anspruch, vgl. § 194 BGB, s. o. 2.6.2). Hierbei geht es also um eine *im engeren* einzelne Leistungspflicht bzw. Verbindlichkeit, weswegen man vom Schuldverhält-*Sinne* nis im engeren Sinne spricht. Daraus ist auch ersichtlich, dass in ein Schuldverhältnis im weiteren Sinne eine Vielzahl einzelner Schuldverhältnisse im engeren Sinne eingebettet sein können.

Beispiel: Aus dem Kaufvertrag (Schuldverhältnis im weiteren Sinne) erwachsen als einzelne Leistungspflichten (jeweils Schuldverhältnisse im engeren Sinne) etwa: Abnahme- und Kaufpreiszahlungspflicht des Käufers, § 433 II BGB, Kostenpflicht des Käufers, § 448 II BGB; Übergabe- und Übereignungspflicht des Verkäufers, § 433 I BGB, Auskunftspflicht des Verkäufers, §§ 241 II, 242 BGB (s. u. 10.2.2).

Schuld/ Die die Parteien treffenden Pflichten binden nur sie, nicht aber Dritte – Schuld-**Haftung** verhältnisse wirken relativ, nicht absolut (s. o. 4.2.1; 5). Dabei ist zwischen Schuld und Haftung zu trennen: *Schuld* heißt Verpflichtetsein, also die Verpflichtung des Schuldners, die geschuldete Leistung zu erbringen bzw. nichts zu unternehmen, was dem Vertragszweck zuwiderläuft (*rechtliches Sollen*); *Haftung* heißt dem zwangsweisen Zugriff des Gläubigers zur Durchsetzung der Forderung unterworfen zu sein (*rechtliches Müssen*).

Schuldner ist, wer zur Leistung verpflichtet ist (er soll leisten), Haftender ist, wer aus seinem Vermögen die Schuld zu erfüllen hat (er muss einstehen). Prinzipiell gilt: *„Wer schuldet, der haftet"*.

Beispiele: Der Käufer muss die Kaufpreisschuld bezahlen; der Verkäufer kann ggf. in sein gesamtes Vermögen vollstrecken (s. u. 20). Mit dem Begriff „Haftung" wird aber auch gemeint „Verantwortlichkeit" für eigenes oder fremdes schadensersatzpflichtiges Verhalten, bspw. bei Verschuldenshaftung, Gefährdungshaftung (s. u. 12.1; 14.2), Gehilfenhaftung (§§ 278, 831 BGB; s. u. 8.13.2 f., 12.5), Organhaftung (§ 31 BGB; s. o. 7.2.2).

können Schuld und Haftung können auseinanderfallen:
auseinander-
fallen **Beispiele:** Der Grundstückseigentümer haftet dem Hypothekengläubiger mit dem Grundstück, auch wenn er nicht der Schuldner der hypothekarisch gesicherten Forderung ist – *Haftung ohne Schuld* (s. u. 15.5.1); die verjährte Forderung kann, wenn sich der Schuldner auf die Einrede der Verjährung beruft, nicht mehr durchgesetzt werden (s. o. 4.2.5.1) – *Schuld ohne Haftung* (s. u.).

unvollkom- Neben den zwangsweise durchsetzbaren sog. vollkommenen Verbindlichkeiten **mene Verbind-** gibt es desweiteren auch sog. unvollkommene Verbindlichkeiten, die der Schuldner **lichkeiten** freiwillig erfüllen (und dann nicht mehr gemäß § 812 BGB zurückfordern) kann, der Gläubiger jedoch nicht zwangsweise durchzusetzen vermag.

Beispiele: Verjährte Forderungen, §§ 214, 216 (813 I 2) BGB (s. o. 4.2.5.1, 4.3.3); Spiel, Wette, § 762 BGB; Ehemaklerlohn, § 656 BGB; Verlöbnis, § 1297 BGB. So muss etwa, wer beim Poker Geld verliert, diese Spiel- (bzw. Ehren-) Schulden nicht bezahlen; wer jedoch gezahlt hat, kann dies nicht zurückverlangen, § 762 I BGB.

Obliegenheiten Von den (vollkommenen und unvollkommenen) Verbindlichkeiten sind die sog. Obliegenheiten zu unterscheiden: Ihre Befolgung liegt im eigenen Interesse des damit Belasteten, der bei ihrer Verletzung rechtliche Nachteile erleidet.

156

Beispiele: Verspätungsanzeige, § 149 BGB (s. o. 6.6.1); Annahmeverzugsfolgen, §§ 300 ff. BGB (s. u. 9.5.1); Mitverschulden, § 254 BGB (s. u. 8.12.4); kfm. Untersuchung und Rüge mangelhafter Ware, § 377 HGB (s. u. 10.2.7.4); Anzeige von Gefahrumständen durch Versicherte, §§ 19 ff. VVG.

8.2 Entstehung

Schuldverhältnisse können kraft Gesetzes oder durch Rechtsgeschäft begründet werden (s. a. 10.1).

8.2.1 Gesetzliche Schuldverhältnisse

Schuldverhältnisse entstehen kraft Gesetzes durch die Verwirklichung von Tatbestandsmerkmalen, an die das Gesetz unmittelbar die zur Einstandspflicht führende Rechtsfolge knüpft. Im Schuldrecht des BGB finden sich insoweit v. a.   *Entstehung kraft Gesetzes*

- die Geschäftsführung ohne Auftrag, §§ 677 ff. BGB (wenn man bspw. einen Ohnmächtigen ins Krankenhaus bringt, oder der Arzt diesen dann operiert, s. u. 13);   *im Schuldrecht*
- die ungerechtfertigte Bereicherung, §§ 812 ff. BGB (Leistungen, die man etwa aufgrund eines angefochtenen, nichtigen Kaufvertrages ausgetauscht hat und die zurückgegeben werden müssen, s. u. 11);
- die unerlaubte Handlung, §§ 823 ff. BGB (danach muss z. B. der Dieb dem Eigentümer Schadensersatz leisten, s. u. 12).

Darüber hinaus bestehen gesetzliche Schuldverhältnisse außerhalb des Schuldrechts nach dem BGB etwa im Sachenrecht beim Eigentümer-Besitzer-Verhältnis, §§ 987 ff. BGB (wenn jemand die Sache eines anderen ohne vertragliche Basis benutzt; s. u. 15.3.5), im Familienrecht bei den Unterhaltsansprüchen, §§ 1601 ff. BGB (in gerader Linie Verwandte sind einander unterhaltspflichtig), sowie im Erbrecht bei Enterbungen, §§ 2303 ff. BGB (einem von der Erbfolge ausgeschlossenen Abkömmling steht der Pflichtteil zu; s. o. 3.1.1).   *außerhalb des Schuldrechts*

Entstehung gesetzlicher Schuldverhältnisse:	
Verwirklichung besonderer gesetzlicher Tatbestände – nicht rechtsgeschäftlich –; etwa	
Schuldrecht:	**sonstige Rechtsgebiete:**
Geschäftsführung ohne Auftrag (§§ 677 ff. BGB)	Eigentümer-Besitzer-Verhältnis (§§ 987 ff. BGB)
ungerechtfertigte Bereicherung (§§ 812 ff. BGB)	gesetzlicher Unterhalt (§§ 1601 ff. BGB)
unerlaubte Handlung (§§ 823 ff. BGB)	gesetzliches Güter- und Erbrecht (§§ 1363 ff., 1922 ff. BGB)
	Pflichtteilsrecht (§§ 2303 ff. BGB)

Schaubild 80: Entstehung gesetzlicher Schuldverhältnisse

8.2.2 Rechtsgeschäftliche Schuldverhältnisse

Entstehung
durch Rechts-
geschäft

Leistungsbeziehungen der Rechtssubjekte werden im Wesentlichen durch rechtsgeschäftliche Schuldverhältnisse begründet. Der Regelfall dafür ist der Vertrag, § 311 I BGB (s. o. 6.6).

einseitig

Lediglich einseitige Rechtsgeschäfte (Schuldverhältnisse) sind dagegen die Ausnahme (etwa Auslobung, § 657 BGB, Preisausschreiben, § 661 BGB, Gewinnzusagen, § 661 a BGB, Vermächtnis, § 2174 BGB; s. o. 6.2.2; vgl. die Schaubilder 40 und 81).

Beispiele: Die Brauerei, die bei einem Gewinnspiel einen Kasten Bier verspricht, muss diesen dem Gewinner übereignen; wer in einer Zeitungsannonce demjenigen, der den entlaufenen Hund zurückbringt, eine Belohnung verspricht, muss sie ihm im Erfolgsfall zahlen, § 657 BGB.

gegenseitig

Erfolgt die Leistung des einen Vertragsteils gerade um der Gegenleistung des anderen willen, so handelt es sich um einen vollkommen gegenseitigen Vertrag (sog. Synallagma, Gegenseitigkeitsverhältnis, *„do ut des" – „ich gebe, damit Du gibst", „gibst Du mir, geb' ich Dir"*, etwa beim Kaufvertrag, §§ 433 ff. BGB); beim einseitig verpflichtenden Vertrag wird nur eine Partei verpflichtet (Schenkung, §§ 516 ff. BGB, Bürgschaft, §§ 765 ff. BGB); beim unvollkommen zweiseitigen Vertrag stehen die gegenseitigen Pflichten der Parteien nicht in einem (synallagmatischen) Gegenleistungsverhältnis (Auftrag, § 662 BGB [§§ 667/670 BGB]; Leihe, §§ 598 ff. BGB [§§ 598/604 BGB]; s. o. 6.6.5).

fehlerhafte
Vertrags-
verhältnisse

In bestimmten Ausnahmefällen bestehen Leistungsbeziehungen zwischen Rechtssubjekten trotz fehlender rechtsgültiger Willenserklärungen bei den sog. fehlerhaften (auch faktisch genannten) Vertragsverhältnissen (etwa bei fehlerhaften Arbeitsverhältnissen oder fehlerhaften Gesellschaften, s. u. 8.3.3).

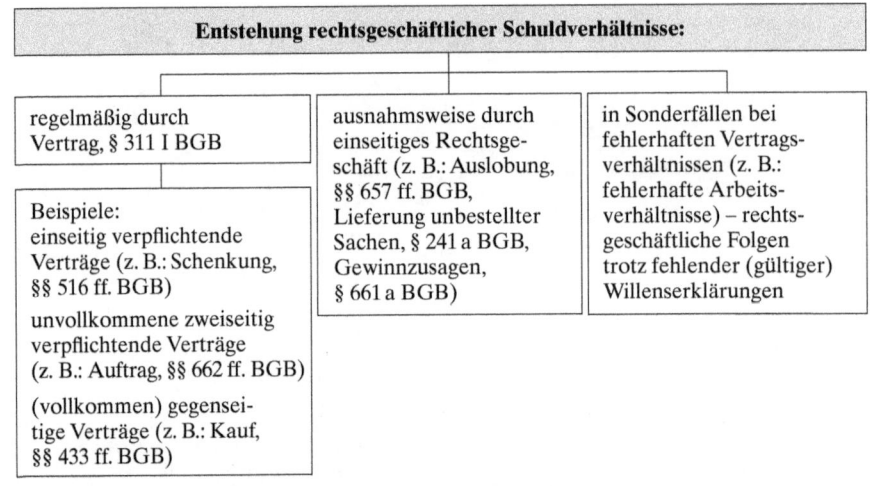

Entstehung rechtsgeschäftlicher Schuldverhältnisse:		
regelmäßig durch Vertrag, § 311 I BGB	ausnahmsweise durch einseitiges Rechtsgeschäft (z. B.: Auslobung, §§ 657 ff. BGB, Lieferung unbestellter Sachen, § 241 a BGB, Gewinnzusagen, § 661 a BGB)	in Sonderfällen bei fehlerhaften Vertragsverhältnissen (z. B.: fehlerhafte Arbeitsverhältnisse) – rechtsgeschäftliche Folgen trotz fehlender (gültiger) Willenserklärungen
Beispiele: einseitig verpflichtende Verträge (z. B.: Schenkung, §§ 516 ff. BGB) unvollkommene zweiseitig verpflichtende Verträge (z. B.: Auftrag, §§ 662 ff. BGB) (vollkommen) gegenseitige Verträge (z. B.: Kauf, §§ 433 ff. BGB)		

Schaubild 81: Entstehung rechtsgeschäftlicher Schuldverhältnisse

unbestellte
Waren/
Gewinn-
zusagen

Aus Gründen des Verbraucherschutzes werden ebenfalls ausnahmsweise einseitige Pflichten von Unternehmern, § 14 BGB, gegenüber Verbrauchern (§ 13 BGB; s. o. 3.1.3.2; 3.6) begründet, wenn unbestellt Waren geliefert bzw. Gewinnzusagen gemacht werden, vgl. die §§ 241 a bzw. 661 a BGB (s. o. 6.3.1.1).

Beispiele: Unbestellt zugeschickter Wein darf getrunken werden, § 241 a BGB; die Zusendung einer Glückwunschkarte, Gewinner eines Geldpreises zu sein, muss durch Gewinnauszahlung eingelöst werden, § 661 a BGB. (S. a. Schaubild 16).

8.2.3 Anbahnung rechtsgeschäftlicher Schuldverhältnisse

Bereits die Anbahnung rechtsgeschäftlicher Schuldverhältnisse begründet ein vertragsähnliches Vertrauensverhältnis, das die Parteien zu besonderer Rücksichtnahme, § 241 II BGB, und Sorgfalt, § 242 BGB (Prinzip von Treu und Glauben, s. u. 8.3.1.2, 8.3.2), verpflichtet. Dies sieht das BGB etwa in den §§ 122 bzw. 179 vor (sog. Erklärungshaftung, s. u. 8.12.1). Vertrags-anbahnung

So ergibt sich insbesondere aufgrund des (mittlerweile gesetzlich anerkannten) Rechtsinstituts der *culpa in contrahendo* – cic –, das man auch Verschulden bei Vertragsschluss bzw. Vertragsanbahnung nennt: cic

Verletzt jemand schuldhaft bei bzw. nach oder während der Aufnahme geschäftlichen Kontakts oder Vertragsverhandlungen seine aus Treu und Glauben (§ 242 BGB) ihm erwachsende Pflicht zu Rücksichtnahme, Obhut, Aufklärung, Sorgfalt, Mitteilung, Fürsorge, Verkehrssicherung etc. (Fairnesspflichten), und erwächst dem anderen Teil daraus ein Nachteil, so wird dafür Schadensersatz geschuldet, §§ 280, 241 II, 311 II Nr. 1, 2, 3, III BGB (s. a. 9.8; 16.2.3.2). Fairness

Beispiele: Im Kaufhaus möchte jemand Bodenbeläge kaufen, der Verkäufer stößt eine Linoleumrolle um, die den Kaufinteressenten verletzt; eine Vitrine im Juweliergeschäft ist nicht hinreichend an der Wand befestigt, löst sich und verletzt einen Kunden (s. a. 12.2.1.2 [ggf. ist auch gemäß § 823 I BGB einzustehen]).

8.3 Leistungspflichten

Welche Pflichten die Parteien treffen, stellt das Schuldrecht modellhaft vor; im Einzelnen können die Parteien aber im Rahmen der Vertragsfreiheit (s. o. 2.5) grundsätzlich eigenständige Regelungen vornehmen (s. a. 6.6.6; vgl. § 241 I, II BGB). Es gelten dabei insbesondere folgende Prinzipien: Parteiabreden

8.3.1 Leistungsinhalt

Den Inhalt der geschuldeten Leistung bestimmen die Parteien; sind ihre Vereinbarungen unpräzise, so muss sich der Leistungsinhalt zumindest durch Auslegung ermitteln lassen.

8.3.1.1 Leistungsbestimmung

Bei fehlender Abrede über die Höhe der Dienstleistungs- bzw. Werkerbringungsvergütung bzw. des Mäklerlohnes lassen sich bspw. die jeweiligen Gebührenordnungen heranziehen, §§ 612 II, 632 II, 653 II BGB (s. u. 10.3.1; 10.4.4; 16.2.2.1). Wurde die Leistungsbestimmung einem Vertragspartner oder einem Dritten übertragen, so ist sie nach billigem Ermessen zu treffen, §§ 315, 317 ff. BGB. Ist im gegenseitigen Vertrag der Umfang der Gegenleistung nicht bestimmt, dann nimmt im Zweifel der Gläubiger der Gegenleistung die Bestimmung vor, § 316 BGB. Ermittlung

Beispiele: Der Handwerker kann die Höhe seiner vertraglich nicht genau bestimmten Werklohnforderung unter Berücksichtigung von § 632 II BGB festlegen. Das Kreditkartenunternehmen bestimmt den Verfügungsrahmen des Kreditkarteninhabers nach billigem Ermessen i. S. d. § 315 BGB (s. u. 10.4.8.3).

Das Weisungsrecht des Arbeitgebers ist (im Rahmen des § 315 I BGB) nach billigem Ermessen auszuüben (s. u. 16.2.6), §§ 611 a I 2 BGB, 6 II, 106 GewO.

Beispiel: Der Maurermeister weist seinem Gesellen eine konkrete Arbeit auf der Baustelle zu.

Beim handelsrechtlichen Spezifikationskauf (Bestimmungskauf, § 375 HGB) trifft der Käufer die vorbehaltene Bestimmung (s. u. 8.3.4; 8.3.7).

Beispiel: Kauf von Gasheizkesseln aus noch zu bestimmenden Leistungstypen.

8.3.1.2 Treu und Glauben/Rücksichtnahme

Fairness

§ 242 BGB verpflichtet den Schuldner, die Leistung so zu bewirken, wie Treu und Glauben mit Rücksicht auf die Verkehrssitte (s. o. 6.3.6) es erfordern. Der Schuldner hat also so zu leisten, wie es gehörig und üblich ist. Daraus sind nicht nur besondere Fairnesspflichten für die Art und Weise der Bewirkung der geschuldeten Leistung zu folgern, sondern auch für deren Bestand und Inhalt: Jedermann hat bei Ausübung seiner Rechte und Erfüllung seiner Pflichten nach Treu und Glauben zu handeln. Die an Rechtsgeschäften Beteiligten sollen sich somit redlich, rechtschaffen bzw. vertragstreu verhalten und darauf bzw. aufeinander vertrauen dürfen. Bei § 242 BGB handelt es sich somit um einen der wesentlichen Grundsätze des gesamten (Zivil-)Rechts.

Hieraus ergeben sich beispielsweise

– die Ergänzung der das Schuldverhältnis dominierenden Hauptleistungspflichten durch Nebenpflichten (s. u. 8.3.2; 9.7.1);

unzulässige Rechtsausübung/ Rechtsmissbrauch

– das Verbot der unzulässigen Rechtsausübung (Rechtsmissbrauch) (s. o. 4.3.2),

Beispiele: der rechtsgeschäftliche Vertreter macht von seiner Vertretungsmacht in ersichtlich verdächtiger Weise Gebrauch, so dass beim Erklärungsgegner begründete Zweifel entstehen mussten – der Vertretene kann seiner Inanspruchnahme dann gemäß § 242 BGB den Einwand unzulässiger Rechtsausübung entgegenhalten (s. o. 7.7.3); der Mieter beruft sich auf § 537 II BGB, obwohl er ohne Rücksicht auf den Mietvertrag endgültig ausgezogen ist und keine Miete mehr zahlt; ein Aktionär ficht einen Hauptversammlungsbeschluss gemäß der §§ 244 ff. AktG nur deswegen an, um sich sein Anfechtungsrecht abkaufen zu lassen (s. u. 17.8.6.2);

ein besonderer Fall des Rechtsmissbrauchs ist auch die gemäß § 226 BGB verbotene Schikane, bei der die Schädigung des anderen den einzigen Zweck darstellt (s. o. 4.3.2),

Beispiele: Der Vater verbietet dem Sohn das Betreten seines Grundstücks, auf dem das Grab der Mutter liegt; die Witwe verbietet der Schwiegermutter, Blumen am Grab des Mannes/Sohnes niederzulegen;

missbräuchliches, widersprüchliches Verhalten

– das Verbot missbräuchlichen, treuwidrigen widersprüchlichen Verhaltens (sog. *venire contra factum proprium*),

Beispiele: der Arbeitnehmer (s. u. 16.2.1) kündigt selbst mehrfach mündlich (ungeachtet des § 623 BGB), bestätigt dies auch auf Nachfrage des Arbeitgebers nochmals, lässt sich die Arbeitspapiere aushändigen, klagt dann aber gegen seine Entlassung (s. u. 16.5.1); oder: Wer sich bei einem Vertragsabschluss als Unternehmer (§ 14 BGB; s. o. 3.6) oder Kaufmann (§§ 1 ff. HGB; s. o. 3.4) ausgibt, darf sich danach insoweit nicht auf verbraucherrechtliche Schutzregeln berufen (s. o. 3.1.3.2; 3.4.2.5);

Verwirkung

– die Verwirkung, wenn seit der Möglichkeit, ein Recht geltend zu machen, längere Zeit verstrichen ist (Zeitmoment) und sich der Verpflichtete auf Grund des Verhaltens des Berechtigten darauf einrichten durfte, dass das Recht nicht mehr geltend gemacht werde (Umstandsmoment),

Beispiele: arbeitsrechtliche Ansprüche auf Urlaubsentgelt, Dienstzeugnis, Lohnrückzahlung (s. u. 16.2.2.1, 16.5.5); oder: Gesellschaftsrechtlich etwa das Recht auf Abberufung des GmbH-Geschäftsführers aus wichtigem Grund (s. u. 17.7.6.1); s. a. die §§ 654 BGB, 21 MarkenG (s. u. 10.9.2.1; 19.5); aber: Die Verwirkung des Anspruchs auf den gesetzlichen Mindestlohn ist ausgeschlossen, § 3 S. 3 MiLoG;

– die Störung, d. h. der etwaige Wegfall bzw. das Fehlen der Geschäftsgrundlage (sog. *clausula rebus sic stantibus*), die in einigen Fällen zur Vertragsanpassung oder Vertragsauflösung führen kann, vgl. § 313 BGB (s. u. 9.9).

Störung der Geschäfts-grundlage

Ebenso wie § 242 BGB zielt gerade auch § 241 II BGB, der die Parteien zur Rücksichtnahme auf die Interessen des anderen Teils verpflichtet, auf besondere Fairness ab, also auf Ehrlichkeit und Redlichkeit (s. u. 9.7.1).

Rücksicht-nahme

8.3.2 Haupt- und Nebenpflichten

Hauptleistungspflichten sind diejenigen Pflichten, die dem Schuldverhältnis sein besonderes Gepräge geben. Sie entscheiden über die Einordnung in die verschiedenen Typen der Schuldverhältnisse (s. u. 10.1). An ihrer Erfüllung ist der Gläubiger am stärksten interessiert, vgl. § 241 I BGB. Sie sind zumeist gesetzlich fixiert bzw. werden regelmäßig eigens vereinbart und stehen bei den gegenseitigen Verträgen im Gegenseitigkeitsverhältnis (s. o. 8.2.2).

Primärpflichten

Beispiele: Beim Kaufvertrag: Übereignung/Kaufpreis, § 433 BGB; beim Mietvertrag: Gebrauchsüberlassung auf Zeit/Miete, § 535 BGB; beim Werkvertrag: Werk/Vergütung, § 631 BGB; beim Dienstvertrag: Dienstleistung/Vergütung, § 611 BGB (s. u. 9.3.1. a. E.).

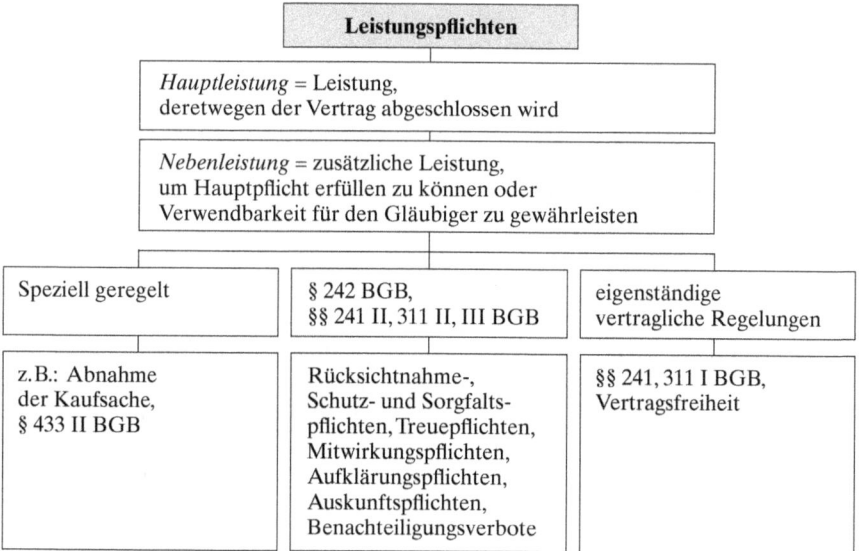

Schaubild 82: Leistungspflichten

Demgegenüber dienen die vertraglichen oder vorvertraglichen Nebenleistungspflichten (Fairnesspflichten) der Vorbereitung, Durchführung und Sicherung der Hauptleistung, wobei sie die Hauptleistungspflichten ergänzen. Hierzu rechnen insbesondere Sorgfalts-, Aufklärungs-, Obhuts-, Fürsorge-, Gleichbehandlungs-, Rücksichtnahme- und Schutzpflichten, die sich aus dem Gebot von Treu und Glau-

Sekundär-pflichten

ben, § 242 BGB (s. o. 8.3.1.2), bzw. aus den §§ 241 II, 311 II, III BGB (s. o.), 7, 1, 19 AGG, ermitteln lassen.

Werden sie verletzt, so ergeben sich ggf. Ansprüche aus den §§ 280, 281 BGB (s. u. 9.1, 9.7.1, 9.8.1).

Beispiele: Ausreichende Verpackung der geschuldeten Ware (leistungsbezogene Nebenpflicht); pflegliche Behandlung des Eigentums des Käufers bei Anlieferung (nicht leistungsbezogene Sorgfaltspflicht); s. a. den oben 7.2.3.2 etwa bei Duldungs- oder Anscheinsvollmacht aufgezeigten Grundsatz des Vertrauensschutzes (bzw. der Rechtsscheinshaftung).

8.3.3 Einzel-/Dauerleistungspflichten

Einzel-/   Hat der Schuldner eine einzelne Verpflichtung zu erfüllen, mit deren Erbringung sich das Schuldverhältnis erschöpft, so handelt es sich um ein Einzelschuldverhältnis (eine Einzelleistungspflicht).

Beispiele: Die noch zu erfüllende Kaufpreiszahlungspflicht, § 433 II BGB; die noch vorzunehmende Übereignung des geschenkten Gegenstandes.

Dauerschuld- verhältnisse   Bei Dauerschuldverhältnissen (Dauerleistungspflichten) dagegen verpflichtet sich der Schuldner zu einem dauerhaften Verhalten, bzw. besteht die geschuldete Leistung in über einen längeren Zeitraum sich erstreckenden, wiederkehrenden Einzelpflichten.

Beispiele: Miete, Pacht, Darlehen, Leihe, Arbeitsvertrag, Dienstvertrag, Gesellschaft.

Auflösung   Aus der Dauerhaftigkeit der Vertragsbeziehung ergeben sich hierbei erhöhte Treue-, Rücksichtnahme- und Loyalitätspflichten. Demzufolge erfolgt eine Auflösung der bereits in Vollzug gesetzten Dauerschuldverhältnisse regelmäßig nicht durch Anfechtung mit Rückwirkung (ex tunc, d. h. von Anfang an) oder Rücktritt, sondern mit ex-nunc-Wirkung („ab jetzt") durch Kündigung aus wichtigem Grund, vgl. die §§ 314, 313 III 2 BGB (s. a. § 309 Nr. 9 BGB) bzw. etwa § 626 BGB, also für die Zukunft, denn die in der Vergangenheit erbrachten Leistungen zurückzugewähren bzw. rückabzuwickeln ist i. d. R. nur sehr schwer möglich (s. a. 6.8.2.4 a. E., 8.14.2.9, 9.9.2 a. E, 16.3.1 a. E.).

Beispiele: Der Arbeitgeber ficht den mit einem als Berufskraftfahrer eingestellten Arbeitnehmer (§ 611 a BGB) geschlossenen Arbeitsvertrag wegen mangelnder Fahrpraxis gemäß § 119 II BGB oder wegen mehrfacher verschwiegener Vorstrafen aufgrund straßenverkehrsrechtlicher Delikte gemäß § 123 BGB an – es liegt ein sog. fehlerhaftes Arbeitsverhältnis vor

fehlerhaftes Arbeits- verhältnis   (s. u. 16.2.3.2, 16.2.4), das aber (ungeachtet § 142 I BGB) grds. nicht schon ex tunc (von Anfang an), sondern erst mit Zugang der Anfechtungserklärung beendet wird (der Arbeitnehmer behält also für den zurückliegenden Zeitraum grds. seine Ansprüche auf Lohn, Urlaub, etc.).

fehlerhafte Gesellschaft   Oder: Ein oHG-Gesellschafter ficht den Gesellschaftsvertrag gemäß der §§ 119 I, II oder 123 BGB an – die fehlerhafte, in Vollzug gesetzte Gesellschaft ist zunächst wirksam, die Rückgängigmachung der Ergebnisse der vertragsmäßigen Zusammenarbeit wäre grds. unangemessen (Lehre von den fehlerhaften – früher: faktischen – Arbeitsverhältnissen bzw. Gesellschaften; s. a. 8.2.2; 17.1.5.1; 17.3.2.1 a. E.).

Auslaufschuld- verhältnisse   Gekündigte Dauerschuldverhältnisse wandeln sich in ein sog. Auslaufschuldverhältnis um.

Beispiele: Miet-/Arbeits-/Gesellschaftsverhältnisse nach Zugang der Kündigungserklärung (s. u. 10.5.7, 16.5.1, 17.1.6).

8.3.4 Stück-/Gattungsschulden

Wenn sich die Parteien auf einen individuellen Gegenstand geeinigt haben, der konkret bestimmt ist, dann liegt eine Stückschuld vor.

Individualität

Beispiele: Ein Bild; ein bestimmter Gebrauchtwagen; ein konkretes Buch; das Grundstück Flur-Nr. 123.

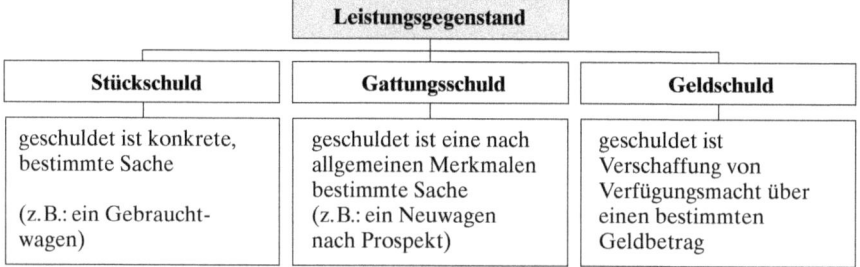

Leistungsgegenstand		
Stückschuld	**Gattungsschuld**	**Geldschuld**
geschuldet ist konkrete, bestimmte Sache (z.B.: ein Gebrauchtwagen)	geschuldet ist eine nach allgemeinen Merkmalen bestimmte Sache (z.B.: ein Neuwagen nach Prospekt)	geschuldet ist Verschaffung von Verfügungsmacht über einen bestimmten Geldbetrag

Schaubild 83: Leistungsgegenstand

Wird dagegen nur eine nach allgemeinen, typischen Merkmalen, der Gattung nach bestimmte Sache bzw. Leistung geschuldet, so spricht man von einer Gattungsschuld. Eine Gattung bilden alle diejenigen Gegenstände bzw. Warengruppen, die durch gemeinschaftliche Merkmale gekennzeichnet sind,

Gattung

Beispiele: durch Typ, Sorte, Preis, Beschaffenheit,

und die sich dadurch von Gegenständen anderer Art abheben. Dem Gläubiger geht es dabei nicht um das individuelle, konkrete Stück, sondern um eine bestimmte Maß- oder Mengen- bzw. Recheneinheit des Leistungsgegenstandes.

Beispiele: Ein Kilo Obst; ein Zentner Briketts; ein Volvo XC 60; ein Päckchen Zigaretten; Warenbestellung aus einem Katalog (vertretbare Sachen, s. o. 4.1.1.1).

Grds. ist auch der handelsrechtliche Bestimmungskauf, § 375 HGB (s. o. 8.3.1.1, Spezifikationskauf), bei dem der Käufer über Form, Maß oder ähnliche Beschaffenheiten der Kaufsache bestimmen kann, eine Gattungsschuld.

Soll der Schuldner die geschuldete Sache aus einer bestimmten größeren Menge bzw. aus einem Vorrat entnehmen,

Vorrat

Beispiele: Wein aus einem bestimmten Anbaugebiet, handgefertigtes Spielzeug aus seinem Lager, Holz von einem bestimmten Lagerplatz,

so spricht man von einer beschränkten Gattungs- oder Vorratsschuld.

Bei der Vereinbarung einer Gattungsschuld besteht keine Verpflichtung des Schuldners, ein ganz bestimmtes Stück aus der Gattung zu liefern, vielmehr muss er (nur) Sachen von mittlerer Art und Güte auswählen und leisten, § 243 I BGB; der Kaufmann muss Handelsgut mittlerer Art und Güte (Durchschnittsware) liefern, § 360 HGB. Geschuldet ist also ein qualitativer Durchschnitt. Wenn der Schuldner das zur Leistung seinerseits Erforderliche getan hat, § 243 II BGB, dann wandelt sich die Gattungs- in eine Stückschuld um (= sog. Konkretisierung). Erst dann bezieht sich das Schuldverhältnis auf diese eine geleistete Sache; zuvor allerdings bleibt der Schuldner zur Leistung verpflichtet, solange die Leistung aus der Gattung überhaupt noch möglich ist (vgl. § 276 I 1 a. E. BGB; s. a. 9.3.2.1, 10.2.7.2).

Konkretisierung

8.3.5 Geldschulden

Geld

Geld ist seiner wirtschaftlichen Funktion nach ein allgemeines Tauschmittel, Wertmesser, Rechnungseinheit sowie Wertaufbewahrungsmittel. Geld im gegenständlichen Sinne sind die Münzen und Banknoten (Geldzeichen; diese sind keine Wertpapiere, da sie keine privaten Rechte bzw. Forderungen verbriefen). Geld im sog. engeren Sinne sind die gesetzlichen Zahlungsmittel, die der Gläubiger einer Geldschuld kraft Gesetzes annehmen muss, also regelmäßig der Euro.

gesetzliche
Zahlungsmittel

Beispiel: Der Schuldner hat 100,– € zu leisten – er schuldet dann Zahlung in auf Euro lautenden Banknoten bzw. Münzen. Auf Euro lautende Banknoten sind das einzige unbeschränkte gesetzliche Zahlungsmittel, § 14 I 2 BBankG. Der Gläubiger ist grds. nicht verpflichtet, mehr als 50 Münzen bei einer einzelnen Zahlung anzunehmen, Art. 11 S. 3 EuroVO. Anonyme Barzahlungen über mehr als 10 000,– € sind gemäß § 10 GWG grds. unzulässig.

Geld im weiteren Sinne (sog. Verkehrsgeld) sind die anerkannten Zahlungsmittel, also zuzüglich zu den gesetzlichen Zahlungsmitteln auch die ausländischen Banknoten und Münzen.

Buchgeld

Buchgeld ergibt sich als eine Forderung gegen ein Bankinstitut, über die der Inhaber zu Zahlungszwecken verfügen kann. Die bargeldlose Zahlung mit Buchgeld erfolgt mittels Überweisung, Schecks oder Lastschrift. Wirtschaftlich sind Barzahlung und Zahlung mit Buchgeld gleichwertig. Hat sich der Gläubiger ausdrücklich oder stillschweigend mit der Zahlung durch Überweisung einverstanden erklärt, so steht dies der Barzahlung auch rechtlich gleich, § 362 BGB (s. u. 8.14.1).

Beispiel: Auf der Rechnung ist die Bankverbindung angegeben.

Goldwährung

(Bei der früheren sog. Goldwährung war der Geldwert an Gold geknüpft [sog. Goldstandard], vgl. etwa das Münzgesetz v. 9.7.1873 – 1 Mark = 100 Pfennige = 0,358423 Gramm Feingold.)

Geldsummen-
schuld

Der Schuldner muss dem Gläubiger die Verfügungsmacht über einen durch den Nennbetrag der Schuld bezifferten Geldbetrag verschaffen, die Geldschuld ist also keine Stückschuld, vielmehr eine Geldsummenschuld, gerichtet auf einen bestimmten Wert (ungeachtet der Stückelung).

Beispiel: Der zu zahlende Kaufpreis beträgt € 1000,–. Bei Barzahlung sind die Geldzeichen, also Geldscheine und Münzen, jeweils gemäß § 929 BGB zu übereignen (s. a. 5.1., 8.14.1, 15.3.2); die Stückelung bestimmt grds. der Schuldner (s. o.).

(Bar-)Geld zählt zu den sog. vertretbaren Sachen, § 91 BGB (s. o. 4.1.1.1). Wer Geld ohne rechtlichen Grund übereignet hat (s. u. 11), kann vom Bereicherten (regelmäßig nur) den erlangten Geldwert, nicht aber die Rückgabe der individuellen Geldzeichen verlangen.

Beispiel: Der Käufer hat den Kaufpreis in Höhe von € 1000,– bereits bar gezahlt; der Kaufvertrag, § 433 BGB, ist aber wegen Irrtums nichtig, §§ 119 I, 142 I (s. o. 6.8.2.4) – der Verkäufer muss jetzt gemäß § 812 I 1 BGB (s. u. 11) € 1000,– zurückzahlen – aber nicht den oder die erlangten Geldscheine/-münzen zurückgeben.

*„Geld hat man
zu haben"*

Die Regeln über Unmöglichkeit bzw. Unvermögen sind auf die Geldschuld nicht anwendbar. Wirtschaftliches Unvermögen bzw. fehlende eigene Leistungsfähigkeit (s. u. 9.3.1) befreien den Schuldner nicht etwa, denn *„Geld hat man zu haben"* (vgl. § 276 I 1 BGB).

Beispiele: Der Käufer muss den Kaufpreis zahlen, auch wenn er sich finanziell übernommen hat (s. a. 6.6), ebenso etwa der Mieter die Miete (s. u. 10.5.3. a. E.).

Leistungsort für Geldschulden ist regelmäßig der Wohnsitz des Schuldners, §§ 270 IV, 269 I BGB (s. u. 8.5; 9.5.3; vgl. Schaubild 85).

Im BGB ist die Geldschuld nur unzureichend geregelt; die §§ 244, 245 behandeln nur die Fälle der in einer anderen Währung als in Euro ausgedrückten Geldschuld (Geld im weiteren Sinne, s. o.) bzw. der nicht mehr im Umlauf befindlichen Münzsorte. *(Randnote: lückenhafte Regelung)*

Ist die Zahlung eines bestimmten Geldbetrages geschuldet, so musste der Schuldner bis zur Euro-Einführung Zahlungsmittel in deutscher Währung (in Mark und Pfennig) in Höhe des Nennbetrages leisten, §§ 1, 2 WährungsG; Währungseinheit war alleine die Deutsche Mark und gesetzliche Zahlungsmittel waren nur die von der Deutschen Bundesbank ausgegebenen Banknoten (§ 14 I BBankG) sowie die vom Bund ausgegebenen Münzen (§ 2 MünzG).

Zum 1.1.1999 sind in den damaligen Mitgliedsstaaten der EU – ausgenommen Großbritannien, Schweden, Dänemark und zunächst Griechenland, das aber zum 1.1.2001 dem Euro ebenso beigetreten ist wie der Vatikanstaat – die nationalen Währungen durch den Euro (zu 100 Cent) ersetzt worden. Die nationalen Währungen, also auch die DM, wurden in Euro umgerechnet; 1 € = 1,95583 DM (1 DM = 0,511292 €). Die Euro-Einführung war somit keine Währungsreform (wie etwa die Einführung der DM am 21.6.1948 bzw. zum 1.7.1990 im Bereich der neuen Bundesländer), sondern eine Währungsumstellung. Das galt auch für Forderungen und Verbindlichkeiten. *(Randnoten: Euro; keine Währungsreform)*

Beispiele: Kaufpreisforderungen, Löhne, Gehälter, Mieten, Preise, Kredite, Zinsen, Steuern wurden von DM in Euro umgerechnet.

Bis zum 31.12.2001 galt eine Übergangszeit: Bis dahin wurde der Euro auch in DM (bzw. den anderen bisherigen Euro-Teilnehmer-Währungseinheiten) ausgedrückt; das nationale Währungsrecht galt weiter und die auf DM lautenden Banknoten und Münzen blieben alleiniges gesetzliches Zahlungsmittel. In dieser Übergangszeit wurden also weiterhin Barzahlungen in DM geleistet, denn Euro-Noten und -Münzen waren zunächst noch nicht in Umlauf. Allerdings konnten bargeldlose Zahlungen wahlweise in Euro oder DM geleistet werden. *(Randnote: Übergangzeit)*

Seit dem 1.1.2002 ist in den zunächst zwölf Euroländern Belgien, Deutschland, Finnland, Frankreich, Griechenland, Irland, Italien, Luxemburg, Niederlande, Österreich, Portugal und Spanien (ebenso in Andorra, Monaco, San Marino und dem Vatikanstaat), dazu seit dem 1.1.2007 in Slowenien, dem 1.1.2008 in Malta und Zypern, dem 1.1.2009 in der Slowakei, dem 1.1.2011 in Estland, dem 1.1.2014 in Lettland sowie seit dem 1.1.2015 auch in Litauen gesetzliches Zahlungsmittel nurmehr der Euro, d. h. auch nicht mehr die DM. Jede Bezugnahme in Gesetzen, Verträgen, Urteilen, Schecks etc. (sog. Rechtsinstrumente) gilt seither automatisch als Bezugnahme auf den Euro. *(Randnote: Euroländer)*

Die Einführung des Euro ließ also Schuldverhältnisse grundsätzlich wertmäßig unberührt, das *Prinzip der Vertragskontinuität* gilt weiterhin. Vertragsparteien konnten daher nicht etwa unter Berufung auf die Euro-Einführung eine Störung der Geschäftsgrundlage (s. u. 9.9.2 a. E) geltend machen. *(Randnote: Vertragskontinuität)*

Im Handels- und Gesellschaftsrecht erfolgte die gesetzliche Umstellung auf den Euro bereits zum 1.1.1999 (mit entsprechenden Übergangsregelungen).

Beispiele: Stammkapital bei GmbH, § 5 GmbHG; Grundkapital, Nennbetrag bei AG, §§ 6 ff. AktG (s. u. 17.7.4; 17.8.5).

Das Risiko der Geldentwertung durch Inflation trägt der Gläubiger – *„Euro = Euro"*, sog. *Nominalismus* (*Nennwertprinzip*; s. u. 9.9.2). Denn als Folge der Geldsummenschuld muss der Schuldner auch dann nur die geschuldete Summe zahlen, wenn die Kaufkraft, die sie verkörpert, nachlässt (Geldwertschwund – Inflation – begünstigt grds. den Schuldner). Daher werden häufig Wertsicherungsklauseln verabredet (Indexklauseln). Das sind Vereinbarungen, die die Höhe einer Geldschuld vom Preis oder einer Menge anderer Güter oder Leistungen abhängig machen. *(Randnoten: Nominalismus; Indexklauseln)*

Beispiel: Die Miete soll so steigen wie der Preisindex für die Lebenshaltung aller privaten Haushalte (Indexmiete), § 557 b BGB (s. u. 10.5.3; bei nicht zu Wohnzwecken genutzten [Geschäfts-]Räumen vgl. § 3 I Nr. 1 e, III PrKlG); bei Ermittlung des Zugewinnausgleichs (§ 1376 BGB) bzw. der Anpassung des Erbbauzinses (§§ 9, 9 a ErbbauRG) ist ggf. der (Jahres-) Verbraucherpreisindex (VPI) des Statistischen Bundesamtes (www.destatis.de) heranzuziehen.

Um weiteren Inflationsgefahren begegnen zu können, wurde in § 1 PrKlG ein grundsätzliches Preisklauselverbot normiert, allerdings mit erheblichen Legalausnahmen, vgl. die §§ 2 ff. PrKlG.

8.3.6 Zinsschulden

Zinsen

Zinsen sind Vergütung für überlassenes Kapital. Eine grundsätzliche Verzinsungspflicht kennt das BGB nicht. Es sieht sie vor in den §§ 256, 288, 291 BGB, s. a. § 353 HGB, wobei der Zinssatz unterschiedlich ist, vgl. die §§ 246, 288 I 2 BGB, 352 HGB, Art. 45 Nr. 2, Art. 46 Nr. 2 ScheckG, Art. 48 I Nr. 2, Art. 49 Nr. 2 WG (2 % über Basiszinssatz i. S. d. § 247 BGB, mindestens 6 % pro Jahr). Verzinsung und Verzinsungspflicht werden oftmals vertraglich fixiert.

Beispiel: Verzinsliches Darlehen zu 8 % (vgl. § 488 BGB).

Dabei ist auf das Wucherverbot, § 138 II BGB, zu achten (s. o. 6.8.1.1).

allgemein

Verzugs-/

Im allgemeinen Privatrechtsverkehr beträgt der gesetzliche Zinssatz für das Jahr grds. 4 %, § 246 BGB; bei Verzug sind Geldschulden mit 5 Prozentpunkten über dem Basiszinssatz i. S. d. § 247 BGB (s. a. www.bundesbank.de) zu verzinsen, § 288 I 2 BGB; bei Rechtsgeschäften, an denen ein Verbraucher nicht beteiligt ist (s. o. 3.1.3.2), sind es für Entgeltforderungen grds. neun Prozentpunkte über dem Basiszinssatz, § 288 II BGB (s. u. 9.4.3), bei beiderseitigen Handelsgeschäften (s. o. 6.2.6) sind es 5 % p.a., § 352 HGB. Während der Zinsanspruch des Gläubigers gemäß § 288 I 1 BGB erst bei Schuldnerverzug eintritt, sind Kaufleute bei beiderseitigen Handelsgeschäften berechtigt, Zinsen schon vom Zeitpunkt der Fälligkeit an zu berechnen, § 353 S. 1 HGB (s. u. 9.4.2); für Darlehen etc. können Zinsen schon vom Zeitpunkt der Leistung an berechnet werden, § 354 II HGB. Zinseszinsen sind grundsätzlich unzulässig (Verbot des Anatozismus), vgl. die §§ 248, 289 BGB, 353 S. 2 HGB.

Fälligkeits-
zinsen

Beispiel: Der Kaufmann K begleicht eine mit Rechnungstellung fällige Kaufpreisschuld, § 433 II BGB, für die er die Rechnung seines Lieferanten L am 3.3. erhalten hatte, erst am 20.4.: Seit dem 4.3. kann der L Fälligkeitszinsen in Höhe von 5 % verlangen, §§ 353 S. 1, 352 II HGB; vom 3.4. an (= 30 Tage nach Rechnungserhalt; zur Fristberechnung s. o. 4.3.4) bis zum 20.4. kann der L Verzugszinsen in Höhe von 9 % über dem Basiszinssatz (§ 247 BGB) geltend machen, §§ 286 III 1, IV, 288 I 1, II BGB (s. u. 9.4.2). Die Geltendmachung eines weiteren Schadens (zwischen dem 3.4. und dem 20.4., etwa wegen aufzuwendenden Kreditzinses oder verlorenen Anlagezinses) bleibt dem L vorbehalten, §§ 288 IV, 280, 281 ff. BGB (s. u. 9.4.3).

Zwischen-
zinsen

Die vorzeitige Zahlung einer unverzinslichen Forderung berechtigt grds. nicht zum Abzug von Zwischenzinsen, § 272 BGB (Ausnahmen etwa: die §§ 1133 S. 3, 1217 II BGB, 41 II InsO).

8.3.7 Wahlschuld

Wahl-
möglichkeit

Bei der Wahlschuld werden mehrere Leistungen dergestalt geschuldet, dass nur die eine oder die andere zu bewirken ist, §§ 262 f. BGB; die Wahl trifft grundsätzlich der Schuldner.

Beispiele: Der Schuldner hat sich verpflichtet, eines von zwei Bildern zu verschenken; Vertragserfüllung oder Schadensersatz bei Vertretung ohne Vertretungsmacht (s. a. oben 7.6); Gutschrift für eine vom Käufer zurückgegebene Sache; Wahlrechte des Käufers im Rahmen des § 437 BGB (s. u. 10.2.7.2).

8.4 Leistungszeit

Der Schuldner hat die geschuldete Leistung zur rechten Zeit zu erbringen, § 271   Fälligkeit
BGB. Dabei sind zwei Begriffe wichtig: Fälligkeit sowie Erfüllbarkeit. Unter Fälligkeit ist der Zeitpunkt zu verstehen, von dem ab der Gläubiger die Leistung verlangen kann, unter Erfüllbarkeit der Zeitpunkt, von dem ab der Schuldner leisten darf;   Erfüllbarkeit
beide Zeitpunkte fallen in der Regel zusammen. Gemäß § 271 II BGB darf aber
der Schuldner im Zweifelsfall früher leisten als der Gläubiger fordern.

Beispiel: Ist das verkaufte Buch spätestens zwei Wochen nach Kaufvertragsschluss zu liefern,
so ist die Leistung (Lieferung) spätestens dann fällig, wobei der Verkäufer schon vorher liefern
darf, § 271 I, II BGB

Fehlt eine Parteivereinbarung und ergeben die Umstände nichts Abweichendes, so kann der Gläubiger die Leistung sofort verlangen, der Schuldner sie sofort bewirken, § 271 I BGB (beim Verbrauchsgüterkauf vgl. aber § 475 I BGB;
s. u. 10.2.7.3). Erfolgt die Leistung verspätet, so kommt der Schuldner in Verzug,
§§ 286 ff. BGB (s. u. 9.4). Nimmt der Gläubiger die Leistung nicht an, so kommt er
in Gläubigerverzug (s. u. 9.5).

Steht und fällt ein Geschäft mit einem bestimmten Zeitpunkt, zu dem die Leistung
erbracht werden muss, dann handelt es sich um ein sog. Fixgeschäft.

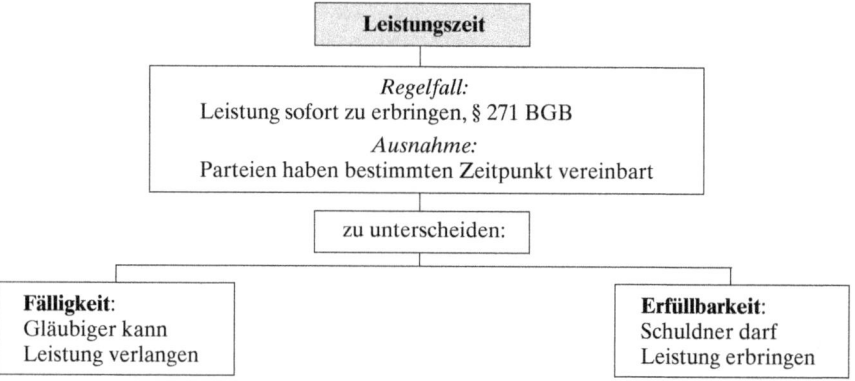

Schaubild 84: Leistungszeit

Ist die Leistungszeit dabei so elementar, dass ihre Nichteinhaltung die Leistungs-   Fixgeschäft
erbringung unmöglich macht, liegt ein sog. absolutes Fixgeschäft vor; eine spätere   absolut
Erfüllung wirkt dabei nicht als solche und die Rechtsfolgen der Unmöglichkeit,
ggf. auf Schadensersatz statt der Leistung bzw. Aufwendungsersatz, treten ein,
§§ (275 IV i. V. m.) 280 I, III, 283 S. 1, 284 BGB (s. u. 9.3; 9.5.1 a. E.).

Beispiele: Bestellung eines Taxis zum Erreichen eines bestimmten Zuges; auf bestimmte
Zeit abgestellter Reisevertrag; Erbringung der Arbeitsleistung; Verpflichtung eines Pianisten
für ein Konzert; Buchung eines Hotelsaales für eine Geburtstagsfeier – kann die geschuldete
Leistung nicht nachgeholt werden, handelt es sich beim absoluten Fixgeschäft um einen Fall
der Unmöglichkeit.

Ist die Zeit durchaus wesentlich, zu der die Leistung zu erbringen ist, soll das   relativ
Geschäft ebenfalls mit zeitgerechter Leistung „stehen oder fallen", führt die verspätete Leistung aber nicht zur Hinfälligkeit und Unmöglichkeit, dann spricht man
vom relativen Fixgeschäft. Hierbei hat der Gläubiger ein Rücktrittsrecht, § 323 I, II
Nr. 2 BGB (ohne Fristsetzung).

Beispiele: Klauseln wie „fix", „genau", „spätestens", „Lieferung zum Verkauf für Ostern"; Lieferung von Saisonartikeln. Ob es sich um ein absolutes Fixgeschäft handelt, ist im jeweiligen Einzelfall durch Auslegung zu ermitteln, §§ 133, 157 BGB (s. o. 6.3.6).

Die Leistungszeit ergibt sich regelmäßig aus der Parteiabrede bzw. den Umständen. Teilweise hat das BGB aber besondere Regelungen getroffen: vgl. die §§ 475 I, 488 II, 556 b I, 579, 614, 641, 1361 IV, 1585 I, 1612 III BGB, s. a. die §§ 358, 359, 376 HGB:

Verstreicht der festgelegte Zeitpunkt, so kann der Gläubiger vom Vertrag zurücktreten oder Schadensersatz wegen Nichterfüllung begehren; Erfüllung muss er ausdrücklich sofort verlangen.

8.5 Leistungsort

Leistungs-
handlung

Der Schuldner muss auch am richtigen Ort leisten, dem sog. Leistungsort, §§ 269, 270 BGB. Das ist der Ort, an dem der Schuldner seine Leistungshandlung vorzunehmen hat. Man nennt diesen Leistungsort auch Erfüllungsort (vgl. etwa in den §§ 447, 448, 644 II BGB, § 29 ZPO).

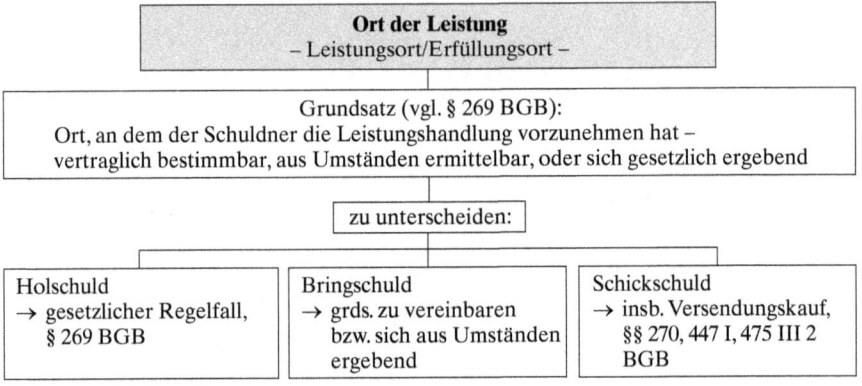

Schaubild 85: Ort der Leistung

Leistungserfolg

Davon zu unterscheiden ist der Ort, an dem der Leistungserfolg eintritt, der sog. Erfolgsort bzw. Bestimmungsort. Beide Orte – Leistungs- und Erfolgsort – können zusammenfallen, müssen es aber nicht. Insoweit kommt es darauf an, ob eine Hol-, Bring- oder Schickschuld vorliegt:

Holschuld

Bei der Holschuld muss der Gläubiger die Ware beim Schuldner abholen. Der Erfüllungs- und der Erfolgsort liegen also beim Schuldner, der die Leistungshandlung an seinem Wohnsitz oder dem Ort seiner gewerblichen Niederlassung zu erbringen hat, § 269 I, II BGB (dies ist im Zweifel die Regel).

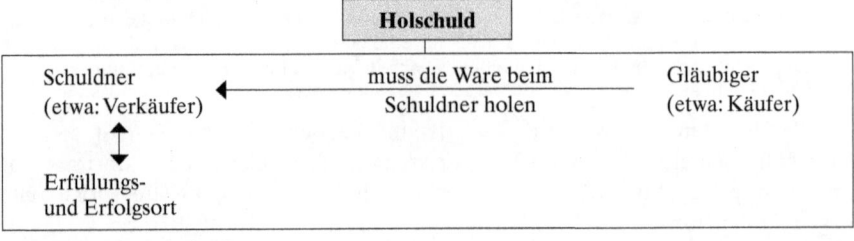

Schaubild 86: Holschuld

Beispiel: Der lebensmittelkaufende Verbraucher muss sich die Ware im Geschäft abholen. (Zum Gefahrenübergang vgl. grds. § 446 BGB, s. u. 10.2.5, 9.3.2.2).

Bei der Bringschuld ist der Schuldner verpflichtet, die Ware dem Gläubiger zu bringen. Der Erfüllungs- und der Erfolgsort sind dann mit dem Wohnsitz des Gläubigers identisch. — Bringschuld

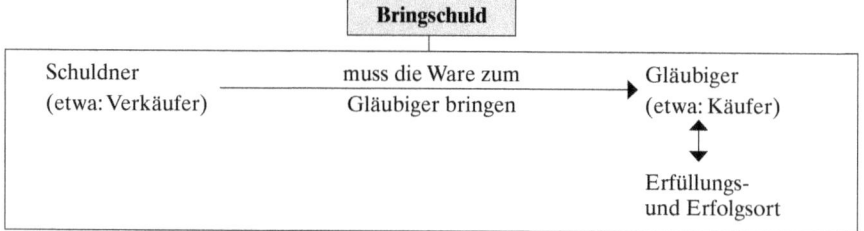

Schaubild 87: Bringschuld

Beispiele: Der Schreiner hat die Türe im Haus des Bauherren einzubauen, der Mieter dem Vermieter die Wohnungsschlüssel beim Auszug zurückzugeben (schickt er sie per Post, trägt er ggf. das Verlustrisiko; s. a. 6.3.5, 10.5.7 a. E.).

Bei der Schickschuld (bspw. einem Versendungskauf, §§ 447 I, 475 II, III 2 BGB, s. u. 8.12.6, bzw. dem widerrufenen Verbrauchervertrag, § 355 III 1, 357 I BGB, s. o. 6.6.4.2) muss der Schuldner die Ware an den Gläubiger schicken. Hier fallen der Erfüllungs- und der Erfolgsort auseinander: Erfüllungsort ist der Wohnsitz des Schuldners, Erfolgsort ist der Wohnsitz des Gläubigers. — Schickschuld

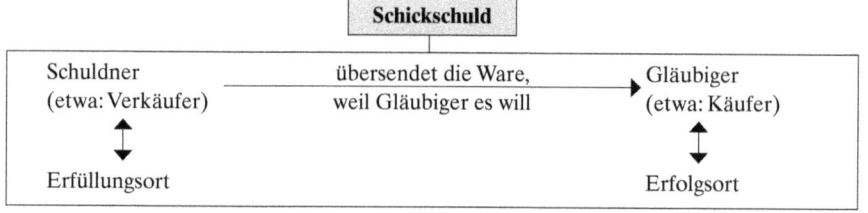

Schaubild 88: Schickschuld

Beispiel: Der Großhändler schickt dem Einzelhändler (§ 14 BGB) auf dessen Wunsch hin Ware (s. a. 8.12.6). Beim Verbrauchsgüterkauf ist § 447 I BGB anwendbar, wenn der Verbraucher einen ihm vom Unternehmer nicht benannten Beförderer beauftragt und der Verkäufer diesem die Ware ausgeliefert hat, § 475 II, III 2 BGB (s. u. 10.2.7.3). Die Rückgewährpflicht beim widerrufenen Verbrauchervertrag ist Schickschuld des Verbrauchers, bei der der Unternehmer die Gefahr der Rücksendung trägt, § 355 III 4 BGB (s. o. 6.6.4.2). (Vorsicht: Ob wirklich eine Schickschuld vereinbart ist, muss zumeist eingehend geprüft werden, denn in der Praxis liegt aufgrund von ausdrücklichen bzw. oftmals konkludenten Parteiabreden in vielen Fällen des Verschickens bzw. Versendens von Waren eine Bringschuld vor). — Verbrauchervertrag

Für die Rechtzeitigkeit der Leistung ist grds. entscheidend, wann der Schuldner seine Leistungshandlung erbracht hat – die Verzögerungsgefahr geht dann zu Lasten des Gläubigers; auf den Zeitpunkt des Leistungserfolges kommt es dabei grds. nicht an.

Schwierig ist dies aber bei der Geldschuld (s. o. 8.3.5). — Geldschuld

Beispiel: Der Unternehmer zahlt eine Rechnung seines kfm. Lieferanten durch Banküberweisung (§ 675 f BGB); hier kommt es im Hinblick auf etwaige Verzugszinsen (§ 286 BGB; s. u. 9.4.3) nicht nur darauf an, wann er den Überweisungsträger seiner Bank gegeben, also — Überweisung

Rechtzeitigkeit

seine erforderliche Leistungshandlung erbracht hat, vielmehr ist die Rechtzeitigkeit grds. erst gegeben, wenn der überwiesene Betrag dem Gläubiger von dessen Bank gutgeschrieben werden kann (vgl. die §§ 675 s, t BGB; s. a. Art. 3 I b Zahlungsverzugsrichtlinie der EU vom 16. 2. 2011); vergleichbar dürfte es wohl auch bei einer Zahlung mittels Schecks sein (bei Unternehmern ist die Geldschuld eine Bringschuld; s. o.). Diese Grundsätze gelten für Zahlungen durch Verbraucher (§ 13 BGB), insb. etwa Mietzahlungen (vgl. § 556 b I BGB; s. u. 10.5.3), grds. nicht (sodass es i. d. R. bspw. ausreicht, wenn der Mieter seiner Bank den Mietüberweisungsauftrag [bei gedecktem Konto] bis zum 3. Werktag erteilt, § 675 n BGB) (s. a. 8.14.1; str.).

Die Geldschuld ist im Verbraucherbereich somit grds. wohl eine modifizierte Form der Schickschuld, §§ 269 I, 270 IV BGB (bei der der Geld schuldende Verbraucher zwar die Gefahr der Übermittlung, grds. aber nicht die der Verzögerung trägt).

Schickschulden können sich ggf. auch durch Parteivereinbarungen in Holschulden umwandeln.

Prämieneinzug

Beispiele: Versicherungsprämien sind als Geldschulden grds. Schickschulden. Beim – zumeist in AGBen (s. o. 6.7) fixierten – vereinbarten Prämieneinzug mittels Einzugsermächtigung im Lastschriftverfahren wandelt sich die Prämienschickschuld des Kunden in eine Holschuld des Versicherers um, den somit die Verantwortung für die Rechtzeitigkeit der Prämienzahlung trifft (s. a. 9.5.2; es tritt Gläubigerverzug ein – der Schuldner hat das seinerseits Erforderliche getan, wenn sein Konto gedeckt ist, der Gläubiger trägt das Verzögerungs- und das Verlustrisiko); vergleichbar ist es etwa bei Einzugsermächtigungen im Mietverhältnis (s. a. 9.4.2 a. E.).

vereinbarte Abholung

Haben die Parteien beim widerrufenen Verbrauchervertrag die Abholung der Ware durch den Unternehmer vereinbart (§§ 355 III 1, 357 VI 3 BGB), so wandelt sich die Schickschuld des Verbrauchers (s. o.) ebenso in eine Holschuld des Unternehmers um.

8.6 Beteiligung Dritter

Am Schuldverhältnis sind grundsätzlich nur der Gläubiger und der Schuldner beteiligt (regelmäßig ist das Schuldverhältnis ein sog. „Zwei-Parteien-System" [s. o. 6.6]; es kann aber auch mehrgliedrig sein, etwa bei einem Gesellschaftsvertrag mehrerer Partner; s. o. 6.2.2). Allerdings kommt es vor, dass Dritte involviert werden.

8.6.1 Leistung durch Dritte

Leistender

Die vom Schuldner zu erbringende Leistung kann prinzipiell auch von einem anderen bewirkt werden, § 267 I BGB (s. u. 8.14.1), es sei denn, der Schuldner selbst ist persönlich leistungspflichtig. Dies ist etwa in den Fällen der §§ 613, 664, 691, 713 BGB sowie bei entsprechender vertraglicher Abrede der Fall (wobei der Anspruch auf die Arbeitsleistung nicht vollstreckt werden kann, vgl. § 888 III ZPO).

Beispiele: Die Ehefrau zahlt die Wirtshausschulden ihres Ehemannes beim Gastwirt mit schuldbefreiender Wirkung, §§ 267 I 1, 2, II, 362 I, 433 II BGB; demgegenüber ist der Dienstpflichtige bzw. Arbeitnehmer grundsätzlich persönlich leistungspflichtig, § 613 BGB (s. u. 10.4.3; 16.2.2.1).

Ablösung/ Forderungs- übergang

Widerspricht der Schuldner der Erbringung durch einen Dritten, so kann der Gläubiger die Leistung ablehnen, § 267 II BGB. § 268 BGB gibt ebenfalls einem Dritten im Falle einer beeinträchtigenden Zwangsvollstreckung ein Leistungsrecht in Form der Ablösung; diese führt zu einem Forderungsübergang.

Beispiel: A hat wegen einer Forderung gegen B eine erstrangige Hypothek, §§ 1113 ff. BGB (s. u. 15.5.1), und betreibt die Zwangsvollstreckung durch Zwangsversteigerung des Grundstücks des B, §§ 1147 BGB, 1 ff. ZVG. Dem die zweitrangige Hypothek zustehenden Hypothekar droht dann ggf. der Verlust seiner Hypothek. Er kann daher, ohne dass der B widersprechen könnte (§ 267 II BGB), die Forderung ablösen, die nun auf ihn übergeht, § 268 BGB.

8.6.2 Leistung an Dritte

Der Schuldner hat dem Gläubiger gegenüber zu leisten. Stimmt der Gläubiger aber einer Leistung an einen Dritten zu, so kann der Schuldner diesem gegenüber mit schuldbefreiender Wirkung leisten, §§ 362 II, 185 BGB (s. u. 8.14.1). Dies gilt auch gegenüber dem Überbringer einer echten Quittung, § 370 BGB (s. u. 8.14.1). Bei der ihm unbekannt gebliebenen Forderungsabtretung, § 398 BGB, wird der an den alten Gläubiger (der ja nach der Abtretung gar nicht mehr der Forderungsinhaber ist) leistende Schuldner gemäß § 407 BGB geschützt (s. u. 8.8.3). Ähnliches gilt gegenüber Inhabern sonstiger Legitimationen (§§ 793, 807, 808, 1265, 2367 BGB).

Leistungspartner

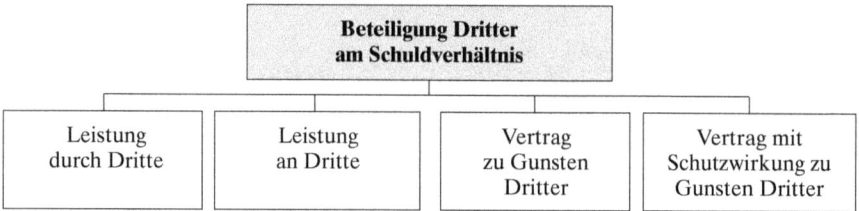

Schaubild 89: Beteiligung Dritter am Schuldverhältnis

8.6.3 Vertrag zu Gunsten Dritter

Während ein Vertrag zu Lasten eines Dritten wegen Verstoßes gegen das Prinzip der Privatautonomie (s. o. 6.6.6 – Selbst- statt Fremdbestimmung, s. a. § 311 I BGB, wonach Verträge grds. nur die daran Beteiligten binden, nicht aber unbeteiligte Dritte) unzulässig bzw. für diesen nicht bindend ist, enthält das BGB ausdrückliche Regelungen über den Vertrag zu Gunsten Dritter. Danach ist es durchaus möglich, einen Dritten dergestalt zu begünstigen, dass der Schuldner ihm gegenüber zu leisten hat (vgl. die §§ 328 ff. BGB). Wenn dem Dritten dabei ein eigener Anspruch gegen den Schuldner zusteht, so spricht man vom sog. echten Vertrag zu Gunsten Dritter.

Vertrag zu Lasten Dritter

echter/ unechter Vertrag zu Gunsten Dritter

Beispiele: Verträge des Arbeitgebers zur Altersversorgung des Arbeitnehmers mit Betriebs- oder Unterstützungskassen sind regelmäßig Verträge zu Gunsten des Arbeitnehmers; die Beauftragung eines Anwalts durch den Haftpflichtversicherer ist i. d. R. Vertrag zu Gunsten des Versicherungsnehmers. Der Vertrag zu Gunsten Dritter ist kein eigener Vertragstyp; vielmehr können jegliche schuldrechtlichen Verpflichtungsverträge durch entsprechende Vereinbarungen hierzu ausgestaltet werden.

Fehlt ein eigenes Leistungsrecht des Dritten und ist der Schuldner nur dem Gläubiger gegenüber verpflichtet, an den Dritten zu leisten, so handelt es sich um einen sog. unechten Vertrag zu Gunsten Dritter; welche Form im Einzelfall vorliegt, ist jeweils aus den Umständen zu ermitteln, vgl. § 328 II BGB.

Beispiele: Die zu Gunsten der Ehefrau fest abgeschlossene Lebensversicherung stellt einen echten Vertrag zu Gunsten Dritter (d.h. der Ehefrau) dar, vgl. § 331 BGB. Demgegenüber ist die Aufforderung eines Händlers an seinen eigenen Lieferanten, dieser solle direkt an den Käufer (des Händlers) liefern (sog. Direktlieferung), lediglich unechter Vertrag zu Gunsten des Dritten (d. h. des Käufers). (Zur Patronatserklärung s. u. 10.7.1).

Zwischen den drei Beteiligten bestehen dabei folgende Rechtsbeziehungen: Der Schuldner hat dem Gläubiger die Leistung an einen Dritten versprochen – man nennt den Schuldner daher auch Versprechenden, den Gläubiger Versprechens-

Rechtsbeziehungen

empfänger. Das zwischen diesen beiden bestehende Rechtsverhältnis ist das sog. Grund- bzw. Deckungsverhältnis (der Versprechende soll für seine Verpflichtung „gedeckt" werden), die zwischen dem Versprechensempfänger und dem Dritten sich ergebende Beziehung heißt Valuta- oder Zuwendungsverhältnis (es bezeichnet den Grund, weswegen der Versprechensempfänger dem Dritten etwas zukommen lässt bzw. weswegen die „Valuta" fließt).

Lebens-
versicherung
Beispiele: Bei einer Lebensversicherung besteht das Deckungsverhältnis zwischen dem Versicherten und der Versicherung; der Versicherte ist Versprechensempfänger, die Versicherung Versprechender. Im Todesfall leistet die Versicherung an den Begünstigten (= Dritten) aufgrund etwa einer Schenkung oder Erfüllung einer Unterhaltspflicht des Versprechensempfängers gegenüber dem Begünstigten (= Valutaverhältnis), s. a. die §§ 330 BGB, 150 ff. VVG.

Zwischen dem Dritten und dem Versprechenden besteht das sog. Vollzugs- oder Drittverhältnis; dieses ist kein vertragliches Rechtsverhältnis, sondern eröffnet als vertragsähnliches Vertrauensverhältnis mit Pflichten i.S.d. § 241 II BGB (s.a. 8.3.2; 9.7.1) dem Dritten nur ein aus dem Vertrag zu Gunsten Dritter abgespaltenes Forderungsrecht mit korrespondierender Verpflichtung des Versprechenden (s. a. 10.4.8.3 zur Überweisung bzw. Kreditkartenzahlung).

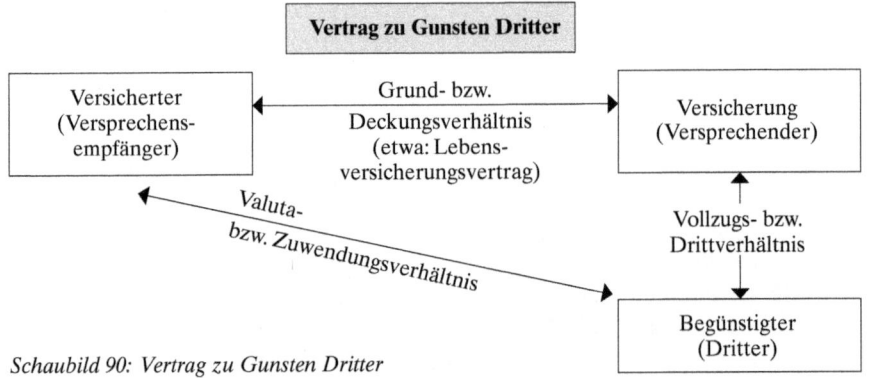

Schaubild 90: Vertrag zu Gunsten Dritter

8.6.4 Vertrag mit Schutzwirkung zu Gunsten Dritter

Dritt-
begünstigte
Beim Vertrag mit Schutzwirkung zu Gunsten Dritter steht der Anspruch auf die vertragliche Leistung zwar nur dem Gläubiger zu. Allerdings werden Dritte in die vertraglichen Schutz-, Sorgfalts- und Obhutspflichten mit einbezogen. Verletzt der Schuldner diese, dann kann der Dritte ihm gegenüber eigene vertragliche (nicht nur deliktische i. S. d. §§ 823 ff. BGB) Schadensersatzansprüche (häufig aus positiver Vertragsverletzung oder cic, s. u. 9.7, 9.8) geltend machen (ggf. aus den §§ 280 I, 311 II, III, 241 II BGB). Um diese Einstandspflichten nicht ins Uferlose zu dehnen, **enge** muss zwischen dem Gläubiger und dem Dritten für den Schuldner erkennbar eine **Beziehung** enge Beziehung bestehen, zumindest aber die Leistung dem Dritten bestimmungs- **erforderlich** gemäß zukommen bzw. ein entsprechender Parteiwille vorhanden sein.

Beispiele: Mietvertrag zwischen Vermieter und Familienvater – Einbeziehung der mitwohnenden Familienangehörigen und Hausangestellten (nicht aber Besucher oder Gäste); Gutachtervertrag zwischen Immobilieneigentümer und Sachverständigem – Einbeziehung der durch ein unrichtiges Gutachten geschädigten Kreditgeber.

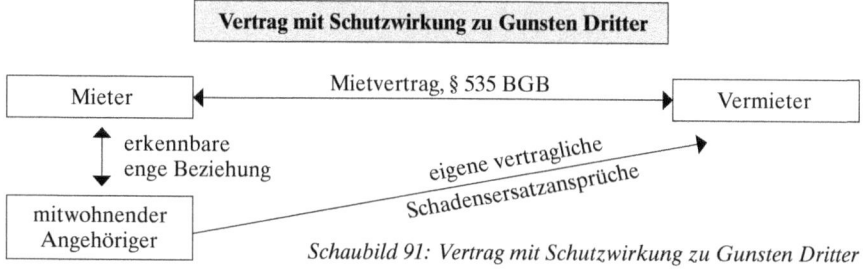

Schaubild 91: Vertrag mit Schutzwirkung zu Gunsten Dritter

8.7 Gläubiger- und Schuldnermehrheit

Das Schuldverhältnis als Zwei-Parteien-System (s. o. 6.6) besteht zwischen dem Gläubiger und dem Schuldner. Allerdings ist es möglich, dass auf beiden Seiten jeweils mehrere Personen stehen (s. o. 6.2.2). Gläubigermehrheit

Bei der Gläubigermehrheit sind zu unterscheiden:

– Teilgläubigerschaft, bei der mehrere eine teilbare Leistung fordern, § 420 BGB (selten,
Beispiel: Unterhalt für mehrere in einer Summe ausgedrückt);

– Gesamtgläubigerschaft, bei der der Schuldner zwar nur einmal leisten muss, aber jeder Gläubiger die ganze Leistung fordern kann, § 428 BGB,
Beispiel: gemeinschaftliches „Oder-Bankkonto";

– Gesamthandsgläubigerschaft, bei der jeder Gläubiger die Leistung nur an alle Gläubiger verlangen kann, § 432 BGB,
Beispiele: Kaufpreisforderung einer Erbengemeinschaft, die grds. jeder Miterbe als an sie zu erbringend geltend machen kann (vgl. § 2039 BGB). S. a.: Gemeinschaftliches Bestellen eines Taxis (ggf. GbR, s. u. 17.2.3 a. E.). (Vgl. etwa auch die §§ 441 II, 638 II BGB).

Demgegenüber findet man bei Schuldnermehrheiten: Schuldnermehrheit

– Teilschuldnerschaft, wenn mehrere eine teilbare Leistung schulden, § 420 BGB,
Beispiel: Verpflichtung aus Bauvertrag, wenn künftige Wohnungseigentümer die Bauarbeiten gemeinsam vergeben haben;

– Gesamtschuldnerschaft, wenn mehrere eine Leistung so schulden, dass jeder die ganze Leistung bewirken muss, der Gläubiger aber die Leistung nur einmal fordern darf, § 421 BGB. Dies ist etwa der Fall bei von mehreren geschuldeten unteilbaren Leistungen, § 431 BGB, bei gemeinschaftlicher Leistungsverpflichtung, § 427 BGB, sowie in den gesetzlichen Fällen der §§ 42 II, 769, 830, 840, 1357 I 2, 2058 BGB, 25 I, 128 HGB, 41 I 2 AktG, 8 I 1 PartGG. Dem Gläubiger gegenüber (d. h. im Außenverhältnis) muss jeder Gesamtschuldner grds. die gesamte geschuldete Leistung (d. h. in voller Höhe) zahlen und kann sich nicht etwa nur auf seinen quotalen Anteil beschränken. Der Gläubiger darf sich also den solventesten Schuldner aussuchen und ihn zur Zahlung heranziehen. Gesamtschuldner

Beispiele: Drei Bankräuber verletzten eine Geisel – diese kann jeden der drei einzeln ganz oder teilweise auf Schadensersatz in Anspruch nehmen, §§ 823 I; 823 II BGB i.V.m. 223 StGB; 826; 830 I, 840 I, 253 II, 421 BGB (s. u. 12.5.6). Oder: Gegen eine oHG besteht eine Kaufpreisforderung (vgl. die §§ 105 I, 124 I HGB, 433 II, 14 II BGB) – der Verkäufer kann sich hierfür auch an jeden einzelnen (gesamtschuldnerisch haftenden) oHG- interner Ausgleich

Gesellschafter halten, §§ 128 HGB, 421 BGB (s. u. 17.3.4.3). [Vgl. aber die Sonderregel des § 10 VIII 1 WEG.]

Die Erfüllung durch einen Gesamtschuldner befreit die anderen dem Gläubiger gegenüber, § 422 BGB; intern gilt dann ein Ausgleichsanspruch, § 426 BGB.

Beispiele: Bei einer aus drei Gesellschaftern bestehenden GbR (§§ 705 ff. BGB) befriedigt ein Gesellschafter den Gläubiger einer Kaufpreisforderung, § 433 II BGB, durch Zahlung: Er kann dann im Innenverhältnis grds. von jedem seiner beiden Mitgesellschafter Ausgleich in Höhe von jeweils einem Drittel der gezahlten Kaufpreissumme verlangen, entsprechend § 128 HGB i. V. m. den §§ 421, 422, 426 I, II 1 BGB (s. u. 8.8.5; 17.2.4; 17.2.6); oder: Haben Ehegatten eine Wohnung gemeinsam gemietet und zahlt einer der beiden die Miete (etwa auch nach trennungsbedingtem Auszug des anderen), so hat er grds. einen hälftigen Erstattungsanspruch gegen diesen, § 426 I 1 BGB (s. u. 10.5.1; 10.5.7).

Gesamtschuldner
– §§ 421 ff. BGB –

- mehrere Schuldner schulden einem Gläubiger eine Leistung, § 421 S. 1 BGB
- Gläubiger kann ganze Leistung beliebig von jedem Schuldner ganz oder teilweise einmal fordern, § 421 BGB
- Erfüllung durch einen Schuldner wirkt auch für die übrigen, § 422 BGB
- im Innenverhältnis grds. Verpflichtung zu gleichen Anteilen, § 426 I BGB
- Forderungsübergang auf befriedigenden (Gesamt-)Schuldner (Regressanspruch), § 426 II BGB

Schaubild 92: Gesamtschuldner, §§ 421 ff. BGB

8.8 Abtretung von Forderungen

Forderungs-übergang Forderungen stehen prinzipiell dem Gläubiger gegen seinen Schuldner zu. Allerdings können sie vom Gläubiger auf einen anderen mittels eines Vertrages übertragen werden. Diesen rechtsgeschäftlichen Forderungsübergang nennt man Abtretung, vgl. die §§ 398 ff. BGB.

Damit kann die Forderung als Vermögensgegenstand wirtschaftlich eingesetzt werden, um die Liquidität bzw. Bonität des Gläubigers gegenüber Dritten – etwa Lieferanten oder Banken gegenüber – zu dokumentieren. Abtretungen findet man daher recht oft.

Beispiele: Kaufpreisabtretung; Sicherungsabtretung (s. u. 8.8.4); Wechseldiskontierung.

Auch andere Rechte als Forderungen sind grds. gemäß der §§ 413, 398 ff. BGB übertragbar (etwa aufgrund eines entsprechenden Kaufvertrages; s. u. 10.2.2).

Beispiele: Vereinbartes Vorkaufsrecht, §§ 463, 473 BGB; Firmenübertragung, § 22 I HGB (s. o. 3.4.5.6); oftmals wird der grds. subsidiäre § 413 BGB durch speziellere Regeln verdrängt, vgl. etwa die §§ 925, 929, 1154, 1192 BGB, 29 I UrhG, 15 PatG.

8.8.1 Voraussetzungen

Vertrag Die Forderungsabtretung (= Zession) ist ein Vertrag zwischen dem bisherigen (alten) Gläubiger (auch Zedent genannt) und dem neuen Gläubiger (= Zessionar), durch den die Forderung auf diesen übertragen wird. Mit dem Abschluss dieses Abtretungsvertrages tritt der neue Gläubiger unmittelbar an die Stelle des alten

Gläubigers, § 398 BGB, ohne dass der Schuldner hieran beteiligt ist bzw. dies überhaupt wissen muss. Eine besondere Form ist für die Abtretung grundsätzlich nicht vorgeschrieben (Ausnahmen aber bspw.: die §§ 1154 BGB, 15 GmbHG).

Die abgetretene Forderung muss bestehen: guter Glaube an das Bestehen einer tatsächlich gar nicht existierenden Forderung wird nicht geschützt (beim Eigentumserwerb ist dies gerade anders, §§ 932 ff. BGB; s. o. 6.2.4).

kein Gutglaubensschutz an Forderung

Beispiel: V verkauft dem K eine angebliche Forderung gegen den S in Höhe von 2000,– €: Zwar hat der K grds. einen kaufvertraglichen Anspruch auf Übertragung der Forderung durch Abtretung (§ 398 BGB) gemäß der §§ 433 I, 453 I BGB, allerdings ist dieser Anspruch ausgeschlossen, § 275 I BGB (s. u. 9.3.2). Dem K steht jedoch ein Schadensersatzanspruch gegen den V aus den §§ 437 Nr. 3, 311 a II 1 BGB auf das positive Interesse (d. h. 2000,– €) zu (s. u. 9.3.2.3; 15.3.2.3).

Forderungs- -kauf

Auch muss die Forderung bestimmt, zumindest aber bestimmbar sein, so dass auch erst künftige Forderungen grundsätzlich abgetreten werden können, sog. Vorausabtretung.

Vorausabtretung

Beispiele: Zur Sicherung können der kreditierenden Bank oder dem unter Eigentumsvorbehalt veräußernden Warenlieferanten bereits im vorhinein erst noch entstehende Forderungen, etwa aus dem (Weiter-)Verkauf von Waren, abgetreten werden. (S. a. 10.2.8 bzw. das Beispiel 10.9.3.4 a. E.). (S. a.: Anlässlich seiner Scheidung hat Albert Einstein 1919 die Dotierung des Nobelpreises, der ihm noch gar nicht verliehen worden war, mit dem er aber fest rechnete [und den er auch 1922 bekam], bis auf 40 000,– Reichsmark [dies entsprach damals ca. einem Viertel] an seine [geschiedene] Frau Mileva Maric im Voraus abgetreten.)

Die Zession darf nicht ausgeschlossen sein, vgl. die §§ 399 f., 613 S. 2 BGB, 108 II VVG; vertragliche Abtretungsverbote sind grundsätzlich durchaus möglich (vgl. § 399 BGB; s. a. § 492 I a 3 BGB).

Abtretungsausschluss

Beispiele: „Abtretung der Forderung ist ausgeschlossen"; „Abtretung wird nicht anerkannt".

In der Kontokorrentabrede (s. u. 8.14.2.2) ist regelmäßig ein stillschweigender Abtretungsausschluss enthalten. Für aus beiderseitigen Handelsgeschäften (s. o. 6.2.6) resultierende Forderungen mit vertraglichem Abtretungsausschluss bestimmt § 354 a HGB, dass die Abtretung gleichwohl wirksam ist, der Schuldner aber mit befreiender Wirkung an den bisherigen Gläubiger leisten kann (s. o. 6.2.6.2).

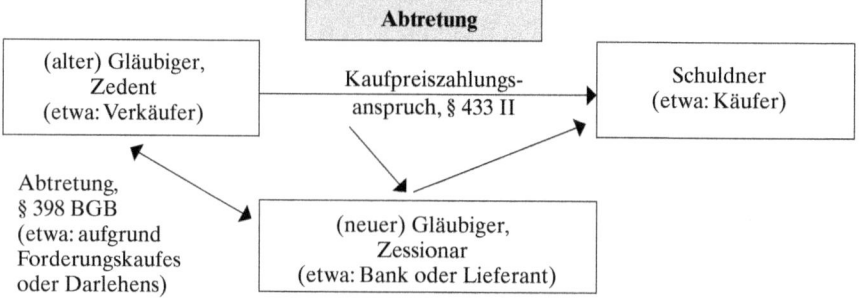

Schaubild 93: Forderungsabtretung

8.8.2 Abstraktheit

Die Forderungsabtretung ist ein abstraktes Rechtsgeschäft (s. o. 6.2.5). Sie ist losgelöst zu sehen von dem ihr zugrundeliegenden Rechtsgeschäft – warum der Gläubi-

vom Rechtsgrund abstrakt

ger seine Forderung auf einen anderen überträgt, welches Kausalgeschäft also der Zession zugrundeliegt, ist für die Wirkung der Abtretung grundsätzlich unbeachtlich (s. o. 5; Abstraktionsprinzip). Häufig dient sie zur Erfüllung eines Schenkungsvertrages, insbesondere aber eines Kaufvertrages:

Beispiel: Der Gläubiger verkauft einen Kaufpreiszahlungsanspruch i. S. d. § 433 II BGB gegen seinen Schuldner an einen Dritten, vgl. die §§ 433 I, 453 I BGB (Forderungskauf); zur Erfüllung überträgt er die Forderung aus § 433 II BGB gegen den Schuldner durch Abtretungsvertrag gemäß § 398 BGB mit dem Dritten auf diesen (vgl. Schaubild 93). Dieser Vorgang findet sich gerade beim Factoring, bei dem Außenstände dem Factor unter Abzug seiner Provision verkauft werden, womit Liquidität gewonnen wird (s. u. 8.8.4 a. E). (Ähnlich ist es auch bei den Rechtsbeziehungen zwischen Kreditkartenausstellern und ihren Vertragsunternehmen; s. u. 10.4.8.3). *§ 398 BGB regelt* somit gerade nur das *„wie"* – das *„warum"*, d. h. der Rechtsgrund für die Abtretung, *ergibt sich aus* einem zugrunde liegenden *Kausalgeschäft* (etwa bspw. bei einer Sicherungsabtretung, s. u. 8.8.4). (Vgl. insoweit die *Parallele* etwa *zu § 929 S. 1 BGB*, der ebenfalls nur das „wie" der Eigentumsübertragung regelt, nicht aber das „warum"; s. a. 5.1, 5.2; 15.2 a. E.; 15.3.2.1). (Obgleich sich die §§ 398 ff. BGB im Schuldrecht [s. o. 2.3 bzw. Schaubild 3] finden, handelt es sich bei der Abtretung um ein abstraktes Verfügungsgeschäft [s. o. 6.2.4, 6.2.5; 5.1, 5.2]).

Factoring

„wie"
(„warum?")

Fehlt bzw. entfällt das der Abtretung zugrundeliegende Verpflichtungsgeschäft, so ist die Forderung nach den Regeln der ungerechtfertigten Bereicherung, §§ 812 ff. BGB (s. u. 11), zurückzuübertragen.

Beispiel: Der Kaufvertrag im obigen Beispielsfall sei wegen Anfechtung nichtig, § 142 I BGB (s. o. 6.8.2.4) – die bereits abgetretene Kaufpreisforderung ist zurückabzutreten.

8.8.3 Wirkung

Priortität

Da die Forderung unmittelbar mit der Zession übergeht, kann sie der bisherige Gläubiger nicht noch einmal übertragen – Grundsatz der Priorität (vgl. auch oben 6.2.4). Für die Forderung vorhandene Nebenrechte gehen ebenfalls über, §§ 401 ff. BGB (Pfandrechte, s. u. 15.6, Bürgschaften, s. u. 10.7.3, Hypotheken, s. u. 15.5.1, beispielsweise). Bestehende Einwendungen und Einreden kann der Schuldner allerdings dem neuen Gläubiger entgegenhalten, § 404 BGB (s. o. 4.2.5).

Schuldner-schutz

Der an der Abtretung nicht beteiligte Schuldner wird darüber hinaus auch dadurch geschützt, dass er von seiner Leistungspflicht dem neuen Gläubiger gegenüber frei wird, wenn er in Unkenntnis der Abtretung an den Altgläubiger zahlt, § 407 BGB (s. o. 8.6.2; dann muss sich der neue Gläubiger an den ungetreuen Altgläubiger halten und den zwar abgetretenen, aber ungerechtfertigt vereinnahmten Betrag gemäß § 816 II BGB von ihm herausverlangen; s. u. 11.4 a. E.). Dies gilt bei mehrfacher Abtretung ebenfalls, § 408 BGB.

Beispiel: A hat seine am 1.10. fällige Kaufpreisforderung, § 433 II BGB, gegen den B an den C abgetreten. Die Abtretung wird dem B nicht aufgedeckt. Zahlt der B jetzt am 1.10. an den A, so wird er dem C gegenüber frei. C seinerseits kann sich nur an A halten (vgl. § 816 II BGB, s. u. 11.4).

Anders aber ist es, wenn der neue Gläubiger die Abtretung dem Schuldner angezeigt hat, §§ 409 f. BGB. Mit einer ihm gegen den Altgläubiger zustehenden Forderung kann der Schuldner auch gegenüber dem neuen Gläubiger aufrechnen, §§ 406, 387 ff. BGB. Gemäß § 354 a I S. 2 HGB darf der Schuldner mit befreiender Wirkung auch an den bisherigen Gläubiger leisten (s. o. 8.8.1; 6.2.6.2).

8.8.4 Formen

Bei Abtretungen lassen sich verschiedene Varianten feststellen: Varianten der Abtretung

– Offene Zession: Der Schuldner erhält davon Kenntnis;

– stille Zession: Sie wird zunächst nicht aufgedeckt; regelmäßig bleibt der Zedent ermächtigt, die Forderung einzuziehen;

– Sicherungszession: Eine Darlehensschuld wird dem Kreditgeber gegenüber dadurch gesichert, dass ihm eine Forderung des Kreditnehmers gegen dessen Schuldner zwar abgetreten wird, er die abgetretene Forderung auch bei Nichtbedienung des Kredits verwerten kann, sie aber zurückübertragen muss, wenn der Kreditnehmer den Kredit ordnungsgemäß zurückgezahlt hat. Sicherungszession

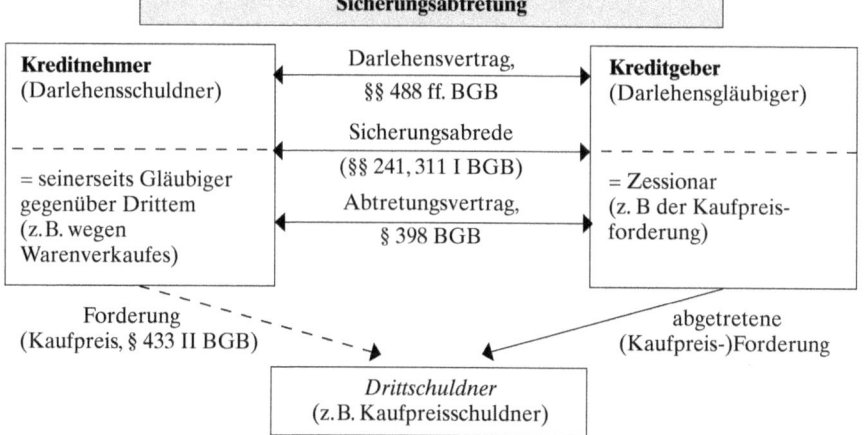

Schaubild 94: Sicherungsabtretung

Beispiel: Zur Sicherung eines Betriebsmittelkredits der Bank B tritt der Unternehmer U eine Forderung, die ihm gegen seinen Kunden K aus Warenverkauf, § 433 II BGB, zusteht, an die B gemäß § 398 BGB ab. Das geht auch bei erst künftig entstehenden Forderungen (Vorausabtretung, s. o. 8.8.1). Zahlt der U den Kredit korrekt zurück, muss die B die Forderung zurückabtreten (§ 398 BGB), ansonsten kann sie sie bei K geltend machen. Vergleichbar läge der Fall, wenn ein Arbeitnehmer der Bank für einen Privatkredit seinen Gehaltsanspruch gegen den Arbeitgeber (s. u. 16.2.2) abträte. Die Parteivereinbarung, die die Abtretung der Forderung an die zu sichernde (Darlehens-)Forderung knüpft, nennt man Sicherungsabrede. Sicherungsabrede

Die Sicherungszession wird häufig verschwiegen behandelt und dem Schuldner des Kreditnehmers nicht angezeigt; (ebenso ist es oftmals bei der)

– Globalzession: Dabei werden alle, auch die künftigen, Forderungen des Gläubigers gegen einen (oder mehrere) Schuldner dem Zessionar abgetreten. Diese Form wird ebenfalls insbesondere für Kreditsicherungszwecke verwandt, etwa dergestalt, dass der Kreditnehmer seiner Bank die ihm einem Geschäftspartner gegenüber erwachsenden Ansprüche auf Kaufpreiszahlungen aus Warenlieferungen abtritt. Um die Geschäftsbeziehung nicht zu belasten, wird dem Kunden diese Vorausabtretung nicht mitgeteilt, so dass er weiter auf das Konto des kreditnehmenden Lieferanten bei der abtretungsempfangenden Bank leistet. Werden einer Bank mittels AGBen (s. o. 6.7) global sicherheitshalber Kundenforderungen abgetreten Globalzession (oder ein Warenlager, s. u. 15.3.2.2), so hat der Kreditnehmer der Bank gegenüber einen Freigabeanspruch; dieser entsteht i. d. R., wenn der Nennwert der berücksichtigungsfähigen abgetretenen Forderungen 150 % der zu sichernden Bankforderung beträgt;

Inkasso-, – Inkassozession: Dabei tritt der Gläubiger seine Forderung einer Inkassostelle (Inkassobüro) zur treuhänderischen Einziehung ab, die sie in ihrem Namen für Rechnung des Zedenten einzieht. Dies ist insbesondere oft der Fall bei Ärzten und ärztlichen Verrechnungsstellen. Abzugrenzen ist die Inkassozession von der bloßen Einziehungsermächtigung (sog. Inkassomandat), bei der die Forderung nicht übertragen wird und die Einziehung im fremden Namen erfolgt;

Mantel-, – Mantelzession: Der Zedent verpflichtet sich, Forderungen in bestimmter oder variabler Höhe abzutreten und dem Zessionar zu bestimmten Terminen Listen der abgetretenen Forderungen zu übergeben;

Blanko-, – Blankozession: Dabei stellt der Abtretende eine Abtretungsurkunde aus, und deren Empfänger wird ermächtigt, sich selbst oder einen anderen als Zessionar zu bestimmen;

Teilzession – Teilzession: Eine teilbare und abtretbare Forderung wird zu einem Teil abgetreten, etwa bei einer Geldforderung ein Teilbetrag.

Factoring – Factoring: Die Forderung wird, in der Regel auf Basis eines Forderungskaufvertrages, dem Factor gegen einen Provisions- bzw. Bonitätsabschlag übertragen (s. a. 8.8.2; 10.2.2). Man unterscheidet dabei vornehmlich zwei Varianten: Beim echten Factoring, einem (mit Abtretung i. S. d. § 398 BGB versehenen) Forderungskauf i. S. d. §§ 433 I, 453 I BGB, trägt der Factor das Risiko für den Forderungseingang (sog. Delkredererisiko bzw. Delkrederehaftung), beim unechten Factoring dagegen trägt der Factorkunde das Risiko des Forderungsausfalls (hier wird die Forderung nur unter der aufschiebenden Bedingung der erfolgreichen Einziehung gekauft bzw. abgetreten, § 158 I BGB; s. o. 6.5).

Delkredere

8.8.5 Anderweitige Forderungsübergänge

Während bei der Abtretung die Forderung aufgrund eines Vertrages zwischen Alt- und Neugläubiger übergeht, sind auch anderweitige Forderungsübergänge möglich:

gesetzlich So beim gesetzlichen Forderungsübergang. Dabei sieht das Gesetz den Übergang auf einen neuen Gläubiger automatisch vor (sog. cessio legis), vgl. etwa die §§ 268 III, 426 II (s. o. 8.7 a. E.), 774 I (s. u. 10.7.3), 412, 413 BGB, 6 EFZG (s. u. 16.3.2.1).

Beispiele: Der Bürge befriedigt den Gläubiger – dessen Forderung gegen den Schuldner geht nunmehr auf den Bürgen über, §§ 765, 774 I BGB (s. u. 10.7.3); der Arbeitgeber leistet dem von einem Dritten angefahrenen Arbeitnehmer Entgeltfortzahlung (§ 3 EFZG) – insoweit geht dessen Schadensersatzanspruch gegen den Unfallverursacher (§§ 823, 253 BGB, 7, 18 StGB; s. u. 8.12.3; 14.2; 14.3.1) auf ihn über, § 6 EFZG (s. u. 16.3.2.1 a. E.).

hoheitlich Auch durch gerichtliche Entscheidung ist der Übergang einer Forderung möglich, insbesondere durch Pfändung und Überweisung einer Forderung im Rahmen der Zwangsvollstreckung, §§ 829, 835, 836 ZPO; ein in der Praxis häufiger Fall ist etwa die Lohn- bzw. Gehaltspfändung (§§ 850 ff. ZPO).

Beispiel: Der (Kaufpreis-)Gläubiger des Arbeitnehmers lässt dessen Arbeitslohn (unter Beachtung der Pfändungsfreigrenzen, §§ 850 c, 850 e ZPO) beim Arbeitgeber pfänden und sich überweisen (s. a. 16.3.3 a. E.).

Handelsrechtlich von besonderer Bedeutung sind gerade auch die Fälle der §§ 25 I 2 bzw. 28 I 2 HGB (s. o. 3.4.5.6).

8.9 Schuldübernahme, Schuldbeitritt

Bei der Schuldübernahme findet ein Wechsel des Schuldners statt; sie ist daher das Pendant zur Abtretung. Allerdings ist dies nur unter Beteiligung des Gläubigers möglich, denn diesem ist die Person seines Schuldners und dessen Bonität regelmäßig nicht gleichgültig (bei § 41 II AktG bspw. handelt es sich dagegen um einen speziellen Ausnahmefall, s. u. 17.8.2.1 a. E.). Für die Schuldübernahme gibt es zwei Wege: *(Schuldnerwechsel)*

– Einerseits einen Vertrag zwischen dem Gläubiger und dem Übernehmer, § 414 BGB; hieran ist der Schuldner nicht beteiligt;
– andererseits einen Vertrag zwischen Alt- und Neuschuldner, wobei die Genehmigung des Gläubigers erforderlich ist, § 415 BGB (bei Hypotheken vgl. § 416 BGB).

Beispiel: Der Vater erklärt dem Gläubiger seines Sohnes, dem dieser wegen eines Autokaufes noch den Kaufpreis schuldet, diese Schuld anstelle des Sohnes zu übernehmen und zu bezahlen; der Gläubiger erklärt sich damit einverstanden, dass der Vater an die Stelle des bisherigen Schuldners (= Sohnes) tritt und dieser damit von der Schuld befreit ist. [Der die Verpflichtung des Schuldners Übernehmende erklärt dem Gläubiger sinngemäß: *„Nehmen Sie mich statt seiner"* (in Anspruch).] Die Schuldübernahme ist somit ein Vertrag zu Gunsten Dritter, nämlich des bisherigen („alten") Schuldners.

Bestehende Einwendungen kann der Übernehmer dem Gläubiger entgegenhalten, § 417 BGB; vorhandene Sicherungsrechte erlöschen, § 418 BGB.

Bei dem im BGB nicht ausdrücklich normierten Schuldbeitritt (vgl. die §§ 311 I, 241 I BGB) tritt durch Vertrag mit dem Gläubiger oder dem Schuldner ein weiterer Schuldner in das Schuldverhältnis neben die bisherigen Schuldner ein; beide haften dann als Gesamtschuldner (§§ 421 ff. BGB; s. o. 8.7; vgl. Schaubild 92). *(Schuldbeitritt)*

Beispiel: Die Geschäftsführerin einer GmbH unterschreibt einen Leasingvertrag nicht nur für die GmbH, sondern auch gesondert für sich als Privatperson. [Der der Verpflichtung des Schuldners Beitretende erklärt dem Gläubiger sinngemäß: *„Nehmen Sie ihn (den Schuldner) oder mich"* (in Anspruch).] Der Schuldbeitritt ist ggf. von einer Bürgschaft abzugrenzen; s. u. 10.7.1 ff.

Gesetzliche Fälle eines Schuldbeitritts finden sich etwa in den §§ 546 II, 604 IV, 2382 BGB, 25, 28, 130 HGB.

Beispiele: Der Erwerber eines Handelsgeschäftes führt dieses unter der bisherigen Firma weiter – er haftet mit dem früheren Geschäftsinhaber (dieser noch fünf Jahre, vgl. § 26 HGB) für dessen Geschäftsverbindlichkeiten, vgl. § 25 I HGB (s. o. 3.4.5.4); oder: Jemand tritt als persönlich haftender Gesellschafter in das Geschäft eines Einzelkaufmanns oder in eine oHG ein – er haftet dann ebenfalls mit, vgl. die §§ 28 bzw. 130 HGB. Der Übergang der im Betrieb des Geschäftes begründeten Verbindlichkeiten – und Forderungen – kann allerdings ausgeschlossen werden, vgl. die §§ 25 II, 28 II HGB (s. a. oben 3.4.5.6); beachte aber § 130 II HGB.

8.10 Leistungszurückbehaltung

Zurückbehal-
tungsrecht
Wenn dem Schuldner aus demselben rechtlichen Verhältnis, aus dem die Forderung des Gläubigers herrührt, selbst ein fälliger Gegenanspruch erwächst, so kann er gemäß § 273 BGB seine Leistung verweigern, bis der Gläubiger seinerseits die ihm geschuldete Gegenleistung erbringt.

Beispiel: Die gegenseitigen Ansprüche der bisherigen Gesellschafter einer aufgelösten Gesellschaft.

Dieses Zurückbehaltungsrecht darf aber nicht vertraglich oder gesetzlich (vgl. etwa die §§ 175, 570, 578 I BGB, 19 II GmbHG) ausgeschlossen sein.

Zug-um-Zug
Auf das Zurückbehaltungsrecht muss sich der Schuldner berufen, es ist eine Einrede (s. o. 4.2.5.1); im Zivilprozess (s. u. 20) führt sie zu einer Zug-um-Zug-Verurteilung des Schuldners, § 274 BGB.

kaufmännische
Spezifika

Konnexität
Ein Sonderfall ist das kaufmännische Zurückbehaltungsrecht i. S. d. §§ 369–372 HGB, das dem Kaufmann die Berechtigung gibt, sich aus dem zurückbehaltenen Gegenstand für eine Forderung zu befriedigen, § 371 HGB: Während das Zurückbehaltungsrecht des 273 BGB gegenseitige und fällige Forderungen „aus demselben rechtlichen Verhältnis" (sog. Konnexität) voraussetzt und als Einrede ausgestaltet ist, hat der Kaufmann bei Geldforderungen aus Handelsgeschäften auch ohne Konnexität ein Verwertungs-(Befriedigungs-)Recht an den beweglichen Sachen bzw. Wertpapieren des Schuldners, vgl. die §§ 371 HGB, 1218 ff. BGB (s. o. 6.2.6).

Einrede des
nicht erfüllten
Vertrages
Bei gegenseitigen Verträgen erlaubt § 320 BGB die Verweigerung der Leistung bis zur Bewirkung der Gegenleistung, was im Rechtsstreit (s. u. 20) zur Zug-um-Zug-Verurteilung gemäß § 322 BGB führt.

Beispiel: Der Käufer darf die Kaufpreiszahlung bis zur Übereignung des Kaufgegenstandes verweigern (es sei denn, er sei abredegemäß vorleistungspflichtig; s. u. 10.2.3, 10.2.7.2 a. E.).

8.11 Vertragsstrafe

Begriff
Vertragsstrafe, oftmals auch Konventionalstrafe genannt, ist die grundsätzlich in Geld zu erbringende Leistung, die der Schuldner aufgrund einer vertraglichen Vereinbarung für den Fall der Nichterfüllung oder der nicht gehörigen Erfüllung verspricht, §§ 339 ff. BGB. Sie bezweckt, die Erfüllung der Hauptverbindlichkeit zu sichern („Druckmittel") und dem Gläubiger die Notwendigkeit eines Schadensbeweises zu ersparen. Erforderlich für ein ordnungsgemäßes Vertragsstrafversprechen sind eine wirksame Vereinbarung (in AGBen aber nur unter Kaufleuten, vgl. die §§ 309 Nr. 6, 310 I BGB; s.o. 6.7.3), das Bestehen der Hauptverbindlichkeit (hiervon hängt die Vertragsstrafe ab, sog. Akzessorietät, arg. § 344 BGB), und deren schuldhafte Verletzung durch Verzug, § 286 BGB (s. u. 9.4). Eine unverhältnismäßig hohe Vertragsstrafe kann gemäß § 343 I 1 BGB auf Antrag des Schuldners

ggf. Herabsetz-
barkeit
gerichtlich auf einen ggf. angemessenen Betrag herabgesetzt werden (dies ist bei einer von einem Kaufmann im Betrieb seines Handelsgewerbes versprochenen Vertragsstrafe anders, § 348 HGB; s. o. 6.2.6.2).

Beispiele: Der Lieferant verspricht seinem Kunden für den Fall nicht termingerechter Warenlieferung die Zahlung einer Vertragsstrafe (dabei ist § 307 BGB zu beachten, s. o. 6.7.2);

strafbewehrte Unterwerfungsklauseln im Wettbewerbsrecht für Wiederholungsfälle (s. u. 18.3.6). (*Hinweis:* Vertragsstrafevereinbarungen bei Wohnraumvermietung zu Lasten des Mieters sind unwirksam, § 555 BGB; s. u. 10.5.3). Neben einer Vertragsstrafe kann ggf. auch Schadensersatz verlangt werden, §§ 340 II, 341 II BGB (etwa gemäß der §§ 280 I, 286 BGB bei Verzögerung; s. u. 9.4).

Abzugrenzen ist die Vertragsstrafe von einigen ähnlich gelagerten rechtlichen Gebilden: Abgrenzung zu weiteren Formen

– Beim sog. selbständigen Strafversprechen fehlt (im Gegensatz zur Vertragsstrafe) die erzwingbare wirksame Hauptverbindlichkeit und die Strafe wird für den Fall versprochen, dass eine Handlung vorgenommen oder unterlassen wird, § 343 II BGB.
  Beispiel: Der Ehemann verspricht seiner Frau, die ihm das Rauchen abgewöhnen will, 5,– € für jede trotzdem von ihm gerauchte Zigarette;

– Verfall-(Verwirkungs-)klauseln führen dazu, dass der Schuldner bei Nichterfüllung oder nicht gehöriger Erfüllung seiner Verbindlichkeit eigene Rechte verliert.
  Beispiel: Fristüberschreitung führt vereinbarungsgemäß zu Anspruchsverlust; beachte § 354 BGB;

– Vorfälligkeitsklauseln bewirken die vorzeitige Fälligkeit der Restschuld.
  Beispiel: Für den Fall des vom Schuldner zu vertretenden Zahlungsrückstandes wird die vorzeitige Fälligkeit des Darlehens vereinbart (s. aber § 307 BGB);

– die (früher bei Gesindeverträgen oder dem Viehkauf übliche) Draufgabe, §§ 336 ff. BGB, (die nicht als Zugabe misszuverstehen ist) bestärkt als Beweiszeichen den Abschluss eines Vertrages und ist im Zweifel auf die geschuldete Leistung anzurechnen.
  Beispiel: Der Gutsherr gibt dem Landarbeiter am Ende des Einstellungsgesprächs einen 50-€-Schein als „Handgeld";

– das Reugeld, § 353 BGB, gibt dem Schuldner die „erkaufte" Möglichkeit, sich durch Rücktritt vom Vertrag zu lösen.
  Beispiele: Die Kaufvertragsparteien vereinbaren, dass sich der Käufer durch Rücktritt, zu erklären binnen eines Monats, gegen Zahlung von € 100.– vom Vertrag lösen kann; oder: Teilnahmegebühr (sog. Nenngeld) bei einem Schießwettbewerb, die als vereinbartes Reugeld dem Nichtstartenden nicht zurückerstattet wird („Nenngeld ist Reugeld");

– die Vereinsstrafe, die Mitglieder satzungsgemäß aufgrund bestimmten Fehlverhaltens zu leisten haben, ist Ausfluss der Ordnungsstrafgewalt des Vereins.
  Beispiele: Rügen, Geldbußen, Ausschluss;

– bei der Betriebsbuße werden Arbeitnehmer wegen Fehlverhaltens aufgrund Tarifvertrages oder einer Betriebsvereinbarung herangezogen. Betriebsbuße
  Beispiele: Rauchen am Arbeitsplatz in feuergefährlichen Betrieben; Betriebs- oder Kameradendiebstähle können ggf. zu Verweis oder Geldbuße führen (vgl. § 87 I Nr. 1 BetrVG; bzw. zu – außerordentlicher – Kündigung, s. u. 8.14.2.10; s. a. 16.5.2 a. E.);

– der pauschalierte Schadensersatz soll dem Gläubiger bei Schadensersatzansprüchen wegen Nicht- oder Schlechterfüllung des Schuldners den Nachweis des konkreten Schadens ersparen (beachte § 309 Nr. 5 BGB; s. a. § 651 i III BGB).
  Beispiel: Für den Fall der Nichtabnahme des gekauften Gebrauchtwagens durch den Käufer beträgt der Schadensersatz des Verkäufers vereinbarungsgemäß 10 % des Kaufpreises.

8.12 Schadensersatz

Die Frage nach dem Schadensersatz ist im Zivilrecht elementar: In sehr vielen Streitfällen geht es um die Verpflichtung, für zugefügte Nachteile bzw. Schäden Ersatz leisten zu müssen. besonders bedeutsam

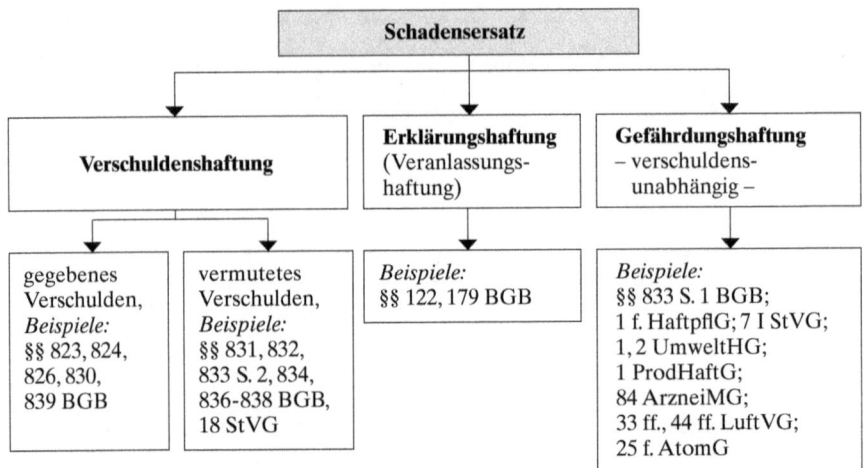

Schaubild 95: Schadensersatz

8.12.1 Anspruchsgrundlagen

Anspruchs-
grundlagen

Schadensersatz ist nur zu leisten auf Grund bestimmter haftungsbegründender Tatbestände. Diese ergeben sich – als Anspruchsgrundlagen (s. o. 2.6.2) – regelmäßig in Folge vertraglicher oder gesetzlicher Schuldverhältnisse (s. o. 8.2). Bei ersteren werden Schadensersatzansprüche zumeist aus Leistungsstörungen (s. u. 9) oder sonstigen Pflichtverletzungen hergeleitet, bei letzteren resultieren sie i. d. R. aus der Verletzung absoluter Rechte oder allgemeiner gesetzlicher Schutzpflichten (s. u. 12).

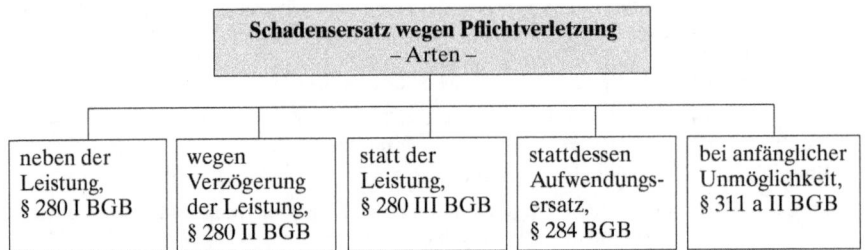

Schaubild 96: Schadensersatz wegen Pflichtverletzung/Arten

Beispiele: Schadensersatzpflicht des Schuldners gemäß § 280 I BGB (s. u. 9.7.1); Schadensersatzpflicht des Schädigers bei unerlaubter Handlung gemäß § 823 BGB (s. u. 12.1).

neben/

Schadensersatz kann es, insbesondere im vertraglichen Bereich, geben neben der noch zu erbringenden Leistung,

Beispiel: Der Elektriker bohrt aus Nachlässigkeit ein Loch in die Wasserleitung (vgl. die §§ 280 I, 241 II, 242 BGB), das austretende Wasser beschädigt Mobiliar (s. u. 8.13.2; 9.7),

statt der
Leistung

aber auch statt der geschuldeten Leistung (auch Schadensersatz wegen Nichterfüllung genannt),

Beispiel: Der Verkäufer lässt die gekaufte Ware vor der Übergabe an den Käufer fallen, der Käufer kann nicht mehr Eigentum erlangen, § 929 S. 1 BGB – der Verkäufer schuldet bspw. den Ersatz eines evtl. entgangenen Gewinns des Käufers, vgl. die §§ 280 I, III, 283 S. 1, 276 II, 275 I, IV BGB (der Käufer wird von der Zahlungspflicht frei, §§ 275 I, IV, 326 I 1 BGB; s. u. 9.1 bzw. Schaubild 102; 9.3.2.3 a. E., 10.2.5; 10.2.7.2).

Grundsätzlich setzen Schadensersatzansprüche begründende Anspruchsgrundlagen (s. o. 2.6.2) Verschulden voraus, § 276 BGB. Allerdings gibt es davon auch Ausnahmen:

Etwa bei der sog. Erklärungshaftung (= Veranlassungshaftung; s. a. 2.6.2; 7.6; 6.8.2.4)) i. S. d. §§ 122, 179 BGB, oder bei der sog. Gefährdungshaftung, vgl. die §§ 231, 701, 833 BGB, 7 StVG (wichtig für Schadenszufügung mit Kraftfahrzeugen bei Straßenverkehrsunfällen), 89 WHG, 1 ProdHaftG, 1 UmweltHG, 33 ff., 44 ff. LuftVG, 25, 26 AtomG (s. u. 14 bzw. Schaubild 177). *[Erklärungs-/ Gefährdungshaftung]*

Das Recht des Schadensersatzes hat mit dem Strafrecht grds. nichts zu tun – dieses verwirklicht den Strafanspruch des Staates, jenes den materiellen Nachteilsausgleich des Opfers. Insbesondere im Bereich der unerlaubten Handlungen, §§ 823 ff. BGB, finden sich jedoch Parallelen zwischen Schadensersatz zivilrechtlicher Art einerseits sowie Strafverfolgung und -ahndung andererseits (s. u. 12). *[getrennt vom Strafrecht]*

Geregelt wird das Recht des Schadensersatzes, d. h. die Art und Weise des Schadensausgleiches, in den §§ 249 ff. BGB. Diese definieren nur das „*wie*" (s. u. 8.12.4); *ob* (bzw. warum) dagegen jemand zum Schadensersatz verpflichtet ist, muss sich aus entsprechenden Anspruchsgrundlagen ergeben. *[„wie" „ob"]*

8.12.2 Begriff

Unter Schaden versteht man jede unfreiwillig erlittene Einbuße an den materiellen oder immateriellen Rechtsgütern oder Rechten einer Person (freiwillige Vermögensopfer nennt man dagegen Aufwendungen, die ggf. aus vertraglicher Vereinbarung – wie z. B. Spesen – oder kraft gesetzlicher Anordnung – wie in den §§ 670, 693, 970 BGB – zu erstatten sind). *[Schaden]*

Ob und in welcher Höhe ein Schaden eingetreten ist, bestimmt sich in der Praxis nach der sog. Differenzmethode: Man vergleicht die durch das schädigende Ereignis eingetretene tatsächliche Vermögenslage des Opfers mit derjenigen hypothetischen Lage, die ohne das Schadensereignis bestünde. Ein zu ersetzender Vermögensschaden liegt dann vor, wenn der nach dem die Ersatzpflicht begründenden Ereignis bestehende Vermögenswert des Geschädigten geringer ist als derjenige Vermögenswert, der ohne das Schadensereignis bestünde. *[Differenz]*

Beispiel: Bei einem Verkehrsunfall mit Personen- und Sachschaden fallen Arzt-, Krankenhaus-, Reparatur-, Anwalts-, Gerichtskosten, Verdienstausfall bzw. entgangener Gewinn (vgl. § 252 BGB) an; diese Ausgaben wären ohne das schädigende Ereignis nicht entstanden. Demnach sind sie der zu ersetzende Schaden. Denn die Vermögenslage des Opfers vor dem Unfallereignis wies diese negativen Posten, die nunmehr vorhanden sind, nicht auf.

8.12.3 Art

Der Eintritt eines Schadens ist in mehreren Arten möglich.

Man unterscheidet den unmittelbaren vom mittelbaren Schaden:

Unmittelbarer Schaden (bzw. Mangelschaden, auch Primärschaden genannt) ist der Schaden, der am verletzten Rechtsgut selbst entsteht; mittelbarer dagegen der Schaden, der an anderen Rechtsgütern, insbesondere am Vermögen, als Folgeschaden eintritt (sog. Mangelfolgeschaden). Beide Einbußensarten sind zu ersetzen. Im obigen *[unmittelbar/ mittelbar]*

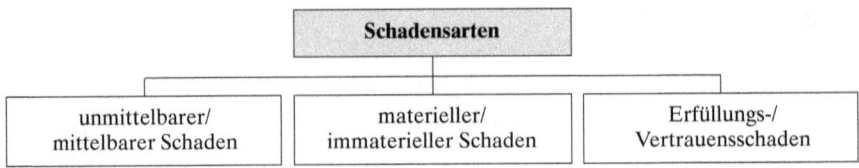

Schaubild 97: Schadensarten

Beispiel heißt das: Die Reparaturkosten am Kfz, die Kosten für die Wiederherstellung der körperlichen Integrität und Gesundheit des Opfers sind unmittelbare Schäden; der technische bzw. merkantile Minderwert, Finanzierungs-, Mietwagen-, Sachverständigen-, Anwalts- und Gerichtskosten, Verdienstausfall bzw. entgangener Gewinn sind mittelbare bzw. Folgeschäden.

Ebenso ist nach materiellen und immateriellen Schäden zu differenzieren:

materiell
Materieller, also Vermögensschaden, ist die in Geld bewertbare Einbuße am Vermögen des Opfers, immaterieller Schaden, also Nichtvermögensschaden, ist die Einbuße an immateriellen Gütern wie Freiheit, Ehre, Wohlbefinden, Schmerzlosigkeit (s. a. 3.1.3.1, 4.2.2).

immateriell
Wegen immaterieller Nachteile, die grundsätzlich nicht kommerzialisiert werden sollen, kann gemäß § 253 I BGB Geldentschädigung nur in den vom Gesetz ausdrücklich bestimmten Ausnahmefällen verlangt werden.

Schmerzens-
geld
Derartige Ausnahmetatbestände finden sich etwa in den §§ 253 II, 651 f II BGB (Schmerzensgeld), 844 III BGB (Hinterbliebenengeld), sowie den §§ 15 II, 21 II 3 AGG, 8 S. 2 ProdHaftG, 11 StVG, 6 HaftpflG, 36 LuftVG, 87 ArzneimittelG, 32 V GenTG, 13 UmwHG, 29 II AtomG (s. u. 14.2), 97 II UrhG. Auch bei schweren Verletzungen des allgemeinen Persönlichkeitsrechtes (Art. 1, 2 GG) wird von der Rspr. ein Schmerzensgeld zuerkannt. Im obigen

Beispiel ergibt sich somit: Erleidet das Unfallopfer erhebliche körperliche Schmerzen, dann steht ihm gemäß § 253 II BGB auch ein nach billigem Ermessen festzusetzendes (vgl. § 287 ZPO) Schmerzensgeld zu (s. a. 3.1.3.1 a. E., 12.2.1.1).

I. Ü.: Erfundene reißerische Berichte bzw. Fotomontagen etwa in der „Klatschpresse" führen grds. als massive Ehr- und Persönlichkeitsverletzungen i. S. d. Art. 1 und 2 GG, Verletzungen eines „sonstigen Rechts" i. S. d. § 823 I BGB bzw. Beleidigungen i. S. d. §§ 823 II BGB i. V. m. 185 ff. StGB ungeachtet des restriktiven Wortlauts des § 253 BGB zu Schmerzensgeldansprüchen.

Desweiteren ist zu trennen der Erfüllungs- vom Vertrauensschaden:

Erfüllungs-
schaden
Erfüllungsschaden bzw. -interesse, auch positives Interesse genannt, ist der infolge von Nichterfüllung geschuldeter Verpflichtungen entstehende Schaden. Der Geschädigte ist so zu stellen, wie er bei ordnungsgemäßer Leistungserbringung bzw. Geschäftsabwicklung stünde. Dieser „Schadensersatz wegen Nichterfüllung" richtet sich grundsätzlich auf eine entsprechende Geld(ersatz)zahlung.

Beispiele: Pflichtverletzung i. S. d. §§ 280, 325 BGB; darunter fällt insbesondere auch ein entgangener Gewinn, § 252 BGB.

Vertrauens-
schaden
Vertrauensschaden bzw. negatives Interesse ist der Nachteil, den der Geschädigte dadurch erlitten hat, dass er auf die Gültigkeit des Rechtsgeschäftes vertraute. Der Gläubiger ist hier so zu stellen wie er stünde, wenn er nicht auf die Gültigkeit des Vertrages vertraut hätte, bzw. so, als habe er nie etwas von dem schädigenden Ereignis gehört.

Beispiele: Die §§ 122, 179 II BGB (vgl. 6.8.2.4) bzw. i. d. R. die §§ 280 I, 311 II, 241 II BGB (cic, s. u. 9.8.2); etwa: Fahrt- oder Transportkosten zum Ort des Vertragsschlusses, wenn der Vertrag wirksam angefochten wird; Portokosten; § 823 II BGB (s. u. das Beispiel zu 12.3 a. E.); nicht aber: der entgangene Gewinn aus dem beabsichtigten Geschäft selbst (der das sog. positive Interesse darstellt, vgl. oben 6.8.2.4 a. E.). Stößt etwa die Kundin versehentlich im Porzellangeschäft eine (Serien-)Vase um, so schuldet sie grds. (gemäß cic, s. u. 9.8, bzw. § 823 I BGB, s. u. 12) nicht den ausgezeichneten Verkaufspreis, sondern den Einkaufspreis des Geschäftsinhabers.

8.12.4 Umfang

Gemäß der §§ 249 ff. BGB ist der Schadensausgleich in zwei unterschiedlichen Varianten möglich:

– In Form der sog. Naturalrestitution, § 249 I BGB, durch Wiederherstellung des   Natural-
Zustands, der bestehen würde, wenn das Schadensereignis nicht eingetreten   restitution
wäre (s. a. 4.1.1.1),

Beispiele: Reparatur beschädigter Gegenstände; Widerruf ehrenrühriger Äußerungen;

– und in Form des Geldersatzes (Schadenskompensation), §§ 249 II, 251, 252 BGB,   Geldersatz
der in der Praxis, insbesondere bei Personen- und Sachschäden, dominiert.

Beispiel: Bei einem Verkehrsunfall (vgl. das Beispiel zu 8.12.2) kann der Geschädigte dem Schädiger die anfallenden Rechnungen zur Erstattung vorlegen (diese ist ggf. grds. begrenzt auf den sog. Wiederbeschaffungsaufwand [d. h. die Differenz zwischen Wiederbeschaffungswert minus Restwert]). Da der Schaden in der Vermögenssphäre des Geschädigten liegt, ergibt sich hieraus übrigens auch, dass dieser etwa einen Sachschaden an seinem Kfz beim Verkehrsunfall gar nicht sogleich reparieren lassen und der Schädiger gleichwohl die (häufig von einem Sachverständigen festgestellten) Nachteile (d. h. die fiktiven Reparaturkosten) finanziell ersetzen muss (allerdings bzgl. der Umsatzsteuer nur, wenn und soweit sie tatsächlich angefallen ist, § 249 II 2 BGB). [*Hinweis: § 249 BGB ist keine eigenständige Anspruchsgrundlage*; in den §§ 249 ff. BGB wird lediglich als Rechtsfolge das „wie" bzw. der Umfang geregelt – ob ein Schadensersatzanspruch besteht, muss sich aufgrund entsprechender vertraglicher oder gesetzlicher Anspruchsgrundlagen ergeben (s. o. 8.12.1; 2.6.2).]

Sollten dem Geschädigten aufgrund des Schadenseintritts nicht nur Nachteile, son-   Vorteilsaus-
dern auch Vorteile erwachsen, so muss er sich diese im Wege der sog. Vorteilsaus-   gleichung
gleichung anrechnen lassen.

Beispiele: Abzug „*Neu für Alt*"; ersparte Eigenaufwendungen (Lebenshaltungskosten bei Klinikaufenthalt, Eigenersparnis beim Mietwagen).

Eine Vorteilsausgleichung findet aber nicht statt bei Leistungen Dritter, die dem Schädiger nicht zugute kommen sollen.

Beispiele: Versicherungsleistungen; Entgeltfortzahlung (vgl. § 6 EFZG; s. a. 8.8.5, 16.3.2.1).

Trifft den Geschädigten bei Entstehung oder Ausweitung des Schadens ein Mit-   Mitverschulden
verschulden, also ein Verstoß gegen eigene vernünftige Interessenswahrung, dann
wird die Ersatzpflicht des Schädigers gemäß § 254 BGB quotenmäßig (unter Umständen bis auf Null) gekürzt; in welcher Höhe diese Anspruchsminderung eintritt,
ist nach billigem Ermessen zu bewerten, vgl. § 287 ZPO.

Beispiele: Der Fußgänger überquert achtlos die Straße und wird von einem Fahrradfahrer angefahren – der Richter schätzt seine Mitverschuldensquote auf 30 % und kürzt die Schadensersatz- bzw. Schmerzensgeldansprüche gemäß der §§ 823 I, 823 II BGB i. V. m. § 229 StGB, 253 I, II, 846 BGB (s. u. 12.2; 12.3) entsprechend um 30 %. Oder: Der bei einem Verkehrsunfall verletzte Autofahrer war nicht angeschnallt, der Radfahrer trug keinen Helm, der Spaziergänger achtete nicht auf Rutschgefahr durch nasses Laub im Herbst (insoweit ist ggf. zur etwaig entfallenden Verkehrssicherungspflichtverletzung abzugrenzen, s. u. 12.2.1.2). Bei § 254 BGB handelt es sich somit um eine sich selbst gegenüber bestehende Obliegenheit (s. o. 8.1 a. E.).

8.12.5 Kausalität

Zurechnung

Schadensersatzpflicht setzt Kausalität voraus: nur solche Nachteile sind zu erstatten, die dem Schädiger auch zuzurechnen sind, die er also ursächlich, aufgrund seiner Handlung, hervorgerufen hat.

haftungs-
begründend/

haftungs-
ausfüllend

Dabei wird die haftungsbegründende von der haftungsausfüllenden Kausalität getrennt: Haftungsbegründende Kausalität ist der Ursachenzusammenhang zwischen der Verletzungshandlung und der Rechtsgutverletzung, verwirklicht also den Tatbestand der Haftungsverpflichtung, wohingegen haftungsausfüllende Kausalität den Ursachenzusammenhang zwischen der Rechtsgutverletzung und dem eingetretenen Schaden beschreibt, sich also auf die Rechtsfolge bezieht (s. u. 12.2.1.3; 12.2.4).

Schaubild 98: Kausalität

Beispiel: Damit der Niedergeschlagene vom Schläger Schadensersatz nach § 823 I BGB erlangen kann, ist u. a. folgendes zu prüfen: Hat der Faustschlag (Verletzungshandlung) zum Nasenbeinbruch (Körperverletzung = Rechtsgutverletzung) geführt? (= haftungsbegründende Kausalität). Und: Bezieht sich die Arztrechnung genau auf die zur Wiederherstellung der Nase bzw. Schmerzlinderung erforderlichen Behandlungs- bzw. Kostenpositionen? (= haftungsausfüllende Kausalität).

Fraglich ist dabei, nach welchen Grundsätzen man die Kausalität bemisst:

Äquivalenz-
theorie

Einerseits geht die sog. Äquivalenztheorie davon aus, dass ursächlich jeder Umstand bzw. jede Handlung ist, der/die nicht hinweggedacht werden kann, ohne dass der Erfolg in seiner konkreten Gestalt entfiele; entsprechend ist hiernach jedes Unterlassen ursächlich, wenn die unterlassene Handlung nicht hinzugedacht werden kann, ohne dass der Erfolg ausbliebe („conditio sine qua non"). Diese Gleichwertigkeitslehre lässt also nahezu jeden Ursachenfaktor genügen, was insbesondere im zivilrechtlichen Schadensersatz zu unzuträglichen Ausweitungen führen könnte.

Beispiele: Eine verbale Auseinandersetzung über einen Verkehrsunfall führt zu einem Schlaganfall; einem ins Krankenhaus Eingelieferten wird dort das Portemonnaie gestohlen; ein Beinaheunfall führt zu einem 40 Minuten später eintretenden Herztod; beim Anblick seines demolierten Autos stirbt der Halter vor Aufregung an einem Herzinfarkt; die Mieterin verletzt sich beim Sturz von der Terrassentreppe, weil sie sich wegen des lauten Knallgeräusches eines herunterkrachenden Wohnzimmerrollos erschrickt.

Adäquanzlehre

Hier handelt es sich um ganz besonders ungewöhnliche, keinesfalls zu erwartende Verläufe. Daher bedarf die Äquivalenztheorie der Einschränkung, wie sie in

186

der vornehmlich im Zivilrecht angewandten sog. Adäquanzlehre zum Ausdruck kommt. Danach sind nur solche Bedingungen ursächlich, die nach dem regelmäßigen Verlauf der Dinge aus Sicht eines sog. optimalen Beobachters generell zur Herbeiführung des Erfolges geeignet, also nicht völlig unwahrscheinlich sind. Ergänzt wird diese Theorie noch durch eine im Hinblick auf den jeweiligen Schutzzweck der zum Schadensersatz verpflichtenden Rechtsnorm vorzunehmende, wertende Beurteilung; der Nachteil muss aus dem Bereich der Gefahren stammen, zu deren Abwendung die verletzte Rechtsnorm erlassen bzw. die verletzte vertragliche Pflicht übernommen worden war (Schutzzwecklehre). Schutzzwecklehre

Beispiele: Die obigen zur Äquivalenzlehre herangezogenen Fälle – bei ihnen fehlt hiernach wegen ihrer Ungewöhnlich- bzw. Unwahrscheinlichkeit der erforderliche Zurechnungszusammenhang. Zwar muss etwa ein Unfallverursacher auch für auf konstitutiver Schwäche oder neurotischer Fehlverarbeitung des Opfers beruhende körperliche oder seelische Folgeschäden einstehen, nicht aber etwa für sog. Renten- bzw. Begehrensneurosen (die den Zurechnungszusammenhang zwischen dem Unfall und späteren Folgeschäden unterbrechen), bzw. auch nicht für zum allgemeinen Lebensrisiko gehörende unwillkürliche Bewegungen oder Überreaktionen bzw. besonders unglückliche Umstände, die mit der Ausgangsursache nicht adäquat verbunden sind (Stichwort etwa: „das geht zu weit"). Wird jedoch der vom Fahrradfahrer schuldhaft Angefahrene bei der Einlieferungsfahrt ins Krankenhaus durch einen Unfall zusätzlich verletzt, in den der Krankenwagen verwickelt wird, oder infiziert er sich im Spital mit einem Keim, so muss der Fahrradfahrer für alle auch insoweit sich ergebenden nachteiligen Folgen einstehen, da derartige Verläufe durchaus nicht gänzlich unwahrscheinlich, also noch adäquat-kausal sind.

Wäre der Schaden auch ohne das schädigende Verhalten (bzw. bei rechtmäßigem Alternativverhalten) eingetreten, dann fehlen die erforderliche Kausalität bzw. der Zurechnungszusammenhang ggf. ebenso. rechtmäßiges Alternativverhalten

Beispiele: Der neu eingestellte Kassierer hat beim Einstellungsgespräch Fragen nach einschlägigen Vorstrafen bewusst wahrheitswidrig verneint. Hätte er sich als Einziger beworben, so müsste der getäuschte Arbeitgeber, wenn er den Arbeitsvertrag wegen arglistiger Täuschung wirksam angefochten hätte, erneut ausschreiben (s. a. 6.8.2.4 f.; 16.2.3.2) – er kann daher nicht Schadensersatz für Inseratskosten (etwa gemäß der §§ 280 I, 311 II Nr. 1, 241 II BGB [cic; s. u. 9.8]) verlangen.

Eine zum Schaden neigende Konstitution des Opfers entlastet den Schädiger aber grds. nicht.

Beispiel: Wer einen an der sog. Bluterkrankheit (Hämophilie) Leidenden verletzt, muss gleichwohl die hierdurch entstehenden erhöhten Behandlungskosten tragen.

8.12.6 Anspruchsberechtigter

Anspruchsberechtigter, also derjenige, der (Schadensersatz-)Ansprüche (s. o. 2.6.2) geltend zu machen berechtigt ist, ist grundsätzlich nur der (unmittelbar) Geschädigte.

Bei deliktischen Ansprüchen ist dies der verletzte Rechtsgutsinhaber, bei vertraglichen Ansprüchen regelmäßig nur der Vertragspartner. Allerdings gibt es davon Ausnahmen: Geschädigte

Mittelbar geschädigte Unterhaltsberechtigte können den Schädiger heranziehen, wenn dieser den Unterhaltspflichtigen verletzt oder getötet hat, §§ 844, 845 BGB. Und auch im Bereich der vertraglichen Schuldverhältnisse gibt es Gestaltungen, bei denen der mittelbar Geschädigten entstandene Schaden, der sog. Drittschaden, geltend gemacht („liquidiert") werden kann:

Drittschadens-
liquidation

– Zum einen beim sog. *Vertrag mit Schutzwirkung zu Gunsten Dritter*, der dem in den Schutzbereich eines Vertrages einbezogenen Dritten einen eigenen Ersatzanspruch bei Vertragsverletzungen gewährt (s. o. 8.6.4);

– zum anderen bei der sog. *Drittschadensliquidation* bzw. Schadensliquidation im Drittinteresse. Deren Grundgedanke ist, dem Schädiger Vorteile nicht dadurch zuwachsen zu lassen, dass der Ersatzberechtigte mit dem Geschädigten nicht identisch, der Schaden also verlagert ist. In solchen Fällen kann ggf. der Verletzte den dem Dritten entstandenen Schaden geltend machen („liquidieren"). Ein besonderer Fall ergibt sich im Zusammenhang mit dem sog. Versendungskauf, vgl. folgendes

Versendungs-
kauf

Beispiel: Kaufmann K aus Konstanz kauft beim Händler H in Hamburg eine Maschine, der sie ihm wunschgemäß nach Konstanz schickt. Durch Verschulden der Transportperson T wird die Maschine unterwegs bei einem Unfall zerstört: Der Kaufpreisanspruch des H gemäß § 433 II BGB könnte zwar nach den §§ (275 IV i. V. m.) 326 I 1, 275 I BGB erloschen sein (s. u. 9.3.2.3); mit der Übergabe der Maschine an den T geht aber die Gefahr, zahlen zu müssen ohne die Gegenleistung zu erhalten (man nennt sie die Preisgefahr), auf den K über, vgl. die §§ 447 I, 446 S. 1 BGB. Der Kaufpreisanspruch ist also nicht erloschen, K muss an H den Kaufpreis zahlen (s. u. 10.2.5), ohne die Maschine zu erhalten (§ 447 BGB geht § 326 BGB grds. vor). Er hat aber seinerseits keinen vertraglichen Anspruch gegen T, und ein deliktischer Schadensersatzanspruch nach § 823 I BGB ist auch nicht gegeben, da K mangels Übergabe noch nicht Eigentümer der Maschine geworden ist. Vertragliche und deliktische Ansprüche gegen den T hätte zwar grundsätzlich H, er hat aber (weil K ihm den Kaufpreis zahlen muss) keinen Schaden.

Schickschuld

Preisgefahr

Anspruch und
Schaden
divergieren

Lösung

Anspruch und Schaden fallen also auseinander. Das soll dem T aber nicht zugute kommen. Daher darf H den Schaden des K bei T liquidieren. Tut er dies nicht, so kann der K vom H die Abtretung von dessen dem Grunde nach gegen den T gegebenen Ansprüchen gemäß den §§ (275 IV i. V. m.) 285 BGB verlangen und solange ggf. die Einrede des nichterfüllten Vertrages, § 320 BGB, erheben (s. o. 8.10 a. E.). (Frachtrechtliche Güterschäden kann der Empfänger gemäß § 421 I 2 HGB – s. u. 10.10.1.4 – neben dem Absender selbst geltend machen, wobei die Drittschadensliquidation erforderlichenfalls möglich bleibt, § 421 I 3 HGB). Beim Verbrauchsgüterkauf ist § 447 BGB aber wegen § 475 II, III 2 BGB grds. ausgeschlossen (s. a. 8.5; 8.6.4; 10.2.5; 10.2.7.3; vgl. Schaubild 133).

ähnliche Fälle

Solche, dem Versendungskauf ähnliche, ebenfalls zur Drittschadensliquidation berechtigende Fälle finden sich bei der mittelbaren Stellvertretung (s. o. 7.3.1), wenn man für fremde Rechnung einen Vertrag geschlossen hat und den Schaden des Geschäftsherrn gegen den Geschäftsgegner gelten macht, sowie bei der Obhut für fremde Sachen, wenn jemand als berechtigter Besitzer einer fremden Sache einen über diese Obhut begründenden Vertrag abschließt und bei dessen Verletzung den Schaden des Eigentümers liquidiert (s. u. 10.10.3.3).

mittelbare
Beeinträch-
tigungen

Im Übrigen aber gilt der eingangs dargelegte Grundsatz, dass nur der unmittelbar Geschädigte Anspruchsberechtigter ist, während nur mittelbar in ihrem Vermögen Beeinträchtigte – mangels Vorliegens von Ausnahmetatbeständen – grds. keine Ersatzansprüche haben (s. a. 12.1 a. E.).

Beispiele: Der durch die von einem Dritten herbeigeführte Verletzung eines Stars geschädigte Theaterveranstalter; der durch die drittverschuldete Verletzung eines Arbeitnehmers geschädigte Arbeitgeber; der durch Beeinträchtigungen des Betriebes seines Arbeitgebers geschädigte Arbeitnehmer.

8.13 Anspruchsverpflichteter

Der vom Gläubiger geltend gemachte Anspruch (s. o. 2.6.2) richtet sich regelmäßig gegen den Schuldner. Dabei gilt im Zusammenhang mit beanspruchtem Schadensersatz insbesondere:

8.13.1 Schuldner

Anspruchsverpflichteter ist der Schuldner, demgegenüber sich das Schuldverhältnis, aus dem Schadensersatz gefordert wird, richtet (s. o. 4.2.1, 8.1).

Dieser Grundsatz gilt sowohl für aus vertraglichen als auch aus gesetzlichen Schuldverhältnissen resultierende Schadensersatzansprüche. Daraus folgt gleichermaßen, dass lediglich mittelbar auf seiten des Schuldners Beteiligte nicht in Anspruch genommen werden können. Dennoch gilt es hierbei auf einige Besonderheiten zu achten:

vertragliche/ gesetzliche Ansprüche

8.13.2 Vertragsrechtliche Zurechnung

Werden für den aus einem vertraglichen Schuldverhältnis verpflichteten Schuldner Hilfspersonen bei der bzw. im Zusammenhang mit der Vertragsabwicklung und Vertragserfüllung tätig und fügen sie dem Gläubiger Nachteile zu, so muss der Schuldner für seine Hilfspersonen gemäß § 278 BGB einstehen (der Frachtführer und Spediteur darüber hinaus für „seine Leute", §§ 428, 462 HGB; s. a. 7.3.3, 10.10.1.4, 10.10.2.4). Im vertraglichen Umfeld für den Schuldner Handelnde nennt man Erfüllungsgehilfen. Diese kann der Gläubiger grundsätzlich (jedenfalls nicht aus vertragsrechtlichen Aspekten – u. U. allerdings aufgrund unerlaubter Handlung, § 823 BGB) nicht in Regress nehmen, da sie am Schuldverhältnis nicht unmittelbar beteiligt sind. Vielmehr bleibt, wenn die Zurechnung über § 278 BGB gelingt, der Schuldner in vollem Umfang einstandspflichtig.

Hilfspersonen

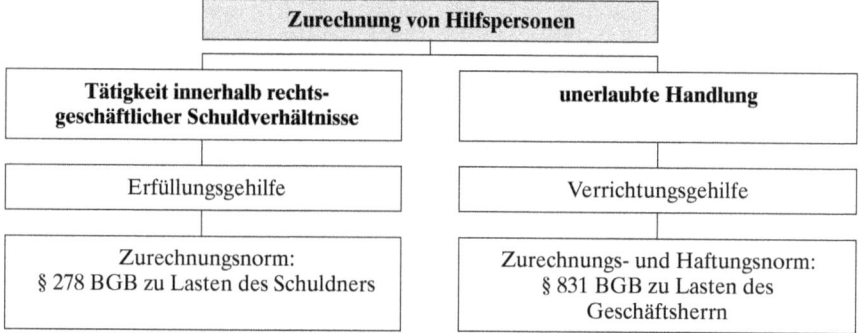

Schaubild 99: Zurechnung von Hilfspersonen

Beispiel: Jemand schließt mit einem Tünchermeister einen Werkvertrag i. S. d. § 631 ff. BGB, wonach dieser die Küche weiß streichen soll. Der Meister kommt nicht persönlich, sondern schickt seinen Gesellen. Der stößt aus Versehen mit seiner Leiter die Küchenfensterscheibe kaputt. Nunmehr wird dieses fahrlässige Fehlverhalten des Gesellen (§ 276 II BGB) dem Tünchermeister mittels des § 278 BGB wie ein eigenes schuldhaftes Handeln zugerechnet, da er sich des Gesellen wissentlich und willentlich zur Erfüllung seiner vertraglichen Pflichten bedient und der Geselle auch in Ausführung dieser Tätigkeit die schädigende Handlung begangen hat. Somit hat der Kunde einen vertraglichen Anspruch gemäß der §§ 280 I, 241 II, 242 BGB (dazu s. u. 9.7.2) gegen den Tünchermeister. Einen vertraglichen Anspruch gegen den Gesellen hat er dagegen gerade nicht (s. o. 7.3.3).

Zurechnung von Fremdschulden

Nach § 12 AGG hat der Arbeitgeber ggf. für diskriminierendes Verhalten von Mitarbeitern (etwa Mobbing) einzustehen (ebenso wie er vor Benachteiligungen durch Dritte, etwa Kunden, zu schützen hat), s. a. 6.6.6.2, 16.2.2.3.

Diskriminierung

189

8.13.3 Deliktsrechtliche Zurechnung

Während also bei aus vertraglichen Schuldverhältnissen herrührenden Schadens-ersatzverpflichtungen eine Inanspruchnahme des Dritten nicht möglich ist, ist dies im Rahmen des Deliktsrechts, §§ 823 ff. BGB, anders. Die unerlaubte Handlung des Täters i. S. d. §§ 823 I, II, 824, 826, 839 BGB kann, wenn sie tatbestandlich und widerrechtlich vorliegt, zu einer eigenen Haftung des nur mittelbar Beteiligten führen. Für widerrechtliche Schadenszufügungen des unmittelbar Schadensersatz-pflichtigen muss dessen Hintermann nämlich nach § 831 BGB einstehen. Im vorigen

Verrichtungs-gehilfe **Beispiel** bedeutet das: Der durch sein positives Tun (s. u. 12.2.1.2) die Fensterscheibe des Kunden, also dessen Eigentum, widerrechtlich, nämlich ohne Rechtfertigungsgrund, zerstörende Geselle haftet, wenn er auch schuldhaft gehandelt hat, gemäß § 823 I BGB als unmittelbarer Schädiger dem Geschädigten auf Schadensersatz, § 249 II BGB. Darüber hinaus muss aber auch der nur mittelbar beteiligte Tünchermeister gemäß § 831 BGB selbst einstehen, denn er hat sich des arbeitsvertraglich weisungsgebundenen Gesellen (der nunmehr im Zusammenhang mit dem Deliktsrecht Verrichtungsgehilfe genannt wird) mit Wissen und Wollen in seinem Pflichtenkreis bedient, der Geselle ist auch nicht nur bei Gelegenheit, sondern in Ausführung seiner Verrichtung tätig geworden (§ 831 I 1 BGB), und es kommt für das Bestehen des Schadensersatzanspruches des Geschädigten nur noch darauf an, ob sich der Tünchermeister i. S. d. § 831 I 2 BGB exculpieren (entlasten) kann (s. o. 7.3.4 bzw. unten 12.1, 12.5). (Beachte auch die Schaubilder 71 und 171). (Im Innenverhältnis kommt ggf. ein arbeitsrechtlicher Freistellungsanspruch des Gesellen gegen den Tünchermeister in Betracht, s. u. 16.4.3). Beachte Juristische aber: Juristische Personen (s. o. 3.2) müssen für Schadenszufügungen ihrer Organe unmittelbar Personen gemäß der §§ 31, 89 BGB einstehen (die §§ 278 bzw. 831 BGB gelten insoweit grds. nicht; s. a. 3.2.1 a. E., 7.3.3 f., 17.7.6.4, 17.8.7.1 a. E.).

8.14 Beendigung

Schuldverhältnisse können aus mehreren Gründen erlöschen.

Beendigung von Schuldverhältnissen
— Erfüllung
— Hinterlegung
— Aufrechnung
— Erlassvertrag
— Negatives Schuldanerkenntnis
— Novation
— Aufhebungsvertrag
— Vergleich
— Konfusion; Konsolidation
— Rücktritt
— Kündigung

Schaubild 100: Beendigung von Schuldverhältnissen

8.14.1 Erfüllung

Der regelmäßige und häufigste Beendigungsgrund für Schuldverhältnisse ist die Erfüllung – der Schuldner bewirkt die geschuldete Leistung, d. h., er erfüllt seine ihm obliegende Verpflichtung.

Gemäß § 362 I BGB erlischt dann das Schuldverhältnis, die Erfüllung ist somit sein natürliches Ende. Dafür ist erforderlich, dass

Eröschen

– der richtige Schuldner

Modalitäten

– dem richtigen Gläubiger
– die richtige Leistung
– auf richtige Weise
– in richtiger Qualität
– in richtiger Quantität
– am richtigen Ort
– zur richtigen Zeit

erbringt. Nur wenn dies gegeben ist, hat die vom Schuldner erbrachte Leistung Erfüllungswirkung, ansonsten muss sie der Gläubiger grds. nicht annehmen (bzw. liegt i. d. R. dann eine sog. Leistungsstörung vor; s. u. 9; der Gläubiger hat ggf. ein Zurückweisungsrecht, s. u. 10.2.3, 10.2.7).

Beispiele: Der Käufer zahlt die Kaufpreissumme unmittelbar im Ladengeschäft; der Verkäufer gibt den Kaufgegenstand demgegenüber unmittelbar heraus.

Ob die zur Erfüllung erforderlichen Voraussetzungen vorliegen, ist dabei im jeweiligen Einzelfall, u. U. durch Auslegung, zu ermitteln.

Sofern der Schuldner nicht persönlich zu leisten hat, ist auch eine Erfüllung durch Dritte möglich (s. o. 8.6.1); eine Leistung des Schuldners an Dritte ist mit Zustimmung des Gläubigers möglich, §§ 362 II, 185 BGB (s. o. 8.6.2). Zu Teilleistungen ist der Schuldner grundsätzlich nicht berechtigt, § 266 BGB (s. a. 10.2.7.4 a. E.), der Gläubiger kann sie aber ggf. fordern. Auch Anzahlungen können vereinbart werden; diese gelten als Teilerfüllung i. S. d. § 362 I BGB.

Erfüllung durch Dritte

Beispiel: Der Möbelkäufer zahlt vereinbarungsgemäß einen Teilbetrag bei der Bestellung an.

Hat der Schuldner dem Gläubiger aus mehreren Schuldverhältnissen gleichartige Leistungen zu erbringen und reicht das von ihm Geleistete nicht zur Tilgung aller Schulden aus, so kann der Schuldner einseitig bestimmen, welche Schuld er mit seiner Leistung bedienen will, § 366 I BGB.

Beispiel: Der Schuldner ist dem Gläubiger wegen eines Miet- sowie eines Kaufvertrages zur Geldzahlung verpflichtet. Er kann, wenn er weniger als die Gesamtsumme zahlt, bestimmen, auf welche Schuld er teilleistet. (In AGBen – s. o. 6.7 – finden sich hierzu aber oftmals anderslautende Regelungen).

Tilgungs-
bestimmung

Nimmt der Schuldner eine solche Bestimmung nicht vor, so regeln die §§ 366 II, 367 BGB die Rangfolge. Beim Verbraucherkredit gilt dazu aber die Abweichung des § 497 III BGB (dort werden Zahlungen nach den Kosten der Rechtsverfolgung erst auf die Hauptsumme und danach auf die Zinsen verrechnet, s. u. 10.6.6).

Der Gläubiger muss dem Schuldner auf Verlangen ein schriftliches Empfangsbekenntnis (= Quittung) erteilen, § 368 BGB; ausgestellte Schuldscheine sind zurückzugeben, § 371 BGB.

Quittung

Barzahlung

Grundsatz des BGB zur Erfüllung von Zahlungsverpflichtungen ist die bare Übereignung der Münzen oder Geldscheine (§ 929 BGB; s. a. 5.1, 8.3.5, 15.3.2); die unbare Zahlung, meistens durch Banküberweisung, ist heute jedoch sehr verbreitet.

Banküberweisung

Rechtzeitigkeit

Dazu ist der Schuldner berechtigt, wenn der Gläubiger sich damit einverstanden erklärt, was entweder ausdrücklich oder aber konkludent, etwa durch Angabe von Bankkonten auf Geschäftspapieren, erfolgen kann. Die getätigte Banküberweisung ist dann grds. Erfüllung bzw. mit der Gutschrift auf dem Konto des Gläubigers tritt Erfüllung ein. Ungeachtet der Erfüllungswirkung der Überweisung ist für die Rechtzeitigkeit der Zahlung im Hinblick auf den Leistungsort, §§ 270 IV, 269 I BGB, bzw. etwaigen Schuldnerverzug (§ 286 BGB; s. u. 9.4.3) bei Unternehmern darauf abzustellen, wann der geschuldete Betrag dem Gläubiger von dessen Bank gutgeschrieben werden kann (§§ 675 s, t BGB), bei Verbrauchern kommt es i. d. R. auf die Rechtzeitigkeit des Zahlungsauftragseingangs bei deren Bank an (§ 675 n BGB) (s. a. 8.3.5; 8.5 a. E.; 10.2.3; 10.5.3; str.).

Leistung an Erfüllungs Statt

Wenn der Gläubiger eine andere als die geschuldete Leistung als Erfüllung annimmt, so liegt eine sog. Leistung an Erfüllungs Statt vor, und die Schuld erlischt, als wäre die tatsächlich geschuldete Leistung bewirkt worden, § 364 I BGB. (Dafür ist das Einverständnis des Gläubigers erforderlich, § 185 BGB.)

Beispiel: Der Darlehensschuldner bietet dem Darlehensgeber statt der Rückzahlung in Geld, § 488 I 2 BGB (s. u. 10.6.3), die Übereignung seines Autos an, § 929 S. 1 BGB (s. u. 15.3.2), was dieser als gänzliche Schuldtilgung akzeptiert, § 364 I BGB.

Leistung erfüllungshalber

Von einer sog. Leistung erfüllungshalber (s. a. § 364 II BGB) spricht man dagegen dann, wenn der Gläubiger zwar eine andere als die geschuldete Leistung entgegennimmt, das Schuldverhältnis dadurch aber noch nicht erlischt. Erfüllung tritt dann vielmehr erst ein, wenn sich der Gläubiger aus dem erfüllungshalber Geleisteten befriedigt hat.

Inzahlunggabe

Beispiele: Hingabe von Schecks oder Wechseln; Vorausabtretungen von Versicherungsleistungen; Zahlung mit Kreditkarte (s. u. 10.4.8.3); hier tritt Erfüllung i. S. d. § 362 I BGB erst ein, wenn die Zahlung erfolgt, also der geschuldete Geldbetrag tatsächlich zugeflossen ist. Oder: Die Hingabe eines Gebrauchtwagens beim Neuwagenkauf, wenn der Kfz-Händler (s. o. 7.5 a. E.) das Auto „zu Geld machen" und den Erlös auf den Kaufpreis anrechnen soll – die Erfüllung tritt erst ein, wenn/soweit sich der Gläubiger (Verkäufer) aus dem Erlös befriedigt hat (das Risiko der Werthaltigkeit trägt hierbei der Schuldner [Käufer]; anders etwa, wenn das Altauto mit einem ganz bestimmten Wert auf den Neuwagenpreis angerechnet wird, dann gilt insoweit § 364 I BGB).

8.14.2 Erfüllungssurrogate

Schuldverhältnisse erlöschen nicht nur durch Erfüllung; der Schuldner kann auch in anderer Weise von seiner Verbindlichkeit frei werden.

8.14.2.1 Hinterlegung

Grundsatz

Wenn der Schuldner sich aus Gründen, die dem Gläubiger zuzurechnen sind, von seiner Verbindlichkeit nicht befreien kann, lässt sich dies ggf. durch die Hinterlegung erreichen, §§ 372 ff. BGB. Gründe hierfür können sein bspw. Gläubigerverzug, §§ 293 ff. BGB (s. u. 9.5), oder sonstige in der Person des Gläubigers liegende Umstände, wie etwa unbekannter Aufenthalt oder Ungewissheit darüber, wer Gläubiger ist (etwa bei ungeklärter Erbfolge; s. a. 3.1.1 bzw. Schaubild 10). Hinterlegbar sind nur bestimmte bewegliche Sachen (s. a. 4.1.1.1): Geld, Wertpapiere, Urkunden, Kostbarkeiten. Hinterlegungsstelle ist das örtlich zuständige Amtsgericht. Näheres wird durch die Hinterlegungsordnung geregelt.

Gemäß § 378 BGB wirkt die Hinterlegung bei ausgeschlossener Rücknahme so, als hätte der Schuldner an den Gläubiger geleistet. Er wird also von seiner Verbindlichkeit befreit und das Schuldverhältnis erlischt. Wirkung

Nicht hinterlegungsfähige Sachen kann der Schuldner versteigern lassen und den Erlös hinterlegen, § 383 BGB. Diese Möglichkeit des sog. Selbsthilfeverkaufes wird beim Handelskauf ebenso gemäß § 373 HGB erweitert wie die Hinterlegungsfähigkeit (s. a. 6.2.6; 9.5.3 f.). Selbsthilfe-
verkauf

8.14.2.2 Aufrechnung

Stehen sich zwei gleichartige fällige Forderungen gegenüber, so bringt sie eine wirksame Aufrechnung, §§ 387 ff. BGB, ebenfalls zum Erlöschen, § 389 BGB, soweit sie sich decken.

Erforderlich für eine wirksame Aufrechnung sind danach

- Gegenseitigkeit der Forderungen, die also zwischen denselben Personen bestehen müssen; Voraus-
setzungen
- Gleichartigkeit der Forderungen, also etwa Geldzahlungsanspruch gegen Geldzahlungsanspruch (nicht aber etwa gegen Herausgabe);
- Fälligkeit der Forderung des Aufrechnenden (= Gegenforderung);
- Erfüllbarkeit der Forderung des Aufrechnungsgegners (= Hauptforderung);
- Einredefreiheit der Gegenforderung, § 390 BGB;
- Zulässigkeit der Aufrechnung, die nicht durch Parteivereinbarung (dazu vgl. § 309 Nr. 3 BGB) oder gesetzliche Verbote (§§ 393 ff. BGB) ausgeschlossen sein darf; **Beispiel:** Pfändungsschutz für Arbeitseinkommen (bei Lohnpfändung) i. S. d. §§ 850 ff. ZPO, vgl. § 394 S. 1 BGB (s. a. 8.8.1, 8.8.5, 16.2.2.1, 16.3.3 a. E.);
- Aufrechnungserklärung, § 388 BGB, also die einseitige, empfangsbedürftige, bedingungsfeindliche (s. o. 6.5) Willenserklärung des Aufrechnenden (s. o. 6.3.4.3).

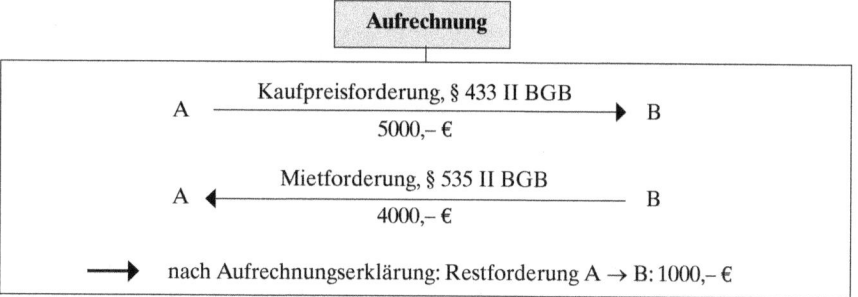

Schaubild 101: Aufrechnung

Sind diese Erfordernisse erfüllt, dann bewirkt die Aufrechnung das Erlöschen der Forderungen, soweit sie sich decken und zwar rückwirkend (ex tunc) zum Zeitpunkt der Aufrechnungslage, § 389 BGB. Nachherige Verzugszinsen beispielsweise Wirkung entfallen. Im Insolvenzfalle (s. u. 21) bleibt das Aufrechnungsrecht grundsätzlich bestehen, §§ 94 ff. InsO. Auch mit eigentlich verjährten Forderungen kann ggf. aufgerechnet werden, vgl. § 215 BGB (s. o. 4.3.3).

Kontokorrent

Eine besondere Form der Aufrechnung stellt das Kontokorrent dar, §§ 355 ff. HGB. Darin werden bei laufender Geschäftsbeziehung während einer bestimmten Zeit von Perioden alle Forderungen eingestellt; wird der Rechnungsabschluss anerkannt, ist nur noch der jeweilige Saldo für die Parteien verbindlich (s. a. oben 6.2.6.2; 8.8.1). Dadurch wird die „laufende Rechnung" vereinfacht, vereinheitlicht und gesichert.

Beispiele: Girovertrag (Bankkontokorrent); Handelsvertretervertrag; Gesellschaftsvertrag (Girokonto; Provisionskonto; Kapitalkonto).

8.14.2.3 Erlassvertrag

Vertrag

Wenn der Gläubiger dem Schuldner die Schuld erlässt, erlischt das Schuldverhältnis, § 397 I BGB. Erforderlich dafür ist aber ein Vertrag (s. o. 6.6), also die Zustimmung des Schuldners; ein einseitiger Verzicht des Gläubigers reicht nicht aus.

Beispiel: Der Verkäufer erlässt dem Käufer noch offenstehende 50,– €, der Käufer stimmt (ggf. konkludent, vgl. § 151 S. 1 BGB) zu (man muss sich nichts erlassen bzw. schenken lassen).

Skonto

Ein besonderer Fall des Erlassvertrages liegt bei der Skontoabrede vor: hier handelt es sich um einen aufschiebend bedingten Teilerlass der Forderung für den Fall fristgerechter (dazu s. o. 8.5; 8.14.1) Zahlung.

Beispiel: Der Verkäufer erklärt auf der Rechnung: „Bei Zahlung innerhalb von 14 Tagen 3 % Skonto".

8.14.2.4 Negatives Schuldanerkenntnis

Anerkenntnis der Nichtschuld

Erkennt der Gläubiger durch Vertrag mit dem Schuldner an, dass das Schuldverhältnis nicht bestehe, sog. negatives Schuldanerkenntnis, so erlischt das Schuldverhältnis ebenfalls, § 397 II BGB.

Ausgleichsquittung

Beispiele: Die Ausgleichsquittung bei Beendigung des Arbeitsverhältnisses (s. u. 16.5.5), in der der Arbeitgeber regelmäßig erklären lässt, dass die Parteien keine Forderungen mehr gegeneinander haben (sie kann bei Irrtum oder arglistiger Täuschung ggf. nach den Regeln der §§ 119, 123 BGB angefochten werden, s. a. 6.8.2.4 f.); oder: Das Abnahme- bzw. Übergabeprotokoll von Mieter und Vermieter bei der Wohnungsrückgabe (s. u. 10.5.7 a. E.).

Allerdings dürfen keine Verzichtsverbote bestehen (dies gilt auch für den Erlassvertrag), vgl. etwa die §§ 50, 66 AktG; 9 b, 19, 25, 43 GmbHG; 4 IV TVG; 12 EFZG (s. u. 16.3.2.1).

8.14.2.5 Novation

einvernehmliche Umwandlung

Die Novation (= Schuldumwandlung) bedeutet das einvernehmliche Aufheben des bestehenden Schuldverhältnisses und sein gleichzeitiges Ersetzen durch ein neues.

Beispiele: Anerkennung des Kontokorrentsaldos, vgl. § 355 HGB (s. o. 8.14.2.2 a. E.); Umwandlung einer Werklohnforderung in ein Darlehen.

194

8.14.2.6 Aufhebungsvertrag

Beim Aufhebungsvertrag (auch Auflösungsvertrag genannt) einigen sich die Parteien auf die Aufhebung (möglich auch: Abänderung bzw. Teilaufhebung) des Schuldverhältnisses (Vertragsfreiheit, vgl. die §§ 311 I, 241 I BGB; s. o. 6.6.6). *einvernehmliche Aufhebung*

Beispiel: Arbeitnehmer und Arbeitgeber einigen sich einvernehmlich darauf, das Arbeitsverhältnis zum 31.3. zu beenden (wobei die Schriftform zu beachten ist, § 623 BGB; s. u. 8.14.2.10; 16.5.1); geschieht dies etwa im Personalbüro, so sind die Widerrufsregeln der §§ 312 b, 355 BGB (s. a. 3.1.3.2; 6.6.4.2; 10.8.2) grds. nicht anwendbar.

8.14.2.7 Vergleich

Mittels eines Vergleiches beseitigen die Parteien durch gegenseitiges Nachgeben Streit oder Ungewissheit über ein Rechtsverhältnis, § 779 I BGB. Soweit nachgegeben wurde, erlöschen die Forderungen (der Vergleich enthält also insoweit Elemente des Erlassvertrages bzw. des negativen Schuldanerkenntnisses, s. o.). *gegenseitiges Nachgeben*

Beispiel: Arbeitgeber und Arbeitnehmer einigen sich vergleichsweise (etwa im Kündigungsschutzprozess; s. u. 16.5.3) auf die Beendigung des Arbeitsverhältnisses, auf deren Zeitpunkt, die Höhe einer zu zahlenden Abfindung, die Erteilung eines Dienstzeugnisses, die Rückgabe des Dienstwagens (s. a. § 794 I Nr. 1 ZPO) (s. u. 16.5.5).

8.14.2.8 Konfusion, Konsolidation

Ein Schuldverhältnis setzt begrifflich einen Gläubiger und einen Schuldner voraus (s. o. 6.6). Fallen beide zusammen (= Konfusion), so erlischt es. *Zusammenfallen von Gläubiger und Schuldner*

Beispiele: Der Vater gewährt der Tochter ein Darlehen; danach verstirbt er und sie beerbt ihn; oder: Der Mieter erwirbt seine in Wohnungseigentum umgewandelte Mietwohnung durch Ausübung seines Vorkaufsrechts, § 577 BGB (s. u. 10.5.8).

Im Sachenrecht, bei der Vereinigung dinglicher Rechte in einer Person, spricht man von Konsolidation, vgl. die §§ 1177, 1163 I 2, 1256 I 1 BGB (s. u. 15.5.1). *Vereinigung dinglicher Rechte*

Beispiele: Die sich in eine Eigentümergrundschuld verwandelnde Eigentümerhypothek; das mit dem Eigentum in derselben Person zusammentreffende, erlöschende Pfandrecht (s. u. 15.6. a. E.).

Der Tod einer am Schuldverhältnis beteiligten natürlichen Person ändert aber an dessen Fortbestand grundsätzlich nichts, vgl. die §§ 1922, 1967 BGB.

Beispiel: Der Erbe des Darlehensschuldners erbt nicht nur etwaig vorhandene Aktiva; er schuldet mit Annahme der Erbschaft auch die Rückzahlung des Kredites (s. o. 3.1.1; s. a. 16.5.1 zum Tod des Arbeitgebers).

Sollte die Rechtspersönlichkeit einer juristischen Person (s. o. 3.2.1 a. E.) endgültig erloschen und sie ersatzlos weggefallen sein, so ist das Erlöschen eines Schuldverhältnisses, an dem sie beteiligt war, grundsätzlich möglich.

8.14.2.9 Rücktritt, Widerruf

Auch durch Ausübung eines Rücktritts- oder Widerrufsrechts (mittels einseitiger, empfangsbedürftiger Willenserklärung, s. o. 6.3.4.3), mit dem ein Vertrag in ein Rückabwicklungsverhältnis umgestaltet wird, kann ein Schuldverhältnis beendet werden; erbrachte Leistungen sind dann zurückzugewähren, §§ 346 ff., 355 ff. BGB. Rücktritts- bzw. Widerrufsrechte können sich ergeben aus vertraglicher Vereinba- *Rückabwicklung* rung oder aus Gesetz (z. B. die §§ 312 g, 485, 495, 323 ff., 437, 634 BGB; s. a. 6.6.4; 6.8.1.3; 4.2.3; 10.2.7.2).

vertraglich **Beispiel:** Die Kaufvertragsparteien vereinbaren, dass der Käufer (wenn er will) binnen zweier Wochen vom Vertrag zurücktreten kann – die fristgerechte Rücktrittserklärung, § 349 BGB, gestaltet das Vertragsverhältnis in ein Rückabwicklungsverhältnis um (sog. vertragliches Rücktrittsrecht), § 346 BGB. Diese Regelungen gelten aufgrund von Verweisungsvor-

gesetzlich schriften auch für den Rücktritt kraft Gesetzes, etwa im Falle einer mangelhaften Kaufsache, §§ 437 ff., 323, 346 BGB (s. u. 10.2.7.2). Auch beim Widerruf hat die Rückabwicklung zu erfolgen, §§ 355 III, 357 BGB (s. o. 6.6.4.2). (*Von § 130 I 2 BGB ist dies strikt zu trennen*; s. o. 6.3.5).

Arbeitsrecht Im Arbeitsrecht ist das Rücktritts- grds. durch das Kündigungsrecht ersetzt (s. a. 8.3.3, 9.9.2 a. E., 16.3.1 a. E., 16.5.1 f.).

8.14.2.10 Kündigung

ordentlich/ Die Kündigung, eine einseitige, empfangsbedürftige Willenserklärung (s. o. 4.2.3,
außerordenlich 6.2.2, 6.3.4.3, 6.3.5, 7.2.3.1), beendet ein Schuldverhältnis für die Zukunft. Dabei lassen sich eine ordentliche (= „normale") und eine außerordentliche, aus wichtigem Grund erfolgende, grundsätzlich fristlose, Kündigung unterscheiden. Vgl. etwa die §§ 542 I, 580 a BGB (ordentliche) sowie die §§ 314, 543, 569, 626 BGB (außerordentliche Kündigung).

Beispiele: Der Arbeitgeber kündigt das Arbeitsverhältnis wegen gravierender Fehlleistungen oder Diebstahls des Arbeitnehmers außerordentlich fristlos (vgl. § 626 BGB; s. u. 9.9.2 a. E., 16.5.2); oder: Der Mieter will umziehen und kündigt den Mietvertrag ordentlich zum vereinbarten Termin (vgl. die §§ 568, 580 a BGB; s. u. 10.5.7). Bei von Bevollmächtigten (§§ 164 ff. BGB) ausgesprochenen Kündigungen ist insb. § 174 BGB zu beachten (s. a. 7.2.3.1, 10.5.7, 16.5.2 f.). Nicht voll Geschäftsfähige müssen ggf. gesetzlich vertreten werden, vgl. die §§ 104 ff. BGB (§§ 111, 131 BGB; s. o. 3.1.2.1; 6.3.5).

In vielen Rechtsbereichen, insbesondere im Arbeits- und im Mietrecht, bedarf die Kündigung eines rechtlichen Grundes.

Beispiele: Die Wohnraumkündigung des Vermieters, vgl. § 573 BGB (s. u. 10.5.7); die Arbeitgeberkündigung, vgl. die §§ 1, 23 KSchG (s. u. 16.5.2).

Auch ist ggf. ein besonderer Kündigungsschutz zu beachten.

Beispiele: Die §§ 15 I, III KSchG, 103 BetrVG; 17 MuSchG; 85 ff. SGB IX (s. u. 16.5.3).

Arbeitsrecht Gemäß der §§ 623, 126 BGB ist für die wirksame Beendigung von Arbeitsverhältnissen durch Kündigung oder Auflösungsvertrag (ebenso wie für die Befristung von Arbeitsverträgen, § 14 IV TzBfG) die Schriftform erforderlich (s. a. 6.4, 8.14.2.6, 16.5.1 ff.), mündliche Kündigungen etwa sind hier nichtig, § 125 S. 1 BGB (s. o. 6.8.1.1).

Beispiele: Der Arbeitgeber ruft dem Arbeitnehmer (§ 611 a BGB) zu: „Sie sind entlassen" – diese Kündigung ist (ungeachtet des Nicht-/Vorliegens von ggf. erforderlichen Kündigungsgründen, vgl. etwa § 1 KSchG) wegen Formverstoßes nichtig, §§ 623, 125 BGB, und das Arbeitsverhältnis (s. u. 16.2.2) besteht weiter. Das gilt auch umgekehrt zugunsten eines Arbeitnehmers, der seine zunächst selbst überstürzt mündlich erklärte Kündigung nachträglich nicht mehr gelten lassen will.

9 Leistungsstörungen/Pflichtverletzungen

- Leistungsstörungen/Pflichtverletzungen
- Unmöglichkeit/Nichtleistung
- Verzögerung/Zuspätleistung
  - Schuldnerverzug
  - Gläubigerverzug
- Schlechtleistung (Sachmängelhaftung/Gewährleistung)
- Vertragsverletzung
- Verschulden bei Vertragsanbahnung/ culpa in contrahendo (cic)
- Störung der Geschäftsgrundlage
- Verletzung nachvertraglicher Pflichten

Leitübersicht 9: Leistungsstörungen/Pflichtverletzungen

Leitfragen zu 9:
a) Welche Arten von Leistungsstörungen gibt es?
b) Inwieweit ist für Pflichtverletzungen einzustehen?
c) Welche Voraussetzungen sind jeweils erforderlich?
d) Welche Rechtsfolgen ergeben sich?

Wenn der Schuldner seine Leistungspflichten ordentlich erfüllt, endet das Schuldverhältnis (s. o. 8.14.1). Oftmals aber tauchen Probleme auf: Die Leistung wird nicht bzw. kann nicht erbracht werden, sie erfolgt verspätet oder schlecht. Man nennt solche Fälle, in denen die Leistung hinter der geschuldeten zurückbleibt, Leistungsstörungen (bzw. Pflichtverletzungen).

9.1 Systematik

Zentraler Anknüpfungspunkt für das Recht der Leistungsstörungen ist § 280 I BGB: Der Schuldner muss Schadensersatz leisten, wenn er eine Pflicht aus dem Schuldverhältnis verletzt und dies zu vertreten hat, § 280 I 1, 2 BGB (s. o. 8.12.1 bzw. die Schaubilder 96 und 102). Die ihm obliegende Pflicht kann sich dabei aus Vertrag (§ 241 I BGB), aus Rücksichtnahme- (§ 241 II BGB) bzw. Sorgfalts- oder Nebenpflichten (§ 242 BGB; Treu und Glauben, Fairnesspflichten), sowie bereits im vertraglichen Vorfeld (§ 311 II, III BGB) ergeben (s. a. 8.3.2). Grundsätzlich lassen sich begrifflich mehrere Formen von Pflichtverletzungen bzw. Leistungsstörungen unterscheiden:

- Unmöglichkeit: Der Schuldner erbringt seine Leistung gar nicht.
  Beispiele: Der verkaufte Pkw wird vor der Übergabe durch einen Unfall völlig zerstört; das aufgrund Mietvertrages zu überlassende Gebäude brennt ab.

- Schuldnerverzug: Der Schuldner leistet zu spät.
  Beispiel: Statt wie fest vereinbart am 1.2. liefert der Verkäufer erst am 20.2.

Marginalien: Pflichtverletzung · Übersicht · Unmöglichkeit · Schuldner-/

Gläubiger- verzug	– Gläubigerverzug: Der Gläubiger nimmt die Leistung, die ihm der Schuldner ordnungsgemäß anbietet, nicht an. **Beispiel:** Der Käufer nimmt die ihm vom Verkäufer korrekt am 1.2. angebotene Ware nicht ab.
Schlecht- leistung	– Schlechtleistung (Sachmängelhaftung/Gewährleistung): Der Schuldner erfüllt seine vertraglichen Pflichten schlecht, die Folgen sind gesetzlich geregelt: Im Kauf-, Miet-, Werk- und Reisevertragsrecht hat der Gesetzgeber Sonderregeln für die Schlechtleistung getroffen (§§ 434 ff., 536 ff., 633 ff., 651 c ff. BGB). **Beispiele:** Der verkaufte Gebrauchtwagen entpuppt sich nach Übergabe als Unfallwagen; die eingebaute Haustüre klemmt; die vermietete Wohnung lässt sich nicht heizen; der (Pauschal-)Reisende wird in einer „Bruchbude" untergebracht.
pVV	– Vertragsverletzung: Der Schuldner verletzt Rücksichtnahme-, Neben- bzw. Sorgfaltspflichten; die Folgen sind spezialgesetzlich nicht geregelt (bislang positive Vertragsverletzung bzw. pVV genannt). **Beispiel:** Der Tünchermeister wirft in den zu tapezierenden Räumen versehentlich eine Vitrine des Bestellers um, der Inhalt geht zu Bruch.
cic	– Verschulden bei Vertragsanbahnung bzw. bei Vertragsschluss (culpa in contrahendo, cic): Der Schuldner verletzt vor Vertragsabschluss bzw. während der Vertragsverhandlungen Sorgfaltspflichten. **Beispiel:** Der Kaufinteressent rutscht im Laden des Verkäufers auf einer nicht weggeräumten Bananenschale aus und bricht sich ein Bein.
Störung der Geschäfts- grundlage	– Störung der Geschäftsgrundlage: Die für die Parteien erkennbare, gemeinsame Grundlage des Geschäfts fällt weg und das weitere, unveränderte Festhalten daran ist unzumutbar. **Beispiel:** Das Engagement von Musikern für eine Faschingsveranstaltung, die wegen eines Hochwassers oder Krieges abgesagt werden muss.
cpcf	– Verletzung nachvertraglicher Pflichten (culpa post contrahendum bzw. culpa post contractum finitum, cpcf): Der Schuldner verletzt nach der Vertragserfüllung fortbestehende Sorgfaltspflichten.

Schadensersatz wegen Pflichtverletzung, §§ 280 ff. BGB – Grundsätze –

Voraussetzungen (§ 280 I BGB): – Pflicht aus einem Schuldverhältnis – rechtswidrig verletzt – vermutetes Vertretenmüssen (§§ 276, 278, 280 I 2 BGB) – zurechenbarer (adäquat-kausal hervorgerufener) Schaden

Schadens- ersatz neben der Leistung: §§ 280 I, 241 I, II, 242 BGB	Schadens- ersatz wegen Verzögerung der Leistung: §§ 280 I, II, 286 BGB	Schadens- ersatz statt der Leistung wegen nicht oder nicht wie geschul- det erbrach- ter Leistung: §§ 280 I, III, 281 BGB	Schadens- ersatz statt der Leistung wegen Pflichtver- letzung i.S.d. § 241 II BGB: §§ 280 I, III, 282 BGB	Schadens- ersatz statt der Leistung bei Aus- schluss der Leistungs- pflicht: §§ 275, 280 I, III, 283 BGB	Ersatz ver- geblicher Aufwen- dungen: § 284 BGB	Schadens- oder Aufwen- dungsersatz aufgrund Leistungshin- dernisses be- reits bei Ver- tragsschluss: § 311 a II BGB

Schaubild 102: Schadensersatz wegen Pflichtverletzung/Grundsätze

Beispiele: Der Ex-Vermieter von Arzträumen weigert sich, einen Hinweis auf die neue Arztadresse zu dulden; der Taxifahrer achtet nicht auf vom Fahrgast liegengelassene Sachen.

Alle diese Formen der Leistungsstörungen werden grundsätzlich vom Begriff der Pflichtverletzung i. S. d. § 280 I BGB erfasst – dieser deckt die Fälle der Unmöglichkeit, Verzögerung, mangelhaften Leistung, die Verletzung leistungsbezogener oder leistungsbegleitender Haupt- und Nebenpflichten (s. o. 8.3.2), auch vor- oder nachvertraglich, ab. Die Folgen schuldhaft hervorgerufener, ggf. zu Schadensersatz führender, Pflichtverletzungen werden grds. in den §§ 280 ff. BGB geregelt.

Fälle der Pflicht- verletzung

9.2 Verschulden

Die o. a. Fälle der Pflichtverletzungen bzw. Leistungsstörungen setzen in der Regel Verschulden, also rechts- bzw. pflichtwidriges, vorwerfbares Verhalten, voraus (s. o. 3.1.2.3). Dabei hat der Schuldner regelmäßig Vorsatz und Fahrlässigkeit zu vertreten, § 276 BGB; Verschulden gesetzlicher Vertreter sowie von Erfüllungsgehilfen wird ihm gemäß § 278 BGB zugerechnet (s. o. 7.3.3; 8.13.2); Verschuldensfähigkeit (s. o. 3.1.2.3) ist erforderlich. Vorsatz bedeutet wissentliches und willentliches Herbeiführen des rechtswidrigen Erfolges. Diese Schuldform lässt sich unterteilen in den sog. direkten Vorsatz, bei dem der Täter zielgerichtet handelt, und den sog. bedingten Vorsatz, bei dem er den Erfolg billigend in Kauf nimmt.

Vorsatz

direkt/ bedingt

Beispiel: Der Räuber entwendet dem Opfer gewaltsam die Brieftasche (direkter Vorsatz); er schießt bei der Flucht wahllos auf Passanten oder Polizisten (neben Verletzungen nimmt er Tötungen billigend in Kauf, bedingter Vorsatz); s. a. 12.2.3.

Fahrlässigkeit ist demgegenüber das Außerachtlassen der im Rechtsverkehr (d. h. im Umgang miteinander) erforderlichen Sorgfalt, vgl. § 276 II BGB.

Fahrlässigkeit

Beispiel: Der unaufmerksame, unkonzentrierte Kraftfahrer bremst an einer Kreuzung nicht rechtzeitig, sodass ein Zusammenstoß erfolgt. Regelmäßig also wird der negative Erfolg insoweit ungewollt, aber durch Mangel an Konzentration und Achtsamkeit herbeigeführt. („Hat nicht richtig aufgepasst", „hätte besser aufpassen müssen", „hätte sie/er besser aufgepasst, wär's nicht passiert").

Dabei kommt es auf den Maßstab an, der in der jeweiligen konkreten Situation den betroffenen Berufs- oder Verkehrskreisen abzufordern ist. Werden einfachste, naheliegende Überlegungen nicht angestellt, bzw. wird nicht beachtet, was im gegebenen Fall jedem einleuchten muss (s. a. unten 16.4.1), so liegt grobe Fahrlässigkeit vor (ansonsten einfache [ggf. etwa bei sog. Augenblicksversagen]).

grob/ einfach

Beispiele: Dem Elektriker ist es egal, ob er beim Bohren eines Loches auf eine Wasserleitung stößt: Muss er aufgrund einer warnenden Mitteilung des Hausherrn damit rechnen, so liegt ggf. bedingter Vorsatz vor; ansonsten ist von grober Fahrlässigkeit auszugehen (diese liegt i. d. R. auch vor bei Rauchen im Bett, Rasen im Nebel, Fahren trotz Übermüdung oder auch unbeaufsichtigtem Abstellen eines Koffers am Bahnhof {„wie kann man nur …"]). Die Abgrenzung von bedingtem Vorsatz sowie grober Fahrlässigkeit ist manchmal schwierig; bei ersterem ist dem Handelnden der negative Erfolg egal, bei letzterer vertraut er darauf „es wird schon gutgehen" bzw. „ein gutes Ende nehmen".

Hinweis: Da im Zivilrecht insb. für die Geltendmachung von Schadensersatzansprüchen, vgl. etwa die §§ 280 I (s. u. 9.7) bzw. 823 I BGB (s. u. 12.2), regelmäßig Verschulden in Form von Fahrlässigkeit *oder* Vorsatz ausreicht, kommt deren Abgrenzung grds. erheblich weniger Bedeutung zu als dies im Strafrecht bzgl. etwaiger Strafbarkeit der Fall ist (s. u. 12.2.3 a. E.).

Für die Schadensersatzpflicht bei Pflichtverletzungen wird das erforderliche Verschulden des Schuldners gesetzlich vermutet, vgl. § 280 I 2 BGB.

Vermutung

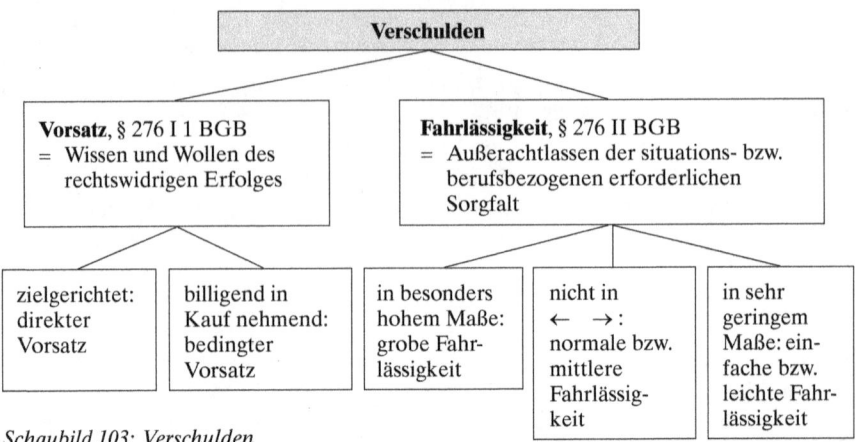

Schaubild 103: Verschulden

Beispiel: Die verkaufte Maschine wird vor der Übergabe durch in die Geschäftsräume des Verkäufers aus einem geplatzten Wasserrohr eindringendes Wasser unbrauchbar – der Verkäufer muss gegenüber dem vom Käufer erhobenen Schadensersatzanspruch (§§ 275 IV, 280 I, III, 283 S. 1 BGB) das zu seinen Lasten vermutete (erforderliche) Verschulden entkräften, § 280 I 2 BGB (s. u. 9.3.2.3 a. E.). (Beim Behandlungsvertrag vgl. § 630 h BGB).

Kaufleute   Kaufleute unterfallen erhöhten Sorgfaltspflichten, § 347 I HGB: sie müssen bei Handelsgeschäften (s. o. 6.2.6) nicht nur für die Sorgfalt eines durchschnittlichen, sondern eines ordentlichen Kaufmannes einstehen. Dies gilt auch dann, wenn sie sich ihrer unselbständigen Hilfspersonen (§ 278 BGB) bedienen (s. o. 7.8.1.2).

Beispiele: Korrespondenz ist sorgfältig zu behandeln und abzulegen, Stempel sind sorgfältig aufzubewahren, Unterschriften auf Schecks zu prüfen.

Bei vertraglich mittels AGBen beschränkter Haftung für Fahrlässigkeit bzw. grobes Verschulden ist auf § 309 Nr. 7 BGB zu achten (s. o. 6.7.2).

Haftungsein-   Der Gesetzgeber beschränkt manchmal die Haftung auf diejenige Sorgfalt, die
schränkungen   man in eigenen Angelegenheiten anzuwenden pflegt, vgl. die §§ 690, 708 BGB (sog. diligentia quam in suis); dann bleibt aber die Einstandspflicht für grobe Fahrlässigkeit bestehen, § 277 BGB (s. a. § 347 II HGB; vgl. bspw. die §§ 690, 708 BGB; s. a. 6.6.4.1, 17.2.4).

Gesetzliche Haftungsbeschränkungen auf grobe Fahrlässigkeit sehen die §§ 300 I, 521, 599 BGB vor.

Arbeitnehmer-   Im Arbeitsrecht wird bezüglich der Haftung des Arbeitnehmers (§ 611 a BGB)
haftung   die Fahrlässigkeit noch weiter in mittlere (= normale) und einfache (= leichte) Fahrlässigkeit unterteilt; bei letzterer haftet der Arbeitnehmer nicht, bei ersterer wird der Schaden zwischen ihm und dem Arbeitgeber regelmäßig geteilt (s. u. 16.4).

Vereinsrecht   Auch im Vereinsrecht werden Organmitglieder, besondere Vertreter, sowie für den Verein ehrenamtlich tätige Vereinsmitglieder bei nur einfacher bzw. mittlerer Fahrlässigkeit bzgl. Schadenszufügungen dem Verein gegenüber haftungsrechtlich privilegiert, §§ 31 a, b BGB (s. o. 3.2.2).

Deliktsrecht   Wichtig ist die Frage des Verschuldens nicht nur im Zusammenhang mit vertraglichen (Schadensersatz-)Ansprüchen bei Leistungsstörungen, sondern gerade etwa

200

auch im Deliktsrecht (§§ 823 ff. BGB), wenn es um die Einstandspflichten wegen unerlaubter Handlungen geht (s. u. 12.1).

9.3 Unmöglichkeit

Bei der Pflichtverletzung in Form der Unmöglichkeit seien vorab einige begriffliche Klarstellungen angebracht.

9.3.1 Begriff, Arten

Unmöglichkeit ist gegeben, wenn die geschuldete Leistung nicht erbracht werden kann. Dies kann der Fall sein,

- weil es den Leistungsgegenstand nicht oder nicht mehr gibt (tatsächliche Unmöglichkeit),   Fälle
  Beispiel: die Mietwohnung brennt ab,
- weil die Rechtsordnung die Leistung unterbindet (juristische Unmöglichkeit),
  Beispiel: ein Import- oder Exportverbot,
- weil sie nach dem Grundsatz von Treu und Glauben, § 242 BGB, dem Schuldner nicht zumutbar ist, da sie die „Opfergrenze" überschreitet bzw. der Aufwand zu hoch ist (wirtschaftliche Unmöglichkeit, s. o. 8.3.1.2),
  Beispiel: dem Vermieter ist die Wiederherstellung der zerstörten Mietsache unmöglich (ggf. werden diese Fälle der wirtschaftlichen übermäßigen Leistungserschwernis über das Rechtsinstitut der Störung der Geschäftsgrundlage gelöst, § 313 BGB, s. u. 9.9). (Für die Geldschuld gilt dies aber regelmäßig nicht – für seine finanzielle Leistungsfähigkeit hat   wirtschaftliches man grds. einzustehen, s. a. 6.6, 8.3.5, 10.2.3, 10.5.9 a. E.).   Unvermögen

Ist die Leistung schon vor Vertragsabschluss unmöglich, so spricht man von anfänglicher bzw. ursprünglicher Unmöglichkeit.   anfänglich

Beispiel: Die gekaufte Maschine war schon vor Vertragsabschluss zerstört worden.

Wird die Leistung dagegen erst nach der Begründung des Schuldverhältnisses verhindert, dann handelt es sich um nachträgliche Unmöglichkeit.   nachträglich

Beispiel: Nach dem Vertragsabschluss verbrennt das gekaufte Gemälde.

Kann niemand die Leistung erbringen, so liegt sog. objektive Unmöglichkeit vor.   objektiv/
Ist nur der Schuldner dazu nicht in der Lage, nennt man dies subjektive Unmög-   subjektiv
lichkeit (= Unvermögen). Die Beweislast regelt § 280 I 2 BGB (s. o. 9.2). Danach ist grundsätzlich der Schuldner beweispflichtig.

Im Übrigen kommt es darauf an, wer die zur Leistungsverhinderung führenden   Regeln
Umstände zu vertreten hat: niemand, der Schuldner, der Gläubiger, oder beide.

Ferner ist darauf abzustellen, ob es sich lediglich um einseitig einer Partei obliegende Pflichten handelt, oder ob die im Gegenseitigkeitsverhältnis stehenden Verpflichtungen betroffen sind. Bei ersteren gelten die allgemeinen Regeln der §§ 275, 280 ff. BGB, bei letzteren (wegen ihrer synallagmatischen Verknüpfung, s. o. 6.6.5, 8.2.2, 8.3.2) sind darüber hinaus die §§ 320 ff. BGB einschlägig.

9.3.2 Regelungsbereiche

Die Unmöglichkeit regelt der Gesetzgeber insbesondere in den §§ 275, 280 I, III, 283 bis 285, 311 a, 326 BGB:

9.3.2.1 Leistungspflicht des Schuldners

Leistungs-
pflicht des
Schuldners

Der Schuldner wird bei subjektiver und objektiver, anfänglicher und nachträglicher Unmöglichkeit von seiner Leistungspflicht frei, § 275 I BGB („*was nicht geht, geht nicht*"). Dies gilt ggf. auch bei Teilunmöglichkeit (§ 275 I BGB: „*soweit*"). Unmöglichkeit in diesem Sinne liegt vor, wenn die Leistung überhaupt nicht erbracht werden kann.

Beispiele: Das geschuldete Buch ist verbrannt; der als unfallfrei verkaufte Gebrauchtwagen ist tatsächlich ein Unfallwagen, wegen dieses unbehebbaren Mangels kann der Verkäufer von Anfang an nicht mangelfrei erfüllen (s. a. § 311 a BGB, s. u. 10.2.7.2). *Nicht aber:* bestehende (Wieder-)Beschaffungsmöglichkeiten (s. o. 8.3.4).

Bei gänzlich unverhältnismäßigem Aufwand hat der Schuldner ggf. ein Leistungsverweigerungsrecht, § 275 II BGB.

Beispiel: Der geschuldete Ring fällt ins Meer. (Hier sind sehr strenge Maßstäbe anzulegen, vgl. § 275 II 1, 2 BGB).

Ein Leistungsverweigerungsrecht hat der Schuldner ggf. auch bei unzumutbarer persönlicher Verhinderung, § 275 III BGB.

Beispiele: Nichtauftritt einer Sängerin wegen lebensgefährlicher Erkrankung ihres Kindes; notwendige Arztbesuche während der Arbeitszeit (s. u. 16.3.2); (Schadensersatz statt der Leistung ist mangels Vertretenmüssens nicht geschuldet, vgl. die §§ 280 I, III, 283 S. 1 [i. V. m. 275 IV] BGB).

9.3.2.2 Gegenleistung

Während § 275 BGB das Schicksal der Leistung regelt, regelt § 326 BGB grds. das Schicksal der Gegenleistung:

Gegen-
leistung

Muss der Schuldner aufgrund § 275 I–III BGB nicht leisten, dann entfällt grds. der Anspruch auf die Gegenleistung, § 326 I 1 BGB (s. o. 8.12.1), die Gegenleistungs- bzw. Preisgefahr geht dann grds. auf den Gläubiger über. Bei Teilunmöglichkeit wird der Schuldner teilweise frei, §§ 326 I 1 2. HS., 441 III BGB.

Leistungsstörungen
– Leistungspflichten von Schuldner und Gläubiger –

Ausschluss der Leistungspflicht des Schuldners, § 275 I BGB	→	Ausschluss der Gegenleistungspflicht des Gläubigers, § 326 BGB
Voraussetzungen:	→	Rechtsfolgen:
– bestehendes Schuldverhältnis		– Befreiung des Gläubigers von seiner (Gegen-)Leistung, § 326 I 1, IV BGB
– Leistungspflicht des Schuldners		– weiterbestehende Gegenleistungspflicht bei Verantwortlichkeit oder Annahmeverzug des Gläubigers, § 326 II BGB, bzw. bei Ersatzverlangen, §§ 326 III, 285 BGB
– Unmöglichkeit der Leistung		
d. h.: Befreiung des Schuldners von seiner Leistungspflicht (bzw. § 275 II, III BGB)		– Rücktrittsrecht des Gläubigers ohne Fristsetzung, §§ 326 V, 346-348 BGB

Schaubild 104: Leistungsstörungen/Leistungspflichten von Schuldner und Gläubiger

Beispiel: Das verkaufte, aber noch nicht übereignete Kfz (s. o. 5.1; 6.2.4 f.), das der Käufer abholen soll, wird zuvor gestohlen – der Übereignungsanspruch des Käufers, § 433 I 1 BGB, erlischt, § 275 I BGB, ebenso der Kaufpreiszahlungsanspruch, § 433 II BGB, des Verkäufers, § 326 I BGB.

Bei einer qualitativen Unmöglichkeit, dem nicht behebbaren Sachmangel (§ 434 BGB) bzw. der sog. irreparablen Schlechtleistung, bei der eine Nacherfüllung i. S. d. §§ 439, 635 BGB nicht in Frage kommt,

Schlecht-
leistung

Beispiele: Der als unfallfrei gekaufte Gebrauchtwagen stellt sich als Unfallwagen heraus (s. o.), oder: Die vereinbarte Pkw-Laufleistung ist tatsächlich viel höher,

gilt § 326 I 1 BGB grds. nicht, vgl. § 326 I 2 BGB – hier kann der Gläubiger gemäß der §§ 434, 437 Nr. 2, 326 V, 275, 323 BGB zurücktreten oder mindern bzw. Schadensersatz statt der Leistung fordern, §§ 434, 437 Nr. 3, 275, 311 a II BGB (s. u. 10.2.7.2).

Beispiel: Das verkaufte Kfz ist nicht, wie vereinbart, unfallfrei – hier ist die Nacherfüllung gemäß § 275 I BGB unmöglich (weder in Form der Nachlieferung noch der Mängelbeseiti-

---

Gegenleistungs- bzw. Preisgefahr
– Gefahrentragung/Übergang –

Grundsatz: Ausschluss der Leistungspflicht führt zur Befreiung von der Gegenleistung
→ *„Ohne Leistung keine Gegenleistung",*
(§§ 275 I, IV, 326 I BGB),
es sei denn (insbesondere):

Gläubigerverzug, §§ 326 II 2. Alt., 293 ff. BGB	*Übergabe der Kaufsache bzw. Verzug des Käufers mit ihrer Annahme,* § 446 S. 1, 3 BGB	*Versendungskauf,* § 447 I BGB (bei Verbrauchsgüterkauf vgl. § 475 II, III 2 BGB)	*Abnahme des Werkes,* § 644 I 1 BGB, *Verzug des Bestellers mit dessen Annahme,* § 644 I 2 BGB, *bzw. Versendung des Werkes,* § 644 II BGB	*Arbeitsrechtliche Spezifika,* §§ 615, 616 BGB (bzw. sonstige Rechtsgrundlagen des Arbeitsrechts)
Beispiel: Der Käufer nimmt ihm vom Verkäufer angebotene Ware nicht an, die alsdann zerstört wird – er muss den Kaufpreis entrichten (§§ 433 II, 293 ff., 326 II 1 2. Alt. BGB)	Beispiel: Die unter Eigentumsvorbehalt veräußerte Sache wurde dem Käufer schon übergeben (§§ 433, 449, 929, 158 I BGB) und geht bei ihm unter – er muss sie bezahlen (§§ 433 II, 446 BGB)	Beispiel: Die dem Unternehmer vom Fabrikanten wunschgemäß versandte Kaufsache geht beim Transport unter – er muss zahlen (§§ 433 II, 447 I, 269 BGB)	Beispiele: Der Bauherr nimmt die vom Schreiner eingebaute Türe ab; oder: er nimmt das ihm angebotene Werk nicht an; oder: das wunschgemäß versandte Werk geht unterwegs unter – der Besteller muss zahlen (§§ 631 I, 632, 644 I, 644 II i. V. m. 447 BGB)	Beispiele: Annahmeverzug des Arbeitgebers, persönliche Verhinderung des Arbeitnehmers, Krankheit, Feiertag, Urlaub (§§ 615, 616 BGB, 1 ff. EFZG, 1 ff. BUrlG)

Schaubild 105: Gegenleistungs- bzw. Preisgefahr

gung), der Käufer behält den Anspruch auf die Gegenleistung, § 326 I 2 BGB, und kann zurücktreten, mindern oder Schadensersatz verlangen.

§ 326 I BGB ist nach der Übergabe der Kaufsache i. S. d. § 446 BGB ebenfalls nicht anzuwenden, auch § 447 BGB geht grds. vor (s. u. 10.2.5).

Gläubiger verantwortlich

Der Anspruch auf die Gegenleistung bleibt dem Schuldner ggf. erhalten, § 326 II BGB, wenn der Gläubiger für den leistungsbefreienden Umstand alleine oder weit überwiegend verantwortlich ist,

Beispiel: Der Käufer vernichtet die Kaufsache vor der Übereignung (und schuldet gleichwohl den Kaufpreis, s. u.),

Gegen-leistungs- bzw. Preisgefahr

sowie dann, wenn der Gläubiger in Annahmeverzug geraten ist – § 326 II BGB belässt dem Schuldner somit grds. den Anspruch auf die Gegenleistung gerade in Fällen des Überganges der Gegenleistungs-(Vergütungs- bzw. Preis-)gefahr auf den Gläubiger (vgl. die §§ 326 II 1 2. Alt., 446, 447 I, 644 I, II, 615, 616 BGB; s. a. 9.5.3; 10.2.5; 10.2.7.3; 10.3.5.1; 16.3.1; 16.3.2).

Beispiele: Der Gläubiger nimmt dem Schuldner die korrekt angebotene (§§ 293 ff. BGB) Ware nicht ab, die alsdann gestohlen wird (s. a. 9.5.3; 10.2.5); der Arbeitnehmer verweigert gefährdende Tätigkeiten (vgl. die §§ 273, 611 a, 618, 615 S. 3 BGB, 3 I ArbSchG; s. u. 16.3.2.5).

Ersatz

Erlangt der Schuldner infolge des die Unmöglichkeit der Leistung verursachenden Umstandes für den geschuldeten Gegenstand einen Ersatz oder Ersatzanspruch (= sog. stellvertretendes commodum), dann bleibt es nicht beim Freiwerden des Schuldners i.S.d. § 275 BGB. Vielmehr kann der seinerseits weiterhin leistungspflichtige Gläubiger Herausgabe des als Ersatz Empfangenen oder Abtretung des Ersatzanspruches verlangen, §§ 285, 326 III BGB (sog. *Surrogation*, s. u.).

Beispiele: Das verkaufte und danach verbrannte Bild war versichert; der Käufer kann die Versicherungssumme verlangen, § 285 BGB (*Vorsicht:* Er muss dann aber den Kaufpreis zahlen, § 326 III BGB; s. a. 10.2.10; 11.4; 15.3.2.3). S. a.: Hat etwa der Verkäufer den Kaufgegenstand an zwei Käufer verkauft und alsdann dem zweiten, mehr Zahlenden, übereignet (§§ 433 I, 929 S. 1 BGB; s. o. 5; 6.2.4), so kann der leerausgehende Käufer ggf. den erzielten Mehrerlös verlangen, § 285 BGB (s. u. 10.2.1 a. E. bzw. Schaubild 120).

Die nicht geschuldete, aber bereits bewirkte Gegenleistung kann nach den §§ 346–348 BGB (s. o. 6.6.4) zurückgefordert werden, § 326 IV BGB.

Ggf. kann der Gläubiger auch gemäß § 326 V BGB zurücktreten (s. o.).

9.3.2.3 Auswirkungen

Unmöglichkeit

Nach § 311 a I BGB ist ein Vertrag nicht alleine bereits deshalb ungültig, weil die Leistung für den Schuldner oder für jedermann schon bei Vertragsschluss unmöglich ist (vgl. § 275 I–III BGB). Eine Primärleistungspflicht (s. o. 2.6.2) des Schuldners entsteht nicht, der Gläubiger kann bei anfänglicher objektiver und subjektiver Unmöglichkeit entweder Ersatzherausgabe, § 285 BGB, oder Schadens- bzw. Aufwendungsersatz aufgrund des § 311 a II BGB verlangen; hierfür ist gemäß § 311 a II 2 BGB Verschulden (das vermutet wird) erforderlich.

Beispiele: Der verkaufte Pkw wird vor Vertragsschluss und der Übergabe durch einen Blitzschlag vernichtet – wusste der Verkäufer dies nicht bzw. konnte er es nicht wissen, dann entfällt seine Einstandspflicht, § 311 a II BGB, ebenso wie sein Kaufpreiszahlungsanspruch, § 326 I BGB (vgl. § 275 IV BGB). Hätte der Verkäufer einen Ersatzanspruch gegen eine Versicherung, so wäre er dem Käufer abzutreten, §§ 275 I, IV, 285, 311 a I BGB, wobei der Käufer den Kaufpreis zahlen müsste, §§ 326 III, 433 II BGB. Hätte der Verkäufer die Vernichtung des Kaufgegenstands bzw. seine Nichtleistungsmöglichkeit erkennen können bzw. müssen, dann schuldet er Schadensersatz statt der Leistung in Höhe des positiven Interesses, §§ 275 IV, 311 a II BGB, bzw. Aufwendungsersatz, § 284 BGB (s. a. 8.8.1; 10.2.2; 15.3.2.3). § 311 a II BGB ist eine eigenständige (den §§ 280 ff. BGB vorgehende) Anspruchsgrundlage.

Bei nachträglicher objektiver bzw. subjektiver Unmöglichkeit hat der Gläubiger, wenn der Schuldner gemäß § 275 I–III BGB von seiner Leistungspflicht frei wird, statt der (unmöglichen) Leistung ggf. einen Schadensersatzanspruch gemäß der §§ (275 IV i. V. m.) 280 I, III, 283 S. 1 BGB (s. o. 9.1 a. E.), wenn er diese Pflichtverletzung zu vertreten hat (s. o. 9.2). Gläubiger-
rechte

Beispiel: Der Verkäufer zerstört das verkaufte Auto vor der Übergabe durch einen schuldhaft verursachten Unfall – der Übereignungsanspruch des Käufers, § 433 I BGB, entfällt, § 275 I BGB, ebenso der Kaufpreiszahlungsanspruch des Verkäufers, § 326 I 1 (i. V. m. § 275 IV BGB), und den kausal entstehenden Schaden muss der Verkäufer in Höhe des positiven Interesses (also ggf. auch einen dem Käufer entgehenden Gewinn) ersetzen, §§ 280 I, III, 283 S. 1 i. V. m. 275 IV, 276 BGB (s. a. 8.12.1). Ggf. kann der Gläubiger Aufwendungsersatz verlangen, § 284 BGB.

Bei von Gläubiger und Schuldner beidseits zu vertretender Unmöglichkeit ist im Hinblick auf die §§ 280 I, III, 283 S. 1, 275 IV BGB das gegenseitige Mitverschulden, § 254 BGB, zu berücksichtigen. beiderseitige
Unmöglichkeit

Sonderregeln gelten i. Ü. gemäß der §§ 446, 447 (475 II, III 2), 616, 644 ff. BGB, 1 EFZG.

Die Verjährung richtet sich grundsätzlich nach § 195 BGB (s. o. 4.3.3 f.).

Unmöglichkeit
– §§ 275, 280 I, III, 283, 311 a, 326 BGB –

Grundsätze:
– Schuldverhältnis
– Pflichtverletzung (i. S. d. § 280 I BGB) des Schuldners im Schuldverhältnis, weil:
  – Leistungserbringung schuldhaft (§§ 276, 278, 280 I 2 BGB) nicht möglich
  – anfänglich/nachträglich/objektiv/subjektiv
  – vollständig/teilweise
Folgen:
– Anspruch auf Leistung ausgeschlossen, § 275 I BGB
– ggf. Leistungsverweigerungsrecht für Schuldner, § 275 II, III BGB
– für Gegenleistung gilt § 326 BGB
Rechte des Gläubigers:
Schadensersatz, §§ 275 IV, 280 I, III, 283–285, 311 a, 276 BGB, bzw. § 326 BGB

Schaubild 106: Grundsätze der Unmöglichkeit

9.4 Schuldnerverzug

Die Verzögerung der Leistung stellt eine weitere Pflichtverletzung i. S. d. § 280 I BGB dar. Während die Leistung bei der Unmöglichkeit gar nicht erbracht wird, erfolgt sie beim Verzug des Schuldners zu spät.

9.4.1 Begriff

Verzug des Schuldners bedeutet eine von ihm zu vertretende Verzögerung der angemahnten oder kalendermäßig bestimmten fälligen Leistung. Die Leistung Verzögerung muss noch möglich sein, also nachholbar, ansonsten liegt Unmöglichkeit vor, die den Verzug ausschließt. Nur vorübergehende Unmöglichkeit begründet den Verzug. Nichteinhaltung der Leistungszeit beim absoluten Fixgeschäft (s. o. 8.4) führt nicht zum Schuldnerverzug, sondern zur Unmöglichkeit. Schuldner- und Gläubigerverzug (dazu s. u.) unterscheiden sich dadurch, dass bei letzterem der Gläubiger gegen seine eigenen Interessen verstößt, weil er die ihm angebotene Leistung nicht annimmt, während bei ersterem der Schuldner seinen Pflichten zur rechtzeitigen Leistung nicht nachkommt.

9.4.2 Voraussetzungen

Anspruch

Die Regeln über den Schuldnerverzug finden sich in den §§ 280 I, II, 286–290 BGB. Danach liegt er grundsätzlich dann vor, wenn der Schuldner auf eine nach Eintritt der Fälligkeit erfolgende Mahnung des Gläubigers hin schuldhaft nicht leistet.

Voraussetzungen

Zunächst muss eine Pflicht aus dem Schuldverhältnis verletzt sein, § 280 I BGB: Diese Pflichtverletzung liegt in der Nichterbringung der fälligen (s. o. 8.4, vgl. § 271 BGB) Leistung, die der Schuldner zu vertreten haben (s. o. 9.2) und aus der ein adäquat-kausaler Schaden (s. o. 8.12) entstanden sein muss. Schadensersatz kann der Gläubiger dann unter den zusätzlichen Voraussetzungen des § 286 BGB verlangen, vgl. § 280 II BGB:

Mahnung

Regelmäßig ist eine Mahnung erforderlich, § 286 I 1 BGB. Dies ist die bestimmte und eindeutige Aufforderung des Gläubigers an den Schuldner, seine Leistung zu erbringen; eine Fristsetzung oder die Androhung bestimmter Folgen sind nicht vonnöten.

Beispiele: „Aufgrund unserer Rechnung Nr. … vom 14.03. steht noch ein Betrag von € 5500,– offen. Wir erinnern Sie an Ihre Zahlungspflicht und bitten Sie, den Betrag umgehend auf eines unserer angegebenen Konten zu überweisen". Zu die Fälligkeit regelnden Klauseln vgl. unten etwa 10.2.3.

Die Mahnung ist kein Rechtsgeschäft, sondern eine geschäftsähnliche Handlung (s. o. 6.3.3.1), formlos und einseitig empfangsbedürftig; die Vorschriften über Rechtsgeschäfte und Willenserklärungen sind aber entsprechend anwendbar. Die Mahnung muss nach der Fälligkeit erfolgen, zuvor ist sie wirkungslos. Man kann sie aber mit der die Fälligkeit begründenden Handlung, etwa dem Abruf, verbinden. Gleichgestellt ist die Klageerhebung auf Leistung (Leistungsklage) bzw. die Zustellung eines Mahnbescheides, § 286 I 2 BGB.

Verzug ohne Mahnung

Ausnahmsweise kommt der Schuldner auch ohne Mahnung in Verzug,

– wenn die Leistung kalendermäßig bestimmt ist, § 286 II Nr. 1 BGB,
  Beispiele: die Lieferung ist für den 20.2. vereinbart; der Arbeitslohn vertragsgemäß am Monatsersten zahlbar (ansonsten am Monatsende, § 614 S. 2 BGB);

– wenn der Leistung ein Ereignis vorauszugehen hat und eine angemessene Zeit in der Weise bestimmt ist, dass sie sich von da an kalendermäßig berechnen lässt, § 286 II Nr. 2 BGB,
  Beispiele: Lieferung zehn Tage nach Abruf, Bezahlung zwei Wochen nach Rechnungserhalt;

– wenn der Schuldner die Leistung ernsthaft und endgültig verweigert, § 286 II Nr. 3 BGB,
  Beispiel: der Verkäufer weigert sich standhaft, den Kaufgegenstand zu liefern;

– wenn der sofortige Verzugseintritt aus besonderen Gründen unter Abwägung der beiderseitigen Interessen gerechtfertigt ist, § 286 II Nr. 4 BGB,

Beispiel: der Klempner repariert einen Wasserrohrbruch nicht wie zugesagt unverzüglich.

Der Schuldner einer Entgeltforderung kommt spätestens 30 Tage nach Fälligkeit (s. o. 8.4) und Zugang einer Rechnung oder einer gleichwertigen Zahlungsaufstellung in Verzug, § 286 III BGB – eine Mahnung oder Klageerhebung (§ 286 I BGB) ist demnach nicht (mehr) erforderlich (kann aber i. S. d. § 286 I BGB durchaus gleichwohl erfolgen); Verbraucher müssen hierauf besonders hingewiesen werden, §§ 286 III 1 2. HS, 13 BGB.

Zahlungs-beschleunigung

Beispiel: Die Rechnung bzgl. einer fälligen Kaufpreisforderung i. S. d. § 433 II BGB geht am 1.7. zu – der Schuldner kommt mit Ablauf des 31.7., 24 Uhr, in Verzug (§§ 187 I, 188 I, 193 BGB; s. o. 4.3.4, 8.3.6); der Zinssatz ergibt sich aus den §§ 288, 247 BGB. Für den Zugang der Rechnung ist der Gläubiger beweispflichtig.

Ist der Schuldner nicht Verbraucher i. S. d. § 13 BGB (s. o. 3.1.3.2), so kommt er ggf. bei unsicherem Zugang einer Rechnung oder Zahlungsaufforderung spätestens 30 Tage nach Fälligkeit und Empfang der Gegenleistung in Verzug, § 286 III 2 BGB.

Unter Kaufleuten gilt darüber hinaus § 353 HGB; danach ist für die Geltendmachung von Zinsen eine Mahnung nicht erforderlich, vielmehr reicht der Tag der Fälligkeit („Fälligkeitszinsen", s. o. 3.4, 6.2.6.2, 8.3.6).

Kaufleute

Als weitere Voraussetzung muss ein Verschulden des Schuldners gegeben sein, § 286 IV BGB. Dies beurteilt sich nach den §§ 276 ff. BGB (s. o. 9.2). Verzug tritt hingegen nicht ein etwa bei unverschuldeten tatsächlichen oder rechtlichen Leistungshindernissen vorübergehender Natur.

Verschulden

Beispiele: Schwere Krankheit des Schuldners, Betriebsstörungen durch höhere Gewalt (s. a. das Beispiel zu 3.1.2.3 a. E.), unverschuldeter Tatsachenirrtum (etwa des sozialhilfeberechtigten, auf weitere Mietdirektzahlungen des Sozialamtes vertrauendürfenden Mieters; s. u. 10.5.3 a. E.).

Hat der Schuldner dem Gläubiger eine Einzugsermächtigung erteilt (und ist das Konto gedeckt), dann ist es am Gläubiger, davon rechtzeitig Gebrauch zu machen.

Beispiele: Einzugsermächtigungen für Versicherungsprämien oder Miete – zieht die Versicherungsgesellschaft bzw. der Vermieter die geschuldete Prämie oder Miete nicht rechtzeitig ein, so können sie Verzugszinsen nicht verlangen (s. a. 8.5 a. E.).

Bei abweichenden Vereinbarungen ist ggf. § 271 a I–V BGB zu beachten, § 286 V BGB.

9.4.3 Rechtsfolgen

Gemäß der §§ 280 I, II, 286 BGB hat der Gläubiger Anspruch auf Ersatz des durch den Verzug entstandenen Schadens (sog. Verzögerungs- bzw. Verspätungsschaden). Er ist also so zu stellen, wie er bei rechtzeitiger Leistung gestanden hätte.

Verspätungs-schaden

Beispiele: Kosten der Rechtsverfolgung (Anwalt, Gericht), Inkassokosten nach Verzugseintritt, entgangener Gewinn (vgl. § 252 BGB), *nicht aber:* Kosten der den Verzug erst auslösenden ersten Mahnung.

Der Anspruch auf Erfüllung besteht dabei weiter.

Erfüllung

Beispiel: Der Verkäufer (= Schuldner des Lieferanspruchs des Käufers i. S. d. § 433 I 1 BGB) liefert trotz Mahnung des Käufers (= Gläubiger des Lieferanspruchs) nicht und gerät in Schuldner- (bzw. Liefer-)verzug: Er schuldet dem Käufer den Ersatz des Verzögerungsschadens, § 286 I BGB, wobei der Leistungsanspruch des Käufers auf Übergabe und Übereignung der Kaufsache, § 433 I 1 BGB, bestehen bleibt. (Ist die Vertragsdurchführung für den Käufer dagegen nunmehr aufgrund des Verzuges des Verkäufers nicht mehr von Interesse, so kann er gemäß der §§ 280 III, 281, 323 BGB vorgehen; s. u.).

Schuldnerverzug
– §§ 280 I, II, 286–290 BGB –

Anspruchsgrundlage: § 280 I BGB

Grundsätze:
- Schuldverhältnis
- Pflichtverletzung (i. S. d. § 280 I BGB) des Schuldners im Schuldverhältnis, weil:
- Leistungserbringung schuldhaft verspätet, §§ 280 I 1, 2, II, 286 IV, 276 BGB
- fälliger Anspruch, § 271 BGB
- grundsätzlich Mahnung, § 286 I 1, 2 BGB (bzw. gerichtliche Geltendmachung)
- Mahnung ggf. entbehrlich, § 286 II BGB
- Entgeltforderung: spätestens 30 Tage nach Fälligkeit und Zugang einer Rechnung bzw. gleichwertigen Zahlungsaufstellung; Verbraucher sind hierauf hinzuweisen, §§ 286 III 1, 13 BGB (bei unsicherem Zugang unter Nichtverbrauchern ggf. 30 Tage nach Fälligkeit und Empfang der Gegenleistung, § 286 III 2 BGB)

Folgen:
- Ersatz des Verspätungsschadens, §§ 280 I, II, 286, 249 ff. BGB
- Anspruch auf Verzugszinsen, § 288 I, II BGB
- höhere Zinsen bzw. weiterer Schadensersatz, Verzugspauschale, § 288 III-VI BGB
- Haftungsverschärfung, § 287 BGB
- u. U. Schadensersatz statt der Leistung, §§ 280 I, III, 281, 249 ff. BGB
- ggf. Rücktritt, § 323 BGB

Schaubild 107: Grundsätze des Schuldnerverzugs

Zinsen
Geldschulden sind gemäß § 288 I, II BGB für das Jahr mit mindestens fünf Prozentpunkten, bzw. neun Prozentpunkten bei Nichtverbrauchern, über dem Basiszinssatz, § 247 BGB, zu verzinsen (s. o. 8.3.6); die Geltendmachung eines höheren Zinssatzes bzw. weiteren Schadens sowie ggf. einer Verzugsschadenspauschale in Höhe von 40,– € bleibt möglich, § 288 III-VI BGB.

Beispiele: Der Gläubiger muss seinerseits Bankkredit mit höherem Zinssatz in Anspruch nehmen; oder: Es entgehen ihm günstigere Anlagezinsen. Gerät der Arbeitgeber mit der Lohnzahlung für den Arbeitnehmer (§ 611 a BGB) in Verzug, ist Basis für die Zinsberechnung der Bruttolohn; wegen § 12 a I 1 ArbGG greift die Verzugsschadenspauschale des § 288 V BGB jedoch nicht. Forderungen aufgrund eines Arbeitsverhältnisses fallen wohl nicht unter § 288 II, sondern § 288 I BGB (s. a. 3.1.3.2; 16.2.2.1; 16.3.2).

Schadensersatz statt der Leistung
Unter den Voraussetzungen der §§ 280 I, III, 281 I 1 BGB kann der Gläubiger ggf. Anspruch auf Schadensersatz statt der Leistung geltend machen. Dann ist dem Schuldner grundsätzlich eine angemessene Frist zur Leistung oder Nacherfüllung zu setzen, § 281 I 1 BGB, die ggf. aber entbehrlich sein kann, § 281 II, III BGB.

Beispiel: Der Käufer setzt dem trotz Fälligkeit schuldhaft (§ 276 BGB) nicht (rechtzeitig) liefernden Verkäufer eine angemessene Frist. Nach deren fruchtlosem Ablauf kann er Schadensersatz, etwa wegen eines notwendigen Deckungskaufes, verlangen, § 280 I, III, 281 I 1 BGB (eine Ablehnungsandrohung ist nicht erforderlich). Den Anspruch auf die Leistung verliert der Käufer dann, § 281 IV BGB, ebenso wie der Verkäufer seinen Anspruch auf die Gegenleistung, d. h. den Kaufpreis, verliert. Ggf. kann Aufwendungsersatz verlangt werden, § 284 BGB. Dem Gläubiger steht ggf. auch ein (grds. verschuldensunabhängiges) Rücktrittsrecht unter den Voraussetzungen des § 323 BGB zu, wenn der Schuldner die fällige Leistung nicht rechtzeitig erbringt.

Weiterhin haftet der Schuldner gemäß § 287 BGB verschärft sogar für Zufall.

Beispiel: Der säumige Verkäufer eines Buches liefert dieses erst nach einer Mahnung des Käufers – während er das Buch zum Käufer bringt, fährt ihn ein unachtsamer Verkehrsteilnehmer an und das Buch wird dabei völlig zerstört: Zwar muss der Schuldner (Verkäufer) nicht mehr leisten, §§ 433 I, 275 I 2. Alt. BGB, aber der Gläubiger (Käufer) hat nunmehr einen Schadensersatzanspruch gegen ihn gemäß der §§ 280 I, III, 283 S. 1, 286 I, IV, 287 S. 2, 271 I BGB.

Die Verjährung regelt § 195 BGB (s. o. 4.3.3 f.).

Der Schuldnerverzug endet i. d. R. durch die Erbringung der geschuldeten Leistung
(s. o. 8.14.1), Eintritt der Unmöglichkeit (s. o. 9.3) bzw. das Angebot der Leistung in einer den Annahmeverzug des Gläubigers (s. u. 9.5) begründenden Weise.

9.5 Gläubigerverzug

Nimmt der Gläubiger die ihm korrekt angebotene Leistung nicht an, gerät er grds. in Verzug, §§ 293 ff. BGB (Gläubiger- bzw. Annahmeverzug).

9.5.1 Begriff

Beim Gläubigerverzug verzögert der Gläubiger die Erfüllung des Schuldverhält-
nisses. Dabei geht der Gesetzgeber davon aus, dass der Gläubiger zur Leistungsannahme zwar berechtigt, nicht aber verpflichtet ist. Deswegen stellt der Gläubigerverzug nicht die Verletzung einer Rechtspflicht, sondern nur eine Obliegenheitsverletzung dar (s. o. 8.1 a. E.). Unmöglichkeit schließt Annahmeverzug aus, auch wenn der Schuldner nur vorübergehend nicht leisten kann, vgl. § 297 BGB. Für die Abgrenzung zwischen Annahmeverzug und Unmöglichkeit ist grundsätzlich darauf abzustellen, ob die Leistung noch erbracht werden kann oder nicht (s. o. 8.4; 9.4.1). Bei dauernden Leistungshindernissen ist Unmöglichkeit (s. o. 9.3) anzunehmen.

Beispiele: Der Reisende ist impfuntauglich; der zu behandelnde Patient stirbt; der Fahrschüler erblindet; der wegzuräumende Erdwall wird bei Hochwasser weggeschwemmt.

9.5.2 Voraussetzungen

Die Voraussetzungen des Gläubigerverzuges ergeben sich aus den §§ 293 ff. BGB.
Der zur Erbringung der erfüllbaren Leistung berechtigte (§ 271 BGB, s. o. 8.4)
Schuldner muss die Leistung ordnungsgemäß am rechten Ort, zur rechten Zeit und in richtiger Weise anbieten (vgl. 8.14.1), so dass der Gläubiger nur noch zuzugreifen bräuchte, § 294 BGB. Ein wörtliches Angebot der Leistungserbringung reicht ausnahmsweise aus, § 295 BGB, wenn der Gläubiger bestimmt und eindeutig erklärt hat, er werde die Leistung nicht annehmen, oder wenn zur Erfüllung eine Mitwirkungshandlung des Gläubigers erforderlich ist.

Beispiele: Abruf von Waren; Mitteilung an den Arbeitnehmer (s.u. 16.2), die Schlechtwetterperiode sei beendet und die Arbeit wieder aufzunehmen. *Hinweis: Das Angebot zur Leistungserbringung i. S. d. §§ 293 ff. BGB ist nicht zu verwechseln mit dem Angebot zum Abschluss eines Vertrages [s. o. 6.6.1]).*

Das wörtliche Angebot des Schuldners an den Gläubiger i. S. d. § 295 BGB ist keine Willenserklärung, sondern eine geschäftsähnliche Handlung (s. o. 6.3.3.1). Die §§ 130 ff. BGB sind allerdings entsprechend anwendbar.

ohne Angebot | Wenn der Gläubiger eine Mitwirkungshandlung unterlässt, für die eine Zeit nach dem Kalender bestimmt ist, bedarf es keines Angebots, § 296 BGB.

Beispiele: Unterlassung der Abbuchung beim Lastschriftverfahren (s. o. 8.5 a. E.); Nichtzuweisung von Arbeit; bei unwirksamer Kündigung kommt der Arbeitgeber also in Annahmeverzug, ohne dass es des Arbeitsangebotes des Arbeitnehmers bedarf (s. u. 16.3.2).

Ein Verschulden des Gläubigers (§ 276 BGB) ist nicht erforderlich.

Desweiteren muss der Schuldner leistungsfähig und -bereit sein, vgl. § 297 BGB.

Beispiele: Der gekündigte Arbeitnehmer (§ 611 a BGB) ist arbeitsfähig und -willig; nicht aber: ihm wird die erforderliche öffentlich-rechtliche Einsatzgenehmigung im Wachdienst wegen Drogenmissbrauchs entzogen.

Schuldet der Gläubiger seinerseits dem Schuldner eine Gegenleistung, dann kommt er auch dann in Annahmeverzug, wenn er die ihm angebotene Leistung zwar anzunehmen bereit ist, die ihm obliegende Gegenleistung aber nicht anbietet, § 298 BGB. Beim gegenseitigen Vertrag, vgl. § 320 BGB, muss Zug-um-Zug geleistet werden.

9.5.3 Rechtsfolgen

Risiko-verteilung | Die Rechtsfolgen des Gläubigerverzuges regeln die §§ 300 ff. BGB. Während des Annahmeverzuges hat der Schuldner nur Vorsatz und grobe Fahrlässigkeit (s. o. 9.2) zu vertreten, § 300 I BGB. Das Risiko der Verschlechterung oder des Untergangs der Sache bei nur einfacher Fahrlässigkeit trägt der Gläubiger.

Beispiel: Der Verkäufer (= Schuldner der Übereignungspflicht i. S. d. § 433 I 1 BGB) nimmt die dem Käufer (= Gläubiger) angebotene, von diesem aber nicht abgenommene Maschine wieder mit; auf dem Rückweg wird sie bei einem vom Verkäufer leicht fahrlässig verursachten Unfall zerstört (s.o. 9.3.2.2). Der Käufer gerät in Annahmeverzug, §§ 293, 294 BGB, der Verkäufer wird frei, §§ 300 I, 275 BGB, und behält den Anspruch auf den Kaufpreis, § 433 II BGB (d. h. die Gegenleistung, vgl. § 326 II BGB; s. u.).

Gattungsschuld | Bei Gattungsschulden geht mit dem Annahmeverzug die Leistungsgefahr auf den Gläubiger über, § 300 II BGB. Allerdings ist § 300 II BGB praktisch nicht sehr bedeutsam, da bei Gattungsschulden regelmäßig dann, wenn der Schuldner das zur Leistung seinerseits Erforderliche getan und daher die sog. Konkretisierung, § 243 II BGB, herbeigeführt hat (s. o. 8.3.4), die Leistungsgefahr auf den Gläubiger übergeht. Für § 300 II BGB ist notwendig, dass der Schuldner die zur Erfüllung erforderlichen Sachen ausgesondert hat.

Beispiele: Der Verkäufer bietet dem Käufer wörtlich die verabredete Lieferung von 50 kg Äpfeln „Jonagold" an. Dieser lehnt ab und gerät gemäß § 295 (oder § 296) BGB in Annahmeverzug. Daraufhin legt der Verkäufer einen 50-kg-Sack davon zur Seite. § 243 II BGB liegt hier nicht vor, da die Absendung oder Übermittlung an den Käufer – wie verabredet – (Bring- oder Schickschuld) noch nicht erfolgt ist.

Geldschuld | Der dem Gläubiger ordnungsgemäß, aber erfolglos angebotene Geldbetrag wird dem Schuldner auf dem Rückweg gestohlen (gemäß § 270 I BGB sind die §§ 243 II, 275 BGB nicht anwendbar; s. o. 8.3.5).

Gemäß § 301 BGB müssen Zinsen während des Annahmeverzuges nicht gezahlt werden. Mehraufwendungen, etwa wegen Lager- oder Transportkosten, sind dem Schuldner zu erstatten, § 304 BGB.

Beispiel: Der Gläubiger, der den Schuldner zunächst nicht angetroffen und die Ware wieder mitgenommen hatte, liefert ein zweites Mal an – die Fahrtkosten hierfür sind ihm zu ersetzen, § 304 BGB.

210

Der Annahmeverzug als solcher befreit den Schuldner noch nicht von seiner Leistungspflicht. Allerdings darf er Gegenstände hinterlegen, §§ 372 ff. BGB, §§ 373 f. HGB, und sich so entlasten (s. o. 6.2.6; 8.14.2.1).

Leistung des Schuldners

Im Übrigen behält der Schuldner beim gegenseitigen Vertrag den Anspruch auf die Gegenleistung, wenn ihm seine Leistung aus nicht von ihm zu vertretenden Umständen während des Annahmeverzugs unmöglich wird, § 326 II BGB (s. o. 9.3.2.2).

Gegenleistung

Gläubigerverzug
– §§ 293 ff. BGB –

Grundsätze:
- Schuldverhältnis
- erfüllbarer Anspruch
- grds.: Angebot (vgl. die §§ 294 ff. BGB)
- Schuldner leistungsbereit und leistungsfähig (§ 297 BGB)
- Gläubiger nimmt Leistung nicht an

Folgen:
- Leistungspflicht bleibt, aber: Haftungserleichterung, § 300 I BGB
- Übergang der Leistungsgefahr bei Gattungsschulden, § 300 II BGB
- Übergang der Preisgefahr, § 326 II BGB
- Ausschluss des Rücktrittsrechts, § 323 VI BGB
- Ersatz von Mehraufwendungen, § 304 BGB
  (bzw. vgl. die §§ 301 ff. BGB)

Schaubild 108: Grundsätze des Gläubigerverzugs

9.5.4 Kaufmännischer Selbsthilfeverkauf

Gerade für Kaufleute (s. o. 3.4) kommt bei Annahmeverzug ihres Geschäftspartners ggf. auch ein Selbsthilfeverkauf in Betracht, § 373 II HGB, wenn es sich um einen Handelskauf (s. o. 6.2.6.3) handelt und der Käufer die ihm korrekt angebotene Ware nicht abnimmt, §§ 293 ff., 383 BGB. Dann kann der kaufmännische Verkäufer, wenn das Geschäft für ihn ein (einseitiges, vgl. § 345 HGB) Handelsgeschäft, §§ 343 f. HGB (s. o. 6.2.6), ist, nach zuvoriger Verkaufsandrohung, § 373 II HGB, und Benachrichtigung, § 373 V 1 1. HS HGB, die Ware öffentlich versteigern lassen, §§ 373 III, II HGB, 383 III BGB, oder aber auch den freihändigen Verkauf betreiben, § 373 II 1 2. HS HGB. Dies erfolgt für Rechnung des säumigen Käufers, §§ 373 III HGB, 662 ff. BGB, d. h., der wirksame Selbsthilfeverkauf bewirkt die Erfüllung bzw. das Erlöschen der Lieferschuld des kfm. Verkäufers i. S. d. §§ 433 I, 362 BGB, die hierdurch nicht etwa unmöglich wird i. S. d. §§ 275 I, IV, 326 BGB (s. o. 9.3.2.2). Der Verkäufer behält seinen Kaufpreisanspruch. Dem Käufer steht gemäß § 667 BGB der Erlös aus dem Selbsthilfeverkauf zu; hiergegen kann der Verkäufer seine Kaufpreisforderung (§ 433 II BGB) bzw. Ersatz der Aufwendungen für den Selbsthilfeverkauf, § 670 BGB, aufrechnen, §§ 387 ff. BGB (s. o. 8.14.2.2).

Handelskauf

Folgen

Beispiel: Der Käufer einer Maschine weigert sich, diese abzunehmen und zu bezahlen, da er sie nicht mehr benötige (s. u. 10.2.5 a. E. zum Verwendungsrisiko): Der kfm. Verkäufer kann nunmehr, nach erfolgloser Androhung des Selbsthilfeverkaufes, eine öffentliche Versteigerung durch einen Gerichtsvollzieher durchführen lassen, §§ 433 II, 293 ff., 383 III BGB, 373 II 1 1. HS, 343, 345 HGB, oder die Maschine freihändig durch einen ermächtigten Handelsmakler bzw. eine befugte Person, § 373 II 1 2. HS HGB, verkaufen lassen. Die Benachrichtigungspflichten des § 373 V 1 HGB sind hierbei keine Wirksamkeitsvoraussetzungen, begründen vielmehr im Unterlassensfall allenfalls eine Schadensersatzpflicht des Verkäufers, § 373 V 2 HGB. (S.a. § 471 II 3 HGB; s.u. 10.10.3.2).

9.6 Mängelhaftung, Gewährleistung

Schlecht-
leistung

Wenn der Schuldner seine Leistungspflichten schlecht erfüllt, hat der Gesetzgeber für einige Bereiche Rechtsregeln aufgestellt. Darin wird bestimmt, inwieweit der Schuldner für solche Sach- oder Rechtsmängel einstehen muss und welche Gewährleistungsrechte, etwa Nacherfüllung, Rücktritt, Minderung oder Schadensersatz wegen Nichterfüllung, der Gläubiger dann hat. Diese Regeln finden sich im Bereich des Kaufrechts (§§ 434 ff. BGB), des Mietrechts (§§ 536 ff. BGB), des Werkvertragsrechts (§§ 633 ff. BGB) sowie des Reisevertragsrechts (§§ 651 c ff. BGB). In der Regel wird dabei darauf abgestellt, ob die Leistung zum Nachteil des jeweiligen Vertragspartners von der vertraglich vereinbarten Beschaffenheit abweicht. Einzelheiten dazu werden im Zusammenhang mit den jeweils behandelten Vertragstypen (s. u. 10) dargestellt.

9.7 Vertragsverletzung

Regelungs-
lücke

Die Regeln über Unmöglichkeit, Verzug sowie die obigen Gewährleistungsvorschriften beim Kauf-, Miet-, Werk- und Reisevertrag erfassen nicht alle Fälle der Leistungsstörungen. Bis zur Schuldrechtsreform zum 1. 1. 2002 (BGBl. I 2001, S. 3138 ff.; s. o. vor 8.1) wurden Regelungslücken über das bis dahin gewohnheits-

pVV

rechtlich anerkannte Rechtsinstitut der positiven Vertragsverletzung (pVV) gelöst (s. o. 2.1).

Beispiele: Der Verkäufer liefert dem Käufer verdorbenes und daher giftiges Viehfutter. Als der Käufer seine Tiere damit füttert, verenden einige von ihnen. Unmöglichkeit liegt hier nicht vor, da geleistet wurde, Verzug nicht, denn der Verkäufer hat seine (mangelhafte) Leistung rechtzeitig erbracht. Gewährleistung, §§ 459 ff. BGB a.F., gab nur das Recht zur Wandlung oder Minderung des Kaufpreises, gewährte aber nicht Schadensersatz für die verendeten Tiere, da der Verkäufer weder eine Eigenschaft des Futters zugesichert noch arglistig gehandelt hat. Oder: Ein Arzt behandelt seinen Patienten fehlerhaft, woraus diesem ein Schaden entsteht – das Dienstvertragsrecht, §§ 611 ff. BGB, sagt bezüglich der Rechtsfolgen nichts Spezielles (ungeachtet der §§ 630 a ff. BGB).

9.7.1 Regelungsbereiche

Pflicht-
verletzung
zentral

Nunmehr ist dieses Rechtsinstitut ausdrücklich im BGB verankert und die Pflichtverletzung gerade zum zentralen Anknüpfungspunkt bei den Leistungsstörungen erhoben worden: Für durch schuldhafte, § 276 BGB, Pflichtverletzungen eingetretene, adäquat-kausal zurechenbare Nachteile muss der Schuldner umfassend, über Unmöglichkeit und Verzug hinaus, einstehen, § 280 I BGB, sowohl im Bereich der Primärleistungs-, § 241 I BGB, als auch der Rücksichtnahme-, § 241 II BGB, und Treuepflichten, § 242 BGB (Treu und Glauben). So etwa im Falle der

– Schlechtleistung:

fehlende
Gewähr-
leistungsregeln

- Bei Schuldverhältnissen ohne gesetzlich eigenständig geregelte Gewährleistung, bspw. Dienst-, Arbeits-, Mäkler-, Geschäftsbesorgungs-, Gesellschaftsvertrag, § 241 I BGB;

Beispiele: der Zahnarzt behandelt einen Patienten falsch (s. u. 10.4.2 f.); der Prokurist setzt sich bei Vertragsabschlüssen über ihm intern gesetzte Grenzen hinweg (s. o. 7.8.2.3); der Steuerberater berät fehlerhaft oder nicht ausreichend (s. u. 10.4.8.1);

- bei Verträgen mit gesetzlichen Gewährleistungsvorschriften, etwa im Bereich der sog. Begleit- bzw. Mangelfolgeschäden (d. h. Schäden, die sich gerade an weiteren Rechtsgütern zeigen) beim Schadensersatz neben der Leistung (s. a. 8.12.1; 10.2.7.2);   *Mangel-folgeschäden*

  Beispiele: Gesundheitsverletzungen durch gelieferten vergifteten Tee; Brandschäden im Zusammenhang mit Schweißarbeiten; Beschädigung der Heizungsanlage durch geliefertes verunreinigtes Heizöl (s. u. 10.2.7.2; 10.3.5.2; 12.6.1.1);

– Verletzung von Sorgfalts- (bzw. Neben-)pflichten (vgl. 8.3.1.2; 8.3.2; Fairness-pflichten), d. h.:   *Sorgfalts-(Neben-)pflicht-verletzungen*

- Der Leistungstreuepflicht,

  Beispiel: unberechtigte Wohnungskündigung wegen in Wahrheit nicht gegebenen Eigenbedarfs (s. u. 10.5.7);

- von Rücksichtnahme-, Schutz- bzw. Verkehrssicherungspflichten, § 241 II BGB,

  Beispiel: die Kundin erleidet Verbrennungen beim Legen der Dauerwelle wegen falscher Gerätebedienung; vom Mieter verursachter Brandschaden (s. a. die §§ 618 f. BGB, 3 I 1 ArbSchG); die Kundin stürzt über einen im Geschäft liegenden, schlafenden Hund (sog. Verkehrspflichtverletzung bzw. Verkehrssicherungspflichtverletzung, s. u. 12.2.1.2);

- von Gleichbehandlungspflichten bzw. Benachteiligungsverboten, §§ 7 III, 1, 19 AGG,

  Beispiel: unzulässig diskriminierende Ausschreibung eines Arbeitsplatzes, §§ 11, 7 I AGG (s. a. 6.6.6.2, 10.1, 16.2.2.3);

- von Mitwirkungspflichten,

  Beispiel: Vereitelung der erforderlichen Baugenehmigung;

- von Aufklärungspflichten (Anzeige-, Offenbarungs-, Hinweispflichten),

  Beispiele: der Behandelnde klärt den Patienten unzureichend auf (§ 630 e BGB); oder: Der Bankkunde zeigt den Verlust der Bankkarte nicht an, der Verkäufer warnt nicht vor Gefahren der Kaufsache; wesentlich sind hier auch die Aufklärungspflichten der Banken gegenüber ihren geldanlegenden Kunden – eine Bank muss einen Anleger, dem sie eine Geldanlage zum Kauf empfiehlt, individuell, d. h. anlegergerecht und objektgerecht, beraten (s. u. 9.8.1 a. E.);

- sonstiger Nebenpflichten,

  Beispiele: die Erteilung eines falschen oder unrichtigen Arbeitszeugnisses (s. u. 16.5.5), oder die Verletzung von Verschwiegenheitspflichten.

Oftmals kommt in solchen Fällen auch eine deliktsrechtliche Einstandspflicht gemäß der §§ 823 ff. BGB in Betracht (s. u. 12).

9.7.2 Rechtsfolgen

Wenn die erbrachte Leistung hinter der vertraglich geschuldeten zurückbleibt bzw. der Schuldner hierbei in Anspruch genommenes Vertrauen verletzt, der Schuldner dies zu vertreten (§§ 276 ff. BGB) und der Gläubiger hieraus einen adäquat-kausalen Schaden erlitten hat, ist gemäß der §§ 280, 281, 282, 283 BGB Schadensersatz wegen Pflichtverletzung statt der Leistung bzw. wegen der §§ 280 I, 241 I, II, 242 BGB neben der Leistung (bei sog. Mangelfolgeschäden) geschuldet (s. o. 9.1, vgl. die Schaubilder 96 und 102).   *Schadensersatz*

Beispiele: Der Handwerker zerstört bei Reparaturen im Hause des Kunden eine Vase (s. a. 8.13.2) und schuldet Schadensersatz neben der (Reparatur-)Leistung gemäß der §§ 280 I, 241 II, 249 ff. BGB (s. a. 8.12.1; 10.2.7.2; 10.3.5.2; 12.6.1.1). (Hinzu treten ggf. Ansprüche gemäß der §§ 823 ff. BGB, s. u. 12.1). Ggf. kann Aufwendungs- statt Schadensersatz verlangt werden, § 284 BGB. Erbringt der Schuldner eine fällige (vgl. § 271 BGB; s. o. 8.4), mögliche (bei Unmöglichkeit gilt ggf. § 283 BGB; s. o. 9.3) Leistung nicht bzw. nicht wie geschuldet, so muss er gemäß der §§ 280 I, 281 I 1 BGB Schadensersatz leisten – so etwa, wenn der Verkäufer ernstlich und endgültig erklärt, er werde den Kaufgegenstand keineswegs liefern (dann ist auch eine Fristsetzung entbehrlich, § 281 II BGB).

Gehilfenverschulden wird dabei über § 278 BGB zugerechnet (s. o. 7.3.3, 8.13.2).

Beispiel: Die obige Vase wird vom angestellten Gehilfen des Handwerkers zerstört.

Beweislast | Die Beweislast trifft den Schuldner, § 280 I 2 BGB (bei der Arbeitnehmerhaftung ist insoweit § 619 a BGB zu beachten, s. u. 16.4.1); beim Behandlungsvertrag vgl. § 630 h BGB).

Erbringt der Schuldner bei einem gegenseitigen Vertrag seine fällige Leistung nicht oder nicht vertragsgemäß, verletzt er also seine Leistungspflichten, aufgrund derer er alles zu tun hat, um den Leistungserfolg herbeizuführen, vorzubereiten bzw.
Rücktritt | zu sichern, so kann der Gläubiger ggf. gemäß § 323 BGB vom Vertrag zurücktreten.

Bei der Verletzung von Rücksichtnahme- bzw. Schutzpflichten, § 241 II BGB, ergibt sich das Rücktrittsrecht aus § 324 BGB.

Für die Verjährung gilt regelmäßig § 195 BGB (s. o. 4.3.3 f.).

Vertragsverletzung/Pflichtverletzung
– §§ 280, 281, 282, 283 BGB –

Anspruchsgrundlage: § 280 I BGB

Grundsätze:
– Schuldverhältnis
– Pflichtverletzung (i. S. d. § 280 I BGB) des Schuldners im Schuldverhältnis, weil:
– erbrachte Leistung bleibt hinter der geschuldeten zurück wegen Verletzung von Leistungs-, Rücksichtnahme-, Schutz-, Treue-, Sorgfaltspflichten, §§ 241 I, II, 242 BGB
– zurechenbarer (adäquat-kausal hervorgerufener) Schaden
– Verschulden, §§ 276, 278 BGB

Folgen:
– Schadensersatz, §§ 280 I, 241 I, II, 242, 249 ff. BGB, neben der Leistung, ggf.
– Schadensersatz statt der Leistung, §§ 280 I, III, 281, 282, 283, 249 ff. BGB, ggf.
– Rücktritt, §§ 280 I, 323, 324 BGB

Schaubild 109: Grundsätze der Vertragsverletzung/Pflichtverletzung

9.8 Verschulden bei Vertragsanbahnung (culpa in contrahendo)

vorvertragliche
Pflicht-
verletzung | Auch im Stadium der Vertragsanbahnung bzw. des Zeitpunktes vor Vertragsabschluss obliegen dem Schuldner Pflichten, deren Verletzung ihn ggf. einstandspflichtig machen kann. Bis zur Schuldrechtsreform zum 1.1.2002 (BGBl. I 2001, S. 3138 ff.; s. o. vor 8.1) wurde dies über das bis dahin gewohnheitsrechtlich anerkannte (s. o. 2.1) Rechtsinstitut der *culpa in contrahendo* (cic) hergeleitet.

9.8.1 Regelungsbereiche

Nunmehr hat der Gesetzgeber hierfür in § 311 II BGB eine eigenständige Regelung geschaffen: Für die Verletzung von nicht leistungsbezogenen bzw. Rücksichtnahmepflichten i. S. d. § 241 II BGB bei der Aufnahme von Vertragsverhandlungen, bei der Vertragsanbahnung oder im Zusammenhang mit ähnlichen geschäftlichen Kontakten (s. o. 8.2.3) muss der Schuldner gemäß der §§ 280 I, 311 II Nr. 1-3, 241 II BGB einstehen (s. a. 8.3.2). So etwa bei Aufnahme geschäftlichen Kontaktes bzw. von Vertragsverhandlungen,

vorvertragliches Vertrauensverhältnis

Beispiele: Der Kunde mit Kaufabsicht in den Geschäftsräumen des potentiellen Verkäufers; nicht aber: der dort einbrechende Dieb oder der Passant, der sich nur aufwärmen will,

wenn der Schuldner den ihm obliegenden Rücksichtnahme-, Sorgfalts-, insb. Aufklärungs-, Beratungs-, Schutz-, Obhuts-, Fürsorge- bzw. Verkehrssicherungspflichten (Fairnesspflichten) nicht nachgekommen ist, die sich auch im Hinblick auf § 242 BGB ergeben.

Beispiele: Der Kunde rutscht im Geschäftslokal auf einer Bananenschale aus oder wird dort von einer umstürzenden Linoleumrolle verletzt (vgl. ggf. auch § 823 I BGB; s. a. 8.2.3, 12.2.1.2 a. E.); Vertragsverhandlungen werden grundlos abgebrochen, nachdem der Vertragsabschluss zuvor als völlig sicher hingestellt wurde; Nichtaufklärung seitens der Bank über die Risiken einer Geldanlage (s. o. 9.7.1 a. E.); bewusst wahrheitswidriges Verschweigen einer einschlägigen Vorstrafe beim Einstellungsgespräch (s. a. 6.8.2.5, 16.2.3.2; 8.12.5).

Fälle

9.8.2 Rechtsfolgen

Verletzt der Schuldner seine Pflichten bei der Vertragsanbahnung bzw. im vorvertraglichen Bereich, verletzt er hierbei in Anspruch genommenes Vertrauen, hat er dies zu vertreten (§§ 276–278 BGB) und entsteht dem Gläubiger hieraus ein adäquat-kausal herbeigeführter Schaden, so hat der Schuldner aufgrund der §§ 280 I, 311 II, 241 II, 242, 249 ff. BGB hierfür Schadensersatz zu leisten (s. o. 9.1).

Vertrauensschaden

Beispiel: Der Kaufinteressent wird im Kaufhaus durch ein zusammenbrechendes Regal verletzt. (Regelmäßig ist der Vertrauensschaden [negatives Interesse] zu ersetzen; s. o. 8.12.3 a. E.).

Schadensersatz

---

culpa in contrahendo (cic)
– §§ 280, 311 II, III, 241 II, 242 BGB –

Anspruchsgrundlage: § 280 I BGB

Grundsätze:
- Pflichtverletzung (i. S. d. § 280 I BGB) des Schuldners im vorvertraglichen Schuldverhältnis, § 241 II BGB, weil:
- Rücksichtnahme-, Schutz-, Treue-, Sorgfaltspflichten bei Aufnahme von Vertragsverhandlungen, Vertragsanbahnung oder ähnlichen Kontakten verletzt, §§ 311 II, 241 II, 242 BGB
- zurechenbarer (adäquat-kausal hervorgerufener) Schaden
- Verschulden, §§ 276, 278 BGB
- ggf. Dritthaftung bei besonderem Vertrauen, § 311 III BGB

Folgen:
- Schadensersatz, §§ 280 I, 311 II, III, 241 II, 249 ff. BGB
- ggf. Vertragsaufhebung

Schaubild 110: Grundsätze der cic

Verschulden von Erfüllungsgehilfen wird über § 278 BGB zugerechnet (s. o. 7.3.3, 8.13.2).

Beispiel: Im obigen Fall verursacht ein Kaufhausmitarbeiter den Zusammenbruch des Regals.

Die Beweislast liegt beim Schuldner, § 280 I 2 BGB.

Vertrauen in
Dritte

Die Pflichten aus einem vorvertraglichen Schuldverhältnis können auch Personen treffen, die nicht selbst Vertragspartei werden sollen, v.a. dann, wenn durch besonders in Anspruch genommenes Vertrauen die Verhandlungen erheblich beeinflusst wurden, § 311 III BGB (Dritthaftung).

Dritthaftung

Beispiel: Der Autohändler vermittelt als Vertreter i. S. d. § 164 I 1 BGB (s. o. 7.5 a. E.; s. a. 10.2.7.3) für einen Kunden den Verkauf eines Gebrauchtwagens; dem Kaufinteressenten erläutert er, das Auto sei unfallfrei, ohne es zuvor untersucht zu haben – tatsächlich hatte der Wagen einen erheblichen Vorschaden: Obwohl nicht selbst Vertragspartner, haftet er dem Käufer gemäß der §§ 280 I, 311 II, III, 241 II, 242 BGB. (Die Abgrenzung gerade zum Vertrag mit Schutzwirkung zugunsten Dritter, s. o. 8.6.4, ist im Einzelfall ggf. schwierig; dort kommt ggf. ebenso ein cic-Anspruch i. S. d. §§ 280 I, 311 II, III BGB in Betracht).

Die Verjährung richtet sich grundsätzlich nach § 195 BGB (s. o. 4.3.3 f.).

9.9 Störung der Geschäftsgrundlage

geänderte
Verhältnisse

Verträge und Verpflichtungen sind einzuhalten bzw. zu erfüllen (*„pacta sunt servanda"*, s. o. 6.2.4; 6.6). Allerdings gibt es (ungeachtet des Prinzips der sog. Vertragskontinuität) Fälle, in denen sich die Verhältnisse nach Vertragsschluss so wesentlich verändern, dass dies auf die Fortführung der Parteipflichten nicht ohne Auswirkung bleiben kann. Früher (s. o. 9.7) wurden derartige Probleme mittels des gewohnheitsrechtlich anerkannten Rechtsinstituts des Wegfalls der Geschäftsgrundlage gelöst.

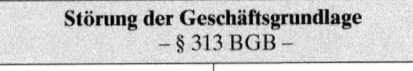

Störung der Geschäftsgrundlage
– § 313 BGB –

Grundsätze:
– Schuldverhältnis
– nachhaltige Veränderung der Verhältnisse, Wegfall bzw. Fehlen der Geschäftsgrundlage
– nicht im Risikobereich (lediglich) einer Partei
– Festhalten am Schuldverhältnis unzumutbar

Folgen:
– Anpassung, Rücktritt, Kündigung

Schaubild 111: Störung der Geschäftsgrundlage

9.9.1 Regelungsbereiche

gravierende
Änderung der
wesentlichen
Umstände

Nunmehr (seit dem 1. 1. 2002, s. o. 2.1, vor 8.1) regelt dies § 313 BGB: Haben sich die zur Vertragsgrundlage gewordenen Umstände nach Vertragsschluss schwerwiegend verändert und hätten die Parteien, wenn sie dies gewusst hätten, den Vertrag nicht oder mit anderem Inhalt geschlossen, und ist einer Partei unter Berücksichtigung aller Umstände das Festhalten am unveränderten Vertrag nicht zumutbar, so wird diese Störung der Geschäftsgrundlage gemäß § 313 BGB rechtlich anerkannt, soweit nicht andere, vorrangige gesetzliche Regelungen (etwa Unmöglichkeit, Anfechtung, Kündigung) eingreifen.

216

Beispiele: Die auf Rentenbasis veräußerte Fabrik wird im Krieg zerstört; Kauf von Fertig-
häusern, wenn die Baugenehmigung versagt wird; gemeinsamer Irrtum über die Spielberech-
tigung des transferierten Fußballspielers.

Fälle

9.9.2 Rechtsfolgen

Unter den Voraussetzungen des § 313 I, II BGB kann die Anpassung des Vertrages
verlangt, wenn dies nicht möglich oder zumutbar ist, der Rücktritt vom Vertrag
erklärt bzw. können Dauerschuldverhältnisse gekündigt werden, § 313 III BGB.

Anpassung/
Kündigung

Beispiel: Wird ein Hausbalkon gemietet, um einen Faschingsumzug sehen zu können, der
dann aber kurzfristig abgesagt wird, so kann der Mieter gemäß § 313 III 1 BGB vom Mietvertrag zurücktreten.

Das Risiko einer Geldentwertung trägt aber grundsätzlich der Gläubiger, das folgt
nicht zuletzt aus dem Prinzip des *Nominalismus* (*„Euro = Euro"*, s. o. 8.3.5). Das
Institut der Störung der Geschäftsgrundlage (§ 313 BGB) bzw. § 242 BGB bieten
regelmäßig nicht die Handhabe, in langfristige Verträge eine konkludente Wertsi-
cherungsklausel hinein zu interpretieren.

Nominalismus

Die Verjährung folgt grds. § 195 BGB (s. o. 4.3.3 f.).

Dauerschuldverhältnisse können nunmehr unter den Voraussetzungen des § 313
III 2 BGB bzw. grundsätzlich gemäß § 314 BGB aus wichtigem Grund gekündigt
werden (s. a. 8.3.3; 8.14.2.10; 10.5.3; 10.5.7; 10.6.4); insoweit ist regelmäßig eine vorherige Abmahnung erforderlich, § 314 II BGB.

Dauerschuld-
verhältnisse

Beispiele: Die Kündigung eines Makleralleinauftrages oder Bierlieferungsvertrages bei Wegfall der Geschäftsgrundlage, § 313 III 2 BGB; oder: Die fristlose Kündigung eines Belegarzt-
vertrages aus wichtigem Grund wegen grober Vertragsstörung, § 314 BGB; Kündigung eines
Jagdpachtvertrages aufgrund gravierend verschlechterter Revierverhältnisse durch großflä-
chige Monokulturen zur Energiegewinnung. (*Bei Arbeitsverhältnissen geht § 626 BGB grds.
vor*; s. u. 16.5.2.2, 16.3.1 a. E., 16.3.3, 8.14.2.9 a. E.).

9.10 Verletzung nachvertraglicher Pflichten

Wie bei der Vertragsanbahnung (cic) und bei der Vertragsdurchführung treffen
den Schuldner auch nach Vertragsbeendigung bzw. Vertragsabwicklung noch nachwirkende Pflichten. Dieser besondere Leistungsstörungsfall (*„culpa post contractum finitum"*, *„culpa post contractum perfectum"* bzw. *„culpa post contrahendum"*,
lat. = Verschulden nach Vertragsbeendigung genannt) wird häufig noch zur eigentlichen Pflichtverletzung gerechnet, er sei aber hier aus systematischen Gründen
eigens erwähnt:

Systematik

Sind bei einem Schuldverhältnis dessen Hauptleistungspflichten erfüllt, hat eine
Partei objektiv ihre nachvertraglichen Rücksichtnahme-, Sorgfalts-, Neben-, Schutz-
bzw. Obhutspflichten (Fairnesspflichten) verletzt, §§ 241, 242 BGB, und dies zu
vertreten, so bleibt ggf. noch ein Pflichtenrest aus der Rechtsbeziehung der Parteien. Der Schuldner hat dann eine geschuldete nachvertragliche Handlung vorzunehmen, zu dulden bzw. zu unterlassen, und ist ggf. auch schadensersatzpflichtig,
vgl. § 280 I BGB.

nach-
vertragliche
Pflichten

Beispiele: Verletzung der Obhutspflicht hinsichtlich vom Mieter oder Taxikunden zurückge-
lassener Sachen; wettbewerbswidrige Verwertung oder Preisgabe von Betriebsgeheimnissen
durch entlassene Angestellte; nicht der Wahrheit entsprechende Auskünfte über frühere Ar-

beitnehmer; Nichtdulden eines Hinweisschildes auf die neue Adresse des aus-/ umgezogenen Arztes seitens des früheren Vermieters; geschuldete Wiedereinstellung eines wegen des Verdachts einer Straftat gekündigten Arbeitnehmers, dessen Unschuld sich später erweist (s. u. 16.5.5).

Die Verjährung richtet sich grundsätzlich nach § 195 BGB (s. o. 4.3.3 f.).

Verletzung nachvertraglicher Pflichten
– §§ 280 I, 241 I, II, 242 BGB –

Anspruchsgrundlage: § 280 I BGB

Grundsätze:
– Schuldverhältnis
– nachvertraglicher Pflichtenrest
– (Sorgfalts-)Pflichtverletzung
– Verschulden, § 276, 278 BGB

Folgen:
– Handeln, Unterlassen, ggf. Schadensersatz

Schaubild 112: Verletzung nachvertraglicher Pflichten

10 Wirtschaftsrechtlich relevante Vertragstypen

Besonders wirtschaftsrelevante Vertragstypen

— Kaufvertrag

— Werk-/Bau-/Verbraucherbau-/Architekten- u. Ingenieur-/Bauträger-/ Reisevertrag

— Dienstvertrag/Arbeitsvertrag/Behandlungsvertrag/ Geschäftsbesorgungsvertrag

— Mietvertrag/Pachtvertrag

— Darlehensvertrag (Geld-, Sachdarlehen)/Verbraucherdarlehen

— Bürgschaftsvertrag

— Verbraucherverträge (besondere Vertriebsformen)

— Handelsvertretervertrag/Handelsmaklervertrag/ Kommissionsvertrag/Vertragshändlervertrag

— Frachtvertrag/Speditionsvertrag/Lagervertrag

Leitübersicht 10: Wirtschaftsrechtlich relevante Vertragstypen

---

Leitfragen zu 10:

a) Welche vertraglichen bzw. gesetzlichen Schuldverhältnisse stellt das BGB vor?
b) Welche Rechtsregeln gelten für sie?
c) Was ist bei Schlechtleistungen zu beachten?
d) Welche Sonderregeln gelten für Verbraucherverträge bzw. besondere Vertriebsformen?
e) Welche besonderen handelsrechtlichen Vertragstypen gibt es?

Der Gesetzgeber hat im Besonderen Schuldrecht des BGB, §§ 433 ff. (s.o. 8.1), elementare, besonders häufig vorkommende Arten von Schuldverhältnissen geregelt.

10.1 Überblick

Einen Überblick über diese Schuldverhältnisse lässt zunächst die Einteilung in ihre jeweiligen Arten, nämlich vertragliche einerseits, gesetzliche andererseits, gewinnen (s.o. 8.2):

Besondere Vertragstypen sind dabei zum einen die auf endgültige Sachüberlassung gerichteten Kauf- (§§ 433 ff.), Tausch- (§ 480) bzw. Schenkungsverträge (§§ 516 ff.) sowie die auf vorübergehende Sachüberlassung gerichteten Verträge (Teilzeit-Wohnrechtevertrag, §§ 481 ff.; Miete, §§ 535 ff.; Pacht, §§ 581 ff.; Leihe, §§ 598 ff.; Darlehen, §§ 488 ff., 607 ff.):

Vertragstypen

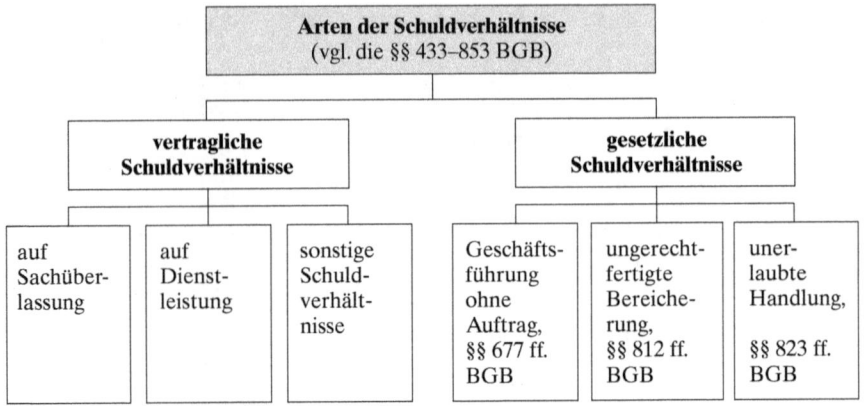

Schaubild 113: Arten der Schuldverhältnisse

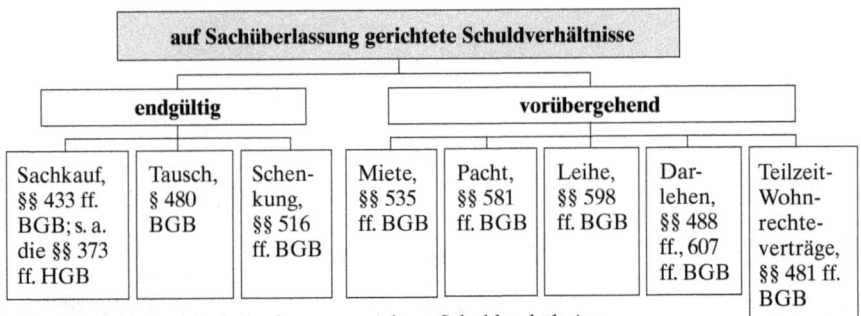

Schaubild 114: Auf Sachüberlassung gerichtete Schuldverhältnisse

Des Weiteren finden sich zum anderen die auf Dienstleistung gerichteten Schuldverhältnisse (Dienstvertrag, §§ 611 ff.; Arbeitsvertrag, § 611 a BGB; Behandlungsvertrag, §§ 630 a ff. BGB; Werkvertrag, §§ 631 ff.; Mäklervertrag, §§ 652 ff.; Reisevertrag, §§ 651 a ff.; Auftrag, §§ 662 ff.; Verwahrung, §§ 688 ff.):

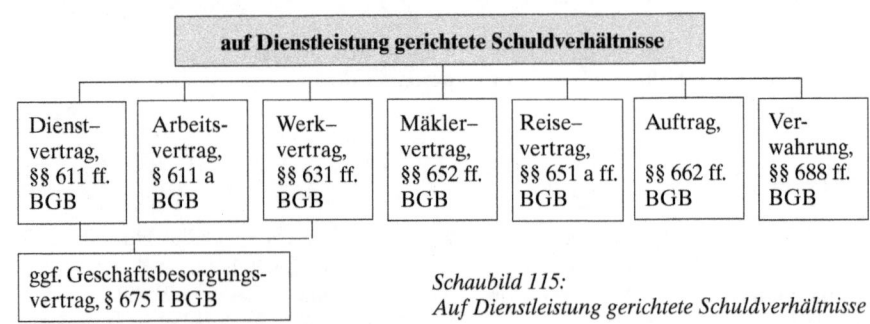

Schaubild 115:
Auf Dienstleistung gerichtete Schuldverhältnisse

Daneben regelt das BGB in diesem Zusammenhang noch die sog. sonstigen Schuldverhältnisse, d. h. Gesellschaftsverträge, §§ 705 ff., Gemeinschaft, §§ 741 ff. BGB, Schuldversprechen und Schuldanerkenntnis, §§ 780 f., Bürgschaft, §§ 765 ff. BGB, sowie Vergleich, § 779 BGB:

Schaubild 116:
Sonstige Schuldverhältnisse

Kennzeichen dieser vertraglichen Schuldverhältnisse (s. o. 6.6, 8.2.2) ist, dass sie regelmäßig durch die Abgabe von (übereinstimmenden) Willenserklärungen (s. o. 6.3) zustande kommen. Demgegenüber knüpft der Gesetzgeber die sog. gesetzlichen Schuldverhältnisse (s. o. 8.2.1) alleine an einen ganz bestimmten tatsächlichen Erfolg (vgl. die ungerechtfertigte Bereicherung, §§ 812 ff. BGB, s. u. 11, die unerlaubte Handlung, §§ 823 ff. BGB, s. u. 12, sowie die Geschäftsführung ohne Auftrag, §§ 677 ff. BGB, s. u. 13; vgl. die Schaubilder 80, 81). *gesetzliche Schuld-verhältnisse*

Die jeweiligen Vertragstypen unterscheiden sich durch ihnen eigene Spezifika, insbesondere hinsichtlich ihrer Regelungsbereiche, Inhalte bzw. der den Parteien obliegenden Pflichten (sog. Vertragstypologie). *vertrags-typische Charakteristika*

Charakteristika bedeutsamer Vertragstypen	
Kaufvertrag	– endgültiger Austausch von Kaufgegenstand gegen Geld, §§ 433 ff. BGB
Werkvertrag	– entgeltliches Tätigwerden mit geschuldetem Erfolg, §§ 631 ff. BGB (§§ 650 a ff., 650 i ff., 650 p ff., 650 u f. BGB)
Dienstvertrag	– entgeltliches Tätigwerden ohne geschuldeten Erfolg (selbständig/unabhängig), §§ 611 ff. BGB
Behandlungs-vertrag	– entgeltliche medizinische Behandlung ohne geschuldeten Erfolg (selbständig/unabhängig), §§ 630 a ff. BGB
Arbeitsvertrag	– entgeltliches Tätigwerden ohne geschuldeten Erfolg (unselbständig/abhängig), §§ 611 a ff. BGB, 6 II, 105 ff. GewO
Auftragsvertrag	– unentgeltliches Tätigwerden, §§ 662 ff. BGB
Mietvertrag	– entgeltliche Gebrauchsüberlassung auf Zeit, §§ 535 ff. BGB
Leihvertrag	– unentgeltliche Gebrauchsüberlassung auf Zeit, §§ 598 ff. BGB
Pachtvertrag	– entgeltliche Gebrauchsüberlassung auf Zeit mit Recht zur Fruchtziehung, §§ 581 ff. BGB
Darlehensvertrag	– entgeltliche oder unentgeltliche Hingabe mit Rückgabeverpflichtung von Sachen gleicher Art/Menge/Güte, §§ 488 ff., 607 ff. BGB

Schaubild 117: Charakteristika bedeutsamer Vertragstypen/Vertragstypologie

Die im BGB geregelten Vertragstypen verkörpern das vom Gesetzgeber zur Verfügung gestellte Instrumentarium zur grundsätzlichen Einordnung und rechtlichen Gestaltung wesentlicher, regelmäßig auftauchender, Rechtsgeschäfte. Im Rahmen der Vertragsfreiheit, §§ 241, 311 I BGB, können die Parteien von den gesetzlichen Lösungen abweichende Regelungen treffen, von den Vertragstypen abweichen, *Privat-autonomie* sie kombinieren oder neue Vertragsformen entwickeln. Die Grenze stecken dabei insbesondere die §§ 134, 138, 242 BGB, 1 ff., 6 ff., 19 ff. AGG (s. a. 6.6.6.1, 16.2.2.3).

Benachteiligungsverbote zu beachten

Hinsichtlich der vertraglichen Schuldverhältnisse – d. h. insbesondere des allgemeinen Zivilrechtsverkehrs sowie des Arbeitsrechts – sind, gerade bezüglich des Zugangs zu und der Versorgung mit Gütern und Dienstleistungen, die der Öffentlichkeit zur Verfügung stehen, einschließlich von Wohnraum, die Gleichbehandlungs- bzw. Antidiskriminierungsregeln des AGG zu beachten (vgl. die §§ 1 ff., 2 [I Nr. 1–7 bzw. 8], 6 ff., 19 ff. AGG; s. a. 6.6.6.2, 16.2.2.2 f., Schaubilder 58 bzw. 199).

Beispiele: Bei Dienst-, Werk-, Kauf-, Miet-, Kredit-, Versicherungsverträgen sind ungerechtfertigte Benachteiligungen unzulässig, §§ 1, 3, 7, 19 AGG.

besondere kfm. Verträge

Im Bereich des Handelsrechts finden sich weitere, insbesondere kaufmännisch relevante, Vertragsverhältnisse (s. o. vor 8.1):

Handelsvertreter- (§§ 84 ff. HGB), Handelsmakler- (§§ 93 ff. HGB), Kommissions- (§§ 383 ff. HGB)verträge (und die von der Praxis entwickelten Verträge des Kommissionsagenten und Vertragshändlers) sowie Fracht- (§§ 407 ff. HGB), Speditions- (§§ 453 ff. HGB) und Lagervertrag (§§ 467 ff. HGB). (S. a. 7.8.1.1, 10.9, 10.10).

Arbeitsverträge

Besondere Regeln bezüglich des Arbeitsvertrages gelten desweiteren gerade im Arbeitsrecht (vgl. etwa die §§ 611 a ff. BGB, 6 II, 105 ff. GewO, u. v. m.; s. u. 16).

Werkverträge

Im Werkvertragsrecht sind nunmehr insbesondere auch die Regeln bezüglich des Bauvertrages (§§ 650 a ff. BGB), Verbraucherbauvertrages (§§ 650 i ff. BGB), Architekten- und Ingenieurvertrages (§§ 650 p ff. BGB) bzw. des Bauträgervertrages (§§ 650 u f. BGB) zu beachten (s. u. 10.3).

gemischte Verträge

Wenn die einander geschuldeten Leistungen die Merkmale mehrerer Vertragstypen erfüllen, handelt es sich um sog. gemischte Verträge.

Beispiele: Eigenheimerwerbsvertrag (enthält Kauf- und Werkvertragselemente, vgl. auch die §§ 650 i ff. BGB); Beherbergungsvertrag (besteht aus miet-, dienst-, werk-, kaufvertraglichen Elementen). (S. o. 6.2.1; 6.6.6).

Neue Formen

Neue Vertragsformen sind zum

Beispiel: Fernabsatzvertrag (s. u. 10.8.3), Leasingvertrag (s. u. 10.5.9), Factoring (s. o. 8.8.4 a. E), Franchising (s. u. 10.5.11), Kommissionsagentenvertrag (s. u. 10.9.3.6), Vertragshändlervertrag (s. u. 10.9.4).

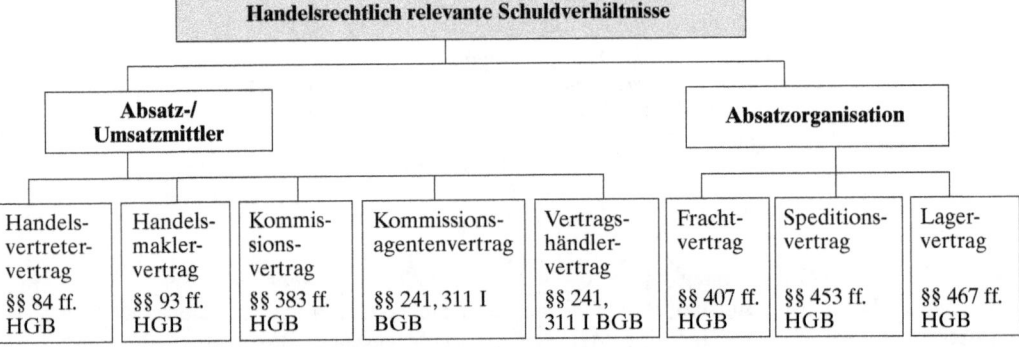

Schaubild 118: Handelsrechtlich relevante Schuldverhältnisse

Im folgenden werden für das Wirtschaftsleben besonders wichtige Vertragstypen dargestellt.

10.2 Kaufvertrag

Der Kauf ist das im täglichen Leben am häufigsten vorkommende Rechtsgeschäft. Er ist auf den Umsatz von Gütern gerichtet. Seine Regelung findet er primär in den §§ 433 ff. BGB; die §§ 474 ff. BGB sowie 373 ff. HGB enthalten Sondervorschriften betreffend den Verbrauchsgüter- bzw. den Handelskauf. — Umsatzvertrag

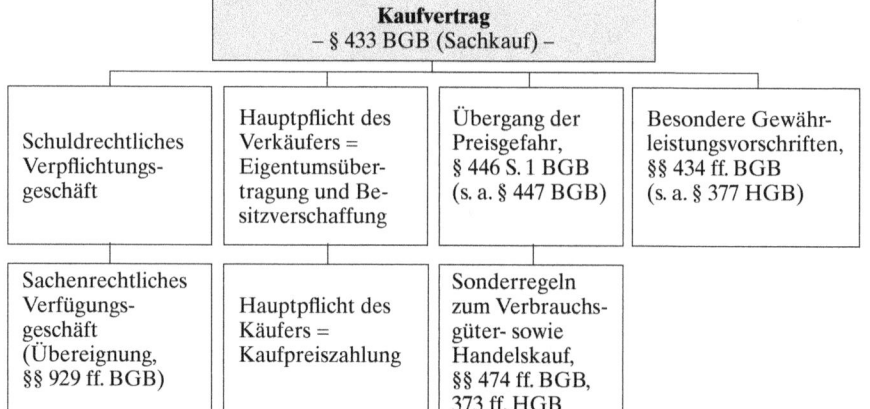

Schaubild 119: Kaufvertrag

10.2.1 Vertragsgegenstand

Der Kaufvertrag ist ein gegenseitiger Vertrag (s. o. 6.6), der die Verpflichtung zum Austausch von Ware gegen Geld (sog. Umsatzvertrag wie Tausch und Schenkung) begründet. Gegenstand eines Kaufvertrages können Sachen und Rechte sein sowie alle vermögenswerten Gegenstände. — „Ware gegen Geld"

Beispiele: Buch, Grundstück, Hypothek, Forderung, Briefmarkensammlung, Vermögen (zu Sachgesamtheiten s. a. 4.1.5; 4.4; 15.2), Unternehmen, Gesellschaftsanteile, Erfindungen, Software, Patent, Urheberrecht.

Der Kaufvertrag darf nicht gegen die Gesetze bzw. die guten Sitten verstoßen, §§ 134, 138 BGB (s. o. 6.8.1.1).

Beispiel: Ein Kaufvertrag über ein Radarwarngerät für Kfz verstößt gegen § 138 I BGB (weil er verkehrsordnungswidriges Schnellfahren zu fördern geeignet ist).

Zielt der Kauf auf eine bestimmte Sache, so heißt er *Stückkauf* (auch Spezieskauf genannt). Zielt er auf ein Stück aus einer Gattung (s. o. 8.3.4), dann heißt er *Gattungskauf*, vgl. § 243 BGB. Richtet er sich auf ein Recht, so nennt man ihn *Rechtskauf* (§ 453 BGB). Bezieht er sich auf den Kauf einer beweglichen Sache (s. o. 4.1.1.1) eines Verbrauchers von einem Unternehmer, so nennt man diesen Verbrauchervertrag (§ 310 III BGB) *Verbrauchsgüterkauf*, §§ 474 ff., 13, 14 BGB (s. a. 3.1.3.2; 3.6; 10.2.7.3). Der Kauf kommt zustande, wenn sich Verkäufer und Käufer über Kaufgegenstand und Preis geeinigt, d. h. zwei sich entsprechend deckende Willenserklärungen (s. o. 6.3, 6.6) abgegeben haben. Grundsätzlich ist der Kaufvertrag formfrei. — Stück-/ Gattungs-/ Rechtskauf

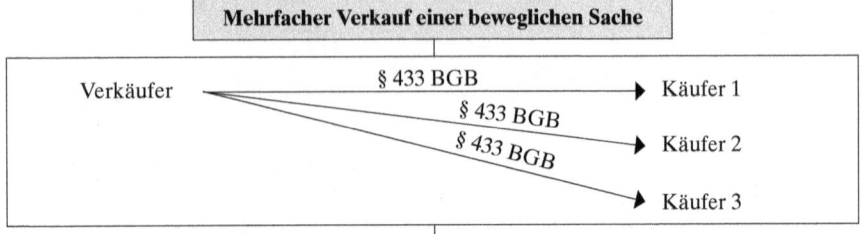

Für Kaufvertrag jeweils erforderlich: zwei sich deckende Willenserklärungen; (nur) Verpflichtung zur Erfüllung i.S.d. § 433 I 1 BGB –
d.h.: grundsätzlich jeweils gültige Kaufverträge.

Aber: Erfüllung durch Übereignung (§ 929 BGB) nur ein Mal möglich;
im Übrigen: vgl. die §§ 275 I, IV, 280 I, III, 283 S. 1, 276 BGB; Schadensersatz.

Schaubild 120: Mehrfacher Verkauf einer beweglichen Sache

Form

Eine bestimmte (meist notarielle) Form ist nur ausnahmsweise gesetzlich vorgeschrieben, insbesondere beim Grundstücks(ver)kauf, vgl. § 311 b I BGB (s. o. 6.4; 6.8.2.3). Die Parteien können aber Formerfordernisse, etwa die Schriftform, vereinbaren, § 127 BGB, was vielfach bereits in AGBen vorgesehen wird (s. o. 6.7.3).

Handelskauf

Im Handelsrecht gelten die §§ 373 ff. HGB beim sog. Handelskauf, der vorliegt, wenn es um Rechtsgeschäfte geht, bei denen es sich um Kauf i. S. d. §§ 433 ff. BGB handelt, dessen Gegenstand Waren (vgl. die §§ 241 a I BGB, 373 I HGB; s. o. 4.1.1.1) oder Wertpapiere (§ 381 HGB) sind, und zumindest eine Partei Kaufmann ist, für den der Vertrag zum Betrieb seines Handelsgewerbes gehört (§§ 343, 344 HGB; s. o. 6.2.6.3). Gleiches gilt auch für den auf die Lieferung herzustellender oder zu erzeugender beweglicher Sachen gerichteten Vertrag (§ 381 II HGB; s. u. 10.3.8).

Verpflichtungs-geschäft

Der *Kaufvertrag* ist (vgl. den Wortlaut des § 433 BGB) ein *Verpflichtungsgeschäft.* Er verpflichtet die Parteien; die jeweiligen Erfüllungsgeschäfte sind davon getrennt zu behandeln (Übereignung der Kaufsache bzw. Zahlung des Kaufpreises) – dies ist Folge des Abstraktionsprinzipes (s. o. 5.1). Daher ist es etwa auch möglich, dass der Verkäufer ein und dieselbe Kaufsache mehrfach verkauft (d. h. mehrere Kaufverträge mit verschiedenen Käufern abschließt) – denn er *verpflichtet* sich dabei „lediglich" zur Übereignung (dass er diese Verpflichtung dann nur einmal durch eine Übereignung an einen Käufer erfüllen kann i. S. d. § 929 S. 1 BGB, steht auf einem anderen Blatt). (S. o. 6.2.4 f.).

Beispiel: Der Verkäufer verkauft ein und dieselbe Sache mehrfach und übereignet dann an den meistbietenden Käufer: Die frustrierten Käufer werden gemäß der §§ 275 I, IV, 326 I 1 BGB frei, der Verkäufer schuldet ihnen jeweils ggf. Schadensersatz, §§ 275 I, IV, 280 I, III, 283 S. 1, 276, 433 BGB (bzw. Mehrerlösherausgabe, § 285 BGB; s. o. 9.3.2.2 a. E.) (nachträgliche Unmöglichkeit, daher kein Fall des § 311 a II BGB, s. a. 9.3.2.3; 15.3.2.3; vgl. obiges Schaubild; s. a. die Schaubilder 39, 41 und 123).

10.2.2 Pflichten des Verkäufers

Übergabe

Der Verkäufer hat gemäß § 433 I 1 BGB die Pflicht zur Übergabe. Er muss also bei beweglichen Sachen dem Käufer den Besitz an der Kaufsache, d. h. die tatsächliche Sachherrschaft (vgl. die §§ 854 ff. BGB), verschaffen. Bei Grundstücken ist die Eintragung im Grundbuch erforderlich, § 873 BGB.

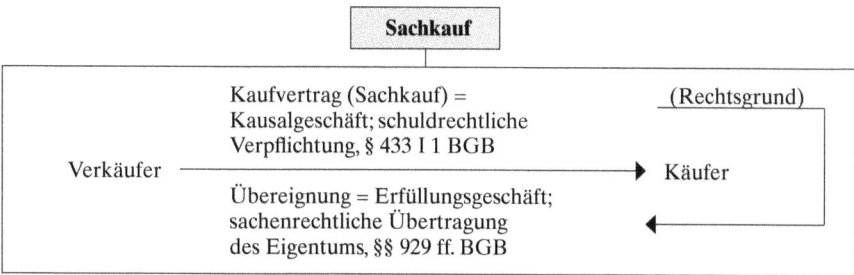

Schaubild 121: Sachkauf

Weiterhin muss der Verkäufer dem Käufer nach § 433 I 1 BGB das Eigentum an der gekauften Sache übertragen. Der Eigentumsübergang ist im Sachenrecht des BGB (s. u. 15) geregelt. Nach der dortigen Zentralnorm des § 929 BGB muss der Eigentümer (i. d. R. der Verkäufer) die Sache dem Erwerber (= Käufer) übergeben und beide müssen darüber einig sein, dass das Eigentum übergehen soll. Bei Grundstücken ist über die notariell beurkundungspflichtige Einigung über den Eigentumsübergang hinaus, §§ 873, 925 BGB (die sog. Auflassung), noch die Eintragung im Grundbuch nötig (s. u. 15.3.4).

Eigentums-übergang

Gemäß § 453 BGB können auch Rechte bzw. Forderungen Gegenstände eines Kaufvertrages sein.

Beispiele: Patente, Gesellschaftsanteile, (Kaufpreis-)Forderungen.

Wird ein Recht verkauft, so muss der Verkäufer dem Käufer das Recht übertragen, §§ 453 I, 433 BGB, d. h. bei Forderungen durch Abtretung, § 398 BGB, erfüllen (s. o. 8.8), s. a. § 413 BGB.

Rechtsver-schaffung

Beispiele: Beim Factoring kauft die Bank (der Factor) die (noch nicht fällige) Kaufpreisforderung gegen den Schuldner des (zumeist: Waren-)Lieferanten, §§ 433 II, 453 I BGB; dieser überträgt ihr seine Kundenforderung (§ 433 II BGB) durch Abtretung, § 398 BGB (s. o. 8.8.4 a. E.). (Liegt echtes Factoring – s. o. 8.8.4 a. E. – vor, dann haftet der [Rechts-]Forderungsverkäufer nur für die Existenz [Verität] der Forderung gemäß § 311 a II BGB – s. o. 9.3.2.3 –, nicht aber für deren Bonität). Beim Erwerb von Gesellschaftsanteilen tritt der ausscheidende Gesellschafter seinen Anteil (ggf. mit Zustimmung der verbleibenden Gesellschafter, vgl. etwa § 719 BGB) an den Erwerber ab, §§ 719, 736, 413, 398 BGB (s. u. 17.1.6, 17.2.8).

Der verkaufte Gegenstand ist lastenfrei, ohne Sach- und Rechtsmangel, zu verschaffen, §§ 433 I 2, 434, 435 BGB.

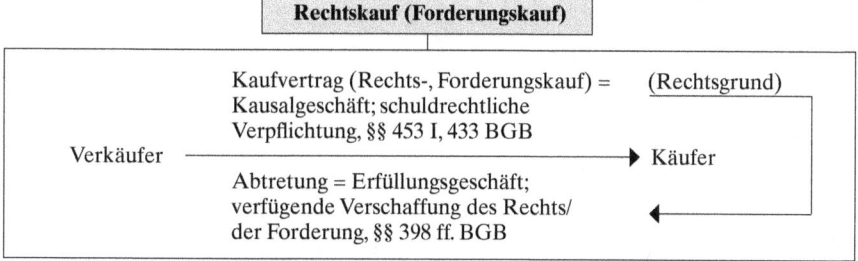

Schaubild 122: Rechtskauf/Forderungskauf

Über die Übergabe- und Eigentumsverschaffungspflicht hinaus hat der Verkäufer noch Nebenpflichten. Er muss gemäß § 448 I BGB die Kosten der Übergabe ein-

Nebenpflichten

Incoterms

schließlich der Kosten für Verpackung und Versendung an den Erfüllungsort tragen, wenn nichts anderes vereinbart ist. Das wird allerdings häufig, insb. in AGBen, abbedungen und durch die mittlerweile verkehrsüblichen Frachtklauseln, insbesondere die sog. Incoterms (s. o. 6.7.1.1) bzw. Tradeterms, ersetzt. Diese gelten unter Kaufleuten als Handelsbrauch, § 346 HGB (s. o. 6.3.6; 6.7.1.1; 6.7.3 a. E.).

Beispiele: „Ab Lager" – Verpackungskosten trägt der Käufer; „frei Bahn" – der Verkäufer trägt die Kosten bis zur Bahn; „frei Haus" – der Verkäufer trägt die Kosten bis ins Lager des Käufers (nationale Klauseln); „fob" (frei an Bord) – der Verkäufer muss die Ware in den Bestimmungshafen bringen, die Gefahr geht über, wenn die Ware die Schiffsreling überschreitet; „c & f" (Kosten und Fracht) – der Verkäufer trägt Kosten und Fracht bis zum Bestimmungsort, aber die Gefahr geht über, wenn die Ware die Schiffsreling im Bestimmungshafen überschreitet; bei „cif" trägt der Verkäufer darüber hinaus die Kosten der Seetransportversicherung (internationale Klauseln der Internationalen Handelskammer Paris – ICC – „Incoterms 2010").

Nebenpflichten

Weiterhin schuldet der Verkäufer als Nebenpflichten insbesondere noch Aufklärung, Offenbarung, Warnung, Instruktion, Belehrung, Obhut und Schutz (§§ 241 II, 242, 311 II BGB; s. o. 8.1; 8.3.1.2; 8.3.2). Bei der Angabe von Preisen für Waren und Dienstleistungen sind auch die Regeln der PAngVO sind zu beachten.

Beispiel: Letztverbrauchern gegenüber sind Gesamtpreise (einschl. MWSt) anzugeben, Schaufensterware ist sichtbar auszuzeichnen, §§ 1 ff. PAngVO. (Versteckte Gebühren etwa verstoßen ggf. auch gegen § 3 UWG; s. u. 18.3.1.1).

Beim Rechtskauf, § 453 BGB, fallen dem Verkäufer gemäß § 453 II BGB die Kosten der Begründung oder Übertragung des Rechtes (§§ 398, 413 BGB) zur Last. Zur Einstandspflicht für öffentliche Lasten von verkauften Grundstücken vgl. § 436 BGB.

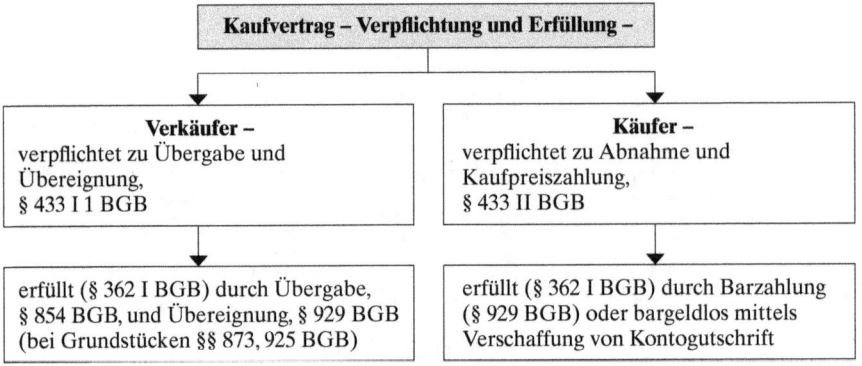

Schaubild 123: Kaufvertrag – Verpflichtung und Erfüllung

10.2.3 Pflichten des Käufers

Zahlung

Dem Käufer obliegt gemäß § 433 II BGB als Hauptpflicht die Kaufpreiszahlung. Die gesetzliche MWSt (Umsatzsteuer i. S. d. UStG) ist dabei Teil der Kaufpreisforderung. Deren Höhe, d. h. der Kaufpreis, unterliegt regelmäßig der freien Vereinbarung der Kaufvertragsparteien und muss in Geld (s. o. 8.3.5) bestimmt oder bestimmbar sein. Ob der Kaufpreis die MWSt enthält, also der Kaufpreisbetrag mit oder ohne MWSt vereinbart ist, ist im jeweiligen Einzelfall zu ermitteln (ggf. im Hinblick auf § 157 BGB; s. o. 6.3.6).

Beispiele: Preisauszeichnung im Einzelhandel(sgeschäft) – hier ist der ausgezeichnete Betrag regelmäßig der die MWSt enthaltende Endbetrag (vgl. die §§ 1, 4 PAngVO); wird dagegen erklärt „Preise sind Nettopreise + MWSt", so ist nach der Rspr. der angegebene Preis der Gesamtpreis. Zwischen vorsteuerabzugsberechtigten Unternehmen wird dagegen angenommen, dass ein Kaufpreis ohne Erwähnung der MWSt den Nettopreis, also ohne MWSt, darstellt (so dass die MWSt dann zusätzlich anfällt; str.).

MWSt

Grundsätzlich wird Barzahlung durch Übereignung der Geldscheine bzw. -stücke geschuldet (§ 929 BGB). Gibt der Verkäufer, etwa auf Rechnungen, seine Bankkonten an, so lässt das darauf schließen, dass er auch mit einer schuldbefreienden Überweisung, § 362 BGB, des Kaufpreises einverstanden ist (s. o. 8.3.5; 8.5; 8.14.1). Der Abzug von Skonti oder Rabatten ist nur zulässig, wenn dies vereinbart wurde (vgl. 8.14.2.3). Der Kaufpreis ist grundsätzlich mit seiner Entstehung, d. h. dem Abschluss des Kaufvertrages, fällig, Zug-um-Zug gegen die Übereignung der Ware, vgl. die §§ 320, 322 BGB (s. o. 8.10. a. E.). In der Praxis werden häufig die Fälligkeit (vgl. § 271 BGB; s. o. 8.4) des Kaufpreisanspruchs regelnde Klauseln vereinbart.

Zahlungsweise

Beispiele: „Ziel" – Fälligkeitseintritt nach Ablauf der dabei genannten Frist, gerechnet grundsätzlich ab Datum der Rechnung; „Valuta 1. 7. Ziel 30 Tage" – Fälligkeit tritt am 31. 7. ein; „Kasse gegen Lieferschein" – Sofortzahlung bei Lieferung mit Vorleistungspflicht des Käufers unter Ausschluss der Aufrechnung.

Für seine finanzielle Leistungsfähigkeit muss der Käufer einstehen – Geldnot enthebt ihn grds. nicht seiner Zahlungspflicht.

Leistungs-fähigkeit

Beispiel: Der Käufer kann den Kaufpreis nicht aufbringen – der Verkäufer kann ihn auf Zahlung verklagen und ggf. zwangsvollstrecken lassen (s. a. 6.6, 8.3.5, 9.3.1, 20.3; wirtschaftliches Unvermögen entlastet grds. nicht).

Weiterhin muss der Käufer gemäß § 433 II BGB die gekaufte Sache abnehmen. Diese Abnahmepflicht ist grundsätzlich Nebenpflicht, kann aber bei entsprechender Bedeutung der Abnahme stillschweigend oder ausdrücklich zur Hauptpflicht erhoben werden (so dass die §§ 320 ff. BGB gelten).

Abnahme

Beispiele: Verderblichkeit der Ware; Verkauf einer großen Warenmenge zum erkennbaren Zweck der Lagerräumung.

Unter Abnahme ist nicht die Billigung der Sache als vertragsmäßige Leistung zu verstehen, sondern nur die tatsächliche Entgegennahme der Kaufsache, durch die der Käufer den Verkäufer vom Besitz, § 854 BGB (s. u. 15.4), befreit. Bei später auftretenden Mängeln darf der Käufer durchaus noch seine Gewährleistungsansprüche geltend machen (s. u.). Nimmt der Käufer die Kaufsache nicht ab, so kommt er in Annahmeverzug, §§ 300 BGB, 373 HGB (s. o. 9.5).

Allerdings besteht ggf. ein Zurückweisungsrecht des Käufers noch vor der Lieferung bzw. Annahme, wenn er ein Rücktrittsrecht i. S. d. § 323 V 2 BGB hätte.

Zurückweisung

Beispiel: Das zur Lieferung angebotene gekaufte, neue Kfz ist nicht, wie vereinbart, schwarz, sondern blau lackiert (s. u. 10.2.7, 10.2.7.2, „Nacherfüllung" bzw. „Rücktritt").

Als weitere Nebenpflicht muss der Käufer die Abnahmekosten tragen, die durch die Übernahme der Sache in seine Verfügungsgewalt entstehen.

Nebenpflichten

Beispiele: Kosten für die Aufstellung oder Montage der Maschine.

Ihn treffen auch die Kosten einer über den Erfüllungsort (s. o. 8.5) hinausgehenden Versendung, § 448 I BGB. Grundstücksbeurkundungskosten bzw. Schiffsregisterkosten trägt ebenfalls der Käufer, §§ 448 II, 452 BGB (s. u. 15.3.4).

Bei beiderseitigen Handelsgeschäften (s. o. 6.2.6.1) hat der Käufer die gelieferte Ware unverzüglich zu untersuchen, § 377 HGB (s. u. 10.2.7.4).

10.2.4 Folgen von Pflichtverletzungen

Rechte des Käufers

Verletzt der Verkäufer seine Hauptpflichten zur Eigentumsverschaffung und Übergabe, indem er nicht oder zu spät leistet, dann haftet er dem Käufer; dessen Rechte bestimmen sich dabei nach den §§ 275, 280 ff., 323 ff. BGB: Der Käufer hat somit grds. Anspruch auf Erfüllung (s. o. 8.14.1) durch den Verkäufer, kann bei Unmöglichkeit Schadensersatz statt der Leistung verlangen oder zurücktreten; seinen Verzögerungsschaden kann der am Vertrag festhaltende Käufer ggf. gemäß der §§ 280 I, II, 286 BGB ersetzt verlangen (s. o. 9.4.3). Für Neben- bzw. Sorgfaltspflichtverletzungen muss der Verkäufer nach den Regeln der §§ 241 II, 242, 280 I, 311 II BGB (s. o. 9.7) einstehen. Weigern sich Verkäufer oder Käufer, ihre jeweiligen Hauptpflichten zu erfüllen, so können sie sich gegenseitig auf Erfüllung verklagen (s. a. 6.6; 20). Nimmt der Käufer die ihm ordnungsmäßig angebotene Kaufsache nicht ab, so kommt er in Annahmeverzug, §§ 293 ff. BGB (s. o. 9.5).

Sonderregeln stellt das Kaufrecht insb. in den Bereichen der Gefahrentragung, der Rechtsmängelgewährleistung und der Sachmängelgewährleistung auf:

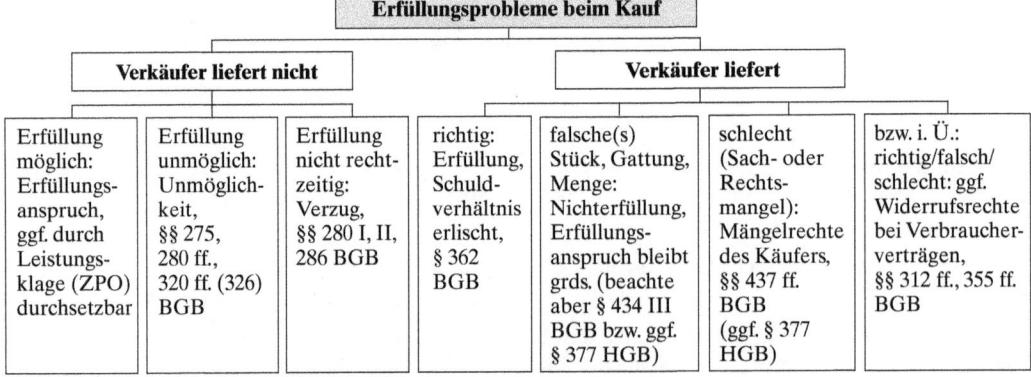

Erfüllungsprobleme beim Kauf							
Verkäufer liefert nicht			**Verkäufer liefert**				
Erfüllung möglich: Erfüllungsanspruch, ggf. durch Leistungsklage (ZPO) durchsetzbar	Erfüllung unmöglich: Unmöglichkeit, §§ 275, 280 ff., 320 ff. (326) BGB	Erfüllung nicht rechtzeitig: Verzug, §§ 280 I, II, 286 BGB	richtig: Erfüllung, Schuldverhältnis erlischt, § 362 BGB	falsche(s) Stück, Gattung, Menge: Nichterfüllung, Erfüllungsanspruch bleibt grds. (beachte aber § 434 III BGB bzw. ggf. § 377 HGB)	schlecht (Sach- oder Rechtsmangel): Mängelrechte des Käufers, §§ 437 ff. BGB (ggf. § 377 HGB)	bzw. i. Ü.: richtig/falsch/ schlecht: ggf. Widerrufsrechte bei Verbraucherverträgen, §§ 312 ff., 355 ff. BGB

Schaubild 124: Erfüllungsprobleme beim Kauf

10.2.5 Gefahrenübergang

Grundsätzlich trägt der Verkäufer bis zur Erfüllung seiner Übereignungspflichten die Gefahr, die Vergütung (d. h. den Kaufpreis) nicht zu erhalten (sog. Vergütungs-, Gegenleistungs- bzw. Preisgefahr).

Leistungs-/ Preisgefahr

Wenn der Kaufgegenstand nach Vertragsabschluss, aber vor Übergabe, untergeht, wird der Verkäufer grundsätzlich frei, § 275 I BGB. Der Käufer trägt also die Leistungsgefahr. Er wird seinerseits dann regelmäßig gemäß der §§ 275 IV, 326 I BGB frei. Den Verkäufer trifft damit die Gegenleistungs- bzw. Preisgefahr (s. o. 8.12.1; 9.3).

Übergabe

Gemäß § 446 S. 1, 3 BGB geht aber die Preisgefahr (also das Risiko, trotz zufälligen Untergangs oder zufälliger Verschlechterung den Kaufpreis zahlen zu müssen) mit Übergabe der Kaufsache bzw. Annahmeverzug auf den Käufer über.

Gleiches gilt beim sog. Versendungskauf, §§ 447, 475 II, III 2 BGB (dazu s. a. 8.5; 8.12.6; 9.3.2.2; 10.2.7.3).

Beispiel: Der Verkäufer gibt die unter Eigentumsvorbehalt veräußerte Sache (§§ 433, 90, 449; 929 S. 1, 158 I BGB) dem Käufer mit, bei dem sie untergeht (vernichtet, zerstört, gestohlen wird). Der Käufer muss zahlen (§ 433 II BGB), ohne noch Eigentümer zu werden, § 446 S. 1 BGB (er verliert den gemäß § 275 I BGB unmöglich gewordenen Übereignungsanspruch i. S. d. § 433 I 1 BGB, muss die Gegenleistung jedoch weiterhin erbringen, also zahlen; § 446 S. 1 BGB ist insoweit Ausnahmevorschrift zu § 326 I, II BGB, und § 326 V BGB ist demgemäß nicht anwendbar, s. o. 9.3.2.2 – wegen § 446 S. 1 BGB muss der Käufer den Kaufpreis also voll entrichten, selbst wenn er die Kaufsache nicht oder nur beschädigt erhält; s. o. Schaubild 105).

Beachte: Mit dieser Problematik nichts zu tun hat jedoch die Frage des sog. Verwendungsrisikos – das Risiko, den geleisteten Kaufgegenstand auch wie beabsichtigt verwenden zu können, trägt grds. der Käufer (ggf. Motivirrtum; s. o. 6.3.2.4; 6.8.2.4; 9.5.4 a. E.). | Verwendungs-risiko

10.2.6 Rechtsmängel; Rechtskauf

Ein Rechtsmangel liegt vor, wenn Dritte Rechte gegen den Käufer geltend machen können (soweit nicht im Kaufvertrag übernommen), bzw. wenn im Grundbuch ein nicht bestehendes Recht eingetragen ist, § 435 BGB. | Rechte Dritter

Beispiele: Pfandrechte an einer beweglichen Sache; Grunddienstbarkeiten (insbesondere Baubeschränkungen) bei Grundstücken; bestehende Mietrechte; Urheberrechte bei Verkauf einer CD-Raubkopie.

Bei einem Rechtsmangel (s. a. die §§ 433 I 2, 453 I BGB) hat der Käufer – wie beim Sachmangel – die Rechte aus den §§ 437 ff. BGB: Die Vorschriften über den Sachkauf finden auf den Rechtskauf entsprechende Anwendung, § 453 BGB (s. u. 10.2.7.2). | Käuferrechte

Beispiele: Rechtskauf ist der Kauf von Forderungen, Gesellschaftsanteilen, gewerblichen Schutzrechten (Patent-, Markenkauf, s. u. 19).

Für Mängel muss der Verkäufer somit gemäß der §§ 433 I 2, 435, 437 BGB einstehen.

Beispiele: Stellt sich nach dem Verkauf eines GmbH-Geschäftsanteils (§§ 15, 16 GmbHG) heraus, dass die Einlage (§§ 5, 14, 16 II, 19 GmbHG; s. u. 17.7.5) gar nicht erbracht worden war, so muss der Verkäufer die Einlage nacherbringen (§§ 437 Nr. 1, 439 I 1. Alt. BGB). Oder: Stellt sich bei der Zulassung heraus, dass das gekaufte Auto (etwa wegen Versicherungsbetruges) auf internationalen Fahndungslisten steht und deswegen beschlagnahmt wird, kann der Käufer wegen dieses Rechtsmangels zurücktreten, §§ 433 I 2, 435 S. 1, 437 Nr. 2 BGB.

10.2.7 Sachmängelgewährleistung

Der Verkäufer hat dem Käufer die gekaufte Sache frei von Sach- und Rechtsmängeln zu verschaffen, § 433 I 2 BGB. Verstößt er gegen diese Pflichten, dann greifen mit der Übergabe bzw. dem Gefahrenübergang (§ 446 BGB) die §§ 434 ff. BGB ein, die die entsprechenden Rechtsfolgen regeln. Sie gehen denen der Anfechtung wegen Irrtums über eine verkehrswesentliche Eigenschaft der Kaufsache, § 119 II BGB (s. o. 6.8.2.4), vor. | Gewähr-leistungsrecht vorrangig

Die Lieferung einer mangelhaften Sache ist eine nicht vertragsgemäße Leistung, also eine Pflichtverletzung i. S. d. allgemeinen Leistungsstörungsrechts (§§ 280 I, 323 I BGB; s. o. 9). | Mangel = Pflicht-verletzung

Weist der Kaufgegenstand bei Lieferung einen erheblichen Sachmangel auf, so stellt dies grds. eine erhebliche Pflichtverletzung des Verkäufers dar; der Käufer

Zurück-
weisung

hat dann (weil er ja auch zurücktreten könnte, s. u. 10.2.7.2) ein Zurückweisungsrecht i. S. d. § 323 V 2 BGB, er muss also die ihm zur Vertragserfüllung angebotene
(s. o. 8.14.1) Kaufsache nicht annehmen (s. o. 10.2.3) und nicht zahlen.

Beispiel: Die Lieferung eines Kfz in einer anderen als der bestellten Farbe (s. o. 10.2.3).

Die §§ 434 ff. BGB erfassen gleichermaßen den Stück- bzw. Gattungskauf sowie
den Sach- bzw. Rechtsmangel, ebenso die Lieferung einer anderen Sache (sog.
qualitatives aliud) oder einer zu geringen Menge (sog. quantitatives aliud), vgl. die
§§ 433 I 2, 434 III, 435 BGB.

Beispiele: Der Verkäufer liefert einen nicht funktionierenden Gebraucht- oder Neuwagen,
ein anderes als bestelltes Möbelstück, statt 500 Einheiten Ware nur 480 (beachte aber bei
Kaufleuten § 377 HGB; s. u. 10.2.7.4).

Erfüllt der Verkäufer dagegen gar nicht, dann hat der Käufer weiterhin seinen
Erfüllungsanspruch aus § 433 I 1 BGB bzw. Leistungsstörungsrechte (§§ 275 ff.,
280 ff., 323 ff. BGB, s. o. 9).

10.2.7.1 Sachmangel

Sachmangel

Das BGB regelt als Hauptvoraussetzung für vom Käufer ggf. geltend zu machende
Ansprüche wegen Mängeln, §§ 437 ff. BGB, in § 434 den Sachmangel:

vereinbarte
Beschaffenheit

– Die Kaufsache hat einen Sachmangel, wenn sie bei Gefahrenübergang – regelmäßig der Übergabe, vgl. § 446 BGB – die vereinbarte Beschaffenheit nicht hat, § 434
I 1 BGB. Es kommt also primär auf die Vereinbarung der Parteien an, sog. subjektiver Fehlerbegriff: Zu prüfen ist, ob die Istbeschaffenheit der Kaufsache von
der vertraglich vereinbarten Sollbeschaffenheit zum Nachteil des Käufers abweicht.

Beispiele: Die Schmuckkette ist nicht, wie vereinbart, aus massivem Gold, sondern nur
vergoldet; das Auto abredewidrig nicht neu, sondern gebraucht, bzw. nicht unfallfrei; das als
Original gekaufte Ölgemälde ist unecht, die als Taucheruhr verkaufte Uhr nicht wasserdicht,
das als leicht handhabbar und umgänglich verkaufte Pferd ist bockig und unberechenbar.

vorausgesetzte
Verwendung

– Haben die Kaufvertragsparteien keine bestimmte Sollbeschaffenheit vereinbart,
liegt gemäß § 434 I 2 Nr. 1 BGB ein Sachmangel dann vor, wenn die Kaufsache
sich nicht für die nach dem Vertrag vorausgesetzte Verwendung eignet, wenn
also bei Vertragsschluss für den Verkäufer erkennbar ist und seinerseits unwi-
dersprochen bleibt, dass der Käufer die Kaufsache gerade für eine bestimmte
Verwendung erwerben möchte (hier handelt es sich also auch um einen Fall des
subjektiven Fehlerbegriffes, s. o.).

Beispiele: Das gekaufte Haus ist nicht bewohnbar, das Ersatzteil nicht verwendbar, die
Lebensmittel sind nicht genießbar, der Gebrauchtwagen ist nicht betriebssicher.

gewöhnliche
Verwendung

– Ergänzend („sonst") regelt § 434 I 2 Nr. 2 BGB, dass die Kaufsache mangelhaft
ist, wenn sie sich nicht für die gewöhnliche Verwendung eignet und auch nicht
die übliche Beschaffenheit aufweist, die der Käufer erwarten darf; hiermit wird
auch der sog. objektive Fehlerbegriff einbezogen: Es kommt auf die Übereinstimmung mit den bezüglich der jeweiligen Kaufsache allgemein geltenden
Standards bzw. Gepflogenheiten an.

Beispiele: Die Leistung der Bohrmaschine ist zu schwach; der Geländewagen hat keinen
Allradantrieb; der Neuwagen hat Roststellen; aber: Beim alten Gebrauchtwagen gibt der
Motor wegen Verschleißes „seinen Geist auf" – da dies bei alten, gebrauchten Autos nicht
ungewöhnlich ist, liegt ein Sachmangel i. S. d. § 434 I 2 Nr. 2 BGB nicht vor (anders kann
es sein, wenn bei der Übergabe bereits Erneuerungsbedarf vorlag). Bei Internetverkäufen
muss der Verkäufer ggf. die Ware so vollständig beschreiben, dass der Käufer nicht zu

erwartende, außerhalb des Üblichen liegende Beschaffenheiten erkennen kann. (*Hinweis:* Die Abgrenzung zwischen den Sachmängelfällen des § 434 I 1, I 2 Nr. 1 bzw. I 2 Nr. 2 BGB ist im Einzelfall u. U. schwierig bzw. „verschwimmt" ggf.; die Rechtsfolgen jedenfalls sind grds. gleich).

Zu den Beschaffenheitsanforderungen i. S. d. § 434 I 2 Nr. 2 BGB rechnen auch Eigenschaften, die der Käufer aufgrund öffentlicher Äußerungen des Verkäufers, Herstellers (§ 4 I, II ProdHaftG, s. u. 12.6.3) oder seiner Gehilfen insbesondere in der Werbung oder bei der Kennzeichnung über bestimmte Eigenschaften der Sache erwarten kann, § 434 I 3 BGB.

öffentliche
Äußerungen

Beispiele: Aussagen in (tunlichst aufzubewahrenden) Werbebroschüren bzw. der sog. kommerziellen Kommunikation (vgl. dazu § 2 Nr. 5 TMG), Radio-, Fernsehspots, Produktbeschreibungen – etwa die Angabe eines Autoherstellers, ein Neuwagen habe nur einen durchschnittlichen Benzinverbrauch von 6 l/100 km (s. u. 10.2.7.2). *Nicht aber:* allgemeine reißerische Äußerungen.

§ 434 I 3 BGB, der den Verkäufer nicht nur für eigene Werbeaussagen, sondern auch für diejenigen der ihm zuzurechnenden Dritten einstehen lässt,

Werbung
Dritter

Beispiel: der Kfz-Händler muss für eigene Werbung ebenso geradestehen wie für diejenige des Autoherstellers oder eines Zulieferers,

begrenzt dies aber in den Fällen, in denen der Verkäufer die Äußerungen weder kannte noch kennen musste,

Beispiele: der reifenproduzierende Zulieferer hatte einmalig in einer ganz anderen Region bestimmte Reifenprofile beworben; der Verkäufer muss allerdings grds. die Werbung für die von ihm vertriebenen Produkte beobachten,

bzw. in denen die Äußerungen bereits im Zeitpunkt des Vertragsschlusses gleichwertig berichtigt worden waren,

Beispiel: die geschönte Angabe über den Durchschnittsbenzinverbrauch von Neuwagen wird in gleicher Art wie zuvor beworben korrigiert,

sowie dann, wenn die Werbeaussage die Kaufentscheidung nicht beeinflussen konnte,

Beispiel: der Käufer konnte die Werbung gar nicht kennen, da er im Ausland war.

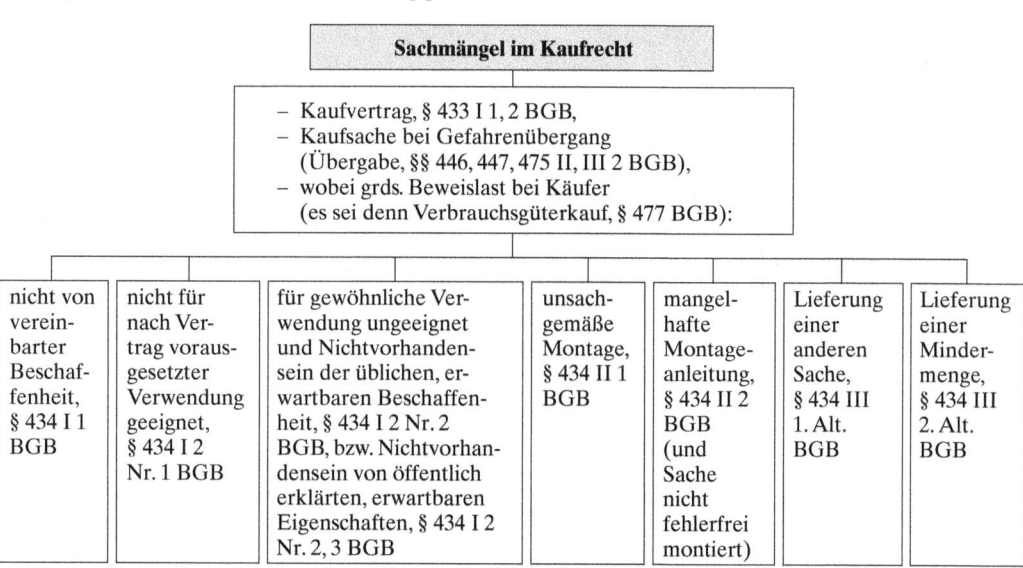

Schaubild 125: Sachmängel beim Kaufvertrag

unsachgemäße Montage	– Nach § 434 II 1 BGB stellt die unsachgemäß durchgeführte, vereinbarte Montage durch den Verkäufer oder seine Erfüllungsgehilfen, § 278 BGB (s. o. 7.3.3, 8.13.2),

Beispiele: der zur Montage einer verkauften Satellitenschüssel Verpflichtete montiert diese nicht sachgerecht; der zum Aufbau einer verkauften Schrankwand verpflichtete Möbelhändler baut diese falsch zusammen (Montagemängel),

fehlerhafte Montageanleitung

ebenso einen Sachmangel dar wie wegen § 434 II 2 BGB die fehlerhafte Montageanleitung bei einer zur Montage bestimmten Sache (Anleitungsfehler), es sei denn, die Sache sei gleichwohl fehlerfrei montiert worden.

Beispiele: Die Aufbauanleitung für ein in Einzelteilen gekauftes Regal ist unverständlich. Gelingt der Aufbau gleichwohl, entfällt der Sachmangel, § 434 II 2 a. E. BGB. (Gelingt die Montage „schief" bzw. schlecht, kann der Käufer die Kaufsache, wenn er statt Nachbesserung die Ersatzlieferung verlangt, ohne Wertersatzpflicht zurückgeben, da insoweit die §§ 346 III Nr. 1, 439 V BGB greifen; s. a. 6.6.4). Ist eine Betriebsanleitung bzw. Bedienungsanleitung für ein Gerät fehlerhaft, wird dies wohl nicht als Fall des § 434 II 2 BGB, aber als Pflichtverletzung i. S. d. § 280 I BGB anzusehen sein (s. o. 9.7).

qualitatives aliud

– Liefert der Verkäufer beim Stück- oder Gattungskauf eine andere Sache als die geschuldete,

Beispiele: Sommer- statt Winterweizen, Haifisch- statt Walfischfleisch, einen anderen Fahrzeugtyp als verkauft, Esel statt Pferd (qualitatives aliud),

quantitatives aliud

– oder weniger als vereinbart,

Beispiel: statt 300 kg nur 270 kg Leim (beachte bei Kaufleuten § 377 HGB, s. u. 10.2.7.4) (quantitatives aliud/Mankolieferung/Minderlieferung),

so bedeutet dies ebenfalls einen Sachmangel, § 434 III 1. bzw. 2. Alt. BGB.

(keine) Bagatellgrenze

Ob der Sachmangel i. S. d. § 434 BGB geringfügig ist oder nicht, ist grundsätzlich unerheblich. Lediglich beim Rücktrittsrecht, § 323 V 2 BGB, sowie beim Schadensersatz statt der ganzen Leistung, § 281 I 3 BGB, bestehen Schranken.

Zeitpunkt

Der Sachmangel muss bereits im Zeitpunkt des Gefahrenübergangs vorliegen (s. o. 10.2.5), also regelmäßig bei der Übergabe der verkauften Sache, vgl. § 446 S. 1 BGB (beachte beim Versendungskauf § 447 BGB; s. o. 8.12.6). Die Ursache des Sachmangels muss daher bereits zu dieser Zeit gesetzt, der Fehler somit zumindest im Keim vorhanden gewesen sein.

Beispiel: Die Bremse des verkauften Kfz blockiert drei Tage nach der Übergabe des Autos, aber die Ursache hierfür, eine Materialschwäche, lag bereits bei der Übergabe vor.

Beweispflicht

Grundsätzlich ist der Käufer für das Vorliegen eines Sachmangels beweispflichtig (vgl. § 363 BGB); allerdings regelt § 477 BGB beim Verbrauchsgüterkauf, vgl. § 474 BGB, eine Beweislastumkehr (s. u. 10.2.7.3): Wenn sich binnen sechs Monaten seit Gefahrenübergang, § 446 BGB, ein Sachmangel zeigt, dann wird generell vermutet, dass die Sache bereits mangelhaft war (es sei denn, dies sei mit der Art der Sache oder des Mangels unvereinbar).

Beispiele: Verarbeitungs-, Konstruktionsmangel; etwa: Der Motor des vom Unternehmer (§ 14 BGB; s. o. 3.6) gekauften Motorrads ist nach zwei Monaten defekt; anders, wenn der kaufende Verbraucher (§ 13 BGB; s. o. 3.1.3.2) ihn „frisiert" hatte. (Hinweis: Die Beweislasterleichterung des § 280 I 2 BGB bezieht sich auf das Verschulden bei einer Pflichtverletzung; s. u. 10.2.7.3).

Garantien

Über den Sachmangel i. S. d. § 434 BGB hinaus obliegt dem Verkäufer die Haftung für etwaige Garantiezusagen, §§ 443, 479 BGB (s. u. 12.6.1.2): Übernimmt der Verkäufer oder ein Dritter,

Beispiele: Produzent, Importeur, Großhändler,

232

für die Beschaffenheit der Sache,   Beschaffenheit

Beispiele: Umtauschrechte, Nachbesserung,

oder für ihre Haltbarkeit eine Garantie,   Haltbarkeit

Beispiel: mehrjährige Wartungsfreiheit eines Garagentormotores,

dann hat der Käufer, ungeachtet seiner sonstigen gesetzlichen Ansprüche (etwa aus den §§ 437 ff. BGB), im Garantiefall die jeweiligen Rechte (s. u. 12.6.1.2). Für den Verbrauchsgüterkauf werden die Anforderungen an die Garantieerklärung in § 479 BGB noch präzisiert.

Beispiel: Der Verkäufer übernimmt für eine neue Waschmaschine eine dreijährige Garantie – funktioniert sie innerhalb der Gewährleistungsfrist von zwei Jahren, § 438 I Nr. 3 BGB, nicht, so ist der Verkäufer bereits gesetzlich zur Gewährleistung auf seine Kosten verpflichtet (§ 437 BGB); danach ist die übernommene Reparatur aus der Garantie eine zusätzliche freiwillige Leistung (bei der es auch zulässig wäre, den Käufer etwa die Anfahrtskosten des Kundendienstes tragen zu lassen).

10.2.7.2 Rechte des Käufers

Die Rechte des Käufers im Falle der Mangelhaftigkeit der Kaufsache (Gewähr-   Käuferrechte
leistung) ergeben sich gemäß § 437 BGB wie folgt:

Der Käufer kann Nacherfüllung verlangen, vom Vertrag zurücktreten, den Kaufpreis mindern, Schadensersatz oder Ersatz vergeblicher Aufwendungen geltend machen.

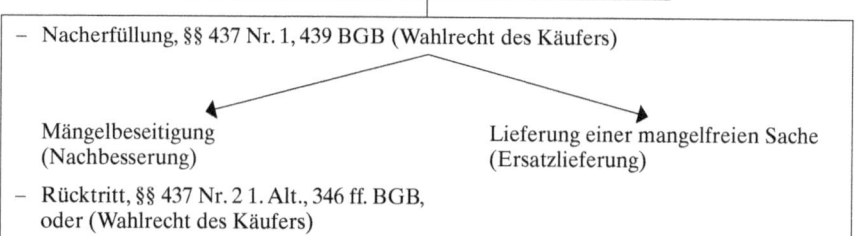

> **Rechte des Käufers bei Mängeln**
> – § 437 BGB –
>
> – Nacherfüllung, §§ 437 Nr. 1, 439 BGB (Wahlrecht des Käufers)
>
> Mängelbeseitigung   Lieferung einer mangelfreien Sache
> (Nachbesserung)   (Ersatzlieferung)
>
> – Rücktritt, §§ 437 Nr. 2 1. Alt., 346 ff. BGB,
>   oder (Wahlrecht des Käufers)
>   Minderung, §§ 437 Nr. 2 2. Alt., 441 BGB
>
> – Schadensersatz, §§ 437 Nr. 3 1. Alt., 440, 280 ff. BGB,
>   oder (Wahlrecht des Käufers)
>   Aufwendungsersatz, §§ 437 Nr. 3 2. Alt., 284 BGB

Schaubild 126: Käuferrechte bei Mängeln

Dabei ist die Reihenfolge bzw. ein Stufenverhältnis zu beachten:

– Nacherfüllung:

Vorrangig ist gemäß der §§ 434, 437 Nr. 1, 439 BGB die Nacherfüllung (wobei   Nacherfüllung
dieser Begriff klarlegt, dass es primär um den zu befriedigenden Erfüllungsanspruch des Käufers, § 433 I 2 BGB, geht). Der Käufer kann, nach seiner Wahl, § 263 I BGB (s. o. 8.3.7), hiernach zunächst die Beseitigung des Mangels oder die Lieferung einer   Nachbesserung/
mangelfreien Sache verlangen, § 439 I BGB. Ob der Verkäufer den Sachmangel   Ersatzlieferung
verschuldet hat oder nicht ist dabei unerheblich.

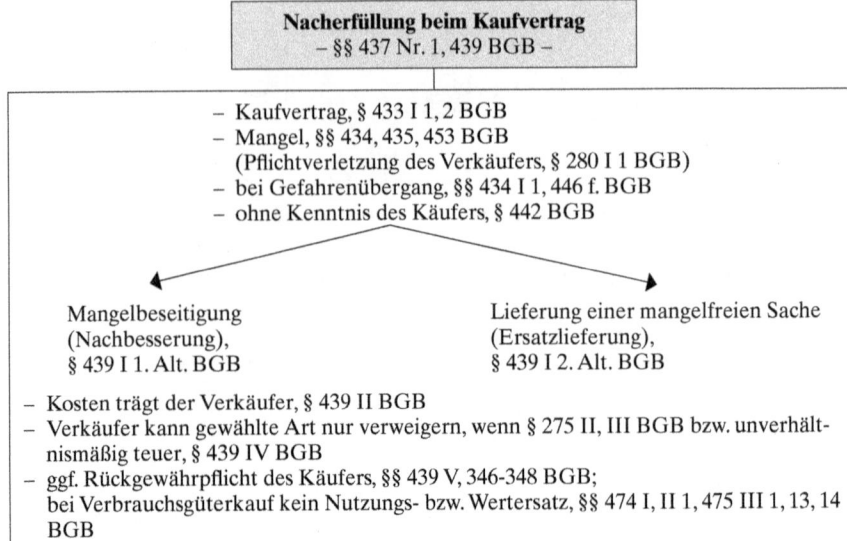

Schaubild 127: *Nacherfüllung beim Kaufvertrag, §§ 437 Nr. 1, 439 BGB*

Beispiele: Der Käufer verlangt die Reparatur der nicht funktionierenden Maschine, oder: Er fordert eine neue (aus der Gattung; s. u.).

Der Käufer muss dem Verkäufer grds. eine Nacherfüllungsfrist setzen (vgl. die §§ 323 I, 440 I, 281 I BGB); diese Frist muss „angemessen" sein.

Beispiel: Der Kunde verlangt vom Händler, den gekauften und defekten Gebrauchtwagen umgehend zu reparieren, lässt, nachdem der Händler nicht reagiert, das Auto nach einigen Wochen Wartezeit in einer anderen Werkstatt reparieren – die Kosten hierfür muss der Händler erstatten, der Angabe eines bestimmten Endtermins oder Zeitraums bedarf es für die Bestimmung der angemessenen Frist grds. nicht (vgl. die §§ 437 Nr. 3, 281 I 1 BGB; s.u.). Der Verkäufer muss den Käufer nicht um eine Gelegenheit zur Nacherfüllung bitten, vielmehr ist es Obliegenheit des Käufers, diese vom Verkäufer zu verlangen.

Erst dann, wenn Nachbesserung oder Ersatzlieferung fehlschlagen oder der Verkäufer sie – berechtigt oder unberechtigt – verweigert, kommen die anderen in § 437 Nr. 2 und Nr. 3 BGB genannten Käuferrechte in Betracht (vgl. § 323 I BGB; s. u.).

Kosten   Die Kosten der Nacherfüllung trägt der Verkäufer, § 439 II BGB. Er kann die vom Käufer gewählte Art der Nacherfüllung – Mängelbeseitigung bzw. Nachlieferung – dann verweigern, wenn sie für ihn nur mit unverhältnismäßigen Kosten möglich wäre, § 439 IV BGB (bzw. bei Vorliegen der Voraussetzungen des § 275 II, III BGB).

Beispiele: Ist eine Reparatur durch bloßen Austausch einer Schraube möglich, darf der Verkäufer die Nachlieferung ablehnen und reparieren; ist dagegen die Reparatur eines billigen Weckers erheblich aufwendiger als eine Ersatzlieferung, so darf der Verkäufer diese vornehmen und eine Reparatur verweigern. Wird etwa ein Neuwagen in falscher Farbe geliefert, so kann der Käufer ggf. eine Umlackierung auf Kosten des Verkäufers verlangen (ungeachtet seines Zurückweisungsrechts [s. o. 10.2.3 a. E.] bzw. Rücktritts [s. u. „Rücktritt"]). Oder: Der Verkäufer wendet gegenüber dem Verlangen des Käufers auf Mängelbeseitigung ein, er verfüge über keine Reparaturwerkstatt. *Vorsicht aber:* Dem Verkäufer darf dieser Einwand nicht zu leicht gemacht werden, da ansonsten das Nachbesserungsrecht des Käufers leerliefe; daher ist dem Verkäufer ggf. auch anzusinnen, die Reparatur in einer Fremdwerkstatt durchführen zu lassen.

Ist die Kaufsache mangelhaft, so schuldet der Verkäufer bei der Nacherfüllung darüber hinaus ggf. auch die erforderlichen Austauschkosten, § 439 III 1 BGB.

Beispiel: Die beim Baustoffhändler gekauften Bodenfliesen, die der Verbraucher (§ 13 BGB; s. u. 3.1.3.2) in seinem Haus hat einbauen lassen, weisen Mängel (Schattierungen und Schleifspuren) auf, die nicht beseitigt werden können; wegen dieser mangelhaften Leistung kann der Käufer vom Verkäufer nicht nur gemäß § 439 I 2. Alt. BGB Ersatzlieferung mangelfreier Fliesen verlangen, sondern, weil Abhilfe nur durch kompletten Austausch möglich ist, zusätzlich die erforderlichen Kosten für den Ausbau und Abtransport der schadhaften sowie für den Einbau der ersatzweise gelieferten Fliesen. (S. a. § 475 IV 2 BGB).

Erfüllungsort (§ 269 I BGB; s. o. 8.5) für die Nacherfüllung i. S. d. § 439 BGB ist i. d. R. der Ort, an dem die Kaufsache sich gemäß ihrer Zweckbestimmung befindet; der Verkäufer muss die mangelhafte Kaufsache grds. ggf. dort reparieren.

Beispiel: Der Bootsyachtverkäufer muss sie grds. am Liegeplatz reparieren.

Regelmäßig ergibt sich jedoch bei der Nachbesserung gemäß § 269 I BGB bzw. aus den Umständen, dass die Reparatur am Verkaufsort bzw. am Betriebssitz des Verkäufers zu erbringen ist.

Beispiel: Das mangelhafte Auto ist in der Werkstatt des Verkäufers zu reparieren – der Verkäufer muss gemäß § 439 II BGB für die Reparatur einschließlich der nötigen Transportkosten zum Verkaufsort aufkommen (ggf. auch für einen Transportkostenvorschuss dorthin). Sperrige Güter hat der Verkäufer ggf. abzuholen.

§ 439 I BGB gewährt dem Verkäufer somit grundsätzlich ein „Recht zur zweiten Andienung" – sei es durch Reparatur, sei es durch Neulieferung.

Recht zur zweiten Andienung

Beispiele: Ist der geschuldete mangelhafte Kaufgegenstand aus einer Gattung (s. o. 8.3.4), kann der Verkäufer ggf. ein mangelfreies Stück nachliefern; bei einer Stückschuld dagegen bleibt ihm nur die Mängelbeseitigung. Liefert der Verkäufer ein qualitatives aliud – Rotstatt Weißwein, Fisch statt Fleisch –, dann kommt ebenfalls nur die Nachlieferung der (mangelfreien) geschuldeten Sache in Betracht, denn eine Nachbesserung ist unmöglich, § 275 I BGB.

Bei mangelhafter Nacherfüllung hat der Käufer ggf. wiederum die Rechte des § 437 BGB.

mangelhafte Nacherfüllung

Beispiel: Beim zunächst gelieferten Fahrrad hat die Bremse nicht funktioniert, beim dann aufgrund des § 439 I 2. Alt. BGB nachgelieferten funktioniert die Beleuchtung nicht. (Grds. läuft dann auch die Verjährungsfrist des § 438 I Nr. 3, II BGB neu [s. u. 10.2.7.2 a. E.]).

– Rücktritt oder Minderung:

Gelingen Nachbesserung oder Nachlieferung, § 439 I BGB, nicht, oder wird dies vom Verkäufer verweigert, dann hat der Käufer ggf. die weiteren Rechte des § 437 Nr. 2 BGB – Rücktritt oder Minderung:

Fehlschlagen der Nachbesserung

• Der Rücktritt (der als Gestaltungsrecht, s. o. 4.2.3, an die Stelle der früheren Wandelung getreten ist) setzt dabei zunächst voraus, dass dem Verkäufer eine angemessene Nacherfüllungsfrist (etwa: „unverzüglich", „umgehend", „sofort" – die Nennung eines fixen Datums ist grds. nicht erforderlich) eingeräumt wurde, die er ungenutzt bzw. fruchtlos hat verstreichen lassen, §§ 434, 437 Nr. 2 1. Alt., 440, 323 I BGB; eine Nachbesserung gilt grds. als nach dem zweiten Versuch fehlgeschlagen, § 440 S. 2 BGB.

Rücktritt

Beispiele: Die gekaufte Maschine funktioniert nicht: Fordert der Käufer den Verkäufer auf, eine neue zu liefern, oder sie zu reparieren, und verweigert der Verkäufer dies berechtigt (§§ 439 IV, 440 S. 1 1. Alt. BGB) oder unberechtigt (§ 323 II Nr. 1 BGB bzw. § 281 II 1. Alt. BGB), oder ist die Nachbesserung fehlgeschlagen oder dem Käufer unzumutbar, § 440 S. 1

Schaubild 128: *Rücktritt vom Kaufvertrag, § 437 Nr. 2 1. Alt. BGB*

2. Alt. BGB, so kann der Käufer vom Kaufvertrag zurücktreten; etwa bereits gezahlten Kaufpreis kann er herausverlangen, § 346 BGB; die Nutzung ist zu vergüten, §§ 346 I, II 1 Nr. 1, Nr. 3 2. HS BGB (s. a. 4.1.4, 6.6.4.1, 8.14.2.9, 10.2.7.3). (S. a. das Beispiel oben 4.4.2 a. E.).

Zweite Andienung

Der Verkäufer hat also nicht nur die Pflicht zur Nacherfüllung; er hat auch ein Recht auf eine „zweite Andienung" (ungeachtet dessen, ob es sich um eine neue oder gebrauchte Kaufsache, einen wertvollen Marken- oder einen billigen Massenartikel handelt).

Chance zur Nacherfüllung

Der Käufer muss dem Verkäufer somit eine Chance zur Nacherfüllung (§ 439 BGB) gegeben haben, d. h. dem Verkäufer den Mangel mitteilen, ihn zur Nachbesserung auffordern und jedenfalls den ergebnislosen Ablauf einer dem Verkäufer einzuräumenden angemessenen Frist abwarten. Danach aber muss er nicht noch einmal eine Frist setzen, um zurücktreten zu können, § 440 BGB.

Beispiel: Die gekaufte Bürotelekommunikationsanlage funktioniert nicht wie vereinbart: Der Käufer muss den Verkäufer auffordern, diesen Mangel (§ 434 I BGB) binnen (etwa:) einer Woche abzustellen; gelingt dies dem Verkäufer nicht, kann der Käufer zurücktreten, ohne noch eine weitere Frist setzen zu müssen, da die Nachbesserung fehlgeschlagen ist, §§ 433 I 2, 434 I 2 Nr. 1, 437 Nr. 2 1. Alt., 440 S. 1, 323 BGB.

Die Nachfristsetzung ist in den Fällen der §§ 323 II, 440 S. 1, 2, 326 V BGB entbehrlich; hier darf der Käufer sogleich vom Kaufvertrag zurücktreten.

Beispiele: Das als unfallfrei verkaufte (§ 434 I 1 BGB) Auto stellt sich als Unfallwagen heraus, der Dieselmotor hat eine manipulierte Software; oder: Die Pkw-Laufleistung beträgt 150 000 km statt der vereinbarten 50 000 km – der Käufer kann gemäß § 437 Nr. 2 1. Alt. BGB sogleich zurücktreten, ohne eine angemessene Nachfrist setzen zu müssen (§ 323 I BGB), da der Verkäufer gemäß § 275 I BGB leistungsfrei wird, § 326 V BGB (denn die Leistung/Nacherfüllung ist bei unbehebbaren Mängeln nicht möglich) (die Pflichtverletzung ist auch erheblich, § 323 V 2 BGB). (S. a. 9.3.2.2.) (I. Ü.: Bei einer erheblichen

Pflichtverletzung [vgl. § 323 V 2 BGB], bei der ein Rücktrittsrecht besteht, d.h. bei einem erheblichen Sachmangel, muss der dies erkennende Käufer eine ihm zur Lieferung bzw. Erfüllung angebotene Ware nicht annehmen, er hat vielmehr dann ein Zurückweisungsrecht; s.o. 8.14.1, 10.2.3, 10.2.7) (bzw. kann ggf. Nachbesserung verlangen [s. o. „Nacherfüllung"]). {Zurück-weisung}

Der Rücktritt ist allerdings ausgeschlossen, wenn die Pflichtverletzung unerheblich ist, § 323 V 2 BGB. {unerhebliche Pflicht-verletzung}

Beispiel: Das verkaufte Kfz hat einen geringfügig [weniger als 10 %] höheren Benzinverbrauch als im Verkaufsprospekt angegeben. Der Käufer kann nicht zurücktreten, §§ 437 Nr. 2 1. Alt., 434, 323 V 2 BGB. (Minderung ist aber möglich, § 441 I 2 BGB; s. u.).

- Die Minderung ist grds. unter den gleichen Voraussetzungen wie der Rücktritt (s. o.) möglich, §§ 433 I 2, 434, 437 Nr. 2 2. Alt., 323, 441 BGB; ist eine dem Verkäufer eingeräumte Nacherfüllung erfolglos geblieben, kann der Käufer nach seiner Wahl statt zurückzutreten (§ 441 I 1 BGB) die Ware behalten und den Kaufpreis mindern. {Minderung}

Beispiele: Der private Gebrauchtwagenkäufer muss alsbald feststellen, dass die Laufleistung nicht, wie bei Vertragsschluss vereinbart, 80 000 km, sondern 180 000 km betragen hat. Wegen dieses Sachmangels, §§ 434 I 1, 433 I BGB, vorgelegen zum Zeitpunkt des Gefahrenübergangs, §§ 446, 477, 474, 13, 14 BGB, von dem der Käufer auch nichts wusste (§ 442 BGB), kann er mindern (statt etwa vom Vertrag zurückzutreten) – die Rücktrittsvoraussetzungen müssen dafür vorliegen (vgl. § 441 I BGB „statt zurückzutreten"): Eine Pflichtverletzung (Lieferung einer mangelhaften Sache) bei gegenseitigem Vertrag liegt vor, § 323 I BGB, zwar fehlt es an einer Fristsetzung, die aber gemäß § 326 V 2. HS BGB entbehrlich ist [denn es liegt ein unbehebbarer, nicht korrigierbarer Mangel (falsche Laufleistung) vor, deswegen der Verkäufer nicht zu leisten braucht, § 275 I BGB (s. a. 9.3.2.1); er muss also keine Nacherfüllung vornehmen]; auf § 323 V 2 BGB kommt es im Übrigen nicht an, § 441 I 2 BGB.

Minderung heißt, dass der Kaufpreis entsprechend des Minderwertes der Kaufsache herabgesetzt wird, §§ 441 III 1, 2 BGB. Berechnet wird dies wie folgt: {Minderungs-berechnung}

$$\text{geminderter Preis} = \frac{\text{vereinbarter Preis} \times \text{Wert der mangelhaften Sache}}{\text{Wert der mangelfreien Sache}}$$

Minderung beim Kaufvertrag – § 437 Nr. 2 2. Alt. BGB –

– Kaufvertrag, § 433 I 1, 2 BGB
– Mangel, §§ 434, 435, 453 BGB
  (Pflichtverletzung des Verkäufers, § 280 I 1 BGB)
– bei Gefahrenübergang, §§ 434 I 1, 446 f. BGB
– ohne Kenntnis des Käufers, § 442 BGB

erfolglos gesetzte angemessene Frist, § 323 I BGB	entbehrliche Fristsetzung, §§ 440, 323 II, 326 V BGB

– fehlendes Interesse bei/an Teillieferung, § 323 V 1 BGB
– keine Verantwortlichkeit, kein Annahmeverzug des Schuldners, § 323 VI BGB

→ grds. Vor. des Rücktritts auch für die Minderung erforderlich, § 437 Nr. 2 BGB – aber: Minderung auch bei unerheblichem Mangel möglich, §§ 441 I 2, 323 V 2 BGB

⇒ Rechtsfolgen: Herabsetzung des Kaufpreises, § 441 III BGB

Schaubild 129: Minderung beim Kaufvertrag, § 437 Nr. 2 2. Alt. BGB

Hat der Käufer den Kaufpreis bereits voll bezahlt, kann er den überzahlten Betrag vom Käufer entsprechend der §§ 441 IV 1, 346 ff. BGB zurückverlangen.

Beispiel: Die für € 1000,– gekaufte Maschine, die mangelfrei € 1200,– wert ist, funktioniert nicht. Ein Sachverständiger schätzt den Wert der mangelhaften Maschine auf € 800,–. Dann ergibt sich nach obiger

Formel ein geminderter Preis von $\dfrac{1000,- \times 800,-}{1200,-} = € 666,67.$

Der Käufer kann also € 333,33 zurückverlangen.

Minderung kann auch bei einem unerheblichen Mangel verlangt werden, vgl. § 441 I 2 BGB (§ 323 V 2 BGB gilt nicht, s. o.). Ggf. kann die Minderung auch durch Schätzung ermittelt werden, § 441 III 2 BGB.

– Schadensersatz:

Schadensersatz   Schadensersatzansprüche stehen dem Käufer zusätzlich, § 325 BGB, ggf. unter den Voraussetzungen der §§ 437 Nr. 3, 440, 280, 281, 311 a BGB zu:

- Kommt es nicht, ggf. nach Setzen einer angemessenen Frist bzw. deren Scheiterns, zur Nacherfüllung (s. o.), §§ 439, 440, 281 I 1, II, 323 II BGB, dann haftet der Verkäufer für die Verletzung seiner Pflicht zur Lieferung einer mangelfreien Sache nach § 280 I BGB im Falle des Verschuldens (§§ 276, 278 BGB; s. o. 9.2; 7.3.3). Voraussetzungen des Schadensersatzanspruches statt der Kaufsache sind grds. ein dem Käufer durch Mangel der Kaufsache kausal entstandener Schaden sowie der Ablauf einer angemessenen Frist zur Nacherfüllung, die aber ggf. entbehrlich ist (§§ 281 I 1, II, 283 S. 1, 440 S. 1 BGB). Es gelten grds. die Regeln des allgemeinen Schuldrechts für Leistungsstörungen, §§ 280 ff. BGB (s. o. 9).

  Beispiel: Der Verkäufer liefert statt der vereinbarten Maschine eine andere, minderwertigere, und verweigert die Nacherfüllung (§ 440 S. 1 BGB) sowie die geschuldete Leistung (§ 281 II 1. Alt. BGB). Oder: Der verkaufte Neuwagen hat defekte Bremsen, der Käufer verunglückt (s. u.).

  Nach den §§ 437 Nr. 3 1. Alt., 280 I, 281 BGB hat der Käufer Anspruch auf Erstattung der sog. Mangelschäden (sie liegen in der Kaufsache selbst),

  Beispiele: Reparaturkosten, Minderwert,

  sowie gemäß § 280 I BGB der (außerhalb der Kaufsache auftretenden) sog. Mangelfolgeschäden,

  Beispiele: Eigentums-, Körper-, Gesundheitsverletzungen (s. u.; hier bedarf es grds. keiner Fristsetzung).

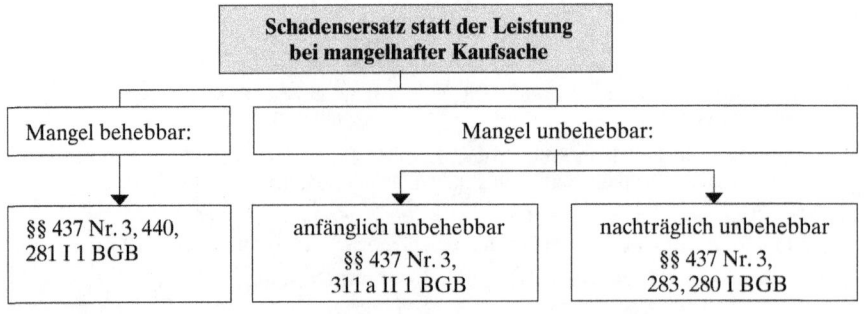

Schaubild 130: Schadensersatz statt der Leistung

- Beim Schadensersatz ist grundsätzlich danach zu differenzieren, ob der Käufer noch ein Interesse an der Leistung hat oder nicht: Will er die Kaufsache behalten, dann kommt Schadensersatz neben der Leistung gemäß § 280 I BGB bzw. § 286 BGB bei Pflichtverletzung bzw. Verzögerung der Leistung in Betracht (s. o. 8.12.1).

Interesse des Käufers

Hat der Käufer dagegen kein Interesse am Kaufgegenstand mehr, will er ihn vielmehr ggf. zurückgeben und stattdessen Schadensersatz verlangen, dann geht es um Schadensersatz statt der Leistung; hierbei kommt es darauf an, ob der Mangel der Kaufsache behebbar ist oder aber nicht:

behebbarer/ unbehebbarer Mangel

Bei behebbar mangelhafter Kaufsache ergibt sich der Schadensersatz statt der Leistung aufgrund der §§ 433, 434, 446, 437 Nr. 3, 440, 281 I 1 2. Alt., 442 BGB; Schadensersatz statt der ganzen Leistung ist dabei nur bei erheblicher Pflichtverletzung des Schuldners (Verkäufers) gegeben, §§ 437 Nr. 3 i. V. m. 281 I 3 BGB;

bei unbehebbaren Mängeln ist danach zu unterscheiden, ob diese bereits bei Vertragsschluss vorliegen oder nicht:

Wegen bereits anfänglich unbehebbarer mangelhafter Kaufsache ergibt sich der Schadensersatz statt der Leistung gemäß der §§ 433, 434, 446, 437 Nr. 3, 311 a II 1, 442 BGB; Schadensersatz statt der ganzen Leistung setzt hierbei eine erhebliche Pflichtverletzung voraus, §§ 311 a II 3, 281 I 3 BGB.

anfänglich

Wenn der unbehebbare Mangel des Kaufgegenstandes erst nach Vertragsschluss auftritt, dann folgt der Schadensersatz statt der Leistung wegen nachträglich unbehebbarer mangelhafter Kaufsache den §§ 433, 434, 446, 437 Nr. 3, 283, 280 I BGB (vgl. § 283 BGB, der auf § 275 BGB verweist, woraus sich die [nachträgliche; s. o. 9.3.2.3] Unmöglichkeit, d. h. das nachträgliche Freiwerden bzw. Nichtleisten-müssen des Verkäufers ergibt). Auch insoweit setzt der Schadensersatz statt der ganzen Leistung darüber hinaus noch die Erheblichkeit der Pflichtverletzung voraus, §§ 283 S. 2, 281 I 3 BGB.

nachträglich

- Macht der Käufer somit Schadensersatz statt der (ganzen) Leistung geltend, vgl. die §§ 434, 437 Nr. 3, 280 I, III, 281, 283, 311 a, 440 BGB, so ergibt sich: Der Gläubiger (Käufer) kann einerseits die Kaufsache behalten und verlangen, so gestellt zu werden, als ob der Schuldner (Verkäufer) gehörig erfüllt hätte (sog. kleiner Schadensersatz); er kann andererseits ggf. die Kaufsache dem Verkäufer zur Verfügung stellen und Schadensersatz statt der Leistung für die Nichterfüllung des ganzen Vertrages verlangen (sog. großer Schadensersatz; Rückabwicklung) – das geht aber nur bei erheblicher Pflichtverletzung des Verkäufers, § 281 I 3 BGB.

Schadensersatz statt der Leistung

Beispiele: Bei der im obigen Beispielsfall gegebenen Erfüllungsverweigerung des Verkäufers, die vereinbarte Maschine zu liefern, kann der Käufer den Nichterfüllungsschaden statt der Leistung (Übereignung der geschuldeten Maschine) geltend machen: Er kann also etwa die gelieferte Maschine behalten und zuzüglich den Mehrpreis verlangen, den ihm die Beschaffung einer gleichwertigen Maschine anderweitig kosten würde (Wertdifferenz; *sog. kleiner Schadensersatz*), oder aber die bereits gelieferte Maschine zurückgeben (vgl. die §§ 281 V, 346 BGB), Kaufpreisrückzahlung sowie einen etwa entgangenen Gewinn (wenn er bspw. die Maschine mit Gewinn hätte weiterveräußern können) verlangen (*sog. großer Schadensersatz*). S. a.: Stellt sich der als unfallfrei verkaufte Gebrauchtwagen als Unfallwagen heraus, hat der Käufer ggf. Schadensersatzansprüche (weil anfänglich unmöglich bzw. unbehebbar) aus den §§ 311 a II 1, 437 Nr. 3, 434 BGB (s. o. 9.3.2.2 f.).

Der Anspruch auf Erfüllung sowie Nacherfüllung ist dann ausgeschlossen, § 281 IV BGB.

- Hat der Käufer wegen eines Mangels der Kaufsache gemindert (s. o.), so kann er später aufgrund desselben Mangels jedoch nicht mehr den sog. „großen Schadensersatz" (s. o.) i. S. d. §§ 437 Nr. 3, 281 I 3, V BGB verlangen – die erklärte Minderung als einseitiges Gestaltungsrecht (s. o. 4.2.3) des Käufers hat dessen Wahlrecht verbraucht.

  Beispiel: Wer wegen nicht funktionierender Bremsen des Kfz wirksam die Minderung erklärt hat, kann nicht danach im Wege des großen Schadensersatzes die Rückabwicklung des Kaufvertrages verlangen.

- Erleidet der Käufer aufgrund der mangelhaften Sache Schäden an seinen sonstigen Rechtsgütern, sog. Mangelfolgeschäden,

  Beispiele: an sonstigem Eigentum, Körper, Gesundheit,

Schadensersatz neben der Leistung

  so kommt Schadensersatz neben der Leistung in Betracht, § 280 I BGB (s. o. 8.12.1, 9.1 a. E., 9.7.2; vgl. die Schaubilder 96 und 102). Insoweit wird nicht Schadensersatz statt der Leistung i. S. d. §§ 280 III, 281–283, 311 a II BGB geltend

---

Schadensersatz beim Kaufvertrag
– § 437 Nr. 3 1. Alt. BGB –

- Kaufvertrag, § 433 I 1, 2 BGB
- Mangel, §§ 434, 435, 453 BGB
  (Pflichtverletzung des Verkäufers, § 280 I 1 BGB)
- bei Gefahrenübergang, §§ 434 I 1, 446 f. BGB
- ohne Kenntnis des Käufers, § 442 BGB
- Pflichtverletzung (Mangel der Kaufsache) zu vertreten, §§ 280 I 2, 276 BGB

erfolglos gesetzte angemessene Frist, § 281 I 1 BGB   entbehrliche Fristsetzung, §§ 440, 281 II BGB

- fehlendes Interesse bei/an Teillieferung, § 281 I 2 BGB
- Schadenseintritt beim Käufer

Rechtsfolgen:

- Schadensersatz statt der Leistung (sog. „kleiner Schadensersatz"):
  §§ 437 Nr. 3 1. Alt., 280 I, III, 281 I 1, 249 BGB;
  (neben dem Rücktritt möglich, vgl. § 437 Nr. 2 a. E. „und" bzw. § 325 BGB); Schaden an bzw. aus Mangelhaftigkeit der Kaufsache (Kosten für Beseitigung, mangelbedingter Nutzungsausfall bzw. entgangener Gewinn); Vertrag bleibt i. Ü. grds. bestehen (Käufer behält Kaufsache)
- Schadensersatz statt der ganzen Leistung (sog. „großer Schadensersatz"):
  §§ 437 Nr. 3 1. Alt., 280 I, III, 281 I 1, 3, 249 BGB;
  setzt erhebliche Pflichtverletzung (d.h. erheblichen Mangel) voraus, vgl. § 281 I 3 BGB; Vertrag bleibt grds. nicht bestehen, vgl. § 281 IV BGB; Ersatz des Kaufpreises (bei Rückgabe der Kaufsache), Mangel-, Mangelfolgeschäden, Kosten der Ersatzbeschaffung, entgangener Gewinn
- Schadensersatz neben der Leistung:
  §§ 437 Nr. 3 1. Alt., 280 I, 249 BGB;
  Mangelfolgeschäden (Schäden an anderen Rechtsgütern, auch Personenschäden, §§ 249 ff. BGB) (erfasst nicht den Mangelschaden, vgl. § 280 III BGB)
- Ersatz vergeblicher Aufwendungen statt des Schadensersatzes:
  §§ 437 Nr. 3 2. Alt., 284 BGB;
  bspw. Vertragskosten, Miet-, Werbekosten

Schaubild 131: Schadensersatz beim Kaufvertrag, § 437 Nr. 3 1. Alt. BGB

gemacht, der dann an die Stelle der geschuldeten Leistung träte, sondern der zusätzliche, neben der geschuldeten Leistung an anderen Rechtsgütern als der Kaufsache eingetretene Schadensersatz verlangt. Diesbezüglich kommt es auf die (zusätzlichen Voraussetzungen der) §§ 280 III, 281–283 BGB nicht an: Während bei Schäden an der Kaufsache (Mangelschäden) der Schaden nur statt der Leistung (§§ 437 Nr. 3, 280 I, III, 281, 283 BGB) ersatzfähig ist (grds. also eine Nachfristsetzung erfordert, § 281 BGB) und der Käufer grds. zunächst seinen Nacherfüllungsanspruch geltend machen muss, kann er Schäden an anderen Rechtsgütern (Mangelfolgeschäden), die nicht durch Nacherfüllung zu beseitigen sind, im Wege des Schadensersatzes neben der Leistung ohne Fristsetzung ersetzt verlangen, §§ 437 Nr. 3, 280 I BGB:

Beispiele: Der Käufer verunglückt mit dem erworbenen Kfz aufgrund schadhafter Bremsen; er erleidet deswegen Körperverletzungen, seine teure Armbanduhr wird zerstört, ein günstiges Geschäft kann er nicht abschließen: Die Arzt-, Behandlungskosten, den Wert der Uhr, entgangenen Gewinn, angemessenes Schmerzensgeld kann der Käufer, da die Lieferung eines Autos mit defekten Bremsen einen Sachmangel sowie eine Pflichtverletzung darstellt, bei (vermutetem) Verschulden des Verkäufers (§ 280 I 2 BGB) ersetzt verlangen, §§ 280 I, 433 I 2, 434, 437 Nr. 3 1. Alt., 249 ff. BGB. (Die Grundsätze der unerlaubten Handlung, s. u. 12, sind ebenfalls einschlägig, s. a. 2.6.2; 12.1). Ebenso wäre es, wenn etwa der Verkäufer eine mangelhafte Maschine liefert und der Käufer wegen deren Ausfalls einen ansonsten getätigten Umsatz nicht erzielen kann, ihm also Gewinn entgeht (vgl. § 252 BGB).

Die Fälle des Schadensersatzes neben der Leistung gemäß § 280 I BGB treten ggf. neben die Käuferrechte des § 437 BGB. Schadensersatz neben der Leistung und Sachmangelrechte

Beispiel: Der Verkäufer liefert eine mangelhafte Produktionsanlage. Der Käufer kann jetzt deren Nacherfüllung verlangen, §§ 433 I 2, 434, 437 Nr. 1, 439 BGB, sowie daneben einen ggf. entgehenden Gewinn, §§ 280 I, 437 Nr. 3 1. Alt., 252 BGB.

Ebenso ist es, wenn der Verkäufer (oder seine Erfüllungsgehilfen, § 278 BGB; s. o. 8.13.2, 9.7.2) bei der Nachbesserung seine Sorgfaltspflichten, §§ 241 II, 242 BGB, verletzt und dem Käufer an dessen anderen Rechtsgütern Schäden zufügt.

Beispiel: Der zur Nachbesserung erschienene Verkäufer wirft versehentlich eine Vase des Käufers um, §§ 280 I, 241 II, 242 BGB (s. o. 9.7).

– Verzugsschäden:

Verzugsschäden (Verspätungsschäden) muss der Verkäufer ggf. gemäß der §§ 280 I, II, 286 BGB (bei Schuldnerverzug) ersetzen (s. o. 9.4). Verzug

Beispiele: Kommt der Verkäufer mit der Nacherfüllung, s. o., schuldhaft in Verzug, kann der Käufer gemäß der §§ 437 Nr. 3 1. Alt., 434, 440, 280 I, II, 286 BGB hierfür den Verzugsschaden ersetzt verlangen. S. a. bspw.: Der vom Käufer auf die schlechte Arbeitsweise der gelieferten Maschine hingewiesene und zur Instandsetzung (Mangelbeseitigung, § 439 I 1. Alt. BGB) aufgeforderte Verkäufer leistet dem trotz Mahnung nicht Folge: Den wegen Verzögerung der Nacherfüllung entstehenden Schaden kann der Käufer vom Verkäufer gemäß der §§ 437 Nr. 3 1. Alt., 433 I, 440, 280 I, II, 286 I, IV, 276 BGB ersetzt verlangen (der Nacherfüllungsanspruch bleibt dabei unberührt, §§ 433 I 2, 434, 437 Nr. 1, 439 BGB).

– Aufwendungsersatz:

Aufwendungsersatz kann der Käufer unter den Voraussetzungen der §§ 437 Nr. 3 2. Alt., 284 BGB verlangen. Aufwendungsersatz

Beispiel: Der Käufer mietet einen Kleintransporter zum Abholen der gekauften, sich als mangelhaft erweisenden Ware an – die Miete für den Kleintransporter muss ihm der Verkäufer erstatten, §§ 284, 280 I, III, 281 I, 437 Nr. 3 2. Alt., 434, 433 I 2 BGB.

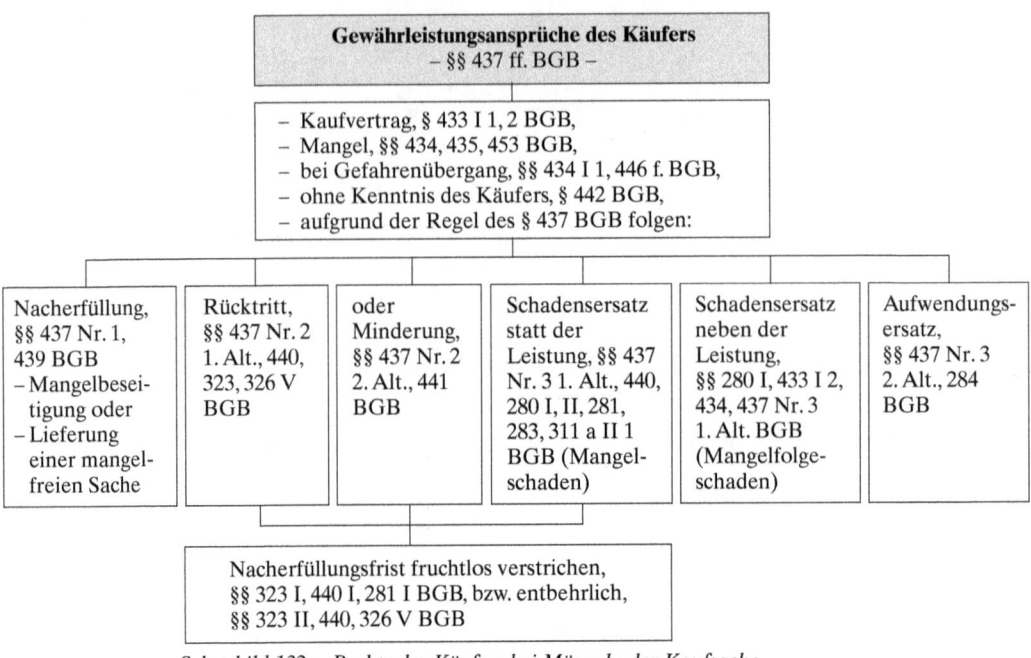

Schaubild 132:   *Rechte des Käufers bei Mängeln der Kaufsache*

Grundsätzlich ist im Übrigen noch insbesondere zu beachten:

Festzuhalten bleibt, dass diese Käuferrechte des § 437 BGB einen Sachmangel (bzw. Rechtsmangel; s. o. 10.2.6 – hierfür gelten die soeben genannten Grundsätze regelmäßig entsprechend, §§ 453, 435, 433 I 2 BGB) voraussetzen. Insbesondere das bei der Nacherfüllung dem Käufer zustehende Nachlieferungsrecht darf man nicht mit einer kulanterweise gewährten Rücknahme bzw. einem Umtausch einer an sich mangelfreien gekauften Sache verwechseln.

Umtausch/
Kulanz

Beispiele: Der gekaufte rosarote Pullover gefällt dem Käufer beim Auspacken zuhause nicht mehr – er bringt ihn zum Verkäufer zurück und bittet diesen um Umtausch in einen grasgrünen: Geht der Verkäufer hierauf ein, so tut er dies freiwillig, denn ein Fehler i. S. d. § 434 BGB liegt bei bloßem Nicht(mehr)gefallen nicht vor (so könnte der Verkäufer ggf. etwa auch statt umzutauschen Bargeld zurück- bzw. einen Gutschein ausgeben) (entsprechend verhält es sich mit freiwillig eingeräumten Rückgaberechten mangelfreier Waren etwa im Möbelhandel). Hinweise wie etwa „Umtausch innerhalb von vier Wochen nur mit Bon", „Umtausch von Bild- und Tonträgern sowie Software nur bei ungeöffneter oder versiegelter Ware möglich" (vgl. die Parallele zu § 312 g II 1 Nrn. 3, 6 BGB [s. o. 6.6.4.2]), „Kalender und reduzierte Ware" bzw. „Schlussverkaufsware vom Umtausch ausgeschlossen" sind insoweit also zulässig. (*Hinweis*: Anders wäre es ggf. etwa in Fällen des Widerrufs bei Verbraucherverträgen [auch bei Nichtgefallen], §§ 312 b, c, 355, 357 BGB; s. u. 10.8.6 – *wer im Geschäft kauft und danach das mangelfreie Produkt etwa wegen Nichtgefallens zurückgeben/umtauschen möchte, ist auf die Kulanz des Verkäufers angewiesen, beim Fernabsatzgeschäft bzw. Interneteinkauf besteht dagegen das [sachmangelunabhängige] Widerrufsrecht*). Bei mangelhafter Schlussverkaufsware bleiben die Käuferrechte, insb. die Nacherfüllung, §§ 437, 439 BGB, grds. bestehen.

Kenntnis des
Käufers

Kennt der Käufer den Mangel bei Vertragsschluss (bzw. Nacherfüllung, § 439 III 2 BGB) oder bleibt er ihm wegen grober Fahrlässigkeit (s. o. 9.2) unbekannt, sind seine Gewährleistungsrechte regelmäßig ausgeschlossen, es sei denn, der Verkäufer habe den Mangel arglistig verschwiegen oder eine Beschaffenheitsgarantie übernommen, § 442 BGB.

Beispiele: Kennzeichnung der Ware mit „2. Wahl", „mit Schönheitsfehlern". Oder: Der Verkäufer weist den Käufer beim Autokauf auf einen Blechschaden hin. Aber: Nimmt der Käufer das Auto mit einem Getriebeschaden, den er bei Vertragsschluss nicht erkennen konnte, ab, so schadet die vorbehaltlose Abnahme nicht, selbst wenn er (erst) hierbei den Mangel erkennt; seine Nacherfüllungsansprüche behält der Käufer dann, §§ 439 I, 437 Nr. 1, 434, 433 I 2, 442 BGB. (S. a. 10.2.3. a. E.).

Beim Verbrauchsgüterkauf sind im Falle der Ersatzlieferung (§ 439 I 2. Alt. BGB) für die zunächst gelieferte Ware Nutzungen weder herauszugeben noch für sie Wertersatz zu leisten, §§ 474 I, 475 III BGB (die §§ 439 V, 346 I, II Nr. 1 BGB sind insoweit nicht anzuwenden; s. u. 10.2.7.3).

Gebrauchs-vorteile

Beispiel: Der Käufer (§ 13 BGB) erhält nach einem halben Jahr im Zuge der Nacherfüllung (§ 439 I BGB) für den zunächst gelieferten Backofen einen neuen – er muss dem Verkäufer (Unternehmer i.S.d. § 14 BGB) keinen (Nutzungs- bzw.) Wertersatz leisten (s.u. 10.2.7.3).

Die Verjährung der Mängelansprüche regelt § 438 BGB (s. o. 4.3.3 f.).

Verjährung

Beispiele: Ansprüche auf Nacherfüllung oder Schadensersatz i. S. d. § 437 Nr. 1 und 3 BGB verjähren bei neuen beweglichen Sachen grds. in zwei Jahren seit Ablieferung/Übergabe, § 438 I Nr. 3, II BGB (Rücktritt und Minderung sind verjährt, wenn der Nacherfüllungsanspruch verjährt ist, §§ 438 IV, V, 218 BGB). Beim Verbrauchsgüterkauf ist dies für neue Sachen nicht verkürzbar, für gebrauchte auf (mindestens) ein Jahr, § 476 II BGB (s. u. bzw. 10.2.7.3). Liefert der Verkäufer im Zuge der Nacherfüllung eine mangelfreie Sache (§ 439 I 2. Alt. BGB), so beginnt die Verjährungsfrist grundsätzlich erneut zu laufen, bei Nachbesserung (§ 439 I 1. Alt. BGB) wohl nur bezüglich desselben Mangels bzw. dessen mangelhafter Reparatur (s. o. 10.2.7.2 „Nacherfüllung" a. E.).

Grundsätzlich können die Kaufvertragsparteien die Mängelhaftung aufgrund der Vertragsfreiheit (s. o. 6.6.6) ausschließen bzw. beschränken.

Beispiele: „Gekauft wie besichtigt", „wie die Sache steht und liegt", „Gewährleistung ist ausgeschlossen".

Eine die Mängelhaftung ausschließende Vereinbarung ist jedoch dann unwirksam, wenn der Verkäufer den Mangel arglistig verschwiegen oder eine Beschaffenheitsgarantie übernommen hat, § 444 BGB.

Ausschluss-vereinbarungen

Beispiel: Der Kfz-Händler erklärt, das verkaufte Auto habe „nur kleine Blechschäden", tatsächlich lag jedoch ein Totalschaden vor. Bei arglistigem Verschweigen eines Mangels gilt gemäß § 438 III BGB die regelmäßige dreijährige Verjährungsfrist (§ 195 BGB, s. o. 4.3.3), und der Käufer kann gem. der §§ 437 Nr. 3, 434, 280, 281 BGB den sog. „großen Schadensersatz" (s. o. 10.2.7.2), die Rückabwicklung nebst Erstattung aller Kosten, verlangen (eine verjährungsverkürzende Vereinbarung i. S. d. § 476 II BGB ist insoweit unwirksam).

Der Ausschluss von Sachmängelgewährleistungsrechten mittels AGBen ist stark erschwert:

AGBen

Beim Verbrauchsgüterkauf gilt § 476 BGB (s. u. 10.2.7.3); bei neu hergestellten Sachen greift das Klauselverbot des § 309 Nr. 8 b BGB ein, der allerdings unter Unternehmern grundsätzlich nicht gilt, § 310 I BGB (s. o. 6.7).

Beispiel: Der Gebrauchtwagen(ver)kauf unter Privatleuten mit den Vertragsklauseln „unter Ausschluss jeglicher Gewährleistung", „gekauft wie gesehen und probegefahren" bleibt wirksam (§ 309 Nr. 8 b BGB greift nicht, da keine neue Sache; § 307 I BGB liegt somit grds. auch nicht vor; § 476 BGB gilt nicht, da kein Verbrauchsgüterkauf i. S. d. § 474 BGB; s. u. 10.2.7.3).

Die Produkthaftung nach dem ProdHaftG bleibt von den §§ 434 ff. BGB grundsätzlich unberührt. Der Verkäufer haftet dann also u. U. wie der Hersteller verschuldensunabhängig auf Schadensersatz, wenn es infolge von Sicherheitsmängeln

Produkt-haftung

der verkauften Sache zur Tötung, Körper- oder Gesundheitsverletzung eines Menschen oder zu einer Sachbeschädigung kommt, vgl. die §§ 1, 3, 4, 10, 14 ProdHaftG (s. u. 12.6.3). Ggf. sind, insbesondere im Hinblick auf Mangelfolgeschäden, auch Ansprüche aus unerlaubter Handlung, §§ 823 ff. BGB, in Betracht zu ziehen.

Im Übrigen gilt: Da der Käufer eine mangelhafte Sache weder abnehmen noch bezahlen muss (s. o. 10.2.3, 10.2.7), darf er die Zahlung gemäß § 320 BGB (s. o. 8.10 a. E.) verweigern und gerät nicht in Verzug, §§ 280 I, II, 286 BGB (s. o. 9.4).

10.2.7.3 Verbrauchsgüterkauf

Verbraucher-
schutz

Kauft ein Verbraucher von einem Unternehmer (§§ 13, 14, 433 BGB; s. o. 3.1.3.2, 3.6, 6.2.7) eine bewegliche Sache (§ 90 BGB; s. o. 4.1.1.1) bzw. ist damit die Erbringung einer Dienstleistung durch den Unternehmer verbunden, so gelten für diesen sog. Verbrauchsgüterkauf (als Sonderfall eines Verbrauchervertrages, vgl. § 310 III BGB; s. a. die Schaubilder 15, 16, 33, 34, 44, 133) gemäß der §§ 474 ff. BGB verbraucherschutzrechtliche Sonderregelungen:

grds. kein
Nutzungs- bzw.
Wertersatz

– § 439 V BGB gilt bei Verbrauchsgüterkäufen nur eingeschränkt, § 474 I, 475 III 1 BGB – lediglich die mangelhafte Sache ist dem Verkäufer ggf. zurückzugewähren, nicht aber Nutzungs- bzw. Wertersatz zu leisten.

Beispiele: Der Käufer eines mangelhaften Herdes, Autos oder Handys muss, wenn er Nacherfüllung im Wege der Lieferung einer mangelfreien Sache verlangt (§§ 433 I 1, 434, 437, 438, 439 I, 442, 446 BGB), dem Verkäufer die Nutzungen (vgl. die §§ 439 V, 346 I, II 1 Nr. 1, 100 BGB) nicht herausgeben bzw. keinen Ersatz dafür zahlen (d. h., die Nutzung ist daher für ihn kostenfrei). (Auch der Rückgriff auf die §§ 812 I, 818 I, II BGB ist im Hinblick auf die Regelung des § 475 III 1 BGB unzulässig.) Beim Rücktritt vom Kaufvertrag gemäß § 437 Nr. 2 1. Alt. BGB ist dies ggf. anders – da hier der Käufer den Kaufpreis nebst Zinsen zurückerhält, muss er seinerseits dem Verkäufer dann Nutzungswertersatz gemäß § 346 I, II BGB zahlen (etwa: Wertersatz/Nutzungsentschädigung wegen der Gebrauchsvorteile eines Kfz [Laufleistung] während der Besitzzeit des Käufers).

– Gemäß § 475 I BGB können die beiderseitigen Hauptleistungspflichten grds. nur unverzüglich (nicht: sofort, vgl. § 271 BGB; s. o. 8.4) gefordert werden, wobei

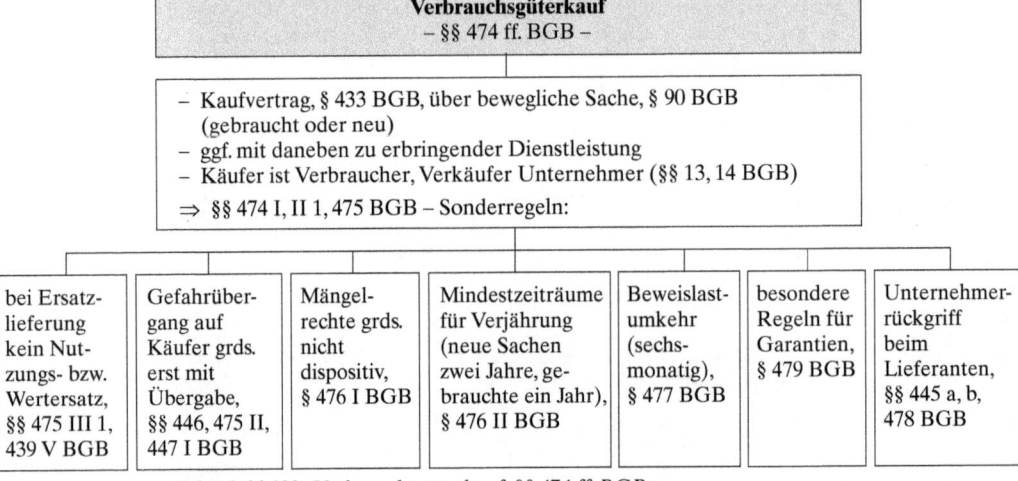

Schaubild 133: Verbrauchsgüterkauf, §§ 474 ff. BGB

der Unternehmer die Sache spätestens 30 Tage nach Vertragsschluss zu übergeben hat.

– § 447 I BGB gilt, wenn der Käufer einen ihm nicht zuvor vom Unternehmer benannten Beförderer beauftragt hat, § 475 II BGB (s. o. 8.5). Die §§ 445 und 447 II BGB gelten grds. nicht, § 475 III 2 BGB.

Gefahrübergang

Beispiele: (Auch) beim Versendungskauf gilt nicht § 447 I BGB, sondern § 446 BGB, die Preisgefahr, § 326 I 1 BGB, geht erst mit der Übergabe auf den Käufer über (s. o. 8.5; 8.12.6; 10.2.5); anders aber, wenn der Verbraucher eine ihm zuvor nicht vom Unternehmer benannte Transportperson selbst beauftragt (§ 475 II BGB). (S. u. 10.10.2.4 a. E.).

– Auch kann sich der Unternehmer auf zu Lasten des Verbrauchers gehende, die §§ 433–435, 437, 439–443 BGB einschränkende Regelungen nicht berufen, § 476 I BGB; ebenso ist es für Verjährungsverkürzungen, § 476 II BGB (s. o. 10.2.7.2 a. E.). (Schadensersatzbeschränkende Vereinbarungen bleiben hiervon grds. ausgenommen, § 476 III BGB – bei ihnen gelten ggf. die §§ 307–309 BGB).

Mängelrechte nicht beschränkbar

Beispiele: Ein individualvertraglich (§ 476 I BGB) oder mittels AGB (s. o. 6.7) vereinbarter Gewährleistungsausschluss ist beim Verbrauchsgüterkauf unzulässig. So ist etwa beim Neuwagenverkauf die Klausel „Gekauft unter Ausschluss der Gewährleistungsrechte" unwirksam [§ 309 Nr. 8 b) aa) BGB, s. o. 6.7]. Für Verjährungsverkürzungen gelten Mindestzeiträume von zwei Jahren für neue bzw. einem Jahr für gebrauchte Sachen. So kann etwa bei Gebrauchtwagen die Gewährleistung bzw. Verjährung mittels AGBen (nur) auf ein Jahr verkürzt werden, § 476 II BGB (s. o.). Tritt der Gebrauchtwagenhändler dagegen nur als Vermittler des Voreigentümers auf (sog. Agenturgeschäft), so bleibt der Ausschluss der Mängelhaftung grds. zulässig (s. a. 10.2.7.2 a. E., 9.8 a. E.), wenn dieser das wirtschaftliche Risiko des Verkaufs trägt – liegt es dagegen beim Gebrauchtwagenhändler, so ist die Angabe, der Voreigentümer sei der Verkäufer, ein Umgehungsgeschäft i. S. d. § 476 I 2 BGB.

Mindestzeiträume für Verjährung

– Weiterhin wird gemäß § 477 BGB die Beweislast beim Vorliegen eines Sachmangels bereits bei Gefahrübergang zu Lasten des Unternehmers in den ersten sechs Monaten umgekehrt (s. o. 10.2.7.1).

Beweislastumkehr

Beispiele: Die gekaufte Kaffeemaschine funktioniert nach vier Monaten nicht mehr – der Käufer muss nicht beweisen, dass der Mangel bereits bei Übergabe vorlag, vielmehr muss der Verkäufer (entgegen der Regel des § 363 BGB) beweisen, dass er ein einwandfreies Produkt verkauft hat, § 477 BGB. Für das Vorliegen des Mangels selbst bleibt dabei der Käufer beweispflichtig; § 477 BGB setzt nämlich einen binnen sechs Monaten seit Gefahrenübergang (s. o. 10.2.5) auftretenden Sachmangel voraus, vermutet allerdings in zeitlicher Hinsicht, dass dieser Mangel bereits im Zeitpunkt des Gefahrüberganges vorlag. Demgegenüber bleibt dem Verkäufer zu beweisen, dass die Ware bei Lieferung mangelfrei war. (*Vorsicht:* Macht der Käufer Sachmängelansprüche geltend, obwohl er die Ware selbst beschädigt hat, so muss er ggf. auch die strafrechtlichen Folgen wegen Betruges tragen.)

– Garantieerklärungen (s. u. 12.6.1.2) müssen einfach und verständlich sein, § 479 BGB (s. a. § 443 BGB).

Garantie

– Der Unternehmer, der die verkaufte neu hergestellte Sache wegen Mangelhaftigkeit zurücknehmen musste oder gegenüber dem der Käufer deswegen gemindert hatte, kann bei seinem Lieferanten Rückgriff nehmen, §§ 445 a, b, 478 BGB.

Lieferantenregress

Beispiel: Hat ein Verbraucher einen mangelbehafteten Neuwagen beim Autohändler A gekauft, dann kann er gemäß der §§ 439, 437 Nr. 1, 434 I, 433 I 2 BGB Nacherfüllung verlangen bzw. ggf. gemäß der §§ 323, 437 Nr. 2 1. Alt. BGB bzw. der §§ 323, 437 Nr. 2 2. Alt, 441 BGB zurücktreten oder mindern (wenn eine Nacherfüllungsfrist erfolglos verstreicht, s. o. 10.2.7.2). Der A kann dann bspw. vom Hersteller ebenfalls die Lieferung einer mangelfreien Sache verlangen bzw. zurücktreten oder mindern, §§ 346 I, 323 I, 445 a, b, 478, 437 Nr. 2 1. u. 2. Alt., 434 BGB – dabei ist allerdings unter Kaufleuten § 377 HGB (s. u.) zu beachten,

§ 445 a IV BGB. Auch Aufwendungsersatz, etwa Nachbesserungskosten, ist bei diesem Händlerregress möglich, § 445 a I BGB.

Verjährung

Die Verjährung regelt insoweit § 445 b II BGB; der Rückgriffsanspruch verjährt frühestens zwei Monate, nachdem der Verkäufer die Gewährleistungsansprüche seines Kunden erfüllt hat, spätestens aber in fünf Jahren (§ 445 b II BGB; s. o. 4.3.3 f.).

Beispiel: Der Einzelhändler hat die Ware schon vor drei Jahren beim Produzenten erworben und muss jetzt einem Kunden Gewähr leisten (§ 437 BGB) – er hat danach noch zwei Monate Zeit, um seinerseits beim Produzenten Regress zu nehmen (§ 377 HGB ist aber zu beachten, § 445 a IV BGB; s. u. 10.2.7.4).

mit Dienstleistung verbunden

Um einen Verbrauchsgüterkauf handelt es sich ebenso, wenn der Vertrag neben dem Verkauf einer beweglichen Sache (§ 90 BGB; s. o. 4.1.1.1) auch die Erbringung einer Dienstleistung durch den Unternehmer regelt, § 474 I 2 BGB.

Beispiel: Der Elektriker soll die in seinem Ladengeschäft gekaufte Lampe in der Wohnung des Verbrauchers installieren. (Bei AGBen ist ggf. § 305 c BGB zu beachten, s. o. 6.7.1.3).

öffentliche Versteigerung

Gemäß § 474 II 2 BGB gelten die Regeln des Verbrauchsgüterkaufs der §§ 474 ff. BGB nicht für den Verkauf gebrauchter Sachen in einer öffentlichen Versteigerung (i. S. d. §§ 383 III, 156 BGB).

Beispiel: Der Verkauf einer aufgrund einer Verhaltensauffälligkeit (sog. „Freikoppen") zur Zucht ungeeigneten Stute (§ 90 a BGB; s. o. 4.1) bei einer von einem anerkannten Pferdezuchtverband durchgeführten, von einem öffentlich bestellten Versteigerer (§ 34 b GewO) geleiteten, Pferdeauktion (insoweit gilt etwa § 477 BGB nicht).

ggf. auch Widerruf

Handelt es sich bei einem Verbrauchsgüterkauf um einen außerhalb von Geschäftsräumen geschlossenen bzw. um einen Fernabsatzvertrag, so besteht ggf. das Widerrufsrecht der §§ 312 b, c, g, 355, 356 II Nr. 1 BGB (s. a. 6.6.4.2; 10.8.6).

Beispiel: Der Internetkäufer erklärt rechtzeitig den Widerruf, §§ 312 c, g, 355, 356 II Nr. 1 BGB; bzgl. der Rücksendung der Ware ist er grds. vorleistungspflichtig, § 357 IV BGB.

10.2.7.4 Kaufmännische Untersuchungs- und Rügeobliegenheit

Beim Handelskauf (s. o. 10.2.1. a. E.) soll der Verkäufer baldigst Gewissheit darüber erlangen, ob seine Lieferung als ordnungsgemäß erachtet oder aber beanstandet wird. Ist der Kauf ein beiderseitiges Handelsgeschäft i. S. d. § 343 HGB (s. o. 6.2.6; 3.4; vgl. die Schaubilder 42 und 43),

Beispiel: Der Käufer der Ware ist Händler, der Verkäufer Großhändler, beide sind Kaufleute i. S. d. § 1 HGB (grds. aber nicht, wenn lediglich Unternehmer i. S. d. § 14 BGB; s. o. 3.6, 6.3.1.2 a. E.),

Obliegenheit

so treffen den Käufer besonders strenge Untersuchungs- und Rügeobliegenheiten, § 377 HGB: Unterlässt er diese (was ihm grds. durchaus freisteht; s. o. 8.1 a. E.), so gehen ihm seine Sachmängelansprüche (§§ 434 ff. BGB), Ansprüche wegen Nichterfüllung bzw. fortbestehende Erfüllungsansprüche sowie ggf. Rückgriffsrechte (§§ 445 a IV, 478 BGB) verloren, § 377 II HGB.

– Der § 377 HGB erfasst dabei folgende Varianten:

Qualitätsmangel

• Mangelhafte Warenlieferung, § 377 I HGB. Hierbei weist der Kaufgegenstand einen Qualitätsmangel auf (Fehler i. S. d. § 434 BGB; nach § 360 HGB ist regelmäßig Durchschnittsware geschuldet; s. o. 8.3.4).

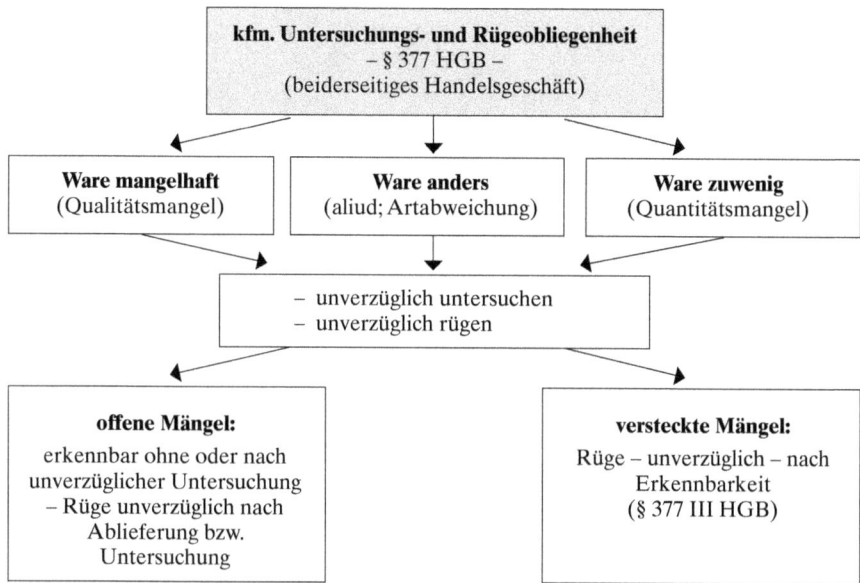

Schaubild 134: Kfm. Untersuchungs- und Rügeobliegenheit

Beispiele: Funktionsunfähige Bremsen beim Neuwagen; gesundheitsschädliche Lackausdünstungen trotz gegenteiliger Zusicherung; verdorbener Inhalt von Lebensmitteldosen;

- der Verkäufer liefert eine andere als die bedungene (vertraglich vereinbarte) Ware (Falschlieferung), sog. qualitatives aliud bzw. Artabweichung (beachte ebenfalls § 360 HGB), § 434 III 1. Alt. BGB (s. o. 10.2.7.1). `aliud`

Beispiele: Lieferung eines Schubkarrens eines anderen Herstellers; statt der gekauften Maschine wird eine gleichartige andere, oder: Nicht der bestellte Frankenwein „Randersackerer Sonnenstuhl", sondern „Randersackerer Marsberg" wird geliefert;

- Minderlieferung, § 434 III 2. Alt. BGB (Quantitätsmangel, quantitatives aliud – minus/Mankolieferung). `Quantitätsmangel`

Beispiel: statt vereinbarter 100 Flaschen Rotwein werden nur 92 geliefert.

- Der kaufmännische Käufer hat die Ware verkehrsüblich und sorgfältig, vgl. § 347 HGB, unverzüglich, also ohne schuldhaftes Zögern (vgl. § 121 I 1 BGB), d. h. ohne vermeidbare Lässigkeit bzw. Verzögerung, in angemessener Eile, zu untersuchen. `Untersuchung`

Beispiele: Gelieferte Türen nach Maß und Zahl; Wein nach Jahrgang und Lage; Maschine auf Funktionstüchtigkeit (ggf. Probelauf; Belastungsproben etc.). [Im internationalen Kaufrecht gilt ggf. die „so kurze Frist, wie es die Umstände erlauben", Art. 38 CISG, d. h. ca. 3–4 Arbeitstage bzw. ggf. ca. 1 Woche (s. a. 2.1 a. E., 10.2.11).] Bei Lieferung einer größeren Warenmenge bzw. bei verschlossenen Waren sind (zumutbare) Stichproben zu machen.

- Zeigt sich bei der unverzüglichen Untersuchung ein Mangel, so ist dem Verkäufer hiervon unverzüglich Anzeige zu machen, § 377 I HGB. `Rüge`

Beispiele: Kaufmann K bestellt am 15. 3. beim Großhändler G 75 Plüschteddybären, am 25. 3. erfolgt die Lieferung per Paket: Allerdings enthält dieses lediglich 72 Plüschteddys, von denen fünf beschädigt sind, sowie drei Plüschmäuse – im Hinblick auf diese Minderlieferung (§§ 433, 434 III 2. Alt. BGB, bzgl. dreier Teddys), bzw. Falschlieferung

Verstoß gegen die kfm. Untersuchungs- und Rügeobliegenheiten – Rechtsfolgen –			
Schlechtlieferung:	**Falschlieferung:**	**Minderlieferung:**	**Verbrauchs-güterkauf:**
– keine Gewähr-leistungsrechte i.S.d. §§ 437 ff. BGB – (schlechte) Ware behalten – (schlechte) Ware bezahlen	– kein Erfüllungs-anspruch mehr – wenn gelieferte Ware weniger wert: trotzdem vereinbarter Kaufpreis zu zahlen – wenn gelieferte Ware wertvoller: höherer Preis zu zahlen	– vereinbarter Kaufpreis für vereinbarte Menge zu zahlen – kein Anspruch auf ergänzende Lieferung	– Verlust des Unternehmer-regresses

Schaubild 135: Folgen der Verletzung kfm. Untersuchungs- und Rügeobliegenheiten

(§§ 433, 434 III 1. Alt. BGB, bzgl. dreier Plüschmäuse) sowie Schlechtlieferung (§§ 433, 434 I 2 Nr. 2 BGB, bzgl. fünf beschädigter Teddys; zum Sachmangelbegriff s. o. 10.2.7.1) muss der K das Paket unverzüglich öffnen, die Ware untersuchen und den G von den Beanstandungen unverzüglich unterrichten, §§ 377 I, 343, 1 I, II HGB. (Unterlässt er dies, so gilt die Ware als genehmigt, § 377 II HGB, und er zahlt gleichwohl, s. u.). [Im internationalen Kaufrecht gilt insoweit ggf. die „angemessene" Anzeigefrist des Art. 39 CISG (s. a. 2.1 a. E., 10.2.11).] (I. Ü.: Der Bauhandwerker, etwa ein Fensterbauer, bleibt auch nach dem Einbau in einen Neubau seinem Lieferanten, etwa dem Fensterhersteller, im Falle auftretender Mängel unverzüglich rügepflichtig – die Rügepflicht geht grds. nicht etwa auf den Bauherrn über).

Versteckte, nicht sogleich erkennbare Mängel (§ 377 II HGB a. E.) sind unverzüglich nach der Erkennbarkeit zu rügen, § 377 III HGB.

„unverzüglich" Das Eilgebot „unverzüglich" trifft den kaufmännischen Käufer also zweimal: bei der Untersuchung ebenso wie bei der Rüge. Das wird von der Rspr. sehr streng behandelt: schon geringe, bei ordnungsgemäßem Geschäftsgang vermeidbare Lässigkeit macht die Untersuchung bzw. Rüge verspätet.

Beispiele: Am Montag geliefertes Obst wird erst donnerstags untersucht, eine Werkzeugmaschine bleibt mehrere Tage nach der Lieferung unbeachtet – die Untersuchung erfolgt zu spät. Oder: Der Mangel des Maschinenmotors wird erst zwei Wochen nach Entdeckung, die festgestellte Fäulnis von Tomaten erst am zweiten Tag nach der Lieferung gerügt – die Anzeige (Rüge) ist verspätet. Wird jedoch aufgrund langjähriger Geschäftsbeziehung immer die gleiche Ware bezogen, dann muss der Lieferant über etwaige Änderungen bei der Herstellung informieren, so dass der Käufer Anlass für eine Untersuchung der Ware hat.

Eine unverzügliche Rüge vermag eine verspätete Untersuchung grds. nicht zu heilen.

Form der Rüge Die vom Käufer geforderte Rüge kann (fern-)mündlich, schriftlich, per e-mail oder Telefax erhoben werden. Sie muss inhaltlich Art und Umfang des konkreten Mangels konkret angeben. Rechtzeitige Absendung genügt, § 377 IV HGB (s. o. 6.3.5 a. E.).

Beispiele: „Der Motor des Autos läuft nicht"; „zwei der fünf Tomatenkisten sind völlig verfault"; „Sie haben nur 10 statt der vereinbarten 12 Paletten Farbdosen geliefert". Nicht aber: „Die Ware ist schlecht"; „die Tapeten sind mangelhaft"; „Sie haben Schund geliefert". Vorsicht: Die Rüge ist gegenüber dem Verkäufer oder einem von ihm autorisierten Empfangsberechtigten (etwa einem Vertreter i. S. d. § 164 BGB) zu erklären; der die Ware anliefernde Fahrer gehört i. d. R. nicht dazu.

– Bei arglistigem Verschweigen des Mangels bzw. arglistigem Vorspiegeln einer Eigenschaft ist die Rüge ebenfalls entbehrlich, § 377 V HGB.

Beispiel: Der Verkäufer einer Maschine verschweigt bewusst einen Mangel in der Absicht, den Käufer zu täuschen (vgl. oben 6.8.2.5).

Verstößt der kaufmännische Käufer gegen seine Untersuchungs- bzw. Rügeobliegenheit, so gilt die gelieferte Ware als genehmigt:

Rechtsfolgen

– Bei Schlechtlieferung muss er die Ware behalten sowie bezahlen und hat keine Gewährleistungsrechte i. S. d. §§ 437 ff. BGB;

– bei der Falschlieferung hat er keinen Erfüllungsanspruch mehr. Ist die gelieferte Ware weniger wert als die bestellte, muss er trotzdem den vereinbarten Kaufpreis zahlen, ist sie wertvoller, so hat er den hierfür geltenden höheren Preis zu entrichten;

– bei der Minderlieferung bleibt die Pflicht zur Zahlung des vereinbarten Kaufpreises bestehen, ohne dass der Käufer das Recht auf ergänzende Lieferung hat. (Die nicht unter die §§ 434 III 2. Alt. BGB, 377 HGB fallende Mehrlieferung darf der Käufer zurückweisen; er muss sie nicht bezahlen, jedoch gemäß § 812 I 1 1. Alt. BGB, s. u. 11.3, herausgeben);

– bei Inanspruchnahme durch Käufer (Unternehmer bzw. Verbraucher) verliert er ggf. die Möglichkeit des Unternehmerregresses, §§ 445 a IV, 478 BGB.

Beispiel: Der Großhändler G liefert dem Lebensmittelhändler L eine Palette mit 500 Gläsern spanischer Oliven. L untersucht die Ware nicht, veräußert sie vielmehr an Verbraucher. Durch einen seiner Kunden wird der L nach einiger Zeit darauf hingewiesen, dass die Oliven verdorben sind. Nunmehr öffnet der L alle sich noch bei ihm befindlichen Olivengläser – sie sind sämtlich verdorben. Dies teilt der L dem G jetzt mit:
Nach den Regeln der §§ 434 ff. BGB könnte der L zwar grundsätzlich die Rechte aus den §§ 437 ff. BGB geltend machen (bzw. ggf. den Unternehmerregress des § 445 a BGB; s. o. 10.2.7.3 a. E.). Allerdings hätte der L beim hier vorliegenden beiderseitigen Handelskauf, §§ 1, 343 HGB, die Ware unverzüglich untersuchen müssen, § 377 I HGB (er hätte eine Stichprobe von ca. 3-5 Gläsern nehmen müssen). Da er dies nicht tat (die unverzügliche Rüge nach verspäteter Entdeckung nutzt ihm nichts), gelten die verdorbenen Oliven als genehmigt: L muss sie zahlen und hat keine Gewährleistungsansprüche mehr, §§ 433 II BGB, 377 II HGB.

Abwandlung: Wenn verzehrtaugliche portugiesische Oliven geliefert worden wären, so wäre diese Falschlieferung als gemäß der §§ 377 HGB, 434 III 1. Alt. BGB genehmigt anzusehen. Falls etwa 480 statt der bestellten 500 Gläser geliefert worden wären, so müsste L 500 (statt 480) bezahlen, §§ 377 II HGB, 434 III 2. Alt., 433 II BGB (s. a. das obige „Teddybären"-Beispiel). [*Vorsicht: Die vom Verkäufer als vollständig angesehene sog. verdeckte Minderlieferung i. S. d. § 434 III 2. Alt. BGB ist von der bewussten Fehlleistung, der sog. offenen Minderlieferung i. S. d. § 266 BGB, s. o. 8.14.1, zu trennen:* Liefert der Verkäufer erklärtermaßen nur einen Teil der bestellten Ware, dann behält der Käufer den ursprünglichen Erfüllungsanspruch.]

verdeckte/
offene
Minder-
lieferung

Hält der Käufer die Rügeobliegenheit dagegen ein, so behält er seine Rechte nach den §§ 434 ff. BGB.

Bei sog. „just-in-time"-Lieferverträgen (bei denen der Verkäufer zum genau vereinbarten Zeitpunkt liefern muss, etwa bei Fließbandproduktion) sind die abdingbaren Untersuchungs- und Rügeobliegenheiten des § 377 HGB in der Praxis häufig vertraglich vom Käufer auf den Verkäufer (etwa Zulieferer) verlagert. Bei AGBen ist aber ggf. § 307 BGB (s. o. 6.7.2) zu beachten.

„just-in-time"

Beispiel: In Allgemeinen Einkaufsbedingungen ist der völlige Ausschluss der Rügeobliegenheit auch bei offenen Mängeln unzulässig (s. o. 6.7.3 a. E.). Ggf. sind auch Handelsbräuche i. S. d. § 346 HGB zu beachten (s. o. 6.2.6.2; 6.3.6 a. E.).

10.2.8 Eigentumsvorbehalt

Eigentumsübertragung aufgeschoben

Der Käufer muss den Kaufpreis grundsätzlich Zug-um-Zug gegen Übereignung der Kaufsache zahlen. Oftmals allerdings kann oder will der Käufer den Kaufpreis nicht bzw. nicht vollständig entrichten. Dann bietet der sog. Eigentumsvorbehalt dem Verkäufer (der dem Käufer wirtschaftlich betrachtet einen Warenkredit gibt) die Möglichkeit, die Eigentumsübertragung an den Käufer aufzuschieben.

Beispiel: K will von V zu Produktionszwecken eine Maschine erwerben, kann aber den Kaufpreis nicht sogleich gänzlich aufbringen. Beide vereinbaren daher, dass K in monatlichen Raten zahlt. Um den V bis zur vollständigen Zahlungserbringung dinglich vor dem Risiko einer etwaigen Zahlungsunfähigkeit des K zu sichern, erhält der K von V sogleich die Maschine (= unmittelbarer Besitz i. S. d. § 854 BGB); die auf Eigentumsübertragung i. S. d. § 929 S. 1 BGB gerichtete Willenserklärung des V steht unter der aufschiebenden Bedingung (§ 158 I BGB) der korrekten Zahlung der vereinbarten Raten. Der V bleibt also (zunächst) Eigentümer und kann ggf. vom Kaufvertrag zurücktreten, §§ 449 I, II, 323 I BGB, sowie die Maschine von K wieder herausverlangen, §§ 346 I, 985 BGB. Der Eigentumsvorbehalt stellt also ein Kreditsicherungsmittel bzgl. beweglicher Sachen dar (sog. Realsicherheit, s. u. 10.7.1); bei Grundstücken ist er regelmäßig unzulässig, § 925 II BGB (s. a. 6.5 a. E., 15.3.4.1).

Kreditsicherungsmittel

Eigentumsvorbehalt
– vgl. § 449 BGB –

Kaufvertrag, § 433 BGB, mit Abrede, wonach Käufer erst Eigentümer wird, wenn Kaufpreis entrichtet (§ 449 I BGB); unbedingt wirksam (zwei sich deckende Willenserklärungen)	Verpflichtungsgeschäft
Übereignung des Kaufgegenstandes: § 929 S. 1 BGB – Einigung: – Willenserklärung des Erwerbers (zum Eigentumserwerb) unbedingt wirksam – Willenserklärung des Veräußerers bezüglich Eigentumsübertragung aufschiebend bedingt (vgl. die §§ 449, 158 I BGB); er bleibt zunächst Eigentümer, Erwerber hat Anwartschaftsrecht Übergabe (Besitzverschaffung) erfolgt sogleich, § 854 BGB	Verfügungs-, Erfüllungsgeschäft

Schaubild 136: Eigentumsvorbehalt

Beim (Ver-)Kauf unter Eigentumsvorbehalt vereinbaren die Parteien, dass der Käufer erst nach der vollständigen Bezahlung Eigentümer der Kaufsache werden soll, § 449 BGB. Die Übereignung des Kaufgegenstandes steht also unter einer aufschiebenden Bedingung, §§ 158 I, 929 S. 1 BGB (s. o. 6.5; Schaubild 51; s. a. 15.3.2.1).

Beispiel: In AGBen (s. o. 6.7), insoweit oftmals Lieferungs- bzw. Zahlungsbedingungen genannt, erklärt der Verkäufer: „Die Ware bleibt bis zur vollständigen Bezahlung mein Eigentum.“, oder: „Eigentumsübertragung erst mit Zahlung.“ (*Vorsicht: Bei Grundstücken ist die Übereignung bedingungsfeindlich, ein Eigentumsvorbehalt daher nicht möglich*, § 925 II BGB [s. u. 15.3.4.1]).

Der Verkäufer bleibt Eigentümer (und wird mittelbarer Besitzer, vgl. § 868 BGB; s. u. 15.4.2); der Käufer erlangt den unmittelbaren Besitz, § 854 BGB, und kann die Kaufsache sogleich nutzen. Hinzu erwirbt er ein sog. Anwartschaftsrecht, gerichtet auf Erwerb des Eigentums (der Verkäufer kann gemäß § 161 I BGB den Eigentumserwerb grundsätzlich nicht mehr verhindern bzw. vereiteln).

Diese Anwartschaft als Vorstufe des künftigen Eigentumsrechtes gestattet den Besitz der Kaufsache, ist als „sonstiges Recht" i. S. d. § 823 I BGB geschützt (s. u. 12.2.1.1) und entsprechend § 929 BGB übertragbar (s. u. 15.3.2; vgl. § 137 S. 1 BGB [s. o. 6.8.1.2]). Man kann sie verpfänden (s. u. 15.6. a. E.) und vererben.

Anwartschaft

Beispiel: Im vorigen Beispielsfall könnte der K noch vor Zahlung der letzten Rate die von V gekaufte Maschine weiterverkaufen (§ 433 BGB) und sein aufschiebend bedingtes Eigentum entsprechend § 929 S. 1 BGB an den Dritten D übertragen (durch Einigung über den Übergang des aufschiebend bedingten Eigentums und Übergabe der Maschine an D). Mit Zahlung der letzten Rate an V erwirbt dann D das (Voll-) Eigentum. [Die Übertragung des Anwartschaftsrechts ist von der Übertragung des Eigentums zu unterscheiden (verschweigt etwa der K dem D, dass er noch gar nicht (Voll-)Eigentümer ist, so kommt ggf. gutgläubiger Eigentumserwerb i. S. d. §§ 932 ff. BGB, 366 HGB für D in Betracht; s. u. 10.2.10, 15.3.2.3).]

Grundsätzlich hat der Verkäufer als Eigentümer den Herausgabeanspruch gemäß § 985 BGB gegen den Käufer, der allerdings demgegenüber ein Besitzrecht i. S. d. § 986 BGB aus dem Kaufvertrag hat (s. u. 15.4). Dieses Besitzrecht kann der Verkäufer (Eigentümer) durch Rücktritt, § 346 BGB, beseitigen, § 449 II BGB:

Der Verkäufer ist zum Rücktritt (s. o. 6.6.4.1) vom Kaufvertrag berechtigt, wenn der Käufer mit den Kaufpreisraten in Verzug gerät bzw. eine sonstige Pflichtverletzung begeht (etwa den Kaufgegenstand unsachgemäß behandelt oder pflichtwidrig weiterveräußert), §§ 449 I, II, 323, 324 BGB; er muss also hierzu grds. eine angemessene Frist zur Leistung (Zahlung) setzen (§ 323 I BGB). Auch kann er die Kaufsache ggf. gemäß § 985 BGB vom Käufer herausverlangen. Bei Teilzahlungskäufen (auch Abzahlungskäufe genannt) sind insbesondere die §§ 507 f. BGB zu beachten (s. u. 10.6.6).

Rücktritt

Beispiel: Liegt, wie oftmals der Fall, dem (Verbrauchsgüter-, § 474 BGB) Kauf eine Finanzierungshilfe in Form eines Teilzahlungsgeschäftes zugrunde (§ 506 III BGB), so gilt für das Rücktrittsrecht des § 449 II BGB, dass der Verbraucher u. a. mit mindestens zwei Teilzahlun-

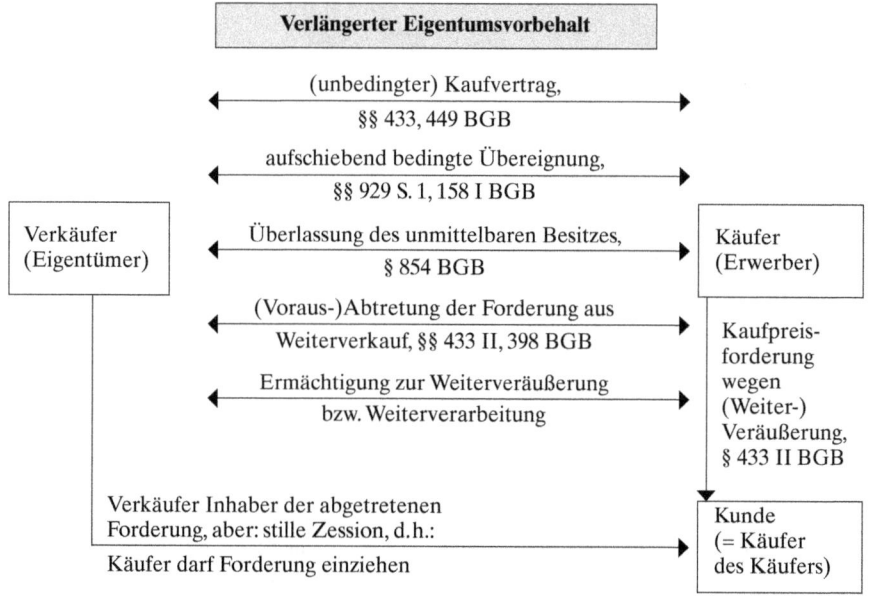

Schaubild 137: Verlängerter Eigentumsvorbehalt

gen in Verzug und eine zweiwöchige Nachfrist erfolglos verstrichen sein muss, §§ 508, 498, 511 BGB. (Auf das Fristsetzungserfordernis kann i. Ü. ggf. einzelvertraglich verzichtet werden, nicht aber in AGBen, § 309 Nr. 4 BGB; s. o. 6.7.2).

Der Eigentumsvorbehalt wird auch bei etwaiger Verjährung (s. o. 4.3.3 f.) der Kaufpreisforderung nicht wirkungslos, vielmehr kann der Verkäufer trotzdem vom Kaufvertrag zurücktreten und die Kaufsache herausverlangen, §§ 449 II, 216 II 2, 218 I 3 BGB.

Sonderformen   Die beim Käufer befindliche Ware kann dort aus Sicht des Verkäufers gefährdet sein: durch Weiterveräußerung und damit u. U. verbundenem gutgläubigem Erwerb, §§ 929, 932 BGB, 366 HGB (s. u. 10.2.10 a. E.; 15.3.2.3 a. E.), sowie durch Weiterverarbeitung und Verbindung, §§ 946 ff. BGB (s. u. 15.3.3).

Beispiel: Der Großhändler G liefert dem Fabrikanten F unter Eigentumsvorbehalt Rohmaterialien, die dieser mit erheblichem Aufwand zu neuen Gegenständen verarbeitet: Gemäß § 950 I, II BGB erwirbt der F kraft Gesetzes Eigentum, der Eigentumsvorbehalt des G erlischt.

Als Sonderformen gibt es daher insbesondere den sog. verlängerten Eigentumsvorbehalt und den sog. Kontokorrentvorbehalt.

Verlängerter Eigentumsvorbehalt   Beim verlängerten Eigentumsvorbehalt wird vereinbart, dass der Käufer die unter Eigentumsvorbehalt erworbene Ware weiterveräußern oder verarbeiten darf, und dass an die Stelle des Eigentumsvorbehaltes die neue Sache, das Arbeitsprodukt (vgl. § 950 BGB), oder die aus der Weiterveräußerung entstehende Forderung treten soll. Der Käufer hat also die Einwilligung, § 185 I BGB (s. o. 6.5), zur Veräußerung oder Verarbeitung, und der Verkäufer wird durch eine Vorausabtretung entstehender Forderungen aus Verkauf der Vorbehaltsware – sog. Sicherungsabtretung (Sicherungszession, s. o. 8.8.1, 8.8.4) – bzw. durch Sicherungsübereignung (s. u. 15.3.2.2) der durch die Verarbeitung geschaffenen Sache geschützt.

Beispiele: Der Großhändler G liefert dem Einzelhändler E Elektrogeräte; E zahlt (nur) ratenweise. G behält sich zwar das Eigentum vor durch aufschiebend bedingte Übereignung (§§ 929 S. 1, 158 I BGB), gestattet aber dem E die Weiterveräußerung an dessen Kunden K. Mit der Übereignung eines Gerätes von E an K wird der K gemäß der §§ 929 S. 1, 185 I BGB

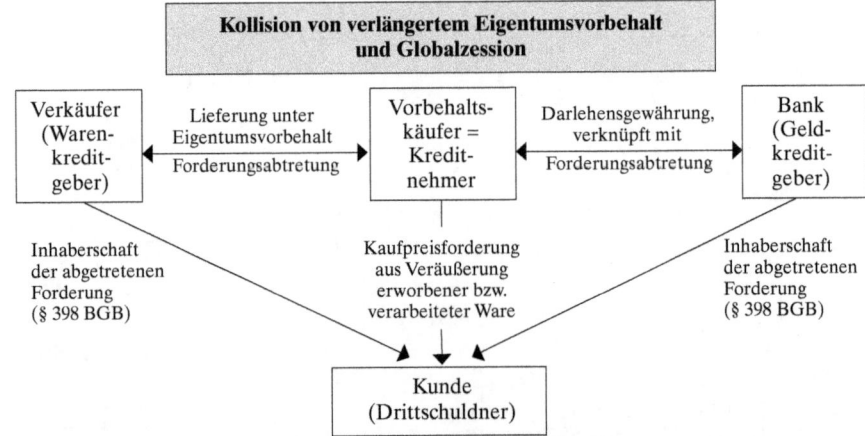

Grundsatz: Prioritätsprinzip, aber: u. U. § 138 BGB (Vorbehaltskäufer darf nicht zum Vertragsbruch gegenüber Vorbehaltsverkäufer verleitet werden).

Schaubild 138: Verlängerter Eigentumsvorbehalt und Globalzession

Eigentümer. Der E tritt allerdings die Kaufpreisforderung gegen den K, § 433 II BGB, an den G im vorhinein ab, § 398 S. 1 BGB. Oder: Sand- und Kiesunternehmer S veräußert dem Bauunternehmer B, der Fertigbauteile herstellt, Sand und Kies. Dabei wird vereinbart: 1: Der gelieferte Sand und Kies (Vorbehaltsware) bleibt bis zur vollständigen Kaufpreiszahlung im Eigentum des S. 2. B darf die Vorbehaltsware im Rahmen seines ordnungsgemäßen Geschäftsbetriebes weiterverarbeiten. 3. Im Falle der Weiterveräußerung oder im Falle der Weiterbearbeitung und anschließender Weiterveräußerung gilt folgendes: Der S erwirbt Miteigentum an der weiterverarbeiteten Sache in Höhe des Kaufpreises der Vorbehaltsware. Der B tritt entstehende Forderungen aus der Weiterveräußerung der Vorbehaltsware an K ab, auch insoweit, als die Ware verarbeitet ist. (Zur Problematik bei sog. kollidierenden AGBen s. o. 6.7.3).

Beim Kontokorrenteigentumsvorbehalt erlischt der Eigentumsvorbehalt erst, wenn der Käufer alle oder bestimmte Forderungen aus der Geschäftsverbindung mit dem Verkäufer getilgt hat und der Saldo ausgeglichen ist. *Kontokorrent*

Schwierig wird es, wenn eine Veräußerung unter verlängertem Eigentumsvorbehalt (verbunden mit der Abtretung der entstehenden Kundenforderungen) mit einer etwa gegenüber einer Bank vorgenommenen Globalzession kollidiert. *Globalzession*

Beispiel: Der Händler H hat für einen Betriebsmittelkredit seine zukünftig entstehenden Forderungen an die Bank B abgetreten (§ 398 BGB; s. o. 8.8.4). Sein Großhändler G liefert ihm Waren aber nur unter verlängertem Eigentumsvorbehalt (wonach der H dem G also gemäß § 398 BGB die aus der gestatteten Weiterveräußerung entstehenden Kaufpreisforderungen, § 433 II BGB, gegen seine Kunden abtreten muss).

Hier wird der Eigentumsvorbehaltskäufer bzw. Kreditnehmer in die Enge getrieben: Wegen der zuerst vorgenommenen Globalzession an die Bank kann er (Prioritätsprinzip, s. o. 8.8.3) an den Vorbehaltsverkäufer ihm erst noch entstehende Forderungen aus Weiterverkauf gar nicht mehr wirksam abtreten – um aber Ware geliefert zu erhalten, muss er dem Warenlieferanten letztlich die Globalzession an die Bank verschweigen. Infolge der fesselnden, wirtschaftlichen Einengung erachtet die Rspr. derartige Globalzessionen sehr häufig als sittenwidrig i. S. d. § 138 BGB bzw. unwirksam gemäß § 307 BGB (s. o. 6.7.2; 6.8.1.1). Die die Globalzession nehmende Bank muss dem Schuldner daher diejenigen Forderungen, die im üblichen Geschäftsverkehr im Rahmen eines verlängerten Eigentumsvorbehaltes an den Warenlieferanten abgetreten werden, belassen – der Darlehensschuldner hat insoweit einen Anspruch auf Freigabe gegen die Bank (dies wird in Bank-AGBen etwa durch dingliche Verzichts- bzw. Vorrangklauseln erreicht, die einem verlängerten Eigentumsvorbehalt unterliegende Forderungen erst dann erfassen, wenn der Warenlieferant befriedigt wurde). *„Fesselung"* *Freigabe*

Beispiel: Im vorigen Beispielsfall heißt das, dass die B diejenigen Forderungen, die der H aus Weiterverkauf der von G an H gelieferten Ware gegen eigene Kunden erwirbt (i. S. d. § 433 II BGB), respektieren muss; ihre im voraus von H erhaltene Globalzession erfasst diese Forderungen also nicht, so dass der G insoweit wirksam Forderungsinhaber (aufgrund verlängerten Eigentumsvorbehaltes) wird.

Der Eigentumsvorbehalt darf nicht auf Forderungen eines Dritten, insb. eines mit dem Verkäufer verbundenen Unternehmens (vgl. § 15 AktG; s. u. 17.8.13) – sog. Konzernvorbehalt –, erstreckt werden, § 449 III BGB. *Konzernvorbehalt*

Beispiel: Die Eigentumsvorbehaltsabrede sieht den Eigentumsübergang auf den Erwerber erst dann vor, wenn alle Konzernforderungen erfüllt sind – dies ist nichtig.

10.2.9 Sonderformen des Kaufes

Neben dem Eigentumsvorbehalt wird der Kauf noch durch weitere Sonderformen geprägt, vgl. die §§ 454 ff. BGB, insbesondere durch

Kauf auf Probe   – den Kauf auf Probe, §§ 454 f. BGB,

Beispiele: der betuchte Kunde kauft ein Schmuckstück beim Juwelier, will es aber mit nach Hause nehmen um zu sehen, ob es seiner Gattin gefällt bzw. zusagt – es handelt sich hierbei also um einen grds. wirksamen Kaufvertrag, der unter der aufschiebenden Bedingung (s. a. 6.5) der Billigung durch den Käufer innerhalb der vereinbarten bzw. ihm gesetzten Billigungsfrist geschlossen wird, §§ 454, 455, 158 I BGB. Hat der Kunde etwa im Internet bestellt, handelt es sich also um einen Fernabsatzkauf, so tritt nach Ablauf der Billigungsfrist die 14-tägige Widerrufsfrist hinzu, §§ 312 c, g, 355 BGB (s. a. 6.6.4.2; 10.8.3),

Wiederkauf   – den Wiederkauf, §§ 456 ff. BGB,

Beispiel: die Gemeinde will junge Familien durch Abgabe billigen Baulandes fördern und behält sich den Wiederkauf bei Nichtbebauung vor, §§ 456 ff. BGB,

Vorkauf   – sowie den praktisch durchaus bedeutsamen Vorkauf, §§ 463 ff. BGB, der das Recht gibt, in einen Kaufvertrag einzutreten, der zwischen dem Vorkaufsverpflichteten und einem Dritten abgeschlossen wird. Für Grundstücke ermöglichen die §§ 1094 ff. BGB ein sog. dingliches Vorkaufsrecht, das ins Grundbuch eingetragen wird (s. u. 15.3.4.2).

Beispiel: Der Grundstückseigentümer gewährt einem Nachbarn ein dingliches Vorkaufsrecht – im Falle der Veräußerung des Grundstücks an einen Dritten kann der Nachbar die Ausübung seines Vorkaufsrechts erklären, wodurch ein neuer selbständiger, inhaltlich gleicher Kaufvertrag zwischen den Vorkaufsparteien zustande kommt, vgl. die §§ 463 ff., 1094 ff. BGB. (Das Vorkaufsrecht ist grds. nicht vererblich, § 473 BGB [s. a. 6.8.1.2; 10.5.8]; vgl. aber etwa die §§ 577, 2034 BGB).

Tausch   Als Sonderform des Kaufes kann in gewisser Weise auch der Tausch gesehen werden: auf diesen gegenseitigen Vertrag über den Umsatz eines individuellen Wertes gegen einen anderen individuellen Wert bzw. eine Gattungssache (*„Ware gegen Ware"*), bei dem ein Kaufpreis in Geld fehlt, finden die Kaufrechtsregeln entsprechende Anwendung, § 480 BGB.

10.2.10 Gutgläubiger Erwerb des Eigentums

Veräußerung durch Nichtberechtigte   Während der Verkäufer sich mehrfach verpflichten kann, die Kaufsache zu übereignen, kann er diese Verpflichtung tatsächlich aber nur einmal leisten: durch Eigentumsübertragung gemäß § 929 BGB, Einigung und Übergabe, und dies regelmäßig auch nur dann, wenn er selbst Eigentümer der (verkauften) Sache ist (Berechtigter, s. u. 15.3.2.3). Ausnahmsweise lässt der Gesetzgeber aber den Erwerber in die Eigentümerstellung einrücken, wenn dem Veräußerer die Befugnis zur Übertragung des Eigentums fehlt, und zwar nach den Grundsätzen des gutgläubigen Erwerbs. Gemäß § 932 BGB, der insoweit wichtigsten Vorschrift, kann ein Erwerber auch dann Eigentümer werden, wenn die bewegliche Sache nicht dem Veräußerer gehört (s. a. unten 15.3.2.3).

Gutgläubigkeit   Wichtig ist dabei nur, dass er, der Erwerber, gutgläubig war, ihm also nicht bekannt oder infolge grober Fahrlässigkeit unbekannt geblieben ist, dass die Sache nicht dem Veräußerer gehört (vgl. § 932 II BGB). Bei gestohlenen, verlorengegangenen oder sonst abhandengekommenen Sachen ist der gutgläubige Erwerb aber ausgeschlossen, § 935 I BGB.

| **Gutgläubiger Eigentumserwerb an beweglichen Sachen** |

Ausgangsfall: § 929 S. 1 BGB

— Einigung, § 929 S. 1 BGB (= dinglicher Vertrag, zwei sich deckende WE)

— Übergabe (Besitzverschaffung, § 854 BGB)

— Berechtigung des Verfügenden:
  – als Eigentümer
  – als Vertreter, vgl. § 164 I 1 BGB
  – bei Ermächtigung, § 185 BGB

wenn nicht:
– guter Glaube des Erwerbers, § 932 I 1, II BGB: Erwerber weiß nicht bzw. muss nicht wissen, dass Sache dem Veräußerer nicht gehört;
– ausgeschlossen bei § 935 I BGB: aber nicht, wenn Sache gestohlen, verloren gegangen, sonst abhanden gekommen;
– beachte aber § 935 II BGB: trotzdem, wenn Geld, Inhaberpapiere oder öffentlich versteigerte Sache.

Schaubild 139: Gutgläubiger Eigentumserwerb an beweglichen Sachen

Im Handelsrecht wird auch der gute Glaube an die Verfügungsbefugnis des Veräußerers geschützt, § 366 HGB (s. o. 6.2.6).

Verfügungsbefugnis

Beispiele: M veräußert ein Fahrrad, das er sich von seinem Bekannten B geliehen (§ 598 BGB) hatte, an den gutgläubigen S – S erwirbt Eigentum, §§ 929 S. 1, 932 BGB (nicht aber bei Diebstahl, § 935 BGB; den von S erzielten Kaufpreis muss der M dem B herausgeben, § 285 BGB, s. a. 9.3.2.2; 15.3.2.3, bzw. § 816 I 1 BGB, s. u. 11.4); oder: Der Kommissionär veräußert eine Werkzeugmaschine, die ihm der Hersteller in Kommission überlassen hat, im eigenen Namen an seinen von der Kommission nichts wissenden Kunden – glaubt dieser an die Verfügungsbefugnis, so erwirbt er nach § 366 HGB Eigentum, nimmt er gutgläubig an, der Veräußerer sei selbst Eigentümer, dann liegt Eigentumserwerb nach § 932 BGB vor (s. a. 6.2.4 a. E.; 10.9.3.4; 15.3.2.3 a. E.).

10.2.11 Internationales Kaufrecht

Bei grenzüberschreitenden Kaufverträgen oder Verträgen über die Lieferung herzustellender oder zu erzeugender Waren, die Unternehmer tätigen, ist insbesondere zu beachten das Übereinkommen der Vereinten Nationen über Verträge über den Internationalen Warenkauf (sog. *UN-Kaufrecht*; CISG = United Nations Convention on Contracts for the International Sale of Goods); dieses gilt – den Regeln des internationalen Privatrechts grds. vorrangig, Art. 3 EGBGB – seit dem 1. 1. 1991 auch für Deutschland (s. o. 2.1 a. E.). Hat eine Vertragspartei ihre Niederlassung in einem diesem Abkommen beigetretenen Vertragsstaat, so sind bei Käufen im Unternehmensbereich – nicht im privaten Bereich, Art. 2 CISG – die dortigen Regelungen bzgl. Vertragsschluss, Lieferpflicht, Vertragsmäßigkeit der Ware, Gefahrenübergang zu beachten, vgl. die Art. 35 ff. CISG. Ggf. kann der Käufer bei Vertragsverletzungen (vgl. den entsprechenden Begriff der Pflichtverletzung i. S. d. § 280 I BGB, s. o. 9.1) Rechtsbehelfe geltend machen, nämlich Vertragserfüllung, Vertragsaufhebung, Schadensersatz bzw. Minderung (Art. 45 ff. CISG) verlangen. Für die Vertragsmäßigkeit der Ware bezüglich Menge, Qualität, Art, Verpackung bzw. Behältnis sowie ggf. Rechtsfolgen von Verstößen gelten insb. die Art. 25 ff., 35 ff. CISG.

CISG

internationale Käufe im Unternehmensbereich

Beispiel: Der Nudelhersteller in Bologna/Italien liefert dem Großhändler in Frankfurt/Main weniger bzw. schlechtere als die geschuldete Ware, vgl. die Art. 1, 3, 23, 25, 35 ff., 45 ff. CISG.

Die Regelungen des CISG gelten bei Kaufverträgen über Waren zwischen Unternehmen mit Niederlassungen in verschiedenen Vertragsstaaten grds. automatisch (selbst wenn die Parteien dies nicht wissen sollten). Durch Parteivereinbarung kann das CISG abbedungen werden, § 6 CISG. Dieser Ausschluss muss (am besten ausdrücklich) vereinbart werden; es reicht nicht aus, nur auf nationales Recht zu verweisen.

Beispiel: „Dieser Vertrag unterliegt dem unvereinheitlichten deutschen Recht, insb. BGB und HGB. Das UN-Kaufrecht (CISG) ist ausgeschlossen." (Die Klausel „Für diesen Vertrag gilt deutsches Recht" etwa reicht grds. nicht aus, da das CISG zum deutschen Recht gehört.)

Verbraucher-
schutz

Verbraucher (§ 13 BGB; s. o. 3.1.3.2) werden gemäß der Art. 2, 3, 6 VO (EG) Rom I vor benachteiligenden Rechtswahlvereinbarungen geschützt: Die durch die Privatautonomie grundsätzlich gegebene Möglichkeit, Kaufverträge oder auf Dienstleistungen gerichtete Verträge auch einem (nicht deutschen) ausländischen Recht zu unterstellen [vgl. Art. 3, 4 VO (EG) Rom I], darf nicht dazu führen, dass etwa ein in Deutschland abgeschlossener derartiger Vertrag dem Schutz der Verbrauchergesetze entzogen wird, Art. 6 VO (EG) Rom I.

Beispiel: Erwirbt ein deutscher Verbraucher (§ 13 BGB) bei einer Studienreise in der Türkei anlässlich einer reiseprogrammgemäßen Teppichhausbesichtigung einen Teppich vom dortigen Teppichhändler (Unternehmer, § 14 BGB), so sind die Voraussetzungen des auch zu dritten Ländern außerhalb der EU anwendbaren (Art. 2 Rom I-VO) Art. 6 I b, II 2 Rom I-VO gegeben, sodass die Teppichkauf grds. widerrufen werden kann (vgl. die §§ 312 g I, b I 1 Nr. 4, 312 I, 355, 356 BGB; s. a. 6.6.4.2, 10.8.2 a. E.); etwaige Schadensersatzansprüche des Pauschalreisenden gegen den Reiseveranstalter (etwa bzgl. der §§ 651 a, n, 280 I BGB; s. u. 10.3.9) bestehen i. d. R. nicht (dieser ist insoweit grds. kein Erfüllungsgehilfe des Teppichhändlers i. S. d. § 278 BGB; s. o. 7.3.3).

10.3 Werkvertrag

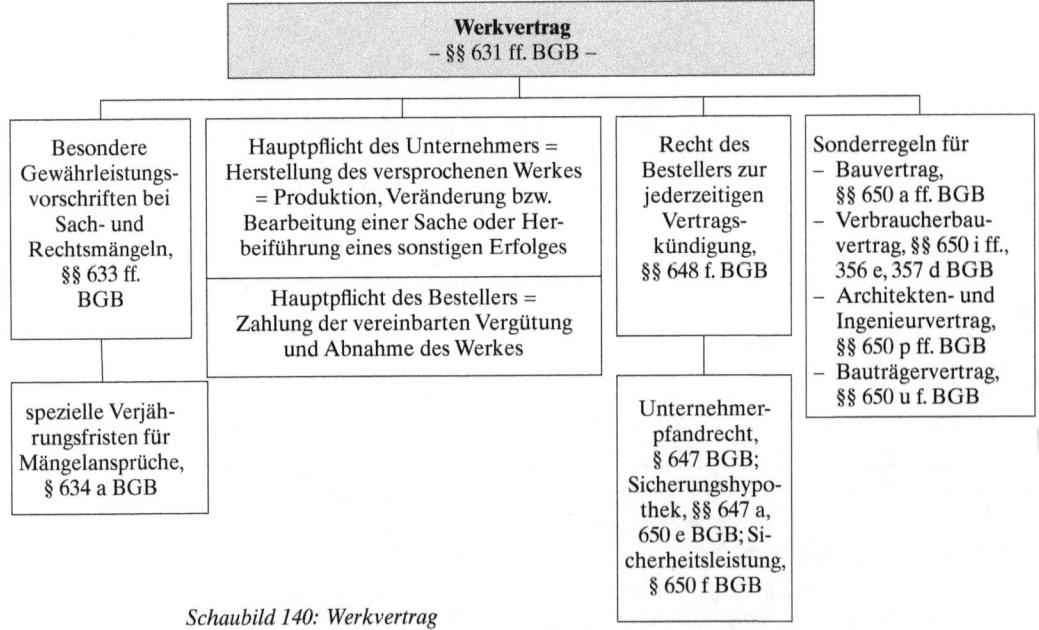

Schaubild 140: Werkvertrag

Der Werkvertrag verpflichtet den Unternehmer zur Herbeiführung eines bestimmten Erfolges. Seine gesetzliche Regelung hat er in den §§ 631 ff. BGB gefunden. Mit Wirkung zum 1. 1. 2018 hat der Gesetzgeber das Werkvertragsrecht erheblich reformiert (BGBl. 2017 I, S. 969 ff.) und insbesondere neue Regelungen zum Bauvertrag (§§ 650 a ff. BGB), Verbraucherbauvertrag (§§ 650 i ff. BGB), Architekten- und Ingenieurvertrag (§§ 650 p ff. BGB) bzw. Bauträgervertrag (§§ 650 u f. BGB) getroffen.

10.3.1 Vertragsgegenstand

Der Werkvertrag ist ein gegenseitiger Vertrag, durch den sich der Unternehmer zur Herstellung des vereinbarten Werkes und der Besteller zur Entrichtung der vereinbarten Vergütung verpflichten. Gegenstand des Werkvertrages kann sowohl die Herstellung oder Veränderung einer Sache als auch ein anderer durch Arbeit oder Dienstleistung herbeizuführender Erfolg sein, § 631 BGB (vgl. auch die nunmehr gesetzlich neu geregelten, dem Werkvertrag gemäßen, Bereiche der Bau-, Verbraucherbau-, Architekten- und Ingenieur- sowie Bauträgerverträge, §§ 650 a ff. BGB; s. o.). Dies unterscheidet den Werk- vom Dienstvertrag (§§ 611 ff. BGB), der nicht auf den Erfolg, sondern auf den Arbeitseinsatz abzielt (s. u. 10.4.1; 16.2.2; vgl. Schaubild 117).

herbeizuführender Erfolg

Beispiele: Reparatur einer Maschine; Planung und Leitung einer Gebäudeerrichtung durch den Architekten; Personenbeförderung; Legen einer Wasserwelle durch den Friseur; Schornsteinfegen; Wartung eines Kfz; Fertigung eines Gutachtens; Anfertigung und Prüfung von Bilanz, Gewinn- und Verlustrechnung durch den Steuerberater; Projektierung einzelner Teile einer baulichen Anlage (wie Sanitär-, Heizungs-, Elektroanlagen) durch den Ingenieur.

Für den Abschluss des Werkvertrages gelten die allgemeinen Bestimmungen über Verträge und Willenserklärungen (s. o. 6.3; 6.6; 6.8).

Vergütung

Beispiel: Ein auf Schwarzarbeit gerichteter Werkvertrag ist nichtig, §§ 1 II Nr. 2 SchwarzArbG, 134 BGB (so dass ein Werklohn- bzw. Wertersatzanspruch nicht besteht, §§ 631 I, 817 S. 2 BGB; s. a. 6.8.1.1; 11.1 a. E.).

Die Frage der Vergütung (Werklohn) ist aber gesondert geregelt. Wird darüber keine Vereinbarung getroffen, gilt gemäß § 632 BGB eine Vergütung als stillschweigend vereinbart, wenn die Herstellung des Werkes den Umständen nach nur gegen eine Vergütung erwartet werden kann; ist die Höhe der Vergütung nicht bestimmt, so gilt die übliche „Taxe" bzw. Vergütung als vereinbart (vgl. auch für den Dienstvertrag § 612 BGB; s. o. 8.3.1.1; s. u. 10.4.4, 16.2.2.1).

Beispiele: Der Kunde bringt das beschädigte Auto mit der Bitte um Reparatur in die Werkstatt. Hier gilt die übliche Vergütung als stillschweigend vereinbart. Als üblich i. S. d. § 632 II BGB gilt dabei diejenige Vergütung, die zum Zeitpunkt des Vertragsabschlusses nach allgemeiner Auffassung der beteiligten Kreise am Ort der Werkleistung gezahlt zu werden pflegt. Oder: Wird mit dem beauftragten Schlüsseldienst vorab keine explizite Preisvereinbarung getroffen, so darf dieser nach getaner Arbeit nur den vom einschlägigen Fachverband empfohlenen Preis verlangen (etwa: Türöffnungs- und Fahrtkostenpauschale). Für Architekten- und Ingenieurleistungen gilt grundsätzlich die HOAI als „Taxe" (s. a. die §§ 650 p ff. BGB).

Für vertragsgemäß erbrachte Leistungen kann der Unternehmer vom Besteller Abschlagszahlungen verlangen, Verbrauchern ist ggf. bei Bauwerken Sicherheit zu leisten, §§ 632 a, 650 f BGB.

Abschlagszahlungen

10.3.2 Pflichten des Unternehmers

fehlerfreies Werk
: Der Unternehmer hat das vereinbarte Werk so herzustellen, dass es keine Sach- oder Rechtsmängel aufweist, § 633 BGB. Das Werk ist nicht nur fehlerfrei, sondern auch rechtzeitig herzustellen. Erst dann hat der Unternehmer seine Verpflichtung erfüllt und kann die Vergütung verlangen. Für das Gelingen des Werkes trägt er die Verantwortung und muss für seine Sach- und Fachkunde einstehen.

10.3.3 Pflichten des Bestellers

Abnahme
: Der Besteller hat das vertragsgemäß hergestellte (= mangelfreie) Werk abzunehmen, § 640 BGB. Abnahme bedeutet dabei die körperliche Hinnahme und Anerkennung des Werkes als vertragsmäßige Leistung. Diese Entgegennahme- und Billigungspflicht ist Hauptpflicht des Bestellers. Verletzt er sie, so liegt nicht nur Annahmeverzug, sondern Schuldnerverzug vor (§ 286 BGB); die Vergütungs-(bzw. Preis-)gefahr geht dann auf den Besteller über, § 644 I 2 BGB. Wegen unwesentlicher Mängel kann die Abnahme nicht verweigert werden, § 640 I 2 BGB.

Rechtsfolgen der vorbehaltlosen Abnahme sind grundsätzlich, § 640 BGB:
- Der ursprüngliche Erfüllungsanspruch konkretisiert sich auf die Mängelbeseitigung;
- die Verjährungsfrist für Mängelansprüche beginnt, § 634 a BGB;
- die Vergütung wird fällig, § 641 BGB;
- die (Preis-)Gefahr geht auf den Besteller über, § 644 BGB;
- der Besteller verliert ggf. Erfüllungs- bzw. Gewährleistungsansprüche, § 640 III BGB;
- die Beweislast für auftretende Mängel geht auf den Besteller über, § 363 BGB.

Vergütung

Kostenanschlag
: Der Besteller muss die geschuldete Vergütung entrichten, § 641 BGB. Oftmals wird vereinbart, dass die Höhe der Vergütung erst nachträglich bestimmt wird (bspw. bei Bauleistungen oder Reparaturen) – dann gewinnt der Kostenanschlag, §§ 632 III, 649 BGB, Bedeutung: grundsätzlich garantiert der Unternehmer die Einhaltung des lediglich veranschlagten Preises nicht. Wird allerdings eine erhebliche Überschreitung des Kostenanschlags absehbar (Richtschnur: 15–20 %, in Ausnahmefällen 25 %), so kann der Besteller den Vertrag gegen Zahlung einer angemessenen Teilvergütung kündigen. Der Unternehmer muss dem Besteller von einer absehbaren Überschreitung des Kostenanschlages unverzüglich Mitteilung machen. War der Kostenanschlag allerdings verbindlich vereinbart, dann kann nur der veranschlagte Preis verlangt werden. Der Kostenanschlag ist regelmäßig nicht zu vergüten, § 632 III BGB.

Mitwirkung
: Häufig muss der Besteller bei der Herstellung des Werkes mitwirken.
  Beispiele: Persönliches Erscheinen zur Anprobe; Beschaffung von Material; Einholen behördlicher Genehmigungen.

Annahme-verzug
: Unterlässt der Besteller die Mitwirkung, gerät er in Annahmeverzug, §§ 642, 293 ff. BGB (s. o. 9.5). Der Unternehmer kann dann neben dem Ersatz seiner Mehraufwendungen auch eine angemessene Entschädigung verlangen. Ebenso ist er berechtigt, den Vertrag nach Fristsetzung zu kündigen. Außerdem hat er ggf. Anspruch auf Auslagenersatz und Teilvergütung, §§ 643, 645 BGB. Gerät der Besteller

in Annahmeverzug, geht die Gefahr (etwa des zufälligen Untergangs des Werkes) schon vor der Abnahme auf ihn über, § 644 I 2 BGB.

10.3.4 Nebenpflichten

Die Werkvertragsparteien treffen insbesondere folgende Nebenpflichten, deren Verletzung ggf. Ersatzansprüche aus Pflichtverletzungen, §§ 280 I, 241 II, 242 BGB (s. o. 9.7), begründen:

Der Unternehmer muss den Besteller fachmännisch beraten und aufklären. Die Werkerstellung hat er zu überwachen, auf Sicherheit zu achten, ihm übergebene Gegenstände (etwa zur Reparatur) sorgfältig zu behandeln.   *Sorgfalt*

Beispiel: Der Werkstattinhaber muss den Kunden auf schwere Sicherheitsmängel des zu reparierenden Autos hinweisen.

Der Besteller ist verpflichtet, vornehmlich auf Schutz und Sicherheit des Unternehmers oder dessen Gehilfen zu achten, wenn diese bei ihm bzw. in seinen Räumen arbeiten, oder wenn er ihnen Geräte zur Verfügung stellt. Verletzt der Besteller diese Sorgfaltspflichten, wird er entsprechend § 618 BGB ersatzpflichtig.

Beispiel: Die vom Elektriker im Haus des Bestellers (Kunden) zu betretende Holztreppe ist morsch und bricht durch.

10.3.5 Leistungsstörungen

Für die Leistungsstörungen gelten im Werkvertragsrecht folgende Grundsätze:

10.3.5.1 Gefahrenübergang

Die Gefahr des Werkes bzw. der Leistung – also die Frage, ob der Unternehmer   *Werkgefahr* zur (Neu-)Herstellung verpflichtet bleibt – trägt bis zur Abnahme oder, wenn der Besteller nicht abnimmt, bis zum Annahmeverzug des Bestellers (§§ 293 ff. BGB) der Unternehmer, § 644 BGB. Ist die Versendung des Werkes vereinbart, geht die   *Vergütungs-* Vergütungsgefahr – also die Frage, ob der Unternehmer seine Vergütung verlan-   *gefahr* gen kann – auf den Besteller über, sobald der Unternehmer das Werk zum Ver-   *(= Preisgefahr)* sand gebracht hat, §§ 644 II, 447 BGB (s. o. 8.5; 8.12.6; 9.3.2.2; s. a. Schaubild 105). Solange der Unternehmer die Gefahr trägt, hat er keinen Vergütungsanspruch, wenn das Werk vor der Abnahme untergeht. Der Besteller kann aber weiterhin Erfüllung, also Neuherstellung des Werkes, fordern, da der Werkvertrag trotz eines misslungenen Erfüllungsversuches des Unternehmers weiterhin besteht. Für den zufälligen Untergang und eine zufällige Verschlechterung des vom Besteller gelieferten Stoffes ist der Unternehmer jedoch nicht verantwortlich, § 644 I 3 BGB. Ist das Werk ohne das Verschulden des Unternehmers wegen eines Mangels des vom Besteller gelieferten Stoffes oder dessen Ausführungsanweisung untergegangen, verschlechtert oder undurchführbar geworden, kann der Unternehmer einen seiner geleisteten Arbeit entsprechenden Teil der Vergütung verlangen, § 645 BGB.

Ist nach der Werkbeschaffenheit dessen Abnahme ausgeschlossen,   *Vollendung*
Beispiele: Opern-, Theatervorstellung, Personentransport,
tritt die Vollendung an die Stelle der Abnahme, § 646 BGB. Dies gilt auch für die Gefahrtragung.

10.3.5.2 Mängelhaftung des Unternehmers

Schlecht-
leistung

Der Unternehmer hat das Werk frei von Sach- und Rechtsmängeln herzustellen, § 633 I BGB. Der Mängelbegriff beim Werkvertrag ist vergleichbar demjenigen im Kaufrecht (s. o. 10.2.7). Danach liegt ein Fehler des Werkes vor, wenn es die vereinbarte Beschaffenheit nicht aufweist, § 633 II 1 BGB,

Fehlerbegriff

Beispiel: dem neu errichteten Haus fehlt der geplante Balkon (s. a. die §§ 650 a, 650 i BGB);

bei nicht vereinbarter Beschaffenheit kommt es auf die vorausgesetzte bzw. gewöhnliche Verwendungstauglichkeit und übliche, erwartbare Beschaffenheit an, § 633 II 2 Nr. 1, 2 BGB.

Beispiele: Die vom Schreiner eingebaute Tür klemmt; das verlegte Parkett „geht hoch"; das Dach ist undicht gedeckt.

aliud

Die Herstellung eines anderen als des bestellten Werkes (qualitatives aliud) oder dessen Herstellung in minderer Menge (quantitatives aliud – minus) gilt ebenso als Sachmangel, § 633 II 3 BGB.

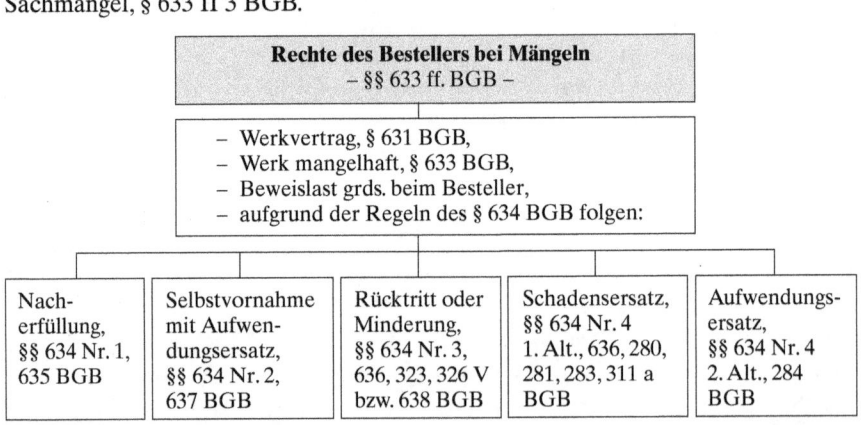

Schaubild 141: Mängelhaftung beim Werkvertrag

Ein Rechtsmangel liegt vor, wenn Dritte bezüglich des Werkes ggf. Rechte gegen den Besteller geltend machen können, § 633 III BGB.

Rechte des
Bestellers

Ist das Werk mangelhaft, dann hat der Besteller insbesondere die sich aus den §§ 634 ff. BGB ergebenden Rechte:

– Vorrangig (weil die übrigen Bestellerrechte grds. die zuvorige erfolglose Fristsetzung zur Nacherfüllung erfordern, s. u.) kann der Besteller Nacherfüllung verlangen, §§ 634 Nr. 1, 635 BGB.

Dann hat der Unternehmer ein Wahlrecht (das ist anders als bei § 439 I BGB bzgl. des Kaufes) – er kann auf seine Kosten entweder den Mangel beseitigen oder ein neues Werk herstellen, § 635 I BGB.

Beispiele: Der Schreiner hobelt die klemmende Tür ab; oder: Der Parkettleger ersetzt das „hochgegangene" Parkett.

Bei unverhältnismäßigen Kosten kann der Unternehmer aber die Nacherfüllung ablehnen, § 635 III BGB.

Selbst-
vornahme

– Wird die Nacherfüllung nicht binnen angemessener Frist geleistet oder gelingt sie nicht, ist sie dem Besteller unzumutbar oder wird sie vom Unternehmer zu

Unrecht verweigert, dann hat der Besteller das Recht zur Selbstvornahme und kann die erforderlichen Aufwendungen hierfür verlangen, §§ 634 Nr. 2, 637 BGB.

Beispiel: Das eingebaute Fenster schließt nicht, es regnet herein – bessert der Schreiner nicht rechtzeitig binnen einer ihm gesetzten angemessenen Frist (etwa einige Tage, je nach Witterung) nach bzw. verweigert er dies, kann der Bauherr einen anderen Handwerker mit der Reparatur beauftragen und die Kosten dafür, einschließlich eines Kostenvorschusses, verlangen (ohne dass es etwa auf Verschulden des Schreiners ankommt), §§ 633 I, II 2 Nr. 2, 634 Nr. 2, 637 I, III BGB, da ein Mangel i. S. d. § 633 II 1 BGB vorliegt, die dem Unternehmer zur grds. möglichen Nacherfüllung (§ 635 I BGB) gesetzte angemessene Frist verstrichen ist, § 637 I BGB (i. Ü. ist sie wegen der ernsthaften, endgültigen Weigerung des Schreiners entbehrlich, § 637 II, 323 II Nr. 1 BGB; die Nacherfüllung wäre auch, da die Reparatur des Fensters durchaus möglich ist [kein Fall des § 275 I BGB gegeben], nicht berechtigt verweigert worden, §§ 637 I letzter HS, 635 III BGB).

– Nach fruchtlosem Verstreichen einer angemessenen Nacherfüllungsfrist kann der Besteller vom Werkvertrag zurücktreten, §§ 633, 634 Nr. 3 1. Alt., 636, 323, 326 V BGB, oder aber statt dessen mindern, §§ 633, 634 Nr. 3 2. Alt., 638 BGB. Rücktritt/
Minderung

Beispiel: Der Bauherr nimmt das teilweise „hochgegangene" Parkett, dessen Nachbesserung nicht gelingt, hin und mindert den Werklohn entsprechend.

– Ebenso kann der Besteller ggf. nach fehlgeschlagener bzw. verweigerter Nacherfüllung Schadensersatz verlangen, §§ 633, 634 Nr. 4 1. Alt., 636, 280, 281, 283, 311a BGB; dies betrifft sowohl Mangel- als auch Mangelfolgeschäden. Schadensersatz

Beispiele: Der Schaden, der sich am Werk selbst zeigt, Gutachterkosten, aber auch Mietausfall, entgangener Gewinn, Folgeschäden wie etwa die Verletzung anderer Rechtsgüter, wie Leben, Gesundheit, Eigentum – etwa wenn ein mangelhaft befestigtes Brett beim Herunterfallen andere Gegenstände beschädigt oder Menschen verletzt, oder ein Brandschaden im Zusammenhang mit Schweißarbeiten oder wegen fehlerhafter Isolierung eines Rauchgasrohrs auftritt; dabei handelt es sich um einen an einer anderen Sache als dem Werk auftretenden Mangelfolgeschaden, der nicht statt, sondern neben der Leistung zu ersetzen ist, §§ 280 I, 634 Nr. 4 1. Alt., 633 II BGB (auf die zusätzlichen Voraussetzungen der §§ 280 III, 281–283 BGB kommt es also nicht an; s. a. 9.7.2; 10.2.7.2 beim Kauf).

Der Anspruch auf Schadensersatz wird durch den Rücktritt nicht berührt, § 325 BGB.

Gemäß § 634 Nr. 4 2. Alt. BGB kann der Besteller auch Ersatz vergeblicher Aufwendungen verlangen. Aufwendungs-
ersatz

Diese Rechte der §§ 634 ff. BGB hat der Besteller auch bei einem Rechtsmangel, § 633 III, I BGB.

Die Verjährung richtet sich nach § 634 a BGB (s. a. 4.3.3 f.). Verjährung

Ein Mangel, dessen Beseitigung der Besteller verlangen kann, berechtigt ihn zur Verweigerung eines angemessenen Teiles der Vergütung, d. h. in der Regel in Höhe des Doppelten der Beseitigungskosten, § 641 III BGB (sog. „Druckzuschlag").

Beispiel: Die eingebaute Heizung funktioniert nicht – der Besteller kann grds. das 2-fache der Beseitigungskosten verlangen, ggf. aber deutlich mehr, wenn bereits mehrfach Nachbesserungsversuche fehlgeschlagen sind.

10.3.6 Kündigung

Der Besteller kann den Werkvertrag jederzeit kündigen (s. o. 8.14.2.10), etwa um Fehlinvestitionen zu vermeiden, § 648 BGB. Der Unternehmer kann dann allerdings die volle Vergütung verlangen, muss sich dabei aber das anrechnen lassen, was er an Aufwendungen erspart oder durch anderweitige Verwendung seiner Arbeitskraft erwirbt bzw. erwerben könnte; grds. gilt die Vermutung, dass dem Unternehmer 5 % der auf die noch ausstehende Werkleistung entfallenden Vergütung zusteht, § 649 S. 3 BGB.

Beispiel: Storniert (kündigt) der Fluggast den ohne Umbuchungsmöglichkeit verbilligt gebuchten Flug, so ist § 648 BGB grds. nicht anwendbar, da insoweit durch Individualvereinbarung bzw. die Beförderungsbedingungen (AGBen, s. o. 6.7) – nämlich die bewusste Wahl des günstigeren Reisepreises – abbedungen.

Liegt dem Werkvertrag ein unverbindlicher Kostenanschlag zugrunde, so kann der Besteller bei wesentlicher Überschreitung des Kostenanschlages den Vertrag kündigen (vgl. § 649 BGB; s. o. 10.3.3). Der Unternehmer hat dagegen grundsätzlich kein Kündigungsrecht, es sei denn, der Besteller hat seine Mitwirkungspflicht verletzt, § 643 BGB. Aus wichtigem Grund können beide Werkvertragsparteien kündigen, § 648 a BGB.

10.3.7 Sicherungsrechte des Unternehmers

Pfandrecht   § 647 BGB räumt dem vorleistungspflichtigen Unternehmer (§ 641 BGB) ein gesetzliches Pfandrecht an von ihm hergestellten oder ausgebesserten beweglichen Sachen des Bestellers ein, wenn sie zur Herstellung oder zum Zweck der Ausbesserung in seinen Besitz gelangt sind (Werkunternehmerpfandrecht, §§ 1257, 1204 ff. BGB, s. u. 15.6).

Sicherungs-   Bauunternehmer und Schiffswerftinhaber haben einen Anspruch auf Einräumung
hypothek   einer Sicherungshypothek, §§ 647 a, 650 e BGB. Dies ist eine gesetzliche Sicherungshypothek i. S. d. §§ 1184, 1185 BGB, die durch dingliche Einigung, § 873 BGB, ersatzweise durch rechtskräftiges Urteil, § 894 ZPO, und Eintragung im Grundbuch (bzw. Schiffsregister) begründet wird und durch eine Vormerkung gesichert werden kann (§§ 883, 885 BGB; s. u. 15.5.1).

Sicherheit   Gemäß § 650 f BGB kann der Bauhandwerker vom Besteller auch Sicherheitsleistung verlangen.

10.3.8 Beziehung zum Kaufrecht

Warenumsatz   Verpflichtet sich der Unternehmer zur Lieferung erst noch herzustellender oder zu erzeugender beweglicher Sachen,

Beispiele: Serienware aus künftiger Produktion; nicht aber: Herstellung von Bauwerken, reine Reparaturarbeiten, Architektenplanung, Gutachtenerstellung – hier gilt nicht § 651 BGB, vielmehr ausschließlich Werkvertragsrecht,

dann greift gemäß § 650 BGB grundsätzlich Kaufrecht ein (vgl. aber Art. 3 I CISG; s. a. 10.2.11). Bei vertretbaren Sachen, § 91 BGB (s. o. 4.1.1.1), wird dabei gänzlich Kaufrecht angewandt, vgl. § 650 S. 1, 2 BGB,

Beispiel: Katalogware; ggf. sind somit auch die Regeln des Verbrauchsgüterkaufes, § 474 ff. BGB (s. o. 10.2.7.3) zu beachten;

bezieht sich der Vertrag dagegen auf nicht vertretbare Sachen,

Beispiele: Werbefilm, Bauarbeiten, Maßanzug (s. o. 4.1.1.1),

so gilt neben dem Kaufrecht auch Werkvertragsrecht, vgl. § 650 S. 3 BGB.

Beispiel: Der vom Schreiner hergestellte Schrank ist instabil – der Kunde kann gemäß der §§ 650 S. 1, 434 I 2 Nr. 2, 437 Nr. 1, 439 BGB Nachbesserung verlangen.

10.3.9 Pauschalreisevertrag, Reisevermittlung und Vermittlung verbundener Reiseleistungen

Das Pauschalreisevertragsrecht ist ein spezieller Fall des Werkvertrages (vgl. Über- | Gesamtheit
schrift des Untertitels 4 des 9. Titels des 8. Abschnitts des 2. Buches des BGB). | von Reise-
Beim Pauschalreisevertrag verpflichtet sich der Reiseveranstalter gegenüber dem | leistungen
Reisenden zur Erbringung einer Gesamtheit von Reiseleistungen (= Pauschalreise),
vgl. § 651 a I BGB. Er wählt also mindestens zwei Einzelleistungen wie Flug-,
Schiffs-, Bahnreise, Transfer zum/vom Hotel, Unterkunft, Verpflegung, Reiselei-
tung im vorhinein aus, stimmt sie aufeinander ab, verbindet sie und bietet sie in
eigener Verantwortung zu einem Gesamtpreis an (vgl. § 651 a II BGB; s. a. die
Art. 250–253 EGBGB bzw. § 312 VII BGB).

Beispiele: Pauschal(flug)reise, Kreuzfahrt, Busrundreise, Bootscharter, Hotelarrangements,
Wohnmobilvermietung, Schüleraustausch (s. a. § 651 u BGB).

Geht es dagegen nur um einen Flug, eine einzelne Übernachtung, dann liegt
mangels einer Gesamtheit von Reiseleistungen grds. keine Pauschalreise i. S. d.
§§ 651 a ff. BGB, sondern ein Werkvertrag i. S. d. §§ 631 ff. BGB vor, vgl. § 651 a IV
BGB).

Für die Reisevermittlung bzw. die Vermittlung verbundener Reiseleistungen gelten
grds. die §§ 651 v, w BGB, vgl. § 651 b I 1 BGB (werden Reiseleistungen über Reisebüros bzw. Agenturen als Verkaufsstellen, Vermittler oder Agenten angeboten,
etwa Fahr-, Schiffs- oder Flugkarten verkauft, so gelten die allgemeinen schuldrechtlichen Regeln, d. h. ggf. Geschäftsbesorgung i. S. d. § 675 I BGB, s. u. 10.4.8.1).

Die §§ 651 a ff. BGB werden zwar regelmäßig noch durch AGBen (s. o. 6.7) ergänzt, dürfen aber grundsätzlich nicht zum Nachteil des Reisenden abgeändert
werden, § 651 y BGB: denn das Pauschalreisevertragsrecht soll gerade zu seinem
Schutz wirken. Dazu gehört das Recht des Reisenden,

- bis zum Reisebeginn einen Ersatzreisenden zu stellen, § 651 e BGB;
- vor Reisebeginn jederzeit vom Vertrag zurückzutreten, § 651 h BGB;
- bei höherer Gewalt zu kündigen, § 651 l BGB;
- sowie aufgrund (der abschließenden Regelungen) der §§ 651 k–n BGB bei Rei-
  semängeln Abhilfe, Minderung, Kündigung, Schadensersatz wegen Nichterfüllung bzw. vertaner Urlaubszeit verlangen zu können.

Beispiele: Der im Prospekt des Reiseveranstalters angepriesene Meeresblick fehlt; statt
„in ruhiger Lage" befindet sich das Hotel inmitten von Baustellen; das Zimmer ist mief ig,
verdreckt, zudem übermäßig hellhörig; etc. Zur Sicherstellung der Erstattungsansprüche | Sicherungs-
dient der sog. Sicherungsschein, § 651 r IV BGB (vgl. das Muster in Anlage 18 zu Art. 252 I | schein
EGBGB).

10.3.10 VOB/VOL

In Bauverträgen wird häufig die Vergabe- und Vertragsordnung für Bauleistungen | Sonderverein-
(VOB) als AGBen vereinbart (§ 305 II BGB; s. o. 6.7). Teil A der VOB regelt das | barungen
Verfahren bei der Bauleistungsvergabe, Teil B enthält die allgemeinen Vertragsbedingungen für die Ausführung der Bauleistung und Teil C bezieht sich auf allgemeine technische Vorschriften. Die Werkvertragsbestimmungen des BGB, insbesondere diejenigen bezüglich der Rechte und Pflichten der Vertragsparteien
(v. a. Mängelansprüche, Schadensersatz, Zahlung, Verjährung) werden, gerade

durch Teil B der VOB (VOB/B), vielfältig präzisiert bzw. abgewandelt, vgl. § 310 I 3 BGB, s. o. 6.7.2. Bei einer Verwendung gegenüber Verbrauchern (§ 13 BGB; s. o. 3.1.3.2) unterliegen die einzelnen Klauseln der VOB/B einer Inhaltskontrolle gemäß der §§ 307 ff. BGB.

Die Vergabe- und Vertragsordnung für Leistungen (VOL), ebenfalls als AGBen zu qualifizieren, befasst sich mit der Vergabe von Nicht-Bauleistungen durch öffentliche Verwaltungen bei Werk-, Werklieferungs- bzw. Kaufverträgen. In Teil A der VOL wird das Vergabeverfahren, in Teil B (VOL/B) wird der Vertragsinhalt näher bestimmt. Zur Vergabe öffentlicher Aufträge vgl. die §§ 97 ff. GWB (s. u. 18.2) bzw. die Vorschriften der VgV.

10.4 Dienstvertrag

Der Dienstvertrag, geregelt in den §§ 611 ff. BGB, bezieht sich auf die entgeltliche Erbringung von Diensten. Diese Vorschriften sind auch wesentlich für den Arbeitsvertrag und das Arbeitsrecht (wenngleich dort darüber hinaus wichtige Sonderregeln gelten; s. u. 16).

10.4.1 Vertragsgegenstand; Abgrenzung

Dienste/ Vergütung

Der Dienstvertrag ist ein gegenseitiger Vertrag (s. o. 6.6), bei dem sich der eine Teil, der Dienstverpflichtete, zur Leistung von vereinbarten Diensten irgendeiner Art, der andere Teil, der Dienstberechtigte bzw. Dienstherr, zur Entrichtung der vereinbarten Vergütung verpflichtet, § 611 BGB.

Beispiele: Arzt; Geschäftsführer einer GmbH; Vorstand einer AG; Personalberater; Partnerschaftsvermittler; Access-Provider; turn-around-Manager; Arbeitnehmer (s. u. 16).

Erfolg geschuldet?

Es geht hierbei also um das entgeltliche Tätigwerden für einen anderen ohne unmittelbare Rücksicht auf einen etwa geschuldeten Erfolg, wie dies beim Werkvertrag der Fall und für die Abgrenzung dieser beiden Vertragstypen wesentlich ist. Wird nach Sinn und Zweck der vertraglichen Vereinbarung (nur) eine Tätigkeit geschuldet, und trifft das Risiko des Erfolges bzw. seines Ausbleibens den Dienstherrn, dann liegt ein Dienstvertrag vor. Wird über das Tun hinaus auch ein Erfolg geschuldet, den der Unternehmer herbeizuführen hat, dann handelt es sich um einen Werkvertrag i. S. d. §§ 631 ff. BGB (s. o. 10.3.1).

Auftrag

Der Dienstvertrag ist im Übrigen auch vom Auftrag(svertrag), §§ 662 ff. BGB, zu trennen. Die Unterscheidung liegt in der Entgeltlichkeit. Der Beauftragte verpflichtet sich nämlich zur unentgeltlichen Besorgung eines Geschäfts, § 662 BGB, wohingegen der Dienstverpflichtete seine Dienste nur gegen Entgelt leistet (vgl. das Beispiel oben 6.3.6; s. a. Schaubild 117).

Privatrecht

Durch einen Dienstvertrag wird ein privatrechtliches Dienstverhältnis begründet; hierunter fallen also nicht die öffentlich-rechtlich geregelten Dienst- und Treueverhältnisse der Richter, Soldaten und Beamten, für die Sondergesetze (DRiG, SoldG, BBG) gelten und die durch eine Ernennung begründet werden (vgl. etwa § 6 BBG; s. a. 2.2; 16.2.1).

Geschäfts- besorgung

Abzugrenzen ist der Dienstvertrag auch noch zum Geschäftsbesorgungsvertrag, § 675 I BGB. Bei diesem geht es vornehmlich um die ursprünglich dem Dienstberechtigten obliegende selbständige wirtschaftliche Tätigkeit, insb. die Wahrnehmung bestimmter Vermögensinteressen (s. u. 10.4.8).

Beispiele für Geschäftsbesorgungsverhältnisse: Vermögensverwaltung; Bankgeschäfte; Baubetreuung; Kreditkarten.

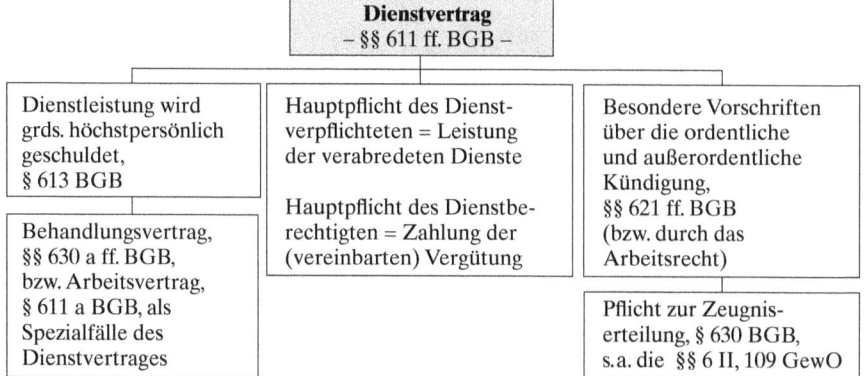

Schaubild 142: Prinzipien des Dienstvertragsrechts

10.4.2 Selbständige/unselbständige Dienstverhältnisse

Gegenstand des Dienstvertrages kann die selbständige, aber auch die unselbständige Dienstleistung sein.

Beim Dienstverhältnis über selbständige Dienste leistet der Dienstpflichtige zwar einem anderen entgeltlich Dienste, er bleibt dabei jedoch persönlich und wirtschaftlich unabhängig. Dies ist die Regel insbesondere bei den Freien Berufen (vgl. § 1 II PartGG; s. o. 3.4.1.1). Zur Frage der Selbständigkeit lässt sich der Rechtsgedanke der §§ 611 a I 3, 84 I 2 HGB heranziehen: Danach ist selbständig, wer im Wesentlichen seine Tätigkeit frei gestalten und seine Arbeitszeit bestimmen kann. — unabhängig

Beispiele: Dauernde Beratung durch den Rechtsanwalt, Steuerberater, Wirtschaftsprüfer; Behandlung durch den Arzt. Eine selbständige Tätigkeit ist vornehmlich durch das Vorhandensein einer eigenen Betriebsstätte, die Dispositionsmöglichkeiten über die eigene Arbeitskraft, ein eigenes Unternehmerrisiko, freie Verfügbarkeit über Arbeitszeit und -ort, gekennzeichnet. — selbständig

Den Behandlungsvertrag als besondere Form des Dienstvertrages regeln näher die §§ 630 a ff. BGB, insbesondere hinsichtlich der Rechte und Pflichten der Vertragsparteien; die Regelungen bzgl. des (selbständigen) Dienstvertragsrechts sind insoweit i. Ü. ergänzend anwendbar (§ 630 b BGB). — Behandlungsvertrag

Bei einem Dienstverhältnis über unselbständige Dienste bzw. nichtselbständige Arbeit, das man Arbeitsverhältnis bzw. Beschäftigung nennt (s. u. 16.2.1 f.; vgl. die Schaubilder 196 und 200), leistet der Dienstpflichtige, d. h. der Arbeitnehmer, einem anderen, dem Arbeitgeber, in persönlicher und wirtschaftlicher Abhängigkeit Dienste. Kennzeichen dafür sind insbesondere die Eingliederung in einen Betrieb (bzw. eine Arbeitsorganisation), die Weisungsgebundenheit sowie die aufzuwendende Arbeitszeit, § 611 a BGB (s. a. § 7 I SGB IV). Dies ist meist dann gegeben, wenn der Dienstverpflichtete Inhalt, Zeit und Ort seiner Dienste nicht selbst bestimmen kann, wie es bei Arbeitern und Angestellten (= Arbeitnehmern, vgl. die §§ 611 a, 622 I BGB) regelmäßig der Fall ist. — abhängig; Arbeitsverhältnis

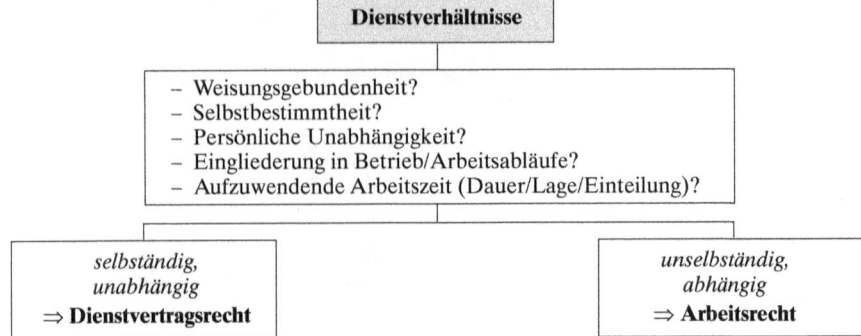

Schaubild 143: Dienstverhältnisse

Beispiele: Büroangestellte; Angestellte in Forschungslabors; Arbeiter in Fabriken, auf dem Bau, u. v. m.

Des öfteren wird versucht, durch Ausgliederung bisheriger Tätigkeiten bzw. Mitarbeiter aus dem Unternehmen,

Beispiele: Lkw-An-/Abtransporte; Beratungsleistungen,

die Arbeitnehmereigenschaft zu umgehen. Ob dies gelingt oder tatsächlich eine sog. Scheinselbständigkeit vorliegt, ist vielfach problematisch. Es kommt insb. darauf an, ob „freie Mitarbeiter" bzw. „Selbständige" so fest in die Arbeitsabläufe eines Betriebes eingebunden sind, dass ihre Möglichkeiten zur zeitlichen und inhaltlichen Gestaltung ihres Einsatzes (vgl. die §§ 611 a I 2, 3 BGB, 84 I 2 HGB, 7 I SGB IV) weitgehend eingeschränkt sind. Ist dies der Fall, so gelten für sie bzw. für arbeitnehmerähnliche Personen Sonderregelungen (s. u. 16.2.1).

arbeitnehmer-
ähnliche
Personen

Beispiele: „Freiberufliche" Versicherungsvertreter; an ein maschinenveräußerndes Unternehmen fest angebundene Kundenschulungsbeauftragte, die in den Gebrauch soeben veräußerter Maschinen einführen. Vgl. etwa die §§ 12 a TVG, 2 BUrlG, 5 I 2 ArbGG, 7 I SGB IV.

Oftmals liegt der eigentlich selbständig-unabhängiges Tätigwerden implizierenden Bezeichnung „freier Mitarbeiter" ein verkapptes reguläres Arbeitsverhältnis zugrunde.

Beispiel: Im „Tätigkeitsvertrag" heißt es: „Herr/Frau X wird als freier Mitarbeiter tätig, erhält ein (monatliches) Pauschalhonorar, hat Anweisungen von Vorgesetzten zu folgen, täglich von 8.00–17.00 Uhr im Betrieb zu sein, Krankheits- und Urlaubstage werden nicht vergütet." Die nähere Überprüfung ergibt, dass Weisungsgebundenheit, Eingliederung in den Betrieb sowie wesentlich geschuldete Arbeitszeit vorliegen, Arbeitsinhalte und Arbeitszeit nicht frei selbstbestimmt, sondern vorgegeben sind (vgl. die §§ 611 a I BGB, 84 I 2 HGB, 7 I SGB IV), der/die Betreffende rechtlich somit Arbeitnehmer ist (s. u. 16.2.1) – die Krankheits- bzw. Urlaubs-Nichtvergütungsabrede verstößt gegen die §§ 1, 3, 12 EFZG, 1, 3, 13 BUrlG, 134 BGB und ist daher nichtig (s. a. 6.8.1.1, 6.8.1.2, 16.3.2.1, 16.3.2.3), auf die vertragliche Bezeichnung kommt es nicht an, § 611 a I 6 BGB.

Bei der Schaffung des BGB wurde die Abhängigkeit der unselbständig Tätigen nicht hinreichend berücksichtigt. Daher hat sich ein Sonderrecht des unselbständigen Dienstvertrages, das Arbeitsrecht, ausgebildet, für das die §§ 611 ff. BGB nur noch eine allgemeine Grundlage bilden. Die vielfältigen Spezifika und die Bedeutung des Arbeitsrechts gebieten es, diese eigenständig und vertieft zu erörtern; *näheres dazu s. u. Kapitel 16.* Der Dienstvertrag ist sehr häufig ein Dauerschuldverhältnis (vgl. oben 8.3.3); so auch der Arbeitsvertrag.

Arbeitsrecht

eigenes
Kapitel
geboten

10.4.3 Pflichten des Dienstverpflichteten

Der Dienstverpflichtete hat die versprochenen Dienste zu erbringen, vgl. die §§ 611, 611 a, 630 a BGB, im Zweifel in Person; der Anspruch auf die Dienstleistung kann i. d. R. nicht auf Dritte übertragen werden, § 613 BGB (s. a. 8.6.1, 16.2.2.1).

Persönliche Leistungspflicht

Beispiele: Der Arzt hat die Heilbehandlung i. d. R. selbst vorzunehmen, der Arbeitnehmer muss die Arbeitsleistung selbst erbringen (und darf nicht etwa einen „Ersatzmann" schicken). Demgegenüber s. a.: Der Klavierschüler kann grds. nicht verlangen, dass der Klavierlehrer statt seiner einen anderen unterrichtet.

Soweit üblich und nötig darf der Dienstpflichtige allerdings im Rahmen seiner Leistungspflicht Erfüllungsgehilfen i. S. d. § 278 BGB (s. o. 7.3.3, 8.13.2) hinzuziehen.

Beispiele: Der Zahnarzt darf die Zahnreinigung, der Internist die Blutabnahme seiner Assistentin übertragen.

10.4.4 Pflichten des Dienstberechtigten

Der Dienstberechtigte muss die vereinbarte Vergütung leisten. Ist deren Höhe im Vertrag selbst nicht genau bestimmt, so ist beim Bestehen einer „Taxe" (= Gebührenordnung) die entsprechende Vergütung geschuldet. Ansonsten ist die übliche Vergütung als vereinbart anzusehen, vgl. die §§ 611, 612 BGB (s. a. 10.3.1; 8.3.1.1; 16.2.2.1).

Vergütung

Beispiele: Tariflohnvereinbarung (s. o. 6.8.1.1 a. E.); RVG; GebO für Ärzte und Zahnärzte (s. a. § 630 c III BGB); HOAI.

Die Vergütung ist grundsätzlich in Geld zu zahlen und wird im Zweifel nach Erbringung der Dienste fällig, §§ 614 BGB (bzw. 6 II, 107 f. GewO).

10.4.5 Nebenpflichten

Der Dienstverpflichtete ist, insbesondere wegen gebotener Rücksichtnahme bzw. des Grundsatzes von Treu und Glauben (s. o. 8.3.1.2; 8.3.2), §§ 241 II, 242 BGB, sorgfalts-, schutz-, fürsorge- und treuepflichtig.

Rücksichtnahme/ Fairness

Beispiele: Verschwiegenheitspflicht von Arzt, Rechtsanwalt, Steuerberater; Nichtweitergabe von Daten; Aufklärungspflichten vor Operationen (§ 630 e BGB); (beeinträchtigende) Nebentätigkeiten sind ggf. zu unterlassen bzw. genehmigungsbedürftig.

Der Dienstberechtigte schuldet dem Dienstpflichtigen insbesondere Rücksichtnahme, Schutz und Fürsorge (vgl. etwa die §§ 241 II, 242, 617, 618, 619 BGB).

Beispiele: Schutz vor Gefahren bei der Dienstleistungserbringung in Räumen des Dienstberechtigten.

10.4.6 Vertragsstörungen

Grundsätzlich gelten auch im Dienstvertragsrecht (bzw. Arbeitsrecht) die allgemeinen Regeln über die Leistungsstörungen (s. o. 9). Allerdings bestehen einige Besonderheiten (s. a. unten 16.3):

Kommt der Dienstberechtigte mit der Annahme der Dienste in Verzug (§§ 293 ff. BGB), dann kann der Dienstpflichtige für die infolge des Verzuges nicht geleisteten Dienste die vereinbarte Vergütung verlangen, ohne zur Nachleistung verpflichtet zu sein, § 615 BGB.

Annahmeverzug

Beispiele: Der Klavierschüler erscheint nicht zur Klavierstunde; der Patient hält den Behandlungstermin nicht ein; der GmbH-Geschäftsführer wird suspendiert; der Arbeitnehmer wird während des Kündigungsschutzprozesses nicht weiterbeschäftigt (s. u. 16.3.2.5; 16.5.3) (obsiegt er, so hat er Anspruch auf Zahlung seiner Vergütung, obgleich er – da er nicht weiterbeschäftigt und damit die von ihm angebotene Arbeitsleistung nicht angenommen wurde – nicht gearbeitet hat).

Vorüber-
gehende
Verhinderung

Wird der Dienstpflichtige für eine verhältnismäßig nicht erhebliche Zeit durch einen in seiner Person liegenden Grund ohne sein Verschulden an der Dienstleistung verhindert, so behält er gleichwohl den Anspruch auf die Vergütung, § 616 BGB.

Beispiele: Schwere Erkrankung oder Tod eines nahen Angehörigen; notwendige Pflege eines erkrankten Kindes (vgl. auch § 275 III BGB, s. a. 9.3.2.1 a. E.; 16.3.2.4); Eheschließung; Sicherung von Hab und Gut wegen einer Flutkatastrophe.

Pflicht-
verletzungen

Da für die Schlechterfüllung von Dienstleistungspflichten spezielle Gewährleistungsregeln im Dienstvertragsrecht des BGB (anders etwa als im Kauf- oder Werkvertragsrecht, vgl. die §§ 434 ff., 633 ff. BGB) nicht eigens bestehen, ist diesbezüglich ein weiter Anwendungsbereich der Pflichtverletzungsregeln der §§ 280 I, 241 II, 242 BGB gegeben (s. a. 9.7.1, 16.3.1 a. E.).

Beispiele: Verletzung von Hinweispflichten; Beschädigung von Rechtsgütern bei Dienstleistungserbringung; Beratungsfehler (vgl. § 675 II BGB; s. a. die §§ 630 d, e BGB).

10.4.7 Ende des Dienstverhältnisses

Kündigung

Das Dienstverhältnis endet mit dem Ablauf der Zeit, für die es eingegangen ist, mit dem Tod des Dienstverpflichteten (s. o. 3.1.1 a. E.; nicht aber ohne weiteres mit dem Tod des Dienstberechtigten), bzw. durch Kündigung, vgl. § 620 BGB (s. a. 8.14.2.10, 16.5).

Die Kündigung eines selbständigen, freien Dienstverhältnisses, soweit es sich nicht um ein Arbeitsverhältnis handelt, ist zulässig unter Einhaltung relativ kurzer gesetzlicher Fristen, § 621 BGB; bei Vorliegen wichtiger Gründe kann es auch ohne Einhaltung einer Kündigungsfrist gekündigt werden, § 626 BGB.

Bei der Kündigung abhängiger Dienstverhältnisse sind grundsätzlich längere Fristen sowie die Schriftform einzuhalten, und es werden vor allem regelmäßig ganz bestimmte Kündigungsgründe gefordert, wenn der Arbeitgeber kündigen will (s. u. 16.5), vgl. die §§ 611 a, 622 BGB, 1 ff. KSchG.

10.4.8 Geschäftsbesorgungsverträge

Wirtschaftsrechtlich relevant im Bereich der Dienstleistungserbringung ist neben dem Werkvertrag (s. o. 10.3) und dem Dienstvertrag (s. o. 10.4.1) noch der Geschäftsbesorgungsvertrag. Dieser nimmt hierbei eine Mittelstellung ein:

10.4.8.1 Geschäftsbesorgung

Begriff

Dienst- bzw. Werkverträge, die eine Geschäftsbesorgung zum Inhalt haben, werden gemäß § 675 I BGB weitgehend dem Auftragsrecht des BGB (§§ 663, 665–670, 672–674 bzw. 671 II BGB) unterstellt. Geschäftsbesorgung ist dabei eine entgeltliche, selbständige wirtschaftliche Tätigkeit, die eigentlich im Rechtskreis des Geschäftsherrn liegt und für die er selbst zu sorgen hätte, die ihm aber vom geschäftsbesorgenden Vertragspartner abgenommen wird.

Beispiele: Bankgeschäfte (Giro-, Überweisungs-, Kreditgeschäfte, s. u.); Steuerberatung; Rechtsberatung; Reisevermittlung; Kommissions- (s. u. 10.9.3), Speditions-, Frachtgeschäfte (s. u. 10.10); Kreditkartenvertrag (s. u.).

Verletzt der Geschäftsbesorger die ihm obliegenden Pflichten, so ist er ggf. nach den Regeln der Pflichtverletzung (§§ 280 I, 241 II, 242 BGB; s. o. 9.7) schadensersatzpflichtig.

Pflicht-verletzung

Beispiele: Der Steuerberater haftet dem Steuerpflichtigen, wenn er nicht hinreichend berät. Auch für telefonische Auskünfte, die rechtlich als stillschweigend geschlossener Auskunftsvertrag zu werten sind, hat ein Steuerberater einzustehen.

10.4.8.2 Zahlungsdienste

In den §§ 675 c ff. BGB werden die Zahlungsdienste und elektronisches Geld geregelt.

Der Einzelzahlungsvertrag bzw. Zahlungsdiensterahmenvertrag, § 675 f I, II BGB, bestimmt die wesentlichen Rechte und Pflichten der Zahlungsdienstleister und Zahlungsdienstnutzer; Näheres zur Erbringung und Nutzung der Zahlungsdienste, d. h. insbesondere von Girokonten und Überweisungen, Lastschriften, Geldkarten, Kreditkarten, regeln die Bestimmungen der §§ 675 f ff. BGB.

Beispiele: Nutzung von Bankkonten, etwa Zahlungs-, Überweisungsvorgänge, Daueraufträge, Lastschriften, Zinsen, Entgelte, Haftung von Banken und Kunden, Geldkarten-, Kreditkartennutzung; vgl. etwa auch die AGBen (s. o. 6.7.1.1) der Banken und Sparkassen.

Bei Streitigkeiten im Bereich der §§ 675 c bis 676 c BGB kann neben den staatlichen Gerichten (s. u. 20) auch eine Verbraucherschlichtungsstelle bei der Deutschen Bundesbank angerufen werden, § 14 UKlaG (s. u. 20.4). Die Informationspflichten der Zahlungsdienstleister ergeben sich insbesondere gemäß § 675 d BGB, Art. 248 §§ 1 ff. EGBGB.

Schlichtung

Zum Widerruf von Wertpapier-Übertragungsverträgen vgl. § 675 b BGB.

Übertrags-vertrag

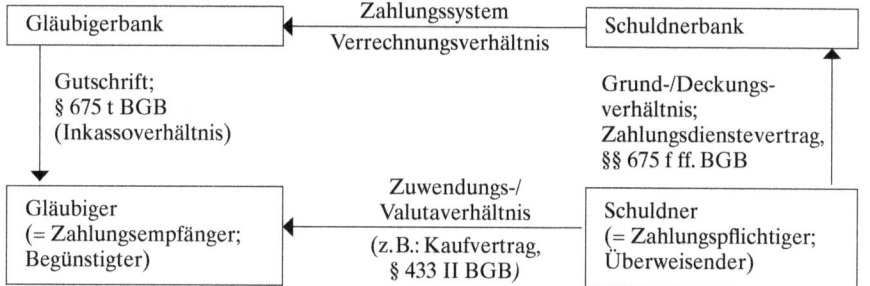

Schaubild 144: Überweisung – Rechtsverhältnisse

10.4.8.3 Kartenzahlung

Zahlungsdienstleistungen bzw. Zahlungsdiensteverträge i. S. d. § 675 f BGB liegen auch vor bei Kartenzahlungen.

Beispiel: Der Kunde kauft im Ladengeschäft, das sich durch einen an der Ladentür angebrachten Aufkleber als Kreditkarten-Akzeptant (etwa MasterCard, American Express) zu erkennen gibt (Vertragsunternehmen), und unterschreibt (autorisiert, § 675 j BGB) den Belastungsbeleg (sog. Präsenzgeschäft; Valutaverhältnis [vgl. oben 8.6.3, 8.14.1 a. E.]). Die Zahlung leistet dann das kartenausstellende Unternehmen.

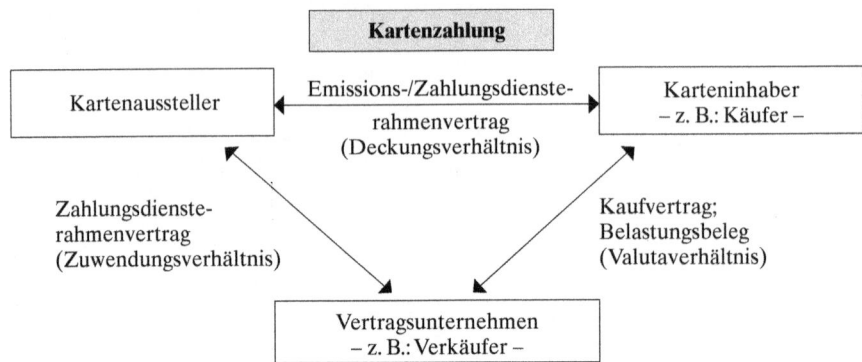

Schaubild 145: Rechtsverhältnisse bei Kartenzahlung

10.5 Mietvertrag

Die entgeltliche Gebrauchsüberlassung einer Sache auf Zeit regelt der Mietvertrag, §§ 535 ff. BGB.

10.5.1 Vertragsgegenstand

Gebrauchs-
überlassung

Der Mietvertrag ist ein gegenseitig verpflichtender Vertrag, durch den dem Mieter eine Sache auf Zeit zum Gebrauch überlassen wird. Der Mieter ist im Gegenzug dem Vermieter gegenüber mietzinszahlungspflichtig, § 535 BGB.

Beispiel: Die Wohnungsmiete – entgeltliche Gebrauchsüberlassung auf Zeit mit Rückgabeverpflichtung.

Leihe

Wird eine Sache dagegen unentgeltlich zum Gebrauch überlassen, handelt es sich rechtlich um eine Leihe, §§ 598 ff. BGB.

Beispiele: Die unentgeltliche Überlassung eines Fahrrads – unentgeltliche Gebrauchsüberlassung auf Zeit mit Rückgabeverpflichtung, d. h. Leihvertrag. Vereinbaren die Parteien dagegen etwa umgangssprachlich beim sog. Autoverleih einen hierfür zu zahlenden Geldbetrag, so liegt rechtlich kein Leih-, sondern ein Mietvertrag vor (s. o. 2.6.3).

Pacht

Eine Gebrauchsüberlassung mit dem Recht der Fruchtziehung ist Pacht, §§ 581 ff. BGB (s. u. 10.5.10).

Beispiel: Die entgeltliche Verpachtung eines landwirtschaftlichen Betriebs (vgl. § 585 BGB) – entgeltliche Gebrauchsüberlassung auf Zeit mit dem Recht zur Fruchtziehung und Rückgabeverpflichtung. (Zum Darlehen s. u. 10.6.1; s. a. Schaubild 117).

Gegenstand des Mietvertrages können bewegliche und unbewegliche Sachen sein, Sachgesamtheiten oder Sachteile, Räume, im Schiffsregister eingetragene Schiffe, nicht aber Rechte.

Gegenstand

Beispiele: Maschinen; Grundstücke; Wohnungen; Garagen; Hauswände für Reklamezwecke.

Für Mietverhältnisse über Wohnraum greifen insbesondere die §§ 549 ff. BGB ein. Bei Mietverhältnissen über andere Sachen, d. h. Grundstücke, Räume, die keine Wohnräume sind (wie etwa Garagen), Geschäftsräume, gelten insb. die §§ 578 ff. BGB.

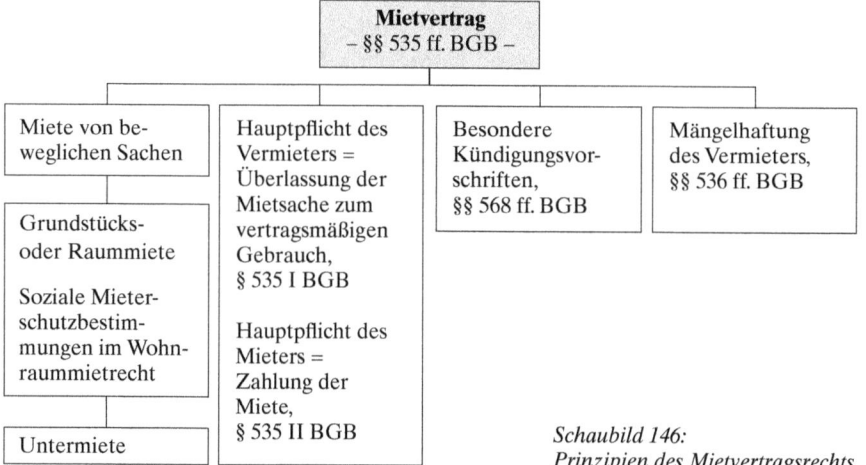

Schaubild 146:
Prinzipien des Mietvertragsrechts

Den Abschluss des Mietvertrages regeln die allgemeinen Bestimmungen über Willenserklärungen und Verträge (s. o. 6.3, 6.6, 6.8). (Auch) bei der Wohnraumvermietung sind die Benachteiligungsverbote der §§ 1 ff., 19 ff. AGG zu beachten (vgl. § 19 AGG; s. o. 2.5, 6.6.6.2, 10.1, s. a. 16.2.2.3 bzw. die Schaubilder 58 und 199).

Form

Benachteiligungsverbote

Beispiele: Verweigerung der Vermietung an einen Ausländer bzw. nur Ausländern gegenüber erfolgende Mieterhöhungen (ggf. Benachteiligung wegen ethnischer Herkunft; vgl. die §§ 1, 19 I, II, 2 I Nr. 8, 21 II 3, V AGG; s. a. ggf. § 19 III, V AGG). Für sog. Kleinvermieter (bis zu 50 Wohnungen, § 19 V 3 AGG) gilt grds. (nur) das Verbot der rassischen und ethnischen Diskriminierung, § 19 II AGG (es sei denn, der Wohnraum liegt auf demselben Grundstück, § 19 V 2 AGG).

Wenn mehrere Personen gemeinschaftlich mieten, werden sie regelmäßig gemeinsam als (Mit-)Mieter Mietvertragspartei.

Mitmieter

Beispiel: Ein Ehepaar mietet gemeinsam eine Wohnung (beide unterschreiben den Mietvertrag) – sie sind beide Mieter bzw. Mitbesitzer (s. u. 15.4.2) mit allen Rechten und Pflichten, schulden etwa beide als Gesamtschuldner (s. o. 8.7 a. E.) die Miete, können nur gemeinsam kündigen bzw. gekündigt werden (s. u. 10.5.7) (selbst wenn die Ehe zerbrochen und ein Partner ausgezogen ist; s. a. bzgl. der Ehewohnung im Scheidungsfall ggf. § 1568 a BGB [vgl. unten 10.5.7; 10.5.8 a. E.]).

Der Mietvertrag ist ein Dauerschuldverhältnis (s. o. 8.3.3) und grundsätzlich formfrei (s. o. 6.4). Mietverträge über Räume für länger als ein Jahr, die nicht in schriftlicher Form geschlossen werden, gelten für unbestimmte Zeit. Eine Kündigung ist dann frühestens zum Ablauf eines Jahres nach Überlassung des Wohnraums zulässig, § 550 BGB.

Werden vorgedruckte Mietvertragsformulare (AGBen) (etwa von Vermieterver-einigungen) verwendet, so finden hierauf grds. die Regeln der §§ 305 ff. BGB An-wendung (s. o. 6.7).

Beispiele: Schönheitsreparatur-, Kleinreparatur-, Untervermietungs-, Tierhaltungs(verbots)-, Kündigungsklauseln – sie sind insb. im Hinblick auf Verstöße gegen die §§ 307 ff. BGB zu prüfen.

Fragerecht des Vermieters
: Von Vermietern oftmals verlangte Selbstauskünfte des Mieters müssen, soweit sie deren berechtigte, schutzwürdige Interessen betreffen, zutreffend sein, ansonsten kann der Vermieter ggf. den Mietvertrag anfechten (§ 123 BGB, s. o. 6.8.2.5) bzw. außerordentlich kündigen (§ 543 I BGB, s. u. 10.5.7).

Beispiele: Fragen nach/Auskünfte über Vorvermieter/Arbeitgeber, Einkommen, Solvenz, Mietschulden, Anzahl der künftigen Bewohner. Unzulässige Fragen, etwa nach Hobbys, Krankheiten, Schwangerschaft, Mitgliedschaft im Mieterverein, dürfen ggf. unzutreffend be-antwortet werden (vgl. die Parallele zum Arbeitsrecht, s. u. 16.2.3.2). (Grds. sind die Regeln der DSGVO dabei zu beachten, insb. bzgl. der Grundsätze der Datenminimierung und Zweck-bindung).

Bei der Hinzuziehung eines Maklers zur Wohnungsvermittlung gilt grds. das sog. Bestellerprinzip, vgl. § 2 WoVermG.

Beispiel: Der Vermieter hat dem von ihm mit der Mietersuche beauftragten Makler (s. u. 10.9.2.1) im Erfolgsfalle (d. h. bei Zustandekommen eines Mietvertrages) die Courtage zu zahlen. (Vom Wohnungsinteressenten darf der Makler dann nichts verlangen, also etwa we-der Besichtigungs-, Reservierungs-, Mietvertragsausfertigungsgebühren, noch Auslagenerstat-tungen o. ä., s. a. 6.7.2 a. E.). Ein über eine Internetplattform (etwa immobilienscout24.de) zustandegekommener Mietvertrag kann ggf. als Fernabsatzgeschäft widerrufen werden (s. a. 6.6.4.2; 10.8.3; 10.8.6).

Eigentum/ Besitz
: Eigentümer der Mietsache bleibt der Vermieter; der Mieter erlangt unmittelbaren Besitz (s. u. 15.3., 15.4.2).

10.5.2 Pflichten des Vermieters

Mietsache
: Der Vermieter muss dem Mieter die Mietsache zum vereinbarten Zeitpunkt über-lassen, ihm also den ungestörten Sachgebrauch verschaffen und während der Miet-zeit gewähren.

Beispiel: Die Wohnung ist zum 1. 7. vermietet – dann muss sie dem Mieter an diesem Tag auch überlassen werden (auch wenn der Einzugstermin auf einen Sonn- oder Feiertag fällt [§ 193 BGB, s. o. 4.3.4, gilt insoweit, weil vertraglich abbedungen, nicht]). Ist die Wohnung dann etwa noch nicht bezugsfertig, ist der Vermieter ggf. schadensersatzpflichtig.

Die Mietsache ist im vertragsgemäß gebrauchsfähigen Zustand zu übergeben und in diesem Zustand zu erhalten, §§ 535 I BGB.

Beispiel: Der Vermieter hat dem Mieter die vermieteten Räume sowie Flure, Treppen bzw. sonstige Räume, die von ihm begangen werden müssen, zu überlassen und zu erhalten.

Instandhaltung/ Instandsetzung
: Grundsätzlich muss also der Vermieter sämtliche während der Mietzeit erforder-lichen Instandhaltungsarbeiten und Reparaturen (Instandsetzung) durchführen lassen.

Beispiele: Wegen Abnutzung von Teppichböden oder Tapeten oder an Sanitärinstallationen erforderliche Instandsetzungen (s. a. 10.5.4). (Aber: Das Reinigen der Wohnung bzw. Fenster-putzen gehört nicht zur Instandhaltungspflicht und obliegt dem Mieter.)

(In der Praxis wird diese Pflicht allerdings häufig vertraglich, insbesondere in AGBen [s. o. 6.7], auf den Mieter abzuwälzen gesucht, s. o.).

Beispiele: Klauseln, wonach der (Wohnungs-)Mieter Reparaturkosten oder Schönheitsreparaturen (vgl. § 28 IV 3 der II. BV) (also normale Abnutzungen) (alleine) tragen soll. Diese sind häufig wegen Verstoßes gegen die §§ 307 ff. BGB (s. o. 6.7.1.4 ff.) unwirksam, so etwa Schönheitsreparaturklauseln mit starrem Fristenplan. Wenngleich der Mieter vertraglich ggf. dazu verpflichtet werden kann, bezüglich seiner unmittelbaren Einwirkung unterliegender Teile der Mietsache ggf. Kleinreparaturkosten (anteilig) zu zahlen, sich also an den sog. Instandhaltungskosten zu beteiligen, ist die Instandsetzung der Mietsache hingegen grds. Sache des Vermieters (also etwa die Wiederbeschaffung bzw. der Ersatz verbrauchter bzw. verschlissener Teile). So sind etwa in AGBen (vgl. § 307 BGB; s. o. 6.7) grds. sogenannte Kleinreparaturklauseln zulässig, wonach der Mieter Kosten etwa für tropfende Wasserhähne (Dichtungen), kaputte Steckdosen, Schalter o. ä., im Einzelfall bis zu ca. 75,– €, gedeckelt bis zu 5 % der Jahreskaltmiete, selbst zu tragen hat (Verschleissreparaturen). Instandsetzungskosten (Wiederbeschaffungskosten), etwa für kompletten Austausch gesprungener (Keramik-)Waschbecken, obliegen demgegenüber grds. dem Vermieter. (Für schuldhaft verursachte Schäden an der Mietsache muss der Mieter ungeachtet dessen gemäß § 823 I BGB, s. u. 12.2., einstehen.)

Schönheitsreparatur-/

Kleinreparatur-klauseln

Die Lasten der Mietsache,

Beispiele: Steuern, Straßenanlieger-, Kanalisations-, Müllabfuhr-, Schornsteinfegergebühren, Brandversicherung,

fallen ebenfalls grundsätzlich dem Vermieter zur Last, § 535 I 3 BGB, es sei denn, vertraglich ist etwas anderes vereinbart.

Aufwendungen

Beispiele: Vom Mieter vertraglich zu übernehmende Kosten für Grundsteuer, Wasserversorgung, Heizungsanlage, Aufzug, Gartenpflege, Hausmeister, etc., § 556 BGB; vgl. den ggf. vertraglich in Bezug zu nehmenden Betriebskostenkatalog gemäß § 2 BetriebskostenVO.

Notwendige Aufwendungen des Mieters für die Mietsache (s. a. § 994 BGB) zur umgehenden Beseitigung eines Mangels,

Beispiel: Kosten für dringende Reparaturen (wenn etwa im Mietraum eine Wasserleitung platzt und schnellstens repariert werden muss),

sind ihm vom Vermieter zu ersetzen, § 536 a II Nr. 2 BGB (s. u. 10.5.6). Sonstige, nicht notwendige Verwendungen sind ggf. nach den Regeln der Geschäftsführung ohne Auftrag, §§ 677 ff. BGB (s. u. 13), zu erstatten, § 539 I BGB,

Beispiel: Anpflanzungen auf dem gemieteten Grundstück.

Der Vermieter muss grundsätzlich auch dulden, dass der Mieter eingebrachte Sachen bei Mietende wegnimmt, § 539 II, 552 BGB.

Betriebs- bzw. Nebenkostenabrechnungen sind dem Mieter grundsätzlich binnen eines Jahres mitzuteilen, § 556 I, III BGB.

Abrechnungen

Beispiel: Die Strom-, Wasser-, Heizölverbrauchsabrechnung muss dem Mieter spätestens binnen dieser Frist zugehen (s. a. 6.3.5); vgl. hierzu auch die Regelungen der BetriebskostenVO.

10.5.3 Pflichten des Mieters

Der Mieter hat die vereinbarte Miete an den Vermieter zu zahlen, § 535 II BGB. Wenn nicht anders vereinbart (s. o. 2.5), ist die Miete für ein Grundstück und für bewegliche Sachen nachträglich fällig, § 579 I BGB; bei Wohnraum bzw. anderen Räumen ist die Miete grundsätzlich zu Beginn bzw. bis spätestens zum dritten Werktag der einzelnen Zeitabschnitte zu entrichten, §§ 579 II, 556 b I BGB.

Mietzahlung

Beispiele: Bei Miete eines Wohn- bzw. Gewerberaumes für 1000,– € monatlich ist grds. zum Monatsbeginn zu zahlen, bei Grundstücken und beweglichen Sachen grds. zum Monatsende. (Der Samstag [vgl. § 193 BGB, s. o. 4.3.4] ist bei der Frist zur Zahlung der Miete bis zum dritten Werktag, § 556 b I BGB, grds. nicht mitzuzählen [bei § 573 c I BGB ist dies aber ggf. anders; s. u. 10.5.7]). Bei Verbrauchern reicht (wenn nicht vertraglich anders vereinbart) die rechtzeitige

Anweisung der Miete am dritten Werktag bei ihrer Bank – der Eintritt des Leistungserfolges (= Gutschrift/Eingang auf dem Vermieterkonto) bzw. das Verzögerungsrisiko ist insoweit grds. Sache des Vermieters (s. o. 8.5 a. E., 8.14.1); dem Mieter sollen grds. drei Banktage zur Verfügung stehen. (Da die Überweisung spätestens am folgenden Banktag auszuführen, § 675 n I 3 BGB, und einen weiteren Tag später dem Empfängerkonto gutzuschreiben ist, § 675 s I 1 BGB, kann der Vermieter die Mietgutschrift vor dem fünften Werktag des Monats i. d. R. nicht erwarten [anderslautende Klauseln in Formularmietverträgen sind ggf. gemäß § 307 BGB unwirksam; s. o. 6.7.2]),

In Gebieten mit angespannten Wohnungsmärkten gelten ggf. bei Vereinbarungen über die Miethöhe bei Mietbeginn Sonderregeln, §§ 556 d ff. BGB.

Beispiel: Wird in einem derartigen Gebiet eine Wohnung neu vermietet, so darf die ortsübliche Vergleichsmiete nur um 10 % überschritten werden, §§ 556 d I, II, 558 II, 549 II BGB (sog. Mietpreisbremse; deren Rechtswirksamkeit ist str.).

Kaution

Vielfach hat der (Wohnungs-)Mieter dem Vermieter eine Sicherheit (Kaution) zu leisten; diese ist grds. auf das Dreifache der reinen Monatsmiete beschränkt, § 551 I BGB.

Beispiele: Der Mieter zahlt dem Vermieter zwei reine Monatsmieten als Kaution; der Vermieter hat sie grds. verzinslich anzulegen, § 551 I, III BGB, und nach Beendigung des Mietverhältnisses herauszugeben (s. o. 6.5). Ggf. sind auch Mietbürgschaften möglich (§ 765 BGB) (s. u. 10.7.2) – hierbei ist insb. § 551 IV BGB zu beachten: Fordert etwa ein Vermieter eine Mietkaution in Höhe von drei (reinen) Monatsmieten sowie zzgl. eine (Eltern-)Mietbürgschaft, so ist diese über § 551 I BGB hinausgehende Doppelsicherung, soweit sie überhöht ist, nichtig, §§ 551 IV, 134 BGB. Das sog. „Abwohnen" der Mietkaution, also das Verrechnen mit bzw. das Nichtzahlen der Miete seitens des gekündigten Mieters vor dem Auszug, ist im Hinblick auf den Sicherungszweck der Kaution grds. unzulässig.

Mietbürgschaft

Möglichkeiten der Mieterhöhungen und ihre Modalitäten,

Beispiele: Staffelmiete, Indexmiete (s. o. 8.3.5 a. E.), Vergleichsmiete, Mietspiegel, Modernisierung,

regeln die §§ 557 ff. BGB.

Beispiel: Ein schriftlich zu stellendes Mieterhöhungsbegehren des Vermieters bedarf grds. der Zustimmung des Mieters, §§ 558 a, b BGB (der, wenn er diese Zustimmung erteilt hat, diese grds. nicht etwa gemäß der §§ 312 c, g, 355, 312 IV BGB widerrufen kann [vgl. § 312 c I 2. HS BGB]).

Der Mieter muss die Mietsache sorgfältig behandeln und darf von ihr keinen vertragswidrigen Gebrauch machen (ansonsten ist, ggf. nach Abmahnung [vgl. § 314 II 1 BGB; s. o. 9.9.2], u. U. eine außerordentliche, fristlose Kündigung möglich, § 543 BGB). Ohne Erlaubnis des Vermieters darf der Mieter den Gebrauch der Sache keinem anderen überlassen.

Untervermietung

Beispiel: Der Mieter überlässt die Wohnung entgeltlich Touristen (dies kann den Vermieter ggf. zur [außerordentlichen] Kündigung berechtigen, s. u. 10.5.7).

Wenn nach Abschluss des Mietvertrages ein berechtigtes Interesse an der Untervermietung entstanden ist,

Beispiele: verschlechterte Vermögensverhältnisse des Mieters, längerer Auslandsaufenthalt,

kann der Mieter vom Vermieter die Erlaubnis zur Weitervermietung eines Teils des gemieteten Wohnraums verlangen (wobei er ein Verschulden seines Untermieters bei einer solchen Untervermietung zu vertreten hat), § 540, 553 BGB.

Beispiel: Der Mieter möchte seine/n Lebenspartner/in in die Wohnung aufnehmen – der Vermieter ist zu informieren und seine Erlaubnis einzuholen (die er aber grds. nicht verweigern darf [allenfalls in Fällen gravierender Überbelegung]; s. u. 10.5.4).

Bemerkt der Mieter Mängel der Mietsache, dann muss er dies dem Vermieter unverzüglich anzeigen, § 536 c BGB. Ansonsten macht er sich schadensersatzpflichtig und verliert Gewährleistungsansprüche (s. u.). Nach Beendigung des Mietverhältnisses ist der Mieter zur Rückgabe der Mietsache verpflichtet, § 546 BGB. Andernfalls kann der Vermieter die Rechte aus § 546 a BGB geltend machen. **Mängelanzeige**

Erforderliche Handwerkerarbeiten für Instandsetzungs- bzw. Instandhaltungsarbeiten muss der Mieter zulassen und grds. zum vorgeschlagenen Termin dulden.

Beispiele: (Mit angemessenem Vorlauf angekündigte) Installationsarbeits-, Heizkörperablesetermine (selbst wenn der Mieter ggf. Urlaub dafür nehmen muss).

Für die Einhaltung seiner Pflichten ist (wie umgekehrt der Vermieter auch) der Mieter selbst verantwortlich; Verschulden von Dritten oder Erfüllungsgehilfen (dazu s. o. 7.3.3, 8.13.2) bzw. auch von zu Rate gezogenen Mietervereinen geht ggf. zu seinen Lasten. **Falschberatung wird ggf. zugerechnet**

Beispiel: Rät ein Mieterschutzverein fälschlicherweise zur Nichtzahlung geschuldeter Betriebskosten (Vorauszahlungen), dann kann sich der Mieter dem deswegen (ggf. zu Recht) kündigenden Vermieter (s. u. 10.5.7) hierauf nicht entlastend berufen. (I. Ü.: Für seine finanzielle Leistungsfähigkeit [etwa zur Zahlung der Miete] hat der Mieter grds. [ungeachtet etwaigen Verschuldens] einzustehen [s. o. 8.3.5, 6.6, 9.3.1, 9.4.2 a. E.]). **wirtschaftliches Unvermögen**

10.5.4 Nebenpflichten

Beide Parteien treffen aus dem Gesichtspunkt von Treu und Glauben, § 242 BGB, Neben- bzw. Fairnesspflichten, s. a. § 241 II BGB. So hat der Vermieter etwa die Sorgfalts-, Fürsorge- und Verkehrssicherungspflicht (s. o. 8.3.1.2; 8.3.2).

Beispiele: Er muss eine vorteilhaftere Nutzung der Mietsache durch den Mieter dulden, etwa den Einbau von Doppelfenstern, hat den ungefährdeten Zutritt zur Mietsache zu sichern, bspw. eine schadhafte Treppe auszubessern, muss baulichen Veränderungen zur behindertengerechten Nutzung zustimmen, § 554 a BGB.

Diese Pflicht gilt unter dem Gesichtspunkt des Vertrages mit Schutzwirkung zu Gunsten Dritter (s. o. 8.6.4) auch gegenüber dem Mieter nahestehenden Personen. **Dritte**

Beispiel: Das Kind des Mieters verletzt sich auf einer schadhaften Flurtreppe – der Vermieter muss hierfür ggf. gemäß der §§ 280 I, 823 I BGB einstehen (s. o. 8.6.4).

Der Vermieter muss desweiteren dem Mieter innerhalb von zwei Wochen den Einzug bestätigen, §§ 19, 17 BMG (Wohnungsgeberbestätigung). **Meldebestätigung**

Beispiele: Der Vermieter bestätigt dem Mieter dessen Einzug auf dem Formular für die Meldebehörde. *Aber:* Bei Untervermietung ist der (Haupt-)Mieter als solcher Wohnungsgeber (§§ 19 I, V BMG, 553 BGB) und demzufolge Aussteller der Wohnungsgeberbestätigung.

Den Mieter trifft bspw. eine Sorgfaltspflicht dergestalt, dass er die Mietsache pfleglich behandeln muss (ungeachtet dessen, dass Abnutzung durch vertragsmäßigen Gebrauch nicht zu seinen Lasten geht, § 538 BGB).

Beispiele: Ausreichendes Lüften zur Schimmelvermeidung, schonende Behandlung von Armaturen oder Türgriffen; auch: Wohnungs- bzw. Fensterreinigung (s. o. 10.5.2).

Für schuldhaft verursachte Schäden an der Mietsache muss der Mieter ggf. etwa gemäß der §§ 280 I, 823 I BGB einstehen (s. a. 9.7.1, 12.2).

Beispiele: Vandalismus durch den Mieter, der etwa eine Türe eintritt; oder: Der Mieter raucht so stark, dass der (neue) Teppichboden bzw. die Tapete nach nicht einmal zwei Jahren wegen Verschmutzung bzw. Nikotinausdünstung ausgewechselt werden muss. Oder: Der den Herd unbeaufsichtigt lassende Mieter verursacht einen Wohnungsbrand ([auch] insoweit dürfte vermieterseits auf das Aufrechterhalten einer Privathaftpflichtversicherung des Mieters zu achten sein). *Aber:* Abnutzung durch normalen Gebrauch fällt grds. dem Vermieter zur Last, §§ 535 I 2, 538 BGB (s. o. 10.5.2). Zur Prüfung etwaiger Schadensersatzansprüche wegen Beschädigungen der Mietsache hat der Vermieter ggf. gemäß § 809 BGB ein Besichtigungs-bzw. Betretungsrecht bzgl. der Mieträume (ebenso etwa, wenn dies zur Prüfung, Wartung bzw. Reparatur der Mietsache erforderlich ist; ein allgemeines, anlassloses Betretungsrecht besteht grds. nicht; s. a. bei Formularmietverträgen [s. o. 6.7.1.1] § 307 I BGB [ansonsten besteht ein Besichtigungsrecht des Vermieters i. d. R. alle fünf Jahre]).

Betretungs-recht

Belästigungen und Schädigungen Dritter hat der Mieter zu vermeiden.

Beispiele: Rücksichtsloser nächtlicher übermäßiger Lärm, lautstarkes Feiern, erhebliche Rauchentwicklung beim Grillen auf dem Balkon und dadurch verursachte übermäßige Belästigungen von Mitmietern sind grds. zu unterlassen.

Zurechnung/ Hilfspersonen

Bei der Erfüllung dieser Pflichten muss der Mieter für Erfüllungsgehilfen,

Beispiele: bei der Wohnraummiete mitwohnende Familienmitglieder, bei der Geschäftsraummiete Mitarbeiter,

gemäß § 278 BGB – etwa im Rahmen eines gegen ihn gerichteten Anspruchs des Vermieters wegen Pflichtverletzungen, § 280 I BGB – einstehen (s. o. 7.3.3; 8.13.2).

Beispiel: Für einen von einem Familienmitglied verursachten Wohnungsbrand muss der Mieter ggf. Schadensersatz leisten, §§ 280 I, 278 BGB.

10.5.5 Vermieterpfandrecht

Pfandrecht

Der Vermieter hat an den vom Mieter eingebrachten Sachen für seine Forderungen aus dem Mietverhältnis ein gesetzliches Pfandrecht, § 562 BGB (s. a. die §§ 1257, 1204 ff. BGB). Er kann also die ungerechtfertigte Entfernung der Sachen verhindern und ggf. ihre Rückschaffung verlangen, §§ 562 a ff. BGB (s. u. 15.6).

Beispiele: Der Vermieter von Gewerberäumen darf ein eingebrachtes Warenlager versteigern und sich aus dem Erlös befriedigen, §§ 562, 1257, 1228 II BGB; das Vermieterpfandrecht erfasst auch das auf dem gemieteten Grundstück regelmäßig abgestellte Auto. Das Selbsthilferecht des § 562 b BGB ist eigenständig, ungeachtet desjenigen aus § 229 BGB (dazu s. o. 4.3.1) (§ 231 BGB ist insoweit nicht anzuwenden).

10.5.6 Haftung für Mängel

Fehler

Wenn die Mietsache mit einem Fehler behaftet ist, der den vertragsgemäßen Gebrauch erheblich mindert oder aufhebt, hat der Mieter Gewährleistungsansprüche gegen den Vermieter, § 536 BGB. Als Fehler wird die für den Mieter ungünstige Abweichung vom vertragsmäßig geschuldeten Zustand verstanden; Ursache können die Beschaffenheit der Mietsache selbst, aber auch äußere Einwirkungen sein.

Beispiele: Baubeschränkungen, Unbenutzbarkeit eines Gewerberaums, Lärm, Luftverschmutzung, Reifenschäden eines Kfz.

Verschulden des Vermieters ist dabei nicht erforderlich. Gewährleistungsansprüche treffen den Vermieter auch beim Fehlen oder Wegfall einer zugesicherten Eigenschaft der Mietsache, § 536 II BGB.

Beispiele: Zugesicherte Wohnungs- oder Grundstücksgröße, Tragfähigkeit einer Decke.

Mängel-beseitigung

Ist die Mietsache fehlerhaft, kann der Mieter vom Vermieter die Beseitigung des Mangels verlangen, § 535 I 2 BGB.

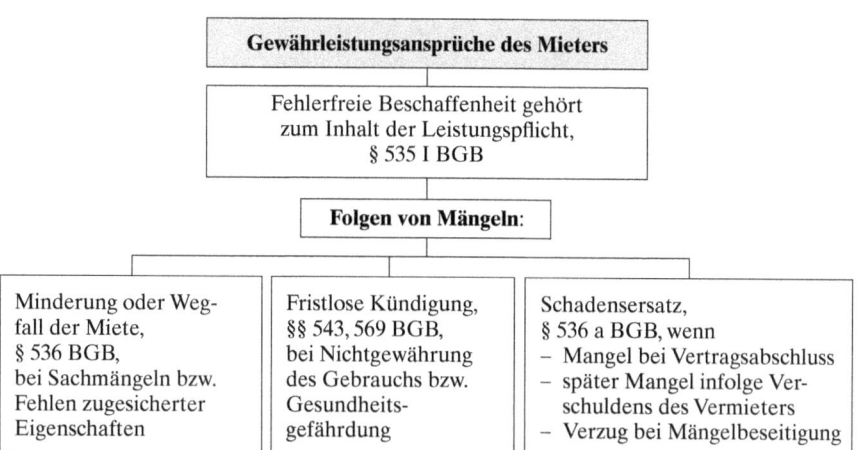

Schaubild 147: Gewährleistungsansprüche des Mieters

Bei Mängeln der Mietsache, die deren Tauglichkeit zum vertragsmäßigen Ge-   Minderung
brauch mindern, braucht der Mieter nicht die volle Miete zu zahlen, er kann mindern (nicht aber bei unerheblichen Mängeln), § 536 BGB.

Beispiele: Die Fenster sind undicht, es regnet herein; die Heizung funktioniert nicht; un-
erträglicher Baulärm (nicht aber etwa bei auch vom Vermieter immissionsschutzrechtlich
hinzunehmendem Kinderlärm auf Spielplätzen); Schimmel an den Wänden (ungeachtet der
Pflicht zu ausreichendem [Stoß-]Lüften, s. o. 10.5.4). *Vorsicht aber:* Behält der Mieter aufgrund
eines Irrtums über die Ursache eines Mangels unberechtigt (einen Teil der) Miete ein, kann
der Vermieter ggf. (fristlos) kündigen (s. a. 10.5.3 a. E., 10.5.7).

Wird die Gebrauchstauglichkeit der Mietsache durch den Fehler vollständig bzw.
teilweise aufgehoben, so entfällt die Zahlungspflicht des Mieters ganz bzw. teilweise,
§ 536 I BGB. Das Recht zur Mietminderung besteht auch dann, wenn der Mietsache
eine zugesicherte Eigenschaft fehlt oder diese später wegfällt, § 536 II BGB.

Neben diesen Rechten kann der Mieter auch Schadensersatz wegen Nichterfüllung   Schadensersatz
fordern, § 536 a BGB, wenn der Mangel der Mietsache schon bei Abschluss des
Vertrages vorhanden war oder der Vermieter mit der Beseitigung des Mangels
in Verzug kommt. Verschulden des Vermieters ist nicht erforderlich. Ergibt sich
der Mangel erst nachträglich, dann kann der Schadensersatz nur bei Verschulden
des Vermieters gefordert werden. Im Falle des Verzugs des Vermieters oder der
Notwendigkeit zur Bestandserhaltung bzw. -wiederherstellung kann der Mieter
den Mangel auch selbst beseitigen und Ersatz der dafür erforderlichen Aufwendungen vom Vermieter verlangen, § 536 a II BGB (s. o. 10.5.2). Um den Vermieter
in Verzug zu setzen, müssen der Mangel aufgezeigt und seine Beseitigung begehrt
werden.

Der Anspruch auf Schadensersatz wegen Nichterfüllung, § 536 a BGB, umfasst   Mangel-/
sowohl Mangelschäden,

Beispiele: Minderwert; Mehrkosten für neu anzumietende Wohnung; Kosten einstweiliger
Unterbringung; Vertragskosten,

als auch Mangelfolgeschäden,   Mangel-

Beispiele: Schäden an vom Mieter eingebrachten Sachen, an Körper oder Gesundheit; nutz-   folgeschäden
los aufgewandte Maklerprovision.

Aufrechnung   Mängelansprüche entfallen, wenn der Mieter den Mangel bei Vertragsabschluss kennt oder infolge grober Fahrlässigkeit (s. o. 9.2) nicht kennt, § 536 b BGB; die Mängelhaftung kann vertraglich (außer bei arglistigem Verschweigen) ausgeschlossen werden, § 536 d BGB. Bei der Wohnraummiete kommen vertragliche Beschränkungen der Mängelhaftung nicht in Betracht, § 536 IV BGB. Schadensersatzansprüche wegen Nichterfüllung oder Ansprüche auf Ersatz von Aufwendungen kann der Mieter gegen den Mietzinsanspruch des Vermieters aufrechnen i. S. d. §§ 387 ff. BGB (s. o. 8.14.2.2).

10.5.7 Ende des Mietverhältnisses

Das Mietverhältnis endet mit Ablauf der Vertragszeit oder durch Kündigung, §§ 542, 549 II, III, 568 BGB, bzw. Aufhebungsvertrag (s. o. 8.14.2.6).

Kündigung   Die Kündigung (s. o. 8.14.2.10) eines Mietverhältnisses über Wohnraum, eine einseitige, empfangsbedürftige Willenserklärung (s. o. 3.1.2.1 a. E., 6.3.5), bedarf der Schriftform, § 568 BGB (s. o. 6.4). Im Kündigungsschreiben soll der Vermieter den Mieter auf die Möglichkeit, die Form und die Frist eines Widerspruchs i. S. d. §§ 574 ff. BGB hinweisen, § 568 II BGB. Erleichtert ist eine solche Kündigung, wenn der Wohnraum nur für eine vorübergehende Zeit vermietet ist und bei möblierten Zimmern, die einer alleinstehenden Person überlassen worden sind, § 549 II BGB.

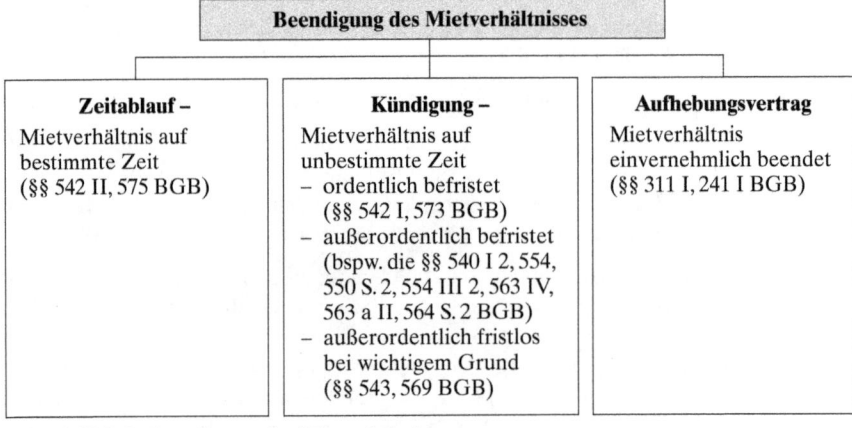

Schaubild 148: Beendigung des Mietverhältnisses

berechtigtes Interesse   Der Vermieter darf ein Mietverhältnis über Wohnraum grundsätzlich nur kündigen, wenn er ein berechtigtes Interesse an der Beendigung des Mietverhältnisses hat, § 573 BGB.

Beispiele: Erhebliche Pflichtverletzungen seitens des Mieters; Eigenbedarf des Vermieters, vgl. § 573 II Nr. 1-3 BGB, wobei ihm grds. ein weiter Ermessensspielraum, etwa bei der Bedarfszumessung, zusteht. Täuscht der Vermieter dem deswegen ausgezogenen Mieter Eigenbedarf nur vor, so schuldet er diesem Schadensersatz, § 280 I BGB, ebenso, wenn er es unterlässt, dem Mieter eine im selben Anwesen gelegene freie Wohnung zur Anmietung anzubieten (etwa bzgl. Umzugs- oder Maklerkosten). Ggf. ist die Kündigung des mitbewohnenden Vermieters erleichtert, § 573 a BGB, bzw. eine Teilkündigung möglich, § 573 b BGB.

Gründe   Derartige Kündigungsgründe hat der Vermieter einer Mietwohnung im Kündigungsschreiben anzugeben.

Beispiel: Er muss den seinen Eigenbedarf begründenden Lebenssachverhalt schlüssig und nachvollziehbar darlegen (damit der Mieter prüfen kann, ob es sinnvoll ist, sich gegen die Kündigung zu wehren).

In einem etwaigen Mietprozess kann er sich grundsätzlich nur auf die im Kündigungsschreiben angegebenen Gründe berufen, wenn nicht ein anderer Grund nachträglich entstanden ist, vgl. die §§ 573 III, 574 III BGB.

Vermieter und Mieter müssen sich grds. an Kündigungsfristen halten, vgl. § 573 c BGB; grds. ist die Kündigung danach spätestens am dritten Werktag eines Kalendermonats zum Ablauf des übernächsten Monats zulässig, vgl. die §§ 573 c, 580 a BGB.   *Fristen*

Beispiel: Dem Vermieter geht die Kündigungserklärung (§§ 568 I, 130 BGB; s. o. 6.3.4.3, 6.4) des Mieters am Donnerstag, 3. 4., zu (= Kündigungstag) – das Mietverhältnis endet dann mit Ablauf des 30. 6. (= Kündigungstermin) (s. o. 4.3.4). (Als Werktag i. S. d. § 573 c I 1 BGB gilt ggf. grds. auch der Samstag [bei § 556 b I BGB ist dies anders, s. o. 10.5.3]). (Ist der 3. Werktag ein Samstag, so gilt grds. § 193 BGB, d. h., ist der 3. Werktag ein Samstag, so kann grds. noch am nächsten Werktag gekündigt werden, str.). An die Kündigungsfrist muss der Mieter sich grds. halten (irrig ist i. d. R. etwa die Annahme, bei Gestellung von drei potentiellen Nachmietern eher aus dem Vertrag zu kommen).

Bei auf bestimmte Zeit abgeschlossenen Mietverträgen (§§ 542 II, 575 BGB) ist eine zwischenzeitliche Kündigung i. d. R. unzulässig.

Beispiele: Ein auf zwei Jahre geschlossener Mietvertrag (anders aber ggf. bei für den Mieter unzumutbarer Härte, etwa wegen berufsbedingten Wegzuges oder Erfordernisses des Wechsels in ein Pflegeheim).

Bei vertragswidrigem Gebrauch der Mietsache, bei Zahlungsverzug des Mieters und bei unzumutbarem Mietverhältnis ist ggf. auch eine außerordentliche fristlose Kündigung möglich, §§ 543, 569 BGB (s. o. 8.14.2.10; 10.5.3).

Beispiele: Der Mieter randaliert und zertrümmert bei einem Gewaltausbruch Einrichtungsgegenstände bzw. bedroht Dritte; beleidigt den Vermieter grob; zapft die allgemeine Stromleitung an – bei derart gravierenden Fällen ist eine ansonsten grds. erforderliche Abmahnung (vgl. § 314 II BGB; s. o. 9.9.2) ggf. entbehrlich.

Mehrere (Mit-)Mieter müssen grds. gemeinsam kündigen bzw. gekündigt werden.   *Mitmieter*

Beispiel: Ein Paar mietet gemeinsam eine Wohnung – wollen sie ausziehen, so müssen sie beide kündigen bzw. der Vermieter muss ihnen beiden gemeinsam die Kündigung erklären (selbst wenn ein Partner bereits vor längerem ausgezogen war; s. a. 10.5.1; 15.4.2) (im Scheidungsfall gilt ggf. § 1568 a BGB; s. a. 10.5.1, 10.5.8 a. E.). Geht einem Bevollmächtigten die Kündigung zu, so ist § 174 BGB zu beachten (s. o. 7.2.3.1; 8.14.2.10).

Der Vermieter darf, auch wenn er wirksam gekündigt hat, die Wohnung nicht eigenmächtig öffnen und in Besitz nehmen, er muss vielmehr einen gerichtlichen Räumungstitel herbeiführen und die Wohnungseinrichtung in Obhut nehmen.

Beispiele: Der Vermieter kündigt, weil der monatelang mit unbekanntem Aufenthaltsort abwesende Mieter die Miete nicht zahlt – er darf gleichwohl nicht einfach die Wohnung „kalt räumen" und die Einrichtung entsorgen; für eine derartige unerlaubte Selbsthilfe (§ 229 BGB; s. o. 4.3.1) haftet er gemäß § 231 BGB verschuldensunabhängig auf Schadensersatz. Demgegenüber macht sich ggf. ein Mieter, der trotz wirksamer Vermieterkündigung seinen Auszug in rechtswidriger Weise etwa von einer Geldzahlung des Vermieters abhängig macht, schadensersatzpflichtig, §§ 280 I, 823 I, 823 II BGB (i. V. m. § 253 StGB; s. o. 9.7, 12.2 f.).

Würde die Beendigung des Mietverhältnisses für den Mieter oder seine Familie eine besondere Härte bedeuten, kann der Mieter der Kündigung eines Mietverhältnisses über Wohnraum widersprechen, §§ 574 ff. BGB.   *Härteklausel*

Beispiele: Fehlen angemessenen Ersatzwohnraumes zu persönlich und wirtschaftlich angemessenen Bedingungen (s. a. § 574 II BGB); (fortgeschrittene) Schwangerschaft; hohes Alter. So ist ggf. auch eine Eigenbedarfskündigung (s. o.) unzulässig, wenn der Mieter oder eines seiner mitwohnenden Familienmitglieder wegen gravierender körperlicher oder geistiger Einschränkungen die Wohnung nicht räumen kann, §§ 573 II Nr. 2, 574 I, 574 a BGB.

Das Dauerschuldverhältnis Miete (s. o. 8.3.3) wandelt sich nach einer Kündigung in ein sog. Auslaufschuldverhältnis um.

Rückgabe
Nach Beendigung des Mietverhältnisses ist die Mietsache in vertragsgemäßem Zustand zurückzugeben, § 546 BGB.

Beispiele: Das Mietverhältnis endet am 31. 3.: Der Mieter hat dann die Wohnung geräumt, besenrein, mit allen Schlüsseln grds. am Wohnsitz der Vermieters (Bringschuld; s. o. 6.3.5, 8.5) herauszugeben; Ziel der Rückgabe der Mietsache ist die Erlangung der freien Verfügungsgewalt über das Mietobjekt durch den Vermieter (kommen etwa versandte Schlüssel beim Vermieter nicht an, so gilt die Mietsache grds. noch nicht als zurückgegeben; s. o. 6.3.5 a. E.). Lässt der Mieter (etwa im Keller) Gegenstände zurück (etwa wertlosen Sperrmüll), so hat er dem Vermieter ggf. die Entsorgungskosten zu erstatten, § 280 I BGB (s. o. 9.7.2, 9.10). Wenn wirksam vereinbart (s. o. 10.5.2), schuldet der Mieter ggf. Schönheitsreparaturen (vgl. § 28 IV 3 der II. BV). Bei einem Abnahme- bzw. Übergabeprotokoll (das ein negatives Schuldanerkenntnis darstellt [s. o. 8.14.2.4]) kann der Vermieter dann grds. nur solche Mängel geltend machen, die darin vermerkt wurden.

10.5.8 Wechsel der Mietparteien

„Kauf bricht nicht Miete"
Werden ein vermietetes Grundstück oder eine Mietwohnung nach der Überlassung an den Mieter vom Vermieter an einen Dritten veräußert, tritt der Erwerber anstelle des bisherigen Vermieters in die sich aus dem Mietverhältnis ergebenden Rechte und Pflichten ein, §§ 566, 578 BGB, *Kauf bricht nicht Miete*. Der zwischen dem Mieter und dem bisherigen Vermieter geschlossene Mietvertrag besteht also nunmehr zwischen dem Mieter und dem Erwerber fort.

Beispiel: Der Vermieter veräußert sein Mehrfamilienhaus – der Erwerber tritt nunmehr in die Rechtsstellung als Vermieter ein, §§ 566 ff. BGB, zwischen ihm und den jeweiligen Mietern entsteht kraft Gesetzes ein neues, dem bisherigen inhaltsgleiches Mietverhältnis.

Wird eine Mietwohnung nachträglich in eine Eigentumswohnung (i. S. d. WEG, s. o. 4.1.2) umgewandelt, so hat der Mieter ein gesetzliches Vorkaufsrecht, §§ 577 ff., 469 ff. BGB (s. a. 6.8.1.2, 10.2.9) (ggf. Konsolidation, s. o. 8.14.2.8).

Beispiel: Der Vermieter will die vermietete Wohnung als Eigentumswohnung veräußern – der Mieter kann durch einseitige schriftliche Willenserkärung (s. o. 6.2.2) ggf. in einen Kaufvertrag mit einem Erwerber eintreten und so die Veräußerung an sich (v)erlangen; der Vermieter muss ihn unverzüglich informieren, §§ 577 II, III, 469 BGB; unterlässt er dies, so ist er dem Mieter ggf. schadensersatzpflichtig (in Höhe der Differenz zwischen Verkehrswert und Verkaufspreis).

Tod der Vertragsparteien
Beim Tod (s. o. 3.1.1) des Vermieters treten dessen Erben mit allen Rechten und Pflichten in das Mietverhältnis ein, § 1922 BGB. Stirbt der Mieter, so sind sowohl sein Erbe als auch der Vermieter berechtigt, das Mietverhältnis unter Einhaltung der gesetzlichen Frist zu kündigen, §§ 564, 580 BGB. Bei Mietverhältnissen über Wohnraum sind die Hinterbliebenen gemäß der §§ 563 ff. BGB geschützt.

Bei im Scheidungsfall einem Ehegatten überlassener Ehewohnung setzt sich das Mietverhältnis mit diesem alleine fort, vgl. § 1568 a III BGB (s. a. 10.5.1, 10.5.7), die Nutzung bei Getrenntleben regelt ggf. § 1361 b BGB.

10.5.9 Leasing

Beim Leasing handelt es sich um ein atypisches Mietverhältnis, das im Wege der Vertragsfreiheit (s. o. 2.5; 6.2.1; 6.6.6) insbesondere Elemente des Kaufes und des Darlehens miteinander verknüpft (gemischter Vertrag). **Begriff**

Beim Leasingvertrag überlässt der Leasinggeber dem Leasingnehmer gegen ein ratenweise zu zahlendes Entgelt eine Sache oder Sachgesamtheit zum Gebrauch. Die Gefahr bzw. Haftung für Instandhaltung, Sachmängel, Beschädigung und Untergang hat der Leasingnehmer zu tragen, wobei der Leasinggeber ihm ggf. zustehende Ansprüche gegen Dritte, insbesondere gegen den Hersteller bzw. Lieferanten des Leasinggutes, abtritt. Die Mietdauer ist zunächst regelmäßig fest vereinbart, häufig finden sich dabei aber auch Verlängerungs- oder Kaufoptionen. **Leasingvertrag**

Die Praxis unterscheidet mehrere Arten des Leasing. **Arten**

Beispiele: Finanzierungs-, Operating-, Immobilien-, Hersteller-, Null-Leasing.

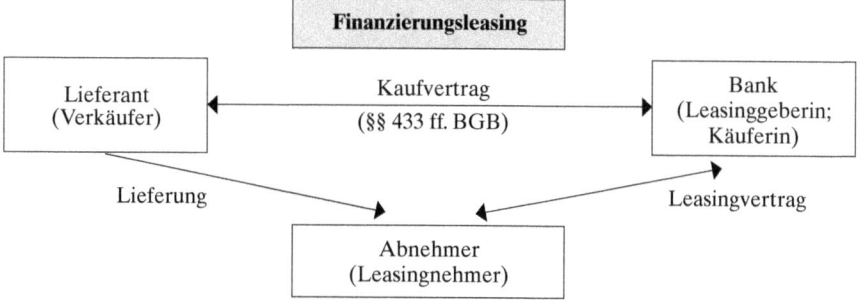

Schaubild 149: Finanzierungsleasing

10.5.10 Pachtvertrag

Beim Pachtvertrag wird dem Pächter vom Verpächter gegen Entgelt das Recht eingeräumt, den Pachtgegenstand zu gebrauchen und die Früchte daraus zu ziehen, § 581 BGB (s. o. 10.5.1; s. a. Schaubild 117). Pachtobjekte können alle körperlichen und unkörperlichen Gegenstände sein, soweit aus ihnen Früchte, § 99 BGB (s. o. 4.1.4), gezogen werden können. Daher können auch Unternehmen (s. o. 4.4.2) und Rechte Pachtgegenstände sein; sie sind zwar unkörperlich, werfen aber Früchte ab, **Pachtobjekte**

Beispiele: Unternehmenserträge; Aktiendividende.

Für Landpachtverträge gelten die §§ 585 ff. BGB.

Als Früchte des Pachtgegenstandes kommen in Betracht: **Früchte**
– Unmittelbare Sachfrüchte, d. h. ihre Erzeugnisse bzw. Ausbeute (§ 99 I BGB),
  Beispiele: Obst, Kies, Sand;
– mittelbare Sachfrüchte, d. h. die Einnahmen, die auf Grund der Gebrauchsüberlassung erzielt werden,
  Beispiel: der vereinbarte Pachtzins für die Gastwirtschaft;
– unmittelbare Rechtsfrüchte, d. h. die aus dem Recht erzielbaren Erträge (§ 99 II BGB),
  Beispiel: die Jagdbeute;

– mittelbare Rechtsfrüchte, d. h. die aus der Nutzung erzielten Erträge (§ 99 III BGB),

Beispiel: Jagdpachtzins (sog. Jagdschilling).

Fruchtgenuss
Der Verpächter hat dem Pächter insbesondere den Fruchtgenuss zu gewähren. Er muss den Pächter also in die Lage versetzen, Eigentümer (s. u. 15.3) etwa von Sachfrüchten werden zu können. Daher hat er, in Erfüllung des Pachtvertrages, bspw. die Aneignung i. S. d. § 956 BGB zu gestatten.

Beispiel: Obsternte durch den Pächter, der mit dem Abpflücken Eigentümer der Früchte wird, wenn der verpachtende Eigentümer der Obstplantage die Aneignung gestattet (worauf der Pächter gemäß § 581 BGB einen schuldrechtlichen Anspruch hat).

Für die Kündigung (vgl. die §§ 584, 594 a BGB) bzw. Mitverpachtung von Inventar (§§ 582 ff. BGB) gelten besondere Regeln.

10.5.11 Franchising

Dienst-
leistungs-,
Vertriebs-
franchising
Ein Franchisevertrag liegt dann vor, wenn ein Unternehmen, der sog. Franchisegeber, einem anderen Unternehmen, dem sog. Franchisenehmer, gegen Entgelt und die Übernahme gewisser (Vertriebs-/Abnahme-)Pflichten Handelswaren, Marken, Vertriebsmethoden, Erfahrungen, know-how und das Recht überlässt, bestimmte Dienstleistungen oder Waren zu vertreiben. Je nachdem, worauf es sich bezieht, liegt also sog. Dienstleistungsfranchising bzw. Vertriebsfranchising vor.

Das Franchising ist ein wirtschaftspraktisch entwickelter, aus verschiedenen Elementen (Kauf, Miete, Geschäftsbesorgung) gemischter Vertrag (s. o. 6.2.1), bei dem erhebliche Elemente der Rechtspacht dominieren.

Beispiele: „McDonald's"-Restaurants, „Pronuptia"-Brautmoden, „Eismann"; „Holiday-Inn"-Hotels, „Sixt"-Autovermietung; „Obi"-Baumärkte.

Franchise-
vertrag
Zwar besteht grundsätzlich Vertragsfreiheit (s. o. 2.5, 6.6.6), bei der rechtlichen Gestaltung des Franchisevertrages sind aber zum Schutz des Franchisenehmers insbesondere die §§ 134, 138, 241 II, 242, 305 ff. BGB, bzw. Art. 4 I e VO (EG) Rom I, Art. 101, 102 AEUV, sowie die Vorschriften des GWB (s. u. 18.2.1; 18.2.4), insb. das Preisbindungsverbot, zu beachten.

10.6 Darlehensvertrag

Eine weitere Form der Gebrauchsüberlassung regelt der Darlehensvertrag. Das BGB unterscheidet insoweit in Regeln über den (Geld-) Darlehensvertrag, Finanzierungshilfen und Ratenlieferungsverträge zwischen einem Unternehmer und einem Verbraucher, §§ 488–512 BGB, den Sachdarlehensvertrag, §§ 607–609 BGB, sowie den Darlehensvermittlungsvertrag zwischen einem Unternehmer und einem Verbraucher, §§ 655 a–e BGB.

10.6.1 Vertragsgegenstand

Wesen
Beim Darlehensvertrag handelt es sich um einen Vertrag, bei dem der Darlehensgeber dem Darlehensnehmer Geld (s. o. 8.3.5) oder eine andere vertretbare (s. o. 4.1.1.1) Sache überlässt gegen die Verpflichtung, ihm das Empfangene in Sachen gleicher Art, Menge und Güte zurückzuerstatten, §§ 488, 607 BGB. Nicht die identische, sondern eine gleichartige Sache ist also zurückzugeben. Der Darlehens-

nehmer wird somit – und das ist der Unterschied zu Miete oder Pacht – Eigentümer der Sache. Es geht um Verbrauch, nicht nur um Gebrauch.

Verbrauch

Beispiel: „Leiht" sich die von plötzlichem Besuch überraschte Nachbarin zum schnellen Kuchenbacken ein Pfund Butter mit dem Versprechen aus, „dieses" alsbald zurückzugeben, so ist rechtlich (s. o. 2.6.3, 6.3.6) nicht ein Leihvertrag i. S. d. § 598 BGB gemeint (s. o. 10.5.1), sondern ein Sachdarlehensvertrag i. S. d. § 607 BGB. S. a. Schaubild 117. So ist etwa auch, wenn die Parteien umgangssprachlich die (Ent-/Ver-)Leihe von Brennholz vereinbaren (s. o. 2.6.3), ein unentgeltliches Sachdarlehen beabsichtigt.

Der Darlehensvertrag kommt durch zwei sich deckende, wirksame Willenserklärungen zustande (s. o. 6.3; 6.6; 3.1.2.1 a. E.).

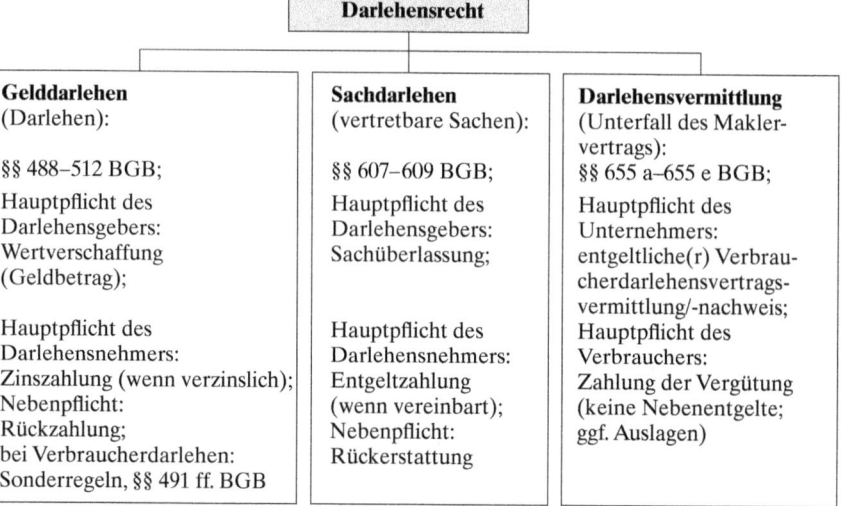

Schaubild 150: Darlehensrecht

Ob das Darlehen verzinslich, § 488 II BGB, ist oder nicht, ändert an seinem Rechtscharakter grundsätzlich nichts. Ein entgeltliches (verzinsliches) Darlehen ist ein vollkommen gegenseitiger Vertrag i. S. d. §§ 320 ff. BGB, ein unentgeltliches (zinsloses) Darlehen dagegen ein unvollkommen zweiseitiger Vertrag (s. o. 6.6.5, 8.2.2; Schaubilder 40 und 81).

Zinsen

10.6.2 Pflichten des Darlehensgebers

Der Darlehensgeber hat dem Darlehensnehmer die versprochene Geldsumme, § 488 BGB, bzw. Sache, § 607 BGB, zur Verfügung zu stellen, d. h. zu übereignen oder zu überweisen (Geld; s. o. 8.3.5). Beim Verbraucherkredit sind die §§ 491 ff. BGB zu beachten (s. u. 10.6.6); für Existenzgründer gelten Sonderregeln, § 512 BGB.

Hingabe

10.6.3 Pflichten des Darlehensnehmers

Der Darlehensnehmer ist verpflichtet, das Erhaltene in gleicher Art, Güte und Menge zum vereinbarten (oder sich aus einer etwaigen Kündigung ergebenden) Zeitpunkt zurückzuerstatten, §§ 488 I 2, 607 I BGB.

Rückgabe

Beispiele: Beim Gelddarlehen ist der Geldbetrag zurückzuzahlen (s. o. 8.3.5), beim Sachdarlehen eine gleichartige Sache (s. o. 4.1.1.1) zurückzugeben.

Zinswucher

Sind Zinsen vereinbart, so hat er auch diese entsprechend zu leisten, vgl. § 488 I 2, II BGB. Für Kaufleute gelten die §§ 353, 354 HGB (vgl. oben 8.3.6). Wucherzinsen führen aber zur Nichtigkeit, § 138 II BGB, so dass der ganze Darlehensvertrag unwirksam und nur der bereits erhaltene Geldbetrag zurückzuerstatten ist (ohne Zinsen oder sonstige Kosten) nach den Regeln der §§ 812 ff. BGB (s. a. 6.8.1.1; 8.3.5; 11).

Beispiel: 20 % Zinsen in einer Niedrigzinsphase (bei Durchschnitt ca. 6 %).

10.6.4 Kündigung

Rückzahlung

Kündigung

Bei einem zeitlich nicht bestimmten Darlehen hängt die Fälligkeit der Rückerstattung von der Kündigung (s. o. 6.3.4.3; 8.14.2.10) ab, wobei die Kündigungsfrist grds. drei Monate beträgt; ein unverzinsliches Darlehen kann der Schuldner auch ohne Kündigung tilgen, § 488 III BGB. Gemäß des unabdingbaren § 489 II, IV BGB hat der Schuldner das Recht, variabel verzinsliche Darlehen jederzeit mit einer Frist von drei Monaten zu kündigen. Festverzinsliche Kredite können unter den Voraussetzungen des § 489 I BGB gekündigt werden. Das Darlehen als Dauerschuldverhältnis (s. o. 8.3.3) kann ggf. unter den Voraussetzungen der §§ 490, 313, 314 BGB außerordentlich gekündigt werden, wenn wichtige Gründe dazu vorliegen (s. o. 9.9).

Beispiele: Dringender Eigenbedarf des Gefälligkeitsdarlehensgebers; Verzug mit Zins- und Tilgungsraten; drohende Insolvenz. Beim Sachdarlehen vgl. auch § 608 BGB.

10.6.5 Bankeinlagen

Unregelmäßige Verwahrung

Bei Bank-, Sparkassen- und Postbankeinlagen handelt es sich, soweit es um deren Entgegennahme, Verzinsung sowie Rückzahlung geht, um sog. unregelmäßige Verwahrungsverträge i. S. d. § 700 BGB.

Beispiele: Sparbücher der Banken (s. a. § 808 BGB).

Im Wesentlichen sind daher darauf die Vorschriften über das Darlehen, §§ 488 ff. BGB, anwendbar, § 700 S. 1 BGB. Zumeist sind dabei aber die durch vertragliche Vereinbarung vorrangigen AGBen der Sparkassen und Banken zu beachten (s. o. 6.7; 10.4.8.2).

Sog. aufgenommene Gelder, insbesondere Fest-, Termin- oder Kündigungsgelder, sind demgegenüber echte Darlehen i. S. d. § 488 BGB.

Gläubiger

Gläubiger des Anspruchs gegen die Bank bzw. Sparkasse ist, wer nach dem erkennbaren Willen des Einzahlenden Gläubiger der Bank werden soll, i. d. R. also (der im Vertrag bezeichnete Kontoinhaber bzw.) bei der Spareinlage der Einzahlende, der das Sparbuch behält, auch, wenn es auf einen Dritten lautet.

Beispiel: Großeltern legen für ihre Enkel ein Sparbuch an – i. d. R. werden die Enkel Gläubiger.

10.6.6 Verbraucherdarlehensrecht

Anwendungsfälle

Im Falle der Darlehensgewährung oder Kreditvermittlung an private Verbraucher sind zu deren Schutze die §§ 491 ff. bzw. 655 a–655 e BGB, Art. 247 §§ 1 ff. EGBGB (s. a. Anlage 4 zu Art. 247 § 2 EGBGB) zu beachten. Im Falle eines entgeltlichen Darlehens, Zahlungsaufschubs oder einer sonstigen Finanzierungshilfe, bei Teilzahlungsgeschäften, Immobiliardarlehensverträgen, Überziehungs- und Kontokorrentkrediten gewähren die §§ 491 ff. BGB dem Verbraucher (§ 13 BGB; s. o. 3.1.3) Schutz durch dem anderen Teil obliegende Informationspflichten, einzuhaltende Formerfordernisse, Widerrufsrechte, erleichterte Vertragsbeendigung und besondere Verzugsregeln.

Verbraucherdarlehensschutz
– Darlehensvertrag zwischen Unternehmer (Darlehensgeber) und Verbraucher (Darlehensnehmer), §§ 491 I, II, 511 f., 13, 14 BGB – Schriftform erforderlich, §§ 492, 494 BGB – Widerrufsrecht, §§ 495, 355 BGB – Einwendungsverzicht unwirksam, Wechsel- und Scheckverbot, Abtretungsschutz, § 496 BGB – besondere Behandlung von Verzugszinsen bzw. Teilleistungen, § 497 BGB – Durchgriff auf verbundenes Geschäft, §§ 358, 359 BGB – besondere Schutzregeln bei Teilzahlungsdarlehen, § 498 BGB, Immobiliardarlehensverträgen, § 503 BGB, Darlehensvermittlung, §§ 655 a ff. BGB, Zahlungsaufschub bzw. sonstigen entgeltlichen Finanzierungshilfen, § 506 BGB, Teilzahlungsgeschäften, § 507 BGB

Schaubild 151: Verbraucherdarlehensschutz

10.7 Bürgschaftsvertrag

Der Gläubiger braucht häufig eine Absicherung für die Erfüllung der Verbindlichkeiten seines Schuldners. Denn zahlt z. B. der Darlehensschuldner seinen Kredit nicht (rechtzeitig) zurück, so hat der Darlehensgeber zwar seinen (auch gerichtlich durchsetz- und vollstreckbaren, s. u. 20) Zahlungsanspruch (vgl. § 488 BGB) – ist der Darlehensnehmer allerdings mittellos (geworden), dann geht dieser Anspruch wirtschaftlich ins Leere. Daher haben (Geld- bzw. Waren-)Kreditgeber regelmäßig großes Interesse an Sicherungsmöglichkeiten, insbesondere über ihre bloßen schuldrechtlichen (Rück-)Zahlungs- bzw. (Herausgabe-)Ansprüche hinaus. *(Sicherungsbedürfnis)*

10.7.1 Übersicht über Kreditsicherungsmittel

Zur Sicherung von Forderungen bzw. als Kreditsicherungsmittel bestehen vielfältige Möglichkeiten im Bereich der sog. Personalsicherheiten sowie Realsicherheiten. *(Personal-/Realsicherheiten)*

Die Personalsicherheiten, bei denen dem Gläubiger Sicherheit durch eine persönliche Verpflichtung geboten wird, umfassen insbesondere *(Personalsicherheiten)*

– die Bürgschaft, §§ 765 ff. BGB (dazu im folgenden);

– den Schuldbeitritt, bei dem ein Dritter, der Mitübernehmer, zusätzlich neben den Schuldner tritt (s. o. 8.9);

– den Garantievertrag bzw. das Garantieversprechen (vgl. die §§ 311 I, 241 I BGB; s. o. 6.6.6.1), wobei der Garant eine Einstandspflicht übernimmt, falls ein garantierter Erfolg ausbleibt bzw. ein künftiger Schaden entsteht;

Beispiel: der Gesellschafter-Geschäftsführer einer GmbH & Co. KG versichert einem Warenlieferanten, er werde „sein Geld auf jeden Fall bekommen" (s. a. 12.6; 17.4.9.1);

– die Patronatserklärung, in der der sog. Patron, etwa eine Konzernmuttergesellschaft in ihrem Geschäftsbericht, gegenüber den Gläubigern einer Tochter- oder Enkelgesellschaft ein bestimmtes Verhalten verspricht.

Beispiel: Die Muttergesellschaft erklärt, ihre Tochtergesellschaft (s. u. 17.8.13) so zu leiten und finanziell auszustatten, dass diese ihren Verbindlichkeiten fristgerecht nachkommen kann (sog. harte Patronatserklärung). Da der Tochtergesellschaft hieraus kein eigenes Forderungsrecht zusteht, handelt es sich dabei um einen unechten Vertrag zugunsten Dritter (s. o. 8.6.3).

Real-
sicherheiten

Die Realsicherheiten umfassen als Befriedigungsrechte des Gläubigers an einer Sache oder einem Recht etwa

- den Eigentumsvorbehalt, bei dem die Übereignung aufschiebend bedingt ist (s. a. 10.2.8, 15.3.2.1);
- Warenpfandrechte, §§ 1204 ff. BGB, bei denen sich der Gläubiger aus einem Pfand befriedigen kann (s. u. 15.6);
- Grundpfandrechte, wie Hypothek, §§ 1113 ff. BGB (s. u. 15.5.1), Grundschuld, §§ 1191 ff. BGB (s. u. 15.5.2), bzw. Rentenschuld, §§ 1199 ff. BGB, und Reallast, §§ 1105 ff. BGB (s. u. 15.5.3), bei denen ein Grundstück für eine Forderung haftet;
- die Sicherungsübereignung, §§ 929, 930 BGB, bei der der bisherige Eigentümer sein Eigentum dem Gläubiger überträgt und unmittelbarer Besitzer bleibt (s. u. 15.3.2.2);
- die Sicherungsabtretung, § 398 BGB, bei der eine Forderung sicherheitshalber abgetreten wird (s. o. 8.8.4).

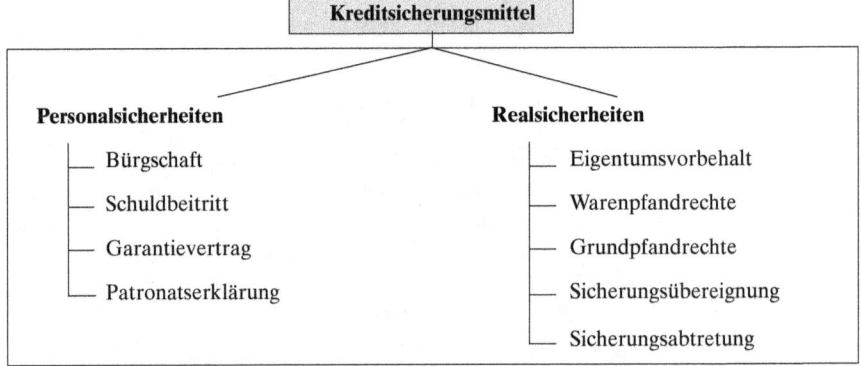

Schaubild 152: Kreditsicherungsmittel

Akzessorietät

Gemeinsames Kennzeichen von Bürgschaft, Pfandrecht an beweglichen Sachen sowie Hypothek ist die Beziehung zur gesicherten Forderung, sog. Akzessorietät – sie sind geborene Sicherheiten (vgl. § 232 BGB, der sie als Sicherungszwecken dienende Rechte regelt). Ausgehend von der Überlegung, dem Gläubiger einer

geborene/
gekorene
Sicherheiten

schuldrechtlichen Forderung weitere, relativ einfach handhabbare bzw. verwertbare sowie möglichst diskrete Sicherungsrechte zu ermöglichen, werden auch ihrem Wesen nach nicht primär forderungssichernde Rechte zu diesem Zweck eingesetzt, wie beispielsweise Sicherungsübereignung, Sicherungsabtretung, Sicherungsgrundschuld – sie sind rechtsgeschäftlich gekorene (d. h. gewählte) Sicherheiten.

Als eine besonders wichtige Form der Personalsicherheit ist die Bürgschaft zu nennen. Diese sichert den Gläubiger dadurch, dass er auch auf einen Dritten (bzw. dessen Vermögen) schuldrechtlichen Zugriff nehmen kann, §§ 765 ff. BGB.

10.7.2 Vertragsgegenstand

Bei der Bürgschaft verpflichtet sich der Bürge einseitig dem Gläubiger des Schuld- Rechts-
ners gegenüber, für dessen Verbindlichkeiten einzustehen, § 765 BGB. Bei Bürg- verhältnisse
schaftsverhältnissen sind also drei Personen beteiligt. Weswegen der Bürge dem
Schuldner „zur Seite springt", ist grundsätzlich unerheblich. Beim Rechtsverhältnis (Grundverhältnis) zwischen dem Bürgen (dem „Nebenschuldner") und dem
Hauptschuldner (das ist der eigentliche Schuldner, für den er sich verbürgt) kann
es sich um einen Auftrag, §§ 662 ff. BGB, um Geschäftsführung ohne Auftrag,
§§ 677 ff. BGB, um einen Geschäftsbesorgungsvertrag, § 675 I BGB, oder um eine
Schenkung, §§ 516 ff. BGB, handeln.

Beispiele: (Gewährleistungs-)Bürgschaft der Bank gegenüber dem Bauherrn für den Handwerker; Bürgschaft der Eltern für ihr sich selbständig machendes Kind. Verbreitet finden sich
auch sog. Mietbürgschaften, die Vermieter etwa von Eltern wohnungssuchender Studierender
fordern (s.o. 10.5.3) – diese dürfen allerdings nicht mit § 551 BGB kollidieren und sind insoweit ggf. dann unwirksam (vgl. § 551 IV BGB).

Die Bürgschaft entsteht durch einen Vertrag (s. o. 6.3, 6.6) zwischen dem Bürgen Form
und dem Gläubiger. Dieser ist, zumal er den Bürgen einseitig verpflichtet (s. a.
6.6.5, 8.2.2; Schaubilder 40 und 81), durchaus gefährlich, weswegen der Bürge seine
Willenserklärung, das sog. Bürgschaftsversprechen, schriftlich abgeben muss, § 766
S. 1 BGB (s. o. 6.4), ansonsten ist sie grundsätzlich nichtig, § 125 S. 1 BGB; die elektronische Form ist ausgeschlossen, §§ 126 a, 766 S. 2, 126 III BGB (beim Kaufmann
ist das anders, § 350 HGB; s. o. 3.4.2). Ein Formmangel gilt jedoch als geheilt, wenn
der Bürge gleichwohl leistet, § 766 S. 3 BGB.

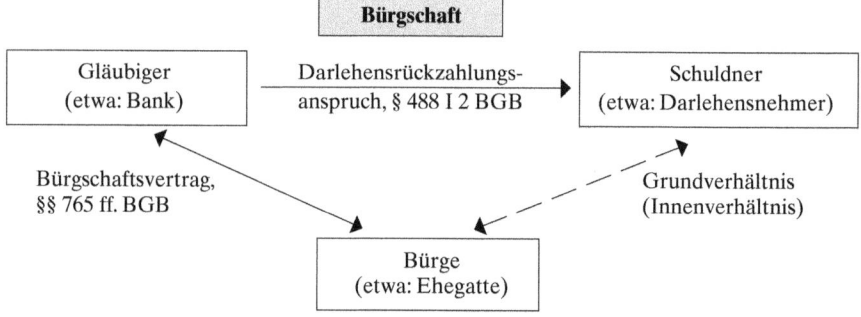

Schaubild 153: Bürgschaft/Rechtsverhältnisse

Beispiele: Der Vater V des A verbürgt sich telefonisch gegenüber der Bank B für ein Darlehen des A – die Bürgschaft(serklärung) ist gemäß der §§ 766 S. 1, 125 S. 1 BGB nichtig
und der V nicht verpflichtet (s.o. 6.4: 6.8.1.1; vgl. die Schaubilder 50 und 64). Anders wäre es,
wenn V trotzdem an die B zahlen würde (§ 766 S. 3 BGB) oder wenn er Kaufmann und die
Bürgschaft ein Handelsgeschäft für ihn wäre, § 350 HGB, d. h., wenn sie (sei es auch nur mittelbar) zum Betrieb seines Handelsgewerbes gehören würde, vgl. die §§ 343, 344 HGB (s. a.
die §§ 771 BGB, 349 S. 1 HGB; vgl. 6.2.6; 17.4.3.2). (*Hinweis:* Die Vollmachtserteilung für eine
Bürgschaftserklärung bedarf grds. ebenso der Schriftform; s. o. 7.2.3.1).

Die Bürgschaft ist für den Bürgen sehr gefährlich, denn der Gläubiger kann in
dessen gesamtes Vermögen vollstrecken (s. u. 21.3; s. a. 15.5.1).

Beispiele: Ggf. muss selbst eine einkommensschwache bürgende Rentnerin die Befriedigung
der Bürgschaftsschuld durch Verwertung ihres Eigenheims hinnehmen. Krass überfordernde,
nur aus emotionaler Verbundenheit übernommene ruinöse Bürgschaften (etwa Mitarbei-

ter- oder Ehegattenbürgschaften) sind ggf. sittenwidrig bzw. nichtig, § 138 BGB (s. o. 6.8.1.1).

Akzessorietät
Der Bürge haftet jedoch nur, soweit die Hauptschuld besteht – die Bürgschaft ist von ihr abhängig, d. h. akzessorisch, erlischt mit Erlöschen der Hauptschuld und ist von deren jeweiligem Bestand abhängig, vgl. § 767 I BGB.

Beispiele: Die Hauptschuld, etwa ein Darlehensvertrag (s. o. 10.6.1), §§ 488 ff. BGB, ist gar nicht zustande gekommen, oder sie ist bereits gänzlich oder teilweise (zurück)bezahlt. [Der Bürge erklärt dem Gläubiger sinngemäß: *„Nehmen Sie mich nur, falls er (der Schuldner) (zahlen) muss"* (in Anspruch). (S. a. 10.7.3; zur Abgrenzung zum nicht akzessorischen Schuldbeitritt s. o. 8.9).]

Bürgschaft – §§ 765 ff. BGB –
– Vertraglich übernommene Einstandspflicht für fremde Verbindlichkeit –

- – Personalsicherheit
- – Bürgschaftsvertrag zwischen Bürge und Gläubiger, § 765 I BGB;
  grds. Schriftform der Bürgschaftserklärung erforderlich, § 766 S. 1 BGB
  (Ausnahmen: §§ 766 S. 3 BGB, 350 HGB)
- – bestehende (auch: künftige bzw. bedingte) Verbindlichkeit (Hauptschuld) – Forderung des Gläubigers gegen den (Haupt-)Schuldner (Akzessorietät), vgl. die §§ 765 I, 767 BGB
- – Bürgschaftsverpflichtung richtet sich nach Hauptschuld, §§ 767, 768 BGB
- – Einrede der Vorausklage, §§ 771 BGB (Subsidiarität)
  (Ausnahmen: §§ 773 BGB, 349 HGB)
- – bei Forderungsabtretung gehen Rechte aus Bürgschaft mit über, § 401 BGB
- – gesetzlicher Forderungsübergang, soweit Bürge den Gläubiger befriedigt, § 774 BGB
- – ggf. Einstandspflicht mit gesamtem Vermögen
- – Rechtsbeziehung Bürge/(Haupt-)Schuldner berührt nur deren (Innen-)Verhältnis

---

Schaubild 154: Bürgschaft, §§ 765 ff. BGB

Die Bürgschaft kann auch für eine künftig erst entstehende oder eine bedingte Verbindlichkeit übernommen werden, § 765 II BGB – sie wird dann mit der Entstehung der Hauptschuld wirksam.

Beispiele: Bürgschaft für einen künftigen Kredit, etwa im Rahmen eines Kontokorrentverhältnisses, oder Höchstbetragsbürgschaft (s. u. 10.7.4).

Aus Gläubigersicht ideal ist es, wenn der Bürge ein der Forderung entsprechendes (verwertbares) Vermögen, seinen allgemeinen Gerichtsstand im Inland und auf die Einrede der Vorausklage (s. u.) verzichtet hat (ihn nennt das Gesetz – in anderem Zusammenhang – einen tauglichen Bürgen, vgl. die §§ 232 II, 239 BGB).

tauglicher
Bürge

10.7.3 Rechtsstellung des Bürgen

Der Bürge muss bei Nichtleistung des Hauptschuldners dem Gläubiger gegenüber leisten, § 765 BGB. Allerdings nur unter bestimmten Voraussetzungen:

Einreden
Der Bürge kann gegenüber dem Gläubiger die dem Hauptschuldner zustehenden Einreden geltend machen, § 768 BGB.

Beispiel: Der Kaufpreisanspruch ist verjährt (s. o. 4.3.3).

Auch solange der Hauptschuldner anfechten oder aufrechnen könnte, kann der Bürge die Befriedigung des Gläubigers verweigern, § 770 BGB.

288

Vor der Inanspruchnahme des Bürgen muss der Gläubiger erfolglos die Zwangs- **Subsidiarität**
vollstreckung beim Schuldner versucht haben, § 771 BGB – der Bürge muss grds.
nur nachrangig (subsidiär) einstehen, er hat die sog. Einrede der Vorausklage.

Beispiel: Die Bank fordert Zahlung vom Bürgen, ohne zuvor den Schuldner auf Zahlung
verklagt bzw. bei ihm eine Zwangsvollstreckung (s. u. 20) versucht zu haben (*„erst der Schuld-*
ner, dann der Bürge"). [Der Bürge erklärt dem Gläubiger sinngemäß: *„Nehmen Sie mich nach*
ihm" (dem Schuldner, in Anspruch). (S. a. 10.7.2; zur Abgrenzung zum Schuldbeitritt s. o. 8.9).]

Die Einrede der Vorausklage ist unter den Voraussetzungen des § 773 BGB ausgeschlossen. Wichtigster Fall insoweit ist die in der Praxis verbreitete sog. selbstschuldnerische Bürgschaft, bei der der Bürge auf die Einrede der Vorausklage verzichtet, § 773 I Nr. 1 BGB. Sie ist für Kaufleute (s. o. 3.4) ebenfalls ausgeschlossen,
§ 349 S. 1 HGB.

Beispiel: Der Kfm. bürgt für einen Privatkredit eines wichtigen Mitarbeiters, den er (noch
fester) an sich binden möchte – hier wäre die Bürgschaftserklärung als Sekundärgeschäft
(s. o. 6.2.6) auch formfrei möglich, §§ 350 HGB, 766 S. 1, 2 BGB, und die Einrede der Vorausklage entfiele, §§ 349 S. 1 HGB, 771 BGB (s. a. das Beispiel bei 17.4.3.2; 17.4.6.2 a. E.;
s. a. 6.2.6.2).

Soweit der Bürge den Gläubiger befriedigt, geht dessen Forderung gegen den **Rückgriff**
Hauptschuldner mit allen Sicherungsrechten auf den Bürgen über, §§ 774, 412, 401
BGB; der Bürge hat insoweit einen Rückgriffsanspruch gegen den Hauptschuldner
(gesetzlicher Forderungsübergang, s. o. 8.8.5).

Beispiel: A hat sich wirksam für eine Verbindlichkeit des C bei dessen Bank B in Höhe von
€ 5000,– verbürgt und wird von B berechtigt in Anspruch genommen. Zahlt der A jetzt an B,
so kann er die € 5000,– von C verlangen.

Überträgt der Gläubiger seine Forderung gegen den Schuldner, **Übertragung**

Beispiel: er tritt sie an einen neuen Gläubiger ab, § 398 BGB,

so gehen die Rechte aus der Bürgschaft als akzessorisches Sicherungsrecht automatisch auf den neuen Gläubiger über, § 401 BGB (s. o. 8.8.3).

10.7.4 Sonderformen

Neben der bereits erwähnten selbstschuldnerischen Bürgschaft hat die Wirtschafts- **Spezielle Arten**
praxis (s. o. 6.2.1) eine Vielzahl bestimmter Bürgschaftsformen gebildet, so etwa die

– Nachbürgschaft, bei der sich der Nachbürge dem Gläubiger dafür verbürgt, dass
  der Vorbürge seine Pflichten erfüllt;

– Rückbürgschaft, bei der der Rückbürge dem Bürgen für dessen Rückgriffsfor-
  derung gegen den Hauptschuldner einsteht;

– Ausfallbürgschaft, wonach der Ausfallbürge dem Gläubiger nur für den Ausfall
  haftet, den der Gläubiger trotz Zwangsvollstreckung beim Hauptschuldner und
  Versagens sonstiger Sicherheiten erleidet;

– Höchstbetragsbürgschaft, bei der der Bürge nur für einen Teil der Hauptschuld
  bzw. Höchstbetrag einsteht;

– Wechselbürgschaft (Aval), bei der der Wechselbürge (sog. Avalist) die Bürgschaft
  für eine Wechselverbindlichkeit übernommen hat (vgl. die Art. 30 ff., 47 I WG);

– im Übrigen vgl. die Mitbürgschaft, § 769 BGB, bei der sich mehrere verbürgen,
  bzw. die Zeitbürgschaft, § 777 BGB.

Kreditauftrag Keine Bürgschaft ist der Kreditauftrag, § 778 BGB; hierbei handelt es sich i. d. R. um Geschäftsbesorgung i. S. d. § 675 BGB, aufgrund dessen der Beauftragte einem Dritten einen Kredit gewährt.

10.8 Verbraucherverträge – besondere Vertriebsformen

Bei besonderen, in der Praxis weitreichend verwandten Vertriebsformen greifen zum Verbraucherschutz eigene, besondere gesetzliche Regelungen.

Verbraucherverträge – besondere Vertriebsformen

- Vertrag zwischen Verbraucher und Unternehmer (§§ 13, 14, 310 III, 474 BGB)
- auf entgeltliche Leistung gerichtet (§ 312 I BGB)
- außerhalb von Geschäftsräumen, im Fernabsatz bzw. im elektronischen Geschäftsverkehr geschlossen (§ 312 b, c, i, j BGB)
⇒ besondere Informations-, Belehrungs-, Dokumentations-, Rücksichtnahmepflichten des Unternehmers (§§ 312 ff. BGB)
⇒ Widerrufsrecht des Verbrauchers, §§ 312 g, 355 ff. BGB

Schaubild 155: Verbraucherverträge – besondere Vertriebsformen

10.8.1 Grundsätze

Verbraucher-
schutz Den Schutz des Verbrauchers im Hinblick auf außerhalb der Geschäftsräume des Unternehmers angebahnte bzw. abgeschlossene Verträge (bislang grds. Haustürgeschäfte genannt), Fernabsatzverträge bzw. Verträge im elektronischen Geschäftsverkehr stärken gerade auch die §§ 312 ff. BGB..

Hiernach hat der Unternehmer (§ 14 BGB) bei Verbraucherverträgen (§ 310 III BGB; s. o. 3.1.3.2), die eine entgeltliche Leistung zum Gegenstand haben (§ 312 I BGB; zu Einschränkungen vgl. § 312 II–VI BGB, sog. Bereichsausnahmen, s. u. 10.8.5), dem Verbraucher (§ 13 BGB) gegenüber allgemeine (vgl. § 312 a BGB) bzw. besondere Informations-, Dokumentations-, Rücksichtnahme- bzw. Fairnesspflichten (§§ 312 d ff. BGB); dem Verbraucher werden dazu insbesondere Widerrufsrechte eingeräumt (§§ 312 b, c, g, 355 ff. BGB; s. a. 6.6.4.2 bzw. 10.8.6).

Beispiele: Bei Anrufen hat der Unternehmer dem Verbraucher seine Identität und seine Geschäftsabsicht offenzulegen (§ 312 a I BGB), hat ihn nach Maßgabe des Art. 246 EGBGB zu informieren (§§ 312 a II, 312 k II BGB, s. a. § 312 d BGB [s. a. § 7 II Nr. 2 UWG, s. u. 18.3.1.2]), Extrazahlungsvereinbarungen sind ausdrücklich zu treffen, § 312 a III BGB.

Von den Regelungen der §§ 312 ff. BGB zum Nachteil des Verbrauchers abweichende Vereinbarungen bzw. Umgehungen sind unwirksam, § 312 k I BGB.

10.8.2 Außerhalb von Geschäftsräumen geschlossene Verträge

Grundsätzlich sind Verträge zu erfüllen (s. o. 6.6); sich vom Vertrag zu lösen ist nach dem BGB nur unter besonderen Voraussetzungen (insbesondere Irrtum, §§ 116 ff.; mangelnde Geschäftsfähigkeit, §§ 104 ff.; eigens vereinbartes Rücktrittsrecht, §§ 346 ff.) möglich. Bei einem außerhalb von Geschäftsräumen geschlossenen Vertrag (bzw. einem Fernabsatzvertrag; s. u. 10.8.3) dagegen hat der Verbraucher gemäß der §§ 312 b, g, 355 BGB grundsätzlich ein 14-tägiges Widerrufsrecht (s. o. 3.1.3.2, 3.6, 6.6.4.2; s. a. die Schaubilder 15 und 16):

Widerrufsrecht
des
Verbrauchers

Hierzu ist insbesondere erforderlich, dass

- der Vertrag bei gleichzeitiger körperlicher Anwesenheit des Verbrauchers und des Unternehmers bzw. seines Gehilfen (§ 312 b I 2 BGB) nicht in Geschäftsräumen des Unternehmers geschlossen wird (§ 312 b I 1 Nr. 1, II BGB),

nicht in Geschäftsräumen

  Beispiele: in der Privatwohnung, am Arbeitsplatz (sofern Vertragspartner nicht der Arbeitgeber ist; nicht aber wohl beim im Personalbüro geschlossenen arbeitsrechtlichen Aufhebungsvertrag, s. o. 8.14.2.6 [dieser ist kein sog. Vertriebsgeschäft]), im Seniorenheim, bei Verkaufspartys in Privaträumen Dritter; Geschäftsräume sind etwa Ladengeschäfte, Marktbuden, Verkaufsstände; etwa: Rechtsanwaltsmandatierung im Krankenhaus, Sachverständigenbeauftragung in der Kfz-Werkstatt, Maklerauftrag in der zu vermittelnden (ebenso wie in der eigenen) Wohnung;

- wobei es ggf. darauf ankommt, dass der Verbraucher in dieser Situation das Angebot abgegeben hat (§ 312 b I 1 Nr. 2 BGB),

  Beispiel: Verbraucher und Unternehmer (bzw. dessen Gehilfe) sind präsent, der Unternehmer nimmt das Angebot aber erst später (etwa in seinen Geschäftsräumen) an;

- oder der Verbraucher persönlich und individuell außerhalb der Geschäftsräume angesprochen und der Vertrag daraufhin unmittelbar in den Geschäftsräumen oder durch Fernkommunikationsmittel abgeschlossen wird (§ 312 b I 1 Nr. 3 BGB),

werbemäßiges Ansprechen

  Beispiel: der Gehilfe (§ 312 b I 2 BGB) spricht den Passanten gezielt auf dem Gehsteig vor dem Laden werbemäßig an, woraufhin dieser sogleich das Geschäft betritt und die Ware erwirbt (vgl. ggf. auch § 7 I UWG; s. u. 18.3.1.2 a. E.);

- bzw. der Vertrag anlässlich einer vom Unternehmer oder mit seiner Hilfe organisierten Ausflugsveranstaltung in den Geschäftsräumen des Unternehmers zustande kommt (§ 312 b I 1 Nr. 4 BGB),

Ausflugsveranstaltung

  Beispiele: sog. Kaffee- bzw. Butterfahrten (findet die Verkaufsveranstaltung bei gleichzeitiger körperlicher Anwesenheit bzw. nicht in Geschäftsräumen des Unternehmers statt, greift grds. § 312 I 1 Nr. 1 BGB); der die Ausflugsfahrt Organisierende bzw. Durchführende kann auch ein Dritter sein, sofern er weiß und duldet, dass der Unternehmer hierbei wirbt und Verkaufsaktivitäten vornimmt, so etwa, wenn die Ausflugsfahrt (auch) zum Besuch eine Teppichanbieters führt (s. a. das Beispiel oben 10.2.11 a. E.).

10.8.3 Fernabsatzverträge

Bei Fernabsatzverträgen wird der Verbraucher insbesondere gemäß § 312 c BGB geschützt:

Werden bei

- Verträgen zwischen einem Verbraucher und einem Unternehmer (§§ 13, 14 BGB; s. o. 3.1.3.2, 3.6, 6.2.7) bzw. einer in seinem Namen oder Auftrag handelnden Person (§ 312 c I BGB) für die Vertragsverhandlungen und den Vertragsschluß ausschließlich,

Fernabsatz

  Beispiele: Angebot und Annahme erfolgen mittels Mausklick oder e-mail (wobei auch die bloße Zusendung der Ware durch den Unternehmer als konkludente Annahmeerklärung ausreicht),

- Kommunikationsmittel verwendet, die ohne gleichzeitige körperliche Anwesenheit der Vertragsparteien zu Vertragsanbahnung bzw. Vertragsschluß eingesetzt werden können, sog. Fernkommunikationsmittel,

Fernkommunikationsmittel

  Beispiele: Briefe, Postkarten, Kataloge, Telefonanrufe, Telekopien, e-mails, SMS, Rundfunk, Telemedien (§ 1 TMG), vgl. § 312 c II BGB,

– und geschieht dies im Rahmen eines für den Fernabsatz organisierten Vertriebs-
oder Dienstleistungssystems,

Beispiele: Internetanbieter, internetbasierte Wohnungsmakler (s. o. 10.5.1 a. E.), Versandhandel, telefonische Bestell-Hotlines (nicht, wenn der Ladenbetreiber nur gelegentlich
telefonische Bestellungen ausführt),

Widerruf so steht dem Verbraucher ebenso das Widerrufsrecht der §§ 312 g, 355 ff. BGB
zu (s. o. 6.6.4.2).

Beispiele: Im Internet bestellte Kleidung, Schuhe, Bücher – hier können Verbraucher
ihre auf Kauf (§ 433 BGB; s. o. 10.2) gerichtete Willenserklärung (s. o. 6.3) binnen 14 Tagen
widerrufen, §§ 312 c, 355 I, II BGB.

10.8.4 Verträge im elektronischen Geschäftsverkehr

weitere Bei Verträgen im elektronischen Geschäftsverkehr obliegen dem sich der Tele-
Pflichten medien (vgl. § 1 TMG) bedienenden Unternehmer desweiteren die Informationspflichten der §§ 312 i, j BGB (gemäß § 312 i BGB grds. auch Unternehmern gegenüber; vgl. § 312 i II 2 BGB).

Beispiele: Bei Internetverkäufen, Teleshopping, Telebanking hat der Unternehmer dem
Verbraucher technische Mittel zur Korrektur von Eingabefehlern zur Verfügung zu stellen,
hat besonderen Informationspflichten zu genügen, muß den Zugang unverzüglich bestätigen,
Schaltflächen besonders gestalten ("zahlungspflichtig bestellen"), vgl. die §§ 312 i, j BGB.

10.8.5 Bereichsausnahmen

allgemeine Nur die generellen Pflichten i. S. d. § 312 a I, III, IV, VI BGB (bzw. die §§ 312 i, j
Pflichten BGB) gelten für Verträge, die den Bereichsausnahmen des § 312 II BGB unterfallen,

Beispiele: notarielle Verträge, Immobilien-, Beförderungs-, Behandlungsverträge, vollzoge-
ne Kleingeschäfte (bis 40,– €) etc. (vgl. § 312 II Nrn. 1-13 BGB).

Sonderregeln gelten auch für soziale Dienstleistungs-, Wohnraummiet-, Finanz-
dienstleistungs- bzw. Versicherungsverträge, § 312 III–VI BGB.

10.8.6 Widerrufsrecht des Verbrauchers

Widerruf/ Bei außerhalb von Geschäftsräumen geschlossenen Verträgen und Fernabsatzver-
Rück- trägen, §§ 312 b, c BGB (es sind regelmäßig insbesondere Verbrauchsgüterkäufe,
abwicklung vgl. die §§ 310 III, 474 BGB; s. o. 10.2.7.3) steht dem Verbraucher grundsätzlich
ein Widerrufsrecht gemäß § 355 I BGB zu, § 312 g I BGB. Er kann sich somit ggf.
binnen 14 Tagen vom Vertrag lösen. Näheres hierzu s. o. 6.6.4.2.

Beispiele: Der Rentner kann den bei einer sog. Kaffeefahrt geschlossenen Kaufvertrag über
ein Wolldeckenset widerrufen, der Sportler im Internet bestellte, nicht passende Laufschuhe
mit Widerruf zurückschicken, § 355 BGB; vgl. oben 6.6.4.2. *Die Widerrufsrechte der §§ 312 ff.,
355 ff. BGB bestehen i. Ü. unabhängig von etwaigen Sachmangelgewährleistungsansprüchen
des Käufers*, §§ 437 ff. BGB (s. a. 6.6.4.2 a. E., 10.2.7; 10.2.9).

10.9 Verträge mit selbständigen kaufmännischen Hilfspersonen

Bei Absatz und Vertrieb, Transport und Lagerung vornehmlich bedürfen der Kaufmann bzw. Unternehmen vielfach der Hilfe anderer, ebenfalls selbständiger, Kaufleute; man nennt sie sog. selbständige kaufmännische Hilfspersonen (s. o. 7.8.1.1;

vgl. Schaubild 74). Dazu rechnen insbesondere die Handelsvertreter, Handelsmakler, Kommissionäre, Kommissionsagenten, Vertragshändler (= sog. Umsatz- bzw. Absatzmittler), aber auch Frachtführer, Spediteure, Lagerhalter (die zur Absatzorganisation zu rechnen sind; s. u. 10.10). Sie sind dem Unternehmer durch jeweils spezifische Verträge verbunden (s. o. 10.1; vgl. Schaubild 118).

Umsatz-/
Absatzmittler

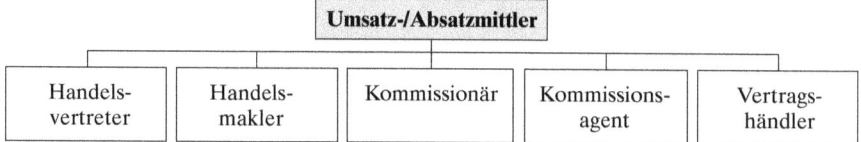

Schaubild 156: Umsatz-/Absatzmittler

10.9.1 Handelsvertretervertrag

Handelsvertreter (§§ 84 ff. HGB) ist, wer als selbständiger Gewerbetreibender ständig damit betraut ist, für einen anderen Unternehmer Geschäfte zu vermitteln oder in dessen Namen abzuschließen, § 84 I HGB.

Begriff

10.9.1.1 Charakteristika

Der Handelsvertreter ist i. d. R. selbst Kaufmann, §§ 1, 2 HGB (s. o. 3.4.2.1); selbst wenn aber das Unternehmen eines Handelsvertreters nach Art oder Umfang einen in kaufmännischer Weise eingerichteten Geschäftsbetrieb nicht erfordern sollte und er damit nicht Kaufmann wäre, finden die §§ 84 ff. HGB Anwendung, vgl. § 84 IV HGB. Der Handelsvertreter gestaltet seine Tätigkeit und seine Arbeitszeit im Wesentlichen frei, § 84 I 2 HGB (ansonsten gilt er als Angestellter im Sinne des Arbeitsrechts, §§ 84 II HGB, 611 a BGB; s. a. 10.4.2, 16). Der Handelsvertretervertrag (s. o. 6.3; 6.6) ist formlos gültig, er kann auch durch konkludentes Handeln zustande kommen. Die Parteien können aber Schriftform verlangen, § 85 HGB. Es handelt sich regelmäßig um einen auf Dienstleistungserbringung gerichteten Geschäftsbesorgungsvertrag, §§ 675 I, 611 BGB (s. o. 10.1, 10.4.8); er wird ergänzt durch die (weitgehend zwingenden) Vorschriften der §§ 84 ff. HGB.

10.9.1.2 Pflichten der Parteien

Wesentliche Pflichten des Handelsvertreters sind:

Pflichten des
Handels-
vertreters

– Tätigkeitspflicht, § 86 I HGB; er hat sich also um die Vermittlung oder den Abschluss von Geschäften zu bemühen,

  Beispiele: Kunden aufsuchen, den Markt beobachten;

– Pflicht zur Interessenwahrnehmung, § 86 I HGB; daher darf der Handelsvertreter, obgleich kein gesetzliches Wettbewerbsverbot während der Dauer des Handelsvertretervertrages (danach: beachte § 90 a HGB) besteht, keine Konkurrenzunternehmen vertreten,

  Beispiele: Kundenpflege, Beachtung zu verwendender Vertragsgestaltungen;

– Benachrichtigungs- und Mitteilungspflichten, § 86 II HGB; der Handelsvertreter muss also den Unternehmer unverzüglich informieren,

  Beispiele: Auftauchen neuer Konkurrenten, Veränderungen der Nachfrage;

- Sorgfaltspflicht, § 86 III HGB; sie ist mit der Sorgfalt eines ordentlichen Kaufmanns zu erfüllen, § 347 HGB (s. o. 6.2.6.2),
  Beispiele: Kundenauswahl, ordnungsgemäßes Aushandeln von Verträgen;
- Geheimhaltungspflicht, § 90 HGB; Geschäfts- und Betriebsgeheimnisse des Unternehmers dürfen nicht verwertet oder mitgeteilt werden,
  Beispiele: Produktionsabläufe, Herstellungsmethoden.

Pflichten des Unternehmers Demgegenüber sind die vornehmlichen Pflichten des Unternehmers:

- Provisionszahlung, §§ 86 b ff., 354 HGB. Die Pflicht zur Zahlung der Abschlussprovision besteht, wenn das Geschäft während des Bestehens des Handelsvertretervertrages abgeschlossen bzw. zumindest vorbereitet wurde und die Tätigkeit des Handelsvertreters hierfür ursächlich war (§ 87 HGB); desweiteren ist die Ausführung des Geschäfts erforderlich, § 87 a HGB,
  Beispiel: der Handelsvertreter vermittelt einen Verkauf, die Ware wird geliefert, der Kunde zahlt.

Inkasso-/ Zieht der Handelsvertreter auftragsgemäß Beträge ein, dann entsteht der Anspruch auf die sog. Inkassoprovision, § 87 IV HGB.

Verpflichtet sich der Handelsvertreter, auch persönlich für die Erfüllung der Kundenverbindlichkeiten einzustehen, übernimmt er also die sog. Delkrederehaftung – zumeist durch selbstschuldnerische Ausfallbürgschaft (s. o. 10.7.4), §§ 765, 773 I Nr. 1 BGB, 349 HGB –, so schuldet der Unternehmer die sog. *Delkredere-provision* Delkredereprovision, § 86 b HGB;

- Unterstützungs- und Mitteilungspflicht, § 86 a HGB. Der Unternehmer muss den Handelsvertreter zur erfolgreichen Tätigkeit unterstützen,
  Beispiele: Überlassung von Mustern, Katalogen, Werbedrucksachen, Preislisten; Unterlassung von Vertragshindernissen, etwa oftmalige Lieferverzögerungen oder Schlechtlieferungen;
- Aufwendungsersatz, § 87 d HGB, wenn besonders vereinbart,
  Beispiele: (anteilige) Kosten für Geschäftswagen oder Personal;
- Ausgleichsleistung, § 89 b HGB. Vorteile, die durch die Tätigkeit des Handelsvertreters auch nach dem Ende des Handelsvertretervertrages verbleiben, hat der Unternehmer auszugleichen,
  Beispiele: geschaffener „goodwill", der jetzt alleine dem Unternehmer verbleibt; Kundenstamm.

10.9.1.3 Vertragsverhältnisse

Zwischen dem Handelsvertreter und dem Unternehmer besteht der Handelsvertretervertrag i. S. d. §§ 84 ff. HGB, 675 I, 611 BGB (s. o. 10.4.8.1); im Verhältnis zum Kunden bestehen regelmäßig keine Vertragsbeziehungen des Handelsvertreters, der (nur) den geschäftlichen Kontakt mit dem Kunden herstellt.

Abschluss-vertreter Hat der Handelsvertreter als sog. Abschlussvertreter die sog. Abschlussvollmacht, so gibt er als unmittelbarer Stellvertreter des Unternehmers für diesen Willenserklärungen ab, §§ 164 ff. BGB (s. o. 7.4). Der Umfang der Vertretungsmacht ergibt sich dabei aus dem Handelsvertretervertrag bzw. den §§ 91 I, 55 HGB (s. o. 7.8.1.1).

Fehlt dem Handelsvertreter dagegen die Abschlussvollmacht, dann ist er beim Geschäftsabschluss lediglich Vertreter ohne Vertretungsmacht i. S. d. §§ 177, 179 BGB

(s. o. 7.6); er kann aber Erklärungen des Kunden gemäß der §§ 91 II, 55 IV HGB entgegennehmen (s. o. 7.8.3.5).

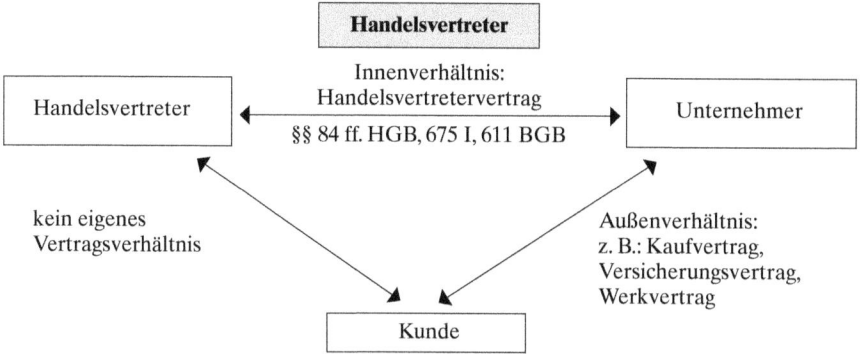

Schaubild 157: Handelsvertreter/Rechtsverhältnisse

10.9.1.4 Beendigung

Der Handelsvertretervertrag endet insb. durch Zeitablauf (§§ 675 I, 620 BGB), Kündigung (§§ 89, 89 a HGB), Tod des Handelsvertreters (§§ 675 I, 673 BGB) bzw. Insolvenz des Unternehmers (§§ 115, 116 InsO).

10.9.2 Handelsmaklervertrag

Wer gewerbsmäßig für andere Personen, ohne von ihnen aufgrund eines Vertrags-verhältnisses ständig damit betraut zu sein, die Vermittlung von Verträgen über Gegenstände des Handelsverkehrs übernimmt, ist Handelsmakler, §§ 93 HGB, 652 ff. BGB.

Begriff

10.9.2.1 Grundsätzliches

Der Handelsmakler ist unter den Voraussetzungen der §§ 1, 2 HGB Kaufmann; sollte er diese Vorschriften nicht erfüllen, so findet das Handelsmaklerrecht der §§ 93 ff. HGB gleichwohl Anwendung, § 93 III HGB. Ggf. nimmt er auch gewisse amtliche Befugnisse wahr, vgl. die §§ 94, 100 HGB. Durch Landesrecht kann der Handelsmakler öffentlich zu Verkäufen oder Käufen i. S. d. §§ 373 II 1, 376 III 2 HGB ermächtigt werden.

Prinzipien

Der Maklervertrag (s. o. 6.3; 6.6) bedarf keiner besonderen Form. Der Handels-makler vermittelt nur Verträge über Gegenstände des Handelsverkehrs, dabei genügt der Nachweis der Gelegenheit zum Vertragsabschluss (bzw. auch die Be-nennung eines ohnehin abschlusswilligen Käufers). Zum Vertragsabschluss selbst ist der Handelsmakler grds. nicht befugt, insbesondere hat er als solcher keine Vertretungsmacht (die ihm sein Auftraggeber aber durchaus erteilen kann). Soweit der Handelsmakler Angebote bzw. Annahmeerklärungen überbringt, fungiert er als Bote (s. o. 7.3.2).

Beispiele: Entsprechend der in § 93 I HGB beispielhaft genannten Gegenstände des Han-delsverkehrs treten Handelsmakler etwa auf als Warenmakler, Börsen-, Effektenmakler, Ver-sicherungsmakler, Finanzmakler, Schiffsmakler, Frachtmakler.

Erscheinungs-formen

295

Zivilmakler

Für Grundstücks- und Wohnungsmakler (dazu s. a. das WoVermG; s. o. 10.5.1 a. E.) gelten die Handelsmaklerregeln nicht, § 93 II HGB; sie unterfallen, ebenso wie bspw. Vermittler von Artisten bzw. Künstlern oder Ehevermittler, als sog. Zivilmakler den §§ 652 ff. BGB.

10.9.2.2 Pflichten der Parteien

Pflichten des Handelsmaklers

Wesentliche Verpflichtungen des Handelsmaklers sind:

– Sorgfaltspflicht; er muss mit der Sorgfalt eines ordentlichen Kaufmanns handeln (§ 347 HGB; s. o. 6.2.6.2). Dabei hat der Handelsmakler, selbst wenn er nicht in vertraglichen Beziehungen zu beiden Parteien (was möglich ist, man spricht dann vom sog. „Doppelmakler" bzw. „Doppelauftrag"), sondern nur zu seinem Auftraggeber steht, als „unparteiischer Vermittler" die Interessen beider Parteien zu wahren, er darf keine einseitig begünstigen und seinen Auftraggeber nicht bevorzugen (ansonsten haftet er ggf.; vgl. die §§ 94, 96, 98 f. HGB);

– Treuepflicht gegenüber den Parteien;

– Einstandspflichten für sog. Untermakler, falls er sich solcher zur Vermittlungstätigkeit bedient,

– Pflicht zur Zustellung einer von ihm unterzeichneten Schlussnote, § 94 HGB. Die Schlussnote hat nur Beweischarakter; das Geschäft ist auch ohne sie wirksam. Auf die Schlussnote finden die Regeln über das kaufmännische Bestätigungsschreiben Anwendung (s. o. 6.3.1.2);

– Pflicht zur Probenaufbewahrung beim Kauf auf Probe, §§ 96 HGB, 494 BGB (s. o. 10.2.9);

– Pflicht zur Führung eines Tagebuchs, §§ 100 ff. HGB.

Pflichten des Auftraggebers

Vornehmliche Pflichten des Auftraggebers sind:

– Provisionszahlung. Diese schuldet nur der Auftraggeber. Haben beide Parteien den Handelsmakler beauftragt, so schuldet grds. jede die Hälfte der Provision, § 99 HGB. Der Provisionsanspruch erfordert den rechtswirksam abgeschlossenen vermittelten Vertrag.

  Beispiele: Kein Provisionsanspruch mangels wirksamen Vertrages besteht, wenn der Vertrag nichtig ist (§§ 134, 138 BGB), wirksam angefochten (§§ 119, 123 BGB), ein vereinbartes Rücktrittsrecht ausgeübt wurde (§ 346 BGB; s. o. 6.6.4.1), eine aufschiebende Bedingung (s. o. 6.5) nicht eintritt (§§ 652 I 2, 158 ff. BGB); s. a. § 654 BGB;

– Aufwendungsersatz, wenn dies eigens vereinbart wurde, § 652 II BGB (ansonsten gilt das alte Sprichwort *„Maklers Müh' ist oft umsonst"* – selbst wenn trotz großer Anstrengungen kein Geschäftsabschluss gelingt);

– Treuepflicht. Zwar muss der Auftraggeber grundsätzlich einen vom Handelsmakler vermittelten Interessenten nicht akzeptieren, allerdings muss er ihm unnötige Aufwendungen ersparen, etwa also auch einen anderweitigen Geschäftsabschluss mitteilen;

– ggf. Schweigepflicht über nicht realisierte Angebote des Maklers.

10.9.2.3 Rechtsverhältnisse

Rechtsbeziehungen

Der Handelsmaklervertrag besteht grundsätzlich zwischen dem Handelsmakler und dem Unternehmer. Zu dem Dritten besteht seitens des Handelsmaklers dann ein vertragsähnliches Vertrauensverhältnis. Verletzt der Handelsmakler seine Pflichten, so haftet er gemäß § 98 HGB ggf. beiden Parteien. Beim Doppelauftrag gilt dies ebenso.

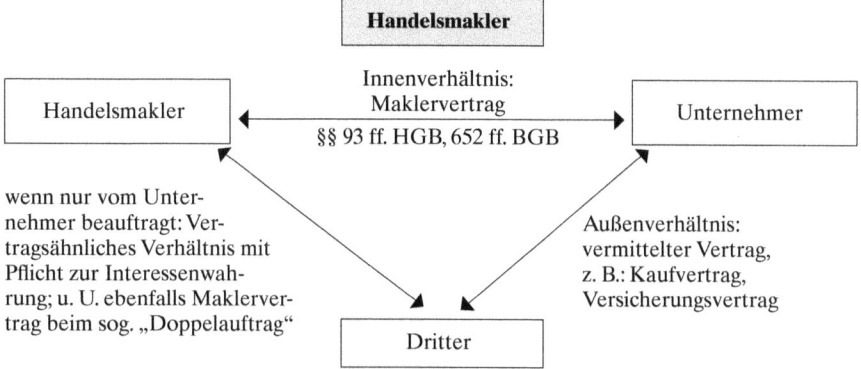

Schaubild 158: Handelsmakler/Rechtsverhältnisse

10.9.2.4 Beendigung

Der Handelsmaklervertrag endet mit einvernehmlicher Aufhebung, Zeitablauf, Tod des Maklers bzw. jederzeit frei möglichem Widerruf (anders beim Alleinauf- trag, bei dem der Auftraggeber auf das Recht verzichtet, weitere Makler zum glei- chen Zweck einzuschalten und den Auftrag jederzeit zu widerrufen – hier ist der Vertrag im Zweifel nicht jederzeit widerrufbar, sondern gilt gemäß § 157 BGB, s. o. 6.3.6, als auf angemessene Zeit geschlossen, etwa sechs Monate, i. d. R. aber nicht länger als zwei Jahre, vgl. § 309 Nr. 9 BGB; aus wichtigem Grund bleibt der Allein- auftrag jedoch ggf. vorzeitig kündbar, vgl. § 314 BGB; s. o. 9.9).

Alleinauftrag

10.9.3 Kommissionsvertrag

Wer es gewerbsmäßig übernimmt, Waren oder Wertpapiere für Rechnung eines anderen, des Kommittenten, in eigenem Namen zu kaufen oder zu verkaufen, ist Kommissionär, § 383 HGB.

Begriff

10.9.3.1 Prinzipielles

Der Kommissionär ist ggf. Kaufmann i. S. d. §§ 1, 2 HGB (s. o. 3.4.2.1); gemäß § 383 II HGB gelten aber auch ansonsten grundsätzlich die §§ 383 ff. bzw. 343 ff. HGB. Der Kommissionsvertrag (s. o. 6.3; 6.6) ist nicht formgebunden. Vertragsty- pologisch gesehen handelt es sich um einen Geschäftsbesorgungsvertrag i. S. d. § 675 I BGB (s. o. 10.1, 10.4.8); hierauf wird dann, wenn der Kommissionär nur im Einzelfall tätig werden soll, ergänzend Werkvertragsrecht (§§ 631 ff. BGB), und bei ständiger Kommissionstätigkeit ergänzend Dienstvertragsrecht (§§ 611 ff. BGB) angewandt.

Beispiele: Der dauerhaft für einen Unternehmer tätige Kommissionär kann, da es sich um eine Geschäftsbesorgung auf Dienstvertragsbasis handelt, gemäß der §§ 675 I, 627 BGB kün- digen; nicht aber bei der auf Werkvertrag basierenden Einzelkommission, bei der § 649 BGB gilt (s. u. 10.9.3.5).

Erscheinungs-
formen

Der Kommissionsvertrag kann verschiedene Arten der Kommission beinhalten:

– Bei der Einkaufskommission kauft der Kommissionär Waren oder Wertpapiere (vgl. die §§ 18 ff. DepotG) für den Kommittenten, § 383 HGB;

– bei der Verkaufskommission verkauft er sie, § 383 HGB;

– Geschäftsbesorgungskommission liegt vor, wenn der Kommissionär andere Geschäfte als Kauf oder Verkauf übernimmt, § 406 I 1 HGB,

Beispiele: sog. Kommissionsverlag (ein Verleger vertreibt das Werk eines Autors im eigenen Namen für dessen Rechnung); Inkassokommission (die Bank zieht für einen Kunden Forderungen auf dessen Rechnung ein); Anzeigen- bzw. Werbungskommission, Film„verleih"kommission (s. o. 2.6.3);

– Gelegenheitskommission; hierbei übernimmt ein Kaufmann, der ein anderweitiges Handelsgewerbe betreibt, gelegentlich Kommissionsgeschäfte, § 406 I 2 HGB,

Beispiel: ein Teppichhändler (Kaufmann i.S.d. § 1 HGB) hängt in seinem Ladengeschäft Bilder eines Kunstmalers aus und verkauft sie an Kunstliebhaber (im eigenen Namen, aber auf Rechnung des Malers).

Vertragspartner

Der Kommissionär schließt die jeweiligen Geschäfte in eigenem Namen ab; er ist also selbst Vertragspartner und nicht nur Vertreter des Kommittenten (sog. mittelbare Stellvertretung, s. o. 7.3.1). Allerdings stehen die wirtschaftlichen Folgen (Vor- und Nachteile) dem Kommittenten zu, für dessen Rechnung der Kommissionär handelt (vgl. § 384 II 2. HS HGB).

10.9.3.2 Pflichten der Parteien

Der Kommissionär hat insbesondere folgende Verpflichtungen:

Pflichten des
Kommissionärs

– Ausführungs- bzw. Erfüllungspflicht; der Kommissionär muss das Geschäft, also den Kommissionsvertrag, erfüllen mit der Sorgfalt eines ordentlichen Kaufmanns, §§ 384 I, 347 HGB.

Beispiel: Der oben beispielhaft herangezogene Teppichhändler muss dem an einem Bild des Kunstmalers Interessierten dieses verkaufen (s. o. 6.2.6.2);

– Pflicht zur Interessenwahrung; der Kommissionär hat den Vertrag zu möglichst günstigen Konditionen abzuschließen, § 384 I HGB, dabei den Kommittenten zu informieren, § 384 II 1. HS HGB, muss Vertragsschluss und Namen des Dritten (Geschäftspartners) mitteilen (sonst haftet er selbst auf Erfüllung, § 384 III HGB), sowie Rechte des Kommittenten wegen Beschädigung, Verlust oder Mängeln der Waren wahrnehmen, §§ 388, 390 f. HGB;

– Weisungsbefolgungspflicht, § 384 I 2. HS HGB, bei deren Verletzung er schadensersatzpflichtig wird, § 385 HGB,

Beispiele: der Kommissionär muss Weisungen bezüglich der Auswahl zu erwerbender Wertpapiere beachten, ebenso etwa Preislimits (vgl. § 386 HGB);

– Rechenschafts- und Herausgabepflichten, §§ 384 II 2. HS HGB, 675 I, 667 BGB, 18 ff. DepotG;

– Pflicht zur Haftung für Verlust oder Beschädigung des Kommissionsguts, § 390 I HGB; eine Delkrederehaftung, bei der der Kommissionär für die Erfüllung der Verbindlichkeit des Geschäftsgegners einsteht, trifft ihn nur ausnahmsweise, wenn er diese übernommen hatte bzw. es dem örtlichen Handelsbrauch entspricht, § 394 HGB.

Den Kommittenten treffen demgegenüber als Verpflichtungen:

– Provisionszahlungspflicht, vereinbart oder ortsüblich, §§ 396 I, 354 I HGB. Dabei sind zu unterscheiden

- als Regelfall die Ausführungsprovision, § 396 I 1 HGB, die entsteht, wenn das Geschäft mit dem Dritten zustandegekommen und durch Vertragserfüllung ausgeführt ist;
- Nichtausführungsprovision, § 396 I 2 2. HS HGB, wenn trotz nicht zur Ausführung gekommenen Geschäftes eine Provision ortsüblich ist bzw. das Geschäft aus einem in der Person des Kommittenten liegenden Grund nicht ausgeführt wurde;
- Auslieferungsprovision, § 396 I 2 1. HS HGB, wenn diese ortsüblich oder eigens vereinbart ist,
  Beispiel: eine kleinere Auslieferungsprovision bei einer Verkaufskommission, bei der die Ware schon an den Kommissionär übergeben worden war, als Entgelt für dessen Bemühungen;
- Delkredereprovision, § 394 II 2 HGB, falls der Kommissionär die Delkrederehaftung übernommen hat (s. o.);

– Aufwendungsersatzpflicht, §§ 396 II HGB, 675 I, 670 BGB,
  Beispiele: Aufwendungen des Kommissionärs für Lagerung, Transport, Versicherung der Ware; Porto, Telefon;

hierfür ist ggf. Vorschuss zu leisten, §§ 675 I, 669 BGB.

(Randnotizen: Pflichten des Kommittenten; Provision)

10.9.3.3 Besondere Rechte des Kommissionärs

Der Kommissionär hat am Kommissionsgut gemäß § 397 HGB ein gesetzliches Pfandrecht zur Sicherung seiner Ansprüche gegen den Kommittenten; dieses steht einem vertraglichen gleich, § 1257 BGB, und lässt die Verwertung des Pfandes gemäß der §§ 1220 ff. BGB zu (s. u. 15.6). Darüber hinaus gewährt § 398 HGB dem Kommissionär ein pfandähnliches Befriedigungsrecht am Kommissionsgut, wenn er selbst dessen Eigentümer ist.

Beispiel: Bei einer Einkaufskommission wird der Kommissionär, der im eigenen Namen handelt (s. o. 10.9.3.1), selbst Eigentümer der Waren. Da es an eigenen Sachen ein Pfandrecht nicht gibt (§ 1256 BGB; s. u. 15.6), gestattet § 398 HGB dem Kommissionär, das Kommissionsgut zu verwerten und sich daraus zu befriedigen.

An Forderungen, die der Kommissionär gegenüber Dritten aufgrund eines Ausführungsgeschäftes hat,

Beispiel: eine getätigte Verkaufskommission, deretwegen dem Kommissionär ein Kaufpreiszahlungsanspruch gegen den Dritten gemäß § 433 II BGB zusteht,

hat er ein bevorzugtes Befriedigungsrecht, § 399 HGB.

Desweiteren hat der Kommissionär ggf. das sog. Selbsteintrittsrecht, § 400 I HGB.

(Randnotizen: Pfandrecht; Selbsteintritt)

10.9.3.4 Vertragsverhältnisse

Der Kommissionsvertrag verbindet (nur) den Kommittenten und den Kommissionär. Beim Ausführungsgeschäft handelt der Kommissionär dann dem Dritten gegenüber im eigenen Namen:

– Bei der Verkaufskommission tritt er als Verkäufer auf, schließt den Kaufvertrag, und erfüllt gemäß der §§ 929 S. 1, 185 BGB, indem er (regelmäßig als Nicht-

(Randnotiz: Verkaufskommission)

eigentümer, da die Ware grundsätzlich im Eigentum des Kommittenten bleibt) im eigenen Namen mit Einwilligung des Kommittenten an den Dritten übereignet (s. u. 15.3.2.3). Die Gegenleistung des Dritten, d. h. der Kaufpreis, steht nur dem Kommissionär zu, § 392 I HGB. Da er aber auf fremde Rechnung, nämlich diejenige des Kommittenten, handelt, muss er diesem alles, was er aus dem Ausführungsgeschäft erlangt, übertragen (sog. Abwicklungsgeschäft). Forderungen, wie etwa die Kaufpreisforderung gegen den Dritten, sind also an den Kommittenten abzutreten, § 398 BGB (s. o. 8.8); bar gezahlter Kaufpreis wäre ihm ggf. zu übereignen, §§ 929 ff. BGB, bzw. zu überweisen (s. o. 10.4.8.2).

Schutz des Kommittenten

Da der Kommittent, der bei der Verkaufskommission Eigentum (und Besitz) verliert, insoweit also auf „sein Geld wartet", ist er schutzbedürftig: Dem trägt § 392 II HGB Rechnung: Forderungen aus dem Ausführungsgeschäft (etwa die Kaufpreisforderung gegen den Dritten) gelten als Forderungen des Kommittenten. D. h., dass der Kommittent Verfügungen des Kommissionärs gegenüber anderen (etwa eine Abtretung an einen dessen Gläubiger) nicht gegen sich gelten lassen muss, bei Insolvenz des Kommissionärs die Aussonderung seiner (Kaufpreis-) Forderung verlangen (§ 47 InsO; s. u. 21.2) und sich mit der Drittwiderspruchsklage, § 771 ZPO, gegen Zwangsvollstreckungen von Gläubigern des Kommissionärs wehren kann. Auch bietet sich zum Schutz des Kommittenten

Vorausabtretung

eine Vorausabtretung der erst noch durch das Ausführungsgeschäft zustandezubringenden (Kaufpreis-)Forderung gegen den Dritten an (s. o. 8.8.1).

Beispiel: Der (oben beispielhaft erwähnte) Teppichhändler verkauft, § 433 BGB, und übereignet, §§ 929, 185 I BGB, das noch dem Kunstmaler gehörende Bild an den Interessenten. Die Kaufpreisforderung, § 433 II BGB, muss er gemäß § 398 BGB an den Maler abtreten bzw. ihm etwaigen Barerlös übereignen (§ 929 BGB), ggf. auch überweisen. Bereits bei Abschluss des Kommissionsvertrages hätten der Teppichhändler und der Maler vereinbaren können, dass eine im Verkaufsfalle zur Entstehung gelangende Kaufpreisforderung unmittelbar dem Maler zustehen soll (Vorausabtretung; s. o. 8.8.1).

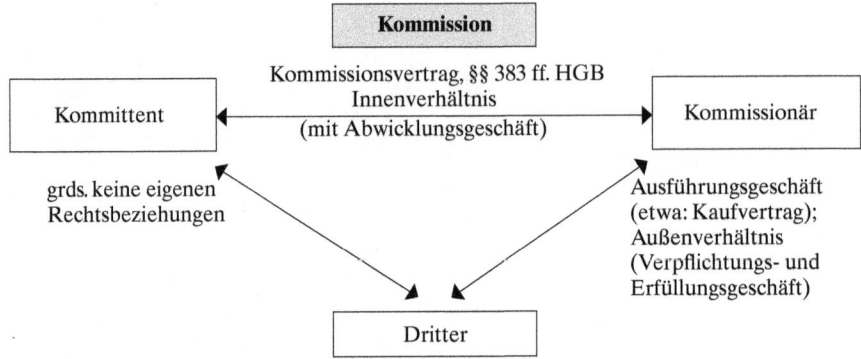

Schaubild 159: Kommission/Rechtsverhältnisse

Einkaufskommission

– Bei der Einkaufskommission übereignet der Dritte die Ware regelmäßig an den Kommissionär. Dieser ist verpflichtet, sie dann an den Kommittenten weiter zu übereignen, § 929 BGB. Dabei schützt § 392 II HGB den Kommittenten allerdings nicht – die zunächst im Eigentum des Kommissionärs stehende Ware ist dort etwa dem Zugriff potentieller Gläubiger des Kommissionärs ausgesetzt. Das lässt sich vermeiden, wenn der Kommissionär bei der Übereignung, die der Dritte vornimmt, nicht im eigenen Namen, sondern im Namen des Kommittenten als dessen rechtsgeschäftlicher Vertreter i. S. d. § 164 BGB (s. o. 7.4) handelt, so dass der Kommittent unmittelbar Eigentümer wird (s. u. 15.3.2.1).

10.9.3.5 Beendigung

Das Kommissionsverhältnis wird beendet durch Ausführung des Kommissionsgeschäftes, durch Rücktritt des Kommissionärs oder Kommittenten gemäß den §§ 323 ff. BGB, durch Zeitablauf bzw. Ablauf der zur Ausführung bestimmten Frist,

Beispiel: bei Börsengeschäften am „Ultimo",

durch Widerruf des Kommittenten, § 649 BGB, bei der auf Werkvertragsrecht basierenden Einzelkommission bzw. durch Kündigung der beiden Parteien bei der auf Dienstvertrag gründenden Dauerkommission, §§ 675 I, 626 f. BGB, auch durch Unmöglichkeit der Ausführung,

Beispiele: die einzukaufende Ware verschwindet oder sie wird amtlich gesperrt.

10.9.3.6 Kommissionsagent

Die Wirtschaftspraxis hat als weiteren Absatzhelfer die Rechtsfigur des sog. Kommissionsagenten entwickelt (Vertragsfreiheit, vgl. die §§ 241, 311 I BGB; s. o. 2.5; 6.2.1; 6.6.6; 10.1). Dieser wird beim Verkauf eingesetzt und stellt eine „Mixtur" aus Handelsvertreter und Kommissionär dar: *Begriff*

– Kommissionsagent ist, wer als selbständiger Gewerbetreibender ständig damit betraut ist, für einen anderen Unternehmer Waren im eigenen Namen für dessen Rechnung zu kaufen oder zu verkaufen. Zwischen beiden besteht eine ständige Geschäftsbeziehung, basierend auf einem Dauerschuldverhältnis (s. o. 8.3.3). Der Kommissionsagentenvertrag kann formlos (mündlich, konkludent) geschlossen werden. Ergänzend finden die §§ 84 ff. HGB (Handelsvertreterrecht) bzw. die §§ 383 ff. HGB (Kommissionsrecht) sowie die Regeln über die Geschäftsbesorgung (§ 675 I BGB; s. o. 10.4.8.1) und Dienstvertragsrecht (§§ 611 ff. BGB; s. o. 10.4) Anwendung.

– Der Kommissionsagent ist entsprechend der vertraglichen Abreden verpflichtet, sich um den Abschluss von Geschäften zu bemühen, §§ 86 I 1. HS, 384 I 1. HS HGB,   *Pflichten*

Beispiele: Kunden aufsuchen, informieren,

– die Interessen seines Unternehmers zu wahren, §§ 86 I 2. HS, 384 I 2. HS HGB,

Beispiele: dessen Weisungen beachten, nach günstigen Abschlüssen streben,

und dabei die Sorgfalts- (§§ 86 III, 384 I, 347 I HGB), Mitteilungs- (§ 384 II 2. HS HGB) sowie Pflicht zur Herausgabe des Erlangten zu beachten.

– Der Unternehmer hat demgegenüber dem Kommissionsagenten Provision zu zahlen, § 396 I HGB, ihn zu unterstützen, und dessen Schutz im Hinblick auf das wirtschaftliche Abhängigkeitsverhältnis zu gewährleisten (vgl. etwa die §§ 87 II, 89, 89 a, b, 90 a, 388 II, 389, 391, 397 ff. HGB).   *Rechte*

10.9.4 Vertragshändlervertrag

Vertragshändler ist, wer in die Verkaufsorganisation eines Herstellers eingegliedert und diesem oder einem dessen Zwischenhändler vertraglich dazu verpflichtet ist,   *Begriff* ständig dessen Waren im eigenen Namen und auf eigene Rechnung zu vertreiben und ihren Absatz zu fördern.

10.9.4.1 Grundsatz

ergänzend:
Handels-
vertreterrecht

Der Vertragshändler ist unter den Voraussetzungen der §§ 1 ff. HGB Kaufmann (s. o. 3.4.2.1). Der Vertragshändlervertrag, den die Wirtschaftspraxis entwickelt hat (s. o. 2.5; 6.2.1; 6.6.6), ist grundsätzlich formfrei möglich. U. U. ist ergänzend Handelsvertreterrecht entsprechend anwendbar (vgl. etwa die §§ 87 II, 89 ff. HGB).

Markenartikel

Beispiele: Vertragshändler finden sich in der Praxis oftmals insbesondere beim Absatz hochwertiger, technisch komplizierter, wartungsbedürftiger Markenartikel (wobei man unter einem Markenartikel eine Ware versteht, bei der Wort-, Bild- bzw. Firmenzeichen auf einen bestimmten Hersteller, der gleichbleibende Qualität gewährleistet, hinweisen; zum Markenrecht s. u. 19.5), etwa Vertrieb von Kraftfahrzeugen, Computern, Landmaschinen, Schuhen, Porzellan.

10.9.4.2 Pflichten der Parteien

Pflichten des
Vertrags-
händlers

Der Vertragshändlervertrag verpflichtet den Vertragshändler i. d. R. dazu,

– ständig für den Hersteller tätig zu werden, d. h. insbesondere Markenartikel abzusetzen,

– dabei Dritten gegenüber im eigenen Namen zu handeln, er wird also unmittelbar (Kauf-)Vertragspartner,

– auf eigene Rechnung zu agieren, also bei eigenem Risiko und eigener Kostentragungspflicht,

Beispiele: Lager- und Vorratshaltung, Transport, Instruktion, Gewährleistung bei Sachmängeln, Kundendienst;

oftmals sind auch Preisempfehlungen und Werbung des Herstellers zu übernehmen,

– sich in die Verkaufsorganisation des Herstellers einzugliedern. Dies ist für den Hersteller besonders wichtig, weil er so, durch ein Vertragshändlernetz, den Kunden gegenüber ein gleiches Erscheinungsbild bzw. gleichartige, einheitliche, verlässliche Leistungen bei Absatz und Kundendienst schafft.

Fachhändler

(Der Vertragshändler unterscheidet sich hierdurch also insbesondere vom bloßen Fachhändler, der eigenständig handelnd vornehmlich Sachkunde auf ganz bestimmten Warensegmenten bzw. -sortimenten hat;

Beispiele: Fernseh-, Photo-, Elektrofachgeschäfte).

Pflichten des
Unternehmers

Der Unternehmer hat als Pflichten demgegenüber insbesondere,

– die vereinbarten finanziellen Vorteile zu gewähren,

– Sorgfalt, Treue und Rücksicht walten zu lassen,

– Informationen, Rat und Auskunft zu erteilen,

– jedenfalls bei vereinbarter Mindestabnahmepflicht des Vertragshändlers seinerseits diese Mindestmenge zu liefern,

– vertragliche Alleinvertriebsrechte zu achten,

– dem Vertragshändler ggf. entsprechend § 89 b HGB einen Ausgleich nach Beendigung des Vertragshändlervertrages zu zahlen.

10.9.4.3 Vertragsbeziehungen

Zwischen dem Hersteller und dem Dritten (Endabnehmer) bestehen i. d. R. keine unmittelbaren Vertragsbeziehungen (u. U. können Herstellergarantien vorliegen, s. u. 12.6). Im Außenverhältnis bestehen vertragliche Abreden vielmehr grundsätzlich zwischen dem Dritten und dem Vertragshändler, zumeist Kaufverträge. Dabei wird die Tätigkeit des Vertragshändlers weitestgehend durch den Vertragshändlervertrag (Innenverhältnis) bestimmt.

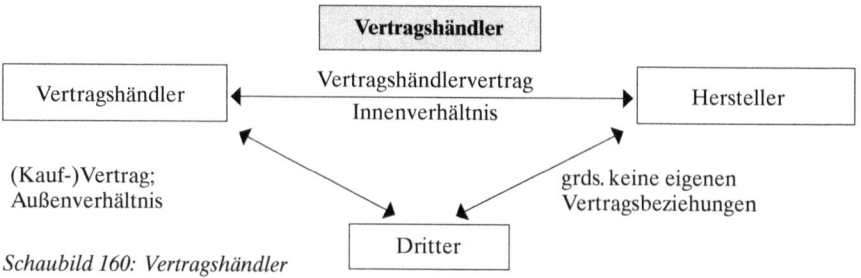

Schaubild 160: Vertragshändler

10.9.4.4 Beendigung

Der Vertragshändlervertrag endet i. d. R. mit Zeitablauf oder Kündigung; ob er durch Tod des Vertragshändlers bzw. Herstellers endet, ist zweifelhaft und im jeweiligen Einzelfall insbesondere aufgrund der jeweiligen vertraglichen Spezifika zu entscheiden.

10.10 Kaufmännische Transport- und Lagerverträge

Das HGB enthält in den §§ 407 ff. grundlegende Bestimmungen für den Transport bzw. die Lagerung von Waren. Sie ergänzen die für den Warenabsatz wichtigen Verträge mit den kaufmännischen selbständigen Hilfspersonen hinsichtlich des körperlichen Verbringens von Gütern (s. o. 10.1 a. E.; vgl. Schaubild 118). *Absatzorganisation*

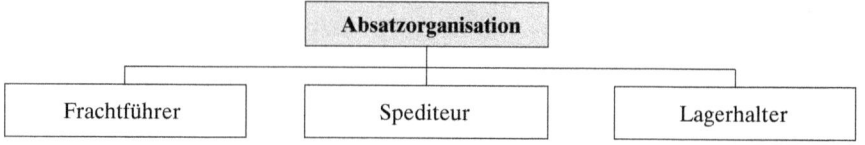

Schaubild 161: Absatzorganisation

10.10.1 Frachtvertrag

Eines der wesentlichen Vetriebsgeschäfte ist das Frachtgeschäft.

10.10.1.1 Prinzipielles

Frachtführer ist, wer es gewerbsmäßig unternimmt, Güter zu Lande, auf Binnengewässern oder mit Luftfahrzeugen zu befördern, § 407 I HGB. Der Frachtführer ist regelmäßig Kaufmann i. S. d. § 1 HGB (bzw. § 2 HGB; s. o. 3.4.2); sofern er dies nicht sein sollte, gelten die Vorschriften der §§ 343 ff. HGB grundsätzlich entsprechend, vgl. § 407 III 2 HGB. Der Frachtführer transportiert – im Gegensatz zum Spediteur, s. u. – die Güter selbst. *Begriff*

10.10.1.2 Pflichten der Parteien

Pflichten des Frachtführers

Der durch zwei sich deckende Willenserklärungen zustandekommende Frachtvertrag (s. o. 6.3; 6.6) erlegt dem Frachtführer insbesondere auf

– die Beförderungspflicht, §§ 407 I, 421 HGB;
– die Pflicht, Weisungen des Absenders oder Empfängers zu befolgen, § 418 HGB, bzw. einzuholen, § 419 HGB;
– die betriebssichere Verladung, § 412 I 2 HGB;
– die Überprüfung von Gewicht und Menge des Beförderungsgutes oder des Inhalts der Frachtstücke, § 409 III 2 HGB;
– ihm übergebene Begleitpapiere sorgfältig zu behandeln, § 413 II HGB;
– das Gut innerhalb einer vereinbarten oder ggf. angemessenen Frist (Lieferfrist) abzuliefern, § 423 HGB;
– das Frachtgut sorgfältig zu behandeln, vgl. die §§ 347 I, 412 I, 419 I 1, III, 426, 427 III, IV, V HGB;

Umzugsvertrag

– wenn der Frachtvertrag die Beförderung von Umzugsgut zum Gegenstand (Umzugsvertrag) hat, § 451 HGB, die Pflichten der §§ 451 a ff. HGB, insbesondere das Auf- und Abbauen der Möbel sowie das Ver- und Entladen des Umzugsgutes und Verbrauchern (§ 13 BGB; s. o. 3.1.3.2) gegenüber auch die Verpackung und Kennzeichnung des Umzugsgutes (§ 451 a II HGB).

Pflichten des Absenders

Der Absender unterfällt insbesondere:

– Der Vergütungspflicht, §§ 407 II, 420 I 1 HGB; wurde das Transportgut auf Verlangen des Empfängers an der Ablieferungsstelle herausgegeben, so trifft die Vergütungspflicht den Empfänger, § 421 II HGB;
– der Pflicht zum Aufwendungsersatz, § 420 I 2 HGB,
  Beispiele: Zollgebühren, Lagerkosten (s. a. die §§ 675 I, 670 BGB);
– der Pflicht, ggf. Weisungen zu erteilen, vgl. § 419 HGB;
– der Unterrichtungspflicht über gefährliches Gut, § 410 HGB;
– der Verpackungs-, Kennzeichnungs-, Verladungs- und Entladepflicht, §§ 411, 412 HGB;

Frachtbrief

– der Pflicht, auf Verlangen des Frachtführers einen Frachtbrief auszustellen, § 408 HGB, der erhöhte Beweiskraft entfaltet, § 409 HGB, sowie erforderliche Begleitpapiere zu übergeben, § 413 HGB. Der ausgestellte Frachtbrief ist dabei kein Wertpapier, sondern (nur) eine Beweisurkunde über Abschluss und Inhalt des Frachtvertrages, und dient ggf. als Quittung.

Weitere Rechte

Der Frachtführer hat darüber hinaus:

– Ein gesetzliches Pfandrecht am Beförderungsgut, § 440 HGB (s. u. 15.6.);
– einen Zahlungsanspruch (auch) gegen den Empfänger, § 421 II HGB (nach Maßgabe des Frachtbriefs), der ggf. gesamtschuldnerisch neben dem Absender für die Vergütung haftet (§ 421 IV HGB), wenn der Empfänger das Frachtgut vom Frachtführer verlangt hat (§ 421 I HGB).

10.10.1.3 Vertragsbeziehungen

Rechtsbeziehungen

Der Frachtvertrag ist eine besondere Form der Geschäftsbesorgung, § 675 I BGB (s. o. 10.1, 10.4.8), abzielend auf eine Werkerbringung (i. S. d. §§ 631 ff. BGB). Er ist ggf. formlos (s. o. 6.4) gültig und wird zwischen Frachtführer und Absender abgeschlossen. Darüber hinaus ist der Frachtvertrag ein Vertrag zu Gunsten Dritter,

§§ 328 ff. BGB, nämlich des Empfängers, der insoweit ebenfalls Rechte und Pflichten gegenüber dem Frachtführer hat (vgl. § 421 HGB; s. o. 8.6.3). Erfüllungsort (s. o. 8.5) für den Frachtführer ist der Ablieferungsort, da dort der Erfolg herbeizuführen ist.

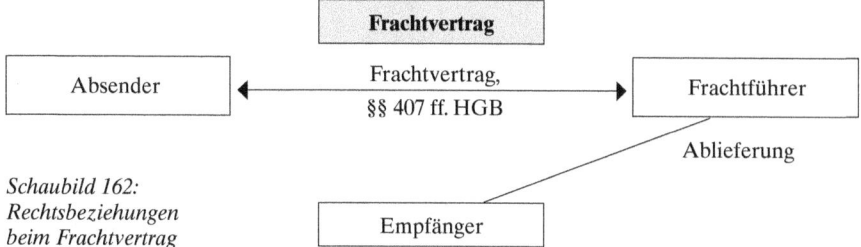

Schaubild 162:
Rechtsbeziehungen
beim Frachtvertrag

Absender ist, wer den Frachtvertrag mit dem Frachtführer im eigenen Namen abschließt; häufig ist dies ein Spediteur, vgl. § 453 HGB. — Absender

Die Höhe der Fracht (= geschuldete Vergütung, § 407 II HGB) bestimmt sich regelmäßig nach Vereinbarung; u. U. ist § 354 HGB anzuwenden. Besondere Vergütungsregeln finden sich in den §§ 421, 412 III, 415 ff. HGB. — Vegütung

Der Absender kann den Frachtvertrag grds. jederzeit kündigen, § 415 HGB. Dem Frachtführer steht das Kündigungsrecht des § 417 I, II HGB zu. — Kündigung

10.10.1.4 Haftung

Für die Haftung des Frachtführers gelten insbesondere die §§ 425 ff. HGB: — Frachtführerhaftung

Danach haftet der Frachtführer

- von der Annahme bis zur Ablieferung des Gutes, § 425 I HGB, für dessen Verlust oder Beschädigung (Substanzschäden),
  Beispiele: das Transportgut „verliert sich unterwegs"; der Inhalt einer Warensendung wird zerbrochen; Ansprüche hieraus können sowohl der Absender als auch der Empfänger geltend machen, § 421 I 2, 3 HGB (s. o. 8.12.6);
- für die Überschreitung der Lieferfrist, § 425 I HGB (Vermögensschaden),
  Beispiel: der Frachtführer liefert die Ware nicht wie vereinbart am 10.3., sondern erst am 27.3. ab, wodurch ein Schaden entsteht;
- sowie ggf. für weitere Vermögensschäden, die im Zusammenhang mit der Beförderung des Gutes entstehen, etwa Sorgfaltspflichtverletzungen,
  Beispiele: fehlerhafte Informationserteilung, fälschliche Zollbehandlung.

Allerdings entfällt die Frachtführerhaftung insbesondere unter den Voraussetzungen der §§ 426, 427, 451 d HGB.

Demgegenüber ist die Haftung gemäß der §§ 429 ff. HGB grundsätzlich begrenzt — Haftungsbegrenzung
- bei Verlust oder Beschädigung des Beförderungsgutes auf 8,33 Rechnungseinheiten (Sonderziehungsrechte, vgl. § 431 IV HGB) pro Kilogramm des Rohgewichts der Sendung, § 431 I, II HGB;
- bei Verspätungsschäden auf den dreifachen Betrag der Fracht, § 431 III HGB;
- bei sonstigen Vermögensschäden auf das Dreifache des Betrages, der bei Verlust des Gutes zu zahlen wäre, § 433 HGB.

Im Rahmen der Verwendung von AGBen kann die Haftung im Rahmen eines sog. Korridors von 2 SZR/kg bis 40 SZR/kg festgelegt werden, ansonsten ist die Transporthaftung grundsätzlich nicht abdingbar, vgl. § 449 HGB (dies hat auch Auswirkungen auf die ADSp). Bei Vorsatz oder Leichtfertigkeit entfallen die Haftungsbegrenzungen, § 435 HGB.

Umzugsvertrag Beim Umzugsvertrag (§ 451 HGB) ist die Haftung wegen Verlustes oder Beschädigung auf € 620,– je benötigtem Kubikmeter Laderaum beschränkt, § 451 e HGB (beachte aber § 451 g HGB).

Gehilfen Für Verschulden „seiner Leute" bzw. Hilfspersonen,

Beispiele: Arbeitnehmer, Subunternehmer,

muss der Frachtführer über § 278 BGB hinaus gemäß § 428 HGB einstehen (s. o. 7.3.3; 8.13.2).

Ein die Beförderung ausführender Dritter (= ausführender Frachtführer) haftet neben dem Frachtführer unmittelbar als Gesamtschuldner, § 437 HGB (s. o. 8.7).

Absender-haftung Der gewerbliche Absender haftet gemäß § 414 I, II HGB demgegenüber dem Frachtführer verschuldensunabhängig für ungenügende Verpackung bzw. Kennzeichnung, Ungenauigkeiten im Frachtbrief oder unzulängliche Information, der Höhe nach grds. beschränkt auf 8,33 SZR/kg. Ein Verbraucher haftet insoweit nur bei Verschulden, §§ 414 III HGB, 13 BGB.

10.10.2 Speditionsvertrag

Die Besorgung der Güterversendung ist Sache des Spediteurs.

10.10.2.1 Grundsätzliches

Begriff Spediteur ist, wer es gewerbsmäßig übernimmt, die Versendung von Gütern zu besorgen, § 453 I HGB. Der Spediteur ist Kaufmann i. S. d. § 1 HGB (bzw. § 2 HGB, s. o. 3.4.2; ansonsten beachte § 453 III 2 HGB). Regelmäßig befördert er die Güter nicht selbst, sondern lässt den Transport durch Dritte – ausführende Unternehmer – besorgen; er kann aber auch die Beförderung selbst ausführen (sog. Selbsteintrittsrecht, § 458 HGB).

10.10.2.2 Pflichten der Parteien

Pflichten des Spediteurs Aufgrund des Speditionsvertrages hat der Spediteur insbesondere
– die Pflicht, die Versendung des Gutes zu besorgen, § 453 I HGB;
– dabei die Beförderung zu organisieren, indem er Beförderungsmittel und -weg bestimmt, § 454 I Nr. 1 HGB;
– die ausführenden Unternehmer auszuwählen, die notwendigen Verträge mit ihnen abzuschließen und ihnen Weisungen und Informationen zu erteilen, § 454 I Nr. 2 HGB;
– etwaige Schadensersatzansprüche des Versenders zu sichern, § 454 I Nr. 3 HGB;
– ggf. das Gut zu versichern und zu verpacken, zu kennzeichnen und dem Zoll zu gestellen, § 454 II HGB, wenn dies eigens vereinbart ist;

– das Interesse des Versenders zu wahren und dessen Weisungen zu befolgen, § 454 IV HGB;
– jeweils Sorgfalt walten zu lassen, vgl. § 347 I HGB (s. o. 6.2.6.2).

Sonstige, insbesondere logistische Leistungen außerhalb des Speditionsvertrages,
Beispiele: Qualitätskontrollen, Preisauszeichnung von Gütern,
fallen nicht unter die §§ 453 ff. HGB (sie sind ggf. als Dienst- oder Werkverträge i. S. d. §§ 611 ff. bzw. 631 ff. BGB zu qualifizieren; s. o. 10.3 f.).

Den Versender treffen dagegen vornehmlich
– die Pflicht zur Zahlung der Vergütung, § 453 II HGB (die ggf. auch ohne besondere Vereinbarung geschuldet wird, vgl. § 354 I HGB), die zu zahlen ist, wenn das Gut dem Frachtführer oder Verfrachter übergeben worden ist, § 456 HGB;
– die Verpackungs-, Kennzeichnungs- und Informationspflicht, § 455 I HGB.

Pflichten des Versenders

Der Spediteur hat im Übrigen
– ein gesetzliches Pfandrecht am Transportgut, solange er es in seinem Besitz hat, §§ 464 HGB, 1257 BGB (s. u. 15.6);
– sowie das Selbsteintrittsrecht, das ihm gestattet, das Beförderungsgut selbst zu transportieren, und das er nicht ausdrücklich erklären muss,
Beispiel: der Spediteur verfrachtet das Gut selbst – hierdurch hat er den Selbsteintritt konkludent erklärt;
damit steht ihm neben seiner Spediteursvergütung auch diejenige des Frachtführers – die gewöhnliche Fracht – zu, § 458 HGB. Beim Selbsteintritt gilt für die Beförderung das Frachtrecht; Speditionsrecht bleibt für die Leistungen vor und nach der Beförderung anwendbar.
Dem Fixkostenspediteur steht grundsätzlich nur die vereinbarte Vergütung zu, § 459 HGB;
– ggf. auch das Sammelladungsrecht, § 460 HGB.

weitere Rechte

Selbsteintritt

Die gegenseitigen Rechte und Pflichten werden desweiteren insbesondere in den regelmäßig verwandten (und jeweils aktualisierten) ADSp näher konkretisiert, die als AGBen Vertragsbestandteile durch (ausdrückliche oder stillschweigende) Einbeziehung werden, vgl. § 305 BGB; unter Kaufleuten gelten sie grundsätzlich als branchenüblich, vgl. § 310 I BGB (s. o. 6.7.3).

ADSp

10.10.2.3 Vertragsbeziehungen

Bezüglich des Speditionsgeschäftes sind die Rechtsbeziehungen zwischen
– Versender des Beförderungsgutes und Empfänger,
– Versender und Spediteur,
– Spediteur und Frachtführer,
– Empfänger und Spediteur bzw. Frachtführer
voneinander zu trennen:

Rechtsbeziehungen

– Weswegen der Versender das Beförderungsgut an den Empfänger transportieren (lassen) will, ergibt sich regelmäßig aus den jeweiligen Beziehungen dieser beiden Personen. Häufig liegt ein Kaufvertrag zugrunde, §§ 433 ff. BGB, ggf. liegen eine Bring- oder Schickschuld vor (s. o. 8.5), möglicherweise auch ein Versendungskauf, § 447 BGB (dazu s. o. 8.12.6).

Grundgeschäft

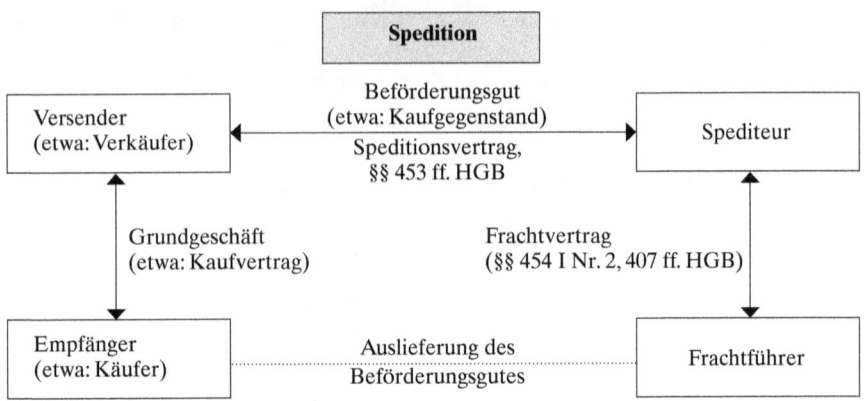

Schaubild 163: Rechtsbeziehungen beim Speditionsgeschäft

Speditions-
vertrag

– Zwischen Versender und Spediteur besteht der Speditionsvertrag (§§ 453 ff. HGB), der nur Rechte und Pflichten (s. o.) zwischen diesen beiden begründet. Vertragstypologisch ist er ein Geschäftsbesorgungsvertrag, § 675 I BGB (s. o. 10.1; 10.4.8; 6.3; 6.6).

Frachtvertrag

– Zwischen dem Spediteur und dem Frachtführer besteht der Frachtvertrag (§§ 454 I Nr. 2, 407 ff. HGB, s. o. 10.10.1), mittels dessen der Speditionsvertrag durch Beförderung ausgeführt wird. Hieran sind nur der Frachtführer und der Spediteur, nicht aber etwa der Versender (oder Empfänger) beteiligt. Schließt der Spediteur diesen Vertrag als Vertragspartner im eigenen Namen ab, nicht etwa nur als Vertreter des Versenders (= mittelbare Stellvertretung; s. o. 7.3.1), vgl. § 454 III HGB (es sei denn, er ist vom Versender bevollmächtigt), dann kann der Versender etwaige (Schadensersatz-)Ansprüche gegen den Frachtführer erst geltend machen, wenn sie ihm vom Spediteur abgetreten wurden, §§ 457 HGB, 398 BGB (s. u.).

– Zwischen dem Empfänger und dem Spediteur bzw. dem Frachtführer liegt regelmäßig keine eigenständige vertragliche Beziehung vor.

10.10.2.4 Haftung

Prinzipien der
Haftung

Zur Haftung gelten folgende Grundsätze:

– Für Schäden, die durch Verlust oder Beschädigung des in seiner Obhut befindlichen Gutes entstehen, haftet der Spediteur gemäß § 461 I HGB entsprechend den frachtrechtlichen Regeln (Obhutshaftung).

– Beim Selbsteintritt sowie der Fixkosten- und Sammelladungsspedition wird in den §§ 458–460 HGB auf die frachtrechtliche Haftung verwiesen.

– Für Schäden, die nicht durch Verlust oder Beschädigung des in der Obhut des Spediteurs befindlichen Gutes entstanden sind, haftet der Spediteur i. d. R., wenn er eine ihm nach § 454 HGB obliegende Pflicht verletzt, § 461 II HGB.

Beispiel: Auswahlverschulden, wenn der Spediteur einen ihm als unzuverlässig bekannten Frachtführer mit dem Transport betraut, vgl. § 454 I Nr. 2 HGB.

Für Verschulden „seiner Leute" bzw. Hilfspersonen,

Beispiele: Fahrer, Möbelpacker, Aushilfskräfte,

muss der Spediteur gemäß § 462 HGB einstehen (über § 278 BGB hinaus; s. o. 7.3.3, 8.13.2).

– Abweichende Vereinbarungen sind grundsätzlich nur im Rahmen des § 466 HGB zulässig.

– Wenn der Spediteur den Frachtvertrag im eigenen Namen abschließt (§ 454 III HGB; s. o. 10.10.2.3), dann erfüllt der Frachtführer die ihm aus dem Frachtvertrag obliegenden Pflichten (nur) gegenüber dem Spediteur; er erfüllt nicht die Pflichten, die der Spediteur aufgrund des Speditionsvertrages dem Versender schuldet. Der Frachtführer ist daher regelmäßig nicht Erfüllungsgehilfe des Spediteurs i. S. d. § 278 BGB (s. o. 7.3.3, 8.13.2), so dass der Spediteur für ein etwaiges Verschulden des Frachtführers danach nicht dem Versender gegenüber einstehen muss (es sei denn, es läge ein Auswahlverschulden vor, s. o.). *(Frachtführer/ Spediteur)*

– Ansprüche gegen den Frachtführer, *(Ansprüche gegen Frachtführer)*

Beispiel: der Frachtführer beschädigt das Beförderungsgut schuldhaft,

stehen wegen Pflichtverletzungen aus dem Frachtvertrag, vgl. § 280 I BGB (wenn er ihn im eigenen Namen geschlossen hat) grundsätzlich nur dem Spediteur zu; dieser hat sie ggf. an den Versender abzutreten, §§ 457 HGB, 398 BGB, bzw. für ihn geltend zu machen (vgl. die Grundsätze der Drittschadensliquidation, s. o. 8.12.6). U. U. hat der Versender nach den gleichen Grundsätzen etwaige Ansprüche des Empfängers beim Spediteur geltend zu machen bzw. abzutreten.

Beispiel: Der Verkäufer beauftragt den Spediteur mit der Versendung von Waren an den Käufer. Der Spediteur schaltet dafür einen Frachtführer ein. Dieser beschädigt die Ware beim Transport: Hat der Spediteur den Frachtführer ordentlich ausgewählt, so haftet er dem Verkäufer nicht, auch muss er für ein Verschulden des Frachtführers nicht einstehen. Entweder macht der Spediteur jetzt den Schadensersatzanspruch wegen Pflichtverletzung (§ 280 I BGB) des Frachtvertrages (er, der Spediteur, hat den Vertrag mit dem Frachtführer, hat aber keinen Schaden; der Verkäufer hat – bei der Bringschuld – keinen Vertrag mit dem Frachtführer, wohl aber ggf. den Schaden) des Verkäufers gegen den Frachtführer für den Verkäufer geltend, oder er tritt ihm seinen dem Grunde nach gegebenen Schadensersatzanspruch gegen diesen ab. Im Falle des Versendungskaufes – bei der Schickschuld –, §§ 447, 475 II, III 2 BGB (s. o. 8.12.6, 10.2.7.3), gilt dies zu Gunsten des Empfängers entsprechend (dazu s. a. § 421 I 2, 3 HGB; 10.10.1.4).

– Der gewerbliche Versender haftet dem Spediteur für Pflichtverletzungen verschuldensunabhängig, § 455 II HGB; ist der Versender ein Verbraucher, so muss er nur bei Verschulden einstehen, §§ 455 III HGB, 13 BGB (s. o. 3.1.3.2). *(Versender)*

10.10.3 Lagervertrag

Der Kaufmann kann sich beim Warenumschlag der Lagerräume anderer, der Lagerhalter, bedienen. Er muss so nicht selbst für die Unterbringung der Ware sorgen.

10.10.3.1 Grundsatz

Begriff Lagerhalter ist, wer gewerbsmäßig die Lagerung und Aufbewahrung von Gütern übernimmt, § 467 HGB. Der Lagerhalter ist unter den Voraussetzungen der §§ 1, 2 HGB selbst Kaufmann (s. o. 3.4.2.1; i. Ü. beachte § 467 III HGB). Oftmals sind Lagerhalter gleichzeitig Spediteure und Frachtführer.

Formen der Lagerung Die Lagerung findet in folgenden Erscheinungsformen statt:

– Einzellagerung, vgl. § 469 I HGB. Dabei werden die zu lagernden Waren von anderen jeweils getrennt verwahrt. Der Einlagerer bleibt Eigentümer und mittelbarer Besitzer der Sachen, der Lagerhalter wird unmittelbarer Besitzer, § 854 BGB (s. u. 15.4.2.);

– Sammellagerung, § 469 I HGB, bei vertretbaren Sachen, vgl. § 91 BGB (s. o. 4.1.1.1),

  Beispiele: Fertigmöbel, Werkzeugmaschinen, Serienware;

  hierbei werden (i. d. R. aus Kostengründen) die eingelagerten Sachen mit anderen gleichartigen Sachen vermischt, wobei die verschiedenen Einlagerer Miteigentümer am gesamten Sammellagergut im Verhältnis des jeweiligen Wertes, vgl. die §§ 947, 948 BGB, und mittelbare Besitzer werden, § 469 II HGB (s. u. 15.3.3);

– Summenlagerung. Hierbei überträgt der Einlagerer sein Eigentum an der Ware auf den Lagerhalter, der ihm Sachen gleicher Art, Menge bzw. Güte zurückzugeben hat. Diese unterfällt nicht dem Lagergeschäft der §§ 467 ff. HGB, sondern § 700 BGB.

10.10.3.2 Pflichten der Parteien

Pflichten des Lagerhalters Den Lagerhalter treffen

– die Pflicht zu (grundsätzlich gesonderter, vgl. § 469 I HGB) Lagerung und Aufbewahrung des Lagergutes, §§ 467, 472 II HGB, 691 S. 1 BGB;

– die Pflicht, das Gut vor Verlust oder Beschädigung zu schützen, § 471 II HGB, und dabei

– die Benachrichtigungspflicht bei zu befürchtenden Verschlechterungen, § 471 II HGB;

– die Pflicht, dem Einlagerer die Besichtigung des Einlagerungsgutes zu gestatten, § 471 I 1 HGB;

– die Pflicht zur sorgfältigen Wahrnehmung der Interessen des Einlagerers, § 347 I HGB;

– die Rückgabepflicht, § 473 HGB;

Order-lagerschein – ggf. die Pflicht zur Ausstellung eines (Order-)Lagerscheines, vgl. die §§ 475 c ff., 363 II HGB; ein auf Order lautender, durch Indossament übertragbarer (Order-)Lagerschein ist ein forderungsrechtliches Wertpapier, das eine Forderung verbrieft;

– die Pflicht zur Versicherung des Lagergutes, wenn der Einlagerer dies verlangt, § 472 I HGB;

– Verbrauchern gegenüber Sorgfalts- und Unterrichtungspflichten, vgl. § 468 II HGB.

310

Der Einlagerer hat dagegen

– die Pflicht, das vereinbarte bzw. ortsübliche Lagergeld zu zahlen, § 467 II HGB;
– erforderliche Aufwendungen des Lagerhalters zu erstatten, § 474 HGB;
– auf gefährliche Güter hinzuweisen, § 468 I HGB.

Darüber hinaus darf der Lagerhalter ggf.

– einen Selbsthilfeverkauf (s. o. 9.5.4) bzw. die Hinterlegung (s. o. 8.14.2.1) des Lagergutes vornehmen, vgl. die §§ 471 II, 373 HGB, wenn der Verderb droht,
– sein gesetzliches Pfandrecht wegen der Lagerkosten geltend machen, §§ 475 b HGB, 1257 BGB, das neben seinen Zurückbehaltungsrechten, §§ 369 HGB, 273 BGB, besteht (s. u. 15.6),
– die Rücknahme verlangen, § 473 II, III HGB.

10.10.3.3 Vertragsbeziehungen

Der Lagervertrag regelt sich gemäß der §§ 467 ff. HGB sowie, da er auf Verwahrung gerichtet ist, ergänzend nach den §§ 688 ff. BGB. Der Lagervertrag ist formfrei (s. o. 6.4) möglich. Für den Schaden, der durch Verlust oder Beschädigung des Gutes in der Zeit von der Übernahme der Lagerung bis zur Auslieferung entsteht, haftet der Lagerhalter bei (vermutetem) Verschulden, §§ 475, 347 I HGB (Obhutshaftung; s. o. 6.2.6.2, 6.3.6). Schädigt ein Dritter das sich im Gewahrsam des Lagerhalters befindliche Lagergut, so kommt (bei der Einzellagerung) ggf. eine Drittschadensliquidation in Betracht.

Beispiel: Ein Dritter beschädigt die eingelagerte Ware: Der Einlagerer kann als Eigentümer gemäß § 823 I BGB Schadensersatz verlangen; wenn zwischen dem Lagerhalter und dem Dritten eine eigenständige Vertragsbeziehung (etwa ebenfalls ein Lagervertrag) besteht, kann der Lagerhalter, gestützt auf Pflichtverletzung i. S. d. § 280 I BGB, die Schadensersatzansprüche des Einlagerers geltend machen bzw. hat sie ihm abzutreten (s. o. 8.12.6).

Für seine Gehilfen (Hilfspersonen) muss der Lagerhalter gemäß § 278 BGB (Zurechnung schuldhaften Handelns) bzw. § 831 BGB (Zurechnung tatbestandlicher und rechtswidriger unerlaubter Handlungen) einstehen (s. o. 7.3.3 f.; 8.13).

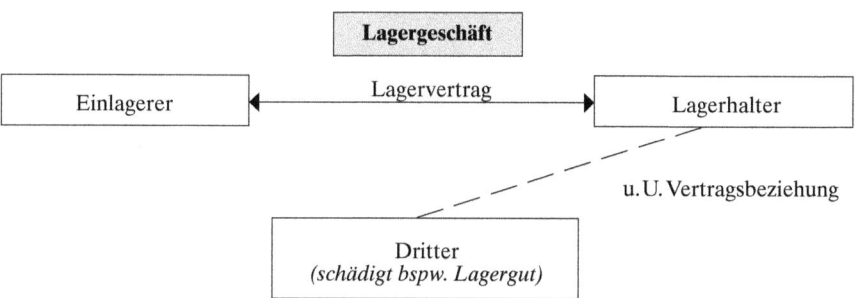

Schaubild 164: Rechtsbeziehungen beim Lagergeschäft

11 Ungerechtfertigte Bereicherung

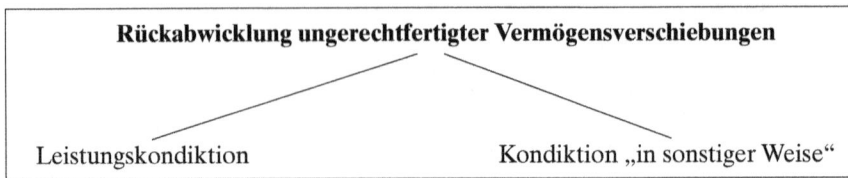

Rückabwicklung ungerechtfertigter Vermögensverschiebungen
Leistungskondiktion   Kondiktion „in sonstiger Weise"

Leitübersicht 11: Ungerechtfertigte Bereicherung

Leitfragen zu 11:
a) Welche Tatbestände kennt die ungerechtfertigte Bereicherung?
b) Welche Voraussetzungen hat die Leistungskondiktion?
c) Worauf ist bei der Bereicherung „in sonstiger Weise" zu achten?

Prinzipien
Wenn Vermögensverschiebungen ohne rechtlichen Grund stattfinden bzw. stattgefunden haben, müssen sie durch Rückabwicklung bzw. Herausgabe der ungerechtfertigt erlangten Vermögensvorteile wieder ausgeglichen werden. Dazu dienen die Regelungen der §§ 812 ff. BGB. In diesen Vorschriften findet sich ein Katalog verschiedener Ansprüche. Sie unterscheiden grundsätzlich danach, ob eine Bereicherung durch eine Leistung oder in sonstiger Weise erfolgt ist (vgl. § 812 BGB). Diese Vorschriften lehnen sich stark an im römischen Recht (s. o. 2.7) hierzu entwickelte Grundsätze an, weswegen man von „Leistungskondiktion" bzw. „Kondiktion in sonstiger Weise" spricht. Das Bereicherungsrecht hängt eng mit dem Abstraktionsprinzip (s. o. 5) zusammen und ermöglicht die Rückabwicklung gerade in solchen Fällen, in denen zwar das Verpflichtungsgeschäft unwirksam, das Verfügungsgeschäft aber wirksam ist (s. das Beispiel oben 5.1; 6.2.5).

11.1 Grundtatbestände

Kondiktions-
arten
Die §§ 812 ff. BGB differenzieren, wie dargelegt, zwischen der Leistungskondiktion und der Kondiktion in sonstiger Weise. Grundnorm ist dabei § 812 I 1 BGB: Dort wird in „Leistung eines anderen" bzw. „auf dessen Kosten in sonstiger Weise" unterschieden. Weitere Fälle der Leistungskondiktion, § 812 I 1 1. Alt. BGB, finden sich in den §§ 812 I 2, II, 813, 817 S. 1 BGB. Fälle der Kondiktion in sonstiger Weise, auch Nichtleistungskondiktion genannt, beinhalten die §§ 812 I 1 2. Alt., 816 I, II BGB. Dabei geht die Leistungskondiktion als speziellere Regelung der Nichtleistungskondiktion grundsätzlich vor. Bei der Kondiktion in sonstiger Weise trennt man die Fälle der Eingriffs-, Rückgriffs- sowie Verwendungskondiktion (s. u. 11.4). Hat jemand einen Vermögensvorteil rechtsgrundlos erlangt, so muss er diesen Vorteil bei Vorliegen der Voraussetzungen einer Kondiktion wieder herausgeben.

Sonderfälle
Allerdings schließen in bestimmten Sonderfällen die §§ 814, 815, 817 S. 2 BGB Bereicherungsansprüche aus, so bei Kenntnis der Nichtschuld, Anstands- und Sit-

tenpflicht, bewusst oder treuwidrig vereiteltem Erfolgseintritt bzw. Gesetzes- oder Sittenverstoß des Leistenden.

Beispiele: Wer einem bestochenen Amtsträger (vgl. die §§ 11 I Nr. 2, 331 ff. StGB) Geld für einen gefälschten Führerschein gezahlt hat, kann dies nicht zurückfordern, § 817 S. 2 BGB. Vergleichbar ist es beim Kauf verbotener (defekter) Radarwarngeräte. Oder: Der gegen § 1 II Nr. 2 SchwarzArbG verstoßende Werkunternehmer (der gemäß § 134 BGB keinen Werklohnanspruch hat) kann wegen § 817 S. 2 BGB weder die Herausgabe erbrachter Leistungen noch Wertersatz hierfür verlangen (s. o. 6.8.1.1, 10.3.1).

Schwarzarbeit

11.2 Rechtsfolgen

Der Bereicherte muss grundsätzlich das Erlangte in Natur herausgeben, §§ 812, 816, 817 S. 1, 818 I 1. Alt. BGB.

Herausgabe des Erlangten

Beispiele: Die vom Veräußerer übereignete Maschine ist zurückzuübereignen; die abgetretene Forderung ist zurückzuübertragen; der Besitz an einer Sache ist zurückzugeben.

Auch Nutzungen (s. o. 4.1.4),

Beispiele: das Kalb der Kuh, die Zinsen von Geld (vgl. § 100 BGB),

und die sog. Surrogate, also dasjenige, was der Bereicherte anstelle des Erlangten erhält,

Surrogate

Beispiel: die von der Versicherung für den zurückgegebenen, allerdings zerstörten Gegenstand erhaltene Summe,

sind gemäß § 818 I BGB herauszugeben.

Ist die Herausgabe des Erlangten nicht mehr möglich, so ist Wertersatz zu leisten, § 818 II BGB.

Wertersatz

Beispiele: Wertersatz für erhaltene Dienstleistungen; Wertersatz für die vom Bereicherten zerstörte, zurückzugebende Sache.

Ist der Bereicherte allerdings nicht mehr bereichert, entfällt die Pflicht zur Herausgabe bzw. zum Wertersatz, § 818 III BGB (sog. Wegfall der Bereicherung).

Wegfall der Bereicherung

Beispiele: Der Bereicherte hat das erhaltene Geld „verjubelt"; er hat eine Maschine schuldlos zerstört; der Arbeitnehmer hat eine geringfügige Überzahlung (bis zu ca. 10 %) des Arbeitgebers ausgegeben (s. u. 16.2.2.1).

Bei Bösgläubigkeit, Gesetzes- oder Sittenverstoß bzw. Rechtshängigkeit (§§ 261 I, II, 253 I, 696 III ZPO) kann sich der Empfänger dagegen nicht auf den Wegfall der Bereicherung berufen; er ist dann nicht schutzwürdig (vgl. die §§ 818 IV, 819 f., 291 f., 989 ff. BGB) und schuldet ggf. Schadensersatz.

Bösgläubigkeit

Beispiele: Der Bereicherte weiß, dass der Kaufvertrag nichtig und er rechtsgrundlos bereichert ist; gleichzeitig verschenkt er den Gegenstand an einen Dritten, der ihn verbraucht (weswegen i. Ü. auch kein Fall des § 822 BGB vorliegt). Oder: Der Bereicherte erhält versehentlich einen Lottogewinn ausgezahlt, obwohl er gar nicht mitgespielt hatte, und verjubelt das Geld – weil er weiß, dass ihm der Gewinn nicht zusteht, muss er der Lottogesellschaft das Geld aufgrund § 812 I 1 1. Alt. BGB mit Zinsen zurückzahlen und kann sich nicht auf den Wegfall der Bereicherung berufen, §§ 819 I, 818 III, IV, 291 BGB.

11.3 Leistungskondiktion

Voraus-
setzungen

Vermögens-
vorteil

Die Leistungskondiktion fordert drei Voraussetzungen (vgl. § 812 I 1 1. Alt. BGB):

– Der Bereicherte muss „etwas" erlangt haben; das erlangte „etwas" kann jedweder Vermögensvorteil sein.

Beispiele: Erwerb von Rechten (Eigentum; Hypothek); Erlangung einer Forderung; Besitzerwerb; Befreiung von einer Verbindlichkeit; Erlangung eines Gebrauchsvorteiles; Ersparnis eigener Aufwendungen;

Leistung

– das Erlangte muss der Bereicherte durch Leistung des Entreicherten erlangt haben. Dabei versteht man unter Leistung jede zweckgerichtete und gewollte Vermehrung fremden Vermögens.

Beispiele: Der Käufer zahlt dem Verkäufer den Kaufpreis; der Verkäufer übereignet dem Käufer den Kaufgegenstand (zum Begriff der Leistungskondiktion vgl. Art. 38 I EGBGB);

ohne
Rechtsgrund

– die Leistung muss ohne rechtlichen Grund erfolgt sein. Der Rechtsgrund fehlt, wenn die Vermögensverschiebung nicht rechtlich begründet ist, ein gesetzlicher oder vertraglicher Grund für die Bereicherung nicht besteht oder später wegfällt, der Bereicherte somit keinen Rechtsgrund zum Behaltendürfen der Leistung hat.

Beispiele: Der mit einem Minderjährigen geschlossene Kaufvertrag ist mangels Zustimmung der Eltern unwirksam, die Leistungen sind aber schon ausgetauscht (vgl. oben 5.1 a. E.); ein Kaufvertrag wird wegen Irrtums wirksam angefochten (s. o. 6.8.2.4).

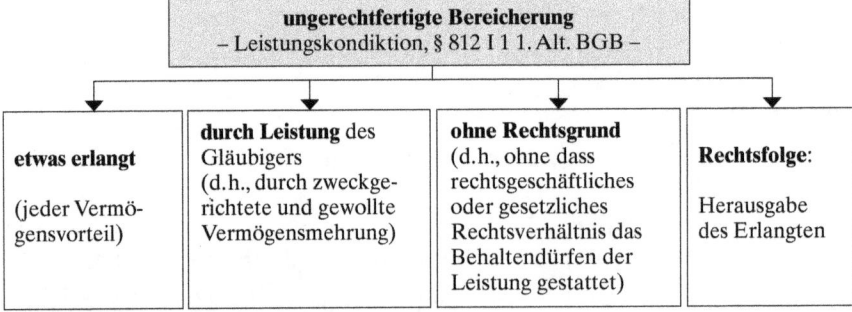

Schaubild 165: Leistungskondiktion

11.4 Bereicherung „in sonstiger Weise"

Liegt kein Fall der Leistungskondiktion vor, so kommt ggf. eine Bereicherung „in sonstiger Weise" auf Kosten des Entreicherten in Betracht, vgl. § 812 I 1 2. Alt. BGB (Nichtleistungskondiktion). Dabei werden die Fälle der Eingriffs-, Rückgriffs- bzw. Verwendungskondiktion unterschieden:

Eingriffs-
kondiktion

– Bei der Eingriffskondiktion (zum Begriff vgl. Art. 38 II EGBGB) greifen entweder der Bereicherte oder ein Dritter in den Zuweisungsgehalt eines fremden Rechtes ein; die Bereicherung kann aber auch durch Naturereignisse erfolgen.

Beispiele: unerlaubte Wegnahme einer Sache; Diebstahl (Eigentumsverletzung i. S. d. § 823 I BGB); Landanschwemmung;

Rückgriffs-
kondiktion

– bei der Rückgriffskondiktion tilgt ein Dritter eine fremde Schuld (vgl. § 267 BGB; s. o. 8.6.1) (oftmals geht der Anspruch des Gläubigers gegen den Schuldner aber gemäß § 268 III BGB auf den entreicherten Dritten kraft Gesetzes über);

Beispiel: ein Unfallversicherungsträger erbringt irrtümlich Leistungen für ein verunglücktes Kind und nimmt nunmehr gegen dessen Eltern Rückgriff;

– bei der Verwendungskondiktion werden Verwendungen auf fremde Sachen gemacht (vgl. dazu auch die §§ 994 ff. bzw. § 951 BGB),

Verwendungskondiktion

Beispiel: jemand baut auf einem fremden Grundstück.

Hat der Bereicherte „etwas" (s. o.) erlangt, ohne dass dafür ein Rechtsgrund besteht, so ist das Erlangte bzw. der Vorteil herauszugeben.

Sonderfälle der Bereicherung in sonstiger Weise regelt § 816 BGB:

Sonderfälle

– Bei der entgeltlichen Verfügung eines Nichtberechtigten, § 816 I 1 BGB, der einem gutgläubigen Dritten nach den §§ 929, 932 BGB wirksam Eigentum verschafft und hierbei ein Entgelt erzielt, das er herausgeben muss;

Beispiel: der Mieter einer Telekommunikationsanlage veräußert sie für € 500,– an einen gutgläubigen Bekannten (s. o. 9.3.2.2; 10.2.10, s. u. 15.3.2.3; s. a. die §§ 604 I, 275 IV, 285 BGB; vgl. auch den Beispielsfall oben 2.6.2 a. E.);

– gemäß § 816 I 2 BGB muss derjenige, der aufgrund einer unentgeltlichen Verfügung eines Nichtberechtigten einen rechtlichen Vorteil erlangt hat, diesen wieder herausgeben; im eben genannten abzuwandelnden

unentgeltliche Verfügung

Beispiel: wenn der Mieter des Gerätes dieses dem gutgläubigen und somit Eigentum erwerbenden Dritten schenkt.

(*Anmerkung:* Der Fall des § 816 I 2 BGB ist von § 822 BGB zu trennen: dort verfügt ein Berechtigter unentgeltlich);

– wenn i. S. d. § 816 II BGB eine dem Berechtigten gegenüber wirksame Leistung an einen Nichtberechtigten erfolgt; das ist etwa der Fall, wenn der Schuldner in Unkenntnis einer Forderungsabtretung, § 398 BGB (s. o. 8.8.3), an den ursprünglichen Schuldner leistet und gemäß § 407 BGB frei wird.

Leistung an Nicht-berechtigten

Beispiele: Der Verkäufer tritt seine Kaufpreisforderung, § 433 II BGB, gegen den Käufer an einen Dritten ab; der nichtsahnende Käufer zahlt nun an den Verkäufer. Oder: Ggf. hätte auch der sein Geschäft veräußernde frühere Inhaber einen Herausgabeanspruch aus § 816 II BGB gegen den Erwerber, der das Handelsgeschäft fortführt (vgl. § 25 I 1 HGB) und auf den gemäß § 25 I 2 HGB Geschäftsforderungen übergehen, falls ein bisheriger Schuldner an den Geschäftserwerber – schuldbefreiend – zahlt und zwischen dem früheren Geschäftsinhaber und dem Erwerber nicht intern vereinbart war, dass vor dem Erwerb begründete Forderungen dem Erwerber zustehen sollen (also beim früheren Inhaber verbleiben), s. o. 3.4.5.6.

Bereicherungsansprüche verjähren regelmäßig in drei Jahren, § 195 BGB (s. o. 4.2.5.1, 4.3.3 f.).

Verjährung

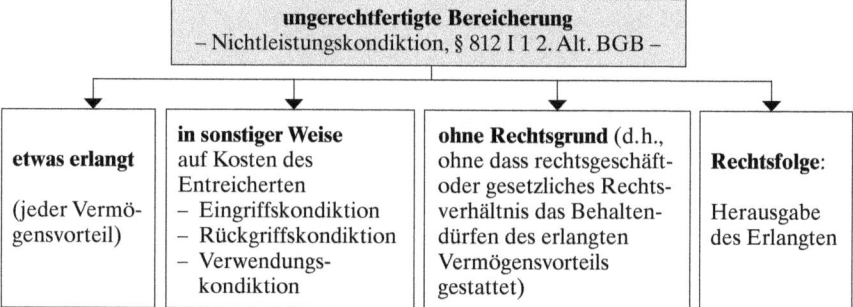

Schaubild 166: Nichtleistungskondiktion

12 Unerlaubte Handlungen; Deliktsrecht

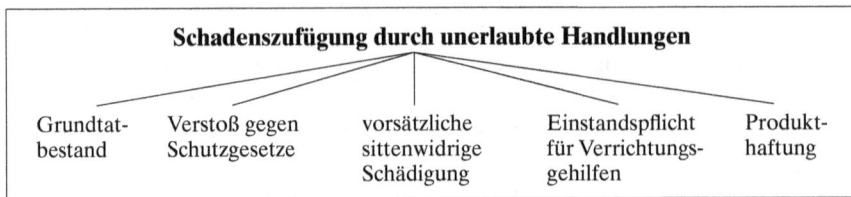

Schadenszufügung durch unerlaubte Handlungen

| Grundtat-bestand | Verstoß gegen Schutzgesetze | vorsätzliche sittenwidrige Schädigung | Einstandspflicht für Verrichtungs-gehilfen | Produkt-haftung |

Leitübersicht 12: Unerlaubte Handlungen; Deliktsrecht

Leitfragen zu 12:

a) Welche Prinzipien kennt die unerlaubte Handlung?
b) Welche Tatbestände sieht das BGB vor?
c) Muss für Gehilfen eingestanden werden?
d) Welche Regeln gelten für die Produkthaftung?

Gesetzliches Schuld-verhältnis

Im Recht der unerlaubten Handlungen, §§ 823 ff. BGB, geht es um die Wiedergut-machung angerichteten Schadens. Es handelt sich bei den Tatbeständen der uner-laubten Handlung um gesetzliche Schuldverhältnisse (s. o. 8.1, 8.2.1), die man auch Delikte (lat. delictum = Vergehen, Verbrechen) nennt. Die Regeln der §§ 823–853 BGB sind von erheblicher rechtspraktischer Bedeutung.

Beispiele: Schadenszufügungen durch Verletzung von Personen oder Sachen bei Verkehrs-unfällen oder Straftaten; Diebstähle; Vandalismus u. v. m.

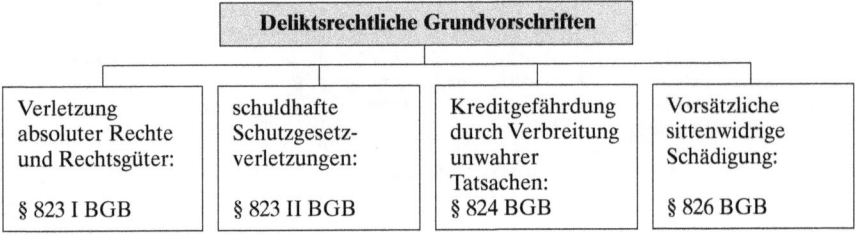

Deliktsrechtliche Grundvorschriften

| Verletzung absoluter Rechte und Rechtsgüter: § 823 I BGB | schuldhafte Schutzgesetz-verletzungen: § 823 II BGB | Kreditgefährdung durch Verbreitung unwahrer Tatsachen: § 824 BGB | Vorsätzliche sittenwidrige Schädigung: § 826 BGB |

Schaubild 167: Deliktsrechtliche Grundvorschriften

Delikts-/ Strafrecht

Das Deliktsrecht ist das wirtschaftsprivatrechtliche Pendant zum (Wirtschafts-) Strafrecht: Dieses verwirklicht den staatlichen Strafanspruch bei unerlaubten Handlungen (vgl. etwa die Strafvorschriften des StGB; s. o. 2.4), jenes regelt die zivilrechtlichen (Schadensersatz-)Folgen zum Ausgleich der Nachteile des geschä-digten Opfers (s. o. 8.12.1).

316

Besondere deliktsrechtliche Vorschriften			
Haftung für Verrichtungs-gehilfen: § 831 BGB	Haftung des Tierhalters: § 833 BGB	Haftung bei Gebäude-einsturz: § 836 BGB	Haftung des Gebäude-unterhalts-pflichtigen: § 838 BGB
Haftung des Aufsichts-pflichtigen: § 832 BGB	Haftung des Tieraufsehers: § 834 BGB	Haftung des Gebäude-besitzers: § 837 BGB	Haftung bei Amtspflicht-verletzungen: § 839 BGB (Art. 34 GG)	Haftung des gerichtlichen Sachverstän-digen: § 839a BGB

Schaubild 168: Besondere deliktsrechtliche Vorschriften

12.1 Haftungsprinzipien

Beim Deliktsrecht des BGB liegt grundsätzlich eine sog. Verschuldenshaftung vor (s. o. 8.12.1), d. h., der Schädiger muss schuldhaft gehandelt haben (s. o. 9.2; Schaubild 103). Demgegenüber finden sich auch andere Haftungtatbestände, die als eine sog. Gefährdungshaftung Verschulden nicht voraussetzen: *Verschuldens-/*

Gefährdungs-haftung

Beispiele: § 833 S. 1 BGB; insbesondere aber außerhalb des BGB etwa die oben unter 8.12.1 beispielhaft herangezogenen Vorschriften, bzw. s. u. 14 (s. a. Schaubild 177).

Mittäter und Beteiligte (Anstifter und Gehilfen; vgl. die §§ 25–27 StGB) haften gemäß § 830 I, II BGB als Gesamtschuldner, §§ 840 I, 421, 426 BGB, ebenfalls. *Mittäter/ Beteiligte*

Beispiel: Die drei Mittäter eines Raubüberfalles, dessen Anstifter und Helfer schulden dem Geschädigten jeweils gesamtschuldnerisch Schadensersatz (s. u. 12.5.6; vgl. Schaubild 92).

Die Verletzung vertraglicher Pflichten (vgl. § 280 I BGB) als solche stellt grundsätzlich zwar keine unerlaubte Handlung dar. Wenn die Vertragspflichtverletzung allerdings ebenso einen oder mehrere Tatbestände der §§ 823 ff. BGB erfüllt, kann dies dann durchaus auch eine Einstandspflicht nicht nur wegen Vertragsverletzung, sondern auch wegen unerlaubter Handlung begründen. Vertragliche und deliktische Ansprüche schließen sich nicht gegenseitig aus (s. o. 2.6.2 a. E.; Anspruchskonkurrenz). *vertragliche/ deliktische Ansprüche*

Beispiel: Der Handwerker bohrt aus Unachtsamkeit in den Räumen des Kunden eine Elektroleitung an und es kommt zum Brand. Der Kunde kann seine Schadensersatzansprüche jetzt auf Pflichtverletzung, §§ 280 I, 241 II, 242 BGB (s. o. 9.7), und auf die §§ 823 I; 823 II BGB i. V. m. 306 d StGB stützen (s. o. 8.13; 6.3.3.3).

Insbesondere bleibt auch die Haftung des Herstellers sicherheitsgefährdender, fehlerhafter Produkte nach dem ProdHaftG unberührt (vgl. § 15 II ProdHaftG; s. u. 12.6.3).

Ansprüche aus unerlaubter Handlung bleiben ggf. auch ungeachtet solcher aus Verletzungen von Benachteiligungsverboten (s. a. 6.6.6.2; 16.2.2.3) bestehen, vgl. die §§ 21 III, 15 V AGG.

Die Verjährung regeln insbesondere die §§ 195, 199, 852 BGB (s. o. 4.3.3 f.). *Verjährung*

Beispiel: Nach einer am 12. 10. 2018 begangenen Körperverletzung (§§ 823 I, II BGB i. V. m. 223, 230 StGB) wird der unbekannte Täter gefasst, was dem Opfer am 20. 5. 2019 von der Polizei mitgeteilt wird: Die Verjährungsfrist zur Geltendmachung von Schadensersatzansprüchen beginnt mit dem Jahresschluss 2019 (31. 12. 2019, 24 Uhr) und endet mit Ablauf des 31. 12. 2022, §§ 852, 195, 199 I BGB; würde der Täter nicht ermittelt, so träte die Verjährung am 12. 10. 2048, 24 Uhr, ein, § 199 II BGB (s. o. 4.3.3 f.).

unmittelbar/
mittelbar
Geschädigte

Deliktsrechtliche Ansprüche i. S. d. §§ 823 ff. BGB stehen grds. nur dem unmittelbar Betroffenen, zu dessen Lasten ein Deliktstatbestand erfüllt ist, wegen eines selbst erlittenen Schadens (s. o. 8.12) zu; Schäden anderer, durch das schädigende Ereignis zugleich (lediglich) mittelbar in ihrem Vermögen (s. u. 12.2.1.1 a. E.) geschädigter Personen, werden nur dann ersetzt, wenn ebenfalls ein sie betreffender Deliktstatbestand gegeben ist (s. a. 8.12.6. a. E.).

Beispiel: Der Partner eines erfolgreichen Eislaufpaares wird bei einem Verkehrsunfall verletzt – (nur) er hat gegen den Unfallverursacher Schadensersatzansprüche (§§ 823 I, II, 249 ff. BGB, 7 I StVG; s. u. 14.2, 14.3.1), seine Partnerin kann mangels eigener Anspruchsgrundlage (s. o. 2.6.2) keinen Schadensersatz, etwa für entgehende Eisrevuehonorare aufgrund des unfallbedingten Ausfalles ihres Partners, verlangen.

12.2 Grundtatbestand, § 823 I BGB

Der Grundtatbestand der unerlaubten Handlung findet sich in § 823 I BGB. Wer dessen Tatbestand widerrechtlich und schuldhaft erfüllt, schuldet den Ersatz des daraus entstehenden Schadens.

Unerlaubte Handlung
– Basisnorm, § 823 I BGB –

I. Tatbestand
  1. Rechtsgutsverletzung
  2. Verletzungshandlung
    – positives Tun
    – rechtspflichtwidriges Unterlassen
  3. haftungsbegründende Kausalität
    – Adäquanzlehre
    – (Äquivalenz-, Schutzzwecklehre)
II. Rechtswidrigkeit
  Rechtfertigungsgründe?
III. Verschulden
  1. Deliktsfähigkeit
    – vgl. die §§ 827 f. BGB
  2. Begehungsform
    – Vorsatz
    – Fahrlässigkeit
IV. Rechtsfolge: Schadensersatz
  1. Schaden
  2. haftungsausfüllende Kausalität
    – Adäquanzlehre
    – (Äquivalenz-, Schutzzwecklehre)
  3. Art, Umfang des Ersatzanspruchs (vgl. die §§ 249 ff., 842 ff. BGB)
V. u. U. anspruchsminderndes **Mitverschulden** (vgl. die §§ 254, 846 BGB)
VI. Verjährung, §§ 195, 199, 852 BGB (grds. drei Jahre)

Schaubild 169: Unerlaubte Handlung; Basisnorm

12.2.1 Tatbestand

Der (objektive) Tatbestand des § 823 I BGB setzt eine Rechtsgutsverletzung, eine Verletzungshandlung und die diese beiden verbindende sog. haftungsbegründende Kausalität voraus. *Voraussetzungen*

12.2.1.1 Rechtsgutsverletzung

§ 823 I BGB nennt als geschützte Rechtsgüter namentlich Leben, Körper, Gesundheit, Freiheit und Eigentum. Wer einen Menschen tötet, in dessen körperliche Unversehrtheit von außen eingreift (Körperverletzung), seine inneren Funktionen stört (Gesundheitsverletzung), ihn einsperrt (Freiheitsentzug) oder ihm gehörende Sachen zerstört, beschädigt, entzieht bzw. nachhaltig vorenthält (Eigentumsverletzung), der verletzt diese Rechtsgüter, die sich gegen jedermann richten bzw. die jedermann zu respektieren und unversehrt zu lassen hat. Man nennt sie daher absolute Rechte (s. o. 4.2.1 bzw. Schaubild 36). *Rechtsgüter*

Beispiel: Bei einem Verkehrsunfall wird ein Mensch getötet, ein anderer erleidet Knochenbrüche, ein weiterer innere Verletzungen, der Pkw wird zerstört – die Rechtsgüter Leben, Körper, Gesundheit, Eigentum sind verletzt.

§ 823 I BGB erwähnt dann noch, ohne weitere Spezifizierung, die sog. „sonstigen Rechte". Aus der gleichsetzenden Aufzählung mit den namentlich genannten absoluten Rechten ergibt sich, dass es sich dabei ebenfalls um solche absoluten, von jedermann zu beachtenden, Rechte handeln muss (und nicht nur um lediglich zwei Personen verbindende, also nur relativ wirkende Forderungsrechte; s. a. 4.2.1). *absolute Rechte*

Derartige „sonstige Rechte" sind etwa dingliche Rechte wie Nießbrauch, Hypothek, Grundschuld, Dienstbarkeiten, dingliche Anwartschaftsrechte (s. a. 15.1, 10.2.8), der Besitz, Patent- und Urheberrechte (Immaterialgüterrechte; s. u. 19) sowie das allgemeine Persönlichkeitsrecht (Ehrverletzungen etwa, vgl. oben 3.1.3.1; 8.12.3), aber auch der (domain-)Name bzw. die Geschäftsbezeichnung (s. o. 3.1.3.1) sowie das Recht am eingerichteten und ausgeübten Gewerbebetrieb (s. o. 4.4.2, bzw. s. u. 19.5), wenn sich ein unmittelbar betriebsbezogener Eingriff dagegen richtet. *„sonstige Rechte"*

Beispiele: Das unter Eigentumsvorbehalt (s. o. 10.2.8) erworbene Auto wird angefahren; gravierende Beleidigungen; unbefugte Namensverwendung zur Werbung; Betriebsblockaden. *Nicht aber:* Bloße Vermögensschmälerung als solche (s. a. 4.4.1) – das Vermögen als solches ist kein „sonstiges Recht" i. S. d. § 823 I BGB (s. u. 12.3).

12.2.1.2 Verletzungshandlung

Zur Verwirklichung des § 823 I BGB ist ferner eine Verletzungshandlung erforderlich. Unter Handlung versteht man jedes menschliche, vom Willen beherrschbare Verhalten, das der Bewusstseinskontrolle und der Willensbestimmung unterliegt. In der Regel wird die Rechtsgutsverletzung durch ein sog. positives Tun, also „aktives Agieren", hervorgerufen. *Handlung*

Tun

Beispiele: Der Schütze zielt auf sein Opfer; ein Autofahrer überfährt einen Fußgänger; Demonstranten blockieren mehrere Tage (und nicht nur kurzfristig) den Einsatz von Baumaschinen.

Das bloße Unterlassen ist dagegen grundsätzlich keine dem positiven Tun gleichkommende Verletzungshandlung (Grundsatz: *„Niemand ist Hüter fremder Rechte"*). *Unterlassen*

Beispiel: Beim Nachbarn regnet es herein, man sieht und unterlässt es, den offenen Fensterladen zuzudrücken.

Allerdings ist auch ein Unterlassen dem positiven Tun gleichzustellen, wenn der Schädiger eine Rechtspflicht zur Abwendung des schädigenden Erfolges hatte („passives Agieren"). Diese kann sich aus Gesetz,

Beispiel: Eltern und Kinder müssen füreinander einstehen, §§ 1631 ff. BGB,

Vertrag,

Beispiel: der Bergführer muss sich bei Gefahr um seine (Mit-)Wanderer kümmern,

Verkehrssicherungspflicht | vor allem aber aus vorausgegangenem Tun (sog. Ingerenz) bzw. der sog. Verkehrssicherungspflicht ergeben: Wer eine Gefahrenquelle schafft oder unterhält, muss alles Zumutbare tun, damit die ihr innewohnende abstrakte Gefahr sich nicht konkret verwirklicht, um den Rechtsverkehr vor Schaden zu bewahren; es sind alle diejenigen zumutbaren Vorkehrungen zu treffen, die zur Abwendung der Schädigung Anderer geeignet sind (s. u. 12.6.2.1).

Beispiele: Wer eine Baugrube aushebt, muss sie so absichern, dass niemand hineinfallen und sich verletzen kann; wer ein Ladengeschäft betreibt, muss dafür sorgen, dass ein Kunde nicht darin zu Schaden kommt (etwa auf einer Bananenschale ausrutscht, von einem umstürzenden Regal getroffen wird oder über einen schlafenden Hund stolpert, s. o. 8.2.3; 9.8; 12.1; 14.3.8); der Golfplatzbetreiber muss Warnschilder, Schutzhecken und Fangnetze anbringen. Der Benutzer von Straßen, Wegen, Gehsteigen, Parkplätzen, Straßenbahnen, Skihütten, Hotelliegen, erkennbar frisch geputzten (feucht-glatten) Treppenhäusern, Grünflächen, Wäldern oder Baggerseen etwa muss sich demgegenüber grds. den für ihn erkennbaren Gegebenheiten anpassen

Eigenvorsorge | und Eigenvorsorge walten lassen (der Verkehrssicherungspflichtige muss insoweit nicht für einen völlig gefahrlosen Zustand sorgen, vielmehr lediglich vor Gefahren warnen bzw. jene ausräumen, die auch für einen eigenvorsorgenden Benutzer nicht erkennbar sind) – das Maß der dem Verkehrssicherungspflichtigen obliegenden Sorgfalt (vgl. § 276 II BGB; s. o. 9.2) darf nicht überspannt werden, die Verkehrssicherungspflicht findet nach der Rspr. ihre Grenze insbesondere da, wo die Gefahr besteht, die der Geschädigte bei eigener Vorsicht zumutbar abwenden kann, bzw. wo sich das allgemeine Lebensrisiko verwirklicht. (Ggf. liegt jedenfalls ein [u. U. gravierendes] Mitverschulden des Geschädigten vor, § 254 BGB; s. o. 8.12.4 a. E.).

Im Rahmen von Vertragsverhältnissen stellt die Verkehrssicherungspflichtverletzung gleichzeitig eine Vertragsverletzung i. S. d. § 280 I BGB dar (s. o. 9.7.1; 8.3.2).

12.2.1.3 Haftungsbegründende Kausalität

Adäquanzlehre | Die Verletzungshandlung muss die Rechtsgutsverletzung ursächlich hervorgerufen haben (sog. haftungsbegründende Kausalität). Dabei wird auf die sog. Adäquanzlehre abgestellt (s. o. 8.12.5).

Beispiel: Der zu flott fahrende Autofahrer wird aus der Kurve „getragen" und verletzt einen Passanten.

12.2.2 Rechtswidrigkeit

Rechtfertigungsgründe | Der Täter muss widerrechtlich gehandelt haben. In der Regel indiziert das Vorliegen des Tatbestandes die Rechtswidrigkeit, es sei denn, es lägen Rechtfertigungsgründe vor. Solche können sein insbesondere Notwehr (§ 227 BGB), Notstand (§ 228 BGB), Selbsthilfe (§ 229 BGB), Einwilligung des Verletzten oder die sog. Wahrnehmung berechtigter Interessen (s. a. 4.3.1).

Beispiele: Der Angegriffene boxt zurück; der Züchter tötet den sein Zuchtschaf angreifenden fremden Kampfhund; der Patient willigt in einen ärztlichen Eingriff ein (vgl. § 630 d BGB); scharfe öffentliche Kritik im politischen Meinungskampf.

12.2.3 Verschulden

Schuldhaftes Handeln setzt zunächst die sog. Deliktsfähigkeit voraus. Es dürfen   Delikts-
also die §§ 827, 828 BGB nicht zu einer Einschränkung oder einem Ausschluss der   fähigkeit
deliktischen Verantwortlichkeit führen (s. o. 3.1.2.2).

Beispiele: Der Täter ist geisteskrank, § 827 S. 1 BGB, und handelt daher nicht schuldhaft,
weswegen er nicht i. S. d. § 823 BGB schadensersatzpflichtig ist (s. a. § 829 BGB). Oder: Der
Schädiger ist ein 6-jähriges Kind und daher deliktsunfähig, vgl. § 828 I BGB (dann haften evtl.
die Aufsichtspflichtigen, i. d. R. die Eltern, § 832 BGB; s. o. 3.1.2.2).

Des Weiteren muss der Täter vorsätzlich gehandelt, den Erfolg also wissentlich   Vorsatz/
und willentlich herbeigeführt bzw. billigend in Kauf genommen haben, oder aber   Fahrlässigkeit
die im Verkehr erforderliche Sorgfalt außer Acht gelassen haben (Fahrlässigkeit,
§ 276 II BGB; s. o. 9.2 bzw. Schaubild 103).

Beispiele: Der Dieb entwendet eine Geldbörse (Vorsatz); der unachtsame Autofahrer fährt
auf den Vorderwagen auf (Fahrlässigkeit). Da beide Begehungsformen von § 823 I BGB erfasst werden, kommt (hier im Zivilrecht) der genauen Abgrenzung von Vorsatz bzw. Fahrlässigkeit nicht die große Bedeutung zu wie etwa im Strafrecht (s. o. 9.2).

12.2.4 Rechtsfolge: Schadensersatz

Sind die vorliegenden Voraussetzungen erfüllt, so schuldet der Schädiger den Er-   Begriff
satz des aus der Rechtsgutsverletzung adäquat-kausal entstehenden Schadens. Es
muss also eine Einbuße an den rechtlich geschützten Rechtsgütern oder Rechten
des Geschädigten vorliegen; diese muss im Rahmen der haftungsausfüllenden
Kausalität (s. o. 8.12.5) hervorgerufen worden sein. Der Schädiger muss dann die
Differenz zwischen der eingetretenen tatsächlichen, verschlechterten Vermögenslage und der hypothetischen, die ohne das schädigende Ereignis bestünde, ersetzen.   Ersatzpflicht
Hierzu sei auf die §§ 842 ff., 249 ff. BGB bzw. die Darlegungen oben 8.12 verwiesen.
Ein etwaiges Mitverschulden des Geschädigten wird anspruchsmindernd berücksichtigt, § 254 BGB (s. o. 8.12.4). Auch gelten ggf. die arbeitsrechtlichen Regeln zur
verschuldensabgestuften Arbeitnehmerhaftung (s. u. 12.5.6, 16.4).

12.3 Verstoß gegen Schutzgesetze, § 823 II BGB

Der neben § 823 I BGB anwendbare § 823 II BGB erweitert die Einstandspflicht
des Schädigers, wenn dieser gegen ein den Schutz eines anderen bezweckendes
Gesetz (vgl. Art. 2 EGBGB) verstößt. Ein solches sog. Schutzgesetz ist jede materielle Rechtsnorm, die nicht nur die Allgemeinheit, sondern zumindest auch den
einzelnen Bürger vor der Verletzung seiner Rechte, Rechtsgüter bzw. Interessen   Schutzbereich
schützen will. Dies ist etwa bei den meisten Bestimmungen des StGB der Fall.

Besonders wichtig ist § 823 II BGB dann, wenn § 823 I BGB mangels Rechtsguts-   Anwendungs-
verletzung nicht greift.   bereiche

Beispiel: Der Betrüger bringt den Kapitalanleger dazu, ihm Geld anzuvertrauen. Aufgrund
der freiwilligen Geldherausgabe liegt keine Eigentumsverletzung i. S. d. § 823 I BGB vor,
sondern „nur" eine (als solche nicht unter § 823 I BGB fallende, s. o. 12.2.1.1 a. E.) Vermögensschmälerung. Der Betrug ist aber gemäß § 263 StGB strafbar, somit kann Schadensersatz
nach den §§ 823 II BGB i. V. m. 263 StGB geltend gemacht werden. Interessant ist § 823 II
BGB auch im Zusammenhang mit Straftaten: Oftmals ist es praktisch sinnvoll, vor Erhebung
einer zivilrechtlichen Schadensersatzklage staatsanwaltliche Ermittlungen (wegen Beweiser-

leichterungen) bzw. strafgerichtliche Verurteilungen abzuwarten – sind dabei Straftaten erwiesen, die – wie zumeist – auch § 823 II BGB erfüllen, dann ist die Geltendmachung von Schadensersatzansprüchen deutlich erleichtert. (S. a. die §§ 403 ff. StPO, sog. Adhäsionsverfahren).

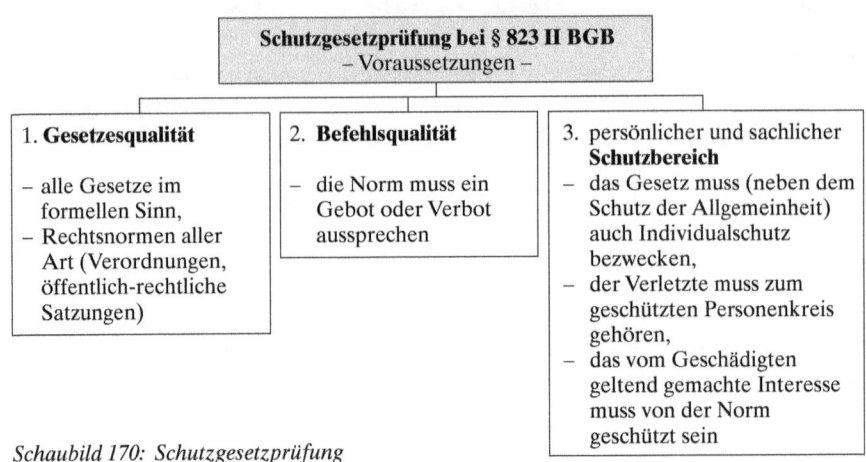

Schaubild 170: Schutzgesetzprüfung

Schadensersatz Als Rechtsfolge des § 823 II BGB i. V. m. einem Schutzgesetz ergibt sich (wie auch bei § 823 I BGB) die Verpflichtung zum Schadensersatz (s. o. 8.12). Dabei wird der sich aus den §§ 823 II, 842 ff., 249 ff. BGB i. V. m. Schutzgesetz ergebende Schadensersatzanspruch grundsätzlich nach den Regeln über das negative Interesse (Vertrauensschaden) (s. o. 8.12.3; vgl. Schaubild 97) bemessen.

Beispiel: Der Lieferant täuscht seinen Kunden über die Qualität der Ware (§ 263 I StGB – Betrug). Dann ist der Kunde (Käufer) so zu stellen wie er stünde, wenn der Lieferant (= Verkäufer) ihn nicht getäuscht hätte (s. o. 6.8.2.4 a. E., 7.6, 8.12.3). (Das sog. positive Interesse, insb. entgangener Gewinn, wäre nur zu ersetzen, wenn die für den Schadenseintritt ursächliche unerlaubte Handlung zugleich die Voraussetzungen für einen vertraglichen Gewährleistungsanspruch i. S. d. §§ 437, 440, 280 ff. BGB erfüllen würde.)

12.4 Vorsätzliche sittenwidrige Schädigung

Sittenverstoß Gemäß § 826 BGB ist derjenige schadensersatzpflichtig, der einem anderen in gegen die guten Sitten verstoßender Weise vorsätzlich Schaden zufügt. Ein solcher Verstoß gegen die guten Sitten liegt dann vor, wenn der Schädiger gegen das Anstandsgefühl aller billig und gerecht Denkenden verstößt (s. a. § 138 BGB; 6.8.1.1). Das ist etwa dann der Fall, wenn der Schädiger

Beispiele: andere zum Vertragsbruch verleitet; Monopolstellungen missbraucht; besticht; Schmiergelder zahlt oder annimmt (s. u. 13.2.4, 16.5.2.2); arglistig täuscht; Wertpapierdepots ständig umschichtet, um Provisionen zu „schinden"; als geschäftsführender GmbH-Gesellschafter deren Gläubiger durch rechtsmissbräuchliche Entziehung von Vermögenswerten schädigt (s. u. 17.7.5 a. E., 17.7.6.4 a. E.).

Kredit-gefährdung Hierunter kann auch die einen eigenen Deliktstatbestand bildende Kreditgefährdung, § 824 BGB, fallen.

12.5 Einstandspflicht für den Verrichtungsgehilfen, § 831 BGB

§ 831 BGB verpflichtet den Geschäftsherrn, für widerrechtliche Schadenszufügungen einer Hilfsperson zu haften. Diese Vorschrift ist nicht zuletzt etwa im Hinblick auf die arbeitsteilige Erwerbsgesellschaft bzw. das Wirtschaftsleben von großer Bedeutung. Zwar muss bspw. der eine unerlaubte Handlung begehende Arbeitnehmer selbst nach den §§ 823 ff. BGB einstehen (s. u. 16.4). Allerdings ist seine finanzielle Leistungskraft eher beschränkt, und im Übrigen darf nicht verkannt werden, dass er fremdnützig tätig war. Daher bestimmt § 831 BGB die Einstandspflicht des Geschäftsherrn für widerrechtliche Schädigungen, die von der Hilfsperson verursacht worden sind. Fremd- und Eigenverschulden werden dabei in einer Haftungs- und Zurechnungsnorm zusammengefasst (s. o. 8.13.3; 7.3.4).   **Grundsatz**

12.5.1 Verrichtungsgehilfe

§ 831 I 1 BGB setzt voraus, dass jemand zu einer Verrichtung bestellt wurde. Diese Person nennt man „Verrichtungsgehilfe" (*Vorsicht*: Der Begriff ist streng zu trennen von der in Zusammenhang mit § 278 BGB verwandten Bezeichnung „Erfüllungsgehilfe", vgl. oben 7.3.3, 7.3.4; 8.13; dieser ist bei der Verschuldenszurechnung im rechtsgeschäftlichen Bereich relevant, jener bei der davon zu trennenden deliktsrechtlichen Einstandspflicht; vgl. die Schaubilder 71 und 99). Verrichtungsgehilfe ist, wer mit Wissen und Wollen des Geschäftsherrn in dessen Interesse tätig wird und dabei von seinen Weisungen abhängig ist. Das Weisungsrecht muss dabei nicht ins Einzelne gehen, es reicht, dass der Geschäftsherr die Tätigkeit des Handelnden jederzeit einschränken, entziehen oder nach Art, Zeit und Umfang bestimmen kann.   **Begriff**

Beispiel: Der im Rahmen eines Arbeitsvertrages aufgrund der Direktionsbefugnis des Arbeitgebers (§§ 6 II, 106 GewO, s. u. 16.2.5) weisungsabhängige Arbeitnehmer, § 611 a BGB.

Wer für einen anderen selbständig bzw. freiberuflich tätig wird ist kein Verrichtungsgehilfe. Ob der Verrichtungsgehilfe gleichzeitig auch Erfüllungsgehilfe (i. S. d. § 278 BGB) ist, also im Rahmen der Erfüllung vertraglicher Verpflichtungen seines Geschäftsherrn tätig wird, spielt für § 831 BGB keine Rolle (vgl. dazu oben 7.3.3; 8.13.3).

Organe juristischer Personen,   **Organe**

Beispiele: GmbH-Geschäftsführer, Vorstandsmitglieder der AG,

sind keine Verrichtungsgehilfen; für ihre etwaigen unerlaubten Handlungen muss die juristische Person gemäß der §§ 31, 89 BGB einstehen (s. o. 3.2.1 f.; vgl. auch 16.2.1, 17.7.6.4, 17.8.7.1).

12.5.2 Widerrechtliche Schadenszufügung

Der Verrichtungsgehilfe muss einem Dritten widerrechtlich Schaden zugefügt haben. Damit meint das Gesetz eine tatbestandliche und rechtswidrige (= widerrechtliche) unerlaubte Handlung des Gehilfen i. S. d. §§ 823 ff. BGB. § 831 I 1 BGB setzt also, nur von widerrechtlich sprechend, nicht voraus, dass der Täter auch schuldhaft gehandelt haben muss. Das ist durchaus sinnvoll, damit dem Geschäftsherrn nicht etwa mangelnde Deliktsfähigkeit seines Verrichtungsgehilfen (s. o. 3.1.2.2; 12.2.3) zugute kommt.   **Zurechnung**

Beispiel: Der Gehilfe ist unerkannt geisteskrank i. S. d. § 827 BGB und handelt daher zwar tatbestandlich und rechtswidrig (s. o. 12.2.1.3; 12.2.1; 12.2.2), aber nicht schuldhaft i. S. d. § 823 I BGB (s. o. 12.2.3) – er selbst ist dann gegenüber dem Geschädigten nicht schadensersatzpflichtig, dennoch aber muss der Geschäftsherr gemäß § 831 I 1 BGB grds. einstehen (falls er sich nicht exculpieren kann, s. a. 12.5.4; 8.13.3).

12.5.3 Handeln in Ausführung der Verrichtung

Zusammen-
hang

Der Verrichtungsgehilfe muss die widerrechtliche Schädigung gerade in Ausführung der ihm übertragenen Verrichtung begangen haben. Das ist dann der Fall, wenn zwischen der schädigenden Handlung und der übertragenen Verrichtung ein innerer und äußerer Zusammenhang besteht. Der Verrichtungsgehilfe darf die schädigende Handlung also nicht nur „bei Gelegenheit" vorgenommen haben.

Beispiele: Der eine neue Stromleitung verlegende Elektrikergeselle bohrt versehentlich eine Wasserleitung des Kunden an – er handelt in Ausführung der ihm übertragenen Verrichtung. *Nicht aber:* Der Geselle sieht den Geldbeutel des Kunden liegen und stiehlt ihn – er nutzt nur eine nicht zu seiner Tätigkeit gehörende Gelegenheit zu aufgabenfremdem Tun (s. a. 8.13.3; 7.3.4).

12.5.4 Exculpation

Entlastung

Wenn der Geschäftsherr bei der Auswahl des Verrichtungsgehilfen und, sofern er Vorrichtungen oder Gerätschaften zu beschaffen oder die Ausführung der Verrichtung zu leiten hat, bei der Beschaffung oder der Leitung die im Verkehr erforderliche Sorgfalt beachtet, oder wenn der Schaden auch bei Anwendung dieser Sorgfalt entstanden sein würde, dann tritt die Ersatzpflicht nicht ein, § 831 I 2 BGB. Der Geschäftsherr kann sich dann entlasten (exculpieren; Haftung für vermutetes Verschulden). Er (bzw. derjenige, der dies für ihn vertraglich übernimmt, § 831 II BGB) muss den Verrichtungsgehilfen also sorgfältig auswählen, ihn ständig überwachen (die Auswahl ist für jede Tätigkeit neu vorzunehmen), Verrichtungen und Gerätschaften ordnungsgemäß beschaffen bzw. unterhalten. Daher hat die ständige Belehrung, Fortbildung und Schulung von Arbeitnehmern große Bedeutung.

Beispiel: Der Arbeitgeber des obigen, in der Regel ordentlich arbeitenden, Elektrikergesellen fordert diesen ständig zu sorgfältiger Arbeit auf und hat ihn vor Ort auf die Lage der Wasserleitung hingewiesen – er kann sich gemäß § 831 I 2 BGB exculpieren (s. a. 16.4; 7.3.4; 8.13.3).

dezentralisierte
Entlastung

Für Großbetriebe, bei denen der Inhaber bzw. die Unternehmensführung nicht das gesamte Personal auswählen und überwachen kann, lässt die Rspr. einen sog. dezentralisierten Entlastungsbeweis zu. Der Unternehmer kann sich exculpieren, wenn er nachweist, die von ihm selbst eingestellten Angestellten sorgfältig ausgesucht und überwacht zu haben. Diese Verantwortlichkeit setzt sich dann kaskadenartig nach unten in der personellen Verantwortlichkeitskette fort. Ist eine sorgfältige Auswahl und Überwachung des Personals aber wegen mangelhafter Betriebsorganisation unterblieben, haftet der Unternehmer wegen eigenen Organisationsverschuldens unmittelbar aus § 823 I BGB.

12.5.5 Rechtsfolge

Als Rechtsfolge ergibt sich bei Vorliegen aller Voraussetzungen des § 831 BGB eine eigenständige Schadensersatzpflicht des Geschäftsherrn gegenüber dem Geschädigten, vgl. die §§ 249 ff., 842 ff. BGB (s. o. 8.12).

Schadensersatz

Schaubild 171: Deliktische Einstandspflicht für Gehilfen

12.5.6 Gesamtschuldnerische Haftung

Mehrere, für den aus einer unerlaubten Handlung entstehenden Schaden nebeneinander Verantwortliche haften gemäß § 840 I BGB im Außenverhältnis gegenüber dem Geschädigten als Gesamtschuldner (s. o. 8.7; vgl. Schaubild 92). Jeder ist die ganze Leistung zu bewirken verpflichtet, der Gläubiger sie aber zu fordern nur einmal berechtigt, § 421 BGB. Nebeneinander für eine unerlaubte Handlung verantwortlich sind etwa Teilnehmer und Beteiligte i. S. d. § 830 BGB,

Außenverhältnis

Beispiele: mehrere Teilnehmer an einer Protestdemonstration, die nachhaltig den Einsatz von Baumaschinen bzw. ein Unternehmen blockieren, Nebentäter, Mittäter, Gehilfen, Anstifter, etwa auch Kfz-Halter und -Führer (gemäß der §§ 7 I, 18 StVG, 823 ff. BGB; s. u. 14.3.1),

insbesondere aber auch Geschäftsherr und Verrichtungsgehilfe – häufig also Arbeitgeber und Arbeitnehmer. Deren Einstandspflichten untereinander, im sog. Innenverhältnis, würden sich grundsätzlich gemäß der §§ 426 I 1, II 1, 840 II BGB so gestalten, dass der Arbeitnehmer den ganzen Schaden tragen müsste bzw. der Arbeitgeber, falls er vom Geschädigten in Anspruch genommen würde, beim Arbeitnehmer Rückgriff nehmen könnte. Im Innenverhältnis wäre also der (eigentliche) Täter (d. h. der einen Dritten deliktisch schädigende Arbeitnehmer) alleine verantwortlich, § 840 II BGB. Da dies allerdings regelmäßig zu ungerechten Ergebnissen führt, gibt es im Arbeitsrecht hierzu Sonderlösungen (s. a. 12.2.4, 16.4; vgl. Schaubild 207): Nach den arbeitsrechtlichen Regeln verschuldensabgestufter Haftung hat der Arbeitnehmer ggf. einen Freistellungsanspruch gegen den Arbeitgeber im Außenverhältnis bzw. entfällt oder verringert sich ein etwaiger Rückgriffsanspruch des Arbeitgebers gegen ihn im Innenverhältnis.

Innenverhältnis

Arbeitsrecht

Im Vereinsrecht sehen die §§ 31 a II 1, 31 b II 1 BGB ggf. einen Freistellungsanspruch für ehrenamtlich tätige Vorstands- bzw. Vereinsmitglieder vor (s. o. 3.2.2).

12.6 Produkthaftung

Besondere Aspekte ergeben sich bezüglich der Haftung für Produkte:

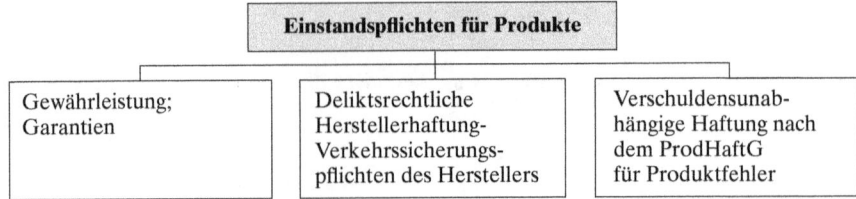

Schaubild 172: Einstandspflichten für Produkte

12.6.1 Gewährleistungspflichten

Mängel Weisen die Kaufsache, das hergestellte Werk, eine Reise oder eine sonstige Dienstleistung Mängel auf, so müssen der Verkäufer, der Werkunternehmer bzw. der Dienstleister dafür einstehen; vgl. die §§ 434 ff., 633 ff., 651 c ff. BGB sowie die Regeln über die Pflichtverletzung, §§ 280 I, 241 II, 242 BGB (s. o. 10.2.7, 10.3.5, 10.4.6, 9.8; zum Mietrecht vgl. die §§ 536 ff. BGB, s. o. 10.5.6).

In dem für das Produkthaftungsrecht so besonders wichtigen Bereich des Kaufrechts ergibt sich hieraus insbesondere Folgendes:

12.6.1.1 Gewährleistungsansprüche

Rechtsfolgen Bei Mängeln der Ware hat der Käufer die Rechte aus den §§ 434 ff. BGB, d. h., er kann ggf. Nacherfüllung, Minderung, Schadensersatz, Aufwendungsersatz verlangen bzw. zurücktreten (vgl. § 437 BGB; s. o. 10.2.7 bzw. Schaubild 125).

Beispiele: Der verkaufte Anrufbeantworter zeichnet aufgrund eines technischen Fehlers die Worte des Anrufers nicht auf; das Gehäuse des verkauften Telefax-Gerätes ist stark zerkratzt.

Diese Ansprüche beziehen sich auf die Kaufsache selbst, ggf. auch auf sonstige Nachteile (etwa auf sog. Mangelfolgeschäden, s. o. 10.2.7.2).

Beispiel: Der Gummistrang eines Expanders reißt und verletzt den Käufer – er kann vom Verkäufer Heilungskosten gemäß der §§ 280 I, 437 Nr. 3, 434 I 2 Nr. 2 BGB verlangen (s. a. 9.7.2; Schadensersatz neben der Leistung).

(Beim [Verbrauchsgüter-]Kauf erlauben die §§ 445 a, b, 478 BGB dem verkaufenden Händler ggf. den Lieferantenregress; s. o. 10.2.7.3 a. E.).

12.6.1.2 Garantien

übernommene **Versprechen** Die §§ 443, 479 BGB gewähren dem Käufer im Falle einer Garantie unbeschadet seiner gesetzlichen Ansprüche (vgl. die §§ 434 ff. BGB) die entsprechenden, garantiemäßig versprochenen Rechte.

Beispiele: Haltbarkeits-, Reparaturgarantien von (Groß-)Händlern, Importeuren, Produzenten. Händigt der Verkäufer dem Verbraucher mit der Kaufsache bspw. eine Garantieurkunde des Herstellers aus und ist darin die kostenlose Reparatur etwaig auftretender Mängel versprochen, dann kann der Käufer vom Verkäufer ggf. Nacherfüllung, §§ 437 Nr. 1, 434 I 2 Nr. 2, 439 BGB, und vom Hersteller die Reparatur aus der Garantie i. V. m. § 443 BGB verlangen (s. o. 10.2.7.1 a. E.).

12.6.2 Deliktsrechtliche Haftung

Ungeachtet dieser vertragsrechtlichen Ansprüche ist die Haftung gemäß der §§ 823 ff. BGB zum Ausgleich erlittener Schäden wichtig (s. o. 12.1). Die Einstandspflicht für unerlaubte Handlungen trifft (nur) den jeweiligen Schadensverursacher – das ist für den Käufer deshalb bedeutsam, weil er in der Regel nur vertragsrechtliche Beziehungen zum Verkäufer hat, der seinerseits aber im Falle der Fehlerhaftigkeit des verkauften Produktes grundsätzlich keine eigenständige unerlaubte Handlung begeht. Daher kommt der Herstellerhaftung in der Praxis besondere Bedeutung zu:

unerlaubte Handlung

12.6.2.1 Herstellerhaftung

Erleidet ein Verbraucher Nachteile an Leben, Körper, Gesundheit, Freiheit, Eigentum oder sonstigen absoluten Rechten (s. o. 4.2.1; 12.2.1.1), so kann er unter den Voraussetzungen des § 823 I BGB (bzw. im Hinblick auf § 823 II BGB i. V. m. Verletzung eines Schutzgesetzes) Schadensersatz verlangen. Erforderlich hierfür ist eine Verletzungshandlung des Schädigers. Diese kann in einem positiven Tun oder rechtspflichtwidrigen Unterlassen bestehen. Während aktives Handeln des Herstellers eines schadensträchtigen Produktes regelmäßig nicht vorliegt, ist insbesondere der Aspekt des rechtspflichtwidrigen Unterlassens beachtenswert: Stellt das Produkt eine Gefahrenquelle dar, so muss der Hersteller alles Erforderliche unternehmen, damit sich die Gefahr nicht konkret verwirklicht. Es trifft ihn die sog. *Verkehrssicherungspflicht*. Diese gebietet, nur fehlerfreie, ordnungsgemäße Waren in den Verkehr zu bringen: Der Hersteller muss demnach alles ihm zumutbare tun, damit es zu keinen Rechtsgutsverletzungen bei Dritten kommt (s. o. 12.2.1.2).

Verletzungshandlung

Gefahrenquelle

Verkehrssicherungspflicht

12.6.2.2 Herstellerpflichten

Die Rspr. hat insbesondere folgende Verkehrssicherungspflichten des Herstellers entwickelt:

– Organisationspflicht: Der Hersteller muss seinen Betrieb so organisieren, dass, ausgehend vom jeweiligen Stand von Wissenschaft und Technik, Konstruktions-, Fabrikations- und Instruktionsfehler vermieden werden,
   Beispiele: Einrichtung von Kontrollen zur Prüfung älterer Mehrwegflaschen auf Stabilität vor dem Wiederauffüllen; Prüfung der Erzeugnisse von Zulieferern;

Organisaton

– Konstruktionspflicht: Die Ware muss nach dem jeweiligen Stand von Wissenschaft und Technik konstruiert und betriebssicher sein,
   Beispiele: die elektrische Heckenschere darf nach Abschalten des Stroms nicht nachlaufen; die Bremsanlage des Lkw muss auf dessen Gewicht ausgelegt sein;

Konstruktion

– Fabrikationspflicht: Bei der Fabrikation sind alle erforderlichen Sicherungsmaßnahmen zu treffen,

Fabrikation

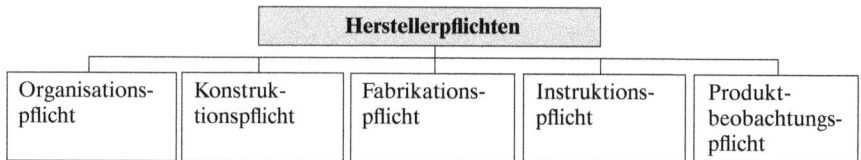

Schaubild 173: Herstellerpflichten

Beispiel: es ist sicherzustellen, dass in Lebensmittel bei der Herstellung keine verunreinigenden Fremdstoffe gelangen.

„Ausreisser"

Bei Fabrikationsfehlern ist im Hinblick auf das gem. § 823 I BGB erforderliche Verschulden ggf. zu beachten, dass Fabrikationsfehler, die trotz aller zumutbarer Vorkehrungen unvermeidbar sind (sog. Ausreißer), dem Hersteller nicht zugerechnet werden. Dafür muss dieser also nicht deliktisch haften, s. a. 12.6.3;

Instruktion

– Instruktionspflicht: Der Hersteller muss den Verbraucher umfassend über den Gebrauch und etwaige Gefahren des Produktes informieren und ihn entsprechend warnen. (Diese Pflicht trifft ggf. auch einen selbständigen Vertragshändler, s. o. 10.9.4.2),

Beispiele: der Hersteller eines Kindertees hat auf die Gefahren für die Zähne von Kleinkindern hinzuweisen, die sich aus einem „Dauernuckeln" ergeben können; der Hersteller einer Maschine muss eine genaue Gebrauchsanweisung erstellen;

Beobachtung

– Produktbeobachtungspflicht: Der Hersteller muss seine sowie fremde Produkte, die als Zubehör für sein eigenes Erzeugnis in Betracht kommen, im Hinblick auf etwa auftretende negative Eigenschaften und auf evtl. besonders gefährliche Verwendungsfolgen hin beobachten. Sind Gefährdungen erkennbar, so hat er durch Warnhinweise oder Rückrufe gegenzusteuern.

Beispiele: Erhält ein Kfz-Hersteller durch seine Händler oder Veröffentlichungen in (Fach-)Zeitschriften Hinweise darauf, dass sich bei höheren Geschwindigkeiten der Außenspiegel lösen und andere Verkehrsteilnehmer gefährden kann, so muss er in geeigneter Weise (Presseveröffentlichungen) darauf aufmerksam machen und die Fahrzeuge zur Reparatur in die Werkstätten zurückrufen. Ein Spielwarenhersteller muss Babyrasseln zurückrufen, wenn diese bei Kleinkindern, die sie in den Mund nehmen, zu Erstickungsgefahr führen können. Grds. muss ein Produzent seiner Pflicht zur Gefahrenabwehr durch Warnungen bzw. Rückrufe genügen, nach der deliktischen (außervertraglichen) Herstellerhaftung ist er aber i. d. R. nicht verpflichtet, Kosten einer evtl. erforderlichen Nachrüstung bzw. einen kostenlosen Austausch „neu gegen alt" zu übernehmen. (S. a. die Regeln des ProdSG; s. u. 12.6.4).

12.6.2.3 Beweislast

Beweislast-
umkehr

Eine Einstandspflicht gem. § 823 BGB setzt weiterhin Verschulden des Herstellers voraus (s. o. 12.2.3). Dies muss der Geschädigte im Streitfall ebenso beweisen wie die Tatsache, dass eine Verletzung der Verkehrssicherungspflichten adäquat-kausal zu Rechtsgutsverletzungen und diese wiederum zu erlittenen Schäden geführt haben (s. o. 8.12.5). Das ist äußerst schwierig, da der Geschädigte die internen Arbeitsabläufe des Herstellers und die wesentlichen Produktionsfaktoren gar nicht kennt. Daher wird in derartigen Fällen die Beweislast grds. umgekehrt und dem Produzenten die Pflicht auferlegt, die Fehlerfreiheit beim Inverkehrbringen seines Produkts nachzuweisen. Wenn der Geschädigte den Beweis dafür erbringt, dass er durch die Verwendung eines fehlerhaften Produktes geschädigt wurde, dann muss sich der Hersteller entlasten und dartun, dass ihn keine Pflichtverletzungen treffen. Da dies zu Lasten des Herstellers sehr streng ist, ist das Prinzip der Haftung nach § 823 BGB als Verschuldenshaftung hier sehr stark aufgeweicht und in die Nähe einer Gefährdungshaftung (bei der es auf Verschulden nicht ankommt, s. o. 2.6.2, s. u. 14) gerückt.

12.6.3 Haftung nach dem ProdHaftG

Zur Stärkung der Verbraucherrechte wurde aufgrund einer EG-Richtlinie von 1985 das „Gesetz über die Haftung für fehlerhafte Produkte (ProdHaftG)" erlassen. Hierbei handelt es sich um eine Gefährdungshaftung, die zwar Höchstbeträge vorsieht, dem Hersteller aber nicht den Nachweis etwa mangelnden Verschuldens gestattet (er muss also auch für „Ausreißer", s. o. 12.6.2.2, einstehen). Außerdem ist der haftungspflichtige Personenkreis erweitert und erfasst auch Vertreiber und Importeure, ggf. sogar Händler. Die Einstandspflichten nach dem ProdHaftG treten neben etwaige Ansprüche aus den §§ 823 ff. BGB.

Gefährdungs-haftung

12.6.3.1 Prinzipien

Die wesentlichen Prinzipien des ProdHaftG sind:

Es muss ein Fehler eines Produkts vorliegen, § 1 I 1 ProdHaftG. Dabei ist Produkt jede bewegliche Sache und Elektrizität.

Produkt

Beispiele: Maschinen, Geräte, Speisen, landwirtschaftliche Produkte sowie Jagderzeugnisse – auch Agrarproduzenten haften somit hiernach. Bei einer bspw. salmonelleninfizierten Eierspeise kann der Verbraucher (§ 13 BGB; s. o. 3.1.3.2) nicht nur den Gastwirt nach dem ProdHaftG in Anspruch nehmen, sondern auch den das salomonellenverseuchte Ei liefernden Landwirt.

Einen Fehler hat das Produkt dann, wenn es nicht diejenige Sicherheit für Leben, Gesundheit und Sachwerte bietet, die berechtigterweise zu erwarten ist. Das ist insbesondere bei Konstruktions-, Fabrikations- bzw. Instruktionsfehlern der Fall. Das Produkt muss diese Sicherheit, unter Berücksichtigung aller Umstände, insbesondere hinsichtlich seiner Darbietung, seines zu erwartenden Gebrauchs sowie des Zeitpunktes des Inverkehrbringens, bieten, § 3 ProdHaftG. Der Fehlerbegriff geht hier also weiter als derjenige des Sachmängelgewährleistungsrechts (vgl. oben 10.2.7.1).

Fehler

Beispiele: Platzender Airbag; abbrechende Sitzverriegelung; nicht bruchsicherer Expander; Typhusbazillen in Trinkmilch; zahnschmelzlösender Kindertee; ungenügende Gebrauchsanweisung für elektrisches Messgerät.

Weiterhin müssen ein Mensch getötet, sein Körper oder seine Gesundheit verletzt oder eine Sache beschädigt worden sein. Die Sachbeschädigung muss sich dabei an einer anderen Sache als dem fehlerhaften Produkt selbst zeigen, vgl. § 1 I 2

Rechtsguts-verletzungen

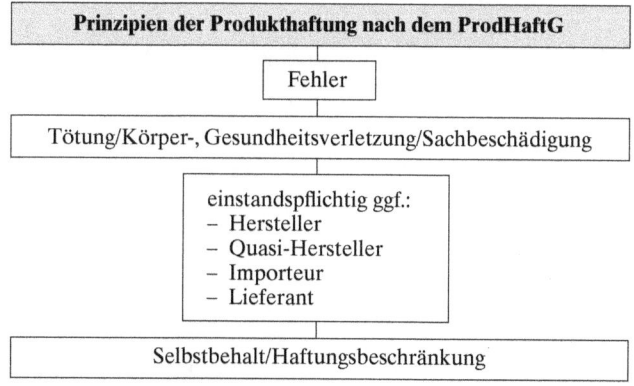

Schaubild 174: Produkthaftung nach ProdHaftG

ProdHaftG, wobei dieses grds. für den privaten Ge- oder Verbrauch bestimmt bzw. verwendet sein muss. Der Produktfehler muss für die jeweilige Rechtsgutsverletzung ursächlich sein; dies ist nach den Regeln der Adäquanzlehre zu beurteilen (s. o. 8.12.5).

Anspruch-steller Anspruchsberechtigt ist der Geschädigte. Dies ist derjenige, der die Nachteile unmittelbar erleidet (etwa der Verwender des Produktes oder derjenige, der mit dem Produkt in Berührung kommt), kann aber im Falle der Tötung auch ein mittelbar Geschädigter sein, vgl. § 7 ProdHaftG.

Hinsichtlich des ersatzpflichtigen Personenkreises gilt insbesondere Folgendes:

Anspruchs-gegner Zunächst haftet der Hersteller für Produktfehler, § 1 I 1 ProdHaftG. Hersteller ist, wer das Endprodukt, einen Grundstoff oder ein Teilprodukt hergestellt hat, § 4 I 1 ProdHaftG. Endprodukt ist das fertige Erzeugnis, das für den Verbraucher bestimmt ist; Teilprodukt das für den Einbau in ein anderes Produkt bestimmte Erzeugnis, und Grundstoffe sind diejenigen Materialien, die für die Herstellung eines Teil- oder Endproduktes vorgesehen sind. Gemäß § 4 I 2 ProdHaftG haftet auch **erweiterter** der sog. Quasi-Hersteller, wenn er sich durch Anbringen seines Namens, seiner **Kreis** Marke (s. u. 19.5) oder eines anderen unterscheidungskräftigen Kennzeichens als Hersteller ausgibt. Als Hersteller gilt aber auch der Importeur, § 4 II ProdHaftG.

Beispiel: Der Importeur von Feuerwerkskörpern haftet für Verletzungen, die Kinder beim Anzünden von Feuerwerkskörpern erleiden, die für Personen unter 18 Jahren zugelassen sind, wenn er Warnhinweise auf die besonderen Gefahren unterlässt.

Ist ein Produkthersteller nicht feststellbar, gilt grundsätzlich jeder Lieferant als Hersteller, so dass der Verbraucher ggf. auch diesen ersatzweise zur Haftung heranziehen kann, § 4 III ProdHaftG. Mehrere Ersatzpflichtige haften dem Geschädigten als Gesamtschuldner, § 5 ProdHaftG (s. o. 8.7; vgl. Schaubild 92).

12.6.3.2 Haftungsausschlüsse, -beschränkungen

Allerdings kann die Haftung nach dem ProdHaftG ausgeschlossen sein (§ 1 II), wenn

- der Hersteller das Produkt nicht in den Verkehr gebracht hat,
- das Produkt den Fehler im Zeitpunkt des Inverkehrbringens noch nicht hatte,
- das Produkt weder für den Verkauf noch für den Vertrieb mit wirtschaftlichem Zweck hergestellt wurde,
- der Produktfehler zwingenden Rechtsvorschriften entsprang,
- oder der Produktfehler nach dem Stand von Wissenschaft und Technik zum Zeitpunkt des Inverkehrbringens nicht erkennbar war.

Unter den Voraussetzungen des § 1 III ProdHaftG ist die Haftung des Herstellers eines Teilprodukts bzw. Grundstoffs ausgeschlossen.

Beweislast Die Beweislast für den Fehler, den Schaden und die Kausalität zwischen Fehler und Schaden trägt der Geschädigte; die Ersatzpflicht ausschließende Gründe darzutun obliegt dem Hersteller, § 1 IV ProdHaftG.

erfasste Schäden Nach dem ProdHaftG werden nur die sogenannten Folgeschäden, also die Personen- und Sachschäden, die sich an anderen Rechtsgütern als dem fehlerhaften Produkt selbst zeigen, ersetzt; der Schaden am Produkt wird von den Vorschriften des ProdHaftG nicht erfasst (vgl. § 1 I).

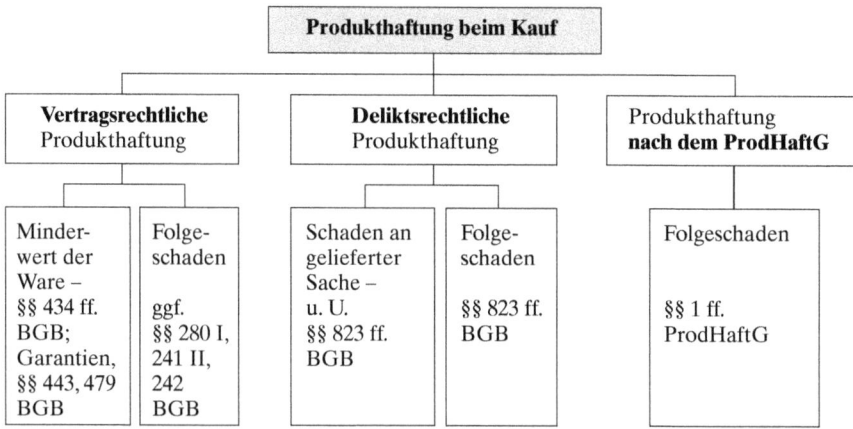

Schaubild 175: Produkthaftung beim Kauf

Beispiel: Der konstruktionsbedingt zu schwach verschraubte Außenspiegel des Kfz löst sich beim Fahren, durchschlägt die Windschutzscheibe eines nachfolgenden Fahrzeugs und verletzt dessen Fahrer – dieser kann die für die Wiederherstellung seiner körperlichen Unversehrtheit sowie die Reparatur der Windschutzscheibe erforderlichen Geldbeträge beim Hersteller geltend machen. Der Schaden am Außenspiegel selbst ist dagegen nur im Rahmen der vertraglichen Gewährleistung bzw. nach den Regeln des Deliktsrechts erstattungsfähig.

Zwar werden reine Vermögensschäden nicht erstattet (vgl. die §§ 1, 8 S. 1 ProdHaftG); gemäß § 8 S. 2 ProdHaftG kann bei Körper- bzw. Gesundheitsverletzungen auch ein angemessenes Schmerzensgeld verlangt werden (s. o. 8.12.3, s. a. § 9 ProdHaftG). Ein Mitverschulden des Geschädigten ist ggf. haftungsmindernd zu berücksichtigen, §§ 6 ProdHaftG, 254 BGB; s. o. 8.12.4 a. E. Die Haftung für Personenschäden ist auf einen Höchstbetrag von 85 Mio. € beschränkt, § 10 ProdHaftG. Im Falle der Sachbeschädigung muss der Geschädigte einen Schaden bis zur Höhe von 500,– € selbst tragen, § 11 ProdHaftG. Die Verjährung beträgt gemäß § 12 ProdHaftG drei Jahre; 10 Jahre nach dem Zeitpunkt, in dem der Hersteller das schadensstiftende Produkt in den Verkehr gebracht hatte, erlischt ein Anspruch, § 13 ProdHaftG (s. o. 4.3.4). Die Haftung nach dem ProdHaftG kann nicht ausgeschlossen werden, vgl. § 14. | *Prinzipien* ... *Selbstbehalt*

Für die Arzneimittelhaftung gilt das Produkthaftungsgesetz nicht (§ 15); diese wird insbesondere durch das Arzneimittelgesetz erfasst, das in den §§ 84 ff. eine eigenständige Gefährdungshaftung (dazu s. a. 14) enthält. | *Arzneimittel-haftung*

12.6.4 Produktsicherung nach dem ProdSG

Zur Sicherung und Stärkung der Rechtsstellung des Verbrauchers dienen ebenso die Regeln des ProdSG. Hiernach dürfen nur Sicherheit und Gesundheit nicht gefährdende technische Arbeitsmittel und Verbraucherprodukte in den Verkehr gebracht, ausgestellt und mit der CE-Kennzeichnung bzw. dem GS-Zeichen versehen werden (vgl. die §§ 7, 20 ProdSG). Den jeweils zuständigen Behörden wird ggf. die Befugnis eingeräumt, erforderliche gesundheits- bzw. sicherheitsschützende Maßnahmen zu treffen. | *Verbraucher-schutz*

Beispiele: Verbot des Inverkehrbringens, Warnung der Öffentlichkeit, Rückruf nicht sicherer Produkte (s. a. 12.6.2.2), Auskunftseinholung und Nachprüfung.

13 Geschäftsführung ohne Auftrag

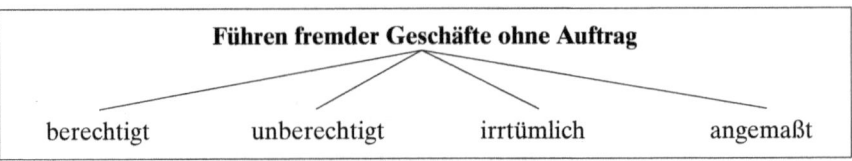

Leitübersicht 13: Geschäftsführung ohne Auftrag

Leitfragen zu 13:

a) Was versteht man unter GoA?
b) Welche Varianten gibt es?
c) Wie sind die Rechtsfolgen geregelt?

Grundsatz Drittes bedeutsames gesetzliches Schuldverhältnis (vgl. die Übersicht oben 10.1) ist die Geschäftsführung ohne Auftrag (GoA), geregelt in den §§ 677 ff. BGB. Hier knüpft das BGB, wie bei der ungerechtfertigten Bereicherung (s. o. 11) und der unerlaubten Handlung (s. o. 12), nicht an eine rechtsgeschäftliche Beziehung an, sondern an die Verwirklichung bestimmter gesetzlicher Tatbestandsmerkmale. Bei der GoA wird jemand für einen anderen tätig, ohne dazu rechtsgeschäftlich verpflichtet zu sein.

13.1 Begriff

Geschäft Besorgt jemand (der Geschäftsführer) für einen anderen (den Geschäftsherrn) ein Geschäft, d. h. nimmt er eine irgendwie geartete Tätigkeit tatsächlicher oder rechtsgeschäftlicher Art,

Beispiele: Abdrehen eines Wasserhahnes, Feuerlöschen, Rettung eines Bewusstlosen (= tatsächliches Handeln); Notverkauf verderblicher Waren (= rechtsgeschäftliches Handeln),

berechtigte GoA vor, die zum Geschäftskreis eines anderen gehört, und weiß und will der Geschäftsführer dies auch (er hat dann Fremdgeschäftsführungswillen und -bewusstsein), so greifen die Rechtsfolgen der sog. berechtigten GoA ein, wenn die Übernahme der Geschäftsführung dem Interesse bzw. wirklichen oder mutmaßlichen Willen des Geschäftsherrn (vgl. die §§ 677, 683 S. 1, 683 S. 2, 684 S. 2 BGB) bzw. einer im öffentlichen Interesse liegenden Pflicht oder einer gesetzlichen Unterhaltspflicht (§ 679 BGB) entspricht.

unberechtigte GoA Widerspricht dagegen das geführte Geschäft dem wirklichen oder mutmaßlichen Willen des Geschäftsherrn, so liegt eine sog. unberechtigte GoA vor.

Beispiel: Der ordnungsliebende Nachbar nutzt die Abwesenheit des angrenzenden Grundstückseigentümers, um dessen ihm missfallenden Naturgarten zu „kultivieren".

Eigengeschäft Besorgt jemand ein fremdes Geschäft dagegen in der Meinung, es sei sein eigenes, so liegt mangels Fremdgeschäftsführungswillens gar keine GoA vor, sondern Eigengeschäftsführung, § 687 I BGB.

Und behandelt jemand ein fremdes Geschäft gar als sein eigenes, obwohl er weiß, dass er dazu nicht berechtigt ist, so liegt ebenfalls keine echte GoA vor; allerdings erklärt § 687 II BGB für solche Geschäftsanmaßungen bestimmte GoA-Regeln für anwendbar. *Anmaßung*

Die GoA ist i. Ü. von der Vertretung ohne Vertretungsmacht (s. o. 7.6; vgl. Schaubild 73) zu unterscheiden: Diese betrifft ggf. das Außenverhältnis zwischen dem vollmachtlosen Vertreter und dem Dritten, jene dagegen das Innenverhältnis zwischen dem (vollmachtlos vertretenden) Geschäftsführer und dem Geschäftsherrn. *Abgrenzung zur Vertretung*

Geschäftsführung ohne Auftrag – GoA –

– **echte GoA**, §§ 677 ff. BGB: Besorgen eines Geschäftes für einen anderen, ohne beauftragt oder berechtigt zu sein

berechtigt: – wirklicher/mutmaßlicher Wille des Geschäftsherrn, § 677 BGB
            – im öffentlichen Interesse liegende Pflicht bzw. gesetzliche Unterhaltspflicht, § 679 BGB
            – Genehmigung unberechtigter GoA, § 684 S. 2 BGB
unberechtigt: Widerspruch zu Willen des Geschäftsherrn, § 678 BGB

– **unechte GoA**, § 687 I, II BGB: Geschäftsführer besorgt fremdes Geschäft für sich selbst

irrtümlich: vermeintlich eigenes Geschäft, § 687 I BGB
angemaßt: fremdes Geschäft als eigenes, wissend um die Nichtberechtigung, § 687 II BGB

Schaubild 176: Grundsätze der GoA

13.2 Rechtsfolgen

Bei den Rechtsfolgen kommt es darauf an, welcher Fall der GoA vorliegt:

13.2.1 Berechtigte GoA

Hinsichtlich des Geschäftsführers ergeben sich bei der berechtigten GoA als Rechtsfolgen insbesondere: *Pflichten des Geschäftsführers*
– Gemäß § 677 BGB hat er das Geschäft so zu führen, wie das Interesse des Geschäftsherrn es mit Rücksicht auf dessen wirklichen oder mutmaßlichen Willen (der mit dem objektiven Interesse deckungsgleich ist) erfordert;
– er muss dem Geschäftsherrn die Übernahme der Geschäftsführung, sobald es tunlich ist, anzeigen und dessen Entschließung abwarten, wenn mit dem Aufschub keine Gefahr verbunden ist, § 681 S. 1 BGB;
– der Geschäftsführer hat das aus der Geschäftsbesorgung Erlangte herauszugeben, §§ 681 S. 2, 667 BGB, und ggf. zu verzinsen, §§ 681 S. 2, 668 BGB (ein geschäftsunfähiger oder beschränkt geschäftsfähiger Geschäftsführer haftet dagegen nur nach den §§ 823 ff., 812 ff. BGB, vgl. § 682 BGB; s. o. 3.1.2.1);
– der Geschäftsführer hat ggf. Schadensersatz zu leisten, wenn er seine Pflichten aus den §§ 681, 667 BGB schuldhaft verletzt, §§ 823 ff., 280 ff. BGB (dabei sind die §§ 680, 682 BGB zu beachten).

Dagegen erwachsen dem Geschäftsherrn folgende Pflichten: *Pflichten des Geschäftsherrn*
– Der Geschäftsführer kann gemäß § 683 S. 1 „wie ein Beauftragter" Aufwendungsersatz verlangen. Hiermit wird also auf Auftragsrecht, §§ 662 ff. BGB, ver-

wiesen. Gemäß der §§ 683 S. 1, 670 BGB ist der Geschäftsherr also zum Ersatz der Aufwendungen des Geschäftsführers verpflichtet, dazu gehört ggf. auch eine Vergütung für die Arbeit des Geschäftsführers, wenn sie zu dessen Beruf gehört (entsprechend § 1835 III BGB), sowie die Erstattung erlittener Schäden.

Beispiele: Der einen Bewusstlosen versorgende Arzt kann das übliche Honorar verlangen; der eine ihm unbestellt zugesandte Sache (vgl. § 241 a BGB; s. o. 6.3.1.1) zurückschickende Verbraucher kann die ihm dafür entstandenen Kosten geltend machen.

– Hatte der Geschäftsführer nicht die Absicht, vom Geschäftsherrn Ersatz zu verlangen, so entfällt sein Aufwendungsersatzanspruch, § 685 BGB. Mitverschulden ist ggf. zu berücksichtigen, § 254 BGB (s. o. 8.12.4), wobei § 680 BGB bei der Gefahrenabwehr den Geschäftsführer für leichte Fahrlässigkeit befreit (s. o. 9.2).

13.2.2 Unberechtigte GoA

entgegen-stehender Wille

Bei der unberechtigten GoA, bei der die Übernahme der Geschäftsführung dem wirklichen oder mutmaßlichen Willen des Geschäftsherrn nicht entspricht und er sie auch nicht genehmigt, § 679 BGB, entsteht das gesetzliche Schuldverhältnis der berechtigten GoA nicht, demgemäß sind die §§ 677, 681 BGB nicht anwendbar.

– § 678 BGB gibt dem Geschäftsherrn einen eigenen Schadensersatzanspruch, wenn der Geschäftsführer die unberechtigte GoA erkennen musste. Im Übrigen bestehen die Ansprüche des Geschäftsherrn aus unerlaubter Handlung, §§ 823 ff. BGB (s. o. 12), sowie ungerechtfertigter Bereicherung, §§ 812 ff. BGB (s. o. 11).

Beispiel: A zieht in seinem Garten Heilkräuter. B, der sie für Unkraut hält, reißt sie heraus.

– Der Geschäftsherr hat demgegenüber dem Geschäftsführer gemäß § 684 S. 1 BGB alles, was er durch die Geschäftsführung erlangt hat, nach den §§ 812 ff. BGB herauszugeben.

13.2.3 Irrtümliche Geschäftsführung

Eigenge-schäftsführung

Aus § 687 I BGB ergibt sich, dass die Vorschriften der §§ 677 bis 686 BGB keine Anwendung finden, wenn jemand ein fremdes Geschäft in der Meinung besorgt, es sei sein eigenes, ihm also das Fremdgeschäftsführungsbewusstsein fehlt. Es bleibt dann bei der Anwendung der §§ 823 ff. BGB (s. o. 12) bzw. 812 ff. BGB (s. o. 11).

Beispiel: Der Erbe (s.o. 3.1.1.1; Schaubild 10) veräußert ein Bild in der Meinung, es geerbt zu haben; der Erblasser hatte es sich aber nur geliehen: Da der gutgläubige Käufer Eigentum erwirbt, §§ 929 S. 1, 932 BGB (s. a. 10.2.10, 15.3.2.3; vgl. Schaubild 139), hat der Verleiher gegen den Erben Ansprüche aus den §§ 816 I 1, 823 I, 604 I i. V. m. 280 BGB (s. a. die §§ 1922, 1967 BGB).

13.2.4 Angemaßte Geschäftsführung

Nicht-berechtigung bewusst

Wenn jemand ein fremdes Geschäft als sein eigenes behandelt, obwohl er weiß, dass er dazu nicht berechtigt ist, liegt ebenfalls keine eigentliche GoA vor, der Fremdgeschäftsführungswille fehlt.

– § 687 II 1 BGB lässt den Geschäftsherrn dabei aber die sich aus den §§ 677, 678, 681, 682 BGB ergebenden Ansprüche geltend machen. Daher kann der Geschäftsherr insbesondere den Anspruch auf Herausgabe des durch die Geschäftsführung Erlangten gemäß der §§ 687 II 1, 681 S. 2, 667 BGB erheben. Daneben bleiben die Vorschriften über die unerlaubte Handlung, §§ 823 ff. BGB (vgl. auch die §§ 987 ff., 992 BGB), sowie die ungerechtfertigte Bereicherung, §§ 812 ff. BGB (wenn diese nicht nach den §§ 987 ff. BGB ausgeschlossen sind; s. u. 15.3.5 a. E.), anwendbar.

Beispiel: Der Arbeitnehmer hat angenommene Schmier- bzw. Bestechungsgelder (vgl. auch § 299 StGB) an den Arbeitgeber herauszugeben (s. a. 12.4; 16.5.2.2; 18.3.2).

– Macht der Geschäftsherr diese Ansprüche geltend, so ist er dem Geschäftsführer nach § 684 S. 1 BGB verpflichtet, § 687 II 2 BGB. Der Geschäftsführer hat dann also den Anspruch auf das durch die Geschäftsführung Erlangte nach den Vorschriften über die ungerechtfertigte Bereicherung, d. h. auf Ersatz seiner Aufwendungen bis zur Höhe der Bereicherung.

13.3 Bedeutung

Die GoA ist durchaus bedeutsam; dies gilt insbesondere für folgende

Beispiele: Der Autofahrer fährt in den Straßengraben, um einem vorschriftswidrig überholenden Kfz auszuweichen; der Angestellte hilft einem im Schalterraum zusammenbrechenden Kunden; ein Verkehrsteilnehmer fährt ein blutendes, ohnmächtiges Unfallopfer in die Klinik; jemand begleicht versehentlich die Schuld eines anderen – entstehen dadurch Nachteile, so können die Betreffenden Ersatz ihrer Aufwendungen verlangen, §§ 683 S. 1, 670 BGB. Bestohlene können gegen den Dieb auch Ansprüche aus angemaßter GoA auf Schadensersatz bzw. Herausgabe geltend machen, §§ 687 II 1, 678 BGB bzw. 681 S. 2, 667 BGB; die Ansprüche aus § 816 BGB bzw. den §§ 823 I, II BGB i.V.m. 242 StGB, 826 BGB gelten daneben. (*Die Ansprüche aus GoA bestehen also grds. neben denjenigen aus unerlaubter Handlung bzw. ungerechtfertigter Bereicherung und ergänzen diese*; s. o. 2.6.2 a. E.; 11.4; 15.3.2.3).

Anwendungsfälle

14 Gefährdungshaftung

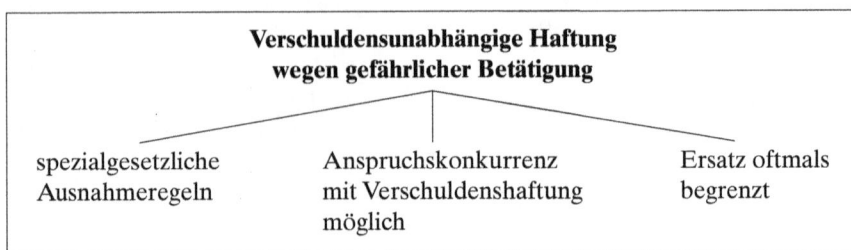

**Verschuldensunabhängige Haftung
wegen gefährlicher Betätigung**

| spezialgesetzliche Ausnahmeregeln | Anspruchskonkurrenz mit Verschuldenshaftung möglich | Ersatz oftmals begrenzt |

Leitübersicht 14: Gefährdungshaftung

Leitfragen zu 14:

a) Wodurch ist die Gefährdungshaftung gekennzeichnet?
b) Wie wird sie von der Verschuldens- bzw. Erklärungshaftung abgegrenzt?
c) Welche Fälle der Gefährdungshaftung gibt es?

Ausnahmsweise können Schadensersatzpflichten auch ohne Verschulden gegeben sein – man nennt dies dann Gefährdungshaftung.

14.1 Grundsatz

Haftungsbegründende Tatbestände, seien sie rechtsgeschäftlicher oder deliktsrechtlicher Natur, setzen regelmäßig Verschulden voraus (s. o. 9.2; 12.1).

Beispiele: Schadensersatzpflichten aufgrund Schuldnerverzuges, §§ 286, 280 I, II BGB (s. o. 9.4.2 a. E.) oder wegen unerlaubter Handlung, §§ 823 I, 827, 828 BGB (s. o. 12.2.3); vgl. 8.12.1. Beachte § 276 BGB.

Erklärungshaftung

Verschuldensunabhängige Einstandspflichten sind demgegenüber die Ausnahme. Dabei nimmt die sog. Erklärungshaftung (vgl. 2.6.2; 8.12.1) eine Sonderstellung dadurch ein, dass bei den diesbezüglichen Fällen der §§ 122, 179 BGB die jeweilige Einstandspflicht zwar nicht unmittelbar an Verschulden gekoppelt wird, der Schuldner allerdings durch entsprechende rechtsgeschäftliche Handlungen die

Veranlassungshaftung

jeweilige Ersatzpflicht selbst verursacht hat (man nennt sie daher auch Veranlassungshaftung). (S. a. Schaubild 95).

Beispiele: Der Schuldner irrt sich und ficht daher an, § 122 BGB (s. o. 6.8.2.4); der Vertreter handelt ohne Vertretungsmacht, § 179 BGB (s. o. 7.6).

14.2 Prinzipien

Gefährliche Betätigung

Eine Kategorie eigener Art stellen diejenigen Rechtsnormen dar, die eine Ersatzpflicht in Schadensfällen vorsehen, bei denen sich der Schuldner rechtmäßig betätigt hat, diese Betätigung aber per se mit erheblichen Gefahren für Rechtsgüter Dritter verbunden ist – man nennt dies Gefährdungshaftung. Diese Gefährdungs-

336

haftung knüpft an Verschulden gerade nicht an, ausreichend ist vielmehr, wenn sich die der Betätigung innewohnende abstrakte Gefahr konkret verwirklicht.

Schadensersatzbegründende Rechtsnormen, die auf Gefährdungshaftung beruhen, sind die Ausnahme – sie finden sich in jeweiligen spezialgesetzlichen Zusammenhängen. Ansprüche aus Gefährdungshaftung verdrängen andere, ggf. ebenfalls verwirklichte, Anspruchsgrundlagen nicht; es kann durchaus sein, dass Ansprüche aus Gefährdungs- und Verschuldenshaftung nebeneinander zutreffen – man nennt dieses Phänomen dann Anspruchskonkurrenz (s. o. 2.6.2; 12.1).

Ausnahmen in Spezialfällen

Anspruchs-konkurrenz

Beispiele: Der selbstfahrende Halter überfährt mit seinem Kfz aus Unachtsamkeit einen Fußgänger – dieser hat nun Ansprüche aus § 823 I BGB, den §§ 823 II BGB i. V. m. 229 StGB, 253 II BGB (s. o. 12.2 f.), § 7 StVG, § 18 StVG (wobei die die Exculpation gestattende Fahrerhaftung des § 18 StVG hier hinter den strengeren, weil verschuldensunabhängigen § 7 StVG zurücktritt, s. u. 14.3.1). (Zu Drohnen vgl. die §§ 33 ff. LuftVG, s. a. 3.1.3.1).

Kennzeichen der Gefährdungshaftung ist es desweiteren zumeist, dass die Haftung auf den Ersatz derjenigen Nachteile beschränkt wird, die in einem engeren Zusammenhang mit der Gefahrenquelle stehen, der Ersatz der Höhe nach begrenzt wird, sich auf Verletzungen von Menschenleben bzw. Körper oder Gesundheit sowie Sachbeschädigungen bezieht, und ggf. auch Schmerzensgeld gewährt wird.

beschränkte Haftung

Beispiele: Die §§ 7, 11, 12 StVG; 1, 6 HaftpflG; 1, 8, 10 ProdHaftG; 29, 31 AtomG; 84, 87 ArzneimittelG; 32, 37 GentechnikG (s. a. 8.12.3).

14.3 Anwendungsbereiche

Wichtige Fälle der Gefährdungshaftung sind vor allem:

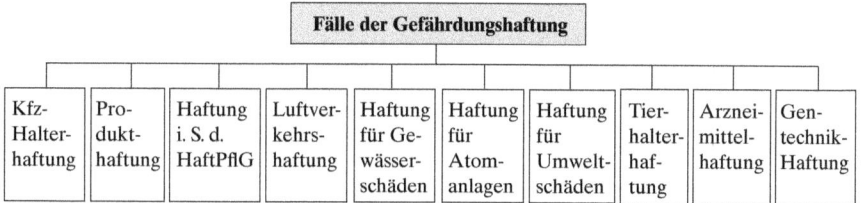

Schaubild 177: Fälle der Gefährdungshaftung

14.3.1 Kfz-Halterhaftung

Die Haftung des Kraftfahrzeughalters bestimmt vornehmlich § 7 I StVG. Der Halter eines (schneller als 20 km/h fahrenden, vgl. § 8 Nr. 1 StVG) Kraftfahrzeuges i. S. d. § 1 II StVG haftet gemäß § 7 I StVG, wenn bei dessen Betrieb (bzw. dem Betrieb eines zum Mitführen bestimmten Anhängers) ein Mensch getötet, der Körper oder die Gesundheit eines Menschen verletzt oder eine Sache beschädigt wird; auf Verschulden kommt es dabei nicht an, ebensowenig darauf, ob der Halter selbst gefahren ist oder nicht (der Fahrer haftet ggf. selbst zusätzlich nach § 18 StVG, wobei er allerdings einwenden kann, den Schaden nicht schuldhaft verursacht zu haben; dabei handelt es sich also um eine Haftung für vermutetes Verschulden, die ggf. entkräftet werden kann).

Kfz-Halter-haftung

Halter eines Kfz ist derjenige, der es für eigene Rechnung in Gebrauch, den Verwendungsnutzen und diejenige Verfügungsgewalt hat, die ein solcher Gebrauch

Halter des Kfz

voraussetzt. Das Eigentum am Fahrzeug bietet zwar einen wesentlichen Anhaltspunkt, ist aber nicht entscheidend.

Beispiel: Der Kreditnehmer verschafft der kreditgebenden Bank im Wege der Sicherungsübereignung, §§ 929, 930, 868 BGB, Eigentum (s. u. 15.3.2.2), bleibt aber Halter i. S. d. § 7 StVG (vgl. die Parallele zur Tierhalterhaftung; s. u. 14.3.8). Auch auf eine etwaige Fahrerlaubnis kommt es nicht an.

Weiterhin ist erforderlich, dass die Rechtsgutverletzung (Tötung, Körper-, Gesundheitsverletzung, Sachbeschädigung, s. o. 12.2.1.1) beim Betrieb eines Kfz oder eines Anhängers entstanden ist.

Betrieb des Kfz Dafür ist nicht vonnöten, dass das Kfz fährt bzw. der Motor läuft (*maschinentechnische Theorie*), es reicht schon, wenn das Kfz bzw. der Anhänger irgendwie am Straßenverkehr teilnimmt (*verkehrstechnische Auffassung*).

Beispiele: Das Kfz steht am Straßenrand, die Handbremse ist nicht angezogen, das Auto rollt nunmehr auf abschüssiger Straße los und beschädigt ein anderes Kfz; oder: Jemand stellt sein Auto auf der Autobahn ab, ein anderer Verkehrsteilnehmer fährt hinein.

höhere Gewalt Allerdings ist die Halterhaftung ausgeschlossen, § 7 II StVG, wenn der Unfall durch höhere Gewalt verursacht wurde. Hierfür kommen nur betriebsfremde, von außen durch elementare Naturkräfte hervorgerufene Ursachen in Betracht.

Beispiele: Sturmböen, Steinschlag, plötzliche Erdrutsche, Erdbeben, Überschwemmungen (sehr seltene Fälle also).

Für Fehler in der Beschaffenheit des Fahrzeuges oder für das Versagen seiner Einrichtungen muss der Halter immer einstehen,

Beispiele: die Bremsen versagen, beim Reifen löst sich die Lauffläche, auf der Fahrbahn ist eine Ölspur;

auch für sog. unabwendbare Ereignisse,

Beispiele: ein Fahrradfahrer biegt unvermittelt nach links ab; ein Fußgänger läuft plötzlich vor das Auto,

muss der Halter haften.

„Schwarzfahrt" Ausgeschlossen ist die Kfz-Halterhaftung auch, wenn ein anderer das Fahrzeug bzw. den Anhänger ohne Wissen und Wollen des Halters nutzt, ohne dass er dies hätte verhindern können, § 7 III StVG („Schwarzfahrt").

Beispiele: Der Dieb stiehlt das ordnungsgemäß verschlossene Auto – nicht aber, wenn das Fahrzeug unverschlossen, gar mit steckendem Schlüssel, abgestellt war.

Die zu ersetzenden Schäden ergeben sich aus den §§ 10 ff. StVG. Die Haftung ist auf Höchstbeträge begrenzt, § 12 StVG, Schmerzensgeld wird grds. geschuldet, § 8 S. 2 StVG, Mitverschulden des Geschädigten anspruchsmindernd berücksichtigt, §§ 9 StVG, 254 BGB (s. o. 8.12.4 a. E.).

Neben den (Haftungs-)Regeln des StVG bleiben die §§ 823 ff. BGB (s. o. 12.1; 14.2) anwendbar.

Haftpflicht-versicherung Die im Alltag so bedeutsame Kfz-Halterhaftung führt unter Umständen zu erheblichen finanziellen Belastungen (auch) des Schädigers – wegen der strengen Halterhaftung erklärt sich damit die Bedeutung der Haftpflichtversicherung, die der Halter für sich und den Fahrer abschließen muss, vgl. die §§ 1, 3 Nr. 1, 4 PflVG (s. o. 6.6.6; s. a. die Vorschriften der KfzPflVVO).

14.3.2 Produkthaftung

Wichtiger weiterer Anwendungsbereich der Gefährdungshaftung ist die Produkthaftung: wird durch den Fehler eines Produktes jemand getötet, sein Körper oder seine Gesundheit verletzt oder eine Sache beschädigt, so ist der Hersteller des Produktes verpflichtet, dem Geschädigten hierfür Schadensersatz zu leisten, § 1 ProdHaftG. Die wesentlichen Haftungsprinzipien hierzu wurden bereits oben 12.6.3 im generellen Zusammenhang erörtert.

Produkthaftung

14.3.3 Haftung nach dem HaftPflG

Nach den §§ 1–3 HaftPflG wird für Schäden beim Betrieb einer Schienen- oder Schwebebahn, für Unfälle, die von einer Stromleitungs- oder Rohrleitungsanlage oder einer Anlage zur Abgabe von Energien oder Stoffen durch die Wirkungen von Elektrizität, Gasen, Dämpfen oder Flüssigkeiten ausgehen, sowie für Verletzungen durch Verschulden betriebsführender Personen eines Bergwerkes, Steinbruches, einer Grube oder Fabrik ebenfalls verschuldensunabhängig gehaftet; dabei sind Haftungsbeschränkungen für zu ersetzende Personen- oder Sachschäden vorgesehen (§§ 6, 8 ff. HaftPflG) ebenso wie die Berücksichtigung eventuellen Mitverschuldens des Geschädigten, §§ 4 HaftPflG, 254 BGB (s. o. 8.12.4 a. E.).

HaftpflG

14.3.4 Luftverkehrshaftung

Die Haftung für Schädigungen im Luftverkehr regeln insb. die §§ 33 ff., 44 ff. LuftVG. Auch hier wird verschuldensunabhängig (nur) für diejenigen Schäden gehaftet, die nicht beförderte Personen oder Sachen erleiden. Die Haftung für Verletzungen von Passagieren oder Beförderungsgut richtet sich grds. nach Sondervereinbarungen, insb. dem „Montrealer Luftrechtsübereinkommen" vom 28. 5. 1999 bzw. dem diesbezüglichen Durchführungsgesetz vom 6. 4. 2004 (BGBl. I 2004, S. 550 ff.).

LuftVG

14.3.5 Haftung für Gewässerschäden

Verändert jemand das Wasser oberirdischer Gewässer nachteilig durch Einbringen oder Einleiten schädlicher Stoffe bzw. durch entsprechende Anlagen, so ist hierfür verschuldensunabhängig gemäß § 89 WHG einzustehen; dabei wird nicht nur für Personen- oder Sachschäden, sondern auch für Vermögensschäden gehaftet.

Wasserverschmutzung

Beispiel: Jemand leitet Öl in einen Bach, (nicht nur) die Forellen verenden, dann kann der Fischereiberechtigte Schadensersatz fordern.

14.3.6 Haftung für Atomanlagen

Der Inhaber einer ortsfesten Atomanlage (zur Erzeugung, Spaltung oder Aufbereitung von Kernbrennstoffen) haftet, ebenso wie der Besitzer von radioaktiven bzw. Kernspaltungsstoffen, nach den §§ 25 ff. AtomG ebenfalls verschuldensunabhängig.

Atomanlagenhaftung

14.3.7 Haftung für Umweltschäden

Gemäß der §§ 1, 2 UmweltHG wird, ohne dass es auf Verschulden ankommt, für Tötung, Körper- oder Gesundheitsverletzung eines Menschen bzw. Sachbeschädigungen gehaftet, die von umweltgefährdenden Anlagen ausgehen.

Umwelthaftung

14.3.8 Tierhalterhaftung

Tierhalter-
haftung

Wird durch ein Tier (s. o. 3.1.1 a. E., 4.1) ein Mensch getötet oder der Körper oder die Gesundheit eines Menschen verletzt oder eine Sache beschädigt, so ist derjenige, der das Tier hält, verpflichtet, dem Verletzten den daraus entstehenden Schaden zu ersetzen, § 833 S. 1 BGB. Auch hier wird Verschulden nicht gefordert. Allerdings kann der Halter sich gemäß § 833 S. 2 BGB ggf. exculpieren.

Tierhalter

Halter des Tieres ist derjenige, der über das Tier im eigenen Interesse eine nicht nur vorübergehende Herrschaft ausübt, dabei die Besitzerstellung und die Befugnis hat, über dessen Betreuung und Existenz zu entscheiden; das Eigentum ist insoweit starkes Indiz, aber nicht entscheidend.

Beispiele: Der Haushund gehört einem Elternteil – dieser ist Halter; nicht aber beim gerade zugelaufenen Hund, um den sich der Tierfreund kurzfristig kümmert; anders wiederum, wenn dieser sich nach einiger Zeit gar nicht mehr von dem Hund trennen will und ihn wie seinen eigenen behandelt (Haltereigenschaft ohne Eigentümerstellung). Auch ein Tierschutzverein (e. V.; s. o. 3.2.2) ist ggf. Halter ihm überlassener Tiere.

Tiergefahr

Die Haftung umfasst die Einstandspflicht für Schäden, die sich aufgrund der typischen Tiergefahr verwirklichen; das Tier darf also nicht nur – einem Werkzeug oder einer Waffe vergleichbar – dem Willen und der Leitung eines Menschen gefolgt sein.

Beispiele: Der Hund schnappt nach einem Radfahrer, der Esel zerbeißt das Verdeck eines Sportwagens, ebenso: der Hund schläft im Laden und ein Kunde stürzt über ihn (s. o. 12.2.1.2); *nicht aber:* Der mannscharf dressierte Hund wird auf einen Menschen gehetzt – hier scheidet die Haftung nach § 833 S. 1 BGB aus und der Verantwortliche haftet gemäß § 823 I BGB, der §§ 823 II BGB i. V. m. 223 StGB bzw. 826 BGB (s. o. 12.2, 12.3).

Berufstiere

Bei dem Berufe dienenden Haustieren (sog. Berufstiere, nicht: sog. Luxustiere wie in § 833 S. 1 BGB [etwa: Haushund, Reitpferd]) besteht gemäß § 833 S. 2 BGB ggf. die Möglichkeit zum Entlastungsbeweis (Exculpation).

Beispiele: Wachhund im Aussiedlerhof; Nutzvieh; Jagdhund des Försters.

§ 834 BGB dehnt die Haftung ggf. auf den Tieraufseher aus.

Anspruchs-
konkurrenz

Auch im Bereich der Tierhalterhaftung kommt es im Übrigen häufig zu Fällen der Anspruchskonkurrenz (s. o. 14.2).

Beispiele: Der bekannt bissige Hund in einem nicht eingezäunten Gartengrundstück beißt den Postboten – der Eigentümer/Halter haftet gemäß der §§ 833 S. 1, 823 I BGB, §§ 823 II BGB i. V. m. 229 StGB sowie der §§ 823 II BGB i. V. m. 121 OWiG, ebenso gemäß § 253 II BGB auf ein angemessenes Schmerzensgeld (s. o. 8.12, 12.2 f.).

14.3.9 Arzneimittelhaftung

Schädigung
durch Arznei

Wird infolge der Anwendung eines für den Menschen bestimmten und an den Verbraucher abgegebenen Arzneimittels ein Mensch getötet bzw. der Körper oder die Gesundheit eines Menschen verletzt, so ist der pharmazeutische Unternehmer gemäß den §§ 84 ff. ArzneimittelG ggf. verschuldensunabhängig ersatzpflichtig. (Das ProdHaftG ist insoweit nicht anwendbar, § 15 ProdHaftG; s. o. 12.6.3).

14.3.10 Gentechnik-Haftung

Gentechnische
Veränderung

Wer infolge von Eigenschaften eines Organismus, die auf gentechnischen Arbeiten beruhen, getötet oder an Körper bzw. Gesundheit verletzt wird, kann ggf. vom Betreiber der gentechnischen Anlage verschuldensunabhängig Schadensersatz verlangen, §§ 32 ff. GenTG.

15 Sachenrecht

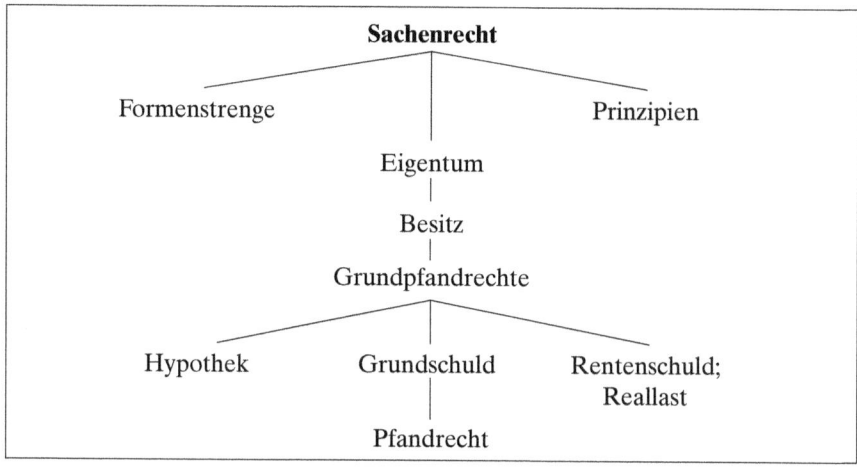

Leitübersicht 15: Sachenrecht

Leitfragen zu 15:

a) Welche Prinzipien kennzeichnen das Sachenrecht?
b) Worauf gilt es beim Eigentum zu achten?
c) Wodurch wird der Besitz bestimmt?
d) Welche Rechtsregeln sind bei Grundpfandrechten wichtig?
e) Worauf bezieht sich das Pfandrecht?

Das im Dritten Buch des BGB erfasste Sachenrecht (§§ 854–1296 BGB) regelt die Rechtsbeziehungen von Personen bezüglich der Sachen (zu den Sachen, vgl. oben 4.1; 5.1; vgl. Schaubild 3). Es bezieht sich im Gegensatz zu den im Schuldrecht (vgl. bspw. die oben im Abschnitt 10 dargestellten Vertragstypen) normierten Rechtsbeziehungen von Personen untereinander (die nur obligatorische *Rechte auf eine Sache* geben, wie etwa beim Kaufvertrag auf die Kaufsache) auf die *Rechte* von Personen *an Sachen*, also auf die sog. dinglichen Rechte (s.a. 6.2.4 f.; vgl. Schaubild 35). Diese dinglichen Rechte, die dem Berechtigten eine rechtlich geschützte unmittelbare Herrschaft über eine Sache gewähren, weisen also ein *Recht an einer Sache* aus; sie sind absolute Rechte bzw. Herrschaftsrechte (s. o. 4.2.1, 4.2.4, 12.2.1.1; s.a. Schaubild 36). Je nach Art des dinglichen Rechts verleihen sie dem Berechtigten eine unbeschränkte bzw. beschränkte Gewalt über die Sache.

Rechte an/auf Sachen

15.1 Übersicht

Das Sachenrecht ist formstreng; es kennt nur ganz bestimmte dingliche Rechte. Diese sind Eigentum, §§ 903 ff. BGB, Besitz, §§ 854 ff. BGB, sowie die beschränkten dinglichen Rechte als Belastungen des Eigentums: nämlich als Nutzungsrechte Nießbrauch (§§ 1030 ff., 1068 ff. BGB), Grunddienstbarkeit (§§ 1018 ff. BGB),

dingliche Rechte

beschränkte persönliche Dienstbarkeit (§§ 1090 ff. BGB) und Erbbaurecht (ErbbauRG), sowie als Verwertungsrechte Reallast (§§ 1105 ff. BGB), Grundpfandrechte (§§ 1113 ff. BGB; dies sind Hypothek, §§ 1113 ff., Grundschuld, §§ 1191 ff.,
Rentenschuld, §§ 1199 ff.) und Pfandrecht (§§ 1204 ff. BGB).

Hierbei ist eine Fülle formeller Vorschriften zu beachten – etwa notarielle Beurkundung, Eintragung im Grundbuch –, wenn dingliche Rechte begründet, geändert, übertragen, belastet oder aufgehoben werden sollen.

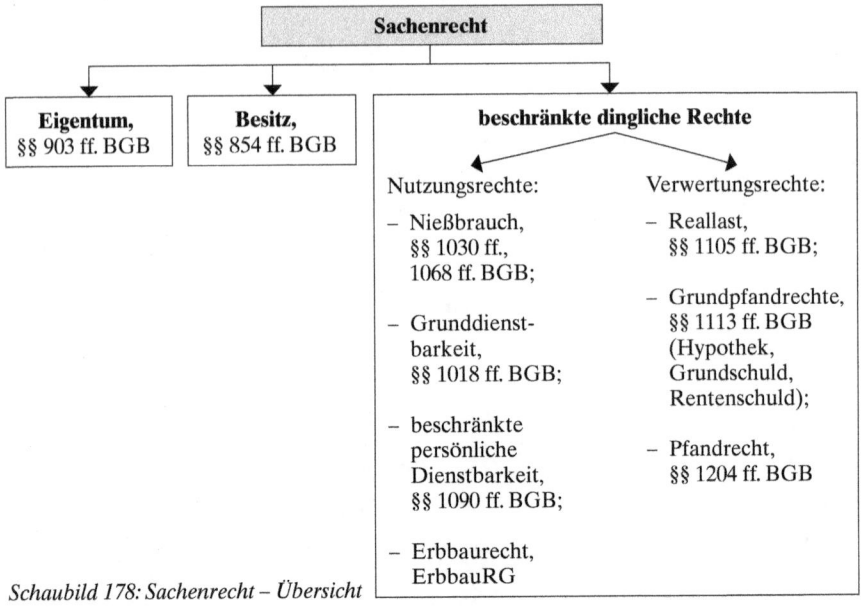

Schaubild 178: Sachenrecht – Übersicht

15.2 Prinzipien

Strukturen   Das strengformelle Sachenrecht ist durch folgende Strukturen gekennzeichnet:

absolute   – Dingliche Rechte sind absolute Rechte, jedermann hat sie zu respektieren.
Rechte   Verletzungen geben ggf. Ansprüche gemäß § 823 (I, Eigentum bzw. „sonstiges
Recht") BGB auf Schadensersatz, gemäß § 985 BGB auf Herausgabe bzw. nach
§ 1004 BGB auf Beseitigung oder Unterlassung;

numerus   – die im Schuldrecht bestehende vertragliche Gestaltungsfreiheit (s. o. 6.6.6) gilt
clausus   hier nicht – vielmehr stellt das BGB einen numerus clausus der Sachenrechte zur
Verfügung, innerhalb dessen Typenzwang besteht;

Publizität   – dingliche Rechte müssen äußerlich erkennbar sein, sog. Publizitätsprinzip. Bei
der Einräumung und Übertragung der dinglichen Rechte muss diese Offenkun-
digkeit daher gewahrt werden durch den Besitz (beweglicher Sachen) bzw. die
Eintragung im Grundbuch (Grundstücke). Bei der Übereignung beweglicher
Sachen sind die Einigung über den Eigentumsübergang und die Übergabe der
Sache erforderlich, § 929 BGB, und bei der Übereignung von Grundstücken die
als Auflassung bezeichnete Einigung der Parteien (grundsätzlich in notarieller
Form, § 925 BGB) sowie die Eintragung der Rechtsänderung im Grundbuch,
§ 873 BGB;

– dingliche Rechte sind nur an ganz bestimmten einzelnen Sachen möglich, nicht aber an Sachgesamtheiten (s. o. 4.1.5, 4.4.1), Grundsatz der Spezialität bzw. Bestimmtheitsgrundsatz;   Spezialität

– dingliche Rechte können grundsätzlich nur einmal übertragen werden. Wem sie der Berechtigte zuerst übertragen hat, dem stehen sie auch zu, Grundsatz der Priorität (dabei sind aber u. U. die Möglichkeiten des gutgläubigen Erwerbs, vgl. die §§ 932 ff. BGB, zu beachten; s. a. oben 6.2.4);   Priorität

– bei dinglichen Rechten ist auf das Abstraktions- bzw. Trennungsprinzip (s. o. 5), also die Scheidung von Schuld- und Sachenrecht, zu achten. Die Frage, warum sich jemand etwa verpflichtet, ein dingliches Recht zu übertragen bzw. zu belasten, das sog. Verpflichtungsgeschäft („*ob*" bzw. „*warum*"), ist strikt vom sachenrechtlichen Verfügungsgeschäft („*wie*") zu trennen. Beide Rechtsgeschäfte sind gesondert zu beurteilen (s. a. 6.2.5, 8.8.2 bzw. die Schaubilder 39, 41 und 123).   Abstraktheit / „wie"/ „warum"

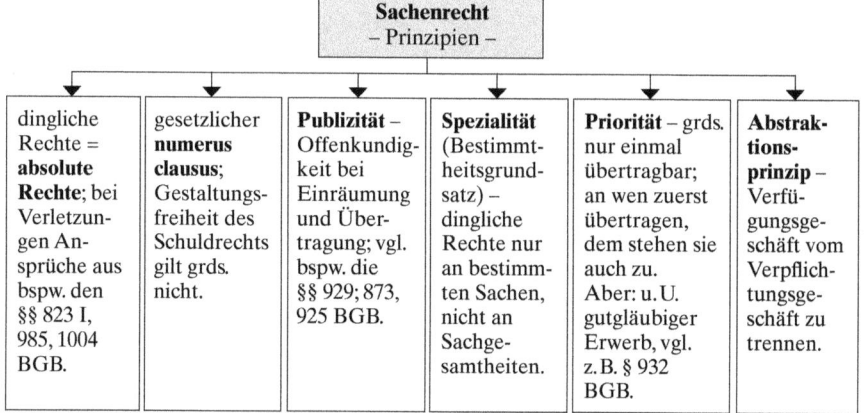

Sachenrecht
– Prinzipien –

| dingliche Rechte = **absolute Rechte**; bei Verletzungen Ansprüche aus bspw. den §§ 823 I, 985, 1004 BGB. | gesetzlicher **numerus clausus**; Gestaltungsfreiheit des Schuldrechts gilt grds. nicht. | **Publizität** – Offenkundigkeit bei Einräumung und Übertragung; vgl. bspw. die §§ 929; 873, 925 BGB. | **Spezialität** (Bestimmtheitsgrundsatz) – dingliche Rechte nur an bestimmten Sachen, nicht an Sachgesamtheiten. | **Priorität** – grds. nur einmal übertragbar; an wen zuerst übertragen, dem stehen sie auch zu. Aber: u. U. gutgläubiger Erwerb, vgl. z. B. § 932 BGB. | **Abstraktionsprinzip** – Verfügungsgeschäft vom Verpflichtungsgeschäft zu trennen. |

Schaubild 179: Prinzipien des Sachenrechts

15.3 Eigentum

Der zentrale Begriff des Sachenrechts ist das Eigentum (das „rechtlich Meine"). Es ist das umfassendste Herrschaftsrecht einer Person über eine Sache (s. o. 2.1, 4.2.4; vgl. Schaubild 35), mit der sie grundsätzlich nach Belieben verfahren und hinsichtlich derer sie andere von jeder Einwirkung ausschließen kann, § 903 BGB. Das Eigentumsrecht ist durch Art. 14 GG garantiert (ungeachtet vielfältiger öffentlich-rechtlicher Beschränkungen wie bspw. Bau-, Wasser-, Wege-, Denkmalschutz-, Abfallrecht). *Das Eigentumsrecht ist vom (bloßen) Besitz (s. u. 15.4) zu unterscheiden:* Dieser bedeutet die tatsächliche Herrschaft an einer Sache (die auch ein Nichteigentümer ausüben kann), jenes dagegen bedeutet die umfassende rechtliche Befugnis zu tatsächlichen und rechtlichen Herrschaftshandlungen wie etwa Verbrauch, Benutzung, Belastung, Veräußerung.   Herrschaftsrecht

| Besitz und Eigentum – unterschiedliche Rechtsinstitute ||
Besitz	**Eigentum**
– tatsächliche Sachherrschaft, § 854 BGB – Besitzer kann/muss nicht Eigentümer sein – Besitz lässt Eigentum vermuten, §§ 929, 932, 1006 BGB	– rechtliche Sachherrschaft, § 903 BGB – Eigentümer kann/muss nicht (unmittelbarer) Besitzer sein – Eigentum lässt auf Besitz schließen
Beispiele: Selbstbewohnender Hausherr, Mieter, Finder, Dieb	Beispiele: Selbstbewohnender Hausherr, Vermieter, Verlierer, Bestohlener

Schaubild 180: Besitz und Eigentum – unterschiedliche Rechtsinstitute

15.3.1 Formen

**Allein-/
Miteigentum**

Gehört eine Sache nur einer Person, so spricht man vom Alleineigentum; steht die Sache mehreren Personen zu, so sind diese Miteigentümer, §§ 1008 ff. BGB. Miteigentum in der Form des Bruchteileigentums bedeutet dabei, dass jeder Miteigentümer über seinen Anteil frei verfügen kann. Die Sache ist allerdings nicht real, sondern das sich auf die ganze Sache beziehende Eigentumsrecht ist ideell geteilt. Das Bruchteilseigentum ist daher eine Unterart der Bruchteilsgemeinschaft i. S. d. §§ 741 ff. BGB.

Beispiele: Das Eigentum an einer Eigentumswohnung (vgl. die Regeln des WEG); Übereignung einer Sache an mehrere Erwerber; Verbindung (§ 947 I BGB); Vermischung (§ 948 BGB); Vereinigung von Bienenschwärmen (§ 963 BGB); Schatzfund (§ 984 BGB).

**Gesamthands-
eigentum
(-gemeinschaft)**

Beim Miteigentum in Form des Gesamthandseigentums dagegen steht das Eigentum mehreren Personen dergestalt zu, dass diese gemeinsam Eigentümer des gesamten Gegenstandes und nicht nur eines Bruchteils sind, der Einzelne also nicht über seinen Anteil an den jeweiligen zum Gesamthandsvermögen gehörenden Gegenständen verfügen kann (wohl aber über seinen ganzen Gesamthandsanteil).

Beispiele: Erbengemeinschaft (§§ 2032 ff. BGB); Gesellschaft bürgerlichen Rechts (§§ 718, 719 BGB); (und gemäß der §§ 105 III, 161 II HGB, 7 II PartGG) oHG, KG, Partnerschaft; eheliche Gütergemeinschaft (§ 1416 BGB).

15.3.2 Rechtsgeschäftlicher Eigentumserwerb an beweglichen Sachen

Der Eigentumserwerb kann rechtsgeschäftlich oder kraft Gesetzes erfolgen. Für den Erwerb des Eigentums an beweglichen sowie unbeweglichen Sachen gelten unterschiedliche Rechtsregeln.

Der rechtsgeschäftliche Eigentumserwerb an beweglichen Sachen erfordert gemäß § 929 S. 1 BGB die Einigung zwischen Veräußerer und Erwerber sowie die Übergabe der Sache. Außerdem muss der Veräußerer berechtigt sein, die Verfügung (s. o. 6.2.4) vorzunehmen:

Zu beachten sind bei einer Eigentumsübertragung bzw. Übereignung (zum Sprachgebrauch s. o. 5.1) also

– Einigung,
– Übergabe,
– Berechtigung.

344

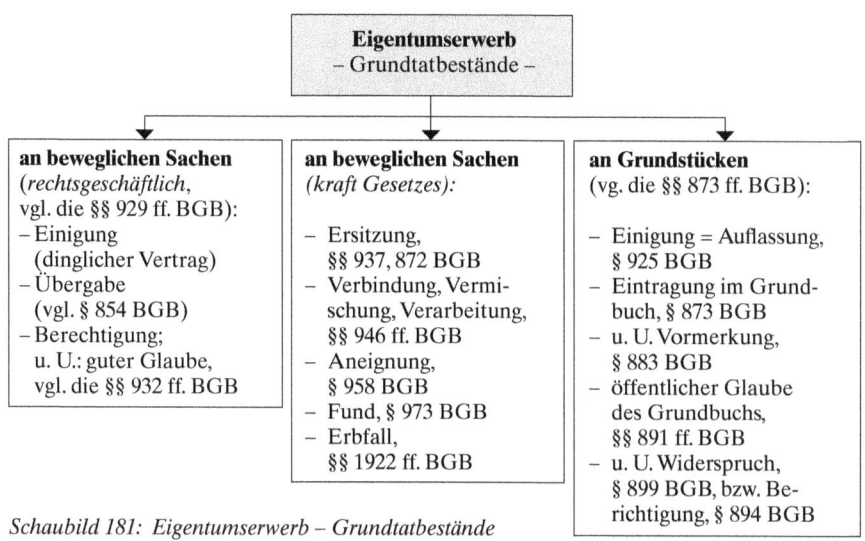

Eigentumserwerb
– Grundtatbestände –

an beweglichen Sachen (*rechtsgeschäftlich,* vgl. die §§ 929 ff. BGB):	**an beweglichen Sachen** *(kraft Gesetzes):*	**an Grundstücken** (vg. die §§ 873 ff. BGB):
– Einigung (dinglicher Vertrag) – Übergabe (vgl. § 854 BGB) – Berechtigung; u. U.: guter Glaube, vgl. die §§ 932 ff. BGB	– Ersitzung, §§ 937, 872 BGB – Verbindung, Vermischung, Verarbeitung, §§ 946 ff. BGB – Aneignung, § 958 BGB – Fund, § 973 BGB – Erbfall, §§ 1922 ff. BGB	– Einigung = Auflassung, § 925 BGB – Eintragung im Grundbuch, § 873 BGB – u. U. Vormerkung, § 883 BGB – öffentlicher Glaube des Grundbuchs, §§ 891 ff. BGB – u. U. Widerspruch, § 899 BGB, bzw. Berichtigung, § 894 BGB

Schaubild 181: Eigentumserwerb – Grundtatbestände

15.3.2.1 Einigung

Die Einigung (*„sich einig sein"*, d. h. *„sich vertragen"*) ist ein dinglicher (sachenrechtlicher) Vertrag, auf den die allgemeinen Vorschriften über Willenserklärungen bzw. Verträge Anwendung finden (s. o. 6.3, 6.6). Die Einigung i. S. d. § 929 S. 1 BGB ist dabei seitens des Veräußerers auf die Erklärung der Eigentumsübertragung, seitens des Erwerbers auf die Erklärung des Eigentumserwerbs gerichtet.   Einigung

Beispiel: Der (bisherige) Eigentümer erklärt (sinngemäß): „Ich trage Ihnen an den Übergang des Eigentums an meiner Werkzeugmaschine Typ XY", und der Erwerber erklärt dementsprechend: „Ich nehme dieses Eigentumsübertragungsangebot an". (Diese Erklärungen erfolgen i. d. R. nicht ausdrücklich, wohl aber konkludent; s. o. 6.3.1.1; s. a. 6.6.1 f.).

Vom zugrunde liegenden kausalen Rechtsgeschäft ist die Einigung strikt zu trennen, Trennungs- bzw. Abstraktionsprinzip, *§ 929 S. 1 BGB regelt (nur) das „wie" der Eigentumsübertragung, nicht aber das „warum"* (s. o. 5.1, 6.2.4 f., 8.8.2, 15.2 a. E.).

Die Einigung kann ggf. aufschiebend bedingt sein.

Beispiel: So ist es etwa beim Kauf unter Eigentumsvorbehalt, §§ 433, 449, 929, 158 I BGB (s. o. 6.5; 10.2.8; 10.7.1). Hier steht die auf die Eigentumsübertragung gerichtete Willenserklärung des Veräußerers unter der aufschiebenden Bedingung der vollständigen Kaufpreiszahlung durch den Erwerber; mit Eintritt dieser Bedingung erlangt der Erwerber dann grds. automatisch Eigentum (vorab erlangt er eine sog. Anwartschaft, s. o. 10.2.8 bzw. Schaubild 136).   Eigentumsvorbehalt

Bei der Einigung können sich der Eigentümer und der Erwerber auch jeweils rechtsgeschäftlich vertreten lassen, § 164 I 1 BGB (s. o. 7).   Vertretung

Beispiel: Der Verkaufsmitarbeiter in einem Ladengeschäft übereignet (als rechtsgeschäftlicher Vertreter des Ladeninhabers und Wareneigentümers) die Ware an einen Angestellten, der die Ware dort für seinen Arbeitgeber (den er rechtsgeschäftlich vertritt) erwirbt (zur Übereignung „an den, den es angeht", s. o. 7.4.3 a. E.). (S. a. 10.9.3.4 a. E.).

15.3.2.2 Übergabe

Übergabe Ist der Erwerber im Besitz der Sache, so genügt diese Einigung alleine, § 929 S. 2 BGB. Ansonsten ist ein zusätzlicher Publizitätsakt erforderlich, nämlich die tatsächliche Übergabe der veräußerten Sache, vgl. § 929 S. 1 BGB. Damit ist die Übertragung des (unmittelbaren) Besitzes (s. u. 15.4), § 854 BGB, an den Erwerber gemeint.

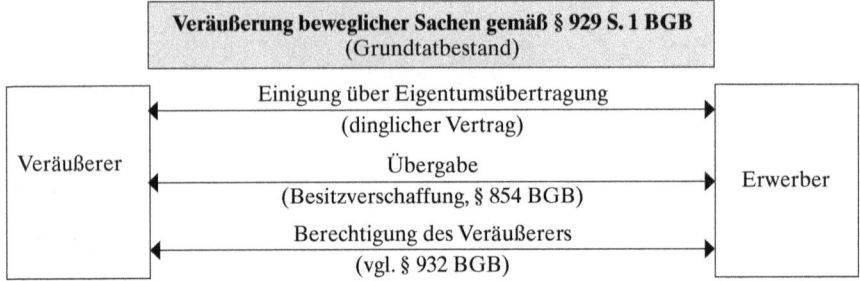

Schaubild 182: Veräußerung beweglicher Sachen (§ 929 S. 1 BGB)

Surrogate Diese körperliche Übergabe der Sache kann aber durch sogenannte Übergabesurrogate ersetzt werden:

– Ist der Erwerber bereits im unmittelbaren Besitz der Sache (§ 854 BGB), so reicht die Einigung aus, § 929 S. 2 BGB.

Beispiel: Der bisherige Mieter einer Maschine erwirbt sie nunmehr käuflich (§ 433 BGB); jetzt reicht die Einigung, § 929 S. 1 BGB, zwischen ihm und dem Veräußerer (= bisheriger Vermieter) zum Eigentumserwerb aus;

– der im Besitz der Sache sich befindliche Eigentümer kann mit dem Erwerber ein Rechtsverhältnis vereinbaren, kraft dessen er unmittelbarer Besitzer der Sache bleibt und der Erwerber den mittelbaren Besitz erhält (der Veräußerer also für ihn besitzt, § 868 BGB) – das nennt man Besitzkonstitut, § 930 BGB (s. u. 15.4.3).

Sicherungs-
übereignung Diese Möglichkeit nutzt die Praxis des Kreditsicherungsrechts (s. o. 10.7.1) insbesondere bei der sog. Sicherungsübereignung:

Dabei überträgt der Schuldner (etwa eines Gelddarlehens) dem Gläubiger (etwa der kreditierenden Bank) zur Sicherung der Darlehensrückzahlungsforderung das Eigentum an einer beweglichen Sache, dem Sicherungsgut, und bleibt unmittelbarer Besitzer, während der Gläubiger Eigentümer und mittelbarer Besitzer wird. Der Gläubiger erlangt dadurch also Volleigentum und ist damit über

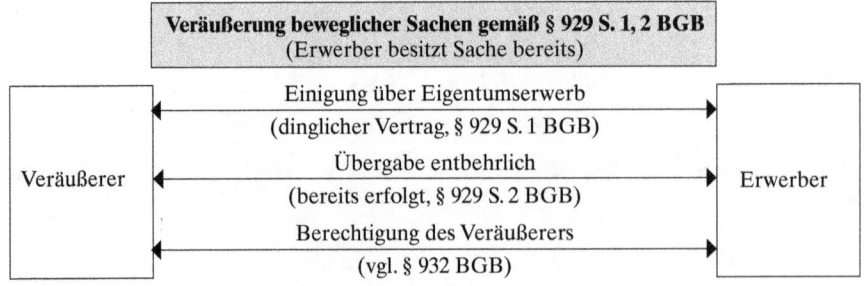

Schaubild 183: Veräußerung beweglicher Sachen (§ 929 S. 2 BGB)

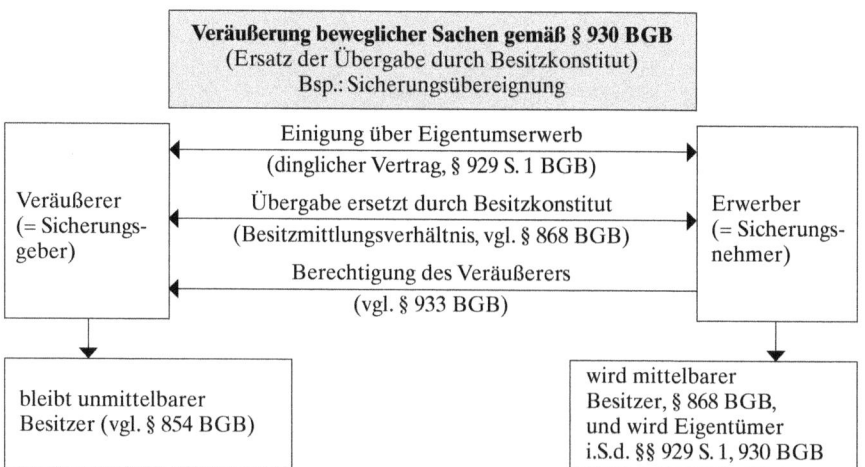

Veräußerung beweglicher Sachen gemäß § 930 BGB
(Ersatz der Übergabe durch Besitzkonstitut)
Bsp.: Sicherungsübereignung

Veräußerer
(= Sicherungs-
geber)

Einigung über Eigentumserwerb
(dinglicher Vertrag, § 929 S. 1 BGB)

Übergabe ersetzt durch Besitzkonstitut
(Besitzmittlungsverhältnis, vgl. § 868 BGB)

Berechtigung des Veräußerers
(vgl. § 933 BGB)

Erwerber
(= Sicherungs-
nehmer)

bleibt unmittelbarer
Besitzer (vgl. § 854 BGB)

wird mittelbarer
Besitzer, § 868 BGB,
und wird Eigentümer
i.S.d. §§ 929 S. 1, 930 BGB

Schaubild 184: Veräußerung beweglicher Sachen (§ 930 BGB)

den Darlehensrückzahlungsanspruch (§ 488 BGB) hinaus zusätzlich dinglich gesichert; er kann ggf. das Sicherungsgut herausverlangen und verwerten.

Beispiele: Der Unternehmer U und die kreditierende Bank B einigen sich i. S. d. § 929 S. 1 BGB darüber, dass das Eigentum an einer Maschine des U zur Sicherheit für einen Kredit auf die B übergeht (Einigung, s. o.). Die Übergabe der Maschine (mit der der U weiterarbeiten will/soll) erfolgt aber nicht, wie von § 929 S. 1 BGB (eigentlich) gefordert, unmittelbar durch körperliche Übergabe (§ 854 BGB, Verschaffung des unmittelbaren Besitzes) – vielmehr wird vereinbart, dass der unmittelbarer Besitzer bleibende U für die B als mittelbare Besitzerin besitzt (vgl. § 868 BGB). Wird der Kredit notleidend (sog. Sicherungsfall), so kann die B die Maschine herausverlangen, § 985 BGB, und durch freihändigen Verkauf oder öffentliche Versteigerung, entsprechend den §§ 1233 ff. BGB (s. u. 15.6; dort s. a. zum sog. [Faust-]Pfandrecht), verwerten (nach Rückzahlung des Darlehens hat die B das Eigentum wieder zurückzuübertragen bzw. wird die Sicherungsübereignung grds. regelmäßig auflösend bedingt vereinbart, § 158 II BGB [s.o. 6.5], sodass das Eigentum dann per se an U zurückfällt). Oder: Sicherungsübereignungen finden sich bspw. oftmals auch beim kreditfinanzierten Kfz-Kauf (s. a. 14.3.1) sowie etwa ebenfalls im Kunstbereich, wenn bspw. ein wertvolles Bild als Sicherungsgut dient. Die Sicherungsübereignung ist damit ein in der Praxis besonders wichtiges Kreditsicherungsmittel (s. o. 10.7.1). (Bei Sachgesamtheiten ist der Bestimmtheitsgrundsatz zu beachten; s.o. 4.1.5, 15.2).   *Kreditsicherung*

Wird das ganze Warenlager, mit wechselndem Bestand, mittels AGBen (s. o. 6.7) sicherungsübereignet (oder werden global Kundenforderungen sicherungsabgetreten, s. o. 8.8.4), so hat der Sicherungsgeber grds. einen Freigabeanspruch bezüglich des 110 % der gesicherten Forderungen überschreitenden Teiles der Sicherungsgegenstände; dieser Freigabeanspruch besteht aber i. d. R. erst dann, wenn der Marktpreis (bzw. der Einkaufs- oder Herstellungspreis) der sicherungsübereigneten Waren 150 % der gesicherten Forderungen ausmacht;

– ist der Eigentümer nicht im Besitz der Sache, kann die Übergabe dadurch ersetzt werden, dass er seinen Herausgabeanspruch gegen den besitzenden Dritten an den Erwerber abtritt, §§ 931, 398 BGB.   *Abtretung*

Beispiel: Der Eigentümer eines Mietwagens einigt sich mit dem Erwerber über den Eigentumsübergang (§ 929 S. 1 BGB) und tritt seinen Herausgabeanspruch i. S. d. § 546 I BGB gegen den Mieter an den Erwerber gemäß § 398 BGB ab (s. a. § 870 BGB).

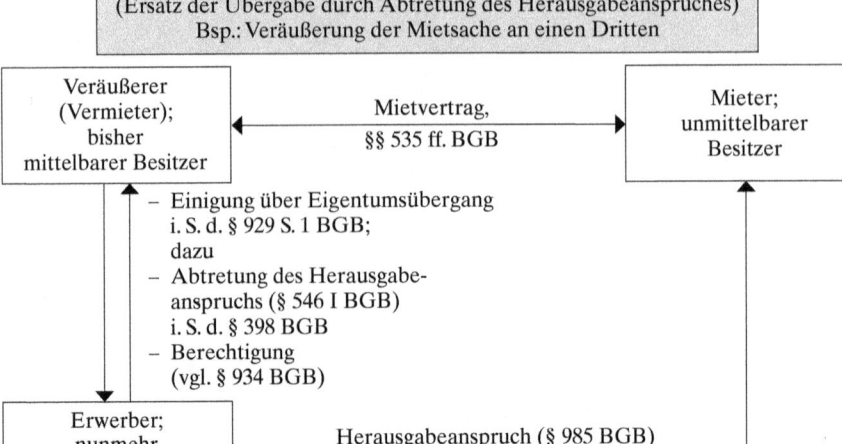

Schaubild 185: Veräußerung beweglicher Sachen (§ 931 BGB)

15.3.2.3 Berechtigung

Berechtigung

Weitere Voraussetzung neben Einigung und Übergabe ist die Berechtigung des Verfügenden. Regelmäßig ergibt sich die Verfügungsbefugnis aus der Eigentümerstellung des Veräußerers; möglich ist aber auch die vom Eigentümer dem Verfügenden erteilte Ermächtigung, § 185 BGB (Zustimmung), bzw. Vertreterstellung (§ 164 I BGB; s. o. 7.4; 15.3.2.1 a. E.).

Beispiel: Beim (sog. verlängerten Ver-)Kauf unter Eigentumsvorbehalt (§§ 433, 449, 929, 158 I BGB) stimmt der Großhändler der Weiterveräußerung der Vorbehaltsware durch den Einzelhändler regelmäßig von vornherein zu, § 185 I BGB – der Endverbraucher erwirbt also unmittelbar Eigentum (vom Großhändler), §§ 929 S. 1, 185 I BGB (s. o. 10.2.8; 15.3.2.1; 10.9.3.4).

gutgläubiger Erwerb

Ist der Veräußerer jedoch nicht berechtigt, das Eigentum zu übertragen, so lassen die §§ 932 ff. BGB u. U. den gutgläubigen Eigentumserwerb zu; hierauf wurde oben 6.2.4 bzw. 10.2.10 bereits im Zusammenhang mit der Erfüllung der Verpflichtungen des Verkäufers beim Kaufrecht hingewiesen (vgl. Schaubild 139). Danach wird der Erwerber, der nicht bösgläubig sein darf, § 932 II BGB, dann Eigentümer, wenn er in gutem Glauben an das Eigentum des Veräußerers ist, der aber tatsächlich nicht das Eigentum innehat bzw. nicht verfügungsberechtigt ist.

Beispiele: Der Entleiher eines Laptops veräußert es an einen Erwerber, der nichts von dem Leihverhältnis weiß; der Erbe veräußert ein Gemälde, das der Erblasser nur geliehen hatte, an einen Nichtsahnenden (s. o. das Beispiel 13.2.3 a. E.); aber: Der Erwerber ist bösgläubig, wenn er sich beim Gebrauchtwagenkauf nicht aufgrund der Eintragungen in Kfz-Brief bzw. Zulassungsbescheinigung II davon überzeugt, dass der Veräußerer verfügungsbefugt ist; ebenso ist es ggf. bei Veräußerungen zum Schleuderpreis (s. o. 6.2.4).

Bezüglich der in den §§ 930, 931 BGB geregelten Übergabesurrogate erlauben die §§ 933, 934 BGB ggf. den gutgläubigen Erwerb.

Diebstahl

Bei Diebstahl, Verlust oder sonstigem Abhandenkommen schließt § 935 I BGB den gutgläubigen Eigentumserwerb jedoch aus (nicht aber für Geld, Inhaberpapiere oder öffentlich versteigerte Sachen, bei denen der Verkehrsschutz greift, § 935 II BGB).

Beispiele: Der Mantel wird gestohlen, liegengelassen; aber auch: Ein Geschäftsunfähiger gibt die Sache weg (*abhandenkommen = unfreiwilliger Verlust des unmittelbaren Besitzes*, s. u. 15.4.2 f.), vgl. § 935 I BGB. Verkauft der Dieb die gestohlene Sache an einen gutgläubigen Dritten, der wegen § 935 I BGB kein Eigentum daran erwirbt, so steht diesem wegen Nichterfüllung des Kaufvertrages, § 433 I 1 BGB, Schadensersatz gegen den Dieb zu, §§ 280 I, III, 281, 311 a II BGB (s. a. 2.6.2 a. E., 10.2.10, 10.2.1 a. E., 9.3.2.3; 8.8.1). *Anders aber:* Wirksame Weiterveräußerung gestohlenen Geldes oder einer Inhaberaktie (§ 10 I 1. Alt. AktG), vgl. § 935 II BGB.

Der Berechtigte kann ggf. eine vom Nichtberechtigten getroffene Verfügung (später) genehmigen, § 185 II BGB, so dass sie wirksam wird und er rückwirkend (vgl. § 184 I BGB) zwar das Eigentum verliert, aber ggf. das Erlangte herausverlangen kann (vgl. § 816 I 1 BGB). — Genehmigung

Beispiel: Der A stiehlt dem B ein Bild und veräußert dieses an den nicht mehr auffindbaren C für 5000,– €. Zwar könnte der A dem C (zunächst) kein Eigentum verschaffen (§§ 929, 932, 935 I BGB), wenn aber der B nunmehr diese Verfügung des A genehmigt (§§ 185 II, 184 I BGB), dann erwirbt der C doch Eigentum und der B kann von A die erlangten 5000,– € herausverlangen, § 816 I 1 BGB (s. o. 6.5; 10.2.10; 11.4; s. a. 2.6.2 a. E.; Schaubild 51).

Beim gutgläubigen Erwerb aufgrund der §§ 932–934 BGB verfügt der Veräußerer als Nichtberechtigter – er muss gemäß § 816 I 1 BGB dem früheren Eigentümer das durch die Verfügung Erlangte herausgeben (s. o. 11.4). — Rechtsfolgen

Beispiel: Der Mieter eines Gerätes veräußert es für € 350,– an einen gutgläubigen Bekannten; das Geld muss er dem Vermieter herausgeben.

Der gutgläubige Erwerber wird demgegenüber uneingeschränkter Eigentümer der Sache; der frühere Eigentümer hat gegen ihn weder Ansprüche aus § 823 I BGB noch aus § 985 BGB – denn wer gutgläubig Eigentum erwirbt, begeht keine tatbestandliche Eigentumsverletzung (i. S. d. § 823 I BGB) gegenüber dem „Alteigentümer", und da dieser Eigentum verliert, ist er auch nicht mehr „Eigentümer" im Wortsinne des § 985 BGB.

Beispiel: A verleiht (§§ 598 ff. BGB) sein Fahrrad an B. B veräußert es für € 200,– an den gutgläubigen C. Die Übereignung B – C ist gemäß der §§ 929 S. 1, 932 I, II BGB wirksam (§ 935 BGB greift nicht), d. h., C ist zu Lasten des A Eigentümer geworden. A hat daher

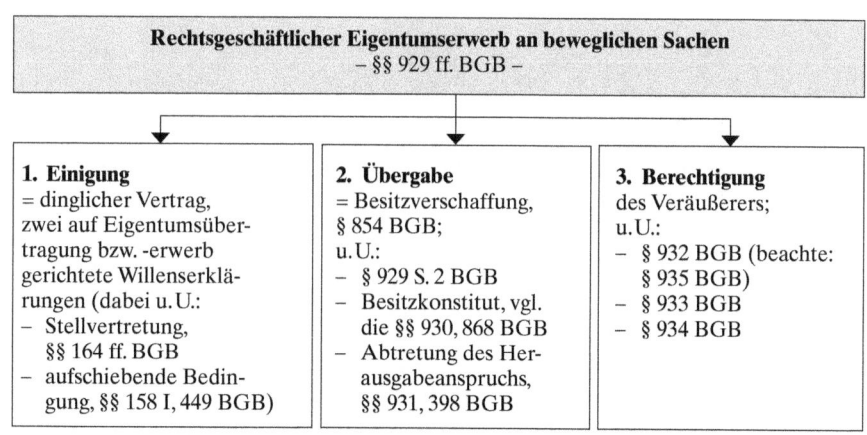

Rechtsgeschäftlicher Eigentumserwerb an beweglichen Sachen – §§ 929 ff. BGB –		
1. Einigung = dinglicher Vertrag, zwei auf Eigentumsüber- tragung bzw. -erwerb gerichtete Willenserklä- rungen (dabei u. U.: – Stellvertretung, §§ 164 ff. BGB – aufschiebende Bedin- gung, §§ 158 I, 449 BGB)	**2. Übergabe** = Besitzverschaffung, § 854 BGB; u. U.: – § 929 S. 2 BGB – Besitzkonstitut, vgl. die §§ 930, 868 BGB – Abtretung des Her- ausgabeanspruchs, §§ 931, 398 BGB	**3. Berechtigung** des Veräußerers; u. U.: – § 932 BGB (beachte: § 935 BGB) – § 933 BGB – § 934 BGB

Schaubild 186: Rechtsgeschäftlicher Eigentumserwerb (bewegliche Sachen)

keinen Herausgabeanspruch gegen C aus § 985 BGB. A kann aber gemäß § 816 I 1 BGB von B Herausgabe der € 200,– verlangen, da die von B getroffene Verfügung (Eigentumsübertragung an C) gegenüber dem B wegen § 932 BGB wirksam ist (s. o. 11.4). (Hinzu treten ggf. Ansprüche des A gegen den B aus den §§ 604 I, 280 I, 285, 275 IV BGB – s. o. 9.3.1 a. E. –, bzw. § 823 I BGB oder § 823 II BGB i. V. m. § 246 StGB; s. a. 2.6.2; 9.3.2.2; 10.2.10).

Ist der Erwerber hinsichtlich eines dinglichen Rechtes eines Dritten an einer Sache gutgläubig, so erlöschen diese Rechte gemäß § 936 BGB.

Beispiel: Weiß der Erwerber nichts vom Bestehen eines Pfandrechts oder Nießbrauchs, so erwirbt er das Eigentum lastenfrei.

Kaufleute | Ist der Veräußerer Kaufmann i. S. d. §§ 1 ff. HGB, wird auch der gute Glaube an die Veräußerungsbefugnis geschützt, § 366 I, II HGB (s. o. 10.2.10).

Beispiel: Der Kaufmann V erklärt dem Käufer K, er habe den Kaufgegenstand – eine Maschine – für den Eigentümer E in Kommission genommen, und übereignet dem K die Maschine: Gemäß § 366 HGB gelten die §§ 932, 935 BGB und der K wird Eigentümer, obwohl er weiß, dass nicht V, sondern E Eigentümer ist (s. o. 10.2.10 a. E.).

15.3.3 Gesetzlicher Eigentumserwerb an beweglichen Sachen

Erwerb kraft Gesetzes | Das BGB kennt aber neben diesen soeben dargestellten Regeln des rechtsgeschäftlichen Eigentumserwerbes beweglicher Sachen auch deren Erwerb kraft Gesetzes:

– So bei der Ersitzung nach zehnjährigem ununterbrochenen gutgläubigen Eigenbesitz einer beweglichen Sache, §§ 937, 872 BGB,

  Beispiel: der redliche Käufer eines gestohlenen Schmuckstückes (vgl. die §§ 929, 932, 935 BGB) hat es 10 Jahre lang in Eigenbesitz;

– bei Verbindung, Vermischung oder Verarbeitung, §§ 946 ff. BGB (s. a. oben 4.1.2, 10.2.8, 10.10.3.1; Realakte, 6.3.3.2),

  Beispiele: Einbau von Baumaterialien in ein Gebäude; Zusammenschütten von Weintrauben; Aufkleben einer Briefmarke; Herstellung einer Maschine aus Einzelteilen; Teigherstellung durch Vermengen von Hefe, Mehl und Wasser; Verarbeitung eines gestohlenen Kalbes zu Fleisch und Wurst, § 950 I BGB (der Verarbeitende ist jedoch dem Bestohlenen gemäß § 951 BGB bereicherungsrechtlich [vgl. § 812 I 1 2. Alt. BGB; s. o. 11.4] verpflichtet); so wird bspw. etwa gemäß § 950 I BGB auch der berühmte Maler Eigentümer eines ihm zum Bemalen gereichten Blattes Papier, ebenso der Staatsmann Eigentümer der von seinem „Ghostwriter" zur Fertigung der Memoiren mitgebrachten, aber von ihm, dem Staatsmann, besprochenen Tonbänder;

– Aneignung, § 958 BGB, Fund, § 973 BGB,

  Beispiele: jemand nimmt eine weggeworfene (herrenlos gewordene) Zeitung an sich, §§ 959, 856, 872, 958 I BGB; ein Imker nimmt einen ausgezogenen, herrenlos gewordenen Bienenschwarm an sich, §§ 961, 958 I BGB; der Finder eines Diamantringes wird sechs Monate nach Anzeige des Fundes Eigentümer, §§ 973 I 1, 965 BGB (zum Schatzfund vgl. § 984 BGB);

– beim Erbfall, §§ 1922 ff. BGB,

  Beispiel: mit dem Tod des Erblassers wird dessen (gesetzlicher oder testamentarischer) Erbe Eigentümer seiner beweglichen und unbeweglichen Habe.

Geldausgleich | Demjenigen, der aufgrund der in den §§ 946–950 BGB getroffenen Regelungen einen Rechtsverlust erleidet, steht gemäß § 951 I 1 BGB nach den Regeln über die ungerechtfertigte Bereicherung (s. o. 11) ein Geldausgleich zu.

Beispiel: A und B sind gemeinschaftlich Miteigentümer eines Grundstückes. Mit Einverständnis des B pflanzt A mehrere teure Bäume und Sträucher darauf, für die A € 10 000,– zahlen musste. Nach den §§ 946, 93, 94 I 2 BGB verliert A, da B ideeller (hälftiger) Miteigentümer der Pflanzen wird, jeweils hälftig (ideelles) Eigentum daran – wegen der §§ 951 I 1, 812 I 1 2. Alt. BGB (Bereicherung in sonstiger Weise, nämlich durch einen tatsächlichen Vorgang) kann der A von B somit € 5000,– verlangen.

Wichtig ist auch der gesetzliche Eigentumserwerb in der Zwangsversteigerung, vgl. die §§ 55, 90 II ZVG, §§ 817, 865 ZPO.

15.3.4 Eigentumserwerb an Grundstücken

Bei Grundstücken (s. o. 4.1.1.2) erfolgt der rechtsgeschäftliche Eigentumserwerb durch Einigung – Auflassung genannt, vgl. § 925 BGB – und Eintragung im Grundbuch, § 873 BGB (für die Belastung eines Grundstückes mit einem dinglichen Recht gilt dies auch). Ebenso muss der Veräußerer zur Eigentumsübertragung berechtigt sein. Erforderlich sind also
Auflassung

– Auflassung,
– Eintragung,
– Berechtigung.

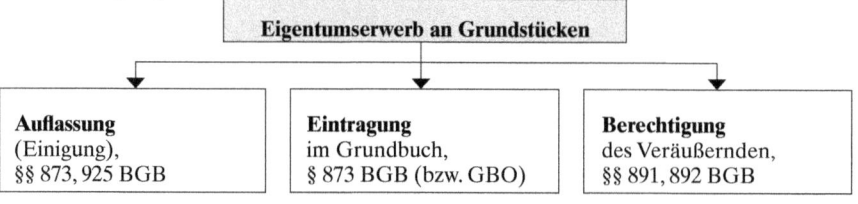

Schaubild 187: Eigentumserwerb an Grundstücken

Beim Eigentumserwerb an Grundstücken gilt (ebenso wie beim Erwerb beweglicher Sachen) i. Ü. insbesondere auch das Abstraktionsprinzip (s. o. 5.1) – die Frage, weswegen ein Grundstück veräußert bzw. erworben wird,
Abstraktionsprinzip

Beispiele: aufgrund eines (Ver-)Kaufs, §§ 433, 311 b I BGB, oder einer Schenkung, §§ 516, 518, 311 b I BGB,

ist von den Regeln, wie dies rechtlich geschieht, zu trennen (vgl. die Schaubilder 35 und 123).
„wie"/ „warum"

Die Erwerbskosten trägt grds. der Käufer, vgl. § 448 II BGB (s. o. 10.2.3 a. E.).

(*Hinweis:* Sonderregelungen finden sich für das Wohnungs- bzw. Teileigentum [mit Wohnungs-, Teileigentumsgrundbuch] insbesondere im WEG, für das Erbbaurecht [mit Erbbaugrundbuch] vornehmlich im ErbbauRG [s. a. oben 4.1.2].)

Auch bei Grundstücken ist ggf. ein gesetzlicher Eigentumserwerb möglich.

Beispiele: Die sog. (Buch-)Ersitzung, § 900 BGB, bei dreißigjähriger Grundbucheintragung als Eigentümer und Eigenbesitzer, § 872 BGB (etwa: der Veräußerer war damals geschäftsunfähig [s. o. 3.1.2.1], §§ 104, 105 BGB, die Auflassung [s. u. 15.3.4.1], §§ 873, 925 BGB, daher nichtig); oder: Das Aufgebotsverfahren zum Ausschluss des Eigentümers nach dreißigjährigem Eigenbesitz, § 927 BGB. Ggf. ist auch die Eigentumsaufgabe möglich, § 928 BGB (s. u. 15.4.3).

15.3.4.1 Auflassung

Die Auflassung erfordert zwei auf Eigentumsübertragung bzw. -erwerb gerichtete Willenserklärungen des Grundstücksveräußerers bzw. -erwerbers.

351

Beispiel: Der (bisherige) Grundstückseigentümer erklärt (sinngemäß): „Ich übertrage Ihnen das Eigentum an meinem Grundstück Flur-Nr. XY", und der Erwerber erklärt dementsprechend sinngemäß: „Ich nehme dieses Eigentumsübertragungsangebot an" (vgl. die Parallele zur Übereignung beweglicher Sachen, s. o. 15.3.1).

formbedürftig
Sie muss bei gleichzeitiger Anwesenheit des Veräußerers und des Erwerbers regelmäßig vor dem Notar erfolgen, §§ 873 I, 925 I BGB (Stellvertretung ist möglich, denn persönliche Anwesenheit wird nicht verlangt, s. o. 7.4.1; die Vollmacht ist dabei ihrerseits ggf. ebenfalls notariell zu beurkunden, s. o. 7.2.3.1 a. E.). Bereits der der Auflassung zugrunde liegende schuldrechtliche Kaufvertrag ist formbedürftig, § 311 b I BGB (s. o. 6.4), d. h., auch der vereinbarte Kaufpreis ist grundsätzlich in tatsächlicher Höhe beurkunden zu lassen.

Beispiel: Die Angabe eines niedrigeren Kaufpreises ist ein (grds. unwirksames) Scheingeschäft, vgl. § 117 I, II BGB; ggf. tritt mit Grundbucheintragung Heilung ein (s. o. 6.8.2.3). Aber: Sobald die Auflassung erklärt und bindend geworden ist, § 873 II BGB, kann der Grundstückskaufvertrag formlos abgeändert werden, da die Verpflichtung zur Eigentumsübertragung (vgl. die §§ 311 b I, 433 I 1 BGB) mit der Auflassung erfüllt ist und damit nicht mehr besteht – d. h., wenn nach der Auflassungsbeurkundung die Parteien etwa (nur) privatschriftlich eine Minderung des Kaufpreises vereinbaren, so ist dies wirksam.

Die Auflassung ist bedingungsfeindlich, § 925 II BGB (s. o. 6.5).

Beispiele: Unzulässig sind daher etwa ein Eigentumsvorbehalt (s. o. 10.2.8) oder eine Auflassung für den Scheidungsfall.

Gebäude
Befindet sich auf einem Grundstück ein Gebäude, so bildet es aufgrund der §§ 94 I 1, 93 BGB einen wesentlichen Bestandteil des Grundstücks. Eine Veräußerung des Grundstücks erfasst demzufolge auch das Gebäude (s. o. 4.1.2).

Beispiel: In einer notariellen Urkunde heißt es, A veräußere an B sein Grundstück Flur-Nr. 123, wobei vom darauf errichteten Gebäude nicht die Rede ist – gleichwohl ist es mitveräußert, vgl. die §§ 433, 311 b I, 128, 873, 925, 93, 94 I 1, 946 BGB.

Zubehör
Wenn sich Grundstücksveräußerer und -erwerber darüber einig sind, dass auch das Grundstückszubehör (s. o. 4.1.3) von der Grundstücksveräußerung erfasst sein soll, wird der Erwerber auch Eigentümer des Grundstückszubehörs, § 926 BGB.

Beispiel: Bei der Veräußerung eines Hotels ist i. d. R. auch der Hotelomnibus mitveräußert, §§ 926, 925, 873, 433, 311 b I, 311 c BGB.

Scheinbestand-
teile
Sog. Scheinbestandteile i. S. d. § 95 BGB werden von den §§ 873, 925 BGB nicht erfasst; sie können von ihrem jeweiligen Eigentümer gemäß § 929 BGB veräußert werden.

Beispiele: Aufgrund von Dienstbarkeiten (§§ 1018 ff. BGB) errichtete Öl-, Gas-, Stromfernleitungen; Windkraftanlagen; Mobilheime auf Campingplätzen; Pferdeställe auf Pachtgrundstücken.

15.3.4.2 Eintragung

Grundbuch-
eintragung
Wie bei anderen Rechten an Grundstücken auch (s. u. 15.5) bedarf es beim Eigentumserwerb an einem Grundstück der Eintragung der Rechtsänderung in das Grundbuch, § 873 BGB.

Das Grundbuch (s. o. 4.1.1.2) ist ein bei den Amtsgerichten (§ 1 GBO) geführtes öffentliches Register, in das alle rechtserheblichen Tatsachen bezüglich Grundstücken eingetragen werden müssen. Jedes Grundstück erhält ein Grundbuchblatt. Dieses besteht aus einem die Lage, die Größe und die Flur-Nr. angebenden Bestandsverzeichnis und drei Abteilungen: Abt. I bezeichnet Eigentümer und Erwerbsgrund, Abt. II Lasten und Beschränkungen (ohne Grundpfandrechte; etwa Wege-, Gas-, Wasser-, Stromleitungs- oder Vorkaufsrechte, Auflassungsvormerkungen), Abt. III Grundpfandrechte (Hypothek, Grundschuld, Rentenschuld). Das Verfahren der Grundbucheintragungen bzw. der Führung des Grundbuchs in maschineller bzw. elektronischer Form regelt die GBO (mit GBV; vgl. die §§ 13 ff., 126 ff., 135 ff. GBO, 4 ff. GBV). Das sich auf die dinglichen Rechte an Grundstücken beziehende Grundbuch ist vom vom Vermessungsamt geführten (Liegenschafts-)Kataster, das die tatsächlichen und steuerlichen Verhältnisse darlegt, zu unterscheiden.

An einem Grundstück können durchaus mehrere dingliche Rechte bestehen; es kommt dann auf die Reihenfolge ihrer Eintragung an, vgl. § 879 BGB (s. u. 15.5). | Reihenfolge/ Rang

Beispiel: Im Grundbuch, Abt. III, finden sich für ein Grundstück folgende Eintragungen:
1. Hypothek für die A-Bank in Höhe von € 50 000,–,
2. Hypothek für die B-Bank in Höhe von € 100 000,–,
3. Grundschuld für den C in Höhe von € 80 000,–.
Werden bei der Zwangsversteigerung des Grundstücks als Erlös nur € 130 000,– erzielt, so erhält die A-Bank zunächst € 50 000,–, und die B-Bank die restlichen € 80 000,–, fällt also mit € 20 000,– aus; C geht völlig leer. (S. a. das Beispiel oben 8.6.1 a. E.).

Um den Erwerber eines Rechtes an einem Grundstück bereits in der Zeit nach der schuldrechtlichen Einräumung bis zur Eintragung im Grundbuch zu sichern, gibt § 883 BGB die Möglichkeit der Eintragung einer sog. Vormerkung. Diese bewirkt als Ankündigung einer alsbald einzutragenden Rechtsänderung, dass eine Verfügung, die nach der Vormerkungseintragung erfolgt, insoweit unwirksam ist, als sie den vorgemerkten Anspruch vereiteln oder beeinträchtigen würde. Daher sind etwa sog. Auflassungsvormerkungen in der Praxis die Regel. | Vormerkung

15.3.4.3 Berechtigung

Das Grundbuch genießt (wie das Handelsregister, s. o. 3.4.6) öffentlichen Glauben. Ist für jemanden ein Recht eingetragen, so wird vermutet, dass es ihm auch zusteht, § 891 BGB. Gemäß § 892 BGB gelten zu Gunsten eines gutgläubigen Erwerbers die Eintragungen im Grundbuch als richtig. Hiernach ist auch der gutgläubige rechtsgeschäftliche Erwerb von Grundstücksrechten möglich. | öffentlicher Glaube

Beispiel: X wird im Grundbuch versehentlich als Eigentümer des Grundstücks des Y eingetragen. Als X dies erfährt, veräußert er das Grundstück sogleich an den gutgläubigen Z: aufgrund der §§ 873, 925, 891 I, 892 I 1 BGB wird der Z Eigentümer. (Z ist nicht gutgläubig, wenn er die Unrichtigkeit des Grundbuchs kennt [grob fahrlässige Unkenntnis reicht – im Gegensatz zu § 932 BGB, s. a. 10.2.10, 15.3.2.3 – grds. nicht aus, daher hat Z auch keine Erkundigungspflicht]).

Bei unzutreffenden Grundbucheinträgen sind daher die Möglichkeiten der Eintragung eines sog. Widerspruchs, § 899 BGB, sowie der Grundbuchberichtigung, § 894 BGB, besonders wichtig (s. a. die §§ 13 ff. GBO). | Widerspruch

15.3.5 Schutz

Das Eigentum (s. a. Schaubild 180) genießt besonderen rechtlichen Schutz:
– Art. 14 GG erhebt es in den Rang eines geschützten Grundrechts;
– gegenüber einem unberechtigten Besitzer kann Herausgabe verlangt werden, § 985 BGB; | Ansprüche aus Eigentum

Beispiele: bei Diebstahl, Unterschlagung, abgelaufener Mietzeit (solange der Mietvertrag dagegen läuft, hat der Mieter die Einwendung des § 986 I BGB und kann die Herausgabe verweigern, s. a. 10.5.1 a. E., 15.4.1);

– bei rechtswidrigen Beeinträchtigungen kann Beseitigung der Störung begehrt werden, § 1004 BGB, ggf. auch Unterlassung; dabei ist § 906 BGB zu beachten (ebenso wie ggf. die Besitzschutzregeln der §§ 858 ff. BGB, s. u. 15.4.4);

Beispiele: übermäßiger Maschinenlärm lässt das Wohnen auf dem Nachbargrundstück zur Tortur werden; Rasenmähen in der Zeit der Mittagsruhe; intensive, lautstarke nächtliche Feiern eines Nachbarn bzw. ausgespäht werden durch dessen kamerabestückte Flugdrohne (§§ 1004 I 2, 823 I BGB; s. a. 2.6.4, 3.1.3.1, 14.2); domain-grabbing (s. a. 3.1.3; 12.4; 18.3.1.2; 19.5 a. E.);

– es ist absolutes, von § 823 I BGB geschütztes Recht; wer es verletzt, schuldet Schadensersatz;

Beispiel: bei einem Verkehrsunfall wird ein Kfz beschädigt (s. o. 4.2.1, 12.2.1);

– gegenüber dem Besitzer entstehen ggf. Nutzungs- oder Schadensersatzansprüche, vgl. die §§ 987 ff. BGB (sog. Eigentümer-Besitzer-Verhältnis; s. o. 8.2.1), betreffend die Ansprüche des Eigentümers gegenüber dem Besitzer wegen Herausgabe der von diesem gezogenen Nutzungen (s. o. 4.1.4) bzw. wegen Beschädigung der Sache;

Beispiel: B erwirbt von D (ohne Kfz-Papiere; s. o. 15.3.2.3) ein Kfz, das dieser dem E gestohlen hat. E kann nunmehr das Auto von B herausverlangen (§ 985 BGB; vgl. § 935 I BGB) und dazu eine Geldleistung wegen der Kfz-Benutzung, §§ 990 I 1, 987, 100 BGB (anders wäre es, wenn der D bspw. die Kfz-Papiere gefälscht und dann dem gutgläubigen B vorgelegt hätte, vgl. § 993 BGB; jetzt müsste der B [nur] das Auto herausgeben und schuldet grds. keinen Nutzungsersatz).

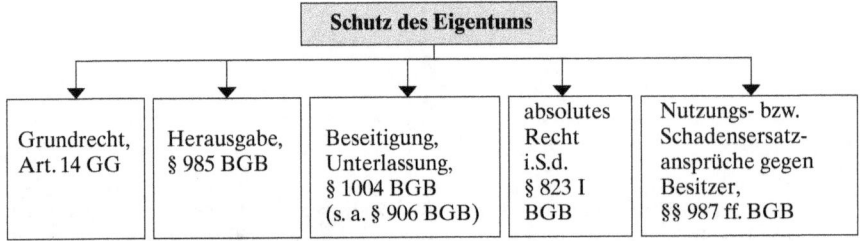

Schaubild 188: Schutz des Eigentums

15.4 Besitz

Sachherrschaft Ein weiterer sachenrechtlicher Schlüsselbegriff ist der (bereits schon mehrfach angesprochene) Besitz (s. a. Schaubild 180). Darunter wird verstanden die tatsächliche Herrschaft einer Person über eine Sache, § 854 BGB. Das Zivilrecht trennt den Besitz als tatsächliches Herrschaftsrecht scharf vom Eigentum als rechtlichem Herrschaftsverhältnis (s. o. 15.3). Die Besitzerlangung ist ein rein tatsächlicher Vorgang (Realakt, s. o. 6.3.3.2), ungeachtet dessen, ob sie berechtigt erfolgt oder aber nicht – auch der Dieb ist Besitzer, auch ein Nichtberechtigter kann Besitz begründen.

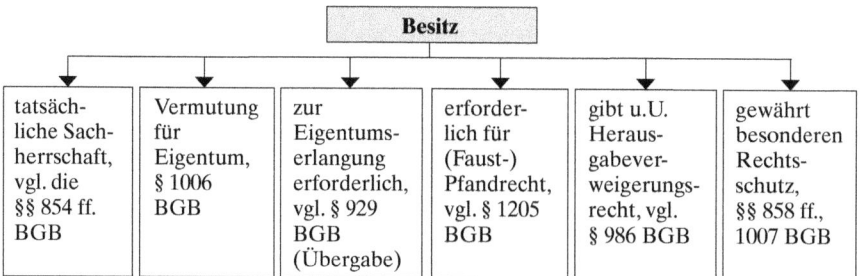

Besitz

| tatsäch-liche Sach-herrschaft, vgl. die §§ 854 ff. BGB | Vermutung für Eigentum, § 1006 BGB | zur Eigentums-erlangung erforderlich, vgl. § 929 BGB (Übergabe) | erforder-lich für (Faust-) Pfandrecht, vgl. § 1205 BGB | gibt u.U. Heraus-gabever-weigerungs-recht, vgl. § 986 BGB | gewährt besonderen Rechts-schutz, §§ 858 ff., 1007 BGB |

Schaubild 189: Besitz

15.4.1 Funktion

Der Besitz hat rechtlich mehrere Funktionen:

Bedeutung

– Er kennzeichnet die tatsächliche Sachherrschaft,

Beispiel: der Wohnungsmieter hat die tatsächliche Verfügungsgewalt über die gemieteten Räume (s. o. 10.5);

– er lässt hinsichtlich beweglicher Sachen vermuten, dass deren Besitzer auch Eigentümer ist, § 1006 BGB,

Beispiel: zugunsten des Besitzers eines Buches wird gemäß § 1006 BGB bis zum Beweis des Gegenteils vermutet, dass er dessen Eigentümer sei;

– er ist zur Eigentumserlangung an beweglichen Sachen erforderlich in Form der Übergabe, vgl. § 929 BGB,

Beispiel: der Bäcker und die Kundin einigen sich über den Eigentumsübergang am Laib Brot, und der Bäcker übergibt ihn ihr dabei, § 929 S. 1 BGB (s. o. 15.3.2);

– er ist ebenso zur Erlangung eines (Faust-)Pfandrechts notwendig, § 1205 BGB,

Beispiel: die Schmuckeigentümerin verpfändet diesen an einen Pfandleiher (s. u. 15.6), dem sie ihn übergibt, § 1205 BGB;

– er gibt ggf. dem Eigentümer gegenüber ein Herausgabeverweigerungsrecht, § 986 BGB,

Beispiel: der Eigentumsvorbehaltskäufer ist dem Herausgabeanspruch des Eigentümers (Vorbehaltsverkäufers) aus § 985 BGB gegenüber besitzberechtigt (s. o. 10.2.8; 15.3.5);

– er gewährt besonderen Rechtsschutz, vgl. die §§ 858 ff., 1007 BGB,

Beispiele: die ihre Umhängetasche Verteidigende haut dem sie ihr zu entreißen versuchenden Dieb auf den Arm und tritt ihn (sog. *Besitzwehr*), § 859 I BGB; der Bestohlene nimmt dem auf frischer Tat betroffenen Dieb die entwendete Sache wieder ab (sog. *Besitzkehr*), § 859 II BGB (s. a. 4.3.1, 15.4.4).

15.4.2 Arten

Es lassen sich verschiedene Arten des Besitzes voneinander unterscheiden.

Besitzt der Besitzer die Sache als ihm gehörig, so ist er Eigenbesitzer, § 872 BGB; besitzt er für einen anderen, so ist er Fremdbesitzer.

Besitzformen

Beispiele: Der selbst besitzende Eigentümer ist Eigenbesitzer; ebenso der Dieb, der die gestohlene Sache behält; der Mieter ist Fremdbesitzer.

Eigenbesitz ist wichtig etwa im Hinblick auf Eigentumserwerb durch Ersitzung, §§ 937 ff. BGB (s. o. 15.3.3), sowie auf Fruchterwerb, § 955 BGB.

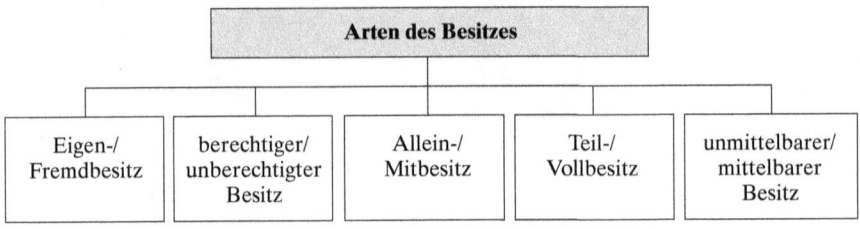

Schaubild 190: Arten des Besitzes

berechtigt/
unberechtigt

Denjenigen, der ein Recht zum Besitz hat,

Beispiele: Eigentümer, Mieter,

nennt man berechtigten Besitzer, ansonsten liegt unberechtigter Besitz,

Beispiel: des Diebes,

vor.

Wer alleine besitzt, ist Alleinbesitzer. Wer eine Sache mit anderen besitzt, ist Mitbesitzer, § 866 BGB.

Beispiele: Der „Single-Mieter" einer Wohnung ist Alleinbesitzer, beim mietenden Paar ist jeder der beiden Mitbesitzer (s. o. 10.5.1; 10.5.7).

Die nur auf einen Teil einer Sache sich beziehende tatsächliche Sachherrschaft nennt man Teilbesitz, die auf die ganze Sache Vollbesitz, vgl. § 865 BGB.

Beispiele: Der Mieter einzelner Räume ist diesbezüglich Teilbesitzer; mehrere Mieter gemeinschaftlich genutzter Räume haben Mitbesitz.

Besitzmittlung

Derjenige, der die unmittelbare Sachherrschaft selbst ausübt, ist unmittelbarer Besitzer (§ 854 BGB); wer sie für einen anderen ausübt, dem gegenüber er aufgrund eines bestimmten Rechtsverhältnisses,

Beispiele: Miete, § 535 BGB, Leihe, § 598 BGB, Nießbrauch, § 1030 BGB, Verwahrung, § 688 BGB,

zum Besitz berechtigt ist, ist unmittelbarer Besitzer und der andere mittelbarer Besitzer, § 868 BGB.

Beispiele: Der Mieter einer Wohnung ist unmittelbarer, der Eigentümer mittelbarer Besitzer (s. a. 10.5.1 a. E., 15.3.2.2). Diese Differenzierung zwischen unmittelbarem und mittelbarem Besitz wird insbesondere auch wichtig bei der Sicherungsübereignung, bei der der Veräußerer für den Sicherungseigentümer besitzt (s. o. 15.3.2.2), sowie beim (Ver-)Kauf unter Eigentumsvorbehalt, bei dem der Käufer Besitzmittler (s. u.) für den Verkäufer ist (s. o. 10.2.8).

Besitzdiener

Wer im Rahmen eines sozialen Abhängigkeitsverhältnisses für den Besitzer als dessen „Werkzeug" den Besitz ausübt, ist selbst nicht Besitzer, vielmehr nur Besitzdiener, § 855 BGB (s. o. 7.3.5).

Beispiele: Hausangestellte, Mitarbeiter eines Unternehmens (s. a. 16): Bei einem lediglich geschäftlich zu nutzenden Dienst-Kfz ist der damit fahrende Arbeitnehmer (s. u. 16.2.2.1) Besitzdiener (§ 855 BGB; s. u. 16.5.5 a. E.), der Arbeitgeber bleibt unmittelbarer Besitzer; bei ihm gestatteter Privatnutzung des Dienst-Kfz ist der Mitarbeiter selbst unmittelbarer, der Arbeitgeber mittelbarer Besitzer (§ 868 BGB). Auch ein (sogar: leitender) Angestellter mit ihm überlassenen Geschäftsräumeschlüsseln ist damit grds. bezüglich ihm zugänglicher Gegenstände lediglich Besitzdiener. (Zum abhandenkommen bzw. gutgläubigen Eigentumserwerb s. u. 15.4.3 a. E.).

15.4.3 Erwerb, Verlust

Unmittelbarer Besitz wird erworben durch Erlangung der tatsächlichen Sachherrschaft.

Begründung

Beispiele: Übergabe der Sache; Übergabe der (Wohnungs- oder Auto-)Schlüssel; Diebstahl; Fund; Vererbung (vgl. § 857 BGB); Ergreifen der Sache durch einen Geschäftsunfähigen (Realakte; s. o. 6.3.3.2).

Auch die Einigung reicht zum Besitzerwerb aus, wenn der Erwerber den Besitz tatsächlich ausüben kann, § 854 II BGB (diese Einigung ist kein Realakt, s. o. 6.3.3.2, vielmehr ein Rechtsgeschäft, s. o. 6.1).

Beispiele: Einigung über Besitzübergang bei einem im Fluss liegenden Boot; bei Holz im Wald, wenn die Forstverwaltung die Holzabfuhrpapiere aushändigt oder die Abfuhr erlaubt.

Der mittelbare Besitz wird durch die Begründung eines Besitzmittlungsverhältnisses i. S. d. § 868 BGB erworben (sog. *Besitzkonstitut* bzw. Besitzvereinbarung).

Besitzkonstitut

Dabei wird unter einem Besitzmittlungsverhältnis ein Rechtsverhältnis verstanden, durch das zeitweise ein Nutzungsrecht bzw. eine Verwahrungspflicht des sein Besitzrecht von dem anderen ableitenden unmittelbaren Besitzers begründet wird.

Beispiele: Überlassung der Wohnung vom Eigentümer an den Mieter (s. o. 10.5.1 a. E., 15.3.2.2). Oder aber: Bei einer Sicherungsübereignung vereinbaren die Parteien, dass der Sicherungsgeber (= bisheriger Eigentümer) für den Sicherungsnehmer (= Sicherungseigentümer) während der Dauer der Sicherungsabrede besitzt; bzw.: Bei einem (Ver-)Kauf unter Eigentumsvorbehalt wird verabredet, dass der Käufer bis zur vollständigen Kaufpreiszahlung besitzberechtigt ist (s. o. 10.2.8).

Beendigt wird der (unmittelbare) Besitz dadurch, dass der Besitzer die tatsächliche Gewalt über die Sache aufgibt oder in anderer Weise nicht nur vorübergehend verliert, § 856 BGB.

Beendigung

Beispiele: Wegwerfen, Liegenlassen, Übergabe; Bestohlenwerden.

Gibt der Eigentümer in der Absicht, auf das Eigentum zu verzichten, den Besitz der Sache auf, so wird sie herrenlos, § 959 BGB (s. o. 6.3.4.4, 15.3.4 a. E.).

Beispiele: Zum Sperrmüll-Geben alter Möbel; Aufkleber auf Katalogen bzw. Telefonbuchlieferungen: „Gilt im Falle der Unzustellbarkeit als preisgegeben"; Mülltonnenaufdruck in der Abflughalle: „Eigentumsaufgabe gemäß § 959 BGB". (Nicht aber bei Tieren, s. o. 3.1.1 a. E.).

Den unfreiwilligen Verlust des unmittelbaren Besitzes nennt man auch „abhandenkommen" (vgl. § 935 BGB; s. o. 15.3.2.3).

„abhandenkommen"

Beispiel: Für den Ausschluss des gutgläubigen Eigentumserwerbs (s. o. 15.3.2.3) bzgl. § 935 I BGB bei Besitzmittlungsverhältnissen reicht abhandenkommen beim unmittelbaren Besitzer aus, § 935 I 2 BGB, ebenso beim Besitzdiener, § 855 BGB (s. o. 15.4.2 a. E.). Aber: Gibt der Besitzdiener eine ihm vom Eigentümer überlassene Sache unbefugt an einen Dritten weg, so ist sie dem Eigentümer abhandengekommen, der sie gemäß § 985 BGB (s. o. 15.3.5) wieder herausverlangen kann (denn der Dritte erwirbt nicht gutgläubig Eigentum, §§ 932, 935 I BGB; anders aber etwa bei § 56 HGB, s. o. 7.8.4).

Der mittelbare Besitz endet mit der Beendigung des Besitzmittlungsverhältnisses.

Beispiele: Der Mieter gibt dem Eigentümer die Wohnung zurück (s. o. 10.5.7 a. E.); oder: Nach Kreditrückzahlung und damit endendem Sicherungseigentum – das wieder an den Sicherungsgeber zurückfällt – endet der mittelbare Besitz des Sicherungsnehmers (s. o. 15.3.2.2).

15.4.4 Besitzschutz

Der Besitz wird durch das Gesetz besonders geschützt:

verbotene
Eigenmacht Verbotene Eigenmacht begeht, wer dem Besitzer ohne dessen Willen den Besitz entzieht oder ihn im Besitz stört; dieser solchermaßen erlangte Besitz ist fehlerhaft, § 858 BGB. Der Besitzer hat dann Selbsthilferechte, §§ 859, 860 BGB, Herausgabeansprüche, § 861 BGB, und kann Beseitigung bzw. Unterlassung verlangen, § 862 BGB. Diese Besitzschutzrechte der §§ 861, 862 BGB nennt man auch possessorische Ansprüche (s. o. 15.4.1 a. E. zu Besitzwehr und Besitzkehr).

Beispiele: Der Vermieter überlässt bereits vermietete Räume einem Dritten, oder: Ein Mitmieter stört regelmäßig durch überlaute Radiomusik (s. o. 15.4.1) – dagegen kann sich der Wohnungsnachbar (Besitzer) gemäß der §§ 861, 862 BGB wehren. S. a.: Der Besitzer eines Supermarktparkplatzes (sowie ein privater Grundstückseigentümer) darf ein unbefugt geparktes Kfz von einem privaten Abschleppdienst entfernen lassen, §§ 858 I, 859 III, 862 I BGB (auch wenn etwa der Falschparker einen Zettel mit seiner Handy-Nummer angebracht hatte) (die angemessenen, ortsüblichen Abschleppkosten muss i. Ü. der Falschparker zahlen; s. a. 4.3.1).

§ 1007 BGB gibt dem früheren Besitzer gegen den jetzigen Besitzer einer beweglichen Sache einen Herausgabeanspruch, wenn der neue Besitzer den Besitz unrechtmäßig bzw. bösgläubig erlangt hat. (Dieser Anspruch ähnelt demjenigen des Eigentümers i. S. d. § 985 BGB).

Der Besitz ist i. Ü. gemäß § 823 I BGB als dortiges „sonstiges Recht" geschützt (s. o. 12.2.1.1) und kann als „Erlangtes" gemäß § 812 BGB herauszugeben sein (s. o. 11.2).

15.5 Grundpfandrechte

Im Reigen der die Forderungen des Gläubigers stärkenden Sicherungsrechte (vgl. den Überblick oben 10.7.1 bzw. Schaubild 152) kommt den sich auf Grundstücke (s. o. 4.1.1.2) beziehenden Grundpfandrechten eine besondere Bedeutung zu. Es handelt sich dabei um die Hypothek, §§ 1113 ff. BGB, die Grundschuld, §§ 1191 ff. BGB, sowie die Rentenschuld, §§ 1199 ff. BGB. Bestehen an einem Grundstück mehrere Grundpfandrechte (s. u.), so entscheidet bezüglich der Verteilung eines etwaigen Zwangsversteigerungserlöses (§ 1147 BGB) i. d. R. der Rang, d. h. die Reihenfolge der Eintragungen, § 879 BGB (s. o. 15.3.4.2).

15.5.1 Hypothek

Begriff Hypothek ist die Belastung eines Grundstücks dergestalt, dass zu Gunsten des Berechtigten (= Hypothekar) eine bestimmte Geldsumme zur Befriedigung einer Forderung aus dem Grundstück zu zahlen ist, § 1113 BGB.

Beispiel: Die Bank B gibt dem Unternehmer U ein Darlehen. Zur Sicherung der Rückzahlungsforderung wird eine Hypothek am Betriebsgrundstück bestellt. Dadurch ist die B nicht nur schuldrechtlich (§ 488 BGB), sondern auch dinglich gesichert (s. o. 10.7.1).

Der Schuldner der hypothekarisch gesicherten Forderung und der Eigentümer des belasteten Grundstücks müssen nicht identisch sein.

Beispiel: Das die Darlehensforderung sichernde Grundstück (s. voriges Beispiel) gehört nicht dem U, sondern seinen Eltern. (*Hinweis:* Die Hingabe des Grundstücks lässt der Bank ggf. nur das Grundstück zur Verwertung – bei einer Bürgschaft dagegen könnte sie in das gesamte Vermögen der Eltern vollstrecken; s. o. 10.7.2).

Die Hypothek ist vom Bestand der gesicherten Forderung abhängig („akzesso-risch"; wie die Bürgschaft auch, vgl. oben 10.7.2); mit der Abtretung der gesicher-ten Forderung (§ 398 BGB) geht auch die Hypothek auf den neuen Gläubiger über, § 401 BGB (s. o. 8.8.3), und ohne Hypothek kann weder die Forderung noch ohne Forderung die Hypothek übertragen werden, § 1153 BGB. Ein gutgläubiger Dritter kann aber ausnahmsweise eine Hypothek auch dann erwerben, wenn die zugrundeliegende Forderung nicht besteht, § 1138 BGB (man nennt diese den Umlauf im Geschäftsverkehr erleichternde Regelform der Hypothek auch Ver-kehrshypothek). {Akzessorietät}

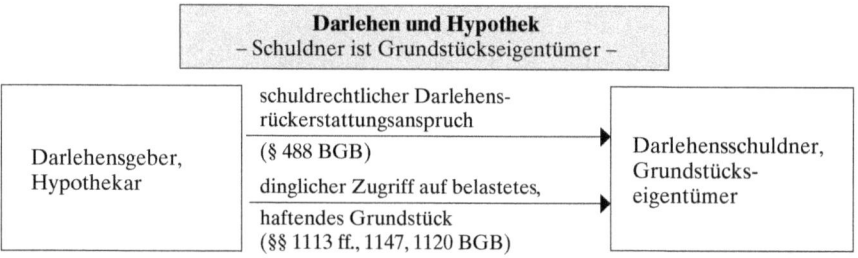

Schaubild 191: Darlehen und Hypothek (Schuldner Grundstückseigentümer)

Die Hypothek entsteht durch Einigung (d. h. dem dinglichen, aus zwei kongruen-ten Willenserklärungen bestehenden Vertrag über die Hypothekenbestellung) zwischen dem Grundstückseigentümer und dem Hypothekenerwerber sowie der Eintragung in das Grundbuch, §§ 873, 1115 BGB, wobei aufgrund des Akzesso-rietätsprinzips die zu sichernde Forderung bestehen muss. Erforderlich sind also {Entstehung}

– Forderung,
– Einigung,
– Eintragung,
– Erteilung/Ausschluss des Hypothekenbriefes.

Bei der grundsätzlich den Regelfall darstellenden sog. Briefhypothek, bei der das Grundbuchamt eine Urkunde (Brief) über die Hypothek erteilt (§ 1116 BGB), er-wirbt der Hypothekar sie erst, wenn ihm der Hypothekenbrief vom Grundstücks-eigentümer übergeben wird, § 1117 BGB; zur Geltendmachung der Briefhypothek ist die Vorlage des Briefes, der ein sachenrechtliches Wertpapier darstellt, das ein dingliches Recht verbrieft, erforderlich, §§ 1160 f. BGB. {Briefhypothek}

Ist die Erteilung eines Hypothekenbriefes ausgeschlossen worden, so spricht man von einer Buchhypothek, vgl. 1116 II 1 BGB. Für das Entstehen einer Briefhypo-thek (vgl. die §§ 1113, 1115–1117, 873 BGB) bedarf es also {Buchhypothek}

– des Bestehens der zu sichernden Forderung,
– der Einigung über das Bestehen der Hypothek,
– der Eintragung der Hypothek im Grundbuch und
– der Erteilung des Hypothekenbriefes.

Zum Entstehen einer Buchhypothek (§ 1116 II BGB) vonnöten sind
– das Bestehen der zu sichernden Forderung,

– die Einigung über das Bestehen der Hypothek,
– die Eintragung im Grundbuch (einschließlich der Eintragung des Ausschlusses der Erteilung eines Hypothekenbriefes).

Sicherungs-
hypothek

Die Briefhypothek wird durch schriftliche Abtretung der Forderung (s. o. 8.8) und Übergabe des Hypothekenbriefes übertragen, § 1154 BGB, die Buchhypothek dagegen durch Einigung über den Forderungsübergang und Eintragung im Grundbuch, §§ 1154 III, 873 BGB.

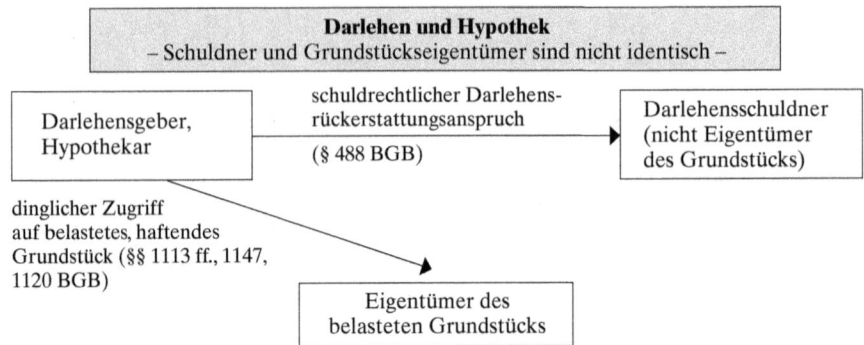

Schaubild 192: Darlehen und Hypothek (Schuldner nicht Grundstückseigentümer)

Wenn sich das Recht des Gläubigers streng nur nach der Forderung bestimmt und er sich nicht auf die Eintragung im Grundbuch berufen kann, spricht man von einer Sicherungshypothek, § 1184 BGB; dabei ist dann im Gegensatz zur sonstigen (Verkehrs-)Hypothek kein gutgläubiger Forderungserwerb i. S. d. § 1138 BGB möglich. Die Sicherungshypothek ist immer Buchhypothek, § 1185 BGB. Gesetzliche Fälle der Sicherungshypothek sind etwa die Bauunternehmerhypothek, § 650 e BGB (s. o. 10.3.7), sowie die Zwangshypothek, §§ 866, 867 ZPO. Auch die sog. Höchstbetragshypothek, bei der statt einer genau bestimmten Geldforderung ein Höchstbetrag, bis zu dem das Grundstück haften soll, fixiert wird, gilt als Sicherungshypothek, § 1190 BGB.

Eigentümer-
hypothek

Gelangt die gesicherte Forderung nicht zur Entstehung oder erlischt sie, so besteht eine sog. Eigentümerhypothek, § 1163 BGB, die den Vorteil hat, die Rangstelle im Grundbuch (s. o. 15.3.4.2) zu wahren; sie wandelt sich gemäß § 1177 BGB in eine Eigentümergrundschuld um (Konsolidation, s. o. 8.14.2.8), d. h., sie steht jetzt dem Grundstückseigentümer zu.

Haftung

Das hypothekarisch belastete Grundstück haftet mit den Gegenständen, auf die sich die Hypothek nach den §§ 1120 ff. BGB erstreckt (Erzeugnisse, sonstige Bestandteile, Grundstückszubehör, s. o. 4.1.3), vgl. § 865 II ZPO; der Gläubiger kann sich durch Zwangsvollstreckung im Wege der Zwangsversteigerung bzw. Zwangsverwaltung befriedigen, § 1147 BGB (s. u. 20.3; s. a. *www.zvg-portal.de*). Dadurch erlischt die Hypothek. Seiner Inanspruchnahme kann der Grundstückseigentümer sowohl die Einreden gegen die Forderung als auch gegen die Hypothek entgegenhalten, § 1137 BGB. Bei Insolvenz des Grundstückseigentümers gibt die Hypothek ein Absonderungsrecht, § 49 InsO (s. u. 21.1).

15.5.2 Grundschuld

Unter einer Grundschuld versteht man die Belastung eines Grundstückes derge-   *Begriff*
stalt, dass an denjenigen, zu dessen Gunsten die Belastung erfolgt, eine bestimmte
Geldsumme zu zahlen ist, § 1191 BGB. Im Gegensatz zur Hypothek muss diese
Zahlung nicht der Befriedigung einer Forderung dienen. Die Grundschuld ist nicht
an das Vorliegen einer persönlichen Forderung gebunden und nicht akzessorisch.
Mit der Zahlung auf die gesicherte Forderung erlischt die Grundschuld daher auch
nicht (deshalb findet man etwa in der bankrechtlichen Praxis die Hypothek kaum,
die Grundschuld aber um so mehr, zumal sie nicht zuletzt den Grundstückseigner
flexibler macht). Auf sie finden demzufolge die Vorschriften über die Hypothek nur
insoweit Anwendung, als sie die Akzessorietät nicht berühren, § 1192 BGB.

Voraussetzungen der Grundschuld sind also

– Einigung,
– Grundbucheintragung,
– Erteilung/Ausschluss des Grundschuldbriefes.

Wie die Hypothek kann die Grundschuld als Buchgrundschuld oder als Brief-   *Buch-/Brief-*
grundschuld bestellt werden (vgl. die §§ 1192 I, 1116 I, II BGB). Die Ausstellung   *grundschuld*
des Grundschuldbriefes auf den jeweiligen Inhaber, § 1195 BGB, – Inhabergrund-
schuld – ist ebenso möglich wie die von vornherein auf den Eigentümer bestellte
Eigentümergrundschuld, § 1196 BGB. Eine Grundschuld kann in eine Hypothek,
eine Hypothek in eine Grundschuld rechtsgeschäftlich umgewandelt werden,
§§ 1198, 877 BGB.

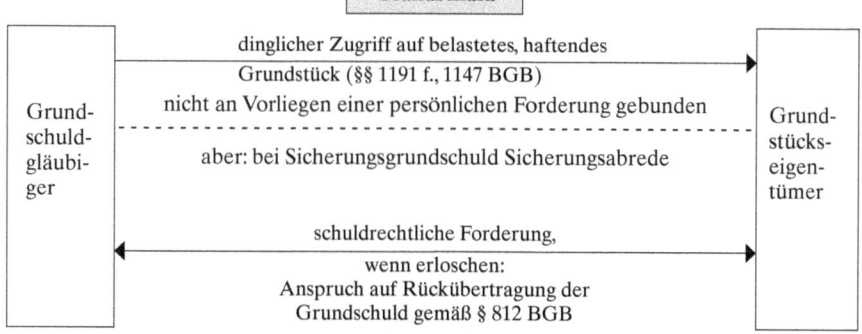

Schaubild 193: Grundschuld

In der Praxis dient die Grundschuld häufig dazu, eine ganz bestimmte Geldforde-   *Sicherungs-*
rung (regelmäßig ein Darlehen, § 488 BGB; s. o. 10.6) zu sichern; man nennt sie   *grundschuld*
dann Sicherungsgrundschuld (vgl. § 1192 I a 1 BGB).

Im Rechtssinne bleibt es dann zwar dabei, dass die Grundschuld ungeachtet des
etwaigen Bestehens oder Nichtbestehens der Forderung wirksam und nicht akzessorisch ist (im Gegensatz zur Hypothek), also auch ohne Forderung abgetreten
werden kann. Allerdings darf der Gläubiger in der Regel aufgrund einer schuldrechtlich vereinbarten Sicherungsabrede mit dem Eigentümer nur beschränkt von
der Grundschuld Gebrauch machen und muss sie beispielsweise bei Erlöschen
der Forderung dem Eigentümer zurückübertragen (s. o. 10.7.1). Einreden darf

der Eigentümer grds. jedem Erwerber der Grundschuld entgegensetzen, § 1192 I a BGB.

Beispiele: Der Darlehensnehmer zahlt den Kredit korrekt zurück (§ 488 BGB) – die Bank muss ihm die zur Sicherheit (s. o. 10.7) an seinem Grundstück (s. o. 4.1.1.2) bestellte (Sicherungs-)Grundschuld zurückübertragen. Werden Darlehensforderungen und diesbezügliche Sicherungsgrundschulden, etwa von der finanzierenden Bank, an Dritte (etwa Finanzinvestoren) verkauft bzw. abgetreten (s. o. 8.8.2), behält der Schuldner bzw. Grundstückseigentümer die ihm zustehenden Einreden aus der Sicherungsabrede, § 1192 I a BGB (dies gilt gemäß § 404 BGB auch bzgl. eines zusätzlich abgegebenen Schuldanerkenntnisses, § 781 BGB; s. o. 8.8.3).

Entstehung
Die Grundschuld entsteht als Fremdgrundschuld (wenn sie also für einen Dritten bestellt wird) durch Einigung (= dinglicher Vertrag zwischen Grundstückseigentümer und Grundschulderwerber) und Eintragung, § 873 BGB; eine Briefgrundschuld steht dabei bis zur Übergabe des Grundschuldbriefes dem Eigentümer zu, §§ 1192, 1117, 1163 II BGB. Die Inhaber- oder Eigentümergrundschuld wird durch einseitige Eigentümererklärung und Eintragung ins Grundbuch bestellt, §§ 1192, 1115 BGB. Die Grundschuld erlischt mit ihrer Aufhebung, §§ 1192, 875, 1183 BGB.

Zur Begründung der Briefgrundschuld sind also erforderlich

– Einigung über das Entstehen der Grundschuld,
– Eintragung im Grundbuch,
– Aushändigung des Grundschuldbriefes.

Die Buchgrundschuld wird dagegen begründet durch

– Einigung und
– Eintragung im Grundbuch.

Wenn der Eigentümer (= Schuldner) den Gläubiger durch Zahlung befriedigt, so erwirbt er die Grundschuld rangwahrend entsprechend § 1143 BGB als Eigentümergrundschuld; dadurch erlischt grds. auch die Forderung. Sofern der Eigentümer den Gläubiger nicht durch Zahlung befriedigt, hat dieser die Möglichkeit der Zwangsvollstreckung in das belastete Grundstück, §§ 1192, 1147 BGB; mit dieser erzwungenen Befriedigung erlischt die Grundschuld, §§ 1192, 1181 BGB.

15.5.3 Rentenschuld; Reallast

Begriff
Die Rentenschuld, §§ 1199 ff. BGB, ist eine in der Praxis eher seltene Form der Grundschuld. Dabei wird ein Grundstück so belastet, dass zu regelmäßig wiederkehrenden Terminen eine bestimmte Geldsumme aus dem Grundstück zu zahlen ist. Die Rentenschuld kann auch als Inhaber- oder Eigentümerrentenschuld bestellt werden. Sie ist eine Sicherungsmöglichkeit insbesondere für Leibrenten oder einen ratenweise zu zahlenden Grundstückskaufpreis. Der Grundstückseigentümer ist berechtigt, diese Grundstücksbelastung durch Kündigung und vorzeitige Zahlung abzulösen, §§ 1201 I, 1202 BGB.

Die Rentenschuld kann in eine gewöhnliche Grundschuld, eine gewöhnliche Grundschuld kann in eine Rentenschuld umgewandelt werden, § 1203 BGB.

Reallast
Die Rentenschuld ähnelt der Reallast, §§ 1105 ff. BGB. Auch bei dieser geht es um die Belastung eines Grundstückes zur Sicherung wiederkehrender Leistungen. Allerdings muss hierbei die Ablösungssumme (vgl. § 1199 II BGB für die Rentenschuld) nicht eingetragen werden, die Ablösung richtet sich nur nach dem

jeweiligen Landesrecht, Art. 113 EGBGB, und insbesondere besteht bei der Reallast auch die zusätzliche persönliche Haftung des Grundstückseigentümers für die während der Dauer seines Eigentums fällig werdenden Leistungen, § 1108 BGB.

15.6 Pfandrecht

Zur Sicherung einer Forderung (zumeist eines Darlehens, § 488 BGB; s. o. 10.6) kann eine bewegliche Sache (oder ein Recht) dergestalt belastet werden, dass der Gläubiger sich hieraus befriedigen kann, § 1204 BGB.

Begriff

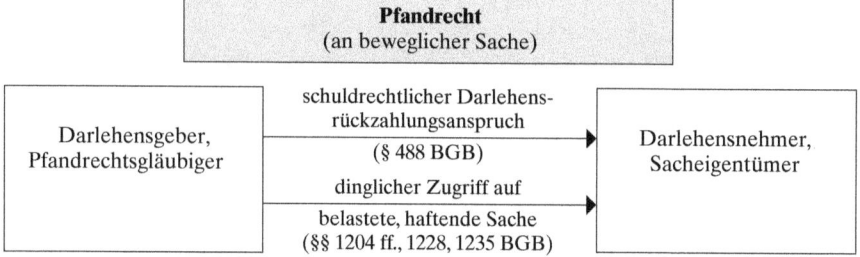

Schaubild 194: Pfandrecht (an beweglicher Sache)

Das Pfand(recht) ist eine Realsicherheit (s. o. 10.7.1); es kann an beweglichen Sachen (§§ 1204 ff. BGB; sog. Faust-, Mobiliar- bzw. Fahrnispfand) oder an Rechten (§§ 1273 ff. BGB) bestehen. Zur Bestellung ist eine Verfügung (s. o. 5.1; 6.2.4) erforderlich: Beim Pfandrecht an einer beweglichen Sache ist die Einigung über das Pfandrecht und grds. die Übergabe der Sache (s. o. 15.4.1) vonnöten. Die Sache steht daraufhin also im (unmittelbaren) Besitz des Gläubigers (das macht das Pfand regelmäßig auch als Sicherungsmittel ungeeignet, wenn der Schuldner mit ihm das Geld zur Begleichung seiner Verbindlichkeiten erst erwirtschaften soll, er die Sache mit dem Kredit erst anschaffen oder er sie aus sonstigen Gründen [etwa ein Kunstwerk] behalten möchte; deswegen dominieren in der unternehmerischen Praxis auch der Eigentumsvorbehalt, s. o. 10.2.8, bzw. die Sicherungsübereignung [diese wird daher aus Sicht des Gläubigers auch als sog. „besitzloses Pfand" bezeichnet]; s. o. 15.3.2.2). Pfandkredite sind deshalb vornehmlich im privaten Bereich zu finden und dort durchaus verbreitet; jährlich verpfänden etwa mehr als eine Million Bürger in einem der ca. 200 privaten Pfandleihhausbetriebe (mittlerweile auch online) Wertgegenstände – vornehmlich Goldschmuck, Goldmünzen, Uhren, Elektrogeräte oder Photoapparate, aber auch etwa Autos, Boote, Jagd- und Sportwaffen – für ein Gelddarlehen, § 488 BGB, wobei die durchschnittliche Darlehenssumme bei ca. 300,– € liegt und die Wiederauslösungsquote etwa 90 % beträgt.

Besitz des
Gläubigers

Beispiele: Zur Überbrückung eines finanziellen Engpasses verpfändet jemand ein Schmuckstück und erhält dafür ein Darlehen, das ca. 70 % des Marktwertes entspricht. Nach Rückzahlung des Darlehens zzgl. Zinsen (1 % pro Monat) und Gebühren (ca. bis zu 3 % der Darlehenssumme monatlich für Lagerung, Schätzung, Versicherung) erhält der Eigentümer sein(en) Pfand(gegenstand) zurück. Derzeit werden jährlich Pfand-Kreditverträge über insgesamt ca. 630 Mio. € abgeschlossen. Ältestes deutsches Pfandhaus ist die 1650 gegründete Regensburger Pfandleihe.

Akzessorietät   Das Pfandrecht ist akzessorisch – es hängt ab von der zu sichernden Forderung und entsteht bzw. besteht nicht ohne sie (s. a. die §§ 1210 I 1, 1250 BGB; s. o. 10.7.1).

Schuldner der Verbindlichkeit und Eigentümer des Pfandes können unterschiedliche Personen sein.

Beispiel: Der Sohn nimmt beim Pfandleiher ein Darlehen (§ 488 BGB) in Höhe von € 1000,– auf; zur Sicherheit dafür übergibt diesem die Mutter eine Perlenkette als Pfand – der Pfandleiher hat nunmehr ein Pfandrecht daran (sowie Besitz), die Mutter bleibt Eigentümerin der Perlenkette, Darlehensschuldner ist der Sohn. Aber: Schuldner und Gläubiger, Eigentümer und Pfandgläubiger müssen unterschiedliche Personen sein (s. o. 6.6) – fallen Eigentum und Pfandrecht bzw. Schuldner- und Gläubigerstellung zusammen (etwa weil der Pfandgläubiger den Pfandgeber beerbt; sog. Konsolidation bzw. Konfusion, s. o. 8.14.2.8), so erlischt das Pfandrecht (vgl. § 1256 BGB, s. a. 10.9.3.3).

Verwertung   Wird die durch das Pfand gesicherte Verbindlichkeit nicht nach Fälligkeit getilgt, so kann der Pfandgläubiger das Pfand gemäß § 1228 BGB dadurch verwerten, dass er es nach Verkaufsandrohung, § 1234 BGB, öffentlich versteigern lässt, § 1235 BGB, und sich aus dem Erlös befriedigt; ein etwaig erlöster Überschuss steht dem Verpfänder zu, § 1247 BGB.

Beispiel: Der Verpfänder holt den Pfandgegenstand nach Ablauf des Kreditvertrages bzw. der Pfandzeit nicht ab – der Pfandleiher lässt die Ware grds. nach vier Monaten versteigern; Verluste muss er dabei selbst tragen, ein etwaiger Veräußerungsgewinn steht dem Kunden zu.

Flaschenpfand   I. Ü.: Das (dem auch abfallwirtschaftlich erwünschten Rücklauf dienende) Flaschenpfand an Getränkeflaschen stellt grds. kein Pfandrecht i. S. d. §§ 1204 ff. dar, da es i. d. R. (nur) ein Rückgaberecht gegen Erstattung des als „Pfand" gezahlten Betrages einräumt.

Beispiele: Individualflaschen (wie z. B. von Coca Cola) bleiben im Eigentum des Herstellers/Vertreibers/Abfüllers, der „Pfandbetrag" sichert den Rückgabeanspruch; Einheitsflaschen wie etwa Bierflaschen, die von einer Vielzahl von Herstellern/Abfüllern verwendet werden, gehen in das Eigentum des Käufers über, der „Pfandbetrag" ist dabei Kaufpreisteil, und der Verkäufer verpflichtet sich zum Rückkauf gleichwertiger Flaschen. Entsprechend ist es bei den Kästen.

Gesetzliches Pfandrecht   Gemäß § 1257 BGB gelten die Vorschriften über das rechtsgeschäftlich bestellte Pfandrecht für das gesetzliche Pfandrecht entsprechend.

Beispiele: Werkunternehmerpfandrecht (s. o. 10.3.7); Vermieterpfandrecht (s. o. 10.5.5); Pächterpfandrecht, § 583 BGB; s. a. die §§ 397 (s. o. 10.9.3.3), 441, 464, 475 b HGB (s. o. 10.10).

Pfandrecht an Rechten   Regelungen über das Pfandrecht an Rechten enthalten die §§ 1273 ff. BGB.

Beispiele: Verpfändung eines GmbH-Anteils (beachte dabei § 15 III, V GmbHG) bzw. GbR-Anteils (s. u. 17.2.1.1); oder: Verpfändung von Namens- bzw. Inhaberaktien (s. u. 17.8.4); so hat etwa die Deutsche Bank AG am 8. 10. 2002 den Verkauf aus freier Hand der ihr (von dem Medienunternehmer Leo Kirch) für einen Kredit verpfändeten vinkulierten Namensaktien der Axel Springer Verlag AG durch einen Notar gemäß der §§ 1295, 1221 BGB bewirkt (und das Aktienpaket dann zum aktuellen Kassakurs selbst ersteigert, vgl. § 1239 I BGB; dies führt grds. zur Konsolidation, § 1256 I 1 BGB, s. o. 8.14.2.8). (Durch die Verpfändung von Inhaberaktien etwa [vgl. die §§ 1293, 1205 I BGB] verliert der Anteilseigner grds. nicht seine Mitgliedschaftsrechte [s. u. 17.8.6]).

Bestellt ein nichtberechtigter Kaufmann im Betrieb seines Handelsgewerbes ein Pfandrecht, so genügt zum Erwerb der gute Glaube des Erwerbers an die Verfügungsbefugnis des Kaufmanns, vgl. § 366 HGB (s. a. 6.2.6, 10.2.10, 15.3.2.3 a. E.).

16 Arbeitsrecht

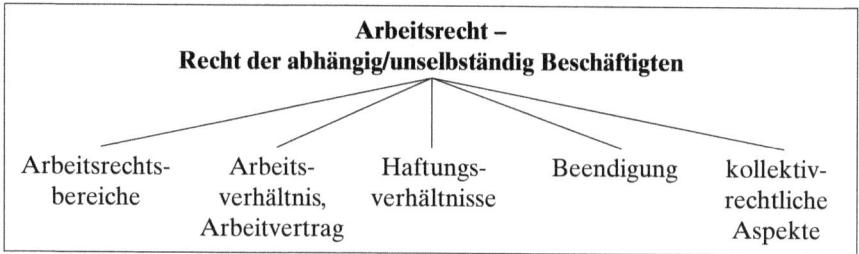

	Arbeitsrecht – Recht der abhängig/unselbständig Beschäftigten			
Arbeitsrechts-bereiche	Arbeits-verhältnis, Arbeitvertrag	Haftungs-verhältnisse	Beendigung	kollektiv-rechtliche Aspekte

Leitübersicht 16: Arbeitsrecht

Leitfragen zu 16:

a) Welche Prinzipien charakterisieren das Arbeitsrecht?
b) Welche Rechtsbereiche sind dabei zu beachten?
c) Wodurch werden die Rechtsbeziehungen zwischen den Beteiligten ge-kennzeichnet?
d) Was gilt hinsichtlich der Haftungsverhältnisse?
e) Welche Besonderheiten bestehen bezüglich der Beendigung von Arbeits-verhältnissen?

Wie bereits dargelegt (s. o. 10.4.2), gelten für Dienstverhältnisse über unselbstän-dige Dienste, d. h. Arbeitsverhältnisse, besondere Regeln. Wegen ihrer Vielfalt und Besonderheiten hat sich hierzu ein eigenes Sonderrechtsgebiet entwickelt, das Arbeitsrecht als Sonderrecht der Arbeitnehmer (s. o. 2.3). *unselbständige Dienste*

16.1 Arbeitsrechtsbereiche

Im Rahmen des Arbeitsrechts werden insbesondere unterschieden:
- Das Individualarbeitsrecht; dieses erfasst die Rechtsbeziehung des einzelnen Arbeitnehmers zum Arbeitgeber auf Grund des individuellen Arbeitsvertrages;
- das Kollektivarbeitsrecht; hierzu rechnen die arbeitsrechtlich relevanten be-trieblichen oder überbetrieblichen Vereinbarungen mit Betriebsräten bzw. Ge-werkschaften, wie etwa Betriebsvereinbarungen oder Tarifverträge, bzw. das sog. Arbeitskampfrecht. Dafür finden sich gesetzliche Regelungen insb. im BetrVG, TVG, MitbestimmungsG, u.v.m.; *Individual-/ Kollektiv-/ Arbeitsschutz-recht*
- das Arbeitsschutzrecht; dazu gehören vornehmlich Aspekte des Kündigungs-, Jugendarbeits-, Mutter-, Behinderten-, Diskriminierungsschutzrechtes, vgl. etwa KSchG, JugArbSchG, MuSchG, SGB IX, AGG, etc.;
- hinzu treten besondere Regeln über die Arbeitsgerichtsbarkeit, ihre Zuständig-keiten, Abläufe und Besonderheiten, vgl. insbesondere die Regeln des ArbGG. *Arbeits-gerichtsbarkeit*

Alle diese Aspekte bzw. Regelungen wirken, ungeachtet europarechtlicher Vorga-ben (vgl. die Art. 19, 45 ff., 157 AEUV), auf die Rechtsbeziehung zwischen Arbeit-geber und Arbeitnehmer, das Arbeitsverhältnis, ein. *Arbeits-verhältnis*

Sie in ihrer Fülle darzustellen würde den Rahmen einer wirtschaftsprivatrechtlichen Grundlagendarstellung überschreiten. Als wesentlich erscheint es jedoch aufgrund der besonderen praktischen Bedeutung, jedenfalls diejenigen Besonderheiten des Arbeitsrechtes, die sich auf die Basis des Rechtsverhältnisses zwischen Arbeitgeber und Arbeitnehmer beziehen (also primär das sog. *Individualarbeitsrecht*), in die Betrachtung einzuschließen. Systematisch lässt sich das Arbeitsrecht in den Zusammenhang der vertraglichen, auf Dienstleistung gerichteten, Schuldverhältnisse einordnen (s. o. 10.4.2) – *seiner wirtschafts(privat)rechtlich erheblichen Relevanz und ihm eigenen Grundsätze halber ist eine eigenständige Erörterung geboten.*

eigenes Kapitel geboten

Ein eigenes einheitliches Arbeitsgesetzbuch gibt es (leider) nicht (vgl. dazu etwa Art. 157 WRV) – dies macht die Durchdringung der vielfältigen (verstreuten) Rechtsregeln recht schwierig; da weite Bereiche nicht hinreichend kodifiziert sind, kommt i. Ü. der arbeitsgerichtlichen Rspr. erhebliche rechtspraktische Bedeutung zu (s. a. 2.6.4).

Arbeitsrecht			
Individualarbeitsrecht	**Kollektivarbeitsrecht**	**Arbeitsschutzrecht**	**Arbeitsgerichtsbarkeit**
– Arbeitsverhältnis (Begründung; Inhalt; Beendigung) – Arbeitnehmer – Arbeitgeber	– Koalitionen, Art. 9 III GG (Gewerkschaften, Arbeitgeberverbände) – Tarifverträge – Betriebsvereinbarungen – Mitbestimmung – Arbeitskampfrecht	– Technischer Arbeitsschutz – Arbeitszeitschutz – Schutz bestimmter Personengruppen (Jugendliche; Behinderte; Schwangere)	– Arbeits-, Landesarbeitsgerichte, Bundesarbeitsgericht – individual-, kollektivrechtliche Streitigkeiten

Schaubild 195: Arbeitsrecht

16.2 Grundlagen

Der Arbeitsvertrag ist ein Sonderfall des Dienstvertrages (vgl. die §§ 611, 611 a BGB, 6 II, 105 ff. GewO). Er ist gerichtet auf die entgeltliche Leistung abhängiger, unselbständiger Dienste unter Leitung sowie nach Weisung des Arbeitgebers und bindet die Vertragspartner regelmäßig für einen längeren Zeitraum (Dauerschuldverhältnis; s. o. 8.3.3; 10.4.1).

16.2.1 Arbeitnehmer/Arbeitgeber

Arbeitnehmer ist, wer aufgrund eines privatrechtlichen Vertrages, d. h. des Arbeitsvertrages, zur Arbeit im Dienste eines anderen verpflichtet ist –

Arbeitnehmer

Arbeitnehmer ist somit derjenige, der in einem Arbeitsverhältnis zu einem anderen, dem Arbeitgeber, steht, und von diesem persönlich abhängige, weisungsgebundene, fremdbestimmte, nichtselbständige (dazu näher s. o. 10.4.2 bzw. die Schaubilder 117 und 143) Arbeit leistet, § 611 a I BGB.

Beispiele: Gewerbliche Arbeitnehmer (vgl. die §§ 611 a BGB, 6 II, 105 ff. GewO), kaufmännische Arbeitnehmer (vgl. die §§ 611 a BGB, 6 II, 105 ff. GewO, 59 ff. HGB; s. a. 7.8.1.2, 16.6), Arbeiter bzw. Angestellte (vgl. die Definition des § 622 I BGB); s. a. den Beschäftigtenbegriff des § 6 I AGG (vgl. 6.6.6.2, 16.2.2.3) bzw. des § 7 I SGB IV.

keine Arbeitnehmer

Arbeitnehmer sind nicht

– Mitglieder von Organen juristischer Personen, die diese gesetzlich vertreten,

Beispiele: GmbH-Geschäftsführer; Vorstandsmitglied einer AG oder eG (s. a. 3.2; 7.2.2; 17.7.6.1; 17.8.7.1; 17.9.6.1),

– Beamte, Richter, Soldaten, die in einem öffentlich-rechtlichen Dienst- und Treueverhältnis stehen (s. o. 10.4.1),

Beispiele: Studienrat, Richter am Arbeitsgericht, Leutnant,

– die in § 5 II BetrVG angeführten Personen,

Beispiel: oHG-Gesellschafter (s. a. § 14 KSchG),

– ehrenamtlich Tätige,

Beispiel: Freiwillige bei der Telefonseelsorge.

Sie leisten jeweils auf Grundlage besonderer Anstellungs- bzw. Rechtsverhältnisse Dienst.

Sonderregelungen gelten i. Ü. für sog. leitende Angestellte, die entweder wesentliche Arbeitgeberfunktionen oder besonders hochqualifizierte, mit besonderer Verantwortung verbundene Tätigkeiten mit erheblichem Entscheidungsspielraum ausüben, vgl. die §§ 5 III BetrVG, 14 II KSchG, 18 I Nr. 1 ArbZG, 22 II Nr. 2 ArbGG. *(Leitende Angestellte)*

Beispiele: Angehörige der Leitungsebene eines Unternehmens; Generalbevollmächtigte (s. o. 7.2.3.2); Mitarbeiter mit nicht unbedeutender Prokura (s. o. 7.8.2.2 f.): Für sie gelten das BetrVG, die Kündigungsvorschriften des KSchG bzw. das ArbZG grds. nicht (s. u. 16.5.3 a. E.) bzw. ggf. nur sehr eingeschränkt. Für sog. Risikoträger im Bankenbereich gilt nunmehr § 25 a V KWG (vgl. § 9 I 2 KSchG).

Sonderregeln gelten auch für sog. arbeitnehmerähnliche Personen, die zwar persönlich unabhängig, d. h. selbständig, aber auch wirtschaftlich wesentlich von einer anderen Person abhängig und somit wie ein Arbeitnehmer sozial schutzbedürftig sind. Sie werden ggf. eigens geschützt, vgl. etwa die §§ 12 a TVG, 2 S. 2 BUrlG, 5 I 2 ArbGG, 1, 2 HAG, 7 I SGB IV, 84 ff., 92 a HGB (s. o. 10.4.2). *(arbeitnehmerähnliche Personen)*

Beispiele: Nachtwächter, Heimarbeiter, sog. Einfirmenvertreter.

Ähnlich ist die Problematik ggf. bei den sog. freien Mitarbeitern, die insb. bei Freiberuflern auf der Grundlage von jeweiligen Einzelverträgen tätig sind. *(freie Mitarbeiter)*

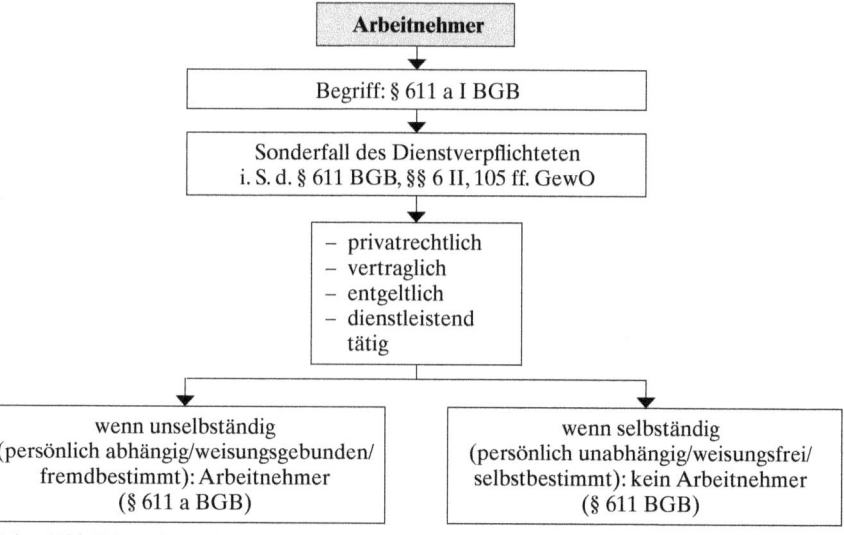

Schaubild 196: Arbeitnehmer

Beispiele: Architekten, Rechtsanwälte, (Sport-)Redakteure im Rundfunk, Artisten unter der Zirkuskuppel, Fahrradkuriere, Führer von Parlamentsbesuchern (diese können etwa ggf. ungeachtet ihrer vertraglichen Bezeichnung als „freier Mitarbeiter" als Arbeitnehmer gelten, wenn sie bspw. ein festes Büro haben, in Dienstplänen eingeteilt sind, Urlaub beantragen und Anweisungen folgen müssen, d. h. also weitgehend inhaltlichen Weisungen ohne erhebliche eigene Gestaltungsfreiheit unterliegen und über ihre Arbeitsleistung weitgehend zeitlich verfügt werden kann, vgl. § 611 a I BGB; s. o. 10.4.2). Liegt eine unselbständig-abhängige, fremdbestimmte, weisungsgebundene Tätigkeit vor, so kommt es auf eine ggf. abweichende vertragliche Bezeichnung nicht an, § 611 a I 5, 6 BGB.

„Azubis" Für die zu ihrer Berufsausbildung beschäftigten Auszubildenden, Volontäre und Praktikanten gelten i. Ü. (auch) die Regeln des BBiG (vgl. die §§ 1, 3, 6 ff., 19 BBiG).

Praktikanten **Beispiel:** Für das den regulären arbeitsrechtlichen Grundsätzen unterliegende Berufsausbildungsverhältnis gelten darüber hinausgehende Spezifika, vgl. etwa die §§ 5, 7, 8, 13 ff. BBiG. Für ein vorrangig Ausbildungszwecken bzw. der Vermittlung erster beruflicher Erfahrungen dienendes Praktikum gelten grds. die §§ 19, 3 II BBiG; gemäß § 10 I BBiG ist eine angemessene Vergütung geschuldet. Steht statt Ausbildungszwecken die Arbeitsleistung für den Betrieb im Vordergrund, dann gilt der fälschlicherweise als „Praktikant" Bezeichnete als Arbeitnehmer und ist angemessen zu vergüten. [Für Praktika, die Bestandteil eines Studiums sind, etwa berufspraktische Semester, gelten u. U. Sonderregeln – sie fallen ggf. nicht unter das Arbeitsrecht.]

Studierende Schüler (im Ferienjob) bzw. (Werks-)Studenten/innen, die zum Gelderwerb in einem Unternehmen arbeiten, unterfallen dabei grds. ebenso dem Arbeitsrecht.

Beispiel: Für Studierende, die neben dem Studium arbeiten, gelten grds. die allgemeinen arbeitsrechtlichen Regeln, bspw. etwa auch bzgl. Urlaubs (s. u. 16.3.2.3) (oftmals liegen hier auch befristete [Aushilfs-] Arbeitsverhältnisse vor).

Arbeitgeber Arbeitgeber ist, wer mindestens einen Arbeitnehmer beschäftigt (s. a. § 6 II 1 AGG). Arbeitgeber können natürliche und juristische Personen sein.

Beispiele: Der Kaufmann (s. o. 3.4; 7.8.1.2) beschäftigt einen oder mehrere Mitarbeiter, ein Rentner eine Haushaltshilfe, ein Vermieter einen Hausmeister, die AG oder GmbH (juristische Person des privaten Rechts) bzw. eine Gebietskörperschaft (Stadt/Land/Bund; juristische Person des öffentlichen Rechts – s. o. 2.2; 3.2) hat Mitarbeiter eingestellt.

abstrakter/ Ist eine juristische Person Arbeitgeber (sog. abstrakter Arbeitgeber, da ihr die Arbeitsleistung zusteht, sie aber nicht selbst agieren bzw. Weisungen erteilen kann, für sie vielmehr Menschen handeln müssen, s. o. 3.2), so werden die Arbeitgeberfunktionen von denjenigen ihrer Mitarbeiter ausgeübt, die dazu intern als Inhaber des Weisungsrechts bzw. Träger der obersten Weisungsbefugnis bestimmt sind (sog.

konkreter konkreter Arbeitgeber).
Arbeitgeber

Beispiele: Abstrakter Arbeitgeber ist etwa die AG (§ 1 AktG) bzw. die GmbH (§ 13 I GmbHG); konkreter Arbeitgeber ist der Vorstand (§ 78 AktG) bzw. der Geschäftsführer (§ 35 GmbHG). Wer seine Weisungsbefugnis von diesen ableitet (etwa Betriebs-, Abteilungs-, Filialleiter), ist nicht Arbeitgeber (ggf. leitender Angestellter, s. o.).

16.2.2 Arbeitsverhältnis/Arbeitsvertrag

Hinsichtlich der rechtlichen Beziehungen zwischen Arbeitgeber bzw. Arbeitnehmer gilt regelmäßig folgendes:

16.2.2.1 Grundsätzliches

Die Gesamtheit der Rechtsbeziehungen zwischen Arbeitgeber und Arbeitnehmer, das sog. Arbeitsverhältnis (s. u. 16.2.2), ist vielfältig gestaltet.

Grundlage der beiderseitigen Verpflichtungen ist der Arbeitsvertrag, durch den sich der Arbeitnehmer (§ 611 a I BGB) verpflichtet, seinem Arbeitgeber gegen Entgelt unter angemessener Ausschöpfung seiner Leistungsfähigkeit persönlich (§ 613 BGB; s. o. 8.6.1, 10.4.3) die vereinbarte Arbeit zu leisten; einen bestimmten Arbeitserfolg schuldet er dabei grds. nicht und haftet auch nicht wirtschaftlich dafür (s. a. 10.3.1, 10.4.1, 16.3.3) – er schuldet (nur) das Bemühen um Erfolg.

Persönliche Leistungspflicht

Dem Arbeitgeber obliegt insbesondere die Pflicht zu Beschäftigung und (pünktlicher) Zahlung des Entgelts (Lohnes; in Euro abzurechnen, vgl. die §§ 611 a II BGB, 6 II, 107, 108 GewO).

Arbeitgeberpflichten

Beispiele: Geld-, Zeit-, Akkord- (vgl. dazu etwa die §§ 23 JArbSchG, 11 VI MuSchG), Prämienlohn, Naturallohn/Sachbezüge (etwa: Dienstwagen [s. o. 15.4.2 a. E.] auch zur privaten Nutzung, Bier bzw. alkoholfreie Getränke für Brauereibedienstete [sog. Haustrunk], vgl. § 107 II GewO), Prämien, Provision, Urlaubsgeld, Urlaubsentgelt (§ 11 BUrlG), Feiertagsvergütung (§ 2 EFZG; s. u. 16.3.2.2) (bei Zahlungsverzug vgl. 9.4.3).

Zu zahlen ist das vertraglich bzw. tarifvertraglich vereinbarte Entgelt, § 611 a II BGB; wenn eine Entgeltvereinbarung fehlt, ist die übliche Vergütung geschuldet, § 612 II BGB,

Entgeltzahlung

Beispiel: der tarifvertragliche Satz;

vergleichbar ist es beim sog. Lohnwucher, wenn der Arbeitgeber die wirtschaftliche Notlage des Arbeitnehmers sittenwidrig ausnutzt, § 138 BGB (s. a. 6.8.1.1).

Beispiele: Die Vergütung beträgt etwa weniger als ein Drittel des Tariflohnes, bzw. bspw. 3,40 € bei Tariflohn von 9,76 €, oder Stundenlohn von 1,54 € für eine Bürogehilfin. Die i. S. d. § 17 I 1 BBiG geschuldete angemessene Ausbildungsvergütung darf grds. nicht um mehr als 20 % hinter einem (wegen mangelnder Tarifbindung des Arbeitgebers, s. u. 16.2.2.2, 16.7.2, nicht anwendbaren, jedoch grds. einschlägigen) Tarifvertrag zurückbleiben.

Ggf. ergibt sich der zu zahlende Lohn auch aus einem Tarifvertrag (s. u. 16.2.2.2; 16.7.2) bzw. gemäß der Regelungen des MiLoG, AEntG bzw. MindArbBedG.

Mindestlohn

Beispiele: Mindestlohntarifverträge in der Baubranche, bei Briefdienstleistern, Gebäudereinigern, Steinmetzen, Bildhauern, Friseuren, Pflegekräften (vgl. die §§ 3 ff. AEntG). Der gesetzliche Mindestlohn (eingeführt pro Zeitstunde zum 1. 1. 2015 mit 8,50 €, seit dem 1. 1. 2017 8,84 €, dem 1. 1. 2019 9,19 €, ab dem 1. 1. 2020 9,35 €, §§ 1, 9, 11, 20 MiLoG) ist bei vereinbarter Fälligkeit zu zahlen, vgl. § 1 I Nr. 1 MiLoG, bzw. ansonsten nach erfolgter Arbeitsleistung, § 614 BGB, spätestens jedoch am letzten (auf Frankfurt a. M. bezogenen) Bankarbeitstag des Folgemonats, § 2 I Nr. 2 MiLoG; wird er verspätet gezahlt, gerät der Arbeitgeber in (Schuldner-)Verzug (s. o. 9.4), vgl. die §§ 286 II Nr. 1 BGB, 21 I Nr. 9 MiLoG. Bleibt das (arbeits- [oder ggf. tarif-]vertragliche) Entgelt, zu dem etwa auch Leistungszulagen gehören, unter dem gesetzlichen Mindestlohn, so hat der Arbeitnehmer Anspruch auf zusätzliche Zahlung der Differenz.

Die Vergütung ist, falls nicht anders vereinbart, grds. nachträglich zu zahlen, § 614 BGB (etwa zum Monatsende, § 614 S. 2 BGB; s. a. § 2 I MiLoG bzw. § 64 HGB), und in Textform abzurechnen, §§ 6 II, 108 GewO, 126 b BGB, s. a. § 11 II BUrlG; der Vergütungsanspruch verjährt i. d. R. in drei Jahren, §§ 195, 199 BGB (s. o. 6.4, 10.4.4, 4.3.3 f.). Das Arbeitseinkommen ist nur beschränkt pfändbar, §§ 850 ff. ZPO, hiergegen kann nur eingeschränkt aufgerechnet werden, § 394 BGB (s. a. 8.14.2.2, 16.3.3 a. E.), und auch die Abtretbarkeit bzw. Verpfändung ist zum Schutz des Arbeitnehmers begrenzt, §§ 400, 1274 II BGB (s. o. 8.8.1).

Vergütung

Verjährung

Zahlt der Arbeitgeber das Arbeitsentgelt nicht (mehr) bzw. gerät er in Zahlungsverzug (§§ 280 I, II, 286 BGB; s. o. 9.4), so kann der Arbeitnehmer ggf. (außerordentlich) kündigen bzw. seine Arbeitsleistung zurückbehalten.

Zurückbehaltungsrecht

```
┌─────────────────────────────────────────────┐
│        Entgeltzahlungspflicht des Arbeitgebers │
└─────────────────────────────────────────────┘
```

Anspruchsgrundlagen:	§§ 611 a II BGB, 6 II, 105, 107, 108 GewO i.V.m.: Arbeitsvertrag, Tarifvertrag, Gesetz (z. B.: §§ 612 II BGB, 2 EFZG, 1 MiLoG), betriebliche Übung, Gleichbehandlungsgrundsatz [grds. nachträglich zahlbar, § 614 BGB]
Entlohnungsformen:	Geldlohn/Naturallohn (beachte: § 107 GewO), Zeitlohn/Akkordlohn, Zulagen/Zuschläge, Provisionen
Entgeltschutz:	Pfändungsschutz, §§ 850 ff. ZPO; Aufrechnungsverbot, § 394 BGB; Abtretungs-/Verpfändungsschutz, §§ 400, 1274 II BGB
Verjährung:	3 Jahre, §§ 195, 199 I BGB

Schaubild 197: Entgeltzahlungspflicht des Arbeitgebers

Schuldner-verzug

Beispiele: Der Arbeitnehmer kündigt außerordentlich (schriftlich), weil der Arbeitgeber mehrere Monate im Zahlungsrückstand war, §§ 626, 623 BGB, 6 II, 107 I GewO (s. u. 16.5.2.2). Bei erheblichem Zahlungsverzug (etwa ca. 1,5 Monatsgehältern), § 286 BGB, kann der Arbeitnehmer grds. der Arbeit fernbleiben, vgl. die §§ 320 ff. bzw. 273 ff. BGB (s. o. 8.10); auch kann er Verzugszinsen in Höhe von 5 % über dem Basiszinssatz geltend machen, §§ 288, 286, 13 BGB (s. o. 9.4.3; 3.1.3.2), ggf. auch Schadensersatz (wegen § 12 a I 1 ArbGG aber grds. nicht die Verzugsschadenspauschale des § 288 V BGB; s. o. 9.4.3).

Erfüllungsort/

Erfüllungsort für die Zahlung des Arbeitsentgelts ist grds. der Betriebssitz des Arbeitgebers, § 269 I, II BGB (s. o. 8.5), bei bargeldloser Gehaltszahlung hat der Arbeitgeber den Lohn auf seine Gefahr und Kosten rechtzeitig auf das vom Arbeitnehmer angegebene Konto zu überweisen (s. o. 8.3.5; 8.5; 8.14.1).

Der Arbeitnehmer hat Lohnzahlungen des Arbeitgebers, insbesondere Lohnabrechnungen, grds. zu überprüfen; ggf. muss er (etwaig versehentliche, nicht geringfügige [Grenze ca. 10 %]) Zuvielvergütungen zurückzahlen, §§ 812 I 1 1. Alt., 818 III BGB (s. o. 11.2).

Beispiel: Der Arbeitgeber zahlt dem Arbeitnehmer aufgrund falsch berechneter Überstunden 98,– € zuviel und fordert, nachdem er dies bemerkt hat, den Betrag nach zwei Monaten zurück – der Arbeitnehmer, der die Überzahlung nicht erkannt hat, muss sie grds. nicht herausgeben, §§ 812 I 1 1. Alt., 818 III BGB (kein Fall des § 819 I BGB; s. o. 11.2).

Desweiteren treffen den Arbeitgeber ebenso Fürsorge-, Sorgfalts-, Schutz-, Verkehrssicherungs- bzw. Gleichbehandlungspflichten (s. a. 8.3.1.2, 8.3.2, 9.7.1, 10.4.4 f., 16.2.5), aber auch steuer- bzw. sozialversicherungsbezogene Aufgaben.

Beispiele: Abführung von Lohnsteuer und Sozialversicherungsbeiträgen.

Arbeitsmittel

Der Arbeitgeber hat desweiteren auf seine Kosten für die Bereitstellung bzw. Beschaffung von erforderlichen Arbeitsräumen bzw. Arbeitsmitteln zu sorgen.

Beispiele: Büro-, Maschinenräume, Büromaterial, Werkzeuge, Maschinen. (Unterlässt bzw. verweigert er dies, so kann der Arbeitnehmer diese ggf. selbst anschaffen und entsprechend § 670 BGB Kostenerstattung verlangen; ein Lehrer etwa für ein benötigtes Mathematikbuch.) Bezüglich ihm überlassener derartiger Gegenstände (etwa auch Dienst-Kfz, Schlüssel) ist der Arbeitnehmer regelmäßig sog. Besitzdiener, § 855 BGB (s. o. 7.3.5, 15.4.2 a. E.). Auch die Betriebskosten für das Home-Office trägt grds. der Arbeitgeber.

Arbeitnehmer-pflichten

Der Arbeitnehmer schuldet primär die zu erbringende Arbeit, die er so gut er kann persönlich (§ 613 BGB; s. o. 10.4.3), zügig, konzentriert und fehlerfrei zu erbringen hat (s. u. 16.3.3; der Anspruch hierauf ist nicht vollstreckbar, § 888 III ZPO).

Die geschuldete Dauer der Arbeitszeit ergibt sich i. d. R. aus dem Arbeits- bzw. ggf. aus einem Tarifvertrag (s. u. 16.2.2.2, 16.7.2).

Beispiel: Ist im Arbeitsvertrag vorgesehen, der Arbeitnehmer sei „in Vollzeit beschäftigt", so ist regelmäßig von einer 40-Stunden-Woche auszugehen.

Bei Festlegung der betrieblichen Arbeitszeit (vgl. die §§ 611 a I 2 BGB, 6 II, 106 GewO, 87 BetrVG), d. h. der Zeit vom Beginn bis zum Ende der Arbeit ohne die Ruhepausen, § 2 I ArbZG, sind insbesondere die Regeln des ArbZG zu beachten: Hiernach beträgt die Höchstarbeitszeit werktäglich (d. h. einschließlich samstags) regelmäßig acht Stunden, vgl. die §§ 3 ff., 7, 14 ArbZG (s. u. 16.2.7). Ggf. kann die Arbeitszeit vorübergehend verkürzt (sog. Kurzarbeit) oder verlängert (sog. Überstunden, auch Über- oder Mehrarbeit genannt) werden. {.margin: Arbeitszeit}

Beispiele: Die tägliche Arbeitszeit reicht von 8.00–12.00 Uhr und von 13.00–17.00 Uhr. Oder: Überstunden- bzw. Kurzarbeitsanordnungen des Arbeitgebers bedürfen grds. vertraglicher, tarifvertraglicher bzw. betriebsvereinbarungsrechtlicher Grundlage (vgl. etwa die §§ 77, 87 I Nr. 3 BetrVG); das Weisungsrecht (§§ 611 a I 2 BGB, 6 II, 106 GewO, s. u. 16.2.6) reicht i. d. R. nicht aus. Grds. ist der Arbeitnehmer nur in Notfällen zur Leistung von Überstunden aufgrund seiner Treuepflicht (s. u. 16.2.5) verpflichtet, bspw. bei Gefahr des Verderbens von Lebensmitteln, Brand, Wasserrohrbruch, Totalausfall von Maschinen, s. a. die §§ 14, 15 ArbZG (nicht aber etwa plötzliche Auftragshäufung oder üblicher Krankheitsausfall von Kollegen).

Der Arbeitnehmer schuldet neben der Tätigkeitserbringung ebenfalls weitere (Neben-)Pflichten (s. u. 16.2.5); ihre Verletzung kann ggf. Schadensersatzpflichten oder Kündigungen auslösen (s. u. 16.3.2 a. E., 16.5.2).

Beispiele: Verschwiegenheit, Verbot der Schmiergeldannahme, Wettbewerbsverbot (§§ 60, 61 HGB, 6 II, 110 GewO), Anzeige drohender Schäden (s. u. 16.2.5; 16.6; 18.3.5).

Im Regelfall bezieht sich der Arbeitsvertrag auf die Vollzeitarbeitserbringung auf unbestimmte Zeit. {.margin: Regel: Vollzeit unbefristet}

Beispiel: Der Arbeitnehmer wird im Rahmen der 38,5 Stundenwoche zeitlich unbefristet eingestellt (vgl. § 2 I 1 TzBfG).

Der Arbeitsvertrag kann sich aber ggf. auch beziehen auf Tätigkeiten, die befristet sind, {.margin: Befristung}

Beispiel: ein auf ein Jahr abgeschlossener zeit- oder zweckbefristeter Arbeitsvertrag (vgl. die §§ 620 I, III BGB, 1, 3, 4 II, 14 ff. TzBfG, s. u. 16.5.4);

auf Teilzeit gerichtet sind, {.margin: Teilzeit}

Beispiel: der Arbeitnehmer arbeitet nur 2/3 der regelmäßigen Wochenarbeitszeit der Vollzeitbeschäftigten (vgl. die §§ 1, 2 I, II, 4 I, 6 ff. TzBfG);

zur Aushilfe dienen, {.margin: Aushilfe}

Beispiel: ein Studierender wird für drei Wochen zur Aushilfe eingestellt (vgl. § 622 V 1 Nr. 1 BGB, beachte die §§ 3 III EFZG, 4, 5 I BUrlG, s. u. 16.3.2);

bzw. zur Probe vereinbart sind, {.margin: Probe}

Beispiele: der Arbeitsvertrag wird unbefristet, aber mit einer vorgeschalteten Probezeit geschlossen, vgl. § 622 III, IV BGB, oder der Arbeitsvertrag wird befristet abgeschlossen zur Erprobung, § 14 I Nr. 5 TzBfG, s. u. 16.2.3.3, 16.5.4 (grds. nicht länger als sechs Monate [ansonsten läge ggf. die unzulässige Umgehung des § 1 I KSchG vor]; bei Bewährung ist danach ein [unbefristeter] neuer Arbeitsvertrag zu vereinbaren).

Wird, wie vielfach üblich, über die vertraglich vereinbarte Zeit hinaus gearbeitet, ist hierfür eine Vergütung (vgl. § 611 a II BGB) grds. (nur) dann geschuldet, wenn {.margin: Überstunden} dies im Hinblick auf Art, Umfang, Dauer, Stellung der Beteiligten zueinander bzw. die Verkehrssitte (s. o. 6.3.6) zu erwarten ist.

Beispiele: Grds. keine Überstundenvergütung für einen hochbezahlten, angestellten Rechtsanwalt, der Dienste höherer Art erbringt, wohl aber für einen Berufskraftfahrer (s. a. 16.2.3.4).

16.2.2.2 Rechtsquellen/Gestaltungsfaktoren

Arbeits-
verhältnis

Die Gesamtheit der – ggf. wechselseitige Ansprüche (s. o. 2.6.2) begründenden – Rechtsbeziehungen zwischen Arbeitgeber und Arbeitnehmer nennt man Arbeitsverhältnis, das begrifflich über die im Arbeitsvertrag getroffenen Vereinbarungen hinausgeht, indem es auch die wesentlichen Regelungen aus Gesetzen, Tarifverträgen und sonstigen arbeitsrechtlichen, vornehmlich richterrechtlich geprägten (s. o. 2.6.4), Rechtsquellen bzw. Gestaltungsfaktoren beinhaltet:

Gesetze
zu wahren

So sind – ungeachtet der individuellen Regelungen im Arbeitsvertrag – insbesondere arbeitsrechtliche Gesetze zu wahren; diese legen regelmäßig zugunsten des Arbeitnehmers zu achtende Mindeststandards fest.

Beispiele: Entgeltfortzahlung im Krankheitsfall, §§ 1, 3 ff. EFZG, oder: Urlaubsgewährung, §§ 1 ff. BUrlG (s. u. 16.2.5, 16.3.2). Abweichungen zugunsten der Arbeitnehmer sind grds. möglich (sog. Günstigkeitsprinzip; s. a. unten beim Tarifvertrag) [vgl. auch die Regeln des MindArbBedG bzw. des AEntG; s. a. 16.2.2.1, 16.7.2].

Tarifrecht
wirkt ein

Desweiteren sind die zwischen Gewerkschaften und Arbeitgeberverbänden oder einzelnen Arbeitgebern, § 2 I TVG, (schriftlich, s. o. 6.4) geschlossenen Tarifverträge (§ 1 TVG) zu beachten (s. u. 16.7.2, vgl. Schaubild 215).

Beispiele: Mantel-, Lohn-/Gehalts-, Rahmentarifverträge; sog. Flächentarifverträge werden i. d. R. branchenweit zwischen Gewerkschaften und Unternehmerverbänden, „Firmen-"(Haus-)tarifverträge grds. zwischen Gewerkschaften und einzelnen Unternehmen geschlossen. (S. a. www.bmas.de – Tarifregister.) Sog. Sparten- bzw. Berufsgewerkschaften (etwa Gewerkschaft Deutscher Lokomotivführer [GDL], Vereinigung Cockpit [VC]) vertreten i. d. R. einzelne Berufsgruppen, Einheits- bzw. Branchengewerkschaften (etwa IG Metall, Verdi) vertreten grds. mehrere Berufsfelder.

Ihre normativen (§ 3 II TVG) Regelungen gelten als unmittelbarer Inhalt der Arbeitsverhältnisse, wenn die Arbeitsvertragsparteien tarifgebunden sind, §§ 3 I, 4 I TVG,

Rechtsquellen/Gestaltungsfaktoren/ Anspruchsgrundlagen								
Arbeits-vertrag	**Gesetz**	**Tarif-vertrag**	**Betriebs-verein-barung**	**Gesamt-zusage**	**betrieb-liche Übung**	**schlüssiges Verhalten**	**Gleichbe-handlungs-grundsatz**	**Benach-teiligungs-verbote**
z. B.: Indivi-duelles Gehalt	z. B.: EFZG, BUrlG	z. B.: Gehalts-TV	z. B.: Pausen-, Urlaubs-zeiten	z. B.: Sonder-zahlung	z. B.: Weih-nachts-gratifi-kation (kollektiv)	z. B.: Jahresend-bonus (indivi-duell)	z. B.: keine sachwidrig/ willkürliche Ungleich-behandlung	z. B.: keine unzulässige Diskrimi-nierung

Schaubild 198: Rechtsquellen/Gestaltungsfaktoren/Anspruchsgrundlagen

Beispiel: der Arbeitgeber ist Mitglied mit Tarifbindung im Arbeitgeberverband, der Arbeitnehmer in der Gewerkschaft,

ein Tarifvertrag für allgemeinverbindlich erklärt wurde, § 5 TVG,

Tarifvertrag

Beispiel: der für das Ressort Arbeit zuständige Bundesminister erklärt einen Tarifvertrag für allgemeinverbindlich (s. a. die §§ 3 ff. AEntG) (zum Tarifregister, § 6 TVG, vgl. www. bmas.de),

oder aber vertraglich individuell einbezogen wurde (sog. arbeitsvertragliche Einbeziehungsklausel bzw. Gleichstellungsabrede; s. u. 16.2.3.1 a. E.).

Beispiel: Im Arbeitsvertrag steht: „Für das Arbeitsverhältnis gelten die für den Arbeitgeber geltenden Tarifverträge in der jeweils gültigen Fassung". [*Hinweis:* Die tarifvertragliche Bindung des Arbeitgebers gilt grds. ggf. auch, wenn er etwa zwischenzeitlich durch Austritt aus dem Arbeitgeberverband (sog. Tarifflucht) selbst gar nicht mehr tarifgebunden ist. I. Ü.: Der Arbeitgeber kann im Arbeitgeberverband ggf. auch Mitglied ohne Tarifbindung sein.]

Auch die Regeln des Betriebsverfassungsrechts (s. u. 16.7.3) wirken ggf. auf die individuelle Rechtsbeziehung von Arbeitgeber und Arbeitnehmer ein, etwa im Hinblick auf bestehende bzw. abzuschließende Verträge zwischen Arbeitgeber und Betriebsrat, die sog. Betriebsvereinbarungen, §§ 77 II, 87 BetrVG.

Betriebsverfassungsrecht

Beispiele: Eine Überstunden regelnde Betriebsvereinbarung, vgl. § 87 I Nr. 3 BetrVG, Urlaubspläne, s. a. § 88 BetrVG. Der nach den Regeln des BetrVG in Betrieben mit i. d. R. mindestens fünf ständigen wahlberechtigten Arbeitnehmern zu wählende Betriebsrat hat i. Ü. vielfältige Beteiligungs-, Informations-, Mitwirkungs- und Mitbestimmungsrechte, vgl. die §§ 2 I, 74 ff. [75], 87 ff., 90 f., 92 ff., 106 ff. BetrVG, 17 AGG (s. a. 16.5.3, 16.7.3, bzw. Schaubild 216).

Grundsätzlich gehen die Bestimmungen in Tarifverträgen bzw. Betriebsvereinbarungen dem Arbeitsvertrag vor, §§ 4 III TVG, 77 III, IV BetrVG.

Vorrang

Beispiele: Im Arbeitsvertrag wurde eine niedrigere Vergütung vereinbart als im Tarifvertrag vorgesehen – dies ist gemäß § 4 III TVG unwirksam, es gilt also der höhere Tariflohn; zugunsten des Arbeitnehmers darf abgewichen werden, zu seinen Lasten nur, wenn dies im Tarifvertrag vorgesehen ist (sog. Öffnungsklausel). Dabei ist auch das sog. Günstigkeitsprinzip zu beachten: Unmittelbar und zwingend wirkende Tarif- bzw. Betriebsvereinbarungsregelungen gehen dem Arbeitsvertrag grds. vor, wobei jedoch davon abweichende arbeitsvertragliche, dem Arbeitnehmer günstigere, Vereinbarungen zulässig sind. Sieht etwa der geltende Tarifvertrag einen Stundenlohn in Höhe von 18,– € vor, dann ist eine arbeitsvertragliche Vereinbarung, die sich nur auf 17,– € beläuft, unzulässig (und gleichwohl 18,– € zu zahlen); eine Vergütung in Höhe von 19,– € dagegen wäre zulässig. Oder: Eine Betriebsvereinbarung zwischen Arbeitgeber und Betriebsrat bspw. über Beginn und Ende der täglichen Arbeitszeit, § 87 I Nr. 2 BetrVG, gilt unmittelbar und zwingend, sodass eine arbeitsvertragliche Abweichung grds. unwirksam wäre, § 77 I, II, IV 1 BetrVG.

Relevant sind ggf. auch sog. Gesamtzusagen. Hierbei handelt es sich um förmliche allgemeine Bekanntmachungen des Arbeitgebers an die Arbeitnehmer bzw. abgrenzbare Teile der Arbeitnehmerschaft, insbesondere mittels Aushanges am „Schwarzen Brett", mit denen er die Gewährung bestimmter Leistungen verspricht. Dieses in der Gesamtzusage konkludent zu sehende Angebot des Arbeitgebers zur Vertragsergänzung (s. o. 6.6.1), das von den Arbeitnehmern konkludent gemäß § 151 S. 1 BGB angenommen wird (s. o. 6.6.2), begründet alsdann individuelle vertragliche Ansprüche.

Gesamtzusage

Beispiel: Der Arbeitgeber kündigt am schwarzen Brett oder im Intranet seinen Arbeitnehmern die Zahlung einer Sonderzulage an – jeder einzelne Arbeitnehmer hat nun einen entsprechenden Zahlungsanspruch. (Um Folgeansprüche ggf. zu vermeiden, ist die Gesamtzusage unter den Vorbehalt der Freiwilligkeit zu stellen.)

betriebliche Übung

Wiederholt der Arbeitgeber regelmäßig eine bestimmte Verhaltensweise derart, dass Arbeitnehmer auch auf künftige, vorhersehbare Leistungswiederholung schließen bzw. vertrauen dürfen, so begründet eine solche sog. betriebliche Übung (Handhabung) ggf. einen entsprechenden Anspruch aus nicht treuwidrig (§ 242 BGB; s. o. 8.3.1.2) zu enttäuschendem Vertrauen bzw. aus dem Aspekt eines konkludenten Vertragsergänzungsangebots des Arbeitgebers heraus (das der Arbeitnehmer durch Entgegennahme der Leistung und Fortführung der Arbeit konkludent annimmt [vgl. § 151 S. 1 BGB; s. o. 6.6.2 a. E.]).

Beispiele: Der Arbeitgeber gewährt mindestens dreimalig gleichmäßig und vorbehaltlos eine Sonderzahlung (Weihnachtsgratifikation, Prämie); von der dann eingetretenen (Weiter-) Verpflichtung kann sich der Arbeitgeber grds. nicht einseitig lossagen, muss vielmehr i. d. R. eine sog. Änderungskündigung aussprechen, § 2 KSchG (s. u. 16.5.2.3). Will der Arbeitgeber diese Verpflichtungen vermeiden, so muss er sich die Freiwilligkeit der Leistungsgewährung ohne Rechtsbindung für die Zukunft und die Entscheidung darüber, ob die Sonderzahlung erneut erfolgen werde, ausdrücklich vorbehalten und eigens darauf hinweisen, dass auch bei einer wiederholten Leistung kein Anspruch auf Gewährung für die Zukunft begründet wird (so haben bspw. Betriebsrentner eines Lebensmittelherstellers keinen Anspruch auf eine jährliche Marzipantorte, wenn der Arbeitgeber im Weihnachtsschreiben deutlich darauf hingewiesen hatte, dass die Torte nur für das aktuelle Jahr gewährt wird). Die betriebliche Übung als kollektives Rechtsinstitut bezieht sich grds. nicht individuell auf einzelne, sondern eine Vielzahl von Arbeitnehmern.

schlüssiges Verhalten

Ggf. kommt auch bei Mitarbeitern individuell mehrjährig außervertraglich ohne Freiwilligkeitsvorbehalt gewährten Sonderzahlungen ein Anspruch auf Weitergewährung (ggf. nach auszuübendem billigem Ermessen, vgl. § 315 BGB; s. o. 8.3.1.1) aus schlüssigem Arbeitgeberverhalten (s. o. 6.3.1.1, 6.3.4.2) in Betracht.

Beispiel: Der Arbeitgeber hatte einem Mitarbeiter mehrere Jahre lang ohne individualvertragliche Verpflichtung und ohne Freiwilligkeitsvorbehalt einen Jahresendbonus gewährt – er ist verpflichtet, auch in den Folgejahren nach billigem Ermessen über die (Höhe der) Zahlung zu entscheiden.

Benachteiligungsverbote

Der Arbeitgeber darf auch nicht gegen allgemeine (dazu s. u. 16.2.2.3) bzw. spezielle Benachteiligungsverbote verstoßen, vgl. etwa die §§ 2 III AGG, 4 I, II, 5 TzBfG, 37 IV BetrVG, 9 Nr. 2 AÜG (s. o. 6.6.6.2).

Beispiel: Der Arbeitgeber gewährt nur Vollzeitarbeitskräften ein Weihnachtsgeld, nicht aber Teilzeitbeschäftigten mit gleicher Tätigkeit – wegen Verstoßes gegen das Diskriminierungsverbot des § 4 I 1 TzBfG besteht für diese Arbeitnehmer ebenso ein Anspruch auf die Sonderzahlung (§ 612 II BGB). (S. a. 16.5.4 a. E.).

Gleichbehandlungsgrundsatz

Zu beachten ist auch der allgemeine, sich aus der Fürsorgepflicht des Arbeitgebers ergebende arbeitsrechtliche Gleichbehandlungsgrundsatz (vgl. Art. 3 III GG bzw. § 75 BetrVG). Dieser verbietet die willkürliche, d. h. sachfremde Schlechterstellung einzelner Arbeitnehmer gegenüber anderen, sich in vergleichbarer Lage befindlichen Arbeitnehmern – im Falle einer sachlich nicht gerechtfertigten Ungleichbehandlung bzw. Benachteiligung von Arbeitnehmern ergibt sich für diese hieraus ggf. ein entsprechender Leistungsanspruch (s. a. die §§ 15 AGG, 61 b ArbGG; s. u. 16.2.2.3, 16.2.3.2).

Beispiele: Der Arbeitgeber gewährt einem Arbeitnehmer eine den übrigen Mitarbeitern gezahlte Gratifikation nicht, nur weil er ihm unsympathisch ist; wendet den voll- und teilzeitbeschäftigten, nicht aber den altersteilzeitbeschäftigten Arbeitnehmern eine jährliche Leistungsprämie zu; nimmt Mitarbeiter einer von mehreren Filialen von einem freiwilligen Gehaltszuschlag aus (wohl aber ist es zulässig, außertariflichen Mitarbeitern höhere Sonderzahlungen als etwa tariflichen zu gewähren). [*Hinweis:* Die grds. im (Privat- bzw.) Arbeitsrecht nur mittelbar geltenden Grundrechte (etwa: Art. 2 I, 1 I, 3, 12 GG) wirken ggf. über die zivil-rechtlichen Generalklauseln (§§ 138, 242, 315 BGB) ein.] (Zur Normenhierarchie s. o. 2.1).

Grundrechte/
General-
klauseln

16.2.2.3 Benachteiligungsverbote/Gleichbehandlung

Der Arbeitgeber (vgl. § 6 II 1 AGG; s. o. 16.2.1) hat zum Schutz der Beschäftigten (§§ 6 I AGG, 611 a I BGB) insbesondere auch die Regeln des AGG (s. o. 6.6.6.2; 10.1) zu beachten.

AGG beachten

Demzufolge sind unmittelbare sowie mittelbare Benachteiligungen, Belästigun-gen, sexuelle Belästigungen oder Anweisungen hierzu i. S. d. §§ 1 ff. AGG wegen Rasse, ethnischer Herkunft, Geschlechts, Religion, Weltanschauung, Behinderung, Alters oder sexueller Identität grundsätzlich unzulässig, §§ 7, 31, 3, 2 I Nr. 1 ff. AGG (dazu s. o. 6.6.6.2 bzw. die Schaubilder 58 und 199). Ggf. kann eine unterschiedliche Behandlung etwa wegen besonderer beruflicher Anforderungen, § 8 AGG, der Religion oder Weltanschauung, § 9 AGG, bzw. wegen des Alters, § 10 AGG, ebenso wie u. U. positive Maßnahmen, § 5 AGG, zulässig sein.

unzulässige
Benach-
teiligungen

unterschiedli-
che Behandlung

Beispiele: Geschlechtsbezogene Ausschreibung einer Stelle (§ 11 AGG; s. u. 16.2.3.2) für Miederwarenverkäuferin, Anprobierdame, Model für Damenbekleidung, Dressman, Tenor, Sopranistin, männliche/weibliche Schauspielerrolle, vgl. § 8 I AGG; Erfordernis der Religions-zugehörigkeit im verkündungsnahen bzw. im Leitungsbereich, etwa bei Pfarrer, Lehrer, Erzie-her (s. a. Art. 140 GG), vgl. § 9 AGG; Dauer der Wochenarbeitszeit nach Lebensalter, 2 Tage Mehrurlaub für Ältere (etwa ab 58 Jahren), § 10 AGG (vgl. aber § 14 III TzBfG, s. u. 16.5.4); bevorzugte Einstellung/Beförderung gleichqualifizierter, im Betrieb unterrepräsentierter Arbeitnehmerinnen, vgl. § 5 AGG (s. o. 6.6.6.2).

Der – sozial verantwortliche, vgl. § 17 AGG – Arbeitgeber hat spezifische Organi-sationspflichten; so muss er Arbeitsplätze benachteiligungsfrei ausschreiben (s. u. 16.2.3.2) und seinen Schutz-, Hinweis-, Hinwirkungs-, Schulungs-, Unterbindungs-bzw. Aushangpflichten genügen, vgl. § 12 AGG.

Organisations-
pflichten

Beispiele: Organisation diskriminierungsfreien Betriebsklimas, Einführung von Verhaltens-regeln, Schulungen von Mitarbeitern; Zurechtweisung/Abmahnung bei Benachteiligungen durch Beschäftigte; Einwirkung/Ermahnung/Liefersperre bei Benachteiligungen durch Kun-den bzw. Lieferanten, vgl. § 12 I–VI AGG.

Bei Verstößen gegen diese unabdingbaren (§ 31 AGG) Regelungen, die un-wirksam sind bzw. Vertragsverletzungen darstellen (vgl. die §§ 7 AGG, 134, 138, 241 II, 242, 280 I BGB; s. a. 6.8.1.1, 9.1, 9.7), stehen dem betroffenen Beschäftigten ggf. die Beschwerde-, Leistungsverweigerungs-, Entschädigungs-, Schadensersatz-ansprüche der §§ 13 ff. AGG zu (s. o. 6.6.6.2; 8.13.2); der Arbeitnehmer darf deswe-

Verstöße

Rechte des
Beschäftigten

Benachteiligungsverbote/Gleichbehandlung – AGG – (arbeitsrechtlich)					
Verhinderung/ Beseitigung von Benach-teiligungen, §§ 1–3 AGG	Benachteili-gungsverbot zu Lasten Beschäftigter, §§ 6, 7, 31 AGG	ggf. zulässige unterschiedliche Behandlungen, §§ 8–10, 5 AGG	Arbeitgeber-organisations-pflichten, §§ 11, 12 AGG	Rechte der Beschäftigten, §§ 13 ff. AGG	weitere Schutzregeln, §§ 17 f., 22 f., 25 ff. AGG, 75 BetrVG

Schaubild 199: Benachteiligungsverbote/Gleichbehandlung (arbeitsrechtlich)

gen nicht gemaßregelt werden, § 16 AGG (s. a. die §§ 612 a BGB, 5 TzBfG, 84 III BetrVG).

Besondere Schutzregeln ergeben sich im Hinblick auf die soziale Verantwortung der Beteiligten, § 17 AGG, die Unterstützung durch Antidiskriminierungsverbände, § 23 AGG, bzw. die Antidiskriminierungsstelle des Bundes, §§ 27, 25 f. AGG, die Beratung bzw. Vorschläge durch deren Beirat, § 30 AGG, bzw. die Anrufung/ Mithilfe des Betriebsrates, § 75 BetrVG.

Die Wertungen des AGG sind, ungeachtet des § 2 IV AGG, grds. auch bei Arbeitgeberkündigungen (s. u. 16.5.2.1) zu beachten.

Beispiele: Eine (nur) altersbezogene Kündigung ist grds. unwirksam, § 1 KSchG; aber: Altersgruppenbildung bei Sozialauswahl, § 1 III 2 KSchG, ist grds. zulässig. Eine in untrennbarem Zusammenhang mit einer Behinderung oder dem Alter stehende Kündigung stellt ggf. eine unmittelbare Benachteiligung i. S. d. §§ 1, 3 I, 7 I AGG dar, die ggf. auch im Kleinbetrieb (s. u. 16.5.2.1) zur Unwirksamkeit einer Kündigung führt (§§ 134, 138 BGB). Bei einer wegen bzw. in Zusammenhang mit einer Schwangerschaft erfolgenden (unzulässigen Kündigung, vgl. § 17 I MuSchG [s. u. 16.5.3] bzw.) geschlechtsbezogenen Diskriminierung (§§ 7 I, 1, 3 I 2 AGG) wird der Entschädigungsanspruch des § 15 II AGG durch § 2 IV AGG nicht ausgeschlossen.

16.2.3 Zustandekommen

Für das Zustandekommen des Arbeitsvertrages gilt insbesondere:

16.2.3.1 Vertragsrechtliche Grundlagen

gegenseitig verpflichtender Vertrag Der Arbeitsvertrag kommt nach den allgemeinen vertraglichen Regeln (vgl. die §§ 145 ff. BGB; s. o. 6.3, 6.6) zustande und ist regelmäßig frei gestaltbar (vgl. die §§ 6 II, 105 GewO). Bei Leistungsstörungen gelten grds. die diesbezüglichen Regeln (s. o. 9), allerdings mit teilweise erheblichen Ausnahmen (s. a. 10.4.6, 16.3). Schriftform ist grundsätzlich nicht erforderlich, wird allerdings häufig gewählt.

Beispiele: Mündlich, konkludent, per Handschlag, schriftlich geschlossene Arbeitsverträge (s. a. 6.4 a. E.). Ggf. enthalten Tarifverträge Schriftformklauseln, vgl. etwa § 2 I TVöD. Bei Befristungen gilt ggf. § 14 IV TzBfG – aber nur für die Befristung, nicht für den Arbeitsvertrag als solchen, auch nicht für den Grund der Befristung (vgl. § 16 TzBfG; s. u. 16.5.4).

schriftliche Bescheinigung Gemäß § 2 I 1 NachwG kann der Arbeitnehmer, § 611 a I BGB, allerdings eine schriftliche Bescheinigung über die wesentlichen Arbeitsbedingungen vom Arbeitgeber fordern (s. a. § 4 BBiG). Im Arbeitsvertrag wird vielfach auf einen Tarifvertrag Bezug genommen („Einbeziehungsklausel", „Gleichstellungsabrede"; s. o. 16.2.2.2).

Vom Arbeitgeber vorformulierte Arbeitsverträge unterliegen grds. der AGB-Kontrolle der §§ 305 ff., 310 IV 2 BGB (s. a. 6.7, 16.2.3.4).

16.2.3.2 Anbahnung

Ausschreibung Bereits bei der Anbahnung des Arbeitsvertrages gelten besondere Rücksichtnahmepflichten, vgl. § 311 II BGB: Der Arbeitgeber muss bspw. Stellen benachteiligungsfrei ausschreiben, §§ 11, 7 I, 1, 6 I 2 AGG (s. o. 6.6.6.2, 16.2.2.3).

Beispiele: „Junger dynamischer Mitarbeiter" bzw. „charmante junge Empfangssekretärin", „Berufsanfänger", „frischgebackener, aus einer Ausbildung kommender Absolvent", „Alter Hase oder altes Eisen?", „mit langjähriger Berufserfahrung" gesucht, „wir bieten Ihnen ein

Arbeitsverhältnis/Arbeitsvertrag	
Arbeitsverhältnis:	Gesamtheit der Rechtsbeziehungen zwischen Arbeitgeber und Arbeitnehmer (aus Arbeitsvertrag, Gesetzen, Tarifverträgen, Betriebsvereinbarungen, Gesamtzusagen, betrieblicher Übung, schlüssigem Verhalten, Gleichbehandlungsgrundsatz, Benachteiligungsverboten) – Regelfall: Vollzeitarbeitsverhältnis auf unbestimmte Zeit – Besondere Formen: befristete, Teilzeit-, Aushilfs-, Probearbeitsverhältnisse
Arbeitsvertrag:	Vereinbarungen zwischen Arbeitnehmer und Arbeitgeber, die sich auf die entgeltlich zu leistende Arbeit beziehen – kommt durch Angebot und Annahme zustande, §§ 145 ff. BGB (s. a. § 113 BGB) – begründet wechselseitige Verpflichtungen; Leistungsstörungsregeln ggf. modifiziert – grds. frei gestaltbar bzw. formfrei (vgl. § 2 I 1 NachwG, §§ 611 a BGB, 6 II, 105 GewO; u. U. tarifvertragliches Schriftformerfordernis) – ggf. anfechtbar, §§ 119, 123 BGB, bzw. nichtig, §§ 105, 134, 138 BGB; Wirkung: grds. für die Zukunft (ex nunc) – (AGB-)Kontrolle vorformulierter Arbeitsvertragsklauseln, §§ 310 IV 2, 305 ff. BGB
Gleichbehandlung:	Benachteiligungsverbote insb. des AGG (vgl. die §§ 1 ff., 6 ff.); Organisationspflichten (§§ 11 ff. AGG)
Anbahnung:	Rücksichtnahme-, Offenbarungs-, Sorgfalts-, Informationspflichten, Benachteiligungsverbote (s. a. die §§ 11, 7, 2 III AGG, 164 II, 2 II SGB IX, 75, 99 ff. BetrVG)
Beendigung:	Tod des Arbeitnehmers, (schriftlicher) Aufhebungsvertrag, Zeitablauf, (ordentliche bzw. außerordentliche schriftliche) Kündigung (vgl. die §§ 611 a, 620, 622, 623 ff., 626 BGB, 1 ff., 23 KSchG, 2 IV AGG); dabei ggf. Betriebsratsbeteiligung erforderlich, §§ 1, 7, 102 f. BetrVG; u. U. Kündigungsschutzklage, §§ 4, 7 KSchG

Schaubild 200: Arbeitsverhältnis/Arbeitsvertrag

junges Team" – diese grds. unzulässige (Geschlechts- bzw. Alters-)Diskriminierung, vgl. die §§ 11, 7 I, 1, 2 I Nr. 1, 2, 3 I AGG, führt (falls nicht ein Rechtfertigungsgrund i. S. d. §§ 8–10, 3 II 2. HS AGG besteht) ggf. zu einem (verschuldensabhängigen) Schadensersatzanspruch gemäß § 15 I AGG (s. a. § 61 b ArbGG) bzw. zu einer Entschädigung von grds. maximal drei (i. d. R. zwei) Monatsgehältern, § 15 II AGG, bei nicht bestplatzierten Bewerbern; für bei diskriminierungsfreier Auswahl erfolgreiche Bewerber ggf. auch mehr, § 15 II 1, 2 AGG, bzw. u. U. Vergütung bis zum ersten hypothetischen Kündigungstermin, vgl. die §§ 9, 10 KSchG entsprechend, § 15 I AGG (nicht aber zu einem Einstellungsanspruch, § 15 VI AGG) (zu cic-Ansprüchen bzw. Absagen s. u.).

Desweiteren muss der Arbeitgeber über die Anforderungen des Arbeitsplatzes informieren, Bewerbungsunterlagen sorgfältig und diskret behandeln, auch darf er keine unzulässigen Fragen stellen, Fragerecht des Arbeitgebers

Beispiele: nach Alter, Geburtsort, einer lediglich beantragten Kur, Schwangerschaft, Gewerkschaftszugehörigkeit, Religions-, Parteizugehörigkeit, wenn dafür kein rechtfertigender Grund besteht (vgl. die §§ 1 ff., 6 ff. AGG) – auf derartige unzulässige Fragen darf man grds. falsch antworten (lügen), ohne dass dies dann etwa eine den Arbeitgeber zur Anfechtung des daraufhin zustande gekommenen Arbeitsvertrages berechtigende rechtswidrige arglistige Täuschung wäre (s. o. 6.8.2.5; vgl. die Parallele beim Mietvertrag, s. o. 10.5.1 a. E.).

Offenbarungs-
pflicht

Der Bewerber muss wesentliche, einer Einstellung zwingend entgegenstehende, Tatsachen offenbaren,

Beispiele: eine bereits eingetretene Krankheit oder periodisch wiederkehrende Beschwerden, die die Arbeitsaufnahme verhindern; oder: ein bestehendes Wettbewerbsverbot, vgl. die §§ 74 ff. HGB, 6 II, 110 GewO (s. u. 16.6); ein Berufskraftfahrer muss bspw. ungefragt mitteilen, dass er seit längerem nicht mehr in diesem Beruf tätig war;

auch muss er auf zulässige Fragen,

Beispiel: nach einschlägigen Vorstrafen,

zutreffend antworten, ansonsten kann der Arbeitgeber u. U. das Arbeitsverhältnis kündigen oder gemäß der §§ 123 BGB bzw. 119 II BGB anfechten (s. u. 16.2.4).

Vorstellungs-
kosten

Vorstellungskosten eines eingeladenen Bewerbers (Fahrt-, Reise-, Übernachtungs-, Verpflegungsmehrkosten) muss der Arbeitgeber entsprechend § 670 BGB erstatten.

Beispiel: Der Arbeitgeber lädt einen Bewerber zum Vorstellungsgespräch ein – erforderliche Reisekosten muss er ihm dann grds. angemessen ersetzen (auch wenn es nicht zu einer Einstellung kommt). Allerdings kann/muss die Kostenerstattung bei der Einladung ausdrücklich ausgeschlossen werden.

Schadens-
ersatz

Schuldhafte Pflichtverletzungen bei der Vertragsanbahnung können zu (Schadensersatz-)Ansprüchen aus cic führen (§§ 311 II, 241 II, 280 I BGB; s. o. 8.2.3, 8.3.1.2, 9.8),

Beispiel: Der (neue) Arbeitgeber erklärt dem Bewerber nach dem Einstellungsgespräch, er könne beim alten Arbeitgeber ruhig kündigen, die Einstellung werde bestimmt erfolgen – unterbleibt dann aber;

bzw. – etwa bei Verstoß gegen die Pflicht zur geschlechtsneutralen bzw. benachteiligungsfreien Stellenausschreibung – gemäß der §§ 11, 7 I, 1, 6 I 2, 15 AGG (s. o.).

Beispiel: Wer (ohne hinreichende sachliche Rechtfertigung [vgl. ewa die §§ 8–10 AGG]) ausdrücklich einen männlichen Mitarbeiter sucht, muss ggf. einer objektiv geeigneten Bewerberin eine angemessene Entschädigung zahlen (s. o. 16.2.2.3).

Absagen

Absage(schreibe)n dürfen ebenso nicht gegen das AGG verstoßen, ansonsten ergeben sich ggf. Ansprüche abgelehnter Bewerber gemäß § 15 AGG (s. o.).

Beispiel: Der Arbeitgeber begründet seine Absage gegenüber einem männlichen Bewerber damit, ausschließlich eine weibliche Kraft gesucht zu haben, da das gesamte Team aus Mitarbeiterinnen bestehe.

Benachteili-
gungsverbot

Im Schwerbehindertenrecht gilt ein explizites Benachteiligungsverbot, §§ 164 II, 2 II SGB IX (i. V. m. den Regeln des AGG).

Betriebsrat

Bei Betrieben (s. o. 4.4.2), in denen ein Betriebsrat besteht (vgl. die §§ 1 ff. BetrVG), sind (auch) bei Einstellungen dessen (Informations-, Auskunfts-, Zustimmungs-) Rechte zu beachten, §§ 99 ff. BetrVG (s. a. 16.2.2.2, 16.7.3).

Beispiel: Bei einer geplanten Neueinstellung (in Betrieben mit i. d. R. mehr als zwanzig wahlberechtigten Arbeitnehmern) ist der Betriebsrat zu unterrichten und seine Zustimmung einzuholen (§ 99 BetrVG; s. u. 16.7.3).

16.2.3.3 Probearbeitsverhältnis

Probezeit

Zur Eignungsprüfung ist ggf. ein Probearbeitsverhältnis (s. o. 16.2.2.1 a. E.) zulässig.

unbefristetes
Arbeits-
verhältnis

Beispiel: Die Parteien begründen ein unbefristetes Arbeitsverhältnis und vereinbaren „Die ersten sechs Monate gelten als Probezeit" – dies entspricht den §§ 1 I KSchG (sog. Wartezeit) bzw. 622 III BGB (sog. Probezeit) (vgl. auch § 4 BUrlG), hier gilt das KSchG somit grds. (noch) nicht (s. u. 16.5.2.1), die schriftliche (§ 623 BGB) Kündigungserklärung des Arbeitgebers muss dem Arbeitnehmer dann ggf. spätestens am letzten Tag des letzten (= sechsten) Monats zugehen (s. a. 6.3.5; 4.3.4; 16.5.2.1), wobei das Ende der Kündigungsfrist hierbei auch außerhalb der vereinbarten Probezeit liegen kann. (Zur Berechnung der Probezeit s. o. 4.3.4 a. E.). S. a. die §§ 20, 22 BBiG. (Zur Erprobung kann etwa auch ein sachgrundbefrister Arbeitsvertrag abgeschlossen werden, § 14 I 2 Nr. 5 TzBfG [Dauer grds. bis etwa sechs Monate]; s. a. 16.2.2.1 a. E., 16.5.4 [ungeachtet etwa auch der grds. möglichen Kalenderbefristung, § 14 II TzBfG]).

Ggf. greifen (auch in der Probezeit) besondere Kündigungsschutzregeln, bspw. § 17 MuSchG (s. u. 16.5.3). Bei befristeten (Probe-)Arbeitsverhältnissen, vgl. § 14 I 2 Nr. 5 TzBfG, ist dies aber grds. anders – diese enden i. d. R. ohne Kündigung mit Fristablauf, und bei Bewährung bedarf es ggf. des (auch konkludenten) Abschlusses eines neuen Arbeitsvertrages (s. u. 16.5.4); mangels Kündigungserfordernisses gelten insoweit auch die besonderen Kündigungsschutzregeln, etwa § 17 MuSchG, nicht [wobei die Verweigerung eines sog. Anschlussarbeitsvertrages etwa wegen einer Schwangerschaft rechtsmissbräuchlich sein kann (s. a. 4.3.2, 8.3.1.2; 16.5.4 a. E.)]. | *Befristung*

16.2.3.4 AGB-Kontrolle vorformulierter Vertragsinhalte

Regelmäßig legt der Arbeitgeber dem Arbeitnehmer bei der Einstellung einen bereits weitgehend vorformulierten Arbeitsvertrag mit Regelungen insbesondere zu Urlaub, Krankheit, Betriebsgeheimnissen, Versetzung, Vertragsstrafe, Kündigungsfristen, Wettbewerbsverboten etc. zur Annahme bzw. Unterzeichnung vor. Hierfür gilt unter angemessener Berücksichtigung arbeitsrechtlicher Besonderheiten gemäß § 310 IV 2 BGB grds. das Recht der AGBen, §§ 305 ff. BGB (s. o. 6.7). Vor überraschenden, unangemessenen, unklaren bzw. unfairen (Widerrufs-, Versetzungs-, Anrechnungs-, Änderungs-)Klauseln wird der Arbeitnehmer also grds. geschützt, vgl. § 307 I BGB. | *Schutz durch AGB-Recht*

Beispiele: Unklare bzw. überhöhte Vertragsstrafen (etwa für den Fall des Nichtantritts der Arbeit, s. o. 6.7.2 a. E., 8.11); Vereinbarung einer dreijährigen Kündigungsfrist (s. a. 6.7.1.1 a. E.; 16.5.2.1 a. E.); Abrede, wonach Überstunden mit dem Bruttomonats- bzw. Grundgehalt abgegolten sind, auch soweit sie über die gesetzliche Höchstarbeitszeit (vgl. § 3 ArbZG; s. o. 16.2.2.1) von 48 Stunden hinausgehen; Rückzahlung von Weihnachtsgeld oder vom Arbeitgeber aufgebrachter Fortbildungskosten, auch wenn der Arbeitgeber betriebsbedingt kündigt; Lohnkürzung bei Betriebsflaute – gemäß der §§ 310 IV 2, 305 c I, 307 I BGB sind derartige Klauseln unwirksam, der Arbeitsvertrag aber als solcher gültig, §§ 306 I, 611 a BGB. | *unwirksame Klauseln*

16.2.3.5 Betriebsübergang

Beim rechtsgeschäftlichen Betriebsübergang gehen mit dem veräußerten Betrieb (s. o. 4.4.2) auch die Arbeitsverhältnisse der betroffenen Arbeitnehmer kraft Gesetzes grundsätzlich unverändert mit allen Rechten und Pflichten auf den neuen Betriebsinhaber über, § 613 a I BGB, eine Kündigung wegen des Betriebsübergangs ist unzulässig, das Arbeitsverhältnis hat Bestandsschutz, § 613 a IV 1 BGB (s. u. 16.5.1). Die von einem Betriebsübergang betroffenen Arbeitnehmer sind hiervon umfassend zu unterrichten, § 613 a V BGB; sie können dem Übergang binnen eines Monats schriftlich widersprechen, § 613 a VI BGB (s. a. § 613 S. 2 BGB), und ihr bisheriges Arbeitsverhältnis beim Veräußerer bleibt dann bestehen. | *Übergang des Arbeitsverhältnisses* / *Widerspruch möglich*

Beispiele: Eine GmbH wird von einer AG übernommen – die Arbeitnehmer der GmbH können jeweils dem Übergang ihrer Arbeitsverhältnisse auf die AG fristgemäß widersprechen, ansonsten tritt die AG in die jeweiligen Rechte und Pflichten ein; hat ein Arbeitnehmer fristgerecht schriftlich widersprochen (§§ 613 a VI, 125, 126 BGB), so kann die GmbH ggf. wegen Wegfalls der Beschäftigungsmöglichkeit betriebsbedingt kündigen (muss er damit rechnen und ist ihm die Tätigkeit beim neuen Betriebsinhaber nicht unzumutbar, so ruht i. Ü. grds. sein Anspruch auf Arbeitslosengeld für bis zu zwölf Wochen, § 159 SGB III).

16.2.3.6 Arbeitnehmerüberlassung

AÜG beachten

Leiharbeit

Bei der Inanspruchnahme fremden Personals im Wege der sog. gewerbsmäßigen Arbeitnehmerüberlassung (sog. Leiharbeit) ist insbesondere das AÜG zu beachten. Arbeitnehmerüberlassung liegt insoweit vor, wenn der Arbeitnehmer, der zum Zwecke der Ausleihe an einen anderen Arbeitgeber vom sog. Verleiher eingestellt wird, seine Arbeitsleistung vorübergehend (insbesondere etwa zur Überbrückung von Auftragsspitzen), grds. bis zu einer Überlassungshöchstdauer von längstens achtzehn aufeinanderfolgenden Monaten, im Betrieb eines Dritten erbringt (sog. Entleiher), in den er eingegliedert und weisungsunterworfen ist, §§ 1 ff. AÜG.

Beispiele: Insbesondere in der Automobil-, Druckindustrie, Abfallwirtschaft, Logistik.

Erlaubnis erforderlich

Zur gewerbsmäßigen Arbeitnehmerüberlassung ist eine Erlaubnis der Bundesagentur für Arbeit erforderlich, §§ 1 I, 2 ff. AÜG (ansonsten gilt der Entleiher als Arbeitgeber, §§ 9, 10 AÜG). Der Arbeitsvertrag ist grds. formlos wirksam (vgl. § 11 AÜG), der Arbeitnehmerüberlassungsvertrag bedarf der Schriftform (§ 12 I AÜG). Der Verleiher schuldet dem Arbeitnehmer für die Dauer der Überlassung grds. das gleiche Arbeitsentgelt wie einem vergleichbaren Arbeitnehmer des Entleihers, §§ 3 Nr. 3, 8, 9 Nr. 2 AÜG (bei Geltung eines Tarifvertrages für Zeitarbeitnehmer den entsprechenden Tarif- bzw. gesetzlichen Mindestlohn, vgl. die §§ 3 ff. AEntG).

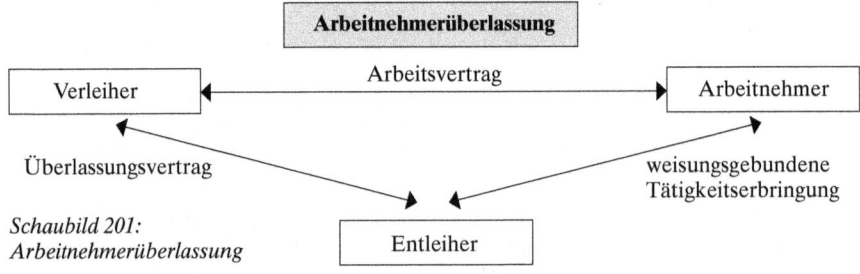

Schaubild 201:
Arbeitnehmerüberlassung

16.2.4 Fehlerhaftes Arbeitsverhältnis

Irrtum/ Täuschung

Besonderheiten ergeben sich auch bei der Anfechtung eines Arbeitsvertrages: Sollte sich der Arbeitgeber beim Abschluss des Arbeitsvertrages geirrt haben, etwa wegen Irrtums über eine verkehrswesentliche Eigenschaft des Arbeitnehmers, § 119 II BGB, oder wegen arglistiger Täuschung, § 123 BGB,

Beispiele: mehrere Vorstrafen wegen straßenverkehrsrechtlicher Delikte bzw. mangelnde Fahrpraxis eines Berufskraftfahrers (s. a. das Beispiel 8.3.3 a. E.), bewusstes Verschweigen diebstahls- bzw. unterschlagungsbedingter Verurteilungen eines Kassierers (s. o. 16.2.3.2), Zeugnisfälschung (s. o. 6.8.2.5),

Anfechtung ex nunc

so wirkt die Anfechtung regelmäßig ausnahmsweise (vgl. § 142 I BGB) nicht von Anfang an (ex tunc), sondern erst (ex nunc) mit Zugang der Anfechtungserklärung, sog. fehlerhaftes (auch faktisch genanntes) Arbeitsverhältnis (s. o. 6.8.2.4 f.; 8.3.3). Der Arbeitnehmer behält dadurch, soweit er bereits in der Vergangenheit Arbeit geleistet hat, seine diesbezüglichen Ansprüche auf Entgelt, Urlaubsgewährung etc.

Gleiches gilt in Fällen der Nichtigkeit eines Arbeitsvertrages (§§ 134, 138 BGB). Bei Teilnichtigkeit gilt ggf. § 139 BGB (s. o. 6.8.1.1 a. E.).

Kannte der Arbeitnehmer die Nichtigkeit des Arbeitverhältnisses bzw. wird gegen die Gesetze verstoßen (vgl. § 134 BGB, auch § 138 BGB), dann liegt ein fehlerhaftes Arbeitsverhältnis wegen Verstoßes gegen § 242 BGB jedoch nicht vor.

Beispiel: Der Arbeitnehmer lässt sich als Drogenkurier einsetzen – er kann keine Ansprüche geltend machen.

16.2.5 Nebenpflichten

Der Arbeitnehmer ist, insbesondere aufgrund des Prinzips von Treu und Glauben bzw. wegen gebotener Rücksichtnahmepflicht, §§ 242, 241 II BGB (s. o. 8.3.1.2; 8.3.2; 10.4.5), sorgfalts- und treuepflichtig.

Sorgfalts-/ Treuepflicht

Beispiele: Loyalitätspflicht; Verschwiegenheitspflicht; Teilnahme an betrieblichen Weiterbildungs- bzw. Schulungsmaßnahmen; Unterlassen von Konkurrenztätigkeiten (Wettbewerbsverbot; s. u. 16.6); Hinweis auf eine Maschinenstörung; Anzeige einer Erfindung (s. u. 19.7); grds. ist es auch Arbeitnehmerpflicht, ggf. erforderliche Überstunden zu leisten (im Rahmen des ArbZG; s. o. 16.2.2.1). Zu Nebentätigkeiten s. u. 16.2.7.

Der Arbeitgeber schuldet dem Arbeitnehmer insbesondere Rücksichtnahme, Schutz und Fürsorge (vgl. etwa die §§ 241 II, 242, 617, 618, 619 BGB, 62 HGB, 1 ff. ArbSchG).

Beispiele: Schutz vor Gefahren am Arbeitsplatz; Einhaltung der Unfallverhütungsvorschriften; Unterlassen von „Bossing" oder „Mobbing" (s. o. 6.6.6.2; §§ 3 III, 7, 12 ff. AGG); Übernahme der Reinigungskosten für aus hygienischen Gründen zu tragender Arbeitskleidung; Schutz der Personalakte bzw. Daten vor unbefugter bzw. zufälliger Kenntnisnahme; angemessene Raumtemperatur im Winter bzw. Sommer (vgl. die Regeln der ArbStättVO); Beachtung des Maßregelungsverbotes, § 612 a BGB (s. u. 16.5.2.1).

16.2.6 Weisungsrecht

Während der Dauer des Arbeitsverhältnisses ist der Arbeitnehmer dem Direktions- bzw. Weisungsrecht des Arbeitgebers unterworfen: Der Arbeitgeber kann grundsätzlich die Leistungspflicht des Arbeitnehmers einseitig durch Weisungen konkretisieren, also Arbeitsort, -zeit, -dauer, -durchführung und -inhalt (d. h., das „wie, wann, was, wo, womit") näher bestimmen, der Arbeitnehmer muss dem nachkommen, §§ 611 a I 2 BGB, 6 II, 106 S. 1 GewO.

Weisungsbefugnis

Beispiele: Der Arbeitgeber bestimmt die Öffnungszeiten eines Ladengeschäftes und damit den Arbeitsbeginn, legt den Arbeitsort fest, weist dem Arbeitnehmer die zu erbringende konkrete Tätigkeit zu, bestimmt die Arbeitsabläufe, legt eine Kleiderordnung fest.

Ist im Arbeitsvertrag eine bestimmte Tätigkeit vereinbart worden, dann erlaubt das Weisungsrecht lediglich deren nähere Konkretisierung (aber etwa keine freie Versetzbarkeit).

Tätigkeitsvereinbarung

Beispiele: Eine Fleischereiverkäuferin darf auch zum Verkauf von Wurstwaren eingesetzt werden, ein Briefzusteller etwa ebenso für Sonderzustellungen (bspw. Eilboten). Je enger und konkreter Arbeitsinhalt, -ort, -zeit im Arbeitsvertrag geregelt sind, je enger ist die Weisungsbefugnis des Arbeitgebers.

Ist die Beschäftigung nur allgemein fachlich angegeben,

Beispiel: „Herr/Frau XY wird als Verkäufer(in) eingestellt",

dann können alle diejenigen Tätigkeiten angewiesen werden, die sich im jeweiligen Berufsbild ergeben,

Beispiel: ein(e) Verkäufer(in) im Kaufhaus darf sowohl in der Lebensmittel- als auch der Kosmetik- oder Textilabteilung eingesetzt werden;

vergleichbar ist es grds. bei lediglich generalisierend vereinbarten Tätigkeiten,

Beispiel: Wird jemand im Baugeschäft als Hilfsarbeiter eingestellt, so kann ihm jede Tätigkeit zugewiesen werden, die hierzu zählt.

billiges Ermessen

Das Direktionsrecht ist nicht unbeschränkt, vielmehr im Rahmen billigen Ermessens (§ 315 I BGB) auszuüben (s. o. 8.3.1.1), vgl. die §§ 611 a I 2 BGB, 6 II, 106 GewO.

Versetzungsklauseln

Beispiele: Der Arbeitgeber muss den Arbeitnehmer grundsätzlich angemessen (nicht unterwertig) beschäftigen, darf nicht willkürlich, schikanierend bzw. sachgrundlos versetzen, keine Tätigkeit, die Leib und Leben gefährdet, ohne entsprechende Schutzvorkehrungen zuweisen (vgl. die §§ 618, 619 BGB, 3 I 1 ArbSchG; s. u. 16.3.2.5). Grds. ist der Arbeitnehmer etwa verpflichtet, an einem ihm vom Arbeitgeber zugewiesenen Einsatzort zu arbeiten (auch wenn er dadurch ggf. erhebliche [Benzin-]Mehrkosten hat) (es sei denn, ein bestimmter Tätigkeitsort sei ausdrücklich vereinbart worden, wie etwa „Sachbearbeiter am Standort Frankfurt"). Formularvertragliche (s. a. 16.2.3.4; 6.7) Versetzungsklauseln (beachte dazu ggf. § 1 II 2 Nr. 1 b KSchG; s. a. § 2 I 2 Nr. 4 NachwG) dürfen nicht nur auf entsprechende Fähigkeiten und Kenntnisse des Arbeitnehmers abstellen, sondern müssen auch die Gleichwertigkeit der Tätigkeit etwa am neuen Standort berücksichtigen – bei einer Versetzung ist dem Mitarbeiter grds. eine gleichwertige, zumutbare, gleichdotierte Tätigkeit zuzuweisen. Das Weisungsrecht gestattet dem Arbeitgeber grds. nicht die einseitige Zuweisung des Arbeitsplatzes in der Wohnung des Arbeitnehmers – eine Versetzung ins Home-Office ohne Zustimmung des Arbeitnehmers ist i. d. R. unwirksam. (Demgegenüber besteht grds. kein Anspruch auf Tätigkeit am Wohnort bzw. im Home-Office.)

Bei einer rechtswidrigen bzw. unwirksamen Versetzung, also Überschreitung der Direktionsbefugnis, schuldet der Arbeitgeber dem Arbeitnehmer ggf. Schadensersatz.

Beispiel: War etwa die Versetzung des Arbeitnehmers von Darmstadt nach Hamburg unzulässig, so sind ihm die angefallenen Kosten für eine angemessene Zweitwohnung und das Pendeln zu erstatten.

Änderungskündigung

Will der Arbeitgeber das Arbeitsverhältnis inhaltlich dem Grunde nach wesentlich verändern, so reicht das Direktionsrecht regelmäßig nicht aus, vielmehr ist dann eine sog. Änderungskündigung erforderlich, § 2 KSchG (s. a. 16.2.2.1, 16.5.2.3).

Beispiele: Einsatz eines Verkaufsmitarbeiters als Auslieferungsfahrer, einseitige Anordnung nicht notbedingter Überstunden oder Kurzarbeit (s. a. 16.2.2.1; 16.3.2 a. E.).

16.2.7 Nebentätigkeiten

Grundsatz zulässig

Nebentätigkeiten sind grundsätzlich zulässig.

Beispiele: Minijobs bei einem weiteren Arbeitgeber, ein zweiter Job beim selben Arbeitgeber, selbstständige Tätigkeiten im Rahmen von Dienst- oder Werkverträgen; auch unentgeltliche bzw. ehrenamtliche Tätigkeiten gelten grds. als Nebentätigkeit (ungeachtet etwaiger [ggf. auch fehlender] Vergütung).

Ausnahmen

Ggf. können Nebentätigkeiten, die berechtigte Interessen des Arbeitgebers berühren, jedoch arbeits- oder tarifvertraglich anzeigepflichtig bzw. auch ausgeschlossen sein; hierfür müssen sachliche Gründe bestehen. Insbesondere darf der Arbeitnehmer dem Arbeitgeber keine Konkurrenz machen (s. a. die §§ 241 II, 242 BGB, 60 I HGB).

Beispiele: Abendliches Jobben als Kellner, wenn der Mitarbeiter hierdurch ständig übermüdet ist; so etwa auch, wenn etwa ein Busfahrer zusätzlich „nebenbei" noch als Lkw-Fahrer arbeiten will und die Lenkzeitbeschränkungen tangiert sind, oder die zulässige Höchstarbeitszeit bzw. die Leistungsfähigkeit des Mitarbeiters überschritten wird.

Die Regeln des Arbeitszeitgesetzes (vgl. § 3 ArbZG, s. o. 16.2.2.1) sind hinsichtlich der Gesamtarbeitszeit zu beachten.

ArbZG zu beachten

Beispiel: Bei einer Wochenarbeitszeit von 40 Stunden (5 Tage à 8 Stunden) verbleiben (da der Samstag als Werktag mitzählt [dies ist wie beim gesetzlichen Urlaub, vgl. § 3 BUrlG; s. u. 16.3.2.3]) grds. noch acht Stunden für eine etwaige Nebentätigkeit, vgl. § 3 I 1 ArbZG.

Zulässige Nebentätigkeiten können grds. auch während des Erholungsurlaubs ausgeübt werden; dem Urlaubszweck widersprechende, eigens im Urlaub aufgenommene entgeltliche (Neben-)Tätigkeiten sind i. d. R. gemäß § 8 BUrlG unzulässig.

Urlaub

Beispiele: Die nach Feierabend kellnernde Büroarbeitnehmerin darf dies auch während ihres Urlaubs weiterführen; unzulässig dagegen wäre es grds., den Erholungsurlaub weitgehend für einen eigens eingegangenen anderweitigen Vollzeitjob zu nutzen (s. u. 16.3.2.3).

Die Ausübung von Nebentätigkeiten während der Zeit einer Krankmeldung beim Arbeitgeber (s. u. 16.3.2.1) kann als genesungswidriges Verhalten ggf. als schwerwiegender Vertrauensbruch zu einer (außerordentlichen) Kündigung (s. u. 16.5.2) führen.

Krankheit

Beispiele: Der sich krank (bzw. arbeitsunfähig) gemeldet habende Kraftfahrer betreibt währenddessen ein Café und kellnert dort (dem Arbeitgeber entstandene Detektivkosten muss er i. Ü. grds. erstatten, s. u. 16.4.1).

16.3 Leistungsstörungen

Wesentliche Fragen ergeben sich gerade im Hinblick auf Leistungsstörungen, insbesondere, ob bzw. inwieweit der Arbeitnehmer sein Entgelt auch ohne Erbringen seiner Arbeitsleistung erhält.

16.3.1 Wechselseitiger Leistungsaustausch

Der Arbeitsvertrag ist ein wechselseitig verpflichtender Vertrag, bei dem die Parteien ihre Leistungen gerade um der jeweiligen Gegenleistungen willen erbringen (s. o. 16.2.2.1). Insoweit gilt bei Problemen, die beim Leistungsaustausch auftreten, grundsätzlich das – arbeitsrechtlich jedoch zu modifzierende, s. u. – Leistungsstörungsrecht (s. o. 9, 10.4.6).

Wechselseitige Verpflichtungen

Kommt der Arbeitnehmer seiner Pflicht zur Arbeitsleistung schuldhaft nicht nach,

Beispiele: er „feiert krank" bzw. „macht blau", verschläft, verpasst den Zug (also aus von ihm zu vertretenden, subjektiv-individuellen Gründen [s. u. 16.3.2.4 a. E.]); da die ausgefallene Arbeitszeit als solche grds. nicht nachholbar ist (sog. absolute Fixschuld, s. o. 8.4), ist sie ihm also unmöglich i. S. d. § 275 I BGB,

„Arbeit gegen Entgelt"

so wird der Arbeitgeber gemäß der §§ 275 I, IV, 326 I 1 BGB grundsätzlich von der entsprechenden Lohnzahlungspflicht (Gegenleistung) frei (s. a. 9.3.1 a. E., 9.3.2, 16.3.2; s. o. Schaubild 104) (Grundsatz: *„Ohne Arbeit kein Entgelt"*).

Entgeltanspruch

Beispiel: Der Arbeitnehmer arbeitet nicht, weil er keine Lust hat – der Arbeitgeber muss ihm hierfür keinen Lohn zahlen.

Grundsätzlich entfällt der Entgeltanspruch des Arbeitnehmers gemäß der §§ 275 I, IV, 326 I 1 BGB auch, wenn er aus objektiven Gründen seine Arbeitsleistung nicht erbringen kann, d. h., wenn objektive Leistungshindernisse vorliegen, die gleichzeitig allgemein einen größeren Personenkreis (nicht nur ihn) erfassen und sich nicht der betrieblichen Sphäre zurechnen lassen.

Wegerisiko

Beispiele: Straßenverkehrsstörungen, Staus, Bus-, Bahnverspätungen, verstopfte Straßen durch Unfälle oder Nebel, Schnee bzw. Eis, Naturkatastrophen, Flugausfälle wegen Streiks am Urlaubsort oder schlechter Witterung, die für Verspätungen des Arbeitnehmers ursächlich sind, gehen als allgemein-objektive Leistungshindernisse zu seinen Lasten – das (Zeit-)Risiko des Anfahrtsweges (Wegerisiko), also das Risiko, rechtzeitig zum Betrieb als Erfüllungsort (§ 269 BGB; s. o. 8.5) zu gelangen, trägt hier grds. der Arbeitnehmer, er wird insoweit gemäß § 275 I BGB leistungsfrei und verliert gemäß der §§ 275 IV, 326 I 1 BGB grds. seinen Anspruch auf Entgelt (*Hinweis: § 616 BGB etwa greift insoweit nicht; [vgl. insoweit bzw. zu Ausnahmen hierzu s. u. 16.3.2 bzw. 16.3.2.4 a. E.]*). Der Arbeitgeber kann ggf., falls der Arbeitnehmer die Unmöglichkeit zu vertreten hat, Schadensersatz verlangen, § 280 I BGB (s. u. 16.3.3; 16.4.1) bzw. (i. d. R. nach Abmahnung; vgl. § 314 II 1 BGB; s. a. 9.9.2 a. E.) kündigen. Das gemäß § 326

ggf. Kündigung statt Rücktritt

V BGB grds. vorgesehene Rücktrittsrecht gilt im Arbeitsrecht i. d. R. nicht; insoweit greift ggf. das Kündigungsrecht des Arbeitgebers ein (s. a. 16.5.2, 8.3.3, 8.14.2.9, 9.9.2).

Das gilt grds. auch beim Arbeitskampf (Streik).

Streikrisiko

Beispiel: Wegen eines Streiks in einem Zuliefererbetrieb erliegt die Produktion – das Streik-/ Arbeitskampfrisiko trägt grds. der Arbeitnehmer, dem der Arbeitgeber für streikbedingte Betriebsstörungen bzw. Nichtarbeit keinen Lohn schuldet.

Unmöglichkeit wg. Arbeitgeber

Hat der Arbeitgeber die Unmöglichkeit der Erbringung der Arbeitsleistung durch den Arbeitnehmer zu vertreten, so behält der Arbeitnehmer seinen Entgeltanspruch, §§ 275 I, IV, 326 II 1 1. Alt. BGB.

Beispiele: Beim abendlichen Putzen beschädigt eine Reinigungskraft eine Werkzeugmaschine, sodass der diese bedienende Mitarbeiter am nächsten Tag während der Reparaturdauer nicht an ihr arbeiten kann – er behält (ungeachtet einer anderen Einsatzmöglichkeit) seinen Entgeltanspruch, §§ 6 II, 105 GewO, 611 a II, 278, 326 II 1 1. Alt. BGB (s. o. 16.2.2.1). Oder: Der Arbeitgeber verursacht einen Brand des Fabrikgebäudes und die Arbeit fällt aus (bei nicht zu vertretender Unmöglichkeit greift ggf. § 615 S. 3 BGB; s. u. 16.3.2.5 f.).

16.3.2 Vergütung ohne Arbeitsleistung

Der Grundsatz „Ohne Arbeit kein Entgelt" (s. o. 16.3.1) ist arbeitsrechtlich, insbesondere aufgrund spezialgesetzlicher bzw. gerichtlicher Wertungen, vielfach modifiziert. Vornehmlich folgende Bereiche sind hierbei relevant:

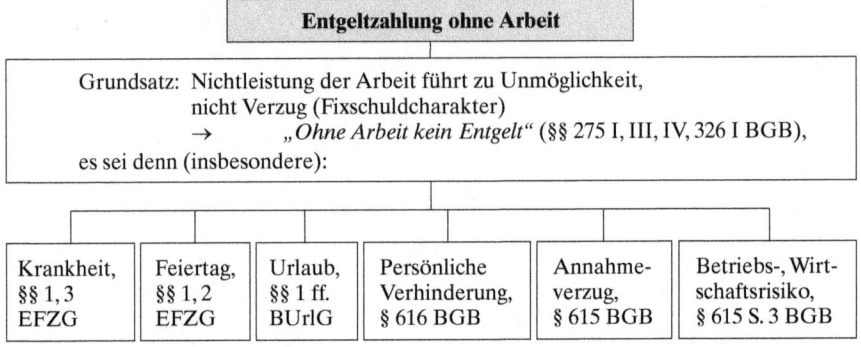

Schaubild 202: Entgeltzahlung ohne Arbeit

16.3.2.1 Krankheit

Nach den Grundsätzen des EFZG bleibt der Arbeitgeber bei unverschuldeter Arbeitsunfähigkeit des Arbeitnehmers infolge Krankheit bis zur Dauer von sechs Wochen entgeltzahlungspflichtig.

Krankheit – Entgeltfortzahlung; Feiertagsvergütung; EFZG	
Begriff:	Krankheit = regelwidriger Körper-/Gesundheits- oder Geisteszustand
Anspruchsgrundlage/ Voraussetzungen:	§ 3 EFZG (bzw. ggf. günstigerer Arbeits- oder TV) [§§ 275 I, IV, 326 I BGB gelten nicht] – Arbeitnehmer (s. a. § 1 II EFZG; bestehendes Arbeitsverhältnis) – vierwöchige ununterbrochene Dauer (Wartezeit, § 3 III EFZG) – Krankheit, dadurch – Arbeitsunfähigkeit – kein Verschulden gegen sich selbst
Dauer:	§ 3 I 1 EFZG; bis zu sechs Wochen
Höhe:	§ 4 EFZG; 100 % des ohne Krankheit zu zahlenden Entgeltes (Entgeltausfallprinzip)
Anzeige-, Nachweispflicht:	§ 5 EFZG; unverzüglich
Leistungen der Krankenkasse:	§§ 11 ff., 44 ff. SGB V (u. a. Krankengeld)
Drittverschuldete Arbeitsunfähigkeit:	§ 6 EFZG; gesetzlicher Forderungsübergang
i. Ü. s. a. Feiertagsvergütung:	§ 2 EFZG; Arbeitsausfall wegen gesetzlichen Feiertages (Entgeltausfallprinzip)

Schaubild 203: Entgeltfortzahlung bei Krankheit/Feiertagsvergütung

Beispiele: Der Arbeitnehmer ist wegen Grippe krank, befindet sich also unverschuldet (d. h., dass er nicht in erheblichem Maße gegen das von einem verständigen Menschen im eigenen Interesse zu erwartende Verhalten verstößt, also ohne dass ihn ein sog. „Verschulden gegen sich selbst" trifft; § 276 BGB gilt insoweit nur eingeschränkt) in einem regelwidrigen körperlichen (oder geistigen) Zustand, der der Heilbehandlung bedarf, und wird dadurch an der Arbeit gehindert (d. h. leistungsfrei i. S. d. § 275 I BGB) – der Arbeitgeber, dem der Arbeitnehmer gemäß § 5 I EFZG dies anzuzeigen bzw. nachzuweisen hat (bei länger als drei Kalendertage dauernder Krankheit mittels spätestens am vierten [Arbeits-]Tag zuzugehender ärztlicher Bescheinigung), muss ihm gemäß § 3 I 1 EFZG bis zu sechs Wochen lang das Arbeitsentgelt (§ 611 a II BGB) weiterzahlen (danach gibt es ggf. Krankengeld, §§ 44 ff., 49 I Nr. 1 SGB V) (nach Ablauf der sechs Wochen hat ein kranker Arbeitnehmer grds. auch keinen Anspruch mehr auf seinen Dienstwagen, da dieser i. d. R. Gehaltsbestandteil ist). Zu zahlen sind 100 % des dem Arbeitnehmer grds. zustehenden Bruttoentgeltes bzw. ggf. Mindestlohns i. S. d. § 1 MiLoG (s. o. 16.2.2.1) (*Entgeltausfallprinzip*; einschl. etwaiger Sonn- oder Feiertagszuschläge), vgl. die §§ 4, 4 a EFZG. Der grds. unabdingbare (§ 12 EFZG; s. o. 10.4.2, 6.8.1.2, 8.14.2.4 a. E.) Anspruch auf Entgeltfortzahlung besteht erst nach einer vierwöchigen Wartezeit, §§ 3 III EFZG, 188 II BGB (s. o. 4.3.4). Auf die Ursache der Krankheit kommt es i. d. R. nicht an, auch Suchterkrankungen (ggf. auch Rückfälle, etwa bei Alkoholkranken) oder Sportverletzungen im Freizeitbereich werden grds. erfasst. Allerdings muss die Arbeitsunfähigkeit infolge Krankheit, d. h. kausal, hervorgerufen sein – eine geringfügige Fußverletzung etwa führt bei einem sitzende Tätigkeit verrichtenden Angestellten grds. nicht zur Arbeitsunfähigkeit. Da den Arbeitnehmer kein Verschulden, also kein gröblicher Verstoß gegen vernünftige eigene Interessenswahrung treffen darf, § 3 EFZG, besteht z. B. bei alkoholbedingten Prügeleien bzw. Unfällen i. d. R. kein Entgeltfortzahlungsanspruch. Die sechswöchige Anspruchsfrist gilt für jede einzelne Krankheit; nicht aber grds. bei sog. Fortsetzungserkrankungen, § 3 I 2 EFZG. Während der Erkrankung ist alles zu unterlassen, was die Genesung verzögern könnte, wie etwa insbesondere auch genesungswidrige Verhaltensweisen oder Nebentätigkeiten (s. o. 16.2.7), die ggf. ebenso zu einer (außerordentlichen) Kündigung (s. u. 16.5.2) führen können – Freizeitaktivitäten (etwa: [mäßiger] Sport) bleiben aber grds. zulässig. Schädigt ein Dritter

(Randnotizen: Krankheit; Entgeltausfallprinzip)

385

Forderungs-
übergang

den Arbeitnehmer, etwa bei einem Verkehrsunfall, so gehen dessen Schadensersatzansprüche (z. B. gemäß der §§ 823 I, II BGB, s. o. 12, bzw. 7 I, 18 StVG, s. o. 14.3.1), insbesondere diejenigen wegen Verdienstausfalls, auf den entgeltfortzahlenden Arbeitgeber über, § 6 EFZG (s. o. 8.8.5, 8.12.4).

16.3.2.2 Feiertage

Feiertage

Auch für gesetzliche Feiertage – an denen Arbeitnehmer, wie an Sonntagen, grds. nicht beschäftigt werden dürfen, vgl. die §§ 9 ff. ArbZG, 6 MuSchG – ist Entgelt zu zahlen, § 2 EFZG.

Beispiele: Weihnachten (25./26.12.), 3. Oktober.

Die Feiertagsbestimmungen in den einzelnen Bundesländern sind unterschiedlich, vgl. Art. 70 GG.

Beispiele: Allerheiligen (1. 11.), Heilige Drei Könige (6. 1.), Mariä Himmelfahrt (15. 8.).

Insoweit gilt grds. der Ort des Beschäftigungsbetriebes, nicht der Wohnort des Arbeitnehmers.

Beispiele: Der in Bayern wohnende Arbeitnehmer ist verpflichtet, an Allerheiligen an seinem Arbeitsplatz in Hessen zu erscheinen (umgekehrt hingegen hätte er frei). Ebenso ist es grds. bei Monteuren bzw. Außendienstmitarbeitern (anders aber ggf. etwa, wenn diese für längere Einsätze in einem anderen Bundesland eingestellt sind). Ist i. Ü. etwa der Samstag regulär arbeitsfrei und fällt ein Feiertag auf einen Samstag, so besteht insoweit kein Anspruch i. S. d. § 2 EFZG.

16.3.2.3 Urlaub

Urlaub

Der Arbeitgeber schuldet dem Arbeitnehmer desweiteren (s. o. 16.2.2.1) Urlaub, also Freistellung von der Arbeit unter Weiterzahlung des Arbeitsentgeltes nach den Regeln des BUrlG (§§ 1 ff. BUrlG) für grds. mindestens 24 Werktage pro Kalenderjahr, § 3 BUrlG (s. a. die §§ 19 JugArbSchG, 208 SGB IX), ausgehend von der Sechstagewoche. Für anders gestaltete Beschäftigungsverhältnisse lässt sich der gesetzliche Mindesturlaubsanspruch grds. wie folgt berechnen:

Dauer

$$\text{Urlaub} \ = \ \frac{24\,\text{Werktage} \times \text{Arbeitstage pro Woche}}{6\,\text{Werktage}}$$

Beispiele: Bei einer 5-Tage-Woche beträgt der Mindesturlaub 20 Arbeitstage, bei einer 6-Tage-Woche 24 Arbeitstage, bei einer 2-Tage-Woche acht Arbeitstage, § 3 I, II BUrlG; der Arbeitsvertrag oder ein Tarifvertrag können längeren Urlaub vorsehen. (Auch im Arbeitszeitrecht etwa gilt der Samstag als Werktag, vgl. § 3 ArbZG; s. o. 16.2.2.1, 16.2.7).

Der Urlaubsanspruch entsteht erstmalig nach der sechsmonatigen Wartezeit des § 4 BUrlG; § 5 BUrlG gewährt ggf. einen Anspruch auf Teilurlaub.

Beispiel: Ist der Arbeitnehmer zum 1. 7. eingestellt, so endet die Wartezeit erst mit Ablauf des 31. 12., 24.00 Uhr – der Urlaubsanspruch entsteht also erst zum Folgejahr, §§ 4 BUrlG, 187 II 1, 188 II BGB (s. o. 4.3.4; s. u), und der Arbeitnehmer erwirbt für dieses zurückliegende (Halb-)Jahr nur einen Teilurlaubsanspruch gemäß § 5 I a BUrlG (grds. sechs Zwölftel).

Der Urlaubsanspruch bleibt grds. auch bei einvernehmlichem Ruhen des Arbeitsverhältnisses („unbezahlter Sonderurlaub") bestehen.

Beispiel: Dem nach Ablauf des unbezahlten Sonderurlaubs ausscheidenden Arbeitnehmer ist Urlaubsabgeltung zu leisten, § 7 IV BUrlG (anders etwa bei den §§ 17 I 1 BEEG, 4 I 1 ArbPlSchG).

Urlaub – entgeltliche Freistellung; BUrlG	
Begriff:	Urlaub = zur Erholung bestimmte, bezahlte, zeitweise Freistellung von der Arbeitspflicht
Anspruchsgrundlage/ Voraussetzungen:	§ 1 BUrlG (bzw. ggf. günstigerer Arbeits- oder TV; s. a. die §§ 19 JArbSchG, 208 SGB IX) [§§ 275 I, IV, 326 I BGB gelten nicht] – Arbeitnehmer (s. a. § 2 BUrlG; bestehendes Arbeitsverhältnis) – sechsmonatiges Bestehen (Wartezeit, § 4 BUrlG) – nicht bereits anderweitig gewährt (§ 6 BUrlG)
Dauer:	§ 3 I, II BUrlG; 24 Werktage bei 6-Tage-Woche (20 Arbeitstage bei 5-Tage-Woche)
Festlegung:	§ 7 I, II BUrlG; grds. durch Arbeitgeber, zusammenhängend zu gewähren
Verfall/Übertragung/ Abgeltung:	§ 7 III, IV BUrlG; grds. im laufenden Kalenderjahr; ansonsten dringende Gründe; bei Ausscheiden abzugelten
Urlaubsentgelt:	§ 11 BUrlG; Durchschnittsverdienst der letzten 13 Wochen (Referenzprinzip), vor Antritt zahlbar (ggf.: zusätzliches Urlaubsgeld)
Urlaubszweck:	§ 8 BUrlG; keine widersprechende Erwerbstätigkeit
Teilurlaub:	§ 5 BUrlG; Nichterfüllung, Ausscheiden vor Erfüllung, Ausscheiden nach Erfüllung der Wartezeit im ersten Kalenderhalbjahr

Schaubild 204: Urlaub – entgeltliche Freistellung; BUrlG

Der Urlaub ist zusammenhängend zu gewähren; ggf. muss ein Urlaubsteil mindestens zwölf aufeinanderfolgende Werktage umfassen, § 7 II BUrlG. Grds. steht auch Schülern oder Studierenden im Nebenjob anteiliger Erholungsurlaub zu.

Kann der Arbeitnehmer den Urlaub aufgrund andauernder Erkrankung nicht nehmen, so verfällt der (gesetzliche Mindest-)Urlaub (ungeachtet der §§ 7 III BUrlG, 125 I 1 SGB IX) grds. nicht, ist vielmehr auf das Folgejahr zu übertragen (bzw. bei Beendigung des Arbeitsverhältnisses abzugelten, § 7 IV BUrlG); allerdings erlischt er bei fortbestehender Arbeitsunfähigkeit nach der Rspr. grds. am 31. 3. des übernächsten Jahres (also 15 Monate nach Ablauf des Urlaubsjahres).

Beispiele: Das Urlaubsentgelt bemisst sich grds. nach dem Durchschnittsverdienst (bzw. ggf. Mindestlohn, § 1 MiLoG; s. o. 16.2.2.1) der letzten dreizehn Wochen (sog. *Referenzprinzip*), § 11 BUrlG (ggf. kommt noch ein sog. Urlaubsgeld dazu, falls dies arbeits- oder tarifvertraglich vereinbart oder kraft betrieblicher Übung [s. o. 16.2.2.2] geschuldet ist). Grds. legt der Arbeitgeber den Urlaubszeitpunkt fest, allerdings sind die Urlaubswünsche der Arbeitnehmer vorrangig zu berücksichtigen und regelmäßig nur bei entgegenstehenden dringenden betrieblichen Belangen zu versagen, vgl. § 7 BUrlG. Wer eigenmächtig ungenehmigten Urlaub nimmt bzw. genehmigten verlängert (sog. „Selbstbeurlaubung"), riskiert seine (ggf. fristlose, § 626 BGB; s. u. 16.5.2) Kündigung. Genehmigten Urlaub muss der Arbeitnehmer grds. nicht abbrechen (außer in Katastrophenfällen oder existenzgefährdenden Unternehmenskrisen, nicht aber bei bloßen Organisationsschwierigkeiten); er muss sich allerdings ebenfalls daran halten und hat grds. keinen Anspruch auf Verschiebung (auch nicht etwa bei schlechtem Wetter am Urlaubsort, anders aber etwa bei Erkrankung). Erholungsgefährdende (Neben-) Tätigkeiten (s. o. 16.2.7) im Urlaub sind grds. zu unterlassen, vgl. § 8 BUrlG. Der Betriebsrat hat ggf. ein Mitbestimmungsrecht gemäß § 87 I Nr. 5 BetrVG. Mit dem Betriebsrat abgestimmte Betriebsferien sind grds. verbindlich (und können nur bei dringenden betrieblichen oder persönlichen Gründen verlegt werden). Beginnt das Arbeitsverhältnis am 1. 4., dann besteht der

Urlaubsentgelt

Wartezeit | Urlaubsanspruch erst ab dem 1. 10. (§ 4 BUrlG; s. o. 4.3.4); wird diese Wartezeit im Kalenderjahr nicht erfüllt (z. B. Beginn des Arbeitsverhältnisses zum 1. 10.), dann ergibt sich ein Anspruch auf Teilurlaub, § 5 I a BUrlG, der ins nächste Kalenderjahr übertragbar ist, § 7 III BUrlG (s. o.). Zu (ständiger) Erreichbarkeit im Urlaub ist der Arbeitnehmer grds. nicht verpflichtet. Die Ansprüche nach dem BUrlG sind grds. unabdingbar, § 13 BUrlG (s. o. 10.4.2, 6.8.1.2, 8.14.2.4 a. E.); die Barabgeltung des Urlaubs ist grds. unzulässig, §§ 1, 3, 13 I, 7 IV BUrlG. Bei Tod des Arbeitnehmers ist der Urlaub abzugelten; dieser Anspruch ist vererblich. Bei Elternzeit kann der Arbeitgeber den Erholungsurlaub grds. kürzen bzw. hat ihn ansonsten abzugelten, § 17 I 1, III BEEG.

16.3.2.4 Persönliche Verhinderung

vorübergehende Verhinderung | Auch bei kurzfristigen, unverschuldeten Verhinderungen des Arbeitnehmers aus sonstigen persönlichen, individuell-subjektiven Gründen, § 616 BGB (s. o. 16.3.1; 10.4.6), bei denen er gemäß § 275 I, III BGB leistungsfrei wird, ist der Arbeitgeber ggf. entgeltzahlungspflichtig, §§ 6 II, 105 GewO, 611 a II BGB.

Beispiele: Dringender Arzttermin (ohne dass eine Erkrankung i. S. d. EFZG [s. o. 16.3.2.1] zugrunde liegt, wie etwa Blutabnahme nüchtern morgens bzgl. einer Vorsorgeuntersuchung), Eheschließung, Tod eines Elternteils, Ladung zu Gerichtstermin, Pflege eines erkrankten Kindes durch ein Elternteil (fünf [ggf. bis zu zehn; str.] Tage pro Kalenderjahr; vgl. § 45 II 1 SGB V, s. a. die §§ 2, 3, 7 PflZG). Auch beim Anspruch auf Dienstbefreiung aufgrund des § 629 BGB (nach Kündigung; s. u. 16.5.5) besteht die Vergütungspflicht gemäß § 616 S. 1 BGB grds. fort. *Aber:* Allgemeine Straßenverkehrsstörungen etwa, die zu Verspätungen führen (als allgemein-objektive, einen größeren Personenkreis betreffende, Leistungshindernisse), sind keine „persönlichen Gründe" i. S. d. § 616 BGB – das Wegerisiko trägt der Arbeitnehmer (s. o. 16.3.1; vgl. die §§ 275 I, IV, 326 I 1 BGB).

Wegerisiko

Der gemäß § 616 S. 1 BGB erforderliche Hinderungsgrund muss unverschuldet sein, es darf den Arbeitnehmer insbesondere kein gänzlich unverständiges, gröbliches Verhalten treffen.

Beispiele: Erste-Hilfe-Leisten am Unfallort, unverhoffter Ausfall der Kfz-Batterie (anders ggf., wenn die Batterieschwäche bekannt ist). Nicht aber etwa bei verschlafen, „krankfeiern", „blaumachen" o. ä. (s. o. 16.3.1).

Vorübergehende persönliche Verhinderung – entgeltliche Freistellung – § 616 BGB –	
Begriff:	Arbeitnehmer aus in seiner Person liegenden Gründen an Arbeitsleistung vorübergehend verhindert
Rechtsgrundlage/ Voraussetzungen:	§ 616 BGB (ggf. tarif- bzw. einzelvertraglich abdingbar bzw. regelbar) [§§ 275 I, IV, 326 I BGB gelten nicht] – Arbeitsverhältnis (Arbeitnehmer = zur Dienstleistung Verpflichteter) – persönlicher Verhinderungsgrund – verhältnismäßig nicht erhebliche Zeit – ohne Verschulden gegen sich selbst
Dauer:	grds. nur wenige Tage (Anlässe/Dauer oftmals tarifvertraglich geregelt)
Nachrangigkeit:	bei Krankheit/Feiertag/Urlaub/Schwangerschaft – die §§ 1, 2 EFZG, 9 BUrlG, 18 ff. MuSchG gehen vor
Rechtsfolge:	Vergütungsanspruch bleibt (§ 611 a II BGB), Entgeltausfallprinzip; ggf. Anrechnungspflicht, § 616 S. 2 BGB

Schaubild 205: Vorübergehende persönliche Verhinderung

16.3.2.5 Annahmeverzug

Entgeltzahlungspflicht, §§ 611 a II BGB, 6 II, 105 GewO, besteht auch bei Annahmeverzug des Arbeitgebers, § 615 BGB.

Beispiel: Der Arbeitgeber nimmt die ihm angebotene Arbeitsleistung nicht an, weil er – zu Unrecht – wegen einer behaupteten Unterschlagung außerordentlich fristlos gekündigt (§ 626 BGB) und ein Hausverbot erteilt hat (s. a. 9.5.2 a. E., 10.4.6; 16.5.2): Hier ist er im Gläubigerverzug (Annahmeverzug), §§ 293 ff. BGB, und muss die geschuldete Vergütung (nach-)zahlen, wenn sich im vom Arbeitnehmer anzustrengenden Kündigungsschutzprozess (§§ 1 ff. KSchG) die Unwirksamkeit der Kündigung und des erteilten Hausverbotes erweist, vgl. § 615 S. 1 BGB (s. a. § 11 KSchG, der insoweit § 615 S. 2 BGB für die Zeit nach einer unwirksamen Kündigung verdrängt). Ist der Arbeitgeber mit der Entgeltzahlung in Verzug, so schuldet er Verzugszinsen auf Basis des Bruttolohnes, § 288 I (nicht: II) BGB, in Höhe von 5 % über dem Basiszinssatz, da der Arbeitnehmer bei Abschluss des Arbeitsvertrages als Verbraucher i. S. d. § 13 BGB (s. o. 3.1.3.2) anzusehen ist (s. o. 9.4.3, 16.2.2.1).

(Randnotiz: Entgeltausfallprinzip)

Annahmeverzug des Arbeitgebers – Entgeltfortzahlung **– § 615 S. 1 BGB –**	
Begriff:	Nichtabnahme der vom Arbeitnehmer angebotenen Arbeitsleistung
Rechtsgrundlage/ Voraussetzungen:	§ 615 S. 1, 2, 293 ff. BGB (bzw. ggf. TV) [§§ 275 I, IV, 326 I BGB gelten nicht] – Arbeitsverhältnis (Arbeitnehmer = zur Dienstleistung Verpflichteter) – Arbeitnehmer leistungsfähig (vgl. § 297 BGB) bzw. leistungsbereit (oder ggf. Leistungsverweigerungsrecht, vgl. etwa die §§ 273, 618 BGB) – Annahmeverzug – ordnungsgemäßes Anbieten der Arbeitsleistung, § 293 BGB, grds. tatsächliches Angebot, § 294 BGB, ggf. wörtlich ausreichend, § 295 BGB, bzw. entbehrlich (unterbleibende Mitwirkungshandlung des Arbeitgebers, § 296 BGB) – Nichtabnahme der Arbeitsleistung – Verschulden des Arbeitgebers nicht erforderlich
Rechtsfolge:	Vergütungsanspruch bleibt (§ 611 a II BGB), Entgeltausfallprinzip; ggf. Anrechnungspflicht, vgl. die §§ 615 S. 2 BGB, 11 KSchG
Betriebs-/ Wirtschaftsrisiko des Arbeitgebers:	§ 615 S. 3 BGB – § 615 S. 1, 2 BGB gelten entsprechend: Ursache des Arbeitsausfalls im Risikobereich des ArbG

Schaubild 206: Entgeltfortzahlung bei Annahmeverzug/Betriebs-, Wirtschaftsrisiko

16.3.2.6 Betriebs-/Wirtschaftsrisiko

Hat der Arbeitgeber das Unmöglichwerden der Arbeitsleistung zu vertreten, so schuldet er grds. gemäß § 326 II BGB die Weiterzahlung des Arbeitsentgeltes (s. o. 16.3.1 a. E.). Haben weder der Arbeitgeber noch der Arbeitnehmer die Nichterbringbarkeit der Arbeitsleistung zu vertreten und fällt die Ursache des Arbeitsausfalls in den Risikobereich des Arbeitgebers, so trägt dieser das sog. Betriebsrisiko und schuldet weiterhin den Arbeitslohn, § 615 S. 3 BGB (Vergütungs- bzw. Preisgefahr).

(Randnotiz: Risikobereich des Arbeitgebers)

Beispiele: Strom-, Heizungsausfall, Brand, Überflutung des Betriebs.

Auch das sog. Wirtschaftsrisiko trägt der Arbeitgeber.

Beispiele: Auftragsmangel, Absatzschwierigkeiten (ggf. kommt Kurzarbeitergeld in Betracht, vgl. die §§ 3 III Nr. 5, 95 ff. SGB III). (S. o. 10.4.6).

16.3.3 Schlechtarbeit

Schlechtarbeit

Der Arbeitnehmer schuldet, soweit der Arbeitsvertrag Menge und Qualität der Arbeit nicht bestimmt, regelmäßig keinen bestimmten Arbeitserfolg, er schuldet vielmehr grds. (lediglich) die arbeitsvertraglich zeitlich, örtlich und inhaltlich festgelegte Tätigkeit, § 611 a I BGB (s. o. 10.4.1 f., 16.2.2.1). Er muss also das, was er soll, tun, und dies so gut, wie er kann – er muss sich also anstrengen. Eine bestimmte Qualität oder Quantität schuldet er somit i. d. R. nicht, muss jedoch seine Fähigkeiten bzw. sein Leistungsvermögen angemessen ausschöpfen und konzentriert, zügig sowie fehlerfrei arbeiten (sog. subjektiver Leistungsbegriff). Bei mangelhafter

subjektiver Leistungsbegriff

Arbeitsleistung kann der Arbeitgeber wegen Fehlens entsprechender gesetzlicher (Gewährleistungs-/Mängelhaftungs-)Regelungen das Entgelt grds. nicht mindern oder zurückbehalten, auch nicht Nachbesserung (ohne Entgelt) verlangen. Dauerhaft unterdurchschnittliche Arbeits- bzw. Schlechtleistungen, Pflichtverletzungen oder auch unerlaubte Handlungen können ggf. zu Kündigungen führen (s. u. 16.5.2).

ggf. Kündigung

Beispiele: Die erzielten Stückzahlen am Fließband, die erreichte Reinigungsfläche einer Putzkraft bleiben längere Zeit (etwa ca. 1½–2 Jahre) erheblich geringer als die durchschnittliche Leistung vergleichbarer Arbeitskollegen. (Die Vermutung, er schöpfe seine Leistungsfähigkeit nicht angemessen aus, kann der Arbeitnehmer jedoch ggf. widerlegen, etwa durch Hinweise auf Krankheit, altersbedingte Leistungsabschwächung, betriebliche Umstände). Grds. sind die Regeln über die verhaltensbedingte Kündigung (d. h. insbesondere auch das vorherige Abmahnungserfordernis, vgl. § 314 II BGB; s. a. 9.9.2 a. E.) heranzuziehen (s. u. 16.5.2; dies gilt grds. auch bei auf vorwerfbaren Pflichtverletzungen beruhenden Minderleistungen); eine personenbedingte Kündigung käme ggf. in Betracht, wenn der Arbeitnehmer zur Erfüllung seiner Aufgaben nicht geeignet wäre (vgl. § 1 KSchG).

u. U. Aufrechnung

Ggf. kann der Arbeitgeber unter Beachtung der Pfändungsschutzvorschriften, §§ 394 BGB i.V.m. 850 ff. ZPO, gegen den Arbeitslohn aufrechnen, §§ 387, 389 BGB (s. o. 8.8.1, 8.14.2.2, 16.2.2.1; s. a. die §§ 51 ff. SGB I).

Beispiel: Wenn der Arbeitgeber gegen seinen Arbeitnehmer einen Schadensersatzanspruch wegen einer von diesem begangenen Pflichtverletzung (§ 280 I BGB) bzw. unerlaubten Handlung (§ 823 I BGB) etwa in Höhe von 1800,– € hat (dazu s. u. 16.4), dann unterliegt nur der pfändungsfreie Teil des Monatsgehalts der Aufrechnung, d. h. nur diesen Teil kann der Arbeitgeber einbehalten. (I. Ü.: Ggf. kommt die Einrichtung eines Pfändungsschutzkontos bei der Bank des Arbeitnehmers in Betracht, § 850 k ZPO [sog. P-Konto]). (S. a. 8.8.5 a. E.).

P-Konto

16.4 Arbeitnehmerhaftung

Bezüglich der Haftung des Arbeitnehmers für im Zusammenhang mit dem Arbeitsverhältnis stehende Schadenszufügungen gilt insbesondere:

16.4.1 Schädigung des Arbeitgebers

Haftungserleichterungen

Fügt der Arbeitnehmer seinem Arbeitgeber schuldhaft, also vorsätzlich oder fahrlässig, § 276 BGB (s. o. 9.2; vgl. Schaubild 103), Schaden zu, so ist er grds. nach den Regeln der §§ 280 I 1, 241 II, 242, 619 a BGB (wegen vertraglicher Pflichtverletzung, s. o. 9.7) bzw. des Deliktsrechts, §§ 823 ff. BGB (s. o. 12), ersatzpflichtig. Da eine uneingeschränkte Haftung oftmals übermäßig und unbillig wäre (das Gehalt ist grds. keine „Risikoprämie"), werden (analog § 254 BGB) insoweit bei betrieblich veranlassten Tätigkeiten Haftungserleichterungen gewährt (vgl. auch § 276 I 1

BGB, der eine mildere Haftung „aus dem sonstigen Inhalt des Schuldverhältnisses" ausdrücklich zulässt):

– Bei vorsätzlicher Pflichtverletzung haftet der Arbeitnehmer dem Arbeitgeber für Schäden in voller Höhe;   *Vorsatz*

Beispiel: aus Wut über eine berechtigte Zurechtweisung durch seinen Vorgesetzten fährt der Arbeitnehmer mit dem Bagger an ein Hoftor (s. u.);

– bei grober Fahrlässigkeit (wenn der Arbeitnehmer also außer Acht lässt, was jedem einleuchten muss, bzw. er die einfachsten, ganz naheliegenden Überlegungen nicht anstellt, s. o. 9.2) kommt es, je nach Abwägung im Einzelfall, entweder zur vollen Arbeitnehmerhaftung oder, wenn etwa der Verdienst in krassem Missverhältnis zum Schadensrisiko steht, (nur) zu einer, monatseinkommensbezogenen, anteiligen Haftung (Quotelung);   *grobe,*

Beispiele: Ein Berufskraftfahrer fährt aus Übermut zu schnell oder mit 1,5 ‰ Alkohol im Blut (oder: telefoniert ausführlich) und verursacht einen Unfall; ein Arbeitnehmer betankt den Geschäftswagen falsch – grds. bemisst sich die Einstandspflicht unter Berücksichtigung auch sozialer Aspekte, etwa insb. von Gehalt, Risiko, Schadenshöhe, bisherigem Verhalten, persönlichen Verhältnissen auf ca. 1–3 Bruttomonatsgehälter; bei gröbster Fahrlässigkeit muss der Arbeitnehmer aber gleichwohl voll haften (wenn etwa ein Krankenhausarzt haarsträubende Fehler begeht);

– bei normaler (mittlerer) Fahrlässigkeit wird der Schaden zwischen Arbeitnehmer und Arbeitgeber nach Billigkeits- und Zumutbarkeitsaspekten aufgrund einer Abwägung der Gesamtumstände, vor allem von Schadensanlass und Schadensfolgen, geteilt („gequotelt"),   *normale,*

Beispiel: Beim Aussteigen „schrammt" der unaufmerksame, unkonzentrierte Arbeitnehmer die Türe des Geschäftswagens an eine Mauer und zerkratzt dabei den Lack – dabei schuldet er dem Arbeitgeber nach der Rspr. regelmäßig nur den Betrag, der der Selbstbeteiligung bei einer Vollkaskoversicherung entspricht (selbst wenn tatsächlich eine solche gar nicht besteht; dies gilt grds. auch bei Fällen grober Fahrlässigkeit). (Vorsicht: Bei Vorsatz bzw. grober Fahrlässigkeit wird die Versicherung ggf. frei, §§ 81, 103 VVG);

– und bei leichtester (einfacher) Fahrlässigkeit („kleiner Schnitzer", „sich vertun") entfällt die Haftung des Arbeitnehmers.   *leichteste Fahrlässigkeit*

Beispiel: Der Arbeitnehmer stolpert versehentlich und stößt dabei eine Bürolampe um.

Diese als zwingendes, nicht vertraglich abdingbares Arbeitnehmerschutzrecht geltenden Grundsätze setzen voraus, dass die schädigende Handlung betrieblich veranlasst war. Sie muss dem Arbeitnehmer also arbeitsvertraglich übertragen sein bzw. er muss sie im Interesse des Arbeitgebers für den Betrieb ausführen.   *Betriebliche Veranlassung*

Beispiele: Der obige Baggerfahrer hat das Hoftor aus Wut zerstört – da er grds. aber Bagger zu fahren hat, ist der betriebliche Zusammenhang (noch) zu bejahen, wobei die Verhaltenspflicht vorsätzlich verletzt wurde (weswegen er den Schaden ganz zu ersetzen hat). Aber: Unternimmt etwa ein Mitarbeiter eine Schwarzfahrt mit einem Geschäftsauto, das er dabei beschädigt, so ist dies nicht dem betrieblichen, sondern dem privaten Lebensbereich zuzuordnen, und er haftet uneingeschränkt. So wäre es auch, wenn der Arbeitnehmer etwa ein Arbeitswerkzeug erlaubterweise mit nach Hause nähme und dort beschädigen würde.

Für schuldhafte Verletzungen seiner arbeitsvertraglichen Tätigkeitspflichten muss der Arbeitnehmer i. Ü. grds. voll einstehen.   *Tätigkeitspflicht*

Beispiele: Der gesunde, arbeitsunwillige Arbeitnehmer meldet sich krank und wird vom Arbeitgeber mit Hilfe eines Detektives beim „blaumachen" erwischt – die hierfür erforderlichen Überwachungskosten muss er dem Arbeitgeber gemäß § 280 I BGB (s. o. 8.3.2; 9.1; 9.7) ersetzen

grds. erstatten (s. a. 16.2.7 a. E.; Arbeitslohn erhält er nicht; §§ 275 I, IV, 326 I BGB). (Detektivüberwachung ist allerdings grds. nur bei tatsachenbegründetem, konkretem Verdacht einer schweren Pflichtverletzung [etwa: Vortäuschen einer Krankheit, Diebstahl] zulässig).

Beweislast
Die Beweislast für das Verschulden, das sich auf die Pflichtverletzung und auf den Eintritt eines Schadens beziehen muss, trifft, abweichend von § 280 I 2 BGB, den Arbeitgeber, § 619 a BGB (s. o. 9.7.2).

Beispiel: Der Arbeitgeber muss, bspw. mittels Zeugenaussagen, nicht nur beweisen, dass der Arbeitnehmer sich etwa über sein Gebot der Gefahrenvermeidung hinweggesetzt hat, sondern auch, dass der konkrete Schadenseintritt schuldhaft hervorgerufen wurde.

Mankohaftung
Im Übrigen gilt für die Haftung des Arbeitnehmers bei Waren- oder Kassenfehlbeständen (sog. Mankohaftung) insbesondere noch folgendes:

Fehlbestand
Ist der Arbeitnehmer für den Bestand eines Warenlagers oder für eine Kasse verantwortlich, so schuldet er dem Arbeitgeber Herausgabe (§§ 675 I, 667 BGB), und zwar grundsätzlich in vollständiger Höhe. Für einen Fehlbestand ([Waren-, Kassen-] Manko) haftet er dann, da ihm die Herausgabe insoweit unmöglich ist, wegen vertraglicher Pflichtverletzung (§§ 280 I, 283, 241 II, 242 BGB) oder ggf. der §§ 823 ff. BGB.

Beispiele: Fehlbestände im Warenlager oder in der Ladenkasse (etwa: Dem Fahrer eines Geldtransporters kommt schuldhaft das anvertraute Geld abhanden, die Herausgabe ist ihm unmöglich, § 275 I BGB, und er schuldet ggf. Schadensersatz, § 283 BGB). (Daneben sind die Voraussetzungen der §§ 823 ff. BGB zu prüfen). Beim Kassenmanko ist grds. der fehlende Geldbetrag, beim Warenmanko der Wiederbeschaffungspreis (einschl. Kosten, nicht aber der entgangene Gewinn, § 252 BGB; s. o. 8.12.3) zu ersetzen.

Allerdings muss die Verantwortlichkeit alleine beim Arbeitnehmer liegen,

Beispiel: nur er hat Zugriff/Zugang zur Kasse,

Mitverschulden
was der Arbeitgeber (vgl. die §§ 280 I 2, 619 a BGB) beweisen muss. Ihn trifft insb. die Obliegenheit zur Schadensverhütung bzw. -minderung, vgl. § 254 BGB (Mitverschulden; s. o. 8.1 a. E., 8.12.4); Organisationsmängel bzw. fehlende Überwachung gehen grds. zu seinen Lasten.

Beispiele: Es gibt mehrere Schlüssel für Warenlager oder Kasse, es werden längere Zeit keine Inventuren vorgenommen.

Darüber hinaus sind zu Gunsten des Arbeitnehmers die obigen Grundsätze zur verschuldensabgestuften Arbeitnehmerhaftung zu beachten.

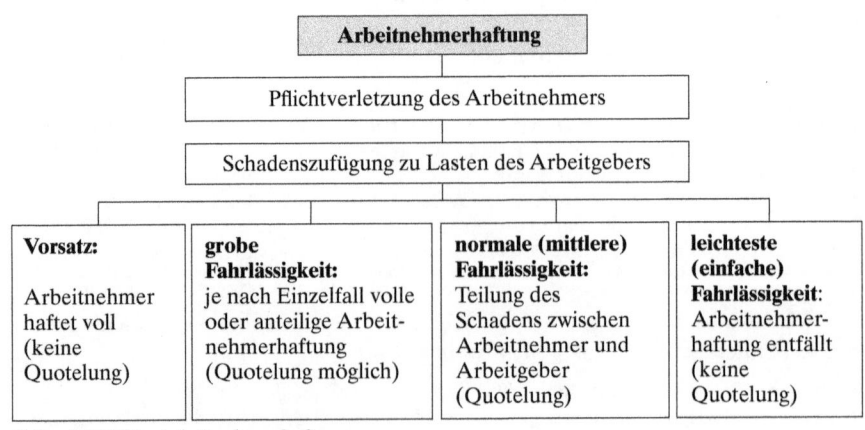

Schaubild 207: Arbeitnehmerhaftung

16.4.2 Schädigung von Arbeitskollegen

Schädigt der Arbeitnehmer einen im selben Betrieb tätigen Arbeitskollegen durch eine betriebliche Tätigkeit (Arbeitsunfall), so ist er, da der Verletzte Leistungen aus der gesetzlichen Unfallversicherung erhält, für zugefügte Personenschäden nicht haftbar, § 105 SGB VII. Arbeitsunfall

Beispiel: Der Arbeitnehmer lässt versehentlich ein schweres Eisenteil auf den Fuß eines Arbeitskollegen fallen; er schuldet nach § 105 I SGB VII weder Schadensersatz noch Schmerzensgeld (eine Verpflichtung etwa aus den §§ 280 ff. bzw. 823 ff. BGB besteht insoweit nicht).

Dieses Haftungsprivileg des § 105 SGB VII gilt aber nicht für Sachschäden: diese sind grundsätzlich zu ersetzen (bspw. gemäß § 823 I BGB, s. o. 12, bzw. wegen vertraglicher Pflichtverletzung, s. o. 9.7). Allerdings hat der Arbeitnehmer bei der Schadenszufügung zu Lasten eines Arbeitskollegen ggf. einen Anspruch auf Freistellung gegenüber seinem Arbeitgeber entsprechend § 670 BGB (nach den soeben dargelegten Regeln über die verschuldensabgestufte Arbeitnehmerhaftung). Freistellungs-anspruch

Beispiel: Der Arbeitnehmer verursacht auf Grund einer kleinen Unachtsamkeit (= einfache Fahrlässigkeit) einen Unfall mit dem Geschäftsfahrzeug. Dem Arbeitgeber haftet er nicht (s. o.); von Ansprüchen eines etwa mitfahrenden verletzten Arbeitskollegen sowie eines bspw. geschädigten Unfallgegners muss der Arbeitgeber ihn freistellen (vgl. auch 12.5.6).

16.4.3 Schädigung Dritter

Fügt der Arbeitnehmer einem (nicht zum Betrieb zählenden) Dritten (etwa einem Kunden oder Passanten) Schaden zu, so haftet er hierfür, §§ 823 ff. BGB (und der Arbeitgeber ggf. aus ihm zuzurechnender Pflichtverletzung, §§ 280 I, 241 II, 242, 276, 278 BGB, oder § 831 BGB; s. a. 8.13; 12.5.4; 12.5.6). Der Arbeitnehmer hat dann (nach den oben erläuterten Regeln verschuldensabgestufter Haftungserleichterungen) ggf. einen Freistellungsanspruch (§ 257 S. 1 BGB) gegenüber dem Arbeitgeber im Innenverhältnis (entsprechend § 670 BGB). Dritt-schädigung

Beispiel: Der Lkw-Fahrer beschädigt beim Einparken leicht fahrlässig einen abgestellten Pkw – der Arbeitgeber muss ihn gegenüber den Schadensersatzansprüchen des Geschädigten (§§ 823 ff. BGB, 18 StVG; s. o. 12, 14.3.1) freistellen.

16.4.4 Arbeitgeberhaftung

Demgegenüber gilt zur Haftung des Arbeitgebers dem Arbeitnehmer gegenüber insbesondere folgendes: Arbeitgeber-haftung

– Für Personenschäden, die der Arbeitnehmer bei einem Arbeitsunfall erleidet, haftet der Arbeitgeber regelmäßig nicht, §§ 8, 104 SGB VII (hier leistet die gesetzliche Unfallversicherung, insbesondere Heilbehandlung, Verletztengeld, Verletztenrente). Dem Arbeitnehmer steht insoweit auch kein Schmerzensgeld (s. o. 8.12.3) gegen den Arbeitgeber zu. Personen-/

– Für Sachschäden, die sich der Arbeitnehmer zuzieht, haftet der Arbeitgeber grundsätzlich gemäß der Regeln der §§ 280 I, 241 II, 242 BGB (s. o. 9.7) bzw. der §§ 823 ff. BGB (s. o. 12) bei Verschulden. Verschuldensunabhängig haftet der Arbeitgeber für Sachschäden des Arbeitnehmers (entsprechend § 670 BGB), wenn sie außergewöhnlich in Vollzug gefährlicher Arbeit entstanden sind und dieses Risiko nicht durch eine besondere Vergütung abgedeckt wurde. Sachschäden

Beispiel: Der Arbeitnehmer erleidet einen Unfall mit seinem Privat-Kfz, das er auf Wunsch des Arbeitgebers benutzt. Für die Reparaturkosten, ggf. auch die Rückstufungsnachteile bei der Kfz-Versicherung, muss der Arbeitgeber einstehen (entsprechend § 670 BGB), es sei denn, der Arbeitgeber hätte dem Arbeitnehmer für die Benutzung des eigenen Pkw eine gesonderte Vergütung gezahlt.

– Für arbeitsadäquate Schäden,

Beispiel: Abnutzung der bei der Arbeit getragenen Kleidung,

haftet der Arbeitgeber grundsätzlich nicht, auch nicht für Schäden, die der Privatsphäre des Arbeitnehmers zuzurechnen sind.

Beispiel: Der Arbeitnehmer fährt mit seinem Pkw zur Arbeitsstelle und erleidet dabei einen Blechschaden.

16.5 Beendigung

Hinsichtlich der Beendigung von Arbeitsverhältnissen gilt insbesondere:

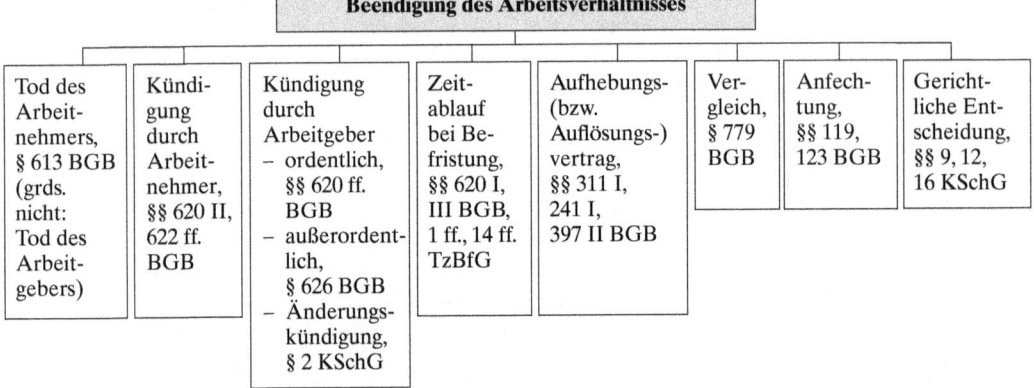

Schaubild 208: Beendigung von Arbeitsverhältnissen

16.5.1 Grundsätzliches

Kündigungs-
schutz

Das Arbeitsverhältnis endet i. d. R. durch Tod (s. o. 3.1.1) des Arbeitnehmers (nicht ohne Weiteres dagegen beim Tod des Arbeitgebers, s. u.), durch Aufhebungs- bzw. Auflösungsvertrag (s. o. 8.14.2.6), Kündigung (s. o. 8.14.2.10), Anfechtung (s. o. 6.8.2, 16.2.4), Vergleich (s. o. 8.14.2.7), Befristung (s. a. 16.5.4, 10.4.7), bzw. ggf. durch gerichtliche Entscheidung.

Tod des
Arbeitgebers

Beim Tod (s. o. 3.1.1) des Arbeitgebers treten dessen Erben im Wege der Gesamtrechtsnachfolge in die Rechte und Pflichten aus dem (regelmäßig nicht per se beendeten) Arbeitsverhältnis ein, §§ 1922, 1967 BGB.

Beispiel: Der Unternehmer verstirbt – nunmehr schulden die Erben bspw. den Arbeitslohn; sie können/müssen ggf. (fristgerecht) kündigen.

Betriebs-
übergang

Auch der rechtsgeschäftliche Betriebsübergang (s. o. 4.4.2) beendet das Arbeitsverhältnis nicht, in das vielmehr der Erwerber mit allen Rechten und Pflichten eintritt, § 613 a BGB (s. a. 3.4.5.6; 16.2.3.5).

Arbeitnehmer-
kündigung

Arbeitnehmer können ihr Arbeitsverhältnis grds. ohne Weiteres durch (ordentliche) Kündigung beenden.

Beispiel: Der Arbeitnehmer erklärt dem Arbeitgeber schriftlich die fristgerechte Kündigung, §§ 620, 622 I, III-VI, 623 BGB; einer Begründung bedarf dies nicht. Grds. kann, wenn nichts anderes vereinbart ist, der Arbeitsvertrag beidseits schon vor dem vereinbarten Dienstantritt wieder gekündigt werden – die Kündigungsfrist beginnt dann i. d. R. mit dem Zugang der Kündigungserklärung (s. o. 6.3.5; 8.12.5 a. E.).

Außerordentliche fristlose Eigenkündigungen des Arbeitnehmers bedürfen eines wichtigen Grundes bzw. ggf. sogar einer zuvorigen Abmahnung des Arbeitgebers, vgl. § 626 BGB. | *wichtiger Grund/ Abmahnung*

Beispiele: Längere größere Gehaltsrückstände, Mobbing (vgl. die §§ 3 III, 7, 12 ff. AGG; s. o. 16.2.2.3, 6.6.6.2, 16.2.5), massive Beleidigungen durch den Arbeitgeber – auch (s. u. 16.5.2) der Arbeitnehmer muss sich somit ggf. an gewisse Kündigungsregeln halten. Veranlasst der Arbeitgeber den Arbeitnehmer zur begründeten außerordentlichen Kündigung (etwa wegen gravierender Beleidigungen), so schuldet er ihm ggf. Verdienstausfallschadensersatz, § 628 II BGB.

Nach einer (ordentlichen bzw. außerordentlichen) Kündigung wandelt sich das Dauerschuldverhältnis (s. o. 8.3.3) Arbeitsverhältnis (s. o. 16.2) bis zum Ablauf der Kündigungsfrist, vgl. die §§ 620 II, 622 BGB (s. a. 8.14.2.10; 16.5.2), bzw. des Kündigungsschutzprozesses (s. u. 16.5.3), in ein sog. Auslaufschuldverhältnis um. | *Auslaufschuld- verhältnis*

Gemäß § 623 BGB bedürfen die Beendigung von Arbeitsverhältnissen durch Kündigung oder Auflösungsvertrag (sowie gem. § 14 IV TzBfG die Befristung; s. u. 16.5.4) zu ihrer Wirksamkeit der Schriftform, s. a. die §§ 125 S. 1, 126 BGB (s. o. 6.4, 6.8.1.1, 8.14.2.6, 8.14.2.10); die elektronische Form i. S. d. § 126 a BGB ist ausgeschlossen (vgl. § 126 III BGB). | *Schriftform*

Beispiel: Eine mündlich oder per e-mail, SMS bzw. Fax ausgesprochene Kündigungserklärung reicht nicht, erforderlich ist das Originalschreiben mit Unterschrift des Kündigungsberechtigten, ein bloßer Unterschriftenstempel oder der Ausdruck einer im Computer gespeicherten Unterschrift genügt nicht (bei Vertretung s. a. 7.2.3.1; 7.6; 8.14.2.10; 16.5.2).

Insolvenz des Arbeitgebers, § 113 InsO (s. u. 21), Betriebsübergang, § 613 a BGB (s. o. 16.2.3.5), bzw. Erreichen des Rentenalters, § 41 SGB VI, beenden das Arbeitsverhältnis grds. nicht automatisch.

Beispiel: Wenn das Arbeitsverhältnis auf das Erreichen der Regelaltersgrenze etwa zum 31. 3. vereinbart worden ist, können Arbeitgeber und -nehmer die Verlängerung bspw. bis zum 31. 10. vereinbaren, § 41 S. 3 SGB VI.

16.5.2 Arbeitgeberkündigung

Die Beendigung des Arbeitsvertrages durch eine ordentliche (fristgemäße) oder außerordentliche (fristlose) Kündigung seitens des Arbeitgebers, die eine einseitige, empfangsbedürftige, bedingungsfeindliche Willenserklärung darstellt, § 130 BGB (s. o. 6.3, 6.3.5), unterliegt Restriktionen:

Schaubild 209: Kündigungsarten/Arbeitgeber

16.5.2.1 Ordentliche Kündigung

KSchG

Bei ordentlichen (Beendigungs-)Kündigungen ist insbesondere (s. a. 8.14.2.10) das KSchG zu beachten. Danach ist, wenn das Arbeitsverhältnis länger als sechs Monate bestanden hat (Wartezeit; s. o. 4.3.4; 16.2.3.3) und der Betrieb (s. o. 4.4.2) regelmäßig mehr Arbeitnehmer als die Mindestanzahl des § 23 KSchG (= grds. mehr als 10; „Leih"arbeitnehmer [s. o. 16.2.3.6] zählen grds. mit) beschäftigt, die Kündigung nur wirksam, wenn sie sozial gerechtfertigt ist, § 1 KSchG. Das ist dann der Fall, wenn sie personen-, verhaltens- oder durch dringende betriebliche Erfordernisse bedingt ist.

personen-,
verhaltens-,
betriebsbedingt

Beispiele: Fahrerlaubnisverlust beim Berufskraftfahrer, langanhaltende bzw. ständige unzumutbare (Kurz-)Erkrankungen des Arbeitnehmers bei negativer Gesundheitsprognose und erheblichen, überwiegenden betrieblichen Beeinträchtigungen, vgl. § 8 EFZG (personenbedingte Kündigungsgründe; ggf. sind die Regeln bzgl. des betrieblichen Eingliederungsmanagements zu beachten, vgl. § 167 II SGB IX); Pflichtwidrigkeiten im sog. Leistungs- bzw. Betriebsbereich wie etwa deutliche Minderleistungen, Tätlichkeiten, Ruppig- bzw. Unhöflichkeit Kunden gegenüber, wiederholtes unentschuldigtes Fehlen trotz zuvorigen Aufzeigens des Fehlverhaltens verbunden mit dem Hinweis, dies nicht zu akzeptieren und im Wiederholungsfall mit einer Kündigung zu ahnden, d. h. trotz Abmahnung (verhaltensbedingt); Absatzeinbrüche, Produktionsumstellungen oder -verlagerungen (betriebsbedingt).

Abmahnung

[Die insb. bei verhaltensbedingten Kündigungen bzw. steuerbarem Verhalten aus Gründen der Verhältnismäßigkeit (wenn das Fehlverhalten zwar gravierend ist, aber noch nicht gänzlich zerrüttend wirkt) grds. erforderliche *Abmahnung* („Vorwarnung", vgl. die §§ 314 II 1, 323 III BGB, s. a. 9.9.2) hat v. a. Hinweis-, Warn- und Dokumentationsfunktion; i. d. R. reichen, je nach Schwere, 1–2 (gleichgelagerte) Abmahnungen aus; bei gravierenden Pflichtwidrigkeiten im sog. Vertrauensbereich, etwa Diebstählen im Betrieb, Gewalttätigkeiten oder Drohungen gegen Vorgesetzte, massiven öffentlichen Beleidigungen von Vorgesetzten oder Kollegen (etwa auf Facebook) sowie dann, wenn der Arbeitnehmer erkennen lässt, dass er nicht gewillt ist, sich vertragstreu zu verhalten, ist eine Abmahnung grds. nicht erforderlich. Die Abmahnung muss grds. einschlägig sein, d. h. ein vergleichbares Verhalten wie jenes, aufgrund dessen später dann gekündigt wird, beanstanden. Abmahnungen dürfen nicht beliebig oft folgenlos erfolgen – eine Kündigung etwa erst nach der sechsten Abmahnung ist wegen Verlustes der Warnfunktion unwirksam.] (Eine Vorstufe zur Abmahnung ist ggf. eine *Ermahnung* – diese dient der Belehrung und hat [als solche noch] keine arbeitsrechtlichen Konsequenzen im Wiederholungsfall.)

Ermahnung

AGG-
Wertungen

Dabei sind gerade auch die Wertungen des AGG (s. o. 6.6.6.2, 16.2.2.3 a. E.) zu beachten (ungeachtet des § 2 IV AGG).

Beispiel: Die gegen die §§ 7, 1, 3 I 1, 2 AGG verstoßende, unwirksame Kündigung führt ggf. zu einem Entschädigungsanspruch, § 15 II AGG, bzw. zur Unwirksamkeit, §§ 134, 138 BGB.

Kleinbetrieb

Hinweis: Auch im sog. Kleinbetrieb, auf den das KSchG grds. keine Anwendung findet, vgl. § 23 I 2, 3 KSchG, hat der Arbeitgeber bei einer Kündigung ein durch Art. 12 GG gebotenes Mindestmaß an sozialer Rücksichtnahme zu wahren – wird dagegen offenkundig verstoßen, wäre eine Kündigung gemäß der §§ 241 II, 242, 138 BGB unwirksam.

Beispiele: In einer Lackiererei mit fünf Beschäftigten wird dem Ältesten mit der längsten Betriebszugehörigkeit und den größten Unterhaltspflichten gekündigt (anders aber ggf. bei deutlich schlechterem Arbeitseinsatz des Ältesten); auch etwa ggf. bei diskriminierender Kündigung wegen Behinderung oder Alters, §§ 7 I, 3 I, 10 AGG, 134 BGB (s. o. 16.2.2.3 a. E.). (Die Kündigung darf somit nicht willkürlich bzw. sittenwidrig sein; s. o. 4.3.2.)

Wartezeit

Während der sechsmonatigen Wartezeit i. S. d. § 1 I KSchG erfolgt eine etwaige arbeitsgerichtliche Überprüfung einer Arbeitgeberkündigung ebenso nur dahingehend, ob diese rechtsmissbräuchlich ist, wobei grds. ein irgendwie einleuchtender Grund ausreicht, um Treuwidrigkeit abzulehnen.

396

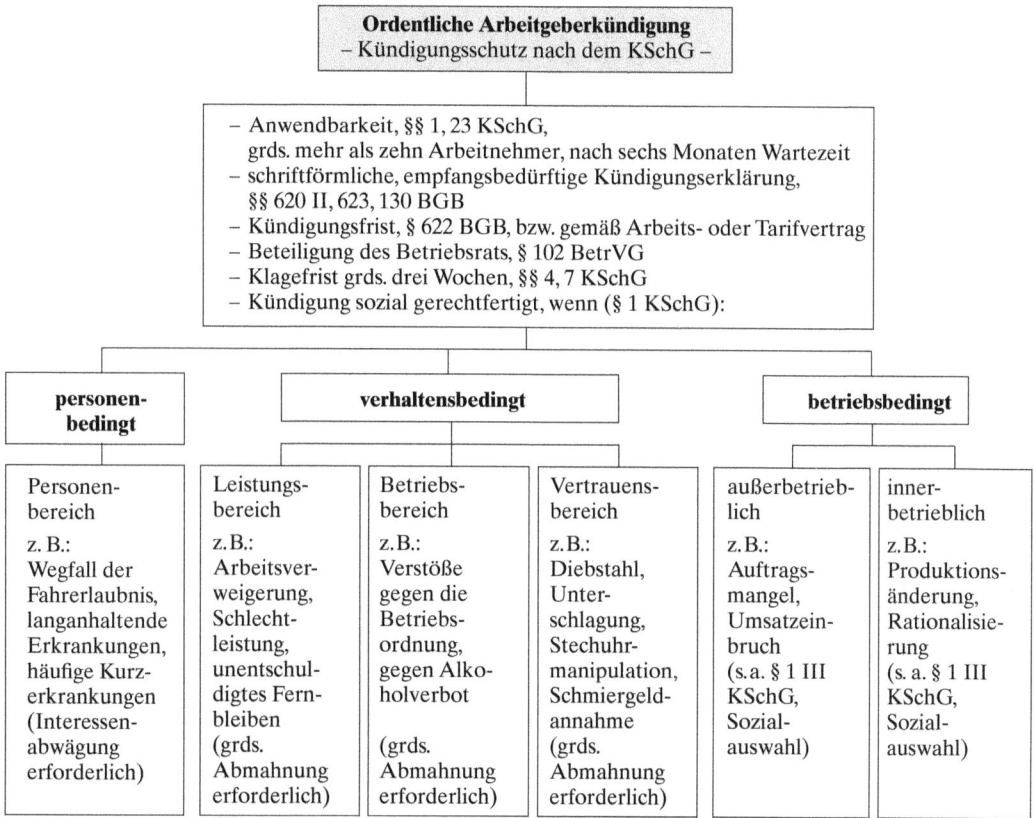

Schaubild 210: Ordentliche Arbeitgeberkündigung (KSchG)

Beispiel: Der Arbeitgeber kündigt zum Ablauf des sechsten Beschäftigungsmonats (sog. Wartezeitkündigung), weil das erforderliche Vertrauensverhältnis nicht aufgebaut werden konnte oder sich der Arbeitnehmer aus seiner Sicht nicht bewährt bzw. die in ihn gesetzten Erwartungen nicht erfüllt hat; dies reicht grds. aus (Gründe bzw. Nachweise muss der Arbeitgeber hierfür nicht erbringen [auch nicht bei der gemäß § 102 I BetrVG ggf. erforderlichen Betriebsratsanhörung]). (Die Wartezeit entspricht oftmals einer vereinbarten sechsmonatigen Probezeit; s. a. 16.2.3.3).

Die Wartezeit des § 1 I KSchG beginnt i. d. R. mit dem vertraglich vereinbarten Zeitpunkt der Arbeitsaufnahme.

Beispiel: Der Arbeitnehmer wird zum 15. 5. eingestellt – die Wartezeit endet sodann mit Ablauf des 14. 11., §§ 1 I KSchG, 187 II, 188 II 2. Alt. BGB (§ 193 BGB gilt insoweit nicht); s. o. 4.3.4.

Eine Arbeitgeberkündigung darf nicht gegen das Maßregelungsverbot des § 612 a BGB verstoßen (sonst ist sie ggf. unwirksam, § 134 BGB; s. a. 6.8.1.1, 6.8.1.2, 16.2.5 a. E.).

Maßregelungsverbot

Beispiele: Der arbeitsunfähige Arbeitnehmer erscheint entgegen der Aufforderung des Arbeitgebers nicht zur Arbeit, klagt Gehaltsrückstände ein, verlangt den gesetzlichen Mindestlohn (§§ 1, 3 MiLoG), zeigt den nicht abhilfewilligen Arbeitgeber wegen gravierender Sicherheitsmängel an (sog. „Whistleblowing").

Kündigung durch Bevollmächtigten

Bei Ausspruch der Kündigung durch einen Bevollmächtigten des Arbeitgebers (z. B. Personalleiter oder Prokurist) ist auf dessen Vertretungsmacht zu achten (§§ 164 ff., 174 BGB; s. a. 7.2.3.1, 8.14.2.10, 16.5.3).

Beispiel: Der Personalleiter unterzeichnet die Kündigungserklärung (vgl. die §§ 164 I 1, 174 S. 1, 2 BGB; s. o. 7.2.3.1) – er ist regelmäßig kündigungsberechtigt.

Die Kündigung eines Minderjährigen ist gegenüber dessen gesetzlichem Vertreter zu erklären, §§ 623, 131 II 1 BGB (s. o. 3.1.2.1).

Besteht ein Betriebsrat (s. u. 16.7.3), so ist er vor jeder Kündigung anzuhören, ansonsten ist die Kündigung unwirksam, § 102 I BetrVG (s. u. 16.5.3).

Kündigungsfristen

Desweiteren müssen Kündigungsfristen eingehalten werden, vgl. § 622 BGB (s. o. 6.3.5, 4.3.4 [auch zur Berechnung]).

Beispiele: Die arbeitgeberseitige Kündigung eines Angestellten, dessen Arbeitsverhältnis im Betrieb oder Unternehmen (bei Hausangestellten etwa bleibt es daher bei § 622 I BGB) fünf Jahre bestanden hat, bedarf grds. einer Frist von zwei Monaten zum Ende eines Kalendermonats, § 622 II Nr. 2 BGB. Abweichende Kündigungsfristen können ggf. gemäß § 622 III–VI BGB vereinbart werden. Vereinbarte arbeitnehmerseitige Kündigungsfristen dürfen grds. nicht länger als arbeitgeberseitige sein, § 622 VI BGB, ansonsten ist die kürzere arbeitgeberseitige Kündigungsfrist gemäß § 134 BGB (s. o. 6.8.1.1) nichtig (es gilt dann ggf. § 89 II 2 HGB entsprechend). (In AGBen vorgesehene übermäßig lange Kündigungsfristen sind ggf. unwirksam; s. o. 6.7.1.1 a. E.; 16.2.3.4).

Teilkündigung

Von der arbeitgeberseitigen Beendigungskündigung zu unterscheiden ist i. Ü. die sog. *Teilkündigung*, bei der der Arbeitgeber einzelne Arbeitsbedingungen, etwa eine vertraglich vereinbarte Zulage, beenden will.

Beispiel: Der Arbeitgeber kündigt wie vertraglich vorgesehen fristgemäß eine Erschwerniszulage – zwar ist das „wegkündigen" einzelner Gehaltsbestandteile grds. unzulässig (das Verhältnis von Leistung und Gegenleistung ist grds. zu wahren), kann aber ggf. zulässig sein, wenn es sich etwa um bestimmte Modalitäten der Zahlungsabrechnung wie bspw. die Umstellung von Pauschal- zu Einzelabrechnung handelt.

16.5.2.2 Außerordentliche Kündigung

Je nach Schwere des Pflichtenverstoßes kann der Arbeitgeber ordentlich oder außerordentlich kündigen.

außerordentliche Kündigung

Bei außerordentlichen (fristlosen) Kündigungen, die einen wichtigen Grund erfordern, ist insbesondere § 626 BGB zu wahren (s. o. 8.14.2.10; 9.9.2 a. E.). Danach ist v. a. erforderlich, dass – zum einen (objektiv) – Tatsachen vorliegen, die dem Arbeitgeber auch unter Berücksichtigung aller Umstände des konkreten Einzelfalles und – zum anderen (subjektiv) – bei Abwägung der gegenseitigen Interessen die Fortsetzung des Arbeitsverhältnisses bis zum Ablauf der regulären Kündigungsfrist (bzw. bei befristeten Arbeitsverhältnissen, s. u. 16.5.4, bis zu deren vereinbartem Ablauf) unzumutbar machen, § 626 I BGB (der insoweit § 314 BGB als Sonderregelung verdrängt, s. o. 9.9.2 a. E.). Auch ist ggf. eine vorherige Abmahnung, § 314 II 1 BGB, (insb. im sog. Leistungsbereich, s. o. 16.5.2.1) erforderlich. Ebenso ist grds. der Betriebsrat zu hören, §§ 102, 103 BetrVG, 15 KSchG (s. u. 16.5.3, 16.7.3). (S. a. § 174 SGB IX).

Beispiele: Arbeitgeberseitige (fristlose) außerordentliche Kündigung (ohne vorherige Abmahnung) bei erwiesenen Straftaten, etwa Diebstahl (grds. auch bei geringfügigem Wert, d. h. auch bei sog. Bagatellkriminalität), Missbrauch der Stempeluhr, umfangreicher Privatnutzung des Diensthandys, Annahme von Geschenken oder Schmiergeld (s. a. 12.4; 13.2.4; 18.3.5), massiven öffentlichen Beleidigungen (auch bei Facebook), Handgreiflichkeiten gegen Arbeitskollegen, konkurrierenden Nebentätigkeiten (s. o. 16.2.7). Allerdings sind alle Umstände des Einzelfalls bei der Interessenabwägung zu berücksichtigen, etwa durch langjährige beanstandungsfreie Betriebszugehörigkeit erdientes „Vertrauenskapital" (so dass ggf. auch eine Abmahnung ausreichend sein kann).

Bei objektiv begründetem, gravierendem Verdacht des Vorliegens einer Straftat kommt ggf. eine sog. Verdachtskündigung in Betracht.

Verdachts-kündigung

Beispiel: Der Arbeitnehmer wird aufgrund starker Indizien dringend des Warendiebstahls verdächtigt (er ist vorher anzuhören, ebenso ggf. der Betriebsrat, vgl. § 102 BetrVG, s. u. 16.7.3).

Eine (etwa wegen nicht hinreichenden wichtigen Grundes unwirksame) außerordentliche Kündigung kann ggf. in eine ordentliche Kündigung (§ 622 BGB) umgedeutet werden, § 140 BGB (wobei dann wiederum die gesetzlichen Kündigungsschutzregeln, insb. das KSchG [vgl. die §§ 13, 1, 4, 7, 23], zu beachten sind; s. o. 6.3.6 a. E.; 6.8.1.1 a. E.).

Umdeutung

Außerordentliche Arbeitgeberkündigung

- Grundsatz: § 626 BGB, wichtiger Grund
- keine einzuhaltende Kündigungsfrist
- schriftförmliche, empfangsbedürftige Kündigungserklärung, §§ 623, 626, 130 BGB
- Kündigungserklärungsfrist zwei Wochen, § 626 II BGB
- Beteiligung des Betriebsrats, § 102 I, II 3 BetrVG
- Klagefrist grds. drei Wochen, §§ 13, 4 ff., 7 KSchG
- Fristeinhaltung für ordentliche Kündigung nicht zumutbar, weil (§ 626 I BGB):

beanstandeter Sachverhalt generell als wichtiger Grund geeignet	wichtiger Grund im speziellen Einzelfall gegeben und bei gegenseitiger Interessenabwägung diese Kündigung gerechtfertigt	kein milderes Mittel möglich bzw. zumutbar (ultima-ratio-Prinzip)
z. B.: grobes Fehlverhalten, grobe Vertragsverletzungen (etwa beharrliche Arbeitsverweigerung, Straftaten gegen den Arbeitgeber, unbefugter Wettbewerb)	z. B.: – zerstörtes Vertrauensverhältnis (etwa bei Diebstahl, Betrug); Abmahnung grds. entbehrlich – grobe Vertragsverletzungen im Verhaltens- bzw. Leistungsbereich (etwa ständiges Zuspätkommen, Alkoholgenuss, unbefugtes Verlassen des Arbeitsplatzes); grds. Abmahnung erforderlich	z. B.: ordentliche Kündigung, Versetzung, Änderungskündigung nicht angemessen (ggf. Umdeutung in ordentliche Kündigung, § 140 BGB)

Schaubild 211: Außerordentliche Arbeitgeberkündigung

Desweiteren ist die zweiwöchige Kündigungserklärungsfrist zu beachten, §§ 626 II 1, 2, 187 I, 188 II 1. Alt. BGB.

Erklärungsfrist

Beispiel: Der Arbeitgeber erhält am 1. 6. Kenntnis von umfangreichen Unterschlagungen eines Mitarbeiters – bis zum Ablauf des 15. 6. (s. o. 4.3.4; 6.3.5) muss er (schriftlich, § 623 BGB) die außerordentliche Kündigung erklären, § 130 BGB; Fristversäumnis steht dem Fehlen eines wichtigen Grundes gleich. Die dreitägige Anhörungsfrist des Betriebsrats, § 102 I, II 3 BetrVG, hemmt die Frist des § 626 II BGB nicht.

16.5.2.3 Änderungskündigung

Fortsetzung
unter
Änderungen

Kann das Arbeitsverhältnis nicht mehr unter den bisherigen Bedingungen fortgesetzt werden, so kommt ggf. eine sog. Änderungskündigung in Betracht, bei der der Arbeitgeber kündigt und die Fortsetzung des gekündigten Arbeitsverhältnisses unter geänderten Arbeitsbedingungen anbietet, vgl. § 2 KSchG.

Beispiele: Der Arbeitgeber möchte aus wirtschaftlichen Gründen weniger Lohn bzw. keine Weihnachtsgratifikation mehr zahlen (s. o. 16.2.2.2), Betriebsteile schließen, eine Vollzeit- in eine Halbtagsstelle umwandeln, die Arbeitszeiten verlängern/verkürzen, Arbeitsinhalte wesentlich ändern (d. h. Maßnahmen treffen, die das Direktions- bzw. Weisungsrecht, s. o. 16.2.6, nicht erfasst; etwa: einen Buchhalter am Fließband einsetzen). Die Änderungskündigung hat (als milderes Mittel) Vorrang vor einer (ordentlichen) Beendigungskündigung (d. h. der Arbeitgeber muss dem Arbeitnehmer zuvor eine objektiv mögliche und zumutbare Beschäftigung auf einem freien Arbeitsplatz auch zu geänderten/verschlechterten Arbeitsbedingungen anbieten). Der Betriebsrat ist zu beteiligen, § 102 BetrVG.

Änderungskündigung vgl. § 2 KSchG

– Arbeitgeberkündigung verbunden mit Fortsetzungsangebot zu geänderten Arbeitsbedingungen, §§ 2, 1, 23 KSchG – Weisungsrecht nicht (mehr) ausreichend (vgl. die §§ 315 I BGB, 6 II, 106 GewO) – milderes Mittel als Beendigungskündigung (ultima-ratio-Prinzip)

schriftförmliche empfangsbedürftige WE, §§ 620 II, 623, 130, 145 BGB (Kündigungserklärung und Änderungsangebot); Kündigungsfrist, § 622 BGB, bzw. gemäß Arbeits- oder Tarifvertrag; Betriebsrat, § 102 BetrVG	Kündigungsgründe i. S. d. § 1 KSchG erforderlich (ordentliche Änderungskündigung); u. U. auch außerordentlich; Klagefrist grds. drei Wochen, §§ 4, 7 KSchG	Arbeitnehmer kann Änderungsangebot – vorbehaltlos annehmen, d. h.: neues Arbeitsverhältnis zu geänderten Bedingungen – vorbehaltlos ablehnen, d. h.: aus Änderungs- wird Beendigungskündigung – unter Vorbehalt annehmen, grds. binnen drei Wochen, vgl. § 2 KSchG; (Änderungs-)Kündigungsschutzklage zu erheben, §§ 4, 7, 8 KSchG

Schaubild 212: Änderungskündigung

Änderungs-
schutzklage

Der Arbeitnehmer kann das Änderungsangebot des Arbeitgebers nunmehr zum einen annehmen (die Änderungskündigung wird damit gegenstandslos, das Arbeitsverhältnis entsprechend geändert), zum anderen kann er es ablehnen (die Änderungskündigung wird dann zur Beendigungskündigung); desweiteren aber kann der Arbeitnehmer das Änderungsangebot auch annehmen unter dem Vorbehalt, dass die Kündigung sozial gerechtfertigt ist, § 2 KSchG: Durch Erhebung der (Kündigungs-)Änderungsschutzklage kann er dann die soziale Rechtfertigung des Änderungsangebotes arbeitsgerichtlich prüfen lassen binnen drei Wochen nach Zugang der Änderungskündigung, § 2 S. 2 KSchG.

Beispiel: Der Außendienstmitarbeiter muss ggf. eine mit einer Änderungskündigung verbundene Versetzung in den Innendienst mit deutlich geringerem Gehalt hinnehmen, wenn der Arbeitgeber entsprechende auswärtige Arbeitsplätze abbaut.

Arbeitgeber-Kündigung

- einseitige, empfangsbedürftige, schriftförmliche Willenserklärung, §§ 130, 620 II, 623, 126 I, 125 (ggf. 164 ff., 174) BGB
- Beteiligung des Betriebsrats, § 102 BetrVG
- grds. Kündigungsfristen zu beachten, §§ 620 II, 622 BGB
- u.U. besonderer Kündigungsschutz (§§ 15 KSchG, 17 MuSchG, 168 ff. SGB IX, 18 BErzGG, 15 II BBiG, 2 II ArbPlSchG, 78 ZDG, 15 III TzBfG, 5 PflZG, 18 BEEG)
- ggf. (einzel- oder tarif-)vertraglicher Kündigungsausschluss
- allgemeiner Kündigungsschutz, §§ 1 ff., 23 KSchG (2 IV AGG): betriebs-, personen-, verhaltensbedingte Kündigungsgründe (§ 1 II KSchG); ggf. Abmahnung erforderlich [bei Kleinbetrieben (vgl. § 23 I KSchG): Mindestmaß sozialer Rücksichtnahme zu wahren]
- bei wichtigem Grund: außerordentliche (fristlose) Kündigung, Erklärungsfrist zwei Wochen (§§ 626 I, II BGB, 13 I 2, 4 S. 1, 7 KSchG)
- (unwirksame) außerordentliche Kündigung ggf. in ordentliche umdeutbar, § 140 BGB
- Änderungskündigung zur Fortsetzung des Arbeitsverhältnisses zu geänderten Arbeitsbedingungen, § 2 KSchG
- Rechtsmittel: Kündigungsschutzklage zum Arbeitsgericht (§§ 1, 2 I Nr. 3 b, 8 I, 14, 46 ff. ArbGG, 4 ff. KSchG, 256 ZPO); Klagefrist: grds. 3 Wochen, §§ 4, 7 KSchG
- ggf. (gesetzlicher bzw. allgemeiner) Weiterbeschäftigungsanspruch
- u.U. gerichtliche Auflösung des Arbeitsverhältnisses gegen Abfindung, §§ 9, 10 KSchG

Schaubild 213: Grundsätze der Arbeitgeber-Kündigung

Bei allen arbeitgeberseitigen Kündigungen gilt grundsätzlich, insbesondere im Hinblick auf den Verhältnismäßigkeitsgrundsatz und die Fürsorgepflicht:

- Die Kündigung darf nur das letzte Mittel zur Konfliktlösung sein, *ultima-ratio-Prinzip*;
- die Gründe hierfür müssen sich gerade auch auf die Zukunft beziehen, *Prognoseprinzip*;
- das Beendigungsinteresse des Arbeitgebers ist gegen das Bestandsinteresse des Arbeitnehmers abzuwägen, *Abwägungsprinzip* (Übermaßverbot).

[Randspalte: Kündigungsprinzipien]

16.5.3 Kündigungsschutz

Der Arbeitnehmer, der eine Kündigung (s. o. 8.14.2.10) nicht hinnehmen will, muss die 3-Wochen-Frist zur Erhebung der Kündigungsschutzklage beachten, §§ 4 ff., 23 I KSchG; ansonsten gilt die Kündigung nach § 7 KSchG als sozial gerechtfertigt. (Zur Fristberechnung s. o. 4.3.4). Diese dreiwöchige Klagefrist gilt für alle ordentlichen und außerordentlichen (Änderungs- und Beendigungs-)Kündigungen, d. h. etwa auch für Arbeitnehmer in den ersten sechs Monaten des Arbeitsverhältnisses (vgl. die §§ 1 I KSchG, 622 III BGB), für Arbeitnehmer in Kleinbetrieben (s. a. § 23 I KSchG), für die das KSchG grds. nicht gilt (vgl. 16.5.2.1), sowie für besonders kündigungsgeschützte Arbeitnehmer wie Schwangere, Behinderte, Betriebsräte (s. u.).

[Randspalte: Kündigungsschutzklage; Klagefrist]

Beispiel: Dem Arbeitnehmer geht die Kündigungserklärung des Arbeitgebers am 4. 6. zu – bis spätestens am 25. 6., 24 Uhr, muss er die Kündigungsschutzklage beim zuständigen Arbeitsgericht (vgl. die §§ 2 I Nr. 3 b, 8 I, 14, 46 ff. ArbGG) eingereicht haben (s. a. 4.3.4 a. E.; 20.1); Unwissenheit schützt insoweit regelmäßig nicht; versehentliches Wegwerfen bzw. Ignorieren des Kündigungsschreibens rechtfertigt ebenso keine nachträgliche Klagezulassung. Ggf. kann statt der Kündigungsschutzklage eine Abfindung geltend gemacht werden, § 1 a KSchG, wenn

[Randspalte: Arbeitsgerichtsprozess; u. U. Abfindung]

401

der Arbeitgeber dies bei einer betriebsbedingten Kündigung anbietet. (Zur Ausgleichsquittung s. o. 8.14.2.4). *Hinweis:* Die 3-Wochen-Frist des § 4 S. 1 KSchG gilt (nur) für Klagen auf Feststellung der Sozialwidrigkeit bzw. der Unwirksamkeit einer Kündigung als solcher, nicht aber für Klagen, bei denen lediglich die Nichteinhaltung der Kündigungsfrist gerügt wird.

Für bestimmte Personengruppen bestehen besondere Kündigungsschutzregeln.

Beispiele: Betriebsratsmitglieder, Schwangere, schwerbehinderte Menschen, Eltern, Pflegende (vgl. die §§ 15 I, III KSchG, 103 BetrVG, 17 MuSchG, 168 ff. SGB IX, 18 BErzGG, 5 PflZG; s. o. 8.14.2.10, 16.2.3.3) – ihnen zu kündigen ist somit grds. unzulässig. Bei nicht offensichtlicher, dem Arbeitgeber bislang unbekannt gebliebener Schwerbehinderung ist deren Geltendmachung durch den Arbeitnehmer etwa im Rahmen einer fristgerechten (§§ 4, 7 KSchG) Kündigungsschutzklage hinreichend.

Betriebsrat
Auch sind ggf. die Beteiligungsrechte des Betriebsrates zu beachten, vgl. die §§ 1, 7, 102 f. BetrVG: Eine Kündigung ohne vorherige Anhörung des Betriebsrats ist grds. unwirksam, § 102 I BetrVG (s. o. 16.5.2).

Beispiel: Der Arbeitgeber kündigt dem Arbeitnehmer, ohne den Betriebsrat hierzu vorher zu hören, § 102 I 1 BetrVG – die Kündigung ist unwirksam, § 102 I 3 BetrVG (vgl. § 1 II 2 KSchG; s. o. 16.2.2.2).

Weiter-beschäftigung
Bei einer offensichtlich unwirksamen Kündigung bzw. nach Obsiegen des Arbeitnehmers im Kündigungsschutzprozess in erster Instanz vor dem Arbeitsgericht wird grds. ein auf die §§ 611 a, 241 II, 242 BGB, 6 II, 105 GewO i. V. m. Art. 1 u. 2 GG gestützter allgemeiner arbeitsvertraglicher Weiterbeschäftigungsanspruch anerkannt.

Beispiel: Der Kündigungsschutzklage (§§ 1 I, II, 4, 7, 23 I 2, 3 KSchG) wird vom zuständigen Arbeitsgericht stattgegeben, der Arbeitgeber legt dagegen Berufung zum Landesarbeitsgericht ein (§§ 8 II, 33, 64 ff. ArbGG; s. u. 20.1) – wenn keine besonderen schutzwürdigen Belange des Arbeitgebers entgegenstehen, ist der Arbeitnehmer weiterzubeschäftigen. *Vorsicht:* Bei einer Weiterbeschäftigung bis zur rechtskräftigen Entscheidung des Kündigungsschutzprozesses bedarf die (ggf. konkludente) vertragliche Vereinbarung über die auflösend bedingte, d. h. befristete (s. o. 6.5) Weiterbeschäftigung gemäß der §§ 14 IV, 21, 16 TzBfG, 126 BGB der Schriftform (s. u. 16.5.4). Wird der Arbeitnehmer im Kündigungsschutzprozess freigestellt, so droht dem Arbeitgeber ggf. im Unterliegensfall die Vergütungsnachzahlung (s. o. 16.3.2.5).

Ein Weiterbeschäftigungsanspruch kann sich u. U. auch aus § 102 V BetrVG ergeben.

Beispiel: Der Betriebsrat hat einer ordentlichen Kündigung frist- und ordnungsgemäß widersprochen und der Arbeitnehmer Kündigungsschutzklage erhoben – er ist auf Verlangen weiterzubeschäftigen, § 102 V BetrVG. (Zur Entgeltweiterzahlung s. o. 16.3.2.5).

gerichtliche Auflösung
Im Falle einer unwirksamen (nicht: wirksamen) ordentlichen oder außerordentlichen Kündigung des Arbeitgebers kommt ggf. eine arbeitsgerichtliche Auflösung des Arbeitsverhältnisses auf Antrag des Arbeitnehmers oder des Arbeitgebers in Betracht, wenn dessen Fortsetzung unzumutbar bzw. das Vertrauensverhältnis gestört ist, §§ 9 I, II, 13 I 3, II 2 KSchG. Dem Arbeitnehmer steht dann eine Abfindung zu, § 10 KSchG (s. u.).

Leitende Angestellte schlechter gestellt
Sog. leitende Angestellte (s. o. 7.8.2.2 f., 16.2.1) sind im Falle einer Arbeitgeberkündigung ggf. deutlich weniger geschützt.

Beispiele: Der Arbeitgeber muss insoweit nicht zuvor den Betriebsrat anhören (i. S. d. § 102 BetrVG), vgl. § 5 III BetrVG; zur selbständigen Einstellung oder Entlassung von Personal Berechtigte (s. o. 7.2.3.1, 16.5.2) können zwar grds. Kündigungsschutzklage erheben i. S. d. §§ 14 II 1, 1 ff. KSchG, zumeist aber den Fortbestand des Arbeitsverhältnisses (s. o. 16.2.2.2) nicht erreichen, vgl. die §§ 14 II 2, 9 I 2 KSchG (s. a. die sog. Risikoträger im Bankenbereich,

§ 25 a V KWG). D. h. bspw.: Der gekündigte Personalleiter (eigenverantwortlich tätig i. S. d. § 14 II KSchG) muss die Auflösung des Arbeitsverhältnisses durch das Arbeitsgericht grds. hinnehmen, wenn der Arbeitgeber einen solchen, einer Begründung nicht bedürfenden, Auflösungsantrag stellt, §§ 14 II 2, 9 I 2 KSchG. (Grds. beträgt die Abfindung höchstens zwölf Monatsverdienste, § 10 KSchG; die Arbeitsgerichte gehen oft [nur] von einer Abfindung in Höhe eines halben Monatsgehaltes pro Beschäftigungsjahr aus.)

16.5.4 Befristungen

Befristungen (s. o. 6.5, 16.2.2.1 a. E.) des Arbeitsvertrages sind zur Vermeidung der Umgehung des Kündigungsschutzes nur beschränkt möglich. Hierzu sind insbesondere die Regeln des TzBfG zu beachten (in Schriftform [nicht: per email oder Fax; s. a. 16.5.1 a. E., 6.4]; ohne Vorliegen eines sachlichen Grundes regelmäßig bis zur Dauer von zwei Jahren, vgl. die §§ 1, 3, 14 ff. TzBfG, 125 S. 1, 126, 620 III BGB).

Befristungen

Befristete Arbeitsverträge
– auf bestimmte Zeit geschlossen, kalendermäßig oder zweckbefristet, §§ 620 I, III BGB, 3 I, 15 I, II TzBfG
– Befristungsabrede schriftförmlich, §§ 14 IV, 16 TzBfG, 126 BGB, mit Angabe von Dauer (Datum des Beginns/Endes) bei kalendermäßiger bzw. von Befristung zzgl. Vertragszweck bei Zweckbefristung
– ordentliche Kündigung grds. unzulässig, aber vereinbar, § 15 III TzBfG (etwa auch Probezeit; ggf. KSchG zu beachten)
– Kündigungsschutzregeln (etwa die §§ 1 KSchG, 17 MuSchG, 168 SGB IX) grds. nicht anwendbar
– Dauer bei Sachgrund an diesem zu orientieren, § 14 I TzBfG, ohne Sachgrund grds. zwei Jahre, § 14 II, II a, III TzBfG
– Diskriminierungsverbot, §§ 4 II TzBfG, 1 ff., 6 ff. AGG
– bei Fortsetzung Umwandlung in unbefristetes Arbeitsverhältnis, § 15 V TzBfG
– unwirksame Befristung führt zu unbefristetem – ggf. zu kündigendem – Arbeitsvertrag (KSchG zu beachten)
– Rechtsmittel: Entfristungsklage, §§ 17 TzBfG, 4, 7 KSchG

Schaubild 214: Befristete Arbeitsverträge

Beispiele: Eine begründete Sachgrundbefristung wegen nur vorübergehenden Bedarfs gemäß § 14 I 1, 2 Nr. 1 TzBfG; oder: Eine Befristung ohne sachlichen Grund, möglich bei Neueinstellungen bis zur Dauer von zwei bzw. bei Unternehmensgründungen vier Jahren, § 14 II, II a TzBfG, sowie von bis zu fünf Jahren bei über 52-Jährigen, die mindestens vier Monate zuvor beschäftigungslos waren, § 14 III TzBfG. Schriftform der Befristung sogleich bei Vertragsschluss bzw. bereits vor der ersten Arbeitsaufnahme, nicht erst nachträglich (s. o. 6.4; 16.2.3; § 141 II BGB ist insoweit nicht anwendbar), ist erforderlich, ansonsten ist die Befristung unwirksam, §§ 126, 125 S. 1 BGB, 14 IV TzBfG, was ggf. zu zeitlich unbeschränkt geltenden Arbeitsverhältnissen führt, § 16 TzBfG.

sachgrund-/ sachgrundlose Befristungen

Eine sachgrundlose, kalendermäßige Befristung ist bis zur Gesamtdauer von zwei Jahren (maßgeblicher Zeitpunkt ist der Beginn des Arbeitsverhältnisses, nicht der Abschluss des Arbeitsvertrages) grds. höchstens dreimalig (ohne inhaltliche Veränderung) verlängerbar (etwa: zunächst sechs Monate, dann jeweils dreimal weitere sechs Monate); tarifvertragliche Abweichungen, etwa sachgrundlose Befristungen bis zu insgesamt fünf Jahren bzw. bis zu fünfmaligen Verlängerungen, sind ggf. zulässig, §§ 14 II 3, 4, 22 II TzBfG.

Sachgrundbefristungen i. S. d. § 14 I TzBfG dürfen hingegen grds. mehrfach unbeschränkt hintereinander „kettenmäßig" befristet werden, wenn sie sachlich begründet sind. Gegen unwirksame Befristungen kann sich der Arbeitnehmer mit der sog. Befristungsschutzklage (bzw. Entfristungsklage) wehren, §§ 17 TzBfG, 5 ff. KSchG, 2 I Nr. 3 b ArbGG (binnen dreier

Befristungsschutzklage

Wochen nach dem vereinbarten Befristungsende, s. o. 16.5.3). Befristet Beschäftigte (vgl. § 3 I TzBfG) dürfen grds. nicht sachwidrig benachteiligt werden (s. o. 16.2.2.2 f.); sie haben i. d. R. Anspruch auf gleiches Entgelt bzw. Urlaub oder Arbeitszeiten wie unbefristet Beschäftigte (vgl. § 5 TzBfG); die Ablehnung der Verlängerung eines befristeten Arbeitsverhältnisses nur aufgrund einer Schwangerschaft kann ggf. zu Entschädigungsansprüchen gemäß § 15 AGG führen (s. o. 6.6.6.2; 16.2.2.3; 16.2.3.2 f.). Befristungen nach sonstigen Regeln, etwa im Hochschulbereich oder nach dem BErzGG, bleiben i. Ü. unberührt, § 23 TzBfG (s. a. die §§ 1 ff. WissZeitVG). Für auflösend bedingte (s. o. 6.5) Arbeitsverträge gilt § 21 TzBfG.

Befristete Arbeitsverhältnisse können vor Zeitablauf bzw. Zweckerreichung regelmäßig nicht durch ordentliche (allenfalls durch außerordentliche; s. o. 16.5.2.2) Kündigung beendet werden, § 15 III TzBfG.

16.5.5 Rechtsfolgen bei Beendigung

Freizeit zur Stellungssuche

Der Arbeitgeber schuldet gemäß der §§ 629, 630 BGB im Kündigungsfall (entsprechend wohl auch beim Auslaufen eines befristeten Arbeitsverhältnisses bzw. Abschluss eines Aufhebungsvertrages [bezahlte, vgl. § 616 BGB, s. o. 16.3.2.4]) Freizeit bzw. Dienstbefreiung zur Stellungssuche und ein schriftliches, unterschriebenes, wahrheitsgemäßes, wohlwollend-gerechtes Dienstzeugnis, s. a. die §§ 611 a BGB, 6 II, 109 GewO, 8 BBiG (für Auszubildende).

Dienstzeugnis

Beispiel: Der gekündigte Arbeitnehmer nimmt bei einem potentiellen neuen Arbeitgeber ein Vorstellungsgespräch wahr – er hat hierfür gegen seinen bisherigen Arbeitgeber einen Anspruch auf Freistellung, § 629 BGB, und sein Vergütungsanspruch bleibt bestehen, § 616 BGB (s. o. 16.3.2.4); auch ein Zeugnis ist ihm ggf. zu erteilen, §§ 630 S. 4 BGB, 6 II, 109 GewO.

einfach/ qualifiziert

Auf Wunsch ist nicht nur ein sog. einfaches Dienstzeugnis, das i. d. R. nur Art und Dauer der Beschäftigung wiedergibt, sondern auch ein sog. qualifiziertes Dienstzeugnis zu erteilen, das desweiteren Führung und Leistung während der gesamten Dauer des Arbeitsverhältnisses charakterisieren soll (§§ 6 II, 109 I GewO).

Zeugnissprache

Beispiele: Im sprachlich bzw. orthographisch korrekt zu formulierenden Zeugnisschreiben (§ 109 I 1, III GewO) heißt es zur Leistungsbeurteilung u. a.: „Frau/Herr … hat die ihr/ihm übertragenen Aufgaben stets [Zeitmoment/Konstanz] und zu unserer vollsten [Bewertung] Zufriedenheit erfüllt." [= sehr gut, ohne „stets"= gut] [anders dagegen etwa: „zu unserer Zufriedenheit erledigt" = eine unterdurchschnittliche, aber noch ausreichende Leistung; „im Großen und Ganzen zu unserer Zufriedenheit erledigt" = eine mangelhafte Leistung; „hat sich bemüht, die Arbeit zu erledigen", oder: „führte die übertragenen Arbeiten mit großem Fleiß und Interesse durch" = eine völlig ungenügende Leistung] – im Spannungsfeld zwischen wahrheitsgemäßer und wohlwollender Beurteilung hat sich eine eigene Zeugnissprache (vgl. § 109 II GewO) gebildet, die, eher hintersinnig formulierend, ihre eigenen Sinngehalte ausdrückt und negatives oft in positiv wirkende Formulierungen kleidet (etwa: „Er war bei den Mitarbeitern angesehen" – nicht also bei den Vorgesetzten). (S. a. 6.8.2.5). Bewertet der Arbeitgeber die Leistung mit „zur vollen Zufriedenheit" (= 3), und möchte der Arbeitnehmer eine bessere Note, so liegt die Beweislast bei ihm (bei einer unterdurchschnittlichen Leistungsbewertung dagegen beim Arbeitgeber). Bezüglich der Verhaltensbewertung finden sich verbreitet etwa die Formulierungen „gegenüber Vorgesetzten und Mitarbeitern stets einwandfrei/vorbildlich" (= sehr gut), ohne „stets" (= gut), „war gut" (= befriedigend), „war stets befriedigend" (=ausreichend).

Arbeitspapiere

Weiterhin sind dem Arbeitnehmer die sog. Arbeitspapiere herauszugeben.

Beispiele: Lohnsteuerbescheinigung, § 41 b EStG, Arbeitsbescheinigung, § 312 SGB III, Urlaubsbescheinigung, § 6 II BUrlG, Meldebescheinigung, § 28 a SGB IV. Dies wird oftmals in einer sog. Ausgleichsquittung (s. o. 8.14.2.4) dokumentiert.

Der Arbeitnehmer ist verpflichtet, sich unverzüglich bei der Agentur für Arbeit arbeitsuchend zu melden, § 38 SGB III, worauf ihn aber der Arbeitgeber hinzuweisen hat, § 2 II 2 Nr. 3 SGB III (s. a. § 141 SGB III). Arbeitsagentur informieren

Ihm überlassene Arbeitsunterlagen, -geräte, -materialien, Werkzeuge etc. hat der Arbeitnehmer dem Arbeitgeber herauszugeben, vgl. § 667 BGB (s. o. 13.2.1).

Beispiele: Überlassenes Dienst-Kfz, Handy, Laptop, Schlüssel etc. (der Arbeitnehmer ist i. Ü. insoweit grds. Besitzdiener, § 855 BGB, vgl. oben 7.3.5, 15.4.2 a. E., 15.4.3 a. E.).

Ggf. treffen die (bisherigen Arbeitsvertrags-)Parteien noch nachwirkende Sorgfaltspflichten (s. o. 9.10). Erteilte Vollmachten enden grds. mit dem Ausscheiden, § 168 S. 1 BGB (s. o. 7.2.3.3). Für die Geltendmachung von Ansprüchen sind u. U., ungeachtet der Verjährung (§ 195 BGB, s. o. 4.3.4) oder der Verwirkung (s. o. 8.3.1.2), vertragliche oder tarifvertragliche Ausschlussfristen zu wahren. Ausschluss-fristen

Beispiel: Im einschlägigen Tarifvertrag heißt es etwa: „Alle beiderseitigen Ansprüche müssen binnen zweier Monate nach Fälligkeit schriftlich geltend gemacht werden." (Ggf. sind die Regeln der §§ 305 ff. BGB zu beachten, s. o. 6.7, 16.2.3.4).

16.6 Kaufmännische Sonderregeln

Für kaufmännische Angestellte – Handlungsgehilfen und Handlungslehrlinge – enthalten die §§ 59 ff. HGB Sonderregeln (sog. kaufmännisches Arbeitsrecht). kauf--männisches Arbeitsrecht

Beispiele: Verkäufer, Buchhalter, Einkäufer, Lagerpersonal, Sekretärin, Versicherungsvertreter (s. a. 7.8.1.2, sog. unselbstständige kfm. Hilfspersonen). So gilt etwa gemäß der §§ 60, 61 HGB ein gesetzliches Wettbewerbsverbot; die Vereinbarung nachvertraglicher Wettbewerbsverbote ist nach den (für alle Arbeitnehmer geltenden) §§ 74 ff. HGB nur beschränkt möglich; eine angemessene Karenzentschädigung ist erforderlich, §§ 6 II, 110 GewO, 74 I, II HGB (s. a. 7.8.1.2). Soweit Wettbewerbsverbote für einen längeren Zeitraum als zwei Jahre vereinbart sind, sind sie grds. nicht gänzlich unwirksam, sondern nur bzgl. des zwei Jahre überschreitenden Zeitraumes, § 74 a I 3 HGB; die Karenzentschädigung muss mindestens die Hälfte des bisherigen Gehaltes betragen, § 74 II HGB; ggf. werden Bezüge aus einer neuen Tätigkeit angerechnet, § 74 c I HGB. Ein vertragliches Wettbewerbsverbot kann grds. ggf. mit einer Vertragsstrafenvereinbarung gesichert werden, §§ 6 II, 110 GewO, 75 c HGB, 340, 343 BGB (s. o. 8.11). [Für nachvertragliche Wettbewerbsverbote etwa von GmbH-Geschäftsführern gelten grds. weitrangigere Regeln – deren Grenzen werden i. d. R. im Rahmen der Sittenwidrigkeit (s. o. 6.8.1.1) gesteckt.]

Diese kaufmännischen Sonderregeln werden aber durch die allgemeinen arbeitsrechtlichen Grundsätze bzw. das Richterrecht weitgehend überlagert. Zu beachten sind i. Ü. insbesondere auch die §§ 17, 18 UWG (s. u. 18.3.2).

16.7 Kollektives Arbeitsrecht

Auf die individuellen Rechtsbeziehungen zwischen Arbeitgeber und Arbeitnehmer (Individualarbeitsrecht) erheblichen Einfluss hat gerade auch das sog. kollektive Arbeitsrecht (s. o. 16.1) – beeinflussen doch etwa die (bereits mehrfach angesprochenen) Tarifverträge bzw. Betriebsvereinbarungen, Gewerkschaften bzw. Betriebsräte die Arbeitsbedingungen in erheblichem Maße. Daher sind einige Grundregeln auch im hiesigen Kontext relevant. Bedeutung

16.7.1 Grundbegriffe

einheitliche Gestaltung Das kollektive Arbeitsrecht stellt grundsätzlich auf die Rechtsbeziehungen der Arbeitnehmer zu Arbeitgebern als Kollektiv bzw. eine einheitliche Gestaltung von Arbeitsbedingungen ab. Wesentliche Grundlagen finden sich im insbesondere auf Art. 9 III GG basierenden Koalitionsrecht, im Tarifvertrags-, Arbeitskampf-, Betriebsverfassungs- bzw. Mitbestimmungsrecht (vgl. oben 16.1 bzw. Schaubild 195).

16.7.2 Tarifvertragsrecht

Von gerade auch für individuelle Arbeitsverhältnisse erheblicher Bedeutung sind **Koalitionen** die von Gewerkschaften und Arbeitgeberverbänden (den sog. Koalitionen, d. h. Vereinigungen zur Wahrung und Förderung ihrer Interessen bei der Gestaltung von Arbeits- und Wirtschaftsbedingungen) bzw. Einzelarbeitgebern nach den Regeln insbesondere des TVG geschlossenen Tarifverträge. Über deren sog. schuld-**schuld-rechtlicher/** rechtlichen Teil (der grds. die Rechte und Pflichten der Tarifvertragsparteien zu-**normativer Teil** einander regelt, vgl. § 1 I 1. HS TVG) hinaus wirkt gerade der sog. normative Teil des Tarifvertrages hinsichtlich Inhalt, Abschluss und Beendigung von Arbeitsverhältnissen unmittelbar und zwingend auf Arbeitsverhältnisse ein, vgl. die §§ 1 I 2. HS, 3, 4 I TVG.

Beispiele: Tarifvertragliche Regelungen über Arbeitsentgelte, Urlaubsdauer, Arbeitszeiten, u. v. m.

Grundsätze des Tarif(vertrags)rechts

– Tarifvertrag = privatrechtlicher Vertrag zwischen Tariffähigen (Koalitionsfreiheit, Art. 9 III GG)
– Tarifvertragsparteien sind Gewerkschaften, einzelne Arbeitgeber sowie Arbeitgebervereinigungen, § 2 TVG (Firmen-, Werk-, Haustarifverträge bzw. Verbandstarifverträge)
– Tarifverträge regeln Rechte und Pflichten der Tarifvertragsparteien, § 1 I 1. HS TVG (schuldrechtlicher Teil)
– Tarifgebunden sind grds. nur die Mitglieder der Tarifvertragsparteien (Mitglieder von Gewerkschaften bzw. Arbeitgeberverbänden) bzw. einzelne Arbeitgeber, § 3 TVG
– Tarifverträge enthalten bindende Rechtsnormen bzgl. Inhalt, Abschluss und Beendigung von Arbeitsverhältnissen (normativer Teil), §§ 1 I 2. HS, 4 TVG:
  wirken unmittelbar und zwingend, (schlechtere) arbeitsvertragliche Regelungen werden grds. verdrängt, günstigere sind zulässig, § 4 III TVG
– bei kollidierenden Tarifverträgen kommt es grds. auf die Mitgliederzahl an, § 4 a TVG
– Tarifbindung auch bei Allgemeinverbindlichkeit, § 5 TVG, bzw. arbeitsvertraglicher Einbeziehung (Gleichstellung)
– s. a. die Regelungen von MindArbBedG bzw. AEntG
– ggf. mittels Arbeitskampf(recht)es (Streik/Aussperrung) durchsetzbar

Schaubild 215: Grundsätze des Tarif(vertrags)rechts

Tarifbindung Da man Koalitionen auch fernbleiben kann (vgl. Art. 9 III GG, sog. negative Koalitionsfreiheit), sind grds. nur Gewerkschaftsmitglieder bzw. Mitglieder von Arbeitgeberverbänden tarifgebunden, ggf. auch einzelne Tarifverträge abschließende Arbeitgeber, § 3 TVG (s. a. [bzw. zur Allgemeinverbindlichkeitserklärung] oben 16.2.2.2; 16.2.3.1 a. E.; vgl. www.bmas.de – Tarifregister).

Ggf. können angemessene tarifvertragliche Regelungen mit den Mitteln des Arbeitskampfes (Streik bzw. Aussperrung) erreicht werden.

Beispiele: Die Streiks der Lokführer (GdL, 2015) bzw. Lufthansapiloten (VC, 2016) für Zuständigkeiten, bessere Gehälter bzw. Beibehaltung der Ruhestandsregelungen. Ein Streik darf allerdings nach dem Verhältnismäßigkeitsgrundsatz nur die ultima ratio (letztes Mittel) sein – erst, wenn Tarifverhandlungen gescheitert und tarifvertragliche Regelungen gekündigt bzw. ausgelaufen sind (d. h. nach Ablauf der sog. Friedenspflicht), darf gestreikt werden.

16.7.3 Betriebsverfassungsrecht

Ungeachtet der Regeln für die überbetriebliche Mitbestimmung, die sog. Unternehmensmitbestimmung (vgl. die Vorschriften von MitbestG, Montan-MitBestG, DrittelbG, SprAuG), von größter Wichtigkeit für die betriebliche Mitbestimmung ist das BetrVG. Besteht in einem Betrieb (s. o. 4.4.2) ein nach den Regeln des BetrVG gewählter Betriebsrat, vgl. die §§ 1, 7 ff. BetrVG, mit dem der Arbeitgeber vertrauensvoll zusammenzuarbeiten hat, §§ 2 I, 74 ff. BetrVG, stehen diesem vielfache – gerade auch Einzelarbeitsverhältnisse erheblich beeinflussende – Beteiligungsrechte zu, vgl. insbesondere die §§ 80 ff. BetrVG. Gerade die Mitwirkungs- und Mitbestimmungsrechte der §§ 74 ff., 81 ff., 99, 102 BetrVG erlangen auch für den einzelnen Arbeitnehmer ggf. höchste Relevanz (s. o. 16.2.2.2).

Beispiele: Inhalte von Betriebsvereinbarungen, §§ 81 ff. BetrVG, Schutz bei personellen Einzelmaßnahmen bzw. Kündigungen, §§ 99 ff. BetrVG.)

Grundsätze des Betriebsverfassungsrechts – Beteiligungsrechte des Betriebsrats
– in Betrieben mit i. d. R. mindestens fünf Arbeitnehmern (davon müssen drei wählbar sein) errichtbar, §§ 1, 5 ff. BetrVG
– ggf. Gesamt-, Konzernbetriebsrat, (Gesamt-)Jugend- und Auszubildendenvertretung, §§ 47 ff., 54 ff., 60 ff., 72 ff. BetrVG
– Gebot der vertrauensvollen Zusammenarbeit, §§ 2 I, 74 ff. BetrVG
– Betriebsvereinbarungen mit verbindlicher Wirkung, § 77 II–VI BetrVG
– Gleichbehandlung aller Beschäftigten nach Recht und Billigkeit, § 75 BetrVG
– Mitwirkungs- und Beschwerderechte für Arbeitnehmer, §§ 81 ff. BetrVG
– Mitwirkungs-, Mitbestimmungs-, Initiativrechte in allgemeinen, sozialen, personellen und wirtschaftlichen Angelegenheiten, §§ 80 I, 87 ff., 90 f., 92 ff., 99 ff., 106 ff. BetrVG

Schaubild 216: Grundsätze des Betriebsverfassungsrechts

17 Gesellschaftsrecht

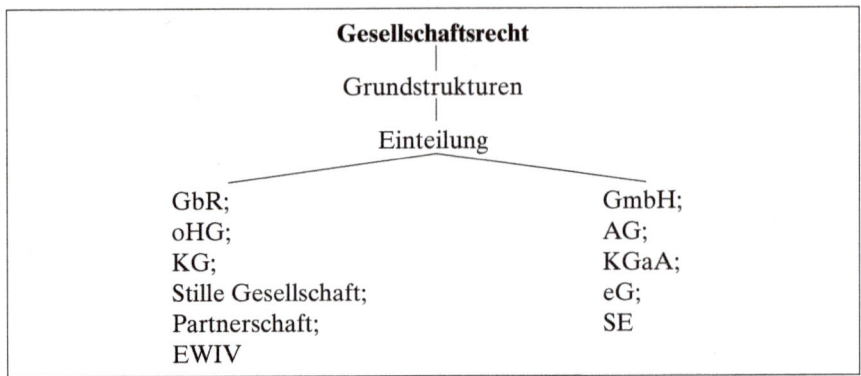

Gesellschaftsrecht

|

Grundstrukturen

|

Einteilung

GbR;	GmbH;
oHG;	AG;
KG;	KGaA;
Stille Gesellschaft;	eG;
Partnerschaft;	SE
EWIV	

Leitübersicht 17: Gesellschaftsrecht

Leitfragen zu 17:

a) Was ist rechtlich unter dem Begriff „Gesellschaft" zu verstehen?
b) Nach welchen Kriterien lassen sich Gesellschaften einteilen?
c) Wodurch werden Personen- bzw. Kapital(handels)gesellschaften geprägt?
d) Welche Rechtsregeln gelten für die jeweiligen Gesellschaftsformen?

Im modernen Wirtschafts- und Rechtsverkehr kommt dem Gesellschaftsrecht große Bedeutung zu: An ungezählten Rechtsbeziehungen sind Personenvereinigungen bzw. Kapitalverbindungen beteiligt. Der Stellenwert des Gesellschaftsrechts im Bereich einer wirtschaftsprivatrechtlichen Betrachtung ist daher erheblich. Die Wahl der jeweiligen Rechtsform eines Unternehmens ist eine der grundlegenden, gut zu bedenkenden, Entscheidungen.

17.1 Grundbegriffe; Überblick

Zunächst sind wesentliche Begriffsbestimmungen vorzunehmen:

17.1.1 Gegenstand

Begriff   Der wirtschaftsrechtliche Begriff der Gesellschaft ist nicht mit dem allgemeinen bzw. soziologischen Sprachgebrauch identisch: Vielmehr sind Gesellschaften im Rechtssinne organisierte Personenvereinigungen, die sich zur Erreichung eines gemeinsamen Zweckes zusammengeschlossen haben, und die durch eine privatrechtliche, rechtsgeschäftliche Vereinbarung, den Gesellschaftsvertrag, zustandegekommen sind.

Einordnung   Die wichtigsten Gesetzesbestimmungen finden sich im BGB (§§ 705–740, GbR;
des Rechts-   §§ 21–53, 55–79, rechtsfähiger, eingetragener, Verein; § 54, nichtrechtsfähiger Ver-
geschäftes   ein), HGB (§§ 105–160, oHG; §§ 161–177 a, KG; §§ 230–237, stG), PartGG (§§ 1 ff.,

408

Partnerschaft), AktG (§§ 1 ff., AG; §§ 278-290, KGaA), GmbHG (§§ 1 ff., GmbH); GenG (§§ 1 ff., eG); VAG (§§ 7, 15 ff., VVaG); EWIVG (§§ 1 ff., EWIV); SEAG (§§ 1 ff., SE).

Inhaltlich regelt das Gesellschaftsrecht vor allem die Organisationsform der Gesellschaft, Gründung und Beendigung, innere Struktur, Willensbildung, Geschäftsführung, Vertretung sowie Haftungsfragen.

17.1.2 Wahl des Gesellschaftstypus; Vertragsgestaltung

Ob und in welcher Rechtsform eine Gesellschaft gebildet wird, bestimmt der Einzelne bzw. der Unternehmer im Rahmen der Privatautonomie (s. o. 2.5; 6.6.6) grundsätzlich frei: Rechtsformenwahl sowie rechtliche Ausgestaltung einer Gesellschaftsform sind weitgehend unbeschränkt. Allerdings stellt das deutsche Gesellschaftsrecht die möglichen Gesellschaftsformen im Sinne eines Numerus clausus (d. h.: typisiert) zur Verfügung (ungeachtet dessen, dass die Rechts- und Parteifähigkeit von Unternehmen, die in der EU nach den in den jeweiligen Mitgliedsstaaten geltenden gesellschaftsrechtlichen Vorschriften gegründet wurden, anerkannt werden muss, auch wenn diese ihren Sitz nach Deutschland verlegen;

Formenwahl/ Vertragsfreiheit

Typenzwang

Beispiele: Eine nach dem Recht von England und Wales errichtete Private Limited Company by Shares, eingetragen im HRB, s. a. 3.4.6, 17.7.2.3. Auch eine US-Gesellschaft [Incorporation] mit Geschäftsleitung im Inland ist grds. als rechts- und parteifähig anerkannt [wobei hinsichtlich der Organisationsverfassung der Gesellschaft durchaus amerikanisches Gesellschaftsrecht anwendbar sein kann]. Dies gilt auch für eine nach dem Recht eines EFTA-Staates [etwa: Liechtenstein] wirksam gegründete Kapitalgesellschaft. Ebenso dürfen sich auch Unternehmen mit deutschen Rechtsformen, etwa GmbH, in anderen EU-Mitgliedsstaaten niederlassen. Auch ein die wirtschaftliche und rechtliche Identität wahrender grenzüberschreitender Rechtsformwechsel [etwa einer englischen Limited in eine deutsche GmbH; was etwa beim anstehenden sog. „Brexit" durchaus relevant werden dürfte] [wobei insoweit ggf. auch eine Verschmelzung auf eine deutsche GmbH oder UG in Frage käme; vgl. dazu § 122 m UmwG] beim Umzug bzw. der Verlegung von Unternehmen innerhalb der EU ist grds. zulässig).

Daher kommen der Auswahl der jeweiligen Gesellschaftsform sowie der Vertragsgestaltung erhebliche Bedeutung zu. Bestimmende Faktoren sind vor allem Aspekte des Kapitals, der Haftung, des Gesellschafterbestandes bzw. -wechsels, der Geschäftsführung und Vertretung, der Mitbestimmung, Publizität, Rechnungslegung, sowie der Steuern. Der Gesellschaftsvertrag (s. u. 17.1.5) sollte insbesondere Regelungen zu Gesellschaftszweck, Kapitalaufbringung/-beteiligung, Geschäftsführung, Vertretung (s. u. 17.1.4), Gewinnverteilung, Haftung, Beginn/Ende, Gesellschafterwechsel, Ausscheiden (s. u. 17.1.6) vorsehen.

17.1.3 Einteilung der Gesellschaften

Zur Einteilung der Gesellschaften ist insbesondere folgendes anzumerken:

17.1.3.1 Grundsatz

Die grundlegende Differenzierung der Möglichkeiten, sich zu vereinigen, stellt die Unterscheidung in „Gesellschaften" (im engeren Sinne) und „Vereine" dar. Ihre Grundtypen finden sich im BGB: nämlich die GbR (§§ 705 ff.) sowie die e.V. (§§ 21 ff.). Sie unterscheiden sich im Wesentlichen durch Stabilität/Wechsel des Mitgliederkreises, fehlende/vorhandene eigene Rechtspersönlichkeit, Zuordnung

Grundtypen

des Gesellschaftsvermögens, Gestaltung der Willensbildung und Gesellschaftsvertrag/Satzung als Rechtsgrundlage.

	Gesellschaft	Verein/Körperschaft
Grundtyp	BGB-Gesellschaft (= GbR)	BGB-Verein
Mitglieder	feste Mitgliederzahl; Gesellschafterwechsel grds. unerwünscht	Wechsel des Mitgliederkreises durchaus möglich
Willensbildung	Willensbildung durch alle Gesellschafter; grds. Einstimmigkeit	Willensbildung durch Mitgliederversammlung und Vorstand; Mehrheitsprinzip
Rechtsstellung	grds. als eigene Rechtspersönlichkeit anerkannt	eigene Rechtspersönlichkeit, selbständige juristische Person
Gesellschafts-vermögen	Gesellschaftsvermögen gehört allen Gesellschaftern als Gesamthandseigentum	Gesellschaftsvermögen gehört dem Verein als solchem
Organisations-grundlage	Gesellschaftsvertrag	Satzung
Haftung	Gesellschafter haften für Gesellschaftsschulden persönlich	Mitglieder haften für Vereinsschulden nicht persönlich

Schaubild 217: Einteilung der Gesellschaften

17.1.3.2 Sonderformen

Sonderformen der GbR sind oHG, KG, Innengesellschaft, stG; Sonderformen des Vereins (Körperschaften) sind nichtrechtsfähiger Verein, AG, KGaA, GmbH, eG.

Auf die GbR weisende Gesellschaften

Bei der GbR,

Beispiele: Rechtsanwaltssozietät (Bürogemeinschaft), ärztliche Gemeinschaftspraxis, Bauherrengemeinschaft,

verpflichten sich mehrere Personen zur Förderung der Erreichung eines gemeinschaftlichen Zweckes (§ 705 BGB). Richtet sich der Zweck der Gesellschaft auf den Betrieb eines Handelsgewerbes unter gemeinschaftlicher Firma, so gilt: Ist bei keinem Gesellschafter die Haftung gegenüber den Gesellschaftsgläubigern beschränkt, so liegt eine oHG vor (§ 105 HGB); ist die Haftung dagegen wenigstens bei einem Gesellschafter beschränkt, so handelt es sich um eine KG (§ 161 HGB).

Bei der Innengesellschaft,

Beispiele: Lottospielgemeinschaft, Unternehmensbeteiligungsgesellschaft,

tritt die Gesellschaft nach außen nicht in Erscheinung und zeitigt nur Innenwirkung (s. u. 17.2.1.2; 17.5.1.1). Tritt bei einer Innengesellschaft nach außen hin ein Kaufmann auf, so besteht eine stille Gesellschaft (§ 230 HGB) (die häufig nur schwer vom partiarischen, also an Gewinn und Verlust gekoppelten, Darlehen zu unterscheiden ist).

Auf BGB-Verein basierende Rechtssubjekte

Eingetragene Vereine sind dauerhaft angelegte, vom Mitgliederwechsel unabhängige, körperschaftlich verfasste, einen Namen tragende, im Vereinsregister eingetragene, eigene Rechtspersönlichkeiten (§§ 21 ff. BGB; s. o. 3.2; Schaubild 17).

Beispiele: Eingetragene Sport-, Musik-, Orchestervereine; Künstlervereinigungen (z. B. Schlaraffia Asciburgia e.V.); u. v. m.

Nichtwirtschaftliche Vereine erlangen Rechtsfähigkeit durch Eintragung in das Vereinsregister des zuständigen Amtsgerichts, § 21 BGB; wirtschaftliche Vereine erlangen sie (nur) durch staatliche Verleihung, § 22 BGB.

Beispiel: Verwertungsgesellschaft WORT, München (vgl. § 54 h UrhG; s. u. 19.6).

Nicht im Vereinsregister eingetragene Vereine besitzen diese eigene Rechtspersönlichkeit grds. zwar nicht, sie sollen gemäß § 54 BGB eigentlich wie die als rechtsfähig anerkannte GbR (s. u. 17.2.1.1) behandelt werden, wobei jedoch grds. Vereinsrecht (die §§ 21 ff. BGB) anzuwenden ist; sie können also Träger eigener Rechte und Pflichten sein.

Beispiele: Gewerkschaften, Arbeitgeberverbände, Parteien, Rotary Clubs, Studentenverbindungen, Kegel-, Skatclubs (s.o. 3.2.2 a.E.). Im Grundbuch (s. o. 15.3.4.2) als Grundstückseigentümer können nicht eingetragene Vereine nicht unter eigenem Namen eingetragen werden.

Besondere handelsrechtliche Vereine bzw. juristische Personen sind AG, KGaA, GmbH und eG. Die AG weist ein in (grundsätzlich frei handelbare) Aktien zerlegtes Grundkapital auf. Im Falle der (relativ seltenen) KGaA haftet mindestens ein Gesellschafter den Gesellschaftsgläubigern unbeschränkt (§ 278 AktG). Bei der GmbH sind die Gesellschafter mit einer bestimmten Einlage am Stammkapital beteiligt, der Stammeinlage. Eingetragene Genossenschaften erstreben grds. nicht eigenen Gewinn, sondern fördern den Erfolg ihrer Mitglieder (Absatz-, Einkaufsgenossenschaften).

AG, KGaA, GmbH und eG sind juristische Personen des Handelsrechts. Obgleich sie „Gesellschaften" heißen (**AG**, **KGaA**, **G**mbH), sind sie aufgrund ihrer körperschaftlichen Struktur Vereine, die ihre Rechtsfähigkeit durch Eintragung ins Handelsregister (bzw. die eG ins Genossenschaftsregister) erlangen. Ungeachtet des Zweckes bzw. Gegenstandes des Unternehmens sind diese juristische Personen Kaufleute kraft Rechtsform, sog. Formkaufleute (vgl. § 6 HGB; s. o. 3.4.2.6; dem Einzelkaufmann also gleichgestellt), sowie Unternehmer i. S. d. § 14 I BGB (s. o. 3.6). *(Randbemerkung:* Kaufmannseigenschaft*)*

17.1.3.3 Personen- und Kapitalgesellschaften

Man kann den Begriff der Gesellschaft (im weiteren Sinne) darauf beziehen, wie sich mehrere Personen zur gemeinsamen Zweckerreichung zusammenschließen bzw. beteiligen, und somit nach Personen- und Kapitalgesellschaften differenzie- *(Randbemerkung:* Prinzipien*)*

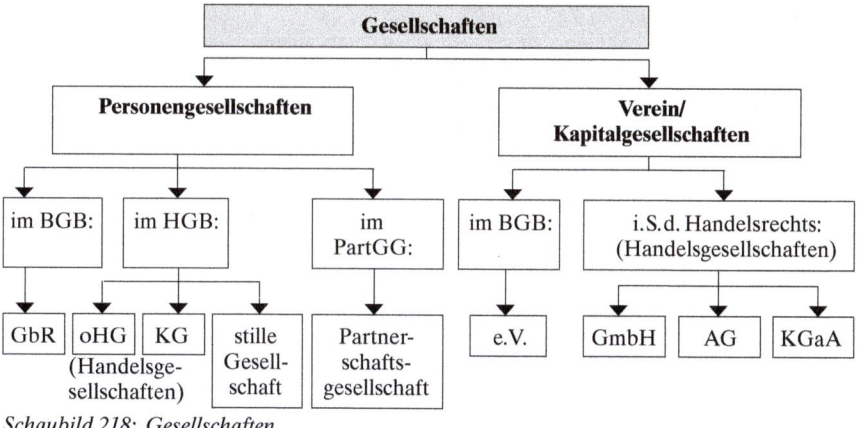

Schaubild 218: Gesellschaften

ren. Zu ersteren zählen GbR, oHG, KG, stG, Partnerschaft; den letzteren zugerechnet werden vornehmlich AG, KGaA sowie GmbH.

Personen-/ **Personengesellschaften (GbR, oHG, KG, stG, Partnerschaft)** stellen den Zusammenschluss mehrerer Personen dar, bei dem es auf die einzelnen Gesellschafter als solche ankommt. Sie führen die Geschäfte und vertreten die Gesellschaft nach außen (Selbstorganschaft), sie haften für Gesellschaftsschulden persönlich, die Mitgliedschaft ist grundsätzlich nicht übertragbar und nicht vererblich.

Kapital- **Kapitalgesellschaften** (AG, KGaA, GmbH; die Bezeichnung Kapitalgesellschaften
gesellschaften hängt zusammen mit dem in das Handelsregister einzutragenden Nennkapital) beziehen sich weniger auf die persönliche Mitarbeit der Gesellschafter als vielmehr auf eine kapitalmäßige Beteiligung. Geschäftsführung und Vertretung können von Nichtgesellschaftern geleistet werden (Dritt- bzw. Fremdorganschaft). Kapitalgesellschaften sind juristische Personen und somit rechtsfähig, im Außenverhältnis haften sie den Gesellschaftsgläubigern (nicht die einzelnen Gesellschafter). Die Gesellschaftsanteile sind grundsätzlich frei veräußerbar bzw. vererblich.

Misch- bzw. Dabei können auch Misch- bzw. Sonderformen (vgl. etwa die GmbH & Co. KG)
Sonderformen auftreten. Denn die Gestaltung der dargestellten Gesellschaftstypen unterliegt in weiten Bereichen, vornehmlich des Innenverhältnisses, der Möglichkeit freier ver-
Gesellschafter- traglicher Ausgestaltung: so können bei Personengesellschaften etwa Einschrän-
rechte kungen der Gesellschafterrechte bezüglich der Geschäftsführung ebenso vorgesehen werden wie Möglichkeiten der Veräußer- oder Vererbbarkeit. Oder aber es können bei Kapitalgesellschaften besondere persönliche Betätigungsrechte der Gesellschafter oder Veräußerungs- bzw. Vererbbarkeitsbeschränkungen statuiert sein.

UG (haftungs- Keine eigene Gesellschaftsform, vielmehr eine Sonderform der klassischen GmbH
beschränkt) stellt die UG (haftungsbeschränkt) dar; sie kann grds. mindeststammkapitalfrei gegründet werden (s. u. 17.7.2.3 a. E. bzw. Schaubild 237).

	Personengesellschaften	**Kapitalgesellschaften**
Status	als rechtsfähig anerkannt (vgl. § 14 II BGB)	eigene Rechtspersönlichkeit, juristische Person
Gesellschafterbezug	grds. von den einzelnen Gesellschaftern abhängig	grds. unabhängig vom Gesellschafterbestand; Gesellschafterwechsel möglich
Aktivitäten	Geschäftsführung und Vertretung durch Gesellschafter selbst	von selbständigen Organen wahrgenommen (Gesellschafterversammlung; Geschäftsführer; Vorstand)
Haftung	Gesellschafter haften als Gesamtschuldner mit persönlichem Vermögen	juristische Person haftet selbst, nicht aber Gesellschafter persönlich
Auftreten	unter dem Namen der Gesellschafter bzw. ggf. unter eigenem Namen (GbR); wenn Handelsgesellschaft: unter Firma, § 19 HGB; Partnerschaft: unter Namen, § 2 PartGG	unter Firma

Schaubild 219: Personen-/Kapitalgesellschaften

Ähnlich ist es bei der Partnerschaftsgesellschaft mit beschränkter Berufshaftung, PartGmbB, die eine Form der Partnerschaft (s. u. 17.6.) ist.

PartGmbB

I. Ü. gilt: Für Personen- wie auch Kapitalgesellschaften werden insbesondere geschäftsführende Gesellschafter (etwa bei GbR, oHG, KG) bzw. organschaftlich Verantwortliche (bei AG bzw. eG etwa Vorstand/Aufsichtsrat, bei GmbH Geschäftsführer) tätig – ungeachtet aller bestehender Unterschiede der bzw. zwischen den Personen- bzw. Kapitalgesellschaften gilt hinsichtlich deren Repräsentanten grundsätzlich, dass sie jeweils mit der Sorgfalt eines gewissenhaften Kauf-, Geschäftsmanns bzw. Geschäftsleiters ihre Pflichten stets sorgfältig und gewissenhaft zum Wohle ihrer Gesellschaft wahrzunehmen haben, wie es etwa gerade in den §§ 93 I 1 AktG, 34 I GenG, 43 I GmbHG zum Ausdruck kommt und grds. sinngemäß auch auf geschäftsführende Gesellschafter von Personengesellschaften zutrifft (vgl. etwa die §§ 713, 708, 280 BGB [GbR], 114 I HGB [oHG/KG, § 161 HGB]; s. o. 3.2.1). (Dass sorgfältiges und gewissenhaftes unternehmerisches Handeln auch zu Misserfolgen führen kann, wird mit § 93 I 2 AktG und der dieser Regel innewohnenden „Business Judgement Rule" anerkannt; s. u. 17.8.7.1).

Sorgfalts-
pflichten

17.1.3.4 Handelsgesellschaften

Nach ihrem Zweck kann man aus dem Kreis der Gesellschaften noch die Handelsgesellschaften als solche bezeichnen: Dabei stellt man darauf ab, dass bzw. ob Gesellschaften ein Handelsgewerbe betreiben und Kaufleute sind. Handelsgesellschaften sind daher oHG, KG und EWIV, die sog. Personenhandelsgesellschaften (§§ 105 I, 161 I, 6 I HGB, § 1 EWIVG), sowie GmbH, AG, KGaA, SE, die Kapitalhandelsgesellschaften (§§ 3, 278 III AktG; 13 III GmbHG, 3 SEAG, 6 I, II HGB). GbR, stG, Partnerschaft, eG und VVaG sind danach keine Handelsgesellschaften.

Kaufleute

Schaubild 220: Handelsgesellschaften

17.1.3.5 Gesellschaften europäischen Rechts

Neben der (bereits seit 1985 bestehenden; s. u. 17.10) EWIV wurden im Bereich der EU (s. o. 2.1 a. E.) zwei weitere Gesellschaften mit Rechtsform europäischen Rechts geschaffen:

EWIV

Zum einen die Europäische (Aktien-)Gesellschaft (SE; sog. „Europa-AG") – sie stellt ihrer Rechtsform nach eine AG dar (vgl. BGBl. I 2004, S. 3675) und kommt insbesondere für größere, grenzüberschreitende Unternehmen in Betracht,

SE

Beispiele: Allianz SE, BASF SE, Porsche SE (s. u. 17.11);

zum anderen die Europäische Genossenschaft (SCE) – sie ist ihrer Rechtsform nach eine Genossenschaft (vgl. BGBl. I 2006, S. 1911), deren Hauptzweck auf Be-

SCE

darfsdeckung ihrer Mitglieder bzw. Förderung ihrer wirtschaftlichen oder sozialen Tätigkeit gerichtet ist.

Desweiteren als mögliche europäische „Rechtskleider" geplant sind der „Europäische Verein" (EuV), die „Europäische Privatgesellschaft" (SPE; Societas Privata Europaea), die „Europäische Einpersonengesellschaft" (SUP; Societas Unius Personae), bzw. die „Europäische Stiftung" (FE; Fundatio Europaea).

17.1.4 Geschäftsführung und Vertretung

Begriffs-
trennung

Eine Gesellschaft als solche kann nicht handeln, für sie müssen geschäftsführend und vertretend Menschen tätig werden:

Innen-/

– Geschäftsführung bedeutet Verwirklichung der Gesellschaftszwecke durch tatsächliche und rechtliche Maßnahmen. Sie bezieht sich auf das Innenverhältnis der Gesellschafter zueinander.

§§ 705-714 BGB

Außen-
verhältnis

– Vertretung bedeutet demgegenüber die Vornahme rechtsgeschäftlicher Handlungen mit Wirkung für und gegen die Gesellschaft. Sie bezieht sich also auf das Außenverhältnis der Gesellschaft gegenüber Dritten.

Können/
Dürfen

Beide Felder sind strikt zu trennen: Die Geschäftsführungsbefugnis hat Bedeutung für die Mitwirkung an gesellschaftsinternen Entscheidungen, die Vertretungsbefugnis für die Umsetzung von Aktivitäten gegenüber Dritten. Oftmals klaffen rechtliches Können im Außenverhältnis (Vertretung) und rechtliches Dürfen im Innenverhältnis (Geschäftsführung) auseinander (s. a. 17.2.6). Dies v. a. dann, wenn aus Gründen des Vertrauensschutzes das Gesetz Vertretungsmachten vorsieht,

Beispiele: die §§ 714 BGB, 125, 126 HGB, 35 GmbHG, 78, 82 I AktG,

die der Gesellschaftsvertrag bzw. die Satzung u. U. einzuschränken sucht,

Beispiele: die §§ 114 ff. HGB, 709 f. BGB, 125 II, III, 126 II HGB, § 37 GmbHG, 82 II AktG.

Dann geht regelmäßig der Schutz des Geschäftspartners bzw. das rechtliche Können im Außenverhältnis vor.

Beispiel: Ein oHG-Gesellschafter kauft gegen den Willen seiner Mitgesellschafter eine Maschine: Der Kaufvertrag bindet die oHG wirksam, §§ 433 II, 164 I 1, 14 BGB, 125, 126, 124 HGB, ungeachtet der §§ 114, 115 I, 116 I, II HGB (s. u. 17.3.3.3).

Zu beachten ist i. Ü., dass die organschaftliche Vertretung einer Gesellschaft gesetzliche Vertretung ist und nicht rechtsgeschäftliche, d. h. nicht Vollmacht (s. o. 7.2).

17.1.5 Gründung

Für die Gründung von Gesellschaften gilt grundsätzlich folgendes:

17.1.5.1 Personengesellschaften

Wesentliche Grundlage des Entstehens der Personengesellschaften ist der Gesellschaftsvertrag.

Gesellschafts-
vertrag

Grundsätzlich ist dessen Abschluss formfrei möglich, sogar stillschweigend bzw. konkludent. (Bei eingebrachten Grundstücken beachte § 311 b I BGB). Der mittels wirksam abgegebener Willenserklärungen (s. o. 6.3, 6.6) zustandekommende Gesellschaftsvertrag ist ein auf die auf Dauer angelegte Vereinigung von Leistungen gerichteter gegen-/mehrseitiger Vertrag (s. o. 6.2.2; 6.6). OHG, KG und EWIV bedürfen der Eintragung ins Handelsregister (§§ 106–108, 123, 162, 12 HGB, Art. 5, 6 EWIV-VO), die ggf. konstitutiv, also rechtsbegründend, wirkt (vgl. aber § 123 II HGB; s. u. 17.3.2.6). Ist der Gesellschaftsvertrag rechtsfehlerhaft, so ist, wenn die Gesellschaft ihre Tätigkeit schon aufgenommen hat bzw. schon in Vollzug gesetzt ist, darauf zu achten, inwieweit Dritte schutzwürdige Interessen haben. Ggf. darf nach den Grundsätzen über die (faktische bzw.) fehlerhafte Gesellschaft ein beim Vertragsabschluss bspw. irrender bzw. arglistig getäuschter Gesellschafter den Gesellschaftsvertrag nur mit Wirkung für die Zukunft (ex nunc) anfechten (s. o. 6.8.2.4; 8.3.3; 16.2.4; s. u. 17.2.2). fehlerhafte Gesellschaft

17.1.5.2 Kapitalgesellschaften

Die Gründung der Kapitalgesellschaften verläuft etwas komplizierter als die Personengesellschaftsgründung. Zunächst müssen die Gründer sich vertraglich einigen. Diesen speziellen Gesellschaftsvertrag nennt man Satzung. Sie ist notariell zu beurkunden (§§ 23 AktG, 2 GmbHG). Dabei ist festzustellen, wieviel Kapital jeder Gründer bzw. Gesellschafter aufzubringen hat bzw. wie hoch sich der Gesellschaftsanteil beläuft. Danach sind die Organe der Gesellschaft (Aufsichtsrat, Vorstand der AG; Geschäftsführer der GmbH) zu bestellen. Bar- bzw. Sacheinlagen sind zu erbringen, Gründungsberichte zu erstellen, die Gründungsprüfung ist vorzunehmen (§ 33 AktG). Alsdann ist die Anmeldung zum Handelsregister zu tätigen (§§ 36 ff. AktG, 7 ff. GmbHG). Mit der konstitutiv wirkenden Eintragung im Handelsregister ist die Gründung vollendet, die Kapitalgesellschaft erlangt Rechtsfähigkeit. War die Gesellschaftsgründung rechtsfehlerhaft, so kann die durch die Eintragung entstandene juristische Person grundsätzlich nur ex nunc („ab jetzt") und auch nur aus wenigen Gründen vernichtet werden (vgl. die §§ 275 ff. AktG, 75 ff. GmbHG). Satzung

Ablauf

17.1.6 Ausscheiden eines Gesellschafters

Nahezu gleiches Augenmerk wie auf die Gründung einer Gesellschaft sollte ein Gesellschafter (am besten schon bei der Gründung, s. o. 17.1.2) auf sein etwaiges Ausscheiden aus der Gesellschaft richten. Denn die gesetzlichen Vorschriften regeln hierzu nicht all das, was wichtig wird, wenn ein Gesellschafter die (Personen- oder Kapital-)Gesellschaft (gütlich oder streitig) verlassen möchte: Bei den Personengesellschaften (oHG, KG) bestimmen die §§ 131 III Nr. 3, 132, 161 II HGB etwa (nur), dass die Kündigung durch einen Gesellschafter grundsätzlich zulässig ist (s. u. 17.3.5, 17.4.7), bei der GmbH bspw. findet sich eine Kündigungsregelung im GmbHG unmittelbar nicht (vgl. § 60 GmbHG; s. u. 17.7.5, 17.7.9), hier ist vielmehr die Übertragung des Geschäftsanteiles vorgesehen, §§ 15 I, III, 14, 3 I Nr. 4 GmbHG (s. o. 10.2.6). Regelungsbedarf

Genauere Bestimmungen über die Zulässigkeiten und Modalitäten des Ausscheidens durch Kündigung oder Abtretung bzw. Übertragung von Geschäftsanteilen (d. h. die Gestaltung des Auslaufschuldverhältnisses; s. o. 8.3.3 a. E.) sollten bereits bei der Gründung gesellschaftsvertraglich getroffen werden, z. B. bezüglich des Zeitpunktes des Ausscheidens, der einzuhaltenden Kündigungsfrist, des (zunächst ggf. vorzunehmenden) Andienens der Beteiligung an die übrigen Gesellschafter, der Übertragbarkeit an Dritte mit (ggf. nur aus wichtigem Grund verweigerbarer) Zustimmung der Gesellschaft bzw. der übrigen Gesellschafter, der einer Auszahlung zugrundezulegenden Bewertung des Geschäftsanteils sowie ggf. hinsichtlich gesellschaftsschonender Modalitäten der Auszahlung an den ausscheidenden Gesellschafter (etwa nicht auf einmal in einer Summe, sondern in Raten bzw. in bestimmten Zeitabstän- zu beachtende Aspekte den). Auch dem Unternehmertestament kommt i. Ü. eine besondere Bedeutung zu (§§ 1922, 2064 ff., 2229 ff., 2303 ff. BGB; s. o. 3.1.1; bzw. vgl. Schaubild 10).

17.2 Die Gesellschaft des bürgerlichen Rechts

Als personengesellschaftlicher Grundtyp ist zunächst die Gesellschaft des bürgerlichen Rechts (abgekürzt: GbR bzw. BGB-Gesellschaft) zu erläutern.

17.2.1 Begriff der GbR

Für die GbR gilt vornehmlich:

17.2.1.1 Grundsätzliches

gemeinsame Zweck-verfolgung

Das Recht der GbR ist in den §§ 705–740 BGB geregelt. Bei ihr verpflichten sich die Gesellschafter gegenseitig, die Erreichung eines gemeinsamen Zweckes in der durch den Vertrag bestimmten Weise zu fördern, insbesondere die vereinbarten Beiträge zu leisten, § 705 BGB.

Soweit also nicht Sonderregeln eingreifen,

Beispiele: die §§ 105, 161 HGB für oHG und KG,

bzw. die Bildung einer Körperschaft,

Beispiele: AG oder GmbH,

erfolgt, entsteht durch einen gegen-/mehrseitigen Vertrag, der auf die Erreichung eines gemeinsamen Zweckes gerichtet ist, eine GbR.

Grundtypus

Diese ist der organisatorische Grundtypus aller Personengesellschaften. Die sie regelnden §§ 705 ff. BGB werden gemäß der §§ 105 III, 161 II HGB ergänzend auch auf die oHG sowie die KG angewandt; die §§ 233 II, 234 HGB für die stille Gesellschaft und § 54 BGB für den nicht eingetragenen Verein (s. o. 17.1.3.2) verweisen ebenfalls auf GbR-Recht. Sie ist nicht auf den Betrieb eines kaufmännischen Handelsgewerbes ausgerichtet (ansonsten lägen oHG oder KG vor), und sie führt keine Firma (s. o. 3.4.5); allerdings kann die GbR eine nicht firmenähnliche Geschäftsbezeichnung haben (s. o. 3.4.5.1).

Beispiele: „Meyer – Familiengrundstücks-Besitz und Verwaltungsgesellschaft"; „Alpenjodlerduo Bayerl"; „HCP Immo GbR".

grds. rechtsfähig

Die GbR ist keine juristische Person, es wird ihr aber als besonderer Wirkungseinheit eigene Rechtspersönlichkeit zugebilligt, soweit sie durch Teilnahme am Rechtsverkehr eigene Rechte und Pflichten begründet (vgl. § 14 II BGB; s. o. 3.3) – eine nach außen auftretende GbR (sog. Außen-GbR, s. u.) kann grds. als Teilnehmer am Rechtsverkehr jede Rechtsposition einnehmen, soweit nicht spezifische, rechtliche Aspekte dem entgegenstehen.

Beispiele: Die rechtsfähige GbR ist Inhaberin von Rechten wie Eigentum oder Forderungen, sie ist Rechtsträgerin des Gesellschaftsvermögens, besitz-, wechsel-, scheck-, marken-, konten-, parteifähig, ggf. Verbraucherin bzw. Unternehmerin (§§ 13, 14 BGB; s. o. 3.1.3.2, 3.6), und kann sowohl klagen als auch verklagt werden, auch im Grundbuch (vgl. § 47 GBO) wird sie als Grundstückseigentümerin (Grundstücke einer GbR stehen in deren [alleinigem] Eigentum, nicht etwa im gemeinschaftlichen Eigentum ihrer Gesellschafter) eingetragen, zzgl. die Gesellschafter, ggf. auch Name und Sitz, vgl. die §§ 899 a BGB, 47 II GBO, 15 I c GBV (Verwalterin nach dem WEG dagegen vermag sie wohl nicht zu sein); hält eine GbR Gesellschaftsanteile etwa an einer KG (als Komplementärin oder Kommanditistin) oder GmbH, so sind sie und ihre Gesellschafter (über die sie identifizierbar ist [sog. Objektpublizität]) mit den Angaben i. S. d. § 106 II HGB in das Handelsregister (s. a. 3.4.6, 17.4.4) einzutragen, § 162 I 2 HGB, bzw. in die Gesellschafterliste aufzunehmen, § 40 GmbHG (s. u. 17.7.2.1).

Insbesondere kann die GbR selbst Vertragspartei sein, sodass ihre Gesellschafter selbst dann nicht unmittelbar Vertragsgläubiger bzw. Vertragsschuldner sind und für Verbindlichkeiten der GbR rechtsähnlich den §§ 128 ff. HGB akzessorisch haften. akzessorische Gesellschafter-
haftung

Beispiel: Ein alleinvertretungsberechtigter GbR-Gesellschafter kauft eine Maschine für die GbR – Kaufpreisschuldner ist nach der Rspr. die GbR als solche, §§ 705, 14 II, 433 II, 164 I 1, 714 BGB, daneben haften die GbR-Gesellschafter persönlich entsprechend § 128 HGB als Gesamtschuldner, § 421 BGB (s. o. 8.7 a. E.; Schaubild 92); nachher in die GbR eintretende neue Gesellschafter haften entsprechend § 130 HGB (d. h. vergleichbar der oHG, s. u. 17.2.8, 17.3.4.3).

Schädigt ein für die GbR handelnder Gesellschafter einen Dritten deliktsrechtlich i. S. d. §§ 823 ff. BGB (s. o. 12), so wird dies der GbR entsprechend gemäß § 31 BGB zugerechnet (s. o. 3.2.1 a. E.); auch muss jeder GbR-Gesellschafter hierfür entsprechend § 128 HGB persönlich gesamtschuldnerisch einstehen.

Beispiel: Ein Gesellschafter verursacht bei einer Geschäftsfahrt einen Verkehrsunfall – der Geschädigte kann von ihm aufgrund § 823 I, II BGB, von der GbR gemäß der §§ 823 I, II, 31 BGB, sowie von den übrigen Gesellschaftern entsprechend der §§ 823 I, II BGB, 128 HGB Schadensersatz verlangen (s. a. 14.3.1; 8.12; 8.13.3 a.E.).

Schaubild 221: Merkmale der GbR

17.2.1.2 Erscheinungsformen

Tritt die GbR nach außen auf, so ist sie sog. Außengesellschaft. Haben sich die Partner zwar zur Erreichung eines gemeinsamen Zweckes verpflichtet, erscheint aber nach außen nur ein Partner im eigenen Namen, so liegt eine sog. Innengesellschaft vor, Außen-/
Innen-
gesellschaft

Beispiele: Lottotippgemeinschaft, Reisegesellschaft (s. a. 17.1.3.2; 17.5.1.1).

Eine GbR liegt auch vor beim gemeinschaftlichen Gewerbebetrieb von nicht eingetragenen Kleingewerbetreibenden (vgl. die §§ 1 II, 2 HGB); fällt das kaufmännische Handelsgewerbe einer oHG oder KG fort bzw. wird nur noch ein Kleingewerbe betrieben, so wandeln sich oHG bzw. KG grundsätzlich per se in eine GbR um (beachte dabei aber die §§ 2 S. 1 bzw. 5 HGB; s. o. 3.4.2.4).

Aus dem Gesellschaftsverhältnis bestehen einerseits Rechte und Pflichten der Gesellschafter untereinander, sog. Individualrechtsbeziehungen (Individualansprüche/ Individualverpflichtungen), Rechts-
verhältnisse

Beispiele: Beitragspflicht, Gewinnanspruch,

sowie andererseits Sozialrechtsbeziehungen zwischen den Gesellschaftern und der GbR aus dem Gesellschaftsvertrag, sog. Sozialansprüche,

Beispiele: Anspruch auf Beitragsleistung, auf Geschäftsführung,

bzw. Sozialverpflichtungen,

Beispiele: Anspruch auf Gewinnauszahlung, auf Aufwendungsersatz,

wobei die Individual- und die Sozialrechtsbeziehungen letztlich insoweit deckungsgleich sind, als sie sich nämlich auf die gleichen Rechte und Pflichten beziehen (s. u. 17.2.4, 17.2.5). Darüber hinaus bestehen noch die „Drittrechtsbeziehungen" bzw. Drittgläubigeransprüche, bei denen ein Gesellschafter der Gesellschaft wie ein Dritter gegenübertritt,

Beispiele: Kaufvertrag, Darlehen.

Dessen ungeachtet gibt es im Übrigen die Rechtsbeziehungen der GbR zu/mit außenstehenden Dritten („Fremdrechtsbeziehungen").

17.2.2 Gesellschaftsvertrag

Vertrags-
grundsätze

Grundlage der GbR ist der Gesellschaftsvertrag. Dieser ist (vgl. § 705 BGB) ein gegen-/mehrseitiger Vertrag. Gesellschafter können natürliche und juristische Personen sein, ebenso eine GbR, oHG oder KG. Der Gesellschaftsvertrag setzt sich deckende Willenserklärungen der Gesellschafter voraus (s. o. 6.3, 6.6) und ist grundsätzlich formfrei (beachte aber bspw. § 311 b I BGB). Der vertragsgemäß verfolgte Gesellschaftszweck darf nicht verboten oder sittenwidrig sein, sonst ist der Gesellschaftsvertrag nichtig (§§ 134, 138 BGB; s. o. 6.8.1.1). Abänderungen des Gesellschaftsvertrages bedürfen regelmäßig der Einstimmigkeit.

Übersicht

Gesellschaftsvertrag
– mindestens zwei Gesellschafter – gegenseitiger Vertrag – übereinstimmende Willenserklärungen – grundsätzlich formfrei – Grenze: Sittenwidrigkeit bzw. gesetzliches Verbot – Abänderungen grundsätzlich einstimmig – ab Vollzug: Sonderregelungen bei Vertragsstörungen

Schaubild 222: GbR-Gesellschaftsvertrag

Ist der Gesellschaftsvertrag nichtig,

Beispiele: wegen Minderjährigkeit, Anfechtung wegen Irrtums oder arglistiger Täuschung (s. o. 3.1.2.1, 6.8.2.4 f.),

fehlerhafte
Gesellschaft

so besteht, wenn die Gesellschaft bereits in Vollzug gesetzt wurde, eine sog. fehlerhafte Gesellschaft. Im Verhältnis der Gesellschafter untereinander bleibt der Gesellschaftsvertrag grundsätzlich ohne die nichtigen Klauseln (die ggf. durch angemessene ähnliche, aber wirksame ersetzt werden können) maßgeblich (wobei jeder Gesellschafter gemäß § 723 BGB kündigen kann); dies gilt aber nicht, wenn der Gesellschaftsvertrag gänzlich nichtig ist oder wenn schutzwürdige Belange bestimmter Personen (bspw. Minderjähriger) dem entgegenstehen. (Zum Minderjährigenschutz s. a. § 723 I 3 Nr. 2, 4 BGB).

Bei der Gestaltung des Gesellschaftsvertrages ist insbesondere auch auf sozialversicherungsrechtliche Aspekte zu achten.

Beispiel: In der als Familien-GbR geführten Bäckerei mitarbeitende Kinder können ggf., falls sie laut Gesellschaftsvertrag etwa Beschlüsse nicht verhindern können bzw. ihr unternehmerisches Risiko beschränkt ist, als nichtselbständig Beschäftigte sozialversicherungspflichtig sein (s. o. 10.4.2, 16.2.1).

17.2.3 Gesellschaftszweck

Die GbR ist durch das Ziel der Erreichung bzw. Förderung eines gemeinsamen Zweckes gekennzeichnet; es geht also nicht nur um den Vorteil einzelner (sonst: Schenkung oder Gewährungsvertrag), auch nicht um die bloße Beteiligung mehrerer an einem Gegenstand ohne die Förderung eines gemeinsamen Zweckes (sonst: Gemeinschaft, §§ 741 ff. BGB), auch nicht um den Betrieb eines Handelsgewerbes (sonst: oHG, §§ 105 ff. HGB), und desweiteren nicht um eigenständige Zweckverfolgung eines jeden Beteiligten gerade nur für sich.

Abgrenzung

Zweck der GbR kann jeder gesetzlich zulässige sein, dauerhaft oder vorübergehend, wirtschaftlich oder ideell, eigennützig oder fremdnützig.

Zweck

Beispiele: Gemeinsamer Betrieb eines nicht eingetragenen Kleingewerbes, gemeinsame Berufsausübung von Freiberuflern, Errichtung von Bauwerken (Bauherrengemeinschaft), gemeinsames Betreiben eines Theaters durch zwei Städte, Heizölsammelbestellung mehrerer Nachbarn, Erstellung eines Bauvorhabens durch mehrere Bauunternehmen (Arbeitsgemeinschaft, „Arge"), tägliche Fahrgemeinschaft von Arbeitskollegen, gemeinsam verabredete und veranstaltete Feiern, gemeinsame Taxibestellung (s. a. ggf. 8.7).

17.2.4 Gesellschafterpflichten

Die Gesellschafter müssen den gemeinsamen Zweck gemeinsam verfolgen und fördern (Förderungspflicht). Dazu sind (vgl. § 705 BGB a. E.) insbesondere die vereinbarten Beiträge (Einlagen) zu leisten (s. a. § 706 BGB). Gegenstand der Förderungspflicht können alle Arten von Handlungen, auch Unterlassungen,

Förderung

Beispiel: Übernahme von Wettbewerbsverboten,

sein. Hinzu tritt die Treuepflicht: Jeder einzelne Gesellschafter schuldet der Gesellschaft Treue (§ 242 BGB) bzw. Rücksichtnahme (§ 241 II BGB). Wesentliche Hauptpflicht ist die Pflicht, Beiträge, also Leistungen, zu bewirken (Beitragspflicht; diese gehört mit zur Förderungspflicht): Es kann sich um einmalige oder wiederkehrende, in Geld- oder Sachwerten, aber auch in Dienstleistungserbringung bestehende Beiträge handeln, § 706 BGB.

Treue

Beiträge

```
┌─────────────────────────────────┐
│      Gesellschafterpflichten      │
└─────────────────────────────────┘
        – Förderungspflicht
        – Treuepflicht
        – Gleichbehandlungspflicht
        – Geschäftsführungspflicht
        – Vertretungspflicht
        – Verlustbeteiligungspflicht
        – Beitragspflicht
        – Haftung gegenüber Dritten
```

Schaubild 223: GbR-Gesellschafterpflichten

Beispiele: Geld, Maschinen, Grundstücke, Forderungen, Patente, Fähig- bzw. Fertigkeiten.

Die Beitragspflicht trifft jeden Gesellschafter grundsätzlich gleich. Pflichtlose Gesellschaften gibt es nicht. Allerdings bestehen regelmäßig keine Nachschusspflichten, § 707 BGB (*aber:* vgl. die §§ 735, 739 BGB).

Gleich-
behandlung,
Geschäfts-
führung,
Vertretung,
Beteiligung an
Gewinn/Verlust

Des Weiteren haben sich die Gesellschafter grds. gleich zu behandeln (Gleichbehandlungspflicht), sowie an der Geschäftsführung bzw. Vertretung teilzunehmen (Geschäftsführungs-, Vertretungspflicht, vgl. § 709 BGB). Die Gesellschafter müssen sich in der Regel am (Gewinn und) Verlust beteiligen, vgl. § 722 BGB. Verletzt ein Gesellschafter seine Pflichten, so ergeben sich Erfüllungs- bzw. Schadensersatzansprüche aus Gesellschaftsvertrag bzw. Pflichtverletzung (s. o. 9.7) sowie ggf. aus unerlaubter Handlung (§§ 823 ff. BGB, s. o. 12). Der Haftungsmaßstab ist dabei grundsätzlich gemildert, §§ 708, 277 BGB (s. o. 9.2), wobei insb. bei unternehmerisch tätigen GbR hinsichtlich vom Geschäftsführer getroffener Entscheidungen der Rechtsgedanke des § 93 I 2 AktG (sog. Business Judgement Rule; s. u. 17.8.7.1) entsprechend gilt (s. o. 17.1.3.3 a. E.). Pflichtverletzungen eines Gesellschafters kann jeder der anderen im Namen der GbR geltend machen (sog. *actio pro socio*, Gesellschafterklage).

Haftung

Für Gesellschaftsschulden haftet Gesellschaftsgläubigern gegenüber einerseits die GbR bzw. das Gesellschaftsvermögen, §§ 705, 718 BGB, in das gemäß § 736 ZPO vollstreckt werden kann. Andererseits haftet dafür auch jeder Gesellschafter persönlich mit dem eigenen gesamten Vermögen (vgl. die §§ 722 I, 735 S. 1 BGB) und zwar unbeschränkt, unmittelbar und gleichgeordnet entsprechend der §§ 128, 130 HGB (wie bei der oHG; s. o. 17.2.1.1, 8.7 a. E.). D. h.: Gesellschaftshaftung und Gesellschafterhaftung bestehen nebeneinander; die Gesellschafter können Gesellschaftsgläubiger grds. auch nicht (zuerst) auf das Gesellschaftsvermögen verweisen (zu etwaigen Haftungsbeschränkungen s. u. 17.2.6 a. E.).

17.2.5 Gesellschafterrechte

Den Gesellschaftern erwachsen aus dem Gesellschaftsverhältnis vielfältige Rechte. Im Wesentlichen lassen sich zwei Rechtsbereiche unterscheiden: Mitwirkungs- und Vermögensrechte.

17.2.5.1 Mitwirkungsrechte

Wichtige
Mitwirkungs-
rechte

Mitwirkungsrechte (auch Mitverwaltungsrechte genannt) beziehen sich auf die Betätigung der Gesellschafter im Rahmen der GbR. Sie sind mit dem Gesellschafteranteil verbunden und können von ihm nicht losgelöst bzw. selbständig auf andere übertragen werden. Die wesentlichen Mitwirkungsrechte sind:

Geschäftsführungsbefugnis (§ 709 I BGB), Vertretungsrecht (§ 714 BGB), Informationsrecht (Auskunft und Rechnungslegung, § 716 BGB), Stimmrecht bei Beschlüssen (§ 709 BGB; das an die Höhe der Kapitalbeteiligung gekoppelt werden kann), Kündigungsrecht (§ 723 BGB), Recht auf Mitwirkung bei der Auseinandersetzung (§ 730 BGB), Gesellschafterklage (*actio pro socio*, s. o. 17.2.4, gerichtet auf die Durchsetzung von Ansprüchen der Gesellschaft gegen einen Mitgesellschafter auf Leistung an die Gesellschaft). Diese Mitwirkungsrechte sind persönlich auszuüben; im Gesellschaftsvertrag kann die Bestellung rechtsgeschäftlicher Vertreter zugelassen werden.

17.2.5.2 Vermögensrechte

Vermögensrechte sind insbesondere:

Anspruch auf den Gewinnanteil, der erst nach Auflösung der GbR (§ 721 BGB), bei längerfristigen Gesellschaftsverhältnissen ggf. aber auch jährlich (§ 721 II BGB) verlangt werden kann, und der sich – falls nicht vertraglich anders vereinbart – nach Kopfteilen (nicht Kapitalanteilen) richtet; Anspruch auf das Auseinandersetzungsguthaben (§ 738 BGB); Anspruch auf Ersatz der von einem Gesellschafter getätigten Aufwendungen (§§ 713, 670 BGB; vgl. auch § 110 HGB zur oHG; s. u. 17.3.3.2 a. E.); dem Gesellschafter steht für Geschäftsführungstätigkeiten als solche grds. keine gesonderte Vergütung zu, ggf. ist dies bei erheblichem Umfang der Tätigkeiten etwa des (einzigen) alleingeschäftsführenden und -vertretenden Gesellschafters bei einer wirtschaftlich erheblich agierenden GbR aber durchaus geboten, gerade wenn die übrigen Gesellschafter nicht erwarten dürfen, der (Allein-)Geschäftsführer werde unentgeltlich handeln (vgl. § 1835 III BGB). *(Wichtige Vermögensansprüche)*

17.2.6 Geschäftsführung und Vertretung

Geschäftsführung und Vertretung (s. o. 17.1.4) sind auch bei der GbR streng voneinander zu trennen: *(Tätigkeiten zur Zweckförderung)*

Letztere bezieht sich auf das Außenverhältnis der Gesellschaft anderen gegenüber, erstere betrifft dagegen das Innenverhältnis der Gesellschafter untereinander; nämlich die Berechtigung und Verpflichtung eines Gesellschafters zur Tätigkeitserbringung und Förderung der Geschäfte.

Geschäftsführung bedeutet daher jede auf die Verfolgung bzw. Förderung des Gesellschaftszweckes gerichtete tatsächliche oder rechtsgeschäftliche Tätigkeit für die Gesellschaft. Grundsätzlich sind die Gesellschafter gemeinschaftlich geschäftsführungsbefugt (§ 709 I BGB), wobei der Gesellschaftsvertrag abweichende Gestaltungen, *(Geschäftsführung)*

Beispiel: statt der Gesamt- vielmehr Einzelgeschäftsführung,

vorsehen kann (§§ 709 II, 710 ff. BGB). Die Rechtsstellung eines Geschäftsführers der GbR entspricht derjenigen eines Beauftragten (§ 713 BGB), den anderen Gesellschaftern ist er auskunfts-, rechenschafts- und herausgabepflichtig (§§ 666, 667 BGB), kann aber auch ggf. angemessenen Aufwendungsersatz verlangen (§ 670 BGB; s. o. 17.2.5.2).

Die auf Außenwirkung zielende Vertretung (s. o. 7; 17.1.4) der GbR richtet sich grundsätzlich nach der Geschäftsführungsbefugnis – ein geschäftsführungsbefugter Gesellschafter der GbR ist im Zweifel auch vertretungsberechtigt (§ 714 BGB), wobei dann regelmäßig Gesamtvertretung aller Gesellschafter vorliegt. *(Rechtsverhältnis / Grundsatz Gesamtvertretung)*

Beispiel: Bei einer GbR wurde hinsichtlich der (Geschäftsführungs- bzw.) Vertretungsverhältnisse keine gesellschaftsvertragliche Sonderregelung getroffen. Nunmehr erwirbt ein Gesellschafter eine Maschine „für die GbR": Da er gemäß der §§ 714 I i. V. m. 708 BGB nicht einzelvertretungsberechtigt i. S. d. § 164 I 1 BGB ist, verpflichtet er die GbR grds. nicht (vgl. § 177 BGB; s. o. 7.4, 7.6).

Der Gesellschaftsvertrag lässt allerdings abweichende Regelungen zu,

Beispiele: Einzel- bzw. Alleinvertretungsbefugnis; diese kann ggf. auch konkludent gegeben sein, wenn etwa Einverständnis der Gesellschafter darüber besteht, dass einer von ihnen bspw. die Einkäufe für die Gesellschaft tätigt. *(Einzel-/Alleinvertretung möglich)*

Der gesellschaftsvertraglich einzelvertretungsberechtigte Gesellschafter berechtigt oder verpflichtet die GbR, § 164 I 1 BGB.

Beispiel: Bei einer Freiberufler-GbR ist ein Gesellschafter gesellschaftsvertraglich einzelgeschäftsführungs- bzw. einzelvertretungsbefugt; er hat dann gemäß § 714 BGB (vgl. dort „soweit", nämlich alleine bzw. einzeln) die i. S. d. § 164 I 1 BGB erforderliche Vertretungsmacht, um bspw. rechtswirksam den Kauf einer Maschine mit Wirkung für und gegen die GbR tätigen zu können (s. o. 7.4), so dass die GbR und die Gesellschafter dem Verkäufer gegenüber als Gesamtschuldner für den Kaufpreis einstandspflichtig sind, §§ 433 II, 705, 421 BGB, entsprechend § 128 HGB (s. o. 8.7 a. E., 17.2.1.1, 17.2.4; 7.2.3.1 a. E.; vgl. Schaubild 92).

Haftungsbe-
beschränkungen

Die Haftung vertretener Gesellschafter kann durch Abrede mit dem Gläubiger auf das GbR-Vermögen beschränkt werden (sog. Gesamthandsschuld). Vereinbarungen von Haftungsbeschränkungen der Gesellschafter untereinander auf das

Vereinbarung
erforderlich

Gesellschaftsvermögen (Gesamthandsvermögen) wirken aber nur intern; Dritten gegenüber werden solche Haftungsbeschränkungen nur wirksam, wenn sie ihnen bekannt bzw. für sie erkennbar waren und mit ihnen vereinbart wurden (was oftmals schwerlich praktikabel ist).

17.2.7 Ende der GbR

Auflösungs-
gründe

Zur Beendigung der GbR bedarf es zunächst eines Auflösungsgrundes. Auflösungsgründe können sein:

- Ein Auflösungsbeschluss der Gesellschafter,
- Ablauf der gesellschaftsvertraglich vereinbarten Zeitdauer,
- Erreichen oder Unmöglichwerden des Gesellschaftszweckes (§ 726 BGB),
- ordentliche oder außerordentliche Kündigung durch einen Gesellschafter (§§ 723 f. BGB),
- Tod eines Gesellschafters (§ 727 BGB),
- Insolvenz eines Gesellschafters (§ 728 BGB),
- Kündigung durch einen Privatgläubiger eines Gesellschafters (§ 725 BGB),
- Vereinigung aller Gesellschaftsanteile in einer Hand (z. B. durch Beerbung; es gibt grundsätzlich keine Einmann-GbR).

Liquidation

Aufgrund der Auflösung ist die Abwicklung (Liquidation) erforderlich (vgl. die §§ 730–735 BGB). D. h., schwebende Geschäfte sind abzuwickeln (§ 730 II BGB), überlassene Gegenstände zurückzugeben (§ 732 BGB), Gesellschaftsschulden zu begleichen (§ 733 I BGB), Einlagen zurückzuerstatten (§ 733 II, III BGB), ein Überschuss zu verteilen, Verluste auszugleichen (§§ 734 f. BGB). Nach Abschluss

Beendigung

der Liquidation ist die GbR dann vollständig beendet. Die persönliche Haftung der ehemaligen Gesellschafter gegenüber unbefriedigt gebliebenen Gesellschaftsgläubigern bleibt jedoch bestehen.

Im Übrigen gilt: Wenn aus einer GbR (oder oHG, s. u. 17.3.5) alle Mitgesellschafter bis auf einen ausscheiden, dann besteht sie nicht als Einpersonengesellschaft fort, sondern erlischt, und ihr Aktiv- und Passivvermögen fällt ohne Liquidation dem letztverbleibenden Gesellschafter zu.

17.2.8 Gesellschafterwechsel

Auflösung

Veränderungen des die Grundlage der GbR bildenden Gesellschafterbestandes – Kündigung, Tod, Insolvenz – führen grundsätzlich zur Auflösung der GbR

(§§ 723 ff. BGB). Allerdings sind die vertragliche Vereinbarung des Fortbestands der GbR bzw. der Ein- oder Austritt von Gesellschaftern ohne Auseinandersetzung (§§ 730 ff. BGB) zulässig (vgl. § 736 BGB); in der Praxis finden sich häufig die Auflösung vermeidende vertragliche Fortsetzungsklauseln (s. o. 17.1.6). Scheidet ein Gesellschafter aus der GbR aus, so wächst sein Gesellschaftsanteil den übrigen Gesellschaftern zu (§ 738 I BGB), er erhält einen Abfindungsanspruch (§ 738 I 2 BGB). Für bereits bestehende Gesellschaftsschulden haftet der austretende Gesellschafter weiter (§§ 736 II BGB, 160 HGB). Tritt ein neuer Gesellschafter durch Vertrag mit den bisherigen Gesellschaftern in die GbR ein, so erhält er alle Rechte und Pflichten als Gesellschafter, das Gesellschaftsvermögen wächst ihm unmittelbar anteilig zu (entsprechend § 738 I BGB). Der neue Gesellschafter haftet für vor seinem Eintritt begründete GbR-Schulden entsprechend § 130 HGB (s. o. 17.2.1.1).

Fortbestands-abreden

Ausscheiden

Neueintritt

17.2.9 Steuerrechtliche Aspekte

Die GbR als Personengesellschaft unterliegt als solche nicht der Einkommensteuer, vielmehr wird die Steuerpflicht beim jeweiligen Gesellschafter angeknüpft, wobei sich die Einkunftsart nach der Betätigung richtet: Gesellschafter einer gewerblichen GbR erzielen Einkünfte aus Gewerbebetrieb (§ 15 I Nr. 2 EStG), Freiberufler solche aus selbständiger Arbeit (§ 18 I Nr. 1 EStG). Die jeweiligen Einkünfte werden einzeln und gesondert festgestellt (§§ 179 f. AO). Die GbR ist Unternehmerin i. S. d. Umsatzsteuerrechts (§ 2 UStG) und unterliegt ggf. der Gewerbe-, Grund- bzw. Grunderwerbssteuer.

Steuerpflicht

17.3 Die offene Handelsgesellschaft

Die Erreichung eines gemeinsamen Zweckes im Bündnis mehrerer Personen anzustreben in der Erkenntnis, wonach Gemeinsamkeit stark, jedenfalls stärker mache als alleiniges Handeln, ist wesentliches Motiv gesellschaftsrechtlicher Zusammenschlüsse. Im kaufmännischen Bereich gilt dies gerade für die offene Handelsgesellschaft (oHG).

17.3.1 Begriff der oHG

Für die oHG gelten insbesondere folgende Spezifika:

17.3.1.1 Grundsätzliches

Das Recht der oHG ist in den §§ 105–160 HGB geregelt. Sie liegt vor, wenn bei einer Gesellschaft, deren Zweck auf den Betrieb eines Handelsgewerbes unter gemeinschaftlicher Firma gerichtet ist, bei keinem der Gesellschafter die Haftung gegenüber den Gesellschaftsgläubigern beschränkt ist, § 105 I HGB.

Begriff

Die oHG ist (als deren „kaufmännische Schwester") ein Sonderfall der GbR für Kaufleute (s. o. 3.5). Gemäß § 105 III HGB finden, falls die §§ 105 ff. HGB nichts Spezielles vorschreiben, auf die oHG die für die GbR geltenden §§ 705 ff. BGB Anwendung.

17.3.1.2 Charakteristika

Vertrag

Die oHG erfordert einen Gesellschaftsvertrag, zweckgerichtet auf ein kaufmännisches Gewerbe, unter gemeinsamer Firma, bei unbeschränkter Haftung aller Gesellschafter.

```
┌─────────────────────────────┐
│     Kennzeichen der oHG      │
└──────────────┬──────────────┘
               │
┌──────────────┴──────────────────────────┐
│   – Gesellschaftsvertrag                 │
│   – Betrieb eines Handelsgewerbes        │
│   – oder Verwaltung eigenen Vermögens    │
│   – gemeinschaftliche Firma              │
│   – uneingeschränkte Gesellschafterhaftung│
└──────────────────────────────────────────┘
```

Schaubild 224: Kennzeichen der oHG

Personen-
(handels-)
gesellschaft

Kaufmann

Die oHG ist Personengesellschaft bzw., da sie ein Handelsgewerbe betreibt, Personenhandelsgesellschaft (s. o. 17.1.3.4). Gemäß § 6 I HGB finden die für die Kaufleute geltenden Vorschriften des Handelsrechts auch auf die oHG Anwendung (s. o. 3.4.2.6). Nicht eingetragene Kleingewerbetreibende bzw. nicht eingetragene Land- oder Forstwirte können keine oHG bilden, lediglich eine GbR, §§ 105 II, 1 II, 2, 3 II, III HGB (s. o. 3.4.2). Die oHG ist damit Kaufmann, § 6 I HGB. Ihre Gesellschafter sind grds. ebenfalls Kaufleute (s. o. 3.4.1.2; 3.4.2.6). Gemäß § 14 II, I BGB ist die oHG Unternehmerin (s. o. 3.6).

Übergänge

Eine GbR kann in eine oHG übergehen und umgekehrt:

Die GbR wird ohne weiteres zur oHG, wenn das Unternehmen eines bisher nicht eingetragenen Kleingewerbes i. S. d. § 2 HGB nunmehr nach Art und Umfang einen in kaufmännischer Weise eingerichteten Geschäftsbetrieb erfordert, § 1 II HGB, oder wenn eine nicht unter § 1 II HGB fallende oder nur ihr eigenes Vermögen verwaltende GbR die Firma ihres Unternehmens in das Handelsregister eintragen lässt, §§ 105 II, 2 S. 1, 2 HGB (wobei die Eintragung konstitutiv wirkt). Umgekehrt: Sinkt das bisherige Handelsgewerbe unter die Schwelle des Erfordernisses eines in kaufmännischer Weise eingerichteten Geschäftsbetriebs hinab und wird die Firma des Unternehmens auf Antrag der oHG-Gesellschafter im Handelsregister gelöscht, §§ 105 II, 2 S. 3 HGB, so wird die bisherige oHG zur GbR. Ebenso wird die oHG unmittelbar zur KG (s. u. 17.4), wenn die Haftung für einen oder einige Gesellschafter Dritten gegenüber beschränkt wird, wie umgekehrt die KG sich zur oHG wandelt, wenn die Haftungsbeschränkung aufgehoben wird bzw. der Kommanditist ausscheidet. Diese Umwandlungen treten von Rechts wegen unmittelbar ein und ändern die Identität der jeweiligen Gesellschaft nicht. Und: Wird eine GmbH nicht ins Handelsregister eingetragen, so liegt ggf. ebenfalls eine oHG vor. Zu beachten ist aber auch § 5 HGB: Solange sie im Handelsregister eingetragen ist, bleibt die Gesellschaft nach außen eine oHG (s. o. 3.4.2.5).

Quasi-
Körperschaft

Die oHG ist als Personengesellschaft keine juristische Person. Allerdings ist sie einer juristischen Person stark angenähert (sog. „Quasi-Körperschaft", s. o. 3.3), da sie weitgehend wie ein eigenständiges Rechtssubjekt bzw. als rechtsfähige Personengesellschaft, § 14 II BGB, behandelt wird, § 124 HGB:

– Sie ist als rechtsfähige Personengesellschaft Unternehmerin, § 14 II, I BGB,
– sie (und nicht ihre Gesellschafter) ist Trägerin des von ihr betriebenen Unternehmens (s. o. 3.4.4, 4.4.2),

424

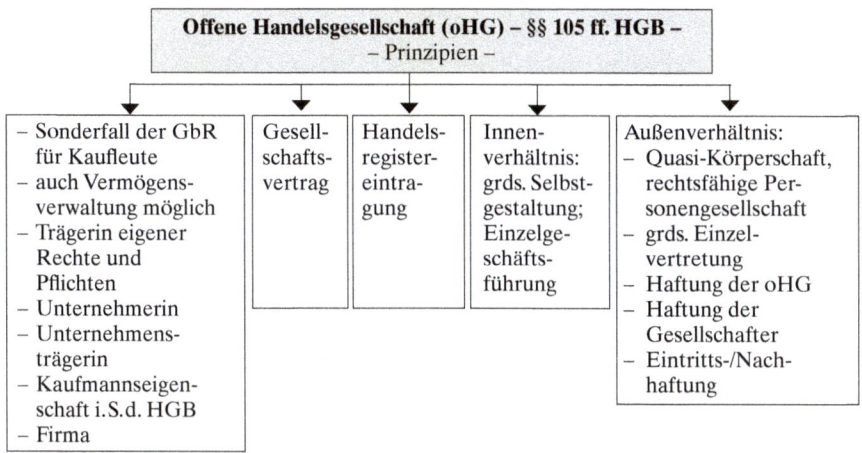

Schaubild 225: oHG-Prinzipien

- sie kann unter ihrer Firma (§ 19 HGB, s. o. 3.4.5) Rechte erwerben und Verbindlichkeiten eingehen,
- Eigentum und andere dingliche Rechte an Grundstücken erwerben,
- vor Gericht klagen und verklagt werden, ist also parteifähig (vgl. § 50 ZPO),
- in ihr Gesellschaftsvermögen kann mit einem gegen sie gerichteten vollstreckbaren Schuldtitel die Zwangsvollstreckung betrieben werden,
- sie ist insolvenzfähig, § 11 II InsO,
- sie ist deliktsfähig (entsprechend § 31 BGB) und haftet für unerlaubte Handlungen ihrer Gesellschafter.

Die oHG kann als Kaufmann (§ 6 I HGB) Prokura erteilen, § 48 I HGB (s. o. 7.8.2), ist buchführungspflichtig, §§ 238 ff. HGB (s. o. 3.4.7), und unterfällt den Regeln über die Handelsgeschäfte, §§ 343 ff. HGB (s. o. 6.2.6). | Kaufmannsrecht anwendbar

17.3.2 Gesellschaftsvertrag

Für den Gesellschaftsvertrag gilt insbesondere folgendes:

17.3.2.1 Vertragsabschluss

Zur Errichtung der oHG ist ein Gesellschaftsvertrag mindestens zweier Partner erforderlich, vgl. die §§ 705 BGB, 105 III HGB. Dieser ist grundsätzlich formfrei (vgl. aber etwa § 311 b I BGB). Ein Gesellschaftsvertragsabschluss ist auch bei schlüssigem Verhalten möglich, wenn mehrere ein kaufmännisches Handelsgewerbe (§ 1 II HGB) tatsächlich betreiben. Daher sind auch stillschweigend geschlossene oHGen möglich. Beginnt eine ein nicht eingetragenes Kleingewerbe betreibende GbR ein die Schwelle des § 1 II HGB überschreitendes Handelsgewerbe, so ist kein neuer oHG-Gesellschaftsvertrag erforderlich. Ist der Gesellschaftsvertrag mangelhaft (anfechtbar oder nichtig), so genießt die in Vollzug gesetzte oHG nach den Regeln über die fehlerhafte Gesellschaft grundsätzlich Bestandsschutz und ist nur mit Wirkung für die Zukunft (ex nunc) auflösbar (s. o. 8.3.3 a. E., 17.1.5.1). | Vertragsprinzipien

17.3.2.2 Vertragspartner

Gesellschafter Partner des Gesellschaftsvertrags, also Gesellschafter, kann jede natürliche oder juristische Person sein. Dabei ist ggf. § 19 II HGB hinsichtlich der für die Firma gebotenen Transparenz zu beachten. Ist etwa eine GmbH der alleinvertretende Gesellschafter der oHG, so liegt eine GmbH & Co. oHG vor (vgl. auch § 125 a HGB). Ebenfalls können andere oHGen oder KGen sowie grds. auch GbR (s. o. 17.2.1.1) Gesellschafter einer oHG sein.

17.3.2.3 Gesellschaftszweck

Die Erreichung bzw. Förderung des gemeinsamen Gesellschaftszweckes (vgl. § 705 BGB) richtet sich bei der oHG gemäß § 105 I, II HGB auf den Betrieb eines Handelsgewerbes (vgl. die §§ 1 II, 2, 3 HGB; s. o. 3.4.2) oder auf die Verwaltung eigenen Vermögens unter gemeinschaftlicher Firma.

Nicht: nicht eingetragene Kleingewerbe-treibende; Freiberufler
Der Betrieb eines nicht eingetragenen Kleingewerbes reicht aber nicht aus, vgl. die §§ 1 II, 2 S. 1 HGB. Die Tätigkeit der Freien Berufe,

Beispiele: Anwälte, Notare, Steuerberater, Wirtschaftsprüfer, Ärzte, Architekten, Wissenschaftler, Künstler (vgl. auch § 1 II 1 PartGG) (s. u. 17.6.1.2, 17.6.2.1 a. E.),

gilt nicht als (Handels-)Gewerbe (s. o. 3.4.1.3). Freiberufler sind daher grundsätzlich keine Kaufleute und können regelmäßig nur eine GbR bzw. eine Partnerschaft (ggf. auch eine AG oder GmbH), nicht aber eine oHG (oder KG) bilden (s. o. 3.4.1.1).

Die Verwaltung eigenen Vermögens reicht grundsätzlich aus (vgl. § 105 II HGB).

Beispiele: Immobilienverwaltungs-, Objekt-, Besitzgesellschaften nach Betriebsaufspaltung, Holdinggesellschaften.

Umdeutung Ein auf eine oHG-Gründung gerichteter Gesellschaftsvertrag kann ggf. in das Vorliegen einer GbR umgedeutet werden, § 140 BGB (s. o. 6.3.6 a. E., 6.8.1.1 a. E.).

Beispiel: Zwei Kleingewerbetreibende gründen vertraglich „eine oHG" – jedenfalls solange eine HR-Eintragung i. S. d. §§ 1 II, 2 S. 1, 2, 105 II HGB nicht erfolgt, ist von einer GbR auszugehen.

17.3.2.4 Gemeinschaftliche Firma

Firma Das Handelsgewerbe muss unter gemeinschaftlicher Firma betrieben werden. Sie ist der Name, unter dem die oHG im Handel ihre Geschäfte betreibt sowie ihre Unterschrift abgibt (§§ 17 I, 19 HGB; s. o. 3.4.5) und zugleich der allgemeine Name der oHG. Die Firma der oHG muss die Bezeichnung „offene Handelsgesellschaft" oder eine allgemein verständliche Abkürzung dieser Bezeichnung enthalten, § 19 I Nr. 2 HGB.

Beispiele: Maier & Schulze oHG; Maier offene Handelsgesellschaft; Schulze oHG; Karl, Betty, Heinz Tischlereibedarfs-oHG, Gänseblümchen oHG; Regenbogen-Schuhe oHG (s. o. 3.4.5.3); Bauer AG & Co. oHG (vgl. Schaubild 28).

Ist kein Gesellschafter eine natürliche Person, so ist dies aufzudecken, § 19 II HGB. Zu Firmenfortführungen vgl. die §§ 21 ff. HGB (s. o. 3.4.5.4).

17.3.2.5 Keine Haftungsbeschränkung

unbeschränkte Haftung
Eine Gesellschaft zum Betrieb eines Handelsgewerbes unter gemeinschaftlicher Firma ist entweder eine oHG, § 105 I, II HGB, oder eine KG, § 161 I HGB. Besteht

also keine Beschränkung der Haftung auf eine bestimmte Vermögenseinlage wie bei der KG, sondern haften alle Gesellschafter unbeschränkt persönlich, so ist die Gesellschaft eine oHG (es sei denn, es läge ein ganz anderer Gesellschaftstypus vor wie etwa eine GmbH).

Die unbeschränkte Haftung der Gesellschafter bezieht sich bei der oHG auf das Verhältnis zu den Gesellschaftsgläubigern, also auf das Außenverhältnis, vgl. § 128 HGB (s. u. 17.3.4). Im Innenverhältnis können die Gesellschafter der oHG durchaus untereinander Haftungsbeschränkungen vereinbaren (die allerdings die Haftungsverpflichtung nach außen unberührt lassen).

Beispiel: Die Gesellschafter A, B und C vereinbaren, dass der A nur maximal bis € 60 000,– zahlen muss und bei höherer Inanspruchnahme durch etwaige Gesellschaftsgläubiger wegen oHG-Verbindlichkeiten von B und C freigestellt wird.

17.3.2.6 Handelsregistereintragung und Wirksamkeit

Die oHG ist (wie es auch für andere Kaufleute gilt, § 29 HGB) bei dem Amtsgericht, in dessen Bezirk sie ihren Sitz hat, zur Eintragung in das Handelsregister, §§ 8 ff. HGB (s. o. 3.4.6), anzumelden, § 106 HGB.

Eintragung

Durch die Eintragung im Handelsregister wird die oHG Dritten gegenüber wirksam, § 123 I HGB. Die ein Handelsgewerbe i. S. d. § 1 II HGB betreibende oHG, die ihre Geschäfte bereits vor der Eintragung beginnt, wird Dritten gegenüber bereits mit dem Zeitpunkt des Geschäftsbeginns wirksam; nicht aber die erst mit Eintragung entstehende oHG i. S. d. §§ 2, 3 II, III, 105 II HGB, die bis zur Eintragung im Außenverhältnis GbR ist, vgl. § 123 II HGB.

Wirksamkeit

Beispiel: Der Kaufmann K (§ 1 I, II HGB) nimmt mit Wirkung vom 1. 7. den P als unbeschränkt haftenden Gesellschafter auf und beide betreiben das Geschäft ab dann gemeinsam weiter: Die oHG ist bereits mit dem 1. 7. wirksam (s. a. § 28 I HGB), auch wenn die HR-Eintragung später erfolgt, § 123 II HGB. Anders wäre es etwa bei einem von K betriebenen Kleingewerbe: hier entstünde die oHG erst mit der konstitutiv wirkenden Eintragung im HR, §§ 105 I, II, 2 HGB (zuvor wäre eine GbR gegeben, s. o. 17.2.1.1).

Wichtig ist das Wirksamwerden der oHG v. a. für die scharfe Haftung der Gesellschafter gemäß § 128 HGB sowie im Hinblick auf § 15 HGB. Die anmeldepflichtigen sämtlichen Gesellschafter müssen auch Änderungen eintragen lassen, vgl. etwa die §§ 107, 108 HGB.

17.3.3 Rechtsverhältnisse der Gesellschafter untereinander (Innenverhältnis)

Die für das Innenverhältnis bei der oHG geltenden Grundsätze lauten:

17.3.3.1 Selbstgestaltung

Die Gesellschafter der oHG können im Rahmen der Privatautonomie (s. o. 2.5) die ihre gegenseitigen Rechte und Pflichten bestimmenden Rechtsgrundlagen weitgehend selbst gestalten – im Innenverhältnis gilt grundsätzlich Vertragsfreiheit. Wesentliches Gestaltungsmittel ist demzufolge der Gesellschaftsvertrag (s. o. 17.1.5.1, 17.3.2), vgl. § 109 HGB.

Dispositives Recht

17.3.3.2 Spezifika

Pflichten

Besonderes Augenmerk verdienen, ungeachtet möglicher abweichender gesellschaftsvertraglicher Bestimmungen, folgende Aspekte:

– Die Gesellschafter schulden sich – in Ergänzung ihrer Einzelpflichten – Treue.

– Für die Gesellschafter gilt der Grundsatz der Gleichbehandlung. Allerdings müssen sie nicht gleichberechtigt sein (vgl. etwa die §§ 114 I, 115 I, 119 I HGB).

– Die Gesellschafter schulden sich untereinander Sorgfalt lediglich wie diejenige in eigenen Angelegenheiten, §§ 105 III HGB, 708, 277 BGB (s. o. 9.2); bei unternehmerischen Entscheidungen ist ggf. der Rechtsgedanke des § 93 I 2 AktG (Business Judgement Rule; s. u. 17.8.7.1) zu beachten (s. o. 17.1.3.3 a. E.).

– Die Beitragspflicht der Gesellschafter ergibt sich aus den §§ 105 III HGB, 706 BGB (vgl. 17.2.4). Ggf. besteht bei verspäteter Zahlung Verzinsungspflicht gemäß § 111 HGB.

– Für die Gesellschafter gilt ein Wettbewerbsverbot. Ein Gesellschafter darf nicht unerlaubt der Gesellschaft Konkurrenz machen noch an einer anderen gleichartigen Handelsgesellschaft teilnehmen; bei Verstößen schuldet er Schadensersatz oder Gewinnherausgabe, §§ 112, 113 HGB.

Beschlüsse

– Soweit Gesellschafterbeschlüsse zu fassen sind, bedarf es der Zustimmung aller zur Mitwirkung bei der Beschlussfassung berufenen Gesellschafter, § 119 I HGB. Beschlüsse sind also grundsätzlich einstimmig zu fassen. Allerdings kann der Gesellschaftsvertrag auch Mehrheitsbeschlüsse zulassen, wobei es dann grundsätzlich auf die Mehrheit der stimmberechtigten Gesellschafter ankommt, aber auch auf die Mehrheit nach Kapitalanteilen abgestellt werden kann (vgl. § 119 II HGB).

Bilanz

– Zum Geschäftsjahresende haben die geschäftsführenden Gesellschafter die Jahresbilanz aufzustellen, §§ 120, 238 ff. HGB. Vom (etwaigen) Gewinn erhält jeder Gesellschafter grds. vorab 4 % vom Kapitalanteil; der Rest wird nach Köpfen verteilt, § 121 I, III HGB. Auch besteht grds. Entnahmerecht in Höhe von 4 % des für das letzte Geschäftsjahr festgestellten Kapitalanteils, § 122 HGB.

Aufwendungsersatz

– Für in Gesellschaftsangelegenheiten gemachte Aufwendungen und erlittene Verluste hat der Gesellschafter einen Ersatzanspruch gegen die Gesellschaft, § 110 HGB (vgl. die §§ 713, 670 BGB zur GbR; s. o. 17.2.5.2).

17.3.3.3 Geschäftsführung

Einzelgeschäftsführung

Die sich auf die Verwirklichung der Gesellschaftszwecke durch die Vornahme tatsächlicher und rechtlicher Maßnahmen beziehende Geschäftsführung (s. o. 17.1.4) ist Recht und Pflicht eines jeden Gesellschafters, § 114 I HGB. Dabei gilt das Prinzip der Einzelgeschäftsführung, § 115 I HGB (mit Widerspruchsrecht der anderen geschäftsführenden Gesellschafter). Allerdings kann der Gesellschaftsvertrag Abweichendes regeln, etwa einen oder einige Gesellschafter von der Geschäftsführung ausschließen.

Umfang

Die Geschäftsführungsbefugnis, die sich auf das rechtliche Dürfen im Innenverhältnis bezieht, gestattet gemäß § 116 I HGB alle Handlungen, die der gewöhnliche Betrieb des Handelsgewerbes der oHG mit sich bringt,

428

Beispiele: Mitarbeit, Organisation, Gespräche, Korrespondenz, Werbung, An- und Verkauf von Waren, übliche Kreditgewährung, Personaleinstellung (diese Fälle sind im Außenverhältnis Vertretungsgeschäfte, stellen aber zugleich Maßnahmen im Innenverhältnis dar).

Für darüber hinausgehende außergewöhnliche Geschäfte ist ein Beschluss aller (auch der nicht geschäftsführenden) Gesellschafter erforderlich, § 116 II HGB,

Beispiele: gefährliche Geschäfte; Baumaßnahmen; Ersteigerung von Grundstücken; Einrichtung von Zweigniederlassungen.

Das Prinzip der Einzelgeschäftsführung ist nicht unproblematisch, insbesondere in den Fällen, in denen ein Gesellschafter trotz des (internen) Widerspruchs der anderen Gesellschafter ein (externes) Geschäft führt und in das Außenverhältnis umsetzt, etwa durch Abgabe einer Willenserklärung (d. h. eine Vertretungshandlung durchführt, s. u. 17.3.4.2).   *Probleme*

Beispiel: Er kauft einen neuen Geschäftswagen.

Zwar müsste bei Widerspruch eines anderen geschäftsführenden Gesellschafters diese Maßnahme unterbleiben, §§ 114 I, 115 I 2. HS, 116 I, II HGB, allerdings wäre die abgegebene Willenserklärung im Außenverhältnis wirksam, vgl. die §§ 164 I 1 BGB, 125 I, 126 I HGB (s. a. 17.1.4; 17.3.4.2).

Beispiel: Der oben beispielhafte Geschäftswagenkauf wäre trotz eines Widerspruchs eines Mitgesellschafters, § 115 I 2. HS HGB, und obwohl er ggf. als eine über ein gewöhnlich vorkommendes Geschäft hinausgehende, grds. einen Beschluss sämtlicher Gesellschafter benötigende Handlung anzusehen wäre, § 116 I, II HGB, wirksam und die oHG zahlungspflichtig, §§ 433 II, 164 I 1, 14 II, I BGB, 124, 125 I, 126 I HGB, ebenso wie alle Gesellschafter persönlich, §§ 128 HGB, 421, 426 BGB (s. a. 17.3.4.3; 8.7). (Gegen den eigenmächtigen Gesellschafter kämen dann Schadensersatzansprüche aus Pflichtverletzung, §§ 280 I, 241 II, 242 BGB, s. o. 9.7, bzw. § 678 II BGB, s.o. 13.2, – unter Beachtung von § 708 BGB, s. o. 9.2 – in Betracht).

Die Erteilung (*nicht: Widerruf*) einer Prokura (§§ 48 ff. HGB; s. o. 7.8.2) bedarf der Zustimmung aller geschäftsführenden Gesellschafter (*außer: bei Gefahr im Verzug*); die Prokura kann von jedem Gesellschafter widerrufen werden, § 116 III HGB. Der Gesellschaftsvertrag lässt abweichende individuelle Regelungen zu. Nichtgeschäftsführende Gesellschafter haben Kontrollrechte nach § 118 HGB. Bei wichtigem Grund kann auf Antrag der übrigen einem Gesellschafter durch gerichtliche Entscheidung die Befugnis zur Geschäftsführung entzogen werden, § 117 HGB.   *Prokura*

17.3.4 Rechtsverhältnisse der Gesellschaft und der Gesellschafter zu Dritten (Außenverhältnis)

Für das Außenverhältnis gelten insbesondere folgende Grundsätze:

17.3.4.1 oHG als Außengesellschaft

Die oHG tritt Dritten gegenüber unter ihrer Firma auf. Sie ist zwar keine juristische Person, dieser aber gemäß § 124 HGB als rechtsfähige Personengesellschaft, § 14 II BGB, stark angenähert. Im Außenverhältnis kommen demnach mit der Wirksamkeit der oHG, § 123 HGB, Rechtsbeziehungen zwischen Dritten und der Gesellschaft zustande.   *Rechtssubjekt*

17.3.4.2 Vertretung

Im rechtsgeschäftlichen Verkehr wird die oHG durch ihre Gesellschafter i. S. d. § 164 I 1 BGB vertreten, vgl. § 125 I HGB (Grundsatz der Selbstorganschaft).   *Selbstorganschaft*

Einzel-
vertretung

Regelmäßig gilt gemäß § 125 I HGB Einzelvertretung, wobei einzelne – nicht alle – Gesellschafter von der Vertretung ausgeschlossen werden können; regelmäßig hat also jeder oHG-Gesellschafter bei der Abgabe von Willenserklärungen für die oHG die gemäß § 164 I 1 BGB erforderliche Vertretungsmacht (s. o. 7.2.3; 7.4.2; vgl. die Schaubilder 68 und 72). Auch Gesamtvertretung kann gewählt werden, § 125 II HGB. Die Vertretung kann ebenso an das Zusammenwirken mit einem Prokuristen gekoppelt sein, § 125 III HGB, sog. *unechte Gesamtvertretung.*

Beispiele: Bei einer aus drei Gesellschaftern bestehenden oHG kann vereinbart werden, dass etwa einzelne von ihnen nur zusammen mit einem Prokuristen (§§ 48 ff. HGB, s. o. 7.8.2) vertreten; unzulässig dagegen wäre es wohl, alle oder etwa den einzigen vertretungsberechtigten Gesellschafter an die Mitvertretung durch einen Prokuristen zu binden.

Alle Abweichungen vom Grundsatz der Einzelvertretung sind zur Eintragung in das Handelsregister anzumelden, vgl. die §§ 106 II Nr. 4, 107 HGB.

Umfang

Die Vertretungsmacht, die sich auf das rechtliche Können im Außenverhältnis bezieht (s. o. 17.1.4), erstreckt sich auf alle gerichtlichen und außergerichtlichen Geschäfte und Rechtshandlungen einschließlich der Veräußerung und Belastung von Grundstücken sowie der Erteilung und des Widerrufs einer Prokura.

Beispiele: Ein Gesellschafter kann für die oHG bindende Willenserklärungen abgeben, §§ 125 I, 126 I, 124 HGB, 14 II, 164 I 1 BGB, also etwa Mitarbeiter einstellen, Anschaffungen tätigen, Veräußerungen vornehmen; zur Abgrenzung der Vertretung (Außenverhältnis) von der Geschäftsführung (Innenverhältnis) s. a. 17.1.4; 17.3.3.3.

Beschränkungen der Vertretungsbefugnis sind Dritten gegenüber regelmäßig unwirksam und grundsätzlich nur auf Filialen möglich, § 126 I–III HGB. Einen etwaigen Missbrauch der Vertretungsmacht durch einen Gesellschafter erkennende Dritte sind allerdings (trotz § 126 II HGB) grundsätzlich nicht schützenswert (vgl. die Rechtsgedanken der §§ 138, 826, 242 BGB, 54 III HGB). Ggf. kann die Vertretungsmacht aus wichtigem Grund auf Antrag der Mitgesellschafter gerichtlich entzogen werden, § 127 HGB.

17.3.4.3 Haftung

Bei der Haftung für Verbindlichkeiten der Gesellschaft (vgl. § 124 I HGB) ist zwischen der Haftung der Gesellschaft und der Haftung der Gesellschafter zu unterscheiden:

oHG-Haftung

– Die oHG selbst haftet mit ihrem Gesellschaftsvermögen, § 124 HGB. Die Verbindlichkeiten können etwa aus zu erfüllenden eingegangenen Verträgen herrühren, aber auch aus Vertragsverletzungen oder unerlaubten Handlungen stammen. Haben geschäftsführungs- oder vertretungsberechtigte Gesellschafter diese begangen, so wird ihr Verhalten gemäß § 31 BGB zugerechnet (d. h. Anspruchsgrundlagen sind insbesondere die §§ 280 I, 241 II i. V. m. § 31 BGB bzw. die §§ 823, 31 BGB; s. o. 3.2.1 a.E.). Fehlverhalten von Gehilfen wird der oHG gemäß der §§ 278, 831 BGB zugerechnet (s. o. 7.3.3, 7.3.4, 8.13).

Gesellschafter-
haftung

– Neben der oHG haften gemäß § 128 HGB die Gesellschafter als Gesamtschuldner für die Gesellschaftsverbindlichkeiten persönlich und mit ihrem ganzen Vermögen. Ein Gesellschaftsgläubiger kann sich also auch sogleich und in voller Höhe an jeden Gesellschafter halten. Entgegenstehende Vereinbarungen der Gesellschafter im Gesellschaftsvertrag sind im Außenverhältnis unwirksam. Einwendungen des in Anspruch genommenen Gesellschafters gegen diese strenge Haftung sind eng begrenzt, vgl. § 129 HGB.

Beispiel: Der Gesellschafter A erwirbt für die oHG eine Maschine: Kaufpreisschuldnerin ist die oHG, §§ 433 II, 164 I 1 BGB, 124 I, 125 I, 126 I HGB. Der Verkäufer kann daher die oHG sowie jeden einzelnen der Gesellschafter gesamtschuldnerisch (s. o. 8.7; Schaubild 92) in Anspruch nehmen, §§ 128 HGB, 421 ff. BGB.

– Nimmt ein bisheriger Einzelkaufmann einen neu eintretenden Gesellschafter unter Bildung einer oHG in sein Geschäft auf, so haftet für bereits zuvor begründete Verbindlichkeiten die entstandene oHG, § 28 I 1 HGB. Für diese Verbindlichkeit (deren Erfüllung der bisherige Einzelkaufmann weiterhin schuldet) muss der neu eingetretene Gesellschafter dann aufgrund § 128 S. 1 HGB persönlich einstehen (s. o. 3.4.5.6). Eintrittshaftung

Beispiel: Tritt X in das Geschäft des Einzelkaufmannes K (§ 1 HGB) als persönlich haftender Gesellschafter ein, dann haftet die neu entstandene oHG für eine von K zuvor eingegangene Kaufpreisverbindlichkeit, §§ 433 II, 14 II BGB, 105, 124, 28 I 1, II HGB. Gemäß § 128 S. 1 HGB haftet der X hierfür auch persönlich (ebenso wie K; s. a. das Beispiel oben 3.4.5.6; Schaubild 30).

– Ein in eine bereits bestehende oHG neu eintretender Gesellschafter haftet für die Altschulden (die schon vor seinem Eintritt begründet waren) ebenfalls, § 130 HGB (s. o. 3.4.5.6).

Beispiel: C tritt am 1. 9. in die von den Gesellschaftern A und B gegründete „A+B oHG" ein. Für eine bereits am 1. 3. begründete Kaufpreisschuld gegenüber dem Lieferanten L haftet gemäß der §§ 433 II BGB, 124 I HGB die oHG; wegen § 128 S. 1 HGB haften sowohl A als auch B, und nach § 130 HGB haftet auch der erst später eingetretene C; L kann sich also an die oHG, A, B sowie C halten, die gesamtschuldnerisch i. S. d. § 421 BGB haften (s. o. 8.7).

– Ansprüche gegen ausscheidende Gesellschafter verjähren in fünf Jahren nach der Auflösung bzw. Eintragung des Ausscheidens ins Handelsregister, §§ 159, 160 HGB. Nachhaftung

Beispiel: Der aus der oHG ausgeschiedene (Ex-)Gesellschafter haftet für einen während seiner Mitgliedschaft von der oHG getätigten Maschinenkauf(preis), §§ 433 II BGB, 124 HGB, noch bis zu fünf Jahre weiter, §§ 128 S. 1, 160 HGB.

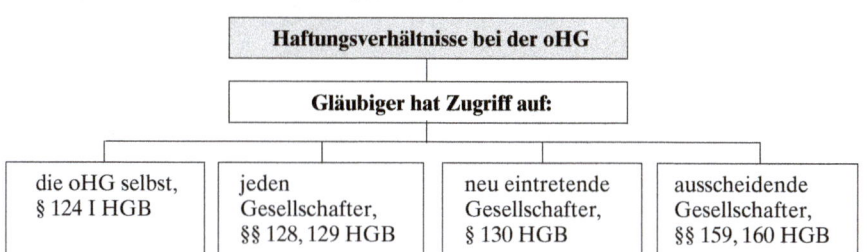

Schaubild 226: oHG-Haftungsverhältnisse

17.3.5 Ende der oHG

Die oHG wird gemäß § 131 I HGB aufgelöst durch Auflösung

– Zeitablauf,
– Gesellschafterbeschluss,
– Eröffnung des Insolvenzverfahrens über das Vermögen der Gesellschaft,
– gerichtliche Entscheidung (§ 133 HGB).

Der Tod eines Gesellschafters, seine Insolvenz, eine Kündigung (§ 132 HGB) oder ein Gesellschafterbeschluss führen gemäß § 131 III HGB mangels anderweitiger gesellschaftsvertraglicher Bestimmungen zum Ausscheiden des Gesellschafters (während die oHG grundsätzlich bestehen bleibt). Der Gesellschaftsvertrag kann/ sollte Näheres zum Ausscheiden eines Gesellschafters vorsehen (s. o. 17.1.6).

Scheiden alle Mitgesellschafter bis auf einen aus der oHG aus, dann bleibt sie nicht als Einpersonengesellschaft bestehen, sondern sie erlischt, und ihr Aktiv- und Passivvermögen fällt dem letztverbleibenden Gesellschafter zu (dieser führt das Unternehmen dann als Einzelkaufmann fort, s. o. 3.4.2; 3.4.5.4; 17.2.7 a. E.; s. a. zur KG unten 17.4.1.2).

Die §§ 133, 140 HGB lassen auch ggf. eine Auflösungsklage bzw. Ausschließungs- klage eines Gesellschafters aus wichtigem Grund zu.

Liquidation — Die Auflösung der oHG ist zur Eintragung in das Handelsregister anzumelden, § 143 I HGB. Die Auflösung zieht die Liquidation nach sich, §§ 145 ff. HGB. Nach Beendigung der Liquidation ist das Erlöschen der Firma zur Eintragung in das Handelsregister anzumelden, § 157 HGB. Die persönliche Haftung der Gesell- schafter für etwaig noch nicht regulierte Verbindlichkeiten bleibt bestehen (§§ 128, 159 HGB; s. o. 17.3.4.3 a. E.).

17.3.6 Gesellschafterwechsel

vertraglich zulässig — Wechsel von Gesellschaftern – Eintritt/Austritt – sind, falls der Gesellschaftsver- trag es vorsieht, durchaus zulässig (s. a. 17.2.8). Dies gilt auch für die Fälle von Kündigung, Tod oder Gesellschafterinsolvenz (vgl. § 131 III HGB). U. U. kann ein untragbar gewordener Gesellschafter als letztes Mittel auch antragsgemäß gericht- lich ausgeschlossen werden, § 140 HGB.

17.3.7 Prozessualia

oHG Partei — Beim Aktivprozess ist (nur) die oHG Klägerin (§ 124 HGB), die Klage wird in ihrem Namen – d. h. unter der Firma – erhoben (s. u. 20.1). Ebenso kann die oHG **oHG und** verklagt werden. Bei Passivprozessen werden in der Praxis die oHG und die ein- **Gesellschafter** zelnen Gesellschafter gemeinsam (als Gesamtschuldner) verklagt als (wohl nicht **verklagbar** notwendige, vgl. § 62 ZPO) Streitgenossen. Vertretungsberechtigte Gesellschafter sind nicht als Zeugen, sondern als Partei (§ 445 ZPO) zu hören. Zur Vollstreckung **Vollstreckung** in das Gesellschaftsvermögen ist ein Titel gegen die oHG erforderlich, § 124 II HGB, zur Vollstreckung in das Vermögen eines Gesellschafters bedarf es eines gegen ihn gerichteten Titels (vgl. § 129 IV HGB).

17.3.8 Steuerrechtliches

Steuerpflichten — Die oHG ist nicht einkommensteuerpflichtig, vielmehr sind dies die einzelnen Gesellschafter. Der Gewinn wird bei der oHG einheitlich und gesondert festge- stellt, §§ 179, 180 AO. Die Gesellschafter beziehen bei einer gewerblichen oHG Einkünfte aus Gewerbebetrieb gemäß § 15 I Nr. 2 EStG. Eine gewerbliche oHG ist gewerbesteuerpflichtig. Auch unterliegt die oHG als Unternehmerin i. S. d. § 2 UStG der Umsatzsteuer.

432

17.4 Die Kommanditgesellschaft

Die KG ist die zweite im HGB kodifizierte Handelsgesellschaft (§§ 161–177a HGB).

17.4.1 Begriff der KG

Für die KG gilt grundsätzlich:

17.4.1.1 Grundsätzliches

Eine KG liegt vor, wenn bei einer Gesellschaft, deren Zweck auf den Betrieb eines Handelsgewerbes unter gemeinschaftlicher Firma gerichtet ist, bei einem oder bei einigen von den Gesellschaftern die Haftung gegenüber den Gesellschaftsgläubigern auf den Betrag einer bestimmten Vermögenseinlage beschränkt ist (Kommanditisten), während bei dem anderen Teile der Gesellschafter eine Beschränkung der Haftung nicht stattfindet (persönlich haftende Gesellschafter, Komplementäre), § 161 I HGB. Bei den Gesellschaftern der KG werden also zwei Arten unterschieden – je nachdem, inwieweit sie unbeschränkt oder aber beschränkt haften.

Begriff

Die KG ist eine Spielart der oHG; sofern die §§ 161 ff. HGB nicht Spezielles vorsehen, finden auf die KG die für die oHG geltenden Vorschriften Anwendung, § 161 II HGB (und ggf. wegen § 105 III HGB die §§ 705 ff. BGB).

17.4.1.2 Charakteristika

Die KG setzt einen Gesellschaftsvertrag, gerichtet auf den Betrieb eines kaufmännischen Handelsgewerbes unter gemeinschaftlicher Firma, voraus; Vertragspartner müssen mindestens ein persönlich unbeschränkt haftender Gesellschafter (Komplementär) sowie mindestens ein beschränkt haftender Gesellschafter (Kommanditist) sein.

Vertrag

Die KG ist eine rechtsfähige Personengesellschaft, §§ 14 II, I BGB, 124, 161 II HGB, und, da bzw. wenn sie ein Handelsgewerbe i. S. d. §§ 1–3 HGB betreibt, Personenhandelsgesellschaft (s. o. 17.1.3.4). Die für die Kaufleute geltenden Vorschriften des Handelsrechtes finden auf die KG gemäß § 6 I HGB ebenfalls Anwendung. Nichteingetragene Kleingewerbetreibende bzw. nicht eingetragene Land- oder Forstwirte können eine KG nicht gründen, §§ 1 II, 2, 3 HGB (s. o. 3.4.2.2).

Personen-
gesellschaft
Kaufmann

Kennzeichen der KG
– Gesellschaftsvertrag – Betrieb eines Handelsgewerbes – oder Verwaltung eigenen Vermögens – gemeinschaftliche Firma – persönlich unbeschränkt sowie auf Vermögenseinlage beschränkt haftende Gesellschafter

Schaubild 227: Kennzeichen der KG

Ein Komplementär kann nicht gleichzeitig Kommanditist sein und umgekehrt (der Komplementär, der einen Kommanditanteil erwirbt, wird dadurch nicht auch noch

Gesellschafter

Kommanditist, sondern bleibt – nur – persönlich haftender Gesellschafter mit vergrößertem Gesellschaftsanteil, und ein Kommanditist, der Komplementär werden will, kann nicht Kommanditist bleiben). Komplementär kann auch eine juristische Person sein (etwa eine GmbH), vgl. die GmbH & Co. KG (s. u. 17.4.9.1), aber auch eine andere oHG oder eine andere KG bzw. grds. auch eine GbR. Mit Aufnahme des Geschäftsbetriebes werden die Komplementäre Kaufleute (s. o. 3.4.1.2; 3.4.2.6). Demgegenüber ist der Kommanditist als solcher grundsätzlich Nichtkaufmann, denn auf ihn trifft § 1 HGB nicht zu, da er kein Handelsgewerbe betreibt. Eine oHG oder eine andere KG können durchaus Kommanditisten sein, eine GbR grds. ebenso (s. a. § 162 I 2 HGB).

Übergänge Die KG wird automatisch zur GbR, wenn sie ihr Handelsgewerbe aufgibt oder nur noch als nicht eingetragenes Kleingewerbe (mit gelöschter Firma, vgl. § 2 S. 3 HGB) betreibt; zur oHG wird die KG, wenn der (etwa einzige) Kommanditist ausscheidet oder seine Haftungsbeschränkung vertraglich aufgehoben wird; und eine oHG wird zur KG, wenn für einen (persönlich haftenden) Gesellschafter eine Haftungsbeschränkung vereinbart und im Handelsregister eingetragen oder aber ein beschränkt haftender neuer Gesellschafter aufgenommen wird. Bleibt nach dem Ausscheiden des/der Kommanditisten nur noch ein Komplementär übrig, so wandelt sich die KG in ein einzelkaufmännisches Unternehmen um (vgl. zur oHG oben 17.3.5; grundsätzlich wird die Gesellschaft bei Tod mit den Erben fortgesetzt, § 177 HGB). Zur Firma vgl. dann § 22 HGB. Solange sie im Handelsregister eingetragen ist, gilt die KG nach außen als solche, § 5 HGB (s. o. 3.4.2.4).

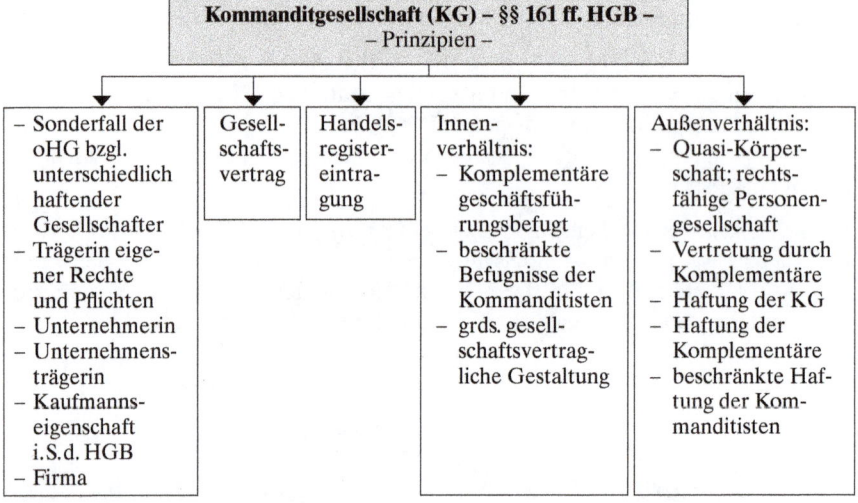

Schaubild 228: KG-Prinzipien

Quasi-Körperschaft Die KG ist keine juristische Person. Sie wird allerdings (als „Quasi-Körperschaft" bzw. rechtsfähige Personengesellschaft, § 14 II BGB, wie die oHG) weitgehend als eigenständiges Rechtssubjekt behandelt, §§ 161 II, 124 HGB: Sie ist Unternehmerin, § 14 II, I BGB, Trägerin des von ihr betriebenen Unternehmens (s. o. 3.4.4, 3.6, 4.4.2), kann unter ihrer Firma Rechte erwerben, Verbindlichkeiten eingehen, klagen und verklagt werden (vgl. § 50 ZPO), sie ist insolvenzfähig (§ 11 II Nr. 1 InsO; s. u. 21.1) und (entsprechend § 31 BGB) deliktsfähig.

Als Kaufmann i. S. d. § 6 I HGB kann die KG Prokura erteilen (auch an einen Kommanditisten), § 48 I HGB, sie unterliegt den kaufmännischen Buchführungspflichten, §§ 238 ff. HGB, und auch den Vorschriften über die Handelsgeschäfte, §§ 343 ff. HGB.

Handelsrecht

17.4.2 Gesellschaftsvertrag

Den Gesellschaftsvertrag charakterisieren vornehmlich folgende Aspekte:

17.4.2.1 Vertragsschluss

Zur Errichtung der KG bedarf es eines Gesellschaftsvertrages (s. o. 6.3; 6.6) mindestens zweier Parteien (davon der eine persönlich haftender und der andere beschränkt haftender Gesellschafter), §§ 161 II, 105 III HGB, 705 BGB. Schriftform ist grundsätzlich (anders etwa bei Grundstückseinbringung, § 311 b I BGB) nicht erforderlich, wohl aber zweckmäßig.

Vertragsprinzipien

Die §§ 164–169 HGB, die das Gesellschafterverhältnis untereinander grundsätzlich regeln, können im Gesellschaftsvertrag abbedungen werden (§ 163 HGB). Mängel des Gesellschaftsvertrages führen grundsätzlich nicht zur Nichtigkeit, vielmehr gelten auch für die KG die Grundsätze über die fehlerhaften Gesellschaften (auch bezüglich des etwaigen fehlerhaften Beitritts zu einer KG; s. o. 17.1.5.1).

17.4.2.2 Vertragspartner

Kommanditist oder Komplementär kann jede natürliche Person sein; Minderjährige bedürfen gesetzlicher Vertretung (s. o. 3.1.2.1; 7.2.1). Juristische Personen, aber auch eine oHG oder eine andere KG, können Komplementäre oder Kommanditisten sein, ebenso wie die GbR (s. o. 17.2.1.1).

Beteiligte

17.4.2.3 Gesellschaftszweck

Der Zweck der KG muss auf den Betrieb eines Handelsgewerbes (vgl. die §§ 1 II, 2, 3 HGB) unter gemeinschaftlicher Firma gerichtet sein. Ein nichteingetragenes Kleingewerbe i. S. d. § 2 S. 1 HGB reicht nicht. Angehörige Freier Berufe, die keine Gewerbeeigenschaft besitzen, können sich in einer KG nicht zusammenschließen (aber etwa eine GbR oder Partnerschaft bilden).

Zweck

Kleinbetriebe i. S. d. § 2 S. 1 HGB können aufgrund der §§ 161 II, 105 II HGB ebenso wie Vermögensverwaltungsgesellschaften durch Eintragung ihrer Firma im Handelsregister (die konstitutiv wirkt) ebenfalls als KG auftreten. Dies ist gerade für Vermögensverwaltungsgesellschaften (Immobilienverwaltungs-, Besitzgesellschaften nach Betriebsaufspaltung) aus haftungs- und steuerrechtlichen Aspekten sowie im Hinblick auf die mit den §§ 161 II, 124 HGB, 14 II BGB verbundene Rechts- bzw. Verkehrsfähigkeit interessant.

17.4.2.4 Firma

Die Firma (s. o. 3.4.5) der KG hat die Bezeichnung „Kommanditgesellschaft" oder eine allgemein verständliche Abkürzung dieser Bezeichnung zu enthalten, § 19 I Nr. 3 HGB. Firmenzusätze dürfen nicht irreführen (§§ 19 II, 18 II HGB). Möglich wäre also etwa:

Firmengrundsätze

Beispiele: Meier KG; Meier, Müller Kommanditgesellschaft; Gänseblümchen KG (s. o. 3.4.5.4). Die Firma kann auch aus dem (alleinigen) Namen des Kommanditisten bestehen (s. o. 3.4.5.3 a. E.; vgl. Schaubild 28).

Ggf. ist § 24 II HGB zu beachten. Wenn kein persönlich haftender Gesellschafter eine natürliche Person ist, dann muss die Firma eine die Haftungsbeschränkung aufzeigende Bezeichnung enthalten, vgl. § 19 II HGB (bedeutsam etwa bei der GmbH & Co. KG). Ist eine oHG Komplementärin, so hat die Firma der KG die volle Firma der oHG aufzuweisen.

Beispiele: Schneider GmbH & Co. KG; Meier Metallbau oHG & Co. KG; Friedrich Grohe AG & Co. KG; auch: Wenninger Ltd. & Co. KG (s. a. 17.1.2; 17.7.2.3); Zeh-Druck UG (haftungsbeschränkt) & Co. KG; WIKA Verwaltungs SE & Co. KG.

17.4.3 Haftungsverhältnisse gegenüber Gesellschaftsgläubigern

Bei der Frage nach der jeweiligen Haftung sind insbesondere die Besonderheiten der Gesellschafterstruktur der KG zu beachten.

17.4.3.1 KG

KG-Haftung · Für ihre eigenen Verbindlichkeiten haftet die KG selbst mit ihrem Gesellschaftsvermögen, §§ 161 II, 124 I HGB, 14 II BGB – insoweit ergeben sich gegenüber der oHG im Außenverhältnis keine Besonderheiten (vgl. oben 17.3.4.3). Dies gilt sowohl für gesetzliche als auch vertragliche Schuldverhältnisse.

Beispiel: Der Mitarbeiter M der X-KG schädigt aus Unachtsamkeit einen Kunden: Dafür muss die X-KG sowohl vertragsrechtlich nach den Grundsätzen der §§ 280 I, 241 II, 242 BGB (i. V. m. § 278 BGB; s. o. 7.3.3, 9.7.2) als auch ggf. deliktsrechtlich nach § 831 BGB (s. o. 12.5.) einstehen, §§ 161 I, II, 124 I HGB, 14 II BGB. (Der M haftet ggf. aus § 823 I BGB dem Kunden; s. a. 16.4).

Verschulden der Gesellschafter – auch der Kommanditisten, wenn sie im Gesellschaftsvertrag Vertretungsmacht eingeräumt bekamen (s. u. 17.4.6.2) – wird unter den Voraussetzungen des § 31 BGB zugerechnet (s. o. 3.2.1 a.E.). Einstandspflicht für Gehilfen ergibt sich ggf. gemäß der §§ 278, 831 BGB (s. o. 7.3.3, 7.3.4, 8.13, 12.5).

17.4.3.2 Komplementäre

Komplementär-haftung · Die Haftung der Komplementäre entspricht derjenigen der persönlich haftenden Gesellschafter bei einer oHG, vgl. die §§ 161 II, 128 HGB. Neben der KG haften die Komplementäre also persönlich unbeschränkt als Gesamtschuldner im Außenverhältnis (s. o. 8.7; vgl. Schaubild 92). Etwaige intern vereinbarte Haftungseinschränkungen ändern hieran nichts.

Beispiel: Der Komplementär K der A-KG bürgt in deren Namen gegenüber der B-Bank für eine Darlehensschuld des Mitarbeiters M; bei Abschluss des Bürgschaftsvertrages vertritt der K die KG rechtsgeschäftlich, vgl. die §§ 765 I, 766 S. 1, 2, 14 II BGB, 350 HGB, 164 I 1 BGB, 161 II, 125 I, 126 I HGB (s. u. 17.4.6.2). Zahlt der M den Kredit nicht ordnungsgemäß zurück, so kann die B nicht nur sogleich Zahlung von der KG verlangen, §§ 765 I, 488 I, 771, 14 II BGB, 6 I, 349 S. 1, 343, 161 I, II, 124 I HGB, sondern auch unmittelbar den K (oder einen anderen Komplementär) als Gesamtschuldner in Anspruch nehmen, § 128 S. 1 HGB (§ 421 BGB). (S. o. 10.7.2 f.).

17.4.3.3 Kommanditisten

Die eingeschränkte Haftung der Kommanditisten bildet den Kern des Rechts der KG; hier liegt der wesentliche Unterschied etwa im Vergleich zur oHG.

Kommanditistenhaftung

Gemäß § 171 HGB haftet der Kommanditist den Gesellschaftsgläubigern nur bis zur Höhe seiner Einlage unmittelbar; soweit die Einlage geleistet ist, ist seine Haftung ausgeschlossen. Lediglich unter den Voraussetzungen des § 176 HGB haftet der Kommanditist uneingeschränkt, d. h. dann, wenn mit seiner Zustimmung der Geschäftsbeginn bereits vor Eintragung ins Handelsregister aufgenommen wurde oder aber er in eine bestehende Gesellschaft eintritt für die Zeit zwischen seinem Eintritt und der Eintragung im Handelsregister (s. u.).

Beim Begriff der geschuldeten Einlage ist insbesondere auf folgendes zu achten:

Soweit der Kommanditist seinen Mitgesellschaftern die Zuwendung eines Vermögensgegenstandes als Einlage verspricht, nennt man dies *Pflichteinlage* – dieser Begriff bezieht sich auf das Innenverhältnis, d. h. auf das Verhältnis der Gesellschafter untereinander bzw. ihr Verhältnis zur Gesellschaft (Sozial- bzw. Individualrechtsbeziehungen, vgl. 17.2.1.2). Hierbei geht es also um die interne Leistungspflicht, wie sie etwa in § 167 bzw. § 169 HGB gemeint ist. Die Pflichteinlage kann in unterschiedlichen Werten bestehen,

Pflichteinlage

Beispiele: Geld, Forderungen, Sachen oder Dienstleistungen.

Im Unterschied dazu ist demgegenüber abzugrenzen die sog. *Hafteinlage* bzw. Haftsumme, also derjenige Geldbetrag, den der Kommanditist mittels des Handelsregistereintrags als Höchstbetrag seiner Haftung nach außen, Dritten gegenüber, bezeichnet hat. Sie begrenzt den Umfang der Haftung des Kommanditisten im Außenverhältnis (vgl. die §§ 161, 162, 171, 172, 174, 175 HGB).

Hafteinlage

Die Hafteinlage besteht in einer ganz bestimmten Geldsumme; diese ist beim Handelsregister anzumelden, wird aber nicht bekanntgemacht (vgl. § 162 HGB). Die Hafteinlage kann von der Pflichteinlage abweichen, vgl. § 172 III HGB. Wird die Hafteinlage statt in Geld mittels eines anderen Wertes, etwa eines Sachwertes, erbracht, so ist im Außenverhältnis der objektive Wert bzw. Verkehrswert (bei Sachwerten oder Dienstleistungen) entscheidend.

Geld-/ Sacheinlagen

Beispiel: Erbringt der Kommanditist seine Hafteinlage mittels eines der KG zu übereignenden (§§ 161 II, 124 I HGB, 14, 929 S. 1 BGB) Pkw (wobei die KG vertreten werden muss, etwa durch einen Komplementär, §§ 161 II, 125, 126 HGB, 164 I 1, 14 II BGB, s. u. 17.4.6.2), dann ist der Wert des Pkw mit dem objektiven Zeitwert anzusetzen, der ggf. durch Sachverständigengutachten zu ermitteln ist; entsprechend ist es bei der Leistung von Diensten oder Einbringung von Grundstücken als Einlage (s. a. 17.5.3.3, 17.7.2.2).

Solange der Kommanditist seine Hafteinlage noch nicht geleistet hat, haftet er Gesellschaftsgläubigern gegenüber persönlich und unmittelbar bis zur Höhe seiner Hafteinlage (neben der KG und neben den Komplementären). Sobald der Kommanditist dagegen seine Hafteinlage voll ins Gesellschaftsvermögen geleistet hat, haftet einem Gesellschaftsgläubiger gegenüber auch nur das Gesellschaftsvermögen der KG (oder ein Komplementär, § 128 HGB), eine unmittelbare, persönliche Haftung des Kommanditisten ist dagegen dann ausgeschlossen (beachte § 172 IV 1 HGB).

Haftungsbeschränkung

Wer in eine bestehende Handelsgesellschaft als Kommanditist eintritt, der haftet für vor seinem Eintritt begründete Gesellschaftsverbindlichkeiten ebenfalls, vgl. § 173 HGB, bis zur Höhe der Hafteinlage.

Eintragung wichtig

Gefährlich ist die Zeit zwischen Geschäftsbeginn bzw. Eintritt und Registereintragung: Im Falle des Beginnens der Geschäfte der Gesellschaft bzw. des Eintritts in eine bereits bestehende Handelsgesellschaft wird die Haftungsbeschränkung auf die Kommanditeinlage (Hafteinlage) für den Kommanditisten erst dann wirksam, wenn die Gesellschaft bzw. sein Eintritt im Handelsregister eingetragen worden ist, § 176 HGB – zügige Eintragung der Gesellschaft bzw. seiner Kommanditistenstellung ist also ratsam.

Wie beim Komplementär dauert auch beim Kommanditisten die persönliche Haftung für Altverbindlichkeiten nach Ausscheiden aus der KG fort; zur Verjährungsfrist vgl. die §§ 159, 160, 172 IV HGB; zur Insolvenz (s. u. 21) vgl. § 171 II HGB.

anderweitige Haftpflichten

Die nach dem KG-Recht auf die Hafteinlage beschränkte Haftung des Kommanditisten lässt aber anderweitige Ansprüche gegen ihn unberührt, etwa aus Verschulden bei Vertragsschluss, Rechtsschein oder Bürgschaft.

Beispiel: Der Kommanditist verbürgt sich persönlich für eine Verbindlichkeit der KG gegenüber einem Gesellschaftsgläubiger, § 765 BGB (s. a. 10.7.2; 17.4.3.2; 17.4.6.2 a. E.).

17.4.4 Eintragung

Handelsregister

Die KG ist zum Handelsregister anzumelden. Dazu sind neben den in § 106 II HGB die oHG betreffenden Angaben (s. o. 17.3.2.6) die Bezeichnung der Kommanditisten und der Betrag der Einlage eines jeden von ihnen anzumelden. Spätere Erhöhungen oder Herabsetzungen der Hafteinlage müssen von allen Gesellschaftern zur Eintragung angemeldet werden (vgl. die §§ 162, 175 HGB). Bei der Bekanntmachung der Eintragung der Gesellschaft sind keine Angaben zu den Kommanditisten zu machen (§ 15 HGB gilt insoweit nicht), § 162 II HGB. Anzumelden ist auch die Umwandlung einer Gesellschafterstellung als Gesellschafter einer oHG bzw. Komplementär einer KG in eine Kommanditbeteiligung und umgekehrt; eine Umwandlung einer KG in eine oHG oder einer oHG in eine KG ist ggf. ebenfalls anzumelden bzw. bekanntzumachen.

17.4.5 Rechtsstellung der Gesellschafter untereinander (Innenverhältnis)

Bezüglich des Innenverhältnisses ergibt sich grundsätzlich:

17.4.5.1 Komplementäre

Die Rechtsstellung der Gesellschafter der KG untereinander wird maßgeblich durch den Gesellschaftsvertrag bestimmt, vgl. § 163 HGB. Subsidiär gelten mangels vorrangiger gesellschaftsvertraglicher Regelungen die §§ 164–169 HGB. Bezüglich der Komplementäre ist dies unproblematisch; sie werden als persönlich haftende Gesellschafter der KG behandelt wie solche der oHG (s. o. 17.3.3). D. h., die Geschäftsführung und Vertretung (dazu 17.1.3.3 a. E.; 17.1.4; 17.3.3.3; 17.3.4.2; 17.4.6.2) der KG liegt bei den Komplementären. Auch werden sie vom Wettbewerbsverbot der §§ 112, 113 HGB erfasst (vgl. § 165 HGB). Maßnahmen der Komplementäre dürfen Kommanditisten nur widersprechen, wenn sie über den gewöhnlichen Be-

persönlich haftende Gesellschafter

trieb des Handelsgewerbes hinausgehen, § 164 HGB. Durch Gesellschaftsvertrag kann allerdings eine weitreichende Bindung des Komplementärs an etwaige Zustimmungen des Kommanditisten vereinbart werden, was die Rechtsstellung des Komplementärs im Einzelfall sehr schmälern kann (s. u.).

17.4.5.2 Kommanditisten

Der Kommanditist ist nicht geschäftsführungsbefugt (§ 164 HGB). Bei gewöhnlichen Geschäften steht ihm ein Widerspruchsrecht nicht zu; ungewöhnlichen Geschäften muss der Kommanditist jedoch zustimmen (entspr. § 116 II HGB). Einem Wettbewerbsverbot unterliegt der Kommanditist nicht (§ 165 HGB). Allerdings gilt auch für ihn der allgemeine Grundsatz der Treuepflicht, die gesellschaftsschädliches Verhalten verbietet.

beschränkt haftende Gesellschafter

Dem Kommanditisten stehen Kontrollrechte zu, insbesondere im Hinblick auf Einsicht und Prüfung der jährlichen Bilanz, vgl. § 166 HGB. Vom Gewinn gebührt dem Kommanditisten, wie auch dem Komplementär, 4 % seines Kapitalanteiles. Anstelle des für Komplementäre geltenden § 122 HGB regelt § 169 HGB, dass der Kommanditist kein Entnahmerecht in Höhe von 4 % seines Kapitalanteils hat, vielmehr nur den Gewinn beanspruchen kann, der seine Pflichteinlage übersteigt (vgl. § 168 HGB). Gesellschaftsvertraglich mag allerdings anderes vereinbart werden; Auszahlungen an den Kommanditisten können ggf. dessen persönliche Haftung begründen, vgl. § 172 IV HGB.

Gewinnanteil

Die Rechtsstellung des Kommanditisten kann gesellschaftsvertraglich erheblich verstärkt werden; so vermag ihm etwa Geschäftsführungsbefugnis (entsprechend § 116 HGB) eingeräumt zu werden (die im Außenverhältnis durch Vertretungsmacht, etwa Prokura oder Handlungsvollmacht, ergänzt werden kann, s. u.). Auch kann seine Zustimmung zur Vornahme von Geschäften als erforderlich vereinbart werden. Das kann ggf. sogar dazu führen, dass die Geschäftsleitung mehr oder minder dem Kommanditisten zusteht, bzw. der Komplementär dessen Anordnungen unterworfen wird.

Vertragsgestaltung

17.4.6 Rechtsverhältnisse der Gesellschafter und der Gesellschaft zu Dritten (Außenverhältnis)

Für das Außenverhältnis ist vornehmlich zu beachten:

17.4.6.1 Außengesellschaft

Die KG tritt Dritten gegenüber unter ihrer Firma auf; gemäß der §§ 124 HGB, 14 II BGB ist sie anerkanntes Rechtssubjekt („Quasi-Körperschaft" bzw. rechtsfähige Personengesellschaft, s. o. 3.3). Sie ist daher als Außengesellschaft in der Lage, rechtswirksame Beziehungen Dritten gegenüber einzugehen.

Rechtssubjekt

Beispiele: Die KG kann Käuferin, Mieterin, Arbeitgeberin, Bürgin etc. sein.

17.4.6.2 Vertretung

Vertreten wird die KG nicht durch die Kommanditisten, §§ 170 HGB, 164 I BGB, sondern nur durch die Komplementäre, §§ 161 II, 125–127 HGB (vgl. 7.2.2; 17.3.4.2).

Vertretungsverhältnisse

Beispiel: Die auf Abschluss eines Kaufvertrages für die KG gerichtete Willenserklärung eines Komplementärs wirkt unmittelbar für und gegen die KG, §§ 433, 164 I 1, 14 II BGB, 161 I, II, 125, 126, 124 I HGB (s. a. 17.4.3.2). (Vgl. die Schaubilder 68 und 72).

Eine „gemischte Gesamtvertretung", d. h. die Bindung der Komplementäre an die Mitwirkung eines mit Prokura versehenen Kommanditisten, ist grundsätzlich zulässig, dürfte aber dann unzulässig sein, wenn alle persönlich haftenden Gesellschafter bzw. der einzige vertretungsberechtigte Gesellschafter durch die Notwendigkeit der Mitwirkung eines Kommanditisten (oder auch Prokuristen) beschränkt werden (s. a. 17.3.4.2 zur oHG; vgl. § 125 III HGB).

Beispiele: Bei einer aus mehreren Komplementären bestehenden KG ist jeder von ihnen grds. einzelvertretungsberechtigt, §§ 161 II, 125, 126 HGB; ggf. kann Gesamtvertretung aller oder mehrerer Komplementäre, §§ 161 II, 125 II HGB, ggf. mit einem mit Prokura (§§ 48 ff. HGB) versehenen Kommanditisten, vereinbart werden.

Vertretungs-
macht
Ungeachtet dessen, dass die Vertretungsmacht des Kommanditisten gesetzlich ausgeschlossen ist (§ 170 HGB), kann sich aber eine Vertretungsmacht aus einer eigenständigen Bevollmächtigung ergeben, etwa Spezialvollmacht, Handlungsvollmacht, Prokura (s. o. 7.8). Wird einem Kommanditisten durch Gesellschaftsvertrag (s. o. 17.1.5.1, 17.4.2; nicht aber Dienst- oder sonstigen Vertrag) Prokura (s. o. 7.8.2) erteilt, so darf sie im Außenverhältnis zwar grundsätzlich jederzeit (§ 52 I HGB) widerrufen werden, aber nur aus wichtigem Grund (entsprechend der §§ 117, 127 HGB).

Räumt der Gesellschaftsvertrag dem Kommanditisten derartige Vertretungsmacht ein, so gilt er als „verfassungsmäßig berufener Vertreter" i. S. d. § 31 BGB (d. h., die KG haftet für etwaige unerlaubte Handlungen unmittelbar, § 831 BGB mit seiner Exculpationsmöglichkeit gilt nicht, s. o. 17.4.3.1).

Der Kommanditist wird als solcher grds. nicht zum Kaufmann i. S. d. HGB (s. o. 3.4.2.6; wichtig ist dies bspw. im Hinblick auf § 350 HGB).

Beispiel: Verbürgt sich ein Kommanditist für eine Darlehensschuld, §§ 765 I, 488 I BGB, so ist grds. die Schriftform der Bürgschaftserklärung vonnöten und die Einrede der Vorausklage möglich, §§ 766 S. 1, 771 BGB, da die §§ 350, 349 S. 1, 343 f. HGB nicht anzuwenden sind (s. o. 10.7.2 f.; 6.2.6; 17.4.3.3 a. E.).

17.4.6.3 Haftung

Schaubild 229: KG-Haftungsverhältnisse

Haftungs-
verhältnisse
Wie bereits oben (17.4.3) dargelegt, haftet im Außenverhältnis Gesellschaftsgläubigern gegenüber zunächst einmal die KG mit ihrem Gesellschaftsvermögen,

§§ 161 II, 124 HGB; daneben haften die Komplementäre als Gesamtschuldner (s. o. 8.7; vgl. Schaubild 92) persönlich, mit ihrem ganzen Vermögen, §§ 161 II, 128 HGB; für Kommanditisten haftet ihre Haftsumme (§§ 171 I, 172 IV HGB). Im Rahmen dieser Haftungsverpflichtungen steht es Gesellschaftsgläubigern frei, an wen sie sich halten wollen.

17.4.7 Ende der KG

Die Beendigung der KG ist grundsätzlich wie bei der oHG geregelt, vgl. die §§ 161 II, 131 HGB (s. o. 17.3.5). Der Gesellschaftsvertrag kann/sollte zum Ausscheiden von Gesellschaftern Näheres regeln (s. o. 17.1.6). Der Tod des Kommanditisten hat die Auflösung der Gesellschaft i. d. R. nicht zur Folge, § 177 HGB. Der Gesellschaftsanteil des Kommanditisten fällt dann seinen Erben zu. Stirbt der einzige Komplementär oder scheidet er ansonsten aus der KG aus, so führt dies zur Auflösung der KG, da diese ohne einen Komplementär nicht bestehen kann.

Beendigung

17.4.8 Steuerrechtliche Aspekte

Grundsätzlich wird die KG steuerrechtlich wie die oHG (s. o. 17.3.8) behandelt. Die KG als solche ist nicht einkommensteuerpflichtig, vielmehr wird an die Gesellschafter angeknüpft. Komplementäre beziehen Einkünfte aus Gewerbebetrieb i. S. d. § 15 I Nr. 2 EStG; dies gilt auch für Kommanditisten, die dann als Mitunternehmer behandelt werden, wenn sie gewisse Unternehmerinitiative bzw. Unternehmerrisiko tragen. Die KG ist gewerbesteuerpflichtig und gilt als Unternehmerin i. S. d. § 2 UStG, ist also umsatzsteuerpflichtig.

Steuerliches

17.4.9 Sonderformen

Als praxisrelevante Spezialerscheinungen der KG sind im Wesentlichen die GmbH & Co. KG, die PublikumsKG sowie die KGaA zu nennen:

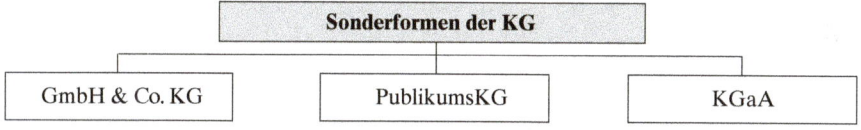

Schaubild 230: Sonderformen der KG

17.4.9.1 GmbH & Co. KG

Bei der GmbH & Co. KG, der wichtigsten Form der Fortentwicklung (Mischform, s. o. 17.1.3.3) der KG, ist persönlich haftende Gesellschafterin eine GmbH; zumeist ist die GmbH der einzige Komplementär, in Ausnahmefällen gibt es daneben noch andere persönlich haftende Gesellschafter.

GmbH & Co. KG

Besonders in mittelständischen Unternehmen ist die GmbH & Co. KG recht beliebt. Wesentliche Motive für die Entwicklung dieser Gesellschaftsform waren bzw. sind Aspekte der Haftungsbeschränkung, Steuerersparnis, Nachfolgeregelung bzw. Kapitalbeschaffung. Neben steuerrechtlichen Anreizen bietet gerade das Ersetzen einer natürlichen Person als Komplementär durch die GmbH als juristische Person den großen Vorteil, eine Haftung mit dem Privatvermögen weitgehend zu vermeiden. Insbesondere Familienkommanditgesellschaften können durch die GmbH & Co. KG ungewollte starke Stellungen von Komplementären verhindern und sich der Dienste des GmbH-Geschäftsführers demgegenüber bedienen. Be-

Motive

stehenden GmbH können über Kommanditeinlagen neues Kapital zugeführt werden. Die Firma muss eine Bezeichnung enthalten, die die Haftungsbeschränkung kennzeichnet, vgl. § 19 II HGB (s. o. 17.4.2.4). Mittlerweile finden sich auch UG(en) & Co. KG bzw. ebenso auch die SE & Co. KG (s. o. 17.4.2.4) oder etwa (Familien-)Stiftungen & Co. KG (s. o. 3.2.2 a. E.).

Geschäfts-
führer

Der Geschäftsführer der GmbH & Co. KG hat eine doppelte Stellung: Zum einen ist er GmbH-Geschäftsführer i. S. d. §§ 6, 35 ff. GmbHG, zum anderen führt er für die KG als Repräsentant der GmbH die Geschäfte der KG i. S. d. §§ 161 II, 114 ff. HGB. In der Regel ist der Geschäftsführer nur Dienstverpflichteter (s. o. 10.4.1, 16.2.1) der GmbH und steht zur GmbH & Co. KG nicht in einem unmittelbaren Vertragsverhältnis. Vertreten wird die GmbH & Co. KG nach außen ebenso durch die GmbH, d. h. durch ihr Organ, nämlich den/die Geschäftsführer. Gläubigern der GmbH & Co. KG haftet für Gesellschaftsverbindlichkeiten das Gesellschaftsvermögen der KG; daneben haftet die Komplementär-GmbH persönlich unmittelbar und unbeschränkt mit ihrem Vermögen gesamtschuldnerisch; Kommanditisten haften unmittelbar nur bis zur Höhe ihrer Einlage (s. u. 17.7.11). Wie Kapitalgesellschaften müssen auch die GmbH & Co. KGen ihren Jahresabschluss aufstellen, von einem Abschlussprüfer prüfen lassen und offenlegen, §§ 264 a ff. HGB.

17.4.9.2 Publikumsgesellschaften

Publikums-KG

Publikums- oder auch Massen-KGen sind Personengesellschaften, die auf die Mitgliedschaft einer großen Anzahl, zumeist kapitalistisch beteiligter, Gesellschafter angelegt sind. Hintergrund sind oftmals in Aussicht gestellte Steuerersparnisse. Die Publikums-KG dient somit als Kapitalsammelbecken. An einer Tätigkeit für die Massen-KG sind die einzelnen Anleger zumeist nicht interessiert. Geworben werden sie häufig durch Prospekte unter Verwendung vorformulierter Verträge. Nicht zuletzt zum Schutz der Anleger wurde daher für Publikumspersonengesellschaften nahezu ein Sonderrecht entwickelt. Die Gesellschaftsverträge werden der Inhaltskontrolle nach § 242 BGB unterworfen; Vertragsänderungen können ggf. durch Mehrheitsbeschluss getroffen werden, wenn dies gesellschaftsvertraglich vorgesehen ist; arglistig getäuschten Kommanditisten steht ein außerordentliches Kündigungsrecht zu; u. U. bestehen Haftungsansprüche der Kommanditisten gegen den Geschäftsführer der Komplementär-GmbH; für falsche Angaben in Werbeunterlagen muss nach den Grundsätzen der sog. Prospekthaftung gehaftet werden; § 708 BGB gilt grds. nicht (s. o. 9.2). Besteht eine KG aus einer großen Zahl von Kommanditisten, so ist es auch möglich, aus ihrer Mitte einen Ausschuss bzw. Beirat zu bilden, der die Rechte gegenüber den Komplementären wahrnehmen soll. Die Bildung vermögensverwaltender Publikums-KGen wird durch die §§ 161 II, 105 II, 2 HGB deutlich erleichtert.

17.4.9.3 KGaA

KGaA

Bei der KGaA (§§ 278–290 AktG; s. o. 17.1.3.2) haftet mindestens ein Komplementär den Gesellschaftsgläubigern unbeschränkt; die übrigen Gesellschafter sind an dem in Aktien zerlegten Grundkapital beteiligt, haften aber für Gesellschaftsverbindlichkeiten nicht, sog. Kommanditaktionäre. Es handelt sich hier um eine Mischform zwischen KG und AG, wobei für die Komplementäre die §§ 161 ff. HGB gelten, vgl. § 278 AktG (näher vgl. 17.8.12).

17.5 Die stille Gesellschaft

Im HGB ist als weitere Gesellschaftsform die stille Gesellschaft geregelt, vgl. die §§ 230 ff. HGB.

17.5.1 Begriff der stillen Gesellschaft

Hinsichtlich der stillen Gesellschaft bestehen insbesondere folgende Prinzipien:

17.5.1.1 Grundsätzliches

Die weitaus meisten Gesellschaften, insbesondere die Handelsgesellschaften, treten nach außen hin in Erscheinung – sie sind sog. Außengesellschaften. Demgegenüber besteht oftmals Interesse an der Bildung von Personengesellschaften, bei denen die Gesellschaftsverhältnisse nach außen hin nicht erkennbar sind. Man spricht dann von Innengesellschaften. Derartige Innengesellschaften können vorliegen beispielsweise bei Gesellschaften des bürgerlichen Rechts (s. o. 17.2.1.2),

Beispiele: Tippgemeinschaften oder Ehegattengesellschaften;

zuweilen findet man sie aber auch in Form der Beteiligung am Handelsgewerbe eines anderen durch Leistung einer Einlage, ohne eine solche Beteiligung offenzulegen. Dann handelt es sich in der Regel um eine stille Gesellschaft, vgl. die §§ 230 ff. HGB.

Diese stillen Gesellschaften gelten nicht als Handelsgesellschaften, da sie im Außenverhältnis nicht auftreten – konsequenterweise ist auch das zweite Buch des HGB überschrieben mit „Handelsgesellschaften und stille Gesellschaft". Man unterscheidet grds. zwei Arten stiller Gesellschaften: die *typische* sowie die *atypische*.

[Marginalien: Außen-/ Innengesellschaft; keine Handelsgesellschaft; Unterscheidungen]

17.5.1.2 Typische stille Gesellschaft

Bei der typischen stillen Gesellschaft nimmt der Stille regelmäßig gemäß der §§ 231, 232 HGB am Gewinn und grundsätzlich auch am Verlust des Handelsgeschäftes teil. Das Geschäftsvermögen ist Alleinvermögen des Inhabers, und der – typische – stille Gesellschafter ist nicht am Gesellschaftsvermögen beteiligt (hierin liegt vor allem der Unterschied zu oHG und KG). Eine gemeinsame Vertretung findet nicht statt, nach außen hin werden die Geschäfte nur im Namen des Inhabers des Handelsgeschäftes getätigt. Der stille Gesellschafter ist grundsätzlich auch nicht geschäftsführungsbefugt. Er haftet weder persönlich noch unmittelbar mit seiner Einlage, die Gesellschaftsgläubiger können nur Zugriff auf den Inhaber nehmen. Nach außen hin ist das Gesellschaftsverhältnis nicht ersichtlich, weder

[Marginalie: Charakeristika der typischen stillen Gesellschaft]

Typische stille Gesellschaft
– Stiller nimmt an Gewinn und grds. Verlust teil – Geschäftsvermögen ist Alleinvermögen des Inhabers – Einlage des Stillen geht in Geschäftsvermögen über – nach außen nicht erkennbar – keine Vertretung oder Geschäftsführung durch Stillen – keine Haftung des Stillen

Schaubild 231: Typische stille Gesellschaft

443

aus der Firma noch aus dem Handelsregister. Die stille Gesellschaft ist somit eine Sonderform der GbR (s. o. 17.2).

17.5.1.3 Atypische stille Gesellschaft

Charakteristika der atypischen stillen Gesellschaft

Ausgehend von der soeben dargestellten typischen stillen Gesellschaft hat sich seit längerem eine Sonderform herausgebildet: die sog. atypische stille Gesellschaft. Eine solche liegt dann vor, wenn dem stillen Gesellschafter im Rahmen der Vertragsfreiheit Beteiligungsrechte am Vermögen des Geschäftsinhabers und/oder Beteiligungsrechte an der Geschäftsführung zugebilligt werden.

Gesellschaftsvertraglich kann einerseits vereinbart werden, dass das bei Errichtung der Gesellschaft vorhandene, dem Inhaber bisher alleine zustehende und in der Folge auf seinen Namen dazuerworbene Geschäftsvermögen im Verhältnis zueinander (Innenverhältnis) so behandelt werden soll, als wäre es Gesamthandsvermögen, als wäre also der stille Gesellschafter am ganzen Geschäftsvermögen gesamthänderisch beteiligt, wodurch die Wertänderungen des ganzen Geschäftsvermögens auch ihm zustehen; der Stille hat dann einen schuldrechtlichen Anspruch auf Vermögensbeteiligung, was nach der Auflösung der Gesellschaft zu einer Auseinandersetzung führt. Auch bei dieser Form der atypischen stillen Gesellschaft geht aber die vom stillen Gesellschafter zu leistende Einlage in das Vermögen des Geschäftsinhabers über.

Abreden entscheidend

Zum anderen ist es aber möglich und oftmals mit der soeben beschriebenen Gesamthandsvermögensbeteiligung verbunden, dass dem stillen Gesellschafter auch gesellschaftsvertraglich maßgeblicher Einfluss auf Leitung und Verwaltung des Handelsgeschäftes eingeräumt wird, insbesondere durch Beteiligung an der Geschäftsführung bzw. Vertretung. Es kommt also jeweils vornehmlich auf die individuellen, gesellschaftsvertraglichen Abreden der Beteiligten an. So kann etwa der stille Gesellschafter gesellschaftsvertraglich im Innenverhältnis die Rechte und Pflichten eines Kommanditisten erhalten, die stille Gesellschaft also als „virtuelle KG" ausgestaltet sein.

Atypische stille Gesellschaft
– modifizierende gesellschaftsvertragliche Abreden – Beteiligungsrecht des Stillen am Vermögen des Geschäftsinhabers – Teilnahme des Stillen an Geschäftsführung bzw. Vertretung

Schaubild 232: Atypische stille Gesellschaft

17.5.1.4 Charakteristika

Wesentliche Gesichtspunkte der stillen Gesellschaft sind somit also:

Wesensmerkmale

Sie setzt einen Gesellschaftsvertrag (s. o. 17.1.5.1; 6.2.2; 6.6) voraus, gerichtet auf Beteiligung am Handelsgeschäft eines Kaufmanns, durch Leistung einer Vermögenseinlage, die in das Vermögen des tätigen Gesellschafters übergeht, zum Zwecke der Gewinnbeteiligung, ohne Erkennbarkeit nach außen, ohne Bildung einer Gesamthandsgemeinschaft bzw. eines Gesellschaftsvermögens, ohne Rechtsfähigkeit, Handelsregistereintrag oder Firma, beruhend auf persönlicher Verbundenheit der Gesellschafter, und ist demzufolge Personengesellschaft, Innengesellschaft und keine Handelsgesellschaft sowie keine rechtsfähige Personengesellschaft bzw. Unternehmerin i. S. d. § 14 II, I BGB (s. o. 3.6; 4.4.2).

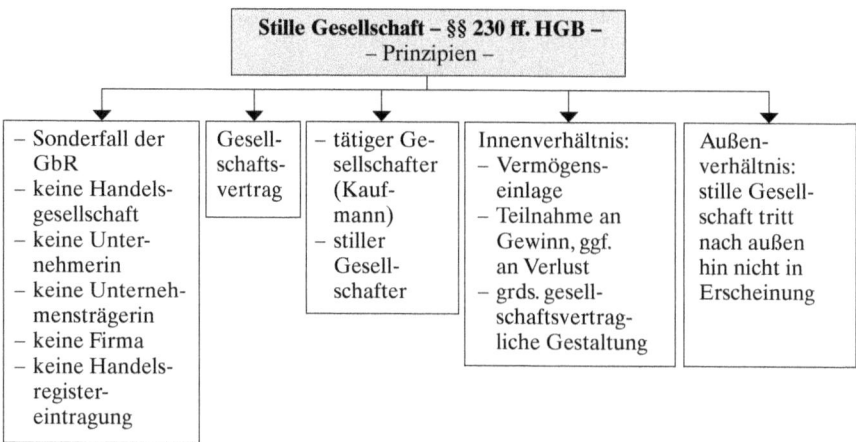

Stille Gesellschaft – §§ 230 ff. HGB – – Prinzipien –				
– Sonderfall der GbR – keine Handelsgesellschaft – keine Unternehmerin – keine Unternehmensträgerin – keine Firma – keine Handelsregistereintragung	Gesellschaftsvertrag	– tätiger Gesellschafter (Kaufmann) – stiller Gesellschafter	Innenverhältnis: – Vermögenseinlage – Teilnahme an Gewinn, ggf. an Verlust – grds. gesellschaftsvertragliche Gestaltung	Außenverhältnis: stille Gesellschaft tritt nach außen hin nicht in Erscheinung

Schaubild 233: Stille Gesellschaft – Prinzipien

17.5.2 Gesellschaftsvertrag

Beim Gesellschaftsvertrag ist grundsätzlich auf folgendes zu achten:

17.5.2.1 Vertragsschluss

Der Gesellschaftsvertrag zur Errichtung einer stillen Gesellschaft i. S. d. §§ 230 ff. HGB ist grundsätzlich formfrei (beachte aber etwa bei Grundstücken § 311 b I BGB; s. o. 6.4) und auch konkludent möglich, Schriftform ist allerdings empfehlenswert. Bei Mängeln des Gesellschaftsvertrages gelten in der Regel die Grundsätze über die fehlerhaften Gesellschaften – gesetzliche Nichtigkeitsgründe berechtigen grundsätzlich nur zur Auflösung ex nunc durch Kündigung (s. o. 8.3.3 a. E.). *Vertragsfreiheit*

17.5.2.2 Gesellschafter

§ 230 I HGB setzt einen Inhaber eines Handelsgeschäfts, der ein Handelsgewerbe betreibt, voraus. Der tätige Gesellschafter muss also Kaufmann i. S. d. §§ 1–6 HGB sein (s. o. 3.4; ist er es nicht, so liegt ggf. eine Innengesellschaft in Form einer stillen GbR vor, s. o. 17.2.1.2). Ist Inhaber des Handelsgeschäftes eine oHG oder eine KG, dann besteht das Rechtsverhältnis des stillen Gesellschafters nur zu dieser (Handels-) Gesellschaft, vgl. § 124 HGB, nicht aber zu den einzelnen Gesellschaftern; für die Ansprüche des Stillen haften die einzelnen Gesellschafter einer oHG persönlich im Wege des § 128 HGB. Bei der Beteiligung an einem Unternehmen, das nicht als kaufmännisches oder als Gewerbe zu qualifizieren ist, *Tätiger Gesellschafter*

Beispiele: Freier Beruf, Landwirtschaft,

werden die §§ 230 ff. HGB grds. entsprechend angewandt.

Stiller Gesellschafter kann jedermann sein, d. h. sowohl natürliche als auch juristische Personen, auch eine oHG, KG oder GbR. Er muss selbst nicht Kaufmann *Stiller Gesellschafter*

445

sein (er wird auch nicht etwa alleine durch die stille Beteiligung zum Kaufmann; vgl. 3.4.6.2).

17.5.2.3 Gesellschaftszweck

Zweck

Keine Firma

kein
HR-Eintrag

Zweck der stillen Gesellschaft ist das gemeinsame Streben, den Erfolg des Handelsgewerbes des Geschäftsinhabers durch eine Vermögensbeteiligung zu fördern und durch die Vermögenseinlage eine Gewinnbeteiligung zu erreichen. Da die stille Gesellschaft nach außen hin nicht in Erscheinung tritt, hat sie keine Firma. Die Firma des Inhabers des Handelsgeschäftes darf den Stillen auch nicht enthalten (vgl. die §§ 18 II 1, 19 HGB). Eine Eintragung der stillen Gesellschaft in das Handelsregister kommt nicht in Betracht.

17.5.3 Rechtsbeziehungen der Gesellschafter

Für die Rechtsbeziehungen der Gesellschafter gilt insbesondere:

17.5.3.1 Gesellschaftsvertrag

Abreden

Die Rechtsbeziehungen zwischen dem Geschäftsinhaber und dem stillen Gesellschafter werden nebst der §§ 230 ff. HGB, die regelmäßig dispositiv sind, weitgehend durch den Gesellschaftsvertrag gestaltet. Die Parteien sind hinsichtlich dessen Regelungen weitgehend frei und grundsätzlich nur den Grenzen der Gesetzes- bzw. Sittenwidrigkeit (§§ 134, 138 BGB; s. o. 6.8.1.1) unterworfen. Der Anspruch des stillen Gesellschafters auf die Gewinnbeteiligung kann allerdings nicht ganz ausgeschlossen werden. Regelmäßig zu beachten ist die sich gegenseitig geschuldete gesellschaftsrechtliche Treuepflicht.

17.5.3.2 Rechte und Pflichten des Geschäftsinhabers

Stellung des
Geschäfts-
inhabers

Der Inhaber hat das Handelsgeschäft zum gemeinsamen Nutzen, also auch demjenigen des stillen Gesellschafters, zu führen. Die Verletzung dieser Pflicht gibt dem Stillen ggf. einen Schadensersatzanspruch gegen den Geschäftsinhaber. Nur dieser hat grundsätzlich (anders etwa: atypische stille Gesellschaft) das Recht und die Pflicht zur Geschäftsführung. Lediglich wesentliche Veränderungen, Veräußerung und Einstellung des Handelsgewerbes bedürfen der Zustimmung des stillen Gesellschafters.

Pflichten

Der Inhaber darf das Geschäftsvermögen nicht schmälern und den Gesellschaftszweck nicht gefährden. Er schuldet Sorgfalt nach den §§ 708, 277 BGB (s. o. 9.2). Zwar gelten die §§ 112, 113 HGB grundsätzlich nicht, allerdings verbieten sowohl die Verpflichtung zur Führung des Geschäftsbetriebs zu gemeinsamem Nutzen als auch die Treuepflicht dem Inhaber eine konkurrierende, schädigende Betätigung. Auch schuldet der Inhaber dem stillen Gesellschafter Rechenschaft; für Verluste ist er beweispflichtig.

Rechte

Demgegenüber hat der Geschäftsinhaber das Recht auf Aufwendungsersatz gemäß der §§ 713, 670 BGB (ggf., bei einer atypischen stillen Gesellschaft, auch auf Verlustersatz entsprechend § 110 HGB; s. o. 17.3.3.2). Über die Mittel des – ihm ja alleine gehörenden – Handelsgeschäftes kann der Inhaber grundsätzlich nach Belieben verfügen, d. h. ggf. auch Entnahmen tätigen. Inwieweit der Geschäftsinhaber Gewinn- und Verlustanteile erhält bzw. zu tragen hat, ist vornehmlich gesellschaftsvertraglich zu regeln/geregelt (vgl. die §§ 231, 232 HGB). Ein eigenständiges Recht des Geschäftsinhabers auf Vergütung für seine Tätigkeit besteht grundsätzlich nicht.

17.5.3.3 Rechte und Pflichten des stillen Gesellschafters

Der stille Gesellschafter hat vornehmlich seine Vermögenseinlage in das Handelsgeschäft des Inhabers zu erbringen. Diese Einlage kann (vgl. die Parallele zum Kommanditisten) in jedem geldwerten Vorteil bestehen.

Stellung des stillen Gesellschafters

Beispiele: Geldzahlung, Erbringung von Dienstleistungen, Umwandlung von Darlehensforderungen in eine stille Beteiligung, Geld- oder Warenkreditierung zu Sonderbedingungen oder Zur-Verfügungstellung von know-how (s. o. 17.4.3.3).

Des Weiteren nimmt der Stille an Gewinn und – falls nichts anderes bestimmt ist, vgl. § 232 II HGB – Verlust teil. Die Bildung dieser Gewinn- oder Verlustanteile wird grundsätzlich im Gesellschaftsvertrag geregelt; sollte eine solche Regelung nicht getroffen sein, dann gilt ein den Umständen nach angemessener Anteil als bedungen (§ 231 I HGB). Ein Entnahmerecht hat der stille Gesellschafter nicht, vielmehr kann er die Auszahlung seines Gewinnanteils fordern, der am Schluss eines jeden Geschäftsjahres berechnet wird, § 232 I HGB.

In der Praxis häufig ist der gesellschaftsvertragliche Ausschluss der Beteiligung am Verlust des Unternehmens. Ist die Verlustbeteiligung nicht ausgeschlossen, dann nimmt der stille Gesellschafter am Verlust nur bis zum Betrage seiner eingezahlten oder noch rückständigen Einlage teil. Bezogene Gewinne muss er wegen späterer Verluste nicht zurückzahlen; solange seine Einlage durch Verlust vermindert ist, wird der jährliche Gewinn zur Deckung des Verlustes verwendet (§ 232 II HGB). Mehr als seine Einlage muss er grds. nicht zahlen bzw. riskiert er nicht. Zu Nachschüssen ist der stille Gesellschafter grds. nicht verpflichtet.

Verlust

Dem stillen Gesellschafter stehen gemäß § 233 HGB Kontrollrechte zu, die denjenigen eines Kommanditisten ähneln, vgl. § 166 HGB.

Kontrollrechte

Zu Vertretung und Geschäftsführung ist der Stille (grundsätzlich) nicht berechtigt. Bei einer typischen stillen Gesellschaft trifft den Stillen wegen seiner lediglich kapitalistischen Beteiligung regelmäßig kein Wettbewerbsverbot (vgl. § 165 HGB); allerdings schuldet auch der stille Gesellschafter dem Inhaber grundsätzlich Treue.

17.5.4 Rechtsverhältnis zu Dritten

Die im Handelsgewerbe des Inhabers geschlossenen Geschäfte und Rechtsvorgänge berechtigen und verpflichten nur den Inhaber selbst, nicht aber den stillen Gesellschafter, § 230 II HGB. Daher ist nur der Geschäftsinhaber vertretungsberechtigt, nur er schließt Verträge mit Dritten in eigenem Namen ab. Vertretungsbefugnisse des stillen Gesellschafters für den Inhaber können sich nur durch besondere Vollmacht ergeben (etwa Handlungsvollmacht oder Prokura für die Vertretung des Inhabers, nicht aber für die der Gesellschaft). Die Einräumung der Geschäftsführungsbefugnis (die ja das Innenverhältnis betrifft) ist gesellschaftsvertraglich durchaus möglich (atypische stille Gesellschaft).

Außenverhältnis

Der stille Gesellschafter haftet Gesellschaftsgläubigern weder unmittelbar noch in Höhe seiner Einlage. Eine unmittelbare Haftung Dritten gegenüber kann grds. nur aus besonderen Verpflichtungstatbeständen hergeleitet werden,

keine Haftung

Beispiel: eine Bürgschaft (§§ 765 ff. BGB; s. o. 10.7),

Rechts-
scheinshaftung

bzw. aus Rechtsscheinshaftung,

Beispiel: wenn der stille Gesellschafter etwa wie ein Gesellschafter einer oHG auftritt (vgl. § 242 BGB; s. o. 8.3.1.2; 8.3.2).

17.5.5 Gesellschafterwechsel

Über-
tragbarkeit

Der Gesellschafterwechsel ist in den §§ 230 ff. HGB nicht speziell geregelt. Eine Übertragung der Rechtsstellung des stillen Gesellschafters auf einen neuen Gesellschafter ist daher entsprechend § 717 BGB nur mit Zustimmung des Geschäftsinhabers möglich. Der Gesellschaftsvertrag kann im Übrigen ebenfalls vorsehen, dass die Beteiligung des Stillen übertragbar sein soll. Der Inhaber ist grundsätzlich frei, sein Geschäft zu veräußern, wobei dann dem stillen Gesellschafter ein Recht zur außerordentlichen Kündigung gem. § 723 BGB zukommt. Im Gesellschaftsvertrag kann auch vorgesehen werden, dass dem (zunächst) stillen Gesellschafter ein Anspruch auf Geschäftsübertragung eingeräumt wird.

17.5.6 Auflösung der stillen Gesellschaft

Ende der stillen
Gesellschaft

Die stille Gesellschaft wird grundsätzlich aufgelöst durch

– Zeitablauf;

– Auflösungsvereinbarung;

– Eintritt einer vereinbarten auflösenden Bedingung;

– Erreichung des vereinbarten gemeinsamen Zwecks;

– Unmöglichwerden der Erreichung des vereinbarten Zwecks (vgl. § 726 BGB);

– Tod des Inhabers, vgl. § 727 I BGB; ist Inhaber des Handelsgeschäfts eine Handelsgesellschaft, so steht deren Auflösung grundsätzlich dem Tode nicht gleich, allerdings kann der Stille dann unter Umständen außerordentlich kündigen. Stirbt allerdings der stille Gesellschafter, so wird die Gesellschaft nicht aufgelöst, § 234 II HGB, die Gesellschaft wird ggf. mit den Erben fortgeführt;

– Insolvenz des Inhabers; dabei ist der stille Gesellschafter mit seinem Guthaben Insolvenzgläubiger wie andere nicht bevorrechtigte Gläubiger, vgl. § 236 HGB;

– Insolvenz des stillen Gesellschafters (vgl. § 728 BGB);

– ordentliche Kündigung einer nicht auf eine bestimmte Zeit eingegangenen stillen Gesellschaft mit Sechsmonatsfrist auf das Ende des Geschäftsjahres des Unternehmens des Inhabers, vgl. die §§ 132, 134, 234 I HGB; bei wichtigem Grund ist Kündigung ohne Einhaltung einer Kündigungsfrist zulässig, §§ 234 I HGB, 723 BGB. Ein Privatgläubiger des stillen Gesellschafters kann die Gesellschaft mit einer Frist von sechs Monaten zum Geschäftsjahresende kündigen nach zuvoriger fruchtloser Vollstreckung, Pfändung und Überweisung des Auseinandersetzungsguthabens, vgl. die §§ 234 I, 135 HGB.

Auseinander-
setzung

Nach der Auflösung der stillen Gesellschaft müssen sich der Inhaber des Handelsgeschäfts und der stille Gesellschafter auseinandersetzen; das Guthaben des Stillen ist in Geld zu berichtigen, § 235 HGB. Diese Auseinandersetzung führt aber nicht zu einer Liquidation, denn die Gesellschaft hat gar kein Gesellschaftsvermögen. Mit der Auflösung ist die stille Gesellschaft beendet, es entsteht kraft Gesetzes der

Anspruch des Stillen auf Auszahlung seines Auseinandersetzungsguthabens. Im Hinblick auf die Berechnung und Wertansätze ist eine prophylaktische Regelung im Gesellschaftsvertrag hinsichtlich der Vermeidung späterer Streitigkeiten auch hier empfehlenswert (s. o. 17.1.6).

17.5.7 Prozessualia

Da die stille Gesellschaft als Innengesellschaft nach außen hin nicht in Erscheinung tritt, und Rechtsbeziehungen bezüglich der im Betrieb geschlossenen Geschäfte nur zwischen dem Inhaber des Handelsgeschäftes und Dritten bestehen, § 230 II HGB, sind Zugriffe Dritter unmittelbar auf den Stillen grundsätzlich nicht möglich. Partei in Aktiv- und Passivprozessen ist der Inhaber des Handelsgeschäfts. Obwohl die stille Gesellschaft nicht als solche ein beiderseitiges Handelsgeschäft ist, gehören Streitigkeiten aus dem Gesellschaftsvertrag (also zwischen dem Inhaber und dem stillen Gesellschafter) ebenso wie bei der oHG oder der KG vor die Kammer für Handelssachen bei den Landgerichten, § 95 I Nr. 4 a GVG (s. u. 20.1). — *Partei*

17.5.8 Steuerrechtliches

Vom Geschäftsinhaber erzielte Gewinne sind für diesen Einkünfte aus Gewerbebetrieb, § 15 I Nr. 2 EStG. Der typische stille Gesellschafter erzielt mit seinen Gewinnanteilen Einkünfte aus Kapitalvermögen, § 20 I Nr. 4 EStG; die Gewinnanteile des Stillen sind für den Inhaber des Handelsgewerbes abzugsfähige Betriebsausgaben. Der stille Gesellschafter ist nicht Unternehmer im Sinne des Umsatzsteuerrechts, die (typische und atypische) stille Gesellschaft als reine Innengesellschaft ist ihrerseits nicht Unternehmer i. S. d. § 2 UStG. Bei der atypischen stillen Gesellschaft gilt der stille Gesellschafter steuerlich als Mitunternehmer, ihm zuzurechnende Gewinnanteile sind Einkünfte aus Gewerbebetrieb i. S. d. § 15 I Nr. 2 EStG. — *Einkünfte*

17.6 Die Partnerschaftsgesellschaft

Mit dem Partnerschaftsgesellschaftsgesetz (PartGG) hat der Gesetzgeber eine Personengesellschaft für Freie Berufe eingeführt.

17.6.1 Grundsätzliches

Für die Partnerschaft (so die Bezeichnung in den einzelnen Vorschriften des PartGG; die Bezeichnung Partnerschaftsgesellschaft taucht nur in der Gesetzesüberschrift auf) gilt insbesondere folgendes: — *Partnerschaft*

17.6.1.1 Begriff der Partnerschaft

Die Partnerschaft ist gemäß § 1 I 1 PartGG „eine Gesellschaft, in der sich Angehörige Freier Berufe zur Ausübung ihrer Berufe zusammenschließen". Sie ist somit eine weitere Form einer Personengesellschaft, wie etwa die GbR oder die oHG. Die Partnerschaft übt kein Handelsgewerbe aus – ist also keine Handelsgesellschaft –, und kann auch nur aus natürlichen Personen bestehen (§ 1 I 2, 3 PartGG). — *Personengesellschaft*

17.6.1.2 Rechtsnatur

Die Partnerschaft ist eine Personengesellschaft. Grundsätzlich findet auf sie gemäß § 1 IV PartGG demnach das Recht der GbR Anwendung, d. h. die §§ 705 ff. BGB (s. o. 17.2; in den entscheidenden Punkten verweisen die einzelnen Vorschriften des PartGG allerdings auf oHG-Normen). Damit ist die Partnerschaft Gesamthandsgemeinschaft zur Ausübung Freier Berufe. Sie ist keine juristische Person, einer solchen aber stark angenähert: Nach § 7 II PartGG findet § 124 HGB entsprechende Anwendung. Wie die oHG (s. o. 17.3.4.1) ist die Partnerschaft damit eine Quasi-Körperschaft bzw. rechtsfähige Personengesellschaft, § 14 II, I BGB (s. o. 3.3), die als Unternehmerin unter ihrem Namen Rechte erwerben, Verbindlichkeiten eingehen, Eigentum und andere Rechte an Grundstücken erwerben, vor Gericht klagen und verklagt werden kann. Sie ist auch insolvenzfähig (§ 11 II Nr. 1 InsO; s. u. 21). Die Partnerschaft ist daher nicht nur eine Kooperationsgemeinschaft,

Quasi-Körperschaft

Beispiele: Bürogemeinschaft von Rechtsanwälten, Praxisgemeinschaft von Ärzten,

bei der jeder Einzelne eigenständig bleibt, sondern eine Berufsausübungsgesellschaft bzw. unternehmenstragende Gesellschaft (s. o. 4.4.2).

Beispiele: Rechtsanwaltssozietät, Gemeinschaftspraxis von Ärzten.

Da die Tätigkeiten der Freien Berufe kein Gewerbe (s. o. 3.4.1.1), Freiberufler also keine Kaufleute darstellen, können sie keine oHGen oder KGen bilden (s. a. 17.3.2.3, 17.6.2.1 a. E.).

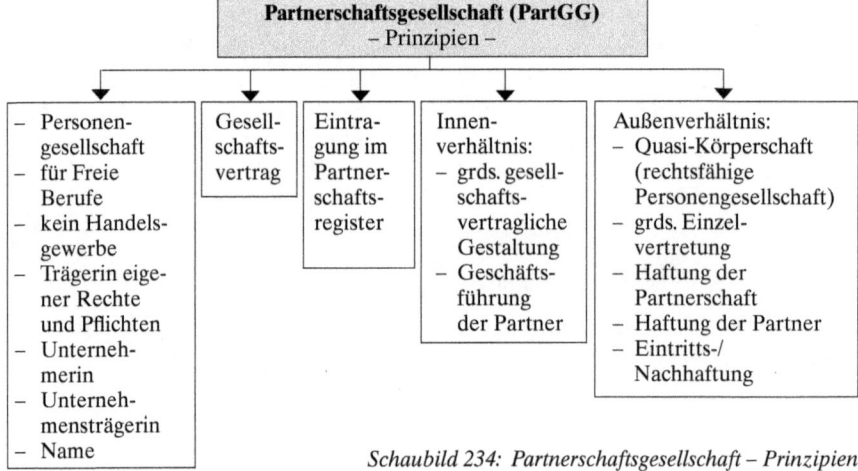

Schaubild 234: Partnerschaftsgesellschaft – Prinzipien

17.6.2 Entstehung

Für die Gründung bzw. Entstehung der Partnerschaft bedarf es eines Partnerschaftsvertrages sowie der Eintragung in das Partnerschaftsregister:

17.6.2.1 Partnerschaftsvertrag

Für den erforderlichen Partnerschaftsvertrag gilt insbesondere:

Der Partnerschaftsvertrag mindestens zweier Partner bedarf der Schriftform, §§ 3 I PartGG, 126 f. BGB (s. o. 6.4). Der notwendige Inhalt des Gesellschaftsvertrages ergibt sich aus § 3 II PartGG.

Vertragsinhalt

Vertragszweck kann nur die gemeinschaftliche Ausübung Freier Berufe sein (vgl. § 1 I 1, II 1, 2 PartGG). Es ist dabei durchaus möglich, dass der Freie Beruf ein gleichartiger ist,

Freie Berufe

Beispiele: mehrere Rechtsanwälte gemeinsam; Ärzte untereinander,

aber auch die Partnerschaft unterschiedlicher Freier Berufe wird erfasst,

Beispiele: Sozietäten von Anwälten, Steuerberatern, Wirtschaftsprüfern in gemeinsamer Partnerschaft, auch von Ärzten und Anwälten (ungeachtet des § 59 a BRAO).

Partner kann nur sein eine natürliche Person (§ 1 I 3 PartGG), die einen Freien Beruf i. S. d. § 1 II PartGG ausübt (vgl. die dortige Inhaltsbestimmung und Aufzählung, die sich an § 18 EStG orientiert). Inhalt der Tätigkeit der Freien Berufe ist, im allgemeinen auf Grundlage besonderer beruflicher Qualifikation oder schöpferischer Begabung, die persönliche und eigenverantwortliche, fachlich unabhängige Erbringung von Dienstleistungen höherer Art (s. a. § 1 II 1 PartGG).

natürliche Personen

Beispiele: Partnerschaften aus Angehörigen der Beratungsberufe, Ingenieurberufe, Heilberufe, Künstler, Wissenschaftler etc. (s. o. 3.4.1.1). Derzeit sind ca. 1,4 Millionen selbständige Freiberufler in Deutschland tätig.

Standes- bzw. berufsrechtliche Beschränkungen können die Beteiligung an einer Partnerschaft untersagen bzw. erschweren, § 1 III PartGG.

Berufsrecht

Beispiel: Das Apothekengesetz sieht in § 8 als Kooperationsform für Apotheker nur die GbR oder oHG vor (anders aber etwa beim nur gutachterlichen bzw. fachlich beratenden Apotheker). So ist, ungeachtet des § 59 a BRAO, etwa eine Partnerschaft von Rechtsanwälten und Ärzten bzw. Apothekern zulässig.

Der Verlust der Zulassung zu einem Freien Beruf zieht das Ausscheiden aus der Partnerschaft nach sich, § 9 III PartGG; dies ist vertraglich nicht abdingbar.

(Vertrags-)Partner nicht sein können juristische Personen, vgl. § 1 I 3 PartGG,

Beispiele: Steuerberater-GmbH, Bildberichterstatter-GmbH können nicht Partner werden;

Partnerschaften können sich auch untereinander nicht zu Partnerschaften zusammenschließen, bleiben also mitunternehmerische Berufsausübungsgesellschaften (sie können sich somit nur zu Kooperationsformen wie Bürogemeinschaften oder der EWIV zusammenschließen, s. o. 3.3; s. u. 17.10).

Da die Partnerschaft gemäß § 1 I 2 PartGG kein Handelsgewerbe betreibt, kann zum einen eine Partnerschaft nicht zur Eintragung in das Handelsregister (s. o. 3.4.6) angehalten werden, und zum anderen ist einem Kaufmann i. S. d. HGB (s. o. 3.4) die Partnerschaft verschlossen (s. a. 3.4.1.1, 17.3.2.3).

Kein Handelsgewerbe

17.6.2.2 Eintragung

Die Partnerschaft ist zur Eintragung in das Partnerschaftsregister anzumelden, § 4 PartGG.

Anmeldung

Partnerschafts-
register

Das Partnerschaftsregister wird bei den Amtsgerichten geführt, § 160 b FGG. Die für das Handelsregister (s. o. 3.4.6) geltenden Vorschriften der §§ 8–12, 13, 13 c, 13 d, 13 h, 14–16 HGB sind entsprechend anzuwenden, § 5 II PartGG. Damit sind

Publizitäts-
wirkung

nicht zuletzt auch die Publizitätsregeln des § 15 HGB erfasst; auf Eintragungen im Partnerschaftsregister (die auch über die Internetseite des Unternehmensregisters – *www.unternehmensregister. de* – zugänglich sind, §§ 8 b II Nr. 3, 9 VI HGB) darf man sich also verlassen (vgl. 3.4.6 a. E.).

Beispiel: Der Ausschluss eines Partners von der Vertretung wird nicht angemeldet bzw. eingetragen, vgl. die §§ 7 III, 5 PartGG, 15 I HGB.

Eintragung
konstitutiv

Die Eintragung in das Partnerschaftsregister wirkt konstitutiv, denn die Partnerschaft wird gemäß § 7 I PartGG mit ihrer Eintragung wirksam. Vor der Eintragung ist auf den Zusammenschluss das Recht der GbR anzuwenden, vgl. die §§ 705 ff. BGB, 1 IV PartGG. Dadurch bleibt im Übrigen gewährleistet, dass der Zusammenschluss zur Partnerschaft nicht zwingend ist und die GbR auch weiterhin mögliche Gesellschaftsform für die Betroffenen bleibt (s. o. 17.2).

17.6.3 Name

Die Partnerschaft ist namensrechtsfähig – wie die oHG etwa eine Firma (vgl. die §§ 17 ff. HGB, s. o. 3.4.5), so hat die Partnerschaft einen Namen, § 2 PartGG. Der Name der Partnerschaft muss den Namen (Vorname ist nicht erforderlich) min-

Namens-
angaben

destens eines Partners, den Zusatz „und Partner" oder „Partnerschaft" sowie die Berufsbezeichnungen aller in der Partnerschaft vertretenen Berufe enthalten, § 2 I PartGG.

Beispiele: Schneider und Partner, Architekten; Hebammenpraxis „Wonneproppen" Meyer und Werner; die Aufnahme einer Phantasiebezeichnung in den Namen ist zulässig.

PartGmbB

Bei einer PartGmbB ist der Zusatz „mit beschränkter Berufshaftung", „mbB" oder eine allgemein verständliche Abkürzung erforderlich, § 8 IV 3 PartGG.

Namen eines Dritten bzw. irreführende Zusätze dürfen nicht enthalten sein, vgl. die §§ 2 I 2, 3, II PartGG, 18 II HGB. Die Unterscheidbarkeit ist zu gewährleisten, §§ 2 II PartGG, 30 HGB. Namensfortführungen sind zulässig, §§ 2 II PartGG, 21, 22 I, 24 HGB, jedoch ist die Namensübertragung ohne gleichzeitigen Übergang des „Unternehmens" nicht zulässig, §§ 2 II PartGG, 23 HGB.

Auf Geschäftsbriefen und Bestellscheinen sind die gemäß der §§ 7 V PartGG i. V. m. 125 a I 1, II HGB erforderlichen Angaben zu machen (vgl. Schaubild 28).

Namensschutz

Der Name der Partnerschaft ist gemäß der §§ 2 II PartGG, 37 HGB, 823 I BGB, 823 II BGB i. V. m. den §§ 2 II PartGG, 37 HGB (diese Vorschriften sind insoweit Schutzgesetze; s. o. 12.3), geschützt.

17.6.4 Innenverhältnis

Berufsrecht zu
beachten

Die Partner können ihre Rechtsbeziehungen unter- bzw. zueinander im Rahmen der Vertragsfreiheit (s. o. 2.5; 6.6.6) weitgehend frei regeln. Bei Erbringung ihrer beruflichen Leistungen haben sie das jeweils für sie geltende Berufsrecht zu beachten, § 6 I PartGG, sie bleiben also ihrem jeweiligen Standesrecht unterworfen.

Beispiele: Rechtsanwälte, Ärzte, Steuerberater etc. müssen weiterhin ihr spezielles Berufsrecht wahren.

Von der Führung der Geschäfte für den von ihm selbst ausgeübten Beruf kann ein Partner nicht ausgeschlossen werden, sondern nur von der Geschäftsführung ansonsten, vgl. § 6 II PartGG.

Geschäfts-führung

Soweit die Partner keine gesellschaftsvertraglichen Regelungen treffen, greifen im Übrigen wegen der Rechte und Pflichten im Innenverhältnis die jeweiligen Regeln der §§ 110–116 II, 117–119 HGB ein, d. h. bezüglich Geschäftsführung, Kontrollrechten und Beschlussfassung wird auf oHG-Recht verwiesen, § 6 III PartGG.

oHG-Regeln gelten

17.6.5 Personelle Veränderungen

Neue Partner in die Partnerschaft aufzunehmen ist, sofern sie einen Freien Beruf i. S. d. § 1 II PartGG ausüben, grds. unproblematisch. Ein vertragsgemäßer Austritt ist ebenfalls unbedenklich. Jedem Partner steht auch das nicht abdingbare Kündigungsrecht aus wichtigem Grund zu, §§ 1 IV PartGG, 723 BGB. Im Übrigen gelten für Auflösung bzw. Ausscheiden eines Gesellschafters gemäß § 9 I PartGG die §§ 131–144 HGB.

Aufnahme/ Austritt

Die Beteiligung an einer Partnerschaft ist nicht vererblich, es sei denn, im Partnerschaftsgesellschaftsvertrag sei die Vererblichkeit an eine Person, die ihrerseits Partner i. S. d. § 1 I, II PartGG sein könnte, vorgesehen, § 9 IV PartGG (sog. qualifizierte Nachfolgeklausel).

nicht vererblich

Beispiel: Im Partnerschaftsvertrag ist vereinbart, dass der Sohn/die Tochter dem väterlichen Rechtsanwalt nach dessen Tod in die Partnerschaft nachfolgen können, sofern sie selbst zur Anwaltschaft zugelassen sind.

Ist eine solche Regelung nicht getroffen, so wächst die Beteiligung des verstorbenen Partners den verbleibenden, die Gesellschaft fortsetzenden, Partnern an, vgl. die §§ 1 IV PartGG, 738 BGB; in derartigen Fällen kann auch vereinbart werden, dass ein Ausgleich unterbleibt (für Ausscheiden zu Lebzeiten gilt entsprechendes). Grundsätzlich sollte der Gesellschaftsvertrag Regeln über das evtl. Ausscheiden eines Partners enthalten (s. o. 17.1.6).

Anwachsung

17.6.6 Außenverhältnis

Für das Außenverhältnis der Partnerschaft gilt mit dem Zeitpunkt ihrer Wirksamkeit durch Eintragung in das Partnerschaftsregister, § 7 I PartGG, grds. folgendes:

Die Partnerschaft als Gesamthandsgesellschaft wird als Quasi-Körperschaft bzw. rechtsfähige Personengesellschaft, § 14 BGB, wie eine juristische Person behandelt (s. o. 3.3). Sie ist gemäß der §§ 7 II PartGG, 124 HGB rechts-, partei-, grundbuchsowie insolvenzfähig (s. o. 17.6.1.2) und gilt als Unternehmerin (§ 14 BGB; s. o. 3.6).

Quasi-Körperschaft

Die Partnerschaft wird Dritten gegenüber durch die Partner organschaftlich vertreten (s. o. 7.2.2); mangels anderweitiger gesellschaftsvertraglicher Regelung gilt das Prinzip der Einzelvertretung, §§ 7 III PartGG, 125 I, II HGB. Grundsätzlich hat also jeder Partner bei der Abgabe von Willenserklärungen für die Partnerschaft die gemäß § 164 I 1 BGB erforderliche Vertretungsmacht (s. o. 7.2.3; 7.4.2; vgl. die Schaubilder 68 und 72). Ein etwaiger Ausschluss eines Partners von der Vertretung, die Anordnung der Gesamtvertretung sowie jede sonstige Änderung der Vertretungsmacht muss im Partnerschaftsregister eingetragen werden, §§ 7 III, 4, 5 I PartGG.

Einzel-vertretung

keine Proku-
risten oder
Handlungsbe-
vollmächtige

Da die Partnerschaft kein Handelsgewerbe betreibt, § 1 I 2 PartGG (s. o. 17.6.2 a. E.), kann sie auch keine Prokuristen oder Handlungsbevollmächtigten bestellen (daher verweist § 7 III PartGG auch nicht auf den die unechte Gesamtvertretung regelnden § 125 III HGB). Die Bestellung rechtsgeschäftlicher Vertreter richtet sich daher alleine nach den §§ 164 ff. BGB (s. o. 7).

Haftung

Hinsichtlich der Haftungsverhältnisse ist folgendes zu beachten:

Partnerschaft
und Partner
haften

Für Verbindlichkeiten der Partnerschaft (die sie gemäß der §§ 7 II PartGG, 124 HGB selbst begründen kann) haftet das Vermögen der Partnerschaft; daneben haftet Gesellschaftsgläubigern für Gesellschaftsverbindlichkeiten grds. jeder einzelne Partner gesamtschuldnerisch, § 8 I 1 PartGG (es sei denn, nur einzelne Partner seien mit der Bearbeitung eines Auftrags befasst gewesen, § 8 II PartGG, bzw. es läge eine PartGmbB vor, § 8 IV PartGG, s. u.).

Beispiele: Der Partner einer aus Ärzten bestehenden Partnerschaft erwirbt für die Partnerschaft ein Röntgengerät; Kaufpreisschuldnerin ist somit die Partnerschaft, §§ 433 II, 14 II BGB, 7 II, III PartGG, 124 I, 125 I, 126 I HGB, 164 I 1 BGB. Der Verkäufer kann daher die Partnerschaft, aber auch jeden einzelnen Partner gesamtschuldnerisch, vgl. die §§ 8 I 1 PartGG, 421 ff. BGB (s. o. 8.7; vgl. Schaubild 92), in Anspruch nehmen.

Oder: Der Rechtsanwalts-Partner berät einen Mandanten falsch und dieser erleidet hierdurch einen Schaden: dann haftet dem Mandanten grds. nicht nur die Partnerschaft als solche mit ihrem Vermögen, §§ 8 I 1, 7 II PartGG, 124 I HGB, sondern ggf. der einzelne Partner als Gesamtschuldner, §§ 8 I 1 PartGG, 421 ff. BGB (Anspruchsgrundlage wären die §§ 280 I, 241 II, 242 BGB – Pflichtverletzung –, s. o. 9.7).

Dies gilt nicht nur für vertragliche, sondern auch für deliktische Anspruchsgrundlagen.

Ein persönlich in Anspruch genommener Partner kann dem Anspruchsteller die der Partnerschaft zustehenden Einwendungen entgegenhalten, §§ 8 I 2 PartGG, 129 HGB.

Beispiele: Der Partner kann sich darauf berufen, dass die Partnerschaft den geltend gemachten Anspruch bereits durch Erfüllung befriedigt habe, er kann anfechten, aufrechnen, die Verjährungseinrede erheben, etc.

Eintritts-
haftung
Nachhaftung

Ein neu in die Partnerschaft eintretender Partner haftet auch für die vor seinem Eintritt begründeten Verbindlichkeiten der Partnerschaft, §§ 8 I 2 PartGG, 130 HGB. Ausscheidende Partner haften nur für Verbindlichkeiten, die während ihrer Zugehörigkeit zur Partnerschaft begründet wurden. Dieser Anspruch muss im übrigen binnen fünf Jahren erhoben werden, ansonsten verjährt er, §§ 10 II PartGG, 159, 160 HGB.

Haftungs-
beschränkung

Handelnden-
haftung

Waren nur einzelne Partner mit der Bearbeitung eines Auftrags befasst, so haften nur sie i. S. d. § 8 I PartGG für Schäden wegen fehlerhafter Berufsausübung, vgl. § 8 II PartGG; die persönliche Haftung kann also auf denjenigen Partner beschränkt sein, der innerhalb der Partnerschaft die berufliche Leistung zu erbringen oder verantwortlich zu leiten und zu überwachen hat.

Die anderen Partner werden dadurch also hinsichtlich ihrer persönlichen Haftung, die sich eigentlich aus § 8 I 1 PartGG ergäbe, privilegiert.

Die Haftung der Partnerschaft als solcher bleibt daneben aber erhalten.

Beispiel: Bei einer Ärztepartnerschaft haftet Patienten gegenüber für Schäden aus unsachgemäßer Behandlung (vertragsrechtlich im Hinblick auf Pflichtverletzungen i. S. d. § 280 I

454

BGB, deliktsrechtlich bezüglich der §§ 823 ff. BGB) neben der Partnerschaft nur der jeweils behandelnde (oder die Behandlung durch Mitarbeiter verantwortlich leitende und überwachende) Partner.

Für Hilfspersonen muss die Partnerschaft unter den Voraussetzungen der §§ 278 BGB (rechtsgeschäftlich) bzw. 831 BGB (deliktisch) einstehen (s. o. 7.3.3; 7.3.4; 8.13.2; 8.13.3; 12.5; vgl. Schaubild 71).

Einstands-pflichten für Hilfspersonen

Beispiel: Die von der Ärzte-Partnerschaft angestellte medizinisch-technische Assistentin verwechselt eine Spritze und der Patient wird dadurch geschädigt.

Haftungsbeschränkungsvereinbarungen auf bestimmte Höchstbeträge bei Berufshaftpflichtversicherungsverpflichtung sind gemäß § 8 III PartGG grds. möglich.

Beispiele: § 51 a BRAO für Rechtsanwälte, §§ 67, 67 a StBerG für Steuerberater, §§ 54, 54 a WPO für Wirtschaftsprüfer.

Mit § 8 IV PartGG hat der Gesetzgeber auch die Möglichkeit einer Partnerschaftsgesellschaft mit beschränkter Berufshaftung geschaffen – hiernach ist es möglich, die Haftung aus Schäden wegen fehlerhafter Berufsausübung auf das Gesellschaftsvermögen zu begrenzen. Hierfür ist eine gesetzlich vorgegebene Berufshaftpflichtversicherung erforderlich, § 8 IV 2 PartGG. Die Haftungsbeschränkung ist im Namen auszuweisen, § 8 IV 3 PartGG.

PartGmbB

Sollte ein in Anspruch genommener Partner einen geschädigten Dritten im Außenverhältnis befriedigt haben (§§ 8 I 1 PartGG, 421 BGB), so kann er die Partnerschaft in Regress nehmen, §§ 6 III PartGG, 110 HGB.

17.6.7 Steuerliches

Die Partnerschaft selbst ist weder körperschaftsteuer- noch gewerbesteuerpflichtig. Sie unterfällt allerdings dem UStG. Einkommensteuerpflichtig ist nicht die Partnerschaft, sondern sind die einzelnen Partner. Die Partner erzielen Einkünfte aus selbständiger Tätigkeit, § 18 I Nr. 1 EStG.

17.7 Die Gesellschaft mit beschränkter Haftung

Bereits in den einleitenden Grundzügen des Gesellschaftsrechts (s. o. 17.1.3.1) wurde darauf hingewiesen, dass sich die Grundtypen der Möglichkeiten, Vereinigungen zu bilden, als „Gesellschaft" bzw. „Verein" beschreiben lassen. Eine solche Sonderform des „handelsrechtlichen Vereins" stellt die GmbH dar.

handelsrecht-licher Verein

17.7.1 Begriff der GmbH

Für die GmbH gilt insbesondere folgendes:

17.7.1.1 Grundsätzliches

Die GmbH ist eine (Kapital-)Gesellschaft mit eigener Rechtspersönlichkeit; sie ist juristische Person (s. o. 3.2) und selbständige Trägerin eigener Rechte und Pflichten; sie kann Eigentum und andere dingliche Rechte an Grundstücken erwerben, vor Gericht klagen und verklagt werden: Ihren Gläubigern gegenüber haftet sie selbst mit ihrem Gesellschaftsvermögen. Sie gilt als Handelsgesellschaft i. S. d. Handelsgesetzbuches (vgl. die §§ 13 GmbHG, 6 HGB; s. o. 3.5) und ist als Unternehmerin,

juristische Person

§ 14 I BGB, Trägerin des von ihr betriebenen Unternehmens (s. o. 3.4.4; 3.6; 4.4.2).

Prinzipien **Eine GmbH kann zu jedem gesetzlichen Zweck durch eine oder mehrere Personen errichtet werden** (§ 1 GmbHG).

Beispiele: Produktions-, Handels-, Dienstleistungsunternehmen in der Rechtsform der GmbH; Steuerberater-GmbH, §§ 49 f. StBerG, Rechtsanwalts-GmbH, §§ 59 c ff. BRAO.

Die GmbH entsteht durch konstitutiv wirkende Eintragung im Handelsregister, § 11 GmbHG. Vertreten wird sie durch den/die Geschäftsführer als Organ/e (vgl. die §§ 6, 35 GmbHG; s. o. 7.2.2). Sie führt eine Firma, die den Hinweis „mit beschränkter Haftung" enthalten muss, § 4 GmbHG (vgl. aber § 5 a I GmbHG). Das Stammkapital der Gesellschaft muss grds. mindestens 25 000,– € betragen, § 5

UG GmbHG; § 5 a GmbHG lässt mit der haftungsbeschränkten UG (*„Mini-GmbH"*; *„kleine Schwester"*) auch eine stammkapitalfreie GmbH zu (s. u. 17.7.2.3; Schaubild 237). Für Gesellschaftsverbindlichkeiten,

Beispiele: Kaufpreisschulden, Arbeitnehmergehälter,

unbeschränkte Haftung der Gesellschaft
haftet (von einigen Ausnahmefällen zur Missbrauchsverhinderung abgesehen, s. u. 17.7.5) nur das GmbH-Vermögen, § 13 II GmbHG (die Gesellschafter selbst müssen dafür regelmäßig nicht persönlich einstehen), die Bezeichnung GmbH meint also nicht eine beschränkte Haftung der Gesellschaft, sondern der Gesellschafter.

17.7.1.2 Bedeutung

Beliebtheit
Die GmbH ist, insbesondere aus Haftungsgründen, eine sehr beliebte Gesellschaftsform. Sie eignet sich auch gut als Dach-, Verwaltungs- bzw. Organgesell-

Holding
schaft in Konzernen (sog. Holding). Ebenso wird für gemeinnützige, künstlerische, wissenschaftliche, kulturelle bzw. sportliche Zwecke oft auf die Rechtsform der GmbH zurückgegriffen.

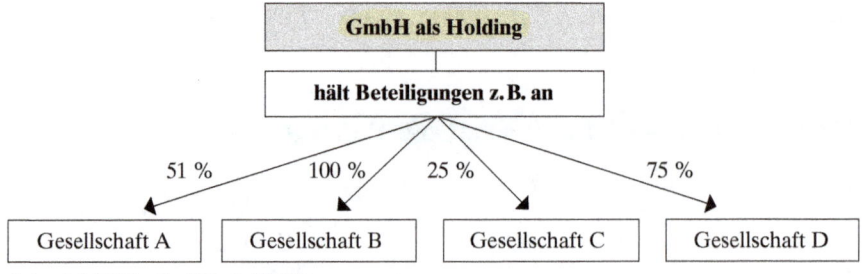

Schaubild 235: GmbH als Holding

17.7.1.3 Abgrenzung zur AG

Kapital-
gesellschaft
Wie die AG ist auch die GmbH eine Kapitalgesellschaft (vgl. 17.1.3.3). Oftmals nennt man sie auch „kleine Aktiengesellschaft" bzw. „kleinere Schwester der Aktiengesellschaft". Allerdings ist das GmbH-Recht weniger stringent als das Aktienrecht:

Gestaltungs-
möglichkeiten
Gesellschaftsvertraglich sind bei der GmbH vielfältige(re) Gestaltungsmöglichkeiten gegeben, insbesondere lässt sich die GmbH stärker personalisieren; GmbH-Gründungen sind nicht so teuer wie bzw. einfacher als AG-Gründungen (vgl. etwa § 2 I a GmbHG); Gesellschafterbeschlüsse sind nicht so häufig beurkundungsbe-

dürftig wie bei der AG; bei der GmbH lassen sich Nachschusspflichten der Gesellschafter vereinbaren (§ 26 GmbHG); eines Aufsichtsrates bedarf es bei der GmbH erst bei mehr als 500 Arbeitnehmern; bei der GmbH „geht es nicht so anonym zu" wie bei der AG – die Übertragung von GmbH-Anteilen ist erheblich schwerer (vgl. § 15 GmbHG) als der Verkauf bzw. Kauf einer Inhaberaktie (vgl. 17.8.1.4).

17.7.2 Gründung der GmbH

Für die Gründung der GmbH gilt insbesondere:

17.7.2.1 Gesellschafter

Die GmbH kann durch einen oder mehrere Gesellschafter gegründet werden (§ 1 GmbHG). Dabei kann jede natürliche sowie juristische Person Gesellschafter sein; auch Personen(handels)gesellschaften – oHGen, KGen – sowie Gesamthandsgemeinschaften (GbR bzw. Erbengemeinschaften) sind taugliche GmbH-Gesellschafter (s. o. 3).

17.7.2.2 Errichtung

Um mit der Eintragung im Handelsregister, § 11 GmbHG, als GmbH und damit als juristische, eigenständige Rechtspersönlichkeit zu entstehen mit der Konsequenz, dass ab dann für Verbindlichkeiten nur das Gesellschaftsvermögen haftet, sind grds. folgende Stadien zu durchlaufen: *Stadien der Errichtung*

– Gesellschaftsvertrag:

Der Gesellschaftsvertrag (s. o. 6.3, 6.6, 17.1.5.2), man nennt ihn auch Satzung bzw. Statut, bedarf der notariellen Form und ist von sämtlichen Gesellschaftern zu unterzeichnen (§ 2 I GmbHG). Vollmachten von Vertretern müssen ebenfalls notariell errichtet oder beglaubigt sein (s. o. 7.2.3.1). Der Mindestinhalt des Gesellschaftsvertrages ergibt sich gem. § 3 I GmbHG: *Gesellschaftsvertrag*

Der Gesellschaftsvertrag muss zumindest die Firma und den Sitz (vgl. dazu § 4 a GmbHG; s. a. 3.1.4 a. E.) der Gesellschaft, den Gegenstand des Unternehmens, den Betrag des Stammkapitals sowie die Zahl und die Nennbeträge der Geschäftsanteile, die jeder Gesellschafter übernimmt, enthalten. GmbH mit höchstens drei Gesellschaftern und einem Geschäftsführer können in einem vereinfachten Verfahren unter Nutzung eines Musterprotokolls gegründet werden, § 2 I a GmbHG (mit Anlage); dieses vereint Satzung, Geschäftsführerbestellung und Gesellschafterliste in einem Dokument und kann sowohl für die klassische GmbH als auch für die UG (haftungsbeschränkt) verwendet werden, §§ 2 I a, 5 a GmbHG. *vereinfachtes Verfahren/ Musterprotokoll*

Beispiel: Die Gründung einer UG (haftungsbeschränkt) erfolgt mittels eines Musterprotokolls – der Notar muss es nur noch beglaubigen, nicht aber selbst neu „aufsetzen" (dies spart u.a. Kosten).

– Geschäftsführer:

Die Gesellschafter müssen im Gesellschaftsvertrag bzw. durch einfachen Mehrheitsbeschluss in der Gesellschafterversammlung zumindest einen Geschäftsführer benennen, dem dann auch die Registeranmeldung obliegt (vgl. die §§ 6 f. GmbHG; s. o. 3.4.6). *Geschäftsführer*

– Stammkapital:

Stammkapital

Alsdann ist das Stammkapital aufzubringen. Sacheinlagen müssen vor der Handelsregisteranmeldung voll erbracht sein (§ 7 III GmbHG), bei Geldeinlagen reicht die Einzahlung eines Viertels des Nennbetrags auf jeden Geschäftsanteil (§ 7 II GmbHG). Zumindest aber muss auf das Stammkapital so viel eingezahlt sein, dass der Gesamtbetrag der eingezahlten Geldeinlagen zuzüglich des Gesamtnennbetrages der Geschäftsanteile, für die Sacheinlagen zu leisten sind, 12 500,– € erreicht.

Sacheinlagen

Bei Sachgründungen bzw. Sacheinlagen greifen besondere, vornehmlich gläubigerschützende, Regelungen: Es ist ein Sachgründungsbericht zu erstellen (§ 5 IV 2 GmbHG), durch geeignete Bewertungsunterlagen,

Beispiele: Sachverständigengutachten, Preislisten, Tarife, Kursnotierungen,

ist darzutun, dass die Vermögensgegenstände nicht überbewertet sind, also ihr Wert den Nennbetrag der dafür übernommenen Geschäftsanteile erreicht (§ 8 Nr. 5 GmbHG), was vom Registergericht geprüft wird (vgl. § 9 c GmbHG). Sollte eine Sacheinlage überbewertet worden sein, so muss der betreffende Gesellschafter in Höhe des Fehlbetrages eine Einlage in Geld leisten (§ 9 I GmbHG).

– Handelsregisteranmeldung und -eintrag:

HR-Eintrag

HRB

Danach ist die GmbH zum Handelsregister beim jeweiligen Amtsgericht ihres Sitzes anzumelden (§§ 7, 8, 78 GmbHG). Eintragungsantrag und Unterlagen werden vom Registergericht geprüft; ergeben sich keine Beanstandungen, so wird die GmbH in Abteilung B des Handelsregisters eingetragen (HRB; s. o. 3.4.6). Damit ist die GmbH entstanden (§ 11 GmbHG). Die Eintragung ist durch Veröffentlichung bekanntzumachen (vgl. die §§ 10 III GmbHG, 8 ff. HGB). Für etwaige unrichtige Eintragungen gilt ggf. § 15 HGB.

Vorgründungsgesellschaft

Bis zur Eintragung der GmbH spricht man von „GmbH in Gründung" bzw. „Vorgründungsgesellschaft"; diese ist regelmäßig eine GbR i. S. d. §§ 705 ff. BGB bzw. eine oHG i. S. d. §§ 105 ff. HGB (wenn sie bereits ein kfm. Handelsgewerbe betreibt), die durch Zweckerreichung mit dem Abschluss des eigentlichen GmbH-

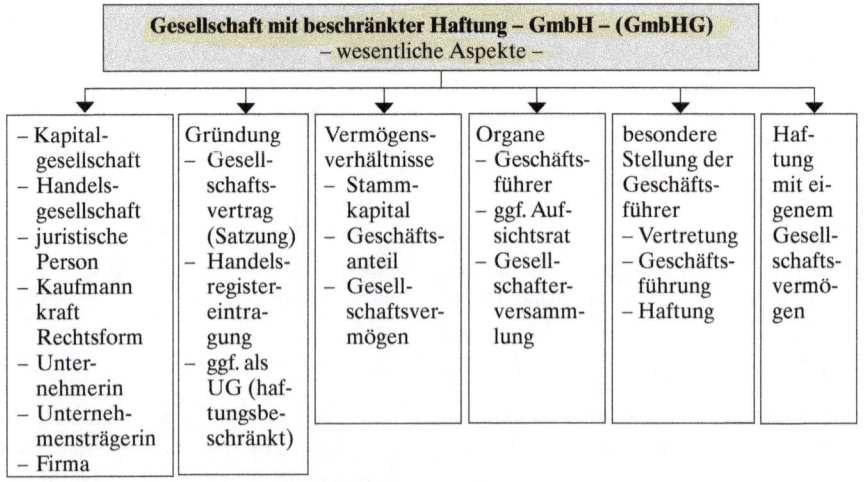

Schaubild 236: GmbH – wesentliche Aspekte

Vertrages endet. Mit Abschluss des notariellen GmbH-Vertrages entsteht die sog. Vorgesellschaft (*„Vor-GmbH"*); diese geht mit der Eintragung der GmbH im Handelsregister in die GmbH über. Auf diese Vorgesellschaft, die selbst noch keine GmbH ist (vgl. § 11 I GmbHG), findet das GmbH-Recht soweit wie möglich entsprechende Anwendung. Die Vor-GmbH ist im Zivilprozess aktiv (und passiv) parteifähig; sie ist bereits ein eigenständiges, körperschaftlich strukturiertes Rechtsgebilde mit eigenen Rechten und Pflichten.

Vorgesellschaft

Wurde bereits vor der Eintragung der GmbH in ihrem Namen gehandelt, so haften die Handelnden persönlich und solidarisch, also gesamtschuldnerisch (vgl. § 11 II GmbHG, s. o. 8.7; zur AG s. u. 17.8.2.1 a. E.).

17.7.2.3 Unternehmergesellschaft (haftungsbeschränkt)

Insbesondere, um es Existenzgründern zu erleichtern, gerade aus Haftungsgründen ihr Privat- vom Unternehmensvermögen getrennt zu halten, wurde in § 5 a GmbHG die UG (haftungsbeschränkt) geschaffen und in § 2 I a GmbHG eine beurkundungsfreie Mustersatzung ermöglicht. Bei der UG (haftungsbeschränkt), der *„kleinen Schwester"* der GmbH bzw. *„kleine(n) GmbH"* oder *„Mini-GmbH"*, handelt es sich um eine Variante der GmbH, die nicht eines Mindeststammkapitals von 25 000,– € (s. a. 17.7.2.2, 17.7.4) bedarf, sondern bei der schon 1,– € (oder mehr) ausreicht, § 5 a I GmbHG.

„Mini-GmbH"

Beispiele: Amberger Handels- und Vertriebs UG (haftungsbeschränkt); Müller Ideenfabrik UG (haftungsbeschränkt). Die Schaffung der UG (haftungsbeschränkt) zum 1. 11. 2008 (BGBl. I 2008, S. 2026 ff.) verlief, jedenfalls quantitativ, durchaus erfolgreich, ungeachtet dessen, dass die oftmals unzureichende finanzielle Mindestausstattung in der Praxis zu erheblichen Insolvenzrisiken führt (bzw. dazu, dass etwa Lieferanten oder Banken zusätzlich die persönliche Haftung der Inhaber fordern, etwa durch Bürgschaften, s. o. 10.7). Mit dieser GmbH-Variante hat der Gesetzgeber insbesondere auf die (nunmehr deutlich zurückgegangene, zuweilen recht) weite Verbreitung der englischen „Private Limited Company by Shares" (Ltd.) (deren Gesellschaftsregister in Cardiff geführt wird) reagiert (s. o. 17.1.2), für deren Gründung ein Stammkapital von lediglich 1 Pence (üblich: 1 englisches Pfund) erforderlich ist. Bei der UG (haftungsbeschränkt) kann als Stammkapital jeder volle Euro-Betrag zwischen 1,– und 24 999,– € bestimmt werden.

Reaktion auf Ltd.

Die UG (haftungsbeschränkt) ist grundsätzlich eine GmbH – auf sie finden das GmbHG bzw. die für die GmbH geltenden Gesetze regelmäßig volle Anwendung, ungeachtet der in § 5 a GmbHG enthaltenen Besonderheiten. Auch die UG (haftungsbeschränkt) ist – als GmbH – rechtsfähige juristische Person, Handels-, Kapitalgesellschaft, Formkaufmann (§§ 6 I, II HGB, 13 III GmbHG) bzw. Unternehmerin (§ 14 BGB) (s. o. 17.7.1.1 bzw. Schaubild 236).

Rechtsnatur

Die Firma ist abweichend von der GmbH; sie muss den Zusatz „Unternehmergesellschaft (haftungsbeschänkt)" oder „UG (haftungsbeschränkt)" führen (s. u. 17.7.3), § 5 a I GmbHG. Bareinlagen sind voll einzuzahlen, Sacheinlagen sind unzulässig, § 5 a II, IV GmbHG; das Stammkapital ist also in voller Höhe einzuzahlen (vgl. insoweit § 7 II GmbHG – bei der „regulären" GmbH besteht die Möglichkeit der Halbeinzahlung; s. o. 17.7.2.2), Sacheinlageabreden sind gemäß der §§ 5 II 2 GmbHG, 134 BGB nichtig (s. o. 6.8.1.1).

Firma

Kapital

Zur Verbesserung ihrer Eigenkapitalausstattung hat die UG (haftungsbeschränkt) eine gesetzliche Rücklage jährlich in Höhe von 25 % des um einen Verlustvortrag

Rücklage

aus dem Vorjahr geminderten Jahresüberschusses zu bilden, § 5 a III GmbHG; diese Thesaurierungspflicht geht über die Ausschüttungssperre des § 30 GmbHG hinaus.

Insolvenz- Bei drohender Zahlungsunfähigkeit ist die Gesellschafterversammlung unverzüg-
gefahr lich einzuberufen, vgl. die §§ 5 a IV GmbHG, 18 II InsO (s. u. 21.1) (abweichend insoweit von § 49 III GmbHG).

Erreicht oder übersteigt das Stammkapital den Betrag von 25 000,– € (§ 5 I GmbHG), gilt das Sonderrecht des § 5 a GmbHG nicht mehr; die UG (haftungs-beschränkt) wandelt sich, wenn aufgrund eines Kapitalerhöhungsbeschlusses das Mindestkapital von 25 000,– € eingezahlt ist, in eine GmbH um [wobei der Rechts-formzusatz „UG (haftungsbeschränkt)" weitergeführt werden darf (aber nicht muss) (s. u. 17.7.3)].

nur als Da die UG (haftungsbeschränkt) als Übergangsrechtsform zur „normalen" GmbH
Erstgründung konzipiert ist (vgl. § 5 a III, V GmbHG), kann sie nur als Erstgründung entstehen, die Rückumwandlung bzw. Zurückstufung einer GmbH in eine UG ist unzulässig.

Unternehmergesellschaft (haftungsbeschränkt)
– § 5 a GmbHG –

- Mindeststammkapitalfreie Erscheinungsform (Sonderfall) der GmbH („Mini-GmbH")
- Stammkapital ab 1,– €; Sacheinlagen ausgeschlossen, §§ 5 IV, 5 a II 2 GmbHG
- HR-Anmeldung erst nach voller Einzahlung des Stammkapitals, §§ 5 a II 1, 7 II GmbHG
- Verpflichtung zur Bildung gesetzlicher Gewinnrücklagen (Kapitalaufholung, Thesaurierungspflicht), §§ 5 a III, 57 c GmbHG
- Bezeichnung „Unternehmergesellschaft (haftungsbeschränkt)" bzw. „UG (haftungsbeschränkt)" in Firma zu führen, §§ 5 a I, 4 GmbHG
- Umfirmierung in klassische („normale") GmbH bei Erreichen des Mindeststamm-kapitals von 25 000,– € (§ 5 I GmbHG) möglich, aber nicht zwingend, § 5 a V GmbHG (keine Umwandlung i. S. d. UmwG, da eine Rechtsform)

Schaubild 237: Unternehmergesellschaft (haftungsbeschränkt)

17.7.3 Firma

allgemeine Die notwendige (vgl. § 3 I Nr. 1 GmbHG) Firma (s. o. 3.4.5) der GmbH kann
Firmen- entweder dem Gegenstand des Unternehmens entlehnt sein (Sachfirma) oder
grundsätze die Namen der Gesellschafter bzw. den Namen zumindest eines Gesellschafters (Personenfirma) enthalten; auch eine Mischfirma von Personen- und Sachfirma ist zulässig, ebenso eine Phantasiefirma, vgl. § 4 GmbHG.

Beispiele: Schneider GmbH; Mainmetall GmbH; Schlafzimmermöbel Rauch GmbH. Mit § 4 S. 2 GmbHG ist nunmehr auch die Abkürzung „gGmbH" (d. h. gemeinnützige GmbH) zulässig (vgl. § 52 AO) und eintragungsfähig (etwa: OH Odenwald-Hospiz gGmbH, Betriebs-gesellschaft Schloss Erbach gGmbH).

Geschäfts- Die Rechtsform ist zwingend (§ 4 GmbHG) und auf Geschäftspapieren anzugeben
papier (§ 35 a GmbHG; s. o. 3.4.5.4; vgl. Schaubild 28). Von anderen Unternehmen muss sich die Firma unterscheiden (vgl. § 30 HGB).

Liegt das Stammkapital unter dem gemäß § 5 I GmbHG erforderlichen Mindest-
UG – betrag von 25 000,– €, so ist in der Firma anstatt des Rechtsformzusatzes „GmbH"
Firma/Zusatz die Bezeichnung „Unternehmergesellschaft (haftungsbeschränkt)" bzw. „UG (haf-

tungsbeschränkt)" zu führen, § 5 a I GmbHG. Die Firma darf beibehalten werden, wenn das Mindeststammkapital durch eingezahlte Kapitalerhöhung erreicht oder überschritten wird, § 5 a V GmbHG; allerdings kann die haftungsbeschränkte UG dann auch durch bloßes Umfirmieren den (üblichen) Rechtsformzusatz „GmbH" wählen (einer formellen Umwandlung i. S. d. UmwG bedürfte es hierbei nicht, da es sich um die gleiche Rechtsform handelt).

Beispiele: Rieser UG (haftungsbeschränkt); Raps Communication UG (haftungsbeschränkt). Eine Abkürzung des Zusatzes „(haftungsbeschränkt)" ist im Hinblick auf den Gläubigerschutz bzw. zur Täuschungsvermeidung, insb. bzgl. der oftmals sehr geringen Kapitalausstattung, unzulässig. Werden diese Grundsätze missachtet bzw. wird für eine UG (haftungsbeschränkt) mit dem unrichtigen Rechtsformzusatz „GmbH" gehandelt, so kommt ggf. eine persönliche Haftung des Handelnden aus Rechtsschein (analog § 179 BGB; s. o. 7.6, 8.3.1.2, 8.3.2) bzw. ggf. gemäß der §§ 823 II BGB, 4 GmbHG in Betracht. Ebenso analog § 179 BGB einem Geschäftspartner unmittelbar persönlich haftet ggf. ein Vertreter einer GmbH, der im Rahmen von Vertragsabschlüssen für eine GmbH diese Bezeichnung weglässt. keine Täuschung

17.7.4 Gesellschaftsvermögen

Das Stammkapital als Summe der Nennbeträge aller Geschäftsanteile der GmbH muss mindestens 25 000,– € betragen (§ 5 I GmbHG) (zur UG [haftungsbeschränkt], bei der das Stammkapital lediglich 1,– € betragen muss, s. o. 17.7.2.3). Zumindest diese Summe soll den Gesellschaftsgläubigern regelmäßig als etwaige Haftungsmasse dienen. Um das Stammkapital der GmbH für die Gläubiger zu erhalten, trifft das GmbH-Gesetz einige Vorkehrungen (vgl. die §§ 24, 30 ff., 33, 42; s. a. die §§ 242, 264 HGB). *(Hinweis: Bei der GmbH spricht man von Stamm-, bei der AG dagegen vom Grundkapital).* Stammkapital

Der Nennbetrag jedes Geschäftsanteils muss auf volle Euro lauten; ein Gesellschafter kann bei der Gründung durchaus mehrere Geschäftsanteile übernehmen; die einzelnen Nennbeträge der Geschäftsanteile können unterschiedlich hoch sein. Geschäftsanteile

Das Stammkapital muss nicht identisch sein (und ist dies regelmäßig auch nicht) mit dem Gesellschaftsvermögen, das um ein erhebliches höher (aber auch geringer) sein kann. Auf jeden Geschäftsanteil ist eine Einlage zu leisten, § 14 GmbHG; die Höhe des Geschäftsanteils ist grundsätzlich maßgebend für das Stimmrecht (§ 47 II GmbHG), die Gewinnverteilung, § 29 III GmbHG, sowie einen etwaigen Liquidationserlös, § 72 GmbHG. Ggf. kann das Stammkapital durch Ausgabe neuer Geschäftsanteile erhöht werden, vgl. die §§ 55, 55 a GmbHG (zur Kapitalerhöhung einer AG s. u. 17.8.4 a. E.). Gesellschaftsvermögen

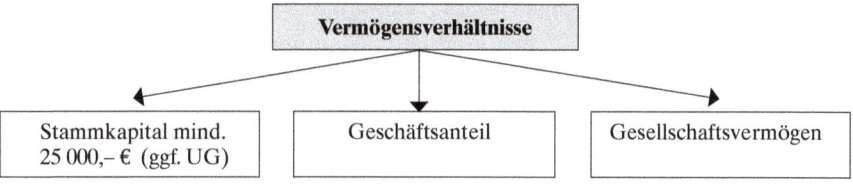

Schaubild 238: GmbH-Vermögensverhältnisse

17.7.5 Rechtsstellung der Gesellschafter

Grundsätzlich kann ein Gesellschafter über seinen Geschäftsanteil frei verfügen; allerdings sind Bindungen („Vinkulierung") möglich (vgl. § 15 GmbHG). Geschäfts- Geschäftsanteil

Abtretung

anteile sind übertrag-, belast- und inhaltlich änderbar (s. o. 5.1; 10.2.6; 17.1.6). Auch die Vererblichkeit ist möglich, wobei die Erbfolge allerdings gesellschaftsvertraglich festgelegt werden kann. Die Abtretung von Geschäftsanteilen bedarf der notariellen Form (§§ 15 III, IV GmbHG; 398, 413 BGB; s. o. 5.2). Auch gutgläubiger Erwerb eines Geschäftsanteils vom Nichtberechtigten ist ggf. möglich, § 16 III GmbHG (s. o. 6.2.4).

Ausschluss

Nur ausnahmsweise ist der Geschäftsanteil entziehbar (vgl. die §§ 21 ff., 34 GmbHG). Aus wichtigem Grund kommt ggf. der Ausschluss mittels der sog. Ausschlussklage der GmbH gegen einen Gesellschafter in Betracht. Auch ein Austritt aus der GmbH ist bei Vorliegen eines wichtigen Grundes möglich.

Beschlüssse

Die Willensbildung der GmbH vollzieht sich grundsätzlich durch die Gesamtheit der Gesellschafter, die ihre Beschlüsse regelmäßig in der Gesellschafterversammlung fassen.

Die Rechte der Gesellschafter ergeben sich vornehmlich aus dem Gesellschaftsvertrag (§ 45 GmbHG, im Übrigen nach den §§ 46 ff. GmbHG).

Entscheidungen der Gesellschafter

Gemäß § 46 GmbHG entscheiden die Gesellschafter insbesondere über: den Jahresabschluss und die Verwendung des Ergebnisses, die Einforderung der Einlagen, die Rückzahlung von Nachschüssen, die Teilung, Zusammenlegung bzw. Einziehung von Geschäftsanteilen, die Bestellung, Abberufung und Entlastung von Geschäftsführern, Maßregeln zur Prüfung und Überwachung der Geschäftsführung, Bestellung von Prokuristen und Handlungsbevollmächtigten zum gesamten Geschäftsbetrieb, Ersatzansprüche gegen Geschäftsführer oder Gesellschafter.

Die Gesellschafterversammlung wird durch den/die Geschäftsführer einberufen. Abgestimmt wird durch Beschlussfassung nach Mehrheit der abgegebenen Stimmen, wobei jeder Euro eine Stimme gewährt (§ 47 GmbHG); bei Satzungsänderungen ist eine ¾ Mehrheit der abgegebenen Stimmen erforderlich (§ 53 II 1 GmbHG).

Gesellschafterrechte

Die Beteiligung an einer GmbH vermittelt dem Gesellschafter Mitwirkungs- und Vermögensrechte:
– Vermögensrechte: Das wichtigste ist der (anteilige) Anspruch auf den erzielten Reingewinn;
– Mitwirkungsrechte: insbesondere Stimmrechte in der Gesellschafterversammlung, § 47 GmbHG, Minderheitsrechte (§ 50 GmbHG), Auskunfts- und Einsichtsrechte (§ 51 a GmbHG) sowie ggf. Privilegien aus dem Gesellschaftsvertrag.

Gesellschafterpflichten

Vornehmliche Pflicht des Gesellschafters ist die Erfüllung seiner Einlageverpflichtung (vgl. die §§ 5, 16 II GmbHG), wobei Nachschusspflichten nur ausnahmsweise bestehen (§ 26 GmbHG; § 53 III GmbHG). Eine persönliche Haftung für Gesellschaftsverbindlichkeiten (§ 13 II GmbHG) trifft den einzelnen Gesellschafter darüber hinaus regelmäßig nicht (s.o. 17.7.1.1 a.E.). Nur in engbegrenzten Ausnahmefällen kommt die sog. Durchgriffshaftung zu Lasten des Gesellschafters für

Durchgriffshaftung

GmbH-Verbindlichkeiten in Betracht, insbesondere dann, wenn ein geschäftsführender Gesellschafter die rechtliche Selbständigkeit der GmbH als solche durch

existenzvernichtender Eingriff

einen existenzvernichtenden Eingriff in das Gesellschaftsvermögen missbraucht und dies gegen § 826 BGB bzw. das Gebot von Treu und Glauben (§ 242 BGB; s. o. 8.3.1.2) verstößt.

Beispiel: Ein GmbH-Gesellschafter entzieht der GmbH (etwa durch Überweisung auf sein Privatkonto) über die Grenze des Stammkapitals hinaus rechtsmissbräuchlich erhebliche

Vermögenswerte, und lässt so den düpierten Gesellschaftsgläubigern für deren Forderungen gegen die GmbH nur eine „leere Hülle" als Haftungsmasse: Wegen dieser Schädigung des GmbH-Vermögens mittels eines existenzvernichtenden Eingriffs ohne Beachtung seiner besonderen Zweckbindung zur vorrangigen Befriedigung der Gesellschaftsgläubiger muss er der GmbH (diese ggf. vertreten durch den Insolvenzverwalter, s. u. 21.1) gemäß § 826 BGB (bzw. der §§ 823 II BGB, 266 StGB) Schadensersatz leisten, sog. Innnenhaftung (s. a. 17.7.6.4 a. E.). [Zur unzulässigen Einlagenrückgewähr vgl. die §§ 30, 31 GmbHG.]

Um das Stammkapital zu erhalten, darf das dafür erforderliche Vermögen der GmbH an die Gesellschafter grds. nicht ausgezahlt werden, sog. Rückgewährverbot (vgl. § 30 GmbHG). Rückgewährverbot

17.7.6 Stellung der Geschäftsführer

Für die Rechtsstellung der GmbH-Geschäftsführer gilt insbesondere:

17.7.6.1 Grundsätzliches

Die GmbH ist als juristische Person (s. o. 3.2) eine Kunstschöpfung der Rechtsordnung. Sie muss rechtlich durch Menschen repräsentiert werden.

Wichtigstes Organ neben der Gesellschafterversammlung und einem etwaigen Aufsichtsrat ist daher der Geschäftsführer. Organ

Der/die Geschäftsführer vertritt die GmbH nach außen und leitet nach innen die Geschäfte, § 35 I GmbHG (demgegenüber erbringen die Gesellschafter das erforderliche Kapital). Ein Geschäftsführer kann, muss aber nicht Gesellschafter sein, Grundsatz der sog. Fremdorganschaft (vgl. § 6 III 1 GmbHG; s. a. 17.1.3.3.). Geschäftsführer kann u. a. nicht sein, wer wegen bestimmter Insolvenzdelikte vorbestraft ist oder wem die Berufsausübung gerichtlich untersagt wurde (§ 6 II GmbHG). Fremdorganschaft

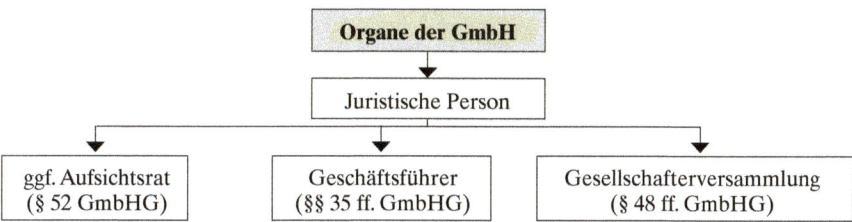

Schaubild 239: Organe der GmbH

Die Bestellung der Geschäftsführer erfolgt durch den Gesellschaftsvertrag (§ 6 III 2 GmbHG) mittels Gesellschafterbeschlusses (§ 46 I Nr. 5 GmbHG). (In dringenden Fällen kann entsprechend § 29 BGB gerichtlich ein Notgeschäftsführer bestellt werden). Die Bestellung zum Geschäftsführer ist grundsätzlich jederzeit widerrufbar (vgl. § 38 GmbHG). Bestellung

Wichtig ist, zwischen der Bestellung einer Person zum Geschäftsführer als Organ der GmbH und dem mit dieser Person abzuschließenden Dienst- bzw. Anstellungsvertrag (s. o. 10.4) zu trennen; beide Rechtsverhältnisse können ggf. ein eigenständiges rechtliches Schicksal haben. Ersteres ist ein gesellschaftsrechtlicher Organisationsakt, letzteres ein dienstrechtliches Phänomen. Will sich die Gesellschaft beispielsweise von ihrem Geschäftsführer gänzlich trennen, so genügt es nicht, den Bestellung/ Anstellung

Geschäftsführer durch die Gesellschafterversammlung mit Mehrheitsentscheidung abzuberufen und ihm dies mitzuteilen; erforderlich ist darüber hinaus dann auch die (ordentliche oder außerordentliche) Kündigung des Dienstverhältnisses (s. a. § 14 KSchG; 10.4.1, 16.2.1).

Beispiel: Der Geschäftsführer begeht Unterschlagungen – die Gesellschafterversammlung muss einerseits die Abberufung als Geschäftsführer beschließen und andererseits die (außerordentliche; vgl. § 626 BGB) Kündigung des Dienstvertrages, § 611 BGB, aussprechen. (S. a. 17.8.7.1 zum AG-Vorstand).

bestehendes
Arbeitsverhält-
nis endet ggf.

Der GmbH-Geschäftsführer ist kein Arbeitnehmer (vgl. § 611 a BGB) i. S. d. Arbeitsrechts (s. o. 16.2.1). Rückt etwa ein Mitarbeiter zum Geschäftsführer auf, so endet mit der Bestellung im schriftlichen Geschäftsführerdienstvertrag i. S. d. § 611 BGB (s. o. 10.4) grds. einvernehmlich das bisherige Arbeitsverhältnis.

Beispiel: Der Mitarbeiter wird mit schriftlichem Vertrag zum Geschäftsführer der GmbH berufen. Wird er dann später abberufen und der Geschäftsführerdienstvertrag gekündigt, dann lebt der frühere Arbeitsvertrag grds. nicht wieder auf (§ 623 BGB gilt als durch den schriftlichen Geschäftsführervertrag gewahrt). (Im Anstellungsvertrag kann jedoch etwa die Geltung des KSchG zugunsten des Geschäftsführers vereinbart werden; s.o. 16.5.2.1). Beim Abschluss des Anstellungsvertrages handelt der GmbH-Geschäftsführer als Verbraucher i.S.d. § 13 BGB (s.o. 3.1.3.2); ggf. sind die §§ 305 ff. BGB anwendbar (s.o. 6.7). (S. a. 17.8.7.1 zum AG-Vorstand bzw. 17.9.6.1 zur eG).

Geschäftsführer als solche sind selbst nicht Kaufmann i. S. d. §§ 1 ff. HGB (s. o. 3.4.1.2), auch nicht Unternehmer i. S. d. § 14 BGB (s. o. 3.6).

17.7.6.2 Geschäftsführung

Innenverhältnis

Im Innenverhältnis zur Gesellschaft haben die Geschäftsführer deren Geschäfte zu besorgen, Geschäftsführung (s. o. 17.1.4). Diese umfasst grundsätzlich alle Angelegenheiten der Gesellschaft, wobei allerdings Beschränkungen im Gesellschaftsvertrag, durch die Gesellschafterversammlung oder den etwaigen Aufsichtsrat möglich sind. Wichtige Geschäftsführungspflichten sind zum

Beispiel: die Pflicht zur Vorlage einer aktuellen Gesellschafterliste (§ 40 GmbHG), ordnungsgemäßen Buchführung (§ 41 GmbHG), ordnungsgemäßen Bilanzierung (§ 42 GmbHG), Vorlage des Jahresabschlusses und des Lageberichts (§ 42 a GmbHG), oder aber auch zur Beantragung des Insolvenzverfahrens (§ 15 a InsO).

17.7.6.3 Vertretung

Außen-
verhältnis

Die Geschäftsführer vertreten die GmbH gerichtlich und außergerichtlich (§ 35 GmbHG; s. o. 7.2; 7.4; vgl. die Schaubilder 68 und 72); sie haben bei der Abgabe von Willenserklärungen für die GmbH die gemäß § 164 I 1 BGB erforderliche Vertretungsmacht. Sind mehrere Geschäftsführer bestellt (vgl. § 6 I GmbHG), dann gilt grds. Gesamtvertretungsbefugnis (vgl. § 35 II 1 GmbHG), wobei es allerdings dann, wenn gegenüber der GmbH eine Willenserklärung abzugeben ist, ausreicht, wenn dies einem der Geschäftsführer gegenüber erfolgt (§ 35 II 2 GmbHG). In Gesellschaftsverträgen wird häufig Einzelvertretungsbefugnis vorgesehen. Zwar vermag die Vertretungsbefugnis der Geschäftsführer im Innenverhältnis zur Gesellschaft hin eingeschränkt zu werden (§ 37 I GmbHG), Dritten gegenüber, also im Außenverhältnis, ist eine solche Beschränkung grds. ohne rechtliche Wirkung (vgl. § 37 II GmbHG; s. a. 17.1.4). Eine führungslose GmbH wird ggf. durch die Gesellschafter (passiv) vertreten, § 35 I 2 GmbHG.

17.7.6.4 Haftung

Die Geschäftsführer müssen in Angelegenheiten der Gesellschaft die Sorgfalt eines ordentlichen Geschäftsmannes walten lassen (§ 43 I GmbHG). Verletzen sie ihre Pflichten, dann machen sie sich gem. § 43 II GmbHG der Gesellschaft gegenüber schadensersatzpflichtig (s. a. die §§ 6 V, 40 III GmbHG). Der Geschäftsführer ist somit sorgfalts- und treuepflichtig sowie für schuldhafte Obliegenheitsverletzungen verantwortlich (vgl. etwa § 93 II 1 AktG; s. a. 17.1.3.3 a. E.; 17.8.7.1 a. E.); insbesondere ist er verpflichtet, den Gesellschaftszweck zu wahren und angemessen effektiv zu verfolgen, bzw. auch durch organisatorische Maßnahmen sicherzustellen (ggf. ist insoweit § 93 I 2 AktG entsprechend anwendbar; Business Judgement Rule). Sorgfalts-
pflichten

Beispiele: Der Geschäftsführer fährt den Geschäftswagen zu Schrott, weil er bei hoher Geschwindigkeit telefoniert; oder: er zahlt Schmiergelder; oder: er unterlässt die gebotene Einführung eines Risikoüberwachungssystems. (Zum AG-Vorstand vgl. 17.8.7.1).

Auch für Zahlungen nach Zahlungsunfähigkeit oder Überschuldung haften Geschäftsführer ggf., vgl. § 64 GmbHG.

Beispiel: Der Geschäftsführer leistet noch Zahlungen an einzelne Gläubiger, obwohl aufgrund erheblich verschlechterter Vermögenslage bereits die Überschuldung eingetreten war. Dies gilt i. Ü. entsprechend auch für einen Director einer „Limited" (Ltd.) i. S. d. englischen oder amerikanischen Rechts (s. o. 17.1.2, 17.7.2.3). Bei Verletzungen der Kapitalerhaltungspflicht gilt ggf. § 43 III GmbHG.

Schädigt ein Geschäftsführer einen Dritten rechtsgeschäftlich oder deliktisch, so muss die GmbH dafür unmittelbar gemäß § 31 BGB einstehen; Geschäftsführer als Organe (s. o. 3.2.1) sind weder als Erfüllungsgehilfen i. S. d. § 278 BGB (s. o. 7.3.3) noch als Verrichtungsgehilfen i. S. d. § 831 BGB (s. o. 7.3.4; 8.13; 12.5.1) anzusehen. Zurechnung

Beispiele: Ein Geschäftsführer verletzt einen mit einem Dritten bestehenden Vertrag – die GmbH haftet nach den §§ 280 I, 241 II, 242 i. V. m. § 31 BGB; oder: Er schädigt einen Dritten mittels einer unerlaubten Handlung – die GmbH haftet diesem gemäß der §§ 823 (I, II) oder 826 BGB i. V. m. § 31 BGB.

Deliktisch durch den Geschäftsführer Geschädigte können ggf. Schadensersatzansprüche unmittelbar gegen ihn gemäß der §§ 823, 826 BGB geltend machen (sodass GmbH und Geschäftsführer wegen der §§ 840, 421 ff. BGB gesamtschuldnerisch haften, s. o. 8.7; vgl. Schaubild 92).

Ein an der GmbH beteiligter Geschäftsführer, der der GmbH rechtsmissbräuchlich Vermögenswerte entzieht und dadurch Gesellschaftsgläubiger schädigt, haftet hierfür ggf. gemäß § 826 BGB (bzw. der §§ 823 II BGB, 266 StGB) persönlich (s. o. 17.7.5 a. E., 12.4).

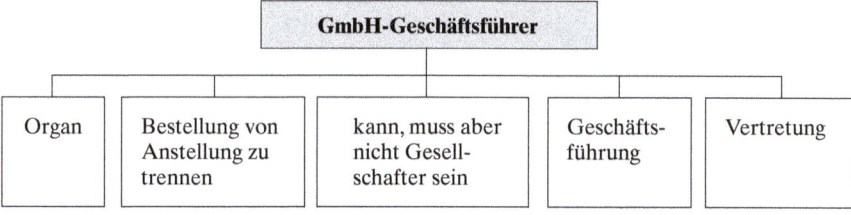

Schaubild 240: GmbH-Geschäftsführer

465

17.7.7 Aufsichtsrat

fakultativ Der Gesellschaftsvertrag kann einen Aufsichtsrat vorsehen und dessen Rechtsstellung ausgestalten, wobei ggf. subsidiär entsprechende Regeln des Aktiengesetzes gelten (vgl. § 52 GmbHG).

obligatorisch Ungeachtet dieses fakultativen Aufsichtsrates muss eine GmbH im Rahmen des Mitbestimmungs- und Betriebsverfassungsrechtes notwendigerweise einen Aufsichtsrat bei mehr als 500 Arbeitnehmern bilden (vgl. die §§ 1 I Nr. 3, 4 DrittelbG). Bei mehr als 2000 Arbeitnehmern wird der obligatorische Aufsichtsrat paritätisch zusammengesetzt (§§ 1, 7 MitbestG).

17.7.8 Satzungsänderungen

Gesellschafter-
beschluss Satzungsänderungen bedürfen eines Gesellschafterbeschlusses, der notariell zu beurkunden ist und einer ¾ Mehrheit der abgegebenen Stimmen bedarf (§ 53 GmbHG). Derartige Abänderungen des Gesellschaftsvertrages sind im Handelsregister einzutragen (§ 54 GmbHG). Satzungsänderungen sind insbesondere

– Änderungen der Firma bzw. des Gesellschaftssitzes,
– Änderungen des Gesellschaftszwecks,
– Änderungen des Stammkapitals,
– Einführung neuer Gesellschaftsorgane,
– Veränderungen bisheriger Gesellschaftsorgane.

Kapitalerhöhung und Kapitalherabsetzung regeln die §§ 55 ff. GmbHG besonders.

17.7.9 Auflösung und Liquidation

Auflösungs-
gründe Die Auflösung der GmbH erfolgt gem. § 60 I GmbHG insbesondere bei

– Zeitablauf,
– Gesellschafterbeschluss mit ¾ Mehrheit,
– gerichtlichem Urteil bzw. Entscheidung der Verwaltungsbehörde,
– Eröffnung des Insolvenzverfahrens,
– rechtskräftiger Verfügung des Registergerichts.

Die Satzung kann weitere Auflösungsgründe festsetzen (§ 60 II GmbHG) bzw. sollte die Modalitäten des Ausscheidens von Gesellschaftern näher regeln (s. o. 17.1.6).

Die Auflösung der GmbH ist zur Eintragung ins Handelsregister anzumelden und von den Liquidatoren bekanntzugeben, verbunden mit der Aufforderung an die Gläubiger, sich zu melden (vgl. § 65 GmbHG).

Liquidation Alsdann findet die Liquidation statt (§§ 66 ff. GmbHG). Die Liquidatoren (regelmäßig die Geschäftsführer, vgl. § 66 I GmbHG) haben

– die laufenden Geschäfte zu beenden,
– die Verbindlichkeiten der aufgelösten Gesellschaft zu erfüllen,
– ausstehende Forderungen einzuziehen,
– das Vermögen der Gesellschaft in Geld umzusetzen,
– und die Schlussverteilung vorzunehmen.

Löschung Der Liquidationserlös darf erst nach Ablauf eines Sperrjahres verteilt werden (vgl. die §§ 72 ff. GmbHG). Danach ist die Löschung zu beantragen; mit der Eintragung der Löschung im Handelsregister ist die GmbH beendet (vgl. 8.14.2.8. a. E.).

17.7.10 Steuern

Die GmbH als juristische Person ist selbständiges Steuersubjekt. Sie unterliegt der Körperschaftssteuer (vgl. § 1 KStG), der Kapitalertragssteuer, der Gewerbesteuer (§ 2 II GewStG) und gilt als Unternehmer i. S. d. Umsatzsteuerrechts.

17.7.11 GmbH & Co. KG

Die GmbH & Co. KG (s. o. 17.4.9.1) ist eine gesetzlich nicht geregelte, von der wirtschaftsrechtlichen Praxis entwickelte Kommanditgesellschaft, an der eine GmbH als persönlich haftende Gesellschafterin – Komplementärin – beteiligt ist. Neben den grundsätzlichen Regeln für die KG (vgl. 17.4.1; §§ 161 ff. HGB) finden daher insbesondere die Regeln des GmbHG für die Komplementärin Anwendung. Haftungsrechtlich ergibt sich die für eine KG erforderliche unbeschränkte Haftung dadurch, dass die GmbH als juristische Person eigenständige Vollhafterin ist; praktisch allerdings haftet sie nur mit ihrem Gesellschaftsvermögen, so dass letztlich auch insoweit eine Minderung der haftungsrechtlichen Risiken der Gesellschafter der Komplementär-GmbH folgt.

GmbH = Komplementärin

Haftung

Neben diesem haftungsrechtlichen Vorteil ergeben sich auch mögliche steuerrechtliche Vergünstigungen. Mit der GmbH & Co. KG lassen sich aber auch ggf. Nachfolgeprobleme lösen, da eine GmbH grds. nicht „sterben" kann; auch ist das Innenverhältnis bei einer Personengesellschaft freier gestaltbar als bei einer Kapitalgesellschaft, es lassen sich auch leichter Kommanditisten und damit Kapital werben, und die Gesellschaft kann durch die GmbH und damit deren Geschäftsführer leichter beherrscht werden, ohne dass die Kapitalmehrheit erforderlich wäre.

weitere Vorteile

Bei der Firma der GmbH & Co. KG [bzw. ggf. auch der UG (haftungsbeschränkt) & Co. KG] ist auf § 19 II HGB zu achten (s. o. 3.4.5.3 a. E.). Im Außenverhältnis wird die GmbH & Co. KG von der GmbH und diese wiederum von ihrem Geschäftsführer vertreten. Verbindlichkeiten der GmbH & Co. KG treffen diese mit ihrem gesamten Vermögen (§§ 124 I, 161 II HGB). Dies gilt für die Komplementär-GmbH ebenso gemäß der §§ 128, 161 II HGB. Einzelne Kommanditisten haften nach den §§ 171 ff. HGB beschränkt.

Firma

Einstandspflichten

Wirksam wird die GmbH & Co. KG einerseits durch Eintragung der GmbH (§ 11 I GmbHG) und andererseits durch Eintragung der KG (§§ 123 I, 161 II HGB) im Handelsregister. Eine bereits bestehende Personen(handels)gesellschaft – oHG, KG – kann durch Eintritt einer GmbH als Komplementärin zur GmbH & Co. KG umgewandelt werden. Auflösung und Liquidation der KG sowie der GmbH erfolgen nach den für die jeweilige Gesellschaft maßgeblichen Regeln, d. h. den §§ 145 ff., 161 II HGB bzw. 60 ff. GmbHG.

Auch die GmbH & Co. KGen müssen Jahresabschlüsse und Lageberichte aufstellen, prüfen lassen und offenlegen, vgl. die §§ 264 a ff. HGB.

17.8 Die Aktiengesellschaft

Leitbild der wirtschaftlichen Großunternehmen ist die AG. Das Recht der AG weist insbesondere folgende wesentlichen Prinzipien auf:

17.8.1 Begriff der AG

Grundsatz
Die AG ist gemäß § 1 AktG eine Gesellschaft mit eigener Rechtspersönlichkeit, für deren Verbindlichkeiten den Gläubigern nur das Gesellschaftsvermögen haftet; sie hat ein in Aktien (Nennbetrags- oder Stückaktien) zerlegtes Grundkapital. Die AG ist somit eine Sonderform des „handelsrechtlichen" Vereins (s. o. 17.1.3.1), die sie tragenden Gesellschafter, die Aktionäre, sind an ihr kapitalmäßig beteiligt.

17.8.1.1 Rechtsperson

Juristische Person
Die AG ist eine (Kapital-)Gesellschaft mit eigener Rechtspersönlichkeit – sie ist also eine juristische Person und als solche Trägerin eigener Rechte und Pflichten (s. o. 3.2). Damit ist sie rechtsfähig, Unternehmerin (§ 14 I BGB, s. o. 3.6), Trägerin eines betriebenen Unternehmens (s. o. 3.4.4; 4.4.2), kann Rechte begründen, Verbindlichkeiten eingehen, Eigentum und andere dingliche Grundstücksrechte erwerben, vor Gericht Klägerin oder Beklagte sein. Gläubigern gegenüber haftet (nur) sie selbst, nicht aber ihre Aktionäre. Die AG ist, wie der (BGB-)Verein, keine Vereinigung in Form einer Gesellschaft, sondern eine Körperschaft (s. o. 17.1.3.2); Organe sie wird daher durch ihre Organe, insbesondere den Vorstand, vertreten, vgl. § 78 I AktG. Für die AG kommt es nicht darauf an, wer an ihr als Aktionär beteiligt ist, vielmehr ist entscheidend das in Aktien zerlegte Grundkapital; insoweit herrscht grundsätzlich Anonymität vor.

Handels-
gesellschaft
Die AG gilt gemäß § 3 I AktG als Handelsgesellschaft, auch wenn der Gegenstand des Unternehmens nicht im Betrieb eines Handelsgewerbes besteht (vgl. 3.4.2.6). Demzufolge ist die AG Kaufmann kraft Rechtsform i.S.d. § 6 II HGB, so dass auf sie das Handelsrecht anzuwenden ist. Im Rechtsverkehr tritt die AG unter ihrer Firma auf, §§ 4 AktG, 17 ff. HGB (vgl. 3.4.5; 17.8.3).

Beispiele: BMW AG; Daimler AG; Nürnberger Lebensversicherung AG; Deutsche Telekom AG.

Sitz
Der Sitz einer AG (vgl. § 24 BGB; s. o. 3.1.4 a.E.) wird regelmäßig durch ihre Satzung bestimmt und hat sich insbesondere am Ort der Geschäftsleitung bzw. der Verwaltung oder einem Betrieb der Gesellschaft im Inland auszurichten, § 5 AktG. Grundkapital Das Grundkapital muss auf einen Nennbetrag von mindestens 50 000,– € lauten, §§ 6, 7 AktG, Art. 3 EuroEG.

Für Gesellschaftsverbindlichkeiten haftet den Gesellschaftsgläubigern regelmäßig nur das Gesellschaftsvermögen, § 1 I 2 AktG. Die Beteiligung am Gesellschaftsvermögen stellt die Aktie als Teil des Grundkapitals der AG dar, deren Mindestnennbetrag bzw. Mindestanteilsbetrag bei Nennbetragsaktien 1,– € aufweisen muss, § 8 II, III AktG.

17.8.1.2 Bedeutung

Kapitalsammel-
stelle
Die AG ist die typische Gesellschaftsform gerade für Großunternehmen. Insbesondere da, wo erhebliche Geldbeträge aufzubringen sind, hat sie sich als Kapitalsammelstelle bewährt. Dabei ermöglicht sie ihren Mitgliedern, den Aktionären, sich mit einer Geldsumme an (möglichst) gewinnträchtigen Unternehmungen zu beteiligen, ohne selbst in Erscheinung treten oder gar selbst unternehmerisch tätig werden zu müssen. Günstig für den Aktionär ist hierbei (aufgrund der großen Fungibilität der Anteile), regelmäßig durch Verkauf an der (Wertpapier-) Börse seine

Aktien-Beteiligung schnell wieder „zu Geld machen" zu können; günstig für die Gesellschaft demgegenüber ist, dass die mittels der Aktie geleistete Einlage durch derartige privatrechtliche Veräußerungsvorgänge unberührt, das Eigenkapital also erhalten bleibt. (Erhoffte) Börsenkurssteigerungen lassen im Übrigen den Aktienerwerb für Anleger besonders interessant erscheinen.

17.8.1.3 Erscheinungsformen

Im Hinblick auf die Verteilung des Aktienbesitzes, d. h. die Aktienstreuung, finden sich

Arten

– Publikumsaktiengesellschaften; bei ihnen sind eine Vielzahl von Aktionären mit breit gestreutem Kapital vorhanden,
Beispiele: Adidas AG; BMW AG; Volkswagen AG; Deutsche Telekom AG; Deutsche Post AG;

– majorisierte AGen; ihr Aktienkapital befindet sich mehrheitlich bei einem Großaktionär oder einer Aktionärsgruppe. So ist es gerade bei Konzernen;

– Familienaktiengesellschaften, deren Aktien von einer Familie gehalten werden,
Beispiel: Dr. Ing. h.c. F. Porsche AG;

– Einmann-AGen, deren Aktien sich alle in der Hand einer Person befinden (vgl. die §§ 2, 42 AktG).

Im Bereich der Kapitalanlagen finden sich auch spezielle Investmentaktiengesellschaften, vgl. die §§ 2 V, 96 ff. InvG. Für Immobilien-AGen hat der Gesetzgeber eigens das REITG geschaffen.

Beispiele: Derartige, auf Gewinne aus Vermietung, Verpachtung, Bewirtschaftung, An- und Verkauf von Immobilien gerichtete börsennotierte AGen, §§ 1, 5 REITG, sind etwa Deutsche REIT AG, alstria office REIT-AG, Fair Value REIT-AG.

17.8.1.4 Abgrenzung zur GmbH

Wie die GmbH ist auch die AG eine Kapitalgesellschaft (s. o. 17.1.3.3; 17.7.1.1). Allerdings spielt die AG bei den Gründungen neuer Kapitalgesellschaften eine deutlich geringere Rolle als die GmbH. Das liegt nicht zuletzt daran, dass AG-Gründungen teurer und aufwendiger, beurkundungsbedürftige Vorgänge eher häufiger, Aufsichtsratsbildungen obligatorisch und für kleinere und mittlere Unternehmen AGen unpersönlicher sind als es bei einer GmbH der Fall ist. Auch ist das für AGen aufzubringende Grundkapital von mindestens 50 000,– € (§§ 6 f. AktG) doppelt so hoch wie das bei der GmbH grds. erforderliche Stammkapital von zumindest 25 000,– €, vgl. § 5 GmbHG (s. o. 17.7.1.3).

Vergleich AG/GmbH

17.8.1.5 Aktionär, Aktie, Grundkapital

Für das Aktienrecht wesentlich sind die Begriffe Aktionär, Aktie, Grundkapital:

Der Aktionär ist Mitglied – Gesellschafter – der AG. Er ist durch die von ihm gehaltene Aktie an der AG beteiligt, sei es um der erhofften Dividende bzw. Gewinnbeteiligung willen, sei es wegen der erstrebten Kursgewinne; bei der nicht seltenen Arbeitnehmerbeteiligung in Form von Mitarbeiteraktienzuteilungen wird auch eine engere Bindung an das „eigene Unternehmen" angestrebt. Großaktionäre können mittels ihres Aktienbesitzes auch Einfluss auf die Unternehmensführung gewinnen und eigens unternehmerisch tätig werden.

Aktionär

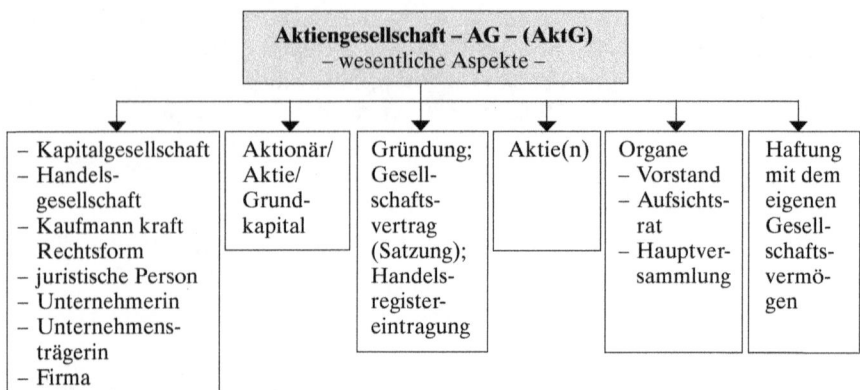

Schaubild 241: AG – wesentliche Aspekte

Aktie
Für die Verbindlichkeiten der AG haften die Aktionäre nicht persönlich; sie riskieren „allenfalls", dass ihr in den Aktienbesitz investiertes Kapital verlorengeht (s. u. 17.8.5).

Den Begriff der Aktie verwendet der Gesetzgeber in mehrfachem Sinne.

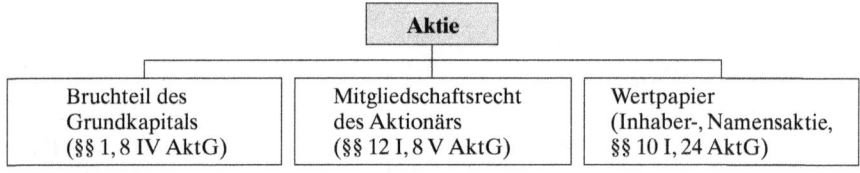

Schaubild 242: Aktie (Begriff)

Er bezeichnet damit
– einen Bruchteil des Grundkapitals, vgl. § 1 II AktG,
– das Mitgliedschaftsrecht des Aktionärs, vgl. § 12 AktG, welches unteilbar ist, § 8 V AktG, sowie
– das Wertpapier, das entweder auf den Inhaber (= Inhaberaktie) oder auf den Namen (= Namensaktie) lautet, §§ 10, 24 AktG (s. u. 17.8.4), und die Mitgliedschaft in einem Personenverband verbrieft.

Grundkapital
Grundkapital ist derjenige Kapitalbetrag, den die Aktionäre bei der Gründung der AG aufbringen bzw. aufzubringen verpflichtet sind. Er muss auf Euro lauten und mindestens 50 000,– € betragen, §§ 6, 7 AktG, Art. 3 EuroEG. Das Grundkapital ist die Haftungsmindestgröße, die den Gesellschaftsgläubigern zur Befriedigung ihrer Forderungen zur Verfügung stehen soll.

17.8.1.6 Börsennotierte/nicht börsennotierte AG

Börsennotierung
Das Aktienrecht differenziert in börsen- und nicht börsennotierte Aktiengesellschaften. Dabei sind AGen, deren Aktien an einem Markt gehandelt werden, der von staatlich anerkannten Stellen geregelt und überwacht wird, regelmäßig stattfindet und für das Publikum mittelbar oder unmittelbar zugänglich ist, gemäß § 3 II AktG börsennotiert. Damit sind nicht nur nationale, sondern auch Auslandsbörsen erfasst. Die Unterscheidung in börsen- bzw. nicht börsennotierte AGen hat Aus-

wirkungen insbesondere im Hinblick auf die §§ 110 III, 125 I 3, 130 I 3, 134 I 2, 171 II 2, 328 III AktG.

17.8.2 Gründung der AG

Die Gründung der AG ist in den §§ 23 ff. AktG zwingend geregelt. Vor der eigentlichen AG-Gründung findet sich regelmäßig eine Vorgründungsgesellschaft als GbR i. S. d. §§ 705 ff. BGB bzw. als oHG i. S. d. §§ 105 ff. HGB (s. o. 17.1.5.2; 17.7.2.2). Bei der Gründung einer AG wird die einfache von der qualifizierten unterschieden:

gesetzlich geregelt

17.8.2.1 Einfache Gründung

Die einfache Gründung der AG ist der Regelfall:

Zunächst müssen der/die Gründer, §§ 2, 28 AktG, die Satzung durch eine notarielle Urkunde feststellen, § 23 I AktG. In dieser Urkunde müssen die in § 23 II–IV AktG genannten Angaben bzw. Bestimmungen enthalten sein (insb. bzgl. Gründer, Nennbetrag bzw. Zahl der Aktien, Firma, Sitz, Grundkapital, etc.).

Verlauf der Gründung

Feststellung der Satzung

Danach müssen der/die Gründer alle Aktien übernehmen, § 29 AktG. Das bedeutet nicht, dass jetzt schon das gesamte Grundkapital eingezahlt werden muss, sondern, dass die Gründer die feste Verpflichtung eingehen, das Grundkapital aufzubringen. Mit der Übernahme der Aktien, d. h. dieser Zahlungsverpflichtung, ist die AG errichtet (aber noch nicht als solche rechtsfähig).

Übernahme

„Einfache" AG-Gründung
– Feststellung der Satzung
– Übernahme der Aktien/Aufbringung des Grundkapitals
– Bestellung der Organe
– Leistung der Einlagen/Mindesteinzahlung auf das Aktienkapital
– Gründungsbericht und Gründungsprüfung
– Anmeldung zum Handelsregister
– Eintragung in das Handelsregister

Schaubild 243: „Einfache" AG-Gründung

Nunmehr sind die Organe der AG zu bestellen, also der erste Aufsichtsrat bzw. der erste Vorstand, den der Aufsichtsrat bestellt, § 30 AktG. Alsdann sind die Einlagen zu leisten, vgl. die §§ 27, 36 II, 36 a, 54 II, III AktG.

Organe

Einlagen

Weiterhin sind der Gründungsbericht, § 32 AktG, zu erstatten, und die Gründungsprüfung, § 33 AktG, vorzunehmen (vgl. § 37 IV Nr. 4 AktG); diese sind beim Handelsregister einzureichen und dort für jedermann einsehbar, § 34 III AktG (s. o. 3.4.6).

Gründungsbericht/-prüfung

Hiernach ist die Gesellschaft beim Handelsregister anzumelden, §§ 36, 37 AktG. Dort wird die ordnungsgemäße Errichtung und Anmeldung überprüft, § 38 AktG.

HR-Eintrag

Jetzt erfolgt die konstitutiv wirkende Eintragung (HRB); damit ist die AG als rechtsfähige juristische Person, §§ 39 ff. AktG, entstanden, vgl. § 41 I AktG. Bis dahin lag nur eine Vorgesellschaft vor: Diese „*Vor-AG*" ist als werdende juristische

Entstehung

Person schon Trägerin von Rechten und Pflichten, wechsel-, scheck-, grundbuch- und parteifähig (vgl. oben 17.7.2.2 a. E.).

Gründer-
haftung

Wer bis dahin im Namen der AG gehandelt hatte, haftet persönlich, mehrere als Gesamtschuldner (s. o. 8.7), allerdings kann die AG diese Verpflichtungen übernehmen, § 41 II AktG (das ist eine Spezialform der Schuldübernahme, die sogar ggf. der Zustimmung des Gläubigers nicht bedarf, s. o. 8.9).

Zwischen-
scheine

Erst jetzt, nach der mit der Eintragung erfolgten Entstehung der AG, können Anteilsrechte übertragen, Aktien oder Zwischenscheine (also vorläufig verbriefte Mitgliedschaftsrechte vor der eigentlichen Aktienausgabe an die Aktionäre, vgl. die §§ 8 VI, 10 III, IV, 68 IV AktG) ausgegeben werden, § 41 IV AktG.

17.8.2.2 Qualifizierte Gründung

Ausnahmsweise sind besondere Vorschriften bei der Gründung einer AG zu beachten, wenn potentiell gläubigerbenachteiligende Sonderregelungen beabsichtigt werden. Man spricht dann von einer qualifizierten Gründung. Das ist der Fall, wenn einzelnen Aktionären Sondervorteile eingeräumt, § 26 AktG, oder Sacheinlagen gestattet werden, § 27 AktG, bzw. Sachübernahmen erfolgen sollen.

Fälle

Derartige Ausnahmetatbestände erfordern ggf. die Aufnahme in die Satzung, einen besonderen Gründungsbericht bzw. eine zusätzliche Gründungsprüfung, §§ 26, 27, 32 II, 33 II AktG.

17.8.2.3 Nachgründung

Von einer Nachgründung spricht man, wenn vorhandene oder herzustellende Anlagen oder andere Vermögensgegenstände von einer AG innerhalb der ersten zwei Jahre seit ihrer Eintragung ins Handelsregister von Gründern oder von mit mehr als 10 % des Grundkapitals an der Gesellschaft beteiligten Aktionären erworben werden sollen und die Vergütung hierfür den zehnten Teil des Grundkapitals übersteigt, § 52 I 1 AktG. Um die Umgehung der für eine qualifizierte Gründung (s. o. 16.8.2.2) erforderlichen Voraussetzungen zu vermeiden, werden Verträge, die einer solchen Nachgründung dienen, grds. nur mit Zustimmung der Hauptversammlung und Eintragung ins Handelsregister wirksam, §§ 52, 53 AktG.

17.8.2.4 Haftung

Sorgfalt

Die an der AG-Gründung beteiligten Personen haben mit größtmöglicher Sorgfalt zu handeln. Verstoßen sie gegen ihre Pflichten, so sind sie ggf. schadensersatzpflichtig, §§ 46 ff. AktG, oder werden sogar strafrechtlich belangt, §§ 399 ff. AktG.

17.8.2.5 Gesetzliche Gründung

Ausnahmen

Ungeachtet der soeben beschriebenen privatrechtlichen Gründung von Aktiengesellschaften können diese ausnahmsweise auch gesetzlich gegründet werden.

Beispiele: Die Nachfolgeunternehmen der Deutschen Bundespost, Deutsche Telekom AG, Deutsche Post AG, Deutsche Postbank AG, vgl. die Art. 87 ff., 143 b GG i. V. m. dem PostumwandlungsG; die Deutsche Bahn AG, Art. 143 a, 87 e GG, i. V. m. dem DeutscheBahn-GründungsG bzw. dem BundeseisenbahnneugliederungsG; die DG Bank AG, vgl. das DG-Bank-UmwandlungsG.

17.8.3 Firma

Die Firma (s. o. 3.4.5) der AG kann Sach-, Personen-, Misch- bzw. Phantasiefirma sein; sie muss, auch bei einer Firmenfortführung, § 22 HGB, den Zusatz „Aktiengesellschaft" bzw. „AG" enthalten, §§ 4, 3 I AktG, 106 InvG, 6 REITG, 18, 6 HGB. Die Angabe der Rechtsform auf den Geschäftspapieren ist zwingend, § 80 I AktG (s. o. 3.4.5.4; vgl. Schaubild 28). Die Unterscheidbarkeit der Firma ist zu gewährleisten, § 30 HGB.

Zusatz „AG"

Beispiele: Deutsche Bank AG; Daimler AG; Lufthansa AG; Siemens AG; Volkswagen AG; Pro Videntia AG (für eine nach der Rspr. nunmehr zulässige Rechtsanwalts-AG; ungeachtet des nur für die Anwalts-GmbH geltenden § 59 k BRAO).

17.8.4 Aktien

Bei den Aktien (s. o. 17.8.1.5) werden folgende Arten unterschieden:

Inhaberaktien (vgl. die §§ 10 I, 24 AktG) lauten auf den Inhaber und werden wie eine bewegliche Sache nach § 929 BGB übereignet (s. o. 15.3.2.1). Mit dem Erwerb des Eigentums daran wird auch das in ihr als Wertpapier (sog. Inhaberpapier) verkörperte Mitgliedschaftsrecht an der AG erworben.

Inhaberaktie

Namensaktien, vgl. § 67 AktG, lauten auf einen bestimmten Namen. Vorgeschrieben ist dies gesetzlich in den Fällen der §§ 10 II, 55, 68 II AktG; man spricht dann, wenn die Übertragung der Namensaktie an die Zustimmung der Gesellschaft gebunden ist, von einer vinkulierten („gefesselten") Namensaktie.

Namensaktie

Beispiele: Die Aktien der Adidas AG, Allianz AG, der Deutsche Lufthansa AG, der Münchener Rückversicherungs AG (s. o. 17.1.2); s. a. die Überschrift von § 68 AktG.

Namensaktien sind ebenfalls Wertpapiere; sie können aber als sog. Orderpapiere nicht nur wie bewegliche Sachen alleine gemäß § 929 BGB, sondern zusätzlich auch durch sog. Indossament übertragen werden, d. h., das Papier muss dann mit einem Vermerk, aus dem hervorgeht, dass die Mitgliedschaft nunmehr dem neuen Aktionär (= Erwerber der Namensaktie) zusteht, versehen sein, vgl. die §§ 68 I, III, 67 II AktG.

Indossament

Mittlerweile haben viele Unternehmen auf Namensaktien umgestellt (insb., um auf der ganzen Welt handelbar zu sein bzw. engen Kontakt zu den Aktionären halten zu können).

Beispiele: Deutsche Bank AG, Daimler AG, Deutsche Telekom AG, Bayer AG, BASF SE.

Hierzu dienen elektronische Abwicklungssysteme sowie ein elektronisches (vgl. § 239 IV HGB) Aktienregister, § 67 AktG. Zumeist wird die Ausgabe sog. effektiver Stücke (also tatsächlich vorhandener Urkunden) dabei ausgeschlossen.

Verbriefungsausschluss

Von Vorzugsaktien spricht man, wenn ihrem Inhaber bestimmte Vorteile bei der Dividende oder der Liquidation eingeräumt werden, vgl. § 12 AktG. Bei ihnen kann das Stimmrecht ausgeschlossen (vgl. § 139 AktG) werden, § 12 I 2 AktG.

Vorzugsaktien

Beispiele: Henkel AG & Co. KGaA, BMW AG, Volkswagen AG, Fresenius SE & Co. KGaA.

Regelfall sind die Stammaktien, die ein allgemeines Stimmrecht sowie normale Dividenden bzw. Liquidationserlösanteile gewähren.

Stammaktien

Nennbetragsaktien verkörpern einen betragsmäßigen Anteil am Grundkapital einer AG. Sie müssen auf mindestens 1,– € lauten, §§ 8 I, II, 9 AktG. .

Nennbetragsaktien

(Nennbetragslose) Stückaktien, § 8 I AktG, lauten auf keinen Nennbetrag und sind am Grundkapital der AG in gleichem Umfang beteiligt; ihr Mindestanteil am Grundkapital muss mindestens 1,– € aufweisen, vgl. § 8 III AktG. Der Anteil der Stückaktien am Grundkapital bestimmt sich nach der Zahl der Aktien, § 8 IV AktG.

Stückaktie Die Stückaktie verkörpert also (wie die Nennbetragsaktie) einen Anteil am betragsmäßig definierten Grundkapital der AG. Der Anteil am Grundkapital lässt sich mittels Division des Grundkapitals durch die Zahl der Aktien errechnen. Auch die (nennwertlose) Stückaktie kann entweder als Inhaber- oder als Namensaktie ausgestaltet werden (§ 10 I AktG). Eine AG kann aber entweder nur Nennbetrags- oder nur Stückaktien ausgeben. Von der Umstellung von Nennbetrags- auf Stückaktien wurde (mittels Hauptversammlungsbeschlusses bzw. Satzungsänderung, vgl. die §§ 119 I Nr. 5, 23 III Nr. 4 AktG), nicht zuletzt im Hinblick auf die Umstellung auf den Euro, bei den AGen in großer Zahl Gebrauch gemacht.

Beispiele: Deutsche Lufthansa AG; Commerzbank AG.

Börse Gehandelt werden die Aktien bei an der Börse (§§ 3 II AktG, 1 ff. BörsenG) notierten, d. h. zum Handel an einer Wertpapierbörse zugelassenen, Aktien (s. o. 17.8.1.6) während der an der jeweiligen Börse bestehenden Handelszeiten. Dabei bildet sich ein Börsenkurs; dies ist der Preis, für den man eine Aktie einer AG erwerben kann (§§ 24 ff. BörsenG). Denn etwa der Nennwert der Aktie drückt ja nur einen ganz bestimmten Teil des Grundkapitals der AG aus; in der Regel aber ist die AG durch ihr (hinzu-)erworbenes Vermögen erheblich mehr wert, so dass die jeweilige Aktie als Beteiligungsrecht an der AG auch einen entsprechenden, teilweise erheblich höheren, Wert, den sog. Börsenwert, aufweist.

Kapital- Benötigt die AG mehr Kapital, so kann sie im Wege der Kapitalerhöhung, §§ 182 ff.
erhöhung AktG, neue Aktien ausgeben (s. u. 17.8.9.1); diese nennt man (im Gegensatz zu den bisherigen „alten Aktien") „junge Aktien".

Beispiele: Die Kapitalerhöhungen der Deutsche Bank AG seit Oktober 2010, der Commerzbank AG im April 2015, der Bayer AG vom Juni 2018.

Bei einer Kapitalerhöhung haben die bisherigen (Alt-)Aktionäre das Recht auf Zuteilung eines ihrem Anteil entsprechenden Teiles der neuen Aktien, § 186 AktG,
Bezugsrecht sog. Bezugsrecht.

Beispiele: Bei der Kapitalerhöhung der Deutschen Telekom AG vom Juni 1999 vermittelte jede gehaltene Aktie ein Bezugsrecht. Für je 9,8 Bezugsrechte (d. h. 9,8 gehaltene Aktien) konnte je eine neue Aktie erworben werden (d. h., das sog. Bezugsverhältnis betrug 9,8 : 1); bei derjenigen der Allianz AG (jetzt: SE, s. a. 17.1.3.5, 17.11.1) vom April 2003 erhielten die Aktionäre je Aktie ein Bezugsrecht und konnten für je 15 Bezugsrechte je 7 neue auf den Namen lautende vinkulierte Stückaktien erwerben.
S. a.: Bei der Kapitalerhöhung der Deutsche Bank AG vom April 2017 konnten die Aktionäre auf jeweils zwei „alte" Aktien eine neue Aktie zum Bezugspreis von 11,65 € je bezogener neuer Aktie erwerben. (Bei einer GmbH richtet sich eine Kapitalerhöhung ggf nach den §§ 55, 55 a GmbHG, s. o. 17.7.4 a. E.).

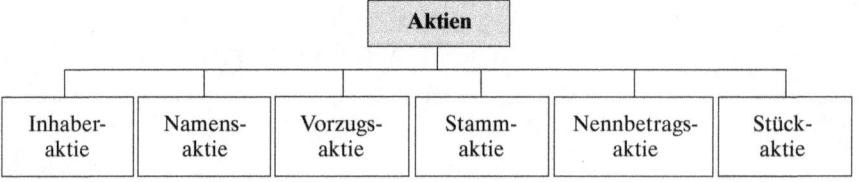

Schaubild 244: Aktien (Arten)

17.8.5 Gesellschaftsvermögen; Haftung

Haftungsmindestgröße für die Gesellschaftsgläubiger ist das Grundkapital, §§ 6, 7 AktG (bei der GmbH dagegen spricht man vom Stammkapital, s. o. 17.7.4). Dieses Grundkapital ist regelmäßig nicht identisch mit dem Gesellschaftsvermögen, das zumeist erheblich höher ist (dies spiegelt sich letztlich im jeweiligen Börsenkurs der Aktien wider). Den Gläubigern der Gesellschaft haftet grundsätzlich nur das Vermögen der AG als juristische Person, vgl. § 1 I 2 AktG, eine persönliche Haftung etwa der Aktionäre ist regelmäßig ausgeschlossen (s. o. 17.8.1.1).

Grundkapital

Haftung der AG

17.8.6 Rechtsstellung des Aktionärs

Inhaber von Aktien und damit an einer AG beteiligt zu sein vermittelt dem Aktionär eine vielfältige rechtliche Position:

17.8.6.1 Erwerb/Verlust

Aktionäre sein können jede natürliche Person, ebenso juristische Personen, oHGen, KGen sowie GbR.

Der Aktionär ist der wirtschaftliche (Mit-)Eigentümer der AG. Sein Mitgliedschaftsrecht ist in der Aktie verkörpert. Er kann es grundsätzlich jederzeit frei veräußern bzw. übertragen (s. o. 17.8.4).

Veräußerung/ Erwerb

Beispiel: Der eine/mehrere Aktien an der Volkswagen AG haltende Anleger erteilt seiner Hausbank einen Verkaufsauftrag, den diese an die jeweilige Börse weiterleitet, wo die Aktie(n) dann entweder „bestens" (zum günstigsten erzielbaren Preis/Kurs) oder zum „Limit" (also einem festgelegten Preis, wenn er denn gezahlt wird) veräußert wird (werden).

Bei einer vinkulierten Namensaktie ist allerdings die Zustimmung der Gesellschaft erforderlich, § 68 II AktG (s. o. 17.8.4).

Erworben wird die Aktionärsstellung zum einen originär durch Beteiligung bei der Gründung der AG, §§ 2, 28, 29 AktG, oder durch Zeichnung bzw. Ausübung des Bezugsrechtes neuer Aktien, §§ 185, 186 AktG; zum anderen aber abgeleitet (= derivativ) durch Aktienerwerb, etwa an der Börse, oder durch Ererbung, vgl. § 1922 BGB. Der Erwerb eigener Aktien ist der AG selbst erschwert, vgl. die §§ 71 ff. AktG.

originärer/

derivativer Erwerb

Die Aktionärsstellung wird verloren durch Veräußerung (Inhaberaktien gemäß § 929 BGB, indossierte Namensaktien gemäß § 68 I AktG, Art. 12, 13, 16 WechselG; diese sachenrechtliche Veräußerung ist, entsprechend des Abstraktionsprinzips, s. o. 5.2, zu trennen von dem zugrundeliegenden Kausalgeschäft, das regelmäßig ein [Aktien-]Kaufvertrag, § 433 BGB, ist), Ausschluss (= Kaduzierung), § 64 AktG, Einziehung bei Kapitalherabsetzung, §§ 237 ff. AktG, Auflösung bzw. Abwicklung, §§ 262 ff. AktG, sowie Tod des Aktionärs. Ggf. kommt ein Ausscheiden bei Eingliederungen in Frage, §§ 320 ff. AktG; auch ist u. U. der Ausschluss von Minderheitsaktionären möglich, §§ 327 a ff. AktG (sog. squeeze out, Zwangsausschluss).

Veräußerung

squeeze out

Hierfür ist i. d. R. erforderlich, dass dem Hauptaktionär mindestens 95 % des Grundkapitals gehören, §§ 327 a I, II, 16 II, IV AktG.

Beispiele: So war es etwa bei der Edscha AG (Automobilzulieferer), die vom Beteiligungsfonds Carlyle übernommen wurde, der von der italienischen Großbank UniCredito S.p.A. im Jahr 2005 übernommenen Hypo-Vereinsbank AG, bzw. bei der Stollwerck AG, die 2002 von der Van Houten Beteiligungs AG & Co. KG übernommen wurde; ebenso beschloss (nach der Fusion mit Praxair) die Hauptversammlung der Linde AG am 12.12.2018 den Einzug der Aktien der letzten verbliebenen Minderheitsaktionäre gegen Zahlung einer Abfindung von 189,46 € pro Anteil. Für die Berechnung der Barabfindung der gegen ihren Willen ausgeschlossenen Aktionäre ist grds. der Börsenwert aufgrund des gewichteten Durchschnitts-Börsenkurses in den drei Monaten vor der Bekanntmachung des squeeze out maßgeblich (vgl. § 327 b AktG).

17.8.6.2 Rechte

Der Aktionär hat, vermittelt durch seine Aktie(n), vornehmlich folgende Rechte:

– Vermögensrechte:

Vermögens-
rechte

Vornehmliches Vermögensrecht des Aktionärs ist sein Anspruch auf die Dividende (= Gewinnbeteiligung), §§ 58, 60, 174 II Nr. 2 AktG, der durch einen entsprechenden Gewinnverwendungsbeschluss der Hauptversammlung entsteht; desweiteren hat der Aktionär das Bezugsrecht bei einer Kapitalerhöhung, § 186 AktG (s. o. 17.8.4 a. E.), sowie den Anspruch auf Beteiligung am Liquidationserlös, § 271 AktG (s. u. 17.8.10).

Mitwirkungs-
rechte

– Zur (jedenfalls rechtlichen) Einflussnahme auf die Geschicke „seiner" AG hat der Aktionär (begrenzte) Mitwirkungsrechte (man nennt sie auch Verwaltungsrechte):
Er darf an der Hauptversammlung (s. u. 17.8.7.3) teilnehmen, § 118 AktG, ist dort stimmberechtigt, §§ 12, 134 AktG (*Ausnahme:* stimmrechtslose Vorzugsaktien, vgl. § 12 I 2 AktG), hat gegenüber dem Vorstand das Auskunftsrecht, § 131 AktG, das er ggf. gerichtlich durchsetzen kann, § 132 AktG, und kann u. U. Beschlüsse der Hauptversammlung anfechten, § 245 AktG (dieses Recht darf er aber insbesondere nicht rechtsmissbräuchlich etwa dergestalt ausüben, dass er die Gesellschaft mit der Androhung oder Erhebung einer Anfechtungsklage zur Zahlung von Geld erpresst, s. o. 8.3.1.2).

Gleich-
behandlung

– Um die Benachteiligung eines Aktionärs zu vermeiden, hat er gemäß § 53 a AktG grundsätzlich den Anspruch auf Gleichbehandlung. Dieser lässt allerdings aktienrechtlich vorgesehene Privilegien für einzelne Aktionäre (Sonderrechte, vgl. etwa die §§ 11, 12, 26, 101 II, 139 AktG) oder Gruppen von Aktionären (Gruppenrechte) unberührt.

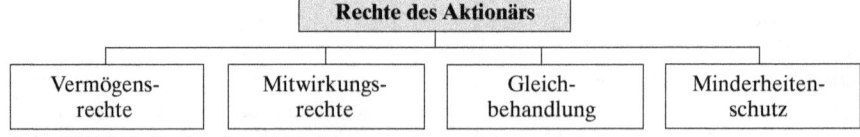

Schaubild 245: Rechte des Aktionärs

Minderheiten-
rechte

– Damit die Mehrheit nicht zu Lasten der Minderheit wesentliche Entscheidungen „durchdrückt", bestehen Minderheitenrechte wie die Möglichkeit zur Einberufung einer Hauptversammlung, § 122 AktG, die Geltendmachung von Ersatzansprüchen, §§ 50, 93 IV, 116, 117 IV, 147 AktG, oder die Bestellung von Sonderprüfern, §§ 142 II, 258 II AktG.

Beispiel: So beschloss die Hauptversammlung der Hypo-Vereinsbank AG (HVB) am 26./27. 6. 2007 die Bestellung eines besonderen Vertreters i. S. d. § 147 II AktG zur Geltendmachung von Schadensersatzansprüchen i. S. d. §§ 93 II, III, 116, 117, 317 I 1, III, 318 I, II AktG gegen die Vorstands- und Aufsichtsratsmitglieder der HVB bzw. die UniCredito S.p.A.

17.8.6.3 Pflichten

Vornehmliche Pflicht des Aktionärs ist die Pflicht zur Leistung seiner übernomme-   Einlage
nen Einlage, § 54 AktG. Bei Bareinlagen sind zumindest ein Viertel des geringsten
Ausgabebetrags, § 9 AktG, bei Ausgabe der Aktien für einen höheren als den
Nennbetrag (sog. Überpari) ist der Mehrbetrag zu leisten, § 36 a AktG. Inhaberaktien dürfen nicht vor der vollen Leistung der Einlage ausgegeben werden, § 10 II
AktG. Sacheinlagen sind vollständig zu leisten, §§ 27, 36 a II, 54 II AktG. Einlagen
dürfen den Aktionären nicht zurückgewährt, ihnen Zinsen nicht ausgezahlt bzw.
zugesagt, § 57 AktG, von ihren Leistungspflichten dürfen sie auch nicht befreit
werden, § 66 AktG, und bei Nichtleistung können die Aktionäre auch ausgeschlossen werden, § 64 AktG. Ggf. kann die Satzung auch Nebenverpflichtungen vorsehen, §§ 55, 68 II AktG.

Beispiel: Lieferpflicht von Zuckerrübenanbauern (sog. Nebenleistungs-AG).

Ansonsten treffen den Aktionär grundsätzlich keine weiteren Pflichten, insbesondere
keine Nachschuss- oder Haftungspflichten (s. o. 17.8.5). Auch Treuepflichten bestehen regelmäßig nicht (anders kann es ggf. bei dominierenden Großaktionären sein).

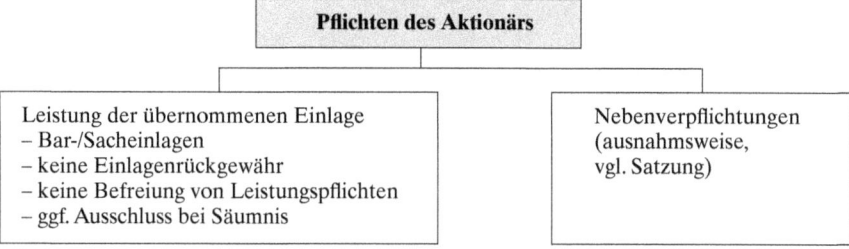

Schaubild 246: Pflichten des Aktionärs

17.8.7 Organe der AG

Die AG als juristische Person muss, um rechtsgeschäftlich und tatsächlich agieren   Vertretung
zu können, durch Organe vertreten werden (s. o. 3.2; 7.2.2).

Das AktG sieht dafür vor

– den Vorstand, §§ 76 ff. AktG,
– den Aufsichtsrat, §§ 95 ff. AktG,
– die Hauptversammlung, §§ 118 ff. AktG.

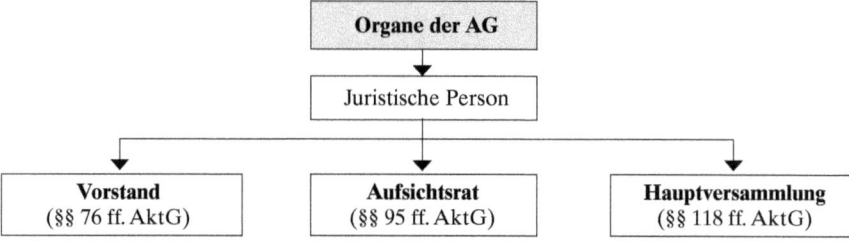

Schaubild 247: Organe der AG

477

17.8.7.1 Vorstand

Leitungsorgan

Das die Geschicke der AG maßgeblich gestaltende Organ ist der Vorstand. Als Leitungsorgan der AG leitet er sie, führt ihre Geschäfte und vertritt sie im Rechtsverkehr (vgl. die §§ 76 I, 77, 78 AktG). Ein Vorstandsmitglied ist als solches kein Unternehmer i. S. d. § 14 BGB (s. o. 3.6), kein Arbeitgeber/Arbeitnehmer i. S. d. § 611 a BGB (s. o. 16.2.1), und auch kein Kaufmann i. S. d. §§ 1 ff. HGB (s. o. 3.4.1.2; dies ist vielmehr die AG als Handelsgesellschaft i. S. d. § 6 HGB, s. o. 17.8.1.1).

Bestellung:

durch Aufsichtsrat bestellt

Bestellt wird der Vorstand durch den Aufsichtsrat auf höchstens fünf Jahre, wobei eine wiederholte Bestellung bzw. Verlängerung, wiederum beschränkt auf jeweils höchstens fünf Jahre, zulässig ist, § 84 I AktG. Werden mehrere Personen zu Vorstandsmitgliedern ernannt, so kann eine davon vom Aufsichtsrat zum Vorstandsvorsitzenden (Sprecher des Vorstands) bestellt werden, § 84 II AktG.

Bestellung/ Anstellung

Die Bestellung ist ein aktienrechtlicher, körperschaftlicher Akt, durch die eine (natürliche) Person die Rechtsstellung eines Vorstandes i. S. d. Aktienrechtes erlangt. Davon zu trennen ist das Innenverhältnis zwischen dieser Person und der AG: Dies ist ein eigenständiges Dienst- bzw. Anstellungsverhältnis (§ 611 BGB; nicht: Arbeitsverhältnis i. S. d. § 611 a BGB), in dem die gegenseitigen Rechte und Pflichten konkretisiert werden, insbesondere bezüglich der Vergütung, Altersversorgung, Urlaub, Dienstwagen, Kündigung etc., § 87 AktG (s. o. 10.4.1, 16.2.1; vgl. auch die Parallele zur GmbH und deren Geschäftsführer, s. o. 17.7.6.1, bzw. zur eG, s. u. 17.9.6.1).

Beispiel: Das Vorstandsmitglied handelt (auch) bei Abschluss seines Dienst-/Anstellungsvertrages mit der AG als Verbraucher i. S. d. § 13 BGB (s. o. 3.1.3.2, 17.7.6.1).

Vorstandsmitglieder können Kredite (nur aufgrund Aufsichtsratsbeschlusses) erhalten, § 89 AktG; sie unterliegen einem Wettbewerbsverbot, § 88 AktG.

Bei Vorliegen eines wichtigen Grundes,

Beispiele: grobe Pflichtverletzung, Unfähigkeit zur ordnungsgemäßen Geschäftsführung, Vertrauensentzug durch die Hauptversammlung,

Widerruf

kann der Aufsichtsrat die Bestellung zum Vorstandsmitglied widerrufen, § 84 III AktG. Für den Arbeitsdirektor gelten insoweit allerdings mitbestimmungsrechtliche Besonderheiten, vgl. die §§ 33 MitbestG, 13 MontanMitbestG.

Kündigung

Will man sich von einem Vorstandsmitglied trennen, so ist darauf zu achten (s. o.), dass nicht nur seine Bestellung widerrufen, sondern auch das Anstellungsverhältnis gekündigt wird (etwa gemäß § 626 BGB), vgl. § 84 III 5 AktG.

Beispiele: Ein Vorstandsmitglied begeht Unterschlagungen – der Aufsichtsrat wird die Bestellung widerrufen, § 84 III 1, 2 AktG, und das Dienstverhältnis außerordentlich, regelmäßig fristlos, kündigen, § 626 BGB; ebenso etwa, wenn das Risikomanagement, § 91 II AktG (s. u.), unzulänglich ist. (S. a. 17.7.6.1 zum GmbH-Geschäftsführer).

Evtl. fehlende Vorstandsmitglieder können ggf. gerichtlich bestellt werden, § 85 AktG.

Die Namen der Vorstandsmitglieder sind auf den Geschäftspapieren der AG anzugeben, § 80 AktG, und im Handelsregister einzutragen, § 81 AktG.

Aufgaben:

Dem die eigenverantwortliche Leitung der AG obliegenden Vorstand, § 76 I AktG, ist das Wohl und Wehe der AG anvertraut – er trägt die Hauptverantwortung für die Geschäftstätigkeit. Der Aufsichtsrat und die Hauptversammlung können in die laufende Geschäftsführung nur in ganz beschränktem Maße eingreifen; grundsätzlich ist der Vorstand an Weisungen nicht gebunden, vgl. § 82 AktG. Verantwortung

weisungsfrei

Vornehmliche Aufgaben des Vorstandes sind die Wahrnehmung von Geschäftsführung und Vertretung der AG:

– Die das Innenverhältnis betreffende Geschäftsführung (s. o. 17.1.4) betrifft den gesamten Tätigkeitsbereich der AG. Sie kann in der Satzung näher ausgestaltet werden (§ 77 II 2 AktG). Besteht der Vorstand aus mehreren Personen, vgl. § 76 II AktG, so sind grundsätzlich sämtliche Vorstandsmitglieder gemeinschaftlich geschäftsführungsbefugt (Gesamtgeschäftsführung); die Satzung kann dies allerdings abweichend regeln (nicht aber, dass Meinungsverschiedenheiten im Vorstand gegen die Mehrheit entschieden werden), § 77 I AktG. Geschäfts-
führung

Beispiel: Ein Geschäftsfeld soll aufgegeben werden – in der Satzung kann nicht bestimmt werden, dass etwa der Vorstandsvorsitzende (§ 84 II AktG) gegen die Mehrheit seiner Vorstandskollegen entscheiden kann.

Im Rahmen der Geschäftsführung maßgebliche Aufgaben des Vorstandes sind insbesondere: Aufgaben

– sorgfältige Vorbereitung und Ausführung von Hauptversammlungsbeschlüssen, § 83 AktG (vgl. § 93 IV 1 AktG),
– gewissenhafte und getreue Berichte an den Aufsichtsrat, § 90 AktG (Regel-, Sonder-, Anforderungsberichte),
– Buchführung, § 91 I AktG (vgl. § 238 I HGB),
– Einrichtung eines Überwachungs-(Frühwarn-)systems, § 91 II AktG, hinsichtlich etwaiger bestandsgefährdender Entwicklungen,
– Einberufung der Hauptversammlung, §§ 92 I, 121 II, 175 I AktG,
– Erstellung des Jahresabschlusses, §§ 150 ff., 170 I 1 AktG.

– Die Vertretung der AG (im Außenverhältnis gegenüber Dritten) obliegt ebenfalls dem Vorstand, § 78 I AktG; er hat somit bei der Abgabe von Willenserklärungen für die AG die gemäß § 164 I 1 BGB erforderliche Vertretungsmacht (s. o. 7.2.3; 7.4.2; vgl. die Schaubilder 68 und 72). Vertretung

Im Außenverhältnis ist diese (organschaftliche, s. o. 7.2.2) Vertretungsmacht unbeschränkbar, § 82 I AktG; allerdings kann den Vorstandsmitgliedern im Innenverhältnis aufgegeben werden, sich an bestimmte Restriktionen zu halten, §§ 82 II, 111 IV 2 AktG. Vorstandsmitgliedern gegenüber wird die AG durch den Aufsichtsrat vertreten, § 112 AktG.

Bei einem mehrköpfigen Vorstand gilt i. d. R. Gesamtvertretung, wobei die Satzung allerdings anderes bestimmen kann, § 78 II AktG. Es kann auch vorgesehen werden, dass ein Vorstandsmitglied alleine oder zusammen mit einem Prokuristen vertretungsbefugt ist, § 78 III AktG (vgl. auch 7.8.2.3). Bei gegenüber der AG abzugebenden Willenserklärungen reicht die Abgabe gegenüber einem Vorstandsmitglied jedenfalls aus, § 78 II 2 AktG (vgl. die Parallelen in den §§ 125 II 3 HGB, 35 II 2 GmbHG). Gesamt-
vertretung

Pflichten   Verantwortlichkeit:

Die Vorstandsmitglieder trifft eine weitreichende Verantwortung (s. o.), deren Verletzung sie ggf. persönlich schadensersatzpflichtig macht, § 93 II 1 AktG:

– Sie müssen mittels eines angemessenen „innerbetrieblichen Warnsystems" bzw. Risikomanagements sicherstellen, dass sie die Risiken unternehmerischen Handelns insbesondere bezüglich bestandsgefährdender Entwicklungen stets früh- bzw. rechtzeitig erkennen, § 91 II AktG.

– § 93 AktG erlegt den Vorstandsmitgliedern erhebliche Sorgfalts-, Verhaltens-, Treuepflichten bzw. Verantwortlichkeit zur Wahrung guter Unternehmensführung auf:

– Die Geschäftsführung müssen sie mit der Sorgfalt eines ordentlichen und gewissenhaften Geschäftsleiters wahrnehmen, § 93 I 1 AktG, dem fremdes Vermögen anvertraut ist, das er getreulich, sorgfältig, ordnungs- und rechtmäßig zu wahren hat, wobei bei rechtmäßigen, sorgfältig ermittelten unternehmerischen Entscheidungen grds. ein unternehmerisches Risiko zu berücksichtigen ist, § 93 I 2 AktG (s. u.; s. a. § 43 GmbHG [s. o. 17.7.6.4] zum GmbH-Geschäftsführer, bzw. zum Vorstand der Genossenschaft vgl. § 34 GenG [s. u. 17.9.6.1], s. a. zum GbR-Geschäftsführer § 708 BGB [s. o. 17.2.4] bzw. oHG-Gesellschafter [s. o. 17.3.3.2]). (S. a. 17.1.3.3 a. E.).

– Vertrauliche Angaben, Geheimnisse müssen sie verschwiegen behandeln, § 93 I 3 AktG.

– Droht die Hälfte des Grundkapitals verlorenzugehen, so ist die Hauptversammlung einzuberufen und zu informieren, § 92 I AktG.

– Bei Überschuldung bzw. Zahlungsunfähigkeit ist das gerichtliche Insolvenzverfahren zu beantragen, § 15 a InsO (s. u. 21); Zahlungen dürfen dann nicht mehr geleistet werden, § 92 AktG.

Haftung   – Schädigt ein Vorstandsmitglied einen Dritten rechtsgeschäftlich oder durch eine unerlaubte Handlung, so muss die AG dafür unmittelbar gemäß § 31 BGB einstehen, Vorstandsmitglieder sind insoweit weder nach § 278 BGB zuzurechnende Erfüllungs- noch nach § 831 BGB ansehbare Verrichtungsgehilfen (vgl. 3.2.1, 7.3.3, 7.3.4, 8.13.2 f.).

Beispiele: Ein Vorstandsmitglied begeht einem Dritten gegenüber eine Vertragsverletzung – die AG haftet aus den §§ 280 I, 241 II, 242 i. V. m. § 31 BGB; oder: Ein Vorstandsmitglied fügt einem Dritten deliktsrechtlich Schaden zu – die AG haftet selbst gemäß der §§ 823 (I, II) oder 826 BGB i. V. m. § 31 BGB (s. o. 12.5.1).

– Der Gesellschaft gegenüber haften die Mitglieder des Vorstandes für aus schuldhaft begangenen Pflichtverletzungen resultierende Schäden gesamtschuldnerisch, §§ 93 II, III, 117 II, 147 AktG; wesentliche Grundlage ist insoweit § 93 II 1 AktG, der insbesondere bei den o. g. Pflichtverstößen i. S. d. § 93 I, III AktG zum Tragen kommt.

Beispiele: Der Finanzvorstand zahlt mehrere Millionen Euro, ohne zuvor Sicherheiten vereinbart zu haben, an ein alsbald zusammenbrechendes Anlageunternehmen; der Vorstand betreibt eine Milliardenakquisition ohne hinreichende Überprüfung der damit einhergehenden massiven, existenzbedrohenden Rechtsrisiken bzw. unter Missachtung der sog „Due Diligence" (gebotenen Sorgfalt) bei Unternehmenskäufen; der Vorstandsvorsitzende erhält Kenntnis von Motorsoftwaremanipulationen und unternimmt nichts dagegen. (Die Abgrenzung der schuldhaften Pflichtverletzung von bloßen Fehlschlägen oder Irrtümern ist allerdings praktisch häufig schwierig, weswegen gerade § 93 I 2 AktG [sog. „Business Judgement Rule"; angemessene Managemententscheidung] besondere Bedeutung zukommt; diese Regel gilt grds. entsprechend auch für verantwortliche Akteure anderer Gesellschaften, s. o. 17.1.3.3 a. E.).

– Dritte können ggf. unmittelbar Schadensersatzansprüche gegenüber einem sie schädigenden Vorstandsmitglied haben, vgl. etwa die §§ 823 I, II, 826 BGB.
  Beispiel: Ein Vorstandsmitglied verursacht einen Verkehrsunfall.

– Pflichtverletzungen können auch zu strafrechtlicher Ahndung führen, vgl. die §§ 399 ff. AktG.

17.8.7.2 Aufsichtsrat

Das neben dem Vorstand die Geschicke der AG ebenfalls maßgeblich bestimmende Organ ist der Aufsichtsrat. Er ist insbesondere für die Kontrolle des Vorstandes verantwortlich und dessen wichtigster Ansprechpartner. Mitglied eines Aufsichtsrates kann nur eine natürliche, unbeschränkt geschäftsfähige Person sein, § 100 I 1 AktG.

Bestellung:

Den ersten Aufsichtsrat bestellen gemäß § 30 I AktG die Gründer der AG. Der Aufsichtsrat besteht aus 3 bis 21 Mitgliedern, § 95 AktG. Mitbestimmungsrechtliche Vorschriften bleiben davon unberührt, vgl. § 95 S. 5 AktG.

Von den jeweiligen Mitbestimmungsgesetzen hängt auch die Zusammensetzung des Aufsichtsrates ab; vgl. die §§ 96 AktG, 1 ff. MitbestG, 1, 4 DrittelbG, 4 ff. MontanMitbestG, 1 ff. MontanMitbest-ErgänzungsG. Die Stellung als Aufsichtsrat ist nicht mit einer Stellung als Vorstandsmitglied, Prokurist oder Generalbevollmächtigter vereinbar, § 105 AktG. Die Amtszeit ist gemäß § 102 I AktG auf längstens vier Jahre beschränkt. Aufsichtsratmitglieder können ggf. von der Hauptversammlung mit Dreiviertelmehrheit abberufen werden, § 103 AktG.
Mitbestimmung
Inkompatibiliät

Aufgaben:

Dem Aufsichtsrat als Kontrollorgan für den Vorstand obliegen insbesondere folgende Aufgaben:
Pflichten
– Bestellung, ggf. auch Abberufung des Vorstandes, § 84 AktG;
– Überwachung der Geschäftsführung des Vorstandes, § 111 AktG;
– Vertretung der AG gegenüber dem Vorstand, § 112 AktG;
– Prüfung und Feststellung des Jahresabschlusses, §§ 171, 172 AktG.

Verantwortlichkeit:

Der Aufsichtsrat ist zu sorgfältigem Handeln verpflichtet und hierfür verantwortlich, vgl. die §§ 90 IV, 116, 93, 117 II AktG bzw. die §§ 823, 826, 830 BGB (ebenso wie der Vorstand, s. o.).
Verantwortung

Beispiele: Ein Aufsichtsrat(smitglied) geht substantiierten Hinweisen auf unseriöse oder unkorrekte Vorstandsaktivitäten nicht nach, die zum Bankrott des Unternehmens bzw. zu desaströser Börsen(kurs)wertvernichtung bei/mit massivem Reputationsverlust führen, oder er veranlasst vorsätzlich bzw. unterstützt aktiv ein strafbares oder sittenwidriges Verhalten des Vorstandes, etwa bei einer betrügerischen Kapitalerhöhung, bzw. er stimmt ohne nachvollziehbare stimmige Begründung einer kurzfristigen erheblichen Vorstands-Tantiemenerhöhung zu – er ist ggf. persönlich schadensersatzpflichtig.

Aufsichtsratsmitglieder sollen besonders sachkundig sein und sich auf eine gewisse Anzahl von Aufsichtsratsmandaten beschränken (die Höchstzahl der Aufsichtsratsmandate beträgt zehn; ein Aufsichtsratsvorsitz zählt doppelt, § 100 II AktG).

17.8.7.3 Hauptversammlung

Organ In der Hauptversammlung nehmen die Aktionäre als Eigentümer der AG ihre Rechte wahr. Sie ist (jedenfalls rechtlich) das oberste Organ einer AG.

Stellung des Aktionärs:

Aktionärsstellung An der Hauptversammlung darf jeder Aktionär teilnehmen und seine Rechte dort ausüben, § 118 I AktG. Aufgrund der seiner Aktie innewohnenden Mitwirkungsrechte (s. o. 17.8.6.2) hat er das Auskunftsrecht, § 131 AktG, und Stimmrecht, § 134 AktG. Ggf. hat er gemäß § 245 AktG das Recht, Hauptversammlungsbeschlüsse anzufechten.

Aufgaben:

Aufgaben Die Aufgaben der Hauptversammlung sind gesetzlich genau festgelegt; es gibt keine Allzuständigkeit. So beschließt die Hauptversammlung

Beschlussfassung – über die Bestellung der Mitglieder des Aufsichtsrates (§§ 103, 101 AktG),

– die Verwendung des Bilanzgewinnes (§ 174 AktG),

– die Entlastung von Vorstand und Aufsichtsrat (§ 120 AktG),

> **Beispiel:** Erstmalig bei einem Dax-Unternehmen wurde dem amtierenden Vorstand der Bayer AG am 26.4.2019 die Entlastung für das Geschäftsjahr 2018 verweigert (wegen der erheblich [haftungs-]risikobehafteten Übernahme des Agrarkonzerns Monsanto). (Eine unmittelbare Rechtswirkung zeitigt die Ent-/Nichtentlastung grds. nicht, vgl. § 120 II AktG; ggf. hat der Aufsichtsrat [s. o. 17.8.7.2] bei vorliegendem Vertrauensentzug den Vorstand abzuberufen, § 84 III 2 AktG),

– die Bestellung des Abschlussprüfers,

– Satzungsänderungen,

– Maßnahmen von Kapitalbeschaffung und Kapitalherabsetzung,

– Bestellung von Prüfern für Gründungs- oder Geschäftsführungsprüfung,

– Auflösung der Gesellschaft,

(vgl. die Aufzählung des § 119 I AktG).

Zustimmung Hinzu kommen die erforderliche Zustimmung für

– Unternehmensverträge, § 293 AktG (vgl. dazu auch die Berichterstattungspflicht des Vorstandes und die Prüfungspflichten der Vertragsprüfer, §§ 293 a ff. AktG),

– Verschmelzung, §§ 13, 65 UmwG, Spaltung, Vermögensübertragung, Formwechsel (vgl. die Vorschriften des UmwG).

Die Geschäftsführung ist nicht Sache der Hauptversammlung, sondern des Vorstandes (s. o. 17.8.7.1); allerdings kann der Vorstand der Hauptversammlung ausnahmsweise Fragen der Geschäftsführung zur Entscheidung vorlegen, § 119 II AktG. Bei besonders schwerwiegenden, strukturverändernden Maßnahmen, die die Rechtsstellung und Interessen der Aktionäre gravierend berühren, muss der Vorstand grds. die Hauptversammlung befragen.

Beispiele: Die Übertragung eines den Schwerpunkt des Unternehmens bildenden Geschäfts-
bereiches auf eine Tochtergesellschaft der AG; die Umstrukturierung einer Tochter- in eine
Enkelgesellschaft, wenn diese große Bedeutung haben. Der Zustimmungsbeschluss bedarf
dann der ¾-Mehrheit des bei Beschlussfassung vertretenen Grundkapitals.

Einberufung:

Die Einberufung der Hauptversammlung erfolgt durch den Vorstand; sie ist be- | Durchführung
kanntzumachen und soll am Sitz der Gesellschaft oder einer Börse, an der ihre
Aktien notiert sind, stattfinden, vgl. § 121 AktG. Die Einberufungsfrist beträgt
grundsätzlich dreißig Tage, § 123 AktG, die Tagesordnung ist bekanntzumachen,
§ 124 AktG.

Neben der ordentlichen Hauptversammlung in den Fällen der §§ 120, 175 AktG, | außerordent-
sind auch außerordentliche Hauptversammlungen möglich, vgl. die §§ 92 I, 121 I, | liche Haupt-
122 I, II AktG. | versammlung

Beschlüsse:

Beschlüsse werden regelmäßig mit einfacher Stimmenmehrheit gefasst, wobei die | Beschlüsse
Aktiennennbeträge bzw. Stückaktienanzahl maßgeblich sind, §§ 133, 134 AktG.

Beispiel: Die Hauptversammlung beschließt, für das vergangene Geschäftsjahr eine Dividende in Höhe von 2,– € je Aktie auszuschütten.

Satzungsänderungen bedürfen der ¾-Mehrheit, vgl. § 179 AktG.

Beispiel: Der Erwerb einer Sperrminorität von 25 % plus einer Aktie der Deutsche Bank
AG an der Deutsche Postbank AG im Februar 2009.

Hauptversammlungsbeschlüsse sind notariell zu beurkunden, § 130 AktG. Der
Aktionär kann sich durch ein Kreditinstitut vertreten lassen, § 135 AktG (sog.
Depotstimmrecht; s. a. § 128 II AktG).

Rechtswidrige Beschlüsse der Hauptversammlung können nichtig, § 241 AktG, | Anfechtung
oder anfechtbar, § 243 AktG, sein und angefochten werden, vgl. die §§ 241 ff. AktG
(was nicht mit den Fällen der Irrtumsanfechtung von Willenserklärungen zu verwechseln ist, s. a. 6.8.2.4, 17.9.6.3 a. E.).

Ist die Hauptversammlung nur für einen Tag einberufen, dann ist spätestens um | Dauer/
Mitternacht Schluss, sonst sind später gefasste Beschlüsse (auch wenn sie nur in | Ende
den ersten Minuten des Folgetages erfolgen) nichtig.

Beispiel: Wird für den 10. 5. zu einer Hauptversammlung eingeladen, aber erst um 0.15 Uhr
des 11. 5. ein Beschluss gefasst, so ist dieser nichtig (weshalb oftmals gleich für zwei aufeinanderfolgende Tage eingeladen wird).

17.8.8 Rechnungslegung und Gewinnverwendung

Die Rechnungslegung, insbesondere Jahresabschluss und Lagebericht, sind im
Wesentlichen in den §§ 242, 264 ff., 290 ff. HGB geregelt. Dafür ist grundsätzlich,
ebenso wie für die ordnungsgemäße Buchführung, § 91 AktG, der Vorstand verantwortlich. Die §§ 150 ff., 170 ff. AktG regeln des Weiteren die gesetzlichen Rücklagen und Kapitalrücklagen, Bilanz, Gewinn und Verlustrechnung sowie den Anhang.

17.8.9 Kapitalveränderungen

Das der AG zur Verfügung stehende Kapital kann sich verändern:

17.8.9.1 Kapitalerhöhungen

nominell Kapitalerhöhungen können zum einen aus Gesellschaftsmitteln stammen; dies nennt man *nominelle Kapitalerhöhung*, vgl. § 207 AktG. Hierdurch werden Rücklagen in Grundkapital umgewandelt.

effektiv Zum anderen ist eine Kapitalerhöhung auch durch echte Zuführung neuen Kapitals möglich (dies nennt man *effektive Kapitalerhöhung*).

Unterschieden werden hierbei:

ordentlich – Die ordentliche Kapitalerhöhung, bei der neue Aktien gegen Zahlung eines entsprechenden Preises ausgegeben werden, vgl. die §§ 182 ff. AktG (s. o. 17.8.4 a. E.);

bedingt – die bedingte Kapitalerhöhung, bei der von einem Umtausch- oder Bezugsrecht, das die AG einräumt, in eng begrenzten Fällen Gebrauch gemacht werden kann, vgl. § 192 AktG;

genehmigtes Kapital – das genehmigte Kapital, bei dem der Vorstand ermächtigt wird, in den nächsten fünf Jahren – zu einem möglichst günstigen Zeitpunkt – das Grundkapital bis zu einem bestimmten Nennbetrag (= genehmigtes Kapital) durch Ausgabe neuer Aktien gegen Einlagen zu erhöhen, vgl. § 202 AktG.

Eine weitere Möglichkeit der Kapitalbeschaffung stellt auch die Ausgabe von Wandel- und Gewinnschuldverschreibungen dar, § 221 AktG.

17.8.9.2 Kapitalherabsetzungen

Das Grundkapital kann ggf. auch herabgesetzt werden:

effektiv In seltenen Fällen wird überflüssiges Kapital an die Aktionäre zurückgezahlt, sog. effektive Kapitalherabsetzung.

nominell Eine Kapitalherabsetzung kann auch dadurch erfolgen, dass zum Ausgleich eines Verlustes Grundkapital und Gesellschaftsvermögen einander angepasst werden, sog. nominelle Kapitalherabsetzung. Die ordentliche Kapitalherabsetzung regeln die §§ 222 ff. AktG, das vereinfachte Verfahren die §§ 229 ff. AktG.

17.8.10 Auflösung und Liquidation

Auflösungsgründe Die AG wird gemäß der in § 262 AktG vorgesehenen Fälle aufgelöst; des Weiteren können auch in der Satzung Auflösungsgründe fixiert sein.

Abwicklung Die Auflösung ist vom Vorstand zur Eintragung in das Handelsregister anzumelden, § 263 AktG. Danach erfolgt die Liquidation, für die der Vorstand als Abwickler zuständig ist, §§ 264 ff. AktG. Nach dem Schluss der Abwicklung ist die Gesellschaft zu löschen, § 273 AktG.

17.8.11 Steuern

Als Kapitalgesellschaft ist die AG körperschaftssteuerpflichtig, § 1 KStG, Erträge aus Aktien unterliegen der Einkommensteuer, § 20 I EStG, wobei insoweit ein Einzug von Kapitalertragsteuer bereits bei der Auszahlung der Dividende erfolgt, § 43 I EStG. Die Tätigkeit der AG ist gewerbesteuerpflichtig, vgl. § 2 II GewStG. Die AG unterfällt auch der Umsatzsteuer, § 2 I UStG.

17.8.12 Kommanditgesellschaft auf Aktien – KGaA

Die KGaA stellt eine Mischform aus KG (dazu vgl. 17.1.3.2; 17.4.9.3) und AG dar. Sie ist eine juristische Person, Unternehmerin, § 14 BGB (s. o. 3.6), Unternehmensträgerin (s. o. 4.4.2), Handelsgesellschaft und Formkaufmann, so dass auf sie das Handelsrecht Anwendung findet. Die Firma muss die Bezeichnung „Kommanditgesellschaft auf Aktien" – „KGaA" – enthalten, § 279 AktG. In der Praxis ist die KGaA nicht sehr verbreitet. Ihre Bedeutung wird oftmals unterschätzt (dabei kann sie, insbesondere bei Erbgängen, gerade für Familienunternehmen durchaus vorteilhaft sein). *Mischform*

Beispiele: Bertelsmann SE & Co. KGaA; Fresenius Medical Care AG & Co. KGaA; Henkel AG & Co. KGaA; Merck KGaA;

Geregelt ist die KGaA in den §§ 278 ff. AktG:

Wie die AG verfügt die KGaA über Aufsichtsrat und Hauptversammlung; die Funktion des Vorstandes übernimmt der persönlich haftende Gesellschafter, vgl. § 283 AktG. *Organe*

Der persönlich haftende Gesellschafter führt die Geschäfte der KGaA und vertritt sie rechtsgeschäftlich, vgl. die §§ 278, 282 AktG, 161 ff. HGB. Sind mehrere persönlich haftende Gesellschafter vorhanden, so gilt das Prinzip der Einzelvertretung bzw. Einzelgeschäftsführung, vgl. die §§ 278 II AktG, 161 II, 125, 114 HGB.

Persönlich haftender Gesellschafter kann auch eine juristische Person sein (vgl. § 279 II AktG).

Beispiele: GmbH & Co. KGaA (etwa: Borussia Dortmund GmbH & Co. KGaA); AG & Co. KGaA; Stiftung & Co. KGaA; SE & Co. KGaA.

Demgegenüber sind die Kommanditaktionäre zwar am in Aktien zerlegten Grundkapital beteiligt, haften aber nicht persönlich für Gesellschaftsverbindlichkeiten.

Der Aufsichtsrat der KGaA ist, ebenso wie derjenige der AG, Kontrollorgan und überwacht den/die persönlich haftende(n) Gesellschafter. Er vertritt die Kommanditaktionäre und führt die Beschlüsse der Hauptversammlung aus, vgl. § 287 AktG. *Aufsichtsrat*

Die Befugnisse der Hauptversammlung als Vertretung der Kommanditaktionäre und die diesbezügliche Rechtsstellung des persönlich haftenden Gesellschafters sind in den §§ 285, 286 AktG geregelt. *Kommanditaktionäre*

17.8.13 Verbundene Unternehmen

Das Unternehmen (s. o. 4.4.2) ist grundsätzlich als selbständige Einheit konzipiert. In der Wirtschaftspraxis weit verbreitet sind allerdings mittlerweile Verflechtungen. Zum Schutze von Gläubigern und Aktionären sowie zur Gewährleistung von Transparenz sieht das AktG in den §§ 15 ff., 291 ff. entsprechende Regelungen vor: *Verflechtungen*

Verbundene Unternehmen sind rechtlich selbständig, § 15 AktG, und können zueinander in Mehrheitsbesitz, § 16 AktG, Abhängigkeit, § 17 AktG, Konzernzusammenfassung, § 18 AktG, wechselseitiger Beteiligung, § 19 AktG, oder in Unternehmensvertragsbeziehung, §§ 291, 292 AktG, stehen. *Prinzipien*

Grundsätzlich gilt insoweit:

Mehrheits-
beteiligung

– Eine Mehrheitsbeteiligung liegt vor, wenn die Mehrheit (= mindestens 51 %) der Anteile eines rechtlich selbständigen Unternehmens einem anderen Unternehmen gehört, § 16 AktG.

abhängige
Unternehmen

– Abhängige Unternehmen sind rechtlich selbständige Unternehmen, auf die ein anderes, das herrschende, Unternehmen unmittelbar oder mittelbar beherrschenden Einfluss ausüben kann, § 17 AktG.

Konzern

– Sind ein herrschendes und ein oder mehrere abhängige Unternehmen unter der einheitlichen Leitung des herrschenden Unternehmens zusammengefasst, so liegt ein *Konzern* vor, § 18 AktG; man nennt ihn Unterordnungskonzern. Ein Gleichordnungskonzern ist gegeben, wenn rechtlich selbständige Unternehmen ohne Abhängigkeit unter einheitlicher Leitung zusammengefasst sind, vgl. § 18 I bzw. II AktG.

Ein Konzern als solcher ist nicht eigenständiger Unternehmensträger – dies bleiben vielmehr die verschiedenen rechtlich selbständig verbundenen Unternehmen selbst (s. o. 4.4.2).

wechselseitige
Beteiligung

– Wechselseitig beteiligte Unternehmen liegen dann vor, wenn inländische Kapitalgesellschaften sich gegenseitig zu mehr als jeweils 25 % gehören, § 19 AktG.

Unternehmens-
verträge

– Unternehmensverträge i. S. d. §§ 291, 292 AktG sind Beherrschungs-, Gewinnabführungs-, Gewinngemeinschafts-, Teilabführungs-, Betriebspacht- bzw. -überlassungsverträge.

Zum Schutze der Gläubiger, Aktionäre sowie zur Schaffung von Transparenz dienen insbesondere die §§ 20, 293 ff., 300 ff., 304 ff. AktG bzw. die §§ 290 ff. HGB (s. a. 10.2.8 a. E).

17.9 Die eingetragene Genossenschaft

Geschichte

Gesellschaftsform zur Förderung der Wirtschaft ihrer Mitglieder ist die eingetragene Genossenschaft. „Genossenschaften als Kinder der Not" sind historisch mit der „industriellen Revolution" des 19. Jahrhunderts verknüpft; 1849 gründeten Hermann Schulze-Delitzsch (1808–1883) die erste Rohstoffgenossenschaft, Wilhelm Raiffeisen (1818–1888) die erste landwirtschaftliche Darlehenskasse. Bis heute hat die wirtschaftliche Bedeutung der Genossenschaften nicht nachgelassen.

17.9.1 Grundsätzliches

Das Recht der eingetragenen Genossenschaft wird insbesondere durch folgende Prinzipien geprägt:

17.9.1.1 Begriff der eG

Definition

Die Genossenschaft ist eine Gesellschaft von nicht geschlossener Mitgliederzahl, welche die Förderung des Erwerbes oder der Wirtschaft ihrer Mitglieder oder deren soziale oder kulturelle Belange mittels gemeinschaftlichen Geschäftsbetriebes bezweckt, § 1 I GenG. Die Genossenschaft erwirbt ihre Rechtsstellung nach Maßgabe des GenG. Wie ein Verein ist sie Körperschaft, Mitglieder sind diejenigen, die in ihrer Wirtschaft gefördert werden sollen. Auch rein investierende Mitglieder können zugelassen werden (vgl. die §§ 8 II, 16 II 1 Nr. 11, 47 III 1 GenG).

17.9.1.2 Rechtsperson

Die Genossenschaft ist eine juristische Person (s. o. 3.2); sie hat als solche selbständig ihre Rechte und Pflichten, ist Unternehmerin, § 14 I BGB (s. o. 3.6), Trägerin eines betriebenen Unternehmens (s. o. 3.4.4, 4.4.2), kann Eigentum und andere dingliche Rechte an Grundstücken erwerben, klagen und verklagt werden, § 17 I GenG. Ihre Mitgliederzahl ist offen, nicht geschlossen (vgl. 1 I GenG). Gemäß § 17 II GenG gilt die Genossenschaft als Kaufmann i. S. d. HGB, vgl. § 6 I, II HGB (s. o. 3.4.2.6). Echte Handelsgesellschaft ist sie aber nicht, weil es beim Zusammenschluss zu einer Genossenschaft nicht um den gemeinschaftlichen Betrieb eines Handelsgewerbes geht, sondern um die Förderung des Erwerbes und der Wirtschaft der Mitglieder (s. o. 17.1.3.4). Prokuren und Handlungsvollmachten sind zulässig, § 42 GenG (s. o. 7.8.2; 7.8.3).

juristische
Person

Kaufmann

Möglich ist auch die Errichtung einer sog. „kleinen eG" mit nicht mehr als zwanzig Mitgliedern – bei ihr kann auf einen regulären Aufsichtsrat verzichtet und ein nur einköpfiger Vorstand errichtet werden, vgl. die §§ 9 I 2, 3, 24 II 3 GenG (s. u. 17.9.6.1).

„kleine eG"

17.9.1.3 Erscheinungsformen

Wichtigste Erscheinungsformen der Genossenschaft gemäß § 1 GenG sind insbesondere (vgl. § 1 I GenG a. F.):

Arten

– Kreditgenossenschaften,
   Beispiele: Volks- und Raiffeisenbanken (älteste noch am Standort bestehende Genossenschaftsbank der Welt ist die Volksbank Hohenlohe in Öhringen, gegründet 1843),

– Einkaufsgenossenschaften,
   Beispiel: Metzger-Einkauf,

– Absatzgenossenschaften, Verwertungsgenossenschaften,
   Beispiele: Obstverwertungs-, Molkereigenossenschaften,

– Produktivgenossenschaften (Herstellungs- und Verwertungsgenossenschaften),
   Beispiel: Winzergenossenschaften,

– Verbrauchergenossenschaften,
   Beispiele: coop eG, Konsum-Läden,

– Werkgenossenschaften, Beschaffungs- und Nutzungsgenossenschaften,
   Beispiele: Landwirts-Maschinengemeinschaften, Taxifahrer-Funkzentralen,

– Baugenossenschaften, Wohnungsherstellungsgenossenschaften,
   Beispiele: Siedlungsgenossenschaft, Wohngenossenschaft (älteste bestehende Wohnungsbaugenossenschaft Deutschlands ist die Baugenossenschaft München von 1871),

– Energiegenossenschaften, Alternative Energiegewinnungsgenossenschaften,
   Beispiel: Photovoltaikgenossenschaft.

Die eG ist eine durchaus aktuelle Gesellschaftsform.

durchaus
aktuell

Beispiele: Datev eG, Nürnberg (für die steuerberatenden Berufe), oder: Denic eG, Frankfurt a.M. (Deutsches Network Information Center, für Vergabe, Verzeichnis, Verwaltung bzw. Betrieb von .de-Adressen im Internet – domain –; http://*www. denic.de*), bzw. HIS Hochschul-

Informations-System eG, Hannover (IT-Dienstleistungen für Hochschulen). Genossenschaften finden sich traditionell insb. in Landwirtschaft, Weinbau, Bankenwesen, Wohnungswesen, aber etwa auch in der Informationstechnologie bzw. alternativen Energiegewinnung.

17.9.1.4 Betätigung

Förderung der Mitglieder

Die Genossenschaft bezweckt die Förderung des Erwerbes oder der Wirtschaft ihrer Mitglieder bzw. deren sozialer oder kultureller Belange mittels gemeinschaftlichen Geschäftsbetriebes, § 1 I GenG. Sie betätigt sich also zu Gunsten ihrer Mitglieder; ihr Gesellschaftszweck ist demnach nicht ein eigennütziger, sondern ein fremdnütziger. Geschäfte, die die unmittelbare Förderung der Mitglieder erstreben,

Beispiele: Kreditgewährung, Abnahme von Produkten,

Aktivgeschäfte

nennt man Aktiv- oder Fördergeschäfte;

diejenigen Geschäfte, die die Genossenschaft tätigt, um sich die für die Aktiv- bzw. Fördergeschäfte erforderlichen (Hilfs-)Mittel zu verschaffen,

Beispiele: Einkauf von Betriebsmitteln,

Passivgeschäfte

nennt man Passiv- oder Hilfsgeschäfte.

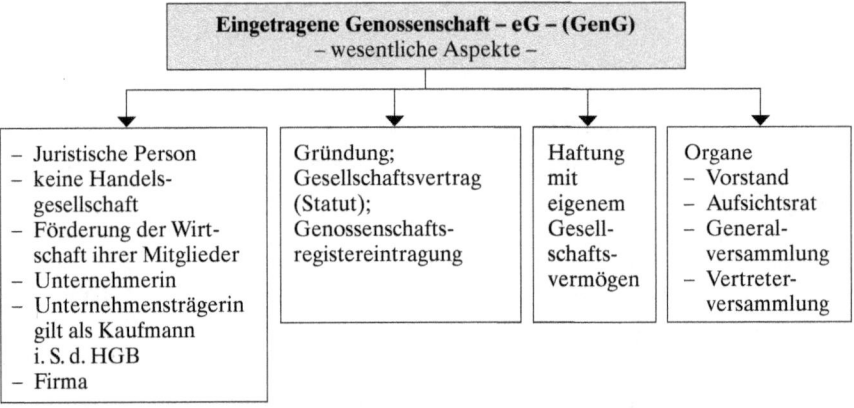

Schaubild 248: eG – wesentliche Aspekte

17.9.2 Gründung der eG

Zur Gründung einer Genossenschaft sind mindestens drei Mitglieder (ihre frühere Bezeichnung als Genossen hat der Gesetzgeber aufgegeben) erforderlich, § 4 GenG.

Satzung

Sie müssen eine schriftliche Satzung fertigen, § 5 GenG. Diese hat gemäß § 6 GenG zu enthalten:

- Firma und Sitz der Genossenschaft,
- Gegenstand des Unternehmens,
- Angaben über etwaige Nachschusspflichten der Mitglieder im Insolvenzfall,
- Bestimmungen über die Generalversammlung,
- Angaben über die Bekanntmachungen;

sowie aufgrund § 7 GenG:

- Bestimmungen über die Geschäftsanteile,
- Regelungen über die Bildung einer gesetzlichen Rücklage.

Die §§ 7 a, 8 und 8 a GenG lassen darüber hinaus noch die Aufnahme weiterer Bestimmungen zu, insbesondere bezüglich des Rechtes, sich mit mehr als einem Geschäftsanteil zu beteiligen, der zeitlichen Beschränkung, der Abstimmungsmehrheiten, der Ausdehnung des Geschäftsbetriebes auf Nichtmitglieder, der Zulassung von Sacheinlagen (s. a. § 11 a II 2 GenG), von investierenden Mitgliedern (s. a. § 16 II 1 Nr. 11 GenG) bzw. eines Mindestkapitals (s. a. § 16 II 1 Nr. 9 GenG).

Die durch Feststellung ihrer Satzung errichtete Genossenschaft bedarf eines Vorstandes und Aufsichtsrates als ihrer Organe; Vorstands- und Aufsichtsratsmitglieder müssen Mitglieder der Genossenschaft und natürliche Personen (s. o. 3.1) sein, § 9 GenG; sie werden von der Generalversammlung gewählt, §§ 24 II 1, 36 I 1 GenG (bzw. zunächst von den Gründungsmitgliedern). Ggf. kann bei Genossenschaften mit bis zu 20 Mitgliedern auf einen Aufsichtsrat (s. u. 17.9.6.2) verzichtet werden, § 9 I 2 GenG. | *Organe*

Alsdann sind die Satzung sowie die Mitglieder des Vorstandes in das beim Amtsgericht geführte Genossenschaftsregister (s. u. 17.9.7) zur konstitutiv wirkenden Eintragung anzumelden, § 10 GenG; vor ihrer Eintragung besteht die Genossenschaft i. S. d. GenG noch nicht, § 13 GenG (bis dahin besteht sie als sog. Vorgesellschaft bzw. „Genossenschaft in Gründung", auf die, soweit möglich bzw. die Rechtsfähigkeit nicht voraussetzend, die Regeln des GenG ggf. entsprechend angewendet werden, und für deren Verbindlichkeiten die Mitglieder ggf. persönlich gesamtschuldnerisch haften, s. a. 17.7.2.2 a. E., 17.8.2.1). | *Eintragung* / *Vorgesellschaft*

Der Vorstand hat die Genossenschaft zur Eintragung in das Genossenschaftsregister anzumelden, § 11 I GenG, und die gemäß § 11 II GenG erforderlichen Anlagen beizufügen (s. u. 17.9.7).

Danach prüft das Gericht die ordnungsgemäße Errichtung und Anmeldung, § 11 a GenG; ergeben sich keine Beanstandungen, so wird die Genossenschaft im Genossenschaftsregister eingetragen; damit ist sie rechtsfähig i. S. d. § 17 GenG. Die eingetragene Satzung ist auszugsweise zu veröffentlichen, § 12 GenG (§ 8 b II Nr. 2 HGB; s. u. 17.9.7). | *Genossenschaftsregister*

17.9.3 Firma

Die Genossenschaft hat eine Firma, die die Satzung angeben muss, § 6 I Nr. 1 GenG, und die veröffentlicht wird, § 12 II Nr. 2 GenG.

Beispiele: Winzergenossenschaft Randersacker eG; Raiffeisen-Volksbank Odenwald Michelstadt/Miltenberg eG.

Die Firma muss die Bezeichnung „eingetragene Genossenschaft" bzw. „eG" enthalten, § 3 S. 1 GenG, Unterscheidbarkeit ist zu gewährleisten, §§ 3 S. 2 GenG, 30 HGB (s. o. 3.4.5.3 f.; vgl. Schaubild 28). | *eG*

17.9.4 Haftungsverhältnisse

Für die Verbindlichkeiten der Genossenschaft haftet ihren Gläubigern nur das Genossenschaftsvermögen, § 2 GenG; für ihre Schulden hat sie als rechtsfähige juristische Person selbst einzustehen, vgl. § 17 I GenG. Insoweit verlangt auch § 7 Nr. 2 GenG die Bildung einer gesetzlichen Rücklage. | *Genossenschaftsvermögen*

Ein bestimmtes Mindestkapital schreibt das GenG für die Genossenschaft grundsätzlich nicht vor (anders also als bei GmbH, vgl. § 5 GmbHG, bzw. AG, § 7 AktG); allerdings kann nunmehr ein Mindestkapital durchaus eingeführt werden, §§ 8 a, 16 II 1 Nr. 9 GenG.

Beispiel: Diejenigen Genossenschaften, die nach den Internationalen Rechnungslegungsstandards bilanzieren, können das Geschäftsguthaben als Eigenkapital ausweisen.

Die den Genossenschaftsgläubigern zur etwaigen Verfügung stehende Haftungsmasse bzw. das Genossenschaftsvermögen kann zudem schwanken.

Beispiele: Eintritt/Austritt von Mitgliedern mit entsprechenden Einlagenänderungen.

Nachschuss-pflichten

Die einzelnen Mitglieder haften grundsätzlich nicht für Genossenschaftsverbindlichkeiten, es sein denn, die Satzung habe Nachschusspflichten vorgesehen, vgl. die §§ 23, 105, 119 ff., 6 Nr. 3, 22 a GenG; s. a. § 73 II 4 GenG:

- Die Satzung kann bestimmen, dass die Mitglieder im Insolvenzfall keine Nachschusspflichten treffen;
- sie kann ebenso vorsehen, dass die Mitglieder im Falle der Insolvenz der Genossenschaft unbeschränkte Nachschusspflichten haben;
- ebenso kann in der Satzung festgelegt sein, dass die Mitglieder eine bestimmte Summe (die Haftsumme, § 6 Nr. 3 GenG) im Insolvenzfall nachzuschießen haben (beschränkte Nachschusspflicht; s. u. 17.9.5.3).

17.9.5 Rechtsstellung des Mitglieds

Für die Charakterisierung der Rechtsstellung der Mitglieder der Genossenschaft sind vornehmlich folgende Aspekte maßgebend:

17.9.5.1 Erwerb/Verlust

Mitglieder

Mitglied sein können jede natürliche Person, ebenso juristische Personen, oHGen, KGen, auch eGen sowie GbR (vgl. § 77 a GenG).

Begründung der Mitglied-schaft

Die Mitgliedschaft in der Genossenschaft wird erworben durch

- Teilnahme an der Gründung bzw. Unterzeichnung der Satzung, §§ 4, 11 II Nr. 1 GenG,
- Eintritt in eine bestehende Genossenschaft durch eine schriftliche, unbedingte Beitrittserklärung sowie die Zulassung des Beitritts durch die Genossenschaft (d. h. durch den Vorstand, §§ 15 I, II, 15 a, 15 b GenG) mit Eintragung in die Mitgliederliste (vgl. die §§ 30 ff. GenG),
- Vererbung, § 77 GenG,
- Verschmelzung, §§ 79 ff. UmwG,
- Übertragung des Geschäftsguthabens, § 76 GenG.

Ende

Verloren wird die Stellung als Mitglied durch

- Tod,
- Kündigung, §§ 65 ff. GenG,
- Übertragung des Geschäftsguthabens, § 76 GenG,
- Ausschließung, § 68 GenG,
- Auflösung/Erlöschen, § 77 a GenG.

17.9.5.2 Rechte

Aufgrund der Mitgliedschaft in der Genossenschaft ergeben sich insbesondere folgende Rechte:

Vermögensrechte:
Vornehmliches Recht des Mitglieds ist es, an den genossenschaftlichen Einrichtungen teilzunehmen und hieraus Vorteil zu ziehen (vgl. § 1 GenG).

Vermögensrechte

Beispiele: Maschinen nutzen, günstige Kredite erhalten, Wohnungseigentum erwerben können, etc.

Darüber hinaus hat das Mitglied Anspruch auf Gewinn- (und Verlust-)verteilung, §§ 19, 48 GenG.

Weiterhin hat das Mitglied Mitwirkungsrechte (auch Verwaltungsrechte genannt):

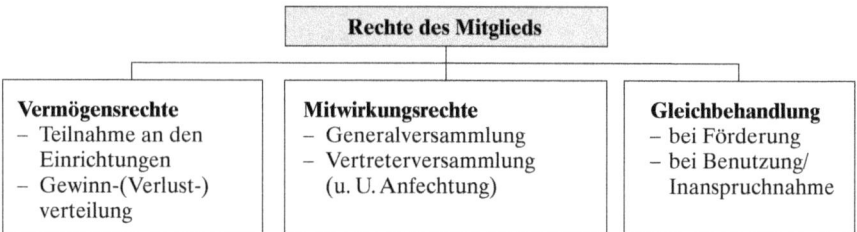

Schaubild 249: Rechte des Mitglieds

Es hat das Recht, an der Generalversammlung teilzunehmen und dort mitzu(be)-stimmen, § 43 GenG; Beschlüsse können ggf. auch schriftlich oder in elektronischer Form (s. o. 6.4) gefasst werden, § 43 VII GenG; in die Niederschrift über Beschlüsse der Generalversammlung hat es Einsichtsrecht, § 47 IV GenG; es kann, bei Genossenschaften mit mehr als 1500 Mitgliedern, sich in die Vertreterversammlung wählen lassen bzw. mitwählen, § 43 a GenG; des Weiteren besteht die Möglichkeit, Minderheitenrechte wie die Einberufung einer Generalversammlung geltend zu machen, § 45 GenG, bzw. ggf. deren Beschlüsse gerichtlich anzufechten, § 51 GenG. Grundsätzlich besteht auch der Anspruch auf Gleichbehandlung der Mitglieder untereinander (insb. bei Förderung bzw. Inanspruchnahmemöglichkeiten).

Mitwirkungsrechte

Gleichbehandlung

17.9.5.3 Pflichten

Aufgrund seiner Mitgliedschaft in der Genossenschaft treffen das Mitglied grds. folgende Pflichten:

Das Mitglied hat seine Mindesteinlage, den Beitrag, zu leisten, § 7 Nr. 1 GenG (Geschäftsanteil; ggf. auch als Sacheinlage, § 7 a III GenG). Beim Ausscheiden hat es u. U. einen etwaigen Fehlbetrag anteilig zu decken, § 73 II 4 GenG. Ist in der Satzung die Nachschusspflicht für den Insolvenzfall vorgesehen, so ist der Nachschuss ggf. zu erbringen, vgl. die §§ 6 Nr. 3, 105, 119 ff. GenG. Da in der Satzung noch weitere Pflichten verankert sein können, hat das Mitglied diese ggf. ebenfalls zu erfüllen.

Beitragspflicht

Nachschusspflicht

Beispiel: Satzungsbestimmungen bezüglich der Pflicht zur Ablieferung von Produkten an die oder zur Abnahme von der Genossenschaft.

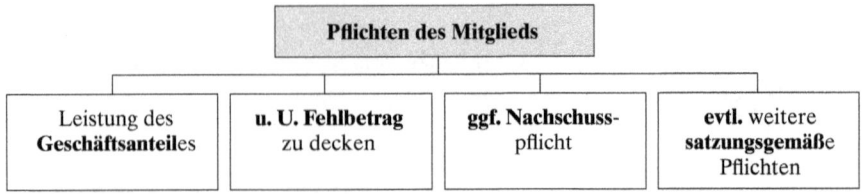

Schaubild 250: Pflichten des Mitglieds

17.9.6 Organe der Genossenschaft

Vertretung · Die Genossenschaft als juristische Person, §§ 1, 17 GenG, bedarf der Vertretung durch Organe (s. o. 3.2).

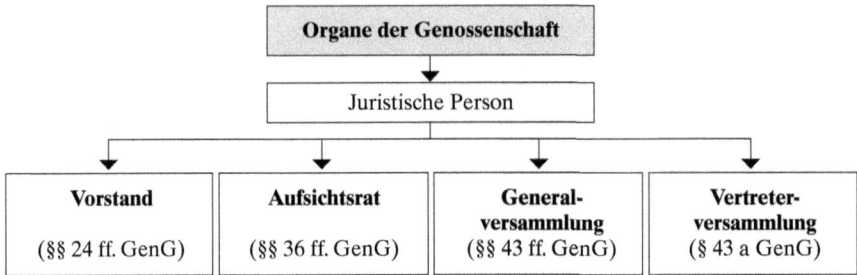

Schaubild 251: Organe der Genossenschaft

Das GenG sieht als Organe vor

- den Vorstand, §§ 24 ff. GenG,
- den Aufsichtsrat, §§ 36 ff. GenG,
- die Generalversammlung, §§ 43 ff. GenG,
- die Vertreterversammlung, § 43 a GenG.

17.9.6.1 Vorstand

gesetzlicher Vertreter · Der Vorstand ist der gesetzliche Vertreter der Genossenschaft; er vertritt sie gerichtlich und außergerichtlich, §§ 24 ff. GenG, 164 I 1 BGB (s. o. 7.2.2, 7.4). Er besteht grds. aus mindestens zwei Mitgliedern und wird von der Generalversammlung gewählt (bzw. abberufen), § 24 I, II GenG. (Bei Genossenschaften mit nicht mehr als 20 Mitgliedern kann die Satzung bestimmen, dass es nur ein Vorstandsmitglied gibt, § 24 II 3 GenG; s. o. 17.9.1.2 a. E.) Die jederzeit widerrufliche Bestellung, Bestellung/ § 24 III GenG, ist als körperschaftlicher Akt zu trennen vom dienstvertraglichen Anstellung · Beschäftigungsverhältnis i. S. d. § 611 BGB (nicht: § 611 a BGB; s. o. 10.4.1, 16.2.1; s. a. 17.7.6.1, 17.8.7.1 bzgl. der Parallelen zum GmbH-Geschäftsführer bzw. AG-Vorstandsmitglied), das die gegenseitigen Rechte und Pflichten zwischen Vorstand und Genossenschaft individuell regelt. Beim Abschluss des Anstellungsvertrages mit dem Vorstand wird die Genossenschaft i. d. R. durch den Aufsichtsrat vertreten, § 39 GenG (s. u. 17.9.6.2).

Dem Vorstand obliegt die Geschäftsführung und Vertretung. Grundsätzlich besteht das Prinzip der Gesamtvertretung, § 25 GenG. Zur Abgabe einer Willenserklärung gegenüber der Genossenschaft reicht die Erklärung gegenüber einem Vorstands-

492

mitglied aber aus, § 25 I 3 GenG. Unechte Gesamtvertretung, also etwa die vertretungsrechtliche Koppelung eines Vorstandsmitgliedes an einen Prokuristen, ist zulässig, §§ 25 III 2, 42 GenG (vgl. 7.8.2).

Auf dem Geschäftspapier der Genossenschaft sind, nebst anderen erforderlichen Angaben, die Vorstandsmitglieder aufzuführen, § 25 a GenG (s. o. 3.4.5.4; vgl. Schaubild 28).

Durch Rechtshandlungen des Vorstandes wird die Genossenschaft unmittelbar berechtigt und verpflichtet, §§ 24 I, 26 I GenG; Beschränkungen der Vertretungsbefugnis sind im Außenverhältnis grundsätzlich unbeachtlich, § 27 GenG. Auf entsprechende Eintragungen im Genossenschaftsregister (s. u. 17.9.7) darf man sich verlassen, § 29 GenG. Rechts-
wirkungen

Die Vorstandsmitglieder sind zu sorgfältigem Handeln verpflichtet, sie treffen, ähnlich wie Vorstandsmitglieder einer AG (vgl. § 93 AktG; s. o. 17.8.7.1 a. E.), erhebliche Sorgfalts- Verhaltens-, Treuepflichten und Verantwortlichkeit zur ordentlichen und gewissenhaften Geschäftsführung (s. o. 17.1.3.3 a. E.); für Pflichtverletzungen müssen sie ggf. persönlich haften, § 34 GenG; s. a. die §§ 147 ff. GenG. Sorgfalt

Beispiel: Das Vorstandsmitglied gewährt entgegen der banküblichen Praxis Kredite ohne Sicherheiten und unter Missachtung der Beleihungsgrenzen – es ist dann gemäß § 34 I, II GenG schadensersatzpflichtig. Ggf. dürfte § 93 I 2 AktG („Business Judgement Rule") entsprechend anwendbar sein (s. o. 17.8.7.1).

Vorstandsmitglieder müssen Mitglieder sein, § 9 II GenG, und dürfen nicht dem Aufsichtsrat angehören, § 37 GenG.

17.9.6.2 Aufsichtsrat

Der Aufsichtsrat besteht grds. aus mindestens drei Mitgliedern. Er wird von der Generalversammlung gewählt und darf keine nach dem Geschäftsergebnis bemessene Vergütung (= *Tantieme*) beziehen, § 36 GenG. Die Mitglieder des Aufsichtsrates müssen Mitglieder sein, § 9 II GenG; sie dürfen dem Vorstand nicht angehören, § 37 GenG. Bei Genossenschaften mit nicht mehr als 20 Mitgliedern kann ggf. durch Satzungsbestimmung auf einen Aufsichtsrat verzichtet werden, § 9 I 2 GenG (s. o. 17.9.2). Kontrolle

Der Aufsichtsrat hat den Vorstand zu überwachen und sich über die Angelegenheiten der Genossenschaft zu unterrichten; er kann Auskunft vom Vorstand verlangen und die Geschäftsbücher einsehen, vgl. § 38 I GenG. Falls erforderlich, hat er eine Generalversammlung einzuberufen, § 38 II GenG.

Gegenüber dem Vorstand vertritt er die Genossenschaft, § 39 GenG; u. U. kann er Vorstandsmitglieder von ihren Geschäften einstweilig entheben, § 40 GenG. Bei eGen ohne Aufsichtsrat, § 9 I 2 GenG, wird die Genossenschaft durch einen von der Generalversammlung gewählten Bevollmächtigten vertreten, § 39 I 2 GenG.

Für Pflichtverletzungen haften die Mitglieder des Aufsichtsrates, § 41 GenG, persönlich.

17.9.6.3 Generalversammlung

Willensbildung der Mitglieder

Die Generalversammlung ist das Organ der Genossenschaft, in dem die Mitglieder als Träger ihre Rechte wahrnehmen. Grundsätzlich beschließt sie mit einfacher Mehrheit, wobei jedes Mitglied regelmäßig eine Stimme hat (die Satzung kann allerdings Abweichungen vorsehen), von der es persönlich Gebrauch machen soll, § 43 GenG.

Die Generalversammlung wird vom Vorstand einberufen, § 44 GenG, in wichtigen Fällen auch vom Aufsichtsrat, § 38 II GenG, bzw. von einer qualifizierten Minderheit der Mitglieder, § 45 GenG.

Aufgaben

Die Generalversammlung stellt den Jahresabschluss fest, beschließt über die Verwendung des Jahresabschlusses bzw. die Deckung eines etwaigen Fehlbetrages, entlastet Vorstand und Aufsichtsrat, und trifft ggf. weitere, nach der Satzung vorgesehene, Entscheidungen, §§ 48 ff., 16 GenG. Über Beschlüsse der Generalversammlung ist eine (nicht notariell beurkundungsbedürftige, vgl. demgegenüber etwa § 130 AktG; s. o. 17.8.7.3) Niederschrift zu fertigen, § 47 GenG. Beschlüsse können ggf. angefochten werden, § 51 GenG (mit den Fällen der Irrtumsanfechtung von Willenserklärungen ist dies nicht zu verwechseln, s. a. 6.8.2.4, 17.8.7.3 a. E.).

17.9.6.4 Vertreterversammlung

Generalversammlung untunlich

Bei großen Genossenschaften mit mehr als 1500 Mitgliedern, bei denen die Generalversammlung aus allen Mitgliedern untunlich wäre, kann die Satzung bestimmen, dass die Generalversammlung aus gewählten Vertretern der Mitglieder, der Vertreterversammlung, besteht, § 43 a I GenG.

Beispiel: So ist es etwa bei der Frankfurter Volksbank eG, Frankfurt am Main.

Rechte

Die Vertreterversammlung nimmt dann die Rechte der Generalversammlung wahr.

In die Vertreterversammlung, die aus mindestens fünfzig Vertretern bestehen muss, kann jedes unbeschränkt geschäftsfähige (s. o. 3.1.2.1) Mitglied, das nicht dem Vorstand oder Aufsichtsrat angehört, gewählt werden, vgl. § 43 a II, III, IV GenG.

17.9.7 Genossenschaftsregister

Das Genossenschaftsregister, das bei den Amtsgerichten geführt wird, lässt sich dem Handelsregister vergleichen (dazu oben 3.4.6). Es dient dazu, alle über die Genossenschaft Aufschluss gebenden wichtigen Aspekte aufzuzeichnen, vgl. die §§ 10 ff., 16 V, VI, 32, 42, 82, 84, 102, 156 ff. GenG.

Publizität

Gemäß § 29 GenG (vgl. auch § 86 GenG bezüglich der Liquidatoren) genießt das Genossenschaftsregister öffentlichen Glauben bzw. Publizitätswirkung (s. o. 3.4.6; Parallele zum Handelsregister). (Eintragungen sind auch über die Internetseite des Unternehmensregisters zugänglich, §§ 8 b II Nr. 2, 9 VI HGB; *www. unternehmensregister.de*).

17.9.8 Pflichtprüfung

eigener Prüfungsverband

Zur Feststellung der wirtschaftlichen Verhältnisse und der Ordnungsmäßigkeit der Geschäftsführung sieht das GenG mindestens zweijährige Pflichtprüfungen durch einen mit dem Prüfungsrecht verliehenen Prüfungsverband vor, §§ 53 ff. GenG.

(Genossenschaften mit einer Bilanzsumme bis 1 Mio. € bzw. mit Umsatzerlösen bis 2 Mio. € sind von der Pflicht zur Prüfung des Jahresabschlusses befreit, § 53 II 1 GenG). Dieser bedient sich der von ihm angestellten Prüfer, um die Einrichtungen, die Vermögenslage sowie die Geschäftsführung der Genossenschaft zu kontrollieren, §§ 55 ff. GenG. Der zu erstellende Prüfungsbericht ist der Generalversammlung vom Aufsichtsrat in seinen wesentlichen Feststellungen bzw. Beanstandungen zur Kenntnis zu geben, vgl. die §§ 58 f. GenG.

17.9.9 Steuern

Die Genossenschaft ist als juristische Person grundsätzlich körperschaftssteuerpflichtig (beachte die §§ 5 I Nr. 14, 22, 23, 25 KStG); Dividenden führen bei den Mitgliedern grundsätzlich zu Einnahmen aus Kapitalvermögen i. S. d. § 20 I Nr. 1 EStG (s. a. § 43 EStG). Die Tätigkeit der Genossenschaft ist gewerbesteuerpflichtig (beachte u. U. § 3 Nr. 8 GewStG) und unterliegt der Umsatzsteuer, § 2 UStG.

17.10 Die Europäische Wirtschaftliche Interessenvereinigung

Mit der EWIV besteht in der EU eine gesellschaftsrechtliche Möglichkeit supranationaler Kooperation von Unternehmen und Freiberuflern.

17.10.1 Begriff der EWIV

Die EWIV wurde für den Bereich der EG mit der EG-VO Nr. 2137/85 vom 25. 7. 1985 (EWIV-VO) geschaffen; sie gilt seit dem 1. 7. 1989 als Teil europäischen Gemeinschaftsrechts in allen Mitgliedsstaaten der EG (s. o. 17.1.3.5). Näheres regelt das deutsche EWIVG vom 14. 4. 1988 (BGBl. I S. 514). Die EWIV soll die wirtschaftliche Kooperation über die nationalen Grenzen hinweg innerhalb der EU erleichtern und fördern. Sie soll nicht Gewinne für sich selbst erzielen, sondern diejenigen ihrer Mitglieder steigern, Art. 3 I EWIV-VO. Gemäß § 1 EWIVG sind auf die EWIV ergänzend die Regeln über die oHG anwendbar, d. h. die §§ 105 ff. HGB.

EU-Gesellschaftsform

oHG-Recht subsidiär

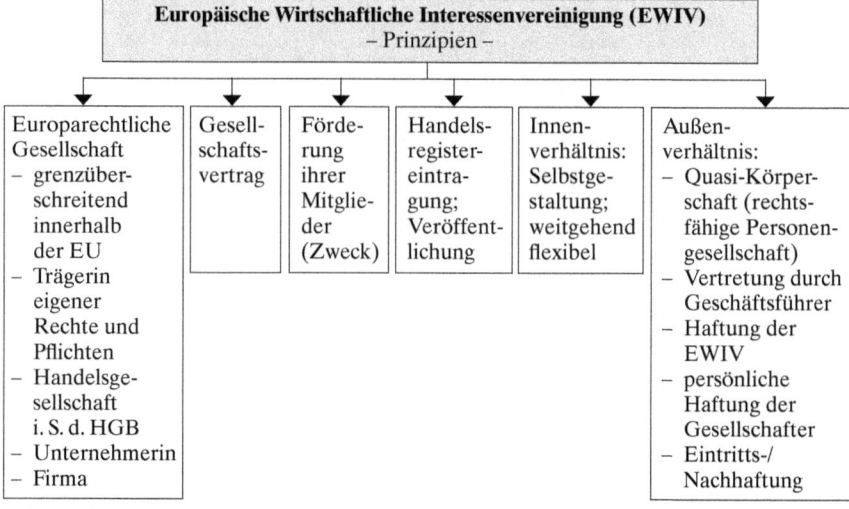

Schaubild 252: EWIV – Prinzipien

17.10.2 Gesellschaftsvertrag

Für den Gesellschaftsvertrag gilt insbesondere:

17.10.2.1 Vertragsabschluss

Vertrags-
prinzipien

Die EWIV wird durch einen Gesellschaftsvertrag (s. o. 17.1.5.1) mindestens zweier Mitglieder gegründet. Dieser bedarf der Schriftform und muss zumindest enthalten den Namen der Vereinigung mit dem Zusatz „EWIV" (Firma), ihren Sitz, den Unternehmensgegenstand, Angaben über die Mitglieder sowie ggf. Angaben über die Dauer.

HR-
Eintragung

Die EWIV ist alsdann im Handelsregister durch ihre Geschäftsführer anzumelden und einzutragen (HR-Abteilung A, vgl. § 3 I HRV; s. o. 3.4.6), Art. 5, 6 EWIV-VO, die Gründung ist im Bundesanzeiger und im Amtsblatt der EG zu veröffentlichen.

17.10.2.2 Vertragspartner

Gesellschafter

Mitglieder – erforderlich sind mindestens zwei – einer EWIV können gemäß Art. 4 I EWIV-VO sein

- natürliche Personen, die eine gewerbliche, kaufmännische, handwerkliche oder freiberufliche Tätigkeit in der EU ausüben bzw. dort andere Dienstleistungen erbringen (nicht also Privatleute),
- juristische Personen bzw. sonstige Gesellschaften mit Sitz und Hauptverwaltung in der EU.

EG-grenz-
überschreitend

Mitglieder einer EWIV können also Einzelunternehmer, Personen- bzw. Kapitalhandelsgesellschaften, Genossenschaften, einen Erwerbszweck verfolgende GbR, Freiberufler bzw. Freiberuflersozietäten sein. Allerdings muss der Mitgliederkreis innerhalb der EU grenzüberschreitend sein: Mindestens zwei Mitglieder müssen in unterschiedlichen Mitgliedsstaaten der EU ihre Hauptverwaltung oder Haupttätigkeiten haben (Art. 4 II EWIV-VO).

Beispiele: Steuerberater und Wirtschaftsprüfer aus Deutschland und Frankreich bilden eine Beratungsgesellschaft-EWIV; ein Rechtsanwalt aus Frankfurt/Main, eine Rechtsanwaltssozietät aus Berlin schließen sich mit Anwaltssozietäten in Rom und Brüssel zu einer EWIV zusammen. Oder: Der dt.-frz. Fernsehsender ARTE ist eine EWIV (mit Sitz in Straßburg und den Mitgliedern ARTE Deutschland GmbH und ARTE France).

Nicht:
EG-Ausländer

Unternehmen aus Drittstaaten außerhalb der EU können dagegen nicht Vertragspartner sein (ihnen bleibt die Möglichkeit der Beteiligung über eine in der EU belegene Tochtergesellschaft offen bzw. sie können als sog. „assoziierte Mitglieder" aufgenommen werden).

17.10.2.3 Gesellschaftszweck

Hilfstätigkeit

Zweck der EWIV ist die Erleichterung und Entwicklung der Tätigkeit ihrer Mitglieder sowie die Verbesserung bzw. Steigerung dieser Tätigkeit. Die EWIV betreibt also eine Hilfstätigkeit für ihre Mitglieder, die Gewinnerzielung für sich selbst ist nicht ihr Zweck (vgl. Art. 3 I EWIV-VO).

Beispiele: Kooperationen in Forschung, Dienstleistung, Vertrieb; Durchführung von Großprojekten im Ausland; nicht aber etwa die eigene Ausübung eines Freien Berufes gegenüber Dritten.

Die EWIV soll sich also auf kooperative Zwecke beschränken und nicht selbst Unternehmensträgerin (s. o. 4.4.2) sein; sie ist keine Berufsausübungsgesellschaft (also nicht etwa Grundlage einer grenzüberschreitenden Sozietät von Freiberuflern, s. o. 17.6.1.2), sondern Kooperationsgesellschaft.

Kooperationsgesellschaft

Die EWIV darf demnach (vgl. Art. 3 II EWIV-VO)

- keine Leitungs- oder Kontrollmacht über Unternehmen ausüben,
- keine Anteile an Mitgliedsunternehmen halten und Anteile an anderen Unternehmen nur, wenn für ihr Ziel notwendig und nur für Rechnung ihrer Mitglieder (Verbot der Holding),
- nicht mehr als 500 Arbeitnehmer haben,
- nicht zur unzulässigen Darlehensgewährung an Leiter einer Gesellschaft missbraucht werden,
- nicht Mitglied einer anderen EWIV sein.

17.10.2.4 Firma

Die EWIV hat einen Namen. Sie führt ihn, d. h. ihre Firma, mit den (voran- oder nachzustellenden) Worten „Europäische Wirtschaftliche Interessenvereinigung" bzw. mit der Abkürzung „EWIV", vgl. Art. 5 EWIV-VO, § 2 EWIVG (s. o. 3.4.5.4). Im Hinblick auf die Anwendbarkeit des Firmenrechts der §§ 17 ff. HGB, 1 EWIVG, 105 HGB sind Namens-, Sach- bzw. Phantasiefirmen oder Mischformen möglich (insoweit vergleichbar der oHG, s. o. 17.3.2.4).

Name der EWIV

17.10.2.5 Keine Haftungsbeschränkung

Die EWIV ähnelt auch insofern der oHG, als Haftungsbeschränkungen der Gesellschafter im Außenverhältnis nicht bestehen, sie somit unbeschränkt persönlich für Verbindlichkeiten der EWIV haften, Art. 24 EWIV-VO, §§ 1 EWIVG, 128 f. HGB; allerdings haften die Gesellschafter (im Unterschied zur oHG) nur subsidiär (Art. 24 II EWIV-VO; s. u. 17.10.4.3).

unbeschränkte Haftung

17.10.3 Rechtsverhältnisse der Gesellschafter untereinander (Innenverhältnis)

Die EWIV ist flexibel; die Gesellschafter können ihre Rechtsbeziehungen zueinander im Rahmen des Prinzips der Selbstgestaltung (innerhalb der Privatautonomie, s. o. 2.5) weitgehend frei gestalten.

Gestaltungsfreiheit

Gemäß Art. 16 EWIV-VO sind notwendige Organe (nur) die gemeinschaftlich handelnden Gesellschafter (Mitgliederversammlung) selbst sowie der/die Geschäftsführer:

Organe

Die Rechte und Pflichten der Gesellschafter zueinander bestimmen sich grundsätzlich nach dem Recht der oHG, §§ 1 EWIVG, 109 ff. HGB. Sie schulden sich Treue und Förderung, Auskunft und Einsichtnahme (von den Geschäftsführern zu erlangen), vgl. Art. 18 EWIV-VO (entsprechend § 51 a GmbHG), Wettbewerbsverbot, ggf. Gewinn- und Verlustbeteiligung, Art. 21 EWIV-VO, §§ 120 ff. HGB.

Rechte/ Pflichten

In der Mitgliederversammlung hat jedes Mitglied grundsätzlich eine Stimme; die Gesellschafter als die gemeinschaftlich handelnden Mitglieder und damit Organ der EWIV können (auch formlos) über die sie interessierenden Aspekte beschließen, auch über Fragen der Geschäftsführung (insoweit sind sie allzuständig; vgl. die Art. 16, 17 EWIV-VO).

Geschäftsführung

Die Geschäftsführung liegt (anders als bei der oHG) nicht bei den Gesellschaftern, sondern bei dem/den Geschäftsführer(n). Der/die Geschäftsführer wird durch den Gründungsvertrag oder durch einen Mitgliederbeschluss bestellt, Art. 19 I EWIV-VO. Der Geschäftsführer muss aber nicht Mitglied der EWIV sein (das Prinzip der Selbstorganschaft, s. o. 17.1.3.3, gilt insoweit nicht). Der Geschäftsführer führt die Geschäfte der EWIV und vertritt sie nach außen, vgl. Art. 20 EWIV-VO. Bei schuldhaften Pflichtverletzungen ist er der EWIV schadensersatzpflichtig, § 5 EWIVG.

17.10.4 Rechtsverhältnisse gegenüber Dritten (Außenverhältnis)

Hinsichtlich des Auftretens der EWIV nach außen gilt vornehmlich:

17.10.4.1 Außengesellschaft

Quasi-Körperschaft

Die EWIV ist ab ihrer Eintragung Trägerin eigener Rechte und Pflichten, sie kann Verträge abschließen oder andere Rechtshandlungen vornehmen und vor Gericht stehen. Sie ist gemäß Art. 1 II EWIV-VO, § 1 EWIVG, § 124 HGB eine Quasi-Körperschaft bzw. rechtsfähige Personengesellschaft und Unternehmerin, § 14 II, I BGB (wie die oHG; s. o. 3.3, 3.6, 17.3.1.2), auch ist sie Handelsgesellschaft i. S. d. § 6 I HGB. Die EWIV ist also rechts-, partei- und insolvenzfähig (vgl. § 11 II Nr. 1 InsO; s. u. 21).

Wird die EWIV bereits vor der Handelsregistereintragung tätig, so haften die Gesellschafter für Verbindlichkeiten der Vor(gründungs)gesellschaft ggf. persönlich, vgl. Art. 9 II EWIV-VO (s. a. 17.7.2.2 a. E.).

17.10.4.2 Vertretung

Geschäftsführer

Vertreten wird die EWIV im Rechtsverkehr bei Rechtshandlungen durch ihre(n) Geschäftsführer; von Geschäftsführern abgegebene Willenserklärungen wirken unmittelbar für und gegen die EWIV, § 164 I 1 BGB (s. o. 7.2; 7.4.2). Grundsätzlich gilt bei mehreren Geschäftsführern das Prinzip der Einzelvertretung (es sei denn, der EWIV-Vertrag sähe Gesamtvertretung vor), Art. 20 EWIV-VO. Der Umfang der Vertretungsmacht der Geschäftsführer kann nach außen grundsätzlich nicht ausgeschlossen werden (s. o. 7).

17.10.4.3 Haftung

Bei der Haftung ist (wie bei der oHG) zwischen der Haftung der Gesellschaft und derjenigen der Gesellschafter zu unterscheiden (s. o. 17.10.2.5):

EWIV-Haftung

– Die EWIV selbst haftet uneingeschränkt mit ihrem gesamten Vermögen (Art. 1 II EWIV-VO).

Gesellschafterhaftung

– Die einzelnen Gesellschafter haften neben der EWIV als Gesamtschuldner für die Gesellschaftsverbindlichkeiten persönlich und unbeschränkt, Art. 24 I EWIV-VO. Allerdings müssen die EWIV-Gesellschafter nur subsidiär einstehen (im Gegensatz zur oHG, vgl. § 128 S. 1 HGB): zunächst muss ein Gesellschaftsgläubiger erst die EWIV zur Zahlung auffordern und eine angemessene Zahlungsfrist abwarten, Art. 24 II EWIV-VO.

– Neu eintretende EWIV-Gesellschafter haften für vor ihrem Eintritt begründete Altschulden, Art. 26 II EWIV-VO (bei der oHG vgl. § 130 HGB).

– Ausscheidende Mitglieder haften grundsätzlich fünf Jahre lang weiter, Art. 34, 37 EWIV-VO.

Eintritts-/
Nachhaftung

17.10.5 Ende der EWIV

Die EWIV endet durch jederzeit möglichen Auflösungsbeschluss der Gesellschafter bzw. durch gerichtliche Auflösungsentscheidung, vgl. die Art. 31, 32 EWIV-VO.

Auflösung

Die Auflösung führt zur Abwicklung der EWIV, vgl. Art. 35 EWIV-VO.

17.10.6 Steuern

Für die Besteuerung, die bei den Mitgliedern der EWIV eintritt, vgl. Art. 40 EWIV-VO, gelten die allgemeinen jeweiligen innerstaatlichen Regeln.

17.11 Die Europäische (Aktien-)Gesellschaft

Neben der EWIV gibt es eine weitere europarechtliche Gesellschaftsform (s. o. 17.1.3.5): die Europäische Gesellschaft (SE = Societas Europaea).

17.11.1 Begriff der SE

Die Europäische Gesellschaft, vielfach auch Europäische Aktiengesellschaft bzw. SE genannt, basiert auf der Verordnung (EG) Nr. 2157/2001 vom 8.10.2001 über das Statut der SE (SE-VO) sowie der Ergänzungs-Richtlinie 2001/86/EG vom 8.10.2001 hinsichtlich der Beteiligung der Arbeitnehmer (SE-RL); umgesetzt wurden diese durch das deutsche SEAG vom 22.12.2004 (BGBl. I S. 3675) bzw. das SEBG vom 28.12.2004 (BGB. I S. 3686). Die SE soll insbesondere größeren, grenzüberschreitenden Unternehmen Zusammenschlüsse, Kooperationen bzw. Konzernbildungsvorgänge erleichtern, aber auch mittleren bzw. kleineren Unternehmen Chancen zu verstärkten EU-Auslandsaktivitäten eröffnen.

EU-Gesell-
schaftsform

Beispiele: Allianz-SE (vinkulierte Namensaktien; s. o. 17.8.4), BASF-SE; E.ON SE; Fresenius SE & Co. KGaA (Vorzugsaktien; s. o. 17.8.4); SAP SE.

17.11.2 Grundprinzipien

Die SE hat ein in Aktien zerlegtes Kapital, sie ist also eine Aktiengesellschaft, sie hat eigene Rechtspersönlichkeit, ist somit juristische Person, Kapital- und Handelsgesellschaft (vgl. § 6 HGB; s. o. 3.4.2.6), Art. 1, 3 SE-VO, § 3 SEAG. Die SE hat eine Firma (d.h. einen Geschäftsnamen; s. o. 3.4.5), dem sie den Zusatz „SE" beizufügen hat, Art. 11 SE-VO. Ihr gezeichnetes Kapital muss mindestens 120 000,– € betragen, Art. 4 SE-VO; die Aktionäre schulden (wie bei der AG) nur die Erbringung ihrer Einlage, für SE-Verbindlichkeiten haften sie nicht. Der Sitz (s. o. 3.1.4 a. E.) einer SE muss in der europäischen Gemeinschaft liegen, dort, wo sich die Hauptverwaltung befindet, Art. 7 f. SE-VO. Subsidiär sind grds. die sich auf AGen beziehenden nationalen mitgliedstaatlichen Vorschriften anwendbar, vgl. die Art. 5, 9, 10, 16 ff.

Juristische
Person

AG-Recht
subsidiär

SE-VO, §§ 1 ff. SEAG. Die SE wird im Handelsregister, Abt. B, eingetragen, § 3 SEAG (s. o. 3.4.6).

Gründung Gegründet werden kann eine SE durch Verschmelzung von AGen, Art. 2 I SE-VO, Bildung einer gemeinsamen Holding-SE durch AGen bzw. GmbH, Art. 2 II SE-VO, Schaffung einer Tochter-SE, Art. 2 III SE-VO, bzw. Umwandlung einer AG in eine SE, Art. 2 IV SE-VO, s. a. die Art. 15 ff., 17 ff., 32 ff., 35 f., 37 SE-VO; auch kann eine SE selbst eine oder mehrere Tochter-SE gründen, Art. 3 II SE-VO.

Die SE kann also nur aus/von bereits bestehenden, aus (grds. mindestens zwei) unterschiedlichen EU-Mitgliedsstaaten stammenden, juristischen Personen bzw. AGen gegründet werden, nicht von natürlichen Personen bzw. Personengesellschaften.

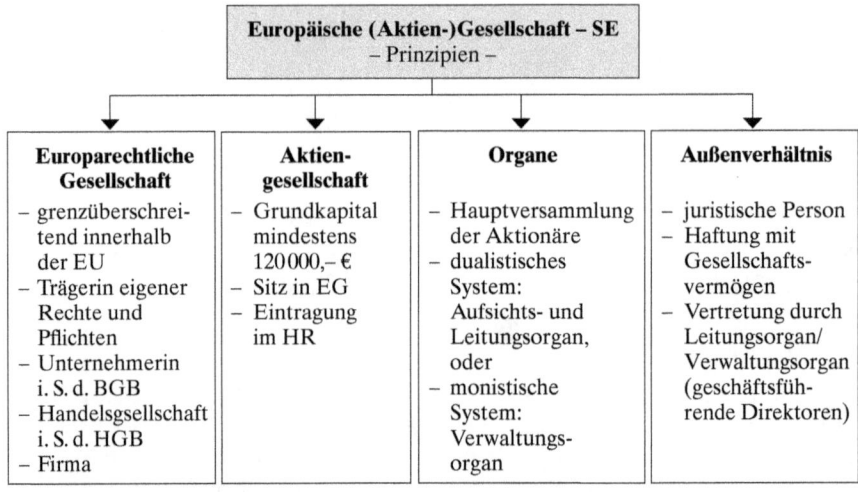

Schaubild 253: SE-Prinzipien

Aufbau Bezüglich des Aufbaus einer SE sieht Art. 38 SE-VO neben der Hauptversammlung der Aktionäre (Art. 52 ff. SE-VO, §§ 50 f. SEAG) die Wahl zwischen dem sog. dualistischen sowie dem monistischen System vor:

dualistisches/ monistisches System Beim *dualistischen System* besteht, wie beim deutschen Aktienrecht, ein Aufsichts- und ein Leitungsorgan (Art. 39 ff. SE-VO, §§ 15 ff. SEAG), beim *monistischen System* (auch Board-System genannt) führt hingegen ein einheitlicher Verwaltungsrat die SE-Geschäfte (Art. 43 ff. SE-VO, §§ 20 ff. SEAG).

Geschäftsführung und Vertretung der SE obliegen dem Leitungsorgan, Art. 39 SE-VO, sowie, beim monistischen System, dem Verwaltungsorgan bzw. den geschäftsführenden Direktoren, Art. 43 SE-VO, §§ 40 ff. SEAG. Für schadensersatzauslösende Pflichtverletzungen sind Organmitglieder haftbar, Art. 51 SE-VO, § 40 VIII SEAG.

Mitbestimmung Bezüglich der Arbeitnehmermitbestimmung gilt ein besonderes Verhandlungs- bzw. Vereinbarungsmodell, vgl. die Art. 3 ff., 7 SE-RL, bzw. die §§ 4 ff., 11 ff., 21, 22 ff. SEBG.

Beendigung Beendigt wird die SE durch Auflösung, Umwandlung, Liquidation bzw. Insolvenz, vgl. die Art. 63 ff. SE-VO.

18 Wettbewerbsrecht

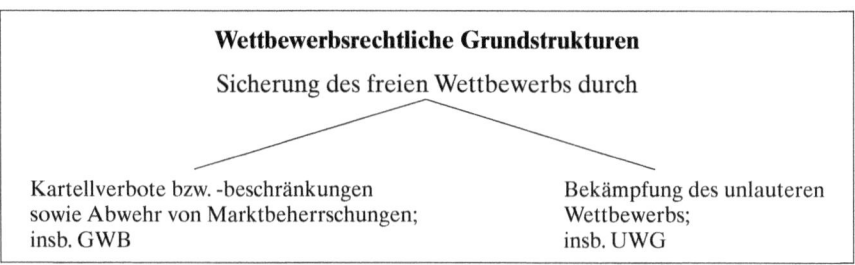

Wettbewerbsrechtliche Grundstrukturen

Sicherung des freien Wettbewerbs durch

Kartellverbote bzw. -beschränkungen sowie Abwehr von Marktbeherrschungen; insb. GWB	Bekämpfung des unlauteren Wettbewerbs; insb. UWG

Leitübersicht 18: Wettbewerbsrecht

Leitfragen zu 18:

a) Welche Zwecke verfolgt das GWB?
b) Was versteht man unter einem Kartell?
c) Welche Formen von Kartellen gibt es?
d) Unter welchen Voraussetzungen werden Wettbewerbshandlungen nach der wettbewerbsrechtlichen Generalklausel missbilligt?
e) Welche weiteren Verbotsbestände kennt das UWG?

Freier Wettbewerb ermöglicht erst einen funktionsfähigen, fairen Wettstreit der Anbieter am Markt – den freien Wettbewerb zu sichern ist Aufgabe des Wettbewerbsrechts.

18.1 Übersicht

Die wesentlichen gesetzlichen Bestimmungen enthalten insbesondere — Struktur

– das Gesetz gegen den unlauteren Wettbewerb (UWG),
– das Gesetz gegen Wettbewerbsbeschränkungen (GWB),
– die Wettbewerbsregeln der EU (Art. 101, 102 AEUV),
– sowie die gewerblichen Schutzgesetze wie Patent-, Gebrauchsmuster-, Design-, Marken- und Urhebergesetz.

Begrifflich werden das Wettbewerbsrecht im engeren sowie im weiteren Sinne voneinander unterschieden:

– Wettbewerbsrecht im engeren Sinne beinhaltet diejenigen Bestimmungen, die — im engeren/ den Leistungswettbewerb einzelner Unternehmen untereinander sichern sollen. Hierzu gehören vornehmlich das UWG sowie die Verordnung zur Regelung der Preisangaben (PAngVO).
– Wettbewerbsrecht im weiteren Sinne regelt insbesondere das GWB, dessen Ziel — im weiteren darin besteht, die Märkte durch Verhinderung unerwünschter Kartelle oder un- Sinne zuträglicher Marktbeherrschungen offen zu halten.

Die gewerblichen Schutzrechte schützen insbesondere die Nutzung und wirtschaftliche Verwertung von Rechten und Arbeitsergebnissen.

18.2 Gesetz gegen Wettbewerbsbeschränkungen (GWB)

GWB schützt
Freiheit des
Wettbewerbs

Die Bestimmungen des (vgl. insbesondere die Art. 101 ff. AEUV) GWB beziehen sich insbesondere auf

- wettbewerbsbeschränkende Vereinbarungen, Beschlüsse und abgestimmte Verhaltensweisen (§§ 1 ff. GWB);
- Marktbeherrschung bzw. wettbewerbsbeschränkendes Verhalten (§§ 18 ff. GWB);
- Wettbewerbsregeln, §§ 24 ff. GWB;
- Sonderregeln für bestimmte Wirtschaftsbereiche, §§ 28 ff. GWB;
- Befugnisse der Kartellbehörden bzw. Sanktionen, §§ 32 ff. GWB;
- Zusammenschlusskontrolle, §§ 35 ff. GWB;
- Regeln über die Vergabe öffentlicher Aufträge, §§ 97 ff. GWB.

18.2.1 Kartellverbote

§ 1 GWB verbietet Vereinbarungen zwischen Unternehmen, Beschlüsse von Unternehmensvereinigungen und aufeinander abgestimmte Verhaltensweisen, die eine Verhinderung, Einschränkung oder Verfälschung des Wettbewerbs bezwecken

Kartell

oder bewirken. Man nennt derartige vertragliche Verbindungen Kartelle. Ein Kartell ist grundsätzlich unwirksam (vgl. die §§ 1, 19 I GWB, 134 BGB, Art. 101 AEUV), wenn es geeignet ist, Wettbewerbsbeschränkungen herbeizuführen. Dies zeigt sich darin, dass sich die beteiligten Unternehmen in ihrer Handlungsfreiheit im Wettbewerb beschränken.

Beispiele: Gemeinsamer Preis – Preiskartell; anbietbare Menge – Kontingentierungskartell; regionale Marktaufteilung – Gebietsschutzkartell; Festlegung der Lieferungs- und Zahlungsbedingungen – Konditionenkartell; Vereinbarung von Rabattstaffeln – Rabattkartell; Herstellung bestimmter Waren – Spezialisierungskartell.

Sonderregelungen gelten für freigestellte Vereinbarungen, wobei europäische Gruppenfreistellungsverordnungen einbezogen werden, vgl. § 2 I, II GWB; ebenso für sog. Mittelstandskartelle, § 3 GWB.

Beispiel: Gemeinschaftliche Werbeaktionen von kleinen und mittleren Unternehmen.

Für bestimmte Wirtschaftsbereiche gelten weitere Sonderregeln, §§ 28 ff. GWB (Landwirtschaft, Energie-. Wasserwirtschaft). Zu Sanktionen vgl. die §§ 32 ff. GWB.

18.2.2 Marktbeherrschung

Missbrauchs-
aufsicht

Marktbeherrschende Unternehmen, die entweder keine oder nicht nennenswerte Wettbewerber haben oder die im Verhältnis zu Wettbewerbern eine überragende Marktstellung aufweisen, dürfen dies nicht rechtsmissbräuchlich ausnutzen, § 19 GWB – der Missbrauch einer marktbeherrschenden Stellung ist verboten (§ 19

Diskriminie-
rungsverbot

I GWB). Marktbeherrschende Unternehmen dürfen andere Unternehmen nicht diskriminieren oder unbillig behindern, § 20 GWB.

Beispiel: Die Denic eG (s. o. 17.9.1.3) als marktbeherrschendes, domainnames zuteilendes Unternehmen hat korrekt angemeldete Internetadressen diskriminierungsfrei zu vergeben.

Ebenso sind ein unbilliger Boykott sowie sonstiges wettbewerbsbeschränkendes Verhalten i. S. d. § 21 GWB verboten (s. a. 6.6.6; 18.3.1.2).

18.2.3 Fusionskontrolle

Der Zusammenschluss von Unternehmen (mit einem Umsatz-Schwellenwert von weltweit mehr als 500 Mio. € bzw. einem Inlandsumsatz eines beteiligten Unternehmens von mindestens 25 Mio. €, § 35 I GWB) unterliegt grundsätzlich (vgl. § 35 III GWB) der Kontrolle des Bundeskartellamtes, §§ 35 ff. GWB. Eine eine Marktbeherrschung begründende Fusion ist regelmäßig zu untersagen, vgl. § 36 GWB.

Kontrolle von Zusammenschlüssen

Beispiel: Die Untersagung des Zusammenschlusses von zwei auf dem gleichen Markt tätigen Unternehmen gemäß § 36 I GWB, wenn der marktführende Erwerber des kleineren Unternehmens eine deutliche Verstärkung seiner bereits gravierenden Marktmacht erfährt.

Zusammenschlüsse sind vor ihrem Vollzug beim Bundeskartellamt anzumelden, der Vollzug ist unverzüglich anzuzeigen, § 39 GWB. Einen vom Bundeskartellamt untersagten Zusammenschluss kann der Bundesminister für Wirtschaft ausnahmsweise doch erlauben, § 42 GWB, wenn die Wettbewerbsbeschränkung von den gesamtwirtschaftlichen Vorteilen einer Fusion aufgewogen wird bzw. dies durch ein überragendes Interesse gerechtfertigt erscheint.

Ministererlaubnis

Beispiele: Die Übernahme der Gelsenberg AG durch die Veba AG (1974); die Fusionen BP/Veba (1979), Daimler-Benz/MBB (1989), Eon/Ruhrgas (2002), Edeka/Kaiser's-Tengelmann (2016).

Das Verfahren vor den und die Befugnisse (vgl. etwa die §§ 58–60 GWB) der Kartellbehörden regeln die §§ 54 ff. GWB.

18.2.4 Europäisches Kartellrecht

Neben nationalem ist gerade auch das europäische Kartellrecht zu beachten (vgl. etwa die §§ 2 II, 22, 32 ff., 35 III, 50 ff., 90 a GWB). Dieses geht dem deutschen grundsätzlich vor. Art. 101 AEUV verbietet wettbewerbsbeschränkende Vereinbarungen und Verhaltensweisen, Art. 102 AEUV untersagt den Missbrauch einer marktbeherrschenden Stellung im Handel zwischen den EU-Staaten; s. a. Art. 6 VO (EG) Rom II.

AEUV

Beispiele: Spezifische Gruppen von Franchisevereinbarungen (s. o. 10.5.11); s. a. die GruppenfreistellungsVO (EU) Nr. 461/2010 v. 27. 5. 2010 für den Kraftfahrzeugsektor.

18.3 Gesetz gegen den unlauteren Wettbewerb (UWG)

Von erheblicher rechtspraktischer Bedeutung ist das den Kernbereich des Wettbewerbsrechts im engeren Sinne bildende Recht des unlauteren Wettbewerbs, wie es vornehmlich im UWG geregelt ist. Dieses, jüngst erheblich geändert, bezweckt den Schutz der Mitbewerber, der Verbraucherinnen und Verbraucher sowie der sonstigen Marktteilnehmer vor unlauteren geschäftlichen Handlungen, ebenso das Interesse der Allgemeinheit an einem unverfälschten Wettbewerb, § 1 UWG. Es erklärt unlautere geschäftliche Handlungen (vgl. § 2 I Nr. 1 UWG) für grds. unzulässig, § 3 UWG.

UWG schützt Lauterkeit im Wettbewerb

18.3.1 Wettbewerbsrechtliche Generalklausel

Grundlage für alle UWG-Verstöße ist die Generalklausel des § 3 I UWG – hiernach sind geschäftliche Handlungen i. S. d. § 2 I Nr. 1 UWG unlauter.

Grundnorm

18.3.1.1 Voraussetzungen

Tatbestand § 3 I UWG setzt somit

– das Vorliegen einer geschäftlichen Handlung sowie
– Unlauterkeit

voraus.

geschäftliche Handlung – Eine geschäftliche Handlung i. S. d. § 2 I Nr. 1 UWG ist dann gegeben, wenn eigene oder fremde Geschäftszwecke gefördert werden sollen, also eine geschäftliche Betätigung im Hinblick auf Erwerb oder Berufsausübung vorliegt; privates oder hoheitlich-amtliches Handeln bzw. geschäftsinterne Tätigkeiten werden nicht erfasst. Geschäftliche Handlungen sind somit grundsätzlich die selbständigen, wirtschaftlichen Betätigungen insbesondere der Unternehmer (vgl. die §§ 2 I Nr. 6 UWG, 14 BGB; s. o. 3.6).

Beispiele: Ein Werbeplakat für eine Ware; nicht aber: private Äußerungen im häuslichen Wirkungskreis. Wer regelmäßig bei eBay Waren verkauft, handelt gewerblich i. S. d. UWG (auch wenn die Gegenstände aus dem Privatvermögen stammen; s. o. 3.6).

Eine geschäftliche Handlung dient grds. dem Ziel, die Wettbewerbslage zu beeinflussen. Das Verhalten muss dabei objektiv geeignet sein, eigenen oder fremden Geschäftszwecken zu dienen, und subjektiv ist der Wille notwendig, die Förderung eigener oder fremder Geschäftszwecke zu beabsichtigen (sog. Wettbewerbsabsicht).

Warentests Neutral, objektiv und sachkundig durchgeführte Warentests von Verbraucherverbänden oder der Stiftung Warentest erfolgen nicht in Wettbewerbs(förderungs)absicht. Dies gilt grundsätzlich auch bei Pressemitteilungen über bestimmte Produkte (beachte Art. 5 GG).

Beispiele: Presseberichte über verunreinigte Nudeln oder verseuchtes Rindfleisch; Kritiken in Gaststättenführern; Testberichte der Stiftung Warentest.

Lauterkeit – Für einen Verstoß gegen § 3 I UWG vornehmlich erforderlich ist, dass die geschäftliche Handlung unlauter ist. Dieser unbestimmte Rechtsbegriff verwirft alle diejenigen Handlungen, die den anständigen Gepflogenheiten in Handel, Gewerbe, Handwerk oder selbständiger beruflicher Tätigkeit zuwiderlaufen (vgl. § 2 I Nr. 7 UWG). Leistungen von Konkurrenten dürfen demzufolge nicht eigennützig ausgenutzt oder beeinträchtigt, die Willensentschließungsfreiheit von Kunden bzw. Verbrauchern nicht unzulässig beeinflusst oder behindert werden. Das Bewusstsein, unlauter zu handeln oder gegen das UWG zu verstoßen, ist nicht erforderlich.

– Verbrauchern (§§ 2 II UWG, 13 BGB; s. o. 3.1.3.2) gegenüber sind geschäftliche Handlungen unlauter, wenn sie nicht der unternehmerischen Sorgfalt i. S. d. § 2 I Nrn. 6, 7 UWG entsprechen und für sie wesentlich beeinflussend bzw. entschlussbestimmend sind, §§ 3 II, 2 I Nr. 8 UWG..

– Im Anhang zu § 3 III UWG aufgeführte Handlungen sind Verbrauchern gegenüber, ungeachtet des § 3 II UWG, stets unzulässig.

Beispiele: Vorspiegelung von Verhaltskodices, ungenehmigte Verwendung von Gütezeichen, Aufforderung zur Bezahlung nicht bestellter Waren (s. u. 18.3.1.2); vgl. die 30 Punkte dieser „schwarzen Liste".

– Bezüglich der Beurteilung geschäftlicher Handlungen gegenüber Verbrauchern bzw. Gruppen von Verbrauchern ist regelmäßig auf den „durchschnittlichen

Verbraucher" bzw. das „durchschnittliche Gruppenmitglied" abzustellen, § 3 IV UWG.

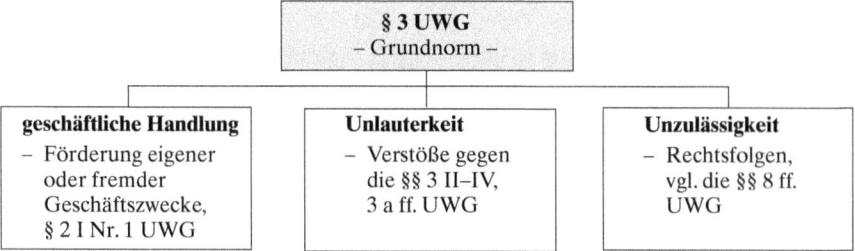

Schaubild 254: *Wettbewerbsrechtliche Generalklausel*

18.3.1.2 Unlauteres Handeln

Die Rspr. hatte früher bereits im Hinblick auf sittenwidriges Handeln vornehmlich fünf Fallgruppen entwickelt: Kundenfang, Behinderung, Ausbeutung, Rechtsbruch und Marktstörung. Nunmehr konkretisieren § 3 II–IV UWG (s. o. 18.3.1.1) sowie die §§ 3 a ff. UWG das jeweilige Vorliegen unlauteren geschäftlichen Handelns genauer.

So liegt unlauteres Handeln insbesondere vor

– bei Rechtsbruch, d. h. spürbar beeinträchtigenden Gesetzesverstößen, § 3 a UWG,

Beispiel: bewusst überdimensionierter, dem Eichgesetz zuwider eine größere Füllmenge vortäuschender Dosenverschluss;

– durch Vornahme mitbewerberschädigender Handlungen, §§ 4, 2 I Nr. 3 UWG,

Beispiele: Verunglimpfen eines Mitbewerbers, Nachahmung fremder Waren;

– bezüglich agressiver geschäftlicher Handlungen, §§ 4 a, 2 I Nrn. 1, 2, II UWG,

Beispiele: Zusendung unbestellter Ware (s. a. 6.3.1.1, 8.2.2; vgl. § 241 a BGB bzw. Ziffer 29 des Anhangs zu § 3 III UWG), unaufgeforderte Vertreterbesuche;

– hinsichtlich irreführender geschäftlicher Handlungen bzw. Unterlassungen, §§ 5, 5 a UWG,

Beispiele: irreführende Preisangaben („Mondpreise"), unwahre Testergebnisse;

– bei unangemessener vergleichender Werbung, § 6 UWG,

Beispiel: unsachliches Herabsetzen eines Konkurrenzproduktes;

– bzw. in Fällen unzumutbarer Belästigungen, § 7 UWG.

Beispiele: Individuelles Ansprechen von Passanten vor dem eigenen Geschäft (vgl. etwa auch § 312 b I 1 Nr. 3 BGB; s. o. 10.8.2); Zusenden/Lieferung unbestellter Sachen (s. a. § 241 a BGB; s. o. 6.3.1.1; 8.2.2); Briefkastenwerbung trotz dortigen Hinweises „Bitte keine Werbung einwerfen" bzw. „keine Werbeprospekte und keine Anzeigenblätter mit einliegenden Werbeprospekten" (sog. *Negativaufkleber*; § 7 II Nr. 1 UWG) (ggf. können Verbraucher sich durch Eintragung in die sog. Robinson-Liste des Deutschen Direkt-Marketing-Verbandes, Ditzingen [*www.ddv-robinsonliste.de*], vor lästigen Werbebriefen zu schützen suchen); belästigende, unaufgeforderte Telefonwerbung bei Verbrauchern („cold calling", §§ 7 II Nr. 2, 2 II UWG; s. a. § 312 a I BGB, s. o. 10.8.1 a. E.). | Briefkasten-/

Telefon-
werbung

505

18.3.2 Sondertatbestände; Rechtsfolgen

strafbare
Werbung

§ 16 UWG stellt irreführende Werbung,

Beispiel: bewusst falsche Angaben über ein Produkt,

unter Strafe, gemäß § 20 UWG werden Ordnungswidrigkeiten geahndet.

Folgeansprüche

Verstöße gegen die §§ 3 bzw. 7 UWG ergeben ggf. Ansprüche auf Beseitigung, Unterlassung, Schadensersatz bzw. Gewinnabschöpfung, §§ 8 ff. UWG.

18.3.3 Rechtsdurchsetzung

Wettbewerbsverstöße führen häufig zu gerichtlichen Auseinandersetzungen, wenn vorherige außergerichtliche Abmahnungen des Anspruchsberechtigten (vgl. § 8 III, V UWG) nicht fruchten, vgl. die §§ 12 ff. UWG.

Abmahnung

– Bei einer Abmahnung verpflichtet sich der Abgemahnte gegenüber dem Abmahnenden, die konkrete Wettbewerbsverletzung zu unterlassen und ansonsten eine Vertragsstrafe (s. o. 8.11) zu entrichten, vgl. § 12 I UWG.

einstweilige
Verfügung

– Wesentliches gerichtliches Mittel zur Durchsetzung wettbewerbsrechtlicher Ansprüche ist, neben einer entsprechenden (Hauptsache-)Klage, im Hinblick auf die regelmäßig besonders gegebene Eilbedürftigkeit die einstweilige Verfügung, vgl. die §§ 12 II UWG, 935, 940 ZPO.

Güteverfahren

– Auch das Güteverfahren vor einer Einigungsstelle kann in Betracht kommen, § 15 UWG.

Verjährung

– Wettbewerbsrechtliche Ansprüche verjähren i. d. R. in sechs Monaten, § 11 UWG.

19 Gewerblicher Rechtsschutz

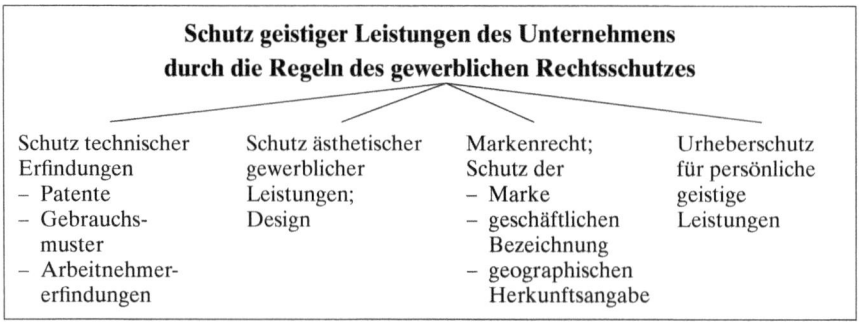

**Schutz geistiger Leistungen des Unternehmens
durch die Regeln des gewerblichen Rechtsschutzes**

Schutz technischer Erfindungen	Schutz ästhetischer gewerblicher Leistungen;	Markenrecht; Schutz der	Urheberschutz für persönliche
– Patente	Design	– Marke	geistige
– Gebrauchs- muster		– geschäftlichen Bezeichnung	Leistungen
– Arbeitnehmer- erfindungen		– geographischen Herkunftsangabe	

Leitübersicht 19: Gewerblicher Rechtsschutz

> **Leitfragen zu 19:**
> a) Welche wesentlichen gewerblichen Schutzrechte gibt es?
> b) Wodurch wird ein Patentinhaber geschützt?
> c) Worauf bezieht sich das GebrMG?
> d) Wie lassen sich Designs schützen?
> e) Welchen Schutz gewährt das MarkenG?
> f) Worauf bezieht sich das UrhG?
> g) Welche Regeln gibt es für Arbeitnehmererfindungen?

Die Regeln des gewerblichen Rechtsschutzes ermöglichen dem Unternehmen, seine eigenen geistigen Leistungen vor Missbrauch zu schützen. Der gewerbliche Rechtsschutz hat Vorrang vor den allgemeinen Wettbewerbsgesetzen, denn die Anmeldung und Aufrechterhaltung der Schutzrechte gewährt Ausschließlichkeitsrechte an der Nutzung geistiger Leistungen.

19.1 Übersicht

Gewerbliche Schutzrechte beziehen sich auf geistige Leistungen, sog. Immaterialgüter („geistiges Eigentum"). Man unterscheidet

„geistiges Eigentum"

– technische Schutzrechte: Patente oder Gebrauchsmuster schützen technische geistige Leistungen;
– Eintragungen von Designs bzw. Erscheinungsformen von Erzeugnissen schützen geistige Leistungen auf ästhetischem bzw. gestalterischem Gebiet;
– geschützte Marken, Geschäftsbezeichnungen oder geographische Herkunftsangaben sichern Kennzeichnungen für Waren oder Dienstleistungen eines Unternehmens;
– persönliche geistige Leistungen schützt das Urheberrecht.

Immaterialgüterrechte sind geschützte absolute Rechte i. S. d. § 823 I BGB (s. o. 12.2.1.1 bzw. Schaubild 36), sie räumen dem jeweiligen Inhaber die Herrschaft über ein unkörperliches Gut – die Erfindung, das Werk bzw. die Leistung – ein.

19.2 Patente

Erfindung

Das Patentrecht setzt eine neue Erfindung, die auf erfinderischer Tätigkeit beruht und gewerblich anwendbar ist, voraus, § 1 PatG. Unter Erfindung versteht man dabei eine Lehre zu einem technischen Handeln unter Ausnutzung beherrschbarer Naturkräfte; Erfindungen können sich auch auf biologisches Material beziehen.

Beispiele: Maschinen; chemische Abläufe; selbstöffnende Skibindung; Scheinwerferreinigungsanlage für Autos; Spezialtorwarthandschuhe; künstlicher Rückenwirbel; Mobilfunkantenne; original Thüringer Bratwurst als Fertiggericht.

Neu ist die Erfindung dann, wenn sie nicht zum bisherigen Stand der Technik gehört, der Öffentlichkeit also nicht zugänglich war (vgl. § 3 PatG). Gewerblich anwendbar ist die Erfindung, wenn sie auf einem gewerblichen Sektor inklusive der Landwirtschaft herstellbar oder benutzbar ist, § 5 PatG. Die zu dem neuen Produkt führende geistige schöpferische Leistung muss über dem normalen Durchschnittskönnen eines Fachmannes liegen, d. h. es ist die sog. Erfindungshöhe erforderlich.

Das Patent steht dem Erfinder zu, der es zuerst beim Deutschen Patent- und Markenamt (DPMA) (bzw. beim Europäischen Patentamt, EPA) in München angemeldet hat. Es entsteht durch Eintragung in das Patentregister, §§ 30, 58 ff. PatG. Dazu ist das Patentanmeldeverfahren erforderlich, vgl. die §§ 34 ff. PatG.

Beispiel: Im Jahre 2018 erfolgten beim DPMA ca. 67 800 Patentanmeldungen, ca. 16 000 Patente wurden erteilt. Patentschutz besteht in Deutschland seit dem 1. 7. 1877, als mit dem Patentgesetz das kaiserliche Patentamt in Berlin entstand. Erstes Patent, erteilt am 2. 7. 1877, erhielt Johannes Zelter aus Nürnberg für sein „Verfahren zur Herstellung einer rothen Ultramarinfarbe".

Schutz

Das Patent gibt dem Inhaber ein exklusives, zeitlich allerdings befristetes Recht an einer Erfindung. Es erlaubt dem Patentinhaber

– die patentierte Erfindung ausschließlich zu nutzen, § 9 PatG,
– gegenüber jedermann, der das Patent verletzt, Unterlassungs- und Schadensersatzansprüche geltend zu machen, § 139 PatG,
– strafrechtlichen Schutz in Anspruch zu nehmen, § 142 PatG,
– Dritten durch Erteilung von Lizenzen, ggf. gegen Entgelt, eine beschränkte Nutzung des Patentrechts einzuräumen, §§ 15, 23 PatG.

Die Schutzdauer des Patentes beträgt zwanzig Jahre, § 16 PatG.

19.3 Gebrauchsmuster

„kleines Patent"

Das GebrMG schützt Arbeitsgeräte, Gebrauchsgegenstände oder Teile davon, die eine neue Gestaltung, Anordnung, Vorrichtung oder Schaltung aufweisen, auf einem erfinderischen Schritt beruhen und gewerblich anwendbar sind (§ 1 GebrMG). Das Gebrauchsmuster ist somit wie das Patent ein technisches Schutzrecht (man bezeichnet es auch als „kleines Patent"). Hierfür wird ebenfalls eine gewisse „Erfindungshöhe" vorausgesetzt.

Beispiele: Elektrische Schaltungen; Spielzeug; Maschinen.

Schutz

Auch das Gebrauchsmuster wird beim Deutschen Patentamt angemeldet, unterfällt aber einem erleichterten Prüfungs- und Eintragungsverfahren. Es berechtigt den Rechtsinhaber zur gewerbsmäßigen Nutzung. Dritten gegenüber sind Unterlassungs- und Schadensersatzansprüche möglich, auch strafrechtlicher Schutz wird gewährt (vgl. die §§ 11, 24 ff. GebrMG). Die Schutzdauer beträgt grds. zehn Jahre (bei Zahlung sog. Aufrechterhaltungsgebühren), § 23 GebrMG.

19.4 Design

Ästhetische, gestalterische gewerbliche Leistungen werden durch das DesignG geschützt: Dieses gewährt dem Rechtsinhaber das ausschließliche Recht, das Design zu benutzen und Dritten zu verbieten, es ohne seine Zustimmung zu nutzen, § 38 DesignG. Hierfür ist das Vorliegen eines Designs erforderlich, das neu ist und Eigenart hat, vgl. die §§ 1 ff. DesignG.

Design

Beispiele: Flaschenformen; Textilschnitte; Tapetenmuster; Farbkombinationen; Kfz-Design; Design eines Telefon- oder Telefax-Gerätes, eines Bettgestells oder Holzhockers.

Das Design muss beim Deutschen Patent- und Markenamt zur Registereintragung angemeldet und hinterlegt werden, §§ 11 ff., 19 DesignG. Die Schutzdauer beträgt grundsätzlich 25 Jahre (wobei die Aufrechterhaltung des Schutzes durch Zahlung einer jeweils fünfjährigen Aufrechterhaltungsgebühr zu bewirken ist), §§ 27, 28 DesignG. Gegen Rechtsverletzungen stehen dem Rechtsinhaber insbesondere Beseitigungs-, Unterlassungs- und Schadensersatzansprüche zu, §§ 42 ff. DesignG.

19.5 Markenrecht

Das Unternehmen kann seine Waren oder Dienstleistungen zur Unterscheidung von denjenigen anderer Geschäftsbetriebe kennzeichnen und schützen lassen. Nach dem MarkenG werden Marken, geschäftliche Bezeichnungen und geographische Herkunftsangaben geschützt, § 1 MarkenG.

Als Marke schutzfähig sind Wort-, Bild-, Farb-, Hör-, Geräusch-, Duft-, Tast- oder Kombinationszeichen, die sinnlich erfahrbar sind, zwei- oder dreidimensional, vgl. § 3 I MarkenG. Geschützt sind auch Unternehmenskennzeichen und Werktitel, § 5 MarkenG, sowie geographische Herkunftsangaben, §§ 126 ff. MarkenG.

Schutzbereich

Beispiele: „Persil"; „Coca-Cola"; „4711"; „BMW"; Dresdner Stollen"; „Nivea"; „Hansaplast"; Werbesong (*Hörmarke*); Schokolade in Dreiecksform; türkis (seit 1878 das typische Tiffany-Blau), rot der Sparkassen, gelb für Wörterbücher (Langenscheidt), rot für Damenschuhsohlen (Christian Louboutin) (*Farbmarken*); Schriftzug in Blindenschrift (*Tastmarke*); Löwenfauchen (*Geräuschmarke*, etwa für Metro-Goldwyn-Mayer [als sog. Klangdatei hinterlegbar]). (Zur Abgrenzung gegenüber der Firma s. o. 3.4.5.1).

Markeninhaber können natürliche und juristische Personen sowie rechtsfähige Personengesellschaften (§ 14 II BGB) sein, § 7 MarkenG.

Entstehung

Markenschutz entsteht gemäß § 4 MarkenG durch

- Eintragung eines Zeichens als Marke in das vom Patentamt geführte Register (§§ 32 ff., 56 ff. MarkenG),

- Benutzung eines Zeichens im geschäftlichen Verkehr, soweit es Verkehrsgeltung erworben hat (sog. Ausstattungsschutz),
  Beispiele: Verpackungen (Odol-Flasche); Farben (rot/gelb für „Shell", magenta/grau für die Deutsche Telekom AG); Slogans („Sicherheit im Zeichen der Burg" für Nürnberger Versicherungen); Hörzeichen (Verkehrsfunk);

– notorische (d. h. allgemeine) Bekanntheit einer Marke (im Sinne der sog. „Pariser Verbandsübereinkunft" zum Schutze des gewerblichen Eigentums i. d. F. v. Stockholm v. 14. 7. 1967, BGBl. 1970 II, S. 293, 391; hierdurch werden u. a. die Mitgliedsstaaten der EU untereinander zu umfassendem Schutz gegen unlauteren Wettbewerb verpflichtet).

Beispiele: Mercedes-Benz, Coca-Cola (diese kennt [nahezu] jeder).

Die Schutzdauer beträgt grundsätzlich zehn Jahre und kann um jeweils zehn Jahre verlängert werden, § 47 MarkenG.

Lizenzen — Als Vermögensrecht kann das Markenrecht auf andere übertragen werden, insbesondere können Lizenzen erteilt werden, §§ 27 ff. MarkenG.

Folgen von Verletzungen — Verletzungen des Markenrechts gewähren dem Berechtigten ggf. Unterlassungs-, Schadensersatz-, Hinweis-, Vernichtungs- bzw. Auskunftsansprüche, §§ 14 ff. MarkenG; sie stellen auch einen unbefugten Eingriff in den als „sonstiges Recht" geschützten „eingerichteten und ausgeübten Gewerbebetrieb" i. S. d. § 823 I BGB dar (s. o. 3.1.3.1, 3.4.5, 4.4.2, 12.2.1.1 a. E.). Zuwiderhandlungen sind gemäß der §§ 143 ff. MarkenG strafbar.

Beispiel: Markeninhaber können gemäß § 14 MarkenG (s. a. die §§ 15, 5 I, II MarkenG bzgl. geschäftlicher Bezeichnungen) gegen im geschäftlichen (nicht: privaten) Verkehr genutzte domains vorgehen (und bei domain-grabbing auch nach den §§ 12, 823, 826, 1004 BGB, 3 ff. UWG; s. a. 3.1.3.1, 12.4, 15.3.5, 18.3.1.2). Persiflierende bzw. parodierende Marken, die die Unterscheidungskraft der bekannten Marke unlauter ausnutzen (etwa „Puma" durch „Pudel"), § 9 I Nr. 3 MarkenG, sind ggf. zu löschen.

Neben diesen Ansprüchen sind, wenn eine Verwechslungsgefahr mit der Marke eines Mitbewerbers hervorgerufen wird, ggf. gemäß § 5 II UWG Ansprüche wegen irreführender geschäftlicher Handlungen gegeben (s. o. 18.3.2).

Schutz — Markenschutz geben auch das Madrider Markenabkommen (MMA; i. d. F. v. Stockholm v. 14. 7. 1967, BGBl. 1970 II, S. 293, 418), vgl. die §§ 107 ff. MarkenG, sowie die EG-UnionsmarkenVO Nr. 207/2009 (v. 26. 2. 2009) bzw. VO (EU) 2015/2424 (v. 16. 12. 2015), vgl. die §§ 125 b ff. MarkenG.

Gemäß § 5 MarkenG werden auch geschäftliche Bezeichnungen geschützt, vgl. § 15 MarkenG. Dabei können auch Unternehmenskennzeichen Schutz genießen, die aus Buchstabenkombinationen bestehen, welche sich nicht als Wort aussprechen lassen.

Beispiel: „DB Immobilienfonds".

19.6 Urheberrecht

Schutzbereich — Das Urheberrecht bedeutet das absolute Recht eines vom Urheber geschaffenen Werkes auf kulturellem Sektor, §§ 1 ff. UrhG. Es handelt sich also nicht um gewerbliche Schutzrechte, sondern um persönliche geistige Schöpfungen, die geschützt werden.

Beispiele: Bücher; Musikstücke; Kunstwerke; Filme; Computer-Programme.

Rechte — Der Urheber als Schöpfer des Werkes, § 7 UrhG, hat Veröffentlichungs-, Nutzungs- und Verwertungsrechte, §§ 11 ff. UrhG, die er selbst ausüben oder anderen einräumen kann, §§ 28 ff. UrhG. Die Dauer beträgt grundsätzlich siebzig Jahre, § 64 UrhG.

Gemäß der §§ 69 a ff. UrhG werden Computerprogramme besonders geschützt. Urheberrechtsverletzungen führen zu Unterlassungs-, Schadensersatz-, Vernichtungs-, Überlassungs- bzw. Auskunftsansprüchen, §§ 97 ff. UrhG, und sind ggf. strafbar, §§ 106 ff. UrhG.

Zur Wahrnehmung der mannigfach verwendeten Urheberrechte bestehen sog. Verwertungsgesellschaften, die im Wege der Geschäftsbesorgung (s. o. 10.4.8) insbesondere Entgelte zu Gunsten der Urheber einziehen und verteilen (vgl. die §§ 54 ff. UrhG).

Beispiele: GEMA (Gesellschaft für musikalische Aufführungsrechte); VG WORT; VG Bild-Kunst.

19.7 Arbeitnehmererfindungen

Erfindungen oder technische Verbesserungsvorschläge seiner Arbeitnehmer (s. o. 16.2.1) stehen als Diensterfindungen grundsätzlich dem Arbeitgeber zu, §§ 1 ff. ArbNErfG. Der Arbeitnehmer muss eine Erfindung regelmäßig geheimhalten, darf sie nicht unbefugt verwerten, und muss sie dem Arbeitgeber melden, §§ 13, 7, 5, 18 f. ArbNErfG (s. o. 16.2.5). Nimmt der Arbeitgeber binnen vier Monaten nach der Meldung die Arbeitnehmererfindung in Anspruch, so muss er dem Arbeitnehmer eine angemessene Vergütung zahlen, §§ 6, 9 ff. ArbNErfG. Das Recht an einem von einem Arbeitnehmer dienstlich entworfenen Design steht grundsätzlich dem Arbeitgeber zu, § 7 II DesignG (s. o. 19.4). In Streitfällen kann jederzeit eine Schiedsstelle angerufen werden, §§ 28 ff. ArbNErfG.

Dienst-erfindungen

Beispiel: Der Arbeitnehmer erfindet im Zuge seiner Tätigkeit eine neuartige Kupplung – gibt der Arbeitgeber sie nicht binnen vier Monaten nach der erforderlichen Meldung durch den Arbeitnehmer frei, steht sie ihm zu und ist dem Arbeitnehmer angemessen zu vergüten (vgl. die §§ 4 I, II, 5, 6 ff. ArbNErfG).

20 Prozessuales

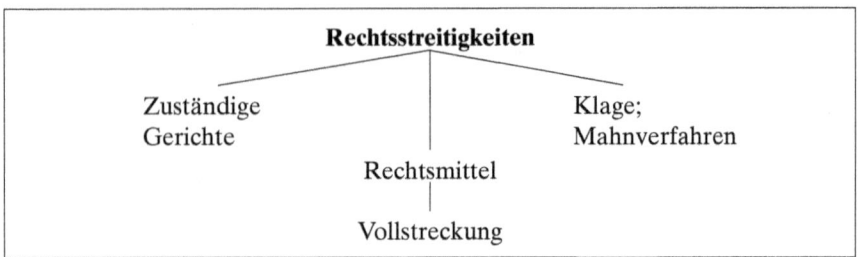

Rechtsstreitigkeiten

Zuständige
Gerichte

Klage;
Mahnverfahren

Rechtsmittel

Vollstreckung

Leitübersicht 20: Prozessuales

Leitfragen zu 20:

a) Für welche bürgerlichen Rechtsstreitigkeiten sind welche Zivilgerichte sachlich zuständig?
b) Welche Rechtsmittel(gerichte) gibt es?
c) Wie läuft das Mahnverfahren ab?
d) Welche Möglichkeiten der Zwangsvollstreckung bestehen?

Begründete Ansprüche (s. o. 2.6.2) zu haben reicht oftmals nicht aus – man muss sie im Streitfall auch durchsetzen können. Die Rechtsdurchsetzung erfolgt mittels gerichtlicher Zuhilfenahme in regelmäßig förmlichen Verfahren – das Recht ordnet nicht nur das „Miteinander", sondern auch das „Gegeneinander" (s. o. 4.3).

20.1 Zivilgerichte

Zivilgerichte

Arbeitsgerichte

Rechtsstreitigkeiten aus den hier vorgestellten Rechtsbereichen gehören grundsätzlich vor die Zivilgerichte; sie sind bürgerliche Rechtsstreitigkeiten i. S. d. § 13 GVG (in arbeitsrechtlichen Streitigkeiten sind die Arbeitsgerichte zuständig, vgl. die §§ 1, 2, 46 ff. ArbGG; s. o. 16.5.3). Die sachliche Zuständigkeit der durch die Amtsgerichte, Landgerichte, Oberlandesgerichte und den BGH ausgeübten ordentlichen streitigen Gerichtsbarkeit, §§ 12 GVG, 1 ZPO, bestimmt sich dabei grundsätzlich nach den §§ 23, 71 GVG:

sachliche
Zuständigkeit

In der ersten Instanz sind die Amtsgerichte sachlich zuständig für vermögensrechtliche Streitigkeiten mit einem Streitwert (das ist der Wert, um den gestritten wird) bis zu € 5000,–, §§ 23 Nr. 1, 71 I GVG. Einige Streitgegenstände, wie etwa Miet- oder Familiensachen, sind ungeachtet des Streitwertes den Amtsgerichten als Eingangsinstanz zugeordnet, § 23 Nr. 2 GVG. Ansonsten sind grundsätzlich die Zivilkammern der Landgerichte zuständig (ggf. die Kammern für Handelssachen, §§ 93 ff. GVG, 349 ZPO, bei Kaufleuten; s. o. 3.4.4), die regelmäßig durch eines ihrer Mitglieder als Einzelrichter entscheiden, §§ 348 ff. ZPO.

örtliche
Zuständigkeit

Die örtliche Zuständigkeit des zur Entscheidungsfindung berufenen jeweiligen Gerichtes richtet sich nach den Gerichtsstandsregeln der §§ 12 ff. ZPO:

Der vornehmlich maßgebende allgemeine Gerichtsstand ist der Wohnsitz bzw. Ge- Gerichtsstand
schäftssitz des Beklagten, §§ 12, 13, 17 ZPO (s. o. 3.1.4). Nicht der Sitz des Klägers
ist also regelmäßig entscheidend, sondern der des Beklagten. Daneben gibt es noch
einige besondere Gerichtsstände, §§ 20 ff. ZPO,

Beispiele: Besonderer Gerichtsstand der Niederlassung, § 21 ZPO, des Erfüllungsortes, § 29 I,
II ZPO (s. o. 8.5), der unerlaubten Handlung, § 32 ZPO (s. o. 12), bzw. § 14 II UWG (s. o. 18.3.2),

sowie ausschließliche Gerichtsstände,

Beispiele: Ausschließlicher dinglicher Gerichtsstand, § 24 ZPO, in Miet- oder Pachtsachen,
§ 29 a ZPO, in Umweltsachen, § 32 a ZPO.

Unter mehreren möglichen (nicht aber bei einem ausschließlichen) Gerichtsstän-
den hat der Kläger die Wahl, § 35 ZPO.

Ausnahmsweise können die Parteien eines Rechtsstreites die Vorschriften über Prorogation
die sachliche oder örtliche Zuständigkeit eines anzurufenden Gerichtes mittels
einer besonderen Vereinbarung abändern, sog. Prorogation. Dies ist aber lediglich
bei vermögensrechtlichen Ansprüchen, für die kein ausschließlicher Gerichtsstand
begründet ist, § 40 II ZPO, und nur dann möglich, wenn die Parteien Kaufleute sind
(s. o. 3.4.4), §§ 29 II, 38 I ZPO, bzw. wenn eine solche Gerichtsstandsvereinbarung
nach Streitentstehung schriftlich geschlossen wird, § 38 II, III ZPO. Auch rüge-
loses Verhandeln des Beklagten zur Hauptsache lässt das eigentlich unzuständige
Gericht zuständig werden, § 39 ZPO. Bei internationalen Rechtsbezügen sind ggf.
Sonderregeln zu beachten, vgl. etwa die Art. 3 ff. VO (EG) Rom I bzw. die Regelungen der VO (EU) Brüssel I a.

Die Erhebung der Klage erfolgt mittels Zustellung der Klageschrift an den Beklagten durch das Gericht, §§ 253 ff. ZPO.

Die unterliegende Partei kann ggf. Rechtsmittel einlegen: Rechtsmittel
Die Berufung ist eine weitere, zweite Tatsacheninstanz, bei der der Rechtsstreit
nochmals in tatsächlicher und rechtlicher Hinsicht überprüft wird. Dabei muss aber
der Beschwerdewert € 600,– übersteigen oder die Berufung zugelassen worden Berufung
sein, § 511 ZPO. Die Berufung kann aber nur darauf gestützt werden, dass eine
Rechtsverletzung oder neue bzw. anders zu wertende Tatsachen vorliegen, vgl.
die §§ 513, 546, 529 ZPO; zuständig ist grds. der Einzelrichter, §§ 526 f. ZPO. Revision gegen Berufungsurteile bedeutet dagegen die lediglich rechtliche Überprü- Revision
fung der angegriffenen Entscheidung dahingehend, ob der vom Berufungsgericht
festgestellte Sachverhalt rechtlich zutreffend gewürdigt wurde bzw. keine sonstigen
Rechtsfehler vorliegen.

Beispiele: Falsche Besetzung des Gerichts; falsche Interpretation eines BGB-Paragraphen.

Die Revision muss vom Berufungsgericht oder – aufgrund Nichtzulassungsbe-
schwerde – vom Revisionsgericht wegen grundsätzlicher Bedeutung oder aus
Rechtsfortbildungs- oder Rechtsvereinheitlichungsgründen zugelassen worden sein,
§§ 542 ff. ZPO.

Berufung sowie Revision müssen grundsätzlich binnen einen Monats nach Urteils-
zustellung eingelegt werden, §§ 517, 548 ZPO (s. o. 4.3.4).

Hinsichtlich der im Instanzenzug zuständigen Gerichte gilt grds. folgendes:
Über die Berufung gegen erstinstanzliche amtsgerichtliche Urteile entscheidet – mit zuständige
Ausnahme der Familien- bzw. Kindschaftssachen sowie auslandsbezogenen Strei- Gerichte

tigkeiten, § 119 I Nr. 1 GVG, für die dann das OLG zuständig ist – das LG, § 72 GVG. Über die Berufung gegen ein erstinstanzliches Urteil des LG befindet das OLG, § 119 I Nr. 2 GVG; danach erfolgt u. U. die Revision zum BGH in Karlsruhe, § 133 GVG.

Arbeits-
gerichtsprozess

Berufungsinstanz im Arbeitsgerichtsprozess sind die Landesarbeitsgerichte, §§ 1, 8 II, 33 ff., 64 ff. ArbGG; für die Revision zuständig ist das Bundesarbeitsgericht in Erfurt, §§ 1, 8 III, 40 ff., 72 ff. ArbGG (s. o. 16.1; 16.5.3; vgl. Schaubild 195).

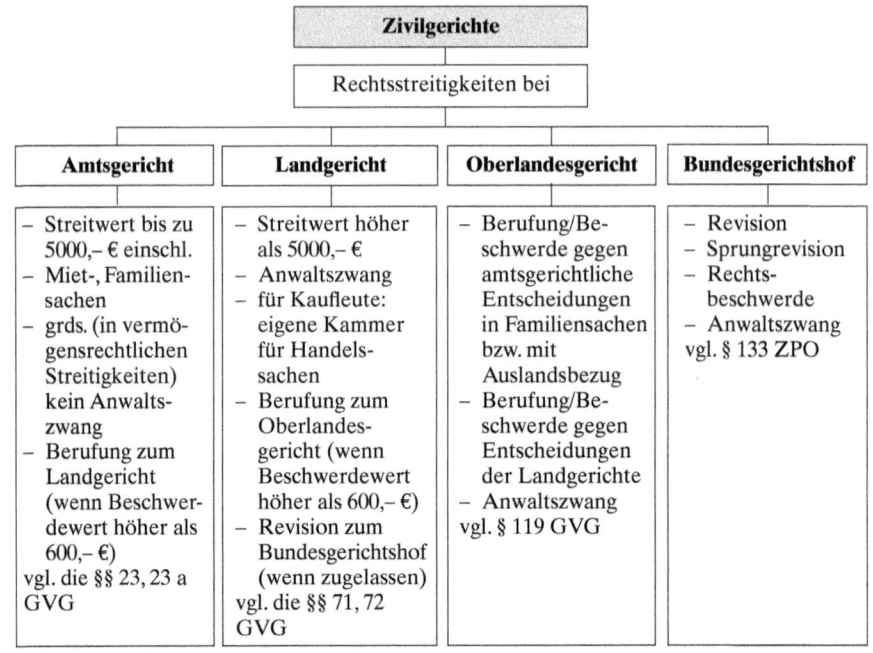

Schaubild 255: Zivilgerichte; Zuständigkeiten

20.2 Mahnverfahren

Mahnverfahren

Anstelle der unmittelbaren Klageerhebung sieht die ZPO auch die Möglichkeit des Mahnverfahrens vor, um zu einem vollstreckbaren Titel zu gelangen, vgl. die §§ 688 ff. Dieses bietet sich bei einer an sich unstreitigen Geldforderung an (ist aber dann weniger ratsam, wenn von vornherein absehbar ist, dass der Schuldner sich dagegen wehren und es auf ein streitiges gerichtliches Urteilsverfahren ankommen lassen will). Zuständig für das Mahnverfahren sind, ungeachtet des Streitwertes, die Amtsgerichte; zur Abwicklung sind (etwa im Schreibwarenhandel erhältliche) spezifische Formulare zu verwenden, die der Antragsteller auszufüllen hat.

Vollstreckungs-
bescheid

Gegen den zugestellten Mahnbescheid kann der Antragsgegner Widerspruch einlegen, wobei er eine zweiwöchige Frist beachten muss. Erhebt er rechtzeitig Widerspruch, so wird das reguläre gerichtliche Streitverfahren durchgeführt. Unterbleibt der (rechtzeitige) Widerspruch, so ergeht auf Antrag des Gläubigers ein Vollstreckungsbescheid, § 699 ZPO, aus dem die Zwangsvollstreckung betrieben werden kann. Gegen diesen Vollstreckungsbescheid ist der Einspruch des Schuldners zulässig; erfolgt er, so findet das streitige gerichtliche Verfahren statt.

Ebenso wie amtsgerichtliche vermögensrechtliche Prozesse ist auch das Mahnverfahren nicht an die Mitwirkung eines Rechtsanwaltes gebunden. Vor dem LG, OLG, BGH sowie dem Familiengericht (beim Amtsgericht) besteht dagegen Anwaltszwang, d. h., die Parteien müssen sich durch einen Rechtsanwalt vertreten lassen, § 78 ZPO. (Im erstinstanzlichen Arbeitsgerichtsprozess ist dies ggf. anders, vgl. § 11 I 1 ArbGG.)

Anwaltszwang?

20.3 Zwangsvollstreckung

Wenn der Gläubiger ein stattgebendes gerichtliches Urteil oder einen Vollstreckungsbescheid erwirkt hat, kann er aus einem solchen vollstreckbaren Titel die Zwangsvollstreckung in das Vermögen des beklagten Schuldners betreiben. Dazu muss er den Vollstreckungstitel mit der sog. Vollstreckungsklausel versehen, § 724 ZPO, und dann dem Schuldner zustellen lassen, § 750 ZPO.

Zwangsvollstreckung

Zuständig für die Zwangsvollstreckung in das bewegliche Vermögen des Schuldners bzw. die Herausgabe von Sachen ist der Gerichtsvollzieher, § 753 ZPO, für die Vollstreckung in das unbewegliche Vermögen, die Pfändung von Forderungen (s. o. 8.8.5 a. E.) oder Rechten und die eidesstattliche Versicherung über die Vermögensverhältnisse des Schuldners das Amtsgericht als Vollstreckungsgericht. Die Durchführung der Zwangsvollstreckung richtet sich nach den jeweiligen Vorschriften der ZPO, §§ 704 ff., bzw. des ZVG (bezüglich der Zwangsversteigerung oder Zwangsverwaltung eines Grundstücks).

20.4 Außergerichtliche Streitbeilegung

Bei Nachbarstreitigkeiten, Ehrverletzungen, Streitigkeiten i. S. d. Abschnitts 3 des AGG und Auseinandersetzungen, deren Streitwert 750,– € nicht übersteigt, können die Bundesländer einen Einigungsversuch vor einer Gütestelle zur außergerichtlichen Streitbeilegung vorschreiben, vgl. § 15 a EGZPO.

Einigungsversuch

Beispiel: So ist es etwa in Bayern oder Hessen.

Außergerichtliche Streitbeilegung zu fördern ist insbesondere auch Anliegen der Mediation als strukturiertem freiwilligem Konfliktbeilegungsverfahren (vgl. die §§ 2 III Nr. 4 RDG, 7 a BORA).

Mediation

Als unparteiische Schiedspersonen werden tätig gerade auch Ombudsmänner/-frauen.

Ombudsleute

Beispiele: Etwa im Bereich Banken, Versicherungen.

Ein außergerichtliches Schlichtungsverfahren sieht auch § 14 UKlaG bzgl. der dort genannten Streitigkeiten vor (s. o. 10.4.8.2 a. E.).

20.5 Verbraucherstreitigkeiten

Streitbeilegung Bei Streitigkeiten aus Verbraucherverträgen (§§ 310 III, 474 ff., 13, 14 BGB; 2, 4 UKlaG; s. o. 3.1.3.2, 6.2.7) können sich Verbraucher nunmehr auch an spezielle Schlichtungsstellen wenden und einen Schlichtungsvorschlag eines Streitmittlers herbeiführen, vgl. die Regeln des VSBG, bzw. sich im Klageregister für Musterfeststellungsklagen anmelden, §§ 606 ZPO, 1 MFKRegV.

Beispiele: Die Musterfeststellungsklagen des Verbraucherzentrale Bundesverbands –vzbv – bzw. des ADAC gegen VW wegen der sog. „Diesel-Affäre".

21 Insolvenz

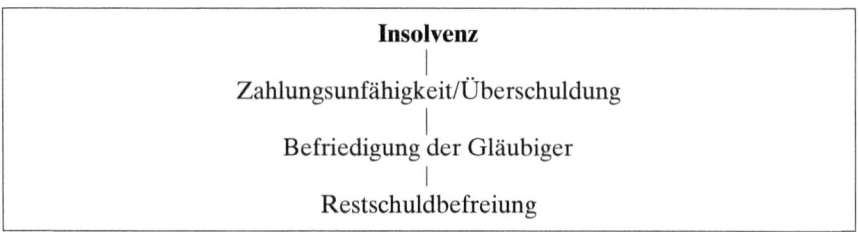

Insolvenz
|
Zahlungsunfähigkeit/Überschuldung
|
Befriedigung der Gläubiger
|
Restschuldbefreiung

Leitübersicht 21: Insolvenz

Leitfragen zu 21:

a) Welche Grundlagen bestimmen das Insolvenzrecht?
b) Welche Auswirkungen hat die Insolvenz?
c) Wie sind die Verfahrensabläufe?
d) Wie kommt es zur Restschuldbefreiung?

Befriedigt der Schuldner Forderungen eines Gläubigers nicht, so kann dieser, wie soeben dargestellt, die Einzelzwangsvollstreckung betreiben, wenn er hierfür einen vollstreckbaren Titel hat. Ist der Schuldner allerdings generell überschuldet bzw. zahlungsunfähig, dann können er oder einer seiner Gläubiger beim Amtsgericht als Insolvenzgericht die Eröffnung des Insolvenzverfahrens beantragen. Dieses Gesamtvollstreckungsverfahren dient der gemeinschaftlichen und gleichmäßigen (Teil-)Befriedigung der Gläubiger durch die Verwertung des gesamten Schuldnervermögens. `Überblick`

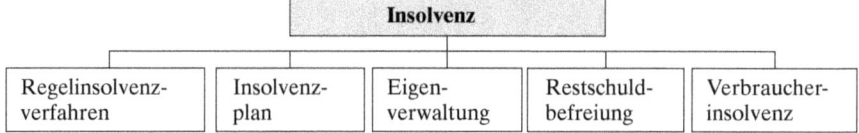

Insolvenz				
Regelinsolvenz-verfahren	Insolvenz-plan	Eigen-verwaltung	Restschuld-befreiung	Verbraucher-insolvenz

Schaubild 256: Insolvenz

21.1 Insolvenzprinzipien

Insolvenzordnung bzw. Insolvenzverfahren werden grundsätzlich von folgenden Prinzipien geleitet:

Am Insolvenzverfahren beteiligt sind grundsätzlich das Insolvenzgericht, der Insolvenzverwalter, der Schuldner und der Gläubiger. `Beteiligte`

Zuständig ist das Amtsgericht, in dessen Bezirk der Schuldner seinen allgemeinen Gerichtsstand bzw. den Mittelpunkt seiner selbständigen wirtschaftlichen Tätigkeit hat, §§ 2, 3 InsO. Das Insolvenzgericht entscheidet über das Insolvenzverfahren und überwacht es, §§ 11 ff. InsO. Das Insolvenzverfahren können sowohl jeder Gläubiger als auch der Schuldner beantragen, § 13 I InsO. Fehlt eine die Kosten `Verfahren` des Verfahrens deckende Masse, so kann der Antrag abgelehnt werden, §§ 26, 35 InsO.

Gründe Gründe zur Eröffnung eines Insolvenzverfahrens sind gemäß der §§ 16 ff. InsO die Zahlungsunfähigkeit des Schuldners (§ 17 InsO), die drohende Zahlungsunfähigkeit des Schuldners (§ 18 InsO), bei juristischen Personen auch die Überschuldung (§ 19 InsO).

Insolvenz-verwalter Das Insolvenzgericht ernennt bei Eröffnung des Insolvenzverfahrens den Insolvenzverwalter, §§ 22, 27, 56 InsO, als zentrales Organ des Verfahrens. Er trägt die Verantwortung für eine wirtschaftliche Befriedigung der Gläubiger durch die Verwertung des Schuldnervermögens, §§ 56, 60 InsO, hat das Verwaltungs- und Verfügungsrecht, §§ 22, 80 InsO, über das Vermögen des Schuldners, nimmt es in Besitz, verwaltet und verwertet es, §§ 80 I, 148 I InsO. Erforderliche Prozesse führt er im eigenen Namen als sog. Partei kraft Amtes. Ggf. kann die Gläubigerversammlung einen anderen Insolvenzverwalter wählen, den das Insolvenzgericht allerdings u. U. ablehnen kann, § 57 InsO.

Schuldner Als Schuldner insolvenzfähig sind gemäß § 11 InsO natürliche Personen, juristische Personen, Quasi-Körperschaften (oHG, KG bzw. Partnerschaft, EWIV, s. o. 3.3), eine GbR, ein nicht rechtsfähiger Verein, der Nachlass (§§ 315 ff. InsO).

Insolvenzfolgen Wird das Insolvenzverfahren eröffnet, so verliert der Schuldner das Recht, sein Vermögen zu verwalten, über es zu verfügen und Prozesse zu führen, §§ 22 I, 80 I InsO. Nach Insolvenzeröffnung über sein Vermögen getroffene Verfügungen sind den Insolvenzgläubigern gegenüber unwirksam, §§ 81, 82 InsO. Beeinträchtigende Rechtsgeschäfte sind ggf. gemäß der §§ 129 ff. InsO anfechtbar.

Zwangsvollstreckungen einzelner Gläubiger sind während des Insolvenzverfahrens unzulässig; Insolvenzgläubiger können ihre Forderungen grds. nur im Rahmen des Insolvenzverfahrens verfolgen, §§ 87 ff. InsO.

Anmeldung von Forderungen Wer gegen den Schuldner im Zeitpunkt der Insolvenzverfahrenseröffnung eine begründete Forderung, hat, § 38 InsO, ist Insolvenzgläubiger. Dieser muss seine Forderung zur Eintragung in die Insolvenztabelle beim Insolvenzverwalter anmelden, §§ 174 ff. InsO. Angemeldete Forderungen werden in einem besonderen Termin nachgeprüft, §§ 176 ff., 28 I InsO.

Oberstes Selbstverwaltungsorgan der Gläubiger im Insolvenzverfahren ist die Gläubigerversammlung, §§ 74 ff. InsO; sie kann einen Gläubigerausschuss wählen, § 68 InsO, der den Insolvenzverwalter unterstützen und überwachen soll, § 69 InsO.

Aussonderung Wegen dem Schuldner nicht gehörender Gegenstände kann Aussonderung aus der Insolvenzmasse verlangt werden, §§ 47, 48 InsO.

Beispiel: Der Vermieter kann bei Insolvenz des Mieters die Aussonderung, d. h. die Herausgabe, der vermieteten Maschine verlangen.

Absonderung Hinsichtlich gewisser, mit Sonderrechten ausgestatteter Gegenstände kann mittels der Absonderung, §§ 49 ff. InsO, vorzugsweise Befriedigung begehrt werden.

Beispiel: Der Inhaber eines rechtsgeschäftlichen Pfandrechts (s. o. 15.6) kann das Pfand verwerten.

Der Insolvenzverwalter hat ggf. ein Verwertungsrecht, §§ 165 ff. InsO.

Befriedigt werden die Insolvenzgläubiger durch Verteilung der Insolvenzmasse, §§ 187 ff. InsO (zu nachrangigen Insolvenzgläubigern vgl. § 39 InsO). Dabei sind die sog. Massegläubiger vorrangig zu befriedigen, §§ 53 ff. InsO. Verteilung

Beispiel: Der Insolvenzverwalter verlangt Erfüllung eines gegenseitigen Vertrages, etwa Zahlung des geschuldeten Kaufpreises, vgl. die §§ 55 I Nr. 2, 103 I InsO, § 433 II BGB.

Besondere Auswirkungen der Insolvenz ergeben sich bezüglich gegenseitiger Verträge: Konsequenzen für Verträge

– Vor der Eröffnung des Insolvenzverfahrens bereits vollständig erfüllte Verträge werden von der Insolvenz grundsätzlich nicht mehr berührt. Anders dagegen ist es mit etwa danach auftretenden Mängelgewährleistungsansprüchen; diese bleiben relevant.

– Hatte der Schuldner seine vertragliche Verpflichtung bereits erfüllt,

   Beispiel: er hat die Übereignung der Kaufsache, die er gemäß § 433 I 1 BGB schuldete, bereits vorgenommen (nach § 929 S. 1 BGB; s. o. 15.3.2),

   so muss sein Vertragspartner die ihm obliegende Leistung,

   Beispiel: die Kaufpreiszahlung gemäß § 433 II BGB,

   weiterhin erbringen (vgl. die §§ 28 III, 82 InsO);

– hatte demgegenüber der Vertragspartner des Schuldners die ihm obliegende Leistung bereits vollständig erbracht,

   Beispiel: er hat den Kaufpreis für eine noch zu liefernde Ware bereits gezahlt,

   so ist er wegen seines Anspruchs auf Erbringung der Gegenleistung,

   Beispiel: die noch ausstehende Übereignung der Ware,

   Insolvenzgläubiger; eine vor Insolvenzeröffnung erbrachte Leistung kann grundsätzlich nicht zurückgefordert werden.

– Hatte bei der Insolvenzeröffnung keine Seite nicht bzw. nicht vollständig erfüllt, so greift § 103 InsO und der Insolvenzverwalter hat ein Wahlrecht: Wahlrecht

   • Wählt er Erfüllung, so müssen beide Parteien voll leisten; der Anspruch des Gläubigers ist dann Masseverbindlichkeit, § 55 I Nr. 2 InsO, muss also in voller Höhe erfüllt werden (s. a. § 61 InsO).

   • Verweigert allerdings der Insolvenzverwalter die Erfüllung, dann erlöschen grds. die beiderseitigen Verbindlichkeiten (vgl. § 103 II InsO); hat der Vertragspartner seine Leistung etwa schon zum Teil erbracht, so kann er sie nicht zurückverlangen, § 105 InsO.

   • Bei bestimmten Vertragstypen bestehen Sondervorschriften (etwa für Miet-, Pacht-, Dienstverträge, vgl. die §§ 104, 108 InsO).

   • Hatte der Schuldner eine bewegliche Sache unter Eigentumsvorbehalt (s. o. 10.2.8) verkauft und übergeben, so kann der Käufer Erfüllung des Kaufvertrages verlangen; erwarb der Schuldner eine bewegliche Sache unter Eigentumsvorbehalt, so hat der Insolvenzverwalter bezüglich der Vertragserfüllung ein Wahlrecht, § 107 InsO.

21.2 Insolvenzplan

Flexibilität

Die Befriedigung der Gläubiger, die Verwertung der Masse und deren Verteilung an die Beteiligten sowie die Haftung des Schuldners können nach Beendigung des Insolvenzverfahrens abweichend von den Vorschriften der InsO in einem Insolvenzplan geregelt werden, § 217 InsO. Damit werden insbesondere flexiblere Möglichkeiten zur Unternehmenssanierung und zum Erhalt von Arbeitsplätzen geschaffen. Einen Insolvenzplan können der Insolvenzverwalter oder der Schuldner dem Insolvenzgericht vorlegen, § 218 InsO.

Zwei Teile:

Der Insolvenzplan besteht aus zwei Teilen (§ 219 InsO):

darstellend

– Dem darstellenden Teil, der Maßnahmen für die geplante Gestaltung der Rechte der Betroffenen beschreibt, § 220 InsO,

Beispiele: organisatorische, personelle Änderungen, Sozialpläne,

gestaltend

– sowie dem gestaltenden Teil, der die Rechtsstellung der Beteiligten im Einzelfall festlegt, § 221 InsO,

Beispiele: Art der Kürzung von Forderungen, Stundung von Forderungen, Kapitalherabsetzung mit anschließender Kapitalerhöhung, § 58 a GmbHG.

Gläubigergruppen

Den Interessen der Beteiligten dient die Bildung von Gläubigergruppen, §§ 222 ff. InsO, die jeweils gleichzubehandeln sind, § 226 InsO.

Der (ggf. überwachte, § 260 InsO) Insolvenzplan, der zu erörtern, anzunehmen und gerichtlich zu bestätigen ist (vgl. die §§ 235 ff. InsO), kann die Sanierung, die Liquidation bzw. die Fortführung/Übertragung eines Unternehmens (s. o. 4.4.2) zum Ziel haben, § 230 InsO.

Restschuldbefreiung

Wird im Insolvenzplan nichts anderes bestimmt, so wird der Schuldner mit der im gestaltenden Teil vorgesehenen Befriedigung der Insolvenzgläubiger von seinen restlichen Verbindlichkeiten befreit, § 227 I InsO.

21.3 Eigenverwaltung

Sachwalter

In der Unternehmensinsolvenz kann das Insolvenzgericht dem Schuldner die Verwaltung und Verfügungsberechtigung über die Insolvenzmasse belassen, § 270 InsO – sog. Eigenverwaltung. Dabei ist der Schuldner von einem Sachwalter zu beaufsichtigen, dessen Rechtsstellung im Wesentlichen der eines Insolvenzverwalters entspricht, § 274 InsO. Näheres zum Verfahren regeln die §§ 270 ff. InsO, die die Vorschriften über das Regelinsolvenzverfahren (§ 270 I 2 InsO) modifizieren. Gemäß der §§ 270 a, b InsO ist zur Erleichterung der Sanierung von Unternehmen nunmehr ein sog. „Schutzschirmverfahren" mit Vollstreckungsschutz insb. zur Erarbeitung eines Sanierungskonzeptes unter Bestellung eines vorläufigen Sachwalters möglich.

Schutzschirmverfahren

Beispiele: „Schutzschirmanträge" des Suhrkamp-Verlages, der Loewe AG in den Jahren 2013 und 2019, der Wöhrl AG im Jahr 2016.

21.4 Restschuldbefreiung

Schuldner soll frei werden können

Die InsO will auch dem redlichen Schuldner Gelegenheit geben, sich von seinen restlichen Verbindlichkeiten zu befreien, vgl. § 1 InsO. Der Schuldner kann daher die Restschuldbefreiung beantragen, §§ 286 ff. InsO, wenn er eine natürliche Person ist; der Antrag soll mit dem Insolvenzantrag verbunden werden, § 287 InsO. Seinem Antrag muss der Schuldner die Erklärung beifügen, dass er seine pfändbaren Bezüge aus einem Dienstverhältnis oder an deren Stelle tretende laufende Bezüge für die Zeit von sechs Jahren an einen Treuhänder abtritt, vgl. die §§ 287 II, 288 ff. InsO. Die Restschuldbefreiung wirkt gegen alle Insolvenzgläubiger, auch wenn sie ihre Forderungen nicht angemeldet haben, § 301 InsO. Nach Ablauf der Wohlverhaltensperiode wird der Schuldner also frei.

Bezüge-abtretung

21.5 Verbraucherinsolvenz

Für Verbraucher (§ 13 BGB; s. o. 3.1.3.2, vgl. die Schaubilder 15 und 16) bzw. Personen, die eine selbständige wirtschaftliche Tätigkeit ausgeübt haben, aber deren Vermögensverhältnisse überschaubar sind und gegen die keine Forderungen aus Arbeitsverhältnissen bestehen, gelten gemäß der §§ 304 ff. InsO Sonderregeln:

Sonderregeln

So kann der Schuldner mit dem Insolvenzantrag die Restschuldbefreiung beantragen, §§ 305, 287 InsO (s. o.), wobei er eine Bescheinigung über das Scheitern eines Schuldenbereinigungsplanes, ein Vermögensverzeichnis bzw. einen Schuldenbereinigungsplan vorzulegen hat, § 305 InsO. Wird dieser angenommen, §§ 308 f. InsO, so kommt es nach Ablauf der Wohlverhaltensphase, § 287 II InsO, zur Restschuldbefreiung, § 300 InsO, bzw. zum Leistungsverweigerungsrecht des Schuldners, § 301 InsO. Die grds. 6-jährige Wohlverhaltensphase verkürzt sich ggf. auf fünf, bzw., wenn die Verfahrenskosten bezahlt sind und die Mindestbefriedigungsquote von 35 % erreicht ist, auf drei Jahre, § 300 I 2 Nr. 2 bzw. 3 InsO.

Zur Vertiefung –
Literatur, Kommentare, Fachzeitschriften, Rechtsprechung, Internetadressen

Zur nachdrücklich empfohlenen Vertiefung der dargestellten wirtschaftsprivat-rechtlichen Aspekte, Themenbereiche und Rechtsfragen geeignet sind insbesondere (jeweils in neuester Auflage):

Zu Begrifflichkeiten:

Adomeit, Klaus/Hähnchen, Susanne, Rechtstheorie für Studenten;
Beaucamp, Guy/Treder, Lutz, Methoden und Technik der Rechtsanwendung;
Creifelds, Carl, Rechtswörterbuch;
Flohr, Eckhard/Gramlich, Ludwig (Hrsg.), Facetten des Rechts;
Gast, Wolfgang, Juristische Rhetorik;
Gramlich, Ludwig/Glucharski, Peter/Harsch, Andreas/Schäfer, Klaus/Waschbusch, Gert (Hrsg.), Gabler Bank Lexikon;
Köbler, Gerhard, Juristisches Wörterbuch;
Schimmel, Roland, Juristische Klausuren und Hausarbeiten richtig formulieren;

zum Bürgerlichen Recht:

Brox, Hans/Rüthers Bernd, Allgemeines Schuldrecht;
dies., Besonderes Schuldrecht;
Bülow, Peter, Verbraucherkreditrecht;
Dörner, Heinrich/Ebert, Ina u.a., Bürgerliches Gesetzbuch, Handkommentar;
Förster, Christian, Allgemeiner Teil des BGB;
ders., Schuldrecht Allgemeiner Teil;
ders., Schuldrecht Besonderer Teil;
Hattenhauer, Hans, Grundbegriffe des Bürgerlichen Rechts;
Jaensch, Michael, Grundzüge des Bürgerlichen Rechts;
Medicus, Dieter/Petersen, Jens, Allgemeiner Teil des BGB;
Medicus, Dieter/Lorenz, Stephan, Schuldrecht I: Allgemeiner Teil;
dies., Schuldrecht II: Besonderer Teil;
Palandt, Otto, Bürgerliches Gesetzbuch; Kommentar;
Rebmann, Kurt/Rixecker, Roland/Säcker, Franz Jürgen, Münchener Kommentar zum Bürgerlichen Gesetzbuch;
Reinicke, Dietrich/Tiedtke, Klaus, Kaufrecht;
Schack, Haimo, BGB – Allgemeiner Teil;
Schellhammer, Kurt, Schuldrecht nach Anspruchsgrundlagen;
ders., Sachenrecht nach Anspruchsgrundlagen;
Westermann, Harry, Sachenrecht;
Schnauder, Franz, Grundzüge des Privatrechts;
Wilmer, Thomas/Hahn, Harald, Fernabsatzrecht;

zur (Privat-)Rechtsgeschichte:

Behrends, Okko/Knütel, Rolf/Kupisch, Berthold/Seiler, Hans Hermann, Corpus Iuris Civilis;
Ebel, Friedrich/Fijal, Andreas/Kocher, Gernot, Römisches Rechtsleben im Mittelalter;
Ebel, Friedrich/Thielmann, Georg, Rechtsgeschichte;
Eisenhardt, Ulrich, Deutsche Rechtsgeschichte;
Hattenhauer, Hans, Europäische Rechtsgeschichte;
Kaser, Max, Römische Rechtsgeschichte;
ders., Römisches Privatrecht;
Kleinheyer, Gerd/Schröder, Jan, Deutsche und Europäische Juristen aus neun Jahrhunderten;
Lück, Heiner, Der Sachsenspiegel;

Schrage, Eltjo, Das römische Recht im Mittelalter;
Wesel, Uwe, Geschichte des Rechts;
Wieacker, Franz, Privatrechtsgeschichte der Neuzeit;

zum Handelsrecht:

Baumbach, Adolf/Hopt, Klaus, Handelsgesetzbuch;
Bülow, Peter/Artz, Markus, Handelsrecht;
Canaris, Claus-Wilhelm, Handelsrecht;
Glanegger, Peter/Güroff, Georg u.a., Heidelberger Kommentar zum Handelsgesetzbuch;
Gruber, Joachim, Handelsrecht;
Klunzinger, Eugen, Grundzüge des Handelsrechts;
Müglich, Andreas, Transport- und Logistikrecht;
Pfeiffer, Thomas, Handbuch der Handelsgeschäfte;
Schmidt, Karsten, Handelsrecht;
Weiß, Wolfgang/Hermann, Christoph, Welthandelsrecht;

zum Gesellschaftsrecht:

Baumbach, Adolf/Hueck, Alfred, GmbH-Gesetz;
Beuthien, Volker, Genossenschaftsgesetz;
Bork, Reinhard/Schäfer, Carsten (Hrsg.), GmbHG;
Emmerich, Volker/Sonnenschein, Jürgen, Konzernrecht;
Förster, Christian, Gesellschaftsrecht;
Henssler, Martin/Strohn, Lutz, Gesellschaftsrecht;
Hüffer, Uwe, Aktiengesetz;
Jäger, Axel, Aktiengesellschaft;
Klein-Blenkers, Friedrich, Rechtsformen der Unternehmen;
Klunzinger, Eugen, Grundzüge des Gesellschaftsrechts;
Kübler, Friedrich/Assmann, Heinz-Dieter, Gesellschaftsrecht;
Maiberg, Hermann, Gesellschaftsrecht;
Manz, Gerhard/Mayer, Barbara/Schröder, Albert, Europäische Aktiengesellschaft SE;
Schaumburg, Harald/Schulte, Christoph, Die KGaA;
Schmidt, Karsten, Gesellschaftsrecht;

zum Kreditsicherungsrecht:

Bülow, Peter, Recht der Kreditsicherheiten;
Lwowski, Hans-Jürgen, Das Recht der Kreditsicherung;
Nitsch, Karl Wolfhart, Bankrecht;
Pottschmidt, Günter/Rohr, Ulrich, Kreditsicherungsrecht;
Reinicke, Dietrich/Tiedtke, Klaus, Kreditsicherung;

zum Produkthaftungsrecht:

Palandt, Otto, Bürgerliches Gesetzbuch, mit Kommentierung zum ProdHaftG;
Taschner, Hans Claudius/Frietsch, Erwin, Produkthaftungsgesetz und EG-Produkthaftungs-
richtlinie;

zum Arbeitsrecht:

Brox, Hans, Arbeitsrecht;
Däubler, Wolfgang/Hjort, Jens Peter/Schubert, Michael/Wolmerath, Martin (Hrsg.), Arbeits-
recht, Handkommentar;
Dieterich, Thomas/Hanau, Peter/Schaub, Günter, Erfurter Kommentar zum Arbeitsrecht;
Etzel, Gerhard/Griebeling, Jürgen/Liebscher, Brigitta, Arbeitsrecht;
Gruber, Joachim, Standardfälle Arbeitsrecht;
Lakies, Thomas, AGB im Arbeitsrecht;
Lieb, Manfred/Jacobs, Matthias, Arbeitsrecht;
Reinert, Hans Jochen/Schulz, Klaus-Peter, Arbeitsrecht;
Riesenhuber, Karl, Europäisches Arbeitsrecht;

Schaub, Günther/Koch, Ulrich/Linck, Rüdiger/Vogelsang, Hinrich, Arbeitsrechtshandbuch;
Senne, Petra, Arbeitsrecht;
Wedde, Peter, Arbeitsrecht;

zum Wertpapierrecht:

Baumbach, Adolf/Hefermehl, Wolfgang/Casper, Matthias, Wechselgesetz und Scheckgesetz;
Buck-Heeb, Petra, Kapitalmarktrecht;
Gursky, Karl-Heinz, Wertpapierrecht;
Hueck, Alfred/Canaris, Claus-Wilhelm, Recht der Wertpapiere;
Lehmann, Matthias, Grundriss des Bank- und Kapitalmarktrechts;

zum Wirtschaftsrecht:

Conrads, Markus/Schade, Friedrich, Internationales Wirtschaftsprivatrecht;
Gramlich, Ludwig, Internationales Wirtschaftsrecht;
ders., Öffentliches Wirtschaftsrecht;
Güllemann, Dirk, Internationales Vertragsrecht;
Kilian, Wolfgang/Wendt, Domenik, Europäisches Wirtschaftsrecht;
Krajewski, Markus, Wirtschaftsvölkerrecht;
Rittner, Fritz/Dreher, Meinrad, Europäisches und deutsches Wirtschaftsrecht;
Schliesky, Utz, Öffentliches Wirtschaftsrecht;
Weimar, Robert/Schiminowski, Peter, Grundzüge des Wirtschaftsrechts;

zum Wettbewerbsrecht und Kartellrecht:

Baumbach, Adolf/Hefermehl, Wolfgang, Wettbewerbsrecht;
Bunte, Hermann-Josef, Kartellrecht;
Ekey, Friedrich, Grundriss des Wettbewerbs- und Kartellrechts;
Ekey, Friedrich/Klippel, Diethelm/Kotthoff, Jost u.a., Heidelberger Kommentar zum Wettbewerbsrecht;
Emmerich, Volker, Das Recht des unlauteren Wettbewerbs;
Hönn, Günther, Wettbewerbs- und Kartellrecht;
Mestmäcker, Ernst-Joachim/Schweitzer, Heike, Europäisches Wettbewerbsrecht;
Nordemann, Wilhelm, Wettbewerbs- und Markenrecht;
Pierson, Matthias/Ahrens, Thomas/Fischer, Karsten, Recht des geistigen Eigentums;
Rittner, Fritz, Wettbewerbs- und Kartellrecht;
Schünemann, Wolfgang, Wettbewerbsrecht;
von Wallenberg, Gabriela, Kartellrecht;
Zäch, Roger, Wettbewerbsrecht der Europäischen Union;

zum gewerblichen Rechtsschutz:

Benkard, Georg, Patentgesetz;
Eisenmann, Hartmut/Jautz, Ulrich, Grundriss Gewerblicher Rechtsschutz und Urheberrecht;
Ekey, Friedrich/Klippel, Diethelm u.a., Heidelberger Kommentar zum Markenrecht;
Enders, Theodor, Gewerblicher Rechtsschutz, Urheberrecht und Medienrecht;
Fischer, Friedrich, Grundzüge des gewerblichen Rechtsschutzes;
Gruber, Joachim, Gewerblicher Rechtsschutz und Urheberrecht;
Nirk, Rudolf, Geschmacksmusterrecht, Urheberrecht, Designlaw;
Nirk, Rudolf/Ullmann, Eike/Metzger, Axel, Patent-, Gebrauchsmuster- und Sortenschutzrecht;

zum Insolvenzrecht:

Häsemeyer, Ludwig, Insolvenzrecht;
Kreft Gerhart, Insolvenzordnung;
Obermüller, Manfred/Hess, Harald, InsO;
Wimmer, Klaus (Hrsg.), Frankfurter Kommentar zur Insolvenzordnung;
Zimmermann, Walter, Insolvenzrecht;

zum Internetrecht:

von Diringshofen, Dirk, Internet für Juristen;

Köhler, Markus/Arndt, Hans-Wolfgang/Fetzer, Thomas, Recht des Internet;
Kröger, Detlef/Kuner, Christopher, Internet für Juristen;
Spindler, Gerald, Vertragsrecht der Internet-Provider;
Tiedemann, Paul, Internet für Juristen.

Wichtige Fachzeitschriften sind etwa:

Arbeit und Recht (AuR);
Betriebs-Berater (BB);
Der Betrieb (DB);
Deutsches Steuerrecht (DStR);
Die Aktiengesellschaft (AG);
GmbH-Rundschau (GmbHR);
Juristische Arbeitsblätter (JA);
Juristische Schulung (JuS);
Juristen-Zeitung (JZ);
Juristische Rundschau (JR);
Monatsschrift für Deutsches Recht (MDR);
Neue Juristische Wochenschrift (NJW);
Neue Zeitschrift für Arbeitsrecht (NZA);
Neue Zeitschrift für Gesellschaftsrecht (NZG);
Neue Zeitschrift für Versicherung und Recht (NVersZ);
NJW – Rechtsprechungs-Report Zivilrecht (NJW-RR);
Recht der Arbeit (RdA);
Versicherungsrecht (VersR);
Zeitschrift für Arbeitsrecht (ZfA);
Zeitschrift für Wirtschafts- und Bankrecht, Wertpapiermitteilungen (WM);
Zeitschrift für das gesamte Handels- und Wirtschaftsrecht (ZHR);
Zeitschrift für Wirtschaftsrecht (ZIP);
Zeitschrift für Unternehmens- und Gesellschaftsrecht (ZGR);
Zeitschrift für das gesamte Genossenschaftswesen (ZgGenW).

Die wirtschaftsprivatrechtlich relevanten **Gesetzestexte** finden sich insbesondere in der (Loseblatt-) Textsammlung *Schönfelder*, Deutsche Gesetze, bzw. in fachspezifisch geordneten Gesetzessammlungen juristischer Verlage sowie unter *www.bundesgesetzblatt.de* bzw. *www.gesetze-im-internet.de*.

Einschlägige **Rechtsprechung** ergibt sich aus den amtlichen Entscheidungssammlungen der jeweiligen Gerichte (insb. BGHZ, BAGE), den Fachzeitschriften, Kommentaren, Handbüchern bzw. der Fachliteratur; sie lässt sich auch vielfältig im Internet finden etwa unter der jeweiligen Bundesgerichtshof-, Oberlandes-, Bundesarbeits-, Landesarbeits-, Land- bzw. sonstigen Gerichtsadresse (s. a. unten) bzw. ebenso mit Hilfe der Suchmaschinen (ewa google, yahoo).

Hierdurch sind auch unterschiedliche, strittige Rechtsauffassungen, -ansichten, Stellungnahmen von Literatur und Judikatur näher ersichtlich.

Interessante und hilfreiche Internetadressen sind etwa:

www.bmas.de
www.bmj.bund.de
www.bundesarbeitsgericht.de
www.bundesbank.de
www.bundesgerichtshof.de
www.bundesgesetzblatt.de
www.bundesverfassungsgericht.de
www.buzer.de
www.cfmueller-campus.de
www.dejure.org
www.destatis.de
www.gesetze-im-internet.de

www.jura.uni-saarland.de
www.juraforum.de
www.forum.jurawelt.com
www.jura-schemata.de
www.recht.de
www.rechtliches.de
www.rechtsprechung-im-internet.de
www.studzr.de
www.unternehmensregister.de
www.zvg-portal.de
https://e-justice.europa.eu

Stichwortverzeichnis